本书受陕西师范大学优秀学术著作出版基金、

陕西师范大学人文社会科学高等研究院学术著作出版基金资助

特此致谢。

工匠文化三论（上卷）

士与匠的交往

《士与匠的交往》基于"学者与工匠问题"视角，在艺术社会史的方法论操作下，探讨中国古代"士"和"匠"的复杂动态关系。

潘天波 ◎ 著

中国社会科学出版社

图书在版编目（CIP）数据

工匠文化三论（全3册）/潘天波著.—北京：中国社会科学出版社，
2021.5

ISBN 978-7-5203-7925-0

Ⅰ.①工…　Ⅱ.①潘…　Ⅲ.①职业道德—研究　Ⅳ.①B822.9

中国版本图书馆 CIP 数据核字（2021）第 030279 号

出 版 人　赵剑英
责任编辑　任　明　周慧敏
责任校对　李　剑
责任印制　郝美娜

出　　　版　中国社会科学出版社
社　　　址　北京鼓楼西大街甲 158 号
邮　　　编　100720
网　　　址　http：//www.csspw.cn
发 行 部　010-84083685
门 市 部　010-84029450
经　　　销　新华书店及其他书店

印刷装订　北京君升印刷有限公司
版　　　次　2021 年 5 月第 1 版
印　　　次　2021 年 5 月第 1 次印刷

开　　　本　880×1230　1/32
印　　　张　34
插　　　页　2
字　　　数　916 千字
定　　　价　198.00 元（全 3 册）

自　序

　　作为造物主，工匠本应该在人类社会中拥有极其崇高的地位，工匠文化也应该在文化体系中占据显赫位置。但我们的文化史（包括艺术史、科技史、美学史等）似乎很少关注工匠和研究工匠，以致于我们的文化史几乎都是"无名的文化史"，譬如"无名的工艺史""无名的美术史""无名的艺术史"等，造成这个局面自然有很多社会及其制度的原因。但作为研究者，应当站在"工匠"的立场说话，即站在"人本身"的文化立场研究。但一直以来，窃以为中国工艺文化研究多集中于器物层面，而在工匠、精神以及现象等层面的研究略显不足。基于工匠本身及其精神现象学的研究，将有助于改变这一现状。

　　这次获得陕西师范大学及其人文社会科学高等研究院学术著作出版基金的合力资助，结集出版了《工匠文化三论》，它包括《士与匠的交往》（上卷）、《工匠精神分析》（中卷）和《描绘器度》（下卷）。其中，《士与匠的交往》（上卷）主要基于著名的"齐尔塞尔论题"（"工匠与学者问题"）视角，在艺术现象学的理论视野下，探讨中国古代"士"和"匠"之间复杂的动态关系，剖析中国古代工匠在历史进程中的社会身份、社会处境和社会交往，进而窥探中国古代工匠的社会生态、精神理想与价值追求，并重点析出中华工匠精神的诞生历史、基本特征和社会价值。在此基础上，进一步引出《工匠精神分析》（中卷），聚焦工匠精神的主体研究，探讨工匠精神的历史存在、遮蔽原因、传播传承、弘扬复兴等一系列问题。最后，从书写的理论视角，探究《描绘器度》（下卷）的视界与方法，解析工匠文化的构成、书写及其批评方式。简言之，《工匠文化三论》主要是针对工匠文化体系的三大板块展开，即文化体系（现象板块）、工匠体系（精神板块）和器物体系（物质板块），或构成一个以"工匠现象"为切入点——"工匠精神"为核心——"工匠文化书写"为补充的工匠文化研究体系，抑或能独立成篇。

在研究中，笔者基于马克思唯物主义立场，提出了工匠精神现象学的研究理念，尽可能地拓展了工艺史料的定义和范围，开拓了更为广阔的中华工匠研究领域，或能丰富中华工匠的历史观察与人文解释的可能性。因此，本研究对于阐发中华工匠精神话语体系、思想体系和理论体系，描述工匠文化形状及其批评，开拓中华工匠文化史学新领域，创新工匠理论学术史研究新范式等具有重要支撑作用。进而言之，工匠文化研究有助于中国文化体系的建构，有益于弥补当前文化史研究的不足，具有独到的学术史价值。

另外，对中华古代工匠起源、工匠群体、工匠生活、工匠关系、工匠精神、工匠制度等进行系统挖掘和阐发，对中国工匠文化在世界文化体系中的地位与贡献进行客观评价，无疑是展示国家文化软实力、弘扬工匠精神和传承中华优秀传统文化的重要载体。

潘天波

2019 年 8 月 20 日

目　　录

上卷　士与匠的交往

中卷　工匠精神分析

下卷　描绘器度

上卷
士与匠的交往

绪　　论

　　遵照研究之惯例，开端部分拟将对"中国化的齐尔塞尔论题"，即中国传统（上古至清代）的"学者—工匠问题"（主要是士与工的问题）之研究的历史背景、学术史研究进程、拟解决的主要问题（理论化问题、中国化问题与时代化问题）及其理论资源（场域理论、互动理论与介导理论）、主要内容与方法等展开简要的论述，以期粗略地呈现本研究的"宏观地图"，也为本研究初步设定可控的研究方法与思维模型，从而在有限的篇幅里阐明"中国化的齐尔塞尔论题"。

一　研究背景

　　有关"学者—工匠问题"研究计划如今已实施三年多了，但最近两年的研究动力更大，而且不间断的持续研究时间更长，这直接借助于以下"两个历史背景"动力，从而促成这一计划的最终完成。

　　第一个历史背景是，2016 年，"工匠精神"由李克强总理在政府工作报告中从国家的高度提出。2017 年，"工匠文化"在政府工作报告中高调推出。从更深层次的社会学视角看，"工匠精神"与"工匠文化"的提出与重建实质是中华民族伟大复兴的需要，它能为中国社会正在进行的"十三五"建设提供切实的伦理价值准备与可靠的文化思想支撑。可见，对"中华工匠精神"或"中华工匠文化"的核心问题研究具有一定的学术价值、伦理意义与社会效用。

在世界范围内，"工匠精神"或"工匠文化"是一个既古老又年轻的学术话语。言之古老，是因为它们确乎是一个很有历史的名词性词组；说它年轻，是因为它们正式被纳入学术视野，并成为知识界关注与研究的对象仅仅是现代的事情，特别在社会文化史上作为考察的论题是不多见的。形成这种现象之原因有很多，其中最为重要的原因是工匠与学者之间在文化叙事与知识传达上存在社会层面的很多阻隔。譬如，传统意义上的工匠被"学在官府"的社会制度阻隔在知识学习之外，工匠知识的叙事主体自然就排斥了知识分子，仅依赖家族"世袭制"经验式传习。因此，中国历史上纯粹的工匠文化文本是不多见的，国外情况其实也大概如此。另外，当工匠的手作被提升至一定的艺术高度，并走向纯粹的美学与精神领域，工匠却又奇怪地遭遇艺术家的冷遇与贬低。因此，这也导致工匠文化的知识叙事失去了艺术家叙事主体。更糟糕的是，即便对工匠文化叙事有梦想的知识分子也是无能为力的。因为这部分人根本不懂得工匠手作的实践知识，徒有史论知识很难承担工匠文化的全部叙事。由此观之，作为工匠文化或工匠精神被纳入知识叙事的领地确实存在很多困境与难度。

这些困境与难度还来自它本身。因为当我们一旦遇到对它们思考的时刻，普通语义上的解释很难与社会学语义上的内涵达成一致。在社会学语义维度上，它们的语义空间里的工匠、精神、手作、消费者、文化、作坊、时间、空间、材料、美学、设计、形式、意味、图像、宗教、历史、文学、神话、故事、色彩、技术、细作、心灵、手巧、慢工、制度、模范、规矩、绳墨、监工、贵族、帝王、奴隶主、战俘、自由民、地主、平民、工具、匠作、管理、运输、外交、传播等丰富的"语言链"构建出复杂的具有社会性的语义场，并由此形成工匠文化的社会学语义群。换言之，只要当"工匠精神"或"工匠文化"被"我们"思考的时刻，它就自然地卷入复杂的知识社会学范围，从而大大拓展了它们存在的语义空间及其知识领域。

2016 年是"工匠精神"的中国年，2017 年是"工匠文化"的中国年。因为就在 2016 年和 2017 年，"工匠精神"与"工匠文化"在国家的高度由领导人在政府工作报告中高调提出，并在全国引起高度关注与普遍讨论，各行各业大有重建失落的"工匠精神"与"工匠文化"之势头，也为学界对工匠精神的研究提供了社会理论背景与动力。从更深层次的社会学视野看，"工匠精神"和"工匠文化"的提出与重建实质是实现中华民族伟大复兴中国梦的需要，它特别能为中国社会正在进行的"十三五"建设提供切实的伦理价值准备与可靠的文化思想支撑。

第二个历史背景是，2017 年 1 月，中共中央办公厅、国务院办公厅印发《关于实施中华优秀传统文化传承发展工程的意见》（以下简称《意见》）。该《意见》指出实施中华优秀传统文化传承发展工程，是建设社会主义文化强国的重大战略任务。显然，"中华传统文化"的传承已经被作为一种国家层面上的"发展工程"来定位与实施。

近现代以来的"西学东渐"语境，中华国学的前途命运常被有识之士提及、忧虑与关注。在当代，"国学热"的强劲回归昭示国民的文化自觉与文化自信时代已然来临，也显示中华国学的世界身份与全球地位开始再次彰显与回归。这首先体现在国家层面对中华传统文化与思想学术的高度重视。

《意见》的出台表明国家对重振和传承"国学"的正视与决心赫然出场。《意见》指出："文化是民族的血脉，是人民的精神家园。文化自信是更基本、更深层、更持久的力量。中华文化独一无二的理念、智慧、气度、神韵。"可见，实施中华优秀传统文化传承发展工程的重要价值在于"增添中国人民和中华民族内心深处的自信和自豪。为建设社会主义文化强国，增强国家文化软实力，实现中华民族伟大复兴的中国梦"。为此，《意见》明确指出了实施中华优秀传统文化传承发展工程的总体目标为："到 2025 年，中华优秀传统文化传承发展体系基本形成，研究阐发、教育普及、保护传承、创新发展、传播交流等方面协同推进并取得重要成果，具有中国特色、中国风格、中国气派的文化产品更加丰富，文化自觉和文化自信显著增强，国家文化软实力的根基更为坚实，中华文化的国际影响力明显提升。"这个目标明确透露，实施中华优秀传统文化传承发展工程要"研究阐发、教育普及、保护传承、创新发展、传播交流等方面协同推进"。对于传统文化研究者而言，"研究阐发"必将是一项重大而具有时代使命的"课题"。因此，《意见》指出，实施中华优秀传统文化传承发展工程的工作重点任务为：深入阐发文化精髓、贯穿国民教育始终、保护传承文化遗产、滋养文艺创作、融入生产生活、加大宣传教育力度与推动中外文化交流互鉴。可见，"深入阐发文化精髓"应当摆在第一位。《意见》还进一步指出："加强中华文化研究阐释工作，深入研究阐释中华文化的历史渊源、发展脉络、基本走向，深刻阐明中华优秀传统文化是发展当代中国马克思主义的丰厚滋养，深刻阐明传承发展中华优秀传统文化是建设中国特色社会主义事业的实践之需，深刻阐明丰富多彩的多民族文化是中华文化的基本构成，深刻阐明中华文明是在与其他文明不断交流互鉴中丰富发展的，着力构建有中国底蕴、中国特色的思想体系、学术体系和话语体系。"显然，这里又为我们"如何阐发"研究提供方向与内容：传统文化的"历史渊源、发展脉络、基本走向"，因此，《意见》是传统文化研究的指南针与航向标。

　　本卷《士与匠的交往》不仅是提出、分析与解答中国的"工匠—学者问题"，还是有力回应中国时代对士与匠提出的迫切实践问题。就社会实践而言，"工匠"是人类生活世界的创造者，"学者"是人类社会的文化思考者、传承者与发展者，他们理应具有极其崇高的历史地位。然而，直到现在，我们的文化史（包括艺术史、科技史等）并未使"工匠"与"学者"获得其本该具有的真正社会价值。李约瑟在讨论中华工匠问题时曾说："唐代历史只叙述产品，而不叙述所用的技术。"① 换言之，中国古代的"工匠"与"学者"被"器物"所遮蔽。造成这一窘境的原因固然很多，但其根本性的原因在于我们的世界观与认识论问题。所谓"世界观问题"，就是人们如何看待生活中的"工匠"与"学者"问题；所谓认识论问题，就是人们如何认识"工匠"与"学者"在历史社会中的地位与价值问题。如何回答这两个问题？归根结底为一个重要的学术命题："齐尔塞尔论题"（Zilsel Thesis），即"学者—工匠问题"。

在当代，从历史层面与理论层面加强中国化的齐尔塞尔论题的研究，进而为中国当代社会发展服务，已显得十分重要而迫切。

二　学术史略

"齐尔塞尔论题"，即"学者—工匠问题"。该问题是由奥地利科学哲学家埃德加·齐尔塞尔（Edgar Zilsel，1891—1944）率先提出，并认为资本主义的兴起直接导致高级工匠与学者之间的社会互动。齐尔塞尔对士与匠关系的思考是基于近代欧洲早期的技术发展与科学诞生的背景，并聚焦于1300—1600 年间形成的大学学者、人文主义者与工匠的"三大阶层"的论证，其核心指向是工匠与学

---

① ［英］李约瑟：《中国科学技术史》（机械工程卷），鲍国宝译，科学出版社 2004 年版，第18 页。

者之间的互动而产生了近代科学。①

　　"齐尔塞尔论题"一直是西方近代科技史学界较为活跃的研究命题。譬如艺术史学家潘洛夫斯基（E. Panofsky）在认同齐美尔社会学理论论题之后，在其力作《西方艺术中非文艺复兴与历次复兴》（*Renaissance and Renascences in Western Art*）②中认为，由于工匠与学者的融合，直接引发了西方近代技术革命与文化创新。但霍尔（Alford Rupert Hall）在《科学革命时期的士与匠》（The scholar and the craftsman in the scientific revolution）③（1957）一文中认为，学者只部分接受了工匠传统的问题与思维方法，士与匠在科学革命时期的互动是有限的。最为引人注目的是帕梅拉·隆（Pamela Long）在《工匠/实践者与新科学的兴起：1400—1600》（*Artisan/Practitioners and the Rise of the New Sciences*, 1400—1600）④中提出了著名的工匠与学者的"交易地带"（Trading Zones）理论。显然，该理论已然大大超越了"学者—工匠问题"的二元论知识体系。

　　近代欧洲工业革命之后的技术进步史显示，工匠的手作经验、量化方法以及技术思维等文化知识及其智慧为欧洲科学技术发展提供了极好的理论储备，以至于在齐尔塞尔看来，近代欧洲的科学家群体已然是士与匠广泛互动的显著标志，工匠在新科学产生中起到

---

　　① 有关"齐尔塞尔论题"，参见［荷］科恩《科学革命的编史学研究》，张卜天译，湖南科学技术出版社 2012 年版。

　　② Panofsky, E., "Renaissance and Renascences in Western Art", *Art Bulletin*, 1962, 44 (1).

　　③ Martini, M., "The Merton - Shapin relationship from the historiographic debate internalism/externalism", *Cinta De Moebio*, 2011 (42): 288-301.

　　④ Long, P. O., "Artisan/Practitioners and the Rise of the New Sciences, 1400—1600", *Sixteenth Century Journal*, 2013, 65 (3): 202-203. Dear P. Pamela Long, *Artisan/Practitioners and the Rise of the New Sciences, 1400—1600* (The Horning Visiting Scholars Series.) Corvallis: Oregon State University Press.

了某种决定性作用。齐尔塞尔在《科学的社会学根源》（The Socio-
logical Roots of Science）一文中提出并阐明了"大学学者，人文主义
者和工匠"的三大阶层说。① 在智力层面，齐尔塞尔指出，大学学
者、人文主义者和工匠在智力层面的区别是很大的，大学学者和人
文主义者是经过理性训练的。然而，他们的方法是由他们的专业条
件和不同的科学方法决定的，并轻视体力劳动、实验和解剖。在
1300—1600 年期间，工匠们确乎是因果思维训练的先驱。因为一些
高级体力劳动者群体（艺术家、工程师、外科医生、乐器师、测量
师、领航员、枪手）在践行实验、解剖，并用定量的思维方法去实
现手作目标，以至于诸如一些测量仪器的领航员、测量员和枪手是
后来的物理仪器制造的先驱。工匠很明显缺乏一种有条理的智力思
维训练。因此，科学方法中的逻辑训练保留给上层阶级的学者。实
验和定量的方法以及因果兴趣让位于更多或更少的平民工匠。随着
技术进步与科学的诞生，实验方法最终克服了对体力劳动的社会偏
见。大约在 1600 年，被理性训练的学者接受，如吉尔伯特、伽利
略、培根等。② 在中国，工匠文化为晚明学者同样提供了因果训练、
定量思维等理性方法思维。换言之，"齐尔塞尔论题"不仅是欧洲近
代科学技术史研究的重要线索，还是中国晚明工艺文化史研究的应
然题域。在古代中国，尽管作为实践知识的工匠文化是中华文化的
重要组成部分，但它一直游离于理性知识之外，并不被学者所倚重
而成为知识产生的对象。中国古代士与匠之间分离局面的直接后果
是致使中华历史上很少出现具有体系性的工匠知识文本，也致使中
国近代以前的科学技术史研究处于停滞状态。

---

① Zilsel, E., Raven, D., Krohn, W., et al., "The Sociological Roots of Science, the
Social Origins of Modern Science", *Springer Netherlands*, 2003：935-949.

② Zilsel, E., Raven, D., Krohn, W., et al., "The Sociological Roots of Science, the
Social Origins of Modern Science", *Springer Netherlands*, 2003：935-949.

西方科技史学者在探究科技发展的社会学起源中所追问的"学者—工匠问题"主要是基于"人本身"的主体论思维，并在士与匠的"二元论"立场中考察西方科技发展的社会学动因。这种研究思维与立场恐有不足之处，即忽视了"物本身"在科技史研究中的重要作用。因此，西方部分学者开始对"齐尔塞尔论题"研究发生了从"人本身"向"物本身"的转向，即从"学者—工匠问题"向"技术—人文问题"的转向。

毋庸置疑，"技术—人文问题"作为科技史领域内有争论的范式而存在被书写或正在书写。学界对此问题的争论主要有以下立场。

（1）"偏向论"。面对技术发展所带来的发展性文化恐惧，法国哲学家吉尔贝特·西蒙登则主张技术与人文的"再联合"。① 海德格尔对此问题的态度则是"科学不思考"。所谓"科学不思考"，意味着科学（技术）已然不能思考它的自身②。因为迈向科学的技术依然吞噬了人类存在的文化本然存在。胡塞尔则认为："现代人让自己的整个世界观受实证科学支配，并迷惑于实证科学所造就的'繁荣'。"③ 在此，海德格尔与胡塞尔在"技术—人文问题"上似乎站在偏向于人文主义的阵营。

（2）"紧张论"。法国学者舍普对海德格尔与胡塞尔的"偏向论"持反向意见，强调技术与人文的相持性同在。他在《技术帝国》中坦言："在技术与文化的争论中，我们不能无条件地向着技

---

① ［法］R. 舍普等：《技术帝国》，刘莉译，生活·读书·新知三联书店 1999 年版，第 183 页。

② "Letter on Humanism" in Basic Writing. ed. Davis F. Krell（New York：Harper and Row，1977），191 ff.，especially "What Is 'Thingking'？" in Vortrage und Aufsatze, p. 61.

③ ［德］埃德蒙德·胡塞尔：《欧洲科学危机和超验现象学》，张庆熊译，上海译文出版社 1988 年版，第 5 页。

术，相反我们必须维持两者间的紧张状态。"① 显然，舍普对技术/
人文持有适度紧张关系立场，即保持不偏向于技术与人文的某一方
面，而试图保持两者之间的适度张力。

（3）"交易地带论"。帕梅拉·隆（Pamela Long）在《工匠/实
践者与新科学的兴起：1400—1600》（Artisan/Practitioners and the
Rise of the New Sciences，1400—1600）② 中提出（技术）工匠与（人
文）学者的"交易地带"理论，它偏向于保持技术与人文的双向优
势互补，而丢弃二元论视野下的技术与人文之思维缺漏。

（4）"融合论"/"分裂论"。美国科技史学家乔治·萨顿
（George Sarton）在《科学史与新人文主义》与《科学的历史》③ 中
反复强调，科学史家应当重视科学（技术）与人文的融合。在他看
来，科学史是人类文明与人文精神的中枢。由此，萨顿认为，科学
史家的重任就在于架起科学史（包括技术史）与人文史的桥梁。另
外，20世纪50年代末60年代初，英国学者 C. P. 斯诺在发表的系
列文章中提出了"两种文化"（自然科学与人文社会科学）——
"科学文化"（Scientific Culture）和"文学文化"（Literary Cul-
ture）——是难以融合的，即后来成为所谓的"斯诺命题"④。该命
题坚持认为作为技术传统的自然科学与作为精神传统的人文社会科
学是难以融合的。

---

① ［法］R. 舍普等：《技术帝国》，刘莉译，生活·读书·新知三联书店1999年版，
第192页。

② Long, R. P. O., "Artisan/Practitioners and the Rise of the New Sciences, 1400—
1600", Sixteenth Century Journal, 2013, 65（3）: 202 - 203; Long, P. O., Artisan/
Practitioners and the Rise of the New Sciences, 1400—1600, Oregon State University Press, 2011.

③ 参见孟建伟《科学史与人文史的融合——萨顿的科学史观及其超越》，《自然辩证法
通讯》2004年第3期。

④ 参见顾海良《"斯诺命题"与人文社会科学的跨学科研究》，《中国社会科学》2010
年第6期。

在国外，有关工匠文化的研究主要领域集中在工匠生存、工匠技术及工匠社会学研究层面，具体情况如下。

第一，工匠文化研究有待完善。有关工匠及其文化研究的代表性著作有 Alberthal Les 的《工匠文化的曾经与未来》(*The once and future craftsman culture*，麻省理工学院出版社，1999)，柳宗悦等《未知的工匠：日本对美的洞察》(讲谈社国际，1989)，欧文·琼斯《坎伯兰岛的工匠：传统与创新》(*Craftsman of the Cumberlands：tradition & creativity*，肯塔基大学出版社，1989) 等。这些研究主要侧重匠人生存及其精神文化。

第二，工匠文化研究着眼于"技艺"，而非"关系"。西方学者多在工匠技术层面展开研究，如 W. Edsger 等《是工匠还是科学家?》(*Craftsman or Scientist?*) (Springer，1982)，A. Dickinson 和 W. James Watt《工匠与工程师》(*Craftsman & Engineer*) (大学出版社 1936 年版)。这类研究侧重匠人与艺术、科技等层面的关联分析，较少涉猎工匠精神。

第三，工匠文化的研究性议题有待深入。国外研究者有关工匠文化议题如英国威廉·莫里斯《诗人、工匠、社会主义》(*Poet，Craftsman，Socialist*) (G. P. 普特南，1902)，英国 G. Perry《韩国工匠文化的介绍》(*An Introduction on Craftsman's Culture of Korea*) (韩国学研究，1996) 等，这类研究主要在工匠及其社会层面展开分析。部分关涉工匠精神的研究如理查德·桑内特《匠人》(上海译文出版社 2015 年版)，克劳福德《摩托车修理店未来工作哲学：让工匠精神回归》(浙江人民出版社 2014 年版)，斯坦尼斯拉夫斯基《论匠艺》(中国戏剧出版社 1957 年版) 等，这类研究有待深入。

在国内，有关中华工匠及其文化研究视点为匠人汇编、工匠科学家以及工匠作品等，并隐藏在各类科技史、文化史及工艺史中，具体情况大致如下。

一是匠人汇编，工匠文化核心思想研究有待补充。这类研究主要整理与记录历代工匠，尤其是历代名匠创作等情况。如曹焕旭《中国古代的工匠》（商务印书馆国际有限公司1996年版），万方等主编《中国古代能人巧匠（共15册）》（中国建材工业出版社1998年版），清代陈梦雷等编《古今图书集成·经济汇编·考工典（1—18）》（华中科技大学出版社2008年版）等。匠人匠作研究主要讨论古代工匠之作品、则例、传略等。如元薛景石《梓人遗制（永乐大典本）》（中国营造学社1933年版），王世襄《清代匠作则例》（中国书店2008年版）等。这类研究部分涉猎工匠文化分析。

二是匠人技术研究，工匠文化研究性议题有待深入。这类研究主要讨论题域是分析工匠与学者、工匠与科学家之间关系，集中阐明科学家的工匠来源，或工匠是科学家等情况。如沈雨梧《清代科学家》（光明日报出版社2010年版），潘吉星《明代科学家宋应星》（科学出版社1981年版）等。这类研究部分涉猎工匠文化议题。

三是工匠文化研究成为热点。近年来，李砚祖在《装饰》发表《工匠精神与创造精致》（2016），郭线庐等在《装饰》发表《重振工匠精神，让中国设计赢得世界尊重》（2017），肖群忠等在《湖南社会科学》发表《工匠精神及其当代价值》（2015），连辑在《文艺研究》发表《手工技艺与工匠精神》（2016），张培培在《浙江社会科学》发表《互联网时代工匠精神回归的内在逻辑》（2017）等。这类研究主要分析工匠文化的精神价值及其内在逻辑。

自2016年以来，学界对"工匠文化"研究呈现出两个基本趋势：一是对工匠文化研究多集中于外在化层面，如围绕对工匠文化的社会化遮蔽、工匠文化传承以及工匠遗产等问题展开；二是对工匠文化的加强、意义以及困境等外在社会原因分析。这两种趋势均能从一定程度上阐明工匠文化的存在及其价值，不足之处是较难从工匠文化的历史（阶段性）殊相与社会（公共性）共相的连接中揭示出理论问题的本质存在。

从国内外研究现状看，古今中外的工匠文化研究主要集中在工匠生存、工匠名录以及工匠文化与科技之关系等层面展开，特别是缺乏工匠文化的核心问题研究。工匠文化的核心理论问题到底是什么？对此问题研究的理论价值如何？这对于弘扬工匠文化与厚植工匠文化具有重要意义。因此，工匠文化的核心理论尚需进一步梳理、充实与完善。

三　主要问题及理论资源

本研究借用"齐尔塞尔论题"作为分析工具，比较系统地阐明中国化的齐尔塞尔论题，旨在以中国古代士与匠之间的互动与介导为研究核心，从而构建中国化的齐尔塞尔论题理论系统，以期为当代工匠文化发展提供理论支撑与智力支持。因此，本研究拟阐释的主要问题有三。

第一，齐尔塞尔论题的"中国化问题"。从根本上说，"中国化"就是提出、分析与解决中国的"学者—工匠问题"。西方齐尔塞尔论题研究有其特定的社会背景、学者阶层以及工匠技术身份，这与中国古代的学者（"士"）与工匠（"工"）及其历史语境有很大差别。因此，中国古代语境下的齐尔塞尔论题是基于漫长的封建社会制度而缓慢发展，并显示出阶段性、历史性的话语体系与理论特色。换言之，如何用西方的齐尔塞尔论题进行中国化研究是本研究拟解决的主要学术问题，也是最为关键的理论问题。

第二，中国化齐尔塞尔论题的"时代化问题"。从根本上说，"时代化"就是提出、分析与解决中国时代的"学者—工匠问题"。在研究中国古代历史上的中国化齐尔塞尔论题之后，必须利用这些历史的问题及其启示回答中国迫切需要解决的时代问题，特别是构建时代需要的工匠文化体系理论的问题，进而为中国经济建设与文明发展提供需要的工匠精神理论及其传承文脉；同时，厘清中国时代发展中的学者如何介入工匠及其话语体系，为"中国制造"服务，为"中国质量""中国品牌""中国技术"服务，进而为"中国形象"服务。

第三，中国化齐尔塞尔论题的"理论化问题"。从根本上说，"理论化"就是提炼、归纳与概括地生成中国化齐尔塞尔论题理论体系，特别是中国士与匠的互动机制与介导路径，从而在理论上形成中国化齐尔塞尔论题基本原理与学术构建。中国化齐尔塞尔论题的"理论化问题"的落脚点就是齐尔塞尔论题的"社会化问题"，即提出、研究与回答社会需要解决的具体问题。尤其是社会需要什么样的学者对工匠的"介导理论"或经济建设中的士与匠的"互动理论"。

简言之，本研究拟解决的主要问题是齐尔塞尔论题的"中国化问题"、中国化齐尔塞尔论题的"时代化问题"与中国化齐尔塞尔论题的"理论化问题"。但就研究的具体板块而言，拟解决的细节问题如下。

问题之一：上古"学者—工匠问题"。在意识形态领域，上古宗教思想支配并占有全部社会意识及其活动。上古制器文化基本围绕宗教而展开，先民已懂得使用器物去装载神权，进而在器物使用或仪式活动中溢出原始人文宗教思想。上古宗教不仅溢出合"礼"性器物图像视觉形态，还与国家发生了密切关系，体系溢出器物在国家层面扮演起文化角色传统。借此，上古工匠制器通过宗教化人文因素渗透到制器活动中，从而增益于上古制器的人文功能及其意义构建。上古器物具有明显的宗教叙事与文化溢出功能，它对于当代中国制造在文化叙事与域外输出具有启示性意义。

问题之二：先秦"学者—工匠问题"。在科技层面，先秦工匠造物和探索自然的活动场所即为他们的准科学实验室，官营专门化或垄断性作坊的创造性活动或为先秦百工的技术创造。换言之，先秦百工兼具准科学家与技术专家的双重身份。以工匠为参照群体的先秦学者不仅顺应社会发展对自身提出需要的可遵循的社会秩序、价值伦理及治国方略，还在镜像、参照、模范、介导、著述等社会互动或角色借用中实现对工匠的知识叙事及科学技术的发展需求。但先秦士与匠的早熟性互动有潜在的区隔风险，以至于日后工匠技术与自然哲学的协同发展被植入了致命的"阿喀琉斯之踵"。

问题之三：汉唐"学者—工匠问题"。在汉唐，作为士阶层的士与匠之间存有区隔与互动的双层结构关系。学者作为潜在区隔主体或互动供体占据了工匠的主导作用，并对工匠的介导掺杂明显的支配地位与政治色彩。在身份层面，"虽工亦匠"的态度迫使工匠隐于社会较低等级地位；在技术层面，"奇技淫巧"的观点遮蔽与剥夺了工匠技术发展；在文化层面，"重道轻器"的立场也催生工匠只能依照自然观察及世袭经验为手作文化原型。但汉唐士与匠之间矛盾的文化心理被"开放"的汉唐帝国情怀与文化制度以及工匠文化自身魅力所冲淡，并在文化生理上表现出士与匠之间的隐性化双边互动。

问题之四：在魏晋南北朝语境下，《文心雕龙》的工匠叙事暗示刘勰对工匠文化的谙熟与接纳，并体现出他的理论思维秉承"工"的经验文化向"士"的文学理论迁移与转换。作品中的工匠叙事建立的文学话语系统逐渐被固化在理论语言中，不仅创构了文学理论叙事的行为法度与价值标准，还折射出中华工匠文化的基本概念、核心范畴与理论体系。基于"士"与"工"在理念、行为与标准上的通约与互信，《文心雕龙》的工匠叙事已然超越工匠的经验文化，进而生成强大的文学理论言说能力与文化意义。在中国文学史上，工匠叙事俨然约定为一种普遍的文学理论经验，它为沟通器"物"与人"情"的双向对话与视界交融提供可靠叙事交易，这对于反思当代中国文学理论发展与偏向具有历史借鉴意义。

　　问题之五：宋代"学者—工匠问题"。在"优士统治"语境下，伴随城市经济、市民阶层与理学的崛兴，宋代打破汉唐以降士与匠的区隔而迈入互动状态。宋代的应用科学与实验技术进展显赫于世，尤其是宋代工匠受士人、理学学者、文艺学者及科学家的介导，使之在技术变革、艺术思维及手作创新等方面获得迅猛发展。同时，工匠的技术经验、计量思维及手作方法也反哺宋代学者与科学家自身的知识再生产。但在本质上，宋代理学的科学性是有限的，加之工匠文化本身的顽固性以及宋代学者自身的局限性，士与匠的互动效应也是有限的。一方面它无法满足自然科学发展所需的内在潜质，终将无力使宋代科技跃至近代自然科技水平；另一方面，宋代的工匠文化也因受制于内外文化制度，只能停留在经验表层而无法实现科学的理性发展。

　　问题之六：晚明"学者—工匠问题"。在晚明史境下，士与匠间的传统分离状态发生裂变，被遮蔽已久的工匠文化已然向学者群体敞开。以工匠为参照群体的晚明学者不仅顺应社会发展对工艺知识传承与技术叙事的需求，还在角色借用中为自我提供可遵循的心灵秩序、价值伦理及思维方法。晚明士与匠的双向互动俨然昭示了16—17世纪中国社会的主体边界被突破、主流理学招致实学思潮反抗、新的社会秩序与价值伦理被重构。尽管晚明士与匠的互动仅在有限范围内展开，但这场历史性的社会化互动却引发了天朝人文主义思想的松动、新知识群体的诞生以及中国科学技术的缓慢变革。

　　问题之七：清代"学者—工匠问题"。伴随清代匠籍制度革新，工匠身份"自由化"以及"弃匠入仕"现象已然暗示国家对工匠身份转型的认同。尽管清代学者受制于文字狱及其他羁绊，仅能在朴学中考证技术，或在译介中引进西技，但学者的实业救国精神呈现出积极态势。这无疑为清代工匠之"艺"向技术性再造以及工匠之"技"向科学化迈进提供支持，进而打通士与匠之间"交易地带"的文化通道，实现学者对工匠文化的有效介导。但客观上，晚清学者对工匠的介导存在着制度性、文化性的保守主义缺憾，这种介导损伤无疑反证晚清唯技术思潮在人文主义领域的局限性。于是，晚清部分学者开始理性反思科技无法解决社会矛盾之问题，并迸发出对科学主义的怀疑以及坚守中华传统文化之呼声。

问题之八：当代"学者—工匠问题"。在当代中国，"学者—工匠问题"在一定程度上已然成为一种显学，因为"工匠文化"与"工匠精神"成为这个时代的"标识性"概念。之所以工匠文化成为现在的标识性概念，这与当代中国国家话语结构的再平衡是有关系的，抑或是工匠文化在整个社会发展的地位与身份已然凸显。因此，当代中国学者对工匠的研究、分析与思考或成为一种时代使命。

为解决上述问题，《士与匠的交往》主要采用的理论资源有以下几种。

第一，场域理论。"场"是现代物理学的一个重要范式，指用时空位置函数来表征特定的物理量。后来，19世纪中叶诞生的物理学"场论"被广泛应用到心理学（K. 勒温）、社会学（皮埃尔·布迪厄）等领域，用此分析人与周围时空的关系及其社会行为模式。

在社会学层面，皮埃尔·布迪厄等认为："一个场域可以被定义为在各种位置之间存在的客观关系的一个网络（network），或一个构型（configuration）。正是在这些位置的存在和它们强加于占据特定位置的行动者或机构之上的决定性因素之中，这些位置得到了客观的界定。"[①] 换言之，"场"或"场域"（field）被定义为一种行为概念模式，它通常指向社会人在特定时空中所发生的客观关系构型及其相互影响的因素逻辑域。他人或自我所建构的"场域"是表征在社会空间中彼此相对独立性及其区别化存在或被客观界定的概

---

① ［法］皮埃尔·布迪厄、［美］华康德：《实践与反思：反思社会学导引》，李猛、李康译，中央编译出版社1998年版，第133—134页。

念模式。在布迪厄看来，"场域"思维即关系思维，并且处于场域中的"关系"又具有"双重约束与转换"的倾向性特征。

第二，互动理论。科技史研究的"内部"与"外部"绝不是静止不变的，而是彼此互动与关联的。在微观社会学层面，社会互动（Social Interaction）是研究社会学包括科技史在内的基本分析单位，它是个体走向他者或社会群体的重要关节点。作为一种理论社会学分析工具，"社会互动论"有利于领会期待或被期待特定社会以及它的"个体行动"，也包括期待理解这种行动的价值理念及其社会意义。在早期社会互动研究代表人物乔治·H.米德（George Herbert Mead）看来，"行动"是某个体在特定社会情境下的全部反应。

第三，介导理论。士与匠之间的关系论确乎类似于医学上的"介导论"。所谓"介导"，原指利用某种物质作为媒介，将供体转移给受体，从而使受体的内在基因型及其表现型发生变化。从医用发生学看，新细胞的诞生必然有其生发的媒介与转导的过程。换言之，当作为"受体"的工匠文化细胞遭遇外来学者"供体"文化的干预，自然会引起一系列受体工匠文化基因型及其表现型的细胞变化问题，这些问题便构成了一般意义上的士与匠之间的知识认识论，即"学者—工匠的介导论"。就理论而言，供体、受体以及转导是"介导论"的关键要素。引入"介导论"阐释"学者—工匠问题"，能有效解决传统方法论意义上对该问题的"二元论"或"交易地带论"的弊端。因为士与匠的"二元论"忽视了两者的"转导"过程，而"交易地带论"又在注重"转导"过程中失去了对"供体"与"受体"的独特性分析。

第四，社会历史分析理论。在动态的"社会历史分析"中，能阐明中国早期社会的工匠传统的技术和学者传统的人文之间的离散、聚合与交融，探讨技术与人文在先秦的政治化偏向、批判性分歧、技术物对人文哲学的诱导及其对人文思想的渗透。对此系列问题的阐释或有利于拓展技术/人文的发展空间及其共生地带，特别能有助于揭示中国古代社会的技术产生的人文根源及其动力，包括透视中国古代社会的人文精神或人文因素渗透到技术活动的机制与效能，从而有利于消除与弥合技术/人文的单向度控制及其危害，阐明技术/人文的单方面停滞或过度性发展所带来的社会异化。

在此，有必要不惜笔墨分析《士与匠的交往》所利用的理论资源的方法论根据。之所以选取场域、互动、介导等理论范式分析中国化齐尔塞尔论题，主要是基于这些范式对于知识生成具有很大的诱导价值，并在研究空间与研究视野上具有强大的拓展与延伸作用。

四　研究内容、方法与意义

《士与匠的交往》以"学者—工匠问题"为导向，以"中国化的齐尔塞尔论题"为研究对象，立足前人研究基础，众采历史文献、概念分析、场域理论、社会互动论、介导理论等方法论，以精准工匠与学者的"互动与介导"为核心议题，较详细阐明中国化的齐尔塞尔论题的理论体系、历史脉络与时代发展。

1. 主要内容

《士与匠的交往》基于齐尔塞尔论题研究视野，借鉴与运用了场域论、互动论与介导论等基本学术理论，吸收当代中国传统文化研究的新观点与新思想，在尽可能搜集与分析中国古典工匠文献的基础上，注重中国古代工匠与特定社会及其背景下的学者活动方式与特征，旨在探寻中国古代士与匠之间的内在逻辑关系及其表现形式，试图阐明中国化的齐尔塞尔论题的内在体系（理论体系）、历史脉络（历史体系）与时代发展（发展体系），进而得出中国传统社会的士与匠的关系逻辑（同源、区隔、分离、互动、融合、顺化、介导）及其发展规律（在同源中区隔、在区隔中分离、在分离中互动、在互动中融合、在顺化中介导）。

据研究需要解决的问题，《士与匠的交往》具体内容分为："一大主体"（中国化的齐尔塞尔论题）、"三大核心模块"（理论化模块、中国化模块与时代化模块）、"九大知识单元"（理论化模块 1、中国化模块 7 与时代化模块 1），具体安排如图 1 所示。

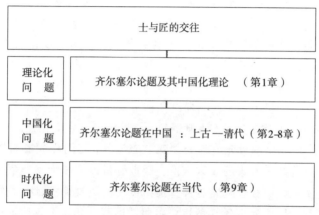

图1　《士与匠的交往》内容体系框架

"一大主体"，即中国化的齐尔塞尔论题。"三大核心模块"，即按照齐尔塞尔论题研究要解决的三个问题而设计三大模块，即理论化模块、中国化模块与时代化模块，这三大模块对应的研究指向：理论模型预设—分析论证理论模型—理论应用与延展。"九大知识单元"，即 1 个理论化模块知识单元、7 个中国化模块知识单元、1个时代化模块知识单元。

理论化模块

理论化模块，即提出并逻辑论证中国化齐尔塞尔论题的理论体系。本模块内容为"齐尔塞尔理论及其中国化理论"（第一章）：主要阐明中国化的齐尔塞尔论题的核心概念（士与匠）的置换与迁移（学术场与工匠场），分析中国古代学术与工匠之间的场域位置、结构逻辑与价值惯习，透视中国化齐尔塞尔论题的"士与匠"的互动逻辑、运行机制与根本特征。

中国化模块

中国化模块，即第二章至第八章，共分七大知识单元，主要分析与论证中国化的齐尔塞尔论题的历史脉络与发展体系。

第一单元，本单元内容为"第二章"：主要分析在意识形态领域的上古宗教与制器的关系，并初步阐释先民使用器物去装载神权，进而在器物使用或仪式活动中溢出原始人文宗教思想的能力；进而说明，上古宗教不仅溢出合"礼"性器物图像视觉形态，还与国家发生了密切关系，从而溢出器物在国家层面所扮演的文化角色传统；侧重分析上古工匠制器是如何通过宗教化人文因素渗透到制器活动中，从而增益于上古制器的人文功能及其意义构建。

第二单元，本单元内容为"第三章"：主要阐释先秦百工兼具准科学家与技术专家的双重身份；侧重分析以工匠为参照群体的先秦学者不仅顺应社会发展对自身提出需要的可遵循的社会秩序、价值伦理及治国方略，还在镜像、参照、模范、介导、著述等社会互动或角色借用中实现对工匠的知识叙事及科学技术的发展需求。

第三单元，本单元内容为"第四章"：主要阐明汉唐时期作为士阶层的士与匠之间的区隔与互动之双层结构关系；分析学者作为潜在区隔主体或互动供体占据了工匠的主导作用，并对工匠的介导掺杂明显的支配地位与政治色彩；侧重分析三个层面（身份、技术与文化）的士与匠关系问题。在身份层面，"虽工亦匠"的态度迫使工匠隐于社会较低等级地位；在技术层面，"奇技淫巧"的观点遮蔽与剥夺了工匠技术发展；在文化层面，"重道轻器"的立场也催生工匠只能依照自然观察及世袭经验为手作文化原型。

第四单元，本单元内容为"第五章"：主要阐释《文心雕龙》的工匠叙事，暗示刘勰对工匠文化的谙熟与接纳，并体现出他的理论思维秉承"工"的经验文化向"士"的文学理论迁移与转换。作品中的工匠叙事建立的文学话语系统逐渐被固化在理论语言中，不仅创构了文学理论叙事的行为法度与价值标准，还折射出中华工匠文化的基本概念、核心范畴与理论体系。基于"士"与"工"在理念、行为与标准上的通约与互信，《文心雕龙》的工匠叙事已然超越工匠的经验文化，进而生成强大的文学理论言说能力与文化意义。在中国文学史上，工匠叙事俨然约定为一种普遍的文学理论经验，它为沟通器"物"与人"情"的双向对话与视界交融提供可靠叙事交易，这对于反思当代中国文学理论发展与偏向具有历史借鉴意义。

第五单元，本单元内容为"第六章"：主要阐释宋代士与匠在区隔中慢慢迈入互动状态的历程及其历史原因；侧重分析宋代工匠受士人、理学学者、文艺学者及科学家的介导进而产生宋代社会在技术变革、艺术思维及手作创新等方面获得迅猛发展。同时，工匠的技术经验、计量思维及手作方法也反哺宋代学者与科学家自身的知识再生产。不过需要指出的是，宋代理学的科学性是有限的，加之工匠文化本身的顽固性以及宋代学者自身的局限性，士与匠的互动效应也是有限的。

第六单元，本单元内容为"第七章"：主要阐明晚明士与匠间的传统分离状态发生裂变，被遮蔽已久的工匠文化已然向学者群体敞开；侧重分析以工匠为参照群体的晚明学者不仅顺应社会发展对工艺知识传承与技术叙事的需求，还在角色借用中为自我提供可遵循的心灵秩序、价值伦理及思维方法；还要分析晚明士与匠的双向互动，昭示出16—17世纪中国社会的主体边界被突破，主流理学招致实学思潮反抗，新的社会秩序与价值伦理被重构。晚明这场历史性的有限性互动引发了天朝人文主义思想的松动，新知识群体的诞生以及中国科学技术的缓慢变革。

第七单元，本单元内容为"第八章"：主要阐明清代工匠身份"自由化"以及"弃匠入仕"现象；分析清代学者受制于文字狱及其他羁绊，仅能在朴学中考证技术，或在译介中引进西技，但学者的实业救国精神呈现出积极态势；透视清代工匠之"艺"向技术性再造以及工匠之"技"向科学化迈进提供支持，进而打通士与匠之间"交易地带"的文化通道，实现学者对工匠文化的有效介导；同时要分析晚清学者对工匠的介导存在着制度性、文化性的保守主义缺憾，这种介导损伤无疑反证晚清唯技术思潮在人文主义领域的局限性。

时代化模块

时代化模块，即"第九章"：本章主要阐释中国化的齐尔塞尔论题在当代的发展与表现，侧重阐明当代中国士与匠的国家性、政策性与实践性的互动，并在理论的高度建构新时期的中国化齐尔塞尔论题的理论体系与结构模型。

简言之，《士与匠的交往》内容体系主要有齐尔塞尔论题的理论化、中国化与时代化三大问题指向。它要分析、研究与回答中国化的齐尔塞尔论题在理论体系、历史脉络与当代发展的重要学术问题，以其还原中国古代士与匠之间的同源、互动、分离、区隔、介入、融合等关系场，并进一步回答中国化的齐尔塞尔论题在当代的理论迁移与文化重构。

2. 研究方法

《士与匠的交往》借用"场域与互动范式"的知识生成逻辑作为分析工具，比较系统地阐明中国化的齐尔塞尔论题的发展历程及其表现规律，旨在比较全面追问中国传统士与匠的互动与演进关系，以期为当代中国学者介入工业产业以及中国工匠文化的复兴与重构提供理论支撑与学术引领。

就具体研究方法而言，《士与匠的交往》主要采用以下研究方法（见图2）。

第一，历史与文献研究法。历史与文献研究法，即历史研究法与文献研究法。本研究既遵照拟解决问题的主体线索进行分类研

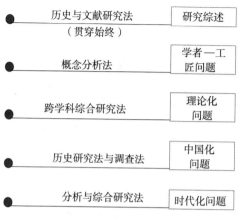

图2　研究方法导图

究，又按照历史的纵向顺序对中国化齐尔塞尔论题进行有序梳理与研究，并通过历史文献获取有关资料。试图从大量的历史文献中获取有关中国化的齐尔塞尔论题的知识叙事材料，重点捕获中国化齐尔塞尔论题的历史与发展变化，从而全面把握中国化齐尔塞尔论题的历史内涵与发展脉络。

第二，概念分析法。鉴于《士与匠的交往》所涉概念术语较多，加之概念是思维的基本单位。采用概念分析法，即分析概念的内涵与外延，以期获取概念的特有属性及其内容的历史嬗变。

第三，跨学科综合研究法。中国化的齐尔塞尔论题所涉猎知识领域及学科范围非常广泛，除了最为核心的场域理论方法、互动理论方法、社会历史分析方法以外，《士与匠的交往》研究还运用了知识社会学、公共社会学、文化心理学、艺术文化学、文化人类学等多学科的理论、方法、成果交叉进行研究，以期获取中国化齐尔塞尔论题的整体认知与客观理论。

3. 学术创新

第一，学术方法与技术路线的创新。《士与匠的交往》创造性地以"场域与互动"的分析范式作为写作方法与工具，并提出了中国化齐尔塞尔论题的有关重要理论体系、运行机制与发展特征，进而比较全面地阐释了中国化齐尔塞尔论题的发展轨迹与历史脉络。在写作技术路线创新层面，首先提出中国化的齐尔塞尔论题理论模型，然后针对其理论模型引出历史分期及其研究思路，进而在"理论模块""中国化模块""时代化模块"三个层次上展开分层论述，最后整体性地呈现中国化齐尔塞尔论题的发展轨迹、历史脉络与机制特征。

第二，内容选择与材料利用上的创新。学界对中国化齐尔塞尔论题研究无疑没有现成的学术范例，也没有完整的文献材料。为此，对中国化齐尔塞尔论题研究无疑要从边界学科思维开进，进行学科跨越式的历史学、艺术学、人类学、考古学、哲学、文化学等多边界的写作。或者说，内容的跨界与材料的多元必将成为本研究之创新特色。因此，《士与匠的交往》在多个学科领域交叉展开，并有效地利用这些学科内的文献材料交叉论证，对中国化齐尔塞尔论题展开综合性研究。

第三，写作体例与结构安排上的创新。《士与匠的交往》既遵照艺术史时间性写作习惯，即以中国化齐尔塞尔论题历史发展等为写作顺序，又遵照中国化齐尔塞尔论题的知识体系的逻辑生成（理论化—中国化［以时间为序］—时代化）来安排写作体例与框架结构。这样的写作体例不仅抓住了写作对象的本质内容，也符合逻辑知识的一般生成规律，更清晰地表明本著要解决的核心理论问题。

4. 学术价值

《士与匠的交往》的学术权极价值主要有三。

一是学术创新。作者基于"场域与互动"理论视野，借用"齐尔塞尔论题"，创造性地提出"中国化的齐尔塞尔论题"，即中国传统"学者—工匠问题"，系统阐释中国化齐尔塞尔论题的理论体系、发展脉络与时代新命，较好地开拓了中国工匠文化的研究新领域，并提出了诸多相关新观点与新理论。

二是社会需求。中国化齐尔塞尔论题是中国传统工匠文化中的"李约瑟难题"。中共中央办公厅、国务院办公厅印发的《意见》明确指出，实施中华优秀传统文化传承发展工程的总体目标为："到2025年，中华优秀传统文化传承发展体系基本形成，研究阐发、教育普及、保护传承、创新发展、传播交流等方面协同推进并取得重要成果。"对于中国化齐尔塞尔论题而言，"研究阐发，创新发展"必将是一项重大而具有时代使命的课题。本研究旨在对国家"实施中华优秀传统文化传承发展工程"战略部署提供有力支持；同时，本研究较深入发掘中国化齐尔塞尔论题的理论内涵、发展脉络及其当代构成，较好满足了当前中国社会发展对复兴工匠文化的强烈需求，这对于续存中华文化根脉、增强中华民族文化自信、提升我国文化身份及其软实力均具有重大而深远意义。

三是理论提升。《士与匠的交往》较好地梳理中国化齐尔塞尔论题的历史发展脉络，并概括性归纳得出中国化齐尔塞尔论题的理论体系，进而提升了中国工匠（设计）文化的学术理论，解决了中国化齐尔塞尔论题的理论内涵、历史脉络以及创新发展等现实理论疑虑，或可作为一种理论模型与写作范式被借用。

五　关键概念的界定与说明

《士与匠的交往》涉及较多的概念，这些概念有其"中国背景"与"中国内涵"，并具有时间与空间的特殊意义指向。因此，有必要辨明其特定内涵与所指，以期更好地为研究中国化齐尔塞尔论题之所用。

1. 学者。在狭义上，"学者"指专门从事某学问研究之人。此处的"学者"主要指中国古代传统的知识分子，即"士大夫"或

"士"。但其范围较广泛，包括帝王、官员、士人、落魄文人、科学家、艺术家、文学家等。因此，中国传统学者有别于西方1300—1600年间形成的大学学者与人文主义者之概念，也与西方"近代学者"在科技革新层面的介入与倾向有所不同。不过，在齐尔塞尔论题视域下，到了晚明，中国"学者"与西方"近代学者"有其相似性，即在参与技术与文化革新层面，晚明学者已表现出对工匠技术的介入偏好。譬如《髹饰录》的作者黄成是一位研究髹漆的学者，但同时更是一名著名髹饰工匠。《园冶》的作者计成是营建工匠，也是热衷于建筑著述的学者。《陶庵梦忆》《天工开物》的作者系明代学者，但对工匠文化的介入与研究偏好是明显的。简言之，中国晚明及之后的学者已然不是传统意义上的纯粹文人学者，他们或离科技型学者越近。

2. 工匠。工匠，即"工"或"匠"。《辞海》之"工部"说："工，匠也。凡执艺事成器物以利用者，皆谓之工。"《尚书》言"工"者约22处，如"工""百工""共工""天工""百宗工"等。《周礼》之言"工"者约48处，其中《考工记》约29处，如"工""百工""工事""邦工""国工""良工""上工""下工"等。《礼记》之言"工"者约28处，如"百工""监工""贱工"等。《考工记》出现了圣人、国工、上工、良工、下工、匠人、贱工等有差别的技术身份阶层。《考工记》记载"百工"有六大序列与30类工种。这六大序列为木工、金工、皮工、色工、刮摩工与抟埴工，其中木工分轮、舆、弓、庐、匠、车、梓等7类工种；金工分筑、冶、凫、栗、段、桃等6类工种；皮工分函、鲍、韗、韦、裘等5工种；设色工分画、缋、钟、筐、㡛等5工种；刮摩工分玉、榔、雕、矢、磬等5工种；抟埴工分陶、旊等2工种。简言之，本书论及的"工匠"如同《考工记》《尚书》《周礼》《礼记》制器造物之"工"。

3. 场域。在理论上，"场域"被认为是布迪厄社会学研究的核心工具与分析单元。在布迪厄那里,"场域"是一个开放性与收敛性并举的概念,它研究的内容指向内外部空间及其要素的结构体及其关系性。因此,布迪厄认为,"依据场域进行思考即是关系性地进行思考"。戴维·斯沃茨则进一步强调:"各种各样的场域通过鼓励研究者探究塑造行为的潜在的、不可见的关系而不是常识性范畴所赋予的所谓'特征'。"① 在此,斯沃茨明确阐明了布迪厄"场域"所偏向的内在关系性逻辑要义,即"场域"并非单指可见的物理空间,还指向一个不可见的"非常识性"的空间区域,有其特定的潜在结构(元素)及其关系网络。就工匠而言,作为社会实践的手作叙述不过是"在特定场域的特别逻辑之中实现的东西",工匠文化被手作叙述所发生的公共场域所影响,并反哺公共社会经济、政治及其文化。换言之,工匠文化在理论上可以纳入"公共场域"之研究范围。

4. 互动。在微观社会学层面,"社会互动"(Social Interaction)是研究社会学的基本分析单位,它是个体走向他者或社会群体的重要节点。作为一种理论社会学分析工具,"社会互动论"有利于领会期待或被期待特定社会以及它的"个体行动",也包括期待理解这种行动的价值理念及其社会意义。同时,"工"作为技术性的群体行动必然附着或连接其背后的社会制度及其文化理念。抑或说,对东周社会"士"与"工"的有限性互动分析还涉及"技术社会学"(sociology of technology)② 的方法论,它或有利于领会期待东周"工"与"士"发展的社会机制、社会功能及其相互关系,尤其能期待领会东周"工"为了适应礼制而实践的"合理性技术"(桑巴特、韦

---

① [美]戴维·斯沃茨:《文化与权力:布迪厄的社会学》,陶东风译,上海译文出版社 2006 年版,第 138 页。

② 参见[日]仓乔重史《技术社会学》,王秋菊、陈凡译,辽宁人民出版社 2008 年版。

伯）。不过，东周社会为这种合"礼"性技术做出贡献的并非工匠这部分群体，而是由帝王、诸侯、贵族、官吏、民众、武官、史官等各个阶层组成的。换言之，"技术社会学"可以作为一种理论分析工具，它无疑有利于阐明东周社会及其语境下的"士"与"工"的合"礼"性技术互动的发展。

5. 介导。士与匠之间的关系论确乎类似于医学上的"介导论"。所谓"介导"，原指利用某种物质作为媒介，将供体转移给受体，从而使受体的内在基因型及其表现型发生变化。从医用发生学看，新细胞的诞生必然有其生发的媒介与转导的过程。换言之，当作为"受体"的工匠文化细胞遭遇外来学者"供体"文化的干预，自然会引起一系列受体工匠文化基因型及其表现型的细胞变化问题，这些问题便构成了一般意义上的士与匠之间的知识认识论，即"学者—工匠的介导论"。就理论而言，供体、受体以及转导是"介导论"的关键要素。引入"介导论"阐释"学者—工匠问题"，能有效解决传统方法论意义上对该问题的"二元论"或"交易地带论"的弊端。因为士与匠的"二元论"忽视了两者的"转导"过程，而"交易地带论"又在注重"转导"过程中失去了对"供体"与"受体"的独特性分析。

6. 镜像。在人类早期，"镜像"是人们认识世界的一种朴素的呈现方式，即在他者的镜像下不断认识自我。正如法国精神分析家雅克·拉康（Jacques Lacan，1901—1981）所言，从镜像阶段开始，（人类）婴儿通过镜子认识到"他人是谁"，才能够意识到"自己是谁"。工匠及其文化是古代中国学者社会行动与思想出场的一个镜像对象。这里所谓的"镜像对象"指的是古代中国学者在思想上镜像工匠文化的诸多技术标准、手作思想与精神理念，并提供思想镜像框架的目标对象。譬如《易经》就是先秦学者镜像工匠及其文化思想的经典文本，它是中国古代自然哲学与人文实践知识互动而产生的文化镜像体。因此，《易经》不仅是中国自然哲学包括工匠思想的源头，也是中国社会实践知识的理论根源。

7. 模范。士与匠之间的个体互动是基于相互趋同或吸引的社会价值理念，这种吸引来自"工"的"物理模范"与"士"的"思想模范"之间的趋同性。法家是战国诸子中后起学派之一。管仲、商鞅、慎到、申不害、李斯等是法家重要人物。最为显赫的是韩非子，他是一位十足的功利主义者，将法（依据）、势（保障）、术（手段）等思想杂糅于一身，并提倡以法治国。法家在"奉法者强则国强；奉法者弱则国弱"的理念下，形成一整套中央集权君主专制主义法治国家的制度与理论。在逻辑上，器物文化的哲学思想偏向是人类文化进步的重要力量。法家充分利用"法"的框架来构型他们的理想社会，这与战国时代以铁器、青铜器为代表的先进生产力或造物文化不无关系。特别是活跃于战国的"模""范""型""规""矩""绳"等工匠造物的工具及其方法论很容易让想象力丰富的法家联想"法"的内在逻辑及其社会治理力量。中国古代学者借鉴工匠经验文化作为理论研究之模范，进而在"士"与"工"的互动中实现中国特色文化的发展。

8. 晚明。《士与匠的交往》涉及的"晚明"范围为广义上的"晚明"，即明代万历、天启、崇祯三朝，为1573—1644年前后。因此，本书所举《髹饰录》《园冶》《天工开物》《陶庵梦忆》等文献均在晚明前后。尽管《髹饰录》系万历之前隆庆年间（1567—1572）成书刊行，但其所反映的"齐尔塞尔论题"已接近晚明之情形。《陶庵梦忆》成书于崇祯十七年（1644），明亡后的乾隆四十年（1755）才得以刊行，但所记内容也多为明末之产物，因此亦被纳入"晚明"之内。另外，《园冶》《天工开物》分别为明末崇祯七年（1634）、崇祯十年（1637）刊行面世。

第一章

中国化齐尔塞尔论题：体系、机制与特征

在场域论视野下，齐尔塞尔论题的核心概念（士与匠）可以置换为学术场与工匠场。在中国古代，学术与工匠之间有特定的场域位置、结构逻辑与价值惯习。学术场的行动者是被支配阶级的支配群体，而工匠场的行动者处于被支配位置。学术与工匠的场域交往主要围绕造物、技术、制度、精神等体系展开，并在功能、形式、要素、逻辑、著述等方面形成互动机制。学术场显示出"优士统治"的政治惯习，工匠场则被这种惯习支配走向合"礼"性技术表达。

一　齐尔塞尔论题：由来与研究

本研究的论题直接来源于"齐尔塞尔论题"，即"学者—工匠问题"。该问题是由奥地利科学哲学家埃德加·齐尔塞尔率先提出，并认为资本主义的兴起直接导致高级工匠与学者之间的社会互动。

齐尔塞尔对士与匠关系的思考是基于近代欧洲早期技术发展与科学诞生背景，并聚焦于1300—1600年间形成的大学学者、人文

主义者与工匠的"三大阶层"论证,[①] 其核心指向是工匠与学者间的互动而产生近代科学。

近代欧洲工业革命之后的技术进步史显示，工匠的手作经验、量化方法以及技术思维等文化知识及智慧为欧洲科学技术发展提供了理论储备，以至于在奥地利学者齐尔塞尔看来，近代欧洲科学家群体已然是士与匠广泛互动的显著标志，工匠在新科学产生中起到了某种决定性作用。

在中国，工匠文化为学者同样提供了因果训练、定量思维与实验方法等理性思维知识。换言之，"齐尔塞尔论题"不仅是欧洲近代科技史研究的重要线索，还是中国工匠文化史研究的应然题域。尽管作为实践知识的工匠文化是中华古代文化的重要组成部分，但它一直游离于理性知识之外，并不被学者所倚重而成为知识生产的对象。中国古代士与匠的"消极互动"局面的直接后果是致使中华历史上很少出现具有体系性的工匠知识文本，也致使中国近代以前的科学技术史研究处于停滞状态。实际上，在古代中国，作为学者主体的学术领域与作为匠人主体的工匠领域之间的互动有其自己特色的话语体系、运行机制与社会逻辑。

二　基本概念与方法设计：场域与互动

"场"是现代物理学的一个重要范式，指用时空位置函数来表征特定的物理量。后来，19 世纪中叶诞生的物理学"场论"被广泛应用到心理学（K. 勒温）、社会学（皮埃尔·布迪厄）等领域，用此分析人与周围时空的关系及其社会行为模式。

---

① 有关"齐尔塞尔论题"，参见［荷］科恩《科学革命的编史学研究》，张卜天译，湖南科学技术出版社 2012 年版。

在布迪厄看来，"场域"思维，即关系思维，并且处于场域中的"关系"又具有"双重约束与转换"的倾向性特征。对于学者而言，走向工匠群体的各种"行动"就是一种有意义的文化之上的社会行动反应，它能昭示或期待领会"齐尔塞尔论题"的历史全貌与理论状况。

在此，拟借用布迪厄"场域"范式，并提出"互动场域"概念，试图将"齐尔塞尔论题"中的两个核心概念——士与匠联系起来，并进一步置换为"学术场"与"工匠场"。以此来分析中国古代学术与工匠之间的场域位置、结构逻辑及其价值惯习。因为学术场与工匠场也是社会中表征人的社会行为的一组概念模式。前者是关于学者行为的概念模式，后者是关于工匠行为的概念模式。从分析的角度看，学术场与工匠场均指向它们特定社会位置里客观关系的一个构型，特别是他们的行为均被行动所发生的社会场域所影响。

那么，如何对学术与工匠进行"互动场域"研究呢？布迪厄指出："从场域角度进行分析涉及三个必不可少并内在关联的环节。首先，必须分析与权力场域相对的场域位置……其次，必须勾划出行动者或机构所占据的位置之间的客观关系结构……除了上述两点以外，还有第三个不可缺少的环节，即必须分析行动者的惯习，亦即千差万别的性情倾向系统。"① 布迪厄提出的场域分析的三个变量环节——场域位置、场域关系与场域惯习——显示能作为分析学术与工匠及其场域互动关系的社会学限度。在位置层面，中国古代学术场里的学者、知识分子或士大夫作为行动者显然是种"被支配阶级的支配集团"（被国家支配，但支配工匠），而工匠场里的工匠、匠师或工官的行动者却是"支配阶级中的被支配集团"（受一切支配）。换言之，工匠处于权力场中的被支配位置。在关系层面，中国古代学术与工匠的场

————————

① ［法］皮埃尔·布迪厄、［美］华康德：《实践与反思：反思社会学导引》，李猛、李康译，中央编译出版社1998年版，第143页。

域互动关系，主要是围绕各自行动主体或机构所占据的造物、技术、制度、精神等系统而构型的，并在特定的功能、形式、要素、逻辑、著述等层面建构互动理论机制。在惯习层面，中国古代学术场的惯习显示出一种特别的"优士统治"及其政治化治国倾向，而工匠场则被这种惯习倾向支配而表现出一种善意的合"礼"性技术表达，以满足学术场里的主体对宗教或政治的"高峰体验"。

三 学术场与工匠场的互动体系：结构与逻辑

布迪厄指出："在高度分化的社会里，社会世界是由大量具有相对自主性的社会小世界构成的，这些社会小世界就是具有自身逻辑和必然性的客观关系的空间，而这些小世界自身特有的逻辑和必然性也不可化约成支配其他场域运作的那些逻辑和必然性。"[①] 古代中国社会里的学术场与工匠场就是"具有相对自主性的社会小世界"，并具有自身结构和必然性逻辑体系。

1. 互动理论体系结构："一对主体"与"四大层次"

从文化类型学上看，学术场与工匠场的互动理论体系是围绕"一对主体"与"四大层次"作结构性展开的。"一对主体"即"士与匠"；"四大层次"即造物互动体系、技术互动体系、制度互动体系、精神互动体系（见图1-1）。

（1）造物互动体系。该体系包括"四对互动范畴"（"一大理论和三大构成"），"一大理论"即技术美学与文化哲学；"三大构成"即造物理念与学术理念、造物逻辑与学术逻辑、产品与著述。

在技术美学与文化哲学高度，工匠的技术美学惯习看似来自手作

---

① ［法］皮埃尔·布迪厄、［美］华康德：《实践与反思：反思社会学导引》，李猛、李康译，中央编译出版社1998年版，第134页。

文化传统，但中国古代工匠在身份上的依附性或被支配地位导致这种"美学惯习"直接受制于学术场（"官""侯""士""王"）里的消费工匠器物的"上层社会"；反之，上层学术场的惯习美学思潮或文化哲学理念也影响工匠场（"工""工官""匠师"）的技术造物。譬如凭借民间文化，宋代的宫廷美学惯习充满简朴淳厚的民间文化气息，而工匠造物（宋瓷、宋几、宋漆）的技术美学也因此走向简洁、一色与澄澈的文化偏向。另外，内敛含蓄的宋代理学文化哲学与工匠的技术美学互动也是明显的。宋代赵佶的《听琴图》中所见雅细、瘦高的"宋几"与清澈、简远的"宋画"是互动的与相匹配的。这就是说，在技术美学与文化哲学两个互动层面，工匠场与学术场的互动具有同构的迹象，并由此形成了造物理念与学术理念、造物逻辑与学术逻辑、产品与著述的三大构成性互动形式。因为在中国古代，学术场的文化哲学（学术理念、学术逻辑、著述）对工匠场的技术哲学（造物理念、造物逻辑、产品）介入与影响是明显的。

（2）技术互动体系。该体系包括"一对互动和两对支撑范畴"，其中，"一对互动范畴"即（器物）艺术形式与（消费）生活方式，"两对支撑范畴"即艺术形式的结构形式（图、文、形、色、质）与社会形式（礼器、贡器）、生活方式的生理满足（衣、食、住、行）与高峰体现（艺术、美学、宗教），这些支撑性范畴又形成了结构形式与生理满足的互动、社会形式与高峰体验的互动。

艺术形式与生活方式是同构的。工匠的制器在结构形式与社会形式上必须满足人们的生活方式，特别是在生理满足与高峰体验两个维度上。器物的结构形式与社会形式的"固化"，即所谓器物的风格；消费器物的生理满足与高峰体验的"聚焦"，即形成所谓对器物的审美"趣味"。譬如在明清时期，中国风格显著的器物在欧洲宫廷刮起一场"中国风"，即表达明式器物风格或清式器物风格在结构形式上的相对稳定，并在欧洲宫廷形成一股中国趣味的时尚美学潮流。另外，器物总是一定社会形式的产物。在作为关系的、行为的、理想的形式社会里，器物的结构形式是社会形式的载体与媒介。举例而言，砍砸结构形式的"旧石器"与磨制结构形式的"新石器"就是两种社会形式的对应物；红陶（仰韶文化）结构形式、灰陶（大汶口文化）结构形式、黑陶（龙山文化）结构形式所对应的社会关系的形式显然也是不同的；同样，青铜器在夏商周汉时期的结构形式也各具特色。当然，器物的结构形式所彰显的社会形式在生理满足与高峰体现上所形成的趣味特色也是有差异的。总之，器物上的"青山绿水"与消费者心中的"青山绿水"在"趣味"的层次是趋于同构的，并具有文化的家族相似性。

（3）制度互动体系。该体系即工匠制度与国家制度的互动。工匠制度是国家制度的意志体现，国家制度是工匠制度制定的依据。先秦有"工商食官""处工就官府"的工匠制度；三国曹魏邺都"东西堂"制、南朝出现雇佣工匠制度与纳资代役制度、"军事编制"是北魏管理杂户与伎作户的制度；隋代"将作寺与监（令）"制度；唐代的"纳资代役"与"和买"工匠制度；宋代实施"雇佣制""番役制""官匠（军匠）—民匠（差雇或和雇）体系""团行"等工匠制度；明代有"匠户制度"（沿袭）、"工匠班次更定与班次征银"（"以银代役法"）、"五种轮班新制"、"出银代班"、"班匠银"、"轮班匠一律征银"、"以银雇工"等工匠制度；清代有"计工给值雇佣制""免征匠班银"等工匠制度。中国古代各个时期的工匠制度均是国家制度的演绎与彰显，抑或说，伴随国家制度的变化与更迭，工匠制度也随之发生变革。

（4）精神互动体系。该体系即工匠精神与人文精神的互动。工匠文化是人类社会最为重要的与生活系统密切相关的知识系统，它的周边聚集创物、手作、制度、精神等特质文化。工匠精神是工匠文化中的核心文化，它反映出社会文明与生命谱系。在意识形态领域，上古时期的宗教精神支配并占有全部社会意识及其活动，包括工匠制器行为及其精神理念。上古时期制器文化基本围绕宗教而展开，致使早期中国制器思想带有明显的原始宗教人文精神。半坡遗址出土的"人面鱼纹"陶器暗示原始先民朴素的生命伦理及其宗教思想：人鱼同源，有家族亲缘关系。姜寨遗址出土的有鱼、蛙、鸟复合图案的彩陶盆或是一定社会关系与文化机制的视觉化表现的产物。制器上的图腾视觉习惯于传统是天命神学的人文哲学基础，它不仅是先民精神性的信仰心体，还是一种物质性的崇拜实体。抑或说，上古时期的工匠制器通过宗教化人文精神渗透到制器活动中，从而增益于上古工匠制器技术的发展与变革，大大推进了上古制器技术文化的发展。

2. 互动理论体系逻辑："五大关系场"

在逻辑层面，布迪厄认为："一个场域的动力学原则，就在于它的结构形式，同时还特别根源于场域中相互面对的各种特殊力量之间的距离、鸿沟和不对称关系。"① 就学术场与工匠场而言，这些"特殊力量之间的距离、鸿沟和不对称关系"包括"工"与"士"、"使用"和"意义"、"风格"与"趣味"、"产品"与"生活"、"产品"与"著述"等"五大关系场"。因此，从哲学本质上看，学术场与工匠场的互动理论体系由思维（逻辑）体系、功能体系、形式体系、要素体系、著述（理论）体系等构成。

（1）互动思维体系：互动的合理性及其逻辑

在思维层面，"工"与"士"在造物逻辑与学术思维上有共享偏好。工匠在物性、物美与物语上的思维逻辑是技术与人文的抽象，因为在器物"物性"的改性过程中，它是需要技术作支撑的；而器物的图文叙事（即物美与物语叙事）是工匠及其时代人文逻辑的体现。譬如《诗经》中有大量的工匠"物语"（如漆器叙事），它们

---

① ［法］皮埃尔·布迪厄、［美］华康德：《实践与反思：反思社会学导引》，李猛、李康译，中央编译出版社1998年版，第139页。

既是"士"的载体思想传达，也是西周工匠造物文化的彰显，它们的身上涵盖诸多制器逻辑与士人礼乐思维。可见，"士"作为形式社会中的知识分子，他们对社会文化的反思及其形成的思维逻辑在一定程度上必然反映在造物逻辑之中。

（2）互动功能体系：功能主义的互动内核

在功能层面，"使用"和"意义"是学术与工匠的场域互动功能内核。这个互动功能体系用哲学的语言描述，即器与道的互动；在技术史领域，即技术使用与人文意义的互动。任何器物的基本功能不外乎有使用功能与人文功能，或偏向于使用功能（生活器物），或偏向于人文功能（纯艺术品），或两者兼具（生活性艺术产品）。中国传统艺术中的"道器不二"命题显示出器物使用和意义层面的互动性，并体现出技术与人文的同构性特征。先秦"以器达礼"或"藏礼制器"的制器逻辑就是典型的造物在使用和意义层面的同构性偏向。当然，在技术与人文的互动中，先秦造物的技术是从属于人文需要的，或先秦制器的人文偏向是处于支配位置的。

（3）互动形式体系：形式主义的互动外核

在形式层面，"风格"与"趣味"是学术与工匠的场域互动形式外核。这种形式外核是形式社会在器物上的跨越，即借助器物的风格彰显形式社会的人文风尚，并在器物使用中显示一种带有"形式意味"的审美风格，即趣味。譬如汉代人的"满实"趣味在汉代器物形式上的图案纹饰之"满实"是相通的；宋代士大夫的乡村野趣与宋代绘画以及陶瓷画风格也是趋同的。可见，学术场的"趣味"本是工匠场的"风格"所致，而工匠场的"风格"本源于学术场"趣味"的介入与反哺。

（4）互动要素体系：产品要素与生活要素的结构性匹配

在结构层面，"产品"与"生活"在要素层面具有同构性理想，并且在结构性匹配过程中实现由"器"向"道"的转变，从而实现使用和意义的文化能力的第一次蜕变。抑或说，"器中有山水"与"心中有山水"在要素层面呈现结构性匹配，并在"山水"要素的同构中实现由一般水平的"器"向哲学审美高度的"道"的跨越。于是，就出现了"以玉作六器，以礼天地四方"的"纳礼于器"之现象。另外，产品要素也是生活要素在功能上的需求与满足，一切不符合生活要素的产品要素是多余的，或器物设计是不成功的。对此，学术场的生活要素对工匠场的产品要素是有介导惯习的。尤其在古代，作为贡器的产品要素基本是按照学术场生活要素来设定的。

（5）互动著述体系：理论定型及其类别划分

在劳动成果层面，"产品"与"著述"在理论上被制造与记录，从而实现工匠场与学术场的理论成果偏向的彼此互动。作为工匠场的"产品"与作为学术场的"著述"在类别上具有同等意义的尺度与价值。产品的价值主要依赖于消费者对它的归类，抑或说，产品式样及其物类被消费阶层划分后，也就产生不同类的产品著述及其文化文献。《考工记》《仪礼释宫》《梦溪笔谈》《营造法式》《梓人遗制》《天工开物》《长物志》《园冶》《髹饰录》《闲情偶寄》《大清工部工程做法》《景德镇陶录》《装潢志》《存素堂丝绣录》《蚕桑萃编》等工匠著述文本，均在不同程度上呈现出物类批评的视野及其产品样态哲学。在文化传承层面，产品与著述均能作为定型化理论样态传承人类文化及其精神。

四　学术场与工匠场的互动机制：从镜像到著述

在互动机制层面，学术场与工匠场是通过"器物"这个中介共同塑造的。"对置身于一定场域中的行动者（知识分子、艺术家、政治家，或建筑公司）产生影响的外在决定因素，从来也不直接作

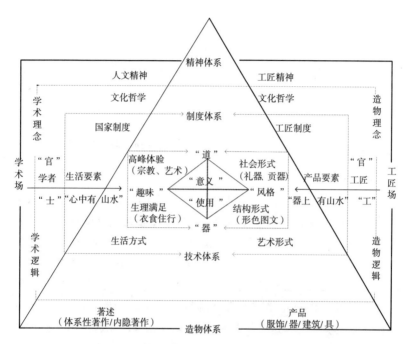

图1-1 学术场与工匠场的互动理论体系

用在他们身上，而是只有先通过场域的特有形式和力量的特定中介环节，预先经历了一次重新形塑的过程，才能对他们产生影响。"①纵观中国古代学术与工匠的场域互动机制（见图1-2），主要有以下几种形式。

---

① ［法］皮埃尔·布迪厄、［美］华康德：《实践与反思：反思社会学导引》，李猛、李康译，中央编译出版社1998年版，第144页。

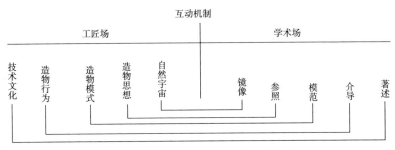

图1-2　学术场与工匠场的互动机制

1. 镜像

在人类早期，"镜像"是人们认识世界的一种呈现方式，即在他者的镜像下认识自我。法国精神分析家雅克·拉康认为，从镜像阶段开始，（人类）婴儿通过镜子认识到"他人是谁"。工匠文化是学者行动与思想出场的镜像对象之一。所谓"镜像对象"指的是学者在思想上镜像工匠文化的诸多技术标准、手作思想与精神理念，并提供思想镜像框架下的目标对象。《诗经》曰："如切如磋，如琢如磨。"这是一种诗歌意象的镜像，并透视出工匠的职业道德精神。再譬如《易经》就是先秦学者镜像工匠及其文化思想的经典文本，它是中国古代自然哲学与人文实践知识互动而产生的文化镜像载体。《易经》中的"开物成务""制器尚象""法天象地""厚德载物""五行相生""备物致用"等朴素的造物命题群的出现，实质就是学者对工匠知识镜像后生成的知识。在拉康看来，镜像是对客体反复认同的结果。《易经》是早期"学者"镜像工匠实践知识的哲学化呈现的早熟文本，它是中国造物镜像思想的知识原型。

2. 参照

伴随社会文明的进步与发展，镜像思维逐渐被参照群体思维所取代。所谓"参照群体"指的是学者在心理上所从属的、认同的为其树立和维持诸多标准规范的，并提供比较价值框架的目标群体。工匠群体就是学者社会行动与思想出场的重要参照群体。譬如在老子看来，"人多伎巧，奇物滋起"，进而造成社会秩序混乱。换言之，老子以工匠作为"参照群体"进行社会性技术控制批评。在孔子看来，作为学者的君子必须心怀天下与国家，必须做到思不器、行不器与量不器，必须"志于道"。但鉴于"道"与"器"的关系，器本身也具有承载文化的功能，于是孔子又认为"道器不离"，意在强调器的载道的功能价值，并提出"经世致用"的思想。实际上，儒家对工匠群体的参照是矛盾的，即否定性参照群体与可定性参照群体兼而有之。在本质上，古代作为学者的哲学家对工匠文化的"参照"，是一种文化知识生产的途径与文化批评立场。

3. 模范

在社会互动理论层面，个体间的互动是来自他们之间的吸引，并以对方为模范规约自己的行为及思想。譬如先秦法家士与匠之间的个体互动是基于相互趋同或吸引的社会价值理念——"范型"之"法"，这种吸引来自"工"的"物理模范"与"士"的"思想模范"之间的趋同性。法家在"奉法者强则国强；奉法者弱则国弱"的理念下，形成一整套中央集权君主专制主义法治国家的制度与理论。在逻辑上，器物文化的哲学思想偏向是人类文化进步的重要力量。法家充分利用"法"的框架来构型他们的理想社会，这与战国时代以铁器、青铜器为代表的先进生产力或造物文化不无关系。特别是活跃于战国的"模""范""型""规""矩""绳"等工匠造物的工具及其方法论很容易让想象力丰富的法家联想"法"的内在逻辑及其社会治理力量。在理论上，社会职业实践也是理性思维偏向而产生制度文明的重要推手。或者说，先秦工匠的职业实践知识为法家学者的理想思维发展及其社会制度的产生提供思想模范。

4. 介导

士与匠之间的"关系论"类似于医学上的"介导论"。所谓

"介导"，原指利用某种物质作为媒介，将供体转移给受体，从而使得受体的内在基因型及其表现型发生变化。举例而言，尽管清代学者受制于文字狱及其他社会羁绊，仅能在朴学中考证技术，或在译介中引进西技，但学者的实业救国精神呈现出积极态势，这无疑为清代工匠之"艺"向技术性再造以及工匠之"技"向科学化迈进提供支持，进而打通士与匠之间"交易地带"的通道，实现学者对工匠文化的有效介导。清代学者程瑶田、汪莱、邹伯奇先后用数学、力学、几何学等方法研究古代打击乐器石磬的重心与悬空位置研究，从而充分认识与解决了《考工记》所载古代工匠对磬重心设计的问题，极大地发展了古代工匠文化及其知识体系。清代学者李锐《日法朔余强弱考》（1799）与顾观光《日法朔余强弱补考》（1843）是继承中国传统数学知识研究调日历算之典范著作，也是学者引进西方知识介入天文技术科学考证的范本。清代著名学者陈曼生在宜兴任县宰期间亲手制作紫砂壶，并与当时著名紫砂壶工匠杨彭年等合作，创制著名紫砂壶"品牌"——"曼生壶"，文人学者的参与使得清代工匠文化注入一种特有的文人气息与艺术情怀。

5. 著述

"著述"是学术域工匠的场域互动的理论途径。《考工记》《五木经》《梦溪笔谈》《营造法式》《梓人遗制》《天工开物》《农政全书》《长物志》《园冶》《髹饰录》《闲情偶寄》《装潢志》《古今图书集成·考工典》等都是古代学术场通过"著述"方式与工匠场的互动。在"工"的知识叙事层面，工匠知识的著述为后世技术创造理论支撑。同时，为产生技术科学提供可能性条件。用"著述"的方式可证实工匠与学者的场域互动。但在中国古代，"重文轻技"的史学传统使得工匠类著述并不多，且很少出现如同《考工记》与《古今图书集成·考工典》这样的体系性著作。

五　学术场与工匠场的互动特征：在区隔中疏离

布迪厄等指出："场域是力量关系——不仅仅是意义关系——和旨在改变场域的斗争关系的地方，因此也是无休止的变革的地方。"① 在中国古代，学术与工匠的场域互动是有选择性的，这种互动为学术场与工匠场的区隔植入病灶（见图1-3）。

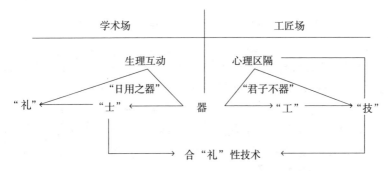

图1-3　学术场与工匠场的互动后遗效应

在先秦，《诗经》极力宣扬"优士统治"及其礼法思想，进而在一定程度上将工匠文化置入社会边缘。但另一方面又在"纳礼于器"的造物行为中装载礼法制度及其伦理思想。于是，工匠制器被纳入合"礼"性目的之下，并严格限制工匠的技术性发展空间。《礼记·月令》曰："命工师效工，陈祭器，案度程，毋或作为淫巧，以荡上心，必功致为上。物勒工名，以考其诚；功有不当，必行其罪，以穷其情。"从这段话中，能读出先秦学术场与工匠场的

---

① ［法］皮埃尔·布迪厄、［美］华康德：《实践与反思：反思社会学导引》，李猛、李康译，中央编译出版社1998年版，第142页。

互动关系中存在至少三层心理区隔要义：一是"陈祭器，案度程"，即工匠所生产的对象是有选择性的，主要是制作合"礼"性的祭器，并且严格按照"礼法"制度下的"度程"技术规范；二是错误地将"荡上心"的原因归咎于工匠手作的"淫巧"之器，实际上，器与心之间没有必然的逻辑伦理；三是"工师"考核"工"之不当，或定其罪是一种明显的区隔行为。因为，"处工就官府"的工匠制度下"工"的身份自由性很差，其行为被"物勒工名"是一种强迫性规定。

在汉唐，作为士阶层的士与匠之间存有区隔与互动的双层结构关系。学者作为潜在区隔主体或互动供体占据了工匠的主导作用，并对工匠的介导掺杂明显的支配地位与政治色彩。在身份层面，"虽工亦匠"的态度迫使工匠隐于社会较低等级地位；在技术层面，"奇技淫巧"的观点遮蔽与剥夺了工匠技术发展；在文化层面，"重道轻器"的立场也催生工匠只能依照自然观察及世袭经验为手作文化原型。但汉唐士与匠之间矛盾的文化心理被"开放"的汉唐帝国情怀与文化制度以及工匠文化自身魅力所冲淡，并在文化生理上表现出士与匠之间的隐性化双边互动。

在宋代，理学的科学性是有限的，加之工匠文化本身的顽固性以及宋代学者自身的局限性，士与匠的互动效应也是有限的。它一方面无法满足自然科学发展所需的内在潜质，终将无力使宋代科技跃至近代自然科技水平；另一方面宋代的工匠文化也因受制于内外文化制度只能停留在经验表层而无法实现科学的理性发展。

在明代，士与匠的双向互动俨然昭示16—17世纪中国社会的主体边界被突破，主流理学招致实学思潮反抗，新的社会秩序与价值伦理被重构。尽管晚明士与匠的互动仅在有限范围内展开，这场历史性的社会化互动却引发了天朝人文主义思想的松动、新知识群体的诞生以及中国科学技术的缓慢变革。

在清代，学者对工匠的介导存在制度性、文化性的保守主义缺憾，这种介导损伤无疑反证晚清唯技术思潮在人文主义领域的局限性。于是，晚清部分学者开始理性反思科技无法解决社会矛盾之问题，并迸发出对科学主义的怀疑以及坚守中华传统文化之呼声。

简言之，"工"与"士"的社会理想偏向差异，又引起行为思维的差异。"士"的社会思维及定性方法具有合"礼"的社会性，而"工"的行为思维是合"礼"的技术性。合"礼"的社会性思维所偏向的是基于家国天下的宏观的整体宇宙观，而合"礼"的技术性关注的却是微观的经验性的实用物质性。因此，这两种思想导致后来的儒家以"君子不器"的心理区隔思想出场，而遮蔽了"工"的文化性与社会性。"作为各种力量位置之间客观关系的结构，场域是这些位置的占据者（用集体或个人的方式）所寻求的各种策略的根本基础和引导力量。场域中位置的占据者用这些策略来保证或改善他们在场域中的位置，并强加一种对他们自身的产物最为有利的等级化原则。"[1] 从而导致儒家又必须在"日用之器"上力求生理互动。

六　中国化齐尔塞尔论题研究：当代价值

在中国古代学术与工匠的场域互动中，学术场的行动者处于被支配阶级的支配集团，工匠场的行动者处于被支配位置。它们之间的场域互动主要围绕各自行动主体所占据的造物、技术、制度、精神等系统向社会各个层面铺开，并通过功能、形式、要素、逻辑、著述等五种互动机制构建互动理论体系。毋庸置疑，古代中国学术

---

① ［法］皮埃尔·布迪厄、［美］华康德：《实践与反思：反思社会学导引》，李猛、李康译，中央编译出版社 1998 年版，第 139 页。

场显示出一种特别的"优士统治"的价值惯习，迫使工匠场在被动地走向善意的合"礼"性技术表达，这在一定程度禁锢了古代中国工匠场在技术进步上的步伐，以至于产生士与匠在"心理上区隔"，但在"生理上互动"的悖论现象。

透视古代中国学术与工匠的场域互动及其逻辑悖论，有利于在"两个历史层面"解答当代社会发展中的"学者"与"工匠"关系的问题。一个历史层面的问题是梳理"过去的历史"，以增益于当代社会中继承发展传统工匠文化的历史经验；另一个历史层面是启迪"正在持续的历史"，以利于反思当下社会发展正在消失的传统工匠文化及其带来的产业文化影响。在此，至少能发现以下暂时性问题及反思。

第一，在当代，学者对当代工业产业的介导是不够的。这与国家在宏观政策上对学者如何走向市场的引领上缺乏动力机制有关，进而出现学者逐渐疏远产业文化的现象，以至于中国制造在世界上的文化品格有待提高，特别是在产品的品牌、品类与品格上明显缺少中国话语特色与文化特色。因此，学者与产业的耦合互动是当代社会发展的必然要求。

第二，在当代，学者与产业的互动存有误区。部分学者认为，大学知识分子不应该过度化地介入产业，高校不能成为社会的"培训班"，或者说，学者的使命不能完全与市场结合。部分学者则认为，大学不与市场紧密结合，就失去了大学在社会发展中的应有担当，大学学者应当不断随社会经济发展而调整自己的理论研究。鉴于中国古代士与匠的互动经验，这两类观点的误区在于各自有所偏向，较为正确的做法就是保持学者与产业的适度张力，在它们的"交界地带"作有利于双方的利益协调发展。

第三，在当代，学者在市场经济中主动介入社会产业的积极性有待提高。这主要是由于在市场经济环境下，大部分学者在"经济获得"上处于社会收入中下层，知识分子的地位与身份总体上处于社会的"弱势空间"，所以在主动介入社会产业行为上明显缺乏积极性。当然，这种问题的出现还有社会制度的问题。因此，若要改变这种消极介入的"心理区隔"问题还是要在知识分子制度改革上解决问题。

第二章

上古：巫工同源与器物叙事

在意识形态领域，上古宗教思想支配并占有全部社会意识及其活动。上古制器文化基本围绕宗教而展开，先民已懂得使用器物去装载神权，进而在器物使用或仪式活动中溢出原始人文宗教思想。上古宗教不仅溢出合"礼"性器物图像视觉形态，还与国家发生了密切关系，从而溢出器物在国家层面所扮演起文化角色传统。借此，上古工匠制器通过宗教化人文因素渗透到制器活动中，从而增益于上古制器的人文功能及其意义构建。上古器物具有明显的宗教叙事与文化溢出功能，它对于当代中国制造在文化叙事与域外输出上具有启示性意义。

一 上古工匠文化语境

在史学领域，为了研究之方便，研究者习惯将秦代以前这一段历史作预设性分期："前诸子时代"与"诸子时代"。"前诸子时代"大约包括五帝时期、夏商周时期与春秋早期（本书称之为"上古时期"）；"诸子时代"是指春秋战国时期。上古时期是中国文明的起源与发育阶段，特别在种植农业、手工业、国家形成、文字发明、宗教神学等方面得到空前发展。以春秋早期为界点，即上古早期是原始宗教发育与分化之界点，界点之后上古宗教被诸子理性取代。抑或说，在诸子时代之前，中华上古时期是一个原始宗教时代。

在研究层面，学界对上古宗教、国家、神话、历史、地理等观念层面的学术研究成果较多，但对上古器物文化研究却相对较少。这主要是由于上古实物史料文献较少，存世的出土的器物也只有零星的石器、甲骨器、青铜器、玉器、漆器、陶器等。这些具有"因果性"的器物作为上古社会空间中"点"的存在，有着很特别的文化意义与可溢出的文化功能。然而，上古社会是一个宗教化行为体的整体体系。这些器物"点"构成了上古社会体，上古社会因这些器物"点"的连接与互动而发展，并在物质层面呈现上古的文化世界。

实际上，对上古工匠制器行为及其思想的书写是困难的，从零星的出土器物中，作器物文化史的描述也是十分冒险的。因为，任何一件过去历史的出土器物或将推翻你当下主观历史的论断。换言之，对上古器物观念的研究往往要处理好"两个历史"问题。"过去历史"的时间、空间中的器物如何呈现它的内在逻辑与视觉习惯——回归"过去历史"的意识形态；"当下历史"的时间、空间中的文献资料是不规则点状分布的，如何完整复原上古时期的器物观念——回避"当下历史"的主观判断。因此，"历史性分析"是研究上古器物观念的正确选择。所谓"历史性"，即回归历史空间中的意识形态、文化机制、技术溢出、工匠制度等更为复杂与多元的阐释上来，即从传统的单纯的文献史实的"机械考据"转向宏观与微观之间的"交易地带"的空间研究，即一种保持宏观叙事与微观叙事之间适度张力的间性研究法。

在本章接下来的讨论中，拟将以上古宗教意识形态为中心，在"间性研究法"的指引下，扩大器物文献史料的分析范围，建构以宗教为中心的上古器物所溢出的文化机制、空间结构、图像视觉、仪式活动、生活方式的复杂与多元的视角阐释上古制器观念，旨在探讨上古宗教与器物的双向功能溢出及其对后世器物文化发展的影响。

二　上古器物与宗教的意义关联

何谓"器"？对此，人们或能想到凡器、祭器、冥器、神器等不同空间的器物；或能想到石器、青铜器、陶器、漆器、玉器、瓷器等不同种类的器物；或能想到道器、佛器、大器、器量、器度、器重等超越一般使用层面的词类家族；或能想到"和氏璧""问鼎中原""守身如玉""国之重器"等具有特殊价值的文化性器类。从器之场域分布看，"器"在宇宙中的角色定位或功能溢出是多元化的，具有丰富的语构能力及其复杂的语义场。

在词源上，"器"与"犬"相关。在古代，凡器亦众多，因此，"器"之本原含义便出现"犬所以守之"之形意。这表明人们对器用什物十分爱护，也暗示器物在生活中的独特地位与身份，因而器重而礼遇之。以至于器已然不全是生活之器，还是文化之器，或是国之重器。很明显，器物的物质范畴属性已经超越于一般常识，或渗入或提升至文化或国家意义层面。相传，夏禹铸九鼎寓九州。鼎乃是国家权力之象征，为得天下者所持有。"问鼎中原"之"鼎"与"天下"不无两样，彼此可成为等同意义之符号。上古时期的神器、明器、食器、祭器、绐器等在生活中起到重要角色，特别是先民的器物崇拜及其祭祀活动为器物的人格化提供可能。器物纳天地而载人伦，君子比德于玉或器之伦常是器物人格化的直接呈现。换言之，器之为器，它已然超越凡器被使用的物质与生活层面，亦指向它的社会文化之意义深处，并通向宗教哲学。

宗教是上古时期中国思想发展的主要纽带，尤其是以"祖先神"（包括自然神、器物崇拜）为崇拜对象，在人（族群/家）—氏族组织（宗族/国）—国家制度（天/神）的逻辑发展视野中谱写早期中国文化。借此，我们对中华上古时期的宗教有三点不同于西方早期宗教的回答：

一是"我们从哪里来？"——祖先是我们的上帝。

二是"我们在做什么？"——天命神学。

三是"我们如何做，又去往何方？"——礼仪，走向礼制。

对上述问题的简要回答，它将显示中国上古宗教是在"帝"神（商代）—"天"神（西周）—"礼"德（周公提出"以德配天"）的意识形态上作长时间的缓慢发展，并在春秋战国中后期的群雄逐鹿中瓦解与分化，从而诞生出诸子学术思想，为中国文化思想架设了初步的文化理论框架，也奠定了中国文明在世界的地位，更为上古中华器物在功能溢出上奠定伦理文化基调及宗教偏向。

石器（旧石器时期）、陶器（新石器时期）与青铜器（夏商时期）是上古时期三种典型的器物代表，并具有明显的时间分期属性（石器时代、陶器时代与青铜器时代），即器物文化与技术文明具有时间上的同构性。上古时期的制器技术主要表现在制造与使用两个层面。在制造层面，上古制器在自然崇拜中认识与体会制器经验；在使用层面，工匠已然赋予了超于器物使用功能的宗教思想。《左传》记"楚庄王问鼎"，对曰："在德不在鼎。昔夏之方有德也，远方图物，贡金九牧，铸鼎象物，百物而为之备，使民知神奸……桀有昏德，鼎迁于商，载祀六百。商纣暴虐，鼎迁于周。德之休明，虽小，重也。其奸回昏乱，虽大，轻也。"① 显然，制器造物被赋予国家伦理及其神权意义。因此，上古的"纳礼于器"或"器礼天地"成为制器的一条重要准则。简言之，上古时期的制器思想是围绕礼乐宗教而展开的，它明显具有原始的宗教人文特色。或者说，

---

① （战国）左丘明撰，（西晋）杜预注：《左传》（上），上海古籍出版社2015年版，第335页。

上古时期的工匠制器通过宗教人文因素渗透到制器技术活动中，从而反哺上古制器的技术文化发展。

实际上，器物是上古社会中一个带有根本性与权威性的文化特例。抑或说，器物是特定社会语境中的一个独特的词语。上古工匠在宗教意识形态的支配下贡献给了世界文明史上具有标志性的重器（如陶器、青铜器、漆器），也为人类文明发展提供生活文化的慰藉与艺术审美的享受。

三　上古宗教与器物的互动：功能与意义

"五帝"时期是指黄帝、颛顼、帝喾、尧帝与舜帝等五个帝王时代的历史时期，它是中华文明的起源，也是中华早期社会走入宗教的时代，特别是颛顼"依鬼神以制义"的宗教思想成为五帝时期器物观念的思想源头。

五帝时期的第一大事件是文字的发明。据史书记载，仓颉是黄帝的史官，相传他是文字的发明者。但是，在农耕聚落结构相对松散的五帝时期，由仓颉一人去发明文字可能性不大，他很有可能如同西方早期"荷马史诗"之荷马，或是一个集体性代名词。换言之，仓颉是对当时民间刻画符号（大汶口陶片）、结绳符号（结绳记事）、藤草符号（蒲草）等各种媒介符号加以搜集、整理的使用者。文字的出现意味中华文明的诞生。如果说，文字是为了记神谕、定历法、纪功绩的需要，那么，"图腾"则是为了辨祖先、记标志与图象征的产物。文字与图腾的出现为中华早期先民制器走向人文化宗教提供可能。文字被铭刻在器物上不仅起到记事作用，还能发挥装饰作用；图腾的物化促成上古先民器物的图像视觉习惯的最终形成。譬如出土的青铜组器或成了商周社会语境中的具有文化意义的"句群"。抑或说，上古宗教中的图腾崇拜借助器物而溢出了它的历史叙事功能；同时，上古宗教也赋予了器物的叙事本质与意义建构功能。

在图像学上看，图腾是一个族群的集体图像或文字符号，它是一种血缘关系的文化机制与互动仪式的视觉信仰，能体现一种超自然的神性与人文力量。半坡遗址出土的"人面鱼纹"陶器暗示原始先民朴素的生命伦理及其宗教思想：人鱼同源，有家族亲缘关系。姜寨遗址出土的有鱼、蛙、鸟复合图案的彩陶盆或是一定社会关系与文化机制的视觉化表现的产物。制器上的图腾视觉习惯与传统是天命神学的人文哲学基础，它不仅是先民精神性的信仰心体，还是一种物质性的崇拜实体。由于器物是先民传达宗教信仰的载体，器物崇拜仪式中的宗教性器物诞生。尤其是到了父系氏族时期，随着社会分工细化，男性在家庭中的地位与权威的提升，男神祖先崇拜从而取代母神崇拜。在龙山时期，大量出现的陶祖（祖先牌位的原型）就能反映"男权时代"的来临。在良渚文化遗址中发现的大量玉璧、玉琮不仅反映出死者的身份与地位，还能反映出器物所蕴含的宗教文化偏向——祖神已然衍化为"天神"（殷商时期的"帝"与周代的"至上神"）。在文化传承层面，祖先神的出现反映人类文明开始步入"人的时代"，至少对"男人"力量的认识开始了，并在各种祭祀、丧葬、拜物中衍生与凝固一系列规范与制度，这为西周"礼"及其"礼器"的生成奠定理论基础。很明显，宗教（"礼仪"）—器物（"礼器"）—国家（"礼制"）之变量被渐渐聚合到一起，并溢出各自的宗教功能与文化意义。

那么，我们必须要叩问：上古宗教思想由谁来传达？在何地作视觉化呈现？靠什么媒介来传达？祭祀活动如何操作？礼制文化又如何传承？……这些问题关涉到原始性的制器思想观念。

第一，上古宗教思想的传达者——巫。巫者，作为一种"智慧"的职业，"巫工"在原始社会里所扮演的角色对于稳定社会关系具有不可替代的作用。巫是沟通天神与地民的人神体。巫工一般由氏族长兼任（如大禹），或由顾问大臣专任（如黄帝的大臣巫彭），他们能改天换地、操持释惑、祈雨、医病、交合、占卜、消灾、战争以及历史传承等诸多事务。在这些社会活动中，为传播思想，必然要借助一定媒介去表现出来。于是就出现了"禹镂其鼎，汤刻其盘，纪功申戒，贻则后人"的制器铭文。可见，制器饰物或铭文刻器是人类实践活动的产物，器物成为传达思想文化的重要可视化载体。

第二，上古宗教思想的传达空间——坛。坛是宗教祭祀的场所。在古代，有室外露天的"坛场"，也有室内"明堂"之宫。"堂大足以周旋理文，静洁足以享上帝、礼鬼神"，祖庙社坛之建筑是上古宗教思想传播平台，除一般性布政职能之外，还有宗教性祭祀活动功能。那么，在"坛"上的各种祭祀之器便诞生了。祭器作为坛上仪式活动的媒介物，承担起传播与宣扬宗教思想的角色。

第三，上古宗教思想的传达仪式——舞。"舞"与"巫"本同音同源，它是上古宗教思想传播的重要仪式。青海大通县上孙家寨出土的"巫舞"图案的彩陶盆显示上古宗教传播仪式场景，它或许不是一般生活性娱乐活动情景，而是具有图腾性质的娱神祇之舞。巫舞仪式本身就是一种图像化仪式，这显然能为器物的图像化视觉呈现提供第一手图像资料。

第四，上古宗教思想的传达听觉——乐。在上古宗教仪式中，有"巫舞"，就有"巫乐"，用"乐器"诏告神祇是原始宗教传播的重要工具。《礼记·郊特牲》曰："声之号，所以诏告于天地之间也。"有"坛"就有坛上之饰"器"（祭器），同样，有"乐"就有口奏之"器"（乐器）。因此，大量的礼乐器物因此诞生。

第五，上古宗教思想的传达规约——礼乐制度。巫者、祭坛、巫舞与巫乐等系列原始宗教元素或仪式构成一套规范的礼与仪，也形成了一整套祭祀器物制造的礼器文化体系，这些均成为商周春秋礼仪制度的直接源头。也可进一步地看出，礼仪制度与器物文明是分不开的。

简言之，上古宗教及其仪式活动不仅溢出了宗教在国家统治中的原始功能，还溢出了宗教介入器物制造及其装载文化的功能。宗教成为器物的叙事本质，器物的意义建构成为宗教文化溢出的重要路径。不过，上古宗教社会语境对器物意义建构存在介导或干扰倾向，致使后世器物意义建构的人文化选择倾向十分明显。

在夏商时代，宗教仪式已然是"国家"（宗族）的一种惯习性日常典礼，中国宗教思想步入快速发展时期。尤其在商代，宗教成为国家文化的"时尚"，抑或是器物意义建构的本体。

在殷商时代，甲骨卜辞是这个时期一件文化大事。《礼记·表记》载："殷人尊神，率民以事神，先鬼而后礼。"[①] 占卜事神成为商代人普遍的日常文化现象。原来器物上的符号刻画远远不能适应凡事必卜的殷商社会的发展。于是，与之相应的文化事件"刻辞"——记录占卜的书面文本——甲骨文系统诞生了。此时，一个超自然与人事的新神灵——"帝"——被刻写在特定的甲骨物空间。甲骨卜辞成为商王国神权与政权新的文化载体与传播介质，殷商史官将占卜祭祀编辑成书，使上帝（至上神兼祖先神）和社（社神）河（黄河，河神）岳（岳神）以及地祇等自然神祇的崇拜与文字的传播同步发展，黄河殷商国力及其文化神力就在这样的崇拜祭祀与书面甲骨文字的传播中被释放。

在国家层面，甲骨文使得殷商神权与政权受到承认并逐步趋于稳定。甲骨卜辞是先民与上帝以及诸自然神祇的一种约定契约与俗成章程。古典的中国法学、农业学、神学、兵学、广告学、地理学、天文学、传播学、行政学、医学……在卜辞史官的刀与火的光芒中孕育。甲骨卜辞是殷商人智慧里最美丽的丰碑，廉价而易得的

---

① （汉）郑玄注，（唐）孔颖达正义，吕友仁整理：《礼记正义》（下），上海古籍出版社 2008 年版，第 2079 页。

甲骨成为殷商神权与政权系统形成的基础，他们的历史与文化因此得以在时间的链条上延续和传承，甲骨卜辞的意义建构因此也有了新的方向，作为制器造物活动的甲骨卜辞承担了用神权赋予政权的文化传播使者。

在文化传播层面，口头传统与书面文字相比，前者还难以在权力（确定）、诚信（合同）、记载（恢复记忆）等媒介传播有效性上胜于后者。在殷商之前，天文、地理、历法、征伐、刑狱、农畜、田猎、方国、世系、家族、职官、疾病、生育、灾祸、法律……在很大程度上都记录在先民大脑里，用结绳、蒲草、刻符、造器等方式记载历史是重要的。这就是说，甲骨卜辞在解决口头历史的记录与遗忘矛盾上发挥重大作用。

在发展层面，甲骨卜辞的出现表明"读书"活动应当要开始，同时"学在官府"的文化特权制也随之形成。甲骨卜辞的出现使得殷商社会发生深刻的变化，一切陷入需要建立"文明"社会的"危机"与"挑战"。一切似乎陷入文化发展的泥潭：谁拥有甲骨卜辞（平等问题）？哪些事件才可以使用甲骨记录（契约问题）？自然神（天神）祇（地神）何以各司其职（权力问题）？史官书写的规则、顺序、体例、章法、用笔、材料……一切的社会理性在甲骨卜辞的文明中孕育并走向规范化礼仪制度。

简言之，甲骨叙事作为夏商时代的一种日常文明，它使得宗教与器物之间的文化溢出获得合法化途径及意义建构的通道。

实际上，甲骨书写的历史发展不仅促进了殷墟天神系统以及政权的发展，也催生新政权，即周的诞生。此时，甲骨卜辞远远不能满足西周社会发展的需要。此时，另一物质媒介出现，即青铜及其铭文出现了。

在书面系统的促进下，伦理化的"天命观"呈现于周人的世界里，"治民以德"与"享孝祖先"成为西周人的重要伦理思想。西周人对"天"的崇拜已然从殷商自然神跨越至伦理哲学的初步认知阶段。这些思想的变化在《诗经》等文献中可以窥见。《诗经》中有大量漆器、青铜器、玉器等物质叙事，这些物质实体既是思想的载体，也附着很多礼仪制度文明。譬如漆器作为一个西周社会的"物体系"，它的身上涵盖诸多制器思想及制度文明。

根据考古发掘，在河南偃师二里头遗址（1980）[①] 发掘出漆盒、漆豆、筒形器以及似兽面雕花纹漆器（残）等，二里头遗址（1981）[②] V区发掘有漆钵、漆觚、漆鼓等，二里头遗址（1984）[③] Ⅵ区发掘有漆觚、漆盒等。在河南固始侯古堆一号墓（1978）[④] 发掘出春秋战国彩绘漆木器有三乘肩舆、雕木瑟、木镇墓兽、盘龙及彩绘木俎、豆等。在山西长治分水岭（1972）春秋中期墓（M269）[⑤] 发现腐朽漆灰中保留了漆器图案精美的漆皮。山西翼城县大河口（2007）西周墓（M1）[⑥] 发掘漆木桶、漆木盾牌等，该墓（2011）还出土木俑、俎、罍、豆、壶、牺尊、杯、案、盾牌、方彝等漆器。在湖北随州叶家山（2011）西周墓[⑦]（M2 和 M27）发掘有盘、豆、案、

---

① 中国社会科学院考古研究所二里头工作队：《1980 年秋河南偃师二里头遗址发掘简报》，《考古》1983 年第 3 期。

② 中国社会科学院考古研究所二里头工作队：《1981 年河南偃师二里头墓葬发掘简报》，《考古》1984 年第 3 期。

③ 中国社会科学院考古研究所二里头工作队：《1984 年秋河南偃师二里头遗址发现的几座墓葬》，《考古》1986 年第 1 期。

④ 固始侯古堆一号墓发掘组：《河南固始侯古堆一号墓发掘简报》，《文物》1981 年第 1 期。

⑤ 北京大学历史系考古教研室商周组编：《商周考古》，文物出版社 1979 年版，第 265 页。

⑥ 谢尧亭：《山西翼城县大河口西周墓地获重要发现》，《中国文物报》2008 年 7 月 4 日第 005 版。

⑦ 湖北文物考古研究所等：《湖北随州叶家山西周墓地发掘简报》，《文物》2011 年第 11 期。

俎等漆木器83件。《诗经》之《召南》、《魏风》与《唐风》的叙事空间有大量漆器遗存，说明当时的陕南到鄂西北以及晋南晋中等地贵族大量使用漆器。《雅》的叙事空间多为贵族宴飨乐歌，而贵族宴飨是离不开漆器的，特别是具有等级制度象征的食器与酒器。镐京及其附近出土的漆器数量庞大、组合有规制以及镶嵌繁缛，这些与《诗经》之《雅》的叙事物理空间是对称的。《颂》为朝廷与贵族宗庙祭祀的乐歌，其中《周颂》产地在镐京，《商颂》产地在商丘，《鲁颂》产地为曲阜，这些空间里的宗庙祭祀是离不开漆器的。山东博物馆对郎家庄（1971）一号东周殉人墓①发掘有雕花彩绘条形器、朱地黑彩的羊形漆器、黑地红彩的漆豆，以骨饰为装饰的漆器、彩绘漆器等。镐京、商丘与曲阜附近的周代漆器遗存显示有鼍鼓、特磬之类的乐器。这些漆器明显与《诗经》中描写的贵族宗庙祭祀的乐歌是直接关联的；有雕花彩绘、施红黄绿三彩、镶嵌蚌饰等奢华漆器说明《诗经》奢侈叙事与贵族的生活是一致的；从漆器的镶嵌蚌饰看，西周社会贵族有"蚌饰天下"漆器的审美风尚，大量木胎漆器的出现显示笨重的青铜器已经开始不适应贵族的需要。

《诗经》"器盖天下"之名物是西周的生活场景与制度文化的再现。陈温菊《诗经器物考释》②中曾详细考释礼器、服饰器、车马器与生活杂器等200余件器物，其中不乏漆器。依据"陈本"，《诗经》中有礼乐器（玉礼器、青铜礼器、乐器）、服饰器（佩饰器等）、车马器、兵器、日用杂器（生活用具、罗网器具、农具与工具等）。所涉礼乐漆器主要包括琴、瑟、笙，兵器有彤弓，日用杂具有豆、罍、几、车马器等，这与贵族宗庙祭祀的乐歌以及出行生活有密切关系。在《诗经》的时代，中国琴瑟乐器十分流行。譬如

---

① 山东省博物馆：《临淄郎家庄一号东周殉人墓》，《考古学报》1977年第1期。
② 陈温菊：《诗经器物考释》，文津出版有限公司2001年版。

信阳长台关（1957）出土彩绘狩猎场景的漆瑟，长沙马王堆（1972）1号墓出土十分精美的漆瑟，湖北随县（1978）战国初期曾侯乙墓出土的10弦漆琴与漆笙。《诗经》中大量出现的漆乐器不仅反映出贵族宗庙祭祀乐歌的需要，也昭示大漆乐器背后的制度性文化内涵。《诗经》中不仅有琴瑟之美，还有"彤弓受言"之礼。《诗经·小雅·彤弓》曰："彤弓弨兮，受言藏之。"题解《毛序》曰："《彤弓》，天子锡有功诸侯也。"锡，赏赐也①。彤弓，即用大漆髹成的弓。《诗经》之"彤弓受言"折射出西周社会战争与礼仪等社会面貌：一是"彤弓"是战争与兵役的再现；二是"彤弓受言"折射出西周社会贵族王室要员获得漆器的方式是赏赐。"受器"之礼在《周礼·大宗伯》中有记载："一命受职，再命受服，三命受位，四命受器，五命赐则，六命赐官，七命赐国，八命作牧，九命作伯。"② 这里的"受器"方式显示大漆在社会中的地位之高和价值之不菲。

《诗经》漆器叙事能昭示一种知识社会学的制器与用器的历史图像，尤其是"纳礼于器"的知识社会学命题在《诗经》中表现明显。西周丰镐可谓"器盖天下"，《诗经》之器蕴藏历史的温度、文化的高度与审美的风度。"诗三百"多以感物造端，名物研究多集中在草木鸟兽虫鱼，这只是《诗经》名物之一端，而宫室、乐器、器皿等漆器也应列入名物研究之列。"器以藏礼"与"尊礼用器"是中国古代制器与用器的特征。陈澔《礼记集说》曰："器有二义：一是学礼者成德器之美，一是行礼者明用器之制。"③ "纳礼于器"是中国古代礼器文化承载道的方式。在《诗经》叙事地理空间中发

---

① 程俊英、蒋见元：《白话诗经》，岳麓书社1997年版，第25页。

② （汉）郑玄注，（唐）贾公彦疏，黄侃经文句读：《周礼注疏》，上海古籍出版社1990年版，第277—279页。

③ （元）陈澔：《礼记集说》，凤凰出版社2010年版，第185页。

掘的墓葬木胎漆礼器与青铜礼器的组合，漆礼器与青铜礼器的师承关系，北方黄河流域在西周时期出现漆器工艺的兴盛，螺钿镶嵌技艺在春秋战国时期走向式微，这些都反映出诗学中的知识社会学叙事的历史遗存图像。

西周末年以来，原来以血缘为关系的庞大宗族等级制度发生动摇。同时，自然灾害（祭祀不灵）、频繁战争（生灵涂炭）、荒酒乱政（昏君奢靡）等加剧了对"天命神学"的怀疑，中国思想开始走向"诸子时代"，其中以儒家孔子与道家老子为思想代表，春秋时期的中国思想已然突破殷周以来的宗教伦理思想，以"理性"取代"宗教"，开始了中国思想发展的辉煌时期。

四　上古器物的宗教叙事机制及其启示

器之为器，它指向社会文化及其意义建构的深处。概而言之，一部器物文化史就是器物的语图史、宗教史与角色史。在上古器物的宗教叙事的分析中，至少能获得以下合乎规律性与合理性的启示。

第一，上古器物叙事具有了宗教化视觉传播习惯。上古先民已然懂得使用器物去装载他们的原始宗教思想，从而在器物的使用行为或仪式活动中溢出人文伦理思想。抑或说，器物具有文化承载功能在上古先民社会活动中已经被发现与频繁使用，于是出现器物的宗教装饰的视觉表达习惯。这种朴素的器物装饰视觉传达传统为后世器物文化发展提供丰厚的滋养，以至于中国古代在器物文化海外传播中获得世界性"品牌"文化形象。

第二，上古器物叙事装载了合"礼"性"文"化思想。上古先民在器物上装载宗教文化的视觉图像传统对合"礼"性宗教文化发展起到一个很好的介质作用，反映了当时人们对自然物象的观察与抽象，以及先民对自然世界的观察视角与偏向，也体现出先民在器物的"文"（纹）、"形"（态）、"质"（料）的象征意义与符号化隐喻上的溢出能力。然而这种对器物"文"的过度偏向导致后世中国造物理念的合"礼"性技术发展步入漫长的"重礼轻器"的空间，以至于中国古代工匠技术发展受制于人文思想。

第三，上古器物叙事扮演社会文化角色。宗教在器物文化发展中扮演重要角色，宗教仪式成为器物的仪式，进而影响到古代制器思想或造物观念。由于上古宗教与国家发生了密切关系，器物在国家层面所扮演的文化角色传统形成了。于是，后世出现了"器贡"传统、"器物外交"等发挥器用文化特色的社会活动。

第四，上古器物叙事是一种自我意义的经验建构。上古宗教社会语境对器物的功能溢出与意义建构具有一定的干扰倾向，社会语境也因此决定了器物的叙事本质及其意义建构方向。或能看出，上古器物的宗教意义建构是先民领悟自然与观察宇宙，并充分了解自我的经验性的产物，至少解决了上古先民对自然宇宙认识中的诸多矛盾。这就是说，上古器物意义的建构是一种自我意义的经验建构。

上古器物的宗教叙事机制对于当代器物制造及其意义建构具有深刻的启发价值。尤其在当代的"中国制造"语境下，如何实现器物的文化叙事功能溢出？这关系到器物文化被使用与传播的核心问题。

其一，上古器物叙事的宗教理性实则是一种超强的人文理性，即在器物制造中实现人文思想。在当代，中国制造的人文理性远落后于技术理性，致使中国制造在世界范围内失去了古代中国器物制造的人文魅力。同时，中国制造也就失去了全球产品市场的竞争力以及由此带来的国际化人文影响力。为此，欲想实现中国制造向中国创造的转型，必须重视与加强产品叙事的人文内涵。

其二，上古器物叙事的宗教意义建构实则是一种自我意义建构，即通过器物实现自我的人性化生存。在当代，中国制造的质量与人性化生存之间还存在许多不尽如人意的地方，这表现在中国制造的速度、品类以及内涵上明显与大国产品质量的世界身份不相符。

其三，上古器物叙事的宗教功能溢出实则是一种文化溢出，即借助器物传播思想。在当代，中国产品的域外输出明显缺乏欧美国家产品的品牌文化功能，从而有损于中国产品的文化溢出效应，无益于提升中国文化在世界的身份与地位，这与中国在世界的大国形象是不符的。因此，若要实现从中国产品向中国品牌转型，提升产品的叙事功能及其文化溢出能力是关键。

简言之，通过对上古器物具有的宗教叙事理性、意义建构与功能溢出的简要分析，有助于理解当代中国制造的文化叙事与域外输出，从而增益于实现中国制造向中国创造、中国速度向中国质量、中国产品向中国品牌的三大重要转型。对上古造物的宗教叙事及其文化溢出分析，直接启示当代技术哲学视野下的器物制造的语义内涵应该如何走向深入。

第三章

先秦：士与匠的疏离

在科技层面，先秦工匠造物和探索自然的活动场所即为他们的准科学实验室，官营专门化或垄断性作坊的创造性活动或为先秦百工的技术创造。换言之，先秦百工兼具准科学家与技术专家的双重身份。以工匠为参照群体的先秦学者不仅顺应社会发展对自身提出需要的可遵循的社会秩序、价值伦理及治国方略，还在镜像、参照、模范、介导、著述等社会互动或角色借用中实现对工匠的知识叙事及科学技术的发展需求。但先秦士与匠的早熟性互动有潜在的区隔风险，以至于日后工匠技术与自然哲学的协同发展被植入了致命的"阿喀琉斯之踵"。

一 先秦工匠文化语境

先秦时期是指五帝至秦统一约 3000 年间，大致预设"先秦"经历了五帝、夏商周与春秋战国等三大时间段。这段时期是中国思想的起源、初步定型与发展阶段，特别是老子思想与孔子思想以及战国中后期的学术思想的"高度成熟"，它奠定了中国文化在世界文化谱系中的身份与地位。

霍尔在《再评默顿》中曾对近代科技史研究方法进行了持续批评，并如是认为："科技史的外部研究方法是还原论的……并且表明默顿并没有理解外部（特别是社会学的）观点如何有助于解释近代早期科学的产生。"但奥尔什基认为，科技史研究若陷入对"内部"与"外部"的界限进行有害的二分是危险的，也是不利于朝向解决问题的方向发展。实际上，科技史研究的"内部"与"外部"绝不是静止不变的，而是彼此互动与关联的。在微观社会学层面，社会互动是研究社会学包括科技史在内的基本分析单位，它是个体走向他者或社会群体的重要节点。作为一种理论社会学分析工具，"社会互动论"有利于领会期待或被期待特定社会以及它的"个体行动"，也包括期待理解这种行动的价值理念及其社会意义。在早期社会互动研究代表人物乔治·H. 米德看来，"行动"是某个个体在特定社会情境下的全部反应。对于先秦学者而言，学者走向工匠群体的镜像、参照、介导与著述就是一种有意义的文化之上的社会行动反应，它能昭示或期待领会"齐尔塞尔论题"在先秦的历史全貌与理论状况。

就学术史研究而言，尽管学界对先秦社会的学者或工匠文化的解读是多样而丰富的，它包括先秦社会语境下的宗教文化、士人文化、技术文化、工匠文化等，但从先秦士与匠之间的社会互动之深层次视角研究的文字还不多见。这样的研究现状无疑不利于理解先秦社会及其语境下的工匠文化发展。在本章接下来的讨论中，拟将以《周易》《老子》《论语》《墨子》《韩非子》《考工记》等先秦历史文献为具体考察个案，较为详细地阐释"齐尔塞尔论题"在先秦的应然与实然，并就此讨论相关士与匠之间的社会互动所引发的复杂社会性问题。

二 先秦的士与工：从"文明以止"到"人文化成"

按一般史学观划分，先秦时期是指五帝至秦统一约 3000 年间，它大致可预设经历了五帝、夏商周、春秋战国等三大时间段。这段时期是中国文化思想的起源、初步定型与发展阶段，特别是老子思想与孔子思想以及战国中后期的思想学术的"高度成熟"或是一种"早熟"，它基本奠定了中国文化在世界文化谱系中的身份与地位。

第一，五帝时期。五帝时期是中国文明的起源阶段，所谓"五帝"时期是指黄帝、颛顼、帝喾、尧帝与舜帝等五个帝王时代的历史阶段。

在文化层面，五帝时期的大事件莫过于文字的发明。据史载，黄帝的史官仓颉相传是文字的发明者。在"农耕聚落"结构相对松散的五帝时期，仓颉很有可能如同西方之荷马（或为集体代名词）。换言之，仓颉是对当时民间刻画符号（大汶口陶片）、结绳符号（结绳记事）、藤草符号（蒲草）等各种符号加以搜集、整理与使用者。文字的出现意味中华文明的诞生，也为作为学者的"士"阶层的出现奠定基础。

在造物层面，人类社会早期的大事要数"图腾崇拜"的产生。如果说文字是记神谕、定历法等需要，那么，图腾则是辨祖先、记标志、图象征等传播思想的文化产物。半坡遗址出土的人面鱼纹暗示原始工匠造物中"人鱼同源"的朴素宗教思想。姜寨遗址出土的鱼、蛙、鸟复合图案的彩陶盆是原始工匠"人文化成"之物。人类早期"学者"或是初民宗教思想的建设者与传播者——巫。巫者，作为一种"智慧"的职业，在原始社会里所扮演的角色对于稳定社会关系具有不可替代的作用。作为"学识渊博"的巫者一般由氏族长兼任（如大禹），或由顾问大臣专任（如黄帝大臣巫彭）。巫者能改天换地，能操持释惑、祈雨、医病、交合、占卜、消灾、战争、造物等诸多事务。譬如坛是巫"化成"的宗教祭祀的中心场所。在古代，有室外露天的"坛场"或"社坛"，也有室内"明堂"之宫。祖庙社坛之建筑除一般性布政职能之外，还有宗教性祭祀活动功能。"坛"是先民"建筑师"对空间的体认与再创造，它显示出人类早期朴素的建筑设计智慧。巫者、祭坛、祖庙等系列原始宗教元素或仪式符号构成一套规范的礼与仪，并化"礼"于器，如青铜器。商周春秋礼仪制度为作为学者的"士"提供社会理论源头。

　　从"智慧"的巫之活动或造物来看，五帝时期的"巫"肩负多样的"人文化成"或"文之化器"的职能。从历史记载看，黄帝时期，宫室建筑、食用器具、车辆等造物设计应当取得了突破性成就。作为"巫"或"工"，如黄帝作宫室、瓦甑、作舂、作车、黄帝作弩、轩辕作指南车、赤将为木正、宁封子为黄帝陶正等。作为"学者"，黄帝著述有《难经》《归藏易》《胜负握机》《黄帝兵法》等。另外，黄帝部落首领高元负责宫室营造，尧时工官鲧之水利、工官共工发明弓与创制规矩准绳等。换言之，五帝时期的"巫"的身份是多元的。

　　第二，夏商周时期。殷周时期，巫史是中国的第一代"学者"，他们从事与掌管天文星象、历数史册、造物设计等一切宗教或"科学文化"活动。应该说，巫史也是中国社会的第一代"工匠"，从事与管理各种手工艺活动。在殷商时代，占卜事神成为商代人普遍的文化现象。《礼记·表记》载："殷人尊神，率民以事神，先鬼而后礼。先罚而后赏，尊而不亲。"[①] 原来的符号刻画远远不能适应凡事必卜的殷商社会的发展，于是，与之相应的文化事件"刻辞"——记录占卜的书面文本——甲骨文系统诞生。一个超自然与人事的新神灵——"帝"——被"工"刻写在特定的甲骨空间。甲骨卜辞成为商王国神权与政权的传播载体与手段。作为"学者"的殷商史官将占卜祭祀编辑成书，或将上帝（至上神兼祖先神）和社（社神）河（黄河，河神）岳（岳神）以及地祇等自然神祇的崇拜与文字传播作同步发展。沉睡的黄河殷商国力及其文化就在这样的

---

　　① （汉）郑玄注，（唐）孔颖达正义，吕友仁整理：《礼记正义》（下），上海古籍出版社 2008 年版，第 2079 页。

崇拜祭祀与书面甲骨文字的传播中被释放，使得殷商神权与政权受到承认并逐步趋于稳定。可见，作为"工"刻画的甲骨卜辞在文化传播与传承上的作用是显赫的。

在殷商之前，天文、地理、历法、征伐、刑狱、田猎、农畜、世系、方国、家族、职官、疾病、生育、灾祸、造物……在很大程度上被记录于先民大脑里，并用结绳、蒲草、刻符等方式记载历史。但甲骨卜辞的出现表明"读书活动"应当即将开始，同时"学在官府"的文化特权制也随之形成，一切的社会理性或规约在甲骨卜辞的文明中孕育并走向规范化礼仪制度，与之相匹配的礼乐器具也随之诞生。换言之，"文明以止"——甲骨卜辞的出现强化了殷商文化的活动范围，更扩大了殷商文明在中华文明中的地位与影响。

实际上，书写的发明与传播不仅促进了殷墟天神系统以及政权的发展，也催生周政权的诞生。甲骨卜辞远远不能满足西周社会发展之需求，此时，"学者"与"工匠"互动的另一产物——青铜铭文出现了。与殷商时代大神"帝"相比，西周时代的"帝"已然是一个君临上天、监管下民的至上神。在书面系统发展的促进下，伦理化的"天命观"呈现于周人的世界里，"治民以德"与"享孝祖先"成为西周人的重要伦理思想。西周人对"天"的崇拜已然从殷商自然神跨越至伦理哲学的初步认知阶段。这些思想的变化在《洪范》《诗经》等文献中可以窥见。西周末年，原来以血缘为关系的庞大宗族等级制度发生动摇，周王室风雨漂摇，中国思想开始走向"诸子时代"，其中以儒家孔子与道家老子为思想代表，春秋时期的中国思想已然突破殷周以来的宗教伦理思想，以"理性"取代"宗教"，开始了中国思想的辉煌时期。

第三，春秋战国时期。战国以来始兴的知识分子"士"显赫于世。不过，他们的学说活动主要围绕朝廷官方的政治活动。诸如老子、孔子、孟子、韩非子等知识分子的学术行为基本上是围绕家、国、天下与宇宙系统而展开的，工匠造物不过是他们借用来叙事的角色对象。

在"士"的层面，东周诸子都不约而同地表现出一种普遍的政治关怀。在"礼崩乐坏"的春秋时期，以孔子（前551—前479）为代表的儒家走在时代的前沿。他著书立说，整理编撰《诗》《书》《礼》《乐》《周易》《春秋》，以宣传"仁政"思想。他兴办私学，并于稷下开设文化讲坛。他重视改革教育模式，培养人才，宣扬"有教无类"。作为"士"阶层的文化偏向普遍具有国家"行政化"目标倾向，即政治教化目的性强。尽管孔子为"天下有道"四处奔走而无功而返，但他的教育思想在"天下无道"的春秋末期乃是时代的进步。特别是春秋"士"文化基于开启宗教神学转向人学的历史跨域，从根本上改变了传统"天命论"的思想立场，使得普天"庶人"与贵族一样都具有接受文化教育的话语权，"齐之以礼"文化教育理念也扩大了教育空间。

在"工"的层面，先秦诸侯之间竞争激烈，"诸子百家"思想极其活跃，工匠也成为他们关注与重视的对象。春秋战国是中国文化的"轴心时代"，在"礼崩乐坏"的社会大裂变中，激烈的兼并打破了中国文化昔日社会的静态格局。为了经济的繁荣与政治的稳定，群雄列国竞相发展经济、开放学术、活跃思想与振兴科技，"士"与"工"在社会中普遍备受重视。在各种道术"天下裂"的同时，诸侯贤哲为了"救时之避"，文化的重组与器物的重构势在必行，科技的创新与发展乃是此时"救世"的社会之方技，从而形成了气势恢宏的诸子"百家争鸣"的社会局面，或"问鼎中原"成为诸侯重视器物革新的时代命题。《考工记》与《墨经》两部开山设计工艺名著宏大出炉，就是顺应这种社会的需求而诞生的。"工"作为一个独立阶层的出现，它是战国以来社会上不可忽视的重要群体，但其活动主要是围绕官府造物及生产工具。管子认为："处工，就官府。"并认为："工之子恒为工。"夏朝名匠有禹、公刘、仇生、乌曹、昆吾氏、伯益等。周代以来，历代名匠层出不穷，如姬旦、姬虎、士弥牟、楚庄王、楚灵王、弓工、西门豹、驷赤、史起、敬仲、商阳、子西、轮扁、匠庆、公子鱼、梓庆、鲁鄷人、公输般、墨翟、管仲、龙贾、华元、李冰、郑国、范蠡、伍子胥、许绾等。① 可见，先秦社会的名匠辈出，在社会发展中发挥重要作用。

简言之，先秦时期的中国文化以宗教为发展纽带，以祖先神（包括自然神）为崇拜对象，在氏族组织（国）或国家制度（天）的发展偏向中谱写早期中国文化，并在"文明以止"与"人文化成"中发挥"士"与"工"的社会价值。

三　先秦士与匠的互动机制：从"镜像"到"著述"

先秦士与匠的互动方式是多样的，呈现镜像、参照、模范、著述等动态递升互动机制。它近乎涵盖中国古代士与匠互动的所有方式、机制及逻辑形态，因此，先秦士与匠的互动是"高度成熟"或是一种"早熟"形态。在乔治·H. 米德看来，"自我互动"是社会互动的起点，"符号互动"是社会互动的核心形式，而社会互动是以基于有意义的文化之上的"角色借用"行动过程。对于先秦学者而言，镜像、参照、模范、著述就是学者借用工匠文化的角色作为中介方式，获取社会互动中的自我与他者的认同。

1.《易经》：工匠文化之"镜像"

在人类早期，"镜像"是人们认识世界的一种朴素的呈现方式，即在他者的镜像下不断认识自我。正如法国精神分析家雅克·拉康所言，从镜像阶段开始，（人类）婴儿通过镜子认识到"他人是谁"，才能够意识到"自己是谁"。工匠及其文化是先秦学者社会行动与思想出场的一个镜像对象。这里所谓的"镜像对象"指的是先

---

① 喻学才：《中国历代名匠志》，湖北教育出版社 2006 年版，第 2—47 页。

秦学者在思想上镜像工匠文化的诸多技术标准、手作思想与精神理念，并提供思想镜像框架的目标对象。譬如《易经》就是镜像工匠及其文化思想的经典文本，它是中国古代自然哲学与人文实践知识互动而产生的文化镜像体。因此，《易经》不仅是中国自然哲学包括工匠思想的源头，也是中国社会实践知识的理论根源。

《易经》原本是占卜之书，但它是早期"学者"对实践知识包括工匠知识镜像的直接产物。所谓"知识镜像"是学者将他者文化镜像为自我主体的心像，进而在反转与互动中建构新的自我知识。譬如《易经》中的"开物成务""制器尚象""法天象地""厚德载物""五行相生""备物致用"等朴素的造物命题群的出现，实质就是学者对工匠知识镜像后生成的知识。在拉康看来，镜像是对客体反复认同的结果。换言之，《易经》是学者对工匠及其文化反复认同，并反转为自我知识系统文本的产物。譬如《易经》中"制器尚象"是古人造物的模拟性镜像思想，它是古人从"观物取象"的镜像思维中生成的。

《易经》是早期"学者"镜像工匠实践知识的哲学化呈现的早熟文本，它是中国造物镜像思想的"知识原型"，并富有典型的哲学化与理性特色。作为学者的作者在"形而上"的知识叙事中镜像出古代工匠造物的宇宙学与本体论体系，它为中国后来造物镜像做了很好的思想准备与范式储备。

2. 《老子》与《论语》：工匠文化之"参照"

伴随社会文明的进步与发展，先秦学者认知自然的方式也逐渐发生变革，初期的镜像思维逐渐被参照群体思维所取代。所谓"参照群体"指的是学者在心理上所从属的、认同的为其树立和维持诸多标准规范的，并提供比较价值框架的目标群体。譬如工匠群体就是春秋战国时代学者社会行动与思想出场的重要参照群体。

在道家层面，工匠群体是一种"否定性参照群体"。因为，在道家的代表人物老子看来，"人多伎巧，奇物滋起"，进而造成社会秩序的混乱。换言之，老子以工匠作为"参照群体"是基于否定的立场。从知识生成视角看，老子热衷于对自然现象的经验观察，并以自然为肯定性参照群体，以还原自然的理念而实现社会的清静无为之理想。因此，老子对包括工匠经验的手作、技术及其思维的观察是基于国家与自然的立场做出有选择性的判断。

在儒家层面，《论语》是儒家的经典，热衷于对社会逻辑理性的思考，以期望实现社会结构的稳定与道德的教化。由于工匠文化在个性特征、规范作用以及比较价值上具有儒家所需要的参照思想，于是工匠就成为儒家的参照群体。譬如对梅顿（1957）而言，个体对参照群体的选择是要依赖于个性特征的。工匠造物讲究的是"工匠精神"，并在专业、专注与专攻上只做好一件事。对此，孔子持以反对意见，进而提出"君子不器"与"玩物丧志"的思想。因为，在孔子看来，作为学者的君子必须心怀天下与国家，必须做到思不器、行不器与量不器，必须"志于道"。但鉴于"道"与"器"的关系，器本身也具有承载文化的功能，于是孔子又认为"道器不离"，意在强调器的载道的功能价值，并提出"经世致用"的思想。另外，凯利（1952）也认为，"参照群体"不仅具有比较评价作用（appraisement），还具有很强的规范作用（normativeness），儒家借用"百工居肆以成其事，君子学以致其道"等文化思想来规范人的行为与道德伦理，进而崇尚"礼乐"与"仁义"，提倡"忠恕"与"中庸"之道，主张"德治"与"仁政"，重视伦常关系。实际上，儒家对工匠群体的参照是矛盾的，即否定性参照群体与可定性参照群体兼而有之。尤其是儒家"奇技淫巧"的否定性参照群体思想对技术性发展往往具有破坏性。学者为了实用性或伦理性的造物思想，却遮蔽了工匠潜在的技术进步的可能。

简言之，儒道学者"重道轻器"的立场催生了士与匠区隔的"二阶冲突"，即在国家"重道轻器"的基本国策干预下，导致了学者、工匠与国家层面的文化冲突。在传统意义上，工匠将来自学者文人的思想转移到造物语图叙事的文化符号设计上，却遮蔽了自我造物的技术可持续发展与进步。显然，"君子不器"的宏大治国理想被"重道轻器"的立场遮蔽了社会发展所需要的技术文化；同时，学者治学也失去了工匠原有的经验技术、量化方法与手作思维，也扩大了士与匠之间的区隔鸿沟。

3.《韩非子》：工匠文化之"模范"

在社会互动理论看来，个体间的互动是来自他者之间的吸引。先秦法家士与匠之间的个体互动是基于相互趋同或吸引的社会价值理念，这种吸引来自"工"的"物理模范"与"士"的"思想模范"之间的趋同性。

法家是战国诸子中后起学派之一。管仲、商鞅、慎到、申不害、李斯等是法家重要人物。最为显赫的是韩非子，他是一位十足的功利主义者，将法（依据）、势（保障）、术（手段）等思想杂糅于一身，并提倡以法治国。法家在"奉法者强则国强；奉法者弱则国弱"的理念下，形成一整套中央集权君主专制主义法治国家的制度与理论。在逻辑上，器物文化的哲学思想偏向是人类文化进步的重要力量。法家充分利用"法"的框架来构型他们的理想社会，这与战国时代以铁器、青铜器为代表的先进生产力或造物文化不无关系。特别是活跃于战国的"模""范""型""规""矩""绳"等工匠造物的工具及其方法论，很容易让想象力丰富的法家联想"法"的内在逻辑及其社会治理力量。

在理论上，社会职业实践也是理性思维偏向而产生制度文明的重要推手。或者说，先秦工匠的职业实践知识为法家学者的理想思维发展及其社会制度的产生提供范本。据史载："法家者流，盖出于理官，信赏必罚，以辅礼制。"① 理官是古代主管狱讼之官，法家

---

① （汉）班固，（唐）颜师古注：《汉书·艺文志》，商务印书馆1955年版，第31页。

之学大概与他们从事的社会职业有关。因此，在"礼崩乐坏"的战国时期，为打破贵族血缘统治、发展自身势力而产生"法家之学"是不奇怪的。

4.《墨子》：工匠文化之"介导"

墨子生活于"百家争鸣"的战国时代，时有"非儒即墨"之说。如果说"仁"与"道"是儒学和道学的核心思想，那么，墨学的核心思想则为"兼"。在理论上，墨家对理性逻辑的哲学思想与自然现象的经验观察之间做了一次很好的"调和"。

在本质上，墨家之"兼学"的形成是战国社会结构性变化的产物。墨学之"兼"是以消解"专制""不平等""神权""贵贱""权力""土地所有权"等理性觉醒为己任。用墨子的话说，就是对"强力非命"的一种呼唤。换言之，"兼"是对"天命论"的抗争及对社会矛盾的调和。显然也是对当时作为士阶层的儒家士与匠之间的区隔的一次调和。因此，墨子的"兼学"是社会进步以及思想发展的产物。

墨子之所以能实现对工匠文化的介导与互动，也起源于工匠文化在当时社会发展中的力量。因为"铁器"是引起战国时代社会结构性变化的根本介质。由于铁具被广泛应用于农业生产与手工业造物，原来贵族对土地的绝对占有权开始下滑，自耕农从对贵族的依赖中走向"自由"，部分自耕农也从对土地的依赖中走向"工"的阶层；同时，新工具的崛起意味着很多"现实"产生变化："无故富贵"的贵族权力与权利开始动摇；掌握新工具与土地所有权者成为"暴富"（为墨子提供"官无常贵，而民无终贱"的思想）；"井田制"被"初税亩"（按田亩收税）替代（所以，墨子认为：没有贵贱之分，只有贫富之别）；城市新市民及手工艺者（工肆之人）崛起；"士"的阶层扩大（因此，墨子看到贵族子弟与官员降为士，庶民"贤者"升为士）……这些政治、经济、阶层、制度等社会性结构的"位移"是春秋战国之际社会转型期的集中表现。墨家"兼学"思想也因此被历史带进战国社会，它凭借严密而整一的

"兼爱"政治价值理念成为时代的"显学"。

在经验技术层面，墨子亲作手工与造物，并精通手工技艺，可与当时的巧匠公输班相比。他自诩为"上无君上之事，下无耕农之难"的士人。譬如在《墨子》中详细地介绍和阐述城门的悬门结构，城门和城内外各种防御设施的构造，弩、桔槔和各种攻守器械的制造工艺以及水道和地道的构筑技术。更难能可贵的是，墨子将这些经验技术做了深层次的科学理性思考。科恩在《中国科技文明史》中援引李约瑟的话说："在中国思想史上，这些墨家文本要比其他任何文本更接近于西方科学的精神。"① 可见，墨子是中国早期学者"介越"工匠的最具代表性的人物。

在介导层面，墨子主张"节用"而不修"文采"，认为"当为宫室不可不节"。因为在他看来，"女子废其纺织而修文采，故民寒；男子离其耕稼而修刻镂，故民饥。"② 不过，墨子对"巧"的看法不同于儒道之思想，他认为"故所为巧，利于人谓之巧，不利于人谓之拙"③。在镜像与参照层面，《墨子·天志》子墨子曰："'我有天志，譬若轮人之有规，匠人之有矩。'轮匠执其规矩，以度天下之方圆。"④ 墨子的"匠人有矩，以度天下"的思想值得注意。作为学者的墨子与作为工匠的墨子在技术知识层面达到了深层次积极互动，这在先秦社会是很少见的一种文化兼合现象。

5.《考工记》：工匠文化之"著述"

《考工记》是中国古代第一部官方手工知识著述，它记述了齐国官营手工业各个工种的设计规范和制造工艺，书中保留有先秦大量的手工

---

① ［荷］科恩：《科学革命的编史学研究》，张卜天译，湖南科学技术出版社2012年版，第570页。

② （清）毕沅校注：《墨子》，上海古籍出版社2014年版，第22页。

③ （清）毕沅校注：《墨子》，上海古籍出版社2014年版，第255页。

④ （清）毕沅校注：《墨子》，上海古籍出版社2014年版，第107页。

业生产技术、工艺美术资料，记载了一系列生产管理和营建制度，内容涉及先秦的制车、兵器、礼器、钟磬、练染、建筑、水利等手工业技术，还涉及天文、生物、数学、物理、化学等自然科学知识。《考工记》或成为中国早期工匠文化系统的典型官方文化范式文本。

在"工"的层面，《考工记》明确肯定了工匠在社会中的地位。《考工记》曰："国有六职，百工与居一焉。"① 即国有六职，即为王公、士大夫、百工、商旅、农夫和妇功。同时认为："百工之事，皆圣人之作也。"可见，在"百家争鸣"时代，"工"的社会地位显然是较高的，仅次于王公与士大夫之后。

在技术与科学层面，《考工记》是春秋战国时代一部不可多得的科技文本。《考工记》中记载了 30 项专门的生产部门，说明春秋战国时期至少有 30 个生产技术系统。一个技术体系"总是与一个由知识、技能、论述及可以被广义的技术思想一词所涵盖的一切组成的整体相伴随"②。《考工记》中 30 项专门的生产部门，即有 30 种专门化的创造活动，或"技术创造"。同时，30 项专门的生产部门也是春秋战国时代的"实验室"，进而产生了史无前例的科学知识。譬如《考工记》已然开始了"工"的量化思维。《考工记》曰："九和之弓，角与干权，筋三侔，胶三锊，丝三邸，漆三斞。"③ 这里的"漆三斞"之"斞"，同"庾"，它是古代斗类容器或计量单位，相当于毫升。中国历史博物馆藏一容器为五点四毫升，铭文为一又二分之一斞强，可以推算，"漆三斞"，即 10.8 毫升（5.4÷1.5×3）弱。可以说，定量化思维是早期定性化思维的一种巨大进步，这些量化思维方法为后期科技的进步奠定了重要基础。

---

① 陈戍国点校：《周礼·仪礼·礼记》，岳麓书社 2006 年版，第 97 页。

② ［法］R. 舍普等：《技术帝国》，刘莉译，生活·读书·新知三联书店 1999 年版，第 11 页。

③ 陈戍国点校：《周礼·仪礼·礼记》，岳麓书社 2006 年版，第 111 页。

实际上，《考工记》用"著述"的方式率先证实工匠与学者的一次完美合作。对于中国传统儒家知识分子而言，《考工记》显然是一种面向实践技术的文本符号，它是顺应战国时期诸侯间文化与技术的激烈竞争而诞生的。

四　先秦士与匠互动的进程逻辑：互动与区隔的权衡

历史中没有绝对的互动，也没有绝对的区隔。这种说法的真理性来自历史以及历史学家的考证而获取的重要启示。也许我们被先秦士与匠的互动所取得的辉煌文化成就而折服，并蒙住了双眼以至于认为这段时期的士与匠是没有区隔的。这显然是错误的，也是不符合事实的。

先秦学者对工匠文化的社会互动与角色借用的不朽功绩在于，他们在镜像—参照—模范—介导—著述等具体互动中完成了对工匠文化的经验考察与技术指导，包括对工匠的文化、技术以及思维的引领与发展均有显而易见的成效。《易经》《老子》《论语》《墨子》《韩非子》等文献中所折射出来的工匠经验、工匠技术、工匠科学、工匠思维、工匠精神、工匠制度等无不彰显学者对工匠文化借用的互动效应。但先秦学者对工匠文化的借用空间却显示出"匠人有矩，以度天下"的普遍政治偏向。因此，在先秦士与匠的积极互动中招致一种潜在的区隔风险，即学者对工匠的政治立场中衍生出与互动相反的自我封闭的征兆。

究其原因，由于人类早期受自然环境、技术工具、思维力等多种因素的制约，"学者"与工匠必然在互动中实现集体性生存的发展。于是，"镜像思维"成为通过他者认识自我的重要路径，这显然是社会思维的一种权衡。当社会发展到足以使自己思维相对精确或成熟的阶段，人们对自然的考察便由早期的自然思考转向自觉参照阶段。在此阶段，士与匠文化的选择性参照与建立在肯定性目标群体或否定性目标群体的双重参照中完成对工匠文化的借用和反思，进而为学者对社会的思考有所参照。那么，当参照群体对学者的思考发生失效或出现社会性矛盾之时，学者必然要做出思想的调整或进一步的干预。因此，作为一种行为规范或准则的"模范"思维便诞生了。学者试图借用工匠之"模范"来治理动荡的社会秩序，以期望实现齐家、治国、平天下的理想。当模范思维无法实现治理国家，并在一定程度上又无法疏离工匠文化之时。学者必然要亲自介导工匠文化，即在介入与指导工匠文化的同时，实现科学、技术的发展，以期望实现社会的稳定发展。那么，当这种介导思想出现，自然就有"著述"行为的出场，因为，只有这样才能将工匠文化及其知识得以传播与继承，进而更好地为社会发展服务。

　　简言之，先秦士与匠的逻辑进程显示，他们是在互动与区隔中作权衡式的发展。作为学者，他们基本围绕家国政治为中心，在与工匠文化互动中实现自我互动与社会互动，进而为自己的思想出场与政治理想服务；而作为工匠，他们在手作经验、技术科学、量化思维等多个维度为学者借用思想提供源泉，并在自己的造物行为中为学者等他人的生活提供器具。因此，士与匠之间的互动是天然的，但他们之间的区隔也是天然的。因为，他们各自的关注中心与聚焦的立场有相对的权衡偏向。

五　先秦士与匠的互动早熟：区隔与风险

　　上述研究发现，先秦士与匠在心理上与生理上的互动发展是过于"早熟"的，并在科学、技术以及其他文化发展史留下宝贵的知识财富。与此同时，它也种下诸多生理"异常"或"病灶"，以至于在后来很长时间里为此付出"代价"。

第一，先秦学者基于宇宙或国家的"整体"高度，并在自然探索与发现中不断发展自身需要的经验、宗教、技术以及其他文化。因此，先秦的自然哲学与工匠技术并没有严格的界限，人文哲学与工匠经验也没有严格的区分。由于受较低的技术、能力以及知识系统的限制，早期人类在对待自然、手作以及其他宇宙文化的态度或认知，一般从混沌的自上而下的整体或朴素的自下而上的经验技术入手"思考一切"。以至于我们认为，先秦社会文化在"整体"高度上的发展已经趋于一种早熟。譬如《易经》《老子》《墨子》《考工记》等知识文本均已大大超越了那个时代的哲学或技术思维能力。从先秦士与匠的互动机制也可看出，它基本蕴含了中国古代士与匠互动的所有方式及其可能的机理，而且这种互动机制还在呈现出"镜像—参照—模范—介导—著述"的递升发展态势。抑或说，这种态势也基本指明了中国士与匠互动的历史发展轨迹。纵观中国历史上的士与匠互动的主流性发展逻辑进程会发现，"先秦—汉唐—宋元—明代—清代"的士与匠的互动机制基本与"镜像—参照—模范—介导—著述"相对应。不过，需要指出的是，文化早熟也是一种文化生理发育的异常，它需要未来文化成长弥合早期的异常而为其付出巨大代价。譬如中国近代自然科学发展的缓慢与早期自然哲学与工匠技术的整体发展或难以分化是密切相关的。

第二，先秦工匠造物或民众探索自然的活动场所近乎是他们的科学"实验室"，而先秦官府管理下的专门化的手工作坊或官营垄断性"企业"的创造性活动实则就是"百工"的技术创造。换言之，周王室或以后的春秋战国时期的"百工"兼具科学家与技术专家的双重身份。同时，诸如甲骨上所篆刻的卜辞、青铜上所镌刻的铭文、漆器身上所髹绘的图像文字等历史文物昭示，先秦的学者或知识分子介导了"百工"的造物活动。特别是如黄帝、周文王、墨子、范蠡、伍子胥等本身又兼具士与匠的双重身份。这就是说，先秦"百工"的造物文化现象不是孤立的，而是一个多元主体参与的宗教、科学、技术、人文、官府、学者、机构、象征、工具等复合的文化系统现象。因此，《易经》《老子》《墨子》《考工记》等具有早熟特征的文化巨著诞生是不足为奇的。这些巨著或为哲学文本、或为科学文本、或为技术文本，以至于我们很难区分或严格判断它分属于何种领域。在世界科技文化史上，先秦士与匠的互动以及所产生的文化是独一无二的。

第三，先秦士与匠的互动早熟有潜在的相互区隔的风险。实际上，战国以来兴起的知识分子"士"或学者，在身份与地位上还没有完全独立，他们的学术活动主要还是围绕朝廷官方的政治活动，而并非在造物及其知识生产上。诸如老子、孔子、孟子、韩非子等学者的学术行为基本上是围绕家、国、天下与宇宙系统而展开的，并明确提出"君子不器""重道轻器""玩物丧志"等意在区隔工匠及其文化的思想。管子最早提出"士农工商"之"四民分业论"，将"工"作为一个独立阶层提出，并认为"处工就官府"与"工之子恒为工"的思想。韩非子径直说："匠人有矩，以度天下。"很显然，先秦学者对待百工的哲学立场是以匠人之理度天下之治。因此，先秦士与匠的早熟性互动力有致命的"阿喀琉斯之踵"，为中国社会后期工匠技术以及自然哲学发展种下需要很长时间才能治愈的病灶。譬如汉唐社会士与匠的严重区隔，以至于难见一部工匠技术文本，这不能说不是一种极大的文化遗憾。

六　礼法或技法：《诗经》与齐尔塞尔论题

以齐尔塞尔论题视角考察《诗经》认为，《诗经》所崇尚的礼法思想和优士理念对于工匠文化发展是有附带性破坏的。殷周王朝受天成命而创制礼法，这显然是合"礼"性政治理想的使然；同时，士人之礼必然要依赖工匠之器，即在尊礼用器中装载家国礼法，进而迫使士人与工匠迈入有限度的双向互动。但殷周王朝礼制下的士人和工匠的身份独立性均较差，以至于他们在互动中俨然始现出区隔化端倪。《诗经》宣扬的以士人为中心的家国礼法观念或加速了中国古代社会士人区隔工匠的步伐，也阻碍了中国早期工匠文化走向科学技术化的进程。

在殷周之前，作为造物者的工匠具有极其崇高的地位。工匠或被称为"圣人"或"帝工"，是社会集团中最为显赫的劳动群体。但随着国家的诞生以及社会分工制度的出现，原来由神巫分离出的"工"与"士"各自成为较为独立的群体，但他们的社会关系却变成了显赫的社会问题，至少在殷周士、农、工、商的"四民分业论"中，"士"与"工"的身份、地位以及理想出现了不对等现象。作为贵族身份的"士"在对待"工"的立场上发生了偏移，甚至产生了区隔"工"的心理，但在生活与政治礼法表达上是离不开"工"的。于是，"士—工问题"成为一对学术上的问题领域。

在学术史上，有关"士"与"工"的问题领域研究最早由奥地利科学哲学家埃德加·齐尔塞尔率先提出，即所谓的"齐尔塞尔论题"，该问题的指向就是"学者—工匠问题"。与殷周社会不同的是，齐尔塞尔提出"学者—工匠问题"是基于近代欧洲早期的技术发展与科学诞生的背景，认为资本主义的兴起直接导致高级工匠与学者之间的社会互动，其核心结论是工匠与学者之间的互动而产生了近代科学。显然，"齐尔塞尔论题"的现实基础是近代欧洲早期的工业革命和资本主义兴起，并指出在此背景下工匠与学者之间的互动关系中产生了近代科学。实际上，"齐尔塞尔论题"不仅是欧洲近代科学技术史研究的重要论题，还是中国古代工匠文化研究的应然题域。譬如在古代中国的殷周时期，尽管作为实践知识的工匠文化是那个时期社会的重要组成部分，但它一直游离于"士"的礼法知识之外，并不被士人所倚重，进而造成殷周社会"士"与"工"有限度的社会互动，也出现了心理上的彼此疏离或区隔。

实际上，殷周社会的"士—工问题"似乎没有引起"我们"的注意，学界更多的是关注殷周社会的制度文化和观念文化，较少涉及殷周社会的物质文化（主要是器物文化）及其连带的工匠文化，更较少将殷周士人和工匠的问题提升到学术层面探讨。在接下来的本章讨论中，拟就《诗经》为考察对象，基于齐尔塞尔论题视角，较为深入地探讨《诗经》所崇尚的"优士"理念及其礼法思想，以期镜像出殷周时期（本书指代殷商到春秋时期）"士"与"工"的互动社会学限度，进而批评《诗经》偏向于宣扬以"士"为中心的王朝政治礼法制度，它可能成为中国历史上区隔工匠的代言者，也间接地成为早期中国工匠技术走向科学化进程的绊脚石。

1. "尊礼用器"：《诗经》的向度

器度有意，万物有象。在文学叙事维度上，《诗经》感物造端，见器抒情，它或成为殷周社会器物的图像志。在这些器物叙事中，它们的造型、纹样、功能及其审美意义均体现出殷周时代的生活志和社会志，还能体现出殷周时代的工匠志。因此，《诗经》之名物乃是宗教祭祀文化与工匠文化协同发展的产物，体现出殷周士人和工匠的协同发展。换言之，《诗经》的名物叙事与西周礼法及工匠造物叙事有对等的同构迹象，它或能反映殷周礼法或技法的一个社会学向度。从"尊礼用器"的造物制度中，或能窥探殷周社会最为原始的造物伦理及其礼法思想。

在学界研究层面，陈温菊曾在《诗经器物考释》[①]中详细考释礼乐器（玉礼器、青铜礼器、乐器）、服饰器（佩饰器等）、车马器、兵器、日用杂器（生活用具、罗网器具、农具与工具等）等类型，涉及器物 200 余种。特别是《诗经》中所涉礼乐漆器（譬如琴、瑟、笙、鼓等）以及日用杂具（譬如豆、罍、几、车马器

---

① 陈温菊：《诗经器物考释》，文津出版有限公司 2001 年版。

等）与贵族宗庙祭祀的乐歌以及出行生活有密切关联，《诗经》或
能"镜像"出"器盖天下"殷周社会及其工匠文化场景，更能窥探
其背后的礼法规约及其宗教理念。

　　就社会背景而言，殷周"器盖天下"社会是以"宗教"为纽
带，以"自然"（包括自然神）为参照，在"礼制"视野中谱写早
期工匠造物文化的。中国早期宗教是在"帝"神（商代）——
"天"神（西周）——"礼"德（老子思想与孔子思想）（周公提
出"以德配天"）的时序节点上缓慢发展，并在春秋战国中后期群
雄逐鹿中瓦解与分化。在商代，宗教或成为那个时代国家文化的
"时尚"。至殷商时期，祭器成为工匠造物或宗教礼法之大事。《礼
记·表记》载："殷人尊神，率民以事神，先鬼而后礼。"① 可见，
占卜事神仪式或成为商人普遍的文化现象。在原始宗教仪式中，有
"巫舞"与"巫乐"，用"乐"诏告神祇是原始宗教仪式的重要手
段。"乐"之声比"舞"之形有更大的优越性，它能打破时空限制
而传播至远，缩短人与神的对话距离。因此，《礼记·郊特牲》曰：
"声之号，所以诏告于天地之间也。"② 因此，大量祭祀乐器必然需
要工匠参与制造。另外，"舞"之必有"坛"（台），有坛必饰"器"
（祭器），有器必有"文"（符号）。在这一连串的宗教仪式活动中，
"士"与"工"必然走向互动，也产生了造物文化。譬如在造型文
化上，殷周春秋的漆器、青铜器等器皿上的饕餮、夔龙、云雷以及
镶嵌在器皿上的金银薄片、蚌片等装饰物也是反映这个时代的审美
意识萌芽，体现出春秋礼法制度与造物技法文化的迅猛发展，或能
见出作为殷周以来的工匠造物体系与家国礼法已然发生同构。

　　《诗经》所极力宣扬的礼法活动或祭祀仪式，正是殷周社会中

---

　　① （汉）郑玄，（唐）孔颖达正义，吕友仁整理：《礼记正义》（下），上海古籍出版社
2008 年版，第 2079 页。

　　② 陈成国点校：《周礼·仪礼·礼记》，岳麓书社 2006 年版，第 329 页。

的政治性大事。譬如宗教祭祀、日常礼仪、朝廷仪式等都是礼的活动范围。礼的活动仪式是离不开礼器的，《诗经》之名物叙事或能反映礼乐仪式的活动场景。在本质上，《诗经》中的礼器乃是"神化"了的"人器"。"人器"亦作神器，即为人在祭祀活动中崇拜与象征之器。礼器，既是庙堂之器，也是德性之器。因此，"礼器，是故大备。大备，盛德也"①。因此，《诗经》中所描述的鼎、簋、瓠、钟等之类礼器不仅是礼法之器，还是德性之器。《礼记·礼运》曰："礼义以为器，故事行有考也。"② 可见，礼器是宗教性与世俗化的统一体，"尊礼用器"是士人与工匠的交流与对话的产物。

　　那么，"尊礼用器"的合理性依据又是什么呢？对于殷周器物之美而言，它遵循了"礼"与"技"的全部信条，即哲学上的"道器不二"。《周易·系辞》曰："形而上者谓之道，形而下者谓之器。"③ 这就是说，士人之"道"与工匠之"器"是一体的，"道"为"器"之体，"器"为"道"之用。具体而言，殷周社会的器之"道"就在于"用"与"礼"。器之"用"是对物的使用，也是对"心"的使用。器就是在物的使用与心的使用上双重规定着自己的内涵与外延，"物用"（技法）与"心用"（礼法）构成殷周造物天平的砝码。换言之，道器并非抽象，器与人是分不开的。人的生活一刻也离不开器。器同人，如文同人一样。文为心声，器为心象、器象，即为心象。譬如汉语中常有"器怀""器量""器度""器宇""器范""器韵""器谋""器灵""器爱""器度不凡"等词语，它们实际上就是人的思想的推演。佛教中也有用语"器世间"的说法，亦省作"器界""器世"。在殷周工匠造物系统中，"士"纳"礼"于匠之器，并介入"工"之造物，使得器具有生活性、宗

---

① 陈戍国点校：《周礼·仪礼·礼记》，岳麓书社 2006 年版，第 319 页。
② 陈戍国点校：《周礼·仪礼·礼记》，岳麓书社 2006 年版，第 317 页。
③ 郭彧译注：《周易》，中华书局 2010 年版，第 301 页。

教性与政治性的多重品质。

2．"知礼制器"：工与士的互动

《诗经》名物是它的叙事载体或参照对象，并能昭示其背后的"兴观群怨"思想。抑或说，《诗经》中的大量漆器名物叙事昭示这些名物实体附着诸多礼法制度，并显示漆器作为殷周社会"工"之技法与"士"之礼法是双向互动的，也昭示"士"对"工"的造物技术或是通晓的。换言之，"知礼制器"是殷周"士"的基本文化要求。"工"及其器成为"士"宣扬礼制的参照群体，于是，"知礼制器"的相关制度便随之诞生。譬如"礼"有大小、显微、多少、高下、文素、位次之贵者，并相应规约"器"的大小、显微、多少、高下、文素、位次之区分。显然，《诗经》的作者是谙熟这些礼法或技法的，否则很难完成诗歌创作。这就是说，《诗经》能说明"工"与"士"是双向互动的。

在文学考古学层面，《诗经》的漆器叙事或能有效证明殷周"工"与"士"之间是双向互动的。因为，漆器或成为《诗经》文学叙事的一个重要向度，也即成为《诗经》表达礼法观念和生活情感的一个载体。这就是说，殷周士人之礼法制度是借助工匠造物而表达和传播的。就目前的考古发现，《诗经》的漆器叙事空间与西周漆器生产地理分布有同构迹象。譬如《风》多采于周地，叙事空间大约是周初至春秋中期各诸侯国的民间歌谣，它的叙事空间可推测为今陕西、河南、山西、山东、湖北等地，但多集中在中原河南一带。那么，这些大量空间地带的漆器生产如何呢？在河南偃师二里头遗址①、二里头遗址②Ⅴ区，在山西翼城县

---

① 中国社会科学院考古研究所二里头工作队：《1980年秋河南偃师二里头遗址发掘简报》，《考古》1983年第3期。

② 中国社会科学院考古研究所二里头工作队：《1981年河南偃师二里头墓葬发掘简报》，《考古》1984年第3期。

大河口西周墓（M1）^①。在湖北随州叶家山西周墓（M2和M27）^② 等均发现漆器。《诗经》漆器名物叙事在其地理空间的出土漆器上得以证实，这无疑反映殷周"士"之宗教礼法与"工"造物之技法是互动的。抑或说，西周"士"与"工"的关系在礼器上实现了有效的互动。

在知识社会学层面，《诗经》中大量出现的漆乐器不仅反映出贵族宗庙祭祀乐歌的礼法制度需要，也昭示大漆乐器背后的社会生产及其制度性文化内涵。譬如《诗经》中"彤弓受言"之礼，或能昭示西周"士"与"工"的互动。《诗经》"小雅"篇《彤弓》曰："彤弓弨兮，受言藏之。"题解《毛序》曰："《彤弓》，天子锡有功诸侯也。"^③ 锡，赏赐也。彤弓，即用大漆髹成的弓。《诗经》之"彤弓受言"折射出西周社会战争与礼仪等社会面貌：一是"彤弓"镜像出西周战争与兵役。如《诗经》之《东山》《击鼓》《君子于役》《伯兮》等篇均反映当时的战争与兵役历史事实；二是"彤弓受言"折射出西周社会贵族王室要员获得漆器的方式是赏赐。"受器"之礼在《周礼·大宗伯》中有记载："一命受职，再命受服，三命受位，四命受器，五命赐则，六命赐官，七命赐国，八命作牧，九命作伯。"^④ 这里的"受器"方式显示漆器在社会中的地位较高。此外，朝廷与贵族宗庙祭祀是离不开漆豆的。先秦之"豆"是一种盛食物的高脚盘。《诗经》中记载"豆"的文字有多处，如

---

① 谢尧亭：《山西翼城县大河口西周墓地获重要发现》，《中国文物报》2008年第7期。

② 湖北文物考古研究所等：《湖北随州叶家山西周墓地发掘简报》，《文物》2011年第11期。

③ 程俊英、蒋见元译：《白话诗经》，岳麓书社1997年版，第257页。

④ （汉）郑玄注，（唐）贾公彦疏，黄侃经文句读：《周礼注疏》，上海古籍出版社1990年版，第277—279页。

《小雅·鹿鸣之什》之《伐木》曰："笾豆有践，兄弟无远。"在陕西长安县张家坡西周早期墓①出土（1991）漆豆1件。除了"漆豆"之外，还有"漆罍"，也是商周晚期与春秋中叶朝廷与贵族宗庙的礼器或酒器，北京琉璃河西周墓②出土过西周时期的彩绘木胎漆罍。《诗经》多处描写漆罍。北京琉璃河西周墓出土的罍就是彩绘木胎漆罍。以上《诗经》的诸种漆器名物叙事昭示西周精于礼法之"士"是离不开善于技法之"工"的，他们分别是社会礼法的制定者与表现者。

简言之，《诗经》名物叙事能昭示出西周"知礼制器"的文化社会学命题。"诗三百"感物造端，它是文学的，亦是历史的，更是文化的。在"见物证诗"或"见诗证史"中可以发现，"知礼"是春秋工匠造物与用器的主要法度。《诗经》名物话语是士人之礼制现实与工匠造物现实的一次互动与回响，它能确证"士"与"工"的彼此互动的历史事实。

3. "君子不器"：工与士的区隔

在历史价值层面，"知礼制器"是殷周士人的造物发现与政治觉醒。从本质上看，"言礼使人成器"是殷周以来实施礼法的一种造物发现；同时也是家国政治的理性化觉醒。工之器是士之礼的集中反映。或者说，器物文化是礼制文化的一种载体。自殷周以来的言礼作器，在东周时期很快被孔子接纳，以"仁"为道德意蕴，以"礼"为历史品格与政治导向，赋予了周礼新的生命与内涵。但由于儒家过分重视"礼"的家国政治价值导向，而摒弃了器的伦理精神与生活价值，进而持有了"君子不器"的价值立场。这对"士"

---

① 中国社会科学院考古研究所沣西队：《1987、1991 年陕西长安张家坡的发掘》，《考古》1994 年第 10 期。

② 中国社会科学院考古研究所等：《1981—1983 琉璃河西周燕国墓地发掘简报》，《考古》1985 年第 5 期。

与"工"的互动是有很大破坏性影响的，也破坏了"知礼制器"的文化意义与政教目的。

在有限性层面，春秋礼制下的"士""工"身份独立性普遍较差，哲学家亦缺乏对技术文化的反思，工匠又在"守之述之"或"不治他技"偏向中单向度制器，进而使春秋工匠与学者在互动中始现区隔化倾向，"士"偏向于刻意论证以维护王朝政治礼法，或成为中国历史上区隔工匠的代言者。

第一，尽管《诗经》所镜像的"士"与"工"是关联性互动的社会主体，但他们之间的互动是有限的，并出现相互区隔的潜在风险。从《诗经》的创造内容看，宣扬治国经邦的政治思想偏向是十分明显的，它或是"士"宣扬道德教化的重要范本，或成为春秋统治者的政治统治工具。《诗经》已然成为史上区隔工匠的代言者。儒家重道轻技的思想抬头，道家主张"以道驭术"，并担心"人多伎巧"而导致"奇物滋起"或社会混乱，因而，极力主张朴散之器。这在一定程度上"重道轻器"思想大大抑制了工匠文化迈向理性技术层面发展的可能空间，进而无疑将工匠之技法搁置在礼法之中。

第二，《诗经》所孕育的中国传统的"士人精神"与"工匠精神"，在思想层面给"士"与"工"之间的区隔埋下病灶。《诗经》所呈现的"士人精神"明显朝向朝廷政治的关怀与齐家治国的偏向，并肩负起传承礼法知识的社会担当。同时，《诗经》也孕育了中国传统的"工匠精神"，专注于器的制作，并注重"造器藏礼"的人文偏向中实现"士"的理想。《诗经·天问》曰："女娲有体，孰制匠之?"可见诗经所言"匠"具有明显的神圣的创造性职业，即所谓《考工记》持有的"圣人"之列。但春秋"工匠精神"却依附于"士人精神"而存在，并在此支配下实现造物的技术适应与艺术匹配。换言之，春秋之际的"士"的政治觉醒或伦理发现迫使处于社会奴化空间中的"工"不得不处于社会礼法的暗影之下。因此，在春秋时代，纵然有墨子对"工"的技术逻辑反思与实践，也无法反转或逆袭"重道轻器"的春秋社会的主流思想。特别在春秋治乱两难抉择中，"士"与"工"的发展又必然并行不悖而共同发展，以至于中国历史上出现第一部工匠技术文本《考工记》，以其应对"礼崩乐坏"的春秋战国时代的战争、经济与文化的发展需要。这就是说，周代以来出现的"士"与"工"的阶层，从他们诞生的那一刻就是在矛盾中发展，也即在互动与区隔中演进。

第三，在本质上，《诗经》是礼乐之文，它所记录的大量的春秋工匠所造名物也自然被纳入礼法乐理之上。因此，"工"之技法或承祖考之道，或为敬慎国是之理，或明群臣之义。《诗经·臣工》曰："嗟嗟臣工，敬尔在公。"卿大夫被诸侯王称为"臣工"。显然，《诗经》在接纳工匠所造祭器上尽管怀有一种对器的敬畏与守护，但处于被动支配地位的"工"并没有与"士"处在同一等级地位。抑或说，从《诗经》之时代开始，"士"与"工"的地位是不对等的。尽管在原始意义上"士"与"工"同出于"巫"，但"学在官府"、神权制度以及农业经济社会把"工"排在远离"士"的社会地位，进而慢慢疏离并遮蔽了"工"的精神及其文化，从而造成中国历史上"工"与"士"的区隔端倪，为日后中国古代工匠手作经验技术向理学技术哲学迈进增加了进步难度。

第四，《诗经》所崇尚的"士"的修养全在于礼仪，其全部思想也昭示春秋时代诸侯的治理策略是"优士统治"。《诗经·相鼠》曰："人而无仪，不死何为？……人而无礼，胡不遄死？"可见，"士"之礼法或成为"士"立身之关键，因此，作为"士"之礼者必然要成德器之美与明用器之制。于是，"工"的造物就被纳入礼法文化系列。至于"工"本身及其技法却被暗藏在春秋"优士统治"的光影下。所谓"优士统治"，即重视士的道德伦理于国家政治统治中的地位。《诗经》所彰显的"士"文化明显是春秋"优士统治"的产物，而这种"优士统治"理念对"工"的发展是极其不利的。因为，它重视的是"士"在国家中的潜在的国家智慧与治理能力，而不是"工"的单一技术及其专一的态度。因此，孔子持有"君子不器"的文化立场，以至于儒家"重道轻器"思想出场。换言之，春秋诸侯王的"优士统治"不利于"士"与"工"的全面互动，或造成相互区隔的潜在可能。

概言之，《诗经》所孕育的士人精神已然和那个时代的工匠精神发生了心理上的区隔，尽管他们在"知礼制器"的行为上暂时取得了互动的契机，并就此展开于宗教礼法上的对话与交往，但工匠的平民身份决定了自己无法与贵族身份的士人取得平等对话的可能。

4.《诗经》的附带性影响

《诗经》或"士"偏向于宣扬维护王朝的政治礼法，或成为中国历史上区隔工匠的始代言者，并呈现出以下对于"工"的技术文化发展的附带性影响。

第一，《诗经》成为后世儒家思想渊薮之一，也成为"士"的礼法技术区隔"工"及其技术文化的始代言者，并深刻影响后世中华儒道思想的政治化倾向及其礼制下的技术文化发展走势，进而产生了所谓的"李约瑟难题"。从汉朝到清朝的工匠文化发展看，中国古代的工匠文化始终是国家礼法文化的承担者和表现者。在技术层面，但凡与国家礼法相一致的技术文化就显得十分发达。譬如气象、地理等领域的技术文化之所以发达，是因为它们都和中国古代帝王的"天象说"与政权之间的信仰关系有关，或跟"君权天授"或"灾异之戒说"相关。但凡和礼法不一致的技术领域，很难获得国家或君王的"项目资助"，或反对这方面的技术发展，也或被人们遗忘。换言之，中国古代以"礼法代技法"的文化偏向在一定程度上阻碍了工匠技术文化走向科学进程的道路。

第二，《诗经》所崇尚的士人精神与工匠精神在本质上有时间深度与空间范围的区别，前者聚焦于家国天下的宏大空间系统，而后者专注于单一行为的微观时间系统。在本质上，殷周的"士人精神"，即是一种强烈的家国情怀，而且表现为至高的政治化的倾向，具有明显的"超越精神"。这种精神本质显然决定了与殷周"工匠精神"的对立和区隔，因为，"工匠精神"是一种平凡的手作情怀，其表现为生活化的人文倾向，工匠所要超越的是自我及其手作工艺。因此，儒家宣扬"君子不器"的立场，并在心理上区隔了工匠。因此，从某种程度上说，《诗经》所宣扬的士人精神加剧了士人与工匠之间的心理距离，并在"诗教"中忽视了"工教"的社会价值，也影响了"士"对"工"技术文化的哲学思考，以至于技术向科学的道路迈进发生障碍。因为工匠技术一旦缺乏哲学思考及批评，它的科学或理论的发展进程必然受到制约。或者说，中国古代的哲学家在工匠哲学领域少有建树，即便像墨子这样的工艺哲学家也只是昙花一现。在工匠文化领域，由于哲学家的缺席，致使中国古代科学技术发展没有像"齐尔塞尔命题"中所依赖的社会条件，也因此致使中国古代工匠文化中出现"人文精神"始终在压制科学技术的发展。

第三，从社会的角度看，社会的发展必然以技术引领下的经济发展为基础，而并非全然在于政治意识形态的教化。《诗经》所昭示的"优士统治"及其理念，是春秋社会里典型的早熟化的文化思想。尽管在"礼崩乐坏"的文化空气，象征"工"的知识形态的《考工记》却诞生了。"礼崩乐坏"与《考工记》的对举出现昭示"工"的思想和技术力量是不可区隔的。或者说，殷周社会的"士"是无法区隔"工"的。因为"士"为之奋斗的社会理想是离不开作为经济基础之"工"的技术发展的。

可见，作为中华诗歌不祧之祖的《诗经》，它所宣扬的"优士"理念和"礼法"思想对于"工"的发展是有附带性影响的，尤其是对于中国古代科学技术的发展是致命的。当然，对于中国的"李约瑟难题"出现的原因是非常复杂的，但《诗经》的"士人精神"

至少在"工"的层面压制了科学技术的发展。

在研究中发现，《诗经》或能镜像性理解殷周社会"士"之礼法与"工"之技法之间互动的历史实相。尽管殷周"士"的政治理想与"工"的造物理想是不对等的，并处于内涵不同的层次，但"知礼制器"使得殷周士人与工匠的交往成为必然，因为士人需要通过造物行为装载他们的礼法思想。不过，此时礼制文明下的"士""工"身份独立性均较差，加之"士"的政治化意图与"工"在互动中始现区隔化端倪。换言之，在殷周社会里，业于礼法之"士"和专于礼器技法之"工"俨然迈入有限度的交往地带。《诗经》所崇尚的以维护王朝统治的政治礼法，或成为中国历史上区隔工匠的代言者，为中国古代工匠技术走向科学化埋下了"阿喀琉斯之踵"的病灶。

七　合"礼"性技术：《考工记》与齐尔塞尔论题

作为体系性的技术文本，《考工记》意味着东周齐国工匠文化思想正式出场，也标志着侯国官方合"礼"性技术渐趋成熟。《考工记》详记齐国六种官营手工行业及其30类工种，或率先构了侯国官营工匠文化体系，这包括诸类工种的行业结构、社会职能、造物技术、生产规范、营建制度以及考核评价等早期中华工匠文化体系元。连同《考工记》的技术体系本身一同成熟的还有东周文化或士大夫思考这种合"礼"性技术体系的文化逻辑。《考工记》既涵盖了中国式"齐尔塞尔论题"的最初模型与要义，又显露出齐国士大夫与百工的互动行为潜伏着彼此区隔化偏向及其后遗效应风险。

近代欧洲工业革命之后的技术进步史显示，工匠的手作经验、量化方法以及技术思维等文化知识及其智慧为欧洲科学技术发展提供了极好的理论储备，以至于在奥地利学者齐尔塞尔看来，近代欧洲的科学家群体已然是士与匠广泛互动的显著标志，工匠在新科学产生中起到了某种决定性作用。实际上，"齐尔塞尔论题"不仅是欧洲近代科学技术史研究的重要线索，还是中国古代工艺文化史研究的应然题域。在中国东周社会，学者（"士"）与工匠（"工"）的互动或能从《考工记》中得以全面镜像，并能初步认知东周社会"士"与"工"的有限性互动及其潜在的区隔化端倪及其风险。

作为工匠文化的体系性创构理论，《考工记》是中国古代第一部官方手工技术理论文化的体系性著作，它详细记述或创构了齐国官营手工业的六种行业结构体系与 30 个工种的理论体系，这包括每个工种的行业结构及其职能、制造体系、设计规范体系、生产技术与管理体系、营建制度体系等，内容涉及东周的礼器、乐器、兵器、车辆、陶器、漆器、练染、建筑、水利等领域，还涉及天文礼法、生物分布、数学计算、物理力学、化学实验等准自然科学知识。《考工记》或成为中国早期侯国工匠文化体系的早熟范型。

就研究现状而言，学界对《考工记》的研究成果颇丰。在史上，郑玄、王安石、林希逸、杜牧、戴震、孙诒让、徐昭庆、徐光启、卢之颐、程遥田等均对《考工记》做过深入研究，并取得了吾辈恐难企及的学术成果。不可否认，今人对《考工记》的研究也取得了长足进展。李砚祖、邹其昌[①]、李立新、徐艺乙、戴吾三、闻

---

① 邹其昌：《〈考工记〉与中华工匠文化体系之建构——中华工匠文化体系研究系列之三》，《武汉理工大学学报》（社会科学版）2016 年第 9 期。该文详细分析了《考工记》的工匠文化体系建构范式，所谓"《考工记》范式"，邹其昌认为："（它）主要是指国家管理者层面从整体社会结构组织来规范或建构工匠文化体系，突出了工匠文化的社会职能、技术文化、行业结构、考核制度、评价体系等核心要素系统，使之成为中华工匠文化体系创构期的重要范本，也是后世中华工匠文化体系建构的关键性文本或理论模式。"该文作者提出的《考工记》为"中华工匠文化体系创构期的重要范本"，值得学界注意，并就"中华工匠文化体系"这一全新命题展开研究，这必将有补于中国传统文化的发掘、传承与创新，也增益于世界文化的多样性发现与发展。

人军等学者均从不同层面曾与《考工记》接触与对话。他们主要集中在艺术人类学、文化考古学、设计技术学、造物美学、环境生态学、历史文化学、知识社会学以及文献译注等视角的领会与阐释。毋庸避讳，目前学界也存有三种有悖于《考工记》的阐释模式：第一种是主观阐释模式，这种阐释多为主观性臆测或不假思索型的思考。譬如或认为《考工记》是中国造物学的源头①，或认为《考工记》是一部东周科技著作②，等等。第二种是衍生模型阐释，这类阐释中的"衍生"是文本阐释的一种"可怕"行径。譬如或认为《考工记》中有"生态主义""和合主义""机械主义""美学思想"等文化知识体系。第三种是过度阐释模式，这类阐释主要是文化解读的"冒进主义"思维特征。譬如依据《考工记》的"大兽""小虫"之词语，或"橘窬淮而北为枳，鹳鹆不逾济，貉逾汶则死"语句，对此就下结论齐国有"动物类型学"与"植物地理学"，进而认为齐国的"生物科学"发达，这显然是一种过度性阐释。

　　上述三种研究模式显然容易造成一个缺陷就是"放大"了《考工记》的知识体系及其文化价值。实际上，对《考工记》的研究基点恐怕首先要建立"东周"（时间维度）、"齐国"（空间维度）与"官营"（社会维度）等三个立体思维维度，只有基于此"三维思维"模式才能将《考工记》置于特定的时效范围、地理区间与社会场域，方能阐释或部分阐释它的本然与应然。

　　第一，在时间维度，《考工记》是一部东周的手工业技术文本。

---

　　① 实际上，战国之前的五帝和夏商时期的上古历史资料的匮乏，很难断定《考工记》是中国造物学的源头，任何现有技术都与曾经的历史密切相关。

　　② 《考工记》最多算是齐国的官方技术文本，言之为"科学技术"需要进一步的证明或论证，东周社会是否有"科学"的存在是需要研究的，或最多说齐国有"准科学"的存在。因为，"科学知识的演变主要发生在实验室里"。［法］R. 舍普等：《技术帝国》，刘莉译，生活·读书·新知三联书店，第83页。

西周末年以来，原来以血缘为关系的庞大宗族等级制度发生动摇，自然灾害（祭祀不灵）、频繁战争（生灵涂炭）、荒酒乱政（昏君奢靡）等使"天命神学"发生动摇，中国思想开始走向"诸子时代"。在政治经济层面，天下诸侯的日趋激烈的竞争态势，必然在技术层面呼唤《考工记》这样的技术知识范型的出场。

第二，在空间维度，《考工记》是一部齐国的手工业技术文本。在一定程度上，齐国以姜太公为代表的道家学术依托鲁国儒家文化的"近水楼台"，获得了儒道融合发展的先机。《史记·齐太公世家》记载："太公至国，修政，因其俗，简其礼，通商工之业，便鱼盐之利，而人民多归齐，齐为大国。"① 因此，《考工记》诞生于齐国有其独特的社会空间优势，它也标志着齐国文化整体性协同发展逐步走向成熟，并在合"礼"性技术层面显示侯国的技术水平。

第三，在社会维度，《考工记》是一部合"礼"性技术文本。尽管齐国"因其俗，简其礼"，但《考工记》还是一部合"礼"性技术文本。因为它是通过官制来建构与呈现的工匠文化系统的范型，并在生产工艺或营建制度中处处"受益"于殷周以来的礼制文明。抑或说，伴随战国中后期的齐国与鲁国的文化融合，齐鲁两个诸侯国的礼制文化的内在互动也是必然的。

简言之，对《考工记》研究的社会学限度是明显的。在忠实于文本的基础上，时间、空间及其背后的社会场域是同《考工记》对话的基本立场。唯有此立场，方能不失客观、有效与真实地解读《考工记》，包括对该作品中的"齐尔塞尔论题"的解读，否则会陷入盛气凌人的主观主义或机械论的陷阱。

作为侯国官方技术性文本，《考工记》在"记"之前，必然有一个"记"的整体设计与规划，它关涉到所"记"内容体系、叙事

---

① （汉）司马迁：《史记》（第5册），中华书局2010年版，第1480页。

方法及写作目的等创构要件。

在内容系统层面，《考工记》创构了“考工学”的五大体系，即百工体系、造物体系、技术体系、制度体系与精神体系。基于国家职业系统理念下，《考工记》所记“百工系统”包含工匠职业的行业分工（六大行业）、工种类别（30个工种，实际出现25个）、技术层次（四类“岗位职称”）、身份等级（八个等级）等内容。基于行业分工，《考工记》所记“造物体系”包含制车、兵器、礼器、乐器、练染、工程、水利等内容。基于造物维度，《考工记》所记“技术系统”包含工匠技术的职责、程序、规范、标准、配料、检验等。基于工匠生产与管理，《考工记》所记“制度范型”包含工匠的管理、评价、奖惩、考核等内容。在“精神系统”方面，《考工记》所记工匠的精神体现有“圣人之作”的创物精神、“髻垦薜暴不入市”的诚信精神等。

在创构方式层面，作为侯国官营技术文本，《考工记》所“记”百工是通过经验（技术）、镜像（参照）、借用（列举）、象征（礼制）等方式创构的。譬如“六齐”之不同器物含锡量并非来自科学实验室的结果，而是直接来自工匠的经验技术总结。“天有时，地有气，材有美，工有巧”之“圣人”难以把控的思维是通过镜像自然而获得的，并在“轸之方也，以象地也；盖之圜也，以象天也”的“观物取象”中实现造物。同时，“燕之角，荆之干，妢胡之笴，吴粤之金锡，此材之美者也”也是列举思维的方法论。至于“国中九经九纬，经涂九轨，左祖右社，面朝后市，市朝一夫”的象征性营建方法直接来自殷周以来的礼制。因此，在写作目的层面，《考工记》的合“礼”技术性也是明显的。不过，《考工记》曰：“审曲面执，以饬五材，以辨民器，谓之百工。”这句话既是对“百工”的定位，也是对《考工记》写作目的的间接定位。

简言之，《考工记》的考工体系是东周侯国多重文化思想的技术化集成，也是三代以来的神本系统向人本系统转向的重要理论范型，它具有人文性（实用）、技术性（科学）与礼制性（宗教）的三重属性。《考工记》所昭示的齐国对技术体系的思考方式显露出合"礼"性之目的，也是符合东周社会发展需求的。

在《考工记》中，"士"与"工"有着丰富的原始基本内涵及其文化本质，他们的互动也是内蕴中国式"齐尔塞尔论题"的最初模型与要义。

《考工记》中的"士"或为"士大夫"。"士"本作"王"，乃斧钺之形。抑或说，"士"与"工"所造的象征权力的礼器战斧有关，或为"武夫"也。① 自管仲起，"士"始为"四民"之首，并受"学在官府"教育制度等影响，专门习文练武之"士"成为知识分子的泛称。

在东周，"士"的地位等级仅次于"大夫"。《考工记》依次记有"天子之弓""诸侯之弓""大夫之弓""士之弓"等，也见出"士"的地位还是较低的，并且有上士、中士、下士之别。因此，《考工记》中的"士"与"士大夫"还是有区别的。士大夫乃"作而行之"，即知行统一，处于"王公"与"百工"之间的群体。但郑玄注"士大夫"为"亲受其职，居其官也"。应该是指服务于"王公"或国家的官吏。不过，《晋书·夏侯湛传》指出："仆也承门户之业，受过庭之训，是以得接冠带之末，充乎士大夫之列。"② 可见，"士大夫"乃是指有一定身份的官职知识分子。随着春秋时期的变革，"士大夫"开始分化成谋士、武士、文士（从事教育）、游士（游说）等各种职业。秦汉后期，作为趋向于"文"的知识分子之"士"慢慢固定。

在甲骨文中，"工"之形类似于有手柄的刀斧或曲尺一类的工具，后引申为手持工具干活的人。《考工记》曰："知得创物，巧者

---

① 俞水生：《汉字中的人文之美》，文汇出版社2015年版，第3页。
② （唐）房玄龄等：《晋书》（卷55），吉林人民出版社1995年版，第880页。

述之守之，世谓之工。"这句话道出了"工"的形成或有三个阶段：
（1）知得创物（圣人）—（2）巧者述之守之（巧匠）—（3）工
（百工）。换言之，"工"的不祧之祖或为"圣人"。商代以来的"工
商食官"制度决定"工"或为官家手作奴，但他们的智慧或源于
"圣人"。《考工记》曰："百工之事，皆圣人之作也。"① 在哲学层
面，"圣人"，即指有限世界中的无限存在。换言之，工匠能创造无
限存在，即"智得创物"。这正好印证《考工记》所曰："粤无镈，
燕无函，秦无庐，胡无弓车。粤之无镈也，非无庐也，夫人而能为
庐也；燕之无函也，非无函也，夫人而能为函也；秦之无庐也，非
无庐也，夫人而能为庐也；胡之无弓车也，非无弓车也，夫人而能
为弓车也。"② 这就是说，工匠是巧于某一专业的特殊技能之人，进
而能烁金为刃，凝土为器，作车行陆，作舟行水。可见"工"专业
性技术分工是细致的。因此"有虞氏上陶，夏后氏上匠，殷人上
梓，周人上舆。故一器而工聚焉者"。显然，东周"工"的造物是
集体行为。

　　青铜时代兵器、乐器等是工匠的主要造物对象。兵器制造源于
频繁的战争之需要，《考工记》中多有造利器、战车、皮甲、弓箭
等记载。乐器或"神器"与"礼器"主要来自西周以来的礼乐制
度，《考工记》中的制钟、玉器（祭祀）、射侯（礼乐）、施色（礼
服）等均合"礼"而作。因此，《考工记》中的乐器乃是以礼制为
核心文化系统而创作的。于是"纳礼于器"成为东周之特有的造物
文化理论。《礼记·表记》载："殷人尊神，率民以事神，先鬼而后
礼。先罚而后赏，尊而不亲。"③ 可见，占卜事神成为殷商人普遍的
文化现象，那么，"工"担负起了事神礼器创造之责。陈澔在《礼记

---

① 陈成国点校：《周礼·仪礼·礼记》，岳麓书社 2006 年版，第 97 页。

② 陈成国点校：《周礼·仪礼·礼记》，岳麓书社 2006 年版，第 97 页。

③ （汉）郑玄：《礼记正义》（下），上海古籍出版社 2008 年版，第 2079 页。

集说》曰："器有二义：一是学礼者成德器之美，一是行礼者明用器之制。"① 可见，"纳礼于器"是中国古代德器之"工"与行礼之"士"的互动而生成的。

在"工"的层面，《考工记》明确肯定了工匠在社会中的地位。《考工记》曰："国有六职，百工与居一焉。"② 即国有六职，即为王公、士大夫、百工、商旅、农夫和妇功。同时认为："百工之事，皆圣人之作也。"可见，在"百家争鸣"时代，"工"的社会地位仅次于王公与士大夫。

从"工"的技术"职称"系统看，《考工记》中出现了人（者）、氏、工（匠工、国工、良工、上工、下工）、师（梓师）等岗位"职称"级别。《考工记》记载工之"者"的有圜者（中规）、方者（中矩）、立者（中县）、衡者（中水）、直者（如生）、继者（如附）等；记载工之"人"的有辀人、舆人、轮人、函人、鞄人、筐人、玉人、雕人、矢人、旗人、梓人、梓人、匠人等；记载工之"氏"的有筑氏、冶氏、桃氏、凫氏、栗氏、段氏、韦氏、磬氏、裘氏。

从"工"的技术"身份"看，《考工记》出现了圣人、国工、上工、良工、下工、匠人、贱工等有差别的技术身份阶层。"圣人"指向创物，具有特别智慧的神工。"国工"指有高级技术的特殊人才，并且他的技术是独一无二的。《军势》曰："技与众同，非国工也。"③ 所谓"上工"即"大师"。《仪礼注疏》曰："大师，上工也。"再如《黄帝内经》曰："故善调尺者，不待于寸，善调脉者，不待于色。能参合而行之者，可以为上工。"④《考工记》中记载上

---

① （元）陈澔：《礼记集说》，凤凰出版社2010年版，第185页。

② 陈戍国点校：《周礼·仪礼·礼记》，岳麓书社2006年版，第97页。

③ （周）太公望：《六韬·三略》，新世界出版社2014年版，第102页。

④ （战国）佚名：《黄帝内经》，中国医药科技出版社2013年版，第171页。

工有（虞氏）上陶、（夏后氏）上匠、（殷人）上梓、（周人）上
舆等。

从专业与分工看，《考工记》记载"百工"有六大序列与30类
工种。这六大序列为木工、金工、皮工、色工、刮摩工与抟埴工，
其中木工分轮、舆、弓、庐、匠、车、梓等7类工种；金工分筑、
冶、凫、栗、段、桃等6类工种；皮工分函、鲍、韗、韦、裘等5
类工种；设色工分画、缋、钟、筐、㡛等5类工种；刮摩工分玉、
榔、雕、矢、磬等5类工种；抟埴工分陶、旊等2类工种。

在词源学上，"工"与"士"具有家族相似或文化学意义传承特
征。"巫"字甲骨文横直从工。另见《说文》"工"部曰："与巫同
义。"巫部曰："与工同意。"可见，"巫"与"工"同义，均与上古
巫术祭祀工具有关。《白虎通》曰："士者，事也。"所谓"事"，
即巫事也。《曲礼》中有"大士"记载，"大士"即"大巫"，它是
区别于一般民巫的官巫。这些上古通古今之道的"士"被提拔至朝
廷，则成为史巫或史官。

第一，《考工记》本身的著述就是"工"与"士"合"礼"性
技术互动的产物。目前，尽管《考工记》之"记"是何人所"记"
或为"悬案"。但有一点可以肯定的是，《考工记》与有知识文化的
"士"或"士大夫"是有关系的。因为，"学在官府"的春秋社会，
"工"是无法实现《考工记》的著述行为。因此，《考工记》的
"著述"就是古代"士"与"工"互动的合"礼"性技术行径。抑
或说，《考工记》借用"著述"的方式率先证实"工"与"士"的
一次合"礼"性技术完美合作。显然，对于齐国之"士"而言，
《考工记》显然是一种面向合"礼"的实践技术文本书写，它确乎
是顺应春秋以来激烈的诸侯竞争而出场。

第二，《考工记》的"工"观借用儒道思想，是东周社会思想
整体的协调性发展的产物。就《考工记》的知识谱系而言，它得益
于儒道融合的齐国社会。因此，《考工记》中的很多造物思想及其

礼法制度的知识谱系具有传承性特征。譬如《考工记》的"阴阳观"即来自道家的部分思想。《考工记》曰："凡斩毂之道，必矩其阴阳。阳也者，稹理而坚；阴也者，疏理而柔。"[1] 又曰："水之，以辨其阴阳，夹其阴阳，以设其比。"[2] 显然这些"阴阳观"是老子"万物负阴而抱阳，冲气以为和"的一种继承。再譬如《考工记》中的"五色观"就来自《易经》的思想。《考工记》曰："画缋之事，杂五色。东方谓之青，南方谓之赤，西方谓之白，北方谓之黑，天谓之玄，地谓之黄。"[3] 这种"五行相生"直接源于《易经》，又摒弃了道家"五色令人目盲"的观点。《考工记》曰："匠人建国，水地以县，置槷以县，眡以景，为规，识日出之景与日入之景，昼参诸日中之景，夜考之极星，以正朝夕。"[4] 这种"法天象地"思想也源于《易经》。特别是《考工记》中的营建制度，它主要来自《周礼》。譬如《考工记》曰："国中九经九纬，经涂九轨，左祖右社，面朝后市，市朝一夫。"[5] 很显然，这些礼法或技法是西周以来的礼制思想的整合与演绎。

第三，"工"对"士"的角色依赖。在"学在官府"的春秋战国，"工"是离不开"士"的，"士"或为"工"提供思想或创作的文化。《考工记》曰："凫氏为钟……其实一升，重一钧，其声中黄钟之宫，概而不悦。其铭曰：'时文思索，允臻其极，嘉量既成，以观四国，永启厥后，兹器维则。'"[6] 这明显暗示，在铸造黄钟之时，"工"与"士"是借助铭文而实现互动的。同时，铭文显然也是

---

① 陈戍国点校：《周礼·仪礼·礼记》，岳麓书社 2006 年版，第 98—99 页。
② 陈戍国点校：《周礼·仪礼·礼记》，岳麓书社 2006 年版，第 106 页。
③ 陈戍国点校：《周礼·仪礼·礼记》，岳麓书社 2006 年版，第 104 页。
④ 陈戍国点校：《周礼·仪礼·礼记》，岳麓书社 2006 年版，第 108 页。
⑤ 陈戍国点校：《周礼·仪礼·礼记》，岳麓书社 2006 年版，第 108 页。
⑥ 陈戍国点校：《周礼·仪礼·礼记》，岳麓书社 2006 年版，第 102 页。

合"礼"性技术的一种传达媒介或载体。

《考工记》所显示的"工"与"士"之间的合"礼"性技术互动，明显呈现出齐国对东周礼法或技法的整合性协同发展特征。毋庸置疑，尽管齐国"因其俗，简其礼"，但殷周以来的"礼制"思想还是很难彻底在齐国消亡，并在一定程度上表现于侯国造物系统中。

在《考工记》中，王公、士大夫、百工的职业分工的区隔化偏向是明显的。王公只管"坐而论道"，士大夫"作而行之"，百工只负责"审曲面执，以饬五材，以辨民器"。这种社会系统下的职业分工显然与管仲之"四民分业论"有相似之处，不过，"士"与"工"分业也彰显出他们之间的区隔化端倪也出现了。

第一，"工"与"士"在社会理想中互动与区隔。从《考工记》中看，"工"与"士"的社会化职能差异直接所引起他们的社会理想偏向。"士"的社会理想偏向于合"礼"性技术社会政治，"工"的行为理想偏向于造物设计，并处于"士大夫"国工官之下而被"奴役"。因此，齐国的工匠与其他诸侯国工匠一样，他们的身份与活动空间是受到严格限制的。

第二，"工"与"士"在社会思维的偏向中互动与区隔。"工"与"士"的社会理想偏向差异，又引起行为思维的差异。"士"的社会思维及定性方法具有合"礼"的社会性，而"工"的行为思维是合"礼"的技术性。合"礼"的社会性思维所偏向的是基于家国天下的宏观的整体宇宙观，而合"礼"的技术性却关注的是微观的经验性的实用物质性。因此，这两种思想导致后来的儒家以"君子不器"的思想出场，而遮蔽了"工"的文化性与社会性。

第三，"工"与"士"在社会行为的偏向中互动与区隔。上古技术显示出最为原始的"工"与"士"行为的合理性与同一性。因为"技术追求合理性，是利用合理的思考和行动，来克服不合理因素的人类相对自然的行为"①。但殷周以来,"工"与"士"的行为在某种程度上说,他们均在"礼"的合理性因素中追求社会与自然的合理性。一方面,"士"为了践行或实现"礼"的仪式,必然依赖于"工"的造物行为而获得器物;另一方面,"工"又在造物中学会了技术性的计量思维或准科学知识。因此,在技术层面,《考工记》是东周时代一部不可多得的技术与准科学文本。《考工记》30项专门的生产部门,说明春秋战国时期至少有30个生产技术系统。法国人 R. 舍普认为,一个技术体系"总是与一个由知识、技能、论述及可以被广义的技术思想一词所涵盖的一切组成的整体相伴随"②。《考工记》30项专门的生产部门,即为30种专门化的创造活动,同时,30项专门的生产部门也是春秋战国时代的"实验室",进而产生了史无前例的准科学知识。抑或说,《考工记》已然开始在"工"的量化思维里包含诸多数学科学。譬如《考工记》曰:"九和之弓,角与干权,筋三侔,胶三锊,丝三邸,漆三斞。"③ 这里的"漆三斞"之"斞",同"庾",它是古代斗类容器或计量单位,相当于毫升。中国历史博物馆藏一容器为五点四毫升,铭文为一又二分之一斞强,可以推算,"漆三斞",即 10.8 毫升(5.4÷1.5×3)弱。可以说,定量化思维是早期定性化思维的一种巨大进步,这些量化思维方法为后期科技的进步奠定了重要基础。

显然,社会理想决定社会思维及其社会行动。"士"的"礼法"理想与"工"的造物"技术"在礼制中实现互动,在互动中隐藏区隔化风险。

---

① [日] 仓乔重史:《技术社会学》,王秋菊、陈凡译,辽宁人民出版社 2008 年版,第211页。

② [法] R. 舍普等:《技术帝国》,刘莉译,生活·读书·新知三联书店 1999 年版,第11页。

③ 陈成国点校:《周礼·仪礼·礼记》,岳麓书社 2006 年版,第 111 页。

《考工记》所显现的"工"与"士"的合"礼"性区隔直接导致"士"较少对"工"的技术进行哲学思考，"工"也只能在"受之述之"的技术教育或传承方式中实现知识传承，同时，"士"与"工"之间的合作潜能被遮蔽，进而使得"士"与"工"的互动在有隔阂的思想语境下完成，更迫使中国科学文化始终受制于经验技术。

（1）"士"与"工"的区隔导致"士"较少对"工"的技术进行哲学思考。东周"士"的哲学思考偏向于社会哲学，尤其是合"礼"性政治哲学，而对自然哲学的思考仅偏向于宇宙起源论或物质论，并将这些思考又嵌入宗教神话以及帝王统治权的合法理由上。因此，东周哲学是一种固化在合"礼"性社会政治、宗教神话以及神权文化上的。东周哲学家对工匠的历史、技术以及教育的思考缺乏，导致技术知识的发展没有向科学领域进军。诸侯战争与原始宗教是不允许哲学家在技术文化的反思有所作为，因为分裂动荡的诸侯国统治者必须要找到神权与人之间的代言人及其制度，于是孔子及其仁政思想出现了，老子及其道家思想出场，墨子的兼政思想诞生了，韩非子及其法家思想也起兴了。因此，整个社会的一切文化被政治化或宗教化了，也包括工匠技术及其文化被理解或未被理解的均未被纳入哲学层面的思考。近代欧洲哲学的繁荣以及人文主义学者对技术文化的反思力度，造就近代欧洲科学快速发展，这一点或能反证东周科学未能获得发展先机的原因。

（2）"士"与"工"的区隔导致"工"只能在"受之述之"的技术教育或传承方式中实现知识传承，这明显不利于科学的启蒙与发展。"受之述之"的知识传承为技术发展提供"固有的基础"。这里的"之"就是工匠之经验技术知识，而且是一种能与现在或将来衔接的经验技术史。早期的希腊文明与中国的先秦一样，注重的是经验技术史，因此，也没有书写诞生科学史。《考工记》中所载攻轮、舆、辀、钟等，主要意图在于这些工具作为一种手段或方法被用于战争、生活、宗教等领域，而这些造物的技术主要不是来自"实验室"，而是来自经验技术史。换言之，《考工记》并没有记载东周时代的科学活动，即在"实验室"里专门为了解决某一技术问题而展开有计划的实验研究，并将这种实验研究结果有目的性地用于生产生活中。譬如如何解决天时、地气与材美等问题，对于《考工记》而言，它只能归咎于"材美工巧，然而不良，则不时，不得地气也"，实际上，对于科学家而言，可以通过研究新材料或新技术来解决这些自然缺陷问题。举个例子，将蒸汽机的汽缸改成电磁铁，这样就解决了线性发动机的不足，进而发明电力发动机。墨子是个例外，但毕竟像墨子这样的学者是很少的，它在技术变革层面，具有超越时代的科学力量。

（3）"士"与"工"的区隔与互动中呈矛盾化的演进，使得"士"与"工"之间的合作潜能被遮蔽。"士"与"工"的合作潜能是巨大的，可惜东周哲学家或学者没有看到这一点。《考工记》只看到了"工"的"分工"，而没有注意到"士"与"工"的"合作"。《考工记》曰："凡攻木之工七，攻金之工六，攻皮之工五，设色之工五，刮摩之工五，抟埴之工二。"① 这些分工巨细的工匠"术有专攻"，并主张"不冶它技"。如果东周将《考工记》中的天文学、地理学、物理学、化学、力学、声学、建筑学、数学等学科"合作"发展，那将是另外一种天地。

（4）"士"与"工"的区隔导致"工"与"士"的身份处于彼此孤立或不独立，很难自由融合而充分互动。抑或说，"士"与"工"的互动是在有隔阂的思想语境下完成的。科学诞生的条件：一是有一批"士"为"实验室"而存在，因为科学知识的诞生与演变主要发生在实验室，东周之"工"的活动只是专门化的创造

---

① 陈戌国点校：《周礼·仪礼·礼记》，岳麓书社2006年版，第97页。

性活动，即技术创造。身份的不独立直接导致东周技术的发展实际上是没有科学目标的，它的发展方向是由当时社会战争、宗教以及社会农业发展目标决定的。同时，也导致"士"对自然哲学的思考与工匠技术哲学的思考没有区分度，或出于一种混沌的原始状态。

简言之，在中国东周社会，合"礼"性技术文化是非常发达的，但少有科学文化发展的土壤与空间。尽管《考工记》中显示出"工"与"士"的合"礼"性互动迹象，但这种互动是在区隔化风险中演进的，它极其不利于科学知识的生产与发展。抑或说，在镜像《考工记》后发现，它既涵盖了中国式"齐尔塞尔论题"的最初模型与要义，又昭示出齐国士大夫与百工在互动中潜伏着彼此的区隔化偏向及其后遗效应风险。

八　"技术—人文问题"在先秦：控制与偏向

在科技史领域，"技术与人文"是一对备受学界争议的问题范式。在先秦，诸子开启了技术恐惧的政治批判与技术风险的人文化解蔽机制，实现了技术/人文的宗教神话批判向道德物化的转向，显露了先秦社会技术控制与人文偏向的思想萌芽，并呈现出先秦技术生成的人文根源与发展动力。同时，偏于人文的先秦技术无疑补益于人文哲学思想的早熟，而人文哲学思想又反哺了技术变革及其造物文化。

立足于西方文化立场，依据近代欧洲早期技术发展与科学诞生的社会背景，奥地利科学哲学家埃德加·齐尔塞尔率先提出他的研究论题："学者—工匠问题"。由于该论题一直活跃于近代西方科技史界，人们又习惯地称之为"齐尔塞尔论题"。在齐尔塞尔看来，近代西方资本主义的兴起直接导致高级工匠与学者之间的社会互动，进而产生了西方近代科学。后来艺术史学家潘洛夫斯基（E. Panofsky）① 认为，工匠与学者的融合直接引发了近代西方技术革命与文化创新。不过，霍尔（Alford Rupert Hall）②（1957）坚持认为，士与匠在科学革命时期的互动是有限的。可见，西方科技史学者在探究科技发展的社会学起源中所追问的"学者—工匠问题"主要是基于"人本身"的主体论思维，并在士与匠的二元论立场中考察西方科技发展的社会学动因。这种研究思维与立场恐有不足之处是忽视了"物本身"在科技史研究中的重要作用。因此，西方部分学者开始对"齐尔塞尔论题"的研究发生了从"人本身"向"物本身"的转向，即从"学者—工匠问题"向"技术—人文问题"的转向。

毋庸置疑，"技术—人文问题"作为科技史领域内有争论的范式而存在，并被书写或正在书写。学界对此问题的争论主要有以下立场：（1）"偏向论"。面对技术发展所带来的发展性文化恐惧，法国哲学家吉尔贝特·西蒙登主张技术与人文的"再联合"③。海德格尔对此问题的态度则是"科学不思考"。所谓"科学不思考"，意味着科学（技术）已然不能思考它的自身。④ 因为迈向科学的技术已然吞噬了人类存在的文化本然存在。胡塞尔则认为："现代人让自

---

① Panofsky, E., "Renaissance and Renascences in Western Art", *Art Bulletin*, 1962, 44 (1).

② Martini, M., "The Merton - Shapin relationship from the historiographic debate internalism/externalism", *Cinta De Moebio*, 2011 (42): 288–301.

③ ［法］R. 舍普等：《技术帝国》，刘莉译，生活·读书·新知三联书店1999年版，第183页。

④ "Letter on Humanism" in Basic Writing. ed. Davis F. Krell（New York：Harper and Row, 1977），191 ff., especially "What Is 'Thingking'?", in Vortrage und Aufsatze. 61.

己的整个世界观受实证科学支配，并迷惑于实证科学所造就的'繁荣'。"[①] 在此，海德格尔与胡塞尔在"技术—人文问题"上似乎站在偏向于人文主义的阵营。（2）"紧张论"。法国学者 R. 舍普对海德格尔与胡塞尔的"偏向论"持反向意见，强调技术与人文的相持性同在。他在《技术帝国》中坦言："在技术与文化的争论中，我们不能无条件地向着技术，相反我们必须维持两者间的紧张状态。"[②] 显然，R. 舍普对技术/人文持有适度紧张关系立场，即保持不偏向于技术与人文的某一方面，而试图保持两者之间的适度张力。（3）"交易地带论"。帕梅拉·隆（Pamela Long）在《工匠/实践者与新科学的兴起：1400—1600》（Artisan/Practitioners and the Rise of the New Sciences，1400—1600）[③] 中提出（技术）工匠与（人文）学者的"交易地带"（Trading Zones）理论，它偏向于保持技术与人文的双向优势互补，而丢弃二元论视野下的技术与人文之思维缺漏。（4）"融合论"/"分裂论"。美国科技史学家乔治·萨顿（George Sarton，1884—1956）在《科学史与新人文主义》与《科学的历史》[④] 中反复强调，科学史家应当重视科学（技术）与人文的融合。在他看来，科学史是人类文明与人文精神的中枢。由此，萨顿认为，科学史家的重任就在于架起科学史（包括技术史）与人文史的桥梁。另外，20 世纪 50 年代末 60 年代初，英国学

① ［德］埃德蒙德·胡塞尔：《欧洲科学危机和超验现象学》，王炳文译，上海译文出版社 1988 年 10 月第 1 版，第 5 页。

② ［法］R. 舍普等：《技术帝国》，刘莉译，生活·读书·新知三联书店 1999 年版，第 192 页。

③ Long P. O.，Artisan/Practitioners and the Rise of the New Sciences，1400—1600，*Sixteenth Century Journal*，2013，65（3）：202 - 203；Long P. O.，*Artisan/Practitioners and the Rise of the New Sciences*，1400—1600，Oregon State University Press，2011.

④ 参见孟建伟《科学史与人文史的融合——萨顿的科学史观及其超越》，《自然辩证法通讯》2004 年第 3 期。

者 C. P. 斯诺在发表的系列文章中提出了"两种文化"（自然科学与人文社会科学）——"科学文化"（Scientific Culture）和"文学文化"（Literary Culture）是难以融合的，即后来成为所谓的"斯诺命题"①，该命题坚持认为作为技术传统的自然科学与作为精神传统的人文社会科学是难以融合的。

上述四种对技术（包括科学）与人文关系的探讨，很明显出现形形色色的分歧性论调，以至于它成为科技史领域的一个重要的争议命题："技术—人文问题"。就技术史而言，对该问题的追问能在一定程度上还原出技术发展的人文原貌及其根源，其核心指向技术的人文社会关系问题。对此，我们至少要追问以下三个议题：（1）技术产生与发展的人文背景、根源及其动力；（2）人文思想渗透技术活动的选择偏向及其价值；（3）人文发展与技术发展的双向互动机制。显然，这三个问题已然将"技术—人文问题"的研究带入动态的人文社会中的宏观分析，即将技术/人文作为"社会关系的一员"进行动态考察。柏·基勒（Bertrand Gille）在《技术史》（*Histoire des techniques*）（1978 年巴黎 Gallmard 出版）中认为，技术史的书写必须摆脱"孤立的技术"叙事模式，应当在"静态的水平"与"动态的水平"②的双重维度上展开技术史研究。前者侧重技术系统（"技术群"）本身的结构性分析，后者侧重技术系统在历史文化语境中的可能性与极限分析。在"可能性分析"层面，技术史的书写指向历史发展语境中的技术存在论的分析；在"极限分析"层面，技术史的书写指向历史语境中的技术社会性的分析。换言之，在动态水平上书写技术史或将迈向一种技术社会学领域。或者说，置"技术—人文问题"于动态的人文社会学中考察，其核

---

① 参见顾海良《"斯诺命题"与人文社会科学的跨学科研究》，《中国社会科学》2010年第 6 期。

② 参见黄亚萍《技术史》，《自然辩证法通讯》1980 年第 1 期。

心是阐明它们的历史性离合及其人文发展逻辑。

相对于科学与人文的关系问题，中国古代科技史中最为突出的应该是"技术—人文问题"，因为作为工匠传统的技术与作为学者传统的人文在中国古代社会发展中一直作为比较显赫的论题出现。在接下来的讨论中，拟将以先秦社会中的"技术—人文问题"为研究核心，在动态的"社会历史分析"中试图阐明中国早期社会的工匠传统的技术和学者传统的人文之间的离散、聚合与交融，意在探讨技术与人文在先秦的政治化偏向、批判性分歧、技术物对人文哲学的诱导及其对人文思想的渗透。对此系列问题的阐释或有利于拓展技术/人文的发展空间及其共生地带，特别能有助于揭示先秦社会的技术产生的人文根源及其动力，包括透视先秦社会的人文精神或人文因素渗透到技术活动的机制与效能，从而有利于消除与弥合技术/人文的单向度控制及其危害，阐明技术/人文的单方面停滞或过度性发展所带来的社会异化。

技术谱系知识形成是以工具的发明与使用及其不断进步为基础的，而人文谱系知识主要指向人对自然及其社会关系的认识而不断进化的思想及其价值观。其中，工具及其造物是连接技术进步与人文进化的重要纽带。

在狭义的或传统意义上，"技术"（technology）就是指"工艺技术"（technique），即某种工艺方法。① 或者说，在先秦，"技术"一词的语义更多偏向于一种工艺或工具方法本身。《荀子·劝学》篇曰："木直中绳，輮以为轮，其曲中规，虽有槁暴，不复挺者，輮使之然也。故木受绳则直，金就砺则利。"② 显然，在荀子那里，作为技术之"技"或为一种工具性方法存在，这明显暗示古代工艺造

---

① ［德］F. 拉普：《技术哲学导论》，刘武等译，辽宁科学技术出版社1986年版，第27页。

② （战国）荀况著，（唐）杨倞注，耿芸标校：《荀子》，上海古籍出版社1996年版，第1页。

物有手工工具性的内容偏向。不过，《墨子》所载公输般为楚国所造云梯之技①，或已接近近代意义上的"技术"语义。《列子》曰："造物者其巧妙，其功深，固难穷难终。"② 可以看出，先秦"造物"一词是属于主要手工性"工艺"范畴，"工艺"之"技"只停留于"巧"或"淫巧"的语义空间。也就是说，先秦"造物"主要属于手工技艺性的工匠物质文化行为。造物技术，即造物工艺，它所涉及的意义关联词语同工巧、工具、手艺等表层变量紧密相关。

　　那么，先秦造物"技术"的深层内涵又是什么呢？《列子》所载"偃师造倡"显示出工匠偃师之"技"的内涵指向——"与天地造化同效"。《庄子·养生主》曾记庖丁为文惠君解牛，文惠君曰："嘻，善哉！技盖至此乎？"庖丁释刀对曰："臣之所好者道也，进乎技矣。"③ 老子视万物的演化及其进步均源于"道"，并归结于"道"。"技"的语义空间较大，但最终统一于"道"。对于"技"而言，庄子继承了老子的思想，并进一步认为，最高超的"技"，即为"道"。老庄的技术之"道"近似于柏拉图或亚里士多德的"善"，即他们认为，一切技术均以"完善"为目的因。如此，在深层内涵上，先秦工匠传统的技术转向了人文传统的哲学批判。显然，这已然突破了西周以来的"天命神学"的技术批判。

　　在先秦，"文"经历了曲折的发展定型过程，它至少经历了三大连续的发展阶段：（1）自然宇宙之文；（2）人之文（纹）；（3）社会之文。在此期间，人之文（"被发文身"）处于核心地位，它是对自然宇宙之文（"经纬天地曰文"）的符号化或观念化的产物，进而发展至理性化的社会之文。在先秦造物（"人文化成"）活动

---

① 朱经农、王云五主编：《墨子》，商务印书馆1930年版，第184页。

② （晋）张湛注：《列子》，上海古籍出版社2014年版，第84页。

③ 韩维志译评：《庄子》，吉林文史出版社2001年版，第15页。

中，器物之文（"法天象地"）是仪式之礼（"立象以尽意"）的外在化象征物，它来自对自然宇宙之文的理解与抽象，也是隐喻社会伦理之礼（"知周乎万物而道济天下"）的替代物。或者说，先秦之文与礼在功能（"观乎人文，以化成天下"）与内涵上具有家族相似性。这无疑决定先秦造物之"文"是一种合"礼"性传达与追求。《礼记·大传》曰："考文章，改正朔。"郑玄注："文章，礼法也。"抑或说，先秦之"人文"与"礼法"是相通的。

在哲学层面，"技"之"道"与"文"之"礼"成了先秦技术史面向自然、社会展开的合目的性最高目标，也成了分析与考察先秦技术史中"技术—人文问题"的核心内容指向。

那么，如何历史地理解与认识先秦的"技术—人文问题"呢？知识的流传载体与文献是考察该议题的重要资料，也是对该议题的历史分析的关键依据。在此，有必要首先简要阐明先秦社会技术/人文知识的流传载体与文献分布。

在物质载体层面，先秦的技术/人文文献分布于甲骨、陶器、青铜器、漆器、石刻、简牍、缣帛、瓦当等器物载体空间，这些载体空间均以器物文化而存在，并在技术/人文维度展现先秦的技术史知识分布。从技术层面看，这些器物在"改性"上涉及冶铁、铸造、髹漆、雕刻、染织、烧制等技术活动；在人文层面，这些器物表层的语图叙事抑或是一种人文叙事。换言之，这些先秦器物是技术知识与人文知识的复合体，体现出"物以载道"的造物理念。

在学术理论层面，先秦的技术/人文的理论知识主要存在于神话寓言、诗歌散文、史家记事、诸子哲学、文献汇编、后世集撰等文献空间。神话寓言如《山海经》所载采矿技术及矿床学知识，《列子》中也不乏反映先秦科技思想及其知识形态。诗歌散文如《诗经》中的农事技术诗，散文如《左传》《国语》中记载了很多战争技术知识。史家记事如《春秋》《周礼》等，《春秋》中记录了观察天象技术，以测国之凶吉，《周礼》所载《考工记》记录了齐国考工技术。诸子哲学如《管子》的农学科技思想，其他如《墨经》《道德经》《论语》《庄子》《韩非子》等文本中也不乏科技知识。文献汇编如甘德与石申夫汇编成书《天文星占》《天文》，后人汇总编纂成《甘石星经》。后世集撰如《大戴礼记》之《夏小正》所载农事历法知识。显见，先秦技术或科学知识主要分布于人文哲学文献，即罕见独立的技术文献。

在手工技术理论层面，《考工记》是先秦社会技术/人文知识的典型形态。它记载了先秦冶铁铸造、车辆设计、器皿制造、手工制作、物理力学、声学原理、天文地理等诸多科学技术，也可以窥见《考工记》的出场标志侯国官方合"礼"性技术渐趋成熟。尽管齐国"因其俗，简其礼"，但《考工记》还是一部合"礼"性技术文本。因为它是通过官制来建构与呈现的工匠文化系统的范型，并在生产工艺或营建制度中处处"受益"于殷周以来的礼制文明。可以说，《考工记》既能昭示先秦社会看待自然、处理自然的手工技术知识的理论形态，同时又反映出先秦科技史中的人文文化偏向。

从先秦技术知识的流传载体与文献分布看，中国早期的技术知识谱系仅属于人文知识谱系的一部分，并非属于近代以来的自然科学知识体系。换言之，先秦技术作为文化具有很强的人文传统与偏向，这既能昭示先秦"技术—人文问题"发生的复杂性社会背景与人文根源，又能窥见先秦技术/人文的动态发展轨迹及其历史逻辑。

在五帝时期，宗教是社会最根本的意识形态。先秦技术的人文传统的生成跟颛顼以来的宗教改革有关，颛顼为了消除"民神杂糅"的混乱局面，实施"绝地天通"的宗教改革，通过王权垄断宗教事务，以管理宗族社会，这标志着宗教与政治相结合的传统开始形成。因此，一直到夏商时期"国之典礼"无不与宗教祭祀相关，一切与此相关的宗器、宗庙、都邑必然被渗透制度化的宗教礼仪思想。在西周初年，政治家周公执行"天神"意志，推行"以乐辅礼"治国方针，主张"明德慎罚"，创立了奠定西周国家基础的礼乐制度。于是，"天神"被赋予人性化、道德化等伦理特征，进而在造物技术层面形成鲜明的人文特色。

尽管春秋战国时期道家"天道自然"的哲学思想在一定程度上瓦解了周公的"天神论"，但老子否定"礼乐"人文制度的同时，也将"天道"带入"自然"之文。抑或说，老子思想的人文传统并没有在"非礼"的观念中消失。孔子却在"复礼"中主张"仁道"，特别重视政治伦理与人伦道德，坚持"仁政"治理天下。因此，老子与孔子以政治理性取代了夏商周时期的原始宗教，并朝向技术控制与人文传统趋势发展，使得早期的中国人文礼制思想获得空前繁荣的契机。

毋庸置疑，相对于国家及其礼制文化而言，手工工具或工匠传统的技术文化并非先秦社会显赫的社会文化。因为在整个先秦社会，造物发展并非以技术为发展目标，而是以族群或国家立场下的道德伦理信条为宗旨。在此理念支配下，先秦社会的造物技术与国家伦理意义上的"适中"或"中和"原则具有等向意义。抑或说，先秦社会的造物文化已然被纳入国家政治或技术伦理体系之中，技术/人文在"道德物化"或"纳礼于器"的造物理念中实现"技治"/"文治"的目标。很显然，人文在先秦工匠传统的技术生成中占有绝对"统治"地位。

夏商周时期国家与宗教是一体的，工匠传统的技术文化带有明显的原始宗教特色。到春秋时期，面对国家的"礼崩乐坏"，"纳礼于器"或成为一种国家治理的有效途径。《韩非子》所载的"买椟还珠"之典故，或能说明木匣子在"文"的形式上迷惑了买椟者。《左传》所记"问鼎中原"之事，鼎器之喻暗示先秦造物"纳礼于器"的人文偏向。在技术层面，《列子》所载"愚公移山"之典，明显带有"弃巧弃智"的技术观。可见，先秦社会造物的人文诉求显然比技术本身要优越得多，或受特别的人文化、伦理化的偏向。

在国家立场上，先秦造物对技术/人文的偏向是十分明显的，它们均呈现出一定的政治偏向与伦理理性，也显示出先秦技术生成的人文根源及其发展动力。对此，可以用以下三组命题作解释性说明。

第一，技术/人文之"道"被放置于天地之间。在农业发展基础上，先秦社会分工开始出现，作为职业的工匠和巫觋出现。作为技术性工匠与作为人文性巫觋的出现，昭示早期中国文化在物质和精神上的重大进步。因为"最为一般地说来，文化是进步，是个人以及集体在物质和精神上的进步"①。然而，先秦社会的"工商食官"与"政教合一"制度，已然将工匠传统的技术与宗教传统的人文统一到"天人合一"之上，特别是颛顼以来的宗教改革，国家政治与宗教相结合的传统已然形成，"天命神学"成为西周的显学。那么，工匠传统的技术与宗教传统的人文也必将被纳入天地话语体系。

第二，技术/人文之"善"被安放在国家立场。作为王权制度文明，先秦"国家"的出现是中国早期文明史上的重大事件。从出土的造物陶器、漆器等器物上的语图叙事，可以看出，先秦国家在政治权威上的技术生成与人文伦理诉求是明显的。孔子主张"不学礼，无以立"，并认为"能以礼让为国乎？何有？不能以礼让为国，如礼何？"可见，孔子思想的根基在于将"礼"安放于国家立场之上。《荀子·强国》篇曰："刑范正，金锡美，工冶巧，火齐得，剖刑而莫邪已……彼国者亦有砥厉，礼义节奏是也。故人之命在天，国之命在礼。"显然，荀子也将造物技术放置于国家立场思考。

第三，技术/人文之"德"被赋予人伦意义。"德治"是西周宗族国家的一种治理方略，属于"天人合一"天命神学体系。西周

---

① ［法］阿尔贝特·施韦泽：《文化哲学》，陈泽环译，上海世纪出版集团2008年版，第61页。

"德治"思想被引入言论、农业、造物等诸多领域。"器物"也由此被赋予人伦天仪之"德"，尤其是"以德配天"成为技术/人文发展的重要观念，形成宗教伦理化的人文特色。因此，造物的功能意义实现了从凡器的使用价值向社器的"安国谐族"意义的转向。战国孤子在《器经》中指出："人器有德，人和伦常。社器有德，族谐国安。灵器有德，则天伦如仪。"显然，战国时期的造物文化批评是基于物化道德与伦理的视角，不再以神话或经验批评为视点，即实现了技术/人文的宗教神话批判向道德物化的转向。

在先秦诸子时期，哲学家开启了"技术恐惧"的政治批判与"技术风险"的人文解释机制，尤其是老子与孔子的技术哲学批判实现了宗教神话批判向道德物化的转向，在一定程度上化解了技术知识论的神话风险，但也把技术文化带入礼教伦理之桎梏。先秦哲学家对技术/人文的批评具有政治科学的偏向，最为难能可贵的是在"技治"决定国家生存的语境中闪耀着人文光辉，以至于出现人文至上的中国早期"人文主义"社会。

在先秦，老子开启了造物"技术控制论"的先例，主张"以道驭技"的技术批判思想，并在国家立场建立了技术知识哲学批判构架，提出"道近乎技"的技术哲学，并认为技术泛滥可能导致社会混乱。

在老子看来，随着社会的发展，人口的增多，生产力技术越来越"伎巧"，那么，物质产品必然产生"过剩"，进而产生社会混乱。《老子》曰："人多伎巧，奇物滋起；法令滋彰，盗贼多有。"这就是说，"人多伎巧"，社会法令规章制度必然随之越来越多，社会矛盾也必将被激化，盗贼也随之激增。因此，基于国家政治的立场，老子认为："民多利器，国家滋昏。"为此，老子提出"绝巧弃利"的技术控制论。在造物层面，提倡"朴散则为器"的人文思想，并认为："服文彩，带利剑，厌饮食，财货有余，是谓盗夸，非道也哉。"老子的"技术控制论"在一定程度上反映了早期中国哲学家对技术风险的辩证批判思想的自觉。

不过要说明的是，老子的"技术控制论"与现代社会的"技术控制论"显然不是一回事，前者更多的是反映出中国早期哲学家对"工巧"的担忧。

在先秦，孔子开启中国早期科技伦理批评之先河，主张"以德驭技"的技术思想，并在国家立场建立了技术知识伦理学思维构架，提出正向"技术控制论"观点。

基于国家与礼教的立场，孔子一方面主张"君子不器"；另一方面又提出"工欲善其事，必先利其器"。因为孔子既看到了"来百工则财用足"的价值，又发现"尊德性而道问学"对于国家统治的重要性。孔子的技术控制悖论主要原因在于他将"礼"安放于个体生命与国家层面之上。于是，孔子提出了解蔽的办法："文质彬彬，然后君子。"这在一定程度上也反映出孔子对技术风险的正向认知及其人文化解蔽思想。与老子的负向技术控制论不同，孔子提出了正面的技术风险解蔽旨在"尽美矣，又尽善也"。

简言之，在中国先秦社会，造物技术偏向于以道德伦理为价值目标，并在严格遵循人文原则的伦理要求中发展，这在一定程度上体现了中国早期社会"技术控制论"思想的萌芽。

哲学实践与技术活动及人文思想是分不开的，这在中国早期造物技术实践与人文活动中表现十分明显。抑或说，进步中的技术物成为早期中国哲学思想叙说的重要诱发源，进化的人文思想成就早期中国哲学思想的伦理化、国家化及政治化的偏向。

依照物的存在空间，所谓"技术物"大致有生产性技术物、生活性技术物、宗教性技术物等。生产性技术物如田器、农器、农具等，生活性技术物如漆器、陶器、竹器等，宗教性技术物如祭祀技术物鼎、冥界技术物如兵马俑等。这些技术物是社会进步与人文思想的象征，并成为古代哲学思想的发源点。

在儒学层面，"纳礼于器"是儒家哲学的批评逻辑点。儒家学派崇尚"礼乐"和"仁义"，提倡"忠恕"和"中庸"之道，主张"德治"与"仁政"，重视伦理关系。先秦的《诗》《书》《礼》《乐》《周礼》《论语》《孟子》等理论文献著作中蕴涵着丰富的"器物"思想，并在器物之喻中实现中国早期哲学批判。譬如《诗经》中有大量漆器叙事，这些物质实体既是思想的载体，也附着西周礼仪制度文明。漆器作为一个西周社会的技术性物体系，它的身上涵盖诸多人文思想与礼制文明。

在道家层面，大器是大道的哲学逻辑载体。在古代，"兵器器国，礼器器社"。器之为器，它已然超越凡器被使用的物质与生活层面，亦指向它的社会文化之意义深处。《器经》曰："器形于宇，乃容万物；器形于宙，乃纳历史。"先民器物崇拜思想为器物的人格化提供可能。"器正显德，斜器多乖"，君子比德于玉，器之伦常是器物人格化的直接呈现，器物纳天地而载人伦。《器经》曰："人器有德，人和伦常。社器有德，族谐国安。灵器有德，则天伦如仪。器无德，人怨族乱国沸天地失道也。"器之为器，它已然指向人文之器，并具有物化道德的倾向。

在法家层面，从器之模范到国之法治是其哲学批评路径。法家将法（依据）、势（保障）、术（手段）等思想糅于一身，提倡以法治国。法家在"奉法者强则国强；奉法者弱则国弱"的理念下，形成一套中央集权君主专制主义法治国家的制度与理论。法家基于耕战之需，提出"立器械以使万物"的科技思想，这种激进的技术功利思想反映当时新兴地主阶级的国家政治需要。在逻辑上，器物媒介的哲学思想偏向是人类文明进步的重要原因。活跃于战国的"模""范""型""规""矩""绳"等制作器物的工具及其技术方法，很容易让想象力丰富的法家联想"法"的逻辑及其力量，法家则充分利用"法"来构型他们的理想社会。

在墨家层面，从器物到兼学是其哲学批评路线。技术物是中国早期社会哲学思想诞生的诱发源，而哲学思想最终在先秦科学史的变迁起到决定性作用，特别是在自然科学史的演化中发挥了牵引机的作用。墨家之"兼学"的形成是战国社会结构性变化的产物。墨学之"兼"是以消解"专制""不平等""神权""贵贱""权力""土地所有权"等理性觉醒为己任。引起战国时代社会结构性变化的根本介质是"铁器"。由于铁具被广泛应用于农业生产，原来贵族对土地的绝对占有权开始下滑，自耕农民从对贵族的依赖中走向"自由"；同时，新工具的崛起意味着很多"现实"产生变化："无故富贵"的贵族权力与权利开始动摇；掌握新工具与土地所有权者成为"暴富"；"井田制"被"初税亩"替代；城市新市民及手工艺者崛起；"士"的阶层扩大……这些政治、经济、阶层、制度等社会性结构的"位移"是春秋战国之际社会转型期的集中表现。因此，战国的技术"现代性"进程推动了国家发展开始走向实践化与理性化进程。墨家"兼学"思想凭借严密而整一的"兼爱"政治价值理念成为时代的"显学"。

通过上述分析，可以清晰地看到先秦社会"技术—人文问题"的重要批判立场：技术的人文主义化。孔子的"仁政"思想系统实质为人文哲学的系统化，老子"道法自然"理念不过是旨在为人的生存寻找到一种自由生存状态，墨家在技术的科学理论化走向人文哲学；法家在器物之"模范"中找到了偏向人文化的"法治"理念。可见，先秦诸子对技术控制批评的人文伦理意向性十分明显。

在先秦，由于哲学对人文伦理文化的偏向，直接导致技术或技术哲学的相对滞后，而在伦理、宗教、美学、诗学等层面的人文哲学发展得到空前繁荣。在技术思想层面，技术风险或技术控制成为一种中国早期"早熟"的人文哲学思想。由此也决定了技术史在先秦社会文明中处于社会的"外围"，而人文史成为该时期社会发展的"内核"。简言之，偏向人文的先秦技术无疑补益于人文哲学思想的早熟，而人文哲学思想又反哺了技术变革及其造物文化。

在先秦，技术的社会关系不仅受到代表地主阶层利益的"激进派"的重视，还在人文的社会关系上受到代表国家立场的"士人"或知识分子的普遍关注。因此，先秦哲学家在"技术—人文问题"的批判中，社会发展中的人文偏向显然被摆在显赫的地位与高度。

对先秦"技术—人文问题"的透析，至少有以下研究的意义。第一，中国早期哲学家对技术/人文的批评具有政治伦理的价值偏向，最为难能可贵的是先秦国家在"技治"理念中闪耀着礼制化的人文思想，以至于出现人文至上的中国早期朴素的人文主义社会。第二，中国早期哲学家开启了"技术恐惧"的政治批判与"技术风险"的人文化解蔽机制，尤其是老子与孔子的技术哲学批判实现了宗教神话批判向道德物化的转向，在一定程度上化解了技术知识论的神话风险，但也把技术文化带入礼教伦理的桎梏中。第三，在中国早期社会，造物技术偏向于以道德伦理为价值目标，并在严格遵循人文礼制原则的要求中缓慢发展，这在一定程度上体现了中国早期社会技术控制及其规避技术风险思想的萌芽。第四，技术物是中国早期人文哲学思想生发的间接诱发源，而人文哲学思想最终在先秦技术史的变迁中起到反哺性推进作用，特别是在自然技术史的演化中发挥了引领作用。

第四章

汉唐：士与匠的区隔及互动

在汉唐，作为士阶层的士与匠之间存有区隔与互动的双层结构关系。学者作为潜在区隔主体或互动供体占据了工匠的主导作用，并对工匠的介导掺杂明显的支配地位与政治色彩。在身份层面，"虽工亦匠"的态度迫使工匠隐于社会较低等级地位；在技术层面，"奇技淫巧"的观点遮蔽与剥夺了工匠技术发展；在文化层面，"重道轻器"的立场也催生工匠只能依照自然观察及世袭经验为手作文化原型。但汉唐士与匠之间矛盾的文化心理被"开放"的汉唐帝国情怀与文化制度以及工匠文化自身魅力冲淡，并在文化生理上表现出士与匠之间的隐性化双边互动。

一　汉唐工匠文化语境

在国家制度层面，汉唐社会施行封建中央集权制度，它维系着中国古代农业与手工业的发展与稳定。尽管汉唐社会均实施中央集权制管理国家，但在处理中央与地方关系上，汉唐社会有明显的差异：西汉是在诸侯分权的背景下实施中央集权，而唐代是在中央集权下实现地方分权。无论是集权还是分权，古代中国封建中央集权制为国家统一与经济繁荣奠定了制度性保障。汉代文景时期国家为了稳定社会，采取与民休息与劝课农桑的措施，它为农业与手工业的发展提供政治保障。唐代贞观时期，国家也施行以农为本与轻徭薄税的政策，手工艺盛极一时。

在文化思想层面，汉唐是儒道并用的社会，它为工匠文化的发展提供文化滋养。汉初黄老哲学美学思想占据社会文化主流，这为汉初漆器工艺的发展提供思想准备，"与民休息，凡事简易"是汉初手工业发展的基本方案，这也是道家思想与手工艺发展的天然结合。到了西汉中后期，以儒家神学为主流的思想是汉代工匠文化发展的主心骨。唐王朝的"民本思想"使国家政治清明与经济繁荣，特别是以道家思想为宗的玄宗治国之策，使唐朝一度成为世界最强大的中心帝国。同时，"均田制"保证了农业生产迅速发展，意气风发的民族心态使唐帝国对外贸易走向极度繁荣。

在手工生产层面，作为手艺的漆艺，汉唐政府有专门的国家生产机构及手工业者，这为汉唐工艺的生产与发展提供条件。汉代的蜀郡与广汉郡是国家漆器生产专属地，并拥有大量的"国有"手工艺人，他们专门为中央贵族提供所需生活漆器，也为外销漆器提供货源。在国家行为下，汉唐时期的器物生产及其装饰是不计成本的，并且漆器所体现的文化带有"煌煌盛美"的国家意志。因此，"黄口银耳"与"错彩镂金"的汉代漆器有明显的社会奢华美学思想的含义与体征；唐代的"螺钿"与"剔红"也昭示大唐帝国的富贵色彩与帝国文化形状。

总之，在国家制度层面，汉唐社会中央集权制度下的手工艺发展在人民生活中占有独特位置；在文化思想层面，汉唐社会主流儒道文化思想及其开放的民主心态为工匠文化的繁荣提供土壤；在手工生产层面，汉唐时期勤劳的皇家工人不仅为汉唐人生产出大量的奢侈器物，也书写出帝国的工匠文化。

但对学术史研究而言，尽管学界对汉唐社会的学者或工匠文化的解读是多样的，这包括汉唐社会语境下的士人文化、技术文化、工匠文化等，但从汉唐士与匠之间的社会区隔或互动深层次探讨

"齐尔塞尔论题"的文字还不多见。这样的研究现状无疑不利于理解汉唐社会及其语境下的士与匠文化发展。在本章接下来的讨论中，拟将以"社会区隔论"与"社会互动论"为研究方法，以汉唐士与匠的区隔与互动中的社会行为与文化再生为具体考察个案，较为详细地阐释汉唐"齐尔塞尔论题"的应然与实然，并就此简论士与匠之间的复杂关系所引发的相关社会性问题。

二 汉唐"学者—工匠问题"：心理区隔与生理互动

汉唐是中国封建社会文化经济发展的上升时期，这段时期作为士人的学者文化与工匠文化在中国思想史上占据非常重要的位置。在国家统一的大背景下，国力强盛与国威远扬是汉唐两代最为明显的共同国征。统一的汉唐帝国以及一元化社会统治体系培育出士人激昂向上、自信外倾与独立自主的民族精神，也铸造了汉唐工匠"规天矩地""象天法地"的恢宏艺术法度，从而形成了汉唐雄奇艳采的文化风格与盛大的艺术气象。

在学者（"士"）的层面，管仲提出"士农工商"以降，"士"一直处于社会的最高等级层次，学者对"工"的基本文化心理是："虽工亦匠"、"奇技淫巧"与"重道轻器"。换言之，汉唐社会对"工"的基本定位显示，"士"对"工"的文化立场持有区隔心态；"工"对"士"的服从与依赖也是明显的。尤其是学者的"虽工亦匠"态度迫使工匠隐身于社会等级之下的暗影之中。"奇技淫巧"思想不仅区隔了工匠造物的功能性与艺术性，还剥夺了工匠被遮蔽的"技术性"思想与创新能力。"重道轻器"的立场促使工匠只有依靠自然观察以及世袭经验为"叙事原型"。

尽管汉唐社会"士"对"工"的立场处于一种区隔状态，但汉唐帝国的工匠文化还是取得了辉煌成就。究其原因，大致有以下几点：其一，汉唐国家重视农业生产，为手工业发展提供了较稳定的社会基础。汉代文景时期，为了稳定社会，国家采取"与民休息"与"劝课农桑"的措施。唐代贞观时期，国家施行"以农为本"、"轻徭薄税"与"均田制"的政策，这些无疑保证了农业生产迅速发展。其二，汉唐社会以"儒道并用"为文化发展的基本哲学思想，它为手工艺的发展提供必要的文化滋养。汉初黄老哲学思想占据社会文化主流，这为汉初工艺的发展提供简朴致用的思想准备。到了西汉中后期，以儒家为主流思想是汉代工艺发展的文化主心骨。在唐王朝，"民本思想"使得国家政治清明、经济手工业繁荣。特别是以道家思想为宗的玄宗治国之策，也使唐朝一度成为世界最强大的中心帝国。其三，汉唐政府有专门的国家生产机构及国有手工业者，这为汉唐手工艺的生产与发展提供了人力资本。譬如汉代蜀郡与广汉郡是国家漆器生产专属地，并拥有大量国有手艺人，他们专门为中央贵族提供所需生活漆器。在国家行为下，汉唐漆器生产及其装饰是不计成本的，并且漆器所体现的文化带有"煌煌盛美"的国家意志。说明汉唐"工"的造物思想在彰显"士"阶层的思想上是充分的。抑或说，在文化生理上，汉唐工匠造物是为处于统治阶层"士"服务的。

简言之，汉唐"士"与"工"的关系具有区隔与互动的双层结构特质。在文化心态上，学者对工匠的态度意在区隔；但在文化生理上，士与匠的互动也是潜在的。譬如，汉唐工匠的手作产品明显带有作为统治阶层"士"的审美情趣与文化特色。另外，汉代"推荐"（察举制与征辟制）取士与唐代科举取士制对"工"的介导与影响也是明显的。"士"的来源不同直接决定"工"的造物色彩及其形态。譬如汉代取青铜器代漆器的黑红双色，唐代"唐三彩"均在一定程度上体现汉唐主流"士"的文化色彩。从出土的文物可以看出，汉唐时期"士"的阶层思想对"工"的渗透与输出是十分明显的。抑或说，汉唐工匠文化伴随士阶层文化的起伏而发生微妙变化。

三　汉唐士与匠的心理区隔：社会分级化及其逻辑

　　基于法国社会学家皮埃尔·布迪厄的理论，汉唐士与匠的双面关系可称为"区隔"。那么，"区隔"是什么呢？美国社会学家理查德·桑内特在《新资本主义文化》中指出："区隔的真正意义是，它通过聚光灯投射在精英身上，使普通民众隐身于黑暗之中。"[①] 换言之，汉唐士与匠的区隔逻辑不仅是社会结构分级化的产物，它还加重了汉唐社会分级化等级趋势。

　　1. 汉唐社会结构分级化中的工匠处境

　　在国家制度层面，尽管汉唐社会均实施中央集权制管理国家，但在处理中央与地方关系上，汉唐社会是有明显的差异的。西汉社会是在诸侯分权的背景下实施中央集权，而唐代实施的是在中央集权下的地方分权。无论是集权还是分权，汉唐封建中央集权制为国家统一与经济繁荣奠定了制度性保障，也进而使汉唐"士农工商"四民分业有序管理成为可能。

　　首先，汉唐"工"与"士"的等级森严，地位区隔明显。汉代诸侯、卿大夫、士大夫等处于社会较高地位，唐代皇帝与品官也在一般庶民之上。譬如唐太宗曾明令："工商杂色之流，假令术逾侪类，止可厚给财物，必不可超授官秩，与朝贤君子比肩而立，同坐而食。"[②] 可见唐代"工"与"士"的等级森严，竟不能与君子比肩而立或同坐而食。不过，随着唐中后期门阀氏族势力的逐渐衰

---

　　① ［美］理查德·桑内特：《新资本主义文化》，李继宏译，上海译文出版社 2010 年版，第 85 页。

　　② （后晋）刘昫等：《旧唐书·列传》，中华书局 1999 年版，第 3135 页。

落、均田制的废弛以及商品经济的发展，商人与工匠的地位也有所提高。《汉书·食货志上》曰："士农工商，四民有业，学以居位曰士，辟土殖谷曰农，作巧成器曰工，通财鬻货曰商。"① 可见汉代士农工商分层明显，它像是一种科层式社会结构。

其次，汉唐士农工商的科层结构看起来分工明确，但也常被误认为在汉唐中央集权下的统治是有效的。实际上，这种"集权秩序"的社会分层破坏了四民的合理流动，并严重区隔了民众的有效互动。特别是作为"士"的学者与作为巧者的"工"的文化交流与技术对接发生严重区隔，同时中央集权下的"工"对"士"的绝对服从也破坏了工匠的自我创造与艺术创新。譬如在唐代工部掌管下，工匠的匠籍控制是非常严格的，不得随意脱籍或逃离。官奴婢（长上工匠）、轮番工匠（番户工匠、杂户工匠和一般工匠）以及雇工匠（政府雇佣工匠）均被国家工部严格规定其生活空间与造物行为。可见，在汉唐"士（大夫）"与"工（奴）"的社会契约具有不容置疑的不平等性。

最后，"工"对"士"的依赖性扼杀了工匠个人的手作理想性格。日本社会学家仓桥重史在《技术社会学》中曾援引 C. 莱特·米尔兹对工匠理想性格的描述，将工匠理想性格细分为以下六个方面："（1）工匠的全部神经都集中到产品品质以及生产技术上，与产品之间形成内在的关系；（2）产品与生产者具有心理结合；（3）成为劳动的主人，能够自己决定、控制劳动的计划以及作业方法；（4）随着劳动技术的提高，人类也有所发展；（5）劳动与娱乐、劳动与教育一致；（6）工匠生活的唯一动机就是劳动。"② 在这六个方面，汉唐工匠很难全部实现他们的匠作理想。至少汉唐工匠

① （汉）班固：《汉书·食货志上》，中华书局 2005 年版，第 943 页。
② ［日］仓桥重史：《技术社会学》，王秋菊、陈凡译，辽宁人民出版社 2012 年版，第 137 页。

的全部神经无法集中至生产技术层面，也无法成为手作劳动的真正主人，更难获得劳动与教育的一致性。在汉唐，除少量民间作坊或诸侯作坊内的工匠之外，官奴、刑徒及民间工匠均可被官府统一征调，实行统一管理与集中生产，工匠的劳动计划以及作业方法完全不是自己控制的。在古希腊语中，"匠人"一词"demioergos"是由demios（公共的）和ergon（生产性的）复合构成。① 这个复合名词显示出工匠的"公共性"特质，这与古代匠人被奴役的地位是相称的。汉唐工匠行为及其思想传达并非出自工匠本人及其行为的自我愿望，匠人对生产性器具形式完美的追求完全是被强加的，具有典型的公共性。因为御用工匠或雇用工匠在创新上是没有多少发言权的。汉唐严格的"工奴制"尽管能集全国之力发展手工艺，但严重制约工匠文化的民主与技术创新发展。

简言之，汉唐"四民分业"与"工奴制"严重阻隔作为"士"的士与匠之间的互动。"士"处于社会权威等级，自愿服从或被迫生产是汉唐"工"最为明显的身份特征。正如韦伯指出的那样，一个拥有权威的人最易引发的是自愿服从。这与现代工匠依赖与服从老板的社会学意义是不同的，汉唐工匠服从工部或"士"的管理并非期许获得现代生产意义上的赞许或奖励。工匠不可以拒绝"士"的权威，只能听命于他们的工部以及他们的诸侯或帝王。因此，汉唐士与匠的权力悬殊造成了社会契约的不公平与不公正。

2. 汉唐士与匠心理区隔的内在逻辑及其后果

在身份层面，"虽工亦匠"的态度迫使工匠隐身于社会较低等级地位；在技术层面，"奇技淫巧"观点遮蔽与剥夺了工匠技术文化发展；在文化层面，"重道轻器"的立场也催生工匠唯有依靠自然观察及世袭经验为手作文化原型。

---

① ［美］理查德·桑内特：《匠人》，李继宏译，上海译文出版社2015年版，第6页。

首先，"虽工亦匠"的等级化观点是汉唐作为士阶层学者普遍认同的。实际上，这种态度缺乏任何稳定的可持续化的自我认知。在早期，巫工与巫史通常是处于社会并列的阶层，并共同致力于宫廷事务。战国时期学者墨子、庄子、孟子等已经开始介入工匠活动。而孟子在《孟子·尽心下》指出："梓匠轮舆，能与人规矩，不能使人巧。"显然，学者是歧视工匠的"奇技淫巧"，并一直在"君子不器"的立场下区隔工匠。不过，汉唐学者淮南子、王充等同样也在自己的不同场合或著书行为中展现出对工匠文化的有限介入或伦理思考。尽管汉唐诸子对工匠文化的评判与介入各有不同，但在"虽工亦匠"的社会等级化上一大部人分持相同意见。这种态度迫使工匠隐身于社会等级的低下地位，并把社会光环视点投至于作为"士"的学者身上，"工"也因此处于社会暗影之中。

其次，学者对工匠的"奇技淫巧"的评判，也是汉唐科层化等级社会的间接产物。学者对工匠的区隔态度在技术性上往往具有破坏性，因为，学者为了实用性或伦理性的造物思想，却遮蔽了工匠潜在的技术进步的可能。抑或说，学者对工匠的疏离态度不仅区隔了工匠造物的功能性与艺术性，还严重区隔了工匠与他者的社会群体，从而使工匠遮蔽或剥夺了自身技术思想及能力。当然，汉唐帝王或学者从经世治国的立场出发，反对奢华的"奇技淫巧"与老庄从技术层面反对"奇技淫巧"是不同的。但汉唐学者对工匠的技术性态度却遭致了社会分层化的隐形干预，迫使工匠技术发展面临无形的惩罚。

最后，汉唐社会"重道轻器"的立场催生了士与匠区隔的"二阶冲突"，即在国家"重道轻器"的基本国策干预下，导致了学者、工匠与国家层面的文化冲突。在传统意义上，工匠将来自学者文人的思想转移到造物的语图叙事的文化符号设计上，却遮蔽了自我造物的技术可持续发展与进步。换言之，学者文人的思想表达与工匠的造物语图传达之间存在很大的冲突或隔阂。于是，传统工匠造物非常重视物本身的语图文化寓意，进而为消费器物的学者文人服务，而物本身的技术却被隐身于主流学者思想之下。就造物技术而言，工匠依靠自然观察以及世袭的经验为"叙事原型"，其目的不在于发展技术本身，仅是为造物而造物。这也是中国传统工匠技术没有发展成为近代自然科学的重要原因。可见，"重道轻器"的态度导致了士与匠之间区隔的"二阶冲突"。显然，"君子不器"的宏大治国理想却被"重道轻器"的立场遮蔽了社会发展所需要的技术文化；同时，学者治学失去了工匠原有的经验技术、量化方法与手作思维，也扩大了士与匠之间逐渐区隔的鸿沟。

　　另外，士与匠的"二阶冲突"所产生的负面效应还体现在工匠生产系统里出现高强度的工作压力和文化焦虑。当然，这种状况的出现并非出于生产资料的短缺或生活环境的恶劣，原因在于汉唐皇家工艺不计成本，并提供相对较优越的作坊空间。工匠的工作压力和文化焦虑主要是来源于自身所从事的工作——并非来自个人的自愿、兴趣或为崇高的工匠精神而造物——的不独立与不自由。因而，我们绝不能误认为汉唐"物勒工名"以及图文叙事是工匠的自主行为或创意思维所致。实际上，器物上的图文叙事越多，这最可能的社会学观念下的结果是"士"与"工"的不平等性距离被放大。

　　3. 汉唐士与匠的心理区隔的社会动因

　　首先，汉代察举取士制度重视的是儒家伦理道德规范，并不重视"工"的技术。唐代科举制度迫使"士"的兴趣朝向五经（明经科）诗赋（进士科），而脱离了"工"的造物实践及其技术思想。相比较汉代而言，唐代科举制度毕竟也能"使工匠子弟也能当上总督"①。因此，唐代工匠与学者的区隔程度有所缓解。汉唐时期

---

　　① [法]弗朗斯瓦·魁奈：《中华帝国的专制政体》，谈敏译，商务印书馆1992年版，第64页。

儒学昌盛，"文艺大兴，学者巍起"①。但士与匠的区隔也是明显的。

其次，在儒家看来，工匠作为他技乃为异端也。尽管汉唐中后期"重道轻器"与"抑商重农"的政策倾向有所改善，但汉唐的工匠与学者等级悬殊很大。因此，工匠与学者处于一种区隔分离状态。除非是生活与财富比较富足的文官，他们才有可能关注"科学"。李约瑟在《中华科学文明史》中记："汉代贵族陈王刘宠是弩的著名射手，他发明了装在弩上的望山。在唐代有关心声学和物理学的曹王李皋，他在这里之所以被突出地提出来，是因为他成功地使用了靠脚踏轮操作的明轮战船。"② 这实际上是一种很例外的情况。

最后，汉唐士与匠的区隔主要表现在"士"作为潜在互动"供体"地位是主导性的，并绝对控制与束缚工匠的一切。同时，"士"的价值观输出带有明显的政治色彩，汉唐出土的有语图叙事的器物就能说明这一点。作为"工"的地位与身份的空间被压缩在有限的范围内，只能作为文化价值观的"受体"而发挥造物生产线上不容变动的作用。特别是生产的流程、工种、构思与质料等都是无条件地接受而不得变更，并长期必须在籍在册不得随意转户。这种长期性、被动化与线性的工匠生活方式共同延长了工匠手作的时间。

四 汉唐士与匠的生理互动：隐性化的合作与顺应

汉唐士与匠之间的互动很难基于趋同的社会价值理念，即在个体价值观上学者被同化为与工匠相同的目标追求是不成立的。因为

---

① 潘天寿：《中国绘画史》，中国文史出版社 2015 年版，第 21 页。

② ［英］李约瑟：《中华科学文明史》（下），［英］罗南改编，上海交通大学科学史系译，上海人民出版社 2014 年版，第 807 页。

汉唐社会的"士"与"工"处于社会等级化森严的体系中,"工"基本处于被动或奴化的较低阶层。在生理层面,"士"需要"工"为其生活提供必需的器物,在奢华的器物消费中满足自我荣耀与身份。但"士"又在心理文化层面反感"工"的"奇技淫巧"。换言之,汉唐士与匠之间的文化心理与文化生理的需求是冲突的。因此,汉唐士与匠的互动是隐性的,并体现在"著述"与"部分"顺应与合作之中。

1. 合作:汉唐士与匠的"著述"互动

在汉唐,士与匠的社会分层很明显地"遮蔽"了各自的文化再生能力,学者因有意识地遮蔽工匠及其文化,所以他们无法接近并通晓工匠手作经验。但工匠因"学在官府"而被社会教育排除在外,也无法成为学者而著书立说,导致工匠知识叙事仅依赖家族"世袭制"经验式传习。那么,对于工匠的知识叙事基本交给了"士",但战国以来兴起的"士"的学说活动主要还是围绕朝廷官方的政治活动。《史记·货殖列传》记载:"贤人深谋于廊庙,论议朝廷。"① 因此,诸如董仲舒、扬雄、班固、司马迁、王充、韩愈等儒士们的学术行为基本上是围绕儒学的家国天下而展开的。因此,"君子不器"成为汉唐儒学士大夫普遍认同的基本观点。因此,士大夫无形中区隔了工匠文化,这给士大夫或学者的工匠著述带来极大不便。与此同时,工匠又"不治他技",手工知识叙事仅主要靠"巧者述之"。更糟糕的是,中央工部与郡县工官在中央集权统治下推荐(一开始是以"经"取士)上来的官职人员素质一般较差,特别是民间工匠多为"卒""奴"一类的文盲。因此,他们很难完成工匠专业著述活动。

在汉唐,自然科学与哲学并没有严格区分,一般学者很少能介

---

① (汉)司马迁著,周宇澄选注:《广注史记精华》,商务印书馆2013年版,第251页。

入工匠活动，士与匠的互动也只停留在一般著述的片言只语。实际上，哲学是形而上的抽象意识，它当然能反映工匠的部分思想。但相较于自然科学而言，后者更接近工匠的思想及其技术。汉唐社会帝王非常重视有关"治国经验"的史学著述。

在乔治·H. 米德看来，"自我互动"是社会互动的起点，"符号互动"是社会互动的核心形式。那么，汉唐学者对工匠文化的隐性"著述"，即是汉唐学者接触工匠文化的重要"符号互动"方式。对于汉唐学者而言，这种隐性"著述"就是学者的一种"角色借用"（米德），即假定学者承担工匠的角色并试图理解工匠的手作、思想和情感，这种潜在的间接阐释过程乃是一种"学者"与"工匠"的互动交流。当然，它的缺陷是明显的。因为，隐性互动很难在较高文化层次上全然反映工匠文化。

2. 顺应：汉唐士与匠"部分"互动

汉唐士与匠的隐性互动是局部的，但也是必须的，这主要体现在学者对工匠及其文化自身的认同与接纳。学者对工匠文化的认同与其说是一种自我需要，不如说是一种"顺应"文化发展规律做出的选择。

在文化动因层面，汉唐学者全然不知文化发展的动因是一个多元文化联合运动的共同结果，任何排斥或拒绝他者文化的行为都是错误的。尽管汉唐社会将"工"排斥在"士"之外的心理占据了儒学士大夫的内心，但"工"还是次于士农而大于商，仍处于相对较高的地位。譬如汉兴改秦之败而大收篇籍而广开献书之路，刘歆总群书而奏《七略》。刘歆在整理经书时，将《考工记》辑入《周官》（《周礼》）以补其遗失篇之《冬官》。尽管《考工记》的性质不能等同于儒家经学之《周礼》，但刘歆将手工造物著述纳入经学范畴，足以显示汉代学者对工匠文化重要性的觉醒与重视。

在国家层面，汉唐士与匠的隐性互动或相互顺应的动力也是多方面的，主要原因莫过于帝王或士大夫阶层的生活消费是离不开工匠造物的，也是无法拒绝的。"皇帝和他的宫廷一直是艺术的主要赞助者。此外，佛教或道教寺院和民间绅士也经常拥有财力和意愿，去赞助或创造宗教、思想和艺术作品。这个时期的大量艺术和文学作品，就是通过上述一种或几种方式保留下来的，它们迎合了知识阶层和享乐阶级的高雅趣味。"① 除此以外，当然还有很多其他互动动力。譬如在教育层面，汉代工匠主要依赖工匠"述之"，但唐代工匠教育制度不仅有官府作坊的"艺徒制"，还有民间的"家传私授"，特别是唐代民间可私设讲堂，传授技艺与文化，这也为士与匠的互动提供载体与空间。再譬如在仕途层面，唐代工商杂类入仕禁令松弛，学者与文人的关系也较为松散。元和初年考上进士的陈会郎原为酤酒商；咸通年间的进士常修、顾云也是商贾之后。德宗、文宗朝均吸纳工匠为将军、长史等官职。这无疑体现出唐代社会对工匠的认同与顺应。

在民间层面，士与匠关系本身也是比较松散的。汉代民间器物很少能见到有文人诗画作为装饰素材。但在唐代，民间工匠已经开始用诗文装饰器物，这无疑说明民间工匠与学者的互动也步入非隐性态势。譬如在今长沙望城铜官镇石渚湖一带的一处民间窑址，出土的瓷器装饰则采用彩绘题写诗句的做法②，这件出自长沙民间工匠之手的瓷器装饰技法表明士与匠的区隔状态有所缓解，并表现出一定的积极互动趋势，这可能与中唐以后"纳资代役"以及民间工匠的自由性程度密切相关。

在艺术层面，士与匠的互动还来自工匠文化本身的魅力。譬如在古代，工匠是创制书体的先行者。因为古代工匠以刀具为书写工具，笔法、结体与章法均受硬笔及金石影响，进而形成金文、石鼓

---

① ［美］威廉·麦克尼尔：《西方的兴起：人类共同体史》（上），孙岳等译，郭方、李永斌译校，中信出版社 2005 年版，第 502 页。

② 王元军：《唐代书法与文化》，中国大百科全书出版社 2009 年版，第 177 页。

文、钟鼎文等严谨规整的金石书法或工匠书法。譬如"飞白书体"也是由工匠行为所悟。史载灵帝命工修理鸿都门工匠用扫白粉的帚在墙上写字，蔡邕从中受到启发而创造了"飞白书"。实际上，工匠的装裱、髹框、压轴等也是书家展示书法文字必不可少的，它们的质量与美均关涉到书法艺术的展示之美，尤其是书品的鉴赏或收藏与装裱的关系是互为表里、相互衬托的。据史载，汉晋时期，中国书画装裱已经开始，唐宋时期装裱极为瑰丽，其技艺已达相当高度。由此观之，工匠与书法之间存在较大的交叉场域。

简言之，汉唐学者对待工匠的文化心理上是矛盾的。不过，这种矛盾的心理被"开放"的汉唐帝国的大国情怀及其文化制度所冲淡，包括工匠文化自身的魅力也迫使学者对他的合作与顺应。因此，在文化生理上，汉唐士与匠之间还是有局部的隐性化双边互动的。

五　汉唐士与匠的区隔及互动：影响与反思

在阐释中，汉唐作为士阶层的士与匠的区隔及互动至少体现以下几点值得反思的思想要义。

第一，汉唐社会士人文化与工匠文化都取得了辉煌成就，但在本质上，他们之间是在并行的区隔中发展与扩张，并表现出一种学者对工匠及其文化缺乏稳定持续的顺应与合作。

第二，"齐尔塞尔论题"在汉唐的呈现方式是一种隐性化的互动。从心理层面而言，这种互动是一种学者耻于认同工匠及其文化而被迫产生的心理区隔。但"学者—工匠问题"的悖论之处在于，当"君子不器"的学者抛弃工匠之后，连学者自身的生活也就成了问题，更别说工匠文化为学者提供经验思维与创作参照了。因此，在文化生理上，士与匠的互动又是必须的。

　　第三，汉唐士与匠的区隔严重阻隔了士与匠各自文化的发展，尤其是学者对工匠文化有破坏性影响，没有将辉煌的汉唐工艺文化著述成存世的知识文化系统，这无疑是对中国古代工匠技术科学的一种偏见行为，进而使中国古代技术科学在儒学传统中被疏远。

　　第四，汉唐"士"作为潜在互动"供体"占据了工匠文化发展的主导地位，"士"的文化价值观介导工匠文化带有明显的政治文化色彩，从而使"工"的地位与身份的空间被压缩在有限的政治文化附庸或被限制的作坊空间范围内，只能作为文化价值观的被动的在造物生产线上不容创新的"受体"。工匠的这种"身份地位"与"手作叙述"无疑阻隔了工匠文化走得更高、更远。

第五章

魏晋南北朝：士与匠的深度融合

在"齐尔塞尔论题"视野下，魏晋南北朝的"士与匠的问题"集中体现在《文心雕龙》的工匠经验叙事中，并具有代表性地彰显魏晋南北朝的齐尔塞尔论题模型。《文心雕龙》的工匠叙事暗示刘勰对工匠文化的谙熟与接纳，并体现出他的理论思维秉承"工"的经验文化向"士"的文学理论迁移与转换。作品中的工匠叙事建立的文学话语系统逐渐被固化在理论语言中，不仅创构了文学理论叙事的行为法度与价值标准，还折射出中华工匠文化的基本概念、核心范畴与理论体系。基于"士"与"工"在理念、行为与标准上的通约与互信，《文心雕龙》的工匠叙事已然超越了工匠的经验文化，进而生成了强大的文学理论言说能力与文化意义。在中国文学史上，工匠叙事俨然约定为一种普遍的文学理论经验，它为沟通器"物"与人"情"的双向对话与视界交融提供可靠叙事"深度交易"（理论交易），这对于反思当代中国文学理论发展与偏向具有历史借鉴意义。

一 魏晋南北朝之"工"与刘勰之"士"

"齐尔塞尔论题"不仅是欧洲近代科学技术史研究的重要线索，还是中国古代文艺史研究的应然题域。在中国魏晋南北朝时期，学者（"士"）与工匠（"工"）的互动或能从《文心雕龙》中得以全面镜像与窥视，并能初步认知魏晋南北朝"士"与"工"的深度理论互动及其潜在的社会动因，能辨明魏晋南北朝士大夫与工匠群体在文学理论建设上的同构性以及彼此的互通带来的文学理论发展。在本章接下来的讨论中，拟将以《文心雕龙》为考察个案，在齐尔塞尔论题视域下，较为详细地阐释魏晋南北朝之"工"与刘勰之"士"的融合与互动，并就此讨论相关"士"与"工"的深度互动所引发相关复杂的魏晋南北朝文化性问题及其当代启示。

在"工"的层面，魏晋工匠身份极其低下，并受官府雇佣，或被编制军籍而服役。南朝采用雇佣工匠制与纳资代役制，北魏实施工匠的军事编制①，设有俘虏充役的杂户（或当营户帅）与伎作户（服务于官府的工匠）等。北魏统治下的杂户、伎作户身份卑微，属于贱民阶层，并附着于所属的作场，长官称为杂户或营户帅。北周实施"六番匠役"，南朝设置"轮番上役制"，南北朝采取"雇佣工匠制"与"征发制"（按照户籍征发工匠无偿服劳役）。尽管魏晋南北朝的工匠制度对工匠身份自由与地位权利不利，但它为阶段性历史时期内的工匠文化提供国家层面的制度保障，也或为国家文化提供工匠的经验理论贡献。

在"士"的层面，魏晋南北朝的士大夫在"清谈"的隐忧情怀中坚守儒家士人风骨，但迫于政治压力又不得不在隐逸与出仕的双重人格统治下彷徨，以至于魏晋士人多有竹林之士或山野之人。这实际上为魏晋南北朝之"士"滑向"工"的空间提供政治契机与社会动因。因此，魏晋南北朝出现了孙权、潘芳、曹丕、谢灵运、文惠太子、祖冲之、李冲、张伦、谢庄、曹操等士人涉猎工匠文化的现象。他们或亲历造物制器，或从工匠经验中窥视与获取理论文化

---

① 唐长孺：《魏晋南北朝史论丛续编》，生活·读书·新知三联书店1959年版，第43页。

给养。在理论文献上，《文心雕龙》《抱朴子》《水经注》《古今刀剑录》《鼎录》《齐民要术》《食货志》《世说新语》等文献均在较高的理论高度为中国历史贡献出了难能可贵的工匠理论文化。尤其是《文心雕龙》近乎用工匠经验理论书写，在整体上折射齐梁之前中国工匠文化体系及其理论要义。

那么，魏晋南北朝"工"的身份与"士"的儒家风骨是如何作深度的理论融合呢？尤其是刘勰的人格及其写作思维近乎在"工"与"士"的"交易地带"运动。从《文心雕龙》的工匠隐喻铺成与借用看，刘勰对工匠文化的接纳或受其影响是明显的；从行为规范与价值标准看，工匠文化具有严谨、精细与规整的行为要求及其致用、至美的价值理想，这与受儒道思想影响的刘勰之"士"的行为典范是不矛盾的。抑或说，刘勰在儒家出仕与道家隐逸中找到了文学叙事的平衡点，即"工"与"士"的"理论交易地带"。在这一点上，刘勰是彻底的，他或不同于稽康、郭象、阮籍等同时期士人的双面人格心态。因为刘勰并没有在"工"的鄙俗与"士"的高雅上作严格的区分，而是在"工"的行为规范与价值标准中找到了"士"的文学理论空间及批评话语体系。《史传》曰："勋荣之家，虽庸夫而尽饰；迍败之士，虽令德而常嗤。"[①]尽管刘勰或为"迍败之士"，但他在清虚寥廓、简洁致用的"工"的经验文化空间找到自己文学理论思想的自由书写。对工匠文化而言，刘勰表现出对工匠经验文化的敬畏与遵从，并独立建立了以唯物工匠经验思想为喻的宏大文学理论体系，也是中国文化史上第一次正式将"工"的经验文化直接利用与糅合到"士"的文学理论体系创构之中。抑或说，刘勰在中国文学史上首次创构"工"与"士"的"交易地带"理论。

---

①　（南朝梁）刘勰著，陆侃如、牟世金译注：《文心雕龙译注》，齐鲁书社1996年版，第250页。

二　《文心雕龙》与中华工匠文化理论体系

在《文心雕龙》中，刘勰娴熟地运用了工匠文化，为其阐明文学理论找到合法的叙事路径与切入点，它的工匠叙事建立的文学话语系统逐渐被固化在文学理论语言中，不仅创构了文学理论叙事的行为法度与价值标准，还折射出了中华工匠文化的基本概念、核心范畴与理论体系，实现了"工"与"士"的"理论交易"。

在概念与范畴层面，《序志》曰："古来文章，以雕缛成体，岂取驺奭之群言'雕龙'也。"①"雕龙"，即雕文。刘勰用工匠雕刻喻写作，即人文写作精细得如工匠雕龙纹。可见，《文心雕龙》之题目已经视"工"与"士"具有了可互动的"理论地带"。另外，《文心雕龙》的 50 分篇"题目"中有"原道""征圣""祝盟""铭箴""诔碑""熔裁""夸饰""时序""物色""程器"等概念或范畴，它们均在不同程度上与工匠文化相契。同时，在此工匠经验理念下，《文心雕龙》中的内容阐释也在工匠文化的"语汇"与"思想"中实施文学理论的解剖与辨明。换言之，在刘勰看来，工匠经验理论与文学抽象理论在行为、规范与价值上具有同构性，并能相互迁移与转用。实际上，刘勰的这种思想早在《易经》《论语》《诗经》《韩非子》《庄子》《吕氏春秋》《淮南子》等文学叙事中早就出现了。不同的是，《文心雕龙》首次确立与正式在"工"与"士"的"理论地带"实现了文学理论的书写交易。

在理论系统层面，《文心雕龙》折射出中国古代工匠文化理论体系（"中华考工学"），并集中体现了中华工匠文化体系中的百工

---

① （南朝梁）刘勰著，陆侃如、牟世金译注：《文心雕龙译注》，齐鲁书社 1996 年版，第 602 页。

体系、造物体系、技术体系与精神体系等。《文心雕龙》所映射的"百工系统"包含工匠的行业、工种、技术等，"造物体系"包含制车、陶器、礼器、乐器、练染等，"技术系统"包含工匠技术的程序、模范、标准、技法等，"精神系统"则有工匠的简约精神、致用精神等。《文心雕龙》运用了工匠的经验文化叙事创构"体大思精"的宏大文学理论；同时，《文心雕龙》也折射出齐梁以前的中华工匠文化理论体系及其理论要义。

1. 《文心雕龙》与百工体系

在百工体系层面，《文心雕龙》记有陶、夔、师旷、轮扁、陶钧、梓人、锦匠、石匠、漆工、雕工、木工、刻工、染工、织工、轮工、镕工、乐工等。这几乎接近《考工记》记载的"百工系统"（六大序列30类工种）。另外，《原道》云"画工""锦匠""雕色""藻绘"，《事类》云"良匠""斧斤""刀笔""匠石"，《隐秀》云"工辞""天工""神匠"，《神思》云"陶钧""定墨""运斤"，《体性》云"铄""陶染"，《熔裁》云"熔裁""矫揉""剪截""绳墨""斧斤"，等等。刘勰谙熟工匠的经验文化，并将这些经验文化熟练地转移到文学理论书写之中。可见，这些百工及其行为体系中的主体理论要义与文学本体理论书写具有一定的同构性与契合性。

具体到行业技术种类，《文心雕龙》对工匠行业分工及其文化思想的理解非一般文人所能做到，尤其在漆、陶、锦、雕、轮、镕等工种技术上，显示出刘勰所掌握的工匠经验知识极其丰富。譬如《文心雕龙》多处用"漆"设喻，显示出刘勰精通中华漆学理论文化。为崇尚孔子之文，作者用"尝梦执丹漆之礼器"，即"丹漆随梦"设喻；用"玄言"，而曰"赋乃漆园之义疏"；推崇文之"用韵比偶"，而用"漆书刀削之劳"；反对"谲辞饰说"，而用"优旃之讽漆城"作比；谈及"文质论"，而用"色资丹漆"设喻，等等。由此观之，刘勰对中华漆工文化是娴熟的，并恰到好处地应用到文学叙事与理论铺陈过程中，成功地实现了"工"与"士"的

"理论交易",双方在交易中满足了各自理论发展需求。

2.《文心雕龙》与工匠技术体系

在技术体系层面,《文心雕龙》涉猎工匠技术用喻是随处可见的(见表5-1)。据统计①,《文心雕龙》的文学叙事中有"规矩"2处,檃栝3处,"定墨"1处,"矫揉"1处,"雕琢"3处,"刻镂"2处,"镕铸"1处,"镕钧"1处,"陶钧"1处,"陶铸"1处,"陶染"1处,"杼轴"2处,"斧藻"1处。这些专业的工匠技术语汇涉及木工技术、金工技术、陶工技术、纺织技术、染织技术、色工技术、镂工技术等。另外,《原道》云"金镂""丹文""熔钧""雕琢",《神思》云"刻镂",《体性》云"斫梓""染丝""雕琢""雅制""辐辏""司南",《定势》云"绘事图色""色糅""熔范""司匠""弓矢""师范""箴铭",等等,它们均在不同工种层面体现了工匠技术系统中的关键工种及其技术。另外在制器方法层面,《文心雕龙》的文学叙事中出现雕、镂、陶、染、矫、揉、裁、镕和铸等行为技术。譬如《征圣》云"陶铸",《宗经》云"铸铜、煮盐",《明诗》云"雕采",《诠赋》云"画绘",《诠赋》云"图貌、雕画",《诠赋》云"铺采",《颂赞》云"规戒",《铭箴》云"铸鼎、镂器、铭石",《情采》云"镂心、织网、缛采",《正纬》云"织综",等等。作为工匠之"技"与文学之"技"被刘勰完美地融合到《文心雕龙》的文学理论书写中,实现了工匠经验技术与文学理论技术的深度融合。

表5-1 　　　　《文心雕龙》之"工匠技术体系"

篇章	节录
《正纬》	"按经验纬,其伪有四:盖纬之成经,其犹织综,丝麻不杂,布帛乃成。"

---

① 陈书良:《〈文心雕龙〉释名》,湖南人民出版社2007年版,第108—111页。

篇章	节录
《征圣》	"夫作者曰圣，述者曰明。陶铸性情，功在上哲。"
《宗经》	"若禀经以制式，酌雅以富言，是即山而铸铜，煮海而为盐也。"
《明诗》	"江左篇制，溺乎玄风，嗤笑徇务之志，崇盛忘机之谈，袁孙已下，虽各有雕采，而辞趣一揆，莫与争雄，所以景纯《仙篇》，挺拔而为隽矣。"
《诠赋》	"丽词雅义，符采相胜，如组织之品朱紫，画绘之著玄黄。"
《诠赋》	"赞曰：赋自诗出，分歧异派。写物图貌，蔚似雕画。"
《诠赋》	"赋者，铺也，铺采摛文，体物写志也。"
《颂赞》	"原夫颂惟典懿，辞必清铄，敷写似赋，而不入华侈之区；敬慎如铭，而异乎规戒之域。"
《情采》	"圣贤书辞，总称文章，非采而何？夫水性虚而沦漪结，木体实而花萼振，文附质也。虎豹无文，则鞹同犬羊；犀兕有皮，而色资丹漆，质待文也。若乃综述性灵，敷写器象，镂心鸟迹之中，织辞鱼网之上，其为彪炳，缛采名矣。"
《铭箴》	"夏铸九牧之金鼎，周勒肃慎之楛矢，令德之事也；吕望铭功于昆吾，仲山镂绩于庸器，计功之义也；魏颗纪勋于景钟，孔悝表勤于卫鼎，称伐之类也。若乃飞廉有石棺之锡，灵公有夺里之谥，铭发幽石，吁可怪矣；赵灵勒迹于番吾，秦昭刻博于华山，夸诞示后，吁可笑也！详观众例，铭义见矣。"

3.《文心雕龙》与工匠造物体系

在造物体系层面，《文心雕龙》的工匠经验叙事娴熟地运用造物制器叙述（见表5-2、表5-3、表5-4、表5-5），包括制器工具、实用器物、制器材料、材美工巧、器物形态或风格等工匠造物制器的经验文化。

第一，制器工具或器物。制器工具如规矩、绳墨、辐毂、櫺栝、制范、模型、万钧等；器物如锦绣、金石、陶器、兵器、簋豆、青铜器等。《知音》云"观千剑而后识器"，《程器》云"君子藏器""雕而不器""方之梓材，盖贵器用而兼文采"，《时序》云"相如

涤器而被绣"，《声律》云"器写人声"，《夸饰》云"形而下者谓
之器""形器易写"，《书记》云"匠之制器"，《神思》云"以斯
成器"，《宗经》云"雕玉以作器"，《铭箴》云"铭实器表""观
器必也正名"，《养气》云"器分有限"，等等。可见，《文心雕龙》
之器物叙事已然超越工匠经验文化表层，而被纳入文学理论及其思
想高度。

表 5-2　　　　　　　　《文心雕龙》之"造物系统"

篇章	节录
《知音》	"操千曲而后晓声，观千剑而后识器。"
《程器》	"是以君子藏器，待时而动。"
《程器》	"雕而不器，贞干谁则。"
《程器》	"《周书》论士，方之梓材，盖贵器用而兼文采也。是以朴斫成而丹�’施。"
《时序》	"柏梁展朝宴之诗，金堤制恤民之咏，征枚乘以蒲轮，申主父以鼎食，擢公孙之对策，叹倪宽之拟奏，买臣负薪而衣锦，相如涤器而被绣。"
《声律》	"夫音律所始，本于人声者也。声合宫商，肇自血气，先王因之，以制乐歌。故知器写人声，声非学器者也。"
《夸饰》	"夫形而上者谓之道，形而下者谓之器。神道难摹，精言不能追其极；形器易写，壮辞可得喻其真。才非短长，理自难易耳。"
《书记》	"法者，象也。兵谋无方，而奇正有象，故曰法也。制者，裁也。上行于下，如匠之制器也。"
《神思》	"若学浅而空迟，才疏而徒速，以斯成器，未之前闻。"
《宗经》	"扬子比雕玉以作器，谓五经之含文也。"
《铭箴》	"赞曰：铭实器表，箴惟德轨。有佩于言，无鉴于水。"
《铭箴》	"故铭者，名也，观器必也正名，审用贵乎慎德。"
《养气》	"若夫器分有限，智用无涯；或惭凫企鹤，沥辞镌思。于是精气内销，有似尾闾之波；神志外伤，同乎牛山之木。"

　　第二，材料叙事。在材料层面，《文心雕龙》载有工匠造物制器的各种材料或器物（见表5-3），譬如《程器》云"五材"，《正纬》云"黄金""紫玉"，《乐府》云"丝篁""金石"，《议对》云"楚珠"，等等。《文心雕龙》的文学理论书写善于运用工匠造物中的材料为文学理论材料书写提供经验理论，有效促进了"工"的材料与"士"的文学理论材料的彼此通约与交易。

表5-3　　　　　　　　《文心雕龙》之"材料体系"

篇章	节录
《总术》	"夫骥足虽骏，缰牵忌长，以万分一累，且废千里。况文体多术，共相弥纶，一物携贰，莫不解体。所以列在一篇，备总情变，譬三十之辐，共成一毂，虽未足观，亦鄙夫之见也。"
《征圣》	"夫鉴周日月，妙极机神；文成规矩，思合符契。"
《宗经》	"义既埏乎性情，辞亦匠于文理，故能开学养正，昭明有融。然而道心惟微，圣谟卓绝，墙宇重峻，而吐纳自深。譬万钧之洪钟，无铮铮之细响矣。"
《宗经》	"《礼》以立体，据事制范，章条纤曲，执而后显，采掇片言，莫非宝也。"
《知音》	"夫麟凤与麏雉悬绝，珠玉与砾石超殊，白日垂其照，青眸写其形。然鲁臣以麟为麏，楚人以雉为凤，魏民以夜光为怪石，宋客以燕砾为宝珠。形器易征，谬乃若是；文情难鉴，谁曰易分？夫篇章杂沓，质文交加，知多偏好，人莫圆该。"

　　第三，工巧。在"工巧材美"层面，《文心雕龙》的文学理论叙事借用工匠制器之"巧"十分繁多（见表5-4）。譬如《才略》云"巧而不制繁"，《物色》云"巧言切状""因方以借巧"，《隐秀》云"秀以卓绝为巧""雕削取巧，虽美非秀"，《序志》云"陆赋巧而碎乱"，《辨骚》云"瑰诡而慧巧"，《明诗》云"不求纤密之巧"，《诠赋》云"奇巧之机要"，《杂文》云"飞靡弄巧"，《谐讔》云"纤巧以弄思""虽有小巧，用乖远大"，等等。《文心雕龙》对"工"之"巧"的借用书写越多，说明工匠造物制器之

"巧"与文章写作之"巧"的通约性空间越大。

表5-4　　　　　　　《文心雕龙》之"工巧体系"

篇章	节录
《才略》	"陆机才欲窥深，辞务索广，故思能入巧而不制繁。"
《物色》	"故巧言切状，如印之印泥，不加雕削，而曲写毫芥。"
《物色》	"且《诗》、《骚》所标，并据要害，故后进锐笔，怯于争锋。莫不因方以借巧，即势会奇，善于适要，则虽旧弥新矣。是以四序纷回，而入兴贵闲；物色虽繁，而析辞尚简；使味飘飘而轻举，情晔晔而更新。"
《隐秀》	"夫心术之动远矣，文情之变深矣，源奥而派生，根盛而颖峻，是以文之英蕤，有秀有隐。隐也者，文外之重旨者也；秀也者，篇中之独拔者也。隐以复意为工，秀以卓绝为巧。"
《隐秀》	"凡文集胜篇，不盈十一，篇章秀句，裁可百二。并思合而自逢，非研虑之所课也。或有晦塞为深，虽奥非隐，雕削取巧，虽美非秀矣。故自然会妙，譬卉木之耀英华；润色取美，譬缯帛之染朱绿。朱绿染缯，深而繁鲜；英华曜树，浅而炜烨。隐篇所以照文苑，秀句所以侈翰林，盖以此也。"
《序志》	"魏典密而不周，陈书辩而无当，应论华而疏略，陆赋巧而碎乱，《流别》精而少功，《翰林》浅而寡要。"
《辨骚》	"《远游》、《天问》，瑰诡而慧巧。"
《明诗》	"造怀指事，不求纤密之巧，驱辞逐貌，唯取昭晰之能。"
《诠赋》	"至于草区禽族，庶品杂类，则触兴致情，因变取会，拟诸形容，则言务纤密；象其物宜，则理贵侧附；斯又小制之区畛，奇巧之机要也。"
《杂文》	"赞曰：伟矣前修，学坚才饱。负文馀力，飞靡弄巧。"
《谐隐》	"或体目文字，或图象品物，纤巧以弄思，浅察以炫辞，义欲婉而正，辞欲隐而显。"
《谐隐》	"高贵乡公，博举品物，虽有小巧，用乖远大。"

　　第四，在"器物（形态）风格"层面，《文心雕龙》的文学理论叙事借用工匠制器的风格喻文（见表5-5）也是明显的，它们有

隐秀、繁缛、雅丽、圆通、环隐、佩实等。譬如《议对》云"辨洁、繁缛、明核、环隐"，《征圣》云"雅丽、佩"，《辨骚》云"丽雅"，《明诗》云"雅润、清丽、华实、含润、凝清、振丽、偏美"，《杂文》云"淫侈"，《诸子》云"文丽、华采"，等等。这些范畴主要涉及工匠制器的形态与文学理论的批评之间的通约地带。

表 5-5　　　　　　　　《文心雕龙》之"风格体系"

篇章	节录
《征圣》	"然则圣文之雅丽，固衔华而佩实者也。"
《议对》	"然后标以显义，约以正辞，文以辨洁为能，不以繁缛为巧；事以明核为美，不以环隐为奇：此纲领之大要也。"
《辨骚》	"班固以为：'露才扬己，忿怼沉江。羿浇二姚，与左氏不合；昆仑悬圃，非《经》义所载。然其文辞丽雅，为词赋之宗，虽非明哲，可谓妙才。'"
《明诗》	"若夫四言正体，则雅润为本；五言流调，则清丽居宗，华实异用，惟才所安。故平子得其雅，叔夜含其润，茂先凝其清，景阳振其丽，兼善则子建仲宣，偏美则太冲公干。"
《杂文》	"甘意摇骨髓，艳词洞魂识，虽始之以淫侈，而终之以居正。"
《诸子》	"辞约而精，尹文得其要；慎到析密理之巧，韩非著博喻之富；吕氏鉴远而体周，淮南泛采而文丽：斯则得百氏之华采，而辞气之大略也。"

4.《文心雕龙》与工匠精神体系

在精神系统层面，《文心雕龙》言及工匠对自然宇宙、道器等共同信念、行为规范与价值标准。《文心雕龙》之首篇《原道》与末篇《程器》构成了"道器不一"的哲学思维结构。再如《诸子》云"辨雕万物，智周宇宙"，《诔碑》云"工在简要"，《程器》云"致用、体要"，《程器》云"雕而不器，贞干谁则"等，这些工匠精神的叙事被纳入文学理论的宇宙精神、简约精神、致用精神、体

要精神等维度，成为文学批评的美学高度。以工匠文化或器物文化
为入口，"从发生学的角度检讨中国文学批评，我们会发现，它是超
越文学领域的"①。换言之，工匠经验文化或生活文化在文学理论叙
事及其批评中极具穿透力。

　　简言之，《文心雕龙》从百工体系、技术体系、造物体系、精
神体系等工匠经验文化层面切入，将其转换与迁移为文学理论。显
然，这与魏晋南北朝士人"以物观象"或"以形写神"的审美志趣
有一定关联；同时，也昭示刘勰在创构中国特色文学理论体系的民
族性经验文化上的抽象化倾向，也为后人文学理论中国特色的话语
体系创构方向，提供了理论经验。

三　《文心雕龙》：工士融合的交易模式

　　基于"士"与"工"在行为与标准上的相通之处，《文心雕
龙》的工匠经验书写已然超越了手艺层面的物质文化，具有了更强
大的言说文学理论的能力。在交易理论视野下，刘勰之士与工匠的
互动模式是多样的，主要呈现为镜像、参照、模范等互动交易模
式。刘勰借用工匠文化作为中介方式，获取理论互动中的文学认同
与文化阐释。

　　1. 《文心雕龙》：工匠文化之"镜像"

　　镜像，观镜取像。它是人类早期认识世界的方式，即在他者镜
像中认识自我。法国精神分析家雅克·拉康研究认为，从镜像阶段
开始，（人类）婴儿通过镜子认识到"他人是谁"，才能够意识到
"自己是谁"。工匠经验文化是刘勰思想出场的一个镜像对象。这里

---

　　①　闫月珍：《器物之喻与中国文学批评——以〈文心雕龙〉为中心》，《中国社会科
学》2013年第6期。

所谓的"镜像对象"指的是刘勰思想上镜像工匠文化的诸多技术标准、手作思想与精神理念，并提供知识镜像框架的目标对象。所谓"知识镜像"，即刘勰将工匠文化镜像为自我主体的文学理论心像，进而在反转与互动中建构文学新知。譬如刘勰采用"象其物宜""匠之制器""法天象地""写物图貌""雕而不器""君子藏器"等工匠造物制器命题，实质就是刘勰对工匠知识镜像后生成的文学理论的"象其物宜""匠之制器""法天象地""写物图貌""雕而不器""君子藏器"。在拉康看来，镜像是对客体反复认同的结果。换言之，《文心雕龙》是刘勰对工匠经验文化反复认同，并反转为文学知识系统文本的产物。譬如《诠赋》曰："至于草区禽族，庶品杂类，则触兴致情，因变取会。拟诸形容，则言务纤密；象其物宜，则理贵侧附；斯又小制之区畛，奇巧之机要也。"① 实际上，"制器尚象"是古人造物的模拟性镜像思想，此处的"象其物宜"就是模拟工匠造物的镜像思维中生成的。再譬如《书记》曰："法者，象也。兵谋无方，而奇正有象，故曰法也。制者，裁也。上行于下，如匠之制器也。"② 古代工匠的"法天象地"是造物制器的主要技术参照变量，刘勰认为，文章的"写物图貌，蔚似雕画"如同工匠之"法天象地"。《文心雕龙》是魏晋"学者"镜像工匠实践知识的文学理论化呈现，工匠知识成为文学理论镜像思想的"知识原型"，并富有典型的文学化理论特色。作为文学学者的"士"在"形而上"的知识书写中镜像出古代"工"的文化体系，它为中国后世文学书写提供了理论基础与方法范式。

---

① （南朝梁）刘勰著，陆侃如、牟世金译注：《文心雕龙译注》，齐鲁书社1996年版，第163页。

② （南朝梁）刘勰著，陆侃如、牟世金译注：《文心雕龙译注》，齐鲁书社1996年版，第348页。

2. 《文心雕龙》：工匠文化之"参照"

参照，抑或模仿。它指的是学者在心理上所从属的、认同的为其树立和维持诸多标准规范的，并提供比较价值框架的目标。譬如工匠经验文化就是刘勰文学行动与思想出场的重要参照。《熔裁》云"规范本体谓之熔，剪截浮词谓之裁"，《物色》云"故巧言切状，如印之印泥"，《知音》云"操千曲而后晓声，观千剑而后识器"，《时序》云"买臣负薪而衣锦，相如涤器而被绣"，《铭箴》云"观器必也正名，审用贵乎慎德"，《知音》云"夫篇章杂沓，质文交加，知多偏好，人莫圆该"，《隐秀》云"隐以复意为工，秀以卓绝为巧"，等等。这些"规范本体""如印之印泥""观千剑而后识器""相如涤器而被绣""观器必也正名"等工匠经验文化均是刘勰文学理论建构的参照性思想表达对象。

3. 《文心雕龙》：工匠文化之"模范"

模范，即模本之范型。《文心雕龙》出现"规矩""檃栝""定墨""镕铸""镕钧""陶钧""陶铸"等均是工匠技术之模范。工匠文化之模范被用到文学、哲学叙事上较早的属于法家。法家充分利用"法"的框架来构型他们的理想社会，活跃于战国的"模""范""型""规""矩""绳"等工匠造物的工具及其方法论很容易让想象力丰富的法家联想"法"的内在逻辑及其社会治理力量。因此，工匠的技术模范被法家应用到哲学与社会学领域。在社会互动理论看来，个体间的互动是来自他们之间的吸引。譬如《总术》云"备总情变，譬三十之辐，共成一毂"，《原道》云"熔钧六经，必金声而玉振"，《宗经》云"若禀经以制式，酌雅以富言"，《正纬》云"盖纬之成经，其犹织综"，等等。可见，刘勰之"士"与"工"之间的个体理论互动是基于相互规范或吸引的社会价值理念，这种吸引来自"工"的"物理模范"（以"织综"自然为范）与"士"的"理论模范"（以"六经"经典为范）之间的趋同性，进而在模范的交易地带获取文学理论的生长点。因为，工匠与文学之

"规矩"① 是各自在文化或理论上所遵循的法度与规范。

四　《文心雕龙》：士工融合的文学范式

《诗经》是先秦诗学领域"士"和"工"理论潜在融合的开创者，而《文心雕龙》则是在文学理论上首次真正实现了"士"和"工"的深度理论融合。《文心雕龙》的工匠书写又为后世文学理论叙事提供了绝佳的理论模型与方法范式。

《诗经》中的工匠经验书写或为《文心雕龙》的工匠书写提供理论模型与基础。《诗经》之工匠名物是它的书写载体或参照对象，并能镜像其背后的"兴观群怨"。抑或说，《诗经》中的大量工匠叙事昭示这些器物实体附着诸多礼法制度，并显示器物作为春秋社会的"物体系"中的"工"之技法与"士"之礼法双向互动。在写作理论层面，《诗经》的写作系统中的器物书写本身就昭示"士"对"工"的造物是通晓的。抑或说，知礼制器是殷周春秋"士"的基本文化要求。"工"及其器成为"士"宣扬礼制的参照群体，于是，"纳礼于器"的相关制度便随之诞生。譬如"礼"有大小、显微、多少、高下、文素、位次之贵者，并相应规约"器"的大小、显微、多少、高下、文素、位次之区分。显然，《诗经》之作者是

---

① 《孟子》云："大匠诲人，必以规矩，学者亦必以规矩。"《墨子》云："百工为方以矩，为圆以规，直以绳，正以悬，无巧工不巧工，皆以此五者为法。"《淮南子》云："制度，阴阳大制有六度：天为绳，地为准，春为规，夏为衡，秋为矩，冬为权。绳者，所以绳万物也；准者，所以准万物也；规者，所以员万物也；衡者，所以平万物也；矩者，所以方万物也；权者，所以权万物也。"《荀子》曰："设规矩，陈绳墨，便备用，君子不如工人。"《大戴礼记》曰："巡九州，通九道，陂九泽，度九山。为神主，为民父母；左准绳，右规矩；履四时，据四海；平九州，戴九天，明耳目，治天下。"

谙熟这些礼法或技法的，否则很难完成诗歌创作。这就是说，《诗经》能说明"工"之技法与"士"之礼法是双向互动的。譬如《诗经》中大量出现的漆乐器不仅反映出贵族宗庙祭祀乐歌的礼法制度需要，还昭示大漆乐器背后的造物生产及其制度性文化内涵。《诗经》中"彤弓受言"之礼，或能昭示西周"士"与"工"的互动。"彤弓受言"折射出西周社会战争与礼仪等社会面貌：一是"彤弓"镜像出西周战争与兵役。如《诗经》之《东山》《击鼓》《君子于役》《伯兮》等篇均反映当时的战争与兵役历史事实；二是"彤弓受言"折射出西周社会贵族王室要员获得漆器的方式是赏赐。"受器"之礼在《周礼·大宗伯》载："一命受职，再命受服，三命受位，四命受器，五命赐则，六命赐官，七命赐国，八命作牧，九命作伯。"① 这里的"受器"方式显示漆器在社会中的地位较高。《诗经》的诸种漆器名物叙事足以镜像出诗学的知识语用学功能，也特别能昭示西周精于礼法之"士"是离不善于技法之"工"的，他们分别是社会礼法的制定者与表现者。可见，《诗经》漆器名物叙事能昭示出西周"纳礼于器"的文化社会学命题。"诗三百"感物造端，它是文学的，亦是历史的，更是文化的。在见物"证"诗中可以发现，"器以藏礼"与"尊礼用器"是春秋工匠造物与用器的主要特征。《诗经》漆器名物话语是春秋礼制现实与造物现实的一次回响，它能确证"士"与"工"的彼此互动的历史事实。

　　《文心雕龙》的工匠喻文暗示刘勰对工匠文化的谙熟，并体现出他作为"士"的理论思想已然向"工"的层面滑入与迁移。在《文心雕龙》中，"士"与"工"的互动有着丰富的知识社会学内涵及其文化意义，他们的互动与借用也是内涵了中国化"齐尔塞尔论题"的魏晋模型。魏晋之"工"与刘勰之"士"的隐喻性互动，

---

① （汉）郑玄注，（唐）贾公彦疏，黄侃经文句读：《周礼注疏》，上海古籍出版社1990年版，第277—279页。

实现文学叙事的分析框架及其理论要义。刘勰的文学叙事情景被定义在可细化的工匠行为、思想与价值层面，进而组织文学理论在本质、创作与审美上的叙事过程。很显然，工匠思维将刘勰的文学真实转换成理论事实，工匠理论成为刘勰对文学的主观解释与思考结构的凭据。实际上，魏晋之"工"与刘勰之"士"的隐喻性互动，也为"工"的行为规范与价值标准提供文学理论的支持。刘勰的工匠思维是借用儒家与道家对工匠的立场，并有佛家思想的痕迹。儒道佛之思想是《文心雕龙》之文学理论叙事的思想理论选择。《诔碑》曰："至如崔骃《诔赵》，刘陶《诔黄》，并得宪章，工在简要。"① 这里的"工在简要"思想显然受儒道思想影响。《程器》曰："《周书》论士，方之'梓材'，盖贵器用而兼文采也。"② 这里的"器用而兼文采"与儒家"尽美矣，又尽善也"如出一辙。另外，《论说》用及"般若""圆通"等佛教用语来阐释文学理论。

　　在后世文学发展中，工匠经验书写近乎成为文学书写的"公共经验"。在诗歌、戏曲、小说等领域均有体现。唐代司空图《二十四品》云"超以象外，得其环中"（雄浑）、"玉壶买春，赏雨茅屋"（典雅）、"如矿出金，如铅出银"（洗练）、"金尊酒满，伴客弹琴"（绮丽）、"道不自器，与之圆方"（委曲），这些工匠经验叙事为司空图的诗学理论表达提供群体性文化参照。清代的李渔在《闲情偶寄》中所参照的工匠经验文化已然达到了戏曲理论研究的高峰。譬如《闲情偶寄》中"匠"有 19 处，"工"有 100 处，"文人"有 31 处（"士"有 95 处），"器"有 51 处，"技"有 48 处，"巧"有 75 处，"造物"有 44 处，"工师"有 8 处，"漆"有 28 处，

---

① （南朝梁）刘勰著，陆侃如、牟世金译注：《文心雕龙译注》，齐鲁书社 1996 年版，第 201 页。

② （南朝梁）刘勰著，陆侃如、牟世金译注：《文心雕龙译注》，齐鲁书社 1996 年版，第 591 页。

"玉"有 59 处，"刀"有 20 处，"尺"有 48 处，"筑"有 10 处，"针"有 7 处，等等。中国戏曲理论史上，《闲情偶寄》或体系性地发展与总结了"工"与"士"的交易地带理论。

在清代，叶燮《原诗》也继承与发展了《文心雕龙》的工匠经验叙事。《原诗》中有"工"44 处，"器"10 处，"匠"10 处，"规矩"2 处，譬如《原诗》云"诗文宗匠""专门师匠""宗工宿匠""工师大匠""匠心而出"等，《原诗》云"法将斫之以为器""器用以商周为宝""言乎体格譬之于造器"。不过，叶燮认为诗不可论工拙，即"工拙"不应成为诗歌批评的标准；但同时，叶燮又认为，宋诗在工拙之外，可见他对宋诗的推崇。《原诗》云："又尝谓汉魏诗不可论工拙，其工处乃在拙，其拙处乃见工，当以观商周尊彝之法观之。六朝之诗，工居十六七，拙居十三四；工处见长，拙处见短。唐诗诸大家、名家，始可言工；若拙者则竟全拙，不堪寓目。宋诗在工拙之外：其工处固有意求工，拙处亦有意为拙；若以工拙上下之，宋人不受也。此古今诗工拙之分剂也。"① 可见，叶燮对工匠的经验理论被诗学理论利用，持有"两种理路"，这与《文心雕龙》对"工"的理论立场相比，具有历史的进步性。《原诗》又云："又汉魏诗，如初架屋，栋梁柱础，门户已具；而窗棂楹槛等项，犹未能一一全备，但树栋宇之形制而已。六朝诗始有窗棂楹槛屏蔽开阖。唐诗则于屋中设帐帏床榻器用诸物，而加丹垩雕刻之工。宋诗则制度益精，室中陈设，种种玩好，无所不蓄。大抵屋宇初建，虽未备物，而规模弘敞，大则宫殿，小亦厅堂也。递次而降，虽无制不全，无物不具，然规模或如曲房奥室，极足赏心；而冠冕阔大，逊于广厦矣。"② 这是《原诗》用建筑及其室内陈设、器物论诗学理论。

---

① （清）叶燮、沈德潜：《原诗说诗晬语》，凤凰出版社 2010 年版，第 56—57 页。
② （清）叶燮、沈德潜：《原诗说诗晬语》，凤凰出版社 2010 年版，第 57 页。

《文心雕龙》的工匠叙事理论不仅被后世诗歌、戏曲等文学理论所继承，也被广泛应用到其他文学叙事体裁中。譬如小说《红楼梦》近乎是一个工匠文化荟萃的世界，在这个工匠世界的背后隐藏着封建权贵的身体美学表达、消费观念与奢侈想象以及贵族情结。小说中的工匠文化作为一种社会现象的文本再现，不能简单地同生活浪费、阶级腐朽以及社会没落等值。《红楼梦》的工匠叙事揭示出文本特有的奢侈记忆、美学意向与历史批评的价值立场，从而暗合小说的主旨与批评策略。

五　工匠书写：作为文学经验的当代文化价值

在中国文学史上，工匠书写已然成为一种普遍的公共书写经验，为沟通器与人的对话与交流提供机会平台，这对于反思当代中国文学理论叙事具有历史借鉴意义。《文心雕龙》既涵盖了中国式"齐尔塞尔论题"的魏晋模型与要义，又昭示出魏晋南北朝士大夫与百工在互动中彼此实现了共同发展；同时，"士"与"工"的融通与彼此交易为后世文学的工匠书写提供了理论基础与实践模型。在阐释中发现，《文心雕龙》之"工"与"士"的理论融合至少给当下文学理论发展提供以下几点启示。

第一，文学是生活的文学，文学理论是生活的文学理论。作为生活日常的工匠文化为刘勰提供了文学理论分析的思维与中介，并为文学理论事实的出场提供重要的经验理论依据。抑或说，《文心雕龙》的"士"与"工"的深度交融显示，文学的生活本质与创作经验同工匠的生活本质与创作经验是具有同构性的。在当代，如何抛开时代的固化了的文学创作思维，重新发现并认识到文学理论发展的新路径与新方法，刘勰给我们的启示是：在生活经验中发现，并利用生活经验为文学理论发展服务。

第二，有历史与美学高度的文学批评来源于正确的文学理论，而文学理论又来源于生活经验与生活理论。刘勰的《文心雕龙》在生活理论的基础上，试图用"体大而思精"的体系性理论结束当时文学的"风衰俗怨"，它不仅为南朝齐梁之际的文学批评提供了生活化的美学批评标准，更为当时的文学理论发展提供体系性理论与方法。在刘勰看来，创构文学理论体系是指导文学创作与文学批评的基础性工程，即"文之司南"或"立文之本源"。对于当代中国而言，积极建设具有中国特色的文学理论体系是非常紧迫的，尤其是要走出西方文学理论体系的牢笼，创构具有中国人生活经验气息的话语体系、理论体系与思想体系的文学理论。这对于讲好"中国故事"，传播"中国形象"，凸显"中国自信"等都具有重大现实意义。

第三，刘勰的《文心雕龙》将工匠文化作为审美对象与理论经验，表明魏晋南北朝"士"对"工"的经验文化已然提升到文化理论的高度，并形成了中国式独特的文学审美方式与文化把握方式，这显然是中国文学与中国美学双向度的走向成熟的标志。抑或说，魏晋南北朝的审美文化的成熟为文学理论的发展提供美学高度的支撑。显然，在当代中国，建构具有中国特色的美学理论体系对于建构中国特色的文学理论体系具有重要支撑价值。

第四，刘勰的《文心雕龙》之文学理论创作显示，"工匠智慧"与"文学智慧"是同构的，彼此在行为规范、价值标准与理论范式上是相通的。在更大的文化视野下，"工匠智慧"就是生活的智慧，"文学智慧"就是文化的智慧。同时，"工匠智慧"就是人民的智慧，"文学智慧"就是人的智慧。那么，如何创构具有中国特色的文学理论体系？对此的回答就是：文学理论体系就是人学理论体系。一切以人民为中心的文学创作与理论建设才是我们的正确选择。

第六章

宋代：士与匠的"交易地带"

在"优士统治"语境下，伴随城市经济、市民阶层与理学的崛兴，宋代打破汉唐以降士与匠的区隔而迈入互动状态。宋代的应用科学与实验技术进展显赫于世，尤其是宋代工匠受士人、理学学者、文艺学者及科学家的介导，使之在技术变革、艺术思维及手作创新等方面获得迅猛发展。同时，工匠的技术经验、计量思维及手作方法也反哺宋代学者与科学家自身的知识再生产。但在本质上，宋代理学的科学性是有限的，加之工匠文化本身的顽固性以及宋代学者自身的局限性，士与匠的互动效应也是有限的。它一方面无法满足自然科学发展的内在需求，终将无力使宋代科技跃至近代自然科技水平；另一方面宋代的工匠文化也因受制于内外文化制度，只能停留在经验表层而无法实现科学的理性发展。

一　宋代工匠文化语境

宋初户税改革致使自耕农不断增加，佃农对封建地主的依附性随之减弱，国家农业在唐五代以来的萧条中也开始慢慢复苏。原来的一些官僚世袭地主被迫向庶族地主转变，灵活的小农经济形态为宋代乡村宗法共同体的形成奠定了经济发展基础。因此，农村的生产力得到极大的发展，随之商业经济开始走向逐步繁荣。特别是官方手工业采用"和雇""招募"等新的用工形式,为手工业者发展提供极好的发展机会。

从唐以来的严格区分的坊市逐渐走向瓦子勾栏,城市商铺林立,都市商业十分繁华,这为漆器的商品流通奠定了商业经济发展基础。另外,随着北方少数民族的不断袭扰与侵入,宋代经济重心逐步南移,南方经济因此得到快速发展,尤其是南方工商业也进入繁荣发展期。特别是王安石实施"以钱代役"的变法政策之后,这种"免役钱"经济政策大大促使农产品的商品化或市场化程度。

宋代政府除了积极鼓励海外贸易与拓展海外市场以及扩大贸易范围、规模之外,宋代内陆和边疆的商品经济也得到长足发展与繁荣。在边境贸易中,"榷场"是宋官方对外贸易的重要据点。宋代"互市"贸易为漆器等大宗货物的海外输出提供重要契机与交易平台;同时,内地边境的贸易繁荣也在一定程度上支持了海上贸易,至少为海上丝路贸易提供物质资料与经济资本。抑或说,宋代的海外政策为宋代的工匠文化发展提供有力支撑。

对学术史研究而言,尽管学界对宋代社会的学者或工匠文化的解读是多样的,这包括宋代社会语境下的士人文化、技术文化、工匠文化、理性哲学等知识视野,但从宋代士与匠之间的社会互动的深层次视角探讨的文字还不多见。这种研究现状无疑不利于理解宋代社会及其语境下的工匠文化发展及其内在困境。在本章接下来的讨论中,拟将基于宋代"优士统治"为语境,以士与匠互动的"交易地带"为考察核心,较为详细地阐明宋代"齐尔塞尔论题"的应然与实然,并就此讨论相关士与匠之间的社会互动所引发的较为复杂的社会性问题。

二 宋代士与匠的互动空间:"朝廷—城市—乡村"

宋代是中国古代封建社会发展的一个很特别的转型变革期,它已然从汉唐时期的"军事型帝国"向一个具有小农经济特色的"城市型国家"转变，进而形成了"朝廷—城市—乡村"的三元结构的新型社会。

在国家层面，北宋王朝结束了五代十国以来的国家分裂与混乱局面，伴随社会逐渐步入稳定、劳动力不断增多、生产经验不断积累以及宋代科技文明的进步，宋代国家开始走向新的发展期。特别是在手工业层面，朝廷实施以"兵匠"取代唐以来的"贱民"，从而大大减少了官府对民间工匠繁重的徭役及其他劳动剥削，民间手工业得以健康发展。另外，官府手工业还采用"差雇""和雇""招募"等多种新型用工方式。《宋史·工部》卷163记载："兵匠有缺，则随以缓急招募。籍坑冶岁入之数，若改用钱宝，先具模制进御请书。"[1] 这种灵活的用工方式必然为宋代城市手工业者提供极好的发展机遇与活动空间。

在城市层面，唐以来的严格区分的坊市渐被瓦子勾栏取代，以至于宋代城市商铺林立，都市手工业、商业繁华。张择端的《清明上河图》与孟元老的《东京梦华录》显然能理解与证实宋代城市经济的发展与兴盛。但随着北方少数民族的不断袭扰与侵入，宋代城市经济重心开始南移，南方城市经济也因此得到快速发展，进而使南方城市工商业也进入繁荣期。特别是王安石实施"以钱代役"的变法政策之后，这种"免役钱"经济政策促进了手工业的自由发展，并改进了城市商业方式，还提高手工产品的商品化或市场化程度，进而也改进与提升了城市居民或士大夫的生活方式与审美情趣。

在农村层面，宋初政府开始了户税改革，致使自耕农数量不断增加，佃农对封建地主的依附性随之大大减弱，国家农业在唐五代

---

① （元）脱脱等：《宋史》（第12册），中华书局1977年版，第3862页。

以来的萧条中逐渐复苏。原来的官僚世袭地主被迫向庶族地主转变，土地的占有方式也由地主世袭被买卖方式取代，灵活的小农经济形态为宋代乡村宗法共同体的形成奠定了坚实的经济发展基础。因此，宋代乡村生产力得到极大的发展，商业经济也随之逐步繁荣。

一个国家的工匠文化总是处于特定社会物质文化的底层，但它一定是最为鲜活的物质文化与生活文化的代表。因此，工匠文化的转型最能反映国家文化的变革与发展趋向。反之，国家主流文化的变革也必然会带来工匠文化的重大转型。伴随宋代城市经济的崛起以及农村经济的繁荣，宋代"朝廷—城市—乡村"的三元国家结构分层系统轮廓逐步清晰，以至于掌握朝廷的皇权统治者、意识形态的士人与乡村农业的乡民必然对社会转型产生属于自己的立场与态度。同样，统治阶层、士人阶层与乡民阶层必将在文化的互动思考与感受中实现自身的社会行动与文化发展。因此，宋代的朝廷文化、城市文化与乡民文化的相互耦合与积极互动变得更为便利而频繁。这种"三位一体"的国家结构分层也必然迫使宋代社会文化带来重大变革。就工匠文化而言，它至少会引发以下三个方面的微观变化。

一是朝廷科举取士与城市经济的发展均离不开民间为其输送人力资源，因此，民间的士人与工匠开始拥入城市以及朝廷管理层。那么，民间文化也就自然融入宫廷社会与城市空间。特别是宋代社会的科举制度使大量来自底层的民众通过仕途进入宫廷，作为来自民间的文人审美旨趣与美学理念必然带进宋代宫廷及士大夫的生活场所。因此，宋代文人学者的生活空间充斥着许多工匠文化。譬如宋画之装裱、宋瓷之烧造、宋漆之髹饰等无不是工匠手作之事，反之，工匠作品也渗透着士大夫的文化元素与审美趣味。

二是宫廷学者有机会介入民间工匠群体及其行为活动。宋代士大夫或学者在宫廷与城市之间自由行走，并密切同民间社会沟通与对话。譬如宋代著名文人画家郭忠恕，由于他长时间地体察民间生活，并不间断地与民间工匠文化对话，特别是对民间工匠营造之事有深入了解，从而成为宋代画家中的建筑家。宋朝僧人文莹撰有文言逸事小说《玉壶清话》①曾记载了浙江籍工匠喻皓营造开宝寺塔之事，其建筑模型误差则被郭忠恕发现，并予以纠正。很显然，宋以前学者是很难获得这样的互动体验与生活经历，更很少有学者介入工匠活动的，这也是宋代的科技与工匠文化迅猛发展的重要原因之一。

三是工匠文化的著述及其体系化典籍整理成为可能。宋代社会为士人的发展提供了史无前例的发展机遇，因此，他们的文化创造也进入了历史的最佳时期。宋代帝王对著书、编书、聚书与献书十分重视。宋太宗对大臣说："夫教化之本，治乱之源，苟无书籍，何以取法？"②以至于宋代各类文化著述以及它们的体系化典籍整理不断涌现。工匠出身的喻皓撰写《木经》，它成为后世木工建筑之典范。另外如《太平广记》《太平御览》《文苑英华》《神医普救方》《册府元龟》等巨著也应运而生。在工匠文化方面，哲宗元祐六年（1091）将作监首次编成《营造法式》，此书史称《元祐法式》，并由皇帝下诏颁行全国。该书因存有诸多弊端与遗漏，宋绍圣四年（1097）又诏李诫（1035—1110）重修。李诫受民间建筑工匠喻皓《木经》思想的影响，遂编成我国古代建筑第一部有体系化的规范用书《营造法式》（1103），这明显得益于宋代国家对工匠文化的重视。

在"朝廷—城市—乡村"的结构体系里，"士人"作为国家的组建者与统治者在国家意识形态中占有独特的地位，并在社会文化发

---

① （宋）文莹：《玉壶清话》（唐宋史料笔记丛刊），郑世刚、杨立扬点校，中华书局1984年版。

② 曾枣庄、吴洪泽：《宋代编年史》（第1册），凤凰出版社2010年版，第115页。

展及其整合力量上达到了历史的极致。尽管这种社会语境为宋代士与匠之间的互动提供了不可多得的机遇，但宋人"瓦子勾栏"式的生活趣味却被北方辽夏金不断纷扰和破坏，加之国内商品经济发展中慢慢形成的小农市民的庸俗趣味，迫使宋代上层高雅文人在内外"趣味挤压"、"文化夹缝"与"思想矛盾"中徘徊与忧恻，宋代文艺在高扬理学道德的主体精神与提倡雅韵缠绵的文艺中出场，这无疑影响了宋代士与匠积极互动的水平与质量。

三　宋代士与匠的互动机遇："优士统治"

宋代的社会转型为士与匠之间的互动提供气候，特别是"为与士大夫治天下"的宋代基本国策为经济、科技与文化的发展创造了历史机遇。在此"优士（士大夫）统治"背景下，宋代作为士人阶层的国家管理与文化科技创造也达到历史上的最佳时期。那么，基于士与匠的互动视点，如何理解宋代的"优士统治"呢？

首先，宋代的"优士统治"直接催生了理学的产生与兴盛。作为官方正统儒学，在宋代社会转型与变革中，它必然发挥着宋朝廷的合法性义理。尤其是在外族的侵扰与市民社会的发展中，宋儒士人必然要极力探讨宇宙万物与人生之理，从而为宋朝皇权提供有效的合法的法统依据。在此，宋代的"理学"即"性理之学"或"道德神学"应运而生。它所涉猎的研究内容包括"天道性命""道德哲学""自然哲学""政教方案""心性伦理"等。特别是理学之"自然哲学"为宋代自然科学与工匠文化发展提供了引领性的世界观与思维方法。

其次，宋代朝廷的"优士统治"催生了一种较完备的人才选拔制度，也就是隋唐以来的科举制度。与宋以前比较，宋代的科举考试更趋于成熟、公平。宋朝廷严格限制世袭子弟的入试待遇，并适度放宽入试考生品级等次，还扩大科举取士的名额。因此，宋代士人阶层在整个社会体系中成为最受尊重、最为活跃与理想的阶层。但科举考试强调的是考试内容，一般不重视考试方法。以至于被宋代朝廷录用的士大夫在知识应用与实践方面的能力是欠缺的。换言之，尽管"优士统治"为士与匠之间的互动打开了大门，但在某种程度上说，它是不适合工匠群体朝向技术实践与技术理性的轨道上发展的。

再次，宋代"优士统治"的挑战是市民俗气和城市的商品经济，因为这些与士大夫所崇尚的雅趣、理性和道德是相悖的。如何应对这些挑战？宋士大夫选择了介导或退却的方式。在介导层面，宋代文人介导工匠文化的典型体现就是具有文人气息的色漆、瓷器等工艺品以及文人画的出现；在退却层面，士大夫迫于市民俗气与城市商品经济的压力，退而在文化创作中寻求精神的安顿，譬如缠绵悱恻的宋词的出现，同时，也将这些审美风格与雅趣放置于工匠创作之中。

最后，宋代"优士统治"旨在巩固中央政权，而非为特别有才华的人提供机会或为发展社会经济、科技而服务。这种制度带有很强的儒家道德色彩，因为它宣扬"为天地立心，为生民立命"的道德理学思想。说到底，宋朝政府为士人提供的机会关乎的是"治国平天下"的事，其目的在于抑制武人权势而稳固王权。从这个意义上分析，宋代以工匠技术为依托的科技发展与"优士统治"并无直接的关联，因为这种"优士统治"原本是旨在培养大量具有修身齐家、治国平天下的有理想抱负的士大夫，进而涌现出像王安石、范仲淹、文天祥、张载、岳飞等一大批以天下为己任的社会精英也就不足为奇。宋朝士大夫秉承了"进亦忧，退亦忧"的忠君忧民之道义思想，即便被贬官流放，也如沈括一样致力于撰写《梦溪笔谈》而不负天下。换言之，宋代"优士统治"间接地为士大夫积极入世，或介入社会实践与发展社会文化提供了制度保障，包括宋代手工业文化或工匠文化的发展也在"优士统治"中得到庇护。

简言之，宋代"优士统治"整合了士人阶层的文化力量，在较大程度上恢复了文人自信心，进而使得宋代的文化自信与自觉达到了历史的极致。尽管"优士统治"的初衷不是为士与匠之间的互动而提出，但它间接地为他们的双向互动创造了历史机遇。但宋代政权推出的"优士（士大夫）统治"理念已然不同于汉唐政权的"优才（军事人才）统治"，它更注重潜在的社会主体的理性道德、儒家伦理与内心情操，这显然是宋代科技与工匠文化发展的"阿喀琉斯之踵"。

四　宋代士与匠的互动场域："交易地带"

理学的科学性导向为宋代自然科学发展提供动力，致使宋代自然科学发展迈入黄金时代。① 在宋代士人、理学学者、文艺学者及科学家对工匠的介导与干预下，工匠在技术变革、艺术及思维创新等方面获得迅猛发展；与此同时，工匠的手作经验、计量思维以及量化方法也反哺宋代学者与科学家自身的知识再生产。换言之，帕梅拉·隆所提出的工匠与学者之间的"交易地带"在宋代社会表现明显。

第一，宋代士人与工匠互动。在士人层面，工匠的手艺技术被"奇技淫巧"的儒学立场区隔在社会正统士人文化之外。因此，士人与工匠很难达到积极的互动。但宋代"优士统治"特殊的社会转型下，士人与工匠的互动之门已然被打开。在著述层面，

---

① ［英］李约瑟：《中华科学文明史》，［英］柯林·罗南改编，上海交通大学科学史系译，上海人民出版社2014年版，第182页。

《齐民要术》《农政全书》《耕织图》《梦溪笔谈》《本草图经》《农孝经》等大量士人著述反映工匠文化已经被纳入他们的毕生事业，特别是以"经"命名的图书昭示传统儒家之"雅"已然与宋代工匠之"俗"同流。在造物层面，宋代帝王对工匠文化的参与和倡导也促使了士与匠之间产生积极互动。宋太祖赵匡胤为李煜等降王营造府邸，亲自为皇宫建筑制定标准，并要求"按图营建"。宋徽宗赵佶令苑囿官员在帝王苑囿间仿建浙江乡村小店。苏轼在颍州任太守时，亲自制作木架结构择胜亭，在杭州任太守期间也亲作木板防洪墙的设计。① 苏轼的《石灰行》实质是一首为手艺技术而记载的诗歌。宋宦官梁师成主持首都开封大型皇家园林艮岳营造，"师成博雅忠荩，思精志巧，多才可属"②。同样，陆游晚年也为韩侂胄之南园作《南园记》《阅古泉记》。可见，宋代士人摒弃传统儒家对工匠的态度，进而参与到工匠文化的创造与对话之中。

第二，宋代理学士与匠互动。在理学层面，宋代理学在内省思维、自然哲学、道德伦理等方面给予科技与工匠文化发展提供了方法论思维与文化伦理观，尤其是宋代理学"格物穷理"的理学精神对造物科学的影响是深远的。理学学者朱熹就主张"格物致知"，并认为："然器亦道，道亦器也。道未尝离乎器，道亦只是器之理。如这交椅是器，可坐便是交椅之理；人身是器，语言动作便是人之理。理只在器上，理与器未尝相离。"③ 显然，这些思想给工匠造物提供了独特的因果逻辑思维与造物价值观。朱熹在天文学、地理学、生物学等方面的实地考察所发现的自然现象与科学经验，对于

---

① 喻学才：《中国历代名匠志》，湖北教育出版社2006年版，第194—195页。

② （宋）王明清：《挥麈录》，王松清点校，上海古籍出版社2012年版，第50页。

③ （宋）黎靖德编，杨绳其等校点：《朱子语类》（第3卷），岳麓书社1997年版，第1768页。

宋代的科技发展也有着积极而重大影响。譬如朱熹曾"欲以木作《华夷图》，刻山水凹凸之势，合木八片为之，以雌雄榫相入，可以折。度一人之力，足以负之，每出则以自随。后竟未能成"①。木作虽未成功，但足以显示士与匠的互动是积极的。另外，朱熹在《训学斋规》中指出："文字笔砚凡百器用，皆当严肃整齐顿放有常处，取用既毕，复置原所。"② 很显然，在理学之下的器物位置被安放在"取用既毕"的位置上。尽管仍然有"重道轻器"的观点，但理学家推崇"穷理尽性"与简朴实用之风为宋代工匠造物杜绝雕饰浮华必然提供了理论支撑。

第三，宋代文艺士与匠互动。在文艺层面，工匠文化发达的宋代为这个时代的文艺学者文人提供了极好的创作意象或意识模型，譬如宋词中的建筑意象、宋瓷上的诗词绘画、汉字宋体的创制等，无不受工匠文化的影响。顾则徐等指出："宋朝以后雕版印刷很发达了，都是由工匠操作的，那么由楷书变为宋体，这里面就是刀法在起作用。"③ 作为印刷体的宋体就是由楷书逐渐向定型化、标准化过渡的表现，它与工匠的刀法不无关系。另外，宋代学者米芾对治印十分讲究，并首开文人书法治印之先。换言之，书法之用印与工匠治印密切相关，书家用印之美与工匠治印之法是相辅相成的。还有，工匠的装裱、裱框、压轴等也是书家展示书法文字必不可少的，它们的质量与美均关涉书法艺术的展示之美，尤其是书品的鉴赏或收藏与装裱的关系是互为表里的。"六分做，四分裱"说明工匠装裱技术对于书法展示的重要性，也昭示文艺士与匠互动的重

---

① （清）纪晓岚：《四库全书精编·子部》（第5辑），中国文史出版社1999年版，第213页。

② 郭齐、尹波点校：《朱熹集》（9），四川教育出版社1996年版，第5676页。

③ 朱中原、顾则徐：《书之殇：中国书法文化对话录》，东方出版社2014年版，第119页。

要性。

第四，宋代科学家与工匠互动。在科学层面，宋代科学家与工匠在本质上是类似的。天文学家苏颂（1020—1101）用竹木制作“假天仪”（观天演示仪器），并创制水运仪象台（天文钟）。苏颂撰写三卷本《新仪象法要》，详解水运仪象台的设计、使用方法，还绘制了机械设计图。另外，科学家沈括《梦溪笔谈》之“技艺篇”中论及《木经》、造弓、棋局都数、活版印刷等工艺知识。在“器用篇”中论及矢服、古镜、凸面镜、透光镜、海州弩机、瘊子甲、唐代玉辂等工艺技术。沈括所记内容虽涉猎的是自然科学，大多知识书写均为民间手作工艺的史料整理与理论阐释，这对于中国古代民间工匠文化的传承及其文本化传播的价值不可小觑。不过，对学者或科学家而言，传统工匠的理性思维一般较弱，但并不能因此否定传统工匠在造物设计中没有理性思维。《考工记》曰：“凡沟防，必一日先深之以为式，里为式，然后可以傅众力。”[1] 这里的“日里为式”的沟防营造的用工计量方法，即依照 1 天民工工作进度为标准，再按照 1 里地的劳力与日数，从而能计算出沟防工程所需劳力，这里明显透视出古代建筑设计的理性量化思维方法。宋代工匠的计量科学思维在《营造法式》中的体现也是明显的。譬如李诫采用“材分模数制”的营建方法，即依据材料等级确定建筑总体规格及其构件尺寸等，以期估工备料及整体设计。实际上，工匠的计量思维为科技发展提供了极其有价值的思维方法论。

五 齐尔塞尔论题在宋代：批评与反思

宋代士与匠的互动态势是前所未有的，但相对于近代自然科学

---

① 陈戍国点校：《周礼·仪礼·礼记》，岳麓书社 2006 年版，第 109 页。

而言，从宋代工匠文化衍生的技术文化自身带有先天的不完整性，即没有出现技术形态的连续的普遍性发展势头。譬如闻名世界的宋代指南针、火药、印刷术等技术文化出现之后，并没有出现后续的能够实质性改造世界的新技术形态及其普遍应用。尽管它们分别被宋代的航海、军事、纸质传媒等领域广泛使用，但在中国近代以前的社会空间里，还无法看到这些发明与欧洲的水能、蒸汽机、电等这样的技术形态所发挥的技术改变世界文明的作用相媲美。这背后关涉宋人的技术理想及其理想所发生的连续形态的文化动力与社会机制等复杂问题。换言之，理解宋代工匠文化的技术性及其发展的不完整性，必须深入考察宋人的梦想及其实现梦想的社会行动与机制。法国历史学家安东尼·皮康在回答 R. 舍普的提问时指出："为了理解技术及技术有关的社会准则的演变，必须同时考察人类那些最古老的梦想及这些梦想发生变化的连续形态。"① 随后，皮康列举了人类对速度、摩擦等最初的梦想以及由此发生相应的进步的技术变革形态。那么，在以下的讨论中，拟将兼及阐释三个理解宋代工匠文化发展的相关技术性问题。

第一，宋代的技术"梦想"。同前所言，宋代的"优士统治"旨在稳定王权，而并非"梦想"发展科技与工匠文化。匠作监丞李诚编修《营造法式》之"梦想"在于宋代建筑的标准化计量、定额设计，以期减少当时的建筑腐败，节约财力与民力，这显然是王安石的"理财节用"的改革思想的产物，而不是为了建筑科学本身的发展而发展的。再譬如沈括在《梦溪笔谈》之"自序"中坦言："所录唯山间木荫，率意谈噱，不系人之利害者。"② 很明显，沈括与仲尼厄而作《春秋》，或屈原放逐乃赋《离骚》的写作心态别无

① ［法］R. 舍普等：《技术帝国》，刘莉译，生活·读书·新知三联书店 1999 年版，第 3—4 页。

② （宋）沈括：《梦溪笔谈》，商务印书馆 1934 年版。

两样，所不同的是宋代的"优士统治"为沈括提供了"虽隐还进"的良好士人心态。换言之，宋代技术的发展是在"优士统治"的社会转型背后沿着隐形的轨迹向前发展。李约瑟在《中华科学文明史·天学》中在分析苏颂星图、苏州天文图等之后这样指出："这些平面球形星图都以天枢作为极星，保存了公元前350年的天文体系。在二分点的位置上它们与苏颂最好的星图不一样，这个位置可能与公元200年左右的情况符合。这种倒退跟当时社会上和政治上的趋势有关。苏颂和沈括研究天文学的时候正是卓越的宰相王安石进行革新的年代。而一百年后的苏州天文图则完成于守旧思想又一次占上风的时候。"① 这段话显示出中国宋代的科技"梦想"发展与社会政治思想及其改革运动密切相关。很显然，宋代的科技"梦想"与欧洲的科技"梦想"是有差异的。英国科学史家亚·沃尔夫在《十六、十七世纪科学技术和哲学史》中谈及哥白尼天文学研究之"梦想"时这样写道："在他的《天体运行论》的献词性的序言里，哥白尼开门见山地让读者了解他毕生为解决它而工作的由来已久的那个问题。这个问题就是要弄清楚，哪些几何定律在支配行星的运动，以便解释过去观察到的视运动和预言行星的未来运动。"② 可见，哥白尼的天文学研究之"梦想"是要搞清楚科学本身问题，这或许是宋代科技未能达到近代欧洲科技水平的原因之一。

第二，宋代的技术"梦想"所"发生变化的连续形态"。技术的发展总是连续的。抑或说，技术进步是一种连续形态。譬如在手工工艺层面，中国古代的漏壶、圭表、浑仪（象）等天文测量仪器在宋代均得到新技术改进，譬如漏壶采用先进的漫流系统、水银动

① ［英］李约瑟：《中华科学文明史》，［英］柯林·罗南改编，上海交通大学科学史系译，上海人民出版社2014年版，第331页。

② ［英］亚·沃尔夫：《十六、十七世纪科学技术和哲学史》（上册），周昌忠、苗以顺等译，商务印书馆1984年版，第19页。

力浑仪、"副表"法圭表、水运（齿轮系统）仪象台等。① 尽管中国宋代工匠利用传统的手作技术、经验思维以及量化方法为宋代科技发展提供难得的历史机遇，但宋代的理学观或自然观在科学性上是有限的，并严重阻隔了宋代技术的连续发展。因此，在这种"优士统治"下的小农经济社会很难获得如同 17 世纪近代科学发展所需要的自然观，以至于李约瑟在《中华科学文明史》（*The shorter science & civilization in China*）中坦言："宋代的理学哲学本质上是科学性的，伴随而来的是纯粹科学和应用科学的各种活动的史无前例的繁盛。然而，这一切成就并没有把中国的科学提到伽利略、哈维和牛顿的水平。"② 换言之，宋代理学没有从根本上改造与发展中国本土科技的发展，还在一定程度上阻隔了科技的连续迸发。

第三，宋代激励工匠行为的"社会准则"。任何行为均遵循或受一定社会准则影响，工匠行为自然不能排除在外。宋朝廷实施"善否赏罚"、"稽功赏罚"与"献器重酬"的工匠制度。譬如"凡百工，其役有程，而善否则有赏罚。"③ 工部尚书"掌百工水土之政令，稽其功绪以诏赏罚"④。很显然，这种赏罚分明的工匠制度对宋代工匠行为的激励作用是明显的，特别是对工匠造物质量改进及其技术提升是有益的。在"献器械者重酬之"⑤ 的驱动下，全国"献器械法式者甚众"。《宋史·兵志》记载："（熙宁）六年，始置军器监，总内外军器之政。置判一人、同判一人。属有丞，有主簿，

---

①　石训、朱保书：《中国宋代文化》，河南人民出版社 2000 年版，第 163 页。

②　［英］李约瑟：《中华科学文明史》，［英］柯林·罗南改编，上海交通大学科学史系译，上海人民出版社 2014 年版，第 183 页。

③　（元）脱脱等：《宋史》（第 12 册），中华书局 1977 年版，第 3862 页。

④　（元）脱脱等：《宋史》（第 12 册），中华书局 1977 年版，第 3862 页。

⑤　（元）脱脱等：《宋史》（第 18 册），中华书局 1975 年版，第 12640 页。

有管当公事。先是，军器领于三司，至是罢之，一总于监。凡产材州，置都作院。凡知军器利害者，听诣监陈述，于是吏民献器械法式者甚众。"[1]　另外，"考课"是宋代国家对官吏任期考核奖惩的政治制度。《宋史·考课》记载："孝宗尝命内外选在任闲居待次官举可任监司、郡守之人，以资序分二等，一见今可任，一将来可任，注籍于三省，仍作图进呈，以凭除擢。又以武选之众，拔擢未广，立'谋略沉雄可任大计''宽猛适宜可使御众''临阵骁勇可鼓士气''威信有闻可守边郡''思智精巧可治器械'凡五等科目，令曾历军功观察使以上各举三人。其'通习典章可掌朝仪''练达民事可任郡寄''谙晓财计可裕民力''持身廉洁可律贪鄙''词辨不屈可备奉使'五等，令非军功观察使以上举之。并随类指陈实迹，毋得别撰褒词。"[2]　显然，"考课"制也为宋代的技术发展提供了制度保障。但宋代的理学观在科学性上是极其有限的，理学的道德教化也遮蔽了丰富的宋代工匠文化在科技发展以及国家制度上的益进与管理。

在考察宋人的技术"梦想"及其实现梦想的社会行动之后，我们至少能发现以下值得注意的几点反思。

第一，宋代文人学者在介入工匠群体的社会化行动中，其文化价值取向并非聚焦于科技发展本身。在李约瑟看来，自上而下的理学无法实现中国本土科学的发展，只有自下而上的实验性的哲学才能为科技的发展提供动力。因此，他认为："中国文明是不会产生近代自然主义科学的。相反，最后一幕戏也在一场毫无结果的形而上学论战中上演完了。直到17世纪初，当文艺复兴后第一批西方现代文明的使者来到中国首都时，中国学者们才被邀请加入这种'新

①　（元）脱脱等：《宋史》（第4册），中华书局2000年版，第3284页。
②　（元）脱脱等：《宋史》（第3册），中华书局2000年版，第2512页。

的或者试验性的哲学'，这种哲学会从根本上来改造世界。"① 换言之，尽管在《营造法式》《梦溪笔谈》《新仪象法要》等科技型著作中有大量使用了工匠的计量方法与量化思维阐释所研究的叙事命题，但无法实现或被理学的道德教化遮蔽了的丰富的宋代工匠文化在科技以及国家制度上的益进与发展。

第二，宋代工匠文明形态是一个非常顽固的形态体，它与技术文明的显著差异在于前者只是手作经验技术。工匠文明的顽固性可以从"工匠精神"的客观性中发现与证实，这种精神体现在工匠手作行为不在于表达劳动者自己，而只是致力于一种精益求精的对质量的追求变成工匠自身的需要或目的。因此，工匠只需要把事情做好就够了。如此，"工匠精神"在限制与约束工匠行为上具有内在的顽固性。很明显，宋代文人统治很难适应具有创新精神的科技文明，只能与具有客观性的工匠精神相适应。

第三，宋代工匠技术的发展没有与物理学等自然哲学进一步连续性融通。宋代文人较多关心文史知识以及这种知识背后的道德规范，其兴趣并非全落于对自然的第一手资料的科学研究。而且，宋代文人统治与它的理学教育体系也不利于科学技术的研究。至于像沈括那样的被贬官学者，也并非完全出于技术进步或探索自然奥秘而著述研究。德国技术哲学家 F. 拉普在《技术哲学导论》中指出："在 19 世纪，以工匠技艺为基础的传统技术与从自然哲学中分化出来的物理学相融合。结果从那时起，由于科学技术过程的内在动力，它们蓬勃发展起来并渗透到一切领域。"② 这就是说，以工匠技艺为基础的宋代技术因为没有与从自然哲学中分化出来的物理学相

---

① ［英］李约瑟：《中华科学文明史》，［英］柯林·罗南改编，上海交通大学科学史系译，上海人民出版社 2014 年版，第 183 页。

② ［德］F. 拉普：《技术哲学导论》，刘武、康荣平、吴明泰译，辽宁科学技术出版社 1986 年版，第 1 页。

融合，也就很难发挥科学技术过程的内在动力，以至于宋代工匠技术文化很难达到近代自然科学水平。

总之，宋代城市经济的兴起与市民阶层的涌现史无前例地促使士与匠的互动，特别是宋代士人、理学学者、文艺学学者以及科学家对工匠的介导与干预，并在哲学思想、理性思维以及文化立场维度对工匠文化作引领；同时，工匠文化的手作经验思维、计量思维以及量化方法也反哺了宋代学者与科学家的知识生产。尽管宋代应用科学与实验技术高速发展，但是理学哲学在本质上的科学性是有限的，它终究无法将10—13世纪的中国科学技术推进到近代自然科技水平，其根本原因在于这种自上而下的理学哲学还无法满足自下而上的自然科学发展所需要的内在潜质。如工匠经验的理性发展欲望、实验哲学的自然理念、科学计量的创新思想等。宋代丰富的工匠文化因受制于内外文化制度还只能停留在一般经验层面而无法实现科学的理性发展。抑或说，宋代的社会改革尽管是史无前例的，但其不彻底性与不完整性也显而易见。

第七章

晚明：士与匠的融动

在晚明史境下，士与匠间的传统分离状态发生裂变，被遮蔽已久的工匠文化已然向学者群体敞开。以工匠为参照群体的晚明学者不仅顺应社会发展对工艺知识传承与技术叙事的需求，还在角色借用中为自我提供可遵循的心灵秩序、价值伦理与思维方法。晚明士与匠的双向互动俨然昭示 16—17 世纪中国社会的主体边界被突破、主流理学招致实学思潮反抗和新的社会秩序与价值伦理被重构。尽管晚明士与匠的互动仅在有限范围内展开，但这场历史性的社会化互动却引发了天朝人文主义思想的松动、新知识群体的诞生以及中国科学技术的缓慢变革。

一 晚明工匠文化语境

元代以降，知识分子备受压制，传统士商之间的鸿沟也不复存在。到明代时期，商人与知识分子的界限日趋模糊，文艺之"雅"与"俗"已然分崩离析。以陈继儒（1558—1639）为代表的"山人派"群体的出现昭示明代知识分子地位的下滑以及政权更迭所催生的娱情化艺术消费土壤俨然松动。

首先，宋以来的"城市革命"为明代城市手工者以及市民文化的兴盛奠定基础。当城市格局被商业化新经济形式打破之后，在现实性上，都市市民阶层审美化思想日益膨胀。无论是新的市民阶层，还是统治阶级与贵族，他们都希望得到艺术品的消费。此时，奢华的器物不但满足新兴的城市市民阶层的审美消费，也能满足城市官绅阶层艺术消费的需求。明代市民阶层对器物文化的消费日渐催生工匠知识消费、晚明城市新经济的兴起与繁荣。

其次，中国进入宋代以后，唐以来严格的城市坊市制度被打破，城市中随处可以开店设铺，商人与手工业成为城市中最活跃的"分子"。宋以来的"城市革命"为明代城市手工者以及市民文化的兴盛奠定了基础。明代城市格局被商业化新经济形式打破之后，在现实性上，都市市民阶层的审美化思想日益膨胀，无论是新的市民阶层，还是统治阶级与贵族，他们都希望得到致美器物的知识消费，奢华的器物不但满足新兴城市市民阶层的审美消费，也能满足统治阶层奢靡的物质消费与文化消费的需求，《髹饰录》就是用文本的形式呈现出这种新知识的呼唤，或者说市民阶层对新知识的需求被《髹饰录》率先证实。《髹饰录》是明代宫廷美学思想以及南方商品经济发展的产物。

最后，明代南方商品经济十分活跃，新兴地主阶层或贵族阶层扩大，他们的文化消费观念与审美观念亦随之发生变化，对奢华器物的需求激增。为了满足朝廷贵族漆器消费，明代专设御用官办漆器生产机构，由宫廷内官监下设"油漆作"，另由内府供用库专设储生漆的丁字库。永乐十九年（1421），朱棣迁都北京后设"果园厂"为御用漆作，效力果园厂的漆工多为名匠。明代徽州发达的商品经济与物质消费为器物文化消费的诞生提供了有力保障，在地方商品经济与朝廷奢侈美学消费的共同作用下，工匠文化消费知识走向公众。特别是朝廷奢侈器物美学思想作为国家意识形态，亦能促进南方商品经济的发展，自然也促进了满足朝廷消费的漆器艺术的发展。

在微观社会学层面，社会互动是研究社会学的基本分析单位，它是个体走向他者或社会群体的重要节点。作为一种理论社会学分析工具，"社会互动论"有利于领会期待或被期待特定社会以及它的

"个体行动",也包括期待理解这种行动的价值理念及其社会意义。在早期社会互动研究代表人物乔治·H.米德看来,"行动"是某个个体在特定社会情境下的全部反应。对于晚明学者而言,学者走向工匠群体的"著述"就是一种有意义的文化之上的社会行动反应,它能昭示或期待领会"齐尔塞尔论题"在晚明的历史全貌与理论状况。

在学术史研究而言,尽管学界对晚明社会的学者或工匠文化的解读是多样的,这包括晚明社会语境下的士人文化、技术文化、工匠文化等,但从晚明士与匠之间的社会互动或晚明式的"齐尔塞尔论题"之深层次视角讨论的文字还不多见。这样的研究现状无疑不利于理解晚明社会及其语境下的工匠文化发展。在本章接下来的讨论中,拟将以《髹饰录》《园冶》《天工开物》《陶庵梦忆》四部晚明①的历史文献为具体考察个案,较为详细地阐释晚明"齐尔塞尔论题"的应然与实然,并就此讨论相关士与匠②之间的社会互动所

---

①　本书使用广义上的"晚明",即明代万历、天启、崇祯三朝(1573—1644年前后)。因此所举《髹饰录》《园冶》《天工开物》《陶庵梦忆》等文献均在晚明前后。尽管《髹饰录》系万历之前隆庆年间(1567—1572)成书刊行,但其所反映的"齐尔塞尔论题"已接近晚明之情形。《陶庵梦忆》系成书于崇祯十七年(1644),明亡后的乾隆四十年(1755)才得以刊行,但所记内容也多为明末之产物,因此亦被纳入晚明之内。另外,《园冶》《天工开物》分别为明末崇祯七年(1634)、崇祯十年(1637)刊行面世。

②　在狭义上,中国古代"学者"是指专门从事某学问研究之人。不过,它与西方"近代学者"在科技革新层面的介入与倾向是有所不同的。在"齐尔塞尔论题"视域下,中国晚明的"学者"与西方"近代学者"有其相似性,即在参与技术与文化革新层面,晚明学者已表现出对工匠技术的介入偏好。譬如《髹饰录》的作者黄大成是一位研究髹漆的学者,但同时更是一名著名髹漆工匠。《园冶》的作者计成是营建工匠,也是热衷于建筑著述的学者。《陶庵梦忆》《天工开物》的作者系明代学者,但对工匠文化的介入与研究偏好是明显的。简言之,中国晚明学者已然不是传统意义上的纯粹文人学者,他们已然接近于科技型学者。

引发的相关复杂的社会性问题。

二　晚明士与匠的互动条件：顺应与同化

在传统意义上，工匠被"学在官府"的社会制度阻隔在知识学习之外，工匠知识的叙事主体自然就排斥了知识分子，仅依赖家族"世袭制"经验式传习。因此，中国历史上纯粹的工艺文化文本是不多见的，国外情况其实也大概如此。更糟糕的是，即便对工艺文化叙事有梦想的知识分子也无能为力。因为，这部分人一般不懂工艺手作的实践知识，徒有史论知识是很难承担工艺文化的全部叙事的。不过，晚明士与匠的分离状态已然发生了巨大转变，致使晚明治器造物、物理技术以及天文科学等知识及其著述获得巨大丰收。譬如明代隆庆年间安徽新安平沙人黄大成不仅精通漆器手工艺，还能潜心治学，并著有我国古代唯一一部漆工知识文本——《髹饰录》，它成为工匠与学者社会互动的典型范本。晚明学者张岱精于茶艺鉴赏，对工匠情有独钟，他所著《陶庵梦忆》确乎是晚明中国社会的"清明上河图"。另外，《园冶》是晚明造园家计成将造园实践提高到前所未有的理论文化高度的论著。科学家宋应星所著《天工开物》，是游历考察民间工艺而致力于手工业及农业生产的科学研究之作。明代嘉靖万历年间淮海人周嘉胄不仅是一位著名的装裱匠，还著有中国首部体系性装裱力作《装潢志》。可见，明代之前一直游离于理性知识之外的工匠及其知识文化被晚明学者群体介入之后，俨然成为知识传承与技术叙事的经验文本与思维方法形态，或为晚明学者提供了价值伦理、心灵秩序与思维方法的知识框架。那么，中国古代社会士与匠的分离局面，为何被晚明社会所打破呢？

首先，工匠是晚明学者社会行动的一个参照群体。这里所谓的

"参照群体"指的是晚明学者在心理上所从属的、认同的为其树立和维持诸多标准的,并提供比较框架的目标群体。参照群体的出现是晚明学者"顺应"① 社会发展与自我调适的选择。在意识形态领域,由于明代理学日益僵化,"解额日广"的明代八股取士制度已经严重影响了知识分子仕途,士人入世出路因此出现沉滞,进而导致士人群体开始走向仕途之外,以便寻求"顺应"社会生活与自我理想之路。同时,晚明南方商品经济的萌芽与发展,又迫使传统"非仕则隐"的学者生存模式被悄然打破,大部分对科举失去信心的士人开始顺应世俗化道路,这为学者介入工匠群体提供了意识形态的思想准备。因此,他们试图建立以世俗化生活为基点,在物质消费与审美欣赏中,闲适快活地重构与打造属于"新时代"的学者心灵秩序与社会新伦理。于是,工匠群体便成为晚明学者顺应社会发展的一个重要参照群体。

其次,晚明士与匠之间的个体互动是基于相互趋同的社会价值理念,即在个体价值观上学者被"同化"为与工匠相同的目标追求。在社会互动理论看来,个体间的互动是来自他们之间的吸引。抑或说,晚明士与匠之间的吸引是社会互动的重要推动因素。在学者层面,晚明的理学力量迫使社会知识生产越来越迈进概念化的理论社会学,这为学者介入工匠群体提供有效的思想意识形态的准备,以至于晚明工匠知识体系在学者的介导下逐渐成熟。同时,伴随着明太祖"诏复唐制"思想的逐渐深入以及国力强盛,明代文人宗汉崇唐、复古臻雅的思想也开始活跃,他们以特有的儒家胸怀关注现实及家国政治。在此维度上,晚明知识分子被工匠行为的价值取向同化。抑或说,学者与匠人的思想、实践的立场趋同性为其社会互动寻找到了合法依据。

---

　　① 美国芝加哥学派 R. E. 帕克和 E. W. 伯吉斯主张把社会互动过程分为四个发展阶段:竞争、冲突、顺应、同化。

再次，晚明士与匠的社会互动是当时社会工匠制度的使然。制度或社会的变革是产生社会互动的外在条件之一。明代国家起初沿用元代"匠籍制度"，规定工匠分轮班与住坐两种形式为国家服劳役。嘉靖四十一年（1561）明朝政府规定："自本年春季为始，将该年班匠通行征价类解，不许私自赴部投当，仍备将各司府人匠总数查出。某州县额设若干名，以旧规四年一班，每班征银一两八钱，分为四年，每名每年征银四钱五分。"① 由此表明，明代开始实施"以银代役"的工匠管理制度。明代"匠籍制度"的变革为学者进入工匠群体提供制度保障，特别是为晚明士与匠的社会互动提供了土壤。

最后，晚明的商品经济为士与匠的互动提供物质基础。明代南方商品经济繁荣，江南物质文化高度发达，以至于富足与生活闲适的学者开始对园林、书刻、家具、器玩等工匠活动的参与热情高涨。加之一些没落的明代学者为了生计，也必然走向世俗化道路，其中工匠行为成为他们的一种生活选择。明人谢肇淛《五杂俎》云："富室之称雄者，江南推新安，江北则推山右。"明代徽州发达的商品经济与物质消费显然为工匠文化的诞生及其发展提供了有力保障。特别是在地方商品经济与朝廷奢侈美学消费共同作用下，工匠知识开始走向公众领域。同时，在消费层面，明代城市格局被商业化新经济形式打破之后，新兴地主阶层或贵族阶层扩大，他们的文化消费观念与审美观念亦随之发生变化，对奢华的工艺品需求激增。都市市民阶层的审美化思想日益膨胀，无论是新的市民阶层，还是统治阶级与贵族，他们都希望得到至美工艺品的消费，奢华的工艺品不但满足新兴的城市市民阶层的审美消费，也能满足统治阶层奢靡的物质消费与文化消费的需求。因此，用文本的形式呈现对

---

① 邓之诚：《中华二千年史》（卷5 明清下 第2分册），东方出版社2013年版，第400页。

新工匠知识的呼唤，在士与匠的融合中被率先证实。

简言之，晚明工匠群体是学者顺应社会发展的一个参照群体，学者顺应了晚明社会商品经济及社会制度的发展，并在工匠群体的价值理念的同化中，实现了晚明工匠与学者的社会化互动。

三 晚明士与匠的互动机制：互动与借用

在乔治·H. 米德看来，"自我互动"是社会互动的起点，"符号互动"是社会互动的核心形式。在晚明，士与匠的互动呈现出相互交融的态势，尤其是弃科举还能守儒业的学者群体在世俗化的道路上闲而有为，以回应对晚明社会的抗争，在雅俗分途中坚守自己的士人情怀，在双向互动与对话中实现心灵秩序的重建。这无疑是晚明学者思想多元、人性自觉与心灵超越的一种时代印记，或是晚明学者"自我互动"的必然结果。同时，"著述的方式"，即是晚明学者接触社会活动的重要"符号互动"方式，也即"符号互动论"的核心形式。因为，"符号"，即文化。社会互动是以基于有意义的文化之上的"角色借用"行动过程。对于晚明学者而言，"著述"就是学者借用知识叙事的中介形式，获取社会或生存方式的角色认同。

1. 奢华的《髹饰录》：学者借用工匠群体的行动反映

《髹饰录》是黄大成走进工匠群体"自我互动"的产物，呈现出晚明学者对工匠文化的体认与推崇，工匠文化不仅成为晚明学者知识传承与技术叙事的经验文本，还为晚明学者提供了自然哲学理念、唯物思维方法与人生价值追求的理性范式。换言之，《髹饰录》不仅是黄大成的漆艺知识叙事文本符号，更是晚明学者在晚明社会语境中"自我互动"的行动反映。

在经验文本层面，《髹饰录》率先证实工匠与学者的一次完美合作。对于传统中国儒家知识分子而言，《髹饰录》显然是一种面向实践技术的文本符号。然而"人们习惯性地将这些文本归咎于它们所建构的是技术，由于它们是面向技术实践的文本，所以被学者所轻视，因为传统学究是不齿于工匠的"①。但黄大成在《髹饰录》中呈现出对工匠及其精神的赞美与体认，这无疑反映出晚明知识分子对待工匠知识的态度发生转变。在《髹饰录》中，黄大成认为工匠行为必须遵循"巧法造化""质则人身""文象阴阳"之法；必须戒除"淫巧荡心""行滥夺目"之饰；同时，不可有"制度不中（不鬻市）""工过不改（是为过）""器成不省（不忠乎?）""倦怠不力（不可雕）"之失；还要谨防"独巧不传""巧趣不贯""文采不适"之病。② 黄大成对髹漆工匠的道德与行为规约不仅仅是中国古代髹漆工匠精神内涵的高度概括，还体现出晚明知识分子的一种评介社会的话语权，更是晚明学者通过技术的经验叙事而达成的"自我互动"的产物。"尽管因社会结构的关系，明中后期文人在事功方面无太大作为，但他们还是拥有天然的话语权利，尤其是影响时代的审美趣味的文化批评权利。因为工匠与文人的社会互动，才开创了晚明传统手工艺术的崭新局面，如此，使得当时的造物文明呈现出精致的品地。"③ 很显然，晚明学者将其参照群体的价值和规范作为评价自身和他人的基准，也作为自我的社会观和价值观的基本依据。

在自然哲学层面，鲜活的《髹饰录》工艺知识叙事模式采用自然宇宙的运行模式进行书写，凭借日月星辰、春夏秋冬、山河湖海等自然伦序比附漆艺知识。譬如以"日辉"比附"金"，以"月照"比拟"银"，以"电掣"比拟"铧刀"，以"露清"比附"桐

---

①　Clunas, C., "Luxury knowledge", *The Xiushilu（records of lacquering）of 1625*, Techniques & Culture, 1997.

②　王世襄：《髹饰录解说》，生活·读书·新知三联书店2013年版，第28—29页。

③　邱春林：《设计与文化》，重庆大学出版社2009年版，第163页。

油"，等等。《髹饰录》知识叙事不仅显露出器物之美是宇宙之美的
化身，还昭示工匠文化为晚明学者提供一种自然哲学理念。《髹饰
录》一方面继承了程朱理学"格物致知"的宇宙理论，同时也明显
超越"存天理，灭人欲"的程朱理学滞瘤，呈现出一种"天人合
一"的新型自然哲学观。抑或说，工匠文化为晚明学者提供了自然
哲学理念、因果实证思维及其训练方法的理性范式。

　　在实证思维层面，《髹饰录》是晚明士与匠互动的实证产物，
也是晚明士与匠混同的"自我互动"结果。在《髹饰录》中，黄大
成对漆艺的"二戒""三病""四失"的实证性规约，显示出晚明
知识分子阶层对晚明抽象理学知识形态的一种抗争。在明代以来大
兴"文字狱"的社会里，《髹饰录》知识叙事的"天理"与为满足
"人欲"的至美漆器之间的"矛盾"是鲜见的，然《髹饰录》并非
因此而讳言，却直指"淫巧荡心""文采不适""制度不中"等生
活化之漆器髹饰诟病，这无疑是新知识分子阶层反对理学的一种实
证精神的产物，也是晚明新市民消费阶层对实学的向往与追求。正
如柯律格[①]指出的，在中国16世纪，作为一个庞大的消费者阶层则
受益于早期古典社会的现代消费社会。士与匠的混同显示晚明知识
分子对传统文化的推崇以及试图恢复"经世致用"实学的努力。

　　2. 雕丽的《园冶》：学者对匠作空间的诗意想象

　　《园冶》是我国首部造园艺术的理论著作。它不仅是计成对造
园空间的想象之作，还呈现出学者与建筑工匠的社会化互动。作为
学者型的计成介入工匠造园活动，这是落魄知识分子顺应世俗化的
一种道路选择，也是晚明学者在无奈中寻找到的一个"参照群体"，
即工匠群体。

　　《园冶》之"自识"篇曰："崇祯甲戌岁，予年五十有三，历尽

---

① Clunas, C., "Pictures and visuality in early modern China", *Pacific Affairs*, 2006.

风尘，业游已倦，少有林下风趣，逃名丘壑中，久资林园……涉身丘壑，暇著斯'冶'……故梓行，合为世便。"① 这里暗示出作为家境衰落的计成，中年定居江南镇江是一种被迫无奈的选择。或者说，早年受过良好教育的计成转事南方造园实践是迫于生计的行动。与其说《园冶》是计成介入工匠场域的产物，不如说是晚明学者逃避社会的一种"社会行动"。当然，晚明知识分子选择工匠群体作为自己的"参照群体"有其深刻的社会背景及原因。较明代前期，明代工匠的地位明显上升，甚至被擢升为工部尚书，担任国家行政职务。李约瑟在《中华科学文明史》中指出："在明代，工匠进入工部行政的道路似乎是较开放的。一些工匠和细木工在这方面很成功。特别是蒯祥、蔡信和徐杲，他们都作为营造师和建筑师显示了成绩，其中徐杲被提升为工部尚书。"② 很明显，明代工匠可以进入国家工部，并成为学者型士人统治阶层。换言之，由于工匠在国家中的身份地位，计成选择介入工匠群体仍然是一种不失"明智"的"角色借用"之举。因此，可以说，明代在野知识分子"有明显地接近一般民众的思想意识"③，这个时代的文化也充分反映出学者借用或接近包括工匠在内的民众思想的倾向。

　　尽管计成把工匠作为自己的"参照群体"，并推崇匠人的一般民众思想，但《园冶》仍然强调"能主之人"的作用。《园冶》之"兴造论"篇曰："世之兴造，专主鸠匠，独不闻三分匠、七分主人之谚乎？非主人也，能主之人也。"在此"三分匠人七分主人"思想意在强调匠作中作为能主的知识分子的重要作用。柯律格在《蕴

---

①　（明）计成：《园冶》，中华书局2011年版，第210页。

②　［英］李约瑟：《中华科学文明史》（下），［英］罗南改编，上海交通大学科学史系译，上海人民出版社2014年版，第808页。

③　［日］小野四平：《中国近代白话短篇小说研究》，施小炜等译，上海古籍出版社1997年版，第10页。

秀之域：中国明代园林文化》（*Fruitful Sights：Garden Culture in Ming Dynasty China*）① 一书中所要探讨的核心问题是：谁拥有明花园？谁建造了它们？他们是如何用文字、绘画和视觉文化来表达与建构的？如何建构园林话语以及与之匹配的美学、农学、风水学、植物学？这些议题的讨论无疑揭示一个这样的事实：明代在野知识分子尽管明显地接近一般民众的思想意识，但还是试图在另一种方式上获得知识分子在国家阶层中的身份与地位。晚明学者选择、借用与接近工匠群体，不过是知识分子的一种诗意想象。

3. 丰硕的《天工开物》：学者联手工匠的愤世之言

《天工开物》是宋应星联手工匠的愤世之作，深刻反映出知识分子对僵化的理学抗争，豁然呈现出晚明士与匠的深入互动；也反映出晚明学者走出书斋，考察民间工匠的工艺流程，致力于经世致用之学术研究，直接昭示民间工匠文化为学者的经验思考及其理性探索提供不竭思想动力。

宋应星出身于士大夫家庭，但明代科场竞争激烈，在八股取士中屡遭失败，他毅然决然走出书斋，探索自然，致力于经世致用之学。在历史阶段上，宋应星与民间工匠场域的互动达到了中国历史上前所未有的高度，互动内容涉及乃服（纺织）、彰施（染色）、粹精（谷物加工）、作咸（制盐）、陶埏（陶瓷）、冶铸、舟车、锤煅、燔石（煤石烧制）、杀青（造纸）、五金、佳兵（兵器）、珠玉等诸多工艺门类，进而提出"贵五谷而贱金玉之义"的愤世之言。因此，晚明学者介入工匠场域直接反映出知识分子抗争僵化的理学，致力于"反虚务实"与"经世致用"之学。

《天工开物》被誉为"中国十七世纪的工艺百科全书"，它是晚明手作经验思维及其科学的理论总结。作为学者型的科学家宋应星

---

① ［英］柯律格：《蕴秀之域：中国明代园林文化》，孔清译，河南大学出版社2019年版。

走出理学樊篱，走向广阔的民间生活，并深入考察工匠生产领域的工艺流程，将民间各种手作经验整理成为理论形态。换言之，《天工开物》是明代学者介导下对民间手作经验及其科学的总结。这正好印证了齐尔塞尔的观点，经验思维及其经验主义是古代哲学家与科学家互动的一部分。[①]《天工开物》见证了中国明代工匠文化的历史辉煌，也反映出学者务实的价值取向与伦理道德。

李约瑟在分析中国科技史发生的历史背景后，把中国的发明家和工程师的生活历史分为五类："（1）高级官员，即有着成功的和丰富成果经历的学者；（2）平民；（3）半奴隶集团的成员；（4）被奴役的人；（5）相当重要的小官吏，就是在官僚队伍中未能爬上去的学者。"[②] 很显然，学者占据了发明家和工程师分类的2/5。李约瑟进一步举张衡与郭守敬为例，数学家与天文学家张衡曾任尚书，同样是数学家与天文学家的郭守敬任都水监和昭文馆大学士，他们都是学者型的工匠，也是高级官员型的学者。对于《天工开物》而言，士与匠的身份的边界是模糊的。工匠的技术实践与学者的理性思维在"手作"中实现交融，并为近代科学的诞生铺平道路。晚明一部分知识型的高级工匠如同中世纪欧洲的"高级工匠"，即指那些具有一定技术知识的画家、机械师、建筑师或雕刻家。工匠在手作中继承与发展传统知识，并在手作技术中酝酿科学技术。宋应星也如同吉尔伯特（1540—1603）那样，是一名在工匠技术与科学传统中实现完美合一的科学家。

18 世纪以前，技术是在科学之前出现的。抑或说，技术传统是科学的历史渊源之一。《天工开物》直接昭示民间工匠文化为学者

---

① Zilsel, E., Raven, D., Krohn, W., et al., Problems of Empiricism, The Social Origins of Modern Science, Springer Netherlands, 2003：171-199.

② ［英］李约瑟：《中华科学文明史》（下），［英］罗南改编，上海交通大学科学史系译，上海人民出版社 2014 年版，第 807 页。

的经验思考及其理性探索提供不竭的思想动力。H. 弗洛里斯·科恩在《科学革命的编史学研究》（*The scientific revolution*：*a historiographical inquiry*）中引入了历史学家奥尔什列奥纳多·基（Leonardo Olschki）对伽利略的分析指出："伽利略之所以能够超越其科学前辈积累起来的学识，是因为最近出现了一种将数学概念应用于实际技术问题的传统，这种传统是他从之前的本国语文献中接受的。也就是说，透视、采矿、防御工事、弹道学等问题为转向经验世界提供了动力，没有这种转向，科学在 17 世纪的彻底变革是不可想象的。"① 作为技术传统的《天工开物》为中国近代新科学的发展提供技术基础与理论思维。荷兰科技史教授 H. 弗洛里斯·科恩指出："这种新科学……被引入新的精确性领域后，技艺在历史上第一次变成了技术本身。"②

4. 繁华的《陶庵梦忆》：学者自我乌托邦与反乌托邦的构想

《陶庵梦忆》是晚明中国社会的"清明上河图"，更是作者张岱的乌托邦与反乌托邦的知识图谱，这部著作反映出晚明士与匠的积极互动，并昭示工匠文化为晚明学者提供了心灵秩序、价值伦理与思想格局的目标构想。

尽管《陶庵梦忆》语及作者少壮秋华与仕途生活之梦境，实则描绘了一个处于中国现代性边缘的江浙地区的社会境况，深刻揭示了晚明学者在传统农业社会与城市经济社会之间挣扎的乌托邦与反乌托邦之梦。从表面上看，张岱精于茶艺鉴赏，并对工匠情有独钟，实际上这是他对社会乌托邦化理想的一种"角色借用"。或者说，作者借用《陶庵梦忆》实则是构想晚明学者独特的心灵秩序、

---

① ［荷］H. 弗洛里斯·科恩：《科学革命的编史学研究》，张卜天译，湖南科学技术出版社 2012 年版，第 421 页。

② ［荷］H. 弗洛里斯·科恩：《科学革命的编史学研究》，张卜天译，湖南科学技术出版社 2012 年版，第 424 页。

价值伦理与思想格局。

"物足以贵人"是张岱对工匠文化"角色借用"的重要思想。它在《陶庵梦忆·诸工》中记载："嘉兴之腊竹，王二之漆竹，苏州姜华雨之莓箊竹，嘉兴洪漆之漆，张铜之铜，徽州吴明官之窑，皆以竹与漆与铜与窑名家起家，而其人且与缙绅先生列坐抗礼焉，则天下何物不足以贵人，特人自贱耳。"① 显而易见，这是张岱对传统儒道消解工匠文化的一种有力批评，并极力为"贱工"辩护。因为在他看来，工匠可以"与缙绅先生列坐抗礼"。于是，作者在《陶庵梦忆》中大胆描述对工匠文化的极力推崇，特别是对活跃在城市中的花匠、刻匠、漆匠等手工业者的敬畏与褒扬。譬如雕工濮仲谦是陶庵所推崇与敬畏的"德艺双馨"的工匠。在《濮仲谦雕刻》中如是描述："南京濮仲谦，古貌古心，粥粥若无能者，然其技艺之巧，夺天工焉。……仲谦名噪甚，得其一款，物辄腾贵。三山街润泽于仲谦之手者数十人焉，而仲谦赤贫自如也。"② 显然，陶庵推崇的是濮仲谦精于雕刻，又不为名利所动的谦谦君子情怀。或者说，工匠的行为立场、价值伦理与思想格局是学者所崇尚的君子情怀。对于晚明学者而言，濮仲谦就是一种"角色借用"的替代人物，抑或是晚明学者所推崇的理想人物。

概而言之，对于晚明学者而言，"著述"是学者的一种"角色借用"（米德），即假定学者承担工匠的角色并试图理解工匠的手作、思想和情感，这种内在的阐释过程乃是一种"我们"与"我们自己"的互动交流。换言之，《髹饰录》《园冶》《天工开物》《陶庵梦忆》等著述是晚明学者赋予工匠群体意义之上的社会互动产物。

---

① （明）张岱：《陶庵梦忆》，蔡镇楚注译，岳麓书社2003年版，第165页。

② （明）张岱：《陶庵梦忆》，上海古籍出版社1982年版，第9页。

四 晚明士与匠的互动维度：向度、深度与广度

在阐释中发现，晚明学者群体中占据绝对优势的是处于社会中间阶层的士人群体，即弃科举而守儒业者，黄大成、陶庵、计成、宋应星等人均属此列。学者介入工匠群体以"世俗化"为基本向度，并在交游、结社、游赏山水、建筑园林等社会广度活动中，坚守儒道而著书立说，活跃在社会边缘地带，以"角色借用"的深度方式重构自我心灵秩序与价值伦理。

1. "世俗化"是晚明士与匠互动的基本向度

在晚明，南宋人陈耆卿所说的"士农工商皆本业"的观点在明代开始显现，明代士农工商的主体边界因此变得十分模糊，传统士商之间的鸿沟也不复存在。特别是晚明社会思想的活跃与松动，士与匠的社会边界也被开放，多元化的文化交流开始显现。那么，找到新的社会共识成为晚明学者的首要问题。

明代器物消费主体边界日趋向市民阶层扩张，同时，士农工商的工艺消费边界也逐渐消失。因此，学者群体与工匠群体的社会化互动成为可能。如明代贡生文震亨针对北方园林实践，亲自造园，注重匠心，著有《长物志》。同时，晚明商品经济的发展加速明代社会信用体系的形成，进而促进了士与匠之间的信用以及士农工商之间的信用等。换言之，学者群体介入工匠群体显示出知识分子与手作实践之间的信用体系与社会风尚逐步形成。

晚明国家政事废弛、科举腐败，致使晚明士人学者群体开始分化，正统仕者、弃仕守儒者与弃仕就贾者构成了晚明学者三大群体，除了借助科举而就的正统仕者之外，其他学者群体的富足或贫穷均致使士节或士心发生消解与松动，从而形成了晚明士人儒教人格、世俗化人格与经济人格的多元化展开。晚明士与匠的耦合表现

出当时学者世俗化人格的一种倾向。

2. 重建心灵秩序和价值伦理是晚明士与匠互动的内在深度

社会互动不仅要遵循一定的角色规范进行社会交往，还要依赖一定的价值目标与理论共识来实现社会互动的期望。在晚明，学者群体或坚守科举文化，或弃科举而守儒业，或弃儒而从贾。在社会结构与人生依附关系上比较松弛，个性与思想有较大程度的开放性与自由性。知识分子试图建立以工匠为"参照群体"的心灵秩序与价值伦理哲学。譬如明末清初思想家王夫之接受了王充的"证验以效实"的批评精神，认为"征之以可闻之实"。因此，在"治器"层面，王夫之对"作器"实践之人表示肯定与敬畏，"道寓于器以起用"，反映王夫之对晚明空疏学风之批判。顾炎武极力推崇儒家的人伦日用的经世之学，对理学空疏浮泛之学风持批判态度。他认为："神州荡覆，宗社丘墟"[①]是明朝理学空谈误国的一个重要结果。在道器关系上，顾炎武提倡"下学而上道"的认知论原则，认为"非器则道无所寓"。[②]反理性思潮的直接后果是晚明的物质文化及其技术文明在学者群体介入工匠群体之后快速发展起来，并且两者相得益彰地在物质与技术各个层面展开。

在晚明文化转型语境下，遮蔽已久的工匠文化俨然被介入学者群体，工匠知识的技术叙事及其思维方法为晚明学者提供了价值伦理与心灵秩序的目标构想，或成为晚明学者提供可遵循的精神价值序列与自然哲学思想。另外，尽管晚明资本主义思想还处于萌芽状态，但反对宋明理学、反对封建专制与主张个性自由的思想在晚明社会开始松动，特别是欧洲人文主义思潮在中国知识分子以及上层社会开始兴起。在晚明，传教士已然将西学自然科学和器物制造技术带入中国，为中国学界注入新鲜思想。明代科学家徐光启致力于

---

① （明）顾炎武：《日知录》（卷7），上海古籍出版社1984年版，第538页。
② （明）顾炎武：《日知录》（卷7），上海古籍出版社1984年版，第125页。

"有用之实学"的科学研究，主张学习西学，并潜心探索自然科学与吸收西学之长，撰写农学巨著《农政全书》。思想家方以智（1611—1671）与西方传教士有深入接触，对西方技术与人文思想极其推崇。他的《物理小识》凸显出有别于理学治学路径，崇尚自然代伦理的反理学精神。

3. 日常化空间：晚明士与匠的互动广度

晚明士与匠的互动广度是巨大的，它涉及手工髹漆、工艺书画、建筑园林、风俗人情、山水风景、戏曲古董、茶楼酒肆、放灯迎神、斗鸡养鸟等诸多领域的日常空间，并由此深入学者群体的心灵思想与价值伦理之深度空间，也由此诞生了晚明的新知识群体，即在士与匠的"交界地带"生存的知识群体，抑或为在中国江南早期工业化中被卷向技术化转型的学者群体。这些新知识群体在士与匠之间所呈现出来的互动及其思想是"顺应"晚明社会发展的产物。晚明工匠黄大成通过《髹饰录》叙事为晚明学者提供自然哲学理念、唯物思维方法与人生价值追求的理性范式，进而引发了天朝人文主义思想的松动。仕途失落而避居剡溪山的张岱的《陶庵梦忆》描绘了一个处于中国现代性边缘的江浙地区的诸多社会生活境况，深刻揭示了晚明学者在传统农业社会与城市经济社会之间挣扎的乌托邦与反乌托邦之梦。《园冶》的空间想象呈现出在野学者与建筑工匠的社会互动，直接反映出学者对匠师的敬畏以及强调匠作中知识分子的重要作用。学者联手工匠的愤世之作《天工开物》深刻反映出知识分子对僵化的理学抗争，呈现出晚明士与匠的深入互动，深刻反映晚明学者走出书斋与深入游历民间考察、了解民间工匠生产领域的工艺流程的状态，它直接昭示民间工匠文化为学者的经验思考及其理性探索提供不竭的思想动力，这些经验与理论为近代科学技术的诞生提供了可靠基础。

简言之，晚明学者群体与工匠群体的"世俗化"的互动是"顺应"社会发展的必然选择，学者群体在借用工匠群体的价值"参照"与伦理"同化"中实现了历史的"自我互动"。尽管晚明士与匠的互动仅在有限范围内展开，但这场历史性的社会互动引发了天朝人文主义思想的松动、新知识群体的诞生以及中国科学技术的缓慢变革。

五 《鲁班经》：作为宇宙信仰的匠俗文化体系

《鲁班经》是中国古代民间匠俗信仰文化的集大成文本，集中体现出中国古代工匠在时间、空间与物质层面的民俗信仰。《鲁班经》的宇宙信仰体系是中国古代工匠的世界观、道德观与伦理观的结构性整体出场，它不仅实现了对中国古代民间匠俗文化的"以事为纲、以神为目"的叙事化表述与体系性创构，还维系了民间工匠的组织系统、思想伦理与行业操守，更创生了具有中华民族特色的体系性匠俗文化。不过，中国古代工匠的营造科学或被匠俗信仰所阉割，并有阻隔了营造科学发展之嫌。

所谓"匠俗"，它是属于民俗学范畴类的一种独特文化范式，它是工匠在长期的造物活动中慢慢积淀下来的反映自然、社会关系及其现实生活的民俗（Folklore）文化。"匠俗"作为民俗文化的一种知识存在样态，或能有效见证工匠、器物和社会之间的文化关联与精神互动。因为工匠作为造物主，总是把精神文化、物质文化和社会文化间接地嵌入造物行为及其习俗之中。

在世界营造史上，中国古代营造是最具完整性和持续性的艺术，也是最具自然哲学性和民族文化性的艺术。营造或是一个被建筑工匠设计的自然宇宙空间，被营造的空间对自然宇宙的时空偏爱是由它自身的特征与需要决定的。"法天象地"是中国古代营造空间设计的宇宙观与象数思维的直接呈现，这种"法象"理论与形象思维为中国古代工匠（大匠）营造提供了制度性保障与规范性模式，尤其是法"天地之像"或成为中国古代工匠营造的基本准则。因此，"虽有人作，宛自天开"的空间营造审美追求也就成了中国古代营造艺术的最好美学注脚，也彰显出中国古代建筑大匠深邃的自然哲学观念。

值得注意的是，中国古代"法天象地"的营造理念及其文化行为确乎是一种具有民族特色的匠俗信仰的直觉呈现与艺术传达，这种民族性的营造文化信仰不仅实现了对中国古代匠俗信仰文化体系的艺术化与实体化表述，还维系了工匠的组织系统、思想道德与行业操守，更呈现出中国匠俗文化的体系性创构，进而形成了极具民族特色的中华匠俗文化体系。《鲁班经》就是中国古代一部具有体系性的民间营造文化信仰的完整文本，它的信仰体系实质是中国古代工匠的世界观、道德观与伦理观的整体信仰结构体系，也是中国古代营造文化信仰、文化体系的创构者与确证者。

就研究而言，学界对《鲁班经》的研究甚少，零星论文多为对《鲁班经》的版本研究，部分涉猎《鲁班经》研究如王世襄[1]先生对其家具初释，张燕[2]先生简论《鲁班经》版本及其工艺思想，江牧[3]先生等对江浙沪馆藏《鲁班经》十一行本溯源及刊印时间研究，也有部分论著提及《鲁班经》中的营造仪式等。这种研究现状对《鲁班经》的文化价值的深入阐发是极其不利的，也不能在更深的文化哲学层面揭示中国古代工匠信仰结构及其文化行为的整体状貌。对于工匠而言，《鲁班经》之营造空间的民间信仰文化体系不

---

[1]　王世襄：《〈鲁班经匠家镜〉家具条款初释》，《故宫博物院院刊》1980年第9期（另见1981年第4期）。

[2]　张燕：《论〈鲁班经〉——兼谈我国古代工艺思想特色》，《东南大学学报》（哲学社会科学版）2005年第1期。

[3]　江牧、冯律稳：《江浙沪馆藏〈鲁班经〉十一行本溯源及刊印时间研究》，《艺术设计研究》2017年第2期。

仅反映出古代自然、社会对工匠营造的精神价值体系建构的影响与干预，还深刻体现了中华工匠思想自律的本性、道德行为的动力以及超理性的至高精神信仰力量。因此，任何忽视《鲁班经》的文本研究恐怕无益于在整体信仰体系上揭示古代中华工匠的精神所系与道德选择，也有损于中国古代工匠营造宇宙观的体系性创构与解读。

　　就宇宙构成而言，时间、空间和物质是它的基本构件。在本章接下来的讨论中，拟将《鲁班经》置于宇宙文化体系下，在时间、空间与物质三大层面，较为详细地阐释中国古代工匠的宇宙信仰及其文化构成，并就此阐明中国古代匠俗文化体系的"宇宙信仰"主体，从而引出匠俗文化体系的"工匠、实践与伦理"的三大延展性知识形态，借此分析中国古代匠俗文化体系的"自律、境界、意义与人格"的四大核心内容要素，以期较为全面地在文化民俗学、文化人类学与文化创造学的高度解读《鲁班经》在民俗文化史中的独特地位与历史价值。

　　明万历年间，北京提督工部御匠司司正午荣汇编《鲁班经匠家镜》，该著系中国古代营造民俗文化的集大成的体系性著作，又称《鲁班经》，现存最早版本系明万历年间（1573—1620）汇贤斋刻本①（北京故宫博物院藏）。该著内容涉及营造民宅择吉法、古营造用尺合吉、古营造的构形与择吉、家具制作、风水歌诀和魇镇禳解符咒、修造择吉全纪、灵驱解法洞用直言秘书等，涵盖了中国古代营造的行规、择日、仪式、符咒、灵驱、方位、布局、结构、式样、框架、陈设、秩序、工序等诸多工匠手操知识图像和匠俗文化信仰体系。

---

　　① （明）午荣汇编：《鲁班经》，华文出版社 2007 年版，第 4 页。

在行为层面，任何信仰都是人们对信仰对象的一种精神性使用。[①] 对营造信仰而言，这种精神性使用不是依赖工匠集体性的他律行为而形成的。相反，它是由工匠个人精神信仰的注入与自律完成的，进而形成古代中国工匠的精神信仰体系与道德境界。就《鲁班经》而论，它的宇宙信仰是中国古代工匠对宇宙的时间、空间与物质的一种精神使用与整体把握，也是工匠对自然宇宙的观察以及手作经验的"法象"性著述，并通过宇宙信仰理念或"灵魂式的爱"而最终形成。抑或说，《鲁班经》是工匠将自然哲学与营造空间知识融入宇宙信仰而整体营建出来的，并形成了中国古代工匠独特的宇宙信仰，包括时间信仰、空间信仰与物质信仰等。

第一，时间信仰。时间是宇宙体系的最为重要的要素，任何空间、物质的存在都离不开时间。离开时间的空间或物质是没有意义的，时间性也就成为人们生活和行为最有意义的价值追求。[②] 因而，宇宙的秩序和运行的逻辑均按照时间节律来进行编码与科学认知，时间也因此成为人们对宇宙探索的重要行为参照。时间以及连同它的自然物侯（如日月），它们既是古代工匠的行为参照，又是工匠信仰的自然伦序。因为在劳动节奏上，古代工匠遵从了"日出而作"或"晴耕雨织"的劳作节律。抑或说，在手作劳动中，时间已经成为工匠生产的重要参照。《考工记》曰："天有时，地有气，材有美，工有巧，合此四者，然后可以为良。"[③] 时间很显然或已成为工匠手作良器的首要参照和特殊材料。同时，在中国古代，在《礼

---

① Foster, G. M. , "What Is Folk Culture?" *American Anthropologist*, 1953, 55（2）: 159-173.

② Hall, S. A. , Ethnographic Collections in the Archive of Folk Culture, A Contributor's Guide. Publication of the American Folklife Center, No. 20, American Folklife Center, Library of Congress, Washington, D. C. , 20540-8100. 1995.

③ 戴吾三编：《考工记图说》，山东画报出版社 2003 年版，第 20 页。

记》《四民月令》《吕氏春秋》等著作中均能发现工匠对宇宙时间信仰性的再现与传达。抑或说，工匠信仰是对宇宙时间秩序追求的产物之一。在《鲁班经》中，工匠行为仪式所彰显的有顺序、有条理的宇宙时间观是明显的，并勾勒出了中国古代工匠的时间信仰体系，即工匠的"择日体系"。所谓"择日体系"，或称为"择吉体系"，指工匠在营造活动中所择取的一套良辰吉日体系。工匠的"择吉体系"不能简单地归结于一般性宗教迷信，它实际上是一种对宇宙自然的信仰价值观的文化呈现，或是对自然时间节律的体认、遵从与顺应。譬如《鲁班经》曰："凡伐木日辰及起工日，切不可犯穿山杀。匠人山伐木起工，且用看好木头根数。具立平坦处斫伐，不可了草，此用人力以所为也。如或木植到场，不可堆放黄杀方，又不可犯皇帝八座，九天大座，余日皆吉。"① 这里的"择日入山伐木法"意思是工匠伐木必择吉日，禁忌穿山杀、黄杀方、九天大座、皇帝八座等时间或方位，否则凶多吉少。择日入山伐木法或伐木仪式一方面显示工匠对自然界树木及伐木的敬畏，即不能任意砍伐自然树木；另一方面也显示出对树木在自然生长时间节律的遵从。从更深层次说，选择吉日营造体系是古代堪舆术思想中"天人合一"自然哲学思想的具体应用，进而慢慢延伸而形成为古代工匠营造的"择吉术"。实际上，"择吉术"是古代工匠对时间历法或时间纪年的一种理性思考，并慢慢形成了时间性宇宙信仰体系。可见，古代工匠对时间的宇宙性信仰是在劳动实践及自然哲学思考中逐渐形成的。另外，营造信仰也是古代帝王神权思想的体现（如"皇帝八座"）。在古代，"由于历法与古代主要的宇宙信仰有关，所以它的制订是帝王的一个神圣不可侵犯的特权，各诸侯国领受历

---

① （明）午荣汇编：《鲁班经》，华文出版社2007年版，第2页。

法意味着对皇帝的忠诚"①。换言之，中国古代营造的时间信仰不仅仅是工匠对时间历法的直接思考，还是对神话了的帝王信仰的间接呈现。于是，在此多重力量的支配下，古代工匠根据"干支纪年法"推衍出工匠营造的时间法式——"伐木吉日"体系。譬如《鲁班经》曰："己巳、庚午、辛未、壬申、甲戌、乙亥、戊寅、己卯、壬午、甲申、乙酉、戊子、甲午、乙未、丙申、壬寅、丙午、丁未、戊申、己酉、甲寅、乙卯、己未、庚申、辛酉，定、成、开日吉。又宜明星、黄道、天德、月德。忌刀砧杀、斧头杀、龙虎、受死、天贼、日月砧、危日、山膈、九土鬼、正四废碰、魁罡日、赤口、山痕、红嘴朱雀。"② 这种黄道吉日的时间信仰法式创构反映出古代工匠的时间性宇宙信仰，时间也因此成为工匠劳动的重要"合法性"依据和"合理性"法则。实际上，黄道吉日的时间信仰体系创构不仅是工匠对自然法则的敬畏与皇权地位的维系，还反映出古代工匠信仰的"五行大系"在时间（十二节气）宇宙层面的制度化演绎。抑或说，"择日体系"蕴含天文历法的"科学信仰"知识，并结合"阴阳五行"学术推衍出各种营造艺术的良辰时日。就信仰目的而言，古代工匠的择日，即择福、择安、择财、择运、择禄、择吉等。《鲁班经》之"招财纳福的吉凶日"曰："甲子日是善财童子在世捡斋，还愿者子孙昌盛福生。招财大吉利。乙丑、丙寅日是阿罗汉尊长者与天神下降，有人设斋还愿者，万倍衣禄，财宝自然吉庆，大吉利也。"③ 因此，黄道吉日是时间信仰体系创构或是对美好生活的一种体系性创想。毋庸置疑，由于古代工匠的日常择吉是

① ［英］李约瑟：《中华科学文明史》（上），［英］柯林·罗南改编，上海交通大学科学史系译，上海人民出版社2014年版，第281页。

② （明）午荣汇编：《鲁班经》，华文出版社2007年版，第4—6页。

③ （明）午荣汇编：《鲁班经》，华文出版社2007年版，第302页。

"以事为纲、以神为目"①，进而使得古代营造的"择日体系"不免带有宗教迷信的成分。不过，这并不影响古代工匠对时间的生命理想与精神的追求。

第二，空间信仰。空间是信仰的逻辑之域，并依赖时间维系。在空间维度上，秩序是空间信仰体系创构中的重要一环，空间里的时间成为维系空间秩序的唯一要素。同时，秩序信仰不仅为营造空间提供"自然法"的依据，还加强了人、自然与社会之间的和谐与契合。《鲁班经》是中国古代工匠的空间秩序信仰的创建者，并在服从自然法的逻辑中形成营造与自然和谐一体的空间信仰体系。在本源意义层面，营造空间是介于宇宙空间和信仰秩序之间的具有"假想性"或"象征性"体征的聚居域。这种"假想性"或"象征性"空间营造主要表现于人与自然的区隔性想象，即通过营造"一堵墙"（即建筑）的方式将人类与自然作间隔性区分，进而能保证人类生存于充满危险的自然宇宙中，有一个属于自己的安全的空间（"家"）。从考古发现的东非"列石"或新石器时代的"篱笆墙"等遗址看，被营造的原始意味很浓的"家"或"一堵墙"，就是人类区隔自然的一种"营造艺术"，也许这也是最为源头性的营造艺术。但人类的另一种思想性的"诗意假想"是"一堵墙"无法区隔的，因为这堵空间中的"墙"只能暂时性阻隔，却无法阻隔意识之墙。换言之，人类既有与自然的"区隔性假想"，也同时具有冲破这"一堵墙"的愿望。这就是说，"想要一个家"和"出走"的想法是同时存在的。因此，在这个被营建的自然空间中，有区隔自然的心灵之围墙，或有通向天空或远方的思想之窗户，或有出入自由的生活之门廊，或有被分割的独处思想之房间，或有珍藏记忆的抽屉，或有等待主人回家的灯……这些被营造的诗意空间中夹杂着营

---

① （明）午荣汇编：《鲁班经》，华文出版社 2007 年版，第 311 页。

造者的空间伦理及其文化信仰。这就是说，营造空间伦理就是处于营造空间中的人们信仰文化体系的直接体现。抑或说，营造秩序是空间伦理的实体性或实景性再现，也是营造科学的技术性体现。譬如《鲁班经》中"起工架马破木立柱"的记载显示，营造空间伦理是保障营造秩序或营造科学的关键。《鲁班经》曰："凡匠人兴工，须用按祖留下格式，将木马先放在吉方，然后将后步柱安放马上，起手俱用翻锄向内动作。今有晚学木匠则先将栋柱用正，则不按鲁班之法后步柱先起手者，则先后方且有前先就低而后高，自下而至上，此为依祖式也。凡造宅用深浅阔狭，高低相等，尺寸合格，方可为之也。"① 这种"依祖式"的"起工架马破木立柱"的空间信仰就是营造空间伦理的经验性叙事或"准科学表达"。这就是说，营造中的信仰、宗教、仪式、匠俗等均包含着某种现象学思想和准科学成分。从某种程度上说，科学起初是萌芽于宗教的，并在实践过程或艺术行为中逐渐淘汰"非科学"的成分。与时间信仰一样，营造的空间信仰也是工匠借助"财神"或"贵神"对美好生活的一种理想化向往。《鲁班经》之"财神方"曰："求财之吉，甲己日东北方，丙丁日正西方，乙日西南方，戊日西北方，庚辛日正东方，壬癸日正南。"② 《鲁班经》之"贵神方"曰："求名趋之吉，丁日正东方。壬日正南方，己日正北方，癸日正西方，乙日西南方，辛日东南方，甲庚西北。"③ 可见，中国古代工匠的营造空间秩序是有条理的伦理信仰，并表现出对日常生活的美好祈盼。"坐南朝北""门第吉祥""瑞启德门""福寿康宁""金玉满堂"等理想化空间想象和祈盼是古代工匠营建空间的追求，也就是对空间中的时间生活最美好的愿景。

---

① （明）午荣汇编：《鲁班经》，华文出版社 2007 年版，第 14 页。

② （明）午荣汇编：《鲁班经》，华文出版社 2007 年版，第 352 页。

③ （明）午荣汇编：《鲁班经》，华文出版社 2007 年版，第 353 页。

第三，物质信仰。物是信仰文化的表现载体。一切物质皆源于宇宙，对物质信仰或信仰物质实则是人们对宇宙物质的精神性使用。在世界范围内，中国古代是一个物质技术非常发达的国度，国人对物质的精神信仰使用也是非常发达的。有限物之本身不存有信仰，存有信仰的是使用物质的人。因为人类是有信仰的族群。物质信仰不仅能实现人类信仰的输出与传达，还保证有限物的终极意义生存的有效方法。在中国古代，工匠对物的信仰文化体系创构就是对有限物的终极意义的阐发与叙事，并显示出超越世界其他民族的文化魅力，以至于李约瑟坦言："没有任何西方人能够超过商、周两代的青铜器铸造者，或比得上唐、宋时代的瓷器制造者。"[①] 中国古代工匠对有限物的无限意义的阐发与利用也体现于《鲁班经》中，譬如该文本中的神龛信仰、柱石信仰、栋梁信仰、罗经信仰、符咒信仰等充分体现出古代工匠对物的信仰体系的创构。其一，神龛信仰。神龛设有祖先灵位牌等物质，在对祖先敬畏信仰的参与下，使得这些有限物便有了终极性的文化信仰意义。《鲁班经》之"论新立宅架马法"曰："新立宅舍。作主人眷既已出火避宅，如起工即就坐上架马，至如竖造吉日亦可通用。"[②] 所谓"出火避宅"是指新建宅舍前要请神佛、祖先灵位暂居别处，并移动香火；同时，房主应回避命星。其二，柱石信仰。柱石不牢，倾折立见。柱石是营造牢固之关键。《鲁班经》之"论架马活法"曰："凡修造在柱近空屋内，或在一百步之外起寮架马，却不问方道。起符吉日：其日起造，随事临时，自起符后，一任用工修造，百无所忌。"又"论修造起"曰："凡修造家主行年得运，自宜用名姓昭告符。若家主行年不得运，自而以弟子行年起符。但用作主一人名姓昭告山头

---

① ［英］李约瑟：《中华科学文明史》（上），［英］柯林·罗南改编，上海交通大学科学史系译，上海人民出版社 2014 年版，第 283 页。

② （明）午荣汇编：《鲁班经》，华文出版社 2007 年版，第 19 页。

龙神，则定磉扇架、竖柱日，避本命日及对主日矣。修造完备，移香火随符入宅，然后卸符安镇宅舍。"① 由于立柱与柱石在整个房屋营造中的关键作用，因此，定磉扇架或竖柱日十分重要。于是，"起符仪式"成为"架马活法"之缓解。所谓"起符"是指请道士所绘能驱除凶煞的灵验图符。《鲁班经》之"画柱绳墨"曰："画柱绳墨：右吉日宜天月二德。并三白九紫值日时大吉。齐柱脚宜寅申巳亥日。"② 再如《鲁班经》之"动土平基、填基吉日""下磉立柱择吉法""确定下磉建扇架的吉日"，等等。其三，栋梁信仰。栋梁是房屋最高处的水平大梁。《鲁班经》之"泥屋吉日"曰："凡造作立木上梁，候吉日良辰，可立一香案于中亭。设安普庵仙师香火。备列五色钱、香花、灯烛、三牲、果酒供养之仪，匠师拜请三界地主，五方宅，鲁班三郎，十极高真，其匠人秤丈竿、墨斗、曲尺，系放香桌米桶上，并巡官罗金安顿，照官符、三煞凶神，打退神杀，居住者永远吉昌也。"③ 栋梁对于主人来说意味深长，栋梁乃昌盛之主宰。因此，上梁择日便成为民间文化的重要习俗，栋梁信仰也成为富贵、昌盛与繁荣的代名词。其四，罗经信仰。罗经信仰，即罗盘信仰。"罗经格定"是古代工匠纳天地自然、人伦命运于一体的风水信仰文化。《鲁班经》之"论东家修作西家起符照法"曰："凡邻家修方造作，就本家宫中置罗经，格定邻家所修之方。如值年官符、三杀、独火、月家飞宫，州县官符、小儿杀、打头火、大月建、家主身皇定命，就本家屋内前后左右起立符，使依移宫法坐符使，从权请定祖先、福神，香火暂归空界，将符使照起邻家所修之方，令转而为吉方。俟月节过，视本家住居当初永定方道

---

① （明）午荣汇编：《鲁班经》，华文出版社 2007 年版，第 27 页。

② （明）午荣汇编：《鲁班经》，华文出版社 2007 年版，第 35 页。

③ （明）午荣汇编：《鲁班经》，华文出版社 2007 年版，第 67 页。

无紧杀占，然后安奉祖先、香火福神，所有符使，待岁除方可卸也。"①这一套"罗经格定"文化体系昭示古代工匠将人的凶吉休咎、生死祸福与天地宇宙尽纳罗经之中，格定万象与天地经纬。其五，符咒信仰。古代营造工匠创制的咒符有镇符、禳解符咒、朱砂正梁符、五雷地支灵符、墨符、万灵圣宝符等，咒语有"开天"一咒歌等。《鲁班经》之"用符咒法"曰："凡匠人在无人处，莫与四眼见，自己闭目展开。一见者便用。"②工匠的用符咒法如使用船藏于斗中，船头朝内寓意主人进财，朝外则主人财退，桂叶藏于斗内表意主人发科甲，不拘藏于某处表示主人寿长，披头五鬼藏中柱内则诅咒主人死丧等。工匠创制各种符咒或语咒旨在维护自身"合法地位"或"尊严"，以期得到主人之重视。反过来看，符咒信仰也反映工匠在社会中的地位不高或不受重视。因此，营造工匠通过符咒获得身份与地位。

简言之，《鲁班经》显示出中国古代工匠在时间层面、空间层面与物质层面上的匠俗信仰体系是完整的，具有宇宙性结构特征。

《鲁班经》实现了对中国古代宇宙信仰体系的"以事为纲、以神为目"的叙事表述，更呈现出中国匠俗的体系性文化建构，进而创生形成了"一大主体"（宇宙信仰）、"三大层次"（工匠个体、营造实践与宇宙伦理）、"四大核心要素"（自律、境界、意义与人格）的中国古代工匠营造的民俗文化体系。

"宇宙信仰"是形成《鲁班经》的匠俗文化体系的哲学基础，也是《鲁班经》匠俗文化体系的主体要件。在时间层面，《鲁班经》充分利用时间伦序的自然节律在营造行为上的嵌入与使用，进而形成古代工匠的时间信仰；在空间层面，《鲁班经》在营造的方位、布局、结构等层面实现了空间伦理的秩序化与伦理化，进而形成了

---

① （明）午荣汇编：《鲁班经》，华文出版社2007年版，第28页。

② （明）午荣汇编：《鲁班经》，华文出版社2007年版，第280页。

古代工匠的空间信仰；在物质层面，《鲁班经》也展现出古代工匠对物的精神性使用与符号化寓意荷载，进而形成了古代工匠的物质信仰。时间信仰反映出中国古代工匠对时间中的自我理想与生命凶吉的朴素理解，也反映出工匠对时间的哲学认知以及对控制时间的王权的顺从；空间信仰昭示出古代工匠的空间伦理及其秩序伦理中的信仰结构，并凸显出工匠对空间的伦理化与制度化哲学思考；物质信仰是《鲁班经》利用物的精神性荷载能力，实现对营造空间中的物质实体的象征符号化。简言之，《鲁班经》是中国古代营造行业的宇宙信仰的体系性文本。抑或说，宇宙信仰成为中国古代工匠及其营造文化体系的主体。

《鲁班经》所体现的"宇宙信仰"是借助"工匠个体、营造实践与宇宙伦理"的"三大层次"具体延展。抑或说，"工匠个体、营造实践与宇宙伦理"是《鲁班经》匠俗文化体系的三大主要内容性延展层次。在工匠个体层面，工匠首先是营造的主体保障与基本条件，而工匠精神信仰对于营造本身的重要性也是不言而喻的。于是，在营造实践层面，工匠通过对时间节律的认知、空间秩序的伦理化以及对物的精神性使用，进而形成了工匠的精神信仰。在工匠精神信仰的践行中，《鲁班经》所彰显的宇宙伦理已然超越一般的营造空间伦理，并在天地人的生态和谐与伦理秩序中实现对营造艺术的理解与阐释。于是，宇宙伦理成为古代工匠营造实践的最高表达与诉求。显而易见，工匠、实践与伦理是《鲁班经》宇宙信仰体系中的具有关联性的三大结构性层次。换言之，《鲁班经》宇宙信仰体系是以工匠个体为实施主体，以营造实践为中介，以宇宙伦理为最高理想的延展性层次构成。

在要素层面，自律、境界、意义与人格是《鲁班经》匠俗文化体系的"四大核心要素"。《鲁班经》之匠俗文化体系反映了中国古代工匠个体的思想自律与营造行为意义，也反映了营造工匠的个体道德境界与社会伦理人格。

在思想自律层面，中国古代工匠的"择日"民俗惯习所形成的时间信仰，实质是工匠对宇宙时间的一种"自律"，即主动接纳自然宇宙时间节律，并在此行为活动中实现营造系统中的自我话语权或解释权。同样，"依祖式"的"起工架马破木立柱"的空间信仰也是工匠对营造思想的"自律"，并通过对物的精神性使用实现对营造行为的"自律"。中国古代工匠的"自律"意识反映出工匠主动与宇宙和谐一致的"天人合一"观，也反映出工匠通过自律行为实现自身的营造话语权与身份地位，也在自律中自觉维护自然、王权与天地之伦理纲常。

在道德境界层面，工匠的时间信仰是遵从帝王历法的合"礼"性道德选择，即在时间伦序中接受与顺应王权统治。抑或说，中国古代工匠的时间信仰是一种遵从国家统治的一种道德伦理的自觉选择；同时，工匠的空间信仰在"法天象地"的思维定格中实现营造空间的"天人合一"之至高境界，并在物的精神性使用中彰显工匠营造的精神性物化理念。

在行为意义层面，中国古代工匠遵循的"黄道吉日"是主动顺应时间节律的"准科学选择"，进而保持营造与自然时间的一致性。另外，《鲁班经》之"罗经格定"之行为表面上是一种空间风水文化，但它所体现的工匠纳宇宙万物的行为意义是明显的，至少可以保证营造空间与宇宙空间的和谐与统一。同时，工匠借助物的符咒以维护自身在社会中的合法地位，以得到主人之重视、社会之尊严。

在伦理人格层面，《鲁班经》反映出中国古代工匠对宇宙及其社会的调节方式。"择日体系""罗经格定""起工架马"等营造行为在不同侧面透视出中国古代工匠对宇宙社会的主动调节。抑或说，工匠将时间节律、空间伦理与物化精神统一到宇宙信仰体系之中，进而形成工匠行为在社会化过程中独特的相对稳定与持久的人格系统，即工匠精神。换言之，工匠的伦理人格系统形成是受到宇宙伦理及在古代中国社会文化制度影响的。

概言之，《鲁班经》所体现的匠俗文化体系是基于宇宙信仰精神为主体，在工匠、实践与社会三大层面延展，并在思想自律、道德境界、行为意义、伦理人格等四大核心要素上作具体性的呈现，进而创生具有体系性的中国古代匠俗文化。

科学本身或是有系统的信仰体系，至少在时序、空间、物质上具有可遵循的、有逻辑的、有条理的知识理性特征。①《鲁班经》的匠俗信仰体系俨然显示出工匠的"宇宙准科学"，尽管它内含某些迷信的宗教内容，但《鲁班经》所呈现的"营造法"显然是对自然宇宙和谐的敬畏，或对社会伦理关系的主动调节，也或是工匠对自然哲学在空间营造上的"准科学"使用。

第一，匠俗时间或被精确计算的时间，它是《鲁班经》宇宙信仰体系中的有价值的"准逻辑科学"。"干支纪年法"体系下的"伐木吉日"序列应当是最符合时间逻辑的信仰体系。因此，古代工匠的"伐木吉日"不能简单纳入宗教迷信的范畴论之，更不能忽视它的"准科学"价值。

第二，匠俗空间或被营造的空间是《鲁班经》宇宙信仰体系中的有伦理的"准秩序科学"。就营造科学而言，中国古代工匠所遵循的"起工架马破木立柱"的空间信仰是符合营造科学的。因此，工匠创生的空间秩序是伦理秩序和社会秩序的体现，也是"准科学"秩序的体现。

第三，匠俗物质或被使用的物质是《鲁班经》宇宙信仰体系中的有力量的"准自然科学"。中国古代工匠对神龛、柱石、栋梁、罗经、符咒等的物质信仰充分体现古代营造对自然人文的理解与应用。因此，工匠对"物体系"的使用，尽管表面上体现的是物质信仰，实则隐含着对准自然科学的使用。

---

① Schneider, H. W., "Science, Folklore, and Philosophy（review）", *Journal of the History of Philosophy*, 1966, 4（4）：356-358.

但从权力结构看，所谓"信仰"就是一方对另一方的崇拜或服从。《鲁班经》的宇宙信仰是工匠对时间、空间与物质的一种服从。但这种服从在一定程度上区隔了工匠技术向科学殿堂的迈进。因为"在科学的结论似乎同信仰的需要背道而驰的地方……他们都尊奉某种宇宙的信仰，而且他们在辩证方法和经验科学的现世方法之间作出区别时被驱入了双重真理说。在实践上，如果认识到在这两者之间有冲突的话，那么一方就服从另一方，即科学的真理就按照更为无所不包的信仰的'真理'的要求而被阉割"①。这就是中国古代工匠的营造技术迟迟不能向营造科学理论迈进的原因。换言之，中国古代工匠的营造科学被宇宙信仰所阉割，并阻隔了营造科学发展之路。当然，中国古代工匠的营造技术未能向营造科学迈进的原因是很复杂的，它至少在工匠地位、社会制度、文化信仰等多个层面显示出没有营造科学发展的土壤，尽管宋以后出现的建筑科学文本，也没有能在理论上实现中国古代工匠营建技术的科学化迈进。

在阐释中发现，《鲁班经》是中国古代一部具有体系性的匠俗信仰文本，它所彰显的宇宙信仰体系实质是古代工匠的世界观、道德观与伦理观的整体性结构再现，也是中国古代民间营造文化信仰体系的集成者、创构者与确证者，更是中国古人对宇宙自然、宇宙秩序和宇宙哲学的理解与创造性发展。《鲁班经》的宇宙信仰体系不仅在工匠个体、营造实践与关系伦理中维系了民间工匠的组织结构、思想道德与行业操守，还在自律、境界、意义与人格等四大核心要素层面实现了对中国古代民间信仰体系的"准科学"时空表述与物化叙事。毋庸置疑，中国古代工匠的民间信仰体系也阉割了营造技术的科学化进程。有鉴于此，这对于当代工匠（技术工人）的职业信仰或工匠精神的培育以及职业技术的科学化实践具有启发意义。

---

① ［美］悉尼·胡克：《理性、社会神话和民主》，金克、徐崇温译，上海人民出版社2006年版，第232页。

第八章

清代：士对匠的介导

伴随清代匠籍制度的革新，工匠身份"自由化"以及"弃匠入仕"现象已然暗示国家对工匠身份转型的认同。尽管清代学者受制于文字狱及其他羁绊，仅能在朴学中考证技术，或在译介中引进西技，但学者的实业救国精神呈现出积极态势。这无疑为清代工匠之"艺"向技术性再造以及工匠之"技"向科学化迈进提供支持，进而打通士与匠之间"交易地带"的文化通道，实现学者对工匠文化的有效介导。但客观上，晚清学者对工匠的介导存在着制度性、文化性的保守主义缺憾，这种介导损伤无疑反证晚清唯技术思潮在人文主义领域的局限性。于是，晚清部分学者开始理性反思科技无法解决社会矛盾的问题，进而迸发出对科学主义的怀疑以及坚守中华传统文化之呼声。

一 清代工匠文化语境

清代初期与中期工匠文化发展迅猛，清代后期工匠文化随着国势衰微也步入老年时期。就工匠文化发展背景分析，清代工匠文化的发生与发展离不开以下几点关键性社会制度与特征。

首先，清代匠人户籍制度被废除，极大地解放了工匠的国家控制权，更极大地解放了漆器生产力与创造力。唐以来，我国工匠有自己的专门户籍，一般情况下是不得脱离工匠户籍的，只能世代相传为工艺服务。但清代顺治帝时期，国家开始废除世袭匠籍制度，并实施"按工给值"的雇工手艺制度。根据史载："悉罢向派饶属夫役额征，凡工匠物料，动支正项，销算公帑，俱按工给值。"① 这样不但减轻了工匠的负担，还解放了户籍对手工业者的长期束缚，极大地激发了手工业者的创造激情与活动。因此，清代工匠文化的创新与创造能力得到充分发挥，各门类工艺的发展均走向真正的自主与个性创造阶段。譬如明代的雕漆磨工就被漆工忽略，而肆意发挥刀工技术。同时，漆器艺术走向极具中国画的风格发展特征，工匠们尽情地用漆器上的装饰图画描摹心中的性情与艺术理想。就连难以表现的瓷胎，也有人尝试大漆与瓷器的融合。这些都是清代漆器艺术的创新发展的典型偏向与特征，显而易见，清代漆工的技术性与艺术性表现是自由的、独立的。

　　其次，清代初期国家经济持续发展以及皇家对漆器、瓷器的疯狂喜好为工匠文化的发展提供了契机。清初国家十分重视民生，在全国推行养民之善政。譬如"大清国摄政王令旨，谕官吏军民人等知道。予闻德惟善政，政在养民，养民之道必省刑罚，薄税敛，然后风俗醇而民生遂"②。在清明的国家政策下，清代康熙、雍正与乾隆年间，清代漆器、瓷器等手工业进入黄金发展时期。清代中期的经济转型，俨然打破了宋明以来的城市坊市制度，南方一批中小型城镇在明代商品经济的萌芽发展下，也真正走向手工业城镇的发展道路。如此，城镇商业与手工业者随着经济收入的提高，他们的地位明显得到提升，以至于在清代形成了士、商、农、工的"新四民论"。很显然，清代士大夫与商人在社会中的地位占据优势。因此，作为士大夫案头清玩的器物必然与之相适应，而商业的发达尤为士

① （清）蓝浦等：《景德镇陶录校注》，江西人民出版社1996年版，第27页。
② 郑天挺主编：《明清史资料》（下册），天津人民出版社1981年版，第5页。

大夫提供案头玩器的来源。张荫桓在日记中这样写道："（光绪二十年）二十七日乙巳（3月4日）晴。前日慈宁宫筵宴蒙太后恩赏福字、白玉如意、铜手炉、磁（瓷）花瓶、江绸袍褂、帽纬、荷包、漆盘共八色，向系宴毕分给桌上，所谓'盘子赏'也。诸臣压二金于盘，内监所得，即代捧交门外苏拉转交家丁携归。此次恩赏至三百余份，内府请旨先欲领出储于太和殿旁库中。"① 可见，清慈宁宫筵宴太后将器物作为一种给予臣子的赏赐，帝王对器物消费的审美情趣与奢靡之风对工匠文化的发展起到极大的推动作用。

最后，18世纪法国宫廷的"中国风"席卷欧洲世界，西方国家对中国漆器、瓷器的需求大大促进了中国地方工匠文化的发展。尽管清廷为了禁止东南沿海的抗清势力，以巩固新朝的统治，曾五次颁布禁海令，三次颁布"迁海令"，禁止私人出海进行贸易。但面对海外势力及其对中国器物的需求，1683年康熙接受东南沿海官员之请求，停止了清前期的海禁政策。不过到乾隆后，清廷又开始实施闭关锁国政策，从"四口通商"转为只开通广州港与海外通商，且由"十三行"垄断其进出口贸易。清廷闭关锁国政策使中国丧失了与世界同步发展的绝佳时期，特别是极大地影响了海外贸易。在一定程度上，清代的禁海贸易，也为漆器的走私埋下伏笔。因为"禁海令"无法阻挡想拥有漆器、瓷器的欧洲人。

简言之，清代工匠文化的飞速发展归功于当时经济社会的强盛，也得益于清廷对器物的极度推崇与狂热喜好，更与欧洲人对中国器物风情的迷恋以及海上漆器贸易密不可分。

就方法论而言，传统的"学者—工匠问题"的"二元论"以及帕梅拉·隆"交易地带"等研究方法表明，士与匠之间的关系论确乎类似于医学上的"介导论"。所谓"介导"，原指利用某种物质作

---

① （清）张荫桓：《张荫桓日记》，任青、马忠文整理，上海书店出版社2004年版，第457页。

为媒介，将供体转移给受体，从而使得受体的内在基因型及其表现型发生变化。从医用发生学看，新细胞的诞生必然有其生发的媒介与转导的过程。换言之，当作为"受体"的工匠文化细胞遭遇外来学者"供体"文化的干预，自然会引起一系列受体工匠文化基因型及其表现型的细胞变化问题，这些问题便构成了一般意义上的士与匠之间的知识认识论，即"学者—工匠的介导论"。就理论而言，供体、受体以及转导是"介导论"的关键要素。引入"介导论"阐释"学者—工匠问题"，能有效解决传统方法论意义上对该问题的"二元论"或"交易地带论"的弊端。因为士与匠的"二元论"忽视了两者的"转导"过程，而"交易地带论"又在注重"转导"过程中失去了对"供体"与"受体"的独特性分析。

在本章接下来的讨论中，拟将以作为"供体"的清代学者介导和作为"受体"的工匠文化为中心，结合齐尔塞尔、潘洛夫斯基、帕梅拉·隆等研究方法论，提出清代"学者—工匠的介导论"，较为全面地展开"齐尔塞尔论题"在清代的潜在性表现及其可能性延展的讨论，以期昭示清代学者和工匠之间的特定因果逻辑以及中国近代工匠史与科技史的内在联系，也启示当代学者介导的工匠文化向合理的向度发展。

二 以实学为枢：清代学者阶层的文化转向

相比较而言，中国封建社会的主流文化导向是将科技文化排斥于社会之外，以至于中国古代工匠文化及其科技在学者层面被长期遮蔽与忽视，进而造成中国古代工匠与学者很难真正达到互化与耦合。不过，这种局面在清代被致力于实学发展的学者打破。在明清之际，传统学者在对亡明的刺激以及对西方科技进步的反思中，深刻意识到心学与道学已然成为阻碍社会发展的重要因素。因此，顾

炎武、王夫之、方以智、林则徐、魏源等一大批文人学者大力提倡
致用实学,积极主张发展科学技术。在此背景下,传统抽象儒学开
始向以实践为本体的朴学转向,并实现了清代学者阶层从务虚向务
实、从经术向治术、从理学到实学等的重大文化转向。

1. 从务虚转向务实。在清代早期,满人对学者或知识分子采取
高压与怀柔并举的政策。尽管国家层面大兴文字狱,学者还是被
“团结”在满清政府周围。学者也因此开始“积极”入世,并显示
出对国家的“关怀”与民生的“关注”,这充分体现于对“心学”
空谈与误国的思考与批判之中。至清代中后期,伴随社会经济的快
速繁荣以及欧洲人文主义及其科技思想的进一步益进,清代学者阶
层在“经学”与“考据”中逐渐意识到社会发展离不开科学技术,
于是便转向自然科学及对社会有用的实学领域。特别是在康熙二年
至七年(1661—1668)、光绪二十四年(1898)与光绪二十七年至
三十一年(1901—1905)三次废除八股科举制度的改革之后,清帝
国政府在国家层面将学者从“科举入仕”的樊篱中解放出来,致使
清代学者的文化导向发生革命性的逆转,即从传统的文化“务虚”
向科技“务实”方向迈进。在此语境下,清代的工匠文化方开始走
向学者知识场域,学者对技术性的工匠文化予以重视,从而使清代
工匠文化达到应有的历史高度与美学高峰。

2. 从经术转向治术。在清代早期,尽管工匠文化能显示出关乎
民生与国家的商业能量及其技术活力,但在国家层面,手工业或工
商业还是被确立为抑制之业。譬如雍正上谕就指出:“今若欲于器
用服玩之物,争尚华巧,必将多用工匠。市肆之中,多一工作之
人,即田亩之中少一耕稼之人。”①　显然,清廷的“抑商”思想不利
于传统工匠文化的健康发展,也阻隔了传统学者从经术向工匠之治

---

①　(清)鄂尔泰总纂修:《大清世宗宪皇帝实录》卷五七(京大藏出版株式会社),参见
彭泽益编《中国近代手工业史资料1840—1949》(第1卷),中华书局1962年版,第419页。

术迈进。但到了1864年，李鸿章致信给清廷总理衙门时如是指出："盖中国之制器也，儒者明其理，匠人习其事，造诣两不相谋，故功效不能相并，艺之精者，充其量不过匠目而止。洋人则不然，能造一器为国家利用者，以为显官，世食其业，世袭其职。故有祖父习是器而不能通，子孙尚世习之，必求其通而后止。"[①] 显然，李鸿章已意识到中国士与匠的分离现象，并潜在地显示出国人要学习西方先进科技的文化立场。在李鸿章的积极倡议下，清廷开始意识到发展实学的重要性。于是，清廷开始招募"西洋工匠"，精选能工巧匠，以期"师夷之长技"。至近代，作为知识分子的林则徐则主张"藏富于民"，大力提倡发展工商业与手工业，尤其是学习西方的"船坚炮利"等科学技术。学者魏源则提出"以经术为治术"的响亮口号，并主张"能致用便为实学"的治术思想。在此主流学者治术思想的支配下，清代工匠文化得以稳步、健康地向前发展。另外，清代皇宫中的帝王以及士大夫对手工艺品也格外地推崇与喜好，更极大地刺激了工匠文化的飞速发展。张荫桓在日记中如是写道"（光绪二十年）二十七日乙巳（3月4日）晴。前日慈宁宫筵宴蒙太后恩赏福字、白玉如意、铜手炉、磁花瓶、江绸袍褂、帽纬、荷包、漆盘共八色，向系宴毕分给桌上，所谓'盘子赏'也。"[②] 可见，清慈宁宫筵宴太后将器用物作为一种给予臣子的赏赐，工艺品作为"盘子赏"反映皇帝对器物的看重。清代皇帝作为知识分子对工匠活动的靠近、介入与参与，也为清代工艺文化走向巅峰时代提供强劲动力。

　　3. 从理学转向实学。在明代前中期，程朱理学占据明代社会主

---

　　① 李鸿章：《致总理衙门书》，台湾时报出版公司。参见郭大松、张礼恒《中国通史教程教学参考》（近代卷），山东大学出版社2001年版，第78页。

　　② （清）张荫桓：《张荫桓日记》，任青、马忠文整理，上海书店出版社2004年版，第457页。

流思想，理学的心学化与抽象化开始走向极端。但到了清初，传统理学开始走向实学，这主要体现于清代学者对传统文化的整理、考证以及对西方技术文化的译介层面。起初，清代学者对西方技艺是怀有轻视态度的，特别是在文字狱以及在质疑满人的法统地位背景下，"清代最具特色的文化成就和明代一样，不是创造而是综合与分析"①。因此，在器物考古、收藏、图书集成等方面便出现了综合性的大型文献著作，特别是在工艺、建筑、科技、立法、钟表等方面的著述颇丰。譬如陶瓷工艺著作有朱英的《陶说》（1774）与蓝浦的《景德镇陶录》（1815），刺绣理论著作如《丁氏绣谱》《雪宦绣谱》等，建筑理论著作如《鲁班经》《营造法原》等，清工部编写《工程做法则例》，科技理论著作《镜史》，历法著作有《六历通考》（顾观光）、《畴人传》（阮元）等，钟表科技著作有《自鸣钟表图书》（徐朝俊）。另外，在文献考证方法指导下，清代学者热衷于自然科学的考证，并实地考察与研究，并著述自然科学。如戴震《策算》《九长补图》《勾股割圆记》，焦循《加减乘除释》等。另外，一批数学文献如《孙子算经》《九章算术》《五经算术》等经过考证注释，客观上使遮蔽已久的中国数学知识得以保存与重现。清代经学学者自觉地阐释自然科学，这是近代中国知识分子身份转型的重要标志，也是中国传统学者从理学转向实学的显著标志。

4. 从实学转向科技救国。清光绪二十五年（1899）小仓山房石印本《富强斋丛书正全集》（64 册），一名《西学富强丛书》（清代袁俊德辑），这套丛书是清代知识分子从实学转向科技救国的重要表现。在中日甲午战争的伤痛思考中，清廷知识分子开始讲求时务、提倡西学，以备求强救国。《西学富强丛书》始编于光绪二十一年（1895），于次年告成，后又辑有续集，分算学、重学、化学、

---

① ［英］迈克尔·苏立文：《中国艺术史》，徐坚译，上海人民出版社 2014 年版，第271 页。

声学、光学、天学、地学、史学、公法学、矿学、工艺学、兵政学等门类，诸种西学由当时江南制造局翻译局负责。《西学富强丛书》反映出清代社会开始从实学走向科技救国之路。在工艺层面，当时的江南制造局翻译美国版的《髹饰录》——《垸髹致美》（*Manufacture of Varnishes and Paint*）①。从知识社会学视角看，《垸髹致美》是西"漆"东渐的历史产物，其知识语境与"洋务运动"有密切关联。从发展实业看，学习西方技术与技术引进成为晚清政府的当务之急，引进《垸髹致美》反映出晚清社会注重科学与发展实业"自强救国"的强烈愿望。《垸髹致美》既表征晚清社会洋务思潮、发展工商业的状况，也昭示晚清社会发展实业、学习新知识与注重科学的社会征候。

尽管清代学者进行了从务虚向务实、从经术向治术、从理学到实学的文化转向，但"洋务运动"的破产客观上显示晚清士与匠互化存在制度性、文化性的保守主义缺憾，也反证唯技术科学思想在人文主义学者领域的局限性。

三　主体解放：清代工匠群体的身份转型

在一定程度上，清代学者"以实学为枢"的社会定位及其立场是知识分子主体解放的展现，这也为工匠群体的身份转型提供难得的历史机遇。同时，清代的工商会、市民公社、公馆公所等组织机构的成立与运作为工匠群体转型提供了制度保障，以至于工匠群体获得了职业身份、社会地位的根本性转型，具体体现如下。

1. 从"家族制"向"学徒制"转型。在教育层面，清代工匠

---

① 王扬宗：《江南制造局翻译书目新考》，《中国科技史料》1995 年第 2 期。

身份转型的动力来自清早期国家职业技术教育的初步发展。清代以前，工匠的知识传承基本按照"世袭传授"的方式完成工匠文化知识的学习与传承，并受制于严格的"家族制"，即"传男不传女，传内不传外"，其主要教育方式是"口传心授"。这种工匠知识教育具有一定的封闭性与缺陷性。但到了1840年前后，传统的工匠知识教育被中国江苏兴化、山西忻州等地兴起的"官局学徒"制彻底打破。直至清朝末年地方政府开始全面施行"设局招徒"，研习工匠技术文化。这种略似于近代职业技术学校的工匠教育制度的诞生宣告清朝新的"学徒制"正式诞生，从而彻底改变了以往工匠文化家族式的"世袭传授"制。在"设局招徒"思想的指引下，清政府在全国开始招收学徒，并设立工艺传习所。为解决工师短缺问题，清政府派专人去江浙一带聘请匠师、机师、织师等"高级技师型"的工匠，积极创办工艺文化传习机构。譬如河南省的"蚕桑总局"（1880）、广西的纺织"机房"（1888）、北京（直隶）的传习机构"北洋工艺局"（1903），等等。"设局招徒"制为清代手工业以及其他工业的发展奠定了雄厚的人力资本，特别是工匠技术人才的储备。这些在传习所毕业的学生或"留充工匠"成为工艺机构的骨干，或"传为教习"成为学者型的匠师，或"创办实业"成为国家实业发展的先驱。可见，清代工匠的学徒制度不仅为近现代中国手工业的发展提供了有效的实践经验及制度文化，还在诸多方面拓展了工匠的生存与发展空间，从而为近代工业发展积蓄了丰富的工匠制度及实践技术人才。

2. 从"终生为匠"向"弃匠入仕"转型。在制度层面，由于清代国家实施了"摊丁入亩"的赋税制度，以至于明代的终生为匠的"匠户制度"名存实亡。同时，这种"地丁制"极大减轻了无田亩农民的赋税，特别是给手工业者提供自由迁徙式的手作空间。在顺治二年（1645），清政府"令各省俱除匠籍为民"，并实施"计工给值"或"按工给值"的新型工匠雇募制度。直至雍正四年

（1726）之后，清廷将各省把工匠班银归并田亩或地丁代征。因此，工匠身份获得极大的自由与解放，也大大增进了工匠生产的积极性与自由性。清代工匠制度的改革昭示国家生产关系的一种新进步。清代工匠制度的改革不仅打开工匠的生产身份枷锁，还打破了工匠社会职业身份的羁绊。在清代中后期，国家政策规定工匠可以"弃匠入仕"，甚至不通过科举考试也可世代为官。在经济富庶的江南，工匠入仕已经成为普遍现象。这显示出国家层面对工匠身份转型的认同，抑或说国家对工匠技术在社会进步中所扮演的角色及其作用的认可。更为重要的是，工匠一旦入仕为官或称为知识分子，工匠的技术经验被转化为技术文本知识将成为可能，进而为工匠之"技"向科学性知识的延伸与文本凝固做好了人力资本准备。

　　3. 由"经验型匠人"向"科技型巧匠"转型。在生产层面，清代工匠对技术性知识生成及其推广有着不可忽视的介导作用。清代著名工匠吴鲁衡（1702—1760）精通罗盘制作工艺。在雍正年间，他在万安镇老街创设吴鲁衡罗经店。日晷、罗盘及指南针等产品承古法而又时新。1915 年，吴氏产品在美国费城举办的巴拿马万国博览会上荣获金奖，吴鲁衡对指南针技术的推广与普及起到积极作用。另外，《松江府续志》记载嘉庆年间上海工匠任某，擅长制作浑天仪。《宁国府志》记载嘉庆年间安徽人刘茂吉制作浑天球、自鸣钟、日晷等。《上海县续志》载咸丰年间匠师华蘅芳与徐寿一道制造轮船等。《续印人传》记载机械工师徐玉善勾股，精自鸣钟设计与制造，于道光二十四年（1844）制作乐钟、日表及日晷扇等多种计时器。总之，这些原来的"经验型匠人"已然向"科技型巧匠"转型，他们确是近代中国农业社会向工业社会转向的技术人才，更昭示清代工匠地位及其身份开始走出传统匠人、家族、经验的樊篱，走向更为广阔的技术空间与科学领域。

四　双向互动：清代士对匠的介导效能

清代学者被广泛地介入工匠文化场域，并彼此溢进与认同，具体而微地呈现出士与匠的双向互动，并产生诸多领域的介导效能。在此消彼长的文化体认与耦合中，工匠经验技术的文化性与艺术性得到前所未有的拓展与延伸，特别是工匠经验技术的理性化、科学化以及普遍性获得再造与发展。

1. 清代学者对工匠的介导偏向。在实业救国与科学发展层面，清代士与匠具有共同的使命与价值取向，特别是清代学者运用科学知识介入工匠技术，实现了士与匠的双向介导，其具体偏向如次。

第一，运用数学等知识阐释工艺文化是清代学者研究之重要偏向。清代学者程瑶田、汪莱、邹伯奇先后用数学、力学、几何学等方法研究古代打击乐器石磬的重心与悬空位置研究，从而充分认识与解决了《考工记》所载古代工匠对磬重心设计的问题，极大地发展了古代工匠文化及其知识体系。同时，经清代学者引进的西方数学、几何学等更有助于对中国传统文化中的工匠技术的阐释。譬如邹伯奇将数学与（物理）力学结合，有效阐释了古代乐器的制作原理，这堪称西方科技在中国运用的样本，也堪称士与匠文化双向互动的典范。

第二，运用数学等知识阐释天文科学是清代学者致力工匠技术研究之领域的偏向。由于清代文字狱的影响，天文科学或许是知识分子最易介入的领域。在某种程度上，中国古代的天文仪器及其知识创造与"巧工"是不可分离的。清代学者李锐《日法朔余强弱考》（1799）与顾观光《日法朔余强弱补考》（1843）是继承中国传统数学知识研究调日历算之典范性著作，也是学者结合西方引进之知识介入天文技术科学考证之范本，为后世天文学与数学研究提供重要史学原典。

第三，清代学者关注工艺技术，并积极撰写科技著作。古代工匠之所以称为"匠人"，是因为他们很少有知识总结与理论概括的学力，更无法致力于著述事业。但清代著名的钟表大师徐朝俊不仅精通钟表设计及其原理，还撰写钟表科技理论著作，如《自鸣钟表图说》《天地图仪》《海域大观》《高厚蒙求》等，其中《高厚蒙求》集有《揆日正方图表》（2卷）、《中星表及仪器图说》（1卷）、《测夜时晷》（1卷）、《高厚蒙求摘略》（1卷）等。① 在《婺源县志》中，曾记载天文、水利器械制造专家齐彦槐于嘉庆二十四年（1809）发明一种能移动的日晷，道光十六年（1836）设计建造双面日晷，并著有《天球浅说》《中星议说》《北极星维度分表》《海运南漕丛议》等。另外，咸丰年间匠师华蘅芳（1833—1902）与徐寿一道制造以蒸汽机为动力的轮船，并在实验与译介的基础上掌握了大量数学与几何学知识，著有近代中国第一部数学著作《抛物浅说》（1859），还著有《测量法》（1887）、《数根演古》（1892）等。他为近代科学发展及其知识普及做出了极大贡献。这就是说，清代学者对工匠的介导促使工匠文化著述成为可能。

第四，清代学者译介西方科技。在清代闭关锁国之政策下，学者不仅认识到欧洲科技进步所引起的世界文明进步，还认识到西方殖民东扩以及资本掠夺的倾向。为图国家发展与革新之需要，中国清代学者开始翻译介绍西方科技。尽管所译介文本如王大海的《海岛逸志》、陈伦炯《海国闻见录》等并不能全面反映西方科技文化或停留在较低认识水平，但西方科技知识经清代知识分子的译介对中国社会发展影响较大。诸如在机械工程、水利工程、航海天文等方面影响甚大。譬如西方的"火炮""灌溉车""火蒸车""定时钟""千里镜""量天尺""察天筒"等首次被带入国人知识体系

---

① 沈雨梧：《清代科学家》，光明日报出版社2010年版，第160页。

中，并从中国传统文化的本位主义中觉醒，开始走向世界文化场域。从译介的"海岛"（清代学者把大陆中心以外国家均称海岛国）之称来看，中国学者的大国本位主义意识较浓；但从译介的科学技术知识层面上看，清代学者的文化导向发生转向，已开始注重民生实用性科技知识。

另外，作为知识分子的清代的外国传教士，他们与工艺文化的接触也是士与匠互动的一种有效途径。法国传教士殷弘绪与景德镇的官窑工匠接触甚密，在他的1712—1722年的一批书信中多有记录景德镇陶瓷制作过程及其技术细则，这为欧洲的陶器发展提供了可靠的经验知识与技术要领。

2. 清代学者对工匠的介导效能。清代学者介导工匠文化活动，必然导致工匠经验技术的文化性与艺术性得以延伸，也使得工匠经验技术的理性化与普遍性发生知识性再造，更迫使工匠的手作经验技术的科学化与理论定型化发展。

首先，学者介入工匠文化领域，使经验技术的文化性与艺术性得以延伸。当学者参与工匠活动之时，对工匠制品的审美风格及其文化气息产生很大影响。譬如清代著名学者陈曼生在宜兴任县宰期间，亲手制作紫砂壶，并与当时著名紫砂壶工匠杨彭年等合作，创制著名紫砂壶"品牌"——"曼生壶"。由于文人学者的参与，清代工匠文化被注入一种特有的文人气息与艺术情怀。于是，清代具有文人智慧的"文人壶"也因此大盛，获得空前发展。同时，工匠也开始意识到要向学者学习文化知识，以期增进工艺的文化性与艺术性。因此，清代士与匠的双向介导显示出手作经验与学者理性的双重耦合气象。

其次，学者介导工匠文化使得经验技术得以理性化与普遍性再造。毋庸置疑，传统依赖手作的工匠一旦学习科学文化知识，那么，工匠技术转型局面必然地打开，即知识型工匠形成，如中世纪的"高级工匠"或中国的"哲匠""巧匠"这类群体必然诞生。清代的南京建筑工匠雷发达因技术出众而被应征入京，后成为清代宫殿圆明园、颐和园等重要建筑的设计负责人，后撰写《工部工程做法则例》（1739年刊印）。另外，清代著名工匠徐寿、徐建寅父子热衷学习西方制器技术，精研数理与机械制造，成为江南杰出的工业技术专家。可见，江南工匠的技术转型使工匠身份与角色发生重大蜕变。很显然，伴随工匠手作的生产方式以及技术手段的更新，清代工匠在获取技术知识文化之后，由经验技术迈进科学理性之路，这是近代中国科学技术的萌芽与发展之路。就人力资源而言，近代中国工匠的身份与角色转型实则是中国早期工业生产人力资源的培育与开发的产物。

最后，学者介导工匠使工匠经验技术得以向科学化与理论定型化发展。在清代中期，数学家焦循注重中西理论科学，强调实测观察及其技术，他的数学研究已经开始接近科学数学化发展方向。学者谭嗣同组建"浏阳算术社"标志近代中国学者开始向科学化迈进。特别是在清代经济发达的江南，工匠手作经验技术向科学化与理论化迈进十分突出。诸如在冶金、建筑、纺织、文玩、水利、化学、食品、机械制造等知识领域的科学化进程越发明显。如刺绣理论著作有《丁氏绣谱》《雪宦绣谱》等；建筑理论著作有《鲁班经》《营造法原》等；科技理论著作有《镜史》等。不过，清代"学衡派"对科学主义的批评也反映出当时部分学者开始理性反思科技无法解决社会矛盾的问题，进而发出对科学主义的怀疑以及坚守传统文化的呼声。

五　齐尔塞尔论题在清代：启示及相关问题

"齐尔塞尔论题"在清代的潜在性表现及其可能的展开显示，清代学者对工匠的介导及其所彰显的效能是明显的。在阐释中发现，清代学者对工匠的介导逻辑至少有以下几点启示。

第一，清代学者以"实学"为中枢的文化革新是传统工匠的经验知识向技术科学转向的关键，特别是从传统儒家学者"坐而论道"的经术向"起而行之"的治术转向，为中国近代技术科学的发展做出贡献。

第二，尽管受制于文字狱以及其他社会政治影响，清代学者只能在朴学中考证技术科学或在译介中引进西方技术科学，或存在清代中国学者对西方科技的片面性理解，或存在文化保守主义倾向，但学者表现出的一种科技救国、实业兴国的积极入世精神是前所未有的。

第三，清代学者对工匠知识及其文化的尊重，并致力于技术科学的研究，这显然是对传统学者治学的一种怀疑立场与批评思想，这对于清代社会向近代中国过渡的冲击与影响是巨大的，20世纪初的"五四运动"显然是清代知识分子文化思潮之延续。

第四，晚清学者对西方技术科学的大量的引进，特别是一些数学、天文学以及工学知识的译介与传播，促使了中国近代哲学世界观发生重大变化。学者对工匠介导昭示出以工匠经验与观察为基础，天文学工具为手段，数学几何学描述世界的近代中国科技哲学观已然形成，这种学者、工艺与科技相结盟的科学哲学新思维为中国近代科技发展提供了强有力的理论基石。

第五，"洋务运动"的破产客观上暗示晚清学者介导工匠存在制度性、文化性的保守主义的问题向度，也反证唯技术科学在人文主义学者领域的局限性，晚清社会的"学衡派"对科学主义的批评就反映出当时部分学者开始理性地反思科技无法解决社会矛盾的问题，进而发出对科学主义的怀疑以及坚守传统文化的呼声。抑或说，清代的学者介导工匠文化为近代中国社会发展中的人文主义与科学主义的矛盾性发展提供实践基础与理论储备。

"齐尔塞尔论题"在清代的潜在性表现给予当代学者介导工匠

领域的启示也是深刻的。那么，清代"齐尔塞尔论题"对当代手工业发展有何启示？作为清代"学者—工匠问题"对当代工业或创意产业的理论发展有何借鉴？当代"工匠精神"的复苏是否意味着"齐尔塞尔论题"在中国仍然是一个难解命题？引出这三个问题的讨论有补于对当代学者介导工匠文化的结构性思考与方向性指导。

第一个问题，关乎当代手工业发展中的知识分子介导逻辑。清代士与匠之间的特定因果关系显示，学者对工匠的介导逻辑是基于清代社会制度与西方文化入侵后的被动选择，并在有限的技术领域发挥部分的介导作用。在当代，中国学者对工匠文化的介导应该向多个向度的文化通道转移，在最大范围内充分发挥学者对手工业的介导价值，进而有效地适应新时期社会发展对新型手工业产品的消费要求，并引领当代手工科技发展向人文主义与科学主义协同道路迈进。

第二个问题，关乎当代工业发展的知识分子介导价值问题。清代学者对工匠的介导现象显示，传统的中国工匠史、技术史与科学史的理论化发展是以知识分子的介导为前提的。因为知识叙事的理论化、定型化与普及化需要学者的靠近、参与与介入。那么，在当代，任何忽视学者对工业或创意产业的思想引领与理论指导的偏向都是很难理解的，也是不正确的。社会的发展需要学者对文化的反思与批判，学者的介导社会效能确乎是工业发展的冷却剂。抑或说，当代工业发展的新基因型与新表现型的生发与突变是离不开学者介导的。

第三个问题，关涉传统手工业知识的当代传承问题。传统工匠知识的传承到底指向何处？是传承工匠精神，还是传承工匠技艺或科学？问题的难度在于人们总习惯性认为中国古代只有技术史而无科学史，即"李约瑟难题"为传承工匠文化增添了惯性思维。依据清代学者对工匠的介导效能，传统手工业知识的传承应当基于学者、工匠以及它们的"交易地带"，整体批判性接纳传统工匠文化的人文精神与科学价值。否则，任何复苏"工匠精神"的宏大愿景都是徒劳的。

简言之，这里所探讨的问题向度指向一种"学者—工匠的介导论"，并在研究中显示，清代学者对工匠的介导实现了近代工匠之"艺"向技术性再造，也完成了工匠之"技"向科学化迈进，更打通士与匠之间"交易地带"的文化通道，进而部分实现了学者对工匠文化的有价介导，这些对当代手工业或大工业发展的启示是深刻的。

第九章

当代：学者的担当

完成对上古至清代的中国化的齐尔塞尔论题的简略研究之后，基本完成了《士与匠的交往》研究的理论化问题与中国化问题之研究任务，还有一个重要的研究任务就是中国化的齐尔塞尔论题的"时代化问题"。抑或说，中国化的齐尔塞尔论题在当代的发展及其表现问题。在当代中国，"学者—工匠问题"是一个非常复杂的问题。一方面学者对工匠文化的态度是复杂的，近代以来的习惯性的轻视与集体性的忘却成为中国学者的明显立场。不过，今天，学者的地方性话语的转向又表明学者对工匠文化的态度又发生变化；另一方面，从工匠方面看，近代以来的工匠群体逐渐消失，工匠文化在国家话语体系中也没有占有足够的份额。但是，新型的工业生产又缺乏新型的工匠文化理论，即产业文化理论。尤其是产业文化理论的话语体系、机制形态与纲领思想是非常匮乏的。

一　加快建构中国特色设计学理论体系

在当代，学者加快构建中国特色设计学理论体系（即中华考工学理论体系）是传承与创新发展中国工匠文化与工匠精神的理论基础、学科基础与智力基础。中国特色设计学是具有中华底蕴与特色的话语理论体系。但近现代以来，被引进的"设计学"不但打乱了国学之考工学研究的原有知识框架与方法论，还遮蔽了从"考工记"到"考工典"的中华考工学的历史渊源与发展脉络，更重创了国学之考工学的发展走向及其当代传承发展。伴随中华国学的当代振兴与繁荣，中国特色设计学的本位回归不仅是中华国学理论体系发展完善的迫切需要，更是主动适应国家文化发展顶层设计的迫切需求。

首先，当代学者只有加快构建中国特色设计学理论，才能廓清中国工匠文化的历史实践，描述中国工匠经验与辨明中国工匠精神。构建中国特色设计学理论，既要立足中国传统工匠文化，又要立足当代国家对传统工匠文化建设的需求。在历史理论与现实实践中构建中国特色设计学理论，准确地客观地描述中国传统工匠历史文化。在分析中科学归纳与总结中国特色工匠文化体系，进而提出世界性与标识性工匠文化概念，用以描述中国特色工匠经验，提炼中国工匠精神。

在中国化的齐尔塞尔论题研究中发现，中国学者对工匠文化的介入与建构从来就没有停止过，即便在区隔与隐晦地介入工匠场域，其为工匠文化建设的成果也是丰硕的。通过古代海上丝绸之路与陆上丝绸之路源源不断的中国产品及其蕴含的中国文化向海外输出的历史昭示，中国古代学者对工匠文化的建设是积极的，也是富有成效的。作为一个器物文化发达的古国，中国曾经有过辉煌的工匠文化历史，因为有自己的一套特色的工匠文化理论体系、话语体系与概念体系。近代以来，中国清廷的腐朽与懦弱导致近代中国的积贫积弱，自洋务运动以后，便开始向西方学习，特别是引进西方的设计学理论，并试图用西方设计学理论取代中国考工学理论体系。结果表明，当代的中国设计及其产品出现了品牌、品质与品类等诸多问题，"中国制造"也较难走出国门，更无法在物质文化层面传播与弘扬中国文化与中国精神。因此，这需要我们在吸纳西方优秀设计学理论的基础上，必须立足中国工匠文化的根源性理论话语、学术体系与概念范畴，进而构建中国特色的设计学理论体系。

其次，当代学者只有加快构建中国特色设计学理论，才能有效地利用中国工匠智慧，为中国制造提供中国的解决方案。中华民族是世界上最有智慧的民族之一，特别是中国古代工匠不仅给世界留下了数以千计的珍贵艺术品，还为世界留下宝贵的工匠文化与工匠精神财富。如今留存在世界博物馆的中国古代工匠作品，其高超的艺术水平反映了中国工匠智慧、中国工匠思维与中国工匠品格。这明显是中国古代国家综合国力以及文化水平的象征。

在当代，中国的外贸出口多了，中国的经济实现了腾飞，中国在世界舞台上的被理解与被认同明显提升。但中国产品或中国制造还远远不能满足中国文化需求以及世界了解中国文化的需求，中国的物质文化传播力还远远不能满足世界人民对中国的渴望与好奇。因此，加快建构中国特色设计学理论对于中国物质文化传播力的提升已经显得迫不及待，加快建构中国特色设计学理论为中国制造提供中国方案或为世界物质文化发展提供中国方案同样紧迫。

再次，当代学者只有加快构建中国特色设计学理论，才能广泛地凝聚与发扬中国工匠精神，为实现"中国梦"提供精神动力。加快构建中国特色设计学理论的目标是推动中国设计学为中国建设服务，并尽快融入世界设计学话语体系，为实现"两个百年目标"贡献出中国古代工匠文化共同信念、行为规范与价值理念，即利用中国工匠精神为国家建设助力。

中华工匠精神就是中国工匠的共同信念、行为规范与价值标准。一个国家的建设与发展往往需要的就是共同的理想信念、合理的行为规范与科学的价值标准。为此，作为中国特色设计学，它在中国伟大实践中能提供精益求精的工匠精神、善合精神与求美求善的精神，进而为中国建设提供价值支撑与精神动力。

最后，当代学者只有加快构建中国特色设计学理论，才能科学地开掘中国特色工匠话语体系，讲好中国工匠故事，做好中国文化产品，传播中国国家形象。

　　然而，任何试图丢掉"传统"而创构新理论体系的想法都是危险的。在知识系统内，任何知识理论体系大厦都有自己的历史基础与支撑性的骨干学理。因此，即便在短时间内被人们遮蔽或忽视，也不能试图推倒重来建构所谓自己的新学术理论体系。实际上，等到自己的学术理论体系建构完工之后，任凭它有多么的完备与完整，这样的新体系由于没有坚实的基础必然轰然倒塌。近现代以来，在设计学界，试图建构自己的设计学理论体系的学者不在少数，但到目前为止，似乎并没有发现有多么完备而系统的中国设计学研究成果。一切试图主观先入的"目录学"建构的设计学，应当都是自圆其说的理论体系。因为在书写设计学之前，主观性地对自己心目中的设计学进行"编目"，然后围绕这个编目去填充内容或尽量完善这个目录中的内容，这无疑是一种主观化的机械论书写或建构。这样的理论体系的建构及其文本呈现很快就被淹没或忘却是不足为奇的。就中华传统设计学而言，它有自己的理论体系。学界不需要急于建构自己的理论体系，而是应恢复或再建这种被知识系统遮蔽的理论体系。因为任何知识系统里的知识体系都不是显而易见的，也不是呈线性知识形态分布。于是，对于文化学者而言，创构被埋藏在知识系统中的"原有理论体系"是最为重要的学术使命与责任。

　　在新形势下，对中华优秀传统工匠文化的再认识，深入挖掘中华优秀传统工匠文化的理论体系及其价值内涵，是中国当代社会发展的迫切要求，更是当代学者建构属于历史范畴内的中华考工学理论体系的迫切需要。因为中华考工学才是具有中华底蕴与特色的话语理论体系。但近现代以来，被引进的"设计学"不但打乱了国学之考工学研究的原有知识框架与方法论，还遮蔽了从《考工记》到《考工典》的中华考工学的历史渊源与发展脉络，更重创了国学之考工学的发展走向及其当代传承发展。伴随中华国学的当代振兴与繁荣，中华考工学的本位回归不仅是中华国学理论体系发展完善的迫切需要，更是主动适应中华国家文化发展顶层设计的迫切需求。

在学科层面，"中华考工学"是立足于以"工匠"为描述对象的经验主体、以"工匠文化"为推进的知识体系、以"工匠精神"为价值的批评体系的一门学科。它的理论描述逻辑品格表现为对"工匠"的考述、抽象与批评，其核心精神则呈现于对中华工匠主体的敬畏与推崇。

在学科体系上，一门学科的存在背后的模态逻辑是：在理性思维的指导下，基于"经验知识体系"的加工抽象成为"概念理论体系"，进而在"课程体系"上作普遍意义的知识延续。简言之，学科体系包括知识体系、理论体系与课程体系。中华考工学的理论体系是作为中华古代"设计学"构建的重要一环，也是"中华考工学"能作为一门成熟学科的重要标志与根源。

在理论逻辑体系上，"考工论"—"命题论"—"批评论"构成了中华考工学理论的三大核心板块，它们之间的关系是一种演绎性逻辑呈现。首先确立"中华考工学"作为理论基本主题和范围，明确该理论所要阐释的现象为中华考工文化；然后在理论思维的基础上，对中华考工及其相关的工匠经验知识的理论抽象，进而概括其核心理论命题，并对其核心理论作具体分析，从而建立中华考工命题的逻辑演绎系统；最后采用经验知识对中华考工理论命题进行检验、批评与系统化。

在现象层面，"考工论"或是一部"考工史"，即对中华工匠的本源意义的探索以及中华考工在整个"中华考工学"中的历史性展开。第一，作为经验主体的工匠，"中华考工学"则探索其核心概念"中华考工"的本源内涵（如工与巫等）、类型化展开（如工吏、工师与工匠等）、结构性分类（如社会结构中的工艺群体、商业群体、经济群体等）、历史性地位（如工奴、工官、工师等）、文化性功能（如创物、制造、饰物）、文明性传播（如器贡、器物外交等），等等。第二，作为知识体系，"中华考工"则要研究工匠在手作对象上的领域展开（如祭器、石器、青铜器、漆器、瓷器、营造、纺织、家具、农具、兵器等），工匠行为方式的技术性呈现（如髹绘、蜡染、刺绣、绘画、装饰、藤编、棉纺、剪纸、按摩、针灸、制陶等），工匠制度的社会化规范（如匠籍制度、考核制度、奖励制度、学徒制度、居肆制度、行会制度等），工匠精神的意识形态（如心理特质、观念价值、思想本质等），等等。第三，作为现象的批评对象，工匠以及工匠所生产的对象均能被纳入"中华考工批评"的视野，进而形成中华考工批评理论。

"命题论"是中华考工学理论的基础，它主要是对"考工论"之中心概念"中华考工"的知识抽象，"被组织"的中华考工学理论命题是对各种与中华考工相关的理论变量的一种事实陈述。抑或说，"命题论"是对"中华考工"这一核心概念与其他考工文化变量做出具体的操作性定义，以期表述其概念的内涵及其相互的逻辑关系。

"批评论"是中华考工学理论的最高形态，是在"考工论"与"命题论"基础上抽象与演绎出来的逻辑文本形式。它既是一种逻辑理论形态，也是一种思维方法或具有普遍意义的理论模式。在中华文化理论系统中，中华工匠文化理论的文本呈现一以贯之地以"考工"为批评意识或批评思维的基点，进而形成了"东周《考工记》—宋代《考古图》—清代《考工典》"的中华工匠文化的批评路线图，这期间的诸如《仪礼释宫》《梦溪笔谈》《营造法式》《梓人遗制》《天工开物》《长物志》《园冶》《髹饰录》《闲情偶寄》《大清工部工程做法》《景德镇陶录》《装潢志》《存素堂丝绣录》《蚕桑萃编》等中华考工批评理论文本均在不同程度上呈现出"中华考工"批评的主线。作为"批评理论"的中华考工批评理论，它却大量存在于中华古典哲学及其文史文献中。如《易经》《论语》《庄子》《韩非子》《吕氏春秋》《淮南子》《春秋繁露》《史记》

《汉书》《盐铁论》《九章算术》《论衡》《说苑》《说文》《抱朴子》《水经注》《古今刀剑录》《齐民要术》《艺文类聚》《唐会要》《法苑珠林》《蛮书》《岭表录异》《仪礼释宫》《都城纪胜》《容斋随笔》《桂海器志》《岭外代答》《梦粱录》《桂海虞衡志》《太平御览》《武经总要》《南村辍耕录》《文献通考》《岛夷志略》《三十五举》《骨董琐记》《协纪辨方书》《畴人传》《清史稿》《明季北略》等古典文献中。

在价值层面上，"中华考工学"的创构在学科品格、核心范式与理论运用等层面都具有重大的学术价值与现实意义，在分析中，它至少有以下几点价值意义。

第一，"中华考工学"是具有中华文化底蕴的话语体系，其话语范式与理论结构是西方设计学所不能拥有的，它显示出中华考工文化的理论渊源、命题范式与批评视界，彰显出中华传统工匠文化以"工"为本的人学品格，以"工匠精神"为信仰的价值追求。在新形势下，我们迫切需要对中华优秀传统工匠文化的认识，迫切需要挖掘中华优秀传统工匠文化的理论体系及其价值内涵，从而有效增强对中华文化的理论自觉和自信，并激发中华优秀传统文化的生机与活力。

第二，"中华考工"概念的提出是回应或反对现代以来中国学界所建构的中国"设计学"的西化倾向。同现代"西方设计"相比，"中华考工"是一个具有历史性的逻辑范式，它是指中华古代工匠造物所涉猎的一切与造物相关的工匠文化命题，它是以"工匠"为主体，以"工匠技术"与"工匠制度"为双翼，以"礼制文化"为规范，以"工匠精神"为信仰的中华工匠文化范式。中华考工文化范式是具有中国特色的具有生命力的工匠文化范式，它有独特的思想渊源、概念谱系及其话语体系，并接近于中华古代"设计学"意义层面的价值理性与学科特色。

第三，"中华考工学"的创构旨在学科体系上揭示出中华考工内在文化体系及其深层次的理论展开规律，具有深刻的历史意义与逻辑内涵。它的实际运用范围不仅体现了丰富的中华传统文化理论，更能为建构中华现代设计学理论提供范本，并指导今天的具体的文化创意产业及艺术设计领域，而其间的"工匠精神"也将作为一种价值观被嵌入当代社会物质文明与精神文化建设之中，发挥其重要的时代价值与历史使命。

中华考工文化从未间断地延续它的发展活力与生机，并在世界范围内被广泛传播与享用，显示出它显赫的文化魅力。"中华考工"是中国特色的具有民族生命力的工匠文化范式，它有独特的思想渊源、概念谱系与学科意义。一切文化范式的生命力的强弱取决于它的时间延续长度与空间延展宽度。同现代"西方设计"相比，"中华考工"① 既是一个历史性②的逻辑概念，又是一个具有中国话语体系③的理论范式。在时间层面，中华考工文化从未间断，一直延续着它的发展活力与生机；在空间层面，中华考工文化在世界范围内被广泛传播与享用，显示出它独特的中华民族文化展开的世界性魅力。因此，中华考工是中国特色的具有生命力的民族性工匠文化范式，它有独特的思想渊源、概念谱系与学科意义。

在学术研究层面，学界围绕"中华考工"所关涉的学术议题宽广。在设计（侧重造物设计）、美学（侧重设计美学）、科技（侧重造物技术）、语言（侧重造物方言）、教育（侧重工匠教育）、考古（侧重文献与实物考述）、文献（侧重版本源流）、文化（侧重

---

① 这是一个很危险的概念，因为"考工"之"考"，或官职，或考述，或巧也，或是被虚化的动名词；"考工"之"工"，或工匠、或官职。

② 内含工匠制度、行业结构、技术考核、礼仪文明、宗教民俗等历史的复合性概念，其内容比"中华工匠"概念丰富。

③ 概念体系、命题体系或范畴体系、方法体系或批评体系，其结构化的学科性明显，比"工匠理论话语体系"全面。

工匠文化理论）、传播（侧重经学传播倾向）、材料（侧重工匠造物材料）、艺术（侧重工匠造物艺术）等诸多学科层面展开了多向度的学术探讨，也取得了较为出色的理论成果，大致表现有如下几个方面。

一是考工文献整理与研究，即对中华考工理论所涉猎的工匠及其手作文化的文献展开搜集、整理与研究。① 这类研究穷尽了中华古代文献中的工匠故事、工匠事迹、工匠造物工程、工匠工场、工匠材料、工匠民俗等内容，在不同程度作了较为系统的整理、归类与研究，为后人了解或研究中华工匠及其手作文化作了基础性的文献整理工作。这类研究长于搜集整理层面，却较少涉及工匠主体的深层次文化理论体系研究。

二是中华考工理论文献研究，即对中华考工所涉猎的经典文献的注疏、图说、导读、译注、辞解等多层面的译注性解读与研究。② 这类研究基本定位为注释、翻译经典，解读文献旨在使其更通俗易懂地被阅读与传播，但也有其不可避免的缺漏，对文献注疏的解读或翻译存有误读。这类研究为后学解读这类经典文献在文字及思想上作了极好的支撑与极大的帮助。

三是中华古代考工文化理论及其思想研究，即对古代中华考工

---

① 在这个方面的代表性成果有《中国古代的工匠》（曹焕旭，1996）、《敦煌工匠史料》（马德，1997）、《中国古代能人巧匠》（万方等主编，1998）、《中国历代考工典》（何庆先等，2003）、《堂名工匠款编》（熊玉莲等，2005）、《中国历代名匠志》（喻学才，2006）、《历代工艺名家》（田自秉等，2008）、《宋代官府工场及物料与工匠》（韩桂华，2010）、《中国传统工匠》（胡长荣等，2016）等。

② 这类研究的代表性成果有《〈考工记〉导读》（闻人军，1998）、《〈考工记〉图说》（戴吾三，2003）、《〈考工记〉翻译与译注》（关增建等，2014）、《〈营造法式〉注释》（梁思成，1983）、《〈营造法式〉辞解》（程明达，2010）、《〈营造法式〉译解》（王海燕等，2011）、《〈天工开物〉导读》（潘吉星，1988）、《〈天工开物〉译注》（潘吉星，2008）、《〈天工开物〉古今图说》（曹伟，2011）等。

所涉猎的造物思想、造物事理、造物制度、造物之道等层面的理论研究。① 这类研究一般从西方"设计学"概念切入，并非从"中华考工"范式研究中华古代"设计"文化理论及其思想，并在人类学、文化学、社会学、艺术学、设计学、图像学等多维度展开中华考工文化的考察与研究。

四是中华考工文化的史论研究，即对中华考工所涉及的历史、理论、美术形态、设计艺术等理论话语作"概论"、"史论"或"原理"式研究。② 这类研究在理论体系上除了田自秉、李砚祖两位先生采用中华考工话语体系建构理论形态之外，其他均较少采用中华考工经典文献理论形态，多用西方设计学话语体系建构中华考工文化体系，部分"概论"也较少涉猎中华考工文化。因此，这类研究或偏爱西方设计学理论体系。

近年来，中华工匠文化研究呈现活跃态势，特别是随着中华国学的复苏与振兴，学界对中华工匠精神、工匠文化、工匠民俗等多层面的研究热度较以往显示出井喷状态。在这方面有关工匠文化（中华考工文化的一部分）的学者论文明显增多，有关工匠精神的研究也在不断涌现，有关工匠文化的国家课题也多有立项。同济大学邹其昌教授申报成功的"中华工匠文化理论体系及其传承创新研

---

① 这方面的研究成果有《中国古代设计事理学系列研究》（柳冠中，2007）、《中国古代设计思想史略》（邵琦等，2009）、《中国古代设计艺术思想论纲》（孙长初，2010）、《中国古代设计图典》（傅克辉等，2011）、《造物之道：中国古代设计思想散论》（郭廉夫，2015）、《器以藏礼：中国古代设计制度研究》（熊嫚，2016）等。

② 这类研究的代表性成果有《工艺美术概论》（田自秉，1991）、《工艺美术概论》（李砚祖，1999）、《设计学概论》（尹定邦，1999）、《设计概论》（赵农，2000）、《中国工艺美术史》（徐思民，2002）、《中国工艺美术史》（朱和平，2004）、《隋唐五代工艺美术史》（尚刚，2005）、《中国工艺美术史》（田自秉，2005）、《中国工艺美术史》（王家树，1994）、《中国设计艺术史论》（李立新，2004）、《中国设计史》（高丰，2004）、《中国设计史》（夏燕靖，2009）等。

究"（2016）之国家重大招标项目，直接昭示在国家层面的中华工匠文化的顶层设计之理念已然出场。换言之，中华考工文化必将成为未来中华传统文化研究的热点，或将成为中华国学文化发展的一个重要支撑点。

与西方设计相比，作为一种传统工匠文化范式，中华考工经历了极其复杂的演进历程。在这个历程中，中华考工是在中华早期自然哲学、社会礼制及其特定的物质文明中被创生的，并在此特定文化动力下引领中华工匠的手作创物、技术科学以及工匠精神信仰的衍生与发展。

《易经》是中华思想文化之渊源，也是中华自然哲学与创物知识之源头。《易经》为中华考工文化提供有效的思维模式、话语理式与命题范式。

在思维模式层面，"道器不二"构成中国考工文化的基本思维范式。《周易·系辞》曰："形而上者谓之道，形而下者谓之器。"这就是说，"道"为"器"之体，"器"为"道"之用，"道"与"器"共存一体。可见，《易》之原道思维模式构成中国考工思想模式之源。

在话语理式层面，《易》的原道哲学思想表现为原始意义层面的具有发生学倾向的理性自觉，其卦爻辞的原道思维便构成了中华考工的基本话语理式。造物是什么？如何实践造物中的创新？如何装饰？这些有关中华造物的思想在《易》中均能找到最原初的答案，其64卦爻辞为我们提供许多"原道"式的话语理式。

在命题范式层面，《易》之卦爻辞的原道理论是中华考工思想命题的基本范式。诸如"制器尚象""法天象地""开物成务""厚德载物""五行相生""生生之谓易""备物致用"等原道式的命题为后世中华考工提供了十分宝贵的理论命题。《易》之造物话语命题对后世中华考工思想的影响是巨大的。实际上，中国古代"学术场"与"工匠场"的互动是明显的。

简言之，《易》是儒道共奉的典籍，它演绎着生生不息的宇宙本体生命理念以及万物生成的文化法则。因此，"易"构成了中华文明最为本质的文化内核。对于中华考工思想而言，《易》是当之无愧的理论思想先导。

从方法论层面看，《考工记》开创了中华"工论"的知识考古学。抑或说，中华"考工学"的方法论体系从《考工记》的"考述"体系中已然应运而生。作为一种"工论"的知识叙事方法论，"考工记"为建构中华"考工学"提供了重要的奠基性的方法论范式。

《考工记》所采用的"考工记"方法论理论是基于"考述"的立场，以"国有六职"之工匠行业独特性分工为切入口，以齐国为中心的"边缘性"诸侯（粤、燕、秦、胡等）空间造物为比较对象，较为详细地描述了东周时期工匠的造物"异质性"（包括材料、工具、地域、天时等），并就此展开对工匠所涉猎的技术规范、行业标准、职业制度、营建方法以及造物礼制等工匠"知识单元"的客观性描述，尤其是注重工匠知识话语的"非连续性"（包括"工论"知识的断裂、区隔、片段、缺陷等）描述与建构，它包括"工"与"士"、"工"与"官"、"工"与"农"等看似统一却已然出现疏离的社会局面。在东周儒家"重道轻器""君子不器"的时代，《考工记》的方法论书写是如何遮蔽这些政治主流话语的？这或是《考工记》知识考古学的"叙事功绩"与"方法范式"。

概而言之，《考工记》有关"工论"的知识话语叙事至少有以下三大隐性特征：边缘性描述、异质性转换和非连续性建构。这或是《考工记》最为"惯习"性的知识叙事方式，它明显地带有福柯式的"知识考古学"所描述的核心思想痕迹。在文化"早熟"的东周社会，"百家争鸣"与"群雄逐鹿"为诞生"考工记"这样的知识考古学理论范式提供了绝佳机会。这种史无前例的"考工记"为中华工匠文化理论体系建构提供了难能可贵的方法论思维，或为中华文化理论体系的建构提供宝贵的知识叙事范式。

在思想史上，宋、元、明、清四个朝代是中华考工思想的四大辉煌发展时期，出场一大批中华考工文化理论文献①，也是中华考工思想理论的体系性呈现。依据文化学分类标准，中华考工体系大致有以下"四大体系"。

第一，创物体系。在原初的设计维度，"创物思想"是工匠对器物或工具的创造性设计思想，它彰显的是工匠的创造性价值。因此，工匠的创物思想是一种实体创作思想，它包括器物创作与工具创作两大体系。"器"与"具"是中华考工最典型的创造活体。

第二，技术体系。中华考工的技术体系，即中华工匠的手作体系。在词源上，工匠的"手作"包含两个重要的符号意义指向：一是"手工"，即用手操作或劳作；二是"手艺"，即手的技艺或技巧。因此，工匠的手作包括工匠的手工与技艺两大类别，它们均离不开工匠之"手"或手的行为技术。那么，工匠的手作技术又可以称作"手的技术"或"行为技术"。在工匠手作行为思想体系里，大致包含工匠之手的"工"和"艺"的技术内涵。

第三，制度体系。工匠制度体系是工匠周边社会的各种关系的伦理制度聚集体，它既是工匠手作文化的伦理制度，也是工匠精神文化的社会产物。工匠制度与工匠创物的显著差别在于，前者属于隐性体系，后者属于显性体系。

第四，精神体系。工匠精神体系是工匠的一种价值文化体系，它由工匠心理与工匠意识形态两大体系构成，它们是工匠文化体系

---

① 诸如《考古图》《仪礼释宫》《梦溪笔谈》《营造法式》《都城纪胜》《梓人遗制》《天工开物》《长物志》《园冶》《髹饰录》《帝京景物略》《鲁班经匠家镜》《大明律·工律》《闲情偶寄》《协纪辨方书》《大清工部工程做法》《景德镇陶录》《装潢志》《漆园糟》《绣谱》《存素堂丝绣录》《蚕桑萃编》《陶说》《陶雅》《陶录》《古窑器考》《窑器谈》《说瓷》《瓷史》《考工典》等。

最为核心的部分。因为工匠心理或意识形态体系均可以通过工匠的创物、行为、制度等外化成一种精神体系或心态体系。

中华考工的概念谱系是极其复杂的，概括起来大致有以下类别。

第一，创物概念谱系。在创物维度，中华考工概念谱系可以分为"工"（隶属中华工匠文化体系）、"器"（隶属中华器物文化体系）与"具"（隶属中华工具文化体系）三个分支，每个分支有自己的特有概念。如"工"的概念谱系：工/史、工人、考工令、（乐）工、六工、工匠、工师、军匠、医工、星工、匠师、工官、官工、（百）宗工、客工、卜工、百工、工巧/巧工、吏工、大工、国工、女工/女红、水工、共工、工（攻）、工正、工人/匠工、图工、工（功）、良工、司空、将作、将作大匠等。

第二，技术概念谱系。在"手工"技术层面，工匠凭借手的行为创制器物或工具，如手绘、手编、手摇、手锯、手推、手捏、手写、手植、手击、手创、手挠、手帖、手涂、手堆、手绣、手磨、手撕、手印、手刻、手塑等各种手工创物行为。在现代汉语中，由"手"构成的汉字多达千数。"手"是工匠最伟大的、真诚的"仆人"，它与工匠之"心"是息息相通的。工匠文化就是用灵活性极强的双手创造出来的，工匠之手成就了工匠自身，也成就了工匠文化。一部工匠文化史也就是一部手工史。在"手艺"技术层面，工匠在手之教练的指引下，创造了数不尽的手工技术，如绘画、雕刻、碑帖、篆刻、绣花、刺绣、鬏饰、镶嵌、彩绘、藤编、棉纺、剪纸、按摩、针灸、制陶、制漆、制瓷等各种手艺，从而构成了丰富多彩的工匠手艺文化。

第三，制度概念谱系。在古代，工匠制度大致包括匠户制度、生产制度、考核制度、奖励制度、学徒制度、教育制度、居肆制度、行会制度、帮派制度等诸多百工制度，中华考工制度思想体系是非常复杂的。

第四，精神概念谱系。在心理层面，工匠借助"专注""持久"

"严谨""细腻""精益求精""坚守""不急不躁""精致""敬业"等心理品质或心理素质完成了他们的创物行为，这些工匠的心理品质的聚集便构成了"工匠精神"。在意识形态层面，工匠的价值观、思想、观点、观念、准则、规范、理想等聚合成工匠的意识形态聚合体。抑或说，工匠的意识形态是工匠理解手作行为及其与社会的复杂关系的一种有效方法与合理想象。

在当代国学发展背景下，深入阐发中华古代考工文化理论精髓，特别是阐发中华考工的历史渊源、发展脉络与基本走向，进而构建中国特色的"考工学"思想体系、学术体系和话语体系，它无疑是今天或未来摆在"设计学"研究者面前的重大目标任务，使之增强国家文化软实力，并服务于中国特色社会主义伟大事业的实践。

在价值层面，中华考工是中华历史创生的物质文明与精神文明的体系性复合概念，它隐含了关于中华文化中的创意设计、科学技术、制度文明以及工匠精神的文化谱系。作为一种概念的理论预设必将能建构具有中华底蕴与特色的话语理论体系。但近现代以来，被引进的"设计学"不但打乱了国学之考工学研究的原有知识框架与方法论，还遮蔽了从《考工记》到《考工典》的中华考工学的历史渊源与发展脉络，更重创了国学之考工学的发展走向及当代传承发展。随着中华国学的当代振兴与繁荣，中华考工学的本位回归不仅是中华国学理论体系发展完善的迫切需要，更是主动适应中华国家文化发展顶层设计的迫切需求。

二　高校培植工匠精神的担当

近年来，中华工艺及手作匠人的文化研究似乎成为显学，并迅速占领公共话语领域，甚至被纳入中国国家政治议程。尽管韦伯（Max Weber）、阿伦特（Hannah Arendt）、哈贝马斯（Jurgen Habermas）、罗尔斯（John Rawls）等学者曾从多层面对此做过探究，这些研究不约而同地将工匠精神介入社会政治文化救赎场域的阐释，其研究成果极大地丰富和拓展了工匠文化的边界与社会学理论宽度。但就人文社科学界而言，人们在公共场域中对工匠精神所做的理论研究及从中获取合理的理解是极其有限的。那么，如何在历史视界里辨明"工匠精神"？在当代语境中，工匠精神仍然是学界较为活跃的研究领域与具有潜力的研究空间。在本章以下的讨论中，拟将借用法国布迪厄的"场域"概念为切入口，并以哈贝马斯"公共场域"（Public sphere）为视镜，初步分析作为公共场域中工匠精神的根本特质，以期阐明工匠精神被疏离和重构的历史逻辑。

在理论上，"场域"被认为是布迪厄社会学研究的核心工具与分析单元。在布迪厄那里，"场域"是一个开放性与收敛性并举的概念，它研究的内容指向内外部空间及其要素的结构体及其关系性。因此，布迪厄认为，"依据场域进行思考即是关系性地进行思考"。戴维·斯沃茨则进一步强调："各种各样的场域通过鼓励研究者探究塑造行为的潜在的、不可见的关系而不是常识性范畴所赋予的所谓'特征'。"[①] 在此，斯沃茨明确阐明了布迪厄"场域"所偏向的内在关系性逻辑要义，即"场域"并非单指可见的物理空间，还指向一个不可见的"非常识性"的空间区域，它有特定的潜在结构（元素）及其关系网络。就工匠而言，作为社会实践的手作叙述不过是"在特定场域的特别逻辑之中实现的东西"，工匠精神被手作叙述所发生的公共场域所影响，并反哺公共社会经济、政治及其文化。换言之，工匠精神在理论上可以纳入"公共场域"之研究范围。

"公共场域"是德国社会哲学家哈贝马斯的一个社会学分析工

---

① ［美］戴维·斯沃茨：《文化与权力：布迪厄的社会学》，陶东风译，上海译文出版社2006年版，第138页。

具，它关乎的是一个公共社会学的问题。在当代社会学研究领域，"社会学马克思主义"的领袖人物麦克·布洛维（Michael Burawoy）提倡"公共社会学"，并强调社会学的公共场域的关怀及其道德伦理担当。[①] 因此，所谓"公共场域"是指社会公共空间的结构及其关系，这种结构与关系的构型力在公共性空间内得以呈现与传达。哈贝马斯认为，"公共性"就是"让公开事实接受具有批判意识的公众监督"。[②] 在他看来，独立的公共空间、公共批判以及公共意识是"公共性"范畴的单元性类别特征，这些单元类别是构成规范性公共空间辨明基础的核心要素。

在社会现实层面，工匠精神基础品格的规范性辨明是属于公共场域的，并非属于工匠私人领域。因为工匠手作叙述产品最终是要被纳入公共消费的，并在开放中接受公众集体批判，还要将其批判思想反哺工匠手作叙述。由此观之，公共场域可被视为一种工匠精神批判的公共平台。它不仅具有开放性特质，还具有公共性品格，即在对外开放的展示中实现人们对工匠手作产品的公共批判，从而使人们逐渐形成一种特有的工匠意识或工匠精神。譬如1851年的英国博览会旨在向世界展示其工业革命的成果，这次在英国海德公园举行的世界上第一次博览会就是一个具有公共性的"公共场域"，它所带来的"公共批判"指向了工业革命所暴露的技术与艺术之分离问题，直接导致英国"工艺美术运动"的产生，从而引发人们对工业革命中工匠精神衰落的公共思考。

根据布迪厄、戴维·斯沃茨和哈贝马斯的思想立场，结合工匠精神的公共性实践特征，"公共场域"可以被视为分析工匠精神的一

---

① 参见［美］麦克·布洛维《公共社会学》，沈原等译，社会科学文献出版社2007年版。

② ［德］尤根·哈贝马斯：《公共领域的结构转型》，曹卫东等译，学林出版社1990年版，第121页。

种新型工具，这种方法论视野下的分析工具或能在工匠精神的存在、疏离与重构维度上建立特定分析单元，从而为工匠精神在当代语境中的展开提供科学指导理论半径及价值板块。

从词源学看，古希腊语"匠人"一词"demioergos"是由 demios（公共的）和 ergon（生产性的）复合而成。[1] 这个复合名词显示出古希腊匠人的两个原始性文化特质——"公共性"与"生产性"。这两个基本工匠精神特质直接来源于工匠在社会场域中的时空地位，并制约着早期工匠身份场域的本质规定性。

在前现代社会，匠人属于劳动的支配对象，其手作叙事仅属于工艺消费者的私人场域。在早期罗马文明中，"匠人"被歧视性地视为"劳动之兽"。显然，匠人生产及其身份被划入不受重视的公共场域。工匠的身份存在仅是为了自我手作产品，并在严格的工匠制度以及分工中制作产品；同时，手作产品是为了贵族或统治者的消费，工匠本身没有消费手作产品的权利。因此，工匠的手作行为是非集体的、利他的，进而丧失了手作产品在生产性层面的创新以及使用价值。换言之，古罗马匠人所具有的"公共性"与"生产性"有其特定的社会性内涵。在公共性层面，工匠精神的公共性场域是有边界的，工匠仅仅作为公共场域或作坊里的一个分工专业较细的"劳动之兽"；在生产性层面，工匠手作叙述是有严格限制的，工匠被封闭在特定场域内活动，其技术也只能依赖家族传递或口传心授。换言之，"生产过程之中的因果性不在于工匠，而在于外在于他的产品中"。[2] 这就是说，古罗马工匠的手作与产品被公共场域的社会及其文化制度严格疏离，这样的手作劳动是不自由的，也无法实现工匠劳动的生产价值，更奢谈劳动创新。因此，此时的工匠精神

---

① ［美］理查德·桑内特：《匠人》，李继宏译，上海译文出版社 2015 年版，第 6 页。

② ［法］让-皮埃尔·维尔南：《希腊人的神话和思想：历史心理分析研究》，黄艳红译，中国人民大学出版社 2007 年版，第 309 页。

表现为绝对的服从与服务，并不作为自我暗能量的存在。

在工业社会，随着蒸汽机与技术的介入，匠人的活动空间及其身份发生场域的嬗变，由原来的作坊走进工厂，匠人的身份也由原来的"工奴"向服务于机械的"机械奴"转型。从此，匠人被冰冷的机械悬置在特定的公共场域，工匠的手与产品之间的距离被拉大，工匠的产品不再有匠人手作的温度。换言之，在工业社会里，工匠的手作叙述已然被机械化的工厂替代，工匠精神被设定在对机械"手控"的专注与专一之上。在公共性层面，工匠及其精神的公共性获得较高的地位，因为在生产性层面，技术工、工程师等主要生产工在整个劳动过程中控制一定话语权。尽管工业时代的工匠获得了现代社会场域中手的解放感，但工匠精神依然被机械及其流程俘获，工匠身份进而从原先"劳动之兽"被强行带入"机械之人"的技术陷阱。

在后现代社会，第三次技术革命席卷全球，以计算机以及信息流通为典型特征的知识社会取代了现代工业社会。集成化、网络化以及信息化给工匠之手带来新的革命，其根本性变化就是手不再是机械化的奴隶，手感成为操控对象的新理想。手的美学意味在计算机的带动下变得特别浓厚。问题的复杂性在于，工匠之手不再是人们必需的，智能之手在其优越性上发挥了无比的智性价值。此时的工匠以"非物质文化遗产"传承人的身份出现在博物馆、新闻客户端以及学术期刊上。工匠的手作场域非常有限，除了官办大学哲匠工作室、民间工艺爱好者以及社会文化创意产业以外，工匠的身影及其活动场域被挤压至社会的边缘。但面对后现代社会财富的积累、世界级的消费品工业核心竞争力和创新能力的竞争态势，特别是发展中国家消费工业品有效供给能力和水平难以适应后现代民众消费升级的需求。此时，对工匠文化的呼唤以及工匠精神的复苏成为民众乃至国家的重要议程。因此，当国家层面上认识到工匠精神的社会政治、经济与文化的救赎功能之后，工匠精神在公共性行业的普适性价值以及在生产性特质层面才被公共社会及其行业一致认可与接受。

简言之，"工匠精神"是有时间性的公共价值观，它是历史社会场域所赋予的暗能量。另外，工匠精神在工匠之手的场域中发生变迁。或者说，现代性中的"手的解放"是工匠精神史展开的一个潜在动能。

从空间构型视角看，工匠精神的表现场域可分为物理场域、思想场域与制度场域。在物理场域层面，集市（市场）、皇室（宫廷）、作坊（工厂）、展览馆（博览会）等空间是匠人手作叙事的公共场域，它们在空间上实施对工匠精神的公共性构型活动。在思想场域层面，（公共的）批判、（生产的）意识、（社会的）观念等场域也是匠人手作叙述的公共场域，并铸造工匠精神的公共性，即公共场域内的公共批判与公共意识。在制度场域层面，工匠的手作生产及其相关活动的制度文化对工匠精神的形成也产生不可忽视的引领与催化作用。其中物理场域又可称为事实场域，即实际空间场域。譬如集市、宫廷、博览会等具有型构力量的空间对于工匠精神的形成发挥着纽带作用，这些空间将工匠与消费者及社会联结起来，并在思想场域与制度场域协同铸造工匠精神。

集市或市场是按照资本逻辑要求建构起来的空间场域，也即工匠及其产品参与社会公共场域活动的集散地。在文化场域视界，集市或市场就是"集中的符号竞争和个人策略的场所"。对于工匠而言，它的策略就是生产更多有价值的投放集市的手作产品，它的价值体现于消费者社会对它的普遍接受与归类。而工匠精神就在这种普遍接受与归类中逐渐形成，并被判定为比其他价值观更独特的价值能力，譬如"专注"与"一丝不苟"成为工匠精神的典型符号。在集市公共空间内，工匠的手作产品被消费者社会的接受与归类，其行为本身就是一种公共批判，手作产品的顺利流通与销售是公共批判的产物，也是作为公共意识的工匠精神的优胜产物。在这其间，资本或竞争占据了集市场域话语的全部。或者说，公共批判与公共意识在资本的逻辑或对抗竞争中实现。

宫廷或皇室是依照权力逻辑要求建构起来的公共场域，是工匠手作产品消费的主要输入地。作为国家机构的宫廷，它不过是一个充满潜力的权力场域。在此，宫廷内权力的大小直接支配手作产品的数量及其奢华程度，统治者与被统治者在分配手作产品上有显而易见的不均等。这与集市场域一样，宫廷场域同样存有不同力量关系的对抗。在宫廷场域内，帝王或贵族的集体批评立场很大程度上决定了工匠精神的偏向，也集中反映了工匠美学的场域特征。可见，国家性权力机构及其统治者介入工匠场域之后，工匠精神的场域结构也发生了根本转型。抑或说，对于宫廷工匠而言，他们的生产逻辑实际上是一种权力再生产。因此，作为公共批判与公共意识的工匠精神是在宫廷权力逻辑运作中逐渐形成的。

博览会是依照公众批判逻辑要求建构起来的，它是工匠手作产品的集中展览与批判空间。相对于集市和宫廷而言，博览会是最具公共批判与公共意识的特殊场所。英国的"水晶宫"国际博览会就是一个充满力量的公共批判场域。获取有关对工业革命以来的机械产品的意见或批评成为这次博览会的最大收获；另外，博览会的公共审查批评过程，也带来了公共行业竞争以及订货量的提升。对于工匠手作产品而言，博览会这个公共场域有效促进了工匠行业发展以及各国消费品工业的竞争。同时，公共批评逻辑介入工匠场域之后，也能促进工匠精神的定型化。

由此观之，工匠精神在不同空间场域中所生成的基本特质是有明显差异的。在市场场域，工匠精神被竞争与对抗意识所环绕；在宫廷场域，工匠精神被束缚在权力与奢华美学层面而展开；在博览会场域，工匠精神在集团批评里得到有效延展。简言之，基于公共场域视点，工匠精神可以被理解为工匠身份嵌入公共场域的生成性价值观。

从"匠人"在原始意义的"公共性"与"生产性"特质看，它们均建基在"社会性"之上。抑或说，公共性、生产性与社会性是匠人获得场域存在的根本特质。那么，在当代社会里所言"匠人的衰落"或"工匠精神的疏离"，它们的意旨直接偏向于工匠精神的公共性、生产性与社会性的衰落，其中最为根本的原因是现代性导致了现代工匠精神的疏离。

在公共性层面，匠人精神的公共性疏离主要表现于工匠活动的公共生产空间的交际网络以及产品服务发生了现代性变迁，它直接导致工匠精神的弱化。

第一，在人类技术发展史上，技术革命发展史就是工匠精神的疏离史，特别是表现在匠人公共性场域的物理空间的变化上，迫使工匠手作空间从公域走向私域，从而出现工匠精神的公共性发生弱化的现象。这种弱化的现代性过程呈现以下发展轨迹图式：

图式1：作坊（半私域）→车间（公域）→虚拟空间（私域）

斯沃茨指出，"场域分析关注个体与群体行为的机构化方面"。① 在图式1的最前端，作坊是早期工匠的生产空间。对于匠人而言，作坊是半私域的公共场域。因为，作坊在劳动价值层面的使用权是不属于工匠本人的。到了工业社会，车间是匠人（工程师或技术工）技术生产的公共场域，早期的作坊私域性已经全部消失，其空间的文化特质集中于公域的公共性层面。然而在信息社会里，匠人的生产性空间在依赖性上消失了，工业时代的公共车间、匠人的生产空间、技术以及资料获取越来越虚拟化。可见，在技术革命中的手作空间转型中，匠人的生产性场域从早期的公域逐渐向虚拟

---

① ［美］斯沃茨：《文化与权力：布迪厄的社会学》，陶东风译，上海译文出版社2006年版，第139页。

私域迈进。伴随工匠现代性生产空间的公共性弱化，工匠精神也随之发生衰落。

第二，在场域视点中，匠人场域指向匠人与社会的网络结成及其关系性空间。在现代性进程演进下，匠人所面临的公共场域所结成的社会网络空间的公共性也逐渐减弱，其流变轨迹如图式2：

图式2：自然域：原始交际网→公共域：产品运输网→私域：商品互联网

在图式2中，工匠处于自然场域下的人际关系具有天然的结盟性，并在分工中集体完成手作产品，匠人的细作对集体的依赖是很强的。到了工业时代，原先的自然结成网络交际被高效联通的货物运输网取代，匠人的自然公共性随之让位于货物交通公共性。但在信息时代，匠人在全球化网络空间中的公共性大大减弱，商品的互联网交易纯粹是私人场域的游戏，一切公共性交易均在虚拟空间实现。因此，从早期匠人的自然产品到网络商品的转向中，工匠与社会结成的关系网络表面上愈加密切，但匠人精神已然被排挤到现代性空间的边缘。

第三，从工匠及其产品服务链看，工匠的公共性随着技术革命的推进，也发生了现代性根本性变化，迫使工匠精神的公共特质发生弱化，其产品服务向量发展轨迹如图式3：

图式3：作品：直接供给→商品：市场配置→电商：抽象服务

在图式3中，早期的匠人作品生产、设计、供给与消费均是在公共场域下作一体化运作，产品服务是直接的，不需要通过货币中介交易的；但到了现代经济时代，匠人作品作为商品的存在，它的供给在市场范围内配置；而在信息时代，匠作产品被引进电商服务体系，在服务性上属于现代性的抽象服务。因此，电商产品的信息、知识以及教育均被虚拟化运作。匠作产品的服务性特质发生现代性变迁，致使匠人精神的公共性被消隐在现代性公共场域。

"匠人"在拉丁语中为 Homo faber（Latin for "Man the Maker"），即会制造与使用工具的人。在印第安纳瓦语中，托尔特克，即"伟大的工匠"之意，以此表达托尔特克人在兴建"众神之城"特奥蒂阿冈上具有的高超技艺和辉煌成就。① 可见，生产性是工匠及其精神的重要特质。从存在主义出发，海德格尔哲学有"艺术的物性"与"器物的艺术性"的天才发现，这两大发现又建立在两者的共性，即"生产性"的基础之上。可见，工匠精神的生产性是与生俱来的。但伴随现代性社会的发展，匠人及其精神的生产性特质俨然发生现代性的疏离。

第一，在手物关系层面，工匠之"手"与工匠生产之"物"的关系变迁最能阐释工匠及其精神被疏离的事实。从农业经济—工业经济——信息经济的时代发展轨迹看，工匠之手与物的向量性变迁表现轨迹如图式4：

图式4：手作：手物一体→生产：手物分离→设计：手物同感

在图式4中，早期匠人之手与生产物是血脉相连的，手作叙事就是手与物的舞蹈，特别是匠作之手与心是紧密相连的。不过，到了现代社会，匠人之手被机械代替，手发挥操控机械的职能，手与物的距离被放大，手、物与心的间性迫使匠人及其精神在生产性上产生现代性弱化倾向。特别是信息时代的工匠之手已然从早期的手物一体之手转变成物感之手，即手在制造与使用层面上的功能更加

① ［美］特伦斯·M. 汉弗莱：《美洲史》，王笑东译，民主与建设出版社2004年版，第31页。

依赖智能及虚拟的物感。人类的技术革命实质就是手的不断解放，但匠人的生产性也逐渐在解放过程中走向弱化境地。

第二，在生产性疏离层面，技术革命所演进的社会生产系统也发生进化论意义上的嬗变，同样呈现出工匠及其精神的生产性疏离特质，其现代性进程轨迹如图式5：

图式5：手作：面向自然→生产：面向实践→设计：面向理论

在图式5中，早期社会中的手作叙事是面向自然的生产与加工工具及其产品，工匠对自然的依赖性很强；但到了现代社会，工匠手作叙事是一个流水线的生产系统，匠人场域主要是面向实践的社会系统；在信息时代，匠作叙事属于专家系统，在其信息生产、服务以及教育上均面向理论。在图式5的过程中，匠人的生产性在现代性进程中逐渐被疏离。

第三，在生产性特质层面，技术革命给工匠生产获取生产资料及其相关生产信息的方式带来革命，也因此给工匠精神带来疏离，其关系发展图式如图式6：

图式6：手作：自加工工具→生产：购买资料→设计：免费检索

在图式6中，早期的工匠获取生产资料的途径是自加工，主要从自然界获取并加工成体力劳动的工具，并直接服务于消费者；但在现代社会，匠人的生产资料是需要购买的，并以货币为中介在市场配置下获取；到了信息时代，匠人设计的产品资料来源于多方面，其中可以是来源于网络，并免费获取。很显然，在图式6中，工匠的生产性在匠人生产资料获取的现代性进程中慢慢弱化。

在公共场域视野下，匠人的"公共性"与"生产性"特质的衰落，归根结底是匠人的"社会性"衰落。因为匠人的公共性与生产性是建立于社会性之上的场域特质。

第一，在公共场域所呈现的社会关系层面，工匠的身体及其精神在技术革命中的角色依赖是变化着的，其现代性运动轨迹如图式 7：

图式 7：集体依赖→理性依赖→审美依赖

在图式 7 中，古代工匠是依附于集体（自然或国家）的，并表现出很强的角色社会依赖。但在工业社会里，随着工业生产的技术性及其理性化的发展，工匠精神衰落的直接原因是工匠对技术理性的依赖。因为"工业社会生产产品，它是一场和人造自然的争斗。世界变得技术化和理性化。机器占统治地位，生活步伐追随机器节奏；时间是有年代顺序的、技术的、由时钟分割而平均分配的。能源取代了原始体力劳动，为生产力的飞跃——构成了工业社会特色的标准化产品的大批量生产——提供了基础。能源和机器改变了工作的性质。技能被分解成一个个更简单的成分，而过去的工匠被两种新人取代：一种是工程师，他负责工作的设置和流程；一种是半熟练工，他就如维持机器运转的齿轮，直到工程师的技术创造力发明出一个新机器取代他为止。这是一个充满计划和程序的世界，所有组成部分准时集合到位，被装配起来"。① 换言之，技术理性导致了工匠对技术的依赖。到了信息时代，工匠的手作叙事是感性的，并表现为对物感美学的依赖性。如果说集体依赖与理性依赖是属于公共社会性依赖，那么审美依赖则是私域的、情感的。很显然，在图式 7 中，工匠精神的社会性依赖在逐渐弱化。

————————

① ［美］丹尼尔·贝尔：《资本主义文化矛盾》，严蓓文译，江苏人民出版社 2012 年版，第 157 页。

　　第二，在技术层面，技术革命所呈现的技术场域是不同的，并在不断变化的技术场域里迫使工匠精神走向衰落，其现代性发展轨迹如图式8：

　　图式8：技术发现→技术生产→技术使用

　　在技术场域，"技术世界是由理性和进步确定的"①。在早期社会，匠人的技术主要依赖在自然中的发现及其技术威望确定。抑或说，工匠的"技术发现"是维系工匠生产场域的关键，并在"技术威望"中进行家族或代际传承。在西方中世纪，"教会的等级制度和世俗等级制度同样有助于继承和提升神圣的铁匠与金银匠的传统。工匠铸造武士贵族的武器，金银匠装饰武器并制造这些骑士的妻子的首饰，创造出贵族喜欢的用金银宝石覆盖的教堂耀眼的饰物，这样的工匠是一位大人物，维持着精巧技术的威望"②。到了现代社会，工匠的技术生产是维系产品及其精神的关键。抑或说，在生产性层面，"技术发明"成为工匠手作产品功能实现与艺术传达的基础。然而糟糕的是，技术发明也给工匠的社会性带来致命性打击。英国人E.P.汤普森在描述工业革命所带来的后果时指出："工匠们感觉到了他们的地位和生活水平在1815至1840年之间受到了威胁，或者正在恶化。技术革新和廉价劳动力的过多的存在，削弱了他们的地位。他们没有政治权利而国家权力被用来摧毁他们的工会，哪怕这样的使用只是间断性的……理想和现实不满汇合在他们身上，变成愤怒——他们失去了尊严，经济状况直接恶化，随着手

---

　　①　[美]丹尼尔·贝尔：《资本主义文化矛盾》，严蓓文译，江苏人民出版社2012年版，第161页。

　　②　[法]雅克·勒高夫：《谈谈另一个中世纪：西方的时间、劳动和文化》，周莽译，商务印书馆2014年版，第143页。

工艺的日渐贬值而丧失自豪感，失去了上升为业主的愿望。"① 到了信息社会，工匠的"技术发明"不再是工匠所关心的对象。因为计算机技术的发展迫使工匠的"技术使用"成为最为核心的要素，工匠的社会性让位于"技术存在"。在技术传承方面，甚或出现代际倒置现象，即子辈在技术使用上要比父辈学得快，并发挥着向父辈反向传承的偏向。换言之，老一辈的工匠在技术使用的社会性上发生严重疏离。

第三，在智性层面，技术革命的更迭使得工匠手作的社会性发生变迁，其现代性流变轨迹图式表现如图式 9。

图式 9：手作智慧→机械智慧→美学智慧

在图式 9 中，在早期社会里，工匠及其群体智慧是由自然社会构塑而成的，作为整体的自然社会是独立于工匠之外的世界，作为手作叙事的自然性产品是生活的必需，其生产是由国家或宫廷负责的，其手作智慧是工匠的德行与物性的统一；在现代社会里，工匠及其手作产品是由自己负责的，这些产品并不是满足或改变人们功能性消费的，它们仅作为"艺术品"独立于产业社会而存在，那些技术性产品更是独立于人或工匠而存在的，工匠的智慧呈现于理性与物性的统一之中；在后现代社会里，工匠及其手作产品变成了博物馆式的艺术，仅供给人们观赏，它们作为"非遗"成为美的产品供人们猎奇或玩赏之用，至于那些社会性产品又在"传统"与"文创"的包装下粉墨登场，工匠的智慧得益于感性与物性技术的统一。在此，对于工匠而言，展示在他们面前的自然场域、技术场域和社会场域以及这些场域的相互关系的三种历史语境及其生存智慧

① ［英］E. P. 汤普森：《英国工人阶级的形成》（上），钱乘旦等译，译林出版社 2013 年版，第 293 页。

是显而易见的，工匠作为公共人在这些手作智慧的变迁中能昭示出工匠精神的社会性逐渐走向衰落。

自工业革命以来，"匠人的衰落"已然是一个问题场域，并成为全球性文化现象，它抑或是现代性的产物。譬如"从20世纪80年代早期到20世纪90年代早期，费城仅仅在10年内就在制造业领域失去了远远超过1/3的工作岗位。另一个主要手工艺中心芝加哥遭受了相似的大幅下跌，在1970—1996年间其工业领域失去了60%的工作岗位"①。全球性的工匠行业及其工业制造产业早在20世纪末均在现代性社会面前显得力不从心，工匠手艺及其精神也因此一蹶不振。于是，美国版的莫里斯——古斯塔沃·斯蒂克利（Stickley，1857—1942）和埃尔伯特·哈本德（Elbert Hubbard，1856—1915）俨然成为工艺美术运动的美国先驱。②1898年，古斯塔沃·斯蒂克利继承莫里斯的主要观点，在美国纽约开办古斯塔沃·斯蒂克利公司以及手工艺工作室。1901年，《手工艺人》杂志创办，这一年也因此被称为"工匠年"，"手工艺人"也成为美国工艺美术运动的同义词。埃尔伯特·哈本德从1893年开始，创办罗伊克洛夫特工厂以及自己的皮革铺子，崇尚手工艺，并使用自己制造的灯具。③可见，美国人对工匠精神的复兴持有积极的实践立场。

在当代中国，随着人们对现代性文化的觉醒，复兴工匠精神已然成为普通民众乃至国家机构的普遍共识。实际上，当代中国语境下的工匠精神展开有其深刻的社会背景，具体表现如下。

---

① ［美］乔尔·科特金：《新地理：数字经济如何重塑美国地貌》，社会科学文献出版社2010年版，第133页。

② ［美］皮娜：《家具史：公元前3000—2000年》，吕九芳、吴智慧等译，中国林业出版社2014年版，第188页。

③ ［美］皮娜：《家具史：公元前3000—2000年》，吕九芳、吴智慧等译，中国林业出版社2014年版，第189—193页。

第一，20 世纪 80 年代以来，中国手工业产品在国民消费品工业中所占的比例在下降，普通人对工业消费品的认识逐渐从传统的手工品向塑料品以及其他工业品场域迈进。特别是中国近三十年的产业革命取得了令世界瞩目的成就，各种现代化工业消费已大大满足了民众的日常生活需求。但与日韩以及其他发达国家相比，在高速发展的工业消费品生产与使用层面，中国的民族手工业明显衰落，市场上的手工艺品份额以及民众家庭的享有份额近乎接近难以想象的稀少数量。

第二，在历史上，中国是一个传统手工业大国，并一直秉承手工业产品及其文化输出的文化主义。抑或说，传统手工业及其工匠精神是中国传统文化中的优势资源。在当代，尽管中国传统手作文化资源雄厚，但手作产品以及国民消费品工业在世界的核心竞争力和创新能力仍然较弱，与国际先进国家消费品水平相比差距较大，特别是国产消费品在有效供给能力和水平上难以适应民众消费升级的需要。

第三，在当代中国，文化创意产业发展迅猛，但民生产业消费品质量以及行业职业素质还有待提高，作为暗能量的工匠精神对全民精神文明建设有着重要美育价值，并能渗透文化创意产业及其他行业文明的发展。

第四，文化强国与中国梦的伟大复兴，加快建设社会主义文化强国、提高国家文化软实力，这些是党的十八大以来党中央的战略部署。工匠精神作为一种职业价值观与暗能量对中国梦的建设有重大引导与渗透价值。

在场域理论看来，"每个行动者都通过其在场域中的特定位置得到界定，它的位置性特征（positional properties）就是从这个场域中获得的"①。在当代中国，工匠及其精神的展开必须通过社会公共

---

① ［美］斯沃茨：《文化与权力：布迪厄的社会学》，陶东风译，上海译文出版社 2006 年版，第 142 页。

"场域中的特定位置得到界定"，并在这个公共场域中获得工匠精神的"位置性特征"。其中，匠人的行为习惯及他背后的社会制度是工匠精神展开的重要依赖。"19 世纪初，技术工匠的工资不是取决于劳动力市场上的'供给与需求'，而是取决于声誉或'习惯'。习惯的工资规定可以包含许多东西，从传统形式的农村手工业者的社会地位到城市中心的复杂的制度规定。"① 在中国社会场域里，当前缺少的不是工匠文化及其传统，而是一种在国家层面的工匠社会制度及国民从业的工匠行为习惯的养成，而不是急于干预工匠生产或指导性地进入工匠场域的国家行为。

工匠精神作为一种职业素质及其养成，仅靠国家性行为的一次干预或政策性展开是无效的，甚或引起相反的消极作用。譬如在中国场域背景下，"设计下乡"行为本质上是匠人衰落的政策性干预，尽管对濒临死亡的中国农村手工业发展是一种拯救，但同时也是一场不折不扣的国家性政策破坏。因为手作匠人思维是经验的、完整的与感性的，而设计艺术思维是专业的、理性的思维。"设计下乡"实际上是对手作"野性思维"的干预与破坏，特别是传统民间艺术的整体思维被设计艺术思维建构后，也就失去了原有的生态性手工思维。另外，对于这些"具身知识"的匠人而言，一旦他们的野性思维被理性侵蚀和改造，抑或匠人一旦对专业设计景仰，以至于对"具身经验"知识及其传统技艺产生怀疑，进而产生抛弃"具身知识"的想法，这是很危险的。日本的榊原英资在《日本的反省：走向没落的经济大国》中指出："中国企业的特色是产官学紧密结合。"② 显然，这种模式对工匠手作及其精神的展开是不利的。

---

① ［英］E. P. 汤普森：《英国工人阶级的形成》（上），钱乘旦等译，译林出版社 2013 年版，第 261 页。

② ［日］榊原英资：《日本的反省：走向没落的经济大国》，周维宏、管秀兰译，东方出版社 2013 年版，第 23 页。

在当代中国语境中，尽管复兴技术工匠在社会话语中的显赫地位是很难的，但工匠精神的重建是当代社会政治文化发展的一种必然。因此，工匠精神力图嵌入公共场域内的政治经济建设与文化发展，以期规约其作为公共场域的公民价值观、国家资源与文化身份。在素养层面，工匠精神作为公民价值观，对提升国民精神素质与职业修养有重大作用，特别是对于精神文明建设有着反哺价值；在资源层面，工匠精神作为一种国家文化资源，能增益于国家政治、经济与文化建设；在身份层面，工匠精神作为一种文化身份，有补于国家在国际上的国别性身份识别。可见，当代中国社会语境下的工匠精神重构的价值是重大的。

党的十八大以来，中华传统文化与工匠精神已然被纳入国家政治议程，也被正式列入"中国梦"文化复兴之列，继国家主席习近平对传统文化的推崇和李克强总理对工匠精神的提倡之后，2016年6月13日，中共中央政治局委员刘奇葆在出席中国民间文艺家协会第九次全国代表大会上再次强调："传承民间文艺是延续我们的血脉，坚守民间文艺就是守护我们的精神家园。"由此可以反窥，中华文化已开始步入全面复兴时代，并昭示传统文化与工匠精神也是中华文化伟大复兴的重要路向。作为高校及教育工作者，应当肩负起复兴传统文化与传承工匠精神的时代使命，况且大学本应该负有培育"匠二代"与传承工匠精神的社会担当。因此，如何审视与解读被遮蔽的工匠精神文化及其在高校中的培育体系，特别是当代高校培育工匠精神的全球语境、面临的问题向度以及重构工匠精神的可能回答已然成为需要回应的时代学术议题。

从狭义而言，所谓"工匠精神"是由工匠人群凭借手作而慢慢集聚而成的对手物制造精益求精、严谨负责、致美追求以及对匠作的细腻、谦逊与坚守的一种价值观。在广义层面，"工匠精神"（精神层）与工匠创物（物质层）、工匠手作（行为层）、工匠制度（制度层）一同构成丰富的工匠文化体系。因此，工匠精神已然成为中华精神与传统文化的重要组成部分。换言之，传承中华工匠精神就是传承中华传统文化，中华文化的全面复兴离不开工匠精神的时代传承。

人的存在，即文化的存在。在本质上，人类伟大的创造史就是一部丰富的文化创造史。因此，作为教育的过程既是人类创造的过程，也是一种历史文化的过程。就高校教育而言，作为传统文化的工匠精神的传承与教育，其目的就在于促使历史性的客观文化向个体主观文化的转变，并将个体主观世界引向深广的客观世界里去，从而建构出完整与健全的理想人格。为此，在接下来的讨论中，拟引入"文化教育学"的研究工具，并以此为分析方法论展开讨论当代中国高校培育工匠精神的相关问题，以期阐明高校培育工匠精神的时代担当、问题向度及其可能回答。

"文化教育学"，又称为精神科学学派的教育学，即精神科学教育学。它是19世纪末兴起于德国的一支教育学流派，其思想倡导者为威廉·狄尔泰（Wilhelm Dilthey，1833—1911），并在1917年经德国文化教育家李特（Theodor Litt，1880—1962）正式命名后而诞生。该理论迅速被欧洲文化教育界广泛接受而蓬勃发展，"其主要的目的，在想以文化哲学与精神科学的心理学为基础，而建立的一种新的教育学"[1]。因此，该理论主张，教育研究必须采取文化科学的方法或精神科学的方法。在理论研究上，"文化教育学"所秉持的理论立场与"工匠精神"的文化性与心理特质有相同的路向。作为文化特质的工匠精神在建构人性伦理、精神秩序与价值体系上具有强大的教育学功能。这正如 Bruner Jerome 所言："文化塑造了思想，并提供了个人建构世界和他们自己以及他们的权力概念的工具

---

[1] 蒋径三：《文化教育学》，商务印书馆1936年版，第1页。

包。"① 因此，作为工匠文化的工匠精神本身也具备塑造思想以及建构世界观的教育功能。另外，在更广泛的意义层面，"工匠精神"不仅是一种文化存在，它还包含工匠心理机能与工匠意识形态等内容，即工匠精神是一种心理文化特质的文化存在。具体而言，工匠凭借"专注""持久""严谨""细腻""精益求精""坚守""不急不躁""精致""敬业"等心理品质铸就工匠心理机能的特质文化；同时，工匠的价值观、思想、观念、准则、规范等聚合成工匠的意识形态文化。简而言之，工匠精神既是工匠行为的心理机能特质经验化的文化表述，又是作为一种文化意识形态的理论呈现。这就是说，工匠精神与"文化教育学"在文化性与心理学层面具有一定的共同研究区间。因此，拟被引入的文化教育学作为接下来的分析工具是有一定的合理性与合法性的。

值得关注的是，近年来，在中华传统文化复兴思潮中的"工匠精神"已开始活跃在中国学术研究领域，并在国家层面迅速占领部分思想领地及学术空间。尽管人们过去对古代器物文化有过考古学、历史学、艺术学、美学、社会学等多维度的考察与研究，但就国内外的研究现状看，人们对工匠及其精神的研究还是极其匮乏的。当然，人们对匠人或艺术家的研究确实存在很多困难。譬如欧美或东亚韩国，艺术史研究中的艺术家研究就极为匮乏。导致这种研究状况的原因有很多。首先，工匠的手作工艺注重的是实用性，这与艺术家所追求的纯粹的艺术性是大相径庭的，尽管工匠也注重艺术性。因此一般研究器物的形式及其背后的工匠思想是有一定困难的，也很难从实用性中探究匠人的全部历史文化。其次，古代匠人的生产性人群更多的是一个公共性的依附群体，并非指向具有独立性的匠人个体，也给研究工匠及其精神带来不小的学术难度。再

① Bruner, J., "The Culture of Education", *Australian Journal of Language & Literacy*, 1996, 13 (3): 224.

次，古代"学在官府"的教育体制很难接受工匠的知识教育，并且工匠自身不具备独立性。在严格的匠户制度管理与控制下，大多为文盲的工匠很难有著书立说的可能。譬如中国古代除了《考工记》《髹饰录》等之外，就很难发现较为完整的工匠知识体系的文本，这也给工匠及其精神研究带来诸多不便。最后，工匠文化的传承一直秉承"口传心授"的方式，加之很多手作存在"匿名"现象，这更为研究匠人造成学术上的障碍。因此，学界一直将"工匠精神"的文化范式遮蔽在历史文化之中，鲜有学者将其作为研究对象凸显于世。

就外力而言，工匠精神的遮蔽与艺术家对工匠的态度也大有关联。尽管很多艺术家本就出生于工匠，但职业艺术家习惯将墨守成规或中规中矩的艺术作品贬斥为"匠作"，或将"匠气"贬斥为笔墨之俗病。譬如苏东坡曾贬低张旭、怀素等书家为"书工"，清代书家翁方纲的笔墨法度严谨曾被包世臣讥诮为"工匠之精细"。由于艺术家对工匠的疏远与遮蔽，昔日人们对工匠精神的关注与研究也少之又少。当然，工匠精神被遮蔽最主要是由现代性所引起的，或者说，工匠精神的遮蔽是现代性的产物。在现代性层面，作为手作的专业劳动近乎消亡，工匠的生存及其手作劳动被遮蔽，现代性近乎将"劳动"的概念挤压成为"科技劳动"，并从科技劳动逐渐缩减为脑力劳动或智力劳动，于是工匠及其精神在这种情形下便逐渐隐退，以至于"制造业一改此前的技术尊严时代，工匠精神陨落，劳动成为商业和金融业的奴婢"①。同时，现代化生产方式的高度集化与流水性也迫使工匠手作退出主要生产过程，科技大大压缩了器物的生产时间或构成。加之现代化时期的日益求新的产品消费文化也直接导致工匠及其手作举步维艰，手作物无法批量化生产，

---

① ［美］西奥多·德莱塞：《嘉莉妹妹》，裘住常译，人民文学出版社2012年版，第579页。

工匠也无法实现价廉物美的社会消费期望。譬如在欧洲，19 世纪初以来的工业革命直接导致设计与手作在艺术性上出现了分工性分离，机械化与工业化直接威胁或遮蔽了传统工匠及其精神的存在状态。可见，现代性遮蔽是科技与人本身的一次抗争与分野，它迫使工匠精神被遗忘在现代性进程中。

面对现代性进程中的工匠精神的严重失落与遮蔽，作为文化教育与传承的高校在培育工匠精神文化上具有必然的社会责任。因为作为高校及教育工作者，应当肩负起复兴传统文化与传承工匠精神的时代使命，特别是负有培养"匠二代"与培育工匠精神的社会担当，其原因至少体现在以下几个方面。

第一，高校培育工匠精神与培育本体性安全思想密切相关。就个体而言，"安定""坚守""执着""安于手作"等是工匠精神固有的心理特质与文化信仰。然而，当代社会又处于非常复杂的文化互动、艰难的经济变革与教育转型时期。席卷全球的互联网文化正将世界逐渐纳入一个网状的文化互通互联时代，以智能化与定制化为特征的第四次科技革命正日益促使全球经济步入高速发展且极具变化的轨道。同时，以美国为首的霸权主义思想给世界的安全与稳定也带来极大的挑战，严重威胁发展中国家正常的经济发展与文化复兴。对于社会及个体而言，当代社会面临的最大的威胁是不稳定。因此，本体性安全思维培育显得极其重要，它要比任何文化教育与经济发展都显得举足轻重。譬如在吉登斯看来，在社会系统中的"本体性安全"（ontological security）是教育之目的。① 换言之，高校在培育本体性安全思维上具有重大的社会担当，而工匠精神的培育就是本体性安全思想养成的有效路向之一。

第二，工匠精神培育的实质是精神文化的传承与教育。在广义

① Olteanu, L., "Romanian education in the eastern European education, Studia Universitatis 'Vasile Goldi?'", *Arad-Economic Sciences*, 2009 (1): 8.

文化系统内，工匠精神乃是一种精神文化聚合体。在本质层面，教育偏重或执着于精神教育。教育的根本不在于传授知识的数量，而在于是否培育了人类精神及其存在的价值观。这正如 L. Olteanu 所言："教育不仅是被看到最近的知识的质量，知识能力的发展，还是人类精神的教育，即关于遵守权利和基本自由，强调人类生存的价值。"① 抑或说，学校在培育精神文化上具有天然的优势。由此，高校培育工匠精神正好契合了教育在本质上的精神文化教育的偏重。或者说，高校培育工匠精神是建构精神文化教育体系的重要路径，也是社会主义精神文明教育与建设的重要内容。

第三，高校培育工匠精神是素质教育的应然题域。在素质教育层面，社会人在高校接受的素质教育是达到教育公平的有效手段。在很多国家，提倡教育公平与打击社会排斥是教育的基本发展理念，这一理念的落实有助于创建全球化文化互动与竞争经济的社会基础。通过高校教育系统的角色教育以及素质教育能培养学生富有责任心的个人态度以及个人的价值理想与职业观念，这与培育工匠精神的目标使命是相一致的。因此，当代大学正日益兴起的素质教育与工匠精神的培育在目标上不谋而合。或者说，高校有培育工匠精神的社会担当与时代使命，从而实现有效的素质教育及教育公平。

第四，高校培育工匠精神是实施新时期人才战略的重要路向。在人才培育层面，培养具有工匠精神的"智造型"产业人才是高校教育的当代担当。世界性的工业 4.0 时代正日益逼近我们的生活，这需要中国产业再升级与工业再发展，"中国制造"或"中国智造"如何走向世界以及中国教育如何才能实现"双一流"目标，这些问题与任务已然摆在我们面前，而培养有工匠精神的技术人才以及能

---

① Olteanu, L., "Romanian education in the eastern European education, Studia Universitatis 'Vasile Goldi?'", *Arad-Economic Sciences*, 2009 (1): 8.

适应未来社会发展的工匠人才是关键。因此,"工匠精神"的提出与重建是复兴伟大中国梦的需要,它为中国正在进行的"十三五"建设提供了价值准备与思想支撑。为此,高校培育工匠精神是义不容辞的时代担当与历史使命。

总之,在本体性安全、精神教育、素质教育以及人才培养等层面,当代中国高校具有培育工匠精神、传承中华精神与复兴中华文化的社会担当。或者说,培育工匠精神是高校建构精神文化教育体系以及培养完整的人的社会担当。

尽管当代大学在培育工匠精神上具有肩负起时代发展的社会担当,但复杂的全球化文化互动与经济发展给全球教育带来巨大的震荡与转型,特别是当代艰难的教育变革与发展策略中存在着诸多转型中的难题与困境。显然,当代中国高校在培育工匠精神上已然遭遇诸多历史性的问题向度与世界性难题。

第一,高校分类培养与专业发展之间的固有矛盾性。在中国,大学被细分成教学型大学、研究型大学、应用型大学、高等专科学校、教学科研型大学、科研教学型大学等类型。但在实际运作中,"综合型大学"数量占多数,因为伴随全球化市场需求的诱惑以及自身生存发展的客观需求,各类大学尽管在新增技术专业申报表里填写得"有理有据",但实际上很多高校在回避技术性、专业性与师资力量等制约专业发展的问题。譬如在历史学院开设文化产业专业,在文学院开设广告设计专业,在美术学院开设产品设计专业,在影视学院开设经济学专业等,这些现象在中国各类大学普遍存在。这些专业性很强的专业一旦进入非专业性学院时,一般情况下的教育后果就是迫使该专业走向"理论化"或"虚无化",因为该学院根本找不到专业的"工匠"老师,手作实践课被大大缩减。从而,这种情况致使国家在高校分类培养与专业发展成为"纸上的政策",很难落实到实处。

可见,现行的教育体制是不利于培育"匠二代"的,宏大的综合性大学战略不能"专注"于多样性之外的"精益求精"，尽管在人才培养的全面性质量的提高上发挥所谓"素质教育"的目的。实际上，"质量"与"公平性"的革命性话语策略也引起了世界上很多国家的教育革命，即所谓的"素质教育"。[①] 但这种宏大的"素质教育"与工匠精神教育已然相去甚远。

第二，高校教育政策长期规划与短期行为的冲突。制定长远有效的高校教育政策是高校发展的生命线。在世界范围内，人们的普遍共识是21世纪的教育政策是全球安全、可持续发展和人类生存的关键。即"教育政策是全球性使命的核心"。[②] 因为稳定、持续与有效的教育政策是一个国家健康发展的重要保障，特别是向未来社会输送人才的价值观、思想以及技能等教育所产生的影响是深远的。学者 R. L. Savage[③] 搜集了来自美国的威斯康星、伊利诺伊、加利福尼亚、亚利桑那州、西弗吉尼亚、宾夕法尼亚等六个州为代表的政治文化区的第一手调查资料，对此研究表明，教育政策对学生价值观的影响是深刻的，并直接决定社会的安定、发展等关键因素。然而，当前的大学教育政策在长期规划或短期动机上存在不同程度的人为性冲突问题。譬如在高校，"连贯性的政治"和"系统性的教育政策"[④] 常常因频繁的校长委员会的结构变动而失去运行效应，特别是一位信心十足的很有治校头脑的校长刚刚开始施展抱负的时

① Matthew Clarke, "Talking bout a revolution: the social, political, and fantasmatic logics of education policy", *Journal of Education Policy*, 2012, 27 (2): 173-191 (19).

② Olssen M., Codd J., and O'Neill A. M., Education Policy: Globalization, Citizenship and Democracy, SAGE Publications, 2004.

③ Savage, R. L., Culture and Education Policy in the American States, by Catherine Marshall; Douglas Mitchell; Frederick Wirt, Culture and Education Policy in the American States. The Falmer Press, 1988: 217.

④ Fuhrman, S. H. E., "Designing Coherent Education Policy: Improving the System", *Contemporary Sociology*, 1994, 23 (4): 370.

候，却被一张调令迫使他无奈地离开，之后这个学校的一切均发生了慢慢的改变，因为后继领导者一般不愿意采纳前人的教育政策。因此，高校发展失去了"连贯性的政治"之可能，也无法保证有"系统性的教育政策"。因此，大学对于连贯教育政策与系统性教育政策的设计是完善高校教育制度的一项不可小觑的举措。

除了频繁的校长人事变动之外，高校政策的不连贯性还表现在如今的大学教育政策正日益被转型为"银行的教育政策"，即"由国家经济的调整决定的，以便他们可以继续支付外债"①。这很明显是一种不考虑长远投资的新自由主义教育政策。抑或说，高校的专业设置以及办学方向一味地媚从于资本利润的市场经济，高校的教育政策变成了一种市场政策。在家庭，父母在教育投资的鼓励下，父母对教育投机的动机产生热情的"利他主义"，然而，高校却培养了一批没有工匠精神的"利己主义者"，这正如 H. Cremer 与 P. Pestieau 所研究②的"庇古说"（不完全考虑教育对后世的影响）与"家长效应"（不完全包括教育对社会的繁荣）的两种相互矛盾的教育现象，其根本原因在于高校教育政策的长期规划被短期经济行为所奴化。

第三，高校教育日趋概念化与标准化。在研究性、素质化以及政治化等诸多方面的教育政策影响与干预下，在一些人文学科或专业性不强的技术性专业院校，教育越来越走向"概念化"，很难将知识转化为社会发展动力。抑或说，当代的大学教育（包括思想政治教育）的概念化发展的中心问题已然被转移到较少知识利用的困境，即"学不能致用"。加之，全球化与资本市场化的冲击与侵蚀，

① Puiggrós, A., "World Bank education policy: market liberalism meets ideological conservatism", *International Journal of Health Services*, 1997, 27 (2): 217.

② Cremer, H., Pestieau, P., "Intergenerational Transfer of Human Capital and Optimal Education Policy", *Journal of Public Economic Theory*, 2006, 8 (4): 529–545.

以至于"知识改变命运"被掏空成了一句十足的文化谎言。在全球化时代，布迪厄场域理论直接暗示，当代社会已不再是由单纯的同源的民族构成。因此，传统的以"民族教育"为分析单元的概念化教育很明显不能适应全球化场域社会发展的要求，直接后果是民族教育愈加形式化，特别是在民族思想政治教育领域。因此，新兴的全球化教育政策给民族国家的教育带来机遇的同时，也给高校带来了前所未有的挑战，致使全球化背景下的民族教育政策的制定成为难题。这首先要求它必然依赖中心外围的全球化，否则会从原来的"民族中心主义"文化教育陷入"国家中心主义"文化教育的新困境之中。民族国家文化教育及其思想政治教育的形式化中显示，新兴的全球化教育政策对我国产生的影响是深远的。

　　大学教育标准化是大学教育概念化的直接衍生品。譬如在中国，教育革命似乎在去"质量"与"效益化"悖论中进行，因为传统教育在"质量"与"有效性"的霸权中实施了高风险的考试及评估制度，[①] 特别是"标准化试题"与"量化评估"已然成为根深蒂固的教育管理策略，进而也使得高校教师教育评价整体性失控。由于越来越多的人开始关注学生成绩的不足导致了奖励优秀教师和处罚建议，并认为评价教师质量的主要方法是"附加值模型"（VAM，即将学生的考试成绩归因于学生的异质性和教师素质构成）。J. Rothstein 通过北卡罗莱纳的数据，并运用证伪试验研究[②]表明：未来的教师不足以影响学生过去的成绩。抑或说，所研究的结论在评价教师质量上明显违反了所谓的"VAM"构想。因此，标准化的试题以及标准化的管理迫使"匠二代"远离具有创新意识的工匠精

---

①　Matthew Clarke, "The（absent）politics of neo - liberal education policy", *Critical Studies in Education*, 2012, 53（3）：1-14.

②　Rothstein, J., "Teacher quality in educational production: Tracking, decay, and student achievement", *Quarterly Journal of Economics*, 2010, 125（1）：175-214.

神，也很难在这样的教育评价体系下展开工匠精神的培育。

第四，高校教育课程老化与市场就业结构变迁。高校的课程制定与设计一般具有相对的周期性与稳定性，但是文化发展与市场经济发展并非呈正态比例。因此，大学的课程永远落后于日新月异的市场需求。在全球化背景下，市场结构的变化直接导致就业结构的转型。R. Sackmann 与 H. Häussermann 的研究①表明，在过去的 20 年中，高度发达国家的就业结构发生了根本性的变化，特别是制造业的就业人数明显下降，但服务业就业人数增加是相当大的。然而，应对这样的市场就业结构的急剧变化，很多高校的课程无法在短期内发生根本性的改变。

尽管国家每年有相当财政资金拨款去资助出版一些研究与从事教材的修订编写工作，但问题是这样的努力在高校师资及其教育水平仍然在过去水平上徘徊的事实面前是徒劳的。市场制造业的就业人数下滑，也潜在地影响到高校对"匠二代"的培养，于是很多国家出台了致力于改善职业技术教育的政策，以期唤醒高校对"工匠"的培养。但其他诸如教材与师资又很难协同发展，这样致使一些职业高校在短时期内很难走出困境。

第五，高校教育日益迈入文化经济化与知识商品化之路。在 20世纪 60 年代，席卷欧洲的教育改革运动的灵感主要来自两个目标：促进经济增长和扩大平等的机会。② 经济全球化给教育的最大冲击就在于迫使高校教育走向经济化发展轨道。实际上，教育的经济化

---

① Sackmann, R. , Häussermann H. , "Do Regions Matter? Regional Difference in Female Labour-Market Participation in Germany", *Environment & Planning A*, 1994, 26 (9): 1377-1396.

② Ambler, J. S. , "Neathery J. Education policy and equality: some evidence from Europe", *Social Science Quarterly*, 1999, 80 (3): 437-456.

并非中国社会之独有，根据 *Bob Lingard* 与 *Shaun Rawolle*[①]从 1970 年到 2006 年的欧盟文献中研究，自 20 世纪后 30 年以来，欧盟教育政策的演变、扩展和动态的一个基本特征是：从政治经济到经济功能的转向，这个转向是立足于从种族隔离到支持市场的基本教育政策转向。还有研究[②]显示，战后的英国教育体制改革富有成效，在过去的 50 年里，已尝试的教育政策改革的清单是相当广泛的，特别是英国推出了许多以市场为导向的创新改革。T. Uno 等学者研究[③]也认为，经济学帝国主义已然影响了当代教育政策的选择与定位，特别是经济概念在经济学以及社会领域的盛行，从而导致教育政策模仿经济发展思路。

　　知识的商品化是大学教育经济化的直接产物，而知识的商品化直接导致工匠精神的衰落。因为，商品经济追求的是短平快效果，这与工匠精神的文化特质是相违背的。在当代，"数字制造"已然成为知识商品化的衍生物。3D 打印以及数字化设计开辟了一个新兴工艺领域，但它们所生产的产品在本质上是可重复的，这与手作产品的不可重复性所带来的工艺感是有明显差异的，特别是数字制造背后的工艺精神已不复存在，尽管它也敬畏"精致""严谨""细腻""精益求精"等工匠精神，但这些追求近乎等同于"逼真""相似""科学""程序""统一"等风格特征。因此，高校教育的经济化与商品化日益疏离工匠精神。

　　简而言之，在全球化语境下，高校的教育政策以及文化教育

---

①　Bob Lingard, Shaun Rawolle, "New scalar politics: implications for education policy", *Comparative Education*, 2011, 47 (4): 489-502.

②　Machin, S., "Vignoles A: Education Policy in the UK. CEE DP 57", *Centre for the Economics of Education*, 2006: 28.

③　Uno, T., Adachi S, Sawaya K., "Economics imperialism', education policy and educational theory", *Journal of Education Policy*, 2012, 27 (2): 253-274.

发生剧烈的变革，并显示出高校教育逐渐疏远工匠精神。因为高校的分类培养与发展目标之间存在固有的市场性矛盾，高校的教育政策长期规划与短期行为之间也存在冲突，特别是高校教育的概念化与标准化、课程老化与市场就业结构变迁以及高校教育经济化与知识商品化给高校培育工匠精神带来前所未有的挑战。与工匠精神密切相关的是现代职业教育。现代职业教育是全球国家可持续发展的关键之一，并由此决定国家经济与技术文化的创新水平及其核心竞争能力。伴随经济全球化发展的激烈竞争与严峻挑战，现代职业教育（或称为职业技术教育）在实现个人成长诱导技术与生产率提高方面的作用正日益形成全球共识。特别是世界性的新职业教育政策与新经济时代的来临，这势必引发一场职业教育变革与如何就业以及职业教育如何介入劳动力市场的全球争论，以至于现代教育体系下的职业教育发生重大制度性变革与政策性调整，并在全球范围内广泛展开与推进，进而日益渗透至中等职业教育、高等职业教育、特殊人群职业教育、在职技能培训教育等多种技术教育领域。毋庸置疑，现代职业教育已然成为世界经济可持续发展与实施教育转型战略的重要组成部分。因此，对全球现代职业教育及其核心论题辩论的全面审查与反思，有助于了解现代职业教育的国别性发展路径与实质，对未来社会的职业教育发展态势的预判也有助益。

第一，全球现代职业教育的发展历史揭示了两种独特的价值愿景，即为了个体的不断变化的职业技术适应与社会发展需求。

"现代职业教育"是一个十分脆弱且具有争论的概念，它在全球性技术变革与经济发展浪潮中催生，也随之引发了全球性教育制度变革，由此激发人们对职业教育相关论题的激烈辩论。这些辩论的题域仅从"职业教育"的名称变化中就可窥见一斑。不过，人们在激烈的争论中也不断地在调适现代职业教育之名称，或技术教育，或职业技术教育，或职业技术培训与教育。尽管这些有关职业教育的称谓在世界范围内不约而同地出现，但全球化的现代职业教育指向一个不可否定的国际共识：现代职业教育的发展有两种独特的价值愿景，即为了个体的不断变化的职业技术适应与社会发展需求。有研究①显示，在民主政治的第一个十年，南非在公共继续教育和培训体制的变革中所取得的提高青年就业率的进展是显著的，职业青年的技术进步也是明显的。同样，在丹麦，有全国统一的职业教育与培训系统，包括商业技术培训、基本的社会卫生保健培训、农业培训、海事培训等。② 这些职业教育与培训不仅提升了丹麦劳动者个体的技术进步，还满足了丹麦社会经济发展的需求。在全球范围内，美国的现代职业教育发展令人瞩目，尤其是职业教育法案的多次修订与实施大大促进了美国社会经济的发展。1917 年，美国第一个以联邦立法为基础的职业技术教育法《史密斯休斯法案》颁布。1963 年颁布《职业教育法案》，1976 年，美国政府颁布《职业教育修订案》。之后针对社会对职业教育的需求又颁布旨在提高劳动技能与提供更多劳动力工作机会的《帕金斯职业教育法案》（1984 帕金斯Ⅰ），并前后多次修正为《帕金斯职业与应用技术教育法案》（1990 帕金斯Ⅱ）、《帕金斯生涯与技术教育法案》（1998 帕金斯Ⅲ）、《帕金斯生涯与技术教育法案》（2006 帕金斯Ⅳ），从而实现了美国职业教育面向全体人群的全民职业教育与终生教育的政策转型，特别是 2006 年的《帕金斯生涯与技术教育法案》将职业教育的目标群体集中于青少年与成年人群，以期在知识时代让他们获取公平竞争能力与职业技术。2012 年美国政府又出台《为美国

---

① Simon McGrath, "Reviewing the development of the South African further education and training college sector ten years after the end of apartheid", *Journal of Vocational Education & Training*, 2006, 56 (56): 137–160.

② Cort, P., "Vocational Education and Training in Denmark: Short Description", *CEDEFOP Panorama Series*, 2002: 49.

未来投资：职业技术教育转型的蓝图》，这是美国政府对《帕金斯法案》进行修订的重大提案，这表明美国政府在谋求与适应未来社会经济发展上又一次做出了重大的职业教育战略决策与部署。

简言之，全球化现代职业教育发展在个体的不断变化的职业技术适应与社会发展需求上发挥了重大的促进作用，它不但使现代社会经济发展获得高素质的技能性职业劳动者，还让新技术变革中的人们获取更多的就业机会以及有助于经济成功的公平竞争能力。

第二，"现代职业教育"是一个跨时空的"经济适应"概念，在世界范围内正日益塑造和改变着地区或国家经济及技术文化的进步与发展。

在适应性上，现代职业教育在全球范围内均显示出同经济发展与技术文化进步相适应的特征倾向。因此，现代职业教育不仅是社会经济适应的概念，也是一个社会技术文化发展的概念。实际上，世界范围内的"职业教育"与"技术教育"、"职业教育"与"商业教育"、"职业教育"与"职业技术教育"等概念的争论是毫无意义的。因为"现代职业教育"本身就是一个经济适应或技术文化的概念，作为概念本身的变化及其内容指向的变迁意味一种新的经济适应与技术需求。

在经济层面，现代职业教育发展是全球化经济转型与中小企业发展的直接产物。H. Matlay 对 6 个中东欧的前共产主义国家（1995—1999）的 6000 家中小企业的培训需求调查数据的纵向研究①中显示：20 世纪 80 年代以来的中东欧国家经历了重大的经济转型与政治变革，他们的区域经济再生政策主要集中在创业与小企业发展的两个相互关联的概念之间，而很少关注企业家和他们的劳动力的再教育与培训。可见，中东欧的前共产主义国家的现代职业教

---

① Matlay, H., "Entrepreneurial and vocational education and training in central and Eastern Europe", *Education & Training*, 2001, 43 (43): 395-404.

育的价值动机并非在个体再教育的层面，而是更多地关注中小企业的发展问题，以期适应社会经济转型。同样，Billett 与 Stephen 研究①也表明，在过去的 20 年里，伴随着澳大利亚经济结构的不断调整，中小企业的吁求影响与改变了澳大利亚国家的现代职业教育发展。这些改变包括企业的不情愿参与国家的职业教育，进而迫使国家职业教育不得不由行业来确立教学和评估以及管理职业教育的原则。20 世纪 70 年代，英国开始关注国内能抑制相对经济衰退的被视为灵丹妙药的中小企业的发展，与其他发达国家相比，这种宏观的潜力很强的中小企业所发挥的作用越发明显。对此有研究②表明，这其中最重要的发展原因在于英国的中小企业职工受到良好的职业教育与培训。20 世纪中后期以来，德国颁布《联邦职业教育法》(1996)、《联邦职业教育促进》(1981) 等，还制定与颁布《实训教师资格条例》《手工业条例》《企业基本法》《联邦青年劳动保护法》《培训员资格条例》等职业教育规章文件。另外，联邦政府在 2005 年 4 月又颁布与实施了《联邦职业教育改革法》。③ 健全的德国职业教育法为本国的经济发展提供动力保证与政策支持。同样，有研究④显示，在 1999—2000 学年，中国台湾 1034289 名乡镇学生占初中等和大专学校的学生百分之 57.7%。上述国家或地区的社会经济快速发展的主要因素是技术和职业教育的成功实施（TVE），

---

① Billett, Stephen, From your business to our business: industry and vocational education in Australia, Oxford Review of Education, 2004, 30 (1): 13-35.

② Matlay, H., Vocational education and training in Britain: a small business perspective, Education + Training, 2013, 41 (1): 6-13.

③ Hubert Ertl, The Concept of Modularisation in Vocational Education and Training: The debate in Germany and its implications, Oxford Review of Education, 2010, 28 (100): 53-73.

④ Taipei (Taiwan), A Brief Introduction to the Technological and Vocational Education of the Republic of China, 2000, 2000: 45.

并主要为国家中小企业的快速发展，提供经济发展的适应性职业教育制度。

在技术层面，职业教育的优势在于解决个人技术诱导及其文化熏陶。19 世纪中后期，中国清朝政府为学习西方技艺，开始实施"实业教育"制度，以培养实用技术人才。1902 年清廷颁布《壬寅学制》，即是我国较早的系统的实业教育法案。1974 年 11 月 19 日，联合国教科文组织在巴黎通过了全体大会修订与建议制定的"关于技术和职业教育的一般原则、目标和准则"①，把职业教育与技术联系在一起制定职业教育的发展框架。因此，职业教育的技术性及其文化性是与生俱来的。20 世纪 80 年代之后，中国政府多次做出发展职业技术教育的政策决定，于 1996 年正式颁布与实施中国首部《中华人民共和国职业教育法》，之后相继出台如国发〔1991〕55号文件、国发〔2005〕35 号文件等。中国现代职业教育法及职业技术教育政策的颁布与实施为推动经济发展，积极设施国家经济驱动创新战略，培养培训大批中高级技能型人才，提供了政策支持与技术发展保障。2014 年 6 月 22 日，中国政府发布《国务院关于加快发展现代职业教育的决定》（国发〔2014〕19 号）。目标任务是："到 2020 年，形成适应发展需求、产教深度融合、中职高职衔接、职业教育与普通教育相互沟通，体现终身教育理念，具有中国特色、世界水平的现代职业教育体系。"很显然，这是为了适应与满足全球经济发展以及现代职业技术教育的需求而制定的。

本书分析认为，"现代职业教育"不仅是一个跨域的地理时空的"经济适应"概念，还是一个全球范围内的"技术文化"概念。因为它在世界范围内正日益塑造与改变着这个地区或国家经济及技术文化的全面发展。

---

① Organization, A. C., Paris（France）. Revised Recommendation Concerning Technical and Vocational Education, Unesco, 1974: 18.

　　第三，现代职业教育的全球适应不仅获益于不断变化的劳动力市场以及新技术的快速发展，还得益于职业教育的"模块化"发展政策，它包括一些国家拥有较为完善的评估审查制度、全面质量管理、课程开发方案、全民职业教育以及终生教育政策等。

　　在国家制度层面，职业教育的立法、评估与审查制度对职业教育的发展至关重要。在美国，联邦政府立法对职业教育影响很大，每五年一次的联邦立法主要是基于对过去职业教育的国家评估与审查，并提出更能适应社会发展的实用的职业技术教育制度。譬如《帕金斯生涯与技术教育法案》（1998 帕金斯Ⅲ）的产生首先由国会报告提出并审查了（1997）《帕金斯职业技术教育法修正案》，主要包括：（1）修正案的文本；（2）修改帕金斯法案举行的三次听证会综述；（3）对教育委员会的意见陈述以及有关该法案所需要的变化的劳动力；（4）概述和部分通过对 1990 帕金斯法的四个标题的修改影响分析；（5）该委员会的监督检查；（6）对修正的成本估算；对教育委员会成员的投票记录和个别修订工作；（7）通过修改的 1990 帕金斯法案修改文本；（8）附加少数关于修改的意见。[①]较为完善的美国国家职业教育的立法、评估与审查制度为本国的职业教育及国家社会经济发展提供有力的制度保障与政策支持。

　　在职业教育的人才培养体系层面，职业教育的人才培养系统以及培养模式是职业教育发展的重要条件。丹麦的职业教育和培训体系比其他国家的系统更复杂，显示出丹麦职业教育的优越性。在辩论基础上，1998 年丹麦政府推出了部长级的未来丹麦职业教育与培训系统评估体系，该体系包括五大要素：（1）初等职业教育与培训

---

　　① Congress OS, Washington, Workforce. DHCOE. Carl D. Perkins Vocational-Technical Education Act Amendments of 1997, Report Together with Additional and Minority Views [To Accompany H. R. 1853], 1997: 190.

（IVT）；（2）基本工作过程；（3）开放的青年教育系统；（4）社会和卫生保健计划；（5）劳动力市场培训课程系统（AMU系统）。[①] 部长级的未来职业教育与培训系统评估体系为丹麦现代职业教育发展提供蓝图。同样，德国职业教育人才培养模式实施"双元模块制"（Dual System），这种职业教育与培养模式在世界职业教育制度中较为著名。所谓"双元模块制"[②]，即在学生与学徒、学校与企业、理论教师与临床教师、联邦政府与州政府、学校规定与企业规章、传统与现代等"双元模块化"的职业教育制度。德国"双元模块制"是现代职业教育模式中较为成功的范例，并被世界很多国家借用。

在职业教育培养管理与课程开发层面，基于全面质量管理与国标思维课程开发的方案是全球职业教育的基本经验。美国的"TQM"模式是职业教育质量管理的较好经验，美国俄克拉荷马职业技术学校（Oklahoma vocational-technical schools）实施全面质量管理（TQM）。在职业教育中，实施"TQM"全面质量管理的过程大纲和流程的开发，包括五个阶段：承诺（commitment）、组织开发（organizational development）、客户至上（customer focus）、过程导向（process orientation）和持续改进（continuous improvement）。[③] 在课程开发模式上，在2000年前后，美国的课程开发基于国家技能标准，并结合市场制定标准课程的典型步骤：（1）进行需求分析；（2）获得一组国家或行业技能标准；（4）建立项目咨询委员会；

① Training E C F O V, Institute D T. Social dialogue on VET（vocational education and training）: Denmark: final draft, Cedefop, 1999.

② Hubert Ertl, The Concept of Modularisation in Vocational Education and Training: The debate in Germany and its implications, Oxford Review of Education, 2010, 28（100）: 53-73.

③ Center, V. T., Norman, OK. Total Quality Management in Vocational-Technical Education, Moore-Norman Vo-Tech Center. ED, 1991: 63.

（3）审查技能标准设置，确定职业技术方案内容；（5）开发评估过程和手段；（6）开发、适应或采用教学材料；（7）审查和修改课程。① 实践证明，完善的职业教育培养管理与课程开发模式是实施职业教育以及取得较好成效的重要环节。

另外，在培养目标与宏观政策层面，全民培养与"终生教育"是国外职业教育的基本经验。职业技术教育极具动态性。职业技术教育塑造了不断变化的经济与社会的需要形象，因为，它随时因为社会、企业以及学校的驱动力的变化而变化。这就是说，职业教育必然是一种"终身教育"。

尽管现代职业教育在实现个人成长诱导技术与提高生产率方面的作用形成全球共识，并适应了全球新职业主义政策与新经济发展的需要，但还是引发了一场关于教育与如何就业以及教育如何介入劳动力市场的全球争论，也包括通识教育与职业教育之间的政策性辩论、职业教育的目标价值观辩论、单—职业教育的人格缺陷性辩论、教育模式辩论以及性别异质性的辩论等。

其一，现代职业教育与通识教育平衡发展的政策性辩论。这一辩论聚焦的是选择通识教育还是职业教育？在许多发展中国家，这是一个艰难的宏观政策选择。

职业教育与通识教育的平等尊重之间的辩论由来已久。事实上，其实质是激进的新经济自由主义与教育保守主义之间的一场关于教育发展与决策的辩论，② 也反映在学术与技术之间的辩论。西方保守主义的发轫者 E. 柏克（1729—1799）认为，没有传统，就没现在与未来。教育保守主义认为，教育是普适的，并反对教育的变

---

① Losh, C. L., Using Skill Standards for Vocational-Technical Education Curriculum Development. Information Series No. 383, 2000: 60.

② Parkes D., "Editorial: Parity of Esteem for Vocational Education?", *European Journal of Education*, 1993 (2): 131.

革，主张教育应该为社会的延续服务。但新经济自由主义认为，职业教育的投资是值得的，因为它有利于个人就业、社会企业需求与社会发展。然而，面对不断变化的劳动力市场以及科学技术发展，职业教育与通识教育平衡的政策性辩论或二分法研究开始纳入国民经济发展议程，并展示出对职业教育的偏向与推崇，这昭示国家对职业教育在整个教育体系中的作用与价值愈加重视，以至于引起人们对通识教育地位下降的担忧。毋庸置疑，针对不断变化的社会经济和技术文化发展，职业教育是培养青少年的工作经验与手作技能的有效办法。于是，新职业主义政策强调，工作经验对青少年发展和教育成就以及职业成熟度所产生的影响是深远的。[1] 因为人们普遍认为，职业技术的学习与获得是经济适应及其发展的关键。职业教育的重点就在于满足一个特定的劳动力市场的技术及其文化需求，以期为经济快速发展提供服务。抑或说，工作技能被认为是经济增长的有效手段，职业技术教育成为经济适用的核心人力资源的技术支持。譬如非盟委员会实施振兴非洲职业技术教育和培训战略，[2] 旨在将职业教育变成非洲青年发展的主流活动，以期改善非洲的青年就业、人力建设、基础设施、农业发展等政策性扶持行业。职业教育政策的选择基本适应了非洲国家的政治经济背景，为非洲提供发展的人力资源与基础条件。1991 年，世界银行发布一个重大的有关职业技能的"双边援助"政策研究报告，即"职业教育与培训：世界银行的一份政策文件"。十年后，世界银行非洲地区又委托相关机构

---

① Zimmer-Gembeck, M. J., Mortimer, J. T., "Adolescent Work, Vocational Development, and Education", *Review of Educational Research*, 2006, 76 (4): 537-566.

② Union, A., Strategy to Revitalize Technical and Vocational Education and Training (TVET) in Africa, 2007: 14-19.

发布一系列关于撒哈拉以南非洲技能发展的研究报告①，旨在更新关于该地区的技术职业教育和培训现状的信息、探索问题和最近的事态发展，并提供经验教训和政策信息以指导该地区的技能发展。

通识教育在高层次的技能培养层面显示出自己的劣势，而现代职业教育却显示出适应全球新职业主义政策与新经济发展需要的优势。人们普遍认为，职业教育中培养个体的高层次工作技能被认为是适应与支持经济增长的重要手段。因此，在世界范围内，现代职业教育培训系统现在正在接受严格的审查，在澳大利亚、奥地利、比利时（Flanders）、捷克共和国、德国、匈牙利、爱尔兰、韩国、墨西哥、荷兰、挪威、瑞典、瑞士、英国（Wales）和美国（南卡罗来纳州和得克萨斯州）等国业已开展国家职业教育培训审查，以确定他们是否可以提供所需的技能，旨在帮助国家使他们的职业教育培训系统更适应劳动力市场的需求。②欧洲的职业教育研究报告分析显示③，职业教育尽管在现代化层面存在很多来自保守主义的压力，然而对解决社会经济挑战的关键作用是十分显著的，特别是现代职业教育发展使欧洲经济和社会更富有驱动力和竞争力。

其二，现代职业教育的目标性或价值性辩论。这一问题的核心是担心很大一部分从业人员与学生获得工具化的改造，并成为功利、技术的本位主义牺牲品，这可能造成对个体劳动者的一种主体性损害。

---

①　Atchoarena, D., Delluc, A.M., Bird, A., et al., Revisiting technical and vocational education in sub-Saharan Africa: an update on trends, innovations and challenges: final report, World Bank, 2001.

②　Brunello, G., Field, S., Hoffman, N., Learning for Jobs OECD Reviews of Vocational Education and Training Norway, Oecd, 2008, 2 (3): 278-289.

③　Training E C F O V., Modernising vocational education and training: fourth report on vocational training research in Europe: synthesis report, Office for Official Publications of the European Communities, 2009.

Stephen Billett 研究①认为，职业教育与通识教育辩论的焦点或集中于职业教育的目标使得很大一部分从业人员与学生获得工具化的改造，可能是对他们的一种损害。同样人们也担心，职业教育日益将职业轨迹变成"技术教育"和较低水平的"实用性学习"的一种形式。W. Lehmann 根据访谈数据的分析研究②表明，工人阶级的年轻人在教育上的相对高风险投资直接导致产生了强大的以功利和职业为取向的大学，即职业技术院校的诞生。

但实际上，严格的职业导向和实用的功能劳动是面向过程的现代职业教育明确无误的发展趋势。因此，实用价值或技术理性是现代职业教育发展固有的目标。譬如 19 世纪中后期的中国清朝政府施行的"实业教育"，即以学习西方技艺，培养实用人才为主的教育制度。为此，清政府颁布了《壬寅学制》，这是 1902 年清廷颁布的一套系统的实业教育法案。早在 2000 年，欧洲理事会在里斯本（Lisbon）就制定了雄心勃勃的到 2010 的发展目标——使欧盟在世界上成为最具竞争力的动态知识经济体。这个目标体系③包括：（1）解决大量的低技能的人；（2）促进持续的职业培训；（3）增加流动性，促进欧洲劳动力市场的发展；（4）投资质量审查体系；（5）确保高质量和适当熟练的职业教育培训专业人员。

不过，职业教育中的核心概念如"劳动力""功能""技术"

---

① Billett, Stephen, "From your business to our business: industry and vocational education in Australia", *Oxford Review of Education*, 2004, 30 (1): 13-35.

② Lehmann, W., "University as vocational education: working-class students'expectations for university", *British Journal of Sociology of Education*, 2009, 30 (30): 137-149.

③ Wannan, J., Tessaring M., "Vocational education and training-key to the future: Lisbon-Copenhagen-Maastricht mobilising for 2010", Office for Official Publications of the European Communities, 2004.

"能力""经济""知识""工匠"等根植于国家的政治经济体制结构及其劳动过程，[1] 譬如在职业教育系统下的英国与法国的"能力"概念是有很大区别的，英国是注重以技术为基础模型的国家，而法国则是更注重以知识为模型的国家。因此，现代职业教育中的工具化倾向以及技术本位主义担心或源于国别性的文化差异。

其三，单一职业教育的人格缺陷性辩论。这一论题辩论聚焦于职业教育将会陷入的经济本位主义的危险，从而削弱培养对象的人文主义情怀教育，从而对个体造成人格缺陷。

在本质上，人格缺陷性辩论是职业教育的价值观的辩论。在人力资本框架中，通识教育被称为"普通人力资本"，而职业技术教育被称为"特定人力资本"（Becker，1964）。上述辩论的综合性调解，通识教育与职业教育都是教育的一个整体中的部分。Grubb W. Norton 与 P. Ryan 研究[2]认为，通识教育是移植至个人的生命和工作，而职业教育更适用于灵活的劳动力或可以改变任务类型的工作；但职业教育有一个优势就是掌握具体的与工作有关的技能，可以使工人更能适合某项工作，更有效率。因此，通识教育与职业教育都是重要的。

其四，现代职业教育模式辩论。这一论题的辩论主要基于职业教育的西方模式是否适应发展中国家的职业教育。抑或说，职业教育的发展是建基于不同社会制度、经济与文化发展背景的选择，每个国家或地区应采取民族性或本土化的职业教育发展模式。

---

① Brockmann, M., Clarke, L., Méhaut, P., et al., Competence-Based Vocational Education and Training (VET): the Cases of England and France in a European Perspective, Vocations & Learning, 2008, 1 (3): 227-244.

② Grubb, W. N., Ryan, P., The Roles of Evaluation for Vocational Education and Training. Plain Talk on the Field of Dreams, Economics of Education Review, 1999, 1 (5): 186-190.

　　实际上，在不同的社会背景、文化资源以及经济基础制度框架下，世界各国的职业教育是不可比的。譬如德国模式、英国模式、法国模式、日本模式、中国模式等是很难相互直接使用的。在世界各国，职业教育制度不尽相同，如日本实施全日制职业教育模式，德国的职业教育是学徒制与继续教育的双重制度，英国实施综合型职业教育制度，等等。美国职业教育主要有两大类型：中学职业教育和中学后职业教育。在高等教育层面，公共社区学院是职业教育的主要提供者。[①] 在发展中国家，被引进的职业教育的"西方模式"忽视了当地的社会经济与文化背景，从而削弱了发展中国家的职业教育的发展活力。应当结合本土社会经济与文化背景，确立适当的教育原则与教学方式，从而改善与提升发展中国家的职业教育应力。[②] 职业教育具有很强的民族国家文化及经济基础的规定性与制约性，提升职业教育应力应针对民族国家的人力资源、自然资源、经济结构、传统文化以及民族产业等本土资源，盘活与改善属于自己的经济文化资源，以提升民族职业教育特色。

　　其五，职业教育的性别异质性辩论。这一论题的辩论基于职业教育中的男性与女性参与经济活动的异质差异的担忧，并强调职业教育的性别异质性。

　　新加坡职业技术教育对中等职业妇女的职业资格要求非常高，因此，与接受一般教育的妇女在经济收入、劳动力参与、就业经验等方面，获得职业资格的中等职业妇女明显要高得多，从而产生了

[①] Mcquay, P., "A Discussion Paper on Vocational Technical Education in the United States of America", *Adult Vocational Education*, 2001: 10.

[②] Watson, K., "Technical and Vocational Education in Developing Countries: Western Paradigms and Comparative Methodology", *Comparative Education*, 1994, 30 (2): 85-97.

性别收入差异，较好地缩短了行业与性别的社会差距。[①]

综上所述，有关职业教育的全球辩论的核心是价值观的辩论，在进行教育和培训的辩论时，德国联邦共和国前总统 Roman Herzog 说："我们需要一个新的独立和责任感的文化！"[②] 对于职业教育而言，价值观又涉及教育的哲学理念问题，教育哲学理念事关教育成败。中国传统教育理念一直以儒家思想为正统，进入近代与改革开放前的中国教育又经历了"马克思主义"与"西方哲学"的两次思想的重大转型，进而将其思想纳入职业教育的努力与希望之中，但在改革开放之后，中国教育又经历了"中国特色的改革之路"，职业教育的哲学理念进而发生了新的变化。换言之，职业教育哲学思想如此变换的结果是，"中国目前没有明确的哲学基础"[③]。这对于职业教育在促进经济增长与社会进步上是很不利的。

本书研究认为，以培育工匠精神为切入点，扩大质量公平，推动公益性职业教育进程，切实制定与实施"现代学徒制"，推行"民族职业教育"，树立持续创新发展与终生学习的创业能力的职业教育目标与政策，是建构职业教育的未来新方向。

第一，在扩大与提高教育质量公平层面，以现实社会基础与自然条件为切入点，建构灵活的职业教育与学术教育的合理融通渠道，增强职业教育的针对性与有效性，以期应对工作和社会需求不断变化的世界。

职业学校有责任发展职业的灵活性，应对工作和社会需求不断

---

① Sakellariou, C., "Benefits of general vs vocational/technical education in Singapore using quantile regressions", *International Journal of Manpower*, 2013, volume 27 (27): 358–376.

② Buck, Bernhard, "Towards Entrepreneurship in Vocational Education and Training", *Vocational Education Research & Reality*, 2002 (5): 9.

③ Schmidtke, C., Chen P., "Philosophy of Vocational Education in China: A Historical Overview", *Journal of Philosophy of Education*, 2012, 46 (3): 432.

变化的世界。有研究表明，"与那些只追求学术课程或职业课程的学生相比，既有很强的学术课程，也有职业学习计划的学生，仍然只有13％的高中毕业生可能有更好的结果"①。换言之，在工作机会上，职业教育与学术教育在融通上很难找到两者兼得的效果，这种情况也反映在中国一些综合性大学没有实现它们在培养满足社会需求职业人才的承诺上，以至于国家不得不颁布职业教育法。但对职业教育与学术教育的激烈争议也开始了，即这种"二分法"或实施"综合教育"是否有效。从根本上看，职业教育与学术教育的融通争议源自各个国家的社会经济基础的差异。譬如在非洲这样的贫穷地区，无论是职业教育还是通识教育，它们都面临很多难以取舍的困境，研究②显示，知识（通识教育）和技能（职业教育）已成为经济上更发达的国家可同时接受的条款。

　　职业教育旨在获得工作机会，而非很强的学术课程计划。1994年，美国政府颁布《学校工作机会法案》（the School-to-Work Opportunities Act），即"STWOA"，③旨在加大相关人员获取工作机会的国家教育与培训的机会。

　　职业教育往往被认为是"实用的"，而不是"理论"的教育计划。④实施职业教育的目的不全在于为社会特别是企业提供"制造人力"，还在于提供"科学智力"与"人文情感力"。因此，职业

---

① Silverberg, M., Warner, E. Fong, M., et al., National Assessment of Vocational Education Final: Report to Congress. Executive Summary, Us Department of Education, 2004: 29.

② Oketch, M. O., "To vocationalise or not to vocationalise? Perspectives on current trends and issues in technical and vocational education and training (TVET) in Africa", *International Journal of Educational Development*, 2007, 27 (2): 220-234.

③ Levesque, K., Others, A., Vocational education in the United States: the early 1990s, 1995, 2 (43): 489.

④ Viveca Lindberg, Learning Practices in Vocational Education, Scandinavian Journal of Educational Research, 2003, 47 (2): 157.

教育与学术教育在何种公共区间的基点上实现互通十分关键。健全"文化素质+职业技能"是中国现代职业教育的主要教育目标体系。职业学校不仅有责任教授职业技能学习内容，而且还要考虑到职业教育的文化素质要求，使学习者能够独立、负责任地思考和行动。职业技术能力提升过程不是一个常规的独立运行过程。相反，它是一个需要明确的战略计划的过程，在系统的结构化过程中实现更好的教育。

第二，在适应条件层面，推动公益性职业教育进程，积极培育新农村社区职业教育体系，并更注重职业教育的过程及其个性化与差异性，让职业教育的学习更接近特殊群体以及未来工作机会，特别是加快社会职业教育步伐，提高社会劳动者就业素质。

欧洲职业培训发展中心（CEDEFOP）研究①显示，公益性职业教育是丹麦职业教育制度的核心特征，丹麦职业教育课程以能力为基础，特别注重学习过程的灵活性与个性化，进而促使丹麦的职业教育步入现代化较高层次。社区职业教育是公益性职业教育的表现形式之一，但是新农村社区职业教育是中国当前职业教育的一个盲区与死角。由于受传统大学通识教育的影响，当前很多国家职业教育多为"精英化"培养。

第三，在教育制度层面，切实制定与实施开放的、灵活的"现代学徒制"，着力培养"临床教师"，实现"师生对话"，培养具有"工匠精神"的"匠二代"，以适应未来智能社会的职业教育发展。

灵活的"现代学徒制"是突破德国式的"双元制"职业教育的有效方式，提供"双元制"以外的开放途径与机会。研究表明，"学生和雇主认为是职业学院作为学校教育和双元系统之间的桥梁，而

① Training C E C F O V, Vocational Education and Training in Denmark. Short Description, Cedefop-European Centre for the Development of Vocational Training, 2012 (5): 95.

不是作为一种替代的学徒制度"①。E. A. Hanushek 从全球 18 个国家的成人扫盲的微观数据调查研究②发现，学徒制是增益青年就业及其收益的无可争辩的职业教育制度。"职业对话是任何强大的学习环境下职业学习的一个核心部分。"③ 一项全国性调查研究显示，企业家的集体经验，企业孵化器的管理人员以及高等教育机构参与教育和培训战略旨在培养创业精神。④ 职业技能的生命体验是在特殊语言技能与文化过程的完美结合中实现的，纯粹的职业技术教育将会失去生命过程的美感，变成一个支离破碎的行为过程。因此，将工匠精神植入职业教育的全过程十分必要。

第四，在发展途径层面，制定与推行"民族职业教育"体系，确保民族文化及其理想不被现代产业制度所泯灭，以期应对狭隘的以技能为核心的职业教育，特别是能转移少数民族地区富余劳动力及其传承与发展的丰富民族文化。

民族传统文化是一个国家赖以生存的文化血脉与精神家园，因此，在职业教育中嵌入民族技艺文化的传承与教育是一个国家职业教育不可忽视的向度。E. J. Hyslop-Margison 根据在职业教育中渗透民族器乐课程教育的研究认为，这样不但能"保护民主的理想，同

---

① Deissinger, T., The apprenticeship crisis in Germany: the national debate and implications for full-time vocational education and training, 2006: 181.

② Hanushek, E. A., Woessmann L., Zhang L. General Education, Vocational Education, and Labor-Market Outcomes Over the Life-Cycle, Lei Zhang, 2011.

③ Winters, A., Meijers F., "What are vocational training conversations about? Analysis of vocational training conversations in Dutch vocational education from a career learning perspective", *Journal of Vocational Education & Training*, 2009, 61 (61): 247.

④ Hernandez-Gantes, V. M., "Others A. Fostering Entrepreneurship through Business Incubation: The Role and Prospects of Postsecondary Vocational-Technical Education. Report 1: Survey of Business Incubator Clients and Managers", *Business Administration*, 1996: 71.

时还准备了学生未来的职业生涯的挑战"①。

第五，在创新创业层面，将创业纳入职业教育系统，树立持续创新发展与终生学习的创业能力的职业教育目标与政策，着力培养高职院校的创新发展能力、自主创业能力以及就业能力，以适应新型工业化经济发展道路。

创业是新时期实现就业与自主就业携手并进的市场经济发展新形式，也是职业教育在新时期的实现可行的全球化与市场经济发展的新任务。"创业"是一个重要的欧洲联盟的教育和终身学习政策的目标（欧洲共同体，1999）。②

第六，培养学生的社会与公民责任，打造高职院校学生的担当、坚守、谦逊的工匠精神，为社会输送科学主义与人文主义的双维合格的完整人。

现代职业教育和培训在提高欧洲的竞争力，维护欧洲社会模式，应对人口老龄化，降低失业率，解决劳动力市场的技能需求和短缺，提高企业的经济绩效方面日益发挥现代化作用。职业教育是一个应对日益增长的经济和个人的不确定性特点的有效政策，该政策更加适应不断变化的劳动力市场和个人需求，灵活应对技能的不平衡和短缺问题。在科学主义与人文主义双重视角下，未来职业教育应该遵循的基本准则如下：准则一：职业教育的目标化发展不仅是满足社会经济适应的需求，还需基于人本文化的视角考量，在科学主义与人本主义双规模式发展中适应社会及个体的发展，不可偏废于某一方面而致使职业教育走向单一化。准则二：职业教育的规模化发展主要依赖职业高校是不够的，应当将发展空间拓展向公益性

---

① Hyslop-Margison E. J. , "An Assessment of the Historical Arguments in Vocational Education Reform", *Journal of Career & Technical Education*, 2000, 17: 14.

② Onstenk, J. , "Entrepreneurship and Vocational Education", *European Educational Research Journal*, 2003, 2 (1): 74-89.

职业教育以及民族性地方职业教育，特别是农村或城市社区的公益性职业教育，从而实现职业教育的全民化与本土化的健康发展。准则三：职业教育制度化发展不仅着眼于职业教育的短期社会化价值效应，更应该着眼于社会与个体的长期发展，特别注重教育质量的公平与持续发展的就业潜能，特别注重培养个体的工匠精神以及完整的人的文化素养。

毋庸置疑，在现代性进程中或全球化复杂的文化互动与文化转型语境下，高校在培育工匠精神上也存在重大契机与发展可能，它具体表现在以下几个方面。

一是全球化以及全球资本时代提供了借鉴传统文化的发展机遇，特别是那些能为产品带来文化气息以及审美附加值的传统文化。因此，传统的工匠文化或工匠精神已然开始呈现复兴之势。因此，高校在传统文化培育上已出现重大的契机与可能。

二是在全球复杂的文化互动语境下，中国人的心理秩序与精神价值发生全球化的"文化适应"或"文化转型"，这是一种正常的全球化文化互动的必然产物。那么，如何建构符合中国人的人性伦理、价值情怀与心灵秩序的哲学思想？"工匠精神"为此打开一扇窗。对此，高校教育在文化传承本质上的诉求正好应对了工匠精神的文化展开的目标。

三是在全球化"文化适应"语境下，艰难的文化转型迫使中国人必须立足本土文化，重构维系心灵的伦理秩序，因此被遮蔽的"工匠精神"的出场，也是中国人实现"中国梦"伟大复兴的必然要求，更是中国高校培育工匠精神的绝佳契机。

当代中国教育面对全球化经济变革与文化互动以及剧烈的教育政策变革，作为中华伟大复兴的文化教育主战场，高校培育工匠精神乃是传承与复兴中华文化的重要使命，它对于重构当代中国人的心理秩序、精神秩序、行为与道德规范以及价值观具有不可替代的作用。因此，当代高校尽管在培育工匠精神上面临重重困境，但从文化教育学的视角分析，至少可以从以下几"点"做出可能的回应。

第一，立足中华传统文化的基点，培育"匠二代"的工匠精神，重构当代中国人的精神秩序，并为不同社会人群提供维系心灵秩序的目标。在文化教育学立场下，教育的全过程就是历史文化过程的展开。作为文化结晶体的工匠精神是完善人格教育的重要组成部分，当代高校应当以中华传统文化及其精神为基础出发点，循序渐进地实施培育工匠精神文化教育工程，为全面复兴中华文化提供理论支撑与智力支持，发挥好高校在精神文明建设中的文化优势与教育优势。

第二，以职业教育为支点，着力培养具有工匠精神的"匠二代"，为中国输送大量的具有伦理规范与职业道德的产业技术工人。职业教育或高职高专教育是中国政府最近10年来一直致力于教育改革的一项努力方向，我们认为，职业教育比一般教育能培养更多适应工业制造行业的产业技术工人。但就教育背景与工作行为表现之间的关系而言，有研究者通过对中国的两座城市的1433名职工调查统计得出研究的结论："职前教育能提供了更好的工作表现，但职业教育并没有导致比一般教育更好的表现。"① 但毋庸置疑，在手作文化层面，职业教育在培养工匠精神的优越性上要比一般教育强得多。那么，为什么在教育背景与工作行为表现之间的关系上职业教育却落后于职前教育呢？因为"职业教育缺乏通识教育所提供的传统模式，或为大学准备完整的中等教育"②。这也许是职业教育在培养工匠精神上的一个解决问题的支点。如同职前教育在"育人"策略上更加突出与强调。职业

---

① Yang, J., "General or vocational? The tough choice in the Chinese education policy", *International Journal of Educational Development*, 1998, 18 (4): 289-304.

② Ambler, J. S., "Neathery J. Education policy and equality: some evidence from Europe", *Social Science Quarterly*, 1999, 80 (3): 437.

教育目标绝非培养"制器"，① 因此，培育职业教育的工匠精神及其人文情怀极其重要。

第三，以培养具有工匠精神的"临床教师"为切点，着力打造优秀师资库，为培育工匠精神提供智力与人才支持。所谓"临床教师"，即指具有手作能力的技术型教师，并能在手作教育中发挥"陶冶"与"唤醒"的文化教育功能，为培育工匠精神提供师资储备，特别是为学生教育提供工匠精神文化支撑。J. L. Bowen 基于临床推理技能培养的研究认为："可以通过临床教师用来促进学习过程，使学习者从新手到专家诊断临床医生过渡。"② 实际上，该"临床医生"理论在高校培育工匠精神中具有启发性、示范性与引导性。据调查，目前中国高校的理论教师与临床教师在数量上有失衡现象，问题的严重性还在于理论教师歧视临床教师，同样临床教师也疏远理论教师。从而导致研究型大学在培养工匠精神层面存在理论化倾向，而高职院校的临床教师又走向了纯粹技术化道路，特别是后者忽视了人文情怀的教育理念。从而使得高职院校的工匠精神的培育发生了质变，存在有工匠行为教育，而稀缺工匠精神的人文价值关怀与教育。

第四，立足"现代学徒制"的节点，着力在手作中培育工匠精神，真正培育"匠二代"的工匠技能与智慧，从而实现社会人的价值情怀的重构。在知识传承层面，学徒制度是工匠知识传承的有效方法。譬如在中国清代以前，工匠的知识传承基本按照"世袭传授"的方式完成，并有严格的"家族制"限制，即"传男不传女，传内不传外"，其主要教育方式是"口传心授"。这种工匠知识教育具有一定的封闭性与缺陷性。在 1840 年前后，传统的工匠知识教育被中国江苏兴化、山西忻州等地兴起的"官局学徒"制彻底打

---

① 高宝立：《高等职业院校的人文教育：理想与现实》，《教育研究》2007 年第 11 期。

② Bowen, J. L., "Educational strategies to promote clinical diagnostic reasoning", *New England Journal of Medicine*, 2006, 355 (21): 2217-25.

破，直至清朝末年地方政府全面开始"设局招徒"，从而彻底改变以往工匠文化的"世袭传授"制。"设局招徒"制为清代手工业以及其他工业的发展奠定雄厚的基础，特别是人才储备基础，这些在传习所毕业的学生或"留充工匠"，或"传为教习"，或"创办实业"。在当代，"现代学徒制"已经与传统学徒制有很大区别，至少在手作环境、手作技术、手作思想以及手作价值等层面已经与现代社会制度相适应、相协调与相发展。譬如在2014年，《国务院关于加强现代职业教育的决定》，正式将"现代学徒制"列为人才培养模式创新的重要举措。因此，在当代高校培育工匠精神或实施学徒制已然与传统工匠教育有很大区别。

第五，以"协同开放法学习"为融点，在潜移默化中实现工匠精神的价值序列教育，并树立终生可持续学习信念，在投身社会实践中培育工匠精神。在欧盟教育体系中，协调开放法（Open Methods for Coordinating，即 OMC）[1] 被视为一种较好的学习机制，Bettina Lange 与 Nafsika Alexiadou 研究认为，这种学习系统可被分解为四种不同学习方式：相互学习（mutual learning）、竞争学习（competitive learning）、表层学习（surface learning）与强制学习（imperialistic learning），这四类学习方式更容易建构师生互动与对话关系。在文化教育学视野下，"陶冶"与"唤醒"是培育工匠精神以及完美人格的重要途径。"艺术教师应该鼓励实践，允许学生探索个人相关的内容，诸如允许发现流行的叙事（学习如何操纵媒体传达流行文化的叙事方式），并进入互动，反复在工匠与媒体、过程以及社区之间的互动。"[2] 进而实现"OMC"式的学习机制及其效

---

[1]　Bettina Lange，"Nafsika Alexiadou. Policy learning and governance of education policy in the EU"，*Journal of Education Policy*，2010，25（25）：443-463.

[2]　Manifold，M. C.，"Fanart as craft and the creation of culture"，*International Journal of Education Through Art*，2009，5（5）：7.

果，在协同开放的学习环境下陶冶与熏陶学生的工匠精神，从而唤醒与培育他们的人文价值情怀。

在阐释中发现，当代大学培育工匠精神的时代责任与面临的历史困境同在，我们正在遭遇全球化的经济变革、文化互动与教育转型的历史境况与时代机遇，几千年以来的中国人的心理秩序、价值情怀以及精神序列正日益发生剧烈震荡与艰难转型。因此，当代中国政府从国家的高度提倡工匠精神具有划时代的意义。当代高校在培育具有工匠精神的"匠二代"上具有不可推卸的担当，高校应该以中华传统文化为基点，以职业教育为支点，以培养"临床教师"为切点，以"现代学徒制"为节点，以"协同开放法学习"为融点，着力培育大学师生的工匠精神，这就是培育工匠精神，进而为不同社会人群提供精神维系、精神秩序、行为规范、道德理性与价值情怀的可能回应。

三 造物设计的技术哲学透析及其当代指向

在当代，我们或有普遍的认知，在世界范围的"中国制造"，除了它的绝对贸易量的明显优势之外，较难寻觅到它在品质或品牌上拥有中国化的显著优势；我们也有这样的基本共识，文化是一个民族的血脉，优秀传统文化是提升产品品质与品牌文化的乳汁；我们甚或又惊讶地发现，在世界范围内，当代西方国家熟练地凭借大宗货物或器物输出本国的优势文化，这种物质文化输出途径已然提升了西方国家在世界上的文化身份及其政治话语权。与西方相比，当代中国的文化输出多聚焦于孔子学院这类观念文化输出平台上，这种文化输出却很难与古代中国丝绸之路上的器物文化输出相提并论。尽管中国的"一带一路"战略框架思想在世界范围内被广泛接纳与实施，但微观层面的文化建设或文化性造物输出的结构性空间有待开掘，特别是"一带一路"上流通的"中国制造"在品种、品质与品牌上的文化塑造与价值提升，显得十分迫切。面对如此"事实"与"困境"，作为文化学者，在技术哲学层面上思考"造物"显得意义非凡，它应当或必然成为"一带一路"宏观战略框架下的微观产品建设或造物理论思考之对象。因为这种微观性的技术哲学思考有利于形成造物的文化观及其价值观。

就目前研究现状而言，国内有关造物的学术研究却较少从技术哲学层面探究上述的"事实"及其"困境"，更多地关注聚焦于对造物的美学、设计学、艺术学、生态学、历史学等静态的观念文化形态的考察与研究，已然忘却了从技术哲学层面分析造物的文化存在论及其社会价值论。究其原因，大致有三条：一是学者与历史文献的亲密程度要比遇见工厂产品的机会多；二是作为现代理论哲学家对造物实践知识有较少的关注与反思；三是"技术哲学"是一门比较年轻的学科，从1877年德国卡普（E. Kapp）发表《技术哲学纲要》开始，作为一个学科的诞生也不过百年之余。从技术史视角看，"技术"一直从属于工匠传统，以至于技术哲学在相当长的时间内基本处于"不在场"的滞后状态。随着工业革命以来的工程科学与技术学的迅猛发展，技术哲学才得以逐渐壮大。上述种种原因已然造成人们对造物的技术哲学思考或停留于观念文化思考层面，或停滞于一般造物的基本表象思考，这必将导致人们对造物的技术哲学理解停留于静态层面的粗放型分析。

的确如此，我们对"造物"一词在人文、技术、哲学等层面的理解与研究是"缺场"的。但这种情形在德国与美国却是另外一番天地，它们不仅拥有技术的历史和哲学研究中心、教学中心，还承办其机关杂志。① 1958年，美国成立了技术史协会（The Society for

---

① ［法］R. 舍普等：《技术帝国》，刘莉译，生活·读书·新知三联书店1999年版，第89页。

the History of Technology），还出版有机关刊物《技术与文化》（*Tech-
nology and Culture*）。这比 1980 年成立的中国科学技术史协会及其
机关刊物《中国科技史杂志》与《自然科学史研究》要早 20 余载。
就杂志的研究定位而言，美国的《技术与文化》较多聚焦于文化性
视点上的技术史研究，即偏向于技术哲学维度的文化研究。欧美国
家学者长期对造物技术哲学进行研究对于国家层面的物质文化输出
有显而易见的益处，特别是对造物文化的塑造及其被输出身份与政
治话语权的提升具有重大的助推作用。

在方法论层面，所谓造物的"技术哲学"必然是以造物中的技
术（生成）为分析对象，以技术与文化之间的逻辑关系为分享区
域，进而达成造物在内在性诉求与外在性表现之间互为表里的价值
实现。在以下尝试性讨论中，拟将在技术哲学的视界下，试图超越
一般表层"制物"层面，阐释作为产品使用和输出维度的造物文化
体系，即在更广阔的流通场域解析造物所呈现出的物性、物语与物
美的三种技术语义关怀，并在技术与人文两个方面迈向造物互为表
里的共生地带解读。在此，要特别说明的是，"物性"是基于科学
（工程学）价值传统的技术哲学分析的；"物语"与"物美"是依
赖人文主义价值传统的技术哲学分析的。前者侧重阐明造物的内部
技术的逻辑存在论；后者侧重外部透视造物所呈现出来的社会性
论。同时，从技术与人文两个哲学传统的共生地带推进，进一步分
析造物在使用与流动领域中的价值要义。

毋庸置疑，在造物活动中，技术要素是必不可少的，但它也
是最令人头痛的文化变量。近代以来，人们对技术表现出来的敬
畏是前所未有的。直至今天，第三世界的人们对它的热情与迷恋
依旧不减。在此，有必要较为仔细地考察技术在历史空间上的语
义变迁。

在狭义的或传统意义上，"技术"（technology）就是指"工艺技

术"（technique），即某种工艺方法。① 或者说，在中国早期，"技术"一词的语义更多偏向于一种"工艺"或工具方法本身。《庄子·养生主》记庖丁为文惠君解牛，文惠君曰："嘻，善哉！技盖至此乎？"庖丁释刀对曰："臣之所好者道也，进乎技矣。"② 实际上，庖丁之"技"与现代意义上的"技术"无关，庖丁解牛之"技"只呈现于"刀"（工具）之"道"（自然）的层面。再如荀子《劝学篇》曰："木直中绳，輮以为轮，其曲中规，虽有槁暴，不复挺者，輮使之然也。故木受绳则直，金就砺则利。"③ 显然，在荀子那里，作为技术之"技"或为一种工具性方法存在，这明显暗示古代工艺造物有工具性内容偏向。不过，《墨子》所载公输般为楚国所造云梯之技，④ 或已接近近代意义上的"技术"语义。汉魏以后，词语"工艺"频现于各种文献，但中国早期"工艺"一词更多的与"造物"相关联。《列子》曰："造物者其巧妙，其功深，固难穷难终。"⑤ 可以看出，早期中国的"造物"一词主要是属于手工性的"工艺"范畴之内的，此时的"工艺"之"技术"只停留于"巧"或"淫巧"的语义空间。也就是说，中国早期的"造物"主要属于手工技艺性的工匠物质文化行为。可见，在传统语义上，造物技术，即造物工艺，它所涉及的意义关联词语一般同工巧、工具、技艺等变量有紧密相关性。

近代社会以降，"技术"的语义发生了质的变化，"它是以工程科学

---

① ［德］F. 拉普：《技术哲学导论》，刘武等译，辽宁科学技术出版社1986年版，第27页。

② 韩维志译评：《庄子》，吉林文史出版社2001年版，第15页。

③ （战国）荀况，（唐）杨倞注：《荀子》，耿芸标校，上海古籍出版社1996年版，第1页。

④ 朱经农、王云五主编：《墨子》，商务印书馆1930年版，第184页。

⑤ （晋）张湛注：《列子》，上海古籍出版社2014年版，第84页。

进行的活动和科学知识为基础的"① 知识形态与社会建制。在 18 世纪的德国,"工艺"可称作一门技术科学。② 由于这个词在德国的使用传统,欧洲人后来对"工艺"的概念一直同"技术"相混淆。可见,中国早期的"技术"语义显然与讲英语或德语国家的"工艺"语义内涵有较大差别。因为它还不能与"技术科学"等同。近代以来的"造物"在原初意义上的含义已经被逐渐废弃,特别是工业革命以后,"造物"或被称作为一门以技术为基础的人文科学。换言之,造物已然成为人类活动中的人文性的技术科学行为,它的基本诉求在于解决人们生活器物或生产工具之需要,并在一定程度上为人们的文化及其审美需求提供满足。人们可以用不同的方式定义"造物",但技术与人文这两个测度对于造物具有决定性意义,它们均聚焦于"物"的使用价值的存在论揭示与文化价值的社会性论阐释。

　　在历史时期内,造物的技术与人文发展表现如同天平一样两边作摇摆不定的运动姿态。在中国商周时期的造物活动中,造物的文化性揭示显然要高于造物的技术性,特别是物的宗教性文化张扬已然超越了物的技术性显示。但这种状态的造物哲学在工业革命时代却被机器美学打破,造物所显示的技术性个性被显而易见地写在产品的身上,并以此成为造物的哲学观念或向世人吹嘘的东西。值得注意的是这种造物哲学光景在后现代社会遭遇前所未有的抨击与批判,因为哲学家们对这种造物哲学所引燃的技术危机深感不安。于是,在世界范围内出现了技术与人文相对抗的危机局面。

　　从上述造物之技术语义的历史变迁及其文化危机的描述中可以看出,技术作为技巧,它在造物行为中起到了成就物之为物的方法

---

① ［德］F. 拉普:《技术哲学导论》,刘武等译,辽宁科学技术出版社 1986 年版,第 31 页。

② ［法］R. 舍普等:《技术帝国》,刘莉译,生活·读书·新知三联书店 1999 年版,第 25 页。

性力量；它作为经验知识或科学知识，在改变所造之物的性能上发挥着社会建制意义上的作用。但令人不安的是，当传统意义上的技术语义被废弃，问题的复杂性便出现了，系列的"技术问题"被提上议事日程。因为"造物"一词伴随社会发展及其生产关系的变革已然关联到了技术权力（拥有者）、技术使用者（文化角色）、技术伦理（道德物化）、技术控制（主义）、技术风险（废弃）、技术政治（技治主义）、技术记忆（历史）、技术支持（或批判）、技术恐惧、技术生态、技术破坏、技术主义、技术霸权、技术统治等诸多社会意义场域中的复杂性技术语汇。这些与造物相关联的技术语义范式已然显赫地存在于人类的思想场地或生产空间，并发生着这样或那样的潜移默化的文化批判力及社会影响。

那么，在这些大都具有攻击性语义范式背后，与造物相关的技术语义是否存在比较明晰的结构性指向或关怀呢？欲要回答此问题，必须要回到造物的一般技术过程探究与解析。就造物的技术过程看，材料结构的技术性改性（物性）、符号语义的技术性建构（物语）与艺术形式的技术性装饰（物美）是造物的基本关怀。因此，从深层次造物构成看，造物的技术哲学指向了物性、物语与物美的技术逻辑或技术关怀。

第一，"物性"概念本属于科学范畴。在造物活动中，它是对材料的技术性重构，也是对材料的结构性与意向性加工。

当物性被引入造物活动中，它便拥有技术物的"在"（"是"）与"此在"（"所是"）的双重属性。其中，技术性存在为物之"是"在结构性上的根本保障；功能的意向性是物之"所是"在存在性的根本依据。因此，造物技术所涉及的材料、控制与动力等要素均指向对物的结构性技术改性，即通过材料的加工、过程的控制与动力的导引，对物本身从一个物性到另一个物性的技术化改性，进而获得器物的普遍性功能价值及其意向性使用价值。可见，所谓物质的"改性"，即改变物的自然存在状态，① 并保持物的意向性结构形态。在海德格尔看来，"物性"，即存在物的存在（"解蔽意义的真理"）。作为"存在者"的物，物性是存在的关键，它使得物具有了可揭示的结构性叙事与意向性偏向。

在手工技术时代，造物活动中的物性表达以自然自我为依据，物性的结构性叙事本质呈现出对物的生活意义上的实用与使用；在蒸汽或电气技术时代，造物活动中的物性表达以经验自我为依据，物性的结构性叙事表达呈现出对机器的高度依赖；在自动化技术时代，造物活动中的物性呈现以意义自我为依据，物性的结构性叙事表达被生产线带入集成化、同质化的技术风险境地。在信息化技术社会，造物活动中的物性呈现尽管还是以意义自我为建构依据，但其结构性叙事表达已然被虚拟技术生产绑架至感性文化建构之中。换言之，以虚拟技术为支撑的造物活动，它的物性呈现具有意义自我（文化造物）与感性自我（智能造物）的双重标准。虚拟造物不仅将技术依赖推向高峰，也将技术感性提升至美学高度。因此，就虚拟造物的物性而言，它具有双重的语义标准——技术的科学结构性与美学的意向性。

第二，"物语"概念属于人文范畴，它是造物的文化叙事的技术性视觉传达，也是对物性的外在符号化的文化性创造。简单地说，物语就是让造物"说话"。

从深层次看，造物所呈现的获得性语义行为意在解蔽造物改性所带来的"技术风险"，抑或说，"物语"具有技术控制的深层次作用。于是，造物行为将其自身引入了技术伦理的社会语义场域。就技术方法论而言，造物活动所涉猎的符号、文字、图像等语图叙事方法均是造物伦理诉求与文化诉求的基本方法。譬如彩陶上的图

---

① 肖峰：《"造物"的语义分析》，《科学技术与辩证法》2004 年第 3 期。

像、青铜器上的文字、漆器上的符号、瓷器上的图像……均在表达一种物与人的场域或关系。抑或说，造物的技术性语图叙事旨在让造物"说话"。这些充满伦理关系与文化内涵的物语叙事表明了造物背后的人文语境、人际关系及其社会思想。实际上，物之"语"是物之外层文化包装，它决定了造物的历史重构与理想建构意图，也使得造物的意义重构有了自己的潜在性的文化偏向。譬如生器（生活凡器）、祭器（祭祀神器）与冥器（冥界灵器）等物之"语"就具有很隐蔽的文化叙事与哲学表达之功能。因为这些器物中充满了潜在性的时间哲学。或者说，时间成为这些造物叙事的重要本质。具体地说，生器是解决生活中的生存时间物，祭器是为了解决人与自然冲突的宗教时间物，而冥器是解决生死矛盾而意在挽留生命的时间物。以至于可以这样认为，时间是造物活动中物语建构的重要变量。

就国别性而论，"会说话"的造物也是显示世界性身份话语权的重要力量。因此，社会文化对物语意义建构具有一定的干扰性。抑或说，物语的意义建构是有文化的选择性偏向。从选择性视角看，"取象制器"之"象"，不仅是自然之象，还属于社会文化之象。因此，造物叙事必然"取"之有道。譬如生器可通取"模仿"自然之道（领悟自然）；祭器可取"虚构"之道（超越自我）；冥器可取"纪实"之道（敬畏自我）。可见，物语的叙事意义建构是领悟自然与了解自我的产物，它拯救了那些受技术压制的次要事物。

第三，"物美"概念属于艺术范畴，它是造物的审美诉求，也是内在化技术结构逻辑与外在化人文视觉传达的形式化整合的产物。

在物美层面，造物关乎的是物的形式。形式问题是艺术或美学的根本问题，它所涉猎的技术哲学境界是"有意味的形式"。因此，"物美"是物获得形式美学的视觉力量与审美价值，也更容易在流通中被他人"一见钟情"。换言之，"物美"不仅具有物的自身艺术性价值，还具有文化传播的功能。就叙事逻辑而言，造物的形式逻辑中包含了对物美的演绎逻辑和物性的归纳逻辑。在先秦，"制器达礼"就是通过物性的哲学归纳与物美的礼制演绎而达成对造物的意义建构及其文化传播。在本质上，造物形式的"意味"就是物本身的"意义"，它具有伦理学（"厚德载物"）、社会学（"美美与共"）、经济学（"经济美学"）等多重意义上的形式感。在此，物美知识论把造物活动带入了德性、社会性与经济性的转向，并使造物具有了传播学意义上的价值功能，也拯救了物语所具有的概念性文化压制。

简言之，"物性"的意义获得的是基于造物材料及其内在技术逻辑的支持；"物语"与"物美"的文化呈现依赖造物的外在性人文思想支持。抑或说，造物的"物性关怀"是一种功能性的内在技术关怀，造物所倾注的"物语关怀"与"物美关怀"，不仅使得造物本身获取人文价值，还使造物在流通环节上溢出文化传播功能。

技术与人文是造物的两个基本限度。造物的"技术"诉求指向对物性的内在"功能化"；造物的"人文"诉求指向对物语与物美的外在"精神化"。由于技术（理性）与人文（感性）属于不同层面的语义范式，因此，"造物"必然遭遇精神层面的"技术风险"或"人文冲突"，这也是造物的技术哲学难题——技术与人文的限度。

就造物的技术限度而言，早在中国东周时期，老子就率先提出了对造物的技术风险批判，即对造物技术的发展提出技术控制的思想观点。《老子》曰："天下多忌讳而民弥贫。民多利器，国家滋昏。人多伎巧，奇物滋起。法令滋彰，盗贼多有。"① 尽管老子笔下的"伎巧"，还不属于"技术"层面的语义范式，但老子已经开始意识到作为工具或方法的技巧对社会的发展有一定的风险。因此，老子认为："将欲取天下而为之，吾见其不得已。天下神器，不可

---

① 陈柱选注：《老子》，商务出版社1947年版，第57页。

为也，不可执也。为者败之，执者失之。"① 那么，如何规避这些工具性技术风险？老子提出了自己的"技术解蔽"的思路："绝圣弃智，民利百倍。绝仁弃义，民复孝慈。绝巧弃利，盗贼无有。此三者以为文不足，故令有所属。见素抱朴，少私寡欲。"② 在此，老子确乎开启了中国早期对技艺性"技术恐惧"的批判先例。与老子"负面建构"立场不同的是，孔子提出了"正面建构"的技术哲学立场。面对造物的技术伦理及其风险，孔子提出了"文质彬彬，然后君子"的解蔽办法，因为他认为"质胜文则野，文胜质则史"。在此，孔子已然将造物引入了技术伦理的深层次语义场域，即在"道德物化"的层面上阐释了造物哲学的"技治"思想。《礼记·礼器》曰："礼器是故大备，大备，盛德也。"③ 又曰："礼有以文为贵者。天子龙衮，诸侯黼，大夫黻，士玄衣纁裳。天子之冕，朱绿藻，十有二旒，诸侯九，上大夫七，下大夫五，士三。此以文为贵也。"④ 很明显，孔子将技术与礼制相结合，并催生出了中国早期"技治主义"思想。实际上，老子与孔子所阐明的造物技术与造物文化之间的紧张关系，其矛头均指向先秦技术溢出所产生的社会问题。老子担心技术异化给社会发展带来混乱，因此，他主张技术与文化的"分离论"，即相对比较极端的"绝巧弃利"。孔子则相对温和地提出了技术与文化的"融合论"，对技术异化的解蔽措施是做到"文"与"质"之统一，并指出"文"在承载社会发展之"德"的重要性。

在西方，20世纪50年代以来，人们对技术的态度普遍持有很高的热情，但伴随技术给社会文化发展所带来的破坏力与日俱增，

---

① 陈柱选注：《老子》，商务出版社1947年版，第31页。

② 陈柱选注：《老子》，商务出版社1947年版，第21页。

③ 陈戍国点校：《四书五经》（上），岳麓书社1991年版，第519页。

④ 陈戍国点校：《四书五经》（上），岳麓书社1991年版，第521页。

人们对技术与人文间的关系的争论也开始了。"技术"与"人文"在相持中保持联合是规避造物技术风险的重要抉择,特别是技术与人文的"交易地带"理论是处理造物技术与文化关系的重要思想。因为"有文化的人,不能把背转向技术现象"。① 而放弃技术的造物哲学很明显又是跛脚的,技术与人文的"共生"与"共存"或许是一种可选择的较好途径。

在分析中认为,对造物的技术哲学反思,有其重要的社会价值要义。对造物的技术哲学透析无疑能理解造物的内在的技术内涵与外在的人文语义,进而为技术与文化的对峙发展提供试图协同它们的理论依据,以期减少技术给文化发展带来的造物文化的平均化现象。确切地说,对造物的技术哲学透视至少有以下几点价值要义。

第一,在造物的语义符号层面,对造物的技术哲学透析有助于深入挖掘造物的技术内涵及其行为语义过程,明晰文化要素是造物不可或缺的要素,从而为技术发展给文化记忆造成的荒废敲响警钟。R. 舍普等在《技术帝国》中敏锐地发觉:"今天真正的问题是第三世界中四分之一或三分之一的人都被图像技术逮住了,美国化了,他们的文化很像是环游世界的人的文化。"② R. 舍普等对图像技术的担忧是出于技术对文化传统的忘却。那么,造物中的"语图"与"语美"或许是解蔽图像技术所带来"物性"生存困境的重要途径。

第二,在造物的价值文化层面,对造物的技术哲学透析有利于分析性解释造物的内在价值诉求,建构符合技术与人文共享的造物设计体系,从而消除技术进步给文化带来的平均化现象。R. 舍普等

---

① ［法］R. 舍普等:《技术帝国》,刘莉译,生活·读书·新知三联书店 1999 年版,第 183 页。

② ［法］R. 舍普等:《技术帝国》,刘莉译,生活·读书·新知三联书店 1999 年版,第 212 页。

指出："人们总是被不曾想到的东西击倒，图像技术不懂得思考文化和历史，因此它会被历史、过去和记忆击败。"① 这说明，技术在思考文化和历史上的功能是欠缺的。造物一旦忘却了语图叙事或语美设计，"物性"在技术性上显然是无差别的，物的差别性或民族性只能通过文化来区分。

第三，在造物的话语权层面，对造物的技术哲学透析也有补于当代造物设计，更有益于中国制造在世界的话语权。物的话语权是世界话语权的一部分。西方发达资本主义国家为了争夺世界范围内的政治话语权，他们不仅重视输出本国的器物及其技术，还输出器物的人文观念。但就目前中国制造而言，尽管是世界上最大的贸易输出国（2013），中国制造及其产品大量输出海外，但中国制造在荷载中华人文上还缺乏力量，进而使得中国器物在文化传播上的功能偏废。毋庸置疑，世界性产品品牌诸如 LV（顶级奢侈品工艺文化）、皮尔·卡丹（时尚服装文化）、耐克（体育品牌文化）、芭比娃娃（美泰尔玩偶文化）、宜家（生态家居文化）等近乎家喻户晓。这些享誉世界的"造物"不仅输出的是技术产品，还在向世界输出他们的技术哲学。毋庸讳言，"中国制造"或"中国智造"均是一个残缺不全的概念，如果它是一个科学的完整概念，那么，它在世界的普遍性接受也不会出现"有量的销售，无质的品牌"的尴尬局面。在技术哲学层面，"物性"始终是商品形式的基本特征。② 抑或说，"物性"是使商品成为商品的关键要素，但没有了"物语"与"物美"的商品也就失去了商品的文化身份。

在阐释中发现，"造物"具有丰富的技术语义内涵与实际文化功

---

① ［法］R. 舍普等：《技术帝国》，刘莉译，生活·读书·新知三联书店1999年版，第213页。

② ［德］阿尔弗雷德·索恩-雷特尔：《脑力劳动与体力劳动：西方历史的认识论》，谢永康、侯振武译，南京大学出版社2015年版，第115页。

能，它至少在物性、物语、物美三种结构单元中呈现造物技术的内在诉求，并在技术与人文两个维度上为造物设定出基本限度。在当代中国语境下，作为一个世界性贸易输出国，造物产品的输出不仅要注重造物的技术逻辑，还要关注造物的人文内涵。唯有如此，中国制造的产品才能被全世界技术性（品质）享有与（品种）广泛性使用，还能在全世界获得造物本身的（品牌）文化话语权。可见，明晰造物的三种关怀与两个限度的技术哲学理论，对于当代技术控制与技术风险的解蔽均有不可忽视的启迪意义。

四　"国之盛衰在民俗"：当代民间话语的复兴

在中国历史上，艺术知识体系在空间上的表现类别有很大差别，而且结构性分层十分明显。一般而言，宫廷艺术、文人士大夫艺术与民间艺术是中国艺术最为基本的结构性分层类别。因而，形成了三类艺术知识体系话语：宫廷艺术话语、文人士大夫艺术话语与民间艺术话语。这三类艺术知识话语结构性体系与分界性特征是显而易见的，这主要是由三类艺术知识存在的"消费主体"的差异以及存在或依托的"实体空间"决定的。实际上，这三类艺术知识的叙事方法也存在很大差异，并各具自己的美学特征与意趣风范。在接下来的讨论中，拟借用王桂英的剪纸艺术探讨当代民间性知识话语的复兴。

王桂英的剪纸艺术属于民间艺术体系中的一种，它的知识体系属于民间地方性话语体系的一支。在实体空间上，作为民间话语体系的剪纸依托村落空间；在消费主体层面，剪纸艺术消费主要是自我享用或少量的他者装饰性享用；在叙事方法上，剪纸叙事多采用直接的点状式故事化叙事、侧影式细节化剪刻的手法展现日常事实。可见，剪纸艺术的依托空间要比宫廷艺术与文人士大夫艺术广阔得多；在表现力上所具有的直接性、故事性、细节化、情节化等村落知识优势是明显的，特别是民间剪纸艺术形式、题材选择、结构设计等与生活日常是紧密相连的。因此，民间剪纸艺术是"喜闻乐见"的生活艺术，这种来自村落原生力的艺术是最具有基础的，也是最有乡野的活力。显然，这要比"奢华"的宫廷艺术以及"病态"的士大夫艺术要优越得多。

正是由于民间地方性话语体系的品格所具有的乡野"理性"与原生性"活力"，地方性艺术叙事具有优势化的表现力与生存空间。21世纪初以来，全球性的民间话语叙事转向成为一个不争的事实。这种转型经历了复杂的过程，一开始是"大众叙事"对"精英叙事"的逆袭。在这场全球性的文化逆袭运动中，民间叙事也被拖入大众叙事的追捧与潮流中。作为通俗叙事或流行的市民叙事，大众叙事主要是基于对精英叙事的制度性缺陷或文化性缺陷而发起的。作为专家的、权威的精英叙事显然在全球化语境下不能满足正在崛起的大众对日常文化的需求，进而激增的民间话语体系被纳入了大众知识话语体系之中。

大众叙事向民间叙事的反转后果如何呢？毋庸置疑，当代地方性知识体系已然被融入了大众知识及其思维血液。抑或说，原生的村落文化发生了质的变迁。"设计下乡"的口号就是大众叙事向村落叙事进军的号角，乡村传统文化的"创新与跨界发展"成为很多人津津乐道的"创业思维"。在"保护中发展"或"生产性保护"这样的"词语"也被写入"高层精英"决策层；地方性"高层领导"也在"想方设法"发展自己村落的民俗文化及其品牌。从这些"自上而下"的"民间话语叙事转型"中至少可以窥见三点这样的事实：（1）认识论的革命；（2）裹胁性入侵；（3）集体性破坏。

民间话语的激增，直接导致民间知识体系的复兴，这是利好的一面；同时也导致人们对民间文化的认识论的革命，这也是利好的一面。但民间话语的自身知识体系是非常复杂的，乡民的日常、村落的空间、地方的事务、乡村的信仰、惯习的行为等地方性知识话语体系中的要素是否接纳来自城市的大众知识及其叙事思想，这是根本性的认识论问题。但问题的严重性是，"设计下乡""创新与跨界发展""创业思维""保护中发展""生产性保护""民俗文化品牌化"等认识论似乎已经成为"普遍共识"。

这里有一个不宣自明的"重大秘密"——民间话语转向裹挟着精英叙事对民间叙事的巨大威胁，这其间，大众叙事不过是一个时尚的流行的"幌子"。当然，民间叙事被精英叙事的裹挟性入侵有其深层次的社会动因。在市场经济体制下，大众叙事已然很难满足不断给市场提出新要求的民众对产品美学的苛刻诉求，进而导致精英阶层利用大众叙事的普遍化流行的优势，伺机入侵了对市场经济利好的民间叙事。于是，"生产性保护"的认识论思维诞生了。在本质上，这种思维是矛盾性认识论的体现，既要大量生产以满足市场需求，又要保护民间文化，以期更好地为市场服务。在一些地方性"领导阶层"无法看清"皇帝的新装"的时刻，他们就开始"包装传统""品牌化传统""打造传统""吸引高端人才""构建传统文化高地""开发传统文化衍生产品"……一切"热火朝天"，一切"自以为是"，一切在"集体性革命"。

从某种程度上，王桂英的剪纸艺术所经历的多次转型，是"社会干扰"的产物，是中国农村现代性的产物，更是中国精英阶层的地方性话语转型的产物。

在人类学视野下，"乡野"这个词至少具有三重含义：（1）乡，是村落空间；（2）野，是村落界限，是郊外；（3）乡野，是村落品性。民间文化"生小出野里"，具有"野火烧不尽，春风吹又生"的生命力。如果，你把"乡"的空间城市化了，哪里还有"野里"呀？如果"城乡一体化"了，哪里还有"野"的界限呢？没有了"乡"的空间与"野"的界限，也就没有了"乡野"的品性了。这样的立场直接告诉我们，对于乡野而言，所谓"包装传统""品牌化传统""打造传统""吸引高端人才""构建传统文化高地""开发传统文化衍生产品"等都是一种集体性破坏行为。

地方性话语转型给民俗学、民间文化学、民间语言学、民间艺术学、民间哲学、民间美学等学科带来时代的新课题，也给这些学科提出了新难题。譬如地方性话语知识的意义深处如何适度地被凸显，进而彰显民间叙事的张力；民间知识话语体系如何完整地不被破坏，进而在更大的空间被诠释与发展；民间知识话语中的乡村思维与精神力量如何被有效地获取，进而增益于社会经济与文化。这些新问题或新难题是不容回避的，也是必须要面对的。

2017 年 6 月 15 日，笔者和徐州电视台的马老师、清华大学的李老师等来到徐州新沂市合沟镇政府，在听取了镇政府蒋书记的简要介绍之后，我们驱车来到镇政府不远的塑料制花厂。听该厂厂长说，他们的产品远销欧美、东南亚以及国内市场。我们饶有兴趣地参观车间。车间很大，系列化生产，规模也很大。在工厂内，有设计车间、制叶车间、制枝车间、有花蕊车间、有压膜车间，花色齐全、品种繁多，经济效应据说也很大。应该说，新沂镇塑料制花厂在地方是一家响当当的特色企业，为当地农村经济发展提供有力支撑。

新沂合沟镇办企业制花工厂办得相当有起色，这不免让笔者想起王桂英的剪花艺术或剪纸艺术。尽管王桂英在镇政府的帮助下，凭借"民间工艺美术家"的荣誉，勉强维持生计，在我们这次"来访"前，还听说她的生活遇到了一些困难。应该说，镇办企业"制花"与王桂英的"剪花"均属于地方性知识话语，但这两者的差异与光景让我们产生这样的想法：现代技术与民间工艺文化已然被撕裂成一对"陌生"的异化物。这主要是人们对技术的过分偏爱，以及对民间工艺文化在经济发展中的精神价值的忽视。即便我们在当代已然关注到技术与文化的"融通"问题，也只能是停留在"精英阶层"的文件或纲要里，抑或只能在"生产性保护"的大破坏中入侵地方性话语体系。民间文化的一场灾难性危机真正在中国乃至世界范围内演绎，或进一步肆意扩大。

在科技史学术领域，"技术"与"人文"的问题一直是作为有争论的范畴而存在。回顾学界对此问题的争论，我们发现大致有以下立场。

第一种，"偏向论"。面对技术发展所带来的发展性文化恐惧，法国哲学家吉尔贝特·西蒙登则主张技术与人文的"再联合"①。海德格尔对此问题的态度则是"科学不思考"。所谓"科学不思考"，意味着科学（技术）已然不能思考它的自身。② 因为迈向科学的技术已然吞噬了人类的文化本然存在。胡塞尔则认为："现代人让自己的整个世界观受实证科学支配，并迷惑于实证科学所造就的'繁荣'。"③ 在此，海德格尔与胡塞尔在"技术—人文问题"上似乎站在偏向于人文主义的阵营。

第二种，"紧张论"。法国学者 R. 舍普对海德格尔与胡塞尔的"偏向论"持反向意见，强调技术与人文的相持性同在。他在《技术帝国》中坦言："在技术与文化的争论中，我们不能无条件地向着技术，相反我们必须维持两者间的紧张状态。"④ 显然，R. 舍普对技术/人文持有适度紧张关系立场，即保持不偏向于技术与人文的某一方面，而试图保持两者之间的适度张力。

第三种，"交易地带论"。帕梅拉·隆（Pamela Long）在《工匠／

---

① ［法］R. 舍普等：《技术帝国》，刘莉译，生活·读书·新知三联书店 1999 年版，第 183 页。

② "Letter on Humanism" in Basic Writing. ed. Davis F. Krell（New York：Harper and Row，1977），191 ff.，especially "What Is 'Thingking'？" in Vortrage und Aufsatze. 61.

③ ［德］埃德蒙德·胡塞尔：《欧洲科学危机和超验现象学》，上海译文出版社 1988 年版，第 5 页。

④ ［法］R. 舍普等：《技术帝国》，刘莉译，生活·读书·新知三联书店 1999 年版，第 192 页。

实践者与新科学的兴起：1400—1600》[1] 中提出（技术）工匠与（人文）学者的"交易地带"（Trading Zones）理论，它偏向于保持技术与人文的双向优势互补，而丢弃二元论视野下的技术与人文之思维缺漏。

第四种，"融合论"／"分裂论"。美国科技史学家乔治·萨顿（George Sarton，1884—1956）在《科学史与新人文主义》与《科学的历史》[2] 中反复强调，科学史家应当重视科学（技术）与人文的融合。在他看来，科学史是人类文明与人文精神的中枢。由此，萨顿认为，科学史家的重任就在于架起科学史（包括技术史）与人文史的桥梁。另外，20 世纪 50 年代末 60 年代初，英国学者 C. P. 斯诺在发表的系列文章中提出了"两种文化"（自然科学与人文社会科学）——"科学文化"（Scientific Culture）和"文学文化"（Literary Culture）是难以融合的，即后来所谓的"斯诺命题"[3]，该命题坚持认为作为技术传统的自然科学与作为精神传统的人文社会科学是难以融合的。

这样看来，技术与人文在历史上已然成为由来已久的有争议的范畴。那么，我们在这种争论中能有何作为呢？我们还是回到王桂英的"剪花"手艺与新沂镇办企业"制花"工厂上来。

从视觉看，镇办企业之制花逼真得像真花一般，是批量化生产的，也是可复制的有"艺术感"的花，但它却不是艺术，它只是技

---

① Long, P. O., "Artisan/Practitioners and the Rise of the New Sciences, 1400—1600", *Sixteenth Century Journal*, 2013, 65 (3): 202 - 203. Long P. O. Artisan/Practitioners and the Rise of the New Sciences, 1400—1600, Oregon State University Press, 2011.

② 参见孟建伟《科学史与人文史的融合——萨顿的科学史观及其超越》，《自然辩证法通讯》2004 年第 3 期。

③ 参见顾海良《"斯诺命题"与人文社会科学的跨学科研究》，《中国社会科学》2010 年第 6 期。

术的合成物。这个厂搬到世界任何一个地方，都可以生产同样的产品，跟新沂镇文化没有半点关联。因此，合沟镇的技术性话语与合沟镇的人文性话语之间还谈不上"融合"或"保持适度张力"，更确切地说，这里的"技术"与"文化"是没有"交易地带"的，是完全分裂的。这种分裂应该说，是现代性进程中农村地方性话语体系中的文化性滞后所造成的。

"文化滞后"与"文化性滞后"是不同的范畴。在当代，中国农村文化的发展及其速度是超越任何时代的。特别是新媒体以及新经济给农村文化的发展带来翻天覆地的革新与发展，毋庸置疑的是，当代农村及其城市的"文化性滞后"是明显的。所谓"文化性"是指文化发展中带有根本性的优良基因，这种基因能指引文化细胞生成的异质性与突变性发展，并诱导文化的历史性变革与广延性发展。

从文化性视角分析，当代社会对民间文化的态度与立场是有失偏颇的。传统文化的粗暴移植、简单贴标签、创伤性保护、创新性继承、"设计下乡"与"文化扶贫"等一系列措施与政策的问题在于仅表层性注意到了传统文化在技术发展中的机制，缺少的是从根本上诠释传统文化的"文化性"在当代的赓续与发展。举例而言，"工匠精神"就是传统文化中的"文化性"，它就能有效引起当代产业文化的异质性突变，进而在品质与品牌上生成更加符合消费者需求的产品。世界上顶级品牌及其商品，也没有见哪个国家把自己国家的传统文化照搬或敷贴在商品上而著名。在中国古代，也没有那个时代的丝绸之路上被输出的大量中国产品因贴自己历史上的文化标签而著名的。中国古代的漆器、瓷器、丝绸远播海外依靠的是这些产品上的"中国叙事"及其表现出来的工匠精神，丝路上中国产品的质量的可靠及其品牌的说服力也并非主要依赖营销与传播。

这样说来，我们在合沟镇讨论传统剪纸艺术的现代传承问题，它的正确的做法不能简单地依靠把传统剪纸图案移植到现代蓝印花布、制陶、制漆、制瓷、刺绣、服装等产品上，更多的是发现民间剪纸的"文化性"，即其中的"匠人精神""直觉经验""侧影构图""图式思维""整体思想"等能够改变现代农村文化、现代城市产业或各行各业文化发展的"基因"，让这些文化性基因参与当代文化与社会的发展中，进而让传统发挥文化性的力量。

换言之，西方历史上争论很久的"技术"与"人文"的关系命题是一个"伪命题"，化解它们之间的矛盾应当在"技术性"与"人文性"的"融合"上才有根本出路。譬如将新沂民间剪纸的人文性融入新沂的镇办企业制花中，使得他们的产品在技术性上有质的飞跃，即拥有文化性的飞跃。那么，这样的产品在市场上才有一席之地。

从更深层次看，文化是有时代性的。五帝时期的宗教文化在商周得以有新的继承与发展，并在青铜器的制造上发挥宗教性因子的文化性，但这种宗教性图案并没有在汉代漆器上反复使用。汉唐的漆器图纹尽管在宋代瓷器上找到一些影子，宋代文人士大夫的审美旨趣及其标准显然不是以汉唐人为参照系的，汉唐人的文化性或文化精神却能在宋瓷中寻觅到。这就是说，当代文化或文化产业的发展，传统文化中的文化性诠释显得十分重要，尤其是中华传统文化中彰显的思想、精神及其魅力的基因的发现与传承是最重要的。

技术的善意进步给文化性发展带来致命的危机，尽管技术时代的文化突飞猛进。一路高歌的技术社会在社会道德、社会伦理、社会产品等遭遇面前显得惊诧不已，尤其是技术给文化伦理造成无法弥补的损失的时候，人们就开始一种关联性融合思维——技术与文化的"融通"发展。

对于传统文化而言，一种"跨界思维"或"协同发展"的融通性的策略调停一旦出现了，对于传统文化的改造、迁移、承续、创新等"与时俱进"的思维与办法便出场了。对此，我们必须要分析当代社会的"艺术下乡"或"设计下乡"等社会主动干预村落文艺的做法是否具有合法性与可行性。

下面，我们回到合沟镇，回到具有典型性的"合沟镇议题"，即合沟镇的"制花"—王桂英的"剪花"—合沟镇"六一五谈话"（即2017年6月15日，在合沟镇政府的一次与镇书记的谈话，来自江苏师大美院以及清华大学美院的师生给镇领导出主意，如何将王桂英的剪纸艺术发扬光大，传承创新发展），这是一组很能说明问题的议题，也是值得思考的一组议题。

议题之一：合沟镇的"制花"。合沟镇的"制花"企业是新时期农村社会发展中具有典型性的现代产业文化符号，机械化地大量生产塑料花产品。很显然，这种产品是供给消费者消费的艺术，"制花"身上所具有的"艺术感"无非逼真，我们无法产生对工艺的敬畏，也没有任何对坐在机械旁那些忙碌着的工匠的敬佩感。在考察这家企业的时候，我们最多的一句话是"真像"，除此而已，没有任何一句关心工厂里的工人的"话"，这些工人与制花厂里的机械一样被我们忽视或不提起。这就是作为"消费者的艺术"在文化空间中的地位，包括这些生产者或工匠。

议题之二：王桂英的"剪花"。在我们没有来到王桂英家之前，相信我们对这位被联合国授予的"民间工艺美术家"，一定已经有了敬畏与崇拜之心了。到了合沟镇，见到王桂英的剪纸，除了敬畏这位朴素的农村老艺人之外，还有的是"惊叹""好奇"等莫名其妙的想解开这位老人的"剪纸谜"的心情。在敬畏与惊叹之余，更多的是看到纸上饱含王桂英老人家的"温度"，纸上剪刻有王桂英老人家的"心率"，纸上剪刻着王桂英老人家的"情感"，还有王桂英老人家一生的"思想"或"日常"。更奇妙的是，王桂英的小小的纸片上分明剪刻着中国农村的现代性进程，也分明剪刻一幅幅农村发展的变迁画卷。抑或说，王桂英剪纸叙事就是中国农村叙事，不仅仅是王桂英个人的叙事了。尽管王桂英的剪纸是独立的，是不可复制的，是个人的，是自享的，也是一种生产者的艺术，但是她的剪纸艺术又是共享的、全民族的，并复制或再现了一位中国苏北农民的生活日常，更呈现出了 20 世纪 40 年代以来的中国农村的社会日常全景图。这就是王桂英剪纸的魅力，显然它不同于冷冰冰的新沂镇塑料制花。

议题之三：合沟镇"六一五谈话"。在谈话中，我们隐隐约约发现合沟镇的蒋书记的"想法"：打造合沟镇传统文化品牌，跨界发展王桂英的剪纸艺术，让世界知道合沟镇，提速合沟镇的经济。我们出于"礼貌"或"专业"，同去的老师均在会上发言，其根本宗旨是围绕蒋书记的"想法"说开去。从"专业"的视角分析，蒋书记的"想法"是地方性话语的全域性展开，也是地方性知识的当代转型，这是"与时俱进"的"想法"，也并不惊讶。但令笔者担忧的是，我们的"专业指导"是一种冒险的"设计下乡"。确切地说，学院专业的设计文化是否与村落文化产生"碰撞"与"火花"。特别令人头痛的问题是，具有乡野气息的王桂英的剪纸艺术是否需要跨界发展，或品牌化发展。我们的"为与不为"（我们是否可以行动？）、"能与不能"（我们能介入吗？）、"该与不该"（我们是否错了？）的三组命题是当前我们要解决的问题，也是民间文化学要研究的问题，更是艺术人类学在当前的语境中要分析的问题。

合沟镇的"制花"—王桂英的"剪花"—合沟镇"六一五谈话"，这是一组有趣味的议题，也是一组有"问题"的议题。合沟镇的"制花"里没有任何王桂英的"剪花"元素，合沟镇"六一五谈话"旨在谋求如何将王桂英的"剪花"跨界到其他产业或文化边界，并"生产性保护"发展民间文化。但现在的问题是，合沟镇的"制花"只是制花，王桂英的"剪花"也只是剪纸，合沟镇"六一五谈话"跟合沟镇的"制花"与王桂英的"剪花"也没发生任何实质性关系。换言之，合沟镇的"制花"、王桂英的"剪花"与合沟镇"六一五谈话"是相互独立的，彼此没有任何"融通"，只是我们"说说而已"。这是一组何等矛盾的奇怪的议题，它直接引发了文明的思考：作为生产者的艺术（"剪花"）与作为消费者的艺术（"制花"）在何种程度上能产生"融通"呢？

现在，首先我们来谈谈合沟镇"制花"的"技术"范式。在这个厂子里，我们看到"技术"作为一个范式，它已经和合沟镇的王桂英"剪花"发生严重的"断裂"，而且，这种断裂还将在未来无情地延续。这不免使人想起，技术的发展特征之一，就是很容易在社会文化体系中赫然独立出来，并分离其他社会体系中的要素，特别是与社会体系中的文化要素发生严重的区隔与分裂倾向。在当代，这种技术分裂文化的现象显得十分突出，以至于我们都在思考如何融通技术与文化的关系问题。在哲学理论家那里，我们常发现哲学家无奈地给文化的发展粗暴地给出了这样的结论：文化的发展与社会经济（尤指技术）的发展是不同步的。应该说，这样的理论化结论是一种"托词"，也是一种对技术分裂文化而独立发展的最"无奈"的结论。为什么会出现技术分裂文化的现象呢？经济学家给出了一个似乎圆满的答案：科学技术是第一生产力。这是一句非常精辟的而且是非常正确的经济学命题。但文化学家并非同意这样的说法，因为技术的发展常常以分裂文化为沉重的代价。艺术学家就更不同意这种想法了，因为技术将艺术分裂在机器与产品之外。如此看来，技术发展的体系性分裂是固有的，它作为独立体系分类其他社会发展体系是一种自我的"秉性"。那么，问题来了，文化如何赶上技术的发展？抑或说，技术终究要带来机械伦理危机与社会道德滑坡的严重后遗症，文化如何去"殿后"为其弥补这样的危机带来的人性损失呢？我想，单纯地依靠"文化"去"融通"技术恐怕是困难的，最根本的做法就是，在技术分离的初期就能做适当的文化融通，以期技术与文化在和谐的环境下协同发展，这可能是最好的选择。

这种文化的"早期干预"技术发展之做法是否有这种可能性呢？这主要看技术发展的另一特征所引起的我们对技术的思考。

技术给社会或我们的思考，最著名的例子莫过于老子的"技术论"。在老子看来，随着社会的发展，人口的增多，生产力技术越来越"伎巧"，那么，物质产品必然产生"过剩"，进而产生社会混乱。因此，《老子》曰："人多伎巧，奇物滋起；法令滋彰，盗贼多有。"这就是说，人多伎巧，社会法令规章制度必然随之越来越多，社会矛盾也必将被激化，盗贼也随之激增。因此，基于国家政治的立场，老子认为："民多利器，国家滋昏。"为此，老子提出"绝巧弃利"的技术控制论。另外，荀子与庄子也在哲学的视野反思技术。《劝学篇》曰："木直中绳，𫐓以为轮，其曲中规，虽有槁暴，不复挺者，𫐓使之然也。故木受绳则直，金就砺则利。"[①] 显然，在荀子那里，"技术"作为一种工具性方法存在，已经引起荀子的哲学化思考。同样，《庄子·养生主》曾记庖丁为文惠君解牛，文惠君曰："嘻，善哉！技盖至此乎？"庖丁释刀对曰："臣之所好者道也，进乎技矣。"[②] 显然，庄子所言庖丁解牛之"技术"，实际上是技术本身给予了自身的哲学思考。

这就是说，技术发展的本身带有深刻思考未来的偏向。孔子主张"不学礼，无以立"，并认为"能以礼让为国乎？何有？不能以礼让为国，如礼何？"可见，孔子思想的根基在于将"礼"安放于国家立场之上。这也分明看出孔子针对技术发展所带来的社会问题，提出用"文化"的办法协同解决技术分裂所带来的社会问题。在欧洲，基于近代欧洲早期技术发展与科学诞生的社会背景，奥地利科学哲学家埃德加·齐尔塞尔（Edgar Zilsel，1891—1944）率先提出他的研究论题："学者—工匠问题"。由于该论题一直活跃于近代西方科技史界，人们又习惯地称之为"齐尔塞尔论题"（Zilsel

---

① （战国）荀况著，（唐）杨倞注，耿芸标校：《荀子》，上海古籍出版社1996年版，第1页。

② 韩维志译评：《庄子》，吉林文史出版社2001年版，第15页。

Thesis）。在齐尔塞尔看来，近代西方资本主义的兴起直接导致高级工匠与学者之间的社会互动，进而产生了西方近代科学。后来艺术史学家潘洛夫斯基（Panofsky，E）[①] 认为，工匠与学者的融合直接引发了近代西方技术革命与文化创新。不过，霍尔（Alford Rupert Hall）[②]（1957）坚持认为，士与匠在科学革命时期的互动是有限的。"齐尔塞尔论题"的研究昭示西方学者面对工业革命以来的技术发展，特别是技术分裂人文的倾向给社会所带来的发展性文化危机，已经被提上社会发展中要解决的议题。

　　在此，并不打算纠缠技术与人文，或士与匠的关系问题，也不打算批评科技史学界的大佬们对此问题的思考。但是，更愿意关注或批评他们的批评方式：基于文化的名义去批判技术的危机。实际上这个批评的"伎俩"并不新鲜，在中国的东周时期，我们的老子、孔子、荀子、庄子等已经开始用这种批评方式去解读技术危机了，以至于中国古代社会一直被这种伎俩的技术批判阴影所笼罩。

　　让人们惊叹的是，在这场旷日持久的争论中，"技术"总是占据了明显的上风，尽管中国古代社会的"人文"传统一直占据表面的统治地位。但洋务运动之后，这种统治地位被引进来的西方"技术"推翻。一直到今天，在社会体系中，"技术"一直处于明显的统治地位。即便我们用"文化"的名义在大张旗鼓地与"技术"抗争，并提出了一系列"融通"的办法，但这似乎没有取得意想的效果。

　　走进合沟镇的"制花"技术生产车间，我们知道了何谓"技术"，也懂得了何谓"艺术"，更明白了何谓"文化"。对这三个

---

① Panofsky E., "Renaissance and Renascences in Western Art", *Art Bulletin*, 1962, 44 (1).

② Martini, M., "The Merton - Shapin relationship from the historiographic debate internalism/externalism", *Cinta De Moebio*, 2011 (42): 288-301.

"何谓"命题的思考，至少得出以下几点暂时性的结论性的反思：

第一，当前，我们的高校遇到了一些"麻烦"：课堂上的理论在过去是特别受人敬畏的，就像敬畏自己的老师一样，但今天的课堂上的理论在合沟镇或中国农村遭致冷遇。譬如我们敬畏的民间工艺文化在合沟镇的制花厂得到验证，而且，这个制花厂就在王桂英剪纸场所的"隔壁"，它们"老死不相往来"。很明显，技术分裂文化的倾向已经到了不可调和的地位，特别是在农村文化体系中。尽管技术也是文化，但技术与文化在不同的轨道上发展。这种现象，直接给高校教育带来生存及其身份的危机。因为高校教育一面在传授技术与文化，但另一面的问题接踵而至——市场技术与学院技术不是一回事，市场文化与学院文化也不是一回事。于是，我们的高校教育发生"改制"：大力发展技术院校，大力融通校企合作，大力建设大学生创业园；还出现这样一个奇怪的"改制"，将原来的"学院"改成"大学"。这两个"改制"只能说明一个问题：技术在这种争论中削弱了高校在市场中的地位与功能。于是，为了提升正在日益下滑的身份，我们必须降低学院派身份而屈从技术，并在改名号的基础上获得一些地位。

第二，"艺术"在这场旷日持久的技术与人文的抗争中，暂时性地取得了显赫的身份或"辉煌战果"。走进合沟镇的村办企业，我们发现，这家企业的"制花"是没有艺术感的，但它确实是艺术的。我们也发现，王桂英的剪纸是艺术的，但她的剪纸确乎是"反艺术的"（指她的剪纸颠覆了学院派艺术规则）。尽管这家企业的技术里没有王桂英的剪纸元素，但不争的事实是："制花"与"剪花"都成功了。制花厂凭借逼真的"制花"艺术赢得了市场，创造了技术所带来的经济价值；王桂英的剪纸凭借独特的乡野气质与艺术叙事赢得了世界的关注目光，她被联合国教科文组织授予"民间工艺美术家"。这就是说，在合沟镇的地方性话语中，"艺术"获得了生机。再看看今天的艺术市场，传统文人学者不得不感慨：伎艺当道。一部电影能有数亿的票房，一个明星一个小时的出场费可能是一位学者一年的工资收入，一位艺术人的庄园可能是一个村庄一辈子的农民也搭建不起的，一位大美学家的离世不比一个小明星生个孩子而受人关注。艺术的暂时性的地位提升是"技术"在这种争论中获胜后的必然反映，因为"人文"败北之后的慰藉只能依赖艺术，更何况技术的发展也需要艺术的支撑。于是，"艺术"就这样被技术与人文都吸引过去了。

第三，民间叙事的凸显或地方性话语的转向，是明显的一种"中庸思想"的选择。当技术在这场旷日持久的对抗中明显占据上风的时候，文化乏力而无法在短时期内获得生机，此时，回到传统文化语境成为我们的普遍共识。这是一种明显的在技术与人文之间的"历史折中主义"，抑或是传统中国人的智慧——中庸思想。合沟镇的"制花"需要市场，"艺术"性制花是市场最需要的，这是事实；合沟镇的"剪花"需要传承，"传统文化"要赓续也是事实。那么，我们的折中办法：将"剪花"融入"制花"产业中。这种历史的折中主义明显地暗示，我们在技术面前的文化妥协与让步。

在明晰了作为生产者艺术的"剪花"与作为消费者艺术的"制花"之后，下面来谈谈合沟镇蒋书记的"想法"：剪纸的产业跨界发展。

"蒋书记的想法"值得讨论，因为他的"想法"里有这样的一个主动性很强烈的词语："跨界"。当然，作为镇长是不大关心这个词语的主动性问题。但对于"我们"来说，这个词语引发了关于"技术"与"人文"的对抗问题的反思。

何谓"跨界"？它是指由一个属性主体向另外一个属性主体介入的知识范式。这里的"界"就是边界，"跨界"就意味彼此整合、渗透与融通，也意味没有了"边界"或原有的界限消失。对合沟镇而言，地理边界已经在修好的"村村通"道路及网络工程中彻底消失了；但对于合沟镇的文化边界而言，这似乎并没有被打通或扩展。

那么，合沟镇的文化边界在哪里呢？

"文化乡野"，即文化乡界。它是对合沟镇文化边界的最好描述，这个概念将我们的思维引向一个认知论问题，即"文化乡界"是根深蒂固的，村俗文化是不易跨界的，也是很难彼此"对话"的。在理论上说，村俗文化的独特性就在于它的根深蒂固的原始个性，一旦跨界融通必将丢失原有村俗文化的属性基因。

不过，在主动性上，"蒋书记的想法"道出了这样的一个事实：在地方性话语中的技术与人文对抗中，我们明确提出了王桂英剪纸艺术的文化乡界的跨越，旨在跨越中实现传统文化的发展。对村落文化而言，这显然是一种主动的介入技术领域的问题。或者说，"跨界"要比"融合"更加积极与主动，至于"跨界"之后，技术与人文是否"融合"，那是另外一回事。

现在的问题是，我们必须回答"蒋书记的想法"是否具有合法性与合理性。为了讨论该问题，在此，拟引入"移民"概念作为分析的介入概念。

实际上，国有国界，艺有艺界。地理学上的区域边界逻辑与知识边界是一致的。譬如区域边界逻辑上的市场逻辑、国家逻辑与人权逻辑，它同知识边界逻辑上的文化逻辑、艺术逻辑与范式逻辑大致是对应的。实际上，国家边界逻辑与艺术边界逻辑在文化、制度、策略、关系上并无二致。各门艺术为了自己的自足性而忧心忡忡，进而非常谨慎或保守于自己的边界，这如同国家边界因恐惧对主权身份的威胁而采取的"关闭国界"的举措是一致的；也如同"打开国门"，实行"改革开放"，搞活经济而富裕人民的举措一样。那么，我们可以这样认为，敞开艺术边界是艺术文化的一种批评策略。

国界开放的直接后果是大批"移民"的拥入，对于艺术边界开放而言，也同样有大量"移名"（"名"指的是学术名词）拥入。对于

"移民问题"，西方很多国家采取"配额限制"，或有选择性地开启国界，但这样做似乎不是很明智的做法。因为，限制移民行为导致地区发展差距拉大，偷渡者对国界线的侵扰也是不可忽视的消极力量。同样，关闭艺术界线，而有选择地开放艺术边界区，十分谨慎地限制"移名"活动，也加剧了各艺术之间发展的差距，对"移名"入境者非法干预也是一种艺术消极行为。20 世纪中后期以来，学术"移名"或范式漂移是西方学术发展中最为显著的文化行为。诸如美学向心理学漂移、哲学往语言学迁徙、考古学借用情境社会学、艺术学借助市场学、心理学挪用物理学或拓扑几何学、广告学汲取新媒体技术学、经济学吸纳美学……这一切表现大规模的学术"移名"潮正向我们袭来，任何关闭学科边界的消极性举措是行不通的。

可见，学术研究之"移名行为"类似于国家之间的"移民活动"。后者旨在国家间"共同发展"，但是其活动的明显特征是"试图攻破其防线"——"体现市场逻辑、国家逻辑与人权概念的紧张关系"。因此，"有选择性的开启，且内部决定并不透明"——"加剧了地区发展差距及移民带来的关闭效应"。① 相比之下，"移名行为"也旨在促进诸学科"共同发展"，并参与各学科之间的建设。同样，那些在"移名行为"活动中，但凡概念的"入境"也可能被视为"非法者"，尤其是对学科自足性及身份产生某种威胁。

在此，需要指出的是，艺术边界的开放绝非是"艺术主权"的丢弃。作为开放立场下的"学术移名"仅仅是一种资源共享策略，它的前提是在相互尊重艺术"主权"的基础上，实现艺术对话。否则，"学术移名"将成为艺术界的一种混乱，或成为一种奇谈怪论的噪声。

请阅读法国学者卡特琳娜·维托尔·德文登（Catherine Wihtol de Wenden）在《国家边界的开放》中有关"移民活动"的描述：

---

① ［法］卡特琳娜·维托尔·德文登：《国家边界的开放》，罗定蓉译，社会科学文献出版社 2010 年版，第 3—7 页。

　　移民活动长期以来在国际上被看做特例现象。然而今天，它参与着国际关系的社会结构建构，它在内部与外部、网络和领土之间引发了对国境线的干扰，并向国家主权发起了挑战。

　　除了移民活动引起的经济、社会政治和文化的全球化之外，国际移民活动还带进了一些新因素，如人权、环境、健康——在国家层面上，居然有这么多的流通因素。移民活动在国际体制和重建中也扮演着重要的角色，以至于近一个世纪以来围绕着国家展开的国际体制建构——威斯特伐利亚体系日渐模糊，而其他决策中心日趋重要。如今，国家行为体的概念需要重新界定。以移民活动为中心的一个全新的国际公共空间正在形成。移民活动也在国际秩序内重新引入了"漂流生活"的尺度，过去国际秩序是定居生活型，而如今的特征是"迁徙式流通"（Emmanuel Ma Mung），同时它还在国家与市场之间，在"国家理由"和人权之间，在"国民和世界公民"之间，播下了若干矛盾的种子（Stephen Castle）。①

　　德文登对"移民活动"的建设性思考启发我们：艺术边界开放的关键词"移名"（名：术语或名词）与国家边界开放的关键词"移民"，在很多"问题的向度"上具有相似性。或者说，国家移民活动与艺术边界"移名活动"在"特征"上存在相互借鉴的共享区。

　　其一，国家边界移民活动"参与着国际关系的社会结构建构"，同样，艺术边界的"移名活动"也参与了门类艺术结构关系的建构，因为被引入的"艺术移名"大大拓展了门类艺术的"行为空间"与"话语空间"。

---

　　① ［法］卡特琳娜·维托尔·德文登：《国家边界的开放》，罗定蓉译，社会科学文献出版社2010年版，第83页。

其二，国家边界移民活动"引发了对国境线的干扰，并向国家主权发起了挑战"，与此相比，艺术边界的"移名活动"同样引发了对门类艺术边界线的侵扰，并向门类艺术的自足性主权发起了新的挑战，使"何谓艺术？"变得更加模糊。

其三，"在国际体制和重建中也扮演着重要的角色"。这个维度上的国家边界移民特征与艺术边界"移名"特征具有一致性，因为"艺术移名"在门类艺术体制和重建中同样扮演不可小觑的角色。

其四，国家边界移民活动迫使"国家行为体的概念需要重新界定"，另外，"以移民活动为中心的一个全新的国际公共空间正在形成"。相比之下，20世纪以来，"艺术移名"活动也迫使门类艺术中的许多概念被重新界定，并正在形成一个全新的艺术公共空间。

其五，国家边界移民活动"在国际秩序内重新引入了'漂流生活'的尺度"，"迁徙式流通"这种移民活动所带来的新尺度与流通方式在"艺术移名"中同样存在，"概念漂移"或"名词迁徙"是艺术界常有的事，我们无法阻止。

其六，国家边界移民活动"播下了若干矛盾的种子"，我们也不能否定，"艺术移名"同样也播散了诸多与门类艺术互为矛盾的种子，当这些"矛盾"暂时还得不到缓解，它们正在朝向"庸俗"或"非常态"的方向发展。

以上诸现象与问题，均关系到一个"边界线"的"界限"与"开放"的问题，它将引发诸多如体制再建构以及主权、角色、公共空间、生活尺度等"权力问题"。在某种意义上说，"蒋书记的想法"涉及民间艺术边界的"开放问题"，它也将引发诸如民间艺术主权、角色、空间、尺度等"权力问题"。

在国家边界开放的视野下，我们认为，开放民间艺术文化的边界是否具有合法性，还是主要看开放后各属性主体的发展是否朝着利好的方向。或者说，判断技术与人文在这场"移民"战中的标准是，各自在融通过程中是否能产生有效发展的增值及其内在体系的发展性变革，而不是讨论这场争论中的技术与人文"谁是第一位"的问题。实际上，以任何名义去批判对象都是有缺陷的。20世纪以来的科学主义批判与人文主义批判的两大思潮，至今还在争论不休，也似乎看到了这两大阵营都有一种怀旧情怀与未来反思的癖好。有关对这种争论的调停或趋于平稳的发展思维，也似乎不是一种理想的选择。因为技术与人文发展在速度上的要求是不一致的，人类对技术或人文的偏好及其发展速度逻辑有天生的速度偏好。

问题的复杂性还在于"技术"通常是不大尊重历史的，一项新的技术发明或将彻底丢弃传统。譬如合沟镇的"制花"技术中根本不会去尊重王桂英剪花中的"侧影技术"。因为现代的"制花"技术已经不需要这种侧影技术去表现具有轮廓化的细节对象，"3D打印"就很好地解决了这一问题。同时，"人文"也不懂得去理解技术，常常以"机器不懂人情"的立场去嘲讽与批评技术。因此，这样就导致了"技术"与"人文"一直是苦大仇深的"宿敌"。这样看来，实现"蒋书记的想法"，我们还有很长的路要走，至少我们不能以各自的名义去批判对方。

在现代性进程中，城市化进程是一支最为显赫的劲旅。它的威力不仅在于试图实现农村的城镇化或"城乡一体化"的地缘构想，还在于准备使城市精英思想入侵农村地方性文化思想体系。

从现象表层看，当代农村的民俗性事务开始"拮据"起来了，而来自城市的亚公共文化在农村变得很走俏与活跃。尽管在现代性进程中的城市文化还处于摇摆与混乱之中，但这种来自城市族群以外的亚公共文化，被一批活动于城际边界的"移民"（靠日常迁徙去城际务工的农民）带回遥远的农村，进而在村落地方性话语知识体系中发生变异。譬如村落建筑风格（农村大量使用罗马柱）、日常服饰（工人制服亮相）、商业模式（电子商务开始发展），以及可怕的村落话语方式（乡音的改变）的变革。

的确，这是一种令人不安的变迁。村落的地方性话语体系结构的正常功能首先受到威胁，以往的村落风俗民事活动以非常快的速度在退化与萎缩，这主要来自村落民俗仪式中的"角色"已经忘却了原先的村落民俗文化的压力。这些仪式中的"角色"人为何会遗忘村落地方性知识话语呢？原因是，这些人一年在村落待的时间只有春季或其他节日的数天而已，大部分时间选择在城市生活，甚或村落的时间日常也只有春节了。

　　原先深知村落仪式的土著居民的减少，直接导致村落地方性知识的流失，特别是那些还依稀存在的村落民俗也在被改造或正在被改造的危险中苟延残喘。在这其间，最可怕的是被城市化改造后的土著居民在知识结构上的变异，导致他们的认识论的革命，进而彻底毁灭了他们本来就少得可怜的土著民俗意识。城市化道路中的村落地方性话语的流失与变异是很危险的，最为严重的后果就是导致世界文化的生态平衡，进而出现村落地方性文化失语症以及世界范围内话语体系的崩塌。这种危险的征兆在全球范围内或已经出现，并迅速蔓延，悲惨地如癌细胞一样在全球知识体系中疯长。近年来的全球性的堕胎率、抑郁症、离婚率、自杀性袭击、跳楼事件、地区冲突、宗教摩擦、种族歧视、边界入侵等毒瘤性现代性问题如同恶魔般困扰人类生活，并威胁着人类生存以及未来的地球存在。

　　在文化性上，土著话语体系的结构性崩塌导致世界知识体系的结构性离散，世界文明知识体系的离散的后果是知识信仰的离散。于是，人们便发生叙事性解释机制的改变，甚至会发生知识话语解释的困难，更为严重的是在精神体系上出现细胞的突变，最终产生全球化知识身份的意义危机。后现代以来的西方社会，全球化中的"信息殖民"（新媒体技术输出与信息控制）、"品牌殖民"（国家化品牌输出以及产品垄断）、"军事殖民"（军事派出与驻军海外）、"新意识殖民"（一种文化老式殖民形式的翻新）等以前所未有的速度与广度在蔓延，地区性知识文化的失语后，文明冲突、边界矛盾、宗教摩擦、信仰战争、游行示威、自杀性爆炸等地区事件日趋频繁。

面对城市化进程中的困境，人们依然开始思考村落地方性话语体系的重构问题。从表层村落土著居民看，每年季节性的短暂的"春节返乡记"的文化思潮开始涌现，这依然表明土著居民已经懵懂地感觉到地方性话语失落后的村落变迁及其致命性的影响。这种季节性村落文化思潮或许只是在特定土壤与时间下的昙花一现而已，也只不过是一部分没有受到城市化影响的土著居民将长时间"受压制的知识"（福柯）表达出来罢了。从知识精英阶层分析，21世纪以来的地方性话语已经成为知识分子关注与研究的"显学"，这也分明显示地方或民间话语转向背后的深层次社会原因。地方性话语的激增意味地方性话语权的复兴，也意味着人们已经开始反思并试图拯救失衡的全球文化生态。

全球性的文化生态失衡的主要表现就是地方话语体系及其生态遭到城市化进程的无情破坏，这种关涉人类思想、精神与信仰的话语生态被破坏的后果要比自然环境生态破坏所产生的后果严重得多。于是，建设与诠释属于自己的民族话语体系、理论形态与知识结构将成为城市化进程中不可忽视的时代命题。因为在世界范围内，一个国家的话语知识生态同一个国家中的村落知识生态是具有同等意义的。因此，精心呵护全球范围内的"国家村落"是全球化进程的重要使命与责任。抑或说，国家村落中的地方性知识、民俗事务、精神建构、身份认同、宗教信仰等对于地球村或宇宙村的生存与发展的意义是非凡的。

国家村落，即一个"正在崛起"的全球公域。全球的太空、生态、战争、污染、海域、互联网等安全议题被当代主权国家广泛关注，作为一个新的理论范式"全球公域"，也正日益被很多学者所关注。

在未来，真正意义上的"全球公域"一定不是外太空、互联网、海路、航空、生态等领域的安全问题。因为这些所谓的"全球公域"是外在于赖以生存的"国家村落"之外的。试想，一旦人类赖以生存的国家村落遭到永久性破坏，到那时恐怕不是一篇"春节返乡记"的文化惆怅那么简单了。实际上，一旦人们都有一种"春节返乡记"的忧愁与伤感，说明此时的日常生活所在的"国家村落"或已走向衰败。伊拉克国家村落、叙利亚国家村落、阿富汗国家村落、马里国家村落……全球村落里的部分"国家村落"正在日益受到战争的严重威胁。最可怕的是这些受到战争威胁的国家村落之外的发达国家所采取的"文化殖民"运动，这将是国家村落面临的致命性的、长期性的破坏危险。因为村落的存在并非依存于它的物质结构，而依存于村落的文化结构。换言之，经济村落不是发展村落的最终目标，文化村落才是村落永久性发展的根本保证。反之，文化运动或革新在村落发展中起到比经济改革更为重要的作用。但在文化哲学层面，文化的发展步伐往往落后于经济的发展，这是人类对经济或技术发展的偏好所决定的。

在全球化的扩张野心支配下，宇宙村落中的国家村落边界已然被彻底打开，迫使国家的土著居民开始杂居或混居，也爆发出异质性同构后的文化基因突变，国家村落的技术文明得以飞速发展。遗憾的是，第三世界国家村落在经济技术日新月异发展的同时，都遭遇一个共同的致命难题——人文生态日趋下滑，具体表现在以下几个比较突出的问题。

第一，国家村落的土著知识结构体系发生摇摆性变化。村落是土著文化依存的实体，村落组织及其结构的变异必将影响到土著文化体系的原有结构。一旦村落结构体系被打乱，村落知识结构体系就会发生系统性紊乱。在全球化进程中，发达国家对发展中的国家村落的意识形态的新殖民已然严重威胁到国家土著知识结构系统，并给发展中国家村落带来致命性的破坏与影响。法国与加拿大等国家的"文化例外论"的国家性政策的出场，已然说明国家层面已然意识到传统的国家村落文化遭到入侵及其带来的负面效应；日本在保护传统的国家村落文化的先觉醒性要早于亚洲的任何一个国家，早在 20 世纪 50 年代，国家层面出台很多保护本国的土著文化，特别是传统文化中的民间文化。

第二，国家村落的土著信仰与精神体系发展价值性偏向。国家村落的知识体系崩塌，国家地方性话语便将失去很多生存权、发言权与传播权。在现代性进程中，发展中国家村落明显感觉到西方输出意识形态的方法与手段已经发生重大转型，由过去的单纯的观念文化殖民变成非常多元的文化殖民，特别是通过物质文化殖民或入侵发展中国家村落的现有消费模式、生产体制与生活方式。譬如国外的品牌产品以前所未有的速度与影响入侵发展中国家村落，一旦形成规模化市场之后，对核心技术的垄断直接导致发展中传统国家村落对西方国家的产品的技术依赖，从而在经济命脉上间接控制意识形态领域，尤其是发展中国家村落土著居民的宗教信仰与价值体系。从这个视角看，西方的"品牌战"已经不是单纯的经济发展策略，更是一场政治美学的殖民攻略。

第三，国家村落的土著话语体系及其叙事机制出现转型。国家村落土著居民的信仰与价值体系的紊乱，会引起国家村落思维或认识论的突变，进而影响到国家村落的土著话语传达及其叙事机制。原有的国家村落话语体系与叙事理式在新的认识论指导下，将会转型成为一种他者话语体系及其叙事模型，抑或成为他者话语的转译者，危险的可能成为他者文化的传声筒。令人遗憾的是，这种新的他者话语体系却被国家村落土著居民作为一种新奇物而被优待，他们并没有看到这种话语体系所带来的土著文化叙事机制的障碍与危机，更不清楚这种话语体系给土著话语体系的灾难性覆盖后，土著文化最终将会出现严重的失语症。

第四，国家村落的土著行为模式与身份认同开始偏离传统。国家村落的土著居民话语体系与叙事机制的改变，能"强化"或"塑造"土著居民的行为模式。问题的严重性在于这种看似良好的行为在未来会产生连锁反应。心理学家桑代克的"效果定律"就一再提醒我们，对环境产生良好效果的社会行为更可能在未来产生被重复的可能。被反复"重复"的带有他者文化因素的社会行为必将"消退"与"渐隐"国家村落的土著居民文化，进而产生土著居民身份认同的困境。

很显然，发展中国家的村落文化生态日益被发达国家村落文化入侵与破坏。但问题是，这种隐性的文化入侵又是我们看到却又无奈地选择的发展模式，因为到目前为止，发展中国家的村落还没有找到一条真正适合自己的国家村落文化发展的新模式。法国与加拿大的国家村落文化发展的"文化例外论"值得中国重视与借鉴。中国是世界文明古国之一。在世界范围内，中国这座"国家古村落"，给世界贡献的不仅是作为国家村落的自然环境与村落景观，还给世界贡献出作为传统村落文化的历史、技艺、农耕、思想、精神等国家村落文化。从20世纪80年代以来，作为世界体系内的中国国家大村落正在发生翻天覆地的变革，特别是我们的国家村落的城市化进程速度是惊人的，因为在长达30多年的"改革开放"国策的引领下，宇宙内的"中国村落"的知识体系、信仰与精神体系、话语与行为体系等都发生了革命性变化。全球化经济浪潮中的中国村落在技术文化上的发展速度是惊人的，它使新传媒、海陆空网络、机车生产、高铁桥梁、生物医疗、建筑土地等诸多行业发生结构性的增盈与扩张。我们也看到，海外国家村落的文化模式、知识模式以及思维模式也如同这些行业的增盈与扩张一样发生基因突变。中国村落已经是世界的村落，在北京、上海、广州等发达城市村落里，我们看到的是高楼、道路、汽车、商业、大学、工厂等城市村落中的流动要素与文化符号，但中国村落的土著话语体系与叙事方式在这里已经模糊而不清晰了。古建筑被商业开发，或被无情地毁掉；被过快的经济发展淘汰的老旧工厂或拆迁，或改造。一些被"移民"集中安置的土著城市居民的手艺没了，劳动没了，生产方式更会永久性消失，特别是原来土著居民的城市村落记忆没了。城市村落中的土著居民集体性移民、集体性安置、集体性再劳动，这样的集体性行为方式直接导致城市村落的集体性话语失忆。

在当代，"国学热"之强劲回归昭示"中国村落"的文化自觉与文化自信时代已然来临，也显示中国村落文化的世界身份与全球地位开始再次彰显与回归。这首先体现在国家层面对中国村落的传统文化与思想学术的高度重视。2017 年 1 月，中共中央办公厅、国务院办公厅印发《关于实施中华优秀传统文化传承发展工程的意见》（以下简称《意见》）。显然，在国家层面上的中国村落的"传统文化"的传承已经被作为一种"发展工程"来定位与实施。《意见》的出台表明国家对中国传统文化的重振和传承的理念赫然出场。《意见》指出，"文化是民族的血脉，是人民的精神家园。文化自信是更基本、更深层、更持久的力量。中华文化独一无二的理念、智慧、气度、神韵"。可见，实施中华优秀传统文化传承发展工程的重要价值在于"增添中国人民和中华民族内心深处的自信和自豪。为建设社会主义文化强国，增强国家文化软实力，实现中华民族伟大复兴的中国梦"。为此，《意见》明确指出了实施中华优秀传统文化传承发展工程的总体目标为："到 2025 年，中华优秀传统文化传承发展体系基本形成，研究阐发、教育普及、保护传承、创新发展、传播交流等方面协同推进并取得重要成果，具有中国特色、中国风格、中国气派的文化产品更加丰富，文化自觉和文化自信显著增强，国家文化软实力的根基更为坚实，中华文化的国际影响力明显提升。"这个目标明确透露，实施中华优秀传统文化传承发展工程要"研究阐发、教育普及、保护传承、创新发展、传播交流等方面协同推进"。对于"中华村落"传统文化研究者而言，"研究阐发"必将是一项重大而具有时代使命的"课题"。因此，《意见》指出，实施中华优秀传统文化传承发展工程的工作重点任务为：深入阐发文化精髓、贯穿国民教育始终、保护传承文化遗产、滋养文艺创作、融入生产生活、加大宣传教育力度与推动中外文化交流互鉴。可见,"深入阐发文化精髓"应当摆在第一位。《意见》还进一步指出:"加强中华文化研究阐释工作,深入研究阐释中华文化的历史渊源、发展脉络、基本走向,深刻阐明中华优秀传统文化是发展当代中国马克思主义的丰厚滋养,深刻阐明传承发展中华优秀传统文化是建设中国特色社会主义事业的实践之需,深刻阐明丰富多彩的多民族文化是中华文化的基本构成,深刻阐明中华文明是在与其他文明不断交流互鉴中丰富发展的,着力构建有中国底蕴、中国特色的思想体系、学术体系和话语体系。"显然,这里又为我们"如何阐发"研究提供方向与内容,即传统文化的"历史渊源、发展脉络、基本走向"。因此,《意见》是传统文化研究的指南针与航向标。

实际上,《意见》为"中国村落"文化构建了"发展蓝图",这显然是中国在"世界村落"发展背景下提出的国家村落文化安全的举措。正是在这个维度上,"国家村落"是当代语境下亟待关注与研究的全球公域。

五 "礼失求诸野":当代学者的工匠话语转向

分析、研究与回答时代的理论需求与实践需求是当代学者的重大使命与责任,同时,对历史话语的深入阐发与对时代文化的哲学反映也是学者义不容辞的学术使命。21世纪以来的中国学者在阐发中国传统文化、回应时代对传统文化的需求上显示出特有的学术敏锐性与积极性,尤其是2015年以来的中国政府在面对世界全球化进程中所做出的高瞻远瞩的蓝图描绘与改革设计上具有超凡的政治智慧与行动魄力。"工匠文化"的复出与重提就是中国传统文化复兴中的重要环节,也是对中国速度、中国制造、中国技术、中国工匠、中国形象、中国价值等一系列中国话语形态的创构、调适与提升的一次国家性的文化国策。伴随国家文化策略的地方性话语的转移，尤其是工匠文化在国家政府报告的出场，以及传统工艺文化的保护与发展的紧迫性，当代学者融合地方性话语的积极态势已经初步形成，并深入工匠文化及其理论体系的中国化建构之中。

1. "礼失求诸野"：齐尔塞尔论题的时代新命

在孔子看来，被遗失或破坏的礼乐道统，必可以去往民间乡野寻找其本源。换言之，"礼失求诸野"是复兴与恢复礼乐的有效途径。"工匠文化"是"诸野"之一，自然能成为消解礼崩乐坏所致的文化发展与社会技术发展之间的疏远或裂痕的途径。尽管中西方有其不同的历史背景、学者个体差异、工匠文化程度等差异，但利用齐尔塞尔的"学者—工匠论题"为分析工具，却能分析出中国化的齐尔塞尔论题所表现出来的特有理论体系、发展机制与根本特征。或者说，齐尔塞尔论题的中国化及其理论化与时代化是中国时代的一种学术研究新命，因为它能研究与回答时代给学者、工匠及其关系所提出的时代命题。

在学者层面，当代学者如何介入工业产业，并发挥学者对工业产业的介导性社会作用，这对于当代工业产业的发展具有重大而长远的社会意义。因为学者是一个复合型的知识生产者，既有工业生产的技术知识，也有工业生产的文化及其审美知识。同时，优秀学者的社会反思及其哲学思考能力是与时俱进的，既能哲学化思考工业产业文化方向的问题，又能及时反思文化与技术的协同发展问题，进而介导工业产业的文化与技术发展理论朝向及趋势。换言之，学者能适度平衡工业发展中的技术与文化的关系，使其保持适当张力关系。从而保障工业产业在为人们日常生活提供物质服务的同时，也提供精神服务。

在工匠层面，尽管传统工匠行业已经消失殆尽，但传统工匠精神依然存在。从更广泛意义上说，"工匠"是一种职业，而当代社会中各行各业中的职业性职工均是新时期的"中国工匠"。那么，新时期的中国工匠如何与新时期的学者之间建立有效的社会关系，并使得两者之间发挥特定的社会价值，进而为当代社会发展提供智力支持与理论支撑，这也是当代"中国工匠"的新命。借此，再分析与研究中国化的齐尔塞尔论题就显得十分迫切，尤其是阐发与研究古代中国工匠在社会发展中的自我生存、积极调适与创造文化上的历史理论及其经验，从而为当代中国工匠提供历史的经验参考与时代的传统文化给养。

简言之，中国化的齐尔塞尔论题研究是由学者、工匠及其关系在社会发展中的价值、地位与身份决定的，也是由当代社会结构性话语体系中的工匠文化缺失决定的。

2. 国家话语体系中的工匠话语失衡与"中国速度"

毋庸置疑，20 世纪后期与 21 世纪初期以来的中国社会经济技术的发展速度是惊人的，或是世界范围内经济发展国家中的"超速版"。中国经济的超速发展引起中国文化发展的严重滞后，这种局面直接导致中国国家话语体系的结构性失衡，尤其是中国传统文化在整个国民经济发展中的占有份额被挤压。

工匠话语体系是中国传统文化体系中的一支，也是中华民族民间地方性话语体系的一种。工匠话语生于民间，长于民间，具有很强的生命力与文化力。然而，伴随现代化进程，工业文明日趋逼近农村或民间，以及一些本就濒临灭绝的手工业。工匠传统与工匠文化已然在现代化进程中被搁置在博物馆或非物质文化遗产名录之中。日益勃兴的非物质文化遗产博物馆产业以及个人手艺展览，包括知识分子对地方性话语的转向及其研究工匠文化的热衷，这些均从不同程度反映出国家话语体系中的工匠文化的占有份额变得稀少，甚至出现荒废或沙漠化的话语缺场状态。

在更大的、深层次的视野上看，工匠文化在整个国家话语中的失衡还表现在这种文化所表现的工匠精神及其在行业或产业中的渗透严重缺乏。在职业信念上，工匠精神是一种职业的价值信念。任何缺乏职业价值信念的职工都是危险的，也是难以维系职业发展的。价值信念是一种能够普遍遵从的共同信念，它具有普适性与公共性。在普适性上，优秀的价值信念能引领职工朝向行业方向、人生目标与精神境界上作递升发展；在公共性上，优秀的价值信念能激发公众对社会、人类的关切与关怀，进而能为人类社会发展提供不竭的精神动力。在当代中国，"知识无用论"（农村教育界）、"生活虚拟化"（新媒体依赖）、"中国制造危机"（产品粗制滥造）、"信用危机"（电信欺诈）等，这些职业性信仰的集体下滑无不显示一种职工的价值信念缺失。职业信念的集体下滑进而导致工匠精神的第二个层次——行为规范——出现严重问题，即多了一分浮躁，少了一分细致；多了一分粗糙，少了一分严谨；多了一分粗制滥造，少了一分精益求精。职业的行为失范为职业的价值标准的降低留下隐患，也直接导致职工所从事的行业"产品"的价值标准严重走向低落。

可见，"中国速度"所导致的中国国家话语体系中的工匠文化或工匠精神的严重缺失已经危及国家话语体系的构成生命及其发展基础。

3. 国家话语体系的再平衡与"中国制造"及"中国技术"

"工匠文化"的重提与重视意味着国家话语体系中的要素再平衡已然开始，也昭示工匠文化在国家话语体系中的地位得到肯定。

毋庸置疑，中国的现代化进程中的西方设计文化给中国社会经济的发展带来较大的影响与变化，但值得注意的是，近一个世纪以来的西方设计文化并没有在根本上改变中国设计的品牌、质量与品类。相反，在全球化的进程中，当代"中国制造"出现了前所未有的"生产危机"。至少在国内市场，在同类产品中，"西方制造"中的各类品牌产品被中国人青睐，这有点类似于 17—18 世纪欧洲宫廷的"中国风"的一次逆袭与倒流。换言之，被引进的西方设计文化没有使中国特色设计文化得到世界性的发展与繁荣，反倒成为西方设计文化的一次"艺术殖民"与"意识培植"。这不能不引起我们的注意，也不能不唤醒我们对自己的民族工匠文化的记忆。

另一方面的风景却已然具有迷惑性，那就是当代中国社会产品中的"中国技术"的发展确实在突飞猛进，并改变了传统中国社会落后的技术生产面貌。之所以中国制造中的中国技术具有迷惑性，是因为它遮蔽了技术生产背后的"人文精神"及其"产品文化"，尤其是遮蔽了"中国人文精神"及其"中国工匠文化"。因此，这样的技术产品也就失去了作为中国文化与中国精神传达的文化载体作用，也失去了造物文化的观念文化及其审美文化的传播效果。回顾21世纪以来的中国文化的海外传播历程，就会发现这样的一个现象：观念文化在迅速地扩展，而物质文化或器物文化（中国缺少世界级的商品品牌）在海外的传播是很少的。但从器物文化在海外传播的历史经验看，在汉唐中华帝国在海外的影响中，精美的汉唐器物（譬如"和亲政策"中的器物馈赠）在海外传播占有一席之地，而汉唐帝国很少去输出观念文化。

由此可见，在国家话语体系的再平衡中，有"中国制造"与"中国技术"的国家层面的决策性因素与发展性原因。因此，工匠文化的中国复兴一定是中华民族文化整体复兴的一部分。从这个视角看，中国工匠文化的研究价值与意义是值得重视的，抑或说，中国化的齐尔塞论题研究具有历史价值与时代意义。

4. 当代学者的工匠话语转向与"中国叙事"

2013年9月和10月，中国国家主席习近平先后提出共建"丝绸之路经济带"和"21世纪海上丝绸之路"的重大倡议。2015年3月28日，国家发展改革委等部门联合发布《推动共建丝绸之路经济带和21世纪海上丝绸之路的愿景与行动》。这是中国在全球化背景下提出的未来中国发展愿景与路线图，在此背景下，被丝路传播的中华工匠文化研究应该引起我们的高度重视。值得注意的是，中国当代学者的地方性话语研究的转向已经表明：学者介导工匠话语建设的时代开始来临。为了辨析中国学者对工匠文化话语的转向，在接下来的讨论中，首先简要回顾中外学者对工匠文化或器物文化研究的学术史进程，以期明辨当代学者对工匠文化研究的转向。

在研究层面，欧洲早期哲学家对器物哲学的探讨，主要集中在器物的"物性"及其"物"的宇宙学来源方面，并产生了部分涉及器物文化哲学的理论成果。柏拉图的《普罗泰戈拉篇》、亚里士多德《物理学》、培根《工具论》等，这类研究为后世欧洲器物研究提供理论基础。英国工业革命以后，欧洲设计学家对器物设计及其美学研究，呈现井喷态势，诞生了不少有关器物文化的研究成果。［德］赫伯特·林丁格尔编、王敏译：《乌尔姆设计：造物之道——乌尔姆设计学院1953—1968》（2011），［美］乔治·布拉泽勒（George Baziller）《人造物》（1966），［美］蒙德·罗维（Gaymond Loeway）的《火车头的美学》（1937），20 世纪 50 年代以来，［德］豪格《日用品美学：文化与意识形态》，［意］伊季欧曼齐尼（Ezio Manzini）《物质的创造》，［法］亚伯拉罕·莫莱斯《物的理论》，让·鲍德里亚《物体系》，［日］荣九庵宪司（Kenji Ekuan）的《设计：人与技术的关系》，简·迪维斯《欧洲瓷器史》（熊寥译 1991）。这些成果多从技术与人文两个测度阐释器物的文化及其社会学内容。20 世纪以来，西方国家为了争夺国际话语权，不仅高度重视观念文化与制度文化的建设与传播，而且在器物文化研究及其传播方面做了大量研究和实践，并出现了一些有关器物文化及其传播方面的研究成果。阿里·玛扎海里：《丝绸之路：中国—波斯文化交流史》（1993 年译），［美］布罗代尔《十五至十八世纪的物质文明、经济和资本主义》（1993 年译），F. 赫德逊《中国与欧洲》（1995 年译），［日］冈田让《日本的漆艺》（1991），［韩］郑英焕《漆匠》2006）等。利奇温《18 世纪中国与欧洲文化的接触》（1991 年译），［日］赤木明登与工匠对话后的感悟《造物有灵且美》（2015），［英］约

翰·雷从自然神学论造物《造物中展现的神的智慧》（2013），
［法］拉希奈《器物装饰》（2002 年译）。上述研究的领域、方法以
及思维呈现多元态势，并部分涉及了器物交流与叙事。

再看看，中国工匠文化的研究学术史。中国古代学者对器物
的研究主要是基于工匠传统的造物设计以及人文技术方面的研究，
古代器物工匠类文献研究如《考工记》《梦溪笔谈》《营造法式》
《梓人遗制》《天工开物》《长物志》《园冶》《髹饰录》《闲情偶
寄》《景德镇陶录》《装潢志》《陶说》《陶雅》《陶录》《古窑器
考》《说瓷》《瓷史》《远西奇器图说》《古器物学研究议》等，
明清至民国期间，学界对器物的研究多集中在类书编撰、器物考
古、典籍校注等方面做了大量研究。21 世纪以来，随着中国经济
改革与政治改革取得巨大进步，进而使中国文化在世界的身份与
地位被大大提升。特别是近年来"国学热"所带来的传统文化自
信与自觉，以及"中国制造"在世界的贸易量的大增，而中国制
造的品牌、品质与品类却很难与欧洲发达国家相比。于是，出现
了中华传统器物文化及其传播研究的兴起，特别是"工匠精神"
或"工匠文化"等热点上的研究，也产生不少研究成果。但"我
们"的研究存在很多问题：其一，传统器物研究习惯地被纳入考
古、美术等序列，这种研究排序减弱了"器"作为文化载体与美
学精神的叙事功能，也失去了更多地从文化叙事的分析角度及其
诠释的可能性；其二，传统器物研究多侧重"静态水平"的分析
研究，这无疑造成一个缺陷是丢失了作为"动态水平"的"器"
在时空关系、叙事意义及其历史环境中的价值；其三，近代以来
的传统器物研究，尽管出现综合研究态势，唯有不足的是多从西
方设计学视野考察中华传统器物设计，这不符合中华传统器物所
富有的礼仪的内在逻辑及其造物视觉习惯，特别是不能解释古代
中国器物被广泛输出国外的叙事机理。

近年来，中华传统器物文化研究呈现活跃趋势，特别是伴随中

国国学的复苏与振兴，学界对中国工匠精神、器物文化、器物民俗等多层面的研究热度较以往显示出井喷状态。在这方面有关器物文化的学者论文明显增多，有关工匠精神的专著也在不断涌现，有关工匠文化的国家课题也多有立项。具体而言，国内外研究器物文化呈现以下三种动态。

第一，研究边界在扩展，并试图将传统器物研究放置于传统大文化背景中研究。现代以来的多学科综合研究，侧重器物的设计、美学、文化学的文献学阐释。尽管这类研究有其"综合性"特征，但缺乏研究的"体系性"，从而使得器物研究"各执一词"，于是出现器物文化研究的零散化、孤立化与片面化倾向。因此，近年来有关器物研究的边界被扩展至美术、考古以外的各个领域。

第二，器物与工匠的动态研究成为新的学术热点。学界试图以器物研究弥补文献缺失所造成的历史空白，并提供较文献更为丰富的人文思想信息。因为传统的静态水平研究侧重器物的纯粹形而上的建构，缺乏器物文化的动态研究。特别是当代"一带一路"倡议背景下，"中国制造"的海外输出成为现实的时代命题。中华传统器物文化能代表中国古代的历史及其发展水平。古代丝绸之路上的器物作为文化载体的传播，给当下中国文化海外传播提供重要启示：中国文化的海外传播应该以产品使用的受众为中心，结合文化叙事机理使得技术产品成为文化产品。丝绸之路是中国向世界输出器物文化的重要契机与桥梁。丝路器物文化输出不同于现代西方艺术对亚洲文本式的传播，近代以前中华传统器物文化被西方引进与接受是通过器物体系，这是中国文化对世界的贡献。丝绸之路输出的器物是中国文化传播的重要载体，器物输出史实是中国文化传播史，它见证了古代中国文化的国家身份与世界地位，被发现的或未被阐释的中华传统器物文化已成为中国文化的历史"转述者"。在历史上，全球性文化展开首先凭借中国器物而登场。古代丝绸之路上的国瓷、漆器等作为中国传统文化符号，在传播中华文化及其美学中发挥了巨大作用。丝绸之路器物成为中国美学思想向世界传播的重要物质载体，它特有的艺术秉性散发出中国古典美学中的奢华思想，它所传递的美学思想表现出一种被信赖的中国美学思想与世界美学思想交融的历史与态势。

第三，近年来的器物研究朝向创意设计、非物质遗产与工匠精神等热点议题研究，并在传统文化立场阐释器物文化的当代传承与创新发展。实现了造物文化研究的重大转向——从"物本身"研究向"人本身"的研究，但这无疑将器物研究又推向了"见人不见物"的危险境地。

因此，在当代，学界对器物文化的研究正在实现三个转变：从文献观念化研究向器物文化实体研究转变；从静态水平的孤立性研究到动态水平的体系性研究转变；从纯粹形而上的建构向对器物人文叙事研究转变。

六 当代学者与新型工匠的互动：变革与反思

在当代，士与匠的身份发展有了很大变化。新型的士与匠能在一个侧面真实地反映他们所置身其中的社会及其结构性变化。从以下社会现象可以看出学者所置身社会发生的变化。

现象之一：20 世纪 80 年代的中国，一批高校学者憧憬"下海人回蓄货栈"（元张之翰语）之空间，即"下海"经商创业。学者的"下海经商"成为那个时代的学者走出体制、自由创业与美好憧憬的标志性名词。至此，中国的传统学者以国家的政策名义走向工匠行业、企业厂矿等领域。特别是高校知识精英"下海"后给市场经济输入了新鲜血液与理论支持。

现象之二：2007 年，江西省政府启动"井冈学者"计划之后，清华大学李砚祖先生随后被江西省政府聘为景德镇陶瓷学院特聘教授，江西省"井冈学者"，长期从事艺术设计历史及理论、工艺美术历史及理论的教学和研究工作。在长达 10 年的景德镇潜心科研与创作之后，一位不可多得的"学者型陶瓷艺术家"诞生了。他的创作突围了千百年来景德镇陶瓷窑变色彩单一的困境，试图将传统油画绘画转到陶瓷艺术创作上来，找到了真正属于陶瓷自己的语言体系与词语风格，研发出了色彩缤纷的"万千窑变"的陶瓷彩绘技术，被业界誉为"高温窑变之祖"。由此可见，江西省政府的"井冈学者"计划使得当代新型学者积极介入了工匠领域。当新型学者介入工匠行业之后，一种新工艺、新产品与新文化被创造性地开掘出来了。抑或说，学者在推动工艺科学与美术技术的发展上起到不可或缺的作用。同时，传统的学者的角色发生新变化：学者从传统书斋里走出，变成一个能掌握工匠科学与工匠技术知识的人。

现象之三：2016 年 11 月，为加快实施创新驱动发展战略，激发科研人员创新创业积极性，在全社会营造尊重劳动、尊重知识、尊重人才、尊重创造的氛围，中共中央办公厅、国务院办公厅印发了《关于实行以增加知识价值为导向分配政策的若干意见》（以下简称《意见》），该《意见》规定："科研人员在履行好岗位职责、完成本职工作的前提下，经所在单位同意，可以到企业和其他科研机构、高校、社会组织等兼职并取得合法报酬。"《意见》的出台意味高校学者从事本单位之外的企业或其他科研机构的行为是"合法的"，并显示出学者参与新型工匠行业（工厂产业）的行为得到国家支持与尊重。如今的高校学者对产业文化的介入变得频繁而有效，以至于"创新创业"成为这个时代的经济发展与社会发展的标志性概念。

反观上述现象，学者介入新型工匠领域的社会制度性变迁图式，从早期的"下海经商"，到 21 世纪初的"学者计划"，再到今天的"创新创业"。这个社会制度性变化的历程显示：当代中国学者介入新型工匠的国家性支持立场是明确的。这个从早期的国家鼓励、到国家与地方计划，再到国家出台政策支持的路线图也显示：当代学者介入新型工匠的制度性障碍逐渐被缩小。但是，当代学者介入新型工匠之后，也带来很多"思考性麻烦"。

"学者有权思考"，这是一个不容质疑的社会命题。毫无疑问，学者对社会的哲学思考要比新型工匠（如工程师、设计师）"厉害"得多。他（她）所思考的对象总是受到抽象化的理性（如艺术哲学）、结构化的平衡性（如技术生态主义）与未来可预测的理想性（如社会乌托邦主义）考验。这与新型工匠思考的对象受技术效率、产品安全与使用价值支配是不一样的，至少新型工匠对社会发展、技术生态与社会理想的思考是很少的。因为对于学者而言，思考，即怀疑。而对于工匠而言，思考，即有用。换言之，士与匠的"思考秉性"存在巨大差异，抑或说，工匠没权思考。因为工匠的思考是受他律支配的。

问题的根本原因在于学者的思考是自由的，并不受持久的思维框架或观念体系控制。换言之，学者的自由的创新思想在思维框架或观念体系的忠实者工匠那里是有效的，但也因此造成士与匠的思想性隔阂与间距。在当代，学者介入新型工匠的保护性政策的出台，即可说明新型工匠在过去的一大段时间内没有接受学者的耦合邀请，或者说学者在过去的一大段时间内的书斋行为是受到社会制度或法律保障的。于是，在国家的层面才出现各种"学者计划"或"传统工艺保护措施"等应急性暂时干预文件，从而替代性地为学者或新型工匠的互动与耦合提供制度性依据或政策。

与学者相关的当代"科技"如同新型工匠一样，并没有多少的"思考权力"。所谓"科技生态主义"危机的核心原因本不在于科技周围的社会生态所遭遇的异常，而是在于科技本身不受外界文化变化而反映的"不思考"或"不作为"。的确如此，科技在拥有思考权利上值得怀疑。但是，科技执行产生某种固定的方法、程序与框架的能力是超强的，因为这是学者所赋予的。新型工匠是科技的执行者或是科技方法、程序与框架的忠实信徒。不过，这里面也有例外。有的新型工匠是加入了"协同增效"的士与匠互动模块工作的。但实际上，学者的"理性力量"在"协同增效"中显然是占上风的，并不断超越思想的边界。

科技本身最终所形成的能力与倾向均会将人类束缚在固定的思维框架或思想教条中，科技的自治能力或思考能力在新型工匠那里也受到值得怀疑的"纯粹中立"，而不易置身于社会发展的哲学思考之中。科技本身的缺陷并非"科技论"者的研究或关注对象，科技论所关注的问题是立足于包括新型工匠在内的人的立场议论科技给社会人带来的危机与恐惧。在足够强大的舆论信息攻势下，科技社会与它的政府将会犯下同样的错误，即把社会变成迎合它的时代的忠实信徒。在这一点上，社会改革或区域性改良运动似乎无条件地迎合它的时代。

学者与工匠，或人文与科技，在这些"关系论"的争论中，实际上，我们不能向着某一方，或以政策的压倒性力量去干预它们的运动与耦合，也不能一味地听命于社会议论或市场经济需求。新型工匠因反对强加在他们身上的科技而"起义"，在今天看来，这样的反抗步伐是无法阻碍与延缓科技的进步。任何时代的科技进步均会或多或少地受到来自包括工匠在内的人的阻力，但最终的选择是我们"忍声吞气"地接受科技的进步。因为，人类的思想是不断进步的，学者的思想也不会停止。在争论中的士与匠之关系是人类思想的一部分，我们绝不会因此而放弃它给人类带来思想与生活的一部分。

这样看来，当代学者与新型工匠之间的互动是"迎合它的时代"之需。因为这个时代的新型工匠及其传统文化需要时代给予"帮助"。新型工匠的职业精神、价值信念、行为规范等均不同程度地需要注入传统"工匠精神"，以期复活"中国制造"（提升品牌、提增品类、提高质量）、"中国形象"（器物文化传播中的形象传播)、"中国力量"(科技中的人文力量)、"中国话语"(物质文化体系中的话语体系)等处于沉寂期的时代要素。学者在"注入"或渗透行为中承担起重要角色,因为会思考的学者取代了不会思考的科技。抑或说,科技不懂得思考传统文化与精神历史,因此它必然会被传统、记忆与过去所冲击,甚至在这场对抗赛中甘拜下风。

这就是在这个时代里,传统文化或工匠文化被科技人所接纳的思想性动因。或者说,工匠文化的力量或已深入这个社会的内部,打通了改变社会话语结构的文化通道,从而为科技社会的发展输送源源不断的新鲜思想与智慧血液。

就文化价值而言,士与匠的深度互动所最终形成的"中国产品"不是一个环游世界的"中国游客",而是着力铸造具有"中国思想"或"中国灵魂"的中国产品,不至于在环游世界后回到中国而幡然醒悟:"我"只是一个"中国游客"而已。中国文化或中国产品不能回到那个"洋泾浜时代"了,根植于我们灵魂深处的传统文化是真正能赋予我们力量的神力。

上卷结语

　　《工匠文化三论》之《士与匠的交往》的学术计划如今已过五载了，希望借助齐尔塞尔论题的学术思路、逻辑方法与结构框架来实施这一计划，并生成中国化的齐尔塞尔论题的"理论模型"（系统、机制与特征）、"中国化脉络"（上古至清代）与"时代化发展"（中国当代转型）的三大内容模块，这将有助于在有关当代工匠文化或工匠精神问题上提出新的理论与问题，或能引发新的话语及其学术争论。

　　中国化的齐尔塞尔论题是中国工匠文化史上的一个重要题域，它所联系的中国传统士大夫阶层、工匠群体以及古代中国的技术、人文、经济、制度等重要社会要素对中国社会的发展均产生深远的影响，也给世人留下很多历史疑虑与难解命题。譬如李约瑟难题、钱学森之问等。但就中国工匠文化而言，这些难解命题的讨论的核心命题如同齐尔塞尔论题：学者—工匠的问题。抑或说，中国传统的士与匠之间的复杂关系及其运动构成了中国化的齐尔塞尔论题理论。从总体上说，中国化齐尔塞尔论题中的士与匠的内在关系与发展逻辑主要表现在以下几个方面。

　　首先，在场域理论视野下，中国化的齐尔塞尔论题的分析对象士与匠的阶层属性是"多元杂糅"的，并明显呈现出"学术场"与"工匠场"的分野与互动。抑或说，中国化的齐尔塞尔论题表现为"学术场—工匠场的问题"，这一问题的复杂性及其诸多悖论直接暗示中华特色设计学（基于工匠文化传统的造物学）建设之迫不及待。

在学术场，中国传统学者阶层是多元的，它包括帝王、士大夫、诸侯、地主以及落魄乡村绅士等；同样，工匠阶层的主体也是多元的，它包括官府工匠、民间工匠、士人工匠、奴隶工匠、军队军匠以及自由匠人等。中国古代士与匠的场域主体的多元杂糅导致中国化的齐尔塞尔论题的研究极其复杂。

在精神层面，中国古代的学术精神崇尚哲学与史学，偏向国家政治之伦理信念、政教行为与儒道标准，而工匠精神则在宇宙信念（譬如《髹饰录》中的工匠宇宙理念）、善合行为（譬如造物中的天地合一、阴阳合一）与精益求精或致用求善（譬如制器的合"礼"之善）的价值标准中实现。这就是说，中国古代士与匠在精神层面的追求有明显的差异，并显示出不同的价值标准、目标追求与行为规范。从哲学理念分析，中国古代的工匠的精神追求似乎有超越学术精神的更大空间，然而学者在国家话语格局中的地位又是显赫的，并显示出歧视或轻视工匠行为的思想导向。这就造成中国古代士与匠在精神价值追求上的悖论与区隔，从而导致中国化的齐尔塞尔论题的复杂性。由于中国化的齐尔塞尔论题中的悖论性与复杂性，中国古代学术场是偏离于工匠学术研究轨道的，于是，出现了中国古代工匠文化研究的巨大"理论真空"。即便出现《考工记》《仪礼释官》《梦溪笔谈》《营造法式》《梓人遗制》《天工开物》《长物志》《园冶》《髹饰录》《闲情偶寄》《清工部工程做法》《景德镇陶录》《装潢志》《存素堂丝绣录》《蚕桑萃编》等工匠文化研究文本，中国古代学者介导下的工匠文化理论体系还是极其不完善的。

2016年5月17日，习近平总书记在北京主持召开哲学社会科学工作座谈会并发表《在哲学社会科学工作座谈会上的讲话》（以下简称《讲话》）。2017年1月，中共中央办公厅、国务院办公厅印发《关于实施中华优秀传统文化传承发展工程的意见》（以下简称《意见》）。显然，在国家层面上的"中华传统文化"的传承已经被作为一种"发展工程"来定位与实施。在新形势下，《意见》提出了三个"迫切"，即"迫切需要深化对中华优秀传统文化重要性的认识，进一步增强文化自觉和文化自信；迫切需要深入挖掘中华优秀传统文化价值内涵，进一步激发中华优秀传统文化的生机与活力；迫切需要加强政策支持，着力构建中华优秀传统文化传承发展体系"。《讲话》指出，我们不仅要让世界知道"舌尖上的中国"，还要让世界知道"学术中的中国""理论中的中国""为人类文明作贡献的中国"。

中国古代学术阶层对工匠文化的忽视或悖论性立场，直接导致中国工匠文化或中华特色"设计学"的学科体系整体水平较低，尤其是它的学科理论体系、话语体系及其方法论体系还很不完善。不同学科都有自己的知识体系与研究方法，中华"设计学"的知识体系从《考工记》到《考工典》，它的历史渊源、发展脉络基本走向是明晰的。《考工记》是中华"设计学"的理论体系及其方法论的起点，它开创了中华"设计学"的理论体系框架及其知识叙事的方法论。如何建构中华"设计学"理论体系？《讲话》指出，"要加强对中华优秀传统文化的挖掘和阐发"，"打造具有中国特色和普遍意义的学科体系"。并指出中国特色哲学社会科学应该具有以下三方面特点：第一，体现继承性、民族性；第二，体现原创性、时代性；第三，体现系统性、专业性。这显然为我们建构中华"设计学"理论体系指明了方向。同时，《意见》指出，实施中华优秀传统文化传承发展工程的工作重点任务为：深入阐发文化精髓、贯穿国民教育始终、保护传承文化遗产、滋养文艺创作、融入生产生活、加大宣传教育力度与推动中外文化交流互鉴。可见，《意见》将"深入阐发文化精髓"摆在第一位。《意见》还进一步指出："加强中华文化研究阐释工作，深入研究阐释中华文化的历史渊源、发展脉络、基本走向，深刻阐明中华优秀传统文化是发展当代中国马克思主义的丰厚滋养，深刻阐明传承发展中华优秀传统文化是建设中国特色社会主义事业的实践之需，深刻阐明丰富多彩的多民族文化是中华文化的基本构成，深刻阐明中华文明是在与其他文明不断交流互鉴中丰富发展的，着力构建有中国底蕴、中国特色的思想体系、学术体系和话语体系。"显然，这里又为我们"如何阐发"研究提供遵循。

20世纪20年代以后，伴随中国文化的"西化"现象出现，从《考工记》到《考工典》一以贯之的中华考工文化发展俨然被"西方设计学"所取代，以至于出现具有西化体系的"中国设计学"。这种研究局面一直干预并影响国人对"中华考工学"研究的忽视与遮蔽，也致使"中国设计学"的发展步入营养不良的发展困惑之中。近代以降，中国设计学领域中出现的"美术工艺学""工艺美术学""设计艺术学""艺术设计学""工业设计学"等不断被误构或误读的学科理论体系，显然昭示中华设计学的发展出现概念化混乱或理论范式危机。它无疑暗示被"引进"的西方设计学体系在中国社会文化发展中出现"水土不服"与"营养不良"等不适病症。伴随中华传统文化研究的深入与发展，本土化构想与实践必然成为民族设计学理论发展的必由之路。换言之，在当代，中国设计学研究的"脱欧"势在必行。那么，属于中国自己的话语特色与理论体系的"设计学"又是什么呢？

在中华工匠造物理论史上，从东周时期的《考工记》到清代的《考工典》，这其间一直绵延不断的中华设计学理论体系显然不同于西方工业革命以来的设计学理论体系。我国的设计学理论体系在基本概念、核心要素、设计思潮、设计方法、设计批评、理论文献等方面具有自己的话语体系、概念体系、范畴体系、批评体系。我们相信，"中华考工学"必将成为中华文化自信之后的显学。为此，作为工匠文化学者，摆在当下的重任是：第一，力掘中华考工文化资源，梳理中华考工史学体系；第二，透析中华考工基本概念与具体范畴或命题，构建中华考工理论体系；第三，深耕传统考工理论文献，发展本土特色的中华考工批评理论；第四，传承与发展中华考工文化，重视中国本土设计，弘扬中华工匠精神，厚植工匠文化，增强中华考工文化自信。

在整体理论构成上，中国特色设计学理论体系是由"三个阶段"（时间）、"三个面向"（文化）、"三个系统"（理论）与"三个领域"（空间）等构成的。"三个阶段"，即中国特色设计学理论的三个发展阶段：古典设计学阶段、工艺美术学阶段与现代设计学阶段；"三个面向"，即"考"（制度层面）、"工"（工匠层面）与"器"（器物层面）；"三个系统"，即"本体与概念系统"、"命题与范畴系统"与"批评与方法系统"；"三个领域"，即宫廷设计理论、士大夫设计理论与民间设计理论。这些都是我们创构中国特色设计理论体系所要思考的对象，任何在某一方面的过分强调或偏爱都是一种学术偏废，都无法建构整体的中国特色设计理论体系。

在价值层面上，中国特色设计理论体系建设具有重大的学术价值与现实意义。中国特色设计理论体系具有中华文化底蕴的话语体系，它的话语范式与理论结构是西方设计学所不能相提并论的。中国特色设计理论体系不仅显示出中华特色文化的理论渊源、命题范式与批评视界，还彰显出中华传统工匠文化以"工"为本的人学品格，以"工匠精神"为信仰的价值追求。在新形势下，我们迫切需要对中华优秀传统考工文化、工匠文化与器物文化的认识，迫切需要挖掘中华优秀传统特色设计学理论体系及其价值内涵，从而有效增强对中华传统文化的理论自觉和自信，并激发中华优秀传统文化的历史生机与时代活力，进而为当代及未来的"中国制造"提供强有力的理论支撑。

另外，在历史脉络上看，中国化齐尔塞尔论题中的士与匠的互动呈现曲折的发展脉络，整体上围绕"同源—分离—互动—融合—

介导"的路线发展体系。这一发展体系暗示，中国古代士与匠的关系是不可分离的，社会发展离不开学术场与工匠场的深度互动与融合。

在上古，工匠与巫师、帝王是同源的，并没有明显的职业分工。作为"知识分子"的"巫"也是"智慧的造物主"，"工"在文化性上与"巫"是同根同源的。但随着商周以来的国家的出现以及职业的分工，"巫"的职业开始分化为各种"专门"的职业，如医、士、工、史、乐等。社会职业分工的细化直接导致"社会阶层"的出现，掌握生产资料的"帝"或"侯"便在身份及其意识形态上与"工"产生分离，包括"士"与"工"的逐渐分离，这种士与工的分离状况在西周开始出现，并在春秋战国时期达到巅峰。但问题的复杂性在于，士的阶层在生产、生活、祭祀等社会活动中又离不开器物，也就离不开工匠制器。于是，"工商食官"或"工处就官"的工匠制度诞生。工匠的制度化引起了工匠及其制器的深刻变化，最有影响的变化就是工匠阶层的身份由原来与士的平等地位开始下降，甚或沦为奴隶或佣工，器物的文化性也成为"纳礼藏乐"的具有"制度化"的载体。制度化与礼乐化的器物制造给工匠的身份与地位并没有带来根本性的变化，因为这个过程中的士大夫对器及其工匠的态度没有发生变化，以至于整个先秦社会士与匠的关系一直在区隔中互动。但随着汉唐中华帝王的物质文化的大发展，中华工匠与学者之间的关系逐步开始走向新的互动，直至宋明时期中国传统士与匠出现深度融合，而到了明清时期的学者已然以介导的身份走向工匠。可见，中国化的齐尔塞尔论题的发展脉络极其复杂，具体要义如下。

在上古时期，工匠文化基本围绕宗教而展开，先民已懂得使用器物去装载神权，进而在器物使用或仪式活动中溢出原始人文宗教思想。上古宗教不仅溢出合"礼"性器物图像视觉形态，还与国家发生了密切关系，从而溢出器物在国家层面所扮演起的文化角色传统。抑或说，上古器物具有明显的宗教叙事与文化溢出功能。

在先秦时期，百工兼具准科学家与技术专家的双重身份，尤其是以工匠为参照群体的先秦学者不仅顺应社会发展对自身提出需要的可遵循的社会秩序、价值伦理及治国方略，还在镜像、参照、模范、介导、著述等社会互动或角色借用中实现对工匠的知识叙事及科学技术的发展需求。但先秦士与匠的早熟性互动有潜在的区隔风险。

在汉唐，作为士阶层的士与匠之间存有区隔与互动的双层结构关系。学者作为潜在区隔主体或互动供体占据了工匠的主导作用，并对工匠的介导掺杂明显的支配地位与政治色彩。"虽工亦匠"的态度迫使工匠隐于社会较低等级地位；"奇技淫巧"的观点遮蔽与剥夺了工匠技术发展；"重道轻器"的立场也催生工匠只能依照自然观察及世袭经验为手作文化原型。但汉唐士与匠之间矛盾的文化心理被"开放"的汉唐帝国情怀与文化制度以及工匠文化自身魅力所冲淡，并在文化肌理上表现出士与匠之间的隐性化双边互动。

在魏晋南北朝，《文心雕龙》的工匠叙事暗示刘勰对工匠文化的谙熟与接纳，并体现出他的理论思维秉承"工"的经验文化向"士"的文学理论迁移与转换。作品中的工匠叙事建立的文学话语系统逐渐被固化在理论语言中，不仅创构了文学理论叙事的行为法度与价值标准，还折射出中华工匠文化的基本概念、核心范畴与理论体系。基于"士"与"工"在理念、行为与标准上的通约与互信，《文心雕龙》的工匠叙事已然超越工匠的经验文化，进而生成强大的文学理论言说能力与文化意义。在中国文学史上，工匠叙事俨然约定为一种普遍的文学理论经验，它为沟通器"物"与人"情"的双向对话与视界交融提供可靠叙事交易，这对于反思当代中国文学理论发展与偏向具有历史借鉴意义。

在宋代时期，伴随城市经济、市民阶层与理学的崛起，宋代打破汉唐以降士与匠的区隔而迈入互动状态。宋代的应用科学与实验技术进展显赫于世，尤其是宋代工匠受士人、理学学者、文艺学者及科学家的介导，使之在技术变革、艺术思维及手作创新等方面获得迅猛发展。同时，工匠的技术经验、计量思维及手作方法也反哺宋代学者与科学家自身的知识再生产。然而在本质上宋代理学的科学性是有限的，加之工匠文化本身的顽固性以及宋代学者自身的局限性，士与匠的互动效应也是有限的。

在晚明时期，士与匠间的传统分离状态发生裂变，被遮蔽已久的工匠文化已然向学者群体敞开。以工匠为参照群体的晚明学者不仅顺应社会发展对工艺知识传承与技术叙事的需求，还在角色借用中为自我提供可遵循的心灵秩序、价值伦理及思维方法。晚明士与匠的双向互动俨然昭示 16—17 世纪中国社会的主体边界被突破、主流理学招致实学思潮反抗、新的社会秩序与价值伦理被重构。

在清代，匠籍制度开始革新，尤其是工匠身份"自由化"以及"弃匠入仕"现象已然暗示国家对工匠身份转型的认同。尽管清代学者受制于文字狱及其他羁绊，仅能在朴学中考证技术，或在译介中引进西技，学者的实业救国精神呈现出积极态势。这无疑为清代工匠之"艺"向技术性再造以及工匠之"技"向科学化迈进提供支持，进而打通士与匠之间"交易地带"通道，实现学者对工匠文化的有效介导。然而客观上晚清学者对工匠的介导存在着制度性、文化性的保守主义缺憾，这种介导损伤无疑反证晚清唯技术思潮在人文主义领域的局限性。

最后，在理论的时代化立场看，中国化的齐尔塞尔论题的当代发展及其理论意义对于中国国家话语体系中的地方性话语复兴具有重大智力支持与文化引领价值，尤其是复兴工匠文化与工匠精神对于"中国梦"的实现具有重要意义。

中国化的"齐尔塞尔论题"研究显示，当代学者介入并引导产业文化发展成为时代重大课题。从现状看，当代中国产业文化中的学者介导行为及其价值渗透是不够的，从"中国制造"在世界市场的产业文化占有份额可见一斑。根据世界贸易组织统计，2013年我国首次成为世界第一大货物贸易国。现在"中国制造"已经遍布全球，然而没有一种服装像体现法国时尚文化的"皮尔·卡丹"那样著名，没有一种家具像体现瑞典生态文化的"宜家"那样著名，没有一种鞋像体现美国嘻哈文化的"耐克"那样著名，没有一种玩具能够像芭比娃娃那样不停地向全世界叙述着本国故事。因此，在当代语境中，工匠文化研究与复兴具有特别的现实针对性与社会有效性。对中国制造的品质、品牌与品类的提升具有重大意义；同时，提升中国产品的文化品位与身份，对于发挥中华传统器物文化的传播功能也具有重大意义。实际上，作为工匠文化的器物叙事功能越强，文化传播功能就越强，就越能产生巨大的经济效益。对于中国文化的海外传播来说，打造器物的文化传播功能是一个亟待解决的任务。中国制造中能够有一批货物富含中国文化被世界广泛认可，那么，中国出口的货物不仅能够产生更大的利润，而且会成为中国文化海外传播的新通道。

　　然而实际情况是，当代社会里介入器物文化及其海外传播过程的学者极其少见。大部分学者关注较多的是观念文化及其传播，这与学者对工匠文化的传统态度不无关系。同时，现代性对工匠文化的遮蔽是最为主要的原因。在现代社会，作为手作的专业劳动近乎消亡，工匠的生存及其劳动被遮蔽，其主要原因来自现代性本身。现代性将劳动的概念挤压为"科技劳动"，并从"科技劳动"中缩减为"脑力劳动"，于是工匠在这种情形下逐渐隐退。总的来说，现代性主要是在科学技术、生产方式以及消费文化等诸多层面"实施"了对工匠文化的遮蔽。在科技层面，科技是工匠文化被遮蔽的内在驱动力。科技与手作的分野直接导致工匠文化的没落或被人遗忘。在消费文化层面，现代化时期的日益求新的产品消费文化也直接导致工匠及其手作举步维艰，即便工艺品受到现代社会的喜爱，但那也只是玩物而已，无法实现其生活化与日常化。现代性对工匠文化的遮蔽在一定程度上成为学者介入工匠文化设定的社会门槛。

当代学者介入中国传统工匠文化研究工程的重要价值不仅在于国家经济建设中的中国制造及其文化的海外传播，还在于增添中华民族内心深处的自信和自豪，深刻阐明中国优秀传统工匠文化是发展当代中国马克思主义的丰厚滋养，深刻阐明传承发展中国优秀传统工匠文化是建设中国特色社会主义事业，建设社会主义文化强国，增强国家文化软实力，实现中国民族伟大复兴的中国梦的实践之需。

参考文献（上卷）

一　国内文献

安徽省地方志编纂委员会：《皖志述略》，安徽省地方志编纂委员会，1983 年。

（汉）班固：《汉书》，中华书局 1964 年版。

包世臣：《艺舟双楫》，《艺林名著丛刊》（第 1 种），中国书店 1983 年版。

（清）毕沅：《续资治通鉴》，岳麓书社 2008 年版。

（宋）蔡襄：《蔡襄全集》，陈庆元等校注，福建人民出版社 1999 年版。

（明）曹昭撰，王佐补：《新增格古要论》，中国书店 1987 年版。

曹焕旭：《中国古代的工匠》，商务印书馆国际有限公司 1996 年版。

陈剩勇：《浙江通史》，浙江人民出版社 2005 年版。

陈伟：《中国漆器艺术对西方的影响》，人民出版社 2012 年版。

陈伟、周文姬：《西方人眼中的东方陶瓷艺术》，上海教育出版社 2004 年版。

陈振：《宋史》，上海人民出版社 2003 年版。

戴吾三编：《考工记图说》，山东画报出版社 2003 年版。

邓之诚：《中华二千年史》，东方出版社 2013 年版。

（清）董诰等编：《全唐文》，山西教育出版社 2002 年版。

（唐）杜佑：《通典》，岳麓书社 1995 年版。

（南朝宋）范晔：《后汉书》，中州古籍出版社 1996 年版。

冯承钧《中国南洋交通史》，商务印书馆 2011 年版。

顾海编：《东南亚古代史中文文献提要》，厦门大学出版社 1990 年版。

（宋）灌圃耐得翁：《都城纪胜》，中国文史出版社 1999 年版。

韩振华：《航海交通贸易研究》，香港大学亚洲研究中心 2002 年版。

黄纯艳：《宋代海外贸易》，社会科学文献出版社 2003 年版。

黄启臣：《广东海上丝绸之路》，广东经济出版社 2003 年版。

吉林师范学院古籍研究所：《宣和奉使高丽图经》，吉林文史出版社 1991 年版。

纪宗安编：《中外关系史名著提要》，中国华侨出版社 2002 年版。

蒋径三：《文化教育学》，商务印书馆 1936 年版。

（清）蓝浦等：《景德镇陶录校注》，江西人民出版社 1996 年版。

（宋）李焘：《续资治通鉴长编》，中华书局 1979 年版。

梁太济、包伟民：《宋史食货志补正》，杭州大学出版社 1994 年版。

林仁川：《明末清初私人海上贸易》，华东师范大学出版社 1987 年版。

凌瑞良：《物理学史话与知识专题选讲》，南京师范大学出版社 2010 年版。

（汉）刘安：《淮南子》，陈广忠译注，中华书局 2012 年版。

（明）刘伯温：《刘伯温寓言选》，戴山青选译，江西人民出版社 1986 年版。

　　刘成纪：《自然美的哲学基础》，武汉大学出版社 2008 年版。

　　刘正成：《书法艺术概论》，商务印书馆 2014 年版。

　　龙思泰：《早期澳门史》，吴义雄等译，上海东方出版社 1998 年版。

　　路甬祥主编，何堂坤著：《中国古代手工业工程技术史》，山西教育出版社 2012 年版。

　　（秦）吕不韦等编撰，张双棣等注译：《吕氏春秋译注》，吉林文史出版社 1993 年版。

　　（明）罗日褧：《咸宾录》，中华书局 1983 年版。

　　罗光：《利玛窦传》，台湾学生书局 1979 年版。

　　（元）马端临：《文献通考》，山东画报出版社 2004 年版。

　　马祖毅、任荣珍：《汉籍外译史》，湖北教育出版社 1997 年版。

　　（战国）墨子：《墨子》，蒋重母、邓海霞译注，岳麓书社 2014 年版。

　　牟实库主编：《丝绸之路文献叙录》，兰州大学出版社 1989 年版。

　　（宋）欧阳修、宋祁：《新唐书》，中华书局 1975 年版。

　　潘天波：《大漆王朝：汉代漆艺文化研究》，凤凰美术出版社 2018 年版。

　　潘天波：《符号与心体》，中国社会科学出版社 2015 年版。

　　潘天波：《漆向大海：古代中国海上丝绸之路漆艺文化研究》，福建美术出版社 2017 年版。

　　彭修银：《东方美学》，人民出版社 2008 年版。

　　曲金良主编：《中国海洋文化史长编》，中国海洋大学出版社 2013 年版。

　　沙丁、杨典求等：《中国和拉丁美洲关系简史》，河南人民出版社 1986 年版。

沈雨梧:《清代科学家》,光明日报出版社 2010 年版。

(明)宋濂等:《元史》(简体本),中华书局 2000 年版。

宋岘:《中国阿拉伯文化交流史话》,中国大百科全书出版社 2000 年版。

(清)孙希旦:《礼记集解》,沈啸寰、王星贤点校,中华书局 1989 年版。

孙文范编撰:《世界历史地名辞典》,吉林文史出版社 1990 年版。

孙玉琴、赵崔莉:《中国对外开放史》,对外经济贸易大学出版社 2012 年版。

(元)陶宗仪:《南村辍耕录》,武克忠、尹贵友校点,齐鲁书社 2007 年版。

田自秉、华觉明:《历代工艺名家》,大象出版社 2008 年版。

(元)脱脱等:《宋史》,吉林人民出版社 1995 年版。

(元)汪大渊:《岛夷志略校释》,苏继庼校释,中华书局 1981 年版。

(汉)王充:《论衡》,上海人民出版社 1974 年版。

(清)王之春:《清朝柔远记》,赵春晨点校,中华书局 1989 年版。

(宋)王存:《元丰九域志》,中华书局 1984 年版。

(宋)王云:《鸡林志》(《说郛》本卷七十七),商务印书馆 1927 年版。

王伯鲁:《技术究竟是什么:广义技术世界的理论阐释》,科学出版社 2006 年版。

王伯敏等编:《书学集成》(元明),河北美术出版社 2002 年版。

王琥:《漆艺概要》,江苏出版社 1999 年版。

王起主编:《元明清散曲选》,洪柏昭、谢伯阳选注,人民文学出版社 2013 年版。

王世襄：《王世襄集：髹饰录解说》，生活·读书·新知三联书店 2013 年版。

王世襄编：《清代匠作则例》，中国书店 2008 年版。

王扬宗：《江南制造局翻译书目新考》，《中国科技史料》1995年第 2 期。

（宋）吴自牧：《梦粱录》，浙江人民出版社 1980 年版。

夏东元：《晚清洋务运动研究》，四川人民出版社 1985 年版。

忻平：《全息史观与近代城市社会生活》，复旦大学出版社 2009年版。

徐继畬：《瀛寰志略校注》，宋大川校注，文物出版社 2007年版。

（清）严可均：《全宋文》，苑育新 审订，商务印书馆 1999年版。

杨海蛟：《书法文献检索举要》，中州古籍出版社 2012 年版。

杨永生编：《哲匠录》，中国建筑工业出版社 2005 年版。

杨钟义编：《辽海丛书》，辽海书社 1985 年版。

（唐）义净撰，王邦维注：《大唐西域求法高僧传校注》，中华书局 1988 年版。

（清）永瑢等：《四库全书总目提要》，中华书局 1965 年版。

余振贵、杨怀中：《中国伊斯兰文献著译提要》，宁夏人民出版社 1993 年版。

虞云国主编：《宋代文化史大辞典》，汉语大辞典出版社 2006年版。

袁宣萍：《十七至十八世纪欧洲的中国风格设计》，文物出版社 2006 年版。

（元）臧晋叔编：《元曲选》，中华书局 1989 年版。

（明）张岱：《陶庵梦忆　西湖梦寻》，中州古籍出版社 2012年版。

（清）张荫桓：《三洲日记》，北京刊印本，1896 年。

张夫也：《世界现代设计简史》，中国青年出版社 2013 年版。

张荣铮等点校：《大清律例》，天津古籍出版社 1993 年版。

张星烺编注、朱杰勤校订：《中西交通史料汇编》，中华书局 2003 年版。

（宋）赵汝适：《诸蕃志》，中华书局 1985 年版。

中国科学院中国自然科学史研究室编：《中国古代科学家》，科学出版社 1959 年版。

张杰峰主编：《二十五史》，中国文史出版社 2003 年版。

（明）周嘉胄：《装潢志》，中华书局 1985 年版。

（宋）周去非：《岭外代答校注》，杨武泉校注，中华书局 1999 年版。

（元）周达观：《真腊风土记校注》，夏鼐校注，中华书局 1981 年版。

周菁葆：《丝绸之路佛教文化研究》，新疆人民出版社 2009 年版。

周宁：《世纪中国潮》，学苑出版社 2004 年版。

周启超主编：《跨文化的文学理论研究》（第 6 辑），知识产权出版社 2014 年版。

周绍良主编：《全唐文新编》，吉林文史出版社 2000 年版。

周迅编：《论古代中国 1965—1980 年日文文献目录》，书目文献出版社 1984 年版。

（宋）朱彧：《萍洲可谈》，中华书局 1985 年版。

朱亚非：《明代中外关系史研究》，济南出版社 1993 年版。

朱中原、顾则徐：《书之殇：中国书法文化对话录》，东方出版社 2014 年版。

邹其昌：《宋元美学与设计思想》，人民出版社 2015 年版。

二 国外文献

［美］艾米·蔡：《大国兴亡录》，刘海青、杨礼武译，新世界出版社2013年版。

［美］保罗·哈丁：《修补匠》，刘士聪译，译林出版社2012年版。

［英］彼得·奥斯本：《时间的政治：现代性与先锋》，王志宏译，商务印书馆2014年版。

［日］柄谷行人：《世界史的构造》，赵京华译，中央编译出版社2012年版。

［法］布尔努瓦：《丝绸之路》，耿昇译，新疆人民出版社1982年版。

［法］布罗斯：《发现中国》，耿昇译，山东画报出版社2002年版。

［日］仓桥重史：《技术社会学》，王秋菊、陈凡译，辽宁人民出版社2012年版。

［加］查尔斯·琼斯：《全球正义：捍卫世界主义》，李丽丽译，重庆出版社2014年版。

［秘］陈-罗德里格斯：《拉丁美洲的文明与文化》，白凤森等译，商务印书馆1990年版。

［美］戴维·斯沃茨：《文化与权力：布迪厄的社会学》，陶东风译，上海译文出版社2006年版。

［美］丹尼尔·贝尔：《资本主义文化矛盾》，严蓓文译，江苏人民出版社2012年版。

［英］E. P. 汤普森：《英国工人阶级的形成》，钱乘旦等译，译林出版社2013年版。

［法］福西永：《形式的生命》，陈平译，北京大学出版社2011年版。

［美］盖特雷恩：《认知艺术》，王滢译，世界图书出版公司北京公司 2014 年版。

［瑞］H. 沃尔夫林：《艺术风格学——美术史的基本概念》，潘耀昌译，辽宁人民出版社 1987 年版。

［德］黑格尔：《精神现象学》，贺麟、王玖兴译，商务印书馆 1979 年版。

［法］亨利·帕格森：《材料与记忆》，肖聿译，译林出版社 2011 年版。

［法］J. -P. 德勒热原：《丝绸之路：东方和西方的交流传奇》，吴岳添译，上海书店出版社 1998 年版。

［法］吉尔·德勒兹：《批评与临床》，刘云虹等译，南京大学出版社 2012 年版。

［美］蒋彝：《中国书法》，上海书画出版社 1986 年版。

［法］卡特琳娜·维托尔·德文登：《国家边界的开放》，罗定蓉译，社会科学文献出版社 2010 年版。

［荷］科恩：《科学革命的编史学研究》，湖南科学技术出版社 2012 年版。

［美］克劳福德：《摩托车修理店未来工作哲学：让工匠精神回归》，粟之敦译，浙江人民出版社 2014 年版。

［美］L. S. 斯塔夫里阿诺斯：《全球通史——1500 年以前的世界》，吴象婴、梁赤民译，上海社会科学院出版社 1988 年版。

［美］赖德烈：《早期中美关系史（1784—1844）》，陈郁译，商务印书馆 1963 年版。

［美］理查德·桑内特：《匠人》，李继宏译，上海译文出版社 2015 年版。

［美］理查德·舒斯特曼：《身体意识和身体美学》，程相占译，商务印书馆 2011 年版。

［德］利奇温：《十八世纪中国与欧洲文化的接触》，朱杰勤译，

商务印书馆 1962 年版。

［意］利玛窦著，朱维铮主编：《利玛窦中文著译集》，复旦大学出版社 2001 年版。

［英］罗伯特·莱顿：《艺术人类学》，李东华、王红译，广西师范大学出版社 2009 年版。

［德］马丁·海德格尔：《海德格尔的存在哲学》，唐译编译，吉林出版集团有限责任公司 2013 年版。

［意］马可·波罗：《马可·波罗游记》，陈开俊等译，福建科学技术出版社 1981 年版。

［英］迈克尔·苏立文：《中国艺术史》，徐坚译，上海人民出版社 2014 年版。

［美］麦克·布洛维：《公共社会学》，沈原等译，社会科学文献出版社 2007 年版。

［英］米歇尔·康佩·奥利雷：《非西方艺术》，彭海姣、宋婷婷译，广西师范大学出版社 2004 年版。

［日］木宫泰彦：《日中文化交流史》，胡锡年译，商务印书馆 1980 年版。

［罗］尼古拉·斯帕塔鲁·米列斯库：《中国漫记》，蒋本良、柳凤运译，中国工人出版社 2000 年版。

［法］佩雷菲特：《停滞的帝国——两个世界的撞击》，王国卿等译，生活·读书·新知三联书店 1993 年版。

［美］皮娜：《家具史：公元前 3000—2000 年》，吕九芳、吴智慧等译，中国林业出版社 2014 年版。

［美］乔尔·科特金：《新地理：数字经济如何重塑美国地貌》，王玉平、王洋译，王旭校，社会科学文献出版社 2010 年版。

［美］乔治·C. 瓦伦特：《阿兹特克文明》，朱伦、徐世澄译，译林出版社 2013 年版。

［日］清少纳言、吉田兼好：《日本古代随笔选》，周作人、王

以铸译，人民文学出版社 1988 年版。

　　[日] 三上次男：《陶瓷之路》，李锡经、高喜美译，文物出版社 1984 年版。

　　[日] 榊原英资：《日本的反省：走向没落的经济大国》，周维宏、管秀兰译，东方出版社 2013 年版。

　　[苏] 斯坦尼斯拉夫斯基：《论匠艺》，张守慎译，中国戏剧出版社 1957 年版。

　　[英] 斯科特·拉什、约翰·厄里：《符号经济与空间经济》，王之光、商正译，商务印书馆 2006 年版。

　　[英] 斯坦因：《斯坦因西域考古记》，向达译，中华书局 1936 年版。

　　[英] 汤因比：《人类与大地母亲：一部叙事体世界历史》，徐波等译，马小军校，上海人民出版社 2012 年版。

　　[美] 特伦斯·M.汉弗莱：《美洲史》，王笑东译，民主与建设出版社 2004 年版。

　　[美] 托马斯·芒罗：《东方美学》，欧建平译，中国人民大学出版社 1990 年版。

　　[法] 维尔南：《希腊人的神话和思想：历史心理分析研究》，中国人民大学出版社 2007 年版。

　　[英] 吴芳思：《丝绸之路 2000 年》，赵学工等译，山东画报出版社 2008 年版。

　　[美] 西奥多·德莱塞：《嘉莉妹妹》，人民文学出版社 2012 年版。

　　[法] 雅克·勒高夫：《谈谈另一个中世纪：西方的时间、劳动和文化》，周莽译，商务印书馆 2014 年版。

　　[摩洛哥] 伊本·白图泰：《伊本·白图泰游记》，马会鹏译，宁夏人民出版社 2000 年版。

　　[德] 尤根·哈贝马斯：《公共领域的结构转型》，曹卫东等译，

学林出版社 1990 年版。

Ambler, J.S., Neathery J., "Education policy and equality: some evidence from Europe", *Social Science Quarterly*, 1999, 80 (3).

Appleton, William Worthen, *A Cycle of Cathay, the Chinese Vogue in England During the 17th and 18th Centuries, by William W. Appleton*, Columbia University Press, 1951.

Atchoarena, D., Delluc A. M., Bird A., et al., Revisiting technical and vocational education in sub‐Saharan Africa: an update on trends, innovations and challenges: final report , World Bank, 2001.

Ayers, John, Oliver R. Impey, and John VG Mallet, *Porcelain for palaces: the Fashion for Japan in Europe, 1650—1750*, Oriental Ceramic Society, 1990.

Beevers, David, ed., *Chinese Whispers: Chinoiserie in Britain, 1650—1930*, Royal Pavilion Libraries & Museums, 2008.

Benton, Charlotte, Tim Benton, and Ghislaine Wood, *Art Deco: 1910—1939*, Bulfinch, 2003.

Bettina Lange, Nafsika Alexiadou: Policy Learning and Governance of Education Policy in the EU Journal of Education Policy, 2010, 25 (25).

Billett, Stephen, "From Your Business to Our Business: Industry and Vocational Education in Australia", *Oxford Review of Education*, 2004, 30 (1).

Bob Lingard, Shaun Rawolle, "New Scalar Politics: Implications for Education Policy", *Comparative Education*, 2011, 47 (4).

Bowen, J.L., "Educational Strategies to Promote Clinical Diagnostic Reasoning", *New England Journal of Medicine*, 2006, 355 (21).

Brockmann, M., Clarke L., Méhaut P., et al., "Competence‐Based Vocational Education and Training (VET): the Cases of England

and France in a European Perspective", *Vocations & Learning*, 2008, 1 (3).

Brunello, G., Field S., Hoffman N. Learning for Jobs OECD Reviews of Vocational Education and Training Norway. Oecd, 2008, 2 (3).

Bruner, J., The Culture of Education. Australian Journal of Language & Literacy, 1996, 13 (3): 224.

Buck, Bernhard. Towards Entrepreneurship in Vocational Education and Training. Vocational Education Research & Reality, 2002 (5).

Car L. Crossman, the China Trade—Eeport Paintings Furniture, Silver & Other Objects.

Center, V. T., Norman, OK. Total Quality Management in Vocational - Technical Education. Moore - Norman Vo - Tech Center. (ED), 1991.

Cescinsky, Herbert. *Chinese Furniture: A Series of Examples from Collections in France.* Benn, 1922.

Chinese Repository (《中国的货栈》), Vol.II, (1833).

Clunas, Craig. *Chinese Export art and Design.* Victoria & Albert Museum, 1987.

Congress, O. S., Washington, Workforce. D H C O E. Carl D.' Perkins Vocational-Technical Education Act Amendments of 1997. Report Together with Additional and Minority Views [To Accompany H. R. 1853]. 1997.

Conner, Patrick. *Oriental Architecture in the West.* London: Thames and Hudson, 1979.

Cort, P., Vocational Education and Training in Denmark: Short Description. CEDEFOP Panorama Series, 2002.

Cremer, H., Pestieau P. Intergenerational Transfer of Human Capital and Optimal Education Policy.Journal of Public Economic Theory, 2006, 8 (4).

Crossman, Carl L.*The Decorative arts of the China Trade*: *Paintings*, *Furnishings and Exotic Curiosities*.Antique Collectors Club Dist, 1991.

Dauterman, Carl Christian. " Dream - Pictures of Cathay: Chinoiserie on Restoration Silver." *Bulletin of the Metropolitan Museum of Art*, *New York* [*Summer* 1964] (1964).

Deissinger, T., The Apprenticeship Crisis in Germany: the National Debate and Implications for Full - time Vocational Education and Training, 2006.

Finlay, Ian.*Chinese Lacquer in the Royal Scottish Museum*, 1951.

Fry, Roger Eliot, et al., *Chinese art*: *An introductory Handbook to Painting*, *Sculpture*, *Ceramics*, *Textiles*, *Bronzes & Minor arts*. Vol. 1. Batsford, 1935.

Fryberg, S.A., Cultural Psychology as a Bridge Between Anthropology and Cognitive Science.Topics in Cognitive Science, 2012, 4 (3).

Fuhrman, S. H. E., Designing Coherent Education Policy: Improving the System.Contemporary Sociology, 1994, 23 (4).

Garner, Harry, M.,"The Export of Chinese Lacquer to Japan in the Yuan and Early Ming Dynasties." *ARCH.ASIAN ART* 25 (1971).

Gibb, H.A.R., the Travels of Ibn Battita, 1325—1354, 3 Vols. Cambridge University Press. for the Hakluyt Society 1958—1971. C. Defr6mery et B.R.Sanguinetti (tr.). Voyages d'Ibn Battuta, 5vols.Paris: Soei6t6 Asia tique, 1853—1859.

Grubb, W.N., Ryan P.The Roles of Evaluation for Vocational Education and Training.Plain Talk on the Field of Dreams.Economics of Education Review, 1999, 1 (5).

Hammack, P.L., Narrative and the cultural psychology of identity.

Personality & Social Psychology Review, 2008, 12 (3).

Hanushek, E.A., Woessmann L, Zhang L.General Education, Vocational Education, and Labor-Market Outcomes Over the Life-Cycle.Lei Zhang, 2011.

Harry, C., Cross—cultural Psychology.Asian Journal of Social Psychology, 2013, 2 (1).

Hernandez-Gantes, V.M., Others, A. Fostering Entrepreneurship through Business Incubation: The Role and Prospects of Postsecondary Vocational-Technical Education. Report 1: Survey of Business Incubator Clients and Managers.Business Administration, 1996.

Hobson, Robert Lockhart.*Chinese Art: One Hundred Plates in Colour Reproducing Pottery & Porcelain of All Periods, Jades, Paintings, Lacquer, Bronzes and Furniture.*Macmillan, 1952.

Hubert Ertl. The Concept of Modularisation in Vocational Education and Training: The debate in Germany and its Implications.Oxford Review of Education, 2010, 28 (100).

Huth, Hans. "Art and Technique: European Lacquer Work and its Influence on the Decorative arts." *Plaisir de.*

Hyslop-Margison, E.J., An Assessment of the Historical Arguments in Vocational Education Reform.Journal of Career & Technical Education, 2000, 17.

Impey, Oliver R., *Chinoiserie: The impact of Oriental Styles on Western art and Decoration.*Oxford University Press, 1977.

Impey, Oliver R., Christiaan JA Jörg, and Cynthia Vialle.*Japanese Export Lacquer.*Hotei, 2004.

Jackson, Anna MF, and Amin Jaffer. *Encounters: the Meeting of Asia and Europe, 1500—1800.*Victoria & Albert Museum, 2004.

Jarry, Madeleine.*Chinoiserie: Chinese Influence on European Decora-*

tive art 17*th and* 18*th Centuries*. Vendome Pr, 1981.

Jones, M. O., Craftsman of the Cumberlands: Tradition & Creativity. University Press of Kentucky, 1989.

Jourdain, Margaret, and Soame Jenyns. *Chinese Export art in the Eighteenth century*. Country Life, 1950.

Kuwayama, George. *Far Eastern Lacquer*. Los Angeles County Museum, 1982. 37.

Kung-shin C. French Jesuits and Chinese lacquer in the late 17th century. Oriental art, 1999, 45 (4).

Laufer, Berthold. *Chinese Baskets*. Field Museum of Natural History, 1925.

Lee, G. R., Family, Socialization and Interaction Process. Journal of Marriage & Family, 2000, 62 (1).

Lee, S. K., Sobal J, Frongillo E A. Comparison of Models of Acculturation the Case of Korean Americans. Journal of Cross-Cultural Psychology, 2005, 7 (34).

Lee, Sherman E., and Wai-kam Ho. *Chinese art under the Mongols: the Yüan Dynasty, 1279—1368*. Cleveland Museum of Art; distributed by the Press of Case Western Reserve University, 1968.

Lehmann, W. University as Vocational Education: Working-class students' Expectations for University. British Journal of Sociology of Education, 2009, 30 (30).

Lesley, Jr., Everett P., "Lacquer: Oriental and Western, Ancient and Modern." 1951.

Levesque, K., Others A. Vocational Education in the United States: the early 1990s, 1995, 2 (43).

Lion, Daisy Goldschmidt, Soame Jenyns, and William Watson. *Chinese Art: Gold, Silver, Later Bronzes, Cloisonné, Cantonese Enamel,*

Lacquer, *Furniture*, *Wood*.Vol.2.Rizzoli, 1980.

Long, P.O., Artisan/Practitioners and the Rise of the New Sciences, *1400—1600*.Sixteenth Century Journal, 2013, 65 (3): 202 - 203. Dear P.Pamela Long, Artisan/Practitioners and the Rise of the New Sciences, 1400—1600. (The Horning Visiting Scholars Series.) Corvallis: Oregon State University Press.

Losh, C. L., Using Skill Standards for Vocational - Technical Education Curriculum Development.Information Series No.383, 2000.

Low−Beer, Fritz.*Chinese Lacquer of the Early 15th Century*.Museum of Far Eastern Antiquities, 1950.

Machin, S., Vignoles A.Education Policy in the UK.CEE DP 57. Centre for the Economics of Education, 2006.

Manifold, M.C., Fanart as Craft and the Creation of Culture.International Journal of Education Through Art, 2009, 5 (5).

Martini, M., The Merton−Shapin Relationship from the Historiographic Debate Internalism/externalism.Cinta De Moebio, 2011 (42): 288-301.

Matlay, H., Vocational Education and Training in Britain: A Small Business Perspective.Education+Training, 2013, 41 (1).

Matthew Clarke. Talking Bout a Revolution: the Social, Political, and Fantasmatic Logics of Education Policy. Journal of Education Policy, 2012, 27 (2).

Matthew Clarke.The (absent) Politics of Neo−liberal Education Policy.Critical Studies in Education, 2012, 53 (3).

Mcquay, P., A Discussion Paper on Vocational Technical Education in the United States of America.Adult Vocational Education, 2001.

Miller, J.G., Cultural Psychology: Implications for Basic Psychological Theory.Psychological Science, 1999, 10 (2).

Morena, Francesco.*Chinoiserie: The Evolution of the Oriental Style in*

Italy from the 14*th to the* 19*th Century*.Centro Di Edizioni, 2009.

　　Oketch, M. O., To Vocationalise or not to Vocationalise? Perspectives on Current Trends and Issues in Technical and Vocational Education and Training (TVET) in Africa. International Journal of Educational Development, 2007, 27 (2).

　　Olssen, M., Codd J, and O'Neill A M.Education Policy: Globalization, Citizenship and Democracy.SAGE Publications, 2004.

　　Olteanu, L., Romanian Education in the Eastern European education.Studia Universitatis "Vasile Goldi?" Arad–Economic Sciences, 2009 (1).

　　Onstenk, J., Entrepreneurship and Vocational Education. European Educational Research Journal, 2003, 2 (1).

　　Organization, A. C., Paris (France). Revised Recommendation Concerning Technical and Vocational Education.Unesco, 1974.

　　Panofsky E. Renaissance and Renascences in Western Art. Art Bulletin, 1962, 44 (1).

　　Parkes, D.Editorial: Parity of Esteem for Vocational Education?.European Journal of Education, 1993 (2).

　　Puiggrós, A., World Bank Education Policy: Market Liberalism Meets Ideological Conservatism. International Journal of Health Services, 1997, 27 (2).

　　R. A. Shweder. Cultural Psychology: What is it? New York, Cambridge University Press, 1990.13.

　　Ragué, Beatrix von. *A history of Japanese lacquerwork*. University of Toronto Press, 1976.

　　Ratner, C., Cultural Psychology (General), Springer US, 2012.

　　Ratner, C., Cultural Psychology, Cross–cultural Psychology, Indigenous Psychology, 2008: 1.

Reichwein, Adolf.*China and Europe: Intellectural and Artistic Contacts in the Eighteenth Century*. K. Paul, Trench, Trubner & Co., ltd., 1925.

Roger Slee, Amy Stambach. Globalizing Education Policy. British Journal of Sociology of Education, 2011, 31 (3).

Rothstein, J., Teacher Quality in Educational Prodution: Tracking, dacay, and Student Achievement.Quarterly Journal of Economics, 2010, 125 (1).

Sackmann, R., Häussermann H. Do Regions Matter? Regional Difference in Female Labour – Market Participation in Germany. Environment & Planning A, 1994, 26 (9).

Sakellariou C.Benefits of General vs Vocational/technical Education in Singapore using Quantile Regressions.International Journal of Manpower, 2013, Volume 27 (27).

Salant, T., Lauderdale D S.Measuring Culture: a Critical Review of Acculturation and Health in Asian Immigrant Populations.Social Science & Medicine, 2003, 57 (1).

Savage, R.L., Culture and Education Policy in the American States, by Catherine Marshall; Douglas Mitchell; Frederick Wirt [M] // Culture and Education Policy in the American States.The Falmer Press, 1988.

Schmidtke, C., Chen P. Philosophy of Vocational Education in China: A Historical Overview.Journal of Philosophy of Education, 2012, 46 (3).

Silbergeld, Jerome. *Chinese painting style*. Seattle: University of Washington Press, 1982.

Silverberg, M., Warner E., Fong M., et al., National Assessment of Vocational Education Final: Report to Congress.Executive Summary.Us Department of Education, 2004.

Simon McGrath. Reviewing the Development of the South African Further Education and Training College Sector Ten Years after the end of Apartheid. Journal of Vocational Education & Training, 2006, 56 (56).

Taipei (Taiwan). A Brief Introduction to the Technological and Vocational Education of the Republic of China, 2000. 2000.

The Travels of Ibn Battuta AD 1325-1354. Publ. for the Hakluyt Society at the University Press, 1958.

Training C E C F O V. Vocational Education and Training in Denmark. Short Description. Cedefop-European Centre for the Development of Vocational Training, 2012 (5).

Training E C F O V, Institute D T. Social dialogue on VET (vocational education and training): Denmark: final draft. Cedefop, 1999.

Training E C F O V. Modernising Vocational Education and Training: Fourth Report on Vocational Training Research in Europe: Synthesis Report. Office for Official Publications of the European Communities, 2009.

Tregear M. *Chinese art.* London: Thames and Hudson, 1980.

Union, A. Strategy to Revitalize Technical and Vocational Education and Training (TVET) in Africa [C] // 2007.

Uno, T., Adachi S, Sawaya K. "Economics Imperialism", Education Policy and Educational Theory. Journal of Education Policy, 2012, 27 (2).

Viveca Lindberg. Learning Practices in Vocational Education. Scandinavian Journal of Educational Research, 2003, 47 (2).

Wannan, J., Tessaring M. Vocational Education and Training-key to the Future: Lisbon-Copenhagen-Maastricht Mobilising for 2010. Office for Official Publications of the European Communities, 2004.

Watson, K., Technical and Vocational Education in Developing Countries: Western Paradigms and Comparative Methodology. Comparative

Education, 1994, 30 (2).

Whitehead, John, *The French Interior in the Eighteenth Century*, Singapore, Laurence King Publishing, 1992.

Winters, A., Meijers F. What are Vocational Training Conversations About? Analysis of Vocational Training Conversations in Dutch Vocational Education from a Career Learning Perspective. Journal of Vocational Education & Training, 2009, 61 (61).

Wood, Nigel. *Chinese Glazes: Their Origins, Chemistry, and Recreation.* University of Pennsylvania Press, 1999.

Yang, J., General or Vocational? The Tough Choice in the Chinese education Policy. International Journal of Educational Development, 1998, 18 (4).

Zimmer－Gembeck, M. J., Mortimer J. T. Adolescent Work, Vocational Development, and Education. Review of Educational Research, 2006, 76 (4).

索引（上卷）

本书受陕西师范大学优秀学术著作出版基金、

陕西师范大学人文社会科学高等研究院学术著作出版基金资助

特此致谢。

文化三论（中卷）

工匠精神分析

《工匠精神分析》从工匠主体的视角研究工匠精神，
探讨工匠精神的存在、遮蔽、传承、弘扬等系列问题。

潘天波 ◎ 著

中国社会科学出版社

目　　录

中卷　工匠精神分析

中卷
工匠精神分析

绪　　论

　　遵照学术研究之惯例，亦为导读之论，《工匠文化三论》（中卷）之"绪论"部分主要阐明三个问题：一是研究之缘起及本研究的学术空间；二是阐释社会知识的一般生成范式与逻辑，抑或本研究的具体方法论的选择；三是设计本研究之总体框架体系及核心内容。如此三个问题的研究向度的逻辑指向，即为何研究、如何研究与何种研究。

一　问题

　　在世界范围内，"工匠精神"是一个既古老又年轻的学术话语。言之古老，是因为"工匠精神"确乎是一个很有历史的名词性词组；说它年轻，是因为"工匠精神"正式被纳入学术视野，并成为知识的关注与研究的对象仅仅是现代的事情，特别在文化史上作为考察的论题是不多见的。造成这种现象之原因有很多，其中最为重要的原因是工匠与学者之间在文化叙事与知识传达上存在社会层面的很多阻隔。譬如，传统意义上的工匠被"学在官府"的社会制度阻隔在知识学习之外，工匠知识的叙事主体自然就排斥了知识分子，仅依赖家族"世袭制"经验式传习。因此，中国历史上纯粹的工艺文化文本是不多见的，国外情况其实也大概如此。另外，当工匠的手作被提升至一定的艺术高度，并走向纯粹的美学与精神领域，工匠却又奇怪地遭遇艺术家的冷遇与贬低。因此，这也导致工匠文化的知识叙事失去了艺术家的叙事主体。更糟糕的是，即便对工艺文化叙事有梦想的知识分子也是无能无力的。因为，这部分人根本不懂得工艺手作的实践知识，徒有史论知识是很难承担工艺文化的全部叙事。由此观之，作为工匠文化的"工匠精神"被纳入知识叙事的领域确实存在很多困境与难度。

"工匠精神"被纳入知识叙事的困境与难度还来自它的本身。因为，当我们遭遇对"工匠精神"思考的时刻，普通语义上的"工匠精神"的解释很难与社会学语义上的"工匠精神"之内涵达成一致。在社会学语义维度上，"工匠精神"的语义空间里的工匠、精神、手作、消费者、文化、作坊、时间、空间、材料、美学、设计、形式、意味、图像、宗教、历史、文学、神话、故事、色彩、技术、细作、心灵、手巧、慢工、制度、模范、规矩、绳墨、监工、贵族、帝王、奴隶主、战俘、自由民、地主、平民、工具、匠作、管理、运输、外交、传播等丰富的"语言链"构建出复杂的具有社会性的语义场，并由此形成了"工匠精神"的社会学语义群。换言之，当"工匠精神"被"我们"思考的时刻，它就自然地被卷入复杂的知识社会学范围，从而大大拓展了"工匠精神"存在的语义空间及其知识领域。

2016年是一个"工匠精神"的中国年，因为在这一年，"工匠精神"在国家领导人的政府工作报告中出现，并在全国引起高度关注与普遍讨论，各行各业大有重建失落的"工匠精神"之势头，也为学界对工匠精神之研究提供社会理论背景与动力。从更深层次的社会学视野看，"工匠精神"的提出与重建实质是实现中华民族复兴中国梦之需要，它特别能为中国社会正在进行的"十三五"建设提供切实的伦理价值准备与可靠的文化思想支撑。但迄今为止，学界除了零星作者撰写有关工匠精神的论文或论著外，仍缺乏从全局高度对工匠精神的内涵构成、历史脉络、文化特质、传承教育以及人文价值等多层面、多系统与多范式地展开研究。因此，笔者认为，学界对"工匠精神"的研究具有重大的学术价值、社会意义与人类效用。

首先，在传统文化层面，工匠精神是一种宝贵的社会文化与精神财富。崇尚工匠精神，实质是崇尚一种特有的文化价值观，这对于消解当代教育的功利化以及保护日益濒临消失的工匠群体，都具有重要的价值与意义，特别是对复兴传统工艺文化是不可小觑的，并在行为与理念层面的渗透与哺育价值是十分明显的。在当代，大学教育正日益变革为"市场化"或"功利化"的功利行为，对塑造"完整人"的教育似乎被市场经济所击毁，尤其是手作化的精益求精与慢工出细活的学习态度与教育职业观在功利化思想面前已然没有存活的可能空间。然而，教育的自身周期性与文化性同市场的短期性与功利性之间有着不可调和的内在矛盾，特别是功利化的职业技术教育无形中破坏并直接摧毁了传统手作化的工匠群体以及手艺产业的"原始化"进程，进而失去了传统文化发展的多样性。因此，时代呼唤"工匠精神"的归来适逢其时。

其次，在理想价值层面，工匠精神是一种严谨的文化素养，或是一丝不苟的行为态度。素养与态度是决定能否培育"完整人"的重要因素，尤其是职业文化素养与行为态度是决定工作有效或成败的关键。因此，推崇工匠精神，对于国民的爱岗敬业，提升职业素质以及引领精神文明建设都具有切实可行的现实意义。因为在文化形态上，工匠精神是工匠文化的高级形态，也是工匠文化的深层意识形态。作为一种文化形态，工匠精神的存在抑或是一种文化素养，它对于提升国民职业素质与敬业精神具有不可或缺的深层意义。尤其是在高速发展的工业时代，严谨与细腻的工匠精神或将成为填补工业与手作之间的时间缝隙，并在一定程度上反哺被疏离的精细工作素养与文化的行为立场。

　　最后在现实发展层面，工匠精神是一种健全的、内在的心理特质。敬畏工匠精神，就是敬畏内在的心灵与理想，也就是敬畏自己的社会行为，包括经济行为、岗位行为等。因此，敬畏工匠精神有补于发展文化创意产业以及其他国民经济产业，并有益于稳固和完善从业职工岗位心理结构及其文化素质。作为意识形态，工匠精神是一种手作心理素质的意识存在，它主要体现在心细、心巧、心灵、心慢、心艺、心稳等心理优秀机能层面，对于当代的文化创意产业的发展具有很大的完整心理建构与完善心理组织的特别意义。文化创意产品的设计以及品牌的传播需要工匠精神的心理机能的参与，特别是一个优秀品牌的成果主要是来源于产品设计的精细。一个心理稳固的与完善的产业工人对于产业发展以及产品设计是非常重要的。抑或说，国民经济发展离不开优秀产业品牌的诞生、世界传播离不开产业工人的工匠精神的培养与完善。在今天，"工业4.0"正朝我们迈近，时代需要中国产业再升级、工业再发展。"中国制造"或"中国智造"如何走向世界，中国教育如何才能实现"双一流"目标等，这些问题都摆在我们面前，培养有工匠精神的技术人才以及能适应未来社会发展的工匠人才是发展的关键。

　　综上，对中华工匠精神的研究不仅具有理论价值，还具有重大现实意义。毋庸置疑，中华工匠精神的研究是当前学界最为迫切的课题。尽管国内外学者曾从不同层面部分地阐释与分析了工匠精神，但就国内外人文社会科学的学术界而言，人们对中华工匠精神所做的研究及从中获取的理解是极其有限的，主要研究视点或内容兹述如下。

　　在国外，有关工匠及其精神的研究领域主要集中在工匠的生存、工匠与技术以及工匠的社会学研究等，具体情况如下。

　　第一，关于匠人的生存状况及其精神文化。Alberthal Les 的《工匠文化的曾经与未来》（*The Once and Future Craftsman Culture*）（麻省理工学院出版社 1999 年版），柳宗悦等《未知的工匠：日本对美的洞察》（讲谈社国际 1989 年版），C. 布莱登堡《殖民地的工匠》（*The colonial craftsman*）（纽约大学出版社 1950 年版），欧文·琼斯《坎伯兰岛的工匠：传统与创新》（*Craftsman of the Cumberlands：tradition & creativity*）（肯塔基大学出版社 1989 年版）等。

第二，有关匠人与艺术、科技等层面的关联分析。Edsger, W. 等《是工匠还是科学家?》（*Craftsman or Scientist?*）（纽约：Springer, 1982），Dickinson, H. W. James Watt《工匠与工程师》（*Craftsman & engineer*）（大学出版社 1936 年版），M. W. Meister《设计在南亚：艺术家和工匠》（*Making things in South Asia：the role of artist and craftsman*）（南亚区域研究系，1988）。

第三，有关工匠及其社会文化的分析。英国威廉·莫里斯的《诗人、工匠、社会主义》（*Poet, Craftsman, Socialist*）（G. P. 普特南，1902），韩国金旧船的，英国《韩国工匠文化的介绍》（*An Introduction on Craftsman's Culture of Korea*）（《韩国学研究》，1996），G. Perry 等《无名工匠的墓》（*The tomb of the unknown craftsman*）（大英博物馆，2011）等。

第四，有关涉及工匠精神的分析。[美] 理查德·桑内特：《匠人》（李继宏译，上海译文出版社 2015 年版），[日] 仓桥重史的《技术社会学》（王秋菊、陈凡译，辽宁人民出版社 2012 年版），[美] 克劳福德《摩托车修理店未来工作哲学：让工匠精神回归》（粟之敦译，浙江人民出版社 2014 年版），[苏] 斯坦尼斯拉夫斯基《论匠艺》（张守慎译，《中国戏剧》，1957）等。

在国内，有关工匠及其精神的研究视点为匠人汇编、工匠之科学家以及工匠作品等，并隐藏在各类科技史、文化史以及工艺史之中，具体情况大致如下。

一是匠人汇编，这类研究主要整理与记录了历代工匠事宜，尤其是历代名匠之创作等情况。曹焕旭《中国古代的工匠》（商务印书馆国际有限公司 1996 年版），万方等主编《中国古代能人巧匠》

（共 15 册）（中国建材工业出版社 1998 年版），清代陈梦雷、蒋廷锡等编《钦定古今图书集成·经济汇编·考工典（1—18）》（华中科技大学出版社 2008 年版），何庆先等整理、广陵书社编辑《中国历代考工典》（共四册）（江苏古籍出版社 2003 年版），喻学才著《中国历代名匠志》（湖北教育出版社 2006 年版），田自秉、华觉明著《历代工艺名家》（大象出版社 2008 年版）等。

　　二是匠人科学家的研究，这类研究主要讨论的题域是工匠与学者、工匠与科学家之间的关系，集中阐明科学家之工匠来源，或工匠是科学家的前生等情况。沈雨梧著《清代科学家》（光明日报出版社 2010 年版），潘吉星著《明代科学家宋应星》（科学出版社 1981 年版），许义夫等主编《山东古代科学家》（山东教育出版社 1992 年版），徐伯春编著《江苏古代科学家》（江苏科学技术出版社 1983 年版）刘贵芹、宋向阳编著《中国古代科学家》（北京科学技术出版社 1995 年版）等。

　　三是匠人匠作的研究，这类研究主要讨论古代工匠之作品、则例、传略等。（元）薛景石著《梓人遗制（永乐大典本）》朱启钤校注、刘郭桢图释（中国营造学社 1933 年版），王世襄编著《清代匠作则例》（中国书店 2008 年版），杨永生编《哲匠录》（中国建筑工业出版社 2005 年版），朱启钤辑《女红传征略》（存素堂）等。

　　此外，有关工匠或工匠精神也在文学或历史、哲学等著作中隐现，特别是千百年来，作为一种定型的手作文化形态，工匠精神一直成为中外哲学家所关注与评价的题域，如孔子、孟子、庄子、朱熹、苏格拉底、亚里士多德、海德格尔等，但都是零星出现在部分著作之中，并不具有系统性与专门性。因此，古今中外的工匠精神研究主要集中在工匠生存、工匠名录以及工匠文化与科技之关系等层面，特别是缺乏工匠精神的核心问题研究。譬如工匠精神的"周边—核心"问题、"存在—遮蔽"问题、"时间—空间"问题、"艺术—工匠"问题、"传播—互溢"问题、"传承—社会化"问题、"疏离—重建"问题等。因此，"工匠精神分析"的研究空间还很大，特别是有关中华工匠精神的核心论题—核心范式的研究层面。根据目前的研究现状，有关"工匠精神"的学术研究空间至少能呈现以下具有关联性的分析范式问题。

第一，工匠文化之"周边—核心"问题。工匠精神是工匠文化边界中的一个核心要素，对工匠精神的研究必须置于社会中的工匠文化的整体系统，脱离工匠文化去讨论工匠精神，这是片面的、孤立的，甚至会步入机械的形而上学的危险泥潭。因此，"周边—核心"范式是研究工匠精神的首要题域。

第二，工匠精神之"存在—遮蔽"问题。工匠精神是存在的，不因社会发展或变化而转移或消失，任何遮蔽工匠精神的文化或行为都是不可取的，也是不可能的。之所以工匠精神被忘却或遮蔽，是因为现代性或社会性的不断发展造成的，也是偶在的，或间隙性的，并非长期的。随着社会的发展以及人性的复归，工匠精神也必然会被社会重新唤醒，并被普遍接受。

第三，工匠精神之"时间—空间"问题。在本质上，工匠精神的材料是由时间与空间构成的。时间的等待与累加构成一种手作工人的行为秉性，即工匠精神，没有时间的工匠精神是不存在的。时间不仅塑造了工匠精神，也在忘却工匠精神。同时，空间的自立与守候构成一种手作工人的行为特性，也即工匠精神，没有空间的工匠精神也是不存在的。空间不仅成就了工匠精神的行为稳定居所，还为工匠精神反哺了地域文化特色。换言之，工匠精神的时空问题是研究工匠精神的一种本质性的追问。

第四，工匠精神之"艺术—工匠"问题。在手作层面，艺术家与工匠是统一的，并在手作与思想层面是同构的。任何鄙视工匠的艺术家是"忘本"的，或是十足的"叛徒"。因为，中外艺术史显示，艺术家本来就是工匠。工匠在开掘艺术新领域以及新方向上具有不可磨灭的贡献，并为艺术家铸就了精益求精的艺术品性与严谨细腻的品行。抑或说，工匠精神中的艺术性是不可或缺的。

第五，工匠精神之"传播—互溢"问题。在古代，丝绸之路是中外文化交流与互动的桥梁，并借助器物输出的方式传播工匠文化，其中工匠精神的中外互动、互溢、互惠自然离不开丝路器物的传播史。抑或说，古代器物的传播史在更深层次上也属于一种工匠精神的传播史。对此，中华工匠精神的外传史研究将是一个崭新的课题。

第六，工匠精神之"传承—社会化"问题。在社会性层面，工匠精神的传承与发展实质就是实施工匠精神的社会化展开，更是对传统文化或文明的继承与发展。因此，工匠精神的"传承—社会化"问题关乎文化的传承与发展。

第七，工匠精神之"疏离—重建"问题。在现象学层面，工匠精神的疏离是现代性的产物，并在经济技术的变革中迫使工匠精神走向没落。因此，重建工匠精神实质是一种对抗现代性的文化行为，也是振兴精神文明的一种选择。在工业 4.0 时代的今天或未来，工匠精神的重建必将成为中国国家发展的重要题域。在当代社会，中国已然从国家层面提出工匠精神的重建，这明显昭示工匠精神对于社会经济发展的文化价值或意识形态的作用。

以上研究学术空间，在整体上或系统上是有一定关联性的。譬如"周边—核心"问题是首先解决工匠精神的文化地位，"存在—遮蔽"是阐明中华工匠精神的目前存在状态问题，进而在"时间—空间""艺术—工匠""学者—工匠""传播—互溢"等层面进一步地阐明中华工匠精神的存在性，为此，提出中华工匠精神的"疏离—重建"问题，也包括中华工匠精神的"传承—社会化"问题、工匠精神的"教育—职业教育"问题。简言之，本著所讨论的分析范式在理论结构上是合理的，并具有一定的学术合法性。

二　方法

在知识社会学视野下，分析范式是以范式为切入口的知识生产与理论批判工具，尽管表现出独有的知识生产能力与方法论用途，但由于缺乏追问分析范式的母性特质、客观化实践及其社会语境，以至于分析范式隐含着对其规范性基础辨明的病理因素，进而引发新生范式的持久危机。特别是被引进的欧洲哲学的分析范式，其挪移与嫁接后的规范性问题抑或方法论局限不容忽视，值得国内学界重视。

一直以来，与科学技术相比，现代哲学及其相关学科的理论创新及其科学化研究进程相对缓慢。因为人们对古典哲学的批评与超越极其艰难，根本原因在于传统哲学思维方法至今仍具强大的滞后力，已然成为一种思维定式，顽固地占据并禁锢人们的头脑。尽管国内外学者努力制造一些新范式或新名词，加以理论扩充而欲盖万汇，试图开辟一种新的知识空间及其批评理论，但这些思维方法或工具多半是概念化思维，它就决定了人们的思维难以映照现实的整体真实，也难以获得哲学及其相关学科发展的方法。① 但从理论上看，这些被拣出来的概念或分析范式经过逻辑生成确乎表现出一定的知识生产能力与方法论用途，并推动哲学朝向以知识化生产及其问题分析为向量的新知识场域迈进。显然，作为新哲学范式的确立包含着对其理论规范性基础的阐明与辩护，并试图规约其知识的合法性与合理性，也迫使新范式在系统上逐渐趋近理论上的完备性品格。然而，正是这些分析范式的规范性和完备性长期成为知识生产

---

① 参见李健夫《"心体符号论"的开创——代序言》，见潘天波《符号与心体》，中国社会科学出版社 2015 年版，第 1 页。

及其范式危机的策源地。显然,在知识生产及其方法论视角,作为分析范式的生成逻辑及其学术问题是有研究潜力的学术议题。

何谓"范式"?较之于托马斯·库恩(Thomas S. Kuhn)的"范式"(paradigm)结构理论,以色列艺术评论家齐安·亚非塔(Tsion Avital)的范式理念更适合于此的讨论。亚非塔在《艺术对非艺术》(*Art Versus Nonart*)中如是指出:"一个范式,是一个概念或理论,能以最涵盖的方式来概括或解释一个存在的某一特别方面在各个层面上的联系和相互关系。"① 由是观之,人们对"范式"的思考不能仅滞留于它的存在现象,还要对它"存在的某一特别方面在各个层面上的联系和相互关系"展开内涵性的延伸讨论。抑或说,当"范式"作为分析工具时,范式的存在现象及其关系的社会化语境必然成为分析范式展开的关节点。

在方法论视角,"分析范式"就是以范式为切入口的知识生产与理论批判的工具。具体地说,分析范式能将分析对象分成若干个分析单元,进而将其单元意义生成多样的分析板块,最后形成一个分析场域的知识体系或批评理论。一直以来,西方现代哲学流派纷呈,"分析范式"的频繁出场成为哲学发展的表征。欧洲哲学的知识生产与理论批评工作方式均来自分析范式的逻辑生成及其演进,进而形成各大哲学流派,相应地生产出丰富的哲学知识及其范式体系。如克罗齐(Bendetto Croce)的"直觉表现"、克莱夫·贝尔(Clive Bell)的"形式"、海德格尔(Martin Heidegger)的"存在"、罗兰·巴特(Roland Barthes)的"结构"、苏珊·朗格(Susanne K. Langer)的"符号"、哈贝马斯(Jürgen Habermas)的"公共场域"等,这些分析范式所建构起来的批评理论成为西方现代哲学的重要学术思潮及其知识形态,并以包容性共识的势态扩充至社会其

---

① [以]齐安·亚非塔:《艺术对非艺术》,王祖哲译,商务印书馆 2009 年版,第30—31 页。

他领域，也形成相应的知识形态与批评理论，甚至成为世界性共享知识哲学与文化批评工具。当然，西方哲学的这些分析范式也波及亚洲学术界，并深刻影响其学术风气，进而迅速占领哲学社会科学诸多领域。

就研究类型而言，分析范式属于一种具有生产性的知识化研究。它不同于以"分析史料"为切入口的历史性研究，也有别于以"分析思想"为特征的价值性研究。因此，在知识生产层面，分析范式有自己的一套方法论意义上的生成逻辑，它对于知识生产及其批评理论革新具有重大的推动作用。但问题的复杂性在于，分析范式尽管带来西方哲学在形式批评上的极度繁荣，但纷至沓来的哲学范式又引发了许多范式危机及其知识的规范性问题。特别是他域的学者不顾欧洲分析范式的国别性特质以及社会化语境，对其哲学范式的简单移植与挪用，并与本土文化的臆想性耦合所带来的学术问题是不容回避的。

在此，值得特别指出的是，从范式到分析范式，知识生产及其批评理论隐含着规范性基础辩明的病理与危机，因为作为知识生产或问题分析的分析范式，它的命运注定在新生与死亡的两种道路上迂回运动。为此，阐明分析范式的工作方式及其知识生成方法论局限是"我们"无法逃脱的学术题域。

那么，分析范式的工作方式又是什么呢？

在范式理论上，一个分析范式就是一种具有内在关系的组织模型。在知识生产或问题分析时，分析范式有一套独特的知识行为规则及其问题分析的工作方式。在生成性过程层面，知识生产是以分析范式为切入口，遵照一定的知识生产行为规则及其工作方式，最后生成一个具有组织模型的知识体系。以哲学范式或新概念享誉学界的法国后现代主义哲学家吉尔·德勒兹（Gilles Louis Réné Deleuze）在《批评与临床》（*Critique et cliniguer*）中指出："写作是一件生成事件。"① 在他看来，学术写作与知识生成是无法疏离的，它永远是一个事件性的逻辑生成过程，并试图超越一切可能经历或业已经历的内容。抑或说，学术写作凭借特有的分析范式理论在建构理念的语言中永不停息地作迂回式的知识生产运动，这主要得益于分析范式具有知识建构能力与解决问题的工作方式。

那么，作为"分析范式"，它的知识生产抑或工作方式的生成机制及其逻辑过程又是怎样呢？在方法论上，分析范式是切入建构理念语言途中的一种可行性哲学分析工具。学术写作的生产者以分析范式为知识生产的分析原点，并选定问题写作的分析方向，从而为写作者确立可操作的分析半径。所谓"分析半径"，即是分析范式的长度与宽度，它限定性地为分析者划分出了写作长度的实际边界。紧接着，写作分析者就以分析原点为圆心，以分析半径为运动轴作向度性的展开分析。这种运动方式一般有两种：一种是自下而上的展开；另一种是自上而下的展开，也即人们常说的"形而下学"分析法与"形而上学"分析法。欧洲古典哲学工作方式基本是以黑格尔（G. W. F. Hegel）为典型代表的形而上学分析法，自 18 世纪之后的实验哲学兴起，欧洲哲学又以形而下学分析法占上风。这两种分析半径的运动或展开的结果形成了知识生产的分析单元，而若干分析单元又构成了知识生产的分析板块。至此，作为知识生产的分析范式的迂回运动完成，一个属于写作者自己的新分析场域降生。如此复杂的知识生成性逻辑过程，可以通过以下的运动轨迹予以表达：

分析范式（Analytical paradigm）→分析原点（Analytical origin）→分析半径（Analytical radius）→分析单元（Analytical

---

① ［法］吉尔·德勒兹：《批评与临床》，刘云虹等译，南京大学出版社 2012 年版，第 1 页。

unit）→分析板块（Analytical plate）→分析场域（Analytical field）

上述分析范式的运动轨迹（为了说明的方便）用字母简称为：A-pa→A-or→A-ra→A-un→A-pl→A-fi。基于知识生产视角，分析范式的工作方式大致有三大特征：（1）生成性；（2）逻辑性；（3）迂回性。在生成性层面，从A-pa到A-fi的工作仅仅是个知识生产的过程，它永远没有结束的欲望，也永远是一种进行时的知识生成工作。在逻辑性层面，这些知识生成性工作又是按照一定的知识逻辑关系建构起来的，在"A-pa→A-or→A-ra→A-un→A-pl→A-fi"这个链条上，每一个结构性步骤是协同的。抑或说，分析范式的工作逻辑不是概念词语的随意组合，缺少其中的任何一个环节或某一个环节受损，知识生产的分析链条或运动轨迹就会自动断裂，或被迫中止知识生产运动。在迂回性层面，分析范式的工作目标A-fi完成之后，它又是下一个新A-pa的开始，哲学知识就是在这样的范式运动中发展。这有点像德勒兹所言："任何写作都包含一项田径运动。"[①] 同理，写作运动可被视为一个迂回性工作。其主要原因在于从A-pa到A-fi仅仅是一个写作工作的暂时性完成，作为一个新的A-fi形成，必然诞生新的A-pa，而这个新的A-pa也会在将来成为他（她）人写作的A-or。这种迂回性运动正是知识生产得以发展的基本特质，也成为知识理论不断更新运动与发展的条件。譬如法国哲学家布迪厄（Pierre Bourdieu）创造性地提出"场域"范式，他为欧洲乃至世界奉献出著名的"场域理论"。中国学者李砚祖将"身份"介入设计的"场域"研究，从而又形成了设计的"身份场域"理论。德国社会哲学家哈贝马斯又将"公共"介入

---

① ［法］吉尔·德勒兹：《批评与临床》，刘云虹等译，南京大学出版社2012年版，第3页。

"场域"研究，从而形成了"公共场域"理论。在当代社会学研究领域，社会学马克思主义的领袖人物麦克·布洛维（Michael Burawoy）将"公共"范式介入社会学研究，提倡"公共社会学"，并强调社会学的公共场域的关怀及其道德担当。如此看来，作为知识生产的分析范式，它的工作方式永远是迂回的，并具备自己的生成性逻辑运动规则。

从分析范式的逻辑生成看，只要是有效科学的分析范式，经过写作者结合自己的研究领域一定会产生新的知识场域。由此观之，写作并非一种叙述性知识回忆。抑或说，写作并非复现已有知识的简单过程。更进一步说，写作与写作者的知识积累并非成正比例关系，它完全在于对分析范式的选择及其逻辑生成的思维方法。因此，知识本身在范式运动中并非核心性要素，关键在于分析范式自身方法论视角的工作机制。作为分析范式的知识生产，它的生产过程特征如同产蜜的蜜蜂以及产奶的奶牛一样，优秀的知识生产者能将原材料经过特定的分解与转化系统生成对人类有用的蜜糖和牛奶，而不是垃圾。这里的"特定的分解与转化系统"就是分析范式的工作机构，其工作原理就是"分解与转化"。一个新的分析范式如同花粉，被蜜蜂般的写作者采集回来后，其知识的蔗糖有两种特征：多糖与多水。这样的知识之蜜是不能直接食用的，于是知识生产者必须将知识花粉中的多糖分解转换成果糖和葡萄糖之类的单糖，并将单糖中的大量水分通过迂回"振翅"的方法适度降低，等含糖量与含水量降低到可食用之时方可成为自己的知识之蜜。可见，作为知识生产的分析范式，它的工作是复杂而艰辛的，其工作方式也是独特的，俨然成为一种创造性的生成事件。

根据分析范式的工作机制及其原理，由此，我们能够得出以下有关分析范式的核心特质及其普遍理论共识。

第一，分析范式，即分析方法，它具有"母性"特质。分析范式是介入理论分析的切入口，在此预设性范式的干预下，特定的知识产生语言、句法、思维及其结构随之产生。譬如在分析"工匠精神"这个题域，若采用"公共场域"为分析范式。很明显，它的写作的语言、结构、句法等知识必然成为"公共场域"的俘虏，并生成了公共场域视野下的工匠精神相关知识场域。可见，分析范式在这个知识逻辑生成系统中显然是一种方法论意义上的担当，并具有"母性"特质。因为"A-pa→A-or→A-ra→A-un→A-pl→A-fi"的生成链条如同母亲般的孕育过程，"A-fi"是"A-pa"的一个新生命。实际上，任何知识生产必须具有"母性"特质，否则是无效的。

第二，分析范式，即分析界限，它是开放的。分析范式的确立意味一个自足性分析边界的形成。边界是知识确立及其分类获取合法性的基础条件，没有边界的分析范式是不成立的，也是无法作为分析工具进入范式运动中的。因此，作为分析边界的分析范式首先是真实的，并且能够成为分析论证的有效工具。这样才能保证"A-pa→A-or→A-ra→A-un→A-pl→A-fi"这个知识生产链条是一个"经过论证的真实的信念"（柏拉图语）的知识生产线。同时，从"A-fi"到"A-pa"，即一个分析场域的形成，它又生成一个新的场域边界。作为知识系统存在的分析场域，它是一个具有开放冲动的空间，绝非一个自我封闭系统。在这一点上，自命或宣告已经成为完备知识体系者显然是一种知识生产的独裁者。

第三，分析范式，即思想的出发点，它是必然的。一个分析范式就是知识生产者的思想出发点，并就此拥有一种"终结过去"与"开辟未来"的学术雄心，去阐明自己的分析场域。海德格尔存在主义哲学以"亲在"（Dasein）为分析原点，以此思想出发点建构出"生存论分析"半径，从而阐释了"存在论"与"现象学"两个分析单元，最后建构出"存在主义"的知识板块或知识系统。从传统形而上学哲学理论看，海德格尔的"Dasein"的发问分析原点是必然的，因为在他看来，过去哲学家将存在者理解为一种"物"

或作为认识对象的"客体",从而建构的"物质"与"精神"、"主体"与"客体"等二元思维是一种虚假哲学。尽管海德格尔存在主义哲学是一种新的形而上学,但他的"Dasein"分析范式的学术雄心是针对传统存在问题而想开辟新的存在主义知识场域的。因此,从这个视角看,一个新的分析范式的提出,并作为思想的出发点,这是知识生产创新发展的一种必然性。

尽管从分析范式到分析场域是一个严密的知识逻辑生成事件,但一个新的分析场域的降生,它必然包含着一个新的范式降生。因此,一个新分析范式的确立必须依赖对其分析场域的规范性基础及其复杂性的辩明,而分析场域的规范性问题本身却又引起人们的长期争论,进而出现层出不穷的分析范式,欧洲哲学界不断出现的理论范式及其范式革命足以证明这一点。

就一个降生的新分析场域而言,它的体系性生命要么是"新生",要么是"死亡"。德勒兹曾不无绝对地指出:"在所有以文学为目的而写作的人当中,甚至在疯子中,很少有人能够自称作家。"[1] 借用德勒兹的话,对于一个新分析场域或知识体系诞生而言,在所有以知识为目的写作人当中,就连疯子也不会自称自己的理论体系是绝对完备的。因为自称完备的知识体系无非在宣告他(她)的分析场域的死亡,因为后人再也无法从他(她)的分析场域中生成一个新的分析范式。这样的分析场域就是一个自我封闭的系统,其规范性基础辩明显然是有缺陷的,其结果也是不可重现的。因此,只有当这个分析场域是一个开放的系统存在,并有明晰的分析边界。如此的分析场域必然包含着能够自明的规范性知识基础,从而能降生新的分析范式,或者说,新分析范式的来临只是时间的问题,只待特定的空气与土壤,它的新生是注定的。

---

① [法]吉尔·德勒兹:《批评与临床》,刘云虹等译,南京大学出版社2012年版,第13页。

　　实际上,"范式从不暴死,它像动物那样,首先要经历一个逐渐退化和衰落的阶段。在范式上出现明显的裂痕时,没必要急着把它扔掉,而是首先千方百计地想把它修好"①。然而事实情况并非如此,欧洲现代哲学人对学术范式的革新十分推崇。从欧洲哲学范式演进史看,在20世纪头15年内,出现了"距离""孤立""直觉""内模仿""移情""抽象"等诸多分析范式,进而形成了所谓"距离说""孤立说""直觉说""内模仿说""移情说""抽象说"等众多心理哲学的分析场域。在20世纪20年代与50年代之间,又产生了"形式""表现""精神""存在"等诸多分析范式,继而形成了"形式主义""表现主义""精神分析""存在主义"等形式哲学的分析场域。在20世纪50—80年代之间,欧洲哲学以"现象""结构"等分析范式为主要议题,进而出现现象主义、结构主义等分析场域。在风起云涌的欧洲哲学范式革命的影响下,世界的哲学、美学、艺术等诸多领域也发生了翻天覆地的范式革命。就美学而言,胡塞尔(E. Edmund Husserl)、弗洛伊德(Sigmund Freud)、桑塔耶纳(George Santayana)、克罗齐(Bendetto Croce)等人均试图从心理学场域重建美的哲学,并一致推崇"美,即美感"的范式立场。克莱夫·贝尔、雅各布森(ArneJacobsen)、艾略特(George Eliot)、瑞恰兹(Ivor Armstrong Richards)等形式主义哲学家试图将美学的重心从审美转向艺术形式本身。在艺术领域,"在整个20世纪,许许多多艺术家都自视为新艺术的发明者,甚至是新艺术范式的首创者;这或许就是范式危机最明显的征兆"②。就分析范式的知识建构而言,这些分析范式的哲学家及其范式革新不过是一种知识

---

　　①　[以]齐安·亚非塔:《艺术对非艺术》,王祖哲译,商务印书馆2009年版,第57页。

　　②　[以]齐安·亚非塔:《艺术对非艺术》,王祖哲译,商务印书馆2009年版,第67页。

多元状态的表现。

对此，我们必须有两种立场对待分析范式或分析场域的新生。第一，分析范式的不断更新是一种知识多元存在的表现，但不能无端地为了范式的革新而革新。正如亚菲塔所言："造出来的，不是范式，而是一种极端的多元状态，在这个时候，某一领域的人，就不可能创作出超越于时代的那种高度的精细、真正的深度和层次。相反，每个人都想另起炉灶，而不是深化前人的造诣。在这么一种情势下，不可避免的结果，是肤浅平庸，分崩离析。"① 有关分析范式的"捏造"与"臆想"等病理性问题在亚洲哲学界表现明显。第二，当旧的范式不能统治新的场域，分析范式的革新是必要的。"在某一领域，范式倒了，可在它倒的地方，却没起来一个新的，结果多半会是这个领域的衰退、混乱，甚至废弃。"② 范式国王的死去，新的范式国王不能立即产生，那么这个场域国家将发生混乱。

如何建构走向新生的分析范式？这是一个研究的向度问题。从类型学层面分析，作为分析范式，它大致包括基于自然、社会和思想三个向量上的事实范式、规律范式和意义范式三种类型，这些范式分别属于物自体、社会体、思想体范畴类的知识原点，并在实证、理论和阐释三个分析单元上达成对知识的真实性、客观性和价值性整体板块的追问。譬如，作为分析范式的空间范式而言，对此分析与研究应该在物理空间、社会空间与思想空间维度中针对自然事实、社会规律和意义阐释三个分析单元展开研究，以期达成对空间范式的科学、合理与有效的分析板块的整体认识。为此，欲建构一个新范式，必须采取自然、社会和思想的三个研究向度，以期达

---

① ［以］齐安·亚菲塔：《艺术对非艺术》，王祖哲译，商务印书馆 2009 年版，第67 页。

② ［以］齐安·亚菲塔：《艺术对非艺术》，王祖哲译，商务印书馆 2009 年版，第31 页。

成对新的分析范式的科学、合理与有效的整体阐释与理解。

　　进一步地说，任何范式的死亡与新生无非在自然、社会和思想的三个向量上作迂回运动，特别是走向新生的分析范式最终确立全靠自身规范性的阐明与辩护。那么，作为分析范式的分析原点在一定向量下运动可以生成相应的物自体半径、社会半径和思想半径，以此为运动轨迹就能生成物质性、社会性和思想性的分析单元，进而在自上而下或自下而上的运动中，建构生成自然域、社会域和心体域三大分析板块或分析场域。举自然科学里的分析范式为例，一个简单的定理或公理就是一个事实范式，由此为分析半径就会不断生成与发展新的分析板块，一个新的科学或分析场域就会在这些范式运动中诞生。实际上，除了分析范式以外，任何社会范式运动也遵循着一定的逻辑生成机制。譬如出身于工匠的瓦特（James Watt）或博尔特（Boulton），在技术范式以及资本范式的支撑下，属于世界的蒸汽机知识场域便诞生了。在现代，世界科技以计算机为分析原点，进而将此演进半径伸向软件行业，而软件行业直接导致世界性互联网场域的诞生，由此也开辟了全球性的微文化。自然科学的知识生产场域的变革也带来哲学以及宗教学场域内的范式革命。整个20世纪，世界性的学术范式近乎是在各个学科内穿行。也就是说，学术边界被彻底打开，各个学术领域的分析范式走向共融与互生。

　　在现象上看，范式的运动与生成是一种知识生产行为，也是一种学术"移名"（名：术语或名词）活动。实际上，范式漂移是西方20世纪中后期学术发展中最为显著的世界性文化行为。诸如美学向心理学漂移、哲学往语言学迁徙、考古学借用情境社会学、艺术学借助市场学、心理学挪用物理学或拓扑几何学、广告学汲取新媒体技术学、经济学吸纳美学……这一切表现大规模的学术范式潮正向我们袭来，任何关闭学科边界的消极性举措是行不通的。学术范式的"移名行为"类似于国家之间的"移民活动"。后者旨在国家间共同发展，但是其活动的明显特征是"试图攻破其防线"——"体现市场逻辑、国家逻辑与人权概念的紧张关系"。因此，"有选择性的开启，且内部决定并不透明"——"加剧了地区发展差距及移民带来的关闭效应"。① 相比之下，作为范式的"移名行为"也旨在促进诸学科"共同发展"，并参与各学科之间的建设。同样，那些在"移名行为"活动中，但凡范式的"入境"也可能被视为"非法者"，尤其是对学科自足性及身份产生某种威胁。当然，作为开放立场下的"学术移名"仅仅是一种范式资源共享策略，它的前提是在相互尊重范式"主权"的基础上，实现范式的对话。否则，"学术移名"将成为学术界的一种范式性混乱，或成为一种奇谈怪论的文化噪音。

　　分析范式的"移名"行为也关涉一个很重要的病理性学术问题，即范式危机。法国学者卡特琳娜·维托尔·德文登（Catherine Wihtol de Wenden）在《国家边界的开放》中有关"移民活动"的描述："移民活动长期以来在国际上被看作特例现象。然而今天，它参与着国际关系的社会结构建构，它在内部与外部、网络和领土之间引发了对国境线的干扰，并向国家主权发起了挑战。除了移民活动引起的经济、社会政治和文化的全球化之外，国际移民活动还带进了一些新因素，如人权、环境、健康——在国家层面上，居然有这么多的流通因素。移民活动在国际体制和重建中也扮演着重要的角色，以至于近一个世纪以来围绕着国家展开的国际体制建构——威斯特伐利亚体系日渐模糊，而其他决策中心日趋重要。如今，国家行为体的概念需要重新界定。以移民活动为中心的一个全新的国际公共空间正在形成。移民活动也在国际秩序内重新引入了'漂流生活'的尺度，过去国际秩序是定居生活型，而如今的特征

---

　　① ［法］卡特琳娜·维托尔·德文登：《国家边界的开放》，罗定蓉译，社会科学文献出版社 2010 年版，第 3—7 页。

是‘迁徙式流通’（Emmanuel Ma Mung），同时它还在国家与市场之间，在‘国家理由’和人权之间，在‘国民和世界公民’之间，播下了若干矛盾的种子（Stephen Castle）。"① 德文登对"移民活动"的建设性思考启发我们：范式边界开放的关键词"移名"与国家边界开放的关键词"移民"，在很多问题的向度上具有相似性。或者说，国家移民活动与范式边界"移名活动"在特征上存在以下相互借鉴的共享区。

其一，国家边界移民活动"参与着国际关系的社会结构建构"，同样，范式边界的"移名活动"也参与了门类知识结构关系的建构。因为被引入的"分析范式"拓展了门类知识的"行为空间"与"话语空间"，但局限性在于分析范式干预了门类知识的界限，使其在学科独立性上的自明与独立开始出现危机。因为国家边界移民活动"引发了对国境线的干扰，并向国家主权发起了挑战"。同样，范式边界的"移名活动"也引发了对门类知识边界线的侵扰，并向门类知识的自足性主权发起了新的挑战。

其二，"在国际体制和重建中也扮演着重要的角色"，这个维度上的国家边界移民特征与范式边界"移名"特征具有一致性。因为一个新的分析范式在门类知识建制中同样扮演不可小觑的角色，尤其在范式场域的重建中发挥"母性"的生产性作用。

其三，国家边界移民活动迫使"国家行为体的概念需要重新界定"，另外，"以移民活动为中心的一个全新的国际公共空间正在形成"。相比之下，20世纪以来，"范式移名"活动也迫使门类知识中的许多概念重新界定，并正在形成一个全新的知识场域。但是，国家边界移民活动"在国际秩序内重新引入了'漂流生活'的尺度"，"迁徙式流通"这种移民活动所带来的新尺度与流通方式在"范式

---

① ［法］卡特琳娜·维托尔·德文登：《国家边界的开放》，罗定蓉译，社会科学文献出版社2010年版，第83页。

移名"中同样存在。"概念漂移"或"范式迁徙"是知识界常有的事，也是无法阻止的。

其四，国家边界移民活动"播下了若干矛盾的种子"。人们也不能否定，"范式移名"同样也播散了诸多与门类知识互为矛盾的种子，这些"矛盾"暂时还得不到缓解，它们正在朝向"庸俗"或"非常态"的方向发展。

以上诸现象与问题均关系到一个范式"边界线"的"界限"、"开放"与"危机"的诸多复杂问题。那么，我们对跨界的"范式"（即移名，被借用他者知识概念）的态度又是怎样的呢？对此，闭关派坚持认为，范式的自足性是不允许开放边界的，因为"开放"意味着"入侵"。开放派则认为，范式的发展必然要依赖其他知识的发展。因此，范式知识边界的开放是必然的，当然要反对"非法移名"。"例外论"即半开放政策，这一派认为，凡是涉及范式主体性的东西就采用"例外"政策，其他则可以有限度的开放边界，以减少"移名压力"。但我们认为，范式边界的开放会带来更好的发展机会与融合机遇。因为被"开放"的范式边界，它必然能"引进"新鲜的思想空气与学术资源。

毋庸置疑，以分析范式为切入口所建构起来的批评理论，所表现出来的范式开放下的知识生产能力极其强大，但其方法论显然是有局限的，其病理性现象主要表现在以下几个方面。第一，从分析范式到分析范式的潜在危机。从范式到范式的机械化知识生产是危险的，也是有害的。因为分析范式的知识逻辑生成必须放在客观化实践及其社会语境之中，否则为了理论范式而分析范式，极其容易步入机械的唯心主义泥沼。第二，从范式到"不完全范式"的偏向。在分析范式的知识化研究过程中，由于缺乏追问所分析范式的客观学理渊源及其特定语境的基础与背景，容易形成一个不完全范式。因此，这样的分析范式必然隐含着对其规范性基础辩明的危机因素。第三，从分析范式到分析范式的客观化社会的实践断层。一个范式理论的出现，其背后必然有其特定的客观化实践逻辑及其社会化语境。譬如西方近代欧洲哲学的出场是基于对宗教神学的批评、实验自然科学的认知以及对人本身的发现等客观社会化背景展开的。17 世纪的法国、英国等国家出现了以培根、洛克、笛卡尔、狄德罗等以批评神学与推崇人性的唯物主义哲学家，18 世纪的康德、黑格尔等哲学家对人的主体性的发现与颂扬成为欧洲古典思辨哲学的巅峰。但到了 19 世纪 30—40 年代，英法等国的实证主义开始抬头，孔德、穆勒等人反对传统形而上学的思辨哲学，提倡科学主义。到了 19 世纪 70—80 年代的欧洲出现了尼采的唯意志主义、非理性主义与新黑格尔主义思潮。对此，在进化论的影响下，发轫于美国的实用主义又竭力反叛。从西方古典哲学到现代哲学的转变看，任何分析范式出场是客观化社会实践逻辑及其语境的体现，任何逃离这一客观事实的分析范式均是不妥的，也是没有合法性的。

综上分析，初步阐明作为知识生产与问题分析工具的分析范式，认知到分析范式的生成逻辑、工作方式及其学术局限，至少还可以得出以下几点关于分析范式的要义。

一是分析范式是一种知识生产与分析问题的理论工具，它在方法论视角给予了知识生产的合理性与合法性，并具备一套知识生产的行为规则与逻辑生成机制。在知识生产过程上，从分析范式到分析原点，从分析半径到分析板块，再到分析场域是一个具有连续性的知识生产过程，它们是一组系统性模型，具有结构整体性、相对完备性与前后承接性。

二是分析范式作为知识生产与问题分析的切入口，在建构知识体系或批判理论中表现出一定的能力与方法论用途，但由于缺乏分析范式所追问的客观学理渊源及其社会化语境，以至于分析范式隐含着对其规范性基础辩明以及实践性断层的病理性因素，特别是从范式到范式的机械化知识生产注定是有局限的。

三是分析范式的"移名"有其特定的边界限定，它包含着深刻的危机性与价值性同构的存在偏向。在知识权力允许的范围内，扩大分析范式的边界对于知识生产是有利的，否则，在知识权力之外的例外授权或强行移植分析范式，其知识生产或获取的范式知识是值得怀疑的，并最终湮没在历史文化之中。特别是中国学者对欧洲分析范式缺乏追问其客观渊源及其社会语境，以至于造成分析范式隐含着不利于知识生产的病理，而影响知识生产的健康发展。

尽管分析范式的跨时空转移有其方法论局限，但正确利用西方哲学分析范式能够表现出独有的知识生产能力与方法论用途，推动知识发展及其批评理论走向成熟。因此，如何引进并掌握西方哲学的分析范式，使之同国内哲学社会科学研究相适应，从而更好地拓宽传统中国哲学社会科学的研究领域，并顺应当代中国哲学社会科学全球化的发展趋势，值得国内哲学研究者的高度重视。

《工匠精神分析》借用"分析范式"的知识生成逻辑作为分析工具，比较系统地阐明工匠精神的核心范式，旨在比较全面地追问工匠精神的核心论题，以期为当代工匠精神的复兴与重构提供理论支撑与学术引领。

就具体研究方法而言，《工匠精神分析》主要采用以下几种必要的且符合课题研究需要的方法。

第一，历史与文献研究法。即历史研究法与文献研究法。前者是按照历史的纵向顺序对工匠精神进行有序梳理与研究，后者是通过调查文献获取有关工匠精神之资料。作为基础研究，它是离不开历史与文献的。因此，本书试图从大量的中外历史文献中获取有关工匠的知识叙事，重点捕获有关工匠精神的历史与现状及其发展变化，从而全面把握工匠精神的历史内涵与发展变化。

第二，跨学科综合研究法。由于工匠精神所涉猎的知识领域及其学科范围非常广泛，为此，本书之研究拟将运用分析哲学、知识社会学、文化教育学、公共社会学、文化心理学、艺术传播学等多学科的理论、方法、成果的交叉中进行研究，以期获取工匠精神的整体分析与认知。

第三，概念分析法。鉴于本书所涉有关工匠精神的概念术语较多，如精神、时间、空间、存在、遮蔽、传承、社会化等，加之概念是思维的基本分析单位，因此，本书拟采用概念分析法，即分析概念的内涵与外延，以期获取概念的特有属性与所反映的内容以及历史变化。

总之，知识生成逻辑与分析方法工具是相辅相成的，任何分析方法工具只是为知识生成服务的，而知识生成逻辑是选择分析方法工具的"指挥系统"。抑或说，没有知识生成逻辑作为前提，分析方法工具是无意义的，或是无效的。

三　内容

遵照"范式分析"原理，本著选取了具有内在逻辑关系的八大"分析范式"，即"周边—核心"（内涵构成分析）、"存在—遮蔽"（社会学分析）、"时间—空间"（哲学分析）、"艺术—工匠"（艺术史分析）、"传播—互溢"（传播学分析）、"传承—社会化"（文化心理学分析）、"教育—职业教育"（文化教育学分析）、"疏离—重建"（公共社会学分析）之核心论题，以此为展开对中华工匠精神的阐释线索，比较详细地讨论与分析中华工匠精神的内涵本质、发展脉络、历史构成、传播传承、重建批评，具体内容体系简解如下。

论题一（第一章）："周边—核心"问题，即工匠文化中的工匠精神。在系统论视野下，工匠文化体系实质就是工匠群体所创生的区域文化聚集区，并由一定数量的具有相对对立性的特质文化及其子文化构成。工匠文化是人类社会最为重要的手作知识系统，它的周边聚集了工匠创物、工匠手作、工匠制度、工匠精神等四种特质文化，从而建构出完整的"四位一体"的工匠文化知识体系。工匠精神是工匠文化体系中的最为核心的文化，对它的展开就是对工匠文化的传承与创新发展的一种社会化路径的选择与定位，并在一定程度上反映工匠精神在社会职场、精神文明建设以及生命文化谱系中的救赎价值。

论题二（第二章）："存在—遮蔽"问题，即工匠精神的社会学批判。作为一种价值观，工匠精神是一种复杂的文化形态，其存在特征主要表现为公共性、定型化以及社会性，并超越于物性已然成为工匠素质及其价值观的指称。然而工匠精神常常被人们误解与遮蔽，加之艺术家对至高无上艺术性的追求，又逐渐疏远了工匠精神，致使工匠精神的存在指向发生严重偏向。在现代性面前，尽管科学技术、生产方式、消费文化等依然在遮蔽工匠精神，但随着现代性文化自觉、艺术人的觉醒以及社会进步，被遮蔽的工匠精神必将获取普遍理解与接受，并在复兴中发挥其特有的社会价值。

论题三（第三章）："时间—空间"问题，即工匠精神的哲学分析。在时空视野下，工匠精神是人类文明史上一种特有的人文范式。时间与空间是构成工匠精神的特殊材料，并以专注、藏美、民用、守信与法度等人文理性凸显出工匠对生命及其意义的深度关切。但随着工业化进程中的工匠手作边界的模糊及其精神尺度的消解，以及工匠的作坊、文化结构与手作制度的进一步瓦解，工匠精神的技术理性对其价值理性的批判性销蚀俨然成为新的历史处境，进而对工匠精神的价值理性传承与发展构成了威胁。因此，在本质上，技术理性是工匠精神危机的社会根源，消解工匠手作的技术理性是当下重构被遮蔽的工匠精神的关键，从而增益于当代社会的技术理性与价值理性的协同发展。

论题四（第四章）："艺术—工匠"问题，即艺术史里的工匠精神。一部艺术史抑或是一部工匠史。譬如"匠气"被许多职业书家贬斥为笔墨之俗病，但在中国艺术史上，工匠与书家之间的关系是显豁的，尤其在身份、书体、空间、意境与装饰上呈现出若干被客观限定的关联性的艺术场域。作为书家的工匠或参与书法创作的工匠不仅创制了书法在结体、章法与笔划上的运笔规约及其书学范式，还拓展了书法的阳刚之气、雄奇之态、自然之朴、致用之美等层面的功能取向。工匠精神内化为书家之文化素质，书家笔墨是外化的生命符号，这在较大程度少上昭示出作为职业素养的工匠精神与书家在严谨、公共、自然、致用等文化品格上具有复合的意义场域。本章拟将梳理中华艺术（书法、剪纸、漆艺等）史中的工匠文化史，以期阐明艺术与工匠的天然盟友关系。

论题五（第五章）："传播—互溢"问题，即中华工匠精神的世界性展开。古代丝绸贸易之路，抑或是器物文化之路，也抑或中华工匠精神溢出之路。丝路漆器所承载的中国文化、审美思想及其工匠精神成功地跨出国门，它成为世界文化传播与互动的一种典范。丝路漆器作为美学的化身与工匠文化的使者，用器物交流的方式向世界输出并展现中国漆物之美与文化精神。抑或说，中国"器"度不凡的漆物蕴含着固有的民族美学及其工匠精神，它赫然向欧美及东亚世界敞开它特有的文化之光与艺术之美。古代中国漆器作为丝路上的"文化使者"，它所担当的"角色"具有中西文化交流上的独特意义与丰富内涵；在中西文化互动中，古代丝路上的中国漆器在贸易、宗教、恩赐等途径上的"交流情境"里承担着中国文化与工匠精神走向世界的重任，并昭示着世界文化融合的发展态势。

论题六（第六章）："传承—社会化"问题，即工匠精神的文化心理学解析。在文化心理学视野下，作为心理特质的工匠精神是社会文化的重要组成部分。工匠精神传承既是对工匠文化的传递，又是持续社会化心理模塑行为。在此模塑过程中，我们既要借助外在文化的教化，又要注重内在心理的内化与体验。在心理机能层面，工匠精神社会化旨在达到认知优化、情感培育、角色获得、信念养成、价值认同等心理品格的整合与同化；在意识形态层面，工匠精神社会化主要依赖意识形态的理论建构、社会传播、文化接受及批评等途径，以期完善自我人格结构及其价值观。工匠精神社会化传承不仅创生了有益的正向社会化的工匠文化，也产生了一种反向社会化的工匠文化。

论题七（第七章）："疏离—重建"问题，即公共社会学中的工匠精神。在技术史上，人类技术现代性进程史就是工匠精神的疏离史。在公共性层面，工匠的物理空间、社交网络空间、产品服务空间发生了场域的变迁迫使工匠精神的公共性特质发生弱化；在生产性层面，工匠之手与手作之物的关系距离、生产系统和获取生产资料信息方式的变迁也在疏离工匠精神；在社会性层面，工匠与社会结成的角色依赖、技术面向、智慧偏向更致使工匠精神逐渐走向疏离。伴随现代性进程的推进，工匠精神的政治文化救赎功效逐渐被凸显。在当代中国，工匠精神不仅被国家纳入政府议程，还致力于公民素质、国家资源与文化身份的价值重构与关怀。

在范式分析的视野下，上述八大研究范式的理论原点分别是："周边—核心"问题主要基于内涵构成的分析，"存在—遮蔽"问题主要是基于社会学的分析，"时间—空间"问题主要是基于哲学的分析，"艺术—工匠"问题主要是基于艺术史的分析，"学者—工匠"问题主要是基于科技史的分析，"传播—互溢"问题主要是基于传播学的分析，"传承—社会化"问题主要是基于文化心理学的分析，"教育—职业教育"问题主要是基于文化教育学的分析，"疏离—重建"问题主要是基于公共社会学的分析。

这些分析原点的延伸与拓展，分别构成了《工匠精神分析》的内容体系分布：构成论、存在论、时空论、艺术论、传播论、传承论、重建论。

　　简言之，工匠精神的"构成论"—"存在论"—"传承论"—"重建论"是《工匠精神分析》研究的思维路线，其中"时空论""艺术论""传播论"是对"存在论"的一种深层次的解读，或是对工匠文化存在的逻辑论证，也是对"传承论"的目标或内容作立体的阐释或准备。可见，《工匠精神分析》的内容体系分布是较为完整的，并具有一定的知识叙事逻辑。

第一章

工匠文化的周边与核心

对于一个概念或范式的理解是十分困难的，因为我们很容易被我们直觉性的眼睛或狭隘的眼前静止知识诱骗至孤立的又似乎自以为是的假象中，这是由人类的理解假象偏爱决定的。为此，我们必须放弃在直觉的现象或想象中理解概念或范式，也必须放弃孤立的或片面的静态思维。抑或说，理解"工匠精神"应当将其置于工匠文化的历史的动态逻辑中作多维的微观性观察与辨析，并在工匠文化的整体系统中作宏观性考察，以期明晰其间丰富的内涵构成与核心成分。因此，欲要解析"工匠精神"，必先弄清楚作为文化形态的"工匠精神"处于工匠文化系统里的何种层次或位置，并在历史与逻辑的视野下考量其发展动态。抑或说，分析工匠文化的周边层及其核心层的知识分布与动态发展是迈向对"工匠精神"理解十分重要的起点之一。

在人类文明进程中，工匠在制造器物与工具中肩负着重要使命与责任，工匠所创造的手作文化已然向人类无私地敞开与开放它的使用价值与审美意义。抑或说，工匠文化被工匠个人通过手作创造出来，但它却服务于全人类，并发挥普适性的存在价值。特别是在生活、生产与消费中，工匠文化一直成为人们息息相关的生命文化，因为人类的生命文化谱系中起到基础作用的是物质文化，作为物质文化的器具是生命生存必不可少的支配条件。同时，工匠手作的器物与器具也是社会发展水平与文明程度的标志，并在社会进程中扮演先进文化的代表。因此，工匠文化是人类社会中最为重要的手作知识体系，它的周边聚集诸多数量的行业特质文化，从而建构出完整的相对独立的工匠文化知识体系，并成为宇宙知识体系中最为重要的一部分。

可见，在系统的整体视野下，工匠文化体系实质就是工匠集群所创生的文化聚集区，并由一定数量的特质文化及其子文化构成的文化集丛。在系统性上，工匠手作文化系统组织是一个自律与他律协构的生态系统，各种数量的特质文化及其子文化是一个相互关联的组织整体。在整体性上，尽管世界上各大文明中的工匠手作文化是具有相对独立性的，但丛林文明（印度）、城市文明（西方）与乡村文明（中国）中的工匠手作文化性是相通的。因此，系统思维与整体思维是解读工匠文化的有效方法论之一，它能从工匠文化集丛中探索到各种数量的特质文化及其子文化的运行规律及其复杂的生态关系。

一　检讨与假设

在中华工匠文化原有的分析框架中，尽管人们试图从器物、工具、精神等层面上对工匠文化进行解读，并在考古学、社会学、历史学、图像学、艺术学、美学、文字学等多种途径力图阐明工匠文化图谱及其文化密码，但学界较少在系统论与整体论视野下研究中华工匠文化体系。因此，工匠文化的研究尚有较大空间，特别是基于目前的研究现状中存在的几点问题向度。

首先是"见物不见人"，即重视器物的文化研究，忽视工匠主体的文化研究。在通行的工匠史或造物史研究案例中，人们均不约而同地关注各历史时期的"器物"，却较少涉猎各历史时期的匠人及其手作精神。这种研究偏向容易步入机械唯物主义的危险境地，在此方法论指导下的"器物"很容易就被理解成为机械人的产物，而遮蔽了具有心灵实体的创造物的匠人。实际上，"工匠文化"在本质上就是匠人自身的文化。"器物"不过是工匠借助工具创造出来的个体生命符号，或者说，器物所承载的文字、图像、形状等不过是匠人生命的音符或心电图。因此，工匠文化的研究说到底是"匠人本身"的研究，而不在于"器物本身"。当然，这种研究现状与现代社会以来的科学主义思潮发展有密切关系，作为科技产物的器物在一定程度上迎合了社会主流思潮的研究对象需求，但人文主义思想的遮蔽与忘却致使研究的目光难以聚焦"人本身"。因此，这种"见物不见人"的工匠文化研究思维也是现代性进程的产物。

其次是"见人不见心"，即重视研究匠人的手作文化研究，但没有注意到匠人文化研究的核心是"工匠精神"，从而阻隔了迈向工匠文化研究的核心问题区域，致使工匠文化研究沦落为孤立的单向度人的文化研究。在研究匠人文化方面，日韩等国外学者要比国内学者多，国内学者基本围绕器物文化为研究中心。譬如，日本的六角紫水曾出版《东洋漆工史》（雄山阁，1928、1932）、冈田让出版《东洋漆艺史研究》（中央公论美术，1978）、泽口悟一出版《日本漆工史》（美术出版社，1966、1972）、日本漆工协会（编）出版《日本漆工》（日本漆工协会，1963）等。在韩国，郑英焕曾著《漆匠》（민속원，2006）等。在意大利，维尔加（Giovanni Verga）曾出版《杰苏阿多工匠老爷》（孙葆华译，新文艺出版社1958年版）。在美国，理查兹·桑内特（Richard Sennett）曾出版《匠人》（上海译文出版社2015年版）等。在中国，聂危谷曾著有《艺术中的工匠》（吉林美术出版社2006年版），曹焕旭曾著有《中国古代的工匠》（商务印书馆1996年版），马德曾著有《敦煌工匠史料》（甘肃人民出版社1997年版）等。尽管上述有关匠人的研究文献在一定程度上弥补了"见物不见人"的研究缺陷，但这些作品较少涉及"工匠精神"的本质研究。实际上，匠人的创物及

其手作行为只是生产层面的文化体系，这背后隐藏有更为深层次的东西，即工匠手作行为的内在感知与心灵体验，并在此基础上逐渐形成的稳定的"工匠精神"。它不是一个单向度的匠人外在行为所能铸就的，必须依赖匠人群体及其内在心灵在特定区域及其社会背景下才能慢慢形成，并深刻影响与渗透至社会各个领域而发生潜移默化的精神救赎作用。

再次是"见叶不见树"，即重视工匠文化的微观研究，而忽视了工匠文化的体系性整体研究。这种有偏颇的研究集中表现在以下三个方面。一是"见静丢动"，即只是研究静态描述工匠所创作的器物，而忘却器物的动态文化描述。器物及其文化是动态的，并非在静止的状态下被使用与消费。譬如，在丝绸之路上，器物及其文化是流动的。在家族内，器物及其文化是可以长时间地代际传承的。汉代广西的玻璃制造工艺有通过丝绸之路溢入的古罗马国家玻璃制造技术，古代中东的商旅也把阿拉伯的工艺文化带入中国东南沿海一带。换言之，工匠文化是流动的、互惠的，并在各种文化区域发生互生互长的文化嫁接与生长。二是"有微无宏"，即只有微观的工匠文化描述，却没有宏观的整体的工匠文化描述。尽管工匠文化是区域的、相对独立的文化集合，但它也是宇宙文化系统中的一部分，并发生着相互关联的生态联系。譬如墓葬内的器物文化研究必然要有整体思维介入墓葬整体宇宙之内，因为墓葬内的任何器物均是这个地下或天上宇宙的一个镜像，它与其他器物共同建构出一个关系紧密的文化场。三是"有断无续"，即只关注断代工匠文化的研究，而忽视了断代工匠文化的前后承续性与关联性。这些研究方法论均是"见叶不见树"的研究方法论的表现，它给工匠文化的研究所带来的后果是严重的。

最后是"见树不见芽"，即注意到工匠文化的整体性研究，但忽视了传统工匠文化的新增长点，进而忽视了传统工匠文化的传承创新研究，致使工匠文化的研究步入因循守旧或不能发挥新时代价

值的困境。实际上，任何区域的文化集群皆是发展的文化，并在创
新与承续中不断出现新的文化价值增长点。否则，这样的文化必将
面临衰微，甚或走向灭亡的境地。工匠文化是与生活息息相关的文
化集群，是最具有生气的、活力的文化。因此，对工匠文化的研究
不能丢弃其体系内外的文化增长点，更不能忘却传统工匠文化的传
承与创新发展。

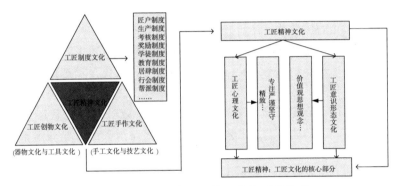

图 1-1　工匠文化"四位一体"理论体系

　　基于以上中华工匠文化研究的问题向度，在本章接下来的讨论
中，力图尝试建立一个新的工匠文化研究整体框架，其理论假设为
工匠文化体系包括四大子知识体系：工匠创物、工匠手作、工匠制
度与工匠精神。这个"四位一体"的文化理论体系的建构假设来源
于人们对文化的广义空间分类原理，即文化的内部空间所承载的物
质表层、行为浅层、制度上层、心态深层的四个相互关联的特质文
化类型；同时，这些特质文化也具有相对独立性，各有在整体中的
文化偏向或文化侧重点。如"工匠创物"侧重"物本身"的微观视
点，"工匠手作"重在匠人的"手工与手艺"层面，"工匠制度"强
调社会的"上层建筑"的宏观介入，"工匠精神"意在"匠心本身"
的普遍价值向度。可见，"四位一体"的工匠文化理论体系是一个

"见物又能见人""见人又能见心"的较完备系统理论框架体系，并在整体上较好显现出"见叶又能见树""见树又能见芽"的立体多维研究效果。由此观之，工匠文化的"四位一体"理论分析框架有其研究的合法性与合理性。

二　工匠文化的周边

在广义层面，"四位一体"的中华工匠文化理论体系（见图1-1）的搭建可以被视为一种可能的合法分析行为，因为它较好地解决了对中华工匠文化研究的几个问题向度，至少在工匠文化体系内部构成整体视野下建构出了一种较为完备的分析模型。

第一，工匠创物文化。对于工匠而言，"创物"是其存在方式最好的描述。因此，"创物文化"也就铸就了工匠的自身，并创生工匠的成就文化，它以最显在的器物和工具的物质性实体存在，彰显工匠的社会化价值。因此，工匠的创物文化，即成就文化，或称为实体文化，它包括器物文化与工具文化两大类型。

在器物文化层面，器物自身内涵时间、空间与物质层面的内容指向或文化向度。从宇宙学视野看，任何器物均是时间文化、空间文化与物质文化的聚合体。时间不仅是工匠存在的重要平台，更是器物存在的描述对象。器物的时间特质主要表现在它被制造、使用以及器物自身的图文叙事都与时间息息相关，譬如汉代漆器被宫廷消费与欣赏，其器皿上的图案更反映汉代宗教、生活以及礼仪等时间文化。同样，空间也是器物文化特定的意义符号指向，任何器物的制造、使用以及欣赏都是有空间性的。这种空间性主要体现在器物的地域性或故乡性、器物使用的地域风俗性以及特定空间内人们的欣赏审美差异性等维度层面。器物的物质层面不仅反映器物的材料属性以及美学特质，也反映使用者的阶层、地位以及财富分配等情况，也包括器物的物质构成、数量以及种类等反映特质文化时空性的内容向度。

在工具文化层面，工具本身既是工匠创物的对象，也是工匠创物的技术载体与行为的方法依赖。在文化阐释性上，工具是解读文化最为现实的活体。工具的先进与否直接支配创物的科学程度与艺术水准，同时，工具是直接反映工匠文化的活物对象。因此，工具文化是一支最能反映社会技术及其文明程度的重要向量。同时，工具的发展历程最能代表工匠文化的发展历程，并在一定程度上成为社会发展的风向标与温度计。因此，人们常常以"青铜""白银""铁器"等工具性物质来赋予一个具有文化特质的时代，即"青铜时代""白银时代""铁器时代"等。这在一定程度上反映作为工具性的青铜、白银、钢铁等在社会发展中的特殊地位与显赫价值。在社会进化的历时视野下，人类为造物而不断地创新工具，大致经历了"发现工具"（如天然石头）—"制造工具"（如砍砸石器）—"发明工具"（如飞弹石）—"设计工具"（如石磨）—"智造工具"（如智能石门）等明显具有独立性的递升发展阶段。工具的发展性与阶段性进化直接反映社会技术及其文明进步，也构成了特定社会时间内的工匠文化发展的重要符号。

由此观之，就工匠的创物而言，器与具是记录工匠文化的主要内容指向，它们所呈现的典型"器""具"文明是工匠文化最集中的文化活体。在时间的发展过程中，传统的"器""具"文明被世界人民不断地使用与创新，而丢掉或淘汰一些不够理想的"器""具"。因此，被传承与发展的"器""具"都是工匠文化中的优秀文化，并成为人类共同享有的物质财富，这些"器""具"的总和构成了世界的物质财富，并成为工匠文化中的显性活体。

第二，工匠手作文化。在词源上，工匠的"手作"包含两个重要的符号意义指向：一是"手工"，即用手操作或劳作；二是"手艺"，即手的技艺或技巧。因此，工匠的手作文化包括工匠的手工文化与技艺文化两大类别，它们均离不开工匠之"手"或手的行为。那么，工匠的手作文化又可以称作"手的文化"或"行为文化"。在工匠手作行为体系里，大致包含工匠之手的"工"和"艺"的文化内涵。

在"手工"层面，工匠凭借手的行为创制器物或工具，如手绘、手编、手摇、手锯、手推、手捏、手写、手植、手击、手创、手挠、手帖、手涂、手堆、手绣、手磨、手撕、手印、手刻、手塑等各种手工创物行为。在现代汉语中，由"手"构成的汉字多达千数。"手"是工匠最伟大的、真诚的"仆人"，它与工匠之"心"是息息相通的。工匠文化就是用灵活性极强的双手创造出来的，工匠之手成就了工匠自身，也成就了工匠文化。一部工匠文化史也就是一部手工史。

在"手艺"层面，工匠在手之教练的指引下，创造了数不尽的手工技术，如绘画、雕刻、碑帖、篆刻、绣花、刺绣、髹饰、镶嵌、彩绘、藤编、棉纺、剪纸、按摩、针灸、制陶、制漆、制瓷等各种手艺，从而构成了丰富多彩的工匠手艺文化。工匠手的"技艺"是现代艺术、装饰、设计等艺术活动的宝贵文化财富。譬如古代工匠的雕刻或篆刻技艺为现代书法艺术的诞生与发展提供营养，工匠的刻画为绘画艺术提供空间布局以及绘画技法等多方面的理论支持，工匠的图文叙述为现代符号学的诞生与发展提供宝贵的原始材料，工匠的各种首饰为现代装饰的发展提供有效的技术与方法的指引。因此，古代的工匠手艺文化的传承发展对现当代艺术与设计发展具有重要的实践价值与现实意义。

简言之，工匠的手作文化包括"手工"与"手艺"两个层面，并为传统工匠文化的传承与发展提供可靠的理论方向与实践内容。当然，在现当代工匠的"手工"层面的工匠文化已然被机械文化或智能文化所替代，但机械或智能不过是手的延伸或缩短。换言之，现代社会以来的机械化生产或智能生产仍然是人类手的行为。

第三，工匠制度文化。工匠的制度文化是工匠周边社会的各种关系的伦理聚集体，它既是工匠手作文化的伦理工具，也是工匠精神文化的社会产物。工匠制度文化与工匠创物文化的显著差别在于，前者属于隐性文化，后者属于显性文化。在古代，工匠制度大致包括匠户制度、生产制度、考核制度、奖励制度、学徒制度、教育制度、居肆制度、行会制度、帮派制度等诸多百工制度。这其中的匠户制度、学徒制度是最为重要的工匠制度。

在户籍层面，匠户制度或匠籍制度是中国古代社会对工匠控制的一种户籍管理工具。汉唐时期，官奴、刑徒以及民间工匠均被征调官府，实行统一管理与生产。至宋代，兵匠、雇匠或差雇、民匠等为官府有偿服劳役。在元代，国家将户分为民、军、匠之三等，并严格控制与管理工匠，同时规定一旦沦为匠户，则世袭为匠，不得随意改户。至明代，国家基本沿用元代"匠籍制度"管理制度，规定工匠分轮班与住坐两种形式为国家服劳役。嘉靖四十一年（1562）明朝政府规定："自本年春季为始，将该年班匠通行征价类解，不许私自赴部投当，仍备将各司府人匠总数查出。某州县额设若干名，以旧规四年一班，每班征银一两八钱，分为四年，每名每年征银四钱五分。"[①] 由此可见，明代开始实施"以银代役"的工匠管理制度。到了清代，由于国家实施了"地丁制"，因此明代的"匠户制度"已经名存实亡。顺治二年（1645）清政府"令各省俱除匠籍为民"（《大清世祖章皇帝实录》卷一六），这样明代以前的"匠籍制度"被彻底废除，并实施"计工给值"或"按工给值"的新型工匠雇募制，工匠身份因此获得自由与解放，如此大大增进了工匠的生产积极性与自由性。直至雍正四年（1726）国家颁行"摊丁入亩"法后，各省把工匠班银归并田亩或地丁带征。清代工匠制

---

① 邓之诚：《中华二千年史》（卷5 明清下），东方出版社2013年版，第400页。

度的改革昭示国家的生产关系的一种进步，也为清代及以后的手工业发展奠定制度保障。

　　在知识传承层面，学徒制度是中国工匠教育或知识传承的一种有效形式。在清代以前，工匠的知识传承基本按照"世袭传授"的方式完成工匠知识学习与传承，并有严格的"家族制"限定，即"传男不传女，传内不传外"，其主要教育方式是"口传心授"。这种工匠知识教育具有一定的封闭性与缺陷性，但在1840年前后，传统的工匠知识教育被中国江苏兴化、山西忻州等地兴起的"官局学徒"制彻底打破，直至清朝末年地方政府全面开始"设局招徒"，这种工匠教育制度的诞生宣告清朝新的"学徒制"的正式形成，从而彻底改变以往工匠文化的"世袭传授"制。在"设局招徒"思想的指引下，清政府在全国开始招收学徒，并设立工艺传习所。为解决工师短缺问题，清政府派专人去江浙一带聘请匠师、机师、织师等工匠，积极创办工艺文化传习机构。譬如河南省的"蚕桑总局"（1880）、广西的纺织"机房"（1888）、北京（直隶）的传习机构"北洋工艺局"（1903）等。"设局招徒"制为清代手工业以及其他工业的发展奠定雄厚的基础，特别是人才基础。这些在传习所毕业的学生或"留充工匠"，或"传为教习"，或"创办实业"。清代工匠的学徒制度也为近现代中国手工业的发展提供有效的实践经验及制度文化，尤其是在诸多方面拓展了工匠的生存与发展空间，从而为近代工业发展储备了丰富的工匠制度文化及其实践理论文化。

　　第四，工匠精神文化。工匠精神文化是工匠的一种价值文化，它包括工匠心理与工匠意识形态两部分，它们是工匠文化最为核心的部分。因为工匠心理或意识形态均可以通过工匠的创物、行为、制度等外化成一种精神文化或心态文化。

　　在心理层面，工匠借助"专注""持久""严谨""细腻""精益求精""坚守""不急不躁""精致""敬业"等心理品质或心理素质完成了他们的创物行为，这些工匠的心理品质的聚集便构成了"工匠精神"。工匠特有的心理素质不仅稳定自我的心理状态及其行为规范，还能提升工匠自我的价值取向与理想人格，进而进一步地完善工匠自我与他我的审美情趣与精神结构。因此，工匠精神确乎是一种人文情怀价值观，正如理查兹·桑内特所言："专注实践的人未必怀着工具理性的动机。"① 因此，在本质上，工匠心理特质文化的社会化过程就是精神文明建设的一部分，特别是思想道德建设离不开人文情怀意义上的工匠心理特质文化的培育。

在意识形态层面，工匠的价值观、思想、观点、观念、准则、规范、理想等聚合成工匠的意识形态聚合体。抑或说，工匠的意识形态是工匠理解手作行为及其与社会的复杂关系的一种有效方法与合理想象。诸多工匠的意识形态的聚合就形成一种具有现实性与独立性的工匠精神，由此意识形态范畴形构的工匠精神便成就了工匠的社会化精神价值力量。在现实性上，工匠依赖手作劳动，面向物质性的劳动实践，继而获得工匠精神的真实性与可靠性；在独立性上，工匠精神是区别于其他精神的一种特有思想的价值形态。可见，工匠的意识形态具有现实指向性，并独立于文化形态之中发挥自律与他律的社会价值。

工匠精神文化是工匠的本质文化聚合体，它集中反映了工匠的生活状态、心理特质、观念价值以及思想本质。在价值取向层面，作为个体的工匠精神明显具有职业价值、行业理念、行为指向以及群体思想的现实引领与指导功能，并具有发挥稳定行为、凝聚力量、规范伦理与激发活力的社会化效能。因此，工匠精神文化是工匠文化中最为核心的力量聚合体。

---

① [美] 理查兹·桑内特：《匠人》，李继宏译，上海译文出版社 2015 年版，第 4 页。

三　工匠精神及其展开

从传统文化传承与发展的视角看，工匠文化应当是当代中国传统文化全面复兴的一个助力点，而这个文化助力点又是由很多数量的特质文化单元构成的文化聚集体。因此，如何牵住工匠文化的"鼻子"是传承与发展传统工匠文化的关键。从广义工匠文化范围看，工匠精神文化是工匠文化的核心文化指向，对它的广泛展开能推及至社会其他文化领域，并能整体发挥工匠文化的社会化功效。

在社会学层面，工匠精神的展开就是工匠文化介入社会的延展过程。因此，在当代，工匠精神的社会化路径的选择与定位显得格外重要。但问题的复杂性在于，工匠文化的时空性展开又显示出特有的社会化介入的困境与难题。因为作为工匠文化的创物文化、手作文化以及制度文化均发生历史性的变革与转型，传统的工匠文化的时空性、生产性以及公共性皆在现代大工业生产以及智能化生产过程中逐渐走向衰微。但作为一种意识形态或心理基因的工匠精神与其他工匠文化理论元素是不同的，它并不随着时代的变化而发生文化特质性的正向变化。换言之，工匠精神的存在是永恒的，尽管人们在新的社会背景下已然忘却或遮蔽，但只要选择新的社会化路径及其展开方式就能唤醒尘封的工匠精神及其背后的文化价值。然而，当前我们在展开或培育工匠精神上还存在些许理论上的认识误区，这些误区正是制约工匠精神的复兴以及向社会层面广泛展开的根本原因。

一是培育工匠精神与回归工匠创物时代的认识误区。这种认识误区显示出一种工艺文化的理想主义。很显然，时间是不可逆的，过去的工匠创物时代是无法回归的。但我们能够重读工匠创物的历史文化，并能汲取优秀思想与精神力量为新时期人们所采用。因此，我们不能认为培育工匠精神就是放弃现代工业以及智能化生产，理想化地回归到"小国寡民"的手作时代。

二是培育工匠精神与回归手作行为的认识误区。在欧洲工业革命以后，英法等国的文化精英对器物生产的艺术化开始反思，认为工业生产中的机械化大大降低了人们的手作的时间性与艺术性，并思考生产线上的同质化产品给人们的美学思想发展带来的负面影响。因此，此时的欧洲部分国家爆发了工艺美术运动，强调艺术要回归到手作，要发扬工匠的手作精神。在当代的中国社会，伴随工业化进程的深入与发展，人们日益增长的日常美学需求无法在工业化产品中获得，因此，消费大众对工业生产开始关注，并呼唤已然失落的工匠精神，呼吁回归手工文化。尽管工匠精神的失落与手作行为的消失之间存在某种正向关联，但根本问题不在于工匠手作本身，而是整个社会的现代性进程致使传统文化的遮蔽与忘却，进而影响到工匠精神的社会化展开。因此，培育工匠精神绝不是归回手作行为，而是在新时期工业产业中注入传统工匠精神，以期更有效地为社会发展提供精神道德的支撑。

三是培育工匠精神与工匠制度之间的认识误区。毋庸置疑，现代化进程中的企业生产制度已然不是传统的工匠制度，而现代产业制度与传统工匠精神是不矛盾的。因此，我们不能简单地认为是工匠制度的缺失导致工匠精神的失落，相反，当代的产业制度与传统工匠制度相比更具有培育工匠精神的可能。现代产业制度至少在人性、科学以及系统上更具有先进性与合理性，并能出现新的工匠精神空气与土壤。因此，新时期培育工匠精神不是回归传统的工匠制度，而是优化与重组现代产业制度，从而使工匠精神潜移默化地植入其中。

因此，在新时期，真正意义上的传承与发展传统工匠文化应当是传承传统工匠精神，而传承与发展的关键策略就在于工匠精神展开的社会化路径的合理选择与科学配置。因为工匠文化的核心全在于"工匠精神",现代产业社会更需要"工匠精神"。那么,如何展开传统工匠精神的社会化路径呢?从整体上看,大致有以下三种可操作性路径。

其一,外化路径。营造工匠精神文化的社会环境,尤其是重视工匠精神在职场的社会化路径定位与选择。工匠精神的社会化过程,即人的社会行为的模塑过程。在这个构成中,外在的社会环境对个体的社会行为影响是"强制性"的,因此,工匠精神的社会化路径的选择首先要考虑的就是社会环境的营造,并通过社会化程度较高的"职场"为载体,在特定的具体社会实践中完成工匠精神的外化目标。作为一种职业价值观,工匠精神已然不仅局限于手作行业,它在工业、农业、教育、医药、军队、国防、科技等各行各业均显示出其独特的职业价值。从这个意义上看,复兴传统工匠文化中的工匠精神就在于将传统工匠精神向社会化"职场"作普遍化的展开,并延伸至社会"职场"的每一个角落。由于个体的精神模塑过程是有选择性的,内化工匠精神文化必须遵从自由的主观能动性作用。因此,就各种行业的职业差别性而言,可针对工匠精神的心理特质有选择性地作社会化路径的定位培育,即在工匠精神之"严谨""忘我""澄澈""敬业""精益求精""细心""守时""持之以恒""踏实""诚实""负责""精准""精致"等中选择各自行业所特别需要的精神品格,有选择地实施社会化路径培育。

其二,中介化路径。工匠精神助力精神文明建设,并由此向社会全面展开,在家庭、学校、媒介等多个中介领域营造工匠精神文化氛围。从社会意义上看,"家庭是给新的下层社会定形的制度群绝对不可或缺的组成部分"。① 因此,在家庭,工匠文化教育不可小觑,特别是注重个体的学前期、幼儿期以及青春期的工匠精神的家

---

① [英]斯科特·拉什、约翰·厄里著,周宪、许钧主编:《符号经济与空间经济:文化和传播译丛》,商务印书馆 2006 年版,第 203 页。

庭文化教育，从而使个体在家庭环境中潜移默化地接受工匠精神的正能量。在学校，着力培养具有严谨、宁静、精益求精以及诚信的"匠二代"，逐步培育学生的行为规范与完善学生的人格结构。在媒介领域，借助媒体传播工匠精神文化，营造全社会学习工匠精神的氛围。一个没有"精神"的民族是可怕的，也是难以发展的民族。将工匠精神纳入精神文明建设是当前中国文化建设的一项重要政治任务。作为思想素养的工匠精神是公民思想道德建设的一个重要精神动力，培育公民的工匠精神关涉这个民族的思想素养及其发展后劲。工匠精神所哺育的手作理想是致用的，手作产品是为他人使用，并对他人负责的。手作规范是特别有纪律的，并在精细中体现伦理秩序。因此，精神文明建设中的思想道德建设在理想、道德与纪律的层面与工匠精神的品格个性是不谋而合的。同时，当公民拥有优秀的工匠精神时，社会化的科学文化教育过程又能顺利展开。抑或说，在科学文化教育过程中，工匠精神的社会化进程必然能产生精神动力与思想支撑，科学文化教育又反哺社会化物质生产以及工匠文化的形成。

其三，内化路径。传承传统文化不仅要依赖外在的教育或传递，还要依赖个体的自我内化，尤其是注重向个体的生命维度内化。在本质上，工匠文化的精神核心是指向内在的生命归宿及对自我行为的肯定之中。桑内特认为："匠艺活动给获取技能带来的情感回报有两个层面：人们能够在可感知的现实中找到归宿；他们能够为自己的工作而骄傲。"① 可见，生命的自我归宿与骄傲是工匠手作的情感化回报。因此，工匠文化的传承要注重自我内化的传承方式，从而使工匠精神被广泛介入人类生命文化谱系，并向内在的生命情感场域展开。工匠精神是工匠文化中的核心部分，它是工匠的心理与

---

① ［美］理查兹·桑内特：《匠人》，李继宏译，上海译文出版社2015年版，第5页。

意识形态的集丛，也是人类生命文化谱系的一部分。因此，工匠精神的展开实质是生命文化谱系的延展及其情感存在方式的描述。换言之，工匠精神展开的社会路径必然建立在人类生命母性基因之上，催生人类生命文化价值。在自然性上，工匠手作以自然为参照系，"规天矩地"或"制器尚象"是一种客观的自然主义或朴素的唯物主义；在无私性上，工匠创物是为人类生活服务，无私地为他人消费而辛勤地手作。在创作性上，工匠创物以自然为象，进而创造性地手作象形器物，并在手作器物或工具上借助图文叙事创造了丰富的图像文化。因此，工匠文化在生命母性基因上具有的自然性、无私性、创造性是独一无二的，这也是工匠精神的典型母性文化特质，更是工匠文化向内在的生命文化谱系中展开的理论依据与可靠保证。

简言之，工匠精神文化的社会化路径就是通过外在社会环境的营造及其陶冶，并借助社会的精神文明建设作为中介性的助燃剂，以期进一步地在个体内化传承上实现自然人向社会人的转变。这种"外化—中介化—内化"的行为过程链就是工匠精神社会化的基本模型，它有助于实现个体以及群体的人格发展、社会态度形成以及社会角色的获得。

在阐释中发现，工匠文化是人类社会中最为重要的区域性文化集丛体系，它的周边聚集了工匠创物、工匠手作、工匠制度、工匠精神等四种相互关联的特质文化，从而建构出具有相对独立性的"四位一体"的工匠文化知识整体。在这个整体文化集丛里，"工匠精神"是工匠文化的核心内容，对它的社会职场、精神文明建设以及生命文化谱系的展开就是工匠文化的社会化路径的一种定位与选择。抑或说，工匠精神是一种精益求精的职业态度或严谨的社会价值观，它发挥着规约人伦、净化道德与陶冶情操的社会功能，并在生命情怀与手作理想维度上成就了社会人特有的文化价值谱系。

就现实价值而言，当代中国从国家层面对"工匠精神"的提出与重建是复兴中国梦的需要，它特别能为中国正在进行的"十三五"建设提供有效的价值准备与思想支撑。因此，廓清工匠文化的边界及其核心有补于当代人对工匠精神的结构性思考。换言之，只有将工匠精神置于工匠文化的整体系统中的认知与解读，才能有益于人们对工匠精神的准确把握、科学传承及其社会化。

第二章

工匠精神的存在与遮蔽

千百年来，作为一种定型的手作文化形态，工匠精神一直成为中外哲学家所关注与评价的题域。尽管墨子、黄大成、亚里士多德、康德、黑格尔、海德格尔、让－皮埃尔·维尔南、马修·克劳福德、根岸雄康、理查德·桑内特等人曾从不同层面阐释工匠精神，但就国内外人文社会科学的学术界而言，人们对中华工匠精神所做的研究及其从中获取的理解是极其有限的。20世纪以来，随着工匠精神遭遇现代性的绑架或遗忘，人们已然开始反思工匠精神的存在、遮蔽以及复兴等诸多相关主题。然而，被发现的或未被阐释的这些主题的社会学内涵及其相互关系究竟如何，中华工匠精神复兴的合理性又在何处，这些问题依然是备受关注的学术话题和颇具潜力的研究领域。

一　分析的限度

工匠精神，抑或为工匠的理想性格。日本社会学家仓桥重史在《技术社会学》中曾援引 C. 莱特·米尔兹对工匠理想性格的描述，将工匠理想性格细分为以下六个方面："（1）工匠的全部神经都集中到产品品质以及生产技术上，与产品之间形成内在的关系；（2）产品与生产者具有心理结合；（3）成为劳动的主人，能够自己决定、控制劳动的计划以及作业方法；（4）随着劳动技术的提高，人类也有所发展；（5）劳动与娱乐、劳动与教育一致；（6）工匠生活的唯一动机就是劳动。"[①] 可见，工匠精神体现于工匠劳动精神的专注、产品有心理温度、自己是劳动主人、劳动过程是娱乐与教育的一体化、手作动机与劳动本身一样纯粹，这些方面所呈现出来的工匠理想性格是区别于其他劳动者的根本特质，并约定为健全工匠的价值观。

概言之，"工匠精神"是指工匠个体及其社会行为呈现出来的思想、态度与观念，它是一种定型化的文化形态或理想价值观。对于自身而言，工匠精神是工匠主体的一种艺术素质；在经济层面，工匠精神是社会经济生产的修养或动力；在形而上层面，工匠精神是一种文化精神财富。问题的复杂性还在于，"当工匠、产品、劳动、使用者之间的关系从经济层面转到精神层面时，这些关系就以有关创造活动的普遍理论表述了出来"。[②] 换言之，当工匠从手作行为或经济行为遭遇"我们"的反思之时，工匠及其创造行为自然就会引起系列令人们困惑的理论社会学问题，这些问题便构成了通常意义上的艺术社会学，即有关工艺创造活动的普遍社会学理论。所谓"艺术社会学"，它是研究艺术与社会之间的互为关系以及艺术的社会职能的专门理论。作为研究的方法论，艺术社会学是批评工匠精神的手段之一。运用艺术社会学的方法论去解读工匠精神有益于阐明工匠与社会之间的相互关系以及工艺在特定历史语境中所发挥的独特价值。但事实情况是不尽如人意的，工匠精神的解读容易被日常定式思维所曲解。为此，这里有必要阐明工匠精神在何种意义上

---

①　[日]仓桥重史：《技术社会学》，王秋菊、陈凡译，辽宁人民出版社 2012 年版，第 137 页。

②　[法]维尔南：《希腊人的神话和思想：历史心理分析研究》，黄艳红译，中国人民大学出版社 2007 年版，第 309 页。

才是社会学的，以期阐明工匠精神的社会学研究之边界。

　　毋庸置疑，从工匠到精神的延伸是一个复杂的个体社会化过程。在此过程中，工匠本身的个体价值体现于能制作工艺，并为公众提供有功能的和有艺术感的器具。但作为价值观或素质的"精神"形态，它显现出一种典型的社会化特征形态，即在社会化进程中逐渐被人们逐渐理解与接受的文化形态。用黑格尔的话说："精神把它在它自己的意识中呈现出来的形态提高到意识自身的形式，并且把这样的意识形式提到自己前面，工匠放弃了综合性的工作，即放弃了把思想和自然这两种不同性质的形式混合在一起的工作。当精神的这种形态赢得了具有自我意识的活动的形式时，它就成为精神的工人。"① 这就是说，工匠只有成为"精神的工人"，它的存在才能给社会带来文化的及思想的精神作用，并成为健全工匠的一种价值观或素质。

　　可见，当我们把中华"工匠精神"引入社会学研究领域，"工匠精神"所指涉的含义及其逻辑发生了认知与理解上的社会学转向，这种文化转向引领我们朝向更为深层次的、更为广阔的艺术社会学解读迈进，从而能获取工匠精神背后隐喻的全域式社会文化的全息存在。特别是工匠精神遭遇物性以及现代性之后，它的存在、遮蔽及其复兴的多重艺术社会学指向便豁然呈现。本章在以下的讨论中，拟将围绕工匠精神的社会性存在及其误解出发，展开对被遮蔽的工匠精神及其形式的阐释，并描述工匠精神遭遇现代性的后果，进而呈现出工匠精神的复兴之势，以期基于社会学视角探究工匠精神的真实存在，以便还原被遮蔽的工匠精神的社会本真形态。

---

　　① ［德］黑格尔：《精神现象学》（下卷），贺麟、王玖兴译，商务印书馆 1979 年版，第 195—196 页。

二 存在

作为社会价值观的文化形态，工匠精神以何种方式存在，又具有何种社会性特质呢？毋宁说，对于工匠精神的存在，曾存在很多习惯性解读的误区，它或为遮蔽工匠精神提供了事实的"幌子"。

第一，在原初意义上，工匠精神具有公共性，它与工匠本人及其行为愿望没有直接关系。在古希腊语中，"匠人"一词"demioergos"是由 demios（公共的）和 ergon（生产性的）复合构成。① 这个复合名词显示出工匠及其精神的"公共性"特质，这与古代匠人被奴役的地位是相当的。在古代，工匠精神并非出自工匠本人及其行为的自我愿望，匠人对"生产性"的器具形式完美的追求完全是被强加的。至于工匠精神也只能是被"我们"反思并赋予的文化信仰。因为工匠本人并非为了工匠精神而手作的。这对工匠精神纳入社会学体系研究带来不小的挑战，因为工匠与消费者在分享社会产品上会持有不同立场。工匠对自己的手作物品所追求的"独立""专注""完整"的价值信条，给社会消费者执着的"群体""喜新""分工"价值理念带来严重挑战。正如克劳福德所言："工匠惯有的偏差不是偏向新事物，而是偏向他的客观工艺标准。"② 这就是工匠精神的存在偏向及其社会学悖论。

在黑格尔看来，工匠精神的存在是自在存在与自为存在的分离后的统一。因为"这个作为工匠的精神是从自在存在（这是工匠所加工的材料）与自为存在（这属于工匠的自我意识一方面）的分离

① ［美］理查德·桑内特：《匠人》，李继宏译，上海译文出版社 2015 年版，第 6 页。
② ［美］克劳福德：《摩托车修理店未来工作哲学：让工匠精神回归》，粟之敦译，浙江人民出版社 2014 年版，第 10 页。

出发，而这种分离在它的作品里得到客观化"。① 撇除黑格尔的唯心主义，他有关对工匠精神的"自在存在"与"自为存在"的阐释道出了这样一个不争事实：在存在性上，（自然流露的）工匠精神与（刻意追求的）纯艺术精神的差异是明显的。但就工匠性而言，它们又是统一的。这种差异与统一的现实依据可以从中国（徐州新沂）民间剪纸艺人王桂英与西班牙画家的作品比较中予以澄清。王桂英的很多剪纸作品所呈现的自为存在与自在存在始初是分离的，又在统一中将其客观化在作品中。譬如剪纸作品《喂鸡》中的"多头鸡"或《喂猪》中的"多尾猪"，这实际上是一种基于内容的"自为存在"，是农民艺术家的自我意识的整体还原，这种手作意识是自觉的。抑或说，王桂英惯有的工艺思维是偏向于她的客观工艺标准，即对剪纸物性的原生态的整体自觉呈现。艺术家毕加索的艺术认知显然是严谨的，他的立体主义作品显然是基于形式的艺术。但毕加索也试图将自己的绘画形式再还原到"艺术天真"，回归到王桂英式的"艺术原点"，极力去掉"艺术性"的东西。抑或说，立体主义的毕加索与王桂英在艺术追求上达到了不谋而合的一致性，即偏向于工匠精神的"自在存在"与"自为存在"分离后的客观统一标准。

　　无论是基于内容的王桂英剪纸艺术，还是基于形式的毕加索绘画，他们所呈现的"工匠精神"与他们本人及其愿望没有直接关系。农民艺术家所展现的工匠精神是原生的、自然的、无草图的内容表现，而纯艺术家的工匠精神是习得的、刻意的、有草图的形式传达，这种内容表现与形式传达的愿望是艺术人的客观性标准所决定的。或者说，支配他们的"工匠精神"的核心是客观社会，而不是本人及其愿望。因为作为共同体的"客观社会"决定了工匠手作

---

　　① ［德］黑格尔：《精神现象学》（下卷），贺麟、王玖兴译，商务印书馆 1979 年版，第 192 页。

标准，更决定了匠人的手作技能及其价值观。这正如理查德·桑内特（Richard sennett）在《匠人》（Craftsman）中说："对古代那些陶匠或者医生来说，衡量工作卓越与否的标准是由他们的共同体设定的，因为技能是代代相传的。"[①] 不过，在纯艺术家作品中所体现的工匠精神可能会有来自社会共同体的冲突与流放，这在毕加索的绘画作品中就有所凸显。

第二，在存在性上，工匠精神具有相对稳定性，不会无缘无故地消亡。工匠精神一旦形成，它就具有稳定性，不会那么轻易地被推翻或打倒，它的这种稳定性必然推动了工匠手作行为的程式性或规范化特质形成。那么，作为稳定化存在的工匠精神，其"程式性"规范又是什么呢？明代黄大成《髹饰录》对此描述是准确的，他认为髹漆之法理规范在于"三法""二戒""四失""三病"等，这些"规约"是对工匠精神的最好叙述。在造物层面，工匠行为必须"巧法造化""质则人身""文象阴阳"之法；在形式上，工匠得戒除"淫巧荡心""行滥夺目"之饰；在素质上，工匠不可有"制度不中（不鬻市）""工过不改（是为过）""器成不省（不忠乎？）""倦怠不力（不可雕）"之失；在心理以及行为技巧上，工匠谨防"独巧不传""巧趣不贯""文采不适"之病。[②] 黄大成对髹漆工匠的道德与行为规范的"程式性"约定是对中国古代髹漆工匠精神的高度概括，并具有普适性，同样适合其他工匠及其精神规约。实际上，作为定型化的工匠精神，它是从未间断的，绵延不绝，并具有自己独特的文化与道德的约定，绝不会自动消亡，任何遮蔽它的存在都是徒劳的。

当工匠的规范化特质定型以后，其精神便超越于"物性"之上

---

① ［美］理查德·桑内特：《匠人》，李继宏译，上海译文出版社 2015 年版，第 12 页。

② 王世襄：《王世襄集：髹饰录解说》，生活·读书·新知三联书店 2013 年版，第28—29 页。

而自觉存在。"物性"是海德格尔哲学中的一个重要概念。在海氏看来,"物性",即物之为物的可靠性。其物的"可靠性理论"指向质料与形式的有用性或功能性。对于手作器具来说,可靠性是它的本质存在,有用性就是可靠性的一种"漂浮"。因此,"物性"是器具性的本源或根基。对于工匠而言,手作器具及其器具物性的获取是工匠精神存在的前提。只要有手作器具的物性存在,其工匠精神也随之诞生。

因此,工匠精神是一种超越于"物性"之上的手作性存在,其可靠性是通过工匠手作叙述完成。手作叙述是工匠精神的形成载体,也是工匠的生产性的行为手段与方法。手作叙述也是手与心的对话性协作行为,抑或说工匠手作之手是服从于心的听话的"奴仆";同时,手作之"手"也是服从于自然质料与形式的"侍从"。在这一点上,古代的工匠精神与创新精神是相悖的。原因在于古代工匠对自在材料的认识是有限的,而对材料的"自为存在"是服从于手作物品的,特别是手作物品的形式完善甚至超越了它自身。因此,工匠精神的存在就是工匠服从形式的存在。在手作中,工匠只需专注,也无须拥有创新精神或思想,只忠实于形式及其社会制度本身。

第三,在发展进化层面,工匠精神具有社会性,它的存在是社会性的遗产,其存在与社会不可分离。在一定程度上,社会的发展与进化使得工匠及其精神成为社会文化的一部分。在前现代性社会里,工匠是社会文明进程中的一支重要力量,其手作精神成为社会发展的动力;在现代性及其后现代性社会里,即便是工匠及其活动被社会有所遮蔽,但工匠精神是一直存在的。纵然"在后发达资本主义国家,并没有采取通过工场手工业的发展而慢慢改变工匠精神气质的做法"。[①] 因此,可以断言,工匠精神作为一种社会发展的产

---

① ［日］柄谷行人:《世界史的构造》,赵京华译,中央编译出版社 2012 年版,第174 页。

物，其存在是不间断的，并具有特定的社会性。

　　然而，只有当工匠作为社会主体个人及其行为被纳入社会系统里，工匠精神方能超然于物质与手艺的整体高度之上，从而被社会所敬畏与重视，并发挥其特有的社会功能。反之，工匠只存活于社会的边缘，并被遗忘在社会系统之外，或其行为人被束缚在"非遗传承人"或"工艺大师"的行列，这个社会的工匠多半少之又少，也很难将其行为活动纳入社会系统，或被社会所遮蔽。那么工匠精神自然成为一种奢侈与臆想，并逐渐与这样的社会渐行渐远。

　　简言之，在原初意义上，工匠精神与工匠本人及其行为愿望没有直接关系，它是一种公共性文化存在，具有相对稳定性，并成为与社会不可分离的文化遗产。工匠精神凭借专注、稳定以及对手艺的敬畏表现为一位健全工匠的艺术素质，并以特有的文化意蕴与价值呈现出一种有特定价值的社会价值观。因此，任何遮蔽工匠精神存在的行为均是不合理的，且不利于个体以及社会的文明发展。那么，工匠精神是如何被遮蔽的，它又表现于何种形式之中呢？

三　遮蔽

　　对于批评而言，"遮蔽"是常有的事情。这正如法国美术史家福西永所言："一件艺术作品周围冒出的荒野是多么的枝繁叶茂，但阐释之花没有起到美化作用，而是将它遮蔽了。"① 事实上，工匠精神被遮蔽不仅是艺术批评所致，它还是社会发展与进化的产物。或者说，它并非完全是在"事后"或"误解"所致。因为"存在者整体的遮蔽状态并非事后才出现的，也不是由于我们对存在者始终

————————
① ［法］福西永：《形式的生命》，陈平译，北京大学出版社 2011 年版，第 37 页。

只有零碎的了解的原由"。① 对中华工匠精神的社会性遮蔽，具体原因表现如下。

第一，工匠主体思想的遮蔽。在古代中国，御用工匠或雇佣工匠在创新上是没有发言权的，其工匠思想一般受制于皇家或雇主。因此，这些被奴役的工匠的主体精神常常是被遮蔽的。其中工艺的贵族化以及"工奴制"是遮蔽工匠主体思想的主要原因，也是羁绊工匠创新思想发展的关键。特别是在中国古代中央集权制度下，工匠的手作器具很容易走向贵族化以及中央工艺集权之路。严格的"工奴制"尽管能集全国之力发展一门手作工艺，但严重制约工艺的民主与创新思想的发展，尤其是对民间工艺发展有极大的影响。因此，古代中国的工匠精神是被"程式化"的，与"事后"批评视野中的创新精神是相悖的。譬如在明代工艺大师黄大成看来，手作工匠应当具有"作事不移，日新去垢"的精神。王世襄先生对此解释为："宜日日动作，勉其事不移异物，而去懒惰之垢，是工人之德也，示之以汤之盘铭意。"② 这里的"汤盘铭"语出《礼记·大学》，即"汤之盘铭曰：苟日新，日日新，又日新"。显然，对于古代工匠而言，"日新"并非"创新"，而是"作事不移"的手作专注精神。但遗憾的是，古代工匠主体创新思想被遮蔽在这种服从与专注之中。

当然，伴随社会科技发展以及消费的需求，在器具形式上或工匠手作技术上，它是不断创新的。譬如在新罗末期的韩国学者崔致远在《进漆器状》中载："当道造成乾符六年供进漆器一万五千九百三十五事。右件漆器，作非（注：原文或"已"）淫巧，用得质

---

① ［德］马丁·海德格尔：《海德格尔的存在哲学》，唐译编译，吉林出版集团有限责任公司 2013 年版，第 146 页。

② 王世襄：《髹饰录解说》，生活·读书·新知三联书店 2013 年版，第 21 页。

良。冀资尚俭之规，早就惟新之制。"① 这段史料记载，说明唐代扬
州规模化生产漆器（"一万五千九百三十五"），且技术（"淫
巧"）与质量均上乘（"用得质良"），特别是"惟新之制"暗示
了唐代扬州漆器髹漆技法较前代开始创新，并突破传统漆器之制。
这在《桂苑笔耕集》中也有所反映，其《幽州李可举太保》记载：
"在小合内盛金花银脚螺杯一只"②，又曰："右件，匙箸、犀合、
茶碗、螺杯等，虽愧金盘，粗胜棘匕。钿玫瑰之表异，固让魏铭；
咏玳瑁之标奇，敢征潘赋。"③ 这里的"金花银脚螺杯"或"螺杯"
均为唐代最为创新的螺钿漆器。事实上，这种工艺的时代性进步或
创新与社会发展及其消费需求相关，但与处于绝对服从和被奴役的
工匠主体精神的创新关系不是很大。

　　不过，到清代顺治帝时期，国家开始废除世袭匠籍制度，并实
施"按工给值"的雇工手艺制度。此时，工匠受国家的控制所有减
缓，极大地解放了工匠的生产力与创造力。据史载："悉罢向派饶
属夫役额征，凡工匠物料，动支正项，销算公帑，俱按工给
值。"④ 这不但减轻工匠的负担，还解放户籍对手工业者的长期束
缚，极大地激发了手工业者的创造激情与活动。譬如清代漆器工匠
的创新与创造能力得到充分发挥，各门类漆器的发展均走向真正的
自主与个性创造阶段。工匠们尽情地用漆器上的装饰图画描摹心中
的性情与艺术理想，就连难以表现的瓷胎，也有人尝试大漆与瓷器
的融合。这些都是清代漆器艺术的创新发展的典型偏向与特征，很
明显地说明清代工匠的技术性与艺术性表现是自由的、独立的。可

---

　　① ［新罗］崔致远：《桂苑笔耕集校注》，党银平校注，中华书局 2007 年版，第
129 页。

　　② （清）董诰等编：《全唐文》（7），山西教育出版社 2002 年版，第 6433 页。

　　③ （清）董诰等编：《全唐文》（7），山西教育出版社 2002 年版，第 6433 页。

　　④ （清）蓝浦等：《景德镇陶录校注》，江西人民出版社 1996 年版，第 27 页。

见，特定社会制度给工匠精神带来的影响及其发展是很大的。

　　第二，艺术家对工匠的疏离与蔑视。当物质与精神尚处于混沌合一的社会早期，技术娴熟的手作工艺家实际上就是艺术家。但随着社会分工的发展，作为精神活动的纯艺术便独立于工艺活动之外，而成为纯粹的一种精神活动。可见，艺术家是从工匠身上剥离出来的一个很特别的社会阶层。但随着艺术家逐渐疏远工匠，他们在对待工匠的态度上显示出一种异样的眼光与不协作立场。究其原因，艺术家对工匠的疏远与蔑视来源于艺术家对艺术的至高无上的艺术性的追求。不过，任何歧视工匠的立场都无法掩盖艺术家来源工匠的事实。在中国绘画史上，"明四家"之一的仇英（1494—1552）就出生于工匠家。在西方，"中世纪的技术是艺术性的，工匠都是艺术家。他们集两个人的工作于一身"。① 即便在文艺复兴时期，所谓的艺术家无非是待在作坊里的工匠，达·芬奇就是一个有力的证据。在德国，丢勒（Albrecht Dürer，1471—1528）从小跟随父亲学习手艺，作为金匠的父亲给予丢勒更多的是工匠艺术及其精神。从丢勒的作品看，他的大量版画、木版画与蚀刻画创作中有"工艺"的痕迹，但"与大多数同行不一样的是，他强烈地意识到自己是艺术家而非工匠，而且他在更高的社会阶层中寻求——并且获得了——承认"②。这种更高层次的社会承认，或许就是艺术家对所谓至高无上的艺术性的奢望，进而逐渐疏离工匠阶层。

　　事实上，工匠艺术与纯艺术家在艺术性上也是相通的。奥地利分离派大师克里姆特（Gustav Klimt，1862—1918）是绘画史上最著

---

　　①　［日］仓桥重史：《技术社会学》，王秋菊、陈凡译，辽宁人民出版社2012年版，第137—138页。

　　②　［美］盖特雷恩：《认知艺术》，王滢译，世界图书出版公司2014年版，第192页。

名的画家，他的艺术创作与工匠艺术是不可分离的。自1897年以后，克里姆特的艺术风格进入快速发展的新阶段。《哲学》(*Philosophy*)、《医学》(*Medicine*)与《法学》(*Jurisprudence*)三部作品见证了克里姆特的艺术创新，即从具象描绘到象征主义呈现的艺术蜕变。尤其是在他的后期作品中，克里姆特大胆运用平面装饰风格、象征性人物形象、富有变化与有秩序感的线描，显示出东方传统工匠艺术的惯用手法。在1911年以后，他的作品多借鉴中国民间年画、陶瓷、丝绸上的装饰纹样，在色彩上还借鉴东方艺术强烈的对比色与纯色块来构成画面。克里姆特装饰艺术风格的东方化艺术转向，可以从中国漆画等工艺中窥见一斑。1973年在宁夏固原雷祖庙附近古墓发掘中，出土一具精美的北魏漆棺，它为中国美术图像研究提供了全新的北朝绘画史料，该漆棺显示出克里姆特装饰画式的风格。宁夏固原的漆棺画与克里姆特绘画均出现了许多相似的图形与符号，它们或许代表了同样的意义，如旋涡纹（螺旋纹，也称为云雷纹）在漆棺画与克里姆特的绘画中均有出现。在漆棺画中出现了用单螺旋形表现天河，这与生与死息息相关。克里姆特的绘画中还多用到了双螺旋，部分用了单螺旋形，意在象征画面中男人与女人、生与死的关系。克里姆特的绘画肌理制作充分借鉴了中世纪的镶嵌艺术与东方工艺，特别是借用了贴金、螺钿、羽毛或喷洒等绘画技法，展现出了特殊的肌理效果，使绘画美与工艺美得到完美的结合与彰显。抑或说，工匠与纯艺术家是一体的，工匠的艺术性与纯艺术家的艺术性及其生产性是相通的。

从跨文化的比较视野看，工艺精神与纯艺术精神也是相通的。中国明清时期的"中国风"确乎是一种工艺风格，它作为器物美学对欧洲的"洛可可艺术"的形成与影响是明显的。抑或说，"中国风"是中国工艺风格的一种界定，在被世界传播的过程中，它被"洛可可"艺术家所继承与创新。作为工艺的"中国风"的这种跨界与进化能力也直接暗示我们：每种历史的工艺文化风格能在空间移动的庇护下得以快速发展而改变，并在异国他乡生根发芽，并成为艺术家的一种艺术时尚。

事实上，有关工艺与艺术家的分离及其统一的呼吁早在 20 世纪初就开始了。1919 年 4 月，世界上第一所设计院校"包豪斯"诞生。校长格罗皮乌斯（Walter Gropius, 1883—1969）发表著名的《包豪斯宣言》（Bauhaus Manifesto）中明确写道："艺术家与工匠之间并没有根本的不同。艺术家就是高级的工匠。每一位艺术家都首先必须具备手工艺的基础。正是在工艺技巧中，蕴含着创造力最初的源泉。"① 可见，包豪斯是打破工匠与艺术家樊篱的最典型案例，并在一定程度上遏制了艺术家疏离工匠的不良倾向，缩小工匠与艺术家的距离，消除工匠与艺术家的等级差异，重整工匠精神与艺术精神的统一。事实证明，工匠精神不仅是补给艺术家素材以及思想的源泉，还能给艺术家带来专注、细腻与美感。任何决裂工艺与艺术家的行为都是危险的，也是不可取的。

第三，现代性对工匠精神的遮蔽，这是最为主要的遮蔽原因。在现代社会，作为手作的专业劳动近乎消亡，工匠的生存及其劳动被遮蔽，其主要原因来自现代性本身。现代性将劳动的概念挤压为"科技劳动"，并从"科技劳动"中缩减为"脑力劳动"，于是工匠在这种情形下逐渐隐退。总的来说，现代性主要是在科学技术、生产方式以及消费文化等诸多层面"实施"了对工匠精神的遮蔽。在科技层面，科技是工匠精神被遮蔽的内在驱动力。科技与手作的分野直接导致工匠精神的没落或被人遗忘。在美国，1840—1852 年的芝加哥"制造业一改此前的技术尊严时代，工匠精神陨落，劳动成为商业和金融业的奴婢"。② 在生产方式层面，现代化生产方式的高

---

① 转引自张夫也《世界现代设计简史》，中国青年出版社 2013 年版，第 111 页。
② ［美］西奥多·德莱塞：《嘉莉妹妹》，裘柱常译，人民文学出版社 2012 年版，第579 页。

度集成化与流水性迫使工匠的手作退出主要生产过程，因为科技大大压缩了器物的生产时间或构成。在消费文化层面，现代化时期的日益求新的产品消费文化也直接导致工匠及其手作举步维艰，即便工艺品受到现代社会的喜爱，那也是玩物而已，无法实现其生活化与日常化。因为在时间性上，手作的器具无法批量化生产，工匠也无法实现价廉物美的消费期望。

在欧洲，19 世纪初以来的工业革命直接导致设计与手作在艺术性上出现了分工性分离，机械化与工业化直接威胁或遮蔽了传统工匠及其精神的存在状态。因此，19 世纪末至 20 世纪 20 年代，在英国、法国、比利时、西班牙、德国、奥地利等欧美国家爆发工艺美术运动或新艺术运动，这些运动的矛头直接指向机械化大生产，主张复兴被遮蔽的工匠文化，反对枯燥乏味的工业化。英国社会批评家约翰·拉斯金（John Ruskin，1819—1900）对资本主义工业化疏离工匠精神表示反对，主张作为工艺美术的"小艺术"与"大艺术"（绘画、建筑）应当是同等重要的，艺术家与工匠都是生活及其质量的奉献者。英国工艺美术运动领导者威廉·莫里斯反对机械化工业生产，认为工匠制品比生产线上的产品更容易做到艺术性。

由此观之，工匠精神的主体遮蔽是由于社会的工匠制度之缺陷，艺术性的遮蔽直接导致工匠与艺术家的疏远，现代性遮蔽是科技与人本身的一次抗争与分野。总之，被遮蔽的工匠精神是由工匠制度、艺术家自我以及现代性所致。

四 复兴及其合理性

海德格尔指出："遮蔽状态不会给无蔽以解蔽，且不允许无蔽成为剥夺，而是为无蔽保持着它固有的最本己的东西。"[1] 被遮蔽的工匠精神只有通过文化自觉、艺术人的觉醒以及社会进步来实现解蔽。在当代中国，工匠精神的复兴被提上日程，无论在国家层面，还是在民间层面，复兴工匠精神成为人们的普遍希望，这又反映出怎样的合理性呢？

在文化层面，被遮蔽的工匠精神的当代复兴是文化自觉的一种社会征候。一种文化只有具备自我理性反思与反省的能力，才能有自身发展的空间与可能。对自我文化的理想反思与清晰把握是文化自觉的表现，也是对自我文化认同及其价值的认可。在当代中国，复兴中的工匠精神是文化自觉的一种典型表现形态，也是对工匠精神作为文化形态的价值得到认同。在中国，传统工匠精神是民族文化的一部分，作为手艺的民族文化形态是中国人心理结构与行为美学的结晶。因此，复兴民族工匠精神对于民族文化认同具有重大意义，它也应当成为中国民族伟大复兴的一部分。

在主体层面，工匠精神的当代复兴是艺术家对艺术与手作互为的一种文化觉醒。文化觉醒是社会及其主体最为深刻的进步，因为文化觉醒常常是在最为深刻的文化危机及其困境中走出。在当代中国，随着工业化生产的推进以及大消费社会的来临，工匠精神被大工业生产方式蚕食，工业化文化导向迫使传统工匠文化及其精神失落，这与中国梦的伟大复兴进程是不协调的。尤其是随着网络社会的来临，各种网络文化的危机和挑战暴露出社会深层次的矛盾与问题。如何解蔽与修补现代性带来的社会问题及其疾症，提升社会发展自我进化的能力？工匠精神的复兴或对工匠精神的推崇可以成为现代性社会发展的一支力量。

在社会层面，工匠精神的当代复兴是社会发展与进步的表征。

---

① ［德］马丁·海德格尔：《海德格尔的存在哲学》，唐译编译，吉林出版集团有限责任公司 2013 年版，第 146 页。

合乎社会必然性的进步总是在差距、对立、危机之后做出的，并在反思、调整与适应中走向相对最高发展阶段。在当代中国，工匠及其手作被社会边缘化，"非物质文化遗产"受到格外关注，教育的功利化也直接导致工匠工作室的废弃。当我们反思并对此"危机"做出批判的同时，工匠精神的复兴呼声也就应运而生，这明显是社会文明进步的集中表现或产物。

可见，在当代中国社会，被日益复兴的工匠精神具有它社会的合理性，特别是大工业生产背景下的国民渴望与呼唤工匠精神的回归，这充分体现出中国现代性及其社会发展步入了新的自觉阶段，被遮蔽的工匠精神已然开始被人们所认可与接受，并试图在复兴中补益于经济社会的发展。

在阐释中发现，"工匠精神"是手作文化的定型形态，它是稳定存在的一种价值观。它之所以被社会或艺术家遮蔽和忽视，其背后有其深刻的社会原因以及艺术家的主观愿望所致。就现代性而言，被遮蔽的工匠精神也必然需要现代性自身去解蔽。工匠精神的历史发展规律显示，一个尊重工匠与敬畏工匠精神的民族，必定是一个拥有未来的民族。在当代中国，工匠精神的复兴对于当前的精神文明建设以及国民素质的提高具有重大现实意义。抑或说，复兴中的工匠精神必将成为实现中华民族伟大复兴中国梦的重要价值力量。对此，至少有以下几点愿景性的展望。

第一，在传统文化层面，工匠精神是宝贵的社会文化财富。尽管手艺被丢失，手艺的工作室被废弃，但手艺的工匠精神或价值观念是不会消亡的。在"非遗"化社会里，崇尚工匠精神，对于消解教育的功利化以及保护日益消失的工匠群体，特别是对复兴传统工艺文化以及传统手艺产业，其意义或价值也是不可小觑的。

第二，在理想价值观层面，工匠精神是一种严细的文化素养。工匠精神就是严谨、细腻与一丝不苟的行为态度或价值观。推崇工匠精神，对于国民爱岗敬业，提升职业素质以及引领社会的精神文明建设都具有现实意义。"烹小鲜如治大国"的工匠精神及其行为态度是铸造国民价值观及其素质培养的重要力量,从而有力推动国民职业素质的提高,并为精神文明建设提供有力支撑。

第三,在现实发展层面,工匠精神是健全的心理特质。工业精神的本质就是"工匠精神"。专注的瑞士钟表匠、凝神的德国工人与专一的日本企业员工都是工匠精神的代名词。理查德·桑内特指出:"木匠、实验室技术员和指挥家全都是匠人,因为他们努力把事情做好,而且不是为了别的原因,就是想把事情做好而已。"① 可见,工匠精神代表了一种特殊群体的价值观,那就是专注。在新时期,复兴与敬畏工匠精神,这是中国现代性工业及国民经济发展的需要,也是健全新经济时代企业职工心理结构及其行为方式的需要。因此,敬畏工匠精神,有补于发展中国文化创意产业以及其他国民经济产业,并有益于稳固和完善从业职工岗位心理结构及其文化素质。

---

① [美]理查德·桑内特:《匠人》,李继宏译,上海译文出版社 2015 年版,第 4 页。

第三章

工匠精神的时空解析

人和时空的关系是哲学的核心问题之一。"我们在哪里""时间去哪儿了""时间就是生命"……诸如此类的表述意味时间与空间是人类最为关切的题域。那么，时间与空间对于工匠及其精神又意味着什么？在接下来的讨论中，拟将以时间与空间为切入范式，围绕工匠精神的时空逻辑、历史处境与现实意义展开对工匠精神的问题向度及其价值理性的研究。

目前，对工匠精神的研究有两个基本问题向度：一是学界对工匠精神的研究多集中在外在化层面，如围绕对工匠精神的社会化遮蔽、工匠文化传承以及工匠遗产等问题展开；二是局限于工匠精神的加强、意义以及困境等外在社会原因的分析。这两个问题向度均能从一定程度上阐明工匠精神的存在及其价值，恐有不足之处是很难从工匠精神的历史（阶段性）殊相与社会（公共性）共相的联结中揭示出问题的本质存在，也不能阐释技术理性给工匠精神的复苏带来威胁的根本原因。有鉴于此，工匠精神的时空逻辑及其相关问题应当被纳入研究之列。同时，基于时空为研究的切入范式，它不仅是当前学界对此研究的忽视，还是依据时空对于工匠精神的分析框架的可行性理论假设，这主要体现在以下两个基本假设层面：一是工匠精神的日常哲学主要依赖"慢工细活""专注""守恒""反复"等具有时间精神的日常范式构成；二是工匠生产的作坊、车间与工作室以及其工匠手作物在地域、民族、世界所呈现的身份或风格是具有空间性的。毋庸置疑，工匠精神在日常哲学体系中具有时空范式的多元性与本质性。依据这两个假设，便可以认为"工匠精神"就是一种时间精神与空间精神的统一。抑或说，工匠精神的自我实现离不开时间与空间，时空是构成工匠精神的特殊材料。

在当代，工业化进程迫使工匠时空边界及其精神尺度的模糊，以及工匠的作坊、文化结构与制度的进一步瓦解与消失，特别是从工业生产中迸发出来的技术理性取代了传统工匠的手作感性之后，工匠及其精神的新处境因此被建构出来。然而，随着人们对现代性进程的时间性危机的逐渐认识，彰显工匠精神的时空价值又被提上新的议事日程。因此，在时空范式指引下，工匠精神的时空逻辑、历史处境与现实意义的研究框架是合理的，也是可行的。另外，工匠精神的时空逻辑研究也能实现工匠精神研究由"外在化"向"内在化"路向迈进，并能达到工匠精神的时间殊相与空间共相的协同分析效果。

一　时空指向

时间与空间是工匠手作及其精神研究的核心变量。因为时间是构成工匠手作产品及其精神的特殊材料，空间是工匠及其精神的身份标志或风格场域。换言之，工匠精神是时空的产物，并在时空中彰显特有的价值理性，并在一定程度上弥补技术理性所衍生的人文缺陷。

在时间节律上，古代工匠能遵从"日出而作"或"晴耕雨织"的劳动节奏。抑或说，工匠能从自然宇宙的时间节律安排自己的劳作时间；在时间占有上，古代中国"工、商、食、官"的国有工匠制为工匠的手作提供大量时间；在时间支配上，工匠手作及其器物或能延长文明时间，或能延长生产或生活时间，或能压缩行为时间，或能留住时间文化。譬如蔡侯纸的发明促使人类文明被记录保留的时间延长，魏晋时期风力鼓风炉的发明使得钢铁使用寿命被延长，火器或指南针为战争行为节约了时间，唐三彩延长了唐朝文化的记忆，等等。抑或说，时间对于工匠而言，它是全方位地被嵌入工匠行为及其意义空间。在空间性层面，工匠手作对空间的关切也是与生俱来的。工匠的作坊、车间、工作室为工匠手作时间提供可靠依赖，工匠用手作叙述的方式将时间文化通过图文叙事表现于器物的身上。同时，工匠的思想及其手作物在地域、民族、国家等空间内的呈现方式及其美学式样是有明显空间性差异的。可见，工匠手作对时空的关切所呈现的内容题域是宽广的。

由于工匠对时间与空间的执着与关切，因此工匠精神的时空性特质明显，并能展现出丰富的人文内涵，具体表现如下。

第一，工匠精神，即专注精神。专注是工匠所特有的行为特质与精神内涵，与之相应的"执着""坚持""精确"等词语均是专注精神所体现出的行为能量与价值追求。"匠人代表着一种特殊的人的境况，那就是专注。"① 这种专注精神体现工匠对时间的持有是始终如一的，抑或说，工匠精神的价值能建基于时间向量的获得。从本质上说，工匠手作是在慢工细活中求得效益，这就是工匠对劳动及其时间的尊重与敬畏。另外，工匠的专注精神还体现于对职业的敬畏、对技术的专注、对产品的专一以及对服务他人的专心。

第二，工匠精神，即藏美精神。对工匠而言，物之藏美又谦逊不彰是他们的行为理念与职业信条。在手作叙述中，每一道工序都是精细的、严谨的、安静的时间节奏的呈现。这些工序之美在手作物中是潜在的，每道工序所呈现的器物之美也是谦逊不彰的。因此，工匠对待手作之器是谦逊的，不骄不躁地完成每一道工序，直

---

① ［美］理查兹·桑内特：《匠人》，李继宏译，上海译文出版社2015年版，第4页。

至精益求精地把工匠的思想、时间以及经验倾注于他们的手作器物的细胞中，也倾注于每一件器物之中，做到不偏不倚。

第三，工匠精神，即民用精神。手作之物不是挂在墙上的艺术品，也不是供人参观的博物馆里被欣赏的艺术品，它的功能全在于民用。"民用"就是手作物是现实的实用之物，人民生活之物。追求民用之美是工匠素有的理想，也是工匠精神的最为本质的特质。同时，"民用"不是供少数人使用或给精英之用，而在于供全民使用。因此，民用精神也隐含着普遍使用的价值理念与普遍性的生命关怀。由此观之，工匠精神也是一种具有普适价值情怀的人文理性。

第四，工匠精神，即守信精神。守信是工匠精神的应有思想内涵与职业素质。先秦"物勒工名"是工匠诚信表现的一种制度。《礼记·王制》曰："布帛粗精不中数，幅广狭不中量，不鬻于市。"明代《髹饰录》也曰："制度不中，不鬻市。"① 这些说明，工匠对自己的手作器物负责，诚实守信。守信精神是工匠精神的基础，也是工匠行为的伦理道德的体现。

第五，工匠精神，即法度精神。工匠手作重视法度，长短、规矩、方圆均在定格之中，不越规，不违时，进而做到不淫美、不偷巧与不诈伪。正如墨子所言："百工为方以矩，为圆以规，直以绳，正以悬。无巧工、不巧工，皆以此五者为法。"② 法度是工匠手作的内在准则与根据。在中国古代，"制器尚象"与"规天矩地"就是工匠遵循的基本自然宇宙法度，这是工匠精神的一种自然伦理道德的彰显。

简言之，专注精神体现工匠生产手作物对民众消费的一种责任与尊重，藏美精神是工匠自我思想与价值的物化价值观，民用精神彰显工匠对民众的生活关切以及工匠之为工匠的价值理想，守信精神是工

---

① 王世襄：《王世襄集：髹饰录解说》，生活·读书·新知三联书店 2013 年版，第 29 页。

② （战国）墨子，蒋重母、邓海霞译注：《墨子》，岳麓书社 2014 年版，第 20 页。

匠对人的生命尊严的维护及其伦理道德的敬畏，法度精神是工匠对手作物塑造以及对自然宇宙尺度的肯定。可见，工匠精神是工匠的灵魂与生命，它们的内涵指向均被嵌入工匠的自身、职业、产品及其使用等诸多层面，并被稳定成一种稳定的职业素养、态度及其思想。显然，工匠精神超越了一般工具理性立场，并不因重复的手作或被工具行为所制约，而在劳动过程中（如"庖丁解牛"）追求一种更高的人文价值理性。实际上，工匠精神是人类生存所必需的，也是人类臻于完善之追求的产物。抑或说，工匠精神是一种尊重人本身及其价值的精神，体现出工匠对人类生命及其意义的观照。

在本质层面，"工匠精神"是一种人文价值理性，而且这种价值理性是在时间与空间两个维度上共同铸就而成，下面就此展开时空内涵的逻辑分析。

二 时空逻辑

在时间向度上，工匠对时间的眷念是颇为复杂的。工匠对时间的专注与敬畏不仅是工匠珍惜时间的物化表达，更是一种对手作物及其使用上的价值关怀与审美追求。抑或说，工匠精神的实现是离不开时间的，这主要表现为以下几点工匠对时间的占有与使用的人文偏向。

第一，时间是工匠手作产品的特殊原材料。在手作中，时间已经成为工匠生产的一个意义要素。《考工记》曰："天有时，地有气，材有美，工有巧，合此四者，然后可以为良。材美工巧，然而不良，则不时，不得地气也。"[1] 很显然，时间成为工匠手作良器的

---

① 戴吾三：《考工记图说》，山东画报出版社 2003 年版，第 20 页。

特别意义要素。工匠通过图文叙事传达时间文化，手作的意义被缩减为时间性，手作的材料也因此被纳入与时间相对应的位置。譬如在《春秋繁露》中，春、夏、季夏、秋、冬之季节时间对应木、火、土、金、水之自然材料，时间与五行（即郑玄的"五材"）的对应反映出中国古代的材料与时间共在的宇宙观，这种时间观反映出古代工匠朴素的人文关切——对自然宇宙以及人造物的理解与尊重。

第二，时间性理论显示从工匠到工匠精神的人文性关联意义。由于时间具有延展性与不可逆性，因此工匠通过手作叙事将时间固定或延长在手作物之上，以期达到对时间的眷顾、理解与记忆。譬如汉代瓦当上的"千秋万岁""万岁未央""常乐万岁""万世宫""亿年无疆""富贵万岁"等手作叙事文字，就能表达出工匠手作叙述的时间性理想。这种理想的本质就是工匠借用时间叙事来表达对生命时间的关切。为此，工匠在使用时间的过程中对手作之事的时间专注与谦逊是独一无二的，在此所体现的工匠精神乃是一种时间的生命情怀，进而呈现出一种时间性价值理念或时间生命观。

第三，工匠对时间的使用与接受是一种美学体验。时间对工匠而言，它的慷慨与奢华是工匠行为及其精神所决定的，更关键的是工匠对时间的使用与接受是自由的、安静的、情感的，这些可以理解为是一种美学性的生命体验，即工匠手作叙述强化了对时间自由性的享有与接纳。尽管古代工匠的手作时间依附于国家及其制度，并没有多大的人生自由或创作自由，但是工匠精神一旦被嵌入手作叙述之中，工匠对时间的使用与接受便进入忘我的美学体验状态。很显然，工匠的时间性美学体验是对生命的一种敬畏。

第四，时间是对工匠手作物的艺术救赎，并最终呈现于现实生活的民用之美。工匠手作叙述的行为就是去瑕疵、存善美的劳作过程，在这个过程中，时间起到了一种对手作物及其工匠自身的救赎功能，进而将用之于生活的手作物之美发挥到极致。就作坊而言，时间正如一所大学养育并陶冶这所作坊大学里的所有学生——工匠，而工师是这所大学里的传道授业解惑者，也是这所大学里的图书馆。工匠在作坊中占有与使用时间的频率正如学生在大学里与时间为伴一样，手作物就是他们的"科研"产物。

第五，时间节律是工匠手作的行为依据与教条。在思维方法上，"法天象地"是古代工匠制器的理论根据与出发点，即《周易》所言的"法象莫大乎天地，变通莫大乎四时"。抑或说，"唯时论"是先秦工匠对时间的普遍认识。譬如《吕氏春秋》以十二纪为要，以"法天地"为组合材料线索，分"春纪""夏纪""秋纪""冬纪"四部分，体现出十二月令之四季时间是工匠手作的作息表。从春纪"审五库之量"，到夏纪"黼黻文章"，再到秋纪"百工休"而"入学习吹"，然后到"工师效功"，这是一个完整的因时而作的手作行为过程。另外，四季时间也是工匠手作器物及其风格的重要依据。春天"其器疏以达"，夏天"其器高以觕"，秋天"其器廉以深"，冬天"其器宏以弇"。可见，工匠凭借对四季时间的理解而制器，并构成了工匠手作之参考标准及其风格依据。

简言之，时间不仅是工匠的手作特殊材料，还是工匠的生命意义与器物之美的显现载体，更是工匠的美学体验与行为准则，工匠精神的人文理性就在这些与时间关联性很强的手作过程中逐渐形成。

工匠的时间叙事是离不开空间的，空间也是工匠获得职业身份及其手作意义的重要路径。因为工匠精神的职业身份主要体现在工匠在空间性维度所展现的人文关切。

其一，作品空间与匠人的个人身份。个人身份是由记忆构成的，对匠人的记忆莫过于他们对手作的敬业、对时间的专注及其坚持。作为个体的匠人，他们在手作叙述中实现了时间对手作物的嵌入，尽管工匠的每一次手作都是一次偶然性事件，但就是这次偶然呈现出每一次的手作物品的独一无二性。因为在作品空间上，工匠的个人身份是特定作品的时间产物，并具有明显的职业化与专业化特征。尽管工匠的手作物是在手作叙述中的一次偶然性获得，但其个人身份所倾注的手作物作品风格注定带有个性化特色的。

其二，地理空间与匠人的地域身份。工匠、手艺及其手作物是有故乡的，匠人的身份取决于地域空间上的土壤、空气以及环境。抑或说，不同地域空间的土壤上所生产的材料决定手作物的个性及其风格；不同地域空间的人文空气决定工匠以及手作物的文化风格与美学气质；不同地域空间的社会环境决定手作物的消费等级、使用数量及其设计式样。在日本或韩国，海洋工艺及其工匠的手作风格明显带有海洋性风格，包括工匠所使用贝壳、海草等海洋材料的选择。同时，在文化性上，日本工匠所呈现的"物哀之美"与韩国工匠所推崇的"至静至美"明显彰显出地理空间的身份特质，这些地域性风格及其美学趣味显然受制于日韩岛国地理空间文化的影响。

其三，民族空间与匠人的民族身份。一个民族就是一个文化共同体，在这个共同体中有许多区别于其他民族的文化，工匠文化是区别民族身份的真实标志，工匠的手作物就是这个民族信念的文化身份物。正如加拿大学者琼斯所言："民族是信念的共同体，任何既定民族的独有特征将会依赖于它的成员将其看作构成成员身份要素的真实信念。"① 工匠的手作物是与生活最接近的真实信念物，工匠将属于自己民族的文化通过手作叙事铭记在本民族认同的器物之上，或者说，民族共同体内的匠人具有积极的传承与发展民族文化的义务。可见，匠人的民族空间身份与民族空间义务是同在的。

其四，国家空间与匠人的国家身份。国家身份是国家认同的基础，离开国家身份的国家是不存在的。一个独立的国家身份的存在

---

① ［加］查尔斯·琼斯：《全球正义：捍卫世界主义》，李丽丽译，重庆出版社 2014年版，第 180 页。

必然依赖这个国家的民族文化，而器物文化在呈现与展示国别文化方面是最直接的。当工匠精神或工匠手作物文化跨越到国家边界之外，它们的国家身份便凸显出来。因此，工匠手作文化是寻求国家身份的一种手段。当然，在封闭的国家体制下，工匠的国家身份明显是不受关注的。也因此，工匠在国家各个阶层中的地位也相对较低。在古代丝绸之路上，中国工匠及其手作文化被输入世界各国，器物文化不仅改变了他国人民的生活方式，还促进了海外文明进步与发展。抑或说，作为国家身份的器物文化传播在全球场域中的价值是不可小觑的。

简言之，匠人的身份是一个地域、民族和国家的空间文化认同体系，而文化认同体系又是以特定空间及其共同信念为基础建构起来的。工匠文化在国家的文化认同体系中发挥积极的民族自构与他构的双重作用，一方面，工匠文化通过民族文化认同的价值取向积极地自构本民族的文化体系，进而形成稳定的工匠精神；另一方面，工匠文化借助工匠手作物被消费或传播，间接建构他域民族或国家的文化。当然，工匠及其文化也会发生消极的他构情形。如"中国唐朝统治者仅仅通过争取大草原'野蛮'游牧民族的忠诚，就将疆土扩大到了阿富汗、撒马尔罕（Samarkand）和塔什干（Tashkent）。蒙古人通过吸收中国工匠为自己建造强大的攻城工具，才能攻破中亚和欧洲深沟高垒的城市"。① 因此，工匠的身份属性隐含积极与消极的双重时空价值。

从工匠精神的时空逻辑分析可以看出，时间与空间是工匠价值理性追求的最为重要的关切，工匠不仅将时间嵌入自己的手作叙事个性之中，还在空间层面呈现手作产品的区域身份与风格。

---

① ［美］艾米·蔡：《大国兴亡录》，刘海青、杨礼武译，新世界出版社2013年版，第275页。

三　技术理性

尽管工匠精神带有明显的时间性与空间性的人文理性特质，但伴随工业革命的进程中的技术理性对工匠及其精神的遮蔽与冲击，这种时空性特质又发生新的变化与内涵偏向。工匠精神的时空逻辑直接暗示，工匠手作的意义在于对生活的关怀与生命的关切。抑或说，工匠精神是人类文明发展中的特有人文范式，而技术又是人类文明范式不断革新的主要标志，技术与人类的集成关系是紧密的，并隐含着"技术契约"机制的文化特质，进而导致现实工匠精神的时空处境。因此，任何回避技术理性谈工匠精神的时空性是不可取的。

在早期，工匠的技术是作为发现与传承的对象而存在，因为在生产力比较落后的年代，工匠对技术的依赖主要是遵从自然规律及其生产经验。但到了现代工业生产时期，工匠的技术是作为发明与生产的对象而存在，工匠对机械化技术的依赖逐渐加强，也因此迫使工匠之手逐渐疏远了器物本身。在后现代社会，工匠的技术是作为使用与共享的对象存在，大量的虚拟技术被工匠生产及其人们的生活所使用，技术也因此成为包括工匠在内的人们共享的对象。因此，此时工匠对技术的依赖转向为对技术的共享。随着工业 4.0 时代的来临，未来技术必将成为工匠想象与定制的对象，智能化与定制化的工匠产品在当下已经开始成为一种需要与时尚。因此，未来工匠对技术的敬畏一定是前所未有的，并在人文理性的维度上达到手作物的完善与完美。可见，技术理性是工匠及其精神的一个时空性的发展走势，它越来越显示工匠对技术理性的从依赖到解放的过程，此过程可用以下演进图式简约表述。

图式 3-1：前现代：技术被发现与传承→现代：技术被发明与生产→后现代：技术被使用与共享→未来：技术被想象与定制

在历时性层面，图式 3-1 显示出工匠与技术的契约是在不断技术进步中实现的，这种工匠精神的技术契约偏好是社会化进程的必然产物。在每一个时间节点上，工匠对技术的依赖性及其紧密性是呈上升趋势的，与此相反的是工匠精神的显在性却呈现下降趋势，这就是工匠的技术理性内在的矛盾性，即技术自在与技术自为的理论冲突。

从图 3-2 可以看出，当 OX_1 与 OY_1 相交于 P 时，工匠的价值理性与技术理性是协同状态的。但随着技术理性的长期发展，并与价值理性背道而驰之时，工匠的价值理性必然随之下降。由此推论，技术理性是工匠精神危机的社会根源。在全球范围内，技术理性在近现代一直是支配社会发展的主要动力。"唯技术论"促使商业社会及其消费社会的形成，大量技术生产线上的工业产品充塞市场，工匠手作产品退居历史舞台后方，工匠精神因此被技术理性遮蔽与遗忘。由此观之，"技术理性与价值理性的发展是不平衡的，其间的张力也是不对称的。这就形成了技术理性对价值理性的创造性、批判性或否定性的销蚀与排斥作用，从而构成了对价值理性传承与发展的威胁"。[①] 这就是作为价值理性的工匠精神日益衰落及消亡的根本原因。

在近代欧洲，从英国的工艺美术运动开始一直到后现代设计思潮，对技术理性的批评一直是工艺或设计思潮运动的重要任务。实际上，技术理性的排他性及其垄断地位的形成是有其深刻的社会历史原因的。譬如在现当代中国社会，伴随改革开放以及技术理性的

---

① 王伯鲁：《技术究竟是什么：广义技术世界的理论阐释》，科学出版社 2006 年版，第 228 页。

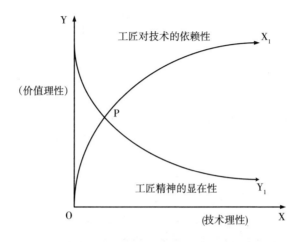

图 3-2 工匠技术理性与价值理性关系

加强与垄断，工匠手作及其精神的边界日益模糊，以及工匠的作坊、生产车间与工匠制度进一步被瓦解。因此，工匠及其精神明显处于一种被遮蔽的困顿的处境。究其原因，主要有以下几点。

第一，大规模的城镇化建设一方面带来的包括工匠在内的广大民众的生活水平的提高以及生活空间的扩展，但原始的土著工匠居民的生活空间也被破坏。特别是乡村空间结构的改变，原始土著工匠被迫迁徙城镇，而日益市场化的市场经济仅靠时间性手作产品是不够的，城市居民日益高涨的消费需求只能依靠大工业流水线生产来提供消费品。因此，工匠及其精神被遮蔽在中国的城镇化改造之中。

第二，史无前例的城市扩容与建设需要大量的建设者，包括工匠在内的大量农民拥向城市。在农村人口大迁徙中，原来农村的木工、瓦工、漆工等工匠实现了空间与身份的历史性变迁。在空间上，工匠进城后一部分变为城市居民，也有一部分实现了从工匠向设计师的转型，或称为工程建设的包工头。因此，在时间性上，工匠的身份发生了巨大变化。问题的复杂性在于，这些工匠的身份发生变化的同时，工匠的手作精神也因此发生质的变化。传统的工匠从土地的依附性中走出后，工匠的处境被嵌入"工地"与"合同"之中，工匠对"物勒工名"的自觉性被依附在第三方，也难以依赖自我手作叙事的自由性。最糟糕的是，工匠的手作艺术性不再取决于自己的双手与心灵，而是取决于手作过程的第三方"老板"或"工头"。于是，工匠及其精神就此被遮蔽在第三方契约文本之中。

第三，高速发展的经济建设所追求的是高效生产的机械化、集成化、市场化与商品化，这与工匠生产的手作化、分工化、生活化与定量化是格格不入的；同时市场经济所追求的"短平快"与工匠精神的"长细慢"也是不一样的。因此，工匠精神在此社会处境下沦为被遗忘的价值理性范式。当前中国消费品工业在世界的身份不彰的显著原因就在于工业生产中缺少工匠精神，同质化产品无法获得自己的身份品牌，也无法获得未来市场及其日益审美化的产品需求。就连一些民族性鲜明的手作产品也在工业化或"设计下乡"的国家行为中被破坏，并受到生存的威胁。因此，高度发达的市场化技术经济具有内在的矛盾与危机。一方面，技术理性以压倒性优势将人文理性逼进狭窄胡同；另一方面，人文理性又日益成为在技术理性发展起来的人们的需求。同样，工匠精神也身处技术理性与人文理性的深刻矛盾之中。

第四，高校教育日趋市场化与商业化，手作专业在高校所开设的课程中寥寥无几，被边缘化的工匠手工专业步入没落的尴尬处境。即便在一些高校开设手工专业，也是仅仅围绕手作与市场的关系而展开的教学。更糟糕的是，高校的部分哲匠不专注于自己的手作，而热衷于"个展"与"评奖"，或"工艺大师"的竞选活动之中。于是，工匠手作器物成为博物馆的"看客"，或成为获奖证书上的"荣耀"，哲匠也因此成为被夸耀的行业专家。面向专家系统的工匠精神是蹩脚的，他们的工作室被废弃是早晚的事情。

现当代中国技术理性的发展给价值理性带来的危机，同样适合其他发展中国家以及西方发达国家。另外，现当代中国社会的技术发展历史表明，技术理性是具有排他性的，它给作为价值理性的工匠精神的发展带来严重挑战。然而，技术理性与社会发展之间又存在内在的正向相关性，社会的高速发展又促进技术理性的发展。但是，价值理性与社会发展之间并非存在内在的正向相关性。譬如工匠精神作为价值理性在高度发达的后现代社会却滞后于社会发展。因此，如何化解工匠精神因技术理性的发展而逐渐衰落，便成为重构工匠精神的关键所在。

四　人文意义

诚然，价值理性在社会发展中的作用不是技术理性所能代替的，特别是作为价值理性的工匠精神在和谐社会发展、提升职业道德与实现全面发展等层面的人文价值是不可忽视的。或者说，提升工匠精神的人文价值及其意义空间是化解工匠精神因技术理性发展而衰落的根本所在。在当代中国，工匠精神的重提是中国社会发展所需要的，有其历史发展的必然性。本质上，工匠精神是一种人文精神，它的现实意义主要体现在以下几点人文价值，并借此化解工匠精神因技术理性发展而被遮蔽之困境。

首先，"速度"是一个占据经济领域及其思想高地里一个最为显赫的词。很显然，工匠精神与速成精神是相悖的。在工匠的词典里，没有"速度"这个词语，只有"慢工"，而工匠用"勤奋"填补了慢工的遗憾。一旦缺少了"慢工"的态度，让"速成"混进劳动过程中，敷衍、偷工、减料、懒惰、浮躁等不良思想就冒出来了。于是，精益求精的工匠精神在技术速成主义面前显得难能可贵。

其次，"炫美"似乎日益占据人们的日常生活，这是一种典型的社会美学病，也是人们日益追求的消费主义和享乐主义的奢华产物。遗憾的是，在品种、品牌与品质上能让国人"炫美"的工业消费品均显得很薄弱。那么，增品种、创品牌与提质量又不是一朝一夕所能完成的，速成主义是拯救不了"三品"问题的。显然，工匠精神是发展"三品"战略的有效理念，更是化解因技术理性所带来的产品美学困境的有效路向。

再次，"工业4.0"正在朝我们迈进，它需要中国产业再升级、工业再发展，"中国制造"或"中国智造"如何走向世界，中国教育如何才能实现"双一流"目标等，这些问题都摆在我们面前。培养有工匠精神的技术人才以及能适应未来社会发展的工匠人才是关键，也是有效缓解技术理性至上美学之关键。因此，"工匠精神"的提出与重建是复兴中国梦的需要，它为中国正在进行的"十四五"建设提供了价值准备与思想支撑。

最后，工匠精神是提升当代中国职业道德的可靠路向，也是精神文明建设的重要题域。工匠精神是社会职业道德及其敬业程度的体现，也是精神文明程度的标尺。"工艺之美是社会之美。"日本民艺美学家柳宗悦的思想直接警示：工匠之精神就是社会之精神。对每一种行业而言，做到像工匠一样对手作物的敬畏，并用手达到极致，均是一种工匠精神的体现。因此，工匠精神并非局限于手工行业，它在各种职业中均能发挥与提升职业道德及其认识论价值，从而化解技术理性给人类带来的道德缺陷。

另外，在世界范围内，复兴工匠精神对于化解全球场域的内在矛盾也尤为重要。作为精神公约化的工匠精神是人类和谐共处的根基，特别是全球精神文明公约隐含着工匠对时空的"契约精神"。在全球实施"普遍但不同质"的工匠精神能有助于形成属于以人类价值理性为观照的人文价值观。

　　综上所述，工匠精神是时间精神与空间精神的统一体，这个统一体显示出对人类生活的尊重与生命的敬畏。在时空分析框架下，工匠精神是一种尊重人及其行为的价值观，工匠对生命及其意义的观照，正好弥补了技术理性给人类带来的人性缺陷。因此，作为价值理性的工匠精神在社会发展中的作用不是技术理性所能替代的。特别是作为价值理性的工匠精神在和谐社会发展、提升职业道德与实现人的全面发展等层面的人文关怀与社会关切是不可小觑的。更进一步地说，复兴工匠精神能有助于形成真正属于以人类利益和福祉为基本观照的人文主义价值观，从而更好地协同当代社会的技术理性与价值理性的协同发展。①

---

　　① 这一章内容由陕西师范大学美术学院王景会老师参与撰写，特此致谢。

第四章

中华艺术史里的工匠精神

　　一部艺术史实则是一部工匠史,因为艺术与工匠的边界是叠合的。抑或说,从艺术的起源与发展看,艺术本是工匠知识体系中的重要衍生对象。在本章接下来的讨论中,拟将在中国的书法、剪纸、髹漆、制器与工匠的关系中探讨艺术史中的工匠精神。

一　分析的向度

　　在中国古代艺术史中,书法、剪纸、髹漆、制器的"工匠精神"常常被阻隔在世俗的偏见以及对工匠身份认同的困境中,从而遮蔽了中国传统艺术文化中弥足珍贵的工匠精神,因此也就忘却了工匠与艺术家的关联性场域及其功能意义。在方法论上,"场域"被认为是布迪厄社会学研究的核心工具与分析单元。在布迪厄那里,"场域"研究的内容是直接指向内外部空间要素的结构体及其关系性。

　　就人类文化行为而言,工匠与艺术的社会关联性场域包括可见的社会空间和不可见的社会空间,对此作场域视角下的理论思考抑或是阐释工匠与艺术在整个社会里的关系性的思考。因为工匠与艺术关涉到人、自然、社会以及艺术等诸多场域及其关系性。可见,在此引入"场域"概念有助于阐明工匠与艺术的社会学空间场域的关联性特征及其美学意义取向。

二　匠与艺的关联：基于书法的分析

　　从文化行为的视角考察，工匠文化与书法文化之间存在诸多行为及其背后的意义关联性。在古代中国尤其如此，工匠借助甲骨记事、钟鼎祭文、石鼓叙事、碑刻墓志等文化行为积极介入书法艺术，"匠"之手作已然成为书家文化不可或缺的一部分。古代书法文化因此得以持续化的稳定发展，并潜移默化地烙刻工匠精神于书家笔墨之间，也使得工匠精神已然内化为书家的一种文化素养。同时，史载书家笔墨几乎皆与画匠、雕匠、印匠、墨匠、裱匠、装潢匠、漆匠等工匠有难解之缘，"匠作"为书家艺术实现提供基础性手作实践，也为书法文化注入工匠精神提供可能。这在较大程度上昭示古代工匠文化与书法文化之间存在复合交叉的艺术场域，以此形成工匠书法以及书法工匠精神的特有书法文化现象，并显示出中国书法的工匠文化传统及其特有的精神气质。

　　尽管工匠书法及其精神被铭刻于书法文化史册，但近现代职业书家对"工匠"及其"匠气"的鄙夷是毋庸置疑的。尤其是士人书家视"匠气"为书法笔墨之俗病，并反对书法工匠式的刻意做作及其纯粹技术性传达。因此，在本章接下来的讨论中，工匠与书家的关联性研究是基于三个基本问题向度之上的阐释，即包括工匠与书家的分离性、被摒弃的匠气与匠技、被遮蔽的工匠精神等向度。这些问题向度在一定程度上反映出工匠与书家之间的关联性及其功能取向已然被书界豁然遮蔽，但它又是存在着的。

　　在工匠与书家的分离性问题层面，作为职业书家对工匠的分离主要原因有两点：一是古代书工或书匠的书法行为是一种工匠行为，其文化身份具有依附性，并非具有独立的书法艺术创作自由与情感传达。因为古代的工匠与书家的分工一般是分离的，文字或出于书家，书法或成于工匠之手，即文人书写与工匠奏刀具有相对独立性。不过，像雕匠史华的《多宝塔感应碑》作品是很少见的，因为这位匠人既深得颜体之真谛，又习得书法之精髓。元代吾衍十分推崇文人印章，但元初尚需经文人书写后，再交于工匠奏刀镌刻，直至元末才实现文人自书自刻。再如清代书家钱泳既擅长隶书，又精于碑刻艺术，尤以镌刻丛帖见长。显然，古代工匠与书家大都是分离的，只有少部分人能两者兼具。另外一点原因就是，魏晋士人书家出现之后，书工与书家的身份界限开始分野，书家的身份与地位也逐渐跃升。因此，此时的工匠与书家之间的关系俨然开始疏离。特别是近代以来，书家的艺术化与职业化倾向更导致工匠与书家的彻底隔离，并使得书法朝向纯艺术化之路迈进。

在"匠气"与"匠技"问题层面，书家习惯以"俗气"与"淫技"作比，并以此来摒弃工匠行为。譬如苏东坡在早年曾贬低张旭、怀素等书家为追逐世好的"书工"①。清代中叶书法家翁方纲的笔墨法度严谨，曾被包世臣讥诮曰："宛平（翁为宛平人）书只是工匠之精细耳。"② 究其原因，主要有两个基本视点：一是古代抄手、刻书、佣书之匠地位低下，或奴隶、或徒隶，均不登大雅之堂，因此这就限制了工匠接近神圣艺术领地；二是古代书匠重视形式技巧，而书家的书法艺术意在超越技法，期望达到精神自由的审美状态，更重视内容的艺术传达。因此，在形式上，古代书匠追求字体规整严谨，如刻字雕匠之楷书的端庄工整；而书家的笔墨形式讲究变化，笔画有轻重有缓急，结体有离合有断续，墨色有枯湿有润燥，章法有起伏有疏密，并在形式的规整中见变通，在变化中见

---

① 刘正成：《书法艺术概论》，商务印书馆2014年版，第144页。

② 包世臣：《艺舟双楫》，《艺林名著丛刊》（第1种），中国书店1983年版，第106页。

整一，以期表达形式背后的内容、思想及其情感。因此，"刻意"或"做作"的机械化形式被书家视为笔墨之忌。

在书家的"工匠精神"问题层面，近现代以来的书家已然忘却自身在原初意义上的"工匠"身份及其精神特质。因为工匠手作之"气"本就被书家摒弃，因此，工匠精神就很难被书界所提及；加之由于"写意书法"的兴盛与发展，以及严谨的学院书法教育又较落后，这种状况致使工匠精神被长时间遮蔽与遗忘；另外，在现代性进程中，工业生产及其机械化思维致使工匠精神的失落与衰微，这种社会语境下的书法环境也日益加剧了工匠与书家的疏离。

近代以降，随着书家从硬笔书法向软笔书法的迈进，特别是书家职业化与艺术化倾向愈加显著，书家逐渐疏离工匠，并在一定程度上鄙视匠气之作。这实际上不仅表现在书法艺术领域，在其他艺术领域也同样存在艺术家鄙视工匠及其行为的习俗。但就工匠与书家的关联性而言，无论如何也难以否定它们之间的显豁关系。对此进行文化行为视野的场域性分析，当能获得一种迈向工匠与书家一体的"第三种文本"知识，从而领略工匠与书法之间关联性场域特征。

第一，工匠与书家的身份场域关联。在身份立场下，工匠与书家均是社会个体参与社会活动的行为个体，他们的行为场域是一种被限定的客观社会空间，并表现出特定的具有相对独立性的场域逻辑，这是工匠与书家得以存在的相互区别的社会基础。同时，工匠与书家又是相互关联的社会场域内的行为个体。抑或说，古代工匠与书家身份兼具，即书家本是工匠出身，或工匠同时也是书家。在生产性上，书家本是工匠出身，特别是在以刀具为书写工具的硬笔书法时期，工匠与书家的身份是合一的。诸如碑刻、石鼓文、金文等书写是离不开工匠的。尽管软笔以及纸张出现之后，古代书家也离不开工匠，因为古代中国的器物、建筑等文明十分发达，这些造物活动是离不开书法的。《世说新语·巧艺》载："魏明帝起殿，欲安榜，使仲将登梯题之。"① 可见，书家韦诞（字仲将）乃是一名题写楼名匾额的工匠。在清代雍正年间，精通珐琅器的戴临乃是一位著名的书家，其中《石渠宝笈》和《秘殿珠林》中有他的墨迹。清代李放《皇清书史》（卷三十二）之"义州李放忨园纂录"载有国书、内臣、工匠、吏役、僮仆、游民、优伶、偏阙、属国等内容，其中"工匠"② 节记载，"闽中近有集碎石，嵌为联匾巨书者，钩趯波磔，神理皆具"。景州的宁逊公能以琉璃春碎调漆，为擘窠书，凹凸皴皱俨若石纹。常熟的孙二写书根最精，写小楷极工。春波里人沈存周善治锡，尝从盛远学诗书亦有致。鄞县的锡工钟世俊能诗书亦遒媚，时称镴隐。江宁的刻工冯瑜书法极深，故摹刻及毡椎之妙，迥出时手。歙人张立夫以剞劂为业，摹刻书画不爽毫发，立夫不惟精刻，而又兼通书法。顺天人马少宣独以细楷自负，曾见其作醴泉，铭数十字极精丽。陈远的工制壶杯瓶合手法在徐沈之间，而所制款识书法雅健胜于徐沈。惠孟臣、郑宁侯壶款皆精。雪樵山人邓渭所刻竹秘阁，行草得羊欣法度。上元人吴亨隐于衣工，善八分书。长葛薙工罗汉，善度曲，兼晓篆隶。另外，在日本，工匠与书家在制器上也是合一的，如书家本阿弥光悦就是一名工艺家，并擅制优质陶器茶碗。以上史载显示，古代工匠与书家可以是双重身份，并非绝对分离，他们共同创造书法文化。工匠给予书家精神，书家反哺工匠文化，工匠与书家场域性交叉实现了工匠与书家的整体互动、相得益彰的文化互补功能。

第二，工匠与书体的创新场域关联。在场域理论视野下，任何一个场域都是一种具有内生力量的形构体。在古代，工匠是创制书体的先行者。因为古代工匠以刀具为书写工具，笔法、结体与章法均受硬笔及金石影响，进而形成金文、石鼓文、钟鼎文等严谨规整

---

① （南朝宋）刘义庆，沈海波译注：《世说新语》，中华书局 2011 年版，第 186 页。

② 杨钟义编：《辽海丛书》，辽海书社 1985 年版，第 1692 页。

的金石书法或工匠书法。在表现技法上，刀法善于直线，但不易表现枯湿浓淡，更不能表现曲线之性；而笔法则极其容易表现笔画的粗细方圆、轻重缓急，也容易表现曲线之美，提按绞转极其方便，运笔富有千变万化。"刀法"可视为对中国书法笔法范式创新的有益补充，并为"笔法"提供可能的运笔规约与书写范式，但过于严谨与规整的"刀法"容易使书法艺术走向形式上的僵化与呆滞。毋庸置疑，就书体而言，工匠乃是创制书体的伟大先行者。明代赵宧光在《寒山帚谈》中曰："或金石模糊，传写舛谬，乃得以意正之，虽未成书，而篆从此出。各体具在，不加强合，随小大，任方圆，匠意为之。后人取其一文，定为法度，矫众文而协同之，始有篇章结构。此文字之本原，不可废也。"① 可见，工匠对金石篆体的介入与影响是直接的。秦代小篆乃为古今宗匠。《寒山帚谈》曰："一点一画，矩度不苟，聿道聿转，冠冕浑成；藏妍婧于朴茂，寄权巧于端庄；乍密乍疏，或隐或显；负抱向背，俯仰乘承，任其所之，莫不中律。大篆敦而圆，骨而逸，小篆柔而方，刚而和，筋骨而藏端楷。籀则简缩，斯乃舒盈，书法至此，无以加矣。"② 这种风格书体，与工匠所用刀具与金石为书写材料直接相关。擘窠书（大书）乃是工匠所为。清代李放在《皇清书史》中记载，景州人宁逊公能以琉璃春碎调漆为擘窠书。再如"飞白书体"也是由工匠行为所悟。唐代张怀瓘《书断列传》中如是指出："飞白书者，后汉左中郎蔡邕所作也。" 史载灵帝命工修理鸿都门（东汉时称皇家藏书之所为鸿都），工匠用扫白粉的帚在墙上写字，蔡邕从中受到启发而创造了"飞白书"。这种书体笔画中丝丝露白，似用枯笔写成，后成为一种独特的书体。另外，宋代以后的雕版印刷对宋体的创制起到关键作用。顾则徐指出："宋朝以后雕版印刷很发达了，都是

---

① 王伯敏等编：《书学集成》（元—明），河北美术出版社2002年版，第477页。

② 王伯敏等编：《书学集成》（元—明），河北美术出版社2002年版，第478页。

由工匠操作的，那么由楷书变为宋体，这里面就是刀法在起作用。"① 作为印刷体的宋体就是由楷书逐渐定型化、标准化过渡的表现，但印书体与魏碑在书体的发展性上是有差异性的，尽管印书体促进了文化传播，但它在艺术性上又失去了发展的丰富性。

第三，工匠与书法的艺术空间场域关联。在布迪厄看来，场域是个人策略及其符号产品竞争的产物，工匠的存在与生活必然按照特定的艺术逻辑共同建设自己的场域，否则工匠就失去了社会存在的依赖与力量。在创作行为上，工匠手作为书法笔画、结体与章法提供空间规约与范本策略。工匠书法之笔画规整有序，结体大小正侧稳定，章法空间疏密有致。这在一定程度上为书法提供了严谨的空间规约与书写范式，如楷书之一撇一捺皆讲究精准与规整，起笔、行笔与收笔处处时间控制严格，即便是写意书法也得讲究如同工匠一样严谨布局、谦逊用笔与细致入微。明代费瀛《大书长语》之"结构"节指出："作大字如大匠作室然，先须经营位置。圃有横竖，体裁不同，字有疏密，形势亦异。规画间架，穿插得宜，胸中有成字，而后下笔，则稳妥耐看。文与可写竹，气韵生动，东坡谓其先有成竹于胸中，正与书家相似，皆意先于笔也……分间补空，变换垂缩，俱要心匠巧构，因物付形，斯为妙手。"② 可见，工匠的位置经营意识与书家的"心匠巧构"具有契合性。清代周星莲《临池管见》也强调："书法在用笔，用笔贵用锋……盖藏锋、中锋之法，如匠人钻物然，下手之始四面展动，乃可入木三分。"③ 显然，工匠手作对书法运笔空间、时间与方向等层面有其积极的介入与影响。

---

① 朱中原、顾则徐：《书之殇：中国书法文化对话录》，东方出版社 2014 年版，第119 页。

② 王伯敏等编：《书学集成》（元—明），河北美术出版社 2002 年版，第 450 页。

③ 王伯敏等编：《书学集成》（元—明），河北美术出版社 2002 年版，第 435 页。

第四，工匠与书法的意境场域关联。场域并非可见的物理空间或客观社会场所，它还是一种不可见的有潜力的意识空间。心匠或意匠是书之神道所呈现的场域空间，意先于笔，与神合笔墨是书家追求的美学境界。明代费瀍《大书长语》之"神气"节指出："大字唯尚神气，形质次之……犹巧匠之斫轮，庖丁之游刃，郢人之运斤，非惟人莫能喻，已亦莫知其所以然也。"[1] 显然，中国书法的最高境界是基于"神气"的内在精神传达，但这种精神又是建基于对书法技术娴熟与熟练运用之上，如同"庖丁解牛"一般，它合乎《桑林》舞乐之节拍，又合乎《经首》乐曲之节奏，达到"妙处自与神会"之境界。对于尚意书法而言，与神会的意匠精神显然占据上风，正如苏轼所强调的"退笔如山未足珍，读书万卷始通神"的美学境界。

第五，工匠与书法的装饰场域关联。工匠介入书法装饰之中，书之画、裱、刻、雕、印、漆等装饰无不与工匠有关。书法展示是离不开装饰的，而装饰又离不开工匠手作。譬如，书法的治印、装裱等直接影响书法的展示之美。治印一般由工匠或御奉匠人完成，如清代叶德辉《书林清话》记载，德寿殿本刻刘球《隶韵》十卷末行有"御前应奉沈亨刊"七字，董其昌以为，沈亨当是御前供奉刻字匠人。但书家也有独立治印，力求书法装饰之美。宋代米芾对治印就十分讲究，并首开文人书法治印之先。书法之用印与工匠治印密切相关，书家用印之美与工匠治印之法是相辅相成的。另外，工匠的装裱、鬏框、压轴等也是书家展示书法文字必不可少的，它们的质量与美均关涉到书法艺术的展示之美，尤其是书品的鉴赏或收藏与装裱的关系是互为表里、相互衬托的。书家一直以为："六分做，四分裱。"可见，装裱匠对于书法展示的重要性。据史载，汉

---

① 王伯敏等编：《书学集成》（元—明），河北美术出版社 2002 年版，第 452 页。

晋时期，中国书画装裱已经开始，唐宋时期装裱极为瑰丽，其技艺已达相当高度。至明代嘉靖万历年间淮海人周嘉胄就是一位著名的装裱匠，并著有中国首部体系性装裱著作《装潢志》存世。周嘉胄认为，书画与装裱是互为一体的，并强调装裱良工应该具有"补天之手，贯虱之睛，灵慧虚和，心细如发"①之功。换言之，《装潢志》为后世装裱工匠提出了"手""眼""神""心"的具体手作标准，也见出工匠与书家之间在书法装饰上交叉复合的文化关联性。

由此观之，工匠与书法之间存在较大的交叉意义场域，尤其是在创作身份、书体创新、书法空间、意境表现以及书法装饰上呈现出互为一体、古今交错的文化场域，并俨然显示出工匠介入书法文化之后的互化与反哺的美学取向。

在场域理论观照下，前述工匠与书法两者之间既具有文化独立性场域，又有互为益彰之场域，这不仅体现工匠对书用、书体、书构、书美等方面的耦合性，还由此较为充分地看出工匠对书法文化的创作体现出更为广泛的美学功能取向。"匠气""意匠""宗匠""玄匠"等词语昭示工匠文化在书法文化中的耦合与干预，这里再略举数端，以详工匠介入书法文化的美学功能取向。

其一，工匠及其书法开创中国书法的古朴之风与阳刚美学。工匠书法在碑刻之刀法中彰显出古朴的粗犷之美，为中国书法注入阳刚之气，并开创了有别于士人书法的雅致美学取向。抑或说，"工匠书法的存在，拓展了书法的美学取向。以北碑、汉碑等为代表的工匠书法，开创了中国书法阳刚、博大、质朴、粗犷、壮美的美学价值取向"②。相反，以帖学为代表的文人书法则走向精致、优雅、娇美的美学取向。譬如《石门颂》《西狭颂》《郙阁颂》等工匠书法

---

① （明）周嘉胄：《装潢志》，中华书局1985年版，第2页。

② 朱中原、顾则徐：《书之殇：中国书法文化对话录》，东方出版社2014年版，第121页。

多雄奇诡谲之姿,《兰亭序》《祭侄文稿》《黄州寒食帖》等士人书法多娇美雅逸之态。这两种风格相辅相成、互为补充,并构成中国书法文化的多彩与瑰丽。

其二,工匠及其书法开创中国书法的自由精神与自然美学。在艺术自由性上,工匠的书法思维是完整的,不受后天的艺术训练影响,在艺术表现性上主要是基于形式的自由再现,即便是在严格规整的刀法中也不会受思想表达及其情感传达的约束,因此,工匠书法更接近自由地表达人与自然的关系;而文人书法更多的是基于内容的精神传达,并在纯艺术的空间传达生命的符号,重在表现人与人或人与社会的伦理关系及其精神情感。北朝碑刻工匠书法多有艺术天赋而又是文盲的工匠,他们的艺术思维是朴素的,追求自由、张扬的个性及其浪漫精神。北朝的雕刻书法艺术本身乃是平民化的自由艺术,它不像职业书家那样刻意去书写笔墨,基本是自然地渗透工匠朴素的艺术情感和手作精神。因此,工匠书法不仅开创书法的自由精神,还开创了一种自然美学的书法范式。

其三,工匠及其书法开创中国书法的实录精神与致用美学。在古代,工匠的书法主要在于致用,并通过"实录"的方式或记录宗教祭祀之史,或铭刻产品之信息,或叙述农业生产或战争之事,像汉碑、北碑、墓志、造像记、摩崖刻石等石刻艺术均是实用性很强的书法形式,并如实反映历史,真实记录历史。近代以来,书法的艺术价值试图突破工匠价值层面,书法的实用价值开始下滑。但伴随传统文化的创新发展以及文化的产业化时代来临,书法的实用价值又开始凸显,尤其是书法已在景观设计、包装设计、产品设计、广告设计等领域崭露头角,大有书法致用之美的复兴趋势。

可见,工匠书法美学在很大程度上表明了艺术的本真及其价值的问题,如实反映了艺术的人性化特质与审美标准。就工匠书法而言,古朴之风与阳刚之美是人性最原始的一部分,这在较大程度上凸显出了工匠艺术的真实性与生命的冲动;自由精神与自然美学是工匠对自然外部特征的描述与内在意图表达的最好阐释，充分体现出工匠艺术的本质美学标准；实录精神与致用美学是工匠创作的最原初目标及其意义场域，豁然呈现工匠书法的艺术诉求的本真性与生命价值。工匠书法美学的天分及其成熟必然为书法美学提供思想营养及价值观念。

工匠精神是中华书法文化中不可或缺的纽带，它的美学功能及其价值是书法艺术中弥足珍贵的文化宝藏。尤其是工匠手作的严谨性与公共性，表现的自由性与实用性等方面所呈现的工匠精神已然内化为书家的文化素养。

其一，严谨精神。工匠以严谨细腻铸就的精神品格，其创作也自然以严谨为基本职业信条与敬业态度。书法的严谨精神主要体现在体式、空间、方向、时间等运笔规约上，抑或说，书家对点画、结体、墨色、章法无不精益求精，做到精致逸美，在起笔、行笔与收笔的运笔时间上处处体现出书家如同工匠一般对时间性的严谨诉求。书家的严谨精神不仅根源于如同工匠一样对作品的敬畏与呵护，还得益于书法的社会地位。如清代摹刻法帖及其镌刻技术得到国家层面的支持与关注，因此，刻帖工匠高手云集内务府，在府内御书处专司皇帝御书和大臣奉敕所作书法之镌刻。由于御书处所刻法帖皆是"奉旨摹勒"，因此刻工当严谨精细、精益求精，较好地反映出了原作之风貌。可见，工匠书法的严谨精神是在自律与他律的共同作用下形成的，并深刻影响士人书法美学的文化取向。

其二，公共精神。在词源学上，复合词"demioergos"（古希腊语即匠人）是由"demios"（公共的）和"ergon"（生产性的）构成，① 这显示出工匠文化具有明显的"公共性"特质。尽管古代匠人作为书佣或书隶，书写并非出自于本人及其行为的自我愿望，匠

---

① ［美］理查德·桑内特：《匠人》，李继宏译，上海译文出版社 2015 年版，第 6 页。

人对"生产性"的文字艺术的精益求精的追求也完全是被强加的，但是工匠精神的"公共性"或为公共生产的严谨精神是值得敬畏的。就工匠书法的实用性而言，书隶完全是为公共服务的，并非基于自我价值展现的艺术冲动。因此，支配工匠书法及其精神的权利是客观社会赋予的，而不是私人。工匠书法的公共性精神依然超越书法物性之上，并由此汇成传统书法艺术中弥足珍贵的文化特质。匠人书法的公共性提供了当代文人书法介入公共场域的事实依据，还为当代书法介入公共空间而发挥书法的公共性价值提供理论根据。

其三，自然精神。在创作思维及其追求的风格上，工匠书法显示出独有的自然之美，书境全在"无为而用，同自然之功"。工匠书法的创造思维是整体的，其刀作书法显然是基于工具及其表现材料的客观工艺标准，进而自然地流露出书法的质朴风格；文人对艺术的认知显然是严谨的，并基于艺术形式的精神化创作，从而也失去了基于内容的朴茂自然风格。换言之，工匠书法的自然精神为当代文人书法的风格美学发展提供一种参照系，也为一些"做派"书法文人提供必要的警示。

其四，致用精神。古代工匠书法不论是甲骨、钟鼎与石刻，还是碑帖、墓志与造像，它们都是致用艺术创作。在价值层面，当代书法笔墨书写不仅单纯地去表现生命与思想，还要超越自我美学表达而迈向更为广阔的书法意义空间。事实上，在文化传承上，书法艺术是全面复兴中国文化的一部分，也可内化为中国发展的精神力量。因此，当书法文化走出自我美学表现之后，还要迈向公共空间、文化创意、国家身份、高校课堂等广阔社会场域，书法的生态学意义上的美学功能就能表现出边界性文本意义，从而发挥作为传统文化书法在当代社会中的价值。

简言之，弘扬工匠书法的严谨精神、公共精神、自然精神以及致用精神，有补于文人笔墨书写的精神内涵及其文化发展，更增益于书法文化的美学取向及其生命意义，更致力于传统书法文化的复兴与发展。

在阐释中发现，古代书家与工匠之间的整体互动是相得益彰的。抑或说，工匠书法（硬笔书法）与文人书法（软笔书法）是相辅相成的，具有彼此互生的内在场域力量。在形式上，工匠书法为文人书法的发展提供笔画、结体与章法上的优良范式；在内容上，文人书法为工匠书法提供文本标本，工匠精神也给文人书法注入文化活力。在工匠精神衰微的当下，书家也应提倡"工匠精神"，在安静、严谨、专注中书写笔墨，在继承优秀书法文化中复兴传统文化；同时，也应该发扬自由、自然以及致用的书法艺术，从而建构具有时代精神文化特质的书法生态。抑或说，提倡具有"工匠精神"的书法创作也应成为当下中国精神文明建设的一部分。

在对中华书法史的工匠精神考察中发现，书法研究应当建立在更为广阔的知识视野——场域论。书法场域研究既要秉承开放的书法研究的方法论思维，又要从更深广的知识谱系中发现与澄清书法的场域效应及其发展态势。实际上，尽管人们集中于书式、书体、书构、书艺、书篇、书理、书类、书用等视点展开对书法艺术进行多维研究，并着眼于书法的形式、内容、历史、考古、美学、哲学、生态、设计等视野向书法文化的历时性与共时性研究迈进，也取得了丰硕的书学知识及其理论成果。然而一直以来，书法研究恐有不足的是，在书学研究的方法论思维创新及其书法边界的拓展理论跟进层面明显落后于其他学科。根本原因在于传统哲学方法论思维有强大的滞后力，已然成为一种方法思维定式，顽固地占据并禁锢人们的头脑。这就决定了书法研究的思维难以映照书法现实的整体真实，以致严重束缚了书学及其批评理论的发展。

在方法论视角，书学的发展与推进离不开书法研究方法论及其思维模式的不断创新。如果不解决书学研究的方法论思维创新问题，书学的发展与进步不过是一种奢谈。然而问题的复杂性在于，人们的书学视界及其知识体系往往局限于自我视域而难以拓展开来，并囿于单一的方法论思维对书法展开历时性或共时性的线性描述，尤其是局限于书法形式和内容的二维思维空间。很明显，这种书法研究方法论思维难以适应书学及其批评理论的发展。在以下的讨论中，拟借用法国布迪厄"场域"概念，并结合已有书学理论与知识，提出"书法场域"的理论，集中分析书法场域的环靶状分层及其成分，从而在整体视野下阐释书法文化的溢出效应，并揭示出书法外围文化对书法场域的反哺现象，以期在更广阔的社会场域视野为书法研究方法论的展开提供一点借鉴。

在理论上，"场域"被认为是布迪厄社会学研究中的核心工具与分析单元。在布迪厄看来，"场域"是一个极其开放性的概念，它研究的内容指向内外部空间及其要素的相互关系性特征。因此，布迪厄认为，"依据场域进行思考即是关系性地进行思考"。戴维·斯沃茨则进一步地强调："各种各样的场域通过鼓励研究者探究塑造行为的潜在的、不可见的关系而不是常识性范畴所赋予的所谓'特征'。"① 在此，斯沃茨明确阐明了布迪厄"场域"所偏向的关系性逻辑要义，即"场域"并非单指可见的物理空间，还指向一个不可见的社会空间，它有其特定的潜在结构（元素）及其内在的社会存在网络。就书法而言，作为文字的线条艺术不过是"在特定场域的特别逻辑之中实现的东西"，书法场域中的诸类艺术、历史、文化等知识单元都是"关系性地"存在，并在各自的不可见社会场域内溢出与反哺运动。换言之，书法在理论事实上可以纳入"场域"研究。

就场域而言，书法文化在生态、聚焦、开放、内倾的偏向性层面具有的场域特质大致包括全息性、集聚性、溢出性、反哺性。这

---

① ［美］戴维·斯沃茨：《文化与权力：布迪厄的社会学》，陶东风译，上海译文出版社 2006 年版，第 138 页。

些书法文化的场域特质集中昭示了书法艺术的整体空间状貌及其内在关系性特征。

在全息性层面，书法场域是一个整体的、生态的系统空间。当书法遭遇全部文化关切或试图获取其全部艺术信息时，就会引起一个耐人寻味的关涉书法场域的全息史观问题。所谓"全息史观"① 是指 20 世纪中后期才被引进史学研究领域的一种新近方法论。"全息"原本属于生物学领地，指的是生物体各组成部分（全息胚）均能反映其整体的（生物体）信息。该生物全息理论后来被广泛应用于农学、医学、计算机及其他社会科学领域。就书法场域而言，人们更应以全息论视角，从书法及其行为活动的基本场域入手，进而去解构与还原书法背后的全部社会文化信息。譬如书法可被视为整个艺术场域或社会场域的一个"全息胚"或"全息元"，具备诸多艺术社会学意义与隐喻体系。抑或说，作为场域的书法背后隐喻一部全息式社会表现及其文化演进特质。

在集聚性层面，书法场域是一个具有磁性的、焦聚的结构空间，主要是由与书法相关的文化领域构成，这些成员被吸附在书法场域周边，并形成具有集聚效应的书法磁场。被吸附的文化对象不仅是书法场域扩张的领地，也是反哺书法艺术的社会文化土壤。

在溢出性层面，书法场域是一个开放的、延展的结构空间。书法场域的溢出性是以书学的核心成员向外扩张，并介入与书法相关的文化领域，进而迅速成为该领域的重要组员，从而丰富书法场域的知识边界与文化内涵。在中国，古代书法溢出效应无处不在，它不仅溢出至虎符、货币、瓦当、简牍、石阙、写经、器皿等实体场域，还溢出至儒学、道学、佛学等思想场域，更溢出于政治、经济、文化等社会制度场域。毋庸置疑，书法场域的溢出性显示书法

_____

① 忻平：《全息史观与近代城市社会生活》，复旦大学出版社 2009 年版，第 7 页。

文化的渗透性与延展性特质，并为他域文化的反哺作铺路石。

在反哺性层面，书法场域是一个内倾的，向心的结构空间。书法场域成员介入与之相关的知识领域之后，并与之发生耦合效应，从而形成了一种反哺书法艺术生长的力量。譬如从书体转型看，在由篆书向隶书的书体转向中，大漆发挥了反哺性作用。古代大漆充当了书法的笔墨，并形成所谓的"漆书"。由于漆汁黏稠而凝重，所以对书体笔法、结构和章法的形成产生影响。元朝吾丘衍在《三十五举》中指出："竹硬漆腻，画不能行，故头粗尾细，似其形耳。"[1] 明朝汤临初在《书指》曰："以漆代墨，笔虽刚峭，墨则濡迟……以至隶有蚕头，由下笔反挫，顺笔平行，燕尾自出，盖恐笔墨不行，故就承上起下之中，因势立法，成书中间毫无己意。"[2] 由此观之，大漆对书法从篆书向隶书的演变起到反哺性作用。

书法艺术的场域性决定书法结构必然呈现网状结构，并具有明显的环靶状分层，从而使得书法场域包含众多组员，共同在场域内发挥互生共建之作用。

在布迪厄看来，场域就是一个不同社会位置之间的客观关系形成的一个构造。对书法而言，它绝非一个独立于社会及其知识空间的艺术形态，它必然有自己特定社会场域里的知识网络空间，并形成一个具有关系的书法场域。根据书法知识场域分层看，它主要包括核心层、家族层、局域层和边缘层。这四个知识层以书法为知识圆心，由里向外作环靶状结构分布与展开，在各自的知识半径运动下形成各自的知识板块或知识场域。

在核心层，书法场域成员有简牍、帛书、玺印、册简、石阙铭、墓志、记功碑、摩崖石刻、造像记、写经、书联、书画、篆刻、碑学、帖学、金石学等，它们集聚在书法中心，构成书学的核心艺术

① 杨海蛟：《书法文献检索举要》，中州古籍出版社2012年版，第16页。

② 王伯敏等：《书学集成》（元—明），河北美术出版社2002年版，第683页。

场域，并成为书学的知识原点，发挥书学的原典意义及其动力场作用。

在家族层，书法场域成员主要是与书法有亲缘关系的艺术家族，它们包括工艺（书法）、景观（书法）、园林（书法）、包装（书法）、服装（书法）、装帧（书法）、产品（书法）等，它们吸附在书法核心层成员身边，这些核心层成员是指与艺术家族亲近的成员，并成为书学的知识半径，只要以此为半径作向量性的运动均可以形成相应的书法应用学。譬如将书法介入景观、空间、广告、产品等设计领域之后，随之会诞生景观书法设计学、空间书法地理学、广告书法设计学、产品书法设计学等学科场域。由此观之，由书法家族场域延伸的学科是众多的，其学科半径运动所建构的书法知识板块是繁杂的，这也说明书法场域具有很活跃的空间延展性与构造性。

在局域层，书法场域主要是以书法哲学及其批判理论为中心的知识域，它处于书法文化的局域圈层位置，它的出现或使用的普遍度是略缺的。它的成员由文学、考古、哲学、美学、心理学、价值学、思维学等与书法场域耦合而形成。譬如书法文学、书法考古学、书法哲学、书法美学、书法心理学、书法价值学、书法思维学等，它们分布在书法核心层与家族层的外围，以此为书法知识半径所形成的知识板块是形而上学的，并远离书法艺术核心层，共同构建书法哲学及其批评理论。

在边缘层，书法场域里的成员主要涉及书法场域周边的人类、社会、政治、经济、文化、制度、外交等，进而形成书法人类学、书法社会学、书法政治学、书法经济学、书法文化学、书法外交学等相关书法的知识场域。它们远居在书法场域的最外层，并退出了书法场域核心层所具有的书写、展示等功能，主要发挥阐释社会的宏观文化以及书法人类学层面的集体记忆作用。

书法场域的环靶状分层昭示书法艺术是艺术空间中的复合体，

其成员在特定历史社会背景里作关系性与结构性存在，并由此展开向量性运动与扩展。

根据书法知识存在的宏观文化类型以及要素的关系性存在，结合书法的环靶状分层，书法场域可以依次分为事实场域、思想场域和制度场域三大类别。

首先，书法的事实场域是指向书法知识的核心层与家族层，它是书法场域的主要载体与现象空间。从表现介质与圈层上看，书法事实场域包含物理场域与艺术场域两类。前者是指书法的媒介空间，即书法知识的核心层，如岩壁、陶土、石鼓、钟鼎、绵帛、瓦当、墓葬、居室、园林、宣纸等介质场域；后者是书法知识的家族场域，即书法知识的亲缘艺术层，涵盖文字、绘画、建筑、雕塑、音乐、装饰、设计、服装等艺术门类。书法的事实场域构成书法的事实场域边界，并溢出与书法的外域文化发生开放性的交融与互生。

其次，书法的思想场域是指向书法知识的局域层，它是书法知识的哲学理论与审美思想之依据。从书法理论的存在与接受视角看，书法的思想场域主要包括哲学场域与审美场域等。前者主要指向书法场域的哲学思想、理论基础及其文化根源，如中国书法场域所体现出来的易学、儒学、道学、佛学、理学等；后者主要指向书法场域中的美学思想、审美原则及范畴，如中国书法所体现出来的审美欣赏空间"观""味""悟"以及审美范畴"墨韵生动""阴阳相成""虚实相生"等。在思想层面，书法的哲学与审美思想场域是开放的，可以同文化思想场域发生作用，并能产生相应思想场域及其文化形态。

最后，书法的制度场域是书法知识场域的边缘层，它由书法所在的社会、经济、文化等各种制度性背景空间构成。书法的制度性场域所接纳或排斥的社会阶层、社会教育、家族文化、帝王喜好、宗教礼仪、伦理教化等诸多国家文化及其制度均干预或引领书法的发展。譬如从中国书法的社会阶层看，主要有士人书法、朝廷书法、市民书法、民间书法、僧侣书法等阶层性书法场域。东周秦汉以来的朝廷书法空间是帝王贵族集权的产物，魏晋兴起及其以后的士人书法是知识分子参与社会及其自我修行的文化形态，宋朝及其以后的市民书法是市民趣味的艺术场域。因此，在制度层面，书法的制度场域是社会化的产物。当然，书法的制度化思想也能补益社会其他文化圈层，并在开放中发挥书法场域的社会化功能。

上述书法的三大类型场域各自拥有自己的场域边界，并能溢出其他文化边界，与其发生交叉共生之作用。尽管书法的事实场域、思想场域和制度场域在边界思维上有清晰的轮廓，但它们在边界溢出效能上又是共融互化的。抑或说，书法场域在事实、思想和制度层面上的溢出是共生的，并没有严格意义上的分界。在三个场域共同效能下，书法知识文化溢出各自的边界，发挥其独特的与社会同在价值。

在书法场域溢出行为中，建筑空间艺术也许是最有效的阐释案例。从书法的早期诞生及其表现介质看，书法媒介场域有洞穴、身体、器皿、简帛、纸张等成员，但书法溢入建筑空间似乎是自始至终的。人类早期的洞穴建筑所见刻划符号再现了原始人的指事与象形思维，并昭示书法的叙事性功能。殷周苑囿石刻文字是神权的产物，书法所承担的宗教文化功能是明显的，特别是巫术图腾所见的文字图像直接暗示书法对宗教建筑的溢出。到了秦汉时期，匾额文字是书法文化溢出宫廷建筑艺术的重要形式，此时的书法功能由早期的实用功能转向装饰及其展示功能。在魏晋时期，书法溢出建筑空间主要受当时的政治空气及其社会经济的影响，书法溢出主体从秦汉宫廷书法转向士人书法，并向园林建筑与佛教建筑空间扩张，士人及其佛家借用书法"适心"与"禅定"，以期表达在自然园林中的"澄怀味象"以及生命之叹。随着唐宋时期的"中隐园林"与"林泉高致"的生活空间理想的诞生。书法文化开始从自然园林溢出城市空间，此时的书法文化所肩负的文化功能主要体现在"入凡"与"淡泊"的人生理想，书法成为士人或市民"以物观物"的寓意之物。不过到了明清两朝，书法文化溢出建筑的空间被放大，皇家园林、家族园林、寺庙神殿、坛台堂宇、楼阁栏廊等诸多建筑空间均是书法的表现场域。抑或说，书法被安放在明清社会的所有建筑空间，成为建筑空间一个不可或缺的生命单元。

书法场域向建筑边界的开放是书法介入社会及其主体思想的有效形式，并在书法的制度场域内发生功能性转移，这种具有向量意义的功能转移可以用以下连续性链条发展轨迹表示：

叙事性→神权性→（装饰）展示性→（审美）人性→理性→（趣味）展示性

人类早期在大地空间的刻划文字多为指事，并具有叙事性功能。如大汶口文化时期的刻划文字、苏美尔人的楔形文字、埃及人的圣书体文字等，这些文字在占卜、祭祀、求雨等叙事层面传达它们对世界以及自然的宗教性思想与主观化认知。在殷周时期，建筑空间里的祭祀青铜器铭文开始向神权转向。因为"学在官府"的西周朝包括钟鼎文、石鼓文在内的大篆书法俨然从早期的叙事向神授君权的礼制延伸。到了秦代，建筑空间中出现装饰性匾额书法，凸显出书法的空间展示功能，与立碑勒石一同成为记功颂德的展示性文字。在汉魏时期，随着自然园林的兴起，建筑空间中的书法艺术成为士人审美人性的一个展开场域，以至于魏晋书法群体及其理论达至高峰，这种以彰显人性之美的书法至唐代被"处得以狂"的书法家张旭发挥得淋漓尽致，草书的笔式与力度契合了"三杯草圣传"的思想空间。不过，这种借书法张扬人性的审美追求到了宋代有所收敛，特别是在程朱理学以及宋代市民美学的滋养下，宋代的行书得以成为书法群体淡泊明志的理性追求。到了明清时期，书法成为宫廷与士人审美"趣味"的展示，既具有很强的艺术展示功能，并成为园林建筑艺术的一个生命细胞。

可见，书法在建筑空间的溢出性展开，自我的书法实用价值发生持续性与阶段性的转向。从刻划记事到占卜祭祀，从钟鼎敬神到石鼓颂功，从园林适心到中隐入凡以及书法的空间普适性拓展，这些书法场域的变迁带来了书法功能的延展，并为书法艺术向社会空间展开提供可能。

在场域理论下，书法是一个与其他文化互生的关系性存在。这种关系的深刻性在于书法从它的核心层溢出，并在其家族层以及边缘层扩展与渗透之后，直至书法场域的外围层的同时，又向书法的核心层内倾，并出现一股文化的反哺现象。

在中国社会早期，"易"文化本身就是早期书法雏形的刻划线条演绎并建构出来的。然而，《周易》所彰显的"一阴一阳"的朴素辩证法被书法的笔式、力度、布局、结构等墨法形式所接纳，并逐渐形成中国书法"阴阳相成"的书法范畴。可见，早期的书法介入"易"文化场域的建设之后，"易"文化又反哺书法艺术的发展。同时，这种文化反哺现象最能体现在巫术文化的展开中。譬如古代铸鼎祭祀文化行为导致金文出现，并成为后世书家书法之范。秦始皇好巫术迷信，巡游必立碑刻石，《泰山刻石》《琅琊刻石》等是巫术文化反哺书法的成果。此外，书法介入佛教空间后，书法成为弘扬佛法的载体，佛教成为书体嬗变的反哺物。尤其是印度佛学在中国的传播，为弘扬佛法，纸墨抄缮成为"经生"的必修课，后诞生"经体"书法。晋人的经体用笔随意，隶意拙朴，并显示出非隶非楷的意向特征，后成为隋人经体楷书转向的先驱，而隋人的经体书法又成为唐楷的催化剂。

在明清时期，中国的帝王以及家族文化等对书法的反哺现象也十分突出。清代康熙帝玄烨好习董其昌书法，后形成"馆阁体"，进而出现以书干禄的科举之规。特别是乾隆时期风靡士林，这种均匀规整的"干禄体"成为清代前后的时尚书体。乾隆帝以赵孟頫为宗，促使清代书家从帖学转向碑学的发展，开创清代书法之新潮。由此观之，清代帝王文化对书法的反哺作用是很大的。另外，在地方的贵族或家族文化对书法的反哺现象也是存在的，明代陈继儒幼年便"膝上授书"，这种家族文化传统对书法文化的反哺价值巨大。明代苏、锡等地的望族名门不仅在书法教育上卓有成效，还在书法传播上名垂千史，如无锡华燧的铜版活字印刷、刻书以及刻贴对明代书法文化传播起到极大推动作用。这些家族富豪，在园林建筑上是奢华的，以至于书法艺术成为他们建筑空间的一个重要表现元素，特别是品题匾额、楹联书记为书法文化的传播提供有效载体，文徵明之《书拙政园记并诗长卷》就昭示家族园林建设对书法文化的反哺力量。

从书法主体看，书法场域的家族层、局域层和边缘层的书法主体对书法文化反哺起重要推动作用。在远古时期，结绳记事和刻划文字当是"智人"行为，仓颉造字以及占卜文字的出现是文明社会出现的一种象征。在巫术活动中，巫师或巫婆在图腾文字的创立中的关键性作用也是明显的。到了秦代，秦始皇统一六国文字，对书学的发展奠定制度性基础。在魏晋时期，由于社会整体环境的影响，以士人为中心的书画，较多地去关切生命，书法成为他们的一种集体性审美与创作对象。到了唐代，在其时代的乐舞精神与恢宏法度基础上，唐代士人书法进入了禅道境界，"张旭三杯草圣传"的人性释放也不过是书法反哺人生的一种方式。在宋代小农经济以及市民阶层的基础上，书院和画院成为士大夫明理讲学的书画空间。在以上的书法发展与社会背景的关联中可以看出，中国古代士人对书法的介入与发展是主流的、核心的，并形成中国书法特有的士人书法文化；同时士人书法也反哺中国书法以及书法主体。

另外，值得一提的是，建筑结构、空间及其形式对书法场域的反哺是不能忽视的。中国古代建筑细部离不开装饰有"福""禄"

"寿""喜"等含有吉祥寓意的文字，它们被分布在窗格、门楣、中堂等醒目位置。"书法和建筑之间更有趣的联系是利用字的形态来设计建筑物的平面图。房间、厅堂、庭院的布局有时模仿'中'字和'品'字的字形。"① 在结字层面，汉字的书写如同构筑，尤其在形式美、结构美上，建筑艺术与书法艺术是相互补益的。哥特式教堂的塔尖与中国古典建筑的飞檐所呈现的"飞动之美"与草书的笔力走势如出一辙，抑或说，建筑与书法"志在飞移"（见崔瑗《草书势》）的美学理想是同构的。在中国古代木式结构建筑中，梁柱檩椽以及瓦缝连贯参差，并错落有致，这对书法结字构筑之美的反哺或启示是明显的。

中国古代的艺术门类在结构、形式及其思想是相通的，书法与建筑等艺术场域的对话与反哺体现出诸类艺术的同构性。

在场域视野下，书法的边界是开放的。毋庸置疑，书法研究的视野也应当是开放的。从书法场域的环靶状展开图可以看出，书法的核心层、家族层、局域层、边缘层的任何一个知识原点，均可以此为叙述半径，并在此半径下作自上而下或自下而上的运动，均能获得书法的知识板块。每一种书法知识板块的交叉，又能形成一个庞大的新知识场域。为此，书法研究的方法论视野便能在书法场域的能量空间展开，并能整合书法知识的稳定性与普遍性，即在历史性与共时性的维度上综合研究书法知识，进而获得书法学的长足发展。

可见，书法场域的环靶状展开研究暗示书法研究在方法论必须是开放的。然而，各类艺术文化之间有明显的本质界限，或沟壑纵横，或地界明晰。在过去，但凡对"场域入侵""居留政策""学术移名"等事件，以及在书艺界限与分类的难解问题上，我们对此

---

① ［美］蒋彝：《中国书法》，上海书画出版社1986年版，第196页。

均有不同程度的学术"血统"争论。一派学者站在文化艺术自足的立场上，他们谨慎表示"关闭界限"；另一派学者坚持认为，"零移名"等于自戕生命。问题的关键或立场应该从关闭界限与开放边界之间的利弊考量。关闭边界难道不会比开放边界损失更大吗？或者说，我们究竟将边界开放或控制到何种程度？这里拟将提出一个书法批评的本质问题。"边界"不仅是空间及其内容有效性的标尺，也是任何文化自足的基本条件。论诗与画的边界是莱辛的重要工作，论仪式与非仪式的边界是柯林斯"互动仪式链"理论研究的核心。书法人、漆艺人、陶瓷人、竹艺人、铁艺人等群体的边界首先是清晰的，否则他们难以自成体系，或书法家、画家、工艺家、设计家、文化史家等群体的边界必定是清晰的，否则他们也难以自成一家。但我们认为，书法边界的开放会带来更好的发展机会与融合机遇。因为被"开放"的书法边界必然能引进新鲜的思想空气与学术资源。试想，当我们关闭书法艺术边界时，在书法场域的分析上是不是比开放失去的更多呢？于是，我们就能找到答案。或者说，当我们控制书法的场域或割裂书法的场域时，书法批评还能有像泉水一般不断涌来的思想资源吗？显然是不能的。

在阐释中，被发现或未被发现的书法场域是一个具有构形的多层次空间，它至少呈现出以下几点书法批评要义：（1）书法场域是一个全息性、集聚性、溢出性和反哺性的艺术空间，并具有自我型构与展开能力的场域空间。（2）书法场域在其结构网络空间上，以书法核心层为展开中心，向外扩展延伸有家族层、局域层和边缘层，各个知识层域尽管有其明显的极限，但在书法场域溢出性上，它们又表现出互生共融的发展态势。（3）在溢出性与反哺性层面，书法场域的事实场域、思想场域和制度场域上的彼此延展与内倾，不仅扩大了书法存在场域，外围文化还反哺书法艺术，更使得书法的功能性发生转向；同时，书法主体性位移也给书法多样化发展提供契机。（4）书法场域是开放的，它吸纳了周边文化在自我场域中增效与扩容，并朝向书法场域的更高层次的协同发展。

三　民艺精神：以王桂英为中心

在世界范围内，反映一种文化的生命体征常常有两个变量，即时间与空间。为什么这么说呢？因为时间变量是这种文化在纵向历史的维度上的生命线；空间变量是这种文化在横向领域的广度上的生命力。前者反映文化的延续性生命；后者彰显文化的延展性特征。剪纸艺术就是一种具有时间延续性与空间延展性的乡村文化。在时间层面，自从纸张发明以后，民间剪纸艺术就从来没有停顿或断续过，并延展至绘画、扎染、雕塑、漆艺、陶瓷、服装、刺绣、建筑、工艺等诸多艺术空间领域。换言之，剪纸这种来自乡村的民俗文化具有很强的时间延续性与空间延展性，即是一种具有很强生命力的民间文化。

在本质上，作为生命力很强的剪纸艺术，它能诱导我们朝向并进入历史学的文化人类学分析模式之中。因为在时间层面，剪纸艺术是民俗历史研究的基本操作单位；在空间层面，剪纸艺术是人类"纪实"与"摄影"日常生活的一种艺术方式。抑或说，剪纸艺术的时空性均将学术分析的指向引向它的"历史事实"与"人类事实"。这两个事实变量的生存事实由三个概念取向构成：乡村或村落（"场"）；生活日常（包含劳动、交往、闲聊、社戏、赶集等）与艺术（图像）叙事。

其一，村落既是农民的生活场，又是他们的思想场。农民的一切行为均发生在这个"场"内，并建构一种我们习惯称之为"原生态场"的乡村文化网络。之所以称之为原生态场网络，是因为它具有一定的区别于其他网络的独立性。在布迪厄看来，这个网络场是依据农民的文化逻辑要求共同建构起来的。在此，要特别分析"农民的逻辑要求"这个概念，它表达出村落人的"所有愿望与情感"，即村落人的"惯习"。譬如，在这个村落场域中，有一种社会民俗事实——"回娘家"（时间通常在正月初二，或在婆家吵架生气之后），它是意味深长的。在表面上，"回娘家"只是空间场域的变化，即媳妇从婆家回到自己的娘家。但事实上，"娘家"或成为一种情感符号或民俗事象。因为"娘家"已然作为一种协调或愉悦两个场域之间关系的情感纽带。从行为上看，"拌嘴生气"就是一种日常事件。"回娘家"成为化解这个日常事件的有效方法，并促进了村落中场域的情感生态平衡。这就是说，作为一种民俗，"回娘家"从日常事件最终转向为社会事实——稳定村落社会，并发挥行为与情感的"个人策略"之功效。

其二，生活日常是村落场域中最为重要的事实变量。割麦、种稻、养猪、放羊、赶集、社戏、闲聊、绘画、剪纸、建筑、髹器、藤编、烧窑、喝喜酒、打牌、祭祀、拜祖、烧香、舞龙灯、划船、火把节、节庆、生子、婚娶、奔丧……这些村落日常生活构成了村落场域内的复杂关系网络。但最为明显的是，这些场域内有很多区分场域的标志物。换言之，村落的日常有其独特的生活边界。被区隔的田埂、各村风格迥异的寨门、清晰划分的村界牌、各村落有差别的信仰或崇拜的神灵、丰富多彩的各民族服装……这些被区分的日常边界上的标志物昭示村落日常的结构图式及其行为逻辑。那么，这种"十里不同风，百里不同俗"作为一种日常事实，在长期的社会发展中，便形成了社会事实——民俗的形成及其文化的时代存续。

其三，村落场域中的艺术叙事是从"日常事件"或"社会事实"被转换成了一种手艺的日常叙事。《说文解字》曰："艺，种也。"在词源上看，"艺"乃是指村落中的日常种植。《广雅》曰："术，道也。"很明显，在本初意义上，"艺术"，乃是指种植之道。在生产层面，可以做这样的一个事实假设：艺（种植）之景象在劳作村民的心中一定留下了很多值得记忆的图像。这种价值来源于这样的事实：中国云南佤族的崖画、法国拉斯科洞穴壁画、埃及金字塔壁画等都有先民种植之图像。在此，还有一个可作为事实的假设：这些绘画的场景、结构与布局或来源于农民的种植图像。田埂的分布与结构、庄稼的种植序列、田野的宏观视图、天地结构或将成为这类崖画或壁画的创作依据。这样的假设源于古人"观物取象"或"心源自然"的手艺取向或创作法则。被画在崖壁上的图像事实一定来源于日常生活事实，尤其是劳动事实。换言之，村落场域内发生的原始艺术叙事是生活事实的一种迁移，即将日常事实转换为可视化的艺术事实。

同样，村落、生活日常与艺术叙事必然是构成剪纸艺术的分析单元，这些分析单元间的复杂关系形成了剪纸艺术作为乡村文化的解释机制与图像批评模式。

在艺术发生学视角看，剪纸一定是发生在村落中的日常化行为。抑或说，剪纸物是一种日常事实。那么，这个日常行为事实是如何发生的呢？这显然是一个"斯芬克斯之谜"。但无论如何，我们必须接受的事实是：作为民俗剪纸是农民的自由选择，也是他们的一种生活方式，更是他们传达生活日常的一种图像叙事。在与苏北新沂剪纸大师王桂英的对话中发现，剪纸是她在生活日常中必不可少的叙事手段。起初她并非把剪纸作为一种民间艺术，而是把剪纸作为"纪实"日常、"宣泄"情感、"描摹"乐趣等具有功能化的"书写"工具。王桂英的剪纸如同日常化的"纪实文学"，这在她的长卷作品《我的一生》中得到淋漓尽致的呈现。

在王桂英的日常生活中，有很多需要剪纸作为"图像叙事"的"社会事件"。儿时的她所见"父亲被马贼刘小生开枪打死"（爷爷憋得慌，终日吸旱烟）、"娘被沈家村人诬诈后悬梁自尽"（爷爷推着她回前朱家村）、"给生病的爷爷抓药"（冒风雪而想哭）、"在师爷家做家务"（喂猪、带孩子）、"在婆家受气"（挨打挨骂）、"生产队吃大食堂"（蒸饭、发饭）、"大跃进"（喊口号）、"赶集"
（卖花样子）、"糊靠子"（纳鞋底）、"参加培训班"（颜廷芳办）、
"当人大代表"（连续三届邳县人大代表）、"参见北京中华文化展"
（住高档宾馆）、"办'四季'展"（礼仪小姐剪裁）、"参加澳门艺
术活动"（坐飞机去广州）……这就是她一生的日常生活图像，每
一个场景均被王桂英用剪刀记录在纸上。这些对她来说重要的日常
都是自己生命中的重要瞬间，她凭借敏锐的日常感知与艺术冲动将
这些"剧本化"的事件准确地刻画在纸上。

在此，可以清晰地看到，王桂英的剪纸是诠释生活的需要，是
记录日常的需要，更是传达感情的需要。王氏阅读"生活文本"之
后，她用最简约的剪纸事象表达成一种在纸上的艺术图像。换言
之，作为剪纸的农民叙事机制中有其内在的逻辑内涵与表达程式，
其结构运行图式如下所示。

图式 1：日常事件→事象生成→简约抽象→图像表达（剪纸）

在这个图式中，每一步的剪纸叙事对应了日常叙事的行为逻辑，
如下图式所示。

图式 2：社会事实→客观反映→简约事件→真实故事（剪纸）

从上图式 1 和图式 2 可以看出，剪纸作为农民日常生活叙事的
解释模式，它内含了三大机制：事象生成机制（事件客观反映机
制）、事象抽象机制（事件简约化过程）与图像表达机制（"讲故
事"机制）。在事象生成层面，就王桂英而言，她的剪纸"纪实"
事象模式是多样的，有情感宣泄式（苦难的生活）、表演式（教学
生剪纸）、展览式（"四季"展）、场景式（赶集、糊靠子）、模仿
式（模仿爹留下门上的木雕海棠）等。王桂英的日常事件均称为她

的剪纸事象。生成了这些剪纸事象之后，事象抽象是至关重要的。就是说，在这些社会事件中，需要王桂英特有的、自然的来自天性的认知、隐喻、象征等抽象能力，这种抽象事件的冲动来自王桂英对日常生活升华的朴素理想。在此理想的支配下，王桂英的剪纸图像是"自然而然"地传达出来的。这种艺术理想是对自我生活的记录与情感的规约，并在"开心""有趣""言说"中实现（剪纸）图化生活理想。一方面，剪纸作为农民对日常的叙事或对生活的解释，实现了社会事件或"日常故事"的再创造；另一方面，剪纸也作为图化生活生存的再设计，进而丰富了自己的生活世界。简言之，剪纸叙事的解释机制是村落场域中的解释生活的途径与方法，是集体无意识行为在剪纸艺术中的表现，也是一种对自我情感与社会事实的规约与规范机制。

从更广泛的意义看，剪纸作为村落民俗艺术，它成为透视乡村文化的一个窗口。剪纸不仅在解释机制上实现了对生活日常的物化叙事，还在图像批评视角实现了从村落边缘迈向社会中心的解释可能。因为剪纸作为一种日常生活叙事，它不仅是时代文化及其精神在剪纸上的传达，还是乡村场域中的历史题材与社会事件的视觉化呈现。剪纸的图像批评逻辑之力量就来源于对当下生活的纪实、历史题材再现与未来生活的憧憬。因此，剪纸的日常叙事关联着它对形式的选择、题材的取舍与情感的建构。

剪纸的图像形式简单、朴素，并具有很强的故事叙事性，在日常场景中选择关键动作。王桂英的剪纸作品《养猪》《吃食的鸡》等均采用了"连续动作"作为表现形式，即出现一猪或一鸡多头的造型。在题材的选择上，剪纸题材是非常广泛的。用王桂英的话说，"我剪我看到的"，听到的故事也剪。只要是能看到的、听到的都成为剪纸叙事的内容，可剪生活、可剪政治、可剪故事。王桂英的《剪纸歌》中唱道："我的剪子多有用，能剪龙，能剪凤，能剪老鼠生儿会打洞；能剪鸡，能剪鹅，能剪鲤鱼跳天河；能剪山，能剪水，剪个鸭子扁扁嘴；能剪猪，能剪羊，生产劳动我都剪上；最后剪个万年青，青万年，遇上花草我都剪全。"这首歌谣记录了王桂英的剪纸题材及其范围，那就是"日常"，这就是农民剪纸叙事的题材选择。因为农民的叙事来自农民对生活的情感、对劳动的热爱与日常生活的礼赞。因此，可以说，剪纸是农民的艺术，剪出来的图像就是农民的生活、情感与梦想。这种农民的图像叙事批评是朴素的、真实的和有生气的。

在原生文化性上，剪纸文化就是乡村活态文化的种子，它对乡村文化的解释机制与图像批评是有感染力的。这种感染力来自剪纸自身的文化魅力，它是有纸无字的乡村小说，它是图像的无线本画集，它是农村日常生活的长篇连续剧，它是村落舞台上的剧本。它承载乡村文化的理想，它赓续乡土文明的进程。

从某种程度上说，剪纸叙事是农民艺术家的书写与自信的表现。

叙事，就是讲故事。它是人类理解事与物的一种有效方法。文学叙事、哲学叙事、音乐叙事、舞蹈叙事、童话叙事、小说叙事、建筑叙事、器物叙事、图画叙事、剪纸叙事等叙事形式揭示出人类叙事是丰富多彩的，也是不区分界限的。对于剪纸而言，就是农民的叙事，就是农民用剪刀剪刻所见、所闻与所感。

但不是所有的农民都会剪纸，王桂英是农民中的比较优秀的或高于一般的农民，可以称她为"农民艺术家"或"农民美术家"。她之所以高出一般的农民，是因为她有一双灵巧的双手，有一把会说话的剪子，有颗"敏感的心"甚或是一颗"痛苦的心"……构成了她创作的全部"硬件"。

王桂英的剪纸是自然的。大巧若拙，大艺归朴。剪纸是来自生活的艺术，是最接近自然的艺术。她的创作不是为了出版，也不是为能销售剪纸作品，更不是为了她的上手艺术。王桂英的剪纸就是王桂英对日常的叙事，对日常的书写。尽管我们说，剪纸艺术是自然而然的艺术，但作为一种农民艺术家的叙事形式，剪纸叙事还是具有明显的话语载体与书写原则的。

首先，剪纸话语体系的依托是村落，村落事实是地方性话语的载体。失去村落的民间艺术是不存在的，村落就是剪纸话语体系的依托。这就像文人士大夫艺术或宫廷艺术一样，艺术人是不能离开了自己生活空间的。因此，村落是剪纸艺术话语的土壤；同时，在村落中的生活事实或社群事实就是剪纸艺术话语的重要载体，剪纸就是要叙述这些地方性话语，表达对民间地方性话语的依凭。因此，我们不能简单地理解剪纸是剪纸艺术家的图像传达，而是要理解剪纸是农民艺术家的生活叙事方式。

其次，剪纸叙事的主线是农民日常。剪纸叙事不过是农民书写日常的一种叙事方式和手段。农民以"剪"代"笔"，书写属于自己的生活、自己的边界、自己的理想、自己的情感与自己的观念。"日常"是一个非常概括化的概念，它是村落中农民生活的全部，婚丧嫁娶、耕田收麦、喂猪喂羊、做豆腐、礼佛、赶集、喜迎十七大、驴拉磨、装粮食、烧菜吃饭、拔草跳水、学校乔迁、看电视……这些日常是农民的日常，也是剪纸的日常。抑或说，王桂英的剪纸日常与她的生活日常是同构的。没有这些农民的日常，也就没有了农民艺术家的艺术日常。

再次，剪纸叙事是日常与社会话语体系的图纸化传达。剪纸叙事的运动逻辑是日常细节和社会细胞的纸上迁移。传达与迁移就是王桂英高出一般农民的独特思维特质，她要把日常事实用剪纸的形式"再创造"或"再叙述"。因此，王桂英格外地关注日常，关注日常社会变迁，哪怕最细微的社会变化都不会放过。《学校乔迁》《学校落成》《糊稻、扒稻》《收麦》《归仓》《打最后一遍药》《造土化肥烧老窑》《大烟叶》《喜迎十七大》《剪彩》……这些王桂英的作品都是日常话语与社会话语，并将其最细微的细节或社会细胞转移到纸上，成为剪纸艺术。

最后，剪纸叙事是一种地方性话语体系的叙事。剪纸艺术家的图像叙事是一种"方言"的表达，因此，剪纸具有很强的地域性话语文化特色。福建剪纸、扬州剪纸、山东剪纸、河北剪纸、徐州剪纸、山西剪纸、陕北剪纸、湖北剪纸、青海剪纸、敦煌剪纸等各具风格、各具题材、各具传统。因此，全国的剪纸艺术就是全国的一张大的民俗文化地图，它明确地标志着各地的民俗民风。

剪纸叙事是农民叙事的自由选择，也是必然选择，这就如同文学家选择笔与纸一样。农民剪纸艺术家是充满自信的，他们的这种自信来自剪纸创作的历史性、真实性与客观性的叙事特色。

在历史层面，剪纸叙事中的叙事内容永远是历史的。剪纸叙事中有来自乡村的口头文学、民俗风俗、农民生活、信仰仪式、宗教祭祀等多样的民俗文化，它书写了"民之忧乐"与"国之盛衰"。因此，剪纸艺术具有独特的历史性叙事功能。譬如王桂英的剪纸作品《吃食堂》《游行示威》《学校乔迁》《繁忙的大运河》《小区别墅》《庆祝党诞辰八十周年》《农家乐》《拍电视》等都是历史的真实记录，不是剪"昨天的历史"，就是剪"正在持续的历史"。

在真实层面，剪纸叙事中的叙事基础必定是真实的。剪纸叙事是属于民间叙事范畴内的一种手艺的叙事。这种手艺具有坚实的生活基础与田野事实，它保证了剪纸艺术的真实性。剪纸叙事不需要理论艺术家在阐释某一问题时小心翼翼地依赖可靠的理论预设或假定，也不需要学院艺术家在艺术传达时候需要考虑复杂的艺术规范与操作手册。王桂英的剪纸就是随时随地的自由表达，不用识字、也不用掌握书本上的艺术法则，甚至对艺术知识是一窍不通的。她经常说的一句话："我是不用画底稿的。"她也不允许她的"学生"打底稿，一剪子剪到底。换言之，王桂英的剪纸不仅是内容的真实，表现手法也是真实的。诸如《收麦》《牛车拉山芋》《挖掘机挖土》《打篮球》《过铁索桥》《大烟叶》《归仓》《河边牧马》《拜年》《炒菜吃饭》《拔草》《做豆腐》等艺术作品，构图近乎朴素，非常整体，题材丰富，内容真实，没有多余的部分，都是不可复制的艺术。

　　在客观性层面，剪纸叙事中的叙事信条始终是客观的。剪纸话语对于课堂上的艺术话语体系是具有革命性的。在所谓理论艺术家或纯学院派艺术家面前，农民艺术家的自信是十足的，这种自信来自民间艺术叙事的客观性。王桂英剪纸对课堂学院派艺术的革命性颠覆体现在以下几点：一是合乎常理但不符合事实的表现形象。《养猪》（三头的猪）、《吃食的鸡》（三头的鸡）、《放鹅》（三头的鹅）、《河边牧马》（近小远大）、《打篮球》（人比架高）等作品中的叙事对象刻画是不符合一般事实或学院派绘画规则的。二是随物附形，非对称。王桂英剪纸艺术作品除了少量的如《喜鹊闹梅》《凤凰餐牡丹》《连生贵子》《学校》等之外，很少见到特意讲究对称的表现手法。剪纸在结构、布局、空间处理上都是自由的、"随物附形"的。

　　从更深层次理解，王桂英的剪纸叙事观念如同黑格尔的"存在是自在存在与自为存在的分离后的统一"论之思想。撇除黑格尔的唯心主义，他有关对"自在存在"与"自为存在"的阐释道出了这样一个不争事实：在存在性上，（自然流露的）工匠思想与（刻意追求的）纯艺术观念的差异是明显的。这种差异的现实依据可以从中国（徐州新沂）民间剪纸艺人王桂英与西班牙画家毕加索的作品比较中予以澄清。王桂英的很多剪纸作品所呈现的自为存在与自在存在始初是分离的，又在统一中将其客观化在作品中。譬如剪纸作品《喂鸡》中的"多头鸡"或《喂猪》中的"多头猪"，这实际上是一种基于内容的"自为存在"，是农民艺术家的自我意识的整体还原，这种手作意识是自觉的。抑或说，王桂英惯有的艺术思维是偏向于她的客观工艺标准，即对剪纸物性的原生态的整体自觉呈现。艺术家毕加索的艺术认知显然是严谨的，他的立体主义作品显然是基于形式的艺术。但毕加索也试图将自己的绘画形式再还原到"艺术天真"，回归到王桂英式的"艺术原点"，极力去掉"艺术

性"的东西。抑或说，立体主义的毕加索与王桂英在艺术追求上达
到了不谋而合的一致性，即偏向于工匠精神的"自在存在"与"自
为存在"分离后的客观统一标准。无论是基于内容的王桂英剪纸艺
术，还是基于形式的毕加索绘画，他们所呈现的"艺术精神"与他
们本人及其愿望没有直接关系。农民艺术家所展现的艺术精神是原
生的、自然的、无草图的内容表现，而纯艺术家的工匠精神是习得
的、刻意的、有草图的形式传达，这种内容表现与形式传达的愿望
是艺术人的客观性标准所决定的。或者说，支配他们的"艺术精
神"的核心是客观社会，而不是本人及其愿望。因为作为共同体的
"客观社会"决定了工匠手作标准，更决定了手艺人的手作技能及
其价值观。不过，在纯艺术家作品中所体现的艺术精神可能会有来
自社会共同体的冲突与流放，这在毕加索的绘画作品中就有所
凸显。

　　从功能上分析，剪纸的纪实功能是明显的。王桂英就是利用剪
纸的纪实功能性述说着她经历的生活与遇到的事件，然后达到剪纸
手艺的日常化。

　　车尔尼雪夫斯基在《艺术与现实的审美关系》一书中强调：
"艺术除了再现生活以外还有另外的作用，那就是说明生活。"[1] 剪
纸艺术就是这样的艺术，它不但再现生活，还在说明生活。

　　那么，为什么要通过剪纸艺术来再现生活与说明生活呢？这里，
我们可以通过剪纸的纪实惯习及其逻辑加以说明。在通常情况下，
日常生活是由很多平淡的或能引起情感的"事件"构成，那些特别
能引起兴趣或悲伤的事件是难以忘却的。王桂英的一生是痛苦的，
剪纸艺术为调节这种痛苦起到了很重要的作用。用她自己的话说：
"我看到红红的一片，心口就暖了。"这明显看出，王桂英的剪纸纪

---

　　[1]　［俄］车尔尼雪夫斯基：《艺术与现实的审美关系》，周扬译，人民文学出版社 2009
年版，第 95 页。

实惯习来自生活的情感宣泄。更确切地说,"拉奥孔"式的悲剧成就了王桂英艺术大师的成就。王桂英的剪纸作品就是莱辛的《拉奥孔》,或是阿耶桑德罗斯等三人创作的雕像《拉奥孔和他的儿子们》。

莱辛在《拉奥孔》中提出,绘画必须完全抛弃时间,因为绘画所用的符号或模仿的媒介只能在特定空间中展现,对于那些持续的动作是无法作为绘画的题材。但莱辛又认为,绘画只能满足于在空间中的并列的动作或单纯的物体,这些物体可以用姿态去暗示某一动作。莱辛对绘画表现时间持怀疑态度,绘画中的时间呈现问题在王桂英的剪纸艺术得到解决。剪纸完全可以作为一种在纸上剪刻的"画种",而且是一种纪实时间的剪画。王桂英的《喂猪》《喂鸡》《喂鹅》等"三头"式作品完全没有像莱辛说的那样抛开时间,而是用连续的"三头"表达动物的吃食时候的连续动作。很明显,王桂英的剪纸惯习中暗藏着一种艺术逻辑:在空间中表现时间,在姿态中表现动作,在再现中有自己的理解,在表现中出现惊人之笔。

在情感表现上,王桂英的部分作品确实像雕塑《拉奥孔和他的儿子们》,这就是说,王桂英的剪纸仪式是再现生活的情感艺术,说明生活事件或场景的艺术。她的剪纸作品《爹爹被马贼打死,爷爷终日吸旱烟》,这与阿耶桑德罗斯等人的拉奥孔雕塑作品是异曲同工的。这幅作品有三组连续的场景:一组是爹爹给他师父推粮与马贼开枪;一组是爷爷憋得慌,终日提着长烟袋吸旱烟;一组是"我"被娘搂在怀中。在这样的场景中,娘的痛苦、"我"的胆怯、爷爷的伤心、马贼的凶残、爹爹的无奈……在剪纸的空间中朴素地再现或说明。在 M. 佛尔沃林看来,一切造型艺术都是再现自然场景或观念的艺术。剪纸确乎是一种剪刻生活的"造型艺术",它不仅再现了生活场景,还再现了特定的思想观念。

因此,我们可以这样认为,王桂英的剪纸艺术惯习是在于再现生活与说明生活的。她的创作的逻辑也遵循了"出现"—"再现"—"表现"的艺术逻辑，所不同的是，她的剪纸创作艺术不是为了艺术，而是纪实时间——时间中的生活或情感。剪纸纪实是她生活中的一部分，如同吃饭穿衣一样的日常，或如同哑巴的手语是她交际的所有。换言之，王桂英的剪纸是生活的日常化行为。

剪纸物就是王桂英日常化生活中的"词语"，她的剪纸组"画"就是她生活中的"句子"，她用她的剪纸词语与句子描述她自己的生活以及村落以外的世界。

她的词语与句子也慢慢形成了地方性民俗知识体系，她的叙事性解释机制构成了最底层农民的话语结构与说明生活的方式。可以这样认为，民俗知识话语丰富了世界知识话语体系，也为农民的精神生活体系构建出一条完全不同于宫廷知识体系或士大夫知识体系的精神出场方式。在比较的视野，作为剪纸叙事，它一定是民间叙事的范围。它的独特优点在于从事件出发，进而形成一套属于自己的日常艺术体系。这种民间叙事既没有精英叙事的程式化与严格的规约，也没有士大夫叙事的做作与情绪化。作为剪纸的民间叙事是自由的、自在的与自发的。因此，民间叙事所形成的知识体系是原生的、富有原始生命力的。当代大众叙事向民间叙事的逆袭与反转就说明了这一点，这也暗示大众叙事存在制度性缺陷与文化性缺失。

王桂英是一位没有文化的文化学者。说她没有文化，是指她没有上过学堂、没有接受文化教育。说她是一位文化学者，这是毫不夸张的。因为她是民间剪纸文化的传承者、教育者与传授者。

在传承层面，王桂英将所听到的民间故事通过剪纸的方式表达出来，并在民间广为传承；在教育层面，王桂英的剪纸艺术被群众"喜闻乐见"，发挥着民间文化潜移默化的教育。最值得一提的是，王桂英有"办班传授"剪纸艺术的想法，并在合沟镇中学与小学业余授课。在课堂上，她经常会冒出一些"雅词"，如"高挂悬梁""花无正枝，字不却点""我铰的是生活"等。王桂英的"雅词"

显示她并非一般的不识字农民，她是有"学养"的农民。

那么，王桂英的"学养"是从哪里来的呢？就地方性知识体系而言，邳州有民间舞蹈跑竹马、纸塑狮子头、雕刻年画、绣花鞋、蓝印花布、喜床画、打鼓戏、琴书、渔鼓等民间艺术。邳州民间知识体系属于日常知识体系内具有特色的地方性话语，它们在民间十分流行，并口口相传、手手相教，进而给"敏感"的王桂英提供知识的"学养"。王桂英对村落及其族群的知识敏感性与艺术创作的敏感性是一致的，是生活的有心人。因此，她的社会知识的习得是自然的。换句话说，生活是王桂英的"课堂"，生活是王桂英的"导师"。她的"图书馆"就在民间舞蹈跑竹马、纸塑狮子头、雕刻年画、绣花鞋、蓝印花布、喜床画、打鼓戏、琴书、渔鼓等民间艺术之中。

实际上，村落中的剪纸大师是少数的，并非所有人都能在生活的课堂学会"雅词"，并形成两者之间的地方性知识话语体系。那么，王桂英何以能成为民间工艺美术大师呢？除了她对生活与艺术的敏感之外，还有一点是一般农民所不具备的，那就是"情感"。可以认为，"情感"是王桂英艺术课堂中的"教鞭"，它时常督促她走近剪纸世界，叙说生活的高兴与悲伤。

为了更好地理解王桂英的剪纸"情感"，这里不妨简要论述作为美学或社会学范畴的"情感论"。就理论渊源而言，"情感"范畴有过漫长的辩论与发展进路史。在中国，"美善相乐"是先秦审美价值取向之一，即"情"合于"道"。《礼记·乐记》曰："乐者，通伦理者也。"① 说明乐者是合于道德伦理的情感愉悦。在西方早期，"情感"未曾被柏拉图或康德看好，他们或用理性，或用概念去压制"情感"在人性中的作用。譬如柏拉图（Plato，约前427—前347）在《斐多篇》中认为，感情与欲望是人的灵魂的一匹黑马。

---

① （清）孙希旦：《礼记集解》（全三册），中华书局1989年版，第982页。

一直到逻辑实证主义时代的人格教育仍被压倒于理性之中。直至 20世纪，"情感论"才成为主情主义美学的核心范式被重新提出，或主张艺术是抒情的表现（克罗齐与科林伍德），或认为"使情成体"是媒介与情感的融合（鲍姆桑葵），或认为"生命冲动"是情绪性的心理体验（帕格森），或主张心物是同构对应（阿恩海姆与考夫卡），或认为情感是美学应当注意的最"边缘地区"（弗洛伊德与荣格），或主张艺术是情感的形象符号（卡西尔与苏珊·朗格）。活跃的情感论研究豁然呈现出一个新趋势：情感由内而外地成为一种符号形态，内化的符号是外在仪式的一种情感力量。在社会学领域，"情感"也不失为一个颇具学术潜力的题域。弗洛伊德等人研究发现，人的潜在意识情感与其历史遗传发展存在某种平行关系，他在《图腾与禁忌》①中援引歌德《浮士德》中一句名诗来表示："将由你父亲传下来的东西，变成你自己的一部分。"涂尔干（Emile Durkheim，1858—1917）、戈夫曼（Erving Goffman，1922—1982）逐渐将"潜在"的情感仪式分析延伸到"功能"的仪式领域。当代美国著名社会学家兰德尔·柯林斯（Randall Collins）提出并阐释出一种"激进的微观社会学"理论，即"互动仪式链"（Interaction Ritual Chains）②。该理论的核心机制是：在互为主体性的关注中，个体与群体之间产生情感连带，参与者体验到群体团结的一种成员身份感，使个体在代表群体的符号中产生情感能量。

在"情感论"的分析中发现，情感是个体与群体的"纽带"，也是艺术符号传达的驱动力，而内化的心体符号是外在行为仪式的一种情感力量。

---

① ［奥］弗洛伊德：《图腾与禁忌》，文良文化译，中央编译出版社 2005 年版，第169 页。

② ［美］兰德尔·柯林斯：《互动仪式链》，林聚任、王鹏等译，商务印书馆 2009 年版，第 87 页。

　　王桂英的剪纸情感发生论至少有三个变量：内化的心体符号（心理的"学养"）、群体（她的"同学"）与仪式（活动行为）。王桂英不幸的童年生活，上剪纸班，连续三年当人大代表，作品被发表，获得最高荣誉，去北京、南京参展，拍纪录片……这些在她周围的"群体"以及生活日常都是给她内心留下深刻的心体符号，并在多样的活动仪式中习得了很多一般农民无法习得的知识话语。

　　另外，王桂英的"雅词"还得益于她对"民间故事"的喜好，她的民间故事剪纸成为情感传达的重要艺术形式。从《小秃买豆腐》《张二赶脚驴》《大家闺秀》《憨子》《牛郎织女》《孝鱼村》《白金刚》等民间故事剪纸系列作品中可以看出，民间故事是王桂英的地方性知识体系重要的一部分。另外，《帖门签》《去拜年》《元宵节》《炒花子》《烧纸钱》《吃粽子》《晒龙衣》《乞丐节》《做月饼》《送灶老爷》等反映地方性民俗民风的知识话语也是王桂英的剪纸对象，更能反映王桂英地方知识话语体系形成中的民俗文化之作用。

　　简言之，王桂英的"雅词"是自我习得的，是地方性民俗知识话语在她身上的展现。同时，王桂英的剪纸也丰富了民间知识话语体系。

　　那么，王桂英又具有怎样的工匠精神呢？王氏的工匠精神体现于她的"刀味"与"纸感"。

　　王桂英的人生是被剪出来的，她的剪纸生命中有两样宝贝：剪刀与纸张。

　　剪刀是王桂英日常叙事的"笔"，一支辛勤耕耘的、下笔若有神的"笔"。王桂英的剪纸是她的剪刀给世界的杰出贡献。王桂英对剪子的情感是独特的。"不许任何人随便拿我的剪子。"这是王桂英跟人"翻脸"的一句话。剪子是王桂英的最亲密的物件，因为它是能叙述日常事件的珍贵的"笔"。这支笔给世界的惊喜，也给她自己带来欢喜。

　　王桂英的人生是有形状的，她的形状就是纸的形状。纸张是王桂英的"挚友"，也是王桂英的剪刀与心的忠实的"奴仆"。在王桂英的手中，纸张确实是被驯化成会听话的仆人，能被剪出千变万化的日常故事及艺术形式。小小的纸片连接了剪刀与心体，连接了村落生活与历史传统，也连接了现实的理想与外面的世界。被书写的纸张成就了王桂英大师的精彩人生，也给世界贡献出她独特的艺术遗产。

　　王桂英剪纸艺术的"刀味"是独特的，也是明显的。《庄子·养生主》记庖丁为文惠君解牛，文惠君曰："嘻，善哉！技盖至此乎？"庖丁释刀对曰："臣之所好者道也，进乎技矣。"① 庖丁之"刀技"得益于他拥有解牛的高超技术，庖丁解牛之"刀技"达到了"刀"（工具）之上的"道"（自然）的层面。对于王桂英剪纸而言，她的"刀味"同样得益于她的自然的"刀技"。在剪纸的时候，她不画底稿，一剪子剪到底，这就是她的"一绝"，此绝近乎道也。

　　王桂英剪纸的独特"刀味"还得益于她对"纸感"的把控。她的剪纸艺术的"纸感"是丰富的，也是敏锐的。所谓"纸感"，是指剪纸艺人对材料的驾驭感与把控感，并通过视觉透空与变形夸张手段，用纸的变形语言去获得艺术审美。王桂英的"纸感"主要得益于她超乎自然之上的"刀技"，她长期剪纸实践训练中所获取的经验知识丰富了她的"纸感"。抑或说，"刀味"与"纸感"是互动的、相互增益的。

　　从创作层面看，王桂英剪纸艺术的"刀味"与"纸感"是对剪纸造型与纸面构图的能力体现。剪纸不是一般绘画的临摹，它所追求的是一种"超现实主义"的风格。王桂英的剪纸大胆地追求形似

---

① 韩维志译评：《庄子》，吉林文史出版社2001年版，第15页。

而神遇的艺术风格，在古朴的线条中彰显她特有的原生"刀味"，并娴熟地运用她不拘于传统的"纸感"，近乎率意而为，自然而然。在艺术形式上，率意而为的自然艺术是更好的艺术，是最原生态的艺术。换言之，王桂英剪纸的"刀味"与"纸感"是不可复制的，也只有她能拥有的。这是王桂英对日常生活及社会事件的领悟所获得的，也体现了一个乡村人特有的灵性、朴实与纯正。

王桂英剪纸艺术的"刀味"与"纸感"的形成，还与她的"日常图式"有关。所谓"日常图式"，是指王桂英日常生活中的劳动要素之间所结成的复杂的交往关系图景，并在此图景中实现了自身与她周围世界的情感确证，进而使得她的日常成为一种有式样的生活。

在理论上，作为一种被组织起来的知识表征，"图式"是一个及其复杂的概念，康德、格式塔心理学派、皮亚杰以及现代图式理论学派都谈及图式理论。在此，结合王桂英剪纸图式的独特性，我们引入"日常图式"这一个非常有诠释力或诱导性极强的概念。因为它引导我们不仅从整个王桂英的生活场域入手考察，并能在这个场域中发现其间的各种要素之间的互动关系，从而寻觅到王桂英的劳动及其剪纸的最为深层的本质——情感的确证。

王桂英的日常图式有三个重要的"槽道"：劳动、交往与情感。作为农民，王桂英的劳动是最本然的、天然的，是她的一切思想、知识与艺术的来源。同时，她的劳动不是孤立的，她不仅与马贼、爹爹、爷爷、木雕海棠、凤凰牡丹鞋花、烙煎饼、抓药、吃食堂、"大跃进"、培训班、村民、村长、镇长、县长、市长、校长、电视台、打鼓戏、跑竹马、人大代表、采访等之间有互动的"动作结构"与"认知事象"，还有去北京、澳门、南京以及被联合国授予"民间工艺美术家"之社会结构与社会事象。在这些丰富的日常生活经历中，"剪纸"是她日常图式的核心主题。借用康德的话说，王桂英日常化的剪纸图式是一种"原发想象力"的形式。抑或说，王桂英剪纸艺术的"刀味"与"纸感"是"原发想象力"的知识表征。

被"剪纸"组织起来的生活知识表征形成了王桂英独特的日常图式，它包括自我图式、角色图式、策略图式、交往图式、劳动图式、语言图式、情感图式、剪纸图式等。在这些图式中，"情感图式"是最为核心的图式，也是最为本质的图式。从王桂英痛苦的童年，到嫁到婆家后的受苦，以及经历了妈妈、爷爷、爹爹的变故之后，她的"情感"是需要"确证"的，即确凿的证实与诠释自己痛苦的人生。一个目不识丁的农民的选择——拿起剪刀，剪出需要确证的内心的事象（心体符号）。到了后来，在杨贤飞、颜廷芳、马凯臻等慧眼的赏识与眷顾下，她的作品走出了新沂，来到了世人的面前，也震惊了世人。尽管这一段时间内的剪纸是"被动的"，但也是"主动的"，即主动地感谢支持她的同志，感谢给予她无微不至关怀的党和政府。她常说："我生命中有三个关键的人物，我能活下来，多亏了党和政府，我真心感谢党和政府给了我生命。"正是这样的情感铸就了她后期作品的转向：从剪生活到剪政治。

借此，可以这样认为，劳动、交往与情感构成了王桂英的日常图式，也形成了王桂英剪纸的"图式化认知"（日常感知）、"图式化思维"（心体结构）与"图式化表达"（艺术表现）。王桂英的日常图式总是存在于她对生活以及记忆中的认知结构，丰富的情感与多样的劳动交往给她提供了图式思维的可能与基础。图式思维一旦开始，事象的部分细节将被丢弃，而只是抓住了重要的能表征动作结构的细节，代之以非常抽象的图像图式。王桂英的剪纸图式既总结了事象的重要特征，也概括性地提炼了事象。因此，她的剪纸图式描述的是具有一定概括性的知识，她的《我的一生》10米长卷就是概括程度极高的一幅剪纸作品。

从期待视野分析，王桂英的剪纸图式均以一种充满期待的艺术形式出现，即期待图式。王桂英剪纸艺术的"刀味"与"纸感"的形成，与这一"期待图式"也是非常密切的。此处的"期待"与接受美学学派眼中的"期待"理论是有区别的。王桂英剪纸的期待图式包含了自我期待、社会期待、情景期待、情感期待、策略期待、角色期待等非常复杂的美学期待。从王桂英个人层面看，她是通过剪纸图式去表达个人的生活日常，这里面的自我期待是明显的，因为她要获得个人情感的确证或认识；从时间层面看，王桂英的剪纸叙事集生活、故事、民俗、政治等多主题的表现，这期间有生活情景、社会现象与故事场景，因此，她所传达的期待图式与剪纸图式在一定程度上是契合的。另外，剪纸不过是王桂英生活的一种"策略图式"。在此过程中，她实现了个人在社会中的"角色图式"的价值。简言之，王桂英的剪纸期待图式是双向的，既有个人情感的期待，也有对社会的期待。显然，她的剪纸图式期待不同于接受美学的他者（读者）期待。

在对王桂英剪纸的"刀味"与"纸感"形成分析中，我们发现，日常图式认知与思维起到了关键性作用，也发现王桂英剪纸艺术的本质在于确证或说明了它的日常情感。

那么，王桂英剪纸作为一种日常生活，它的本质又是什么呢？

在王桂英的剪纸作品中，很少发现一些祈福增寿、吉祥图瑞一类的民俗作品，但一些有关自己重大的情感曲折（如《爸爸被打死》）、社会重大事件（如《游行示威》）、日常重要事件（如《学校乔迁》）以及具有典型性的生活场景（如《繁忙的大运河》）的剪纸作品较多。这些剪纸作品的"空间"是"很小的"，少的只有一个"空间"场景，多的也只有三四个"空间"场景。换言之，王桂英剪纸的日常叙事并非要特别表现或强调"空间意义"。

我们再看看《喂猪》（三头的连续动作结构）、《吃食的鸡》（三头的连续动作结构）、《打篮球》（三个人连续的投篮动作结构）等剪纸作品，它们有一个明显的特征指向：连续性动作结构与图式组织，这也明显地蕴含皮亚杰的图式结构理论。从创作动机看，王桂英无非想表达图画中的对象动作的本来面貌——动的、非静止的。换言之，王桂英的剪纸采用了"以静示动"的表达技巧。这种表达技巧直接暗示：王桂英的剪纸艺术是表达时间的艺术。因为她将空间中连续发生的时间性动作表达出来了。

借此，我们认为，王桂英剪纸艺术善于在空间中表现时间。剪纸叙事所表现的"时间"概念与其他艺术是不同的。譬如与电影艺术相比，电影是一种在较大空间中演绎较短时间的艺术，而剪纸却是一种在较小空间中演绎较长时间的艺术。《爸爸被打死》就是一部短剧，或是一部电影。《我的一生》就是一部长篇连续剧，每一张剪纸就是较长的一集。因此，电影是一种浪费时空的艺术，而剪纸却是节约时空的艺术。在组接方法上，电影使用了采用"蒙太奇"的手法完成组画的连续性影像播放；而剪纸画面的组接方法"纸太奇"（本没有这个词）的手法完成。这里杜撰了一个"纸太奇"概念，是为了说明剪纸艺术中的"蒙太奇"：用"多头式"或"场景分布式"（如《爸爸被打死》中的场景分布：爹推粮食车、马贼抢粮、开枪打死爹、爷爷憋得慌抽旱烟、"我"被娘抱在怀中）来组接连续动作结构，表达真实空间中的时间事件，这种神奇的表现手法姑且称之为"纸太奇"。

电影与剪纸都是反映生活日常的艺术，但电影是视听复合效果的"还原"生活场景，追求逼真；而剪纸是通过视觉形象的"拟真"生活事实，追求形似。因此，电影胶片是可以复制的，并且是供消费者消费的公共艺术；而民间剪纸是独立的不可复制的（商业剪纸是可以机械复制的），只能是生产者的民间艺术。这主要是由于剪纸是时间独享的艺术，而电影是时间共享的艺术。

在比较中，我们发现，王桂英的日常在时间维度上被剪纸艺术所捕获与传达。抑或说，时间成为王桂英剪纸生活的核心本质。王桂英"剪民俗民风"（《端午节》）是对生活的热爱，试图"留住时间"；她"剪美好生活"（《河边牧马》），试图"延长时间"；她"剪痛苦场景"（《爸爸被打死》），试图"缓解时间"；她"剪政治"（《反腐》），试图"憧憬时间"；她"剪故事"（《白金刚》），试图"说明时间"。总之，时间成为王桂英剪纸生活的本质。

王氏的工匠精神与它的行为变迁（剪生活、剪故事与剪政治）是密切关联的。

在心理学层面，行为变迁，又称为行为改变。在个体行为的内在系统里，行为改变的实际变量由知识、态度与行动的要素构成。

就王桂英而言，她的行为变迁，即剪纸的行为在个人的民间知识认知、情感态度与行动方向上的改变。在民间知识改变层面，王桂英通过闲聊、听打鼓戏、社群交流以及人际交往等形式不断改变自己的知识体系与结构，从而使得自己成为"没有文化的文化人"；在情感态度改变层面，王桂英的生活中充满童年悲剧性的痛苦以及后来极度贫乏的生活状态，均带有强烈的情感起落过程，也使得自己十分敏感；在行动改变层面，王桂英在民间知识结构与情感态度的变迁促使下，自己的行为改变发生结构性位移。

尽管王桂英的剪纸行为不同于巴甫洛夫的"反应性条件反射"，但其生活日常周围的社会语境变迁对她的剪纸行为改变起到一种"塑造"与"强化"的作用。

在没有上剪纸培训班之前，王桂英主要以"剪花样子"为主，作品如《龙凤呈祥》《送老花》《闰月花》等。到了1982年受邀参加邳县文化馆办的剪纸培训班，在颜廷芳的影响下，王桂英"放开了剪"，尤其是对"剪生活"主题开始确立。作品涉及生活的方方面面，如《听琴书》《试瞟》《油条摊》《喂猪》《割麦》《推水磨的妇女》《到站》《房前屋后》《看电视》《洗被单》等。2001年春，徐州电视台的马凯臻先生带领摄制组开始用镜头对准王桂英，纪录片《干妈》首播后，惊喜了世人，也使王桂英的剪纸从19世纪前的"剪生活"转向了"剪故事"与"剪政治"，作品《建设》《奥运球赛》《繁忙的大运河》《送新兵》《澳门景点》《计划生育》

《全神庙的故事》《王学生》《反腐败》等系列作品的问世，宣告她的创作走向社会，并达到了个人艺术创作的巅峰期。

王桂英剪纸行为在题材、内容、结构上的改变，甚至在介质（《我的一生》用红棉布剪的）上的改变，不是她由于视觉习惯、造型知识、生活方式的改变而改变，这期间起到关键作用的是"社会干扰"，而且这种"社会干扰"并不具备代表性。譬如全国其他地方的剪纸艺术多是以地方性话语体系建构出来的民间文化。举例说，佛山剪纸多戏曲人物、福建剪纸多水产动物、扬州剪纸多名胜古迹、浙江剪纸多装饰性的盘灯等。这些地方的剪纸艺术受"社会干扰"的影响不是很大，主题多为吉祥图案、寓意瑞祥之类的，并且比较稳定。但王桂英的剪纸艺术受"社会干扰"比较明显，不断地在探索新形式、新主题、新结构。她的行为改变是基于传统与创新的维度适时调整自己的题材方向，但有一点是始终未变的，那就是为生活服务的艺术理念。抑或说，王桂英的剪纸艺术在"治世"或"教化"层面始终成为她的创作主线。

简言之，王桂英的剪纸艺术行为是"与时俱进"的，她兼顾了个人创作与社会需要，扎根生活日常，原汁原味地剪出了生活、故事与政治。

四 核心基因

现在要追问的是，中华工匠精神的核心基因是什么呢？中华工匠精神的核心基因探究，可以从《考工记》中寻找。

《考工记》既是中华工匠文化的元典，又是中华工匠精神的首次出场。《考工记》潜藏的中华工匠精神核心基因组是由信念、行为与价值三部分构成，并具有物质性与信息性的双重属性。在物质层面，中华工匠精神主要是通过工匠行为（法象、工巧、美饰、善合）而体现于物态化（行为基因）形式存在。在信息层面，中华工匠精神主要凭借工匠信念（宇宙）与工匠价值（致用）而凸显出工匠的生活态度、生存方式与价值信仰。发掘中华工匠精神基因，能增益于中华工匠精神基因的社会化路径选择，并能复兴中华民族精神，从而为应对全球化而贡献中国方案、中国经验与中国精神。

发掘中华传统工匠精神富矿，复兴传统中华工匠精神对于当前中国社会以及产业制造而言，是一个非常紧迫的时代议题。在2016年，"工匠精神"已然被写入我国政府工作报告，中华工匠精神逐渐成为复兴中华传统文化与中国职业精神的标识性概念。

中华传统工匠精神作为范式概念的热出场，它涉及两个基本的连带性问题事实：一是当前中国工匠精神日渐没落或职业信仰已然没落，并威胁到当前产业制造及整个社会的职业精神；二是复兴中华传统工匠精神意味我国传统文化里一定富藏了宝贵的工匠精神。显然，"第一个问题"是社会事实，"第二个问题"是文化事实。因此，中华工匠精神的出场是一个"社会—文化问题"的事实。可见，当前我国社会—文化问题事实激发了中华工匠精神的出场。

就社会现状看，近年来的中国制造及其产品在海外的销售量持续攀升，但中国品牌产品在国际市场的占有份额却不多。中国制造在品牌、品类与品质层次上明显落后于欧美一些发达国家，造成如此文化逆差局面的原因之一或是中国产业制造缺乏专注的、持久的、精益求精的中华工匠精神。那么，"第一个连带问题"事实看来是一个真命题。问题的复杂性在于"第二个连带问题"事实是否属于真命题就并不那么简单了，它必须回溯至中华传统工匠精神基因层面探讨。

在方法论层面，思考"中华工匠精神基因"问题，可实现"两种思维或方法论"的根本转向。一是从"外因"向"内因"转向，即从中华工匠精神的外在事实描述转向中国工匠精神的内在客观性状之探索；二是从"末端"向"顶端"转向，即从传承中华工匠精神的社会化路径研究转向中国工匠精神的本体化的基本属性研究。为何要实现中国工匠精神研究的"两种转向"呢？原因在于如果我们仅专注于对中华工匠精神的事实描述（是什么），那么很容易将其停留在表层、简单与直观层面（缺少为什么）；如果我们只滞留于工匠精神的社会化的末端研究，试图捡回并传承中华工匠精神，而忽视中国工匠精神的本体属性及其形成的关键基因组的顶端探讨，这易出现本末倒置的研究风险。当前对中华工匠精神研究上，事实描述较多，而较少有中华工匠精神核心基因的回溯阐释。

在本章接下来的讨论中，拟将以《考工记》为研究对象，以其"中华工匠精神"为研究核心，以遗传学之"基因"为分析工具，在中华工匠精神基因的组谱绘制、核心特质与价值功能三个理论框架上，较为详细地探讨控制《考工记》的中华传统工匠精神性状的核心遗传基因，以期阐明中华工匠精神核心基因组的存在方式（客观性状）、根本特质（本体属性）与遗传功能（主要价值），进而为当前我国传承中华工匠精神提供目标内容与可依赖的理论支撑。

《考工记》是我国战国时期齐国官方的工匠文化的体系性文本。在社会学研究层面，它应当在战国时期、齐国属地与官方考工三个限度内考察。因此，在社会学限度内，《考工记》作为中华体系性考工文本，它创构了具有官方代表性的中华传统考工文化理论体系（可称之为"中华考工学"）。《考工记》的理论体系由五大核心体系构成，即百工体系、造物体系、技术体系、制度体系与精神体系。"百工体系与造物体系"涵盖齐国官营手工业的 6 大行业结构与 30 个造物工种；"技术系统"包含工匠技术的职责、程序、规范、标准、配料、检验等要素；"制度体系"包含工匠的管理、评价、奖惩、考核等要素；"精神系统"包含工匠的宇宙精神、创物精神（法象、工巧、美饰、善合）、致用精神等要素。显然，《考工记》作为传统工匠文化文本是体系性的，尤其是它的"精神系统"是工匠在信念、行为与价值上的完整呈现。

在社会维度，尽管齐国"因其俗，简其礼"，但《考工记》还是一部合"礼"性的工匠技术文本。因为《考工记》是通过官制文化范型来创构齐国工匠文化系统的，其思想得益于殷周以来的礼乐文化。抑或说，从《周礼》到中华工匠文化体系性著作《考工记》的出场，它作为考工理论体系，或是东周齐国礼乐文化的技术化集成与工匠文化的思想再现。在本质上，《考工记》是三代以来的"神本系统"向"人本系统"转向的重要标志，它依然确立了人（工匠）在整个文化系统中的地位。因此，在工匠主体性上，《考工记》的合"礼"性造物理念与技术叙事已然蕴含了中华传统工匠主体精神的核心基因。

在遗传学上，一种生物体基因总是支持与维系着它的生命基本构造和特种性能，并储存着个体生命的族源、血型、生长、变异、凋亡、遗传、进化等过程的全部基因信息。所谓"中华工匠精神基因"，乃是指中华工匠精神的思想根脉与文化抗体。就文化或精神遗传而言，中华工匠精神基因是中华民族精神基因的重要组成部分，它的基本构造与本质性能或体现了中国民族精神基因的生命性状，更存储了中华民族精神基因里的重要生命信息。换言之，中华工匠精神基因必然是中国民族精神基因不可或缺的一部分，因为中国工匠精神的物质载体内含中华民族精神基因的重要内容信息。发掘《考工记》之中华工匠精神的核心基因，对于复兴中华工匠精神以及中国民族精神都具有毋庸置疑的社会价值。

那么，中华工匠精神基因的根本属性是什么呢？就生物体而言，它的一切生命现象都与基因有关，基因也是决定生命性状的内在因素。因此，基因具有双重属性：物质性（存在方式）和信息性（根本属性）。同样，《考工记》所体现的中华工匠精神基因也具有物质性与信息性的双重属性。在物质属性层面，中华工匠精神的存在方式主要是借助工匠行为而体现于物态化的造物形式；在信息属性层面，中华工匠精神的根本属性主要凭借工匠信念与工匠价值而凸显出工匠的生活态度、生存方式与价值信仰。可见，"物质性"与"信息性"为发掘《考工记》之中华工匠精神核心基因组提供思维途径与分析框架。

在构成形态的物质性与信息性层面，中华工匠精神是传统工匠在长期实践中慢慢形成的信念指向、行为规范与价值标准的综合形态。换言之，中国工匠的核心精神主要体现于中国工匠的信念观、行为观与价值观。那么，就遗传基因而言，中华工匠精神的核心基因组大致由信念基因（宇宙）、行为基因（法象、工巧、美饰、善合）与价值基因（致用）构成。信念基因与价值基因属于中华工匠精神基因中的"信息性基因"呈现；行为基因属于中华工匠精神基因中的"物质性基因"呈现。简言之，中华工匠精神的核心基因（当然还有其他基因）组由"三序列"（信念、行为、价值）和"六要素"（宇宙、法象、工巧、美饰、善合、致用）构成（见图4-1）。其中，信念基因主要指向宇宙精神；行为基因大致包括法象精神、工巧精神、美饰精神、善合精神；价值基因主要为致用精神。

第一，"信念基因"，即"宇宙精神"。宇宙精神是中华工匠的最高信念，它不仅表现于中华古代工匠对自然宇宙的敬畏，还表现于中华古代工匠"取法自然宇宙"的造物思维。《考工记》曰："凡斩毂之道，必矩其阴阳。阳也者，积理而坚；阴也者，疏理而柔。"[1] 这里的"矩阴阳"之斩毂之道，即显示工匠依法宇宙的圣创理念，并就此确定阳之积理和阴之疏理的造物之道。再如《考工

---

① 陈成国点校：《周礼·仪礼·礼记》，岳麓书社2006年版，第98—99页。

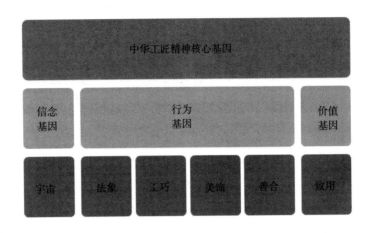

图 4-1 中华工匠精神核心基因图谱

记》曰："以其笴厚为之羽深。水之,以辨其阴阳,夹其阴阳,以设其比。"① 这就是说,宇宙阴阳之道被工匠利用,并广泛应用到各种造物活动中。同样,"天有时,地有气"的天地观也是中华工匠汲取宇宙运行之法进而取法至造物之中的核心宇宙精神。

第二,"行为基因",即工匠造物行为所呈现的法象精神、工巧精神、美饰精神、善合精神等核心基因序列。"天有时,地有气,材有美,工有巧,合此四者,然后可以为良。"这句话内涵是中华工匠精神的行为基因组最佳("良")要素:法象(天有时地有气)、工巧(工有巧)、美饰(材有美)、善合(合此四者)。行为基因是工匠通过物态化而体现出来的,并形成工匠造物的基本行为模式与核心规范。

"法象精神",或为"取象精神"是中华工匠造物在模范层面的

① 陈成国点校:《周礼·仪礼·礼记》,岳麓书社 2006 年版,第 106 页。

物态化呈现，即工匠通过模像自然宇宙而形成的造物模范。《考工记》曰："轸之方也，以象地也；盖之圜也，以象天也；轮辐三十，以象日月也；盖弓二十有八，以象星也。"可见，天地日月之宇宙物象均是工匠审曲面执之物象，以饬五材之意象，以辨民器之形象。"取象精神"是一种具有定质与定性的双重特征的比类观，它是东周工匠思维早熟的显著标志。因为工匠的比类思维需要诸如比喻、举例、比拟、互文、对偶、指代、分承、变易等修辞手法，甚至需要工匠在这些修辞话语背后探觅到比类事物的内涵序列——异质、矛盾、对比、转换、个性、共性——的特殊哲学思维性状。换言之，《考工记》所彰显的工匠在比类思维偏好上具有非常成熟的哲学思维性状。

"工巧精神"是中华工匠在造物中的技术性的完美呈现。就技艺性而言，中华工匠具有"智者"与"巧者"的双重身份。《考工记》曰："知得创物，巧者述之守之，世谓之工。"在此，足以能见出中华古代工匠的"智创"乃"圣人"之作。《考工记》曰："百工之事，皆圣人之作也。"[1] 换言之，中华工匠的工巧精神就是一种智创精神。同时，"工有巧"或"三材既具，巧者和之"也是工匠的技术指标与核心要件。在清代，《考工典》专设"工巧部"，其下由"名流列传"（1篇）、"总论"（1篇）、"艺文"（1篇）、"纪事"（1篇）、"杂录"（1篇）等构成。其中，"名流列传"部分按章编年体分纲目记录历代著名工匠，"总论"收录历代对工巧之评述，"艺文"收录文学作品中描述工巧的可采的、精要的辞藻，"纪事"作为"汇考"的补充而收录一些有关工巧之琐细可传者，"杂录"载有对工巧考究未真者或经书中对工巧的旁引曲喻之处。可见，从《考工记》到《考工典》，中华工匠之"工巧精神"是一脉相承的。

---

① 陈成国点校：《周礼·仪礼·礼记》，岳麓书社2006年版，第97页。

"美饰精神"是中华工匠在造物中的美学思想传达，也是工匠造物在生存、生活与生命层次的艺术化追求。《考工记》所凸显的"天有时，地有气，材有美，工有巧"之思想暗示了工匠的美饰精神依赖于造物的材料（材料之美）与技术（工巧之美），同时也取法于天地之时气（自然之美）。换言之，中华古代工匠对"美"的基本立场是：美是在关系及其物质性上的自然显现。换言之，这种对造物的关系之美（善合四者为良）、物质之美（材有美）与自然之美（天有时，地有气）的追求体现了中华古代工匠朴素的唯物美学观。

"善合精神"是中华工匠在造物中的哲学立场或生态关怀，也是中华工匠的整体思维下的宇宙认识论之体现。《考工记》之"善合精神"是贯穿始终的，并体现于信念、行为与价值的各个层面。"天有时，地有气，材有美，工有巧，合此四者，然后可以为良"（天地之善合，美巧之善合）、"三材既具，巧者和之"（材料之善合）、"毂注则利准，利准则久，和则安"（善合之久安）、"九和之弓"（善合之"礼"）、"为天子之弓，合九而成规"（善合之"制"）等，它们均反映工匠造物行为的善合精神。"善合精神"是中华工匠精神的最完美的生命呈现形态，也是中华工匠行为基因中的精髓与核心。在思维层面，"善合精神"是"善合理念"在行为的物态化上的展现。中华工匠的善合理念是"天人合一"或"中庸为美"在造物上的具体呈现，也是实现和谐、包容、合一等可靠途径。

实际上，行为基因组的"四大精神"，即是工匠"宇宙精神"在行为上的具体显露。因为法象、工巧、美饰、善合均是遵循宇宙法则与自然规律的。

第三，价值基因，即"致用精神"基因，这是中华工匠在价值层面上最为主要的呈现。因为在工匠看来，"凡试梓饮器，乡衡而实不尽，梓师罪之"，又或"审曲面执，以饬五材，以辨民器，谓之百工"，此处对"百工"的界定，揭示中华工匠的价值基因：致力于民器，器致用于民。当然，中华传统工匠的价值基因是多方面的，但最为主要的是致用基因。不过这里的"致用"之"用"是多层面的，有日常生活之用，或有祭祀之用，也有美饰之用。

简言之，在中华工匠精神核心基因组中，"信念基因"是中华工匠精神的本体灵魂；"行为基因"是中华工匠精神物态化的关键要素，也是信念基因与价值基因的中介性基因，即信念基因通过行为基因而实现其价值基因；"价值基因"是工匠精神的共同信念与行为规范施行的理想准则与生命追求。

《考工记》既是中华工匠文化的元典，又是中华工匠精神的首次出场。从体系上看，《考工记》之中华工匠精神的首次出场显示出一种"基因早熟"。因为它出现了中华工匠精神的核心序列基因，并具有一定体系性的组序特征。

在文化遗传上，东周《考工记》之中华工匠精神的核心基因，如同遗传学学科内的基因一样，即时"带有可复制的遗传讯息的DNA 片段"。抑或说，遗传基因一般有两个核心特征：一是基因能忠实地复制自己，以确保生物的基本性状；二是能遗传或繁衍后代，以保持基因的生命延续。当然，受精卵或母体受到环境或遗传的干扰，后代遗传基因组也有可能会引发某种程度的缺陷或突变。那么，《考工记》之中华工匠精神基因是如何被复制或遗传的呢？在此，可以通过明代黄成的《髹饰录》窥见一斑，也足以明辨《考工记》之中华工匠精神基因是早熟的，基本确立了中华工匠精神的核心基因组。因为它的核心基因通过从东周到明代的长时间的遗传或变异之后，在《髹饰录》中依然能透视其基因组序列的早期性状与核心功能。

在工匠精神的内涵层面，《髹饰录》所折射的中华工匠精神序列也是由信念、行为与价值构成的。在体系上分析，《髹饰录》之中华工匠精神的核心理论体系由"宇宙精神"主体（共同信念）、

"圣创精神、善合精神"两大层次（行为规范）、"求精—求美的精神、朴素—致用的精神、诚信—敬业的精神、传道—严谨的精神"的四大核心指向（价值标准）构成。与《考工记》相比，《髹饰录》遗传的中华工匠精神序列是"宇宙精神"与"朴素—致用的精神"，而变异的是工匠精神序列是原来的"行为基因"变成了"圣创精神"与"善合精神"，这两种工匠精神恰恰是中华工匠精神最完美的呈现形式。在进化论意义上，《考工记》之中华工匠的"行为基因"中的"法象精神、工巧精神、美饰精神"被"圣创精神"所替代，这种基因重组也可以说是工匠精神基因的成长与变异的结果。

第一，复制与遗传"宇宙精神"。对于髹漆工匠黄成而言，他的髹漆世界，就是一个漆艺宇宙或自然宇宙。在结构安排上，作者精心设计的《髹饰录》分为乾、坤两集，寓意全书本身就是一个自然宇宙。在叙事体例上，《髹饰录》在"利用第一"篇谈及髹漆的工具和原料，所采用的描述方式是依据宇宙学理念建构了工匠的工具论和原料论。抑或说，《髹饰录》知识叙事模式采用自然宇宙的运行模式，凭借日月星辰、春夏秋冬、山河湖海等自然时空伦序比附漆艺知识。譬如以"日辉"比附"金"，以"月照"比拟"银"，以"电掣"比拟"锉刀"，以"露清"比附"桐油"，等等。这些宇宙隐喻的比附思想是作者宇宙精神的直接书写，抑或说宇宙模式是《髹饰录》叙事的核心思维方法，并彰显工匠的宇宙精神。

第二，遗传与复制了"圣创精神"与"善合精神"。在圣创层面，《髹饰录》提出工匠的圣者或神者之造化思想。《髹饰录·乾集》曰："凡工人之作为器物，犹天地之造化。所以有圣者有神者，皆以功以法，故良工利其器。"[1]作者黄成在此将工匠造物或界定为

---

[1] 王世襄:《髹饰录解说》,文物出版社1983年版,第25页。

"天地之造化"行为，确立作为工匠职业的"圣者"或"神者"在整个造物系统中的作用，具体表现为"功"与"法"两个维度的行为价值。工匠的"圣创精神"是一种极具活力的创新思想。《髹饰录》开篇所言及工匠造物犹如造化，即《考工记》所载"圣创"。《考工记》曰："知得创物，巧者述之守之，世谓之工。"这句话道出了"工"的形成或有三个阶段：知得创物（圣人）；巧者述之守之（巧匠）；工（百工）。换言之，"工"的不祧之祖或为"圣人"。那么，工匠的行为即为"圣创"。可见，此处的"工匠精神"就是"圣创精神"。《考工记》曰："百工之事，皆圣人之作也。"① 在哲学层面，"圣人"，即指有限世界中的无限存在。换言之，工匠能创造无限存在，即"智得创物"。在造物源层面，所谓"圣创"，即创新思想。可见，《髹饰录》之"圣创精神"是对《考工记》所载工匠创物思维的一种遗传与变异。另外，"善合精神"，即中华工匠的哲学行为规范。在黄成看来，工匠造利器如四时，所用美材如五行，这关键的行为规范在于"善合"与"采备"。在哲学层面，《髹饰录·乾集》指出："四时行、五行全而物生焉。四善合、五采备而工巧成焉。"② 实际上，"采备"之伦理也需"善合"之精神。《楷法第二》曰："巧法造化；质则人身；文象阴阳。"③ 这里的髹漆"三法"之"法"，或为法天、法人与法自然，即天地人"三法合一"的髹漆理念。对于工匠精神而言，髹漆"三法"集中体现工匠的"善合精神"。很明显，《髹饰录》之"善合精神"是对《考工记》之"善合精神"的复制与遗传。

第三，遗传与进化中华工匠精神的价值基因。《髹饰录》之求精—求美精神、朴素—致用精神、诚信—敬业精神与传道—严谨精

---

① 陈戍国点校：《周礼·仪礼·礼记》，岳麓书社2006年版，第97页。

② 王世襄：《髹饰录解说》，文物出版社1983年版，第25页。

③ 王世襄：《髹饰录解说》，文物出版社1983年版，第50—51页。

神是对《考工记》之工匠精神的致用基因的遗传与进化。《髹饰录》
所载"六十四过"，即表现工匠在技术品质层面的精益求精精神。
在创物功能层面，朴素—致用的精神是创物的功能需要，也是工匠
对创物被使用的价值标准。《髹饰录》给工匠造物提出了非"荡心"
与非"夺目"的美学标准。《楷法第二》载工匠髹漆"二戒"曰：
"淫巧荡心；行滥夺目。"① 在制器形式装饰美学上，工匠得戒除
"淫巧荡心""行滥夺目"之滥饰。换言之，黄成主张创物需要朴素
与致用之美，这种朴素—致用的精神就是中华工匠精神的求善、求
用精神。在工匠品质层面，诚信—敬业的精神是工匠的行为伦理需
要，也是创物对工匠提出的职业价值标准。《楷法第二》载髹漆之
"四失"，即在行为伦理上，工匠不可有"制度不中（不鬻市）"
"工过不改（是谓过）""器成不省（不忠乎）""倦怠不力（不可
雕）"② 之失范。黄成反对"四失"，即体现出工匠的诚信—敬业的
精神，中华工匠精神就是求真、求诚的精神。同时，传道—严谨的
精神是工匠的知识传承需要，也是创物对工匠提出的品质价值标
准。《楷法第二》载工匠髹漆"三病"曰："独巧不传；巧趣不贯；
文彩不适。"③《髹饰录》认为"独巧不传"为工匠之病，一改传统
"述之守之"的工匠文化传承理念。在心理以及行为技巧上，工匠谨
防"独巧不传""巧趣不贯""文采不适"之病理。"三病"思想反映
黄成对工匠的知识传承立场，即主张中华工匠的传道—严谨的精神，
它或是一种发展进步的精神。可见，《髹饰录》之中华工匠精神在价
值标准上已然走出了早期《考工记》所追求的"致用之美"，并在求
精—求美精神、朴素—致用精神、诚信—敬业精神、传道—严谨精神
等核心指向上遗传与进化了早期中华工匠精神核心基因。

---

①　王世襄：《髹饰录解说》，文物出版社 1983 年版，第 51 页。

②　王世襄：《髹饰录解说》，文物出版社 1983 年版，第 51—52 页。

③　王世襄：《髹饰录解说》，文物出版社 1983 年版，第 52 页。

在阐释中发现,《考工记》已然潜藏着中华工匠精神的核心基因组,并由信念、行为与价值之三大序列构成,即形成了中华工匠的信念基因、行为基因与价值基因。中华工匠精神核心基因主要是通过物态化与信息化的双重路径展现其独特的属性。一方面借助工匠行为而体现于物态化的造物之中;另一方面又借助工匠的信念与价值而体现在生活态度、生存方式与价值信仰之中。澄鉴此论,能增益于中华工匠精神核心基因的当代传承及其社会化内容选择,并具有重大社会价值与实践意义。

第一,发掘中华工匠精神基因是传承中国传统文化的"中国精神"。中华工匠精神基因是中华优秀文化的凝练化集成,也是中华民族精神的集中体现。发掘《考工记》之中华工匠精神的基因有益于再现中华优秀文化传播与中华民族精神,从而在文化自信上发挥中华传统文化的当代价值。2017年1月,中共中央办公厅、国务院办公厅印发《关于实施中华优秀传统文化传承发展工程的意见》(以下简称《意见》)。《意见》明确指出了实施中华优秀传统文化传承发展工程的总体目标为:"到2025年,中华优秀传统文化传承发展体系基本形成,研究阐发、教育普及、保护传承、创新发展、传播交流等方面协同推进并取得重要成果,具有中国特色、中国风格、中国气派的文化产品更加丰富,文化自觉和文化自信显著增强,国家文化软实力的根基更为坚实,中华文化的国际影响力明显提升。"这个目标透露,实施中华优秀传统文化传承发展工程要在研究阐发、创新发展等方面协同推进,旨在增强我国文化自觉与文化自信,坚实国家文化软实力。对于传统文化研究者而言,"研究阐发"必将是一项重要"课题"。《意见》还进一步指出:"加强中华文化研究阐释工作,深入研究阐释中华文化的历史渊源、发展脉络、基本走向,深刻阐明中华优秀传统文化是发展当代中国马克思主义的丰厚滋养,深刻阐明传承发展中华优秀传统文化是建设中国特色社会主义事业的实践之需,……着力构建有中国底蕴、中国特色的思想体系、学术体系和话语体系。"显然,这里又为我们"如何阐发"研究提供理论路线图。实际上,中华工匠精神的阐发就是为着力构建有中国底蕴、中国特色的思想体系、学术体系和话语体系提供有力支撑。

第二,发掘中华工匠精神基因是应对全球化的"中国动力"。中华工匠精神是社会内聚力的核心动力,发掘中华工匠精神有益于提增当代全球化背景下的社会发展的精神内聚力。《考工记》之东周齐国在当时诸侯国中的文化发展与技术先进已反证了工匠精神的社会内聚力,抑或说,齐国的工匠精神在当时的社会发展中显示出社会内聚力的价值。在遗传学上,生物的各种功能与性状近乎均是基因的相互作用的产物,抑或说,生命的生理过程是环境和遗传的互相依赖、作用与制约的过程。中华工匠精神基因是在社会与文化相互依赖中形成,它既是传统文化中的信念、规范与价值的核心成分,也是社会内聚力的核心动力系统。因此,在当代复兴中华工匠精神对于提增全球背景下的社会发展的精神内聚力具有重大意义。

第三,发掘中华工匠精神基因是应对全球化的"中国方案"。中华工匠精神基因注入当代"中国制造",能在提升品牌、提增品类与提高品质上发挥重要"遗传性变异"功能;同时在提升"中国形象"上也具有不可忽视的作用。被古丝绸之路广泛传播的中国器物是中国"真正的全球性文化的首次登场"。然而现在的中国制造已经遍布全球,然而没有一种像皮尔·卡丹、生态宜家、文化耐克、故事芭比娃娃等世界性文化品牌。实际上,当代欧美发达国家的品牌产品文化一再显示:器物叙事功能越强,文化传播功能就越强,就越能产生巨大的经济效益。对于中国文化的海外传播来说,打造器物的文化传播功能是一个亟待解决的任务。中国制造中能够有一批货物富含中国文化被世界广泛认可,那么,中国出口的货物不仅能够产生更大的利润,而且会成为中国文化海外传播的新通道。因此,发掘中华工匠精神对于中国制造的再次"真正的全球性文化的首次登场"意义非凡。

第四，发掘中华工匠精神基因是厚植中国文化的"中国路径"。发掘中华工匠精神核心基因，也有利于中华工匠精神的社会化路径的选择与培植，增益于我国当前正在实施的中华传统文化传承工程以及中华传统工艺文化传承工程。因为在传承与发展中华工匠精神或民族精神的具体操作层面，只有廓清中华工匠精神的具体基因，才能有目标内容的继承与发展，否则在没有阐释或辨明的前提下言及中华工匠精神是没有理论基础的，甚至是无效的。

简言之，发掘中华工匠精神基因就是传承与发展中国精神，也是应对全球化所带来的社会问题而贡献给世界的中国动力、中国方案与中国路径。

五　理论体系

作为观念体系，中华工匠精神理论体系的探究，可以从《髹饰录》里寻找。

《髹饰录》是中国明代漆工知识文本，其知识叙事与结构体例极其隐晦。中华工匠精神是传统工匠在长期手作实践中形成的共同理念、行为规范与价值标准之综合。在道家思想、心性论与身体美学等层面，《髹饰录》的隐喻叙事俨然折射出了中华工匠精神的核心理论体系。该体系是由"宇宙精神"主体（共同信念）、"圣创精神、善合精神"两大层次（行为规范）、"求精—求美的精神、朴素—致用的精神、诚信—敬业的精神、传道—严谨的精神"的四大核心指向（价值标准）构成。抑或说，《髹饰录》的隐喻叙事内藏中华工匠精神的核心理论范式。澄鉴此论，能增益于辨明中华工匠精神的核心理论内涵及其社会化路径。

近年来，传统工匠文化中的"工匠精神"显然被提升至社会显赫的高度。这主要来自三大方面的社会动力：一是"中国制造"及其外贸出口遇到了发展瓶颈，尤其是在品质、品牌与品类（即"三品"）上亟待工匠精神扩增其在国际贸易市场的占有份额；二是"中国速度"及其经济发展大大超过了文化发展速度，尤其是高速发展的经济建设所追求的是高效生产的机械化、集成化、市场化与商品化，这种"短平快"的经济模式急需工匠精神的"长细慢"价值观滋养；三是中国政府的高度重视及学者的热关注，也使得"工匠精神"在短时间内成为"显学"。在上述社会动因指引下，工匠精神的内涵及其社会化路径的研究已然成为学界最为关切的研究题域。

那么，如何在中华传统历史文化视界里辨明"中华工匠精神"的具体指向呢？抑或说，"中华工匠精神"的人文内涵到底是什么？对此问题的回答，关系到"中国制造"与"中国速度"以及中国政府对工匠精神的价值路径的选择。尽管在人文社科学界有部分学者谈及工匠精神，但学界对"中华工匠精神"所做的理论内涵探讨及其从中获取合理的完整内容指向理解是极其有限的。因此，在当代社会语境中，"中华工匠精神"仍是学界崭新的研究领域与亟待研究的理论空间。

在本章以下的讨论中，拟将借用明代隆庆年间安徽新安平沙人黄成所著《髹饰录》为切入口，并以中华传统哲学中的道家思想、心性论与身体美学为研究视镜，窥探《髹饰录》中所隐藏的中华工匠精神的核心理论体系，以期阐明中华工匠精神的共同信念、行为规范与价值标准等核心理论内涵，以此或能增益于当代社会对中华工匠精神的价值传承与理论迁移。

《髹饰录》系明代隆庆年间（1567—1572）安徽新安平沙人黄成①所著的一部髹漆工艺文本，也是中华工匠文化中唯一一部髹漆体系性著作。黄成精通中华传统髹漆，他所造的漆器能与明代官府果园厂漆器相媲美。

---

① 黄成，号大成，字平沙，或为今安徽省黄山市歙县人。

　　《髹饰录》的体例结构分为乾、坤两集，具有宇宙学结构分布特征。全书共十八章，凡正文二百二十条①。《乾集》侧重介绍制器方法、生产原料、髹漆工具及漆事禁忌等内容，《坤集》主要阐释漆器的分类以及漆器品种形态等。《髹饰录》为中国古代漆器的定名、分类与技法以及漆工的操守信念、行为规范与价值标准提供了极为可靠的理论范式。尽管《髹饰录》的问世率先开启中华传统漆工知识独立叙事的新纪元，但由于其叙事语言与结构体例极其简约与隐晦，以至于较少读者能跨进这部"天书"，或很难走出它的"隐喻叙事"，也无法一睹其漆工知识之芳容。

　　在工艺界，由于《髹饰录》的隐喻叙事，以至于部分学者认为该部作品艰涩隐晦或佶屈聱牙，似乎有"守之"而不愿为后人传习之嫌。令人惊讶的是，在《髹饰录·楷法第二》中，作者却认为"独巧不传"乃是漆工之病也。换言之，黄成对工匠手艺的传承是持积极态度的，并非如东周《考工记》中所载传统工匠知识以"守之述之"为传承方式。借此，可以认为，《髹饰录》对于传统工匠文化的传承是开放的、积极的。那么，为什么又会出现如此隐晦、隐喻的《髹饰录》呢？这必然有其特定的社会学原因。大致说来，或有以下几点：首先，明代的"文字狱"或是《髹饰录》隐喻叙事的罪魁；其次，据顾炎武（1613—1682）《天下郡国利病书》②载，明代以降，文艺活动的大众化、商业化趋势日趋明显。特别是晚明商人与知识分子的活动界限日趋模糊，文艺的"雅""俗"边界已分崩离析，《髹饰录》的叙事体例与语言风格或是力挽文艺之雅的一种努力；最后，隐喻的《髹饰录》可能与工匠黄大成的髹漆风

　　①　（明）黄成著，（明）杨明注，王世襄编：《髹饰录》，中国人民大学出版社2004年版。

　　②　参见（清）顾炎武《四部丛刊》三编·史部《天下郡国利病书》（第8册），上海书店1935年版。

格、叙事习惯及其语言风格相关，当然这种风格与中晚明复古风也或存在一定关联。可见，《髹饰录》作为一部隐喻的漆学文本的横空问世，它的背后隐喻了一部全域式的社会文化及其制度。

就中华工匠精神而言，它必然是中华工匠文化的一部分。《髹饰录》本就是一部经典的具有体系性的中华工匠文化文本，那么，《髹饰录》也必然隐喻了一种具有体系性的中华工匠精神的核心理论系统。

在内涵指向上，中华工匠精神就是中华工匠的至高信念、行为规范与价值标准的综合。这些内涵指向在《髹饰录》中主要隐喻在道家思想、心性论与身体美学等哲学层面。

在道家层面，《髹饰录》提倡道家的"简朴致用"思想。据《明史·儒林传》①载，明初诸儒，皆朱子门人之支流，以朱学复旧制、正纲纪的明初，程朱理学的国统地位日渐形成，但随着明太祖的"诏复唐制"思想的逐渐深入以及国力强盛，尤其是明代文人宗汉崇唐、复古臻雅的思想开始活跃。因此，在制器层面，汉唐"错彩镂金"的繁缛之风开始风行。在明代，有较多文献②记载或援引明代精于装饰的漆器制造，它们记录了朝廷"靡然向奢"的消费风尚以及繁缛装饰之盛况。因此，《髹饰录》或是明代社会奢靡主义的风向标。

面对明代中晚期的制器奢靡之风，黄成主张工匠髹漆行为规范要"二戒"，即《楷法第二》载，一戒"淫巧荡心"，二戒"行滥

---

① （清）张廷玉等：《明史》，中华书局1974年版，第7222页。

② 在明代很多知识文本中多有漆艺知识援引，如马愈《马氏日抄》（明刻本），董其昌《骨董十三说》（民国刻本），刘侗、于奕正《帝京景物略》（明崇祯刻本），曹昭《格古要论》（明刻本），张岱《夜航船》（清嘉庆刻本），沈德符《万历野获编》（明抄本），高濂《遵生八笺·燕闲清赏笺》（明万历刻本），宋应星《天工开物》（明刻本），李日华《六研斋笔记》（明崇祯刻本），文震亨《长物志》（明刻本），刘应钶《嘉兴府志》（明万历刻本），方以智《物理小识》（清刻本），等等。

夺目”，即反对淫巧与夺目。这与老子主张“朴散则为器”以及庄
子主张“不求文以待形”之制器思想一脉相承。黄成不仅在思想理
念上反对淫巧与夺目，还在具体行为操作上提出解决这一问题的具
体办法。《楷法第二》指出：“巧法造化；质则人身；文象阴
阳。”① 这就是说，黄成并非一味反对技巧，而是要做到天地造化之
“巧法”；也并非排斥夺目，而要做到质则人身与文象阴阳。换言
之，黄成在道家立场上作了灵活的传承与发展，创造性地提出了中
华工匠的行为规范，即工匠制器不能淫巧荡心与行滥夺目，而要做
到巧法造化、质则人身与文象阴阳。这种理念显然是道家哲学思想
在髹漆中的深度继承与创新发展。

　　很明显，黄成在道家理论体系下规约了工匠的基本行为规范。
抑或说，《髹饰录》在行为规范上隐喻出了中华工匠精神的内容指
向。这种内容之隐喻彰显出《髹饰录》之髹器“物体系”向漆工
“思体系”迈进的道家式的“去奢”而“朴散”之工匠精神。

　　所谓“心性论”，即关于“圣人之心”的学术，它是中华儒道
思想之枢机。《孟子》曰：“形色，天性也。”在大兴理学的明代背
景下，“心”与“性”（“情”）已然泾渭分明。因此，明代市民之
“人欲”与理学之“天理”间的区隔与斗争也日趋激烈。

　　那么，这种“人欲”与“天理”之间的矛盾与争斗是如何形成
的呢？尽管明代理学盛行，但明代城市格局被商业化新经济打破之
后，都市市民阶层的审美思想日益膨胀，新市民阶层与统治阶级或
贵族都希望获得致美漆器的消费。因此，明代漆器的奢华之风高
涨，它不但满足了新兴市民的日常美学消费，也满足了统治阶层奢
靡器物需求。于是，在心性层面，《髹饰录》提倡物为人用，器不
荡心，反对“心”“性”分离，呼唤心性相融。《髹饰录》所言

---

① 王世襄：《髹饰录解说》，文物出版社1983年版，第50—51页。

"淫巧荡心，行滥夺目"① 就是主张心性合一的思想理念。抑或说，黄成主张心性与形目之同一。

黄成所主张的"心性不二"与孟子的心性论有相通之处。在孟子看来，"有诸内必形诸外"。孟子的"心性不二"或"天人贯通"之心性哲学贯通了天地人的联系，将宇宙视为一个整体。实际上，《髹饰录》的隐喻叙事体例就是采用自然宇宙的整体运行模式，贯通天地人，凭借日月星辰、春夏秋冬、山河湖海等自然伦序比附漆工知识，以期达到"心性不二"。显然，《髹饰录》既继承程朱理学格物致知的宇宙理论，又割除了程朱理学"存天理，灭人欲"的滞瘤。

在程朱理学社会背景下，黄成在《髹饰录》中独树一帜地提出了"身体美学"思想。在《楷法第二》中曰："巧法造化；质则人身。"② 所谓"质则人身"，即指漆工髹漆行为规要取法人神之骨肉皮筋之象。这实际上反映了明代身体美学的觉醒，并通过在髹漆工艺中的具体介入而得到发挥，这与"存天理，灭人欲"的程朱理学显然是相对抗的。

作为"物文化"的身体美学向度，《髹饰录》明显透视出中华工匠精神的价值标准，即器物是为人服务的。那么，它的制器思维必然取法于人身。《髹饰录》给工匠制器提出了非"荡心"与非"夺目"的行为规范，实质就是为髹漆工匠在身体美学层面（身之心、身之目）提出具体操作要求与价值标准。当然，透过《髹饰录》的隐喻叙事，也能看出明代时期的身体美学具有明显的反社会化动向，尤其是针对程朱理学的反身体思潮。

在身体美学的视野下，《髹饰录》从理论系统上已然隐喻性地规定了工匠的"工则"与"工法"的行为规范，也确立了工匠的

---

① 王世襄：《髹饰录解说》，文物出版社1983年版，第51页。

② 王世襄：《髹饰录解说》，文物出版社1983年版，第50—51页。

"工戒""工失""工病""工过"等具体的价值标准，这些简约的、有益于身体的美学思想中显赫地呈现出中华工匠精神的核心行为规范指向。

所谓"工匠精神"，主要是指工匠在长期实践活动中形成的共同信念、行为规范与价值标准的综合。《髹饰录》所体现的中华工匠精神核心理论体系是由工匠在长期实践过程中形成的信念观、行为观与价值观构成。

《髹饰录》所彰显的中华工匠精神核心理论体系（见图4-2）可以简要概括为：信念观："一大主体"（宇宙精神）、行为观："两大层次"（圣创精神、善合精神）、价值观："四大核心指向"（求精—求美的精神、朴素—致用的精神、诚信—敬业的精神、传道—严谨的精神）。"一大主体""两大层次""四大核心指向"之间的逻辑关系是："主体"是灵魂，"层次"是主体的"两仪"，"核心指向"是"层次"的具体标准。

"一大主体"信念观，即"宇宙精神"，这是《髹饰录》贯穿始终的主体精神，也是工匠在长期实践活动中形成的共同信念。因此，"宇宙精神"或为"宇宙信念"，这是工匠乃至人类最为崇高的共同信念。人类的一切时间、空间与物质均来自宇宙，那么，工匠造物的主体信念也自然源自于宇宙。通观《髹饰录》可以发现，作品中的时间叙事、空间叙事与物质叙事均为宇宙叙事，即用宇宙的春夏秋冬、东南西北与日月星辰来比附漆工髹器知识。换言之，黄成将工匠的共同信念提升至宇宙精神高度。宇宙精神是中华工匠精神的精髓与灵魂，也是人类造物行为的最高信念与理想形态。

"两大层次"行为观，即"圣创精神、善合精神"，这是《髹饰录》的宇宙精神主体的两大类别层次或两仪（天地或阴阳）层次——"圣创精神"（天地之造化）、"善合精神"（阴阳之相倚），这两仪层次也是工匠在长期实践过程中形成的关键行为规范。在《髹饰录》中，最具有代表性与概括化的行为是圣创与善合。圣创

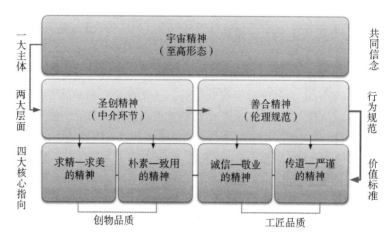

图 4-2　《髹饰录》：中华工匠精神的核心理论体系

行为，即创造行为，这是天地造化之制器的中介环节，也是工匠行为的本质特征；善合行为是圣创行为的最高规约，即在阴阳相倚中实现制器与宇宙的和谐、与自然的和谐、与人的和谐、与社会的和谐。抑或说，天地造化是宇宙精神与善合精神之间的中介行为，善合行为是工匠行为的最高规约。

　　"四大核心指向"价值观，即"求精—求美的精神、朴素—致用的精神、诚信—敬业的精神、传道—严谨的精神"，这四大指向是中华工匠在长期实践过程中形成的核心价值标准。相对而言，圣创精神（创物品质）指向求精—求美的精神与朴素—致用的精神；善合精神（行为品质）指向诚信—敬业的精神与传道—严谨的精神。当然，中华工匠精神的价值指向还有其他内容，《髹饰录》所隐喻的中华工匠精神的价值观内容是最为核心的四大指向。其中，求精—求美的精神是指向创物的品质标准；朴素—致用的精神是指向创物的功能标准；诚信—敬业的精神与传道—严谨的精神均是指向工匠自身的道德品质标准。

第一，中华工匠精神的主体：宇宙精神，它是中华工匠精神的至高形态，也是中华工匠的共同信念。同时，宇宙精神还是中华工匠精神的理性基础。

"宇宙精神"是《髹饰录》中所彰显的中华工匠精神的主体与灵魂。黄成将中华髹漆融入天地万物之中，将漆工知识纳入宇宙体系书写。在《髹饰录》的结构章节与内容安排及其叙事体例上，均能显示出作者的宇宙性理念与思想，处处凸显出工匠精神的至高形态——宇宙精神。应当说，黄成是世界上第一个将工匠提升至宇宙身份的艺术家与思想家。

对于髹漆工匠黄成而言，"宇宙便是吾心，吾心即是宇宙"（陆九渊语）。他的髹漆世界，即是一个漆艺宇宙。因此，在结构安排上，《髹饰录》分为乾、坤两集，寓意全书本身就是一个小宇宙。在叙事体例上，《髹饰录》在"利用第一"篇主要谈及髹漆的工具和原料，所描述的方式采用了宇宙学理念，建构了工匠的工具论和原料论。抑或说，《髹饰录》知识叙事模式采用自然宇宙的运行模式，凭借日月星辰、春夏秋冬、山河湖海等自然时空伦序比附漆艺知识。譬如以"日辉"比附"金"，以"月照"比拟"银"，以"电掣"比拟"锉刀"，以"露清"比附"桐油"等。这些隐喻的比附思想是作者宇宙精神及其对工匠宇宙精神的书写。

具体地说，《髹饰录》在"利用第一"篇的工具论和原料论，大量使用宇宙学结构元素，并在这些宇宙元素中创构了漆艺宇宙。这些元素如天运（旋床）、日晖（金）、月照（银）、宿光（蒂）、星缠（活架）、津横（荫室中之栈）、风吹（揩光石并桴炭）、雷同（砖石）、电掣（锉刀）、云彩（色料）、虹见（五格揩笔砚）、霞锦（螺钿、老蚌、车螯、玉珧之类）、雨灌（髹刷）、露清（罂子桐油）、霜挫（削刀并卷凿）、雪下（筒罗）、霰布（蘸子）、雹堕（引起料）、雾笼（粉笔并粉盏）、时行（挑子）、春媚（漆画笔）、夏养（雕刀）、秋气（帚笔并茧球）、冬藏（湿漆桶并湿漆瓮）、暑潺（荫室）、寒来（朽）、昼动（洗盆并帉）、夜静（窨）、地载（几）、土厚（灰）、柱括（布并斳絮、麻筋）、山生（捎盘并髹几）、水积（湿漆）、海大（曝漆盘并煎漆锅）、潮期（曝漆挑子）、河出（模凿并斜头刀、锉刀）、洛现（笔觇并揩笔觇）、泉涌（滤车并幬）、冰合（胶）。由此可见，黄成所采用的漆艺知识术语均为宇宙中的时间（如春夏秋冬、暑寒昼夜）、空间（如山水海、河洛泉）与物质（如风雷电云、雨露霜雪）之要素。总之，《髹饰录》的知识叙事暗示：漆艺之美是宇宙之美的化身，工匠精神是宇宙精神的分延。

第二，中华工匠精神的两仪：圣创精神与善合精神，它是中华工匠在实践过程中一直秉承与发展的主要行为规范。

首先，圣创精神是天地之造化精神，即创新精神。中华工匠精神就是创新精神，这是中华工匠精神的本质特征。

在本源上，工匠创物是天地之造化行为，"天地之造化"或为一种造物思维。"观物取象"或"法天象地"是中华古代工匠创物的根本思维方法，这种"取象"或"法象"思维方法论决定了中华古代工匠文化早熟及其精神境界的超脱，进而形成了中华工匠特有的圣创精神。

在创新层面，《髹饰录》提出工匠的圣者或神者之造化思想。《髹饰录·乾集》曰："凡工人之作为器物，犹天地之造化。所以有圣者有神者，皆以功以法，故良工利其器。"[①] 作者黄成在此将工匠造物或界定为"天地之造化"行为，确立作为工匠职业的"圣者"或"神者"在整个造物系统中的重要作用，具体表现为"功"与"法"两个维度的行为价值。

工匠的圣创精神是一种极具活力的创新思想。《髹饰录》开篇

---

① 王世襄：《髹饰录解说》，文物出版社1983年版，第25页。

所言及工匠造物犹如造化，即《考工记》所载"圣创"。《考工记》曰："知得创物，巧者述之守之，世谓之工。"这句话道出了"工"的形成或有三个阶段：知得创物（圣人）；巧者述之守之（巧匠）；工（百工）。换言之，"工"的不祧之祖或为"圣人"。那么，工匠的行为即为"圣创"。可见，此处的工匠精神当是圣创精神。《考工记》曰："百工之事，皆圣人之作也。"① 在哲学层面，"圣人"，即指有限世界中的无限存在。换言之，工匠能创造无限存在，即"智得创物"。在造物源层面，所谓"圣创"，即创新设计思想。可见，《髹饰录》所隐喻的圣创精神是对《考工记》所载工匠创物思维的一种继承与发展。

其次，善合精神：阴阳之相倚。善合精神，是一种处理各种关系的伦理精神，中华工匠精神就是伦理精神，这是中华工匠的最高行为规范。

阴阳是宇宙中相反相倚事物的一种抽象。在哲学层面，《髹饰录·乾集》指出："四时行、五行全而物生焉。四善合、五采备而工巧成焉。"② 在黄成看来，工匠造利器如四时，所用美材如五行，这关键的行为规范在于"善合"与"采备"。实际上，"采备"之伦理也需"善合"之精神。《楷法第二》曰："巧法造化；质则人身；文象阴阳。"③ 这里的髹漆"三法"之"法"，或为法天、法人与法自然，即天地人"三法合一"的髹漆理念。对于工匠精神而言，髹漆"三法"集中体现了工匠的"善合精神"。

简言之，宇宙精神是中华工匠精神的主体与灵魂；中华工匠的圣创精神抑或为中华工匠的创新精神，是工匠行为规范的基石，也是中华工匠宇宙精神与善合精神之间的中介环节；善合精神或为中

---

① 陈戌国点校：《周礼·仪礼·礼记》，岳麓书社2006年版，第97页。
② 王世襄：《髹饰录解说》，文物出版社1983年版，第25页。
③ 王世襄：《髹饰录解说》，文物出版社1983年版，第50—51页。

华工匠行为的最高伦理规范，是协调天地人的伦理精神，这也是中华工匠精神的行为规范的核心所在。

再次，工匠精神的四大核心指向：求精—求美的精神、朴素—致用的精神、诚信—敬业的精神、传道—严谨的精神。

在创物品质层面，求精—求美的精神是创物的品质需要，也是工匠对创物品质的价值标准。《髹饰录》对工匠之"过"的隐喻叙事，其实就是反映出作者对中华工匠精神在技术品质上的要求，即求精求美。抑或说，求精—求美的精神，就是中华工匠精神的价值规范。在具体技术层面，《楷法第二》载工匠髹漆"六十四过"曰："匏漆之六过（冰解、泪痕、皱皶、连珠、颣点、刷痕）色漆之二过（灰脆、暗黑）；油彩之二过（柔粘、带黄）；贴金之二过（癍斑、粉黄）；罩漆之二过（点晕、浓淡）；刷迹之二过（节缩、模糊）；蓓蕾之二过（不齐、溃瘘）；楷磨之五过（露垸、抓痕、毛孔、不明、霉黵）；磨显之三过（磋迹、蔽隐、渐灭）；描写之四过（断续、淫侵、忽脱、粉枯）；识文之二过（狭阔、高低）；隐起之二过（齐平、相反）；洒金之二过（偏累、刺起）；缀甸之二过（粗细；厚薄）；款刻之三过（浅深、绦缕、龃龉）；枪划之二过（见锋、结节）；剔犀之二过（缺脱、丝绉）；雕漆之四过（骨瘦、玷缺、锋痕、角棱）；裹之二过（错缝、浮脱）；单漆之二过（燥暴、多颣）；糙漆之三过（滑软、无肉、刷痕）；丸漆之二过（松脆、高低）；布漆之二过（邪宄、浮起）；捎当之二过（鹽恶、瘦陷）；补缀之二过（愈毁、不当）。"[1] 《髹饰录》所载"六十四过"，即表现工匠在技术品质层面的精益求精的精神。另外，在创物功能（品质）层面，朴素—致用的精神是创物的功能需要，也是工匠对创物被使用的价值标准。《髹饰录》给工匠造物提出了非

---

[1] 王世襄：《髹饰录解说》，文物出版社1983年版，第52—66页。

"荡心"与非"夺目"的标准。《楷法第二》载工匠髹漆"二戒"曰："淫巧荡心；行滥夺目。"① 在制器形式装饰上，工匠得戒除"淫巧荡心""行滥夺目"之滥饰。换言之，黄大成主张创物要朴素与致用，这种朴素—致用的精神就是中华工匠精神的求善、求用精神。

在工匠品质（品德）层面，诚信—敬业的精神是工匠的行为伦理需要，也是创物对工匠提出的职业价值标准。《楷法第二》载髹漆之"四失"，即在行为伦理上，工匠不可有"制度不中（不鬻市）""工过不改（是谓过）""器成不省（不忠乎）""倦怠不力（不可雕）"②之失范。黄大成反对"四失"，即体现出工匠的诚信—敬业的精神，中华工匠精神就是求真、求诚的精神。另外，传道—严谨的精神是工匠的知识传承需要，也是创物对工匠提出的品质价值标准。《楷法第二》载工匠髹漆"三病"曰："独巧不传；巧趣不贯；文采不适。"③《髹饰录》认为"独巧不传"为工匠之病，一改传统"述之守之"的工匠文化传承理念。在心理以及行为技巧上，工匠谨防"独巧不传""巧趣不贯""文采不适"之病理。"三病"思想反映黄成对工匠的知识传承立场，即主张中华工匠的传道—严谨的精神，它或是一种发展进步的精神。

简言之，《髹饰录》在创物品质（圣创）与工匠品质（善合）两个维度提出了求精—求美的精神、朴素—致用的精神、诚信—敬业的精神、传道—严谨的精神等四大核心指向内容，它几乎囊括了中华工匠精神的核心价值标准，这四大精神也是中华工匠的最高行为准则与价值追求。

在阐释中发现，尽管《髹饰录》的知识叙事与结构体例极其隐

---

①　王世襄：《髹饰录解说》，文物出版社1983年版，第51页。

②　王世襄：《髹饰录解说》，文物出版社1983年版，第51—52页。

③　王世襄：《髹饰录解说》，文物出版社1983年版，第52页。

晦，但它在道家思想、心性论与身体美学等层面还是折射出中华工匠精神的共同信念、行为规范与价值标准等体系性理论体系。该体系以"宇宙精神"为信念主体，以"圣创精神、善合精神"为行为两仪，以"求精—求美的精神、朴素—致用的精神、诚信—敬业的精神、传道—严谨的精神"为核心价值指向。从而，一部隐喻的《髹饰录》彰显出中华工匠精神的核心理论体系。

以《髹饰录》为切口，在道家、心性及其美学立场下，辨明中华工匠精神的核心理论内涵，它至少具有以下理论价值与现实意义。

一是明晰了中华工匠精神的至高形态——宇宙精神，这必将为阐明中华工匠精神提供理论高度。只有立足于中华工匠精神的最高理论形态，才能准确把握中华工匠精神的社会化传承路径的空间广度与内容深度。

二是理解了中华工匠精神的两大行为规范，即处于宇宙精神统属下的圣创精神与善合精神。前者是宇宙精神与善合精神的中介环节，因为无论是宇宙精神，还是善合精神都需要圣创精神或创造精神去完成。同时，圣创精神又是善合精神的基础。善合精神是中华工匠精神的最高行为规范，它几乎囊括了中华工匠行为规范的一切（如天地之合、阴阳之合、上下之合、多少之合、虚实之合等）。实际上，善合精神是一种辩证的伦理精神。

三是在价值准则上，厘清中华工匠精神的具体内涵指向，即包括求精—求美的精神、朴素—致用的精神、诚信—敬业的精神、传道—严谨的精神。辨明中华工匠精神的价值准则有利于中华工匠精神在"中国制造"以及"中国速度"下的社会化吸收程度与传承路径的选择。

第五章

中华工匠精神的世界性展开

奢华的中国工艺是一种世界文化形态。在跨文化传播学视野下，丝绸之路工艺输出是中国古代文化与中华工匠精神的一次"远征"，它确证了近代以前中国是世界文化输出的大国。工艺作为中华工匠精神的化身与文化交流的使者，用器物交流的方式向世界赫然敞开它独特的文化之美与精神内涵。"丝路"工艺的输出史实则是中国美学思想及其工匠精神的传播史，它见证了古代中国文化之美的国家身份与世界地位。工艺所承载的中国美学与工匠精神成功地跨出国门，成为世界文化传播的典范，有力地呈现出世界美学思想与工匠文化大融合的态势。

一 汉唐之展开

汉唐是中国封建社会的上升时期，统一的汉唐帝国处于世界中心地位，秉承文化发展与输出主义。"文化外溢"成为汉唐社会一个重大的文化主题与发展理论，其核心诉求不仅关涉输入国文化发展的示范、推动与提升，还指向中华文化与诸蕃文化之间的交流、增益与互补。在国家统一的背景下，国力强盛与国威远扬是汉唐社会共同国征，特别是汉唐丝绸之路的开通，它成为汉唐文化外溢的主要通道与载体。丝绸之路上的文化外溢使诸蕃社会较为便捷地捕获汉唐优秀文化，也成就了汉唐人兼容天下的文化气概及胸怀世界的美学情怀。

汉唐文化千姿百态，工匠文化及其精神是汉唐外溢文化中的一朵奇葩。它的输出、传播与互动具有中华文化外溢的示范意义与独特内涵。那么，汉唐工艺文化外溢是在怎样的历史语境中形成的呢？

在制度层面，尽管汉唐社会均实施中央集权制管理国家，但在处理中央与地方关系上，汉唐社会有明显的差异。西汉国家是在诸侯分权的背景下实施中央集权，而唐代国家是在中央集权下实现地方分权。无论是集权还是分权，汉唐封建中央集权制为国家统一与经济繁荣奠定了制度性保障。汉代文景时期国家为了稳定社会，采取与民休息以及劝课农桑的措施，它为农业与手工业的发展提供政治保障。虽然汉代手工艺原料生产在国家"工"的政策发展中受阻，"商"的巨大社会利润在一定程度上又刺激了工艺的发展。唐代贞观时期国家也实行以农为本和轻徭薄税的政策。因此，作为手工艺的漆器、瓷器亦盛极一时。譬如"螺钿""平脱""剔红"等漆器艺术成绩斐然。漆器一度被列入国家税收什物，甚或成为唐政府漆器外交的重要凭物，更是通往西域或南海的丝路货物。

在文化层面，"儒道并用"是汉唐社会典型的意识形态特征，它为包括漆器、瓷器在内的手工艺发展提供深厚的文化滋养。汉初黄老哲学思想为汉初漆器工艺的发展提供思想准备，"与民休息，凡事简易"是汉初工艺在内的手工业发展的基本方案，也是道家思想与手工艺发展的天然结合。到西汉中后期，以神学儒家为主流的思想是汉代文化发展的主心骨。作为生活器皿体现出"致用为本"的儒家思想，器的图案、纹饰等设计也能体现儒家与神权并用的艺术善意。唐王朝的民本思想使得国家政治清明与经济繁荣，特别是以道家思想为宗的玄宗治国之策，使得唐朝一度成为世界最强大的中心帝国。同时，"均田制"保证了包括漆树在内的农业生产迅速发展，意气风发的民族心态使唐帝国对外贸易走向极度繁荣。许棠《送防州邬员外》曰："椒香近满郭，漆货远通京。"这句话生动反映出了富庶唐代的漆货交易及其繁华场景。

在手工层面，汉唐经济的繁荣与汉唐政府有专门的国家生产机构及手工业者，这为汉唐工艺的发展提供条件。汉代的蜀郡与广汉郡是国家器具生产专属地，并拥有大量的国有手工艺人，他们专门为中央贵族提供所需生活漆器、瓷器等，也为外销漆器提供货源。王维《燕子龛禅师》曰："种田烧白云，斫漆响丹壑。"不仅说明蜀地辛苦的割漆人之多，还暗示了蜀中漆器手工业之盛。在国家经济繁荣的背景下，汉唐时期的漆器生产及其装饰是不计成本的，并且漆器所体现的文化带有"煌煌盛美"的国家意志。因此，"黄口银耳"与"错彩镂金"的汉代漆器有明显的社会奢华美学思想，唐代的"螺钿"与"剔红"也明显昭示大唐帝国的富贵色彩与帝国形状。

总之，从制度层面，汉唐社会的中央集权制度是漆器文化外溢的保障；在文化层面，汉唐社会儒道主流思想为漆器文化外溢提供土壤与阳光；在手工层面，汉唐时期勤劳的皇家工人是漆器文化外溢的主体。

汉唐文化强盛是文化外溢的基本条件，但是文化外溢需要特定的载体与契机才能形成。汉唐漆器文化的对外输出、传播及互动就是汉唐文化外溢的一种载体，特别是汉唐丝绸之路的开通、港口的设置以及丝路贸易为汉唐漆器文化外溢提供契机。

第一，开通丝路航线。汉代是古代中国漆器繁荣的第一个高峰期，漆器通过丝绸之路，经东南沿海港口传入东亚、东南亚、西亚和中亚地区，并经阿拉伯、波斯传入欧洲。根据丝路的陆路与海路区分，汉代大体有"西线"、"东线"与"南线"三条漆器文化外溢路线。西线漆器文化外溢主要通过西北丝绸古道，将内地的漆器以及漆器技术传入西域与欧洲。东线漆器文化外溢通道主要由中国输入高丽，然后经朝鲜半岛再传入日本。南线漆器文化外溢主要经过云南、广西（百越）等经陆路，再经过海上的拓展，流通到百越、安南、身毒、暹罗等国，通达印度、越南、柬埔寨、印度尼西亚等东南亚与南亚地区。《汉书·地理志》记载："自日南障塞、徐闻、合浦船行可五月，有都元国。又船行可四月，有邑卢没国。又船行可二十余日，有谌离国……黄支之南，有已程不国，汉之译使，自此还矣。"① 这段文字确证了汉代与南海诸国的海上贸易路线的事实及海上贸易路线图。另外，波斯、印度及罗马商人与汉代中国商人也有直接接触的历史记载。《后汉书·西域传》曰："（大秦）与安息、天竺交市于海中，利有十倍……其王常欲通使于汉，而安息欲以汉缯彩与之交市，故遮阂不得自达。"② 这里的安息（波斯）与天竺（印度）是中国与欧洲贸易的中转国，中国漆器等商品往往通过南亚与中亚一些国家传入欧洲。

与汉代相比，唐代漆器文化外溢主要通过海上丝路漆器贸易，特别是唐中后期陆上古道丝路受阻，海上丝路进而取代陆上丝路成为唐代国家文化外溢的大通道。在唐代贞元（785—805）年间，宰相贾耽（730—805）受皇命绘制《海内华夷图》，并撰写《古今郡国四夷述》，他在该书中归纳出隋唐以来的 7 条"通夷丝路"，即《新唐书·地理志》所载："集最要者七：一曰营州入安东道，二曰登州海行入高丽渤海道，三曰夏州塞外通大同云中道，四曰中受降城入回鹘道，五曰安西入西域道，六曰安南通天竺道，七曰广州通海夷道。"③ 这 7 条道路中，有 5 条"陆路"，即"营州入安东道""夏州塞外通大同云中道""中受降城入回鹘道""安西入西域道""安南通天竺道"。另外 2 条为"海路"，即"登州海行入高丽渤海道"和"广州通海夷道"。特别是海路通道中的"广州通海夷道"

---

① （汉）班固：《汉书》，中华书局1964年版，第1671页。

② （南朝宋）范晔：《后汉书》，中州古籍出版社1996年版，第847页。

③ （宋）欧阳修、宋祁：《新唐书》，中华书局1975年版，第1146页。

是延伸汉代徐闻出海的当时世界上最长的远及非洲的国际性航道。

汉唐海上丝路商道的开通为中华漆器文化外溢提供重要契机。漆器的身上无疑烙刻汉唐时期的优秀文化，还深深打上汉唐富庶美学的标志。因此，奢华的汉唐漆器给西方人带去的不仅是生活器皿，还有独特的生活文化与审美情趣。

第二，港口设置及管理。港口是文化外溢之端，特别是人工港的开辟必然为文化外溢提供契机。汉代中国南海丝路港口主要有广州港、合浦港与徐闻港等，与东南亚、南印度洋等沿岸国进行通商贸易。后又增设登州港、泉州港、温州港、杭州港等对外贸易港口。至唐代，还增有明州港、扬州港等港口通往东亚、南亚及西亚海岸城市，海上贸易及其文化外溢一度走向极盛。

在汉代，徐闻出海的广州海上丝路在文化外溢过程中占据重要地位。《汉书》曾载，从徐闻港、合浦港船行五月可达越南、泰国、印度、斯里兰卡等国。汉政府置左右侯官于徐闻，加强地方事务及海商监管。唐代李吉甫的《元和郡县图志》载："汉置左右侯官在徐闻县南七里，积货物于此，备其所求以交易有利。"这里徐闻港的"左右侯官"或是汉郡都尉府治下的地方官（署），它虽不是专司通海贸易之事宜，但也见出汉武帝对徐闻港的高度重视。

在唐代，对外海上贸易政策较为宽松，中华文化外溢达到高潮。这主要得益于重视对外文化交流，特别是唐朝国家对外商来华贸易实施特别"优待"，并下诏要求对外国商船贸易不得加税。《全唐文》（卷75）记载唐文宗太和八年（834）之诏："南海藩舶，本以慕化而来，固在接以仁恩，使其感悦……除舶脚、收市、进奉外，任其来往通流，自为交易，不得重加率税。"[①] 优厚的对外通商政策，吸引了海外大量商人来华贸易。较汉代相比，唐代海上贸易管

---

① 周绍良主编：《全唐文新编》（第1部 第2册），吉林文史出版社2000年版，第913页。

理及其政策明显走向规划化与国家化的道路，大唐文化外溢也达到新的历史高度。

第三，港口通商。汉唐港口通商是中华文化外溢的主要契机。借助丝路港口及通商，汉唐时期的漆器文化不仅惠及东南亚等国，还通达西域诸国。江苏盱眙大云山汉墓曾出土类似于古代西亚艺术风格的银盒、银盆，此外还出土类似于东南亚风格的鎏金铜象、铜犀牛以及驯象奴与驯犀奴等，特别是鎏金铜虡兽、鎏金铜虡业（钟架）、五格濡鼎等。① 说明当时的广陵国海上丝路通达东南亚之苏门答腊岛（犀的种地），陆上丝绸之路通达伊朗高原（银盒与银盆属于伊朗风格）等地区。大云山汉墓域外遗物无疑说明 "'海上丝绸之路'早在西汉前期已经发展到长江三角洲一带……如果那样的话，说明长江三角洲一带与'西方'、'南亚'的文化交流时间还要更早一些，活动还要更多一些"。② 显然，西汉东南沿海诸侯国文化是开放的，并通过海上丝路接通东南亚地区。

广州港是汉唐时期重要的漆器、瓷器等贸易港口，尤其是唐代广州港是东方第一大海港，是当时唐帝国对外商品贸易与文化外溢的重要窗口。广州1134号墓出土 "有十五件陶质犀角模型和1件漆器扁壶，壶外表髹黑漆，两面各以朱漆绘一犀牛，而出有陶质象牙模型的广州1153号墓，也同出四件陶犀角模型。一般认为，犀牛产自东南亚、印度和非洲，因此当时可能有生犀或犀角由海路输入番禺。"③ 这里的 "朱漆绘犀牛" 暗示广州地区受东南亚、印度或非洲文化影响深远，并在中外文化互动中创造性地进行漆器生产，

① 南京博物院、盱眙县文化广新局：《江苏盱眙县大云山汉墓》，《考古》2012年第7期。

② 刘庆柱：《关于江苏盱眙大云山汉墓考古研究的几个问题》，《东南文化》2013年第1期。

③ 黄启臣主编：《广东海上丝绸之路》，广东经济出版社2003年版，第55页。

即生产出具有海外文化特征的中国漆器。

合浦港位于汉代的南越地，《后汉书》曾记载西汉南海最早的一次海上丝路航行的历史。今天的合浦古汉墓曾有琥珀、玛瑙等舶来品的出土，也可见证合浦港是中国海上丝路的较早始发港之一。其中，"罗泊湾汉墓出土大批烙印'布山'戳记的漆耳杯和刻着'布'、'蕃'（番禺）铭文的铜器；而这两种产品均为'输出品'"。① 布山，即今广西贵港市，汉代郁林郡所治。这些刻有外番铭文的漆器不仅能反映合浦港承接诸蕃漆器生产，还能见证合浦港对外漆器贸易的盛况。

在东亚，最早在朝鲜发现汉代蜀郡漆器的是1916年日本考古学者在朝鲜旧乐浪郡古墓葬内发现了大批汉代铭文漆器。1924年在王盱墓找到了"五官橡王盱印""王盱信印"以及建武二十一年（45）铭文漆杯、永平十二年（69）铭文神仙龙虎画像漆盘等。② 另外，日本首先从朝鲜学习汉文化，后派"遣唐使"来中国学习漆器和汉文化。从日本漆艺专业术语中可窥见漆艺技术来源于中国，如中土的"平脱"技术自盛唐时代传入奈良时代的日本社会后，便一直完好保存延传下来，日本漆工称之为"平文"。日本的弥生时代（前300—250）正好是中国秦汉时期，此时日本受中国大陆文化影响强烈，日本髹漆技术得到了较大提高。唐代政府非常重视向朝鲜外溢汉文化，韩国漆艺大约在中国的唐宋时期达到辉煌。现藏韩国湖岩博物馆的"螺钿团花禽兽文镜"是统一新罗时期（668—935）的代表漆器，也是典型的唐代螺钿镶嵌漆器风格在朝鲜半岛的"外溢"，中国大唐时期的金银平脱与螺钿镶嵌技术对朝鲜半岛的工艺影响深远。

那么，汉唐工艺文化外溢的途径是什么呢？

---

① 黄启臣主编：《广东海上丝绸之路》，广东经济出版社2003年版，第68页。

② 王琥：《漆艺概要》，江苏出版社1999年版，第34—36页。

第一，贸易：商业的途径。贸易是文化外溢的主要途径，汉代漆器等贸易主要有陆路与海路两条路径，其中海上贸易主要有东海丝路与南海丝路两条海上丝路贸易路线。东海丝路以日本、高丽为主要贸易国，南海丝路贸易主要有南亚及西亚等国。

在陆路，位于黑海北部克里米亚半岛出土的汉代漆器是汉代文化外溢的代表性材料。2001 年 1 月 18 日—2 月 13 日，日本奈良国立博物馆举办一个特别展："修复完成纪念——游历丝绸之路的汉代漆器"。这次展览文物均为乌克兰国立科学院附属的考古研究所克里米亚支部收藏的汉代漆器，此展览《前言》这样描述："这是中国漆器制品在欧亚大陆最西端的重大发现，对于深入了解远古时期在丝绸之路上演的东西文化交流实态来说，无疑是一次非常珍贵的发现。"① 黑海北部克里米亚半岛的乌克兰境内出土的汉代漆器表明，汉代丝路贸易中的漆器占有一定份额。在阿富汗，也可能有中国汉代时期的漆器遗存。日本三上次男在《陶瓷之路》中这样描述："首都喀布尔北面有倍姑拉姆遗址，这里有在二世纪贵霜王朝时代的夏日离宫遗址……从这个王宫的宝库中发现了许多当时的印度工艺精华：精致的印度象牙雕，优质华美的罗马琉璃器、青铜像等，里面还夹杂着中国汉代漆器。"② 三上次男的描述见证这个南亚、西亚与中亚交界处的阿富汗是一个具有外域风格的国家，它的工艺集印度工艺、罗马工艺与中国工艺于一体；同时说明汉代的中国与西域阿富汗国家有贸易往来。

在海路，丝路贸易最早记载见于《汉书》所载从徐闻（今广东

---

① 文献来源于 2001 年 1 月 18 日—2 月 13 日，日本奈良国立博物馆特别展"修复完成纪念——游历丝绸之路的汉代漆器"之《前言》（该资料由德国罗梅女士提供），赵郧安翻译，2015 年 6 月 15 日。

② ［日］三上次男：《陶瓷之路》，李锡经、高喜美译，文物出版社 1984 年版，第 111 页。

徐闻）港、合浦（今广西合浦）港到都元国（苏门答腊）、邑卢没
国（今缅甸勃固附近）、黄支国（今印度马德拉斯附近）、皮宗
（今马来半岛克拉地峡的帕克强河口）、日南（今越南中部）、象林
（今越南广南潍川南）等海上丝路之交通情况。可见，汉代中国与
东南亚、南洋群岛、南印度以及斯里兰卡等国有密切的海丝交往。
西汉初年汉武帝平南越后，派使者沿南海和印度洋，经东南亚、孟
加拉湾，抵达印度半岛的东南部以及锡兰（今斯里兰卡）。东汉时
期，"至桓帝延熹九年，大秦王安敦遣使自日南徼外献象牙、犀角、
玳瑁，始乃通焉"①。这是记载中国与罗马首次海路往来。与罗马的
海上贸易，在古罗马科学家普林尼《自然史》中也有所记载。

　　第二，僧人：宗教的途径。唐代高僧对中华漆器文化外溢做出
很大贡献，他们主要是将漆器艺术应用到建筑庙祠（飞金上漆）、
夹纻漆像（鎏金烫漆）、佛教法器（彩绘釉漆）、喇嘛用印（火
漆）、经匣（黑漆）等领域。同时，高僧也搭乘商船往来南海，并
参与到中外文化交流之中。譬如《求法高僧传》记述从公元641—
691年，来自大唐、新罗、吐蕃等国高僧去南海及印度访问求法之
事迹，为研究7世纪海上丝路贸易及南洋诸国状况提供了绝好资料。

　　《求法高僧传》卷下《贞固传》载："净于佛逝江口升舶，附书
凭信广州……及广府法俗，悉赠资粮，即以其年十一月一日，附商
舶，去番禺。望占波而陵帆，指佛逝以长驱。作含生之梯橙，为欲
海之舟舻。"②佛逝国，即古代的三佛齐帝国，即印度尼西亚苏门答
腊岛古国。这段文字记载义净从广州港出发，登上佛逝江口商船，
去南海及印度的经历。689年（永昌元年）7月20日乘商船回到广
府，从一个侧面反映唐朝与南海的丝路贸易状况。《求法高僧传》

---

① （南朝宋）范晔：《后汉书》，中州古籍出版社1996年版，第847页。

② （唐）义净著，王邦维注：《大唐西域求法高僧传校注》，中华书局1988年版，第
214—215页。

记载西行求法高僧有 60 多人，其中取海道者有 30 人之多。往来南海之高僧多半是乘坐唐朝商船西行，商舶所载"唐物"，所到之处均受番国青睐。搭乘商船之高僧有常愍禅师、明远法师、义朗律师、会宁律师、运期师、木叉提婆、窥冲法师、智行法师、大乘灯禅师、彼岸法师、昙润法师、道琳法师、昙光律师、慧命师、灵运师、智弘律师、法振禅师、大津师等①。这些高僧往来南海，或搭乘商船，或跟随使团。他们或始足于广州，或始足于合浦，或始足于交阯，或始足于长江上游内陆港口，均为中外商贾所莅之地。因此，从大唐高僧随舶南游而又附舶东归的行程中可以看出，唐代漆器、丝绸等货物与南海诸国贸易频繁。譬如法国 J.-P. 德勒热（Jean-Pierr Drege）在《丝绸之路：东方和西方的交流传奇》中记载，公元 743 年鉴真高僧第二次试图东渡日本，所带物品清单中就有漆碗 30 只，漆画屏风 8 幅（其中佛陀漆画 6、佛事漆画 1、天体运动漆画 1），随船手艺人有雕刻工、画师、铸工、文人等共 185 人。② 可以推断，鉴真和随行以及带到日本的漆艺对日本的影响是久远的。

第三，遣使：外交的途径。在朝贡体制之外，遣使使节也是丝路漆器文化外溢的途径。公元 7—9 世纪，日本为了学习中国先进文化，曾向大唐派遣十余次"遣唐使团"。遣唐使团成员除了舵师之外，多半是由画师、乐师、漆工、木工、玉工以及史生、译语等人员构成。

木宫泰彦《日中文化交流史》曾记载日本遣唐使来华学习场景："遣唐学生传入日本的食品和烹调法之类也一定不少。平安朝期，朝廷赐宴时采用名为汉法的中国烹调法，是个突出的例子。延

---

① 参见冯承钧《中国南洋交通史》，商务印书馆 2011 年版，第 41—48 页。

② ［法］J.-P. 德勒热：《丝绸之路：东方和西方的交流传奇》，吴岳添译，上海书店出版社 1998 年版，第 133—136 页。

历二十二年（803）三月，在赐给遣唐大使藤原葛野麻吕、副使石川道益的饯别宴会上用的是汉法，弘仁四年（813）九月皇弟（淳和天皇）在清凉殿设宴时的菜肴也是用汉法烹调的。又当嘉祥二年（849）十月仁明天皇四十寿辰时，嵯峨太皇太后赠给各种礼物祝贺，其中有黑漆橱柜二十个，装着唐饼。"① 说明中日之间互通文化成为当时的一种时尚。日本京都正仓院所藏的唐代"金银平脱背八瓣花式镜"或为遣唐使带入日本的。从汉唐起中国漆工艺技术开始通过海上丝路传延至日本。但到了日本的江户时代，他们的漆工艺开始形成自己的独立民族工艺体系，并崛起于亚洲漆林。

第四，方物：朝贡的途径。朝贡是汉唐漆器文化外溢的独特途径。汉初，扶桑、泥离等国与汉朝政府均有"朝贡"往来。《拾遗记》卷五载："（孝惠帝二年）时有东极。出扶桑之外，有泥离之国来朝……至二年，诏宫女百人，文锦万匹，楼船十艘，以送泥离之使。"② 泥离国虽不可考，但能说明孝惠帝二年汉政府与海外交流之关系。汉代大秦国曾有王安敦遣使来中国，并交市于海上。《后汉书·西域传》载："凡外国诸珍异皆出焉……与安息、天竺交市于海中，利有十倍。"③ 可见，漆器、琥珀、琉璃等珍异货物交市于海，其利极大。

唐人杜佑在《通典》中也多有记载南海丝路贸易及朝贡情况，并对汉唐南海丝路作了这样的总结性描述："元鼎（前116—前111）中遣伏波将军路博德开百越，置日南郡，其徼外诸国自武帝以来皆献见。后汉桓帝时，大秦、天竺皆由此道遣使贡献。及吴孙

---

① ［日］木宫泰彦：《日中文化交流史》，胡锡年译，商务印书馆1980年版，第158—159页。

② 参见张星烺编注、朱杰勤校订《中西交通史料汇编》（第1册），中华书局2003年版，第100—101页。

③ （南朝宋）范晔：《后汉书》，中州古籍出版社1996年版，第846页。

权，遣宣化从事朱应、中郎康泰奉使诸国，其所经及传闻，则有百数十国，因立记传。晋代通中国者盖鲜。及宋、齐，至者有十余国。自梁武、隋炀，诸国使至逾于前代。大唐贞观以后，声教远被，自古未通者重译而至，又多于梁、隋焉。"① 这段史料再现了汉唐海上丝路贸易之概况。公元前112年，汉武帝派遣第一任伏波将军路博德率船10余万人开往百越，平定吕嘉叛乱。此后，"徼外诸国自武帝以来皆献见"，大秦与天竺等国皆由此道派使贡献方物。

在特定的契机与途径下，汉唐文化外溢呈现出两种基本效应：一种是输出国的强势文化对输入国弱势文化的提升效应；另外一种是被输入国的文化缺少某些输出国的文化元素，进而补益自身文化的增益效应。前者的文化外溢是一种单向的植入效应；后者的文化外溢是一种双向的互动效应。这两种文化溢出现象在汉唐文化与诸蕃文化之间表现十分明显。

第一，汉唐工艺文化提升东亚文化。汉唐文化作为强势文化对东亚文化的发展与提升是明显的，日韩在唐代曾派大量"遣唐使"来中国交流学习，他们也把唐代漆文化带回自己的国家。日本在公元57年（建武中元二年）正式与汉廷建立外交关系，此时中国髹漆技艺在日本生根发芽，日本的"莳绘"技术就是学习中国的"漆绘"技法。日本最早出现的漆绘是法隆寺里的玉虫厨子装饰画（也有一种说法，认为那是密陀绘）。平安时代以后，由于莳绘的发展，漆绘不甚风行，只局限于用朱漆绘制饮食用具之类的简单物品。但到了桃山时代，在爱美的时代潮流和中国密陀绘的影响下，漆绘又繁荣起来，各地又出现了富有特色的作品，主要有奥州的秀衡木碗、山口的大内木碗等。② 中国漆艺对日本文化的提升主要还在于

---

① （唐）杜佑：《通典》（下），岳麓书社1995年版，第2659页。

② ［日］寺尾善雄：《中国古代艺术对日本的影响》，参见中外关系史学会、复旦大学历史系编《中外关系史译丛》（第四辑），上海译文出版社1988年版，第185页。

对日本绘画领域，日本镰仓时代的漆画屏风以及建筑装饰画基本是围绕"汉风"而展开的；中国唐代"以胖为美"的人物画更是深刻影响日本绘画，这种"丰腴之美"唐风一直影响到日本桃山文化时代的家具与屏风画法。日本漆艺中的莳绘技术在江户时代达到辉煌的鼎盛时期以后，日本漆工艺达到世界第一的水平，以至于西方国家称日本为"漆国"，这实际上是对中国文化溢出日本的一种误解。在新罗末期，韩国学者崔致远在《进漆器状》中载："当道造成乾符六年供进漆器一万五千九百三十五事，其进漆器状曰：右件漆器，作非（注：原文或'已'）淫巧，用得质良，冀资尚俭之规，早就惟新之制，虽有惭于琼玉，或可代于琉瓶。伏缘道路我虞，星霜屡换，器贡难通于万里，纲行前滞于三年，既失及时，唯忧虚月。臣今差押衙银青光禄大夫检校太子宾客兼御史中丞上柱国辛从实押领，随状奉进。谨进。"① 这些漆器知识叙事说明唐代扬州大量生产漆器，生产规模之大，并且为官营作坊生产体制；也反映唐帝国皇家使用漆器之多；更反映皇家帝国生活之奢靡、消费的漆器之奢华。根据《桂苑笔耕集》在《幽州李可举太保》记载："在小合内，盛金花银脚螺杯一只。"② 在《幽州李可举太保》又曰："右件匙箸、犀合、茶碗、螺杯等，虽愧金盘，粗胜棘匕。钿玫瑰之表异，固让魏铭；咏玟瑎之标奇，敢征潘赋。"③ 这里的"金花银脚螺杯"或"螺杯"均为螺钿工艺漆器，可见唐代扬州螺钿髹漆工艺盛起。汉唐以来，古代中国工艺在艺术性以及技术上均达到非常高的水平。日本寺尾善雄有这样的评价："在这些珍品中，多半可以看到现在所运用的工艺技术，其中有的在技术上今天还无法模仿。在

---

① ［新罗］崔致远撰：《桂苑笔耕集校注》，党银平校注，中华书局2007年版，第129页。

② （清）董诰等编：《全唐文》（7），山西教育出版社2002年版，第6433页。

③ （清）董诰等编：《全唐文》（7），山西教育出版社2002年版，第6433页。

藏品中，有铸造、镂金、镶嵌、漆工艺品，有陶器（已上釉）、镂雕玻璃之类的玻璃制品，锦缎、丝绸、绫罗、上布、蜡染，织出了配有葡萄和羽毛毽子图案的飞马、鹿、象、骆驼等形象的纺织品——有波斯、罗马、阿拉伯、印度式的花纹，从中展现了中国西域情调的丰满的美人画等等，显示出当时美术工艺水平之高超，这在世界上也是珍贵的艺术宝库。"① 寺尾善雄眼中的漆艺被誉为"在技术上今天还无法模仿"的珍贵物品。特别是汉唐大漆屏风受到日本人的青睐，它被日本清少纳言称赞为"辉煌的东西"。他在随笔中这样评价："《坤元录》的御屏风，觉得真是很有意思的名字。汉书的御屏风，却觉得是很雄大的。再有画着每月风俗的御屏风，也有意思。"② 清少纳言所言中国之御屏风、汉书之御屏风、风俗之御屏风三类"辉煌的东西"，映射出他对中国漆屏风的一种艺术批评立场："有意思"与"很雄大"。在内容上，中国御屏风选的是类似于地方志的《坤元录》以及风俗为题材内容，反映这类漆画具有生活性与民俗化的艺术风格；在形式上，"汉书的御屏风，却觉得是很雄大的"，道出了清少纳言对汉代漆画风格的准确把握："雄大"。正如鲁迅所言："汉唐虽然也有变换，但魄力究竟雄大。"③ 可见，清少纳言对中国画的漆屏风之风格批评是恰当的。他在后来题为"想见当时很好而现今成为无用的东西"④ 对中国漆画屏风之损毁表示惋惜，也从另一个侧面体现出清少纳言对中国汉风漆器艺术表现出推崇与赞赏的艺术态度。

---

① ［日］寺尾善雄：《中国古代艺术对日本的影响》，参见中外关系史学会、复旦大学历史系编《中外关系史译丛》（第四辑），上海译文出版社 1988 年版，第 181—182 页。

② ［日］清少纳言：《日本古代随笔选》，人民文学出版社 1988 年版，第 293—294 页。

③ 鲁迅：《坟·看镜有感》，转引《鲁迅全集》（第 1 卷），人民文学出版社 1973 年版，第 183 页。

④ ［日］清少纳言：《日本古代随笔选》，人民文学出版社 1988 年版，第 203 页。

第二，外销"唐货"文化提升东南亚文化。元人周达观在《真腊风土记》之"欲得唐货"条曰："其地向不出金银，以唐人金银为第一。五色轻缣帛次之，其次如真州之锡镴，温州之漆盘。"① 从这段史料可以看出，"温州之漆盘"是"唐货"中重要的出口商品之一。灌圃耐得翁在《都城纪胜》的"铺席"条也谈及"温州漆器铺"。② 唐代温州漆器不仅生产规模很大，还大量出口海外，尤其是东南亚诸国。在唐代，真腊即占腊，系为今柬埔寨境内的中南半岛古国。真腊与唐朝贸易关系密切。2014 年 12 月至 2015 年 4 月，加拿大多伦多阿迦汗博物馆（Aga Khan Museum）与新加坡共同承办的《失去的独桅帆船：海上丝绸之路的发现》之文物展上，1200 年前沉没的一艘阿拉伯"黑石号"商船上的中国"唐货"被展示在世人面前，这次展览再现了唐代海外贸易盛况。另外，东南亚各国主要文化是佛教文化，但随着汉唐漆艺等文化对他们的影响与提升，也使得他们的生活方式、文化理念及其审美思想深深烙上中国文化的印记。

第三，汉唐工艺文化提升西域文化。马尔克·奥莱尔·斯坦因（Marc Aurel Stein，1863—1943）曾在米兰堡遗址考古发现"漆皮鱼鳞战甲残片"，他认为这是一件"值得特别叙说的"奇异物品。③ 1906 年斯坦因发现的这件 8 世纪唐代的皮质漆甲片是为何物？王世襄在《髹饰录解说》中有所分析，他说："据斯坦因所著书的描述，甲片可能用骆驼皮制成。"④ 陶宗仪（1329—约 1412）也引《因话录》曰："西皮髹器称西皮者，世人误以为犀角之'犀'，非也。乃西方马鞯，自黑而丹，自丹而黄，时复改易，五色相叠，马

---

①　（元）周达观、耶律楚材、周致中：《真腊风土记校注　西游录　异域志》，夏鼐、向达、陆峻岭校注，中华书局 2000 年版，第 148 页。

②　参见（宋）灌圃耐得翁《都城纪胜》，中国文史出版社 1999 年版。

③　［英］斯坦因：《斯坦因西域考古记》，向达译，中华书局 1936 年版，第 80 页。

④　王世襄：《髹饰录解说》，文物出版社 1983 年版，第 235 页。

镗磨擦有凹处，粲然成文，遂以髹器仿为之。"① 可见，犀皮之髹器是模仿马鞯或马镫五色相叠之所为。斯坦因所发现的漆髹的犀皮鱼鳞甲片，或为犀皮漆工艺。有关汉唐工艺的风格特征，法国人布尔努瓦（L. Boulnois）在《丝绸之路》中有这样一段精彩议论："18世纪里昂的那些织物的图案设计师们都不知道中国宋代那些精妙绝伦和细腻的图案，唐代那些刚劲有力的图案和汉代那些造型严密的图案，而仅仅知道中国清代那种颓废和破落的艺术，并且还不厌其烦地反复抄袭，这不能不说是一件十分令人遗憾的事情。"② 在此，布尔努瓦在批评里昂的织物图案设计师不厌其烦地反复抄袭中国清代颓废艺术，而忘却"造型严密"的汉代工艺图案与"刚劲有力"的唐代工艺图案，这明显是18世纪欧洲人对东方艺术的偏见所致，一方面说明汉唐文化历史已久远，西方人很难深刻了解与学习；另一方面也说明汉唐工艺美学也是西方人难以把握的。实际上，布尔努瓦高度精准地评价了汉唐包括漆器在内的工艺特征：汉之"造型严密"与唐之"刚劲有力"，也道出了汉唐文化外溢在海外国家接受过程中并非容易。

漆器等作为汉唐强势文化对诸蕃弱势文化的单向提升效应是明显的；但汉唐人容纳万有的文化气概与兼容并包的宇宙胸怀必然又使得他们在接纳与消化异域文化的互动中发展自我，即汲取外域文化补益自我文化。

第一，海外文化补益汉唐中国文化。在丝路文化互动中，汉唐中国社会与海外国家的文化实现了首次真正意义上的交换、互补与增益。

据考证，汉代流行的弓形箜篌就源于埃及与印度之琴瑟。另说，凤首箜篌是缅甸古乐器的一种，远在千余年前传入我国。汉代与西

---

① （元）陶宗仪：《南村辍耕录》，武克忠、尹贵友校点，齐鲁书社2007年版，第149页。

② ［法］布尔努瓦：《丝绸之路》，耿昇译，新疆人民出版社1982年版，第251页。

域、中亚文化交往密切，与南亚以及南印度洋沿海国家丝路贸易频繁。因此，汉代海外文化元素也被输入中国汉代社会。根据史料记载，汉代丝路最远及古罗马，并从古罗马那里学会了制作玻璃的技术。今广西贵县曾出土过一件绿色玻璃杯，该玻璃杯为模压成型，并属于一种透明的钠钙玻璃，它与中国古代不透明的铅钡玻璃有很大区别。但在罗马玻璃器中较为常见，此杯形制却与同时期广西出土的其他玻璃杯形制相同。根据对合浦等地出土汉代玻璃器抽样测试发现大部分玻璃属于高钾低镁玻璃，它与中原地区的铅钡玻璃以及罗马钠钙玻璃成分均有差别。说明汉代合浦人利用当地材料，或从罗马那里学会了烧制玻璃的技术。公元前15世纪前后，两河流域境内开始出现玻璃器皿的制造，随后埃及、希腊也有类似的玻璃器皿的制作发明。但随着汉代南方丝绸之路的开通，罗马帝国时期的玻璃制造技术也被引入南越国。

　　丝路文化的互动是中外文化一次审美相遇，这是一种文化溢出现象。譬如中国与日本文化的相遇，中国的唐代建筑风格与日本的大漆佛像艺术完美地结合在扬州大明寺内："主体建筑有天王殿、大雄宝殿……鉴真纪念堂，由碑亭、陈列室和正殿组成，系参照唐代建筑风格设计而成。堂院占地2540平方米，由门厅、碑亭、殿堂组成。碑亭内立横式纪念碑。殿堂内有鉴真楠木雕像，是仿照日本唐昭提寺鉴真干漆夹像雕刻的。东西两侧壁上是鉴真东渡事迹的绢饰画。"[1] 作为建筑与漆佛像的艺术符号见证了中外文化外溢的知识形态。

　　第二，汉唐丝路上的文化外溢是双向的、互动的，也是多方位的，特别是异域文化对中国汉唐漆器的迷恋与追慕，也使得汉唐在文化外溢中实现了地区文化的"趋同效应""加速效验""角色效

　　[1]　周菁葆：《丝绸之路佛教文化研究》，新疆人民出版社2009年版，第147页。

用"以及"激励效用"。

首先，漆器等作为文化外溢的载体，它在文化外溢中实现了地区文化的趋同效应。法国学者布尔努瓦在《丝绸之路》中明锐地感到："当时，中国的传统疆域一直维持到汉代：东滨大海，南达扬子江，西至茫茫无际的甘肃，与胡族地区毗邻接壤……除此之外，六个省大都通过水路将他们的贡品进奉京都，计有：漆丝、白丝、五色丝、'织贝'，即仿珍贝纹理的丝绸，扬子江地区扬州的特产（当时该地区已完全汉化）为青红丝匹，还有'厥篚玄纤缟'，即那种纬纱为黑色、经纱为白色的丝绸。"① 被汉化的扬州地区的漆器制造在汉唐文化传承上想必发挥重要作用。从全国出土的汉代漆器风格看，至少在漆器在传承汉文化上实现了地区文化的趋同，并与汉中央文化保持一致。另外，诸蕃漆器制造纺织汉唐漆器风格也是常有的事，即实现了区域文化的趋同。

其次，在丝路贸易与文化外溢的刺激下，国家对外贸易中的生漆及其产品需求大增，必然加速了汉唐漆器生产，并为国家提供财政收入。汉唐漆器生产主要由官方经营，并大规模地生产，它与汉唐帝王贵族以及海外需求量大有密切关系。另外，生漆及其漆器是汉唐社会重要的经济来源，尤其在唐代的漆器产品可作为实物税代替人头税。在唐代，"被登记的男性要服兵役和徭役（修路或建造长城的劳役），还要缴纳人头税和以产品（丝绸、生漆、粮食）等形式缴纳的实物税"②。安史之乱之后，判度支赵赞曾实施国家税费改革。《文献通考》载："德宗时，赵赞请诸道津会置吏阅商贾钱，每缗税二十，竹、木、茶、漆税十之一，以赡常平本钱。"③ 可见"漆

---

① ［法］布尔努瓦：《丝绸之路》，耿昇译，新疆人民出版社1982年版，第7页。

② ［英］吴芳思：《丝绸之路2000年》，赵学工等译，山东画报出版社2008年版，第40页。

③ （元）马端临：《文献通考》（2），山东画报出版社2004年版，第9页。

税"是缓解当时国家财政困难的手段之一。

复次，在文化外溢过程中，汉唐漆器等产品扮演着外交使者的角色。皮日休有诗曰："襄阳作髹器，中有库露真。持以遗北房，给云生有神……如何汉宣帝，却得呼韩臣。"这里的"库露真"漆器何以"持以遗北房，给云生有神"？它的知识叙事空间走向了另外一个空间，即南方漆器作为"遗北房"的文化使者流传到北方，即作为馈赠物赠予北方匈奴。在今天，吐尔基山辽墓①出土有金银器，它的造型、纹饰、工艺等方面包含诸多外来因素，其直接影响应该来自唐王朝金银器。1984 年在内蒙古和林县发现一座金墓②出土的木梳一面涂有红色漆，另一面涂有豆绿色漆，与同时代的南方漆器相仿。因此，可以说，皮日休的漆器"库露真"叙事直接暗示唐中央与边疆的政治与文化关系，并体现漆器在外交文化中的角色与价值。

最后，在汉唐工艺文化外溢中，异域文化也激励与吸引了汉唐社会汲取其营养，并为汉唐文化发展提供思想源泉与发展动力，尤其是海外技术文化被引进中国。譬如在汉代与古罗马的贸易中，我们学会了古罗马人模压成型的玻璃器皿制造，为古代玻璃器皿的制造提供技术支撑与理论来源。在唐代，我们从大量的日本遣唐使那里，也学到了日本工艺美术知识。因此，在互动的海上贸易中，中外文化得到极大的交融与互补。

在分析中发现，汉唐丝路上的工艺文化与工匠精神外溢兼具"单向输出"与"双向互动"两种效应。它所传递的历史经验显示，汉唐帝国文化在当时世界上具有示范或中心地位，它在中国文化与世界文化交融中处于轴心角色，它昭示出汉唐文化所秉承文化外溢的传播理念，它至少还能体现以下几点文化发展要义：一是在世界

---

① 内蒙古文物考古研究所：《内蒙古通辽市吐尔基山辽代墓葬》，《考古》2004 年第 7 期。

② 崔利明：《内蒙古和林县发现一座金墓》，《考古》1993 年第 12 期。

范围内，汉唐社会昂扬向上与意气风发的民族心态对文化外溢起到极大的培育与激发作用，对输入国的文化发展起到示范与学习作用。在更广泛意义上，如果输入国与输出国文化是互补或互通有无，潜在的文化外溢效应必将更容易地被广泛地摄取与捕获。二是当文化输出国拥有深厚的传统文化优势，它对输入国的文化就具有深远的影响；同时，当我们遭遇被输入的海外文化之时，它们对输出国也能产生更有益的文化影响。特别是被输入国的文化缺少某些输出国的文化元素时，这样补益自身文化的增益效应就愈加明显。三是汉唐强势文化对诸蕃相对弱势文化的提升效应是主动植入的；但汉唐人容纳万有的文化气概表现出来的兼容并包的宇宙胸怀，必然在接纳与消化异域文化中互动学习，进而提升自身文化。四是汉唐漆器文化成为中国文化外溢的重要物质载体，它特有的艺术秉性散发出中国文化特有的美学思想，它被发现的或未被阐释的文化知识已然成为中国文化向世界传播的大使，它所传递的文化语用学能表现出一种被信赖的中国文化与世界文化交融的历史走势。

二　宋代之展开

由于唐末陆路丝绸之路受阻，宋代丝绸之路贸易开始向海上转移。"海上丝绸之路"（以下简称"海上丝路"）成为宋代中国对外贸易的新通道。宋代海洋贸易及其资本虽然能穿越空间，在不同的空间分异中按地区层次小规模地运作，但是，它仅能在"非自由"与"非组织化"的海洋贸易中流通，并逐步踏上国家性规模。这种贸易流通特征主要是基于19世纪"自由化"海洋贸易与20世纪"组织化"海洋贸易而言的。因为宋代的海洋贸易流通在某种程度上是"被迫的"，也没有在全国范围内或世界范围内的规模化流通。

就政治背景而言，宋代国家从汉唐以来的"军事帝国"转型为
"城市国家"的一个明显政治倾向是"守内虚外"，以至于北宋时期
边事频繁而节节败退。尽管如此，宋太宗还曰："外忧不过边事，
皆可预防。惟奸邪无状，若为内患，深可惧也。"[①] 直至后来，南宋
政府苟安江南一隅，被迫发展南方区域性海洋经济，这种海洋贸易
也是较为零散的生产种类。换言之，宋代海上丝路贸易运作实际上
是"被迫的"与"非组织化"的，这样的海洋贸易运作为明清时期
的"禁海"及锁国政策埋下伏笔。

在本质上，"海上丝路贸易"实际上是一种海洋商品与资本的运
作形式，当海洋贸易嵌入文化生产之时，海洋贸易与文化生产之间
的耦合机理与效用也必然成为被阐释的话语视域。特别是它们之间
的"耦合"所体现出来的紧密配合、相互依赖与相互影响，并通过
相互作用而彼此传输能量的效应。在本章接下来的讨论中，拟将对
宋代海洋贸易介入文化生产进行来自漆器的证据性讨论，特别是要
透视宋代海洋贸易与漆器文化生产之间的耦合契机、途径与效用，
以期诊视海洋贸易介入文化生产的耦合时间、区间、过程、系数、
功能等向度的耦合语义链，以期自觉认识宋代海洋贸易与文化发展
之间的嵌入与耦合关系。

在耦合时间层面，宋代海上丝路贸易介入文化生产是在特定历
史语境中完成的。从某种程度上看，耦合时间决定海洋贸易与文化
生产的耦合契机及其水平。北宋王朝结束了五代十国时期的国家分
裂与混乱局面，随着社会步入稳定、劳动力的不断增多以及生产经
验的不断积累，特别是宋代的科技与文化进步，国家逐渐走向新的
发展期。特别是宋初户税改革后的自耕农不断增加，佃农对封建地
主的依附性随之减弱，国家农业在唐五代以来的萧条中也慢慢复

---

① （宋）李焘：《续资治通鉴长编》，中华书局1979年版，第719页。

苏。原来的一些官僚世袭地主被迫向庶族地主转变，灵活的小农经济形态为宋代乡村宗法共同体的形成奠定了经济基础。因此，农村的生产力得到极大的发展，随之商业经济开始走向逐步繁荣。特别是官方手工业采用"和雇""招募"等新的用工形式，为手工业者发展提供极好的发展机会。从唐以来的严格区分的坊市逐渐走向瓦子勾栏，城市商铺林立，都市商业繁华，这为漆器的流通奠定了商业发展基础。另外，随着北方少数民族的不断袭扰与侵入，宋代经济重心逐步南移，南方经济因此得到快速发展，尤其是南方手工艺与工商业也进入繁荣期。特别是王安石"以钱代役"的变法政策之后，这种"免役钱"经济政策大大促使农产品的商品化程度。宋代的漆器、瓷器等手工业品生产和销售也大大超过唐代，景德镇的青白瓷、扬州一带的漆器开始流行海内外，海洋丝路贸易也因此活跃。除了上述原因外，还得益于以下几点。

在远洋能力层面，宋代发达的造船技术是海上贸易繁荣的基础。"木兰舟"、"神舟"与"万斛之舟"不仅提高了宋代远洋装载容量，进而扩大海上丝路贸易量。《岭外代答》之"木兰舟"条云："今世所谓木兰舟，未市井必不以至大言也。"① 这里所载"木兰舟"为当时海洋上的巨型海轮，舟容量大。另外，《梦粱录》（卷12）载："海商之舰大小不等，大者五千料，可载五六百人，中者三千料至一千料，亦可载二三百人。"② 可见，海商之舰的容量为海上贸易量的扩大提供可能。据考古发掘，泉州出土的宋船载重量约为250吨，这与《梦粱录》记载的"五千料"大致相当，属于中等海船。洪迈在《容斋四笔》（卷19）中还提及"南人有万斛之舟"，这正好反映宋代海船可载万斛的航海能力。值得一提的是，宋代官造远洋"神舟"技术十分高超。北宋人徐兢在《宣和奉使高丽图

---

① （宋）周去非著，杨武泉校注：《岭外代答校注》，中华书局1999年版，第217页。

② （宋）吴自牧：《梦粱录》，浙江人民出版社1980年版，第111页。

经》描述:"若夫神舟之长阔、高大、什物、器用、人数,皆三倍于客舟也。"① 长阔而高大的神舟不仅提高了宋代航海能力,还提升了宋代在海洋国家中的地位。

在航海技术层面,航海技术发达是宋代海上丝路贸易走向繁荣的又一个支点。在宋代,我国已经开始学会制造磁体。到了元符年间(1098—1100),中国海船已普遍安装磁体司南装置,即罗盘指南针。宋代的罗盘针用于远洋航海导航,为在海上航海测定方位提供可靠的技术工具,也为海上丝路贸易提供重要的技术支持。北宋初年燕肃(961—1040)在《海潮论》中载,在宋代不仅有"指南车",还有海航"指南针"。吴自牧《梦粱录》曰:"风雨晦冥时,惟凭针盘而行,乃火长掌之,毫厘不敢差误,盖一舟人命所系也。"② 这里的"针盘",即罗盘针。沈括(1036—1095)在《梦溪笔谈》中也提及磁针罗盘定方位的方法,如"缕悬法""水浮法""指甲法""碗唇法"等。据宋末周达观《真腊风土记》载:"自温州开洋,行丁未针,历闽、广海外诸州港口……又自真蒲行坤申针,过昆仑洋,入港"③,这里的"行丁未针"或"行坤申针"就是指宋元时期航海罗盘的二十四向之一。先进的航海司南装置是宋代科学技术进步的标志性仪器,也是宋代航海技术及水平及其远洋能力的象征。

在边境贸易层面,宋代政府除了积极鼓励海外贸易与拓展海外市场以及扩大贸易范围、规模之外,宋代内陆和边疆的商品经济也得到长足发展。在边境贸易中,"榷场"是宋官方对外贸易的重要据点。《宋史·食货志》载:"自与通好,略无猜情。门市不讥,商贩

---

① (宋)徐兢:《宣和奉使高丽图经》,吉林文史出版社1991年版,第71页。

② (宋)吴自牧:《梦粱录》,浙江人民出版社1980年版,第112页。

③ (元)周达观原著,夏鼐校注:《真腊风土记校注》,中华书局1981年版,第15—16页。

如织，纵其来往，盖示怀柔。"① 可见，当时官办"榷场"贸易盛况空前，商贩如织。"榷场"的货物不仅通往北方的辽、夏与金等地，还远通西域、波斯等国。据史载："西夏自景德四年，于保安军置榷场……以香药、瓷、漆器、姜桂等物易蜜、蜡、麝脐、毛褐、塬羚角、硇砂、柴胡、苁蓉、红花、翎毛。"② 可见，宋代"互市"贸易为漆器等大宗货物的海外输出提供重要契机与交易平台；同时，内地边境的贸易繁荣也在一定程度上支持了海上丝路贸易。

在生产资料层面，海上漆器贸易离不开东南沿海的大漆种植、地方贡漆以及漆器规模化生产。据史载，宋代杭州有漆树种植。《宋史》曰："（睦州青溪）县境梓桐、帮源诸峒皆落山谷幽险处，民物繁夥，有漆楮、杉材之饶，富商巨贾多往来。"③ 漆楮之饶是漆器贸易的物质基础，青溪县的漆树种植为杭州的漆器生产与贸易提供了生产资料。宋代王存《元丰九域志·两浙路》记载，台州临海郡土贡金漆三十斤，④ 湖州吴兴郡土贡漆器三十事。⑤ 两浙路是北宋时期的一个地方行政区，这些地区如苏州、常州、杭州、湖州、明州（宁波）、台州（临海）、温州等地都生产漆器。最为著名的是"温州漆器铺""里仁坊口游家漆铺""清湖河下戚家犀皮铺"等，漆器规模化生产基地为繁荣海上丝路贸易提供源源不断的商品。

宋代海洋贸易介入漆器文化生产的耦合契机主要表现在耦合空间、耦合参数以及耦合过程三个变量。在空间上，宋代海上丝路航线为漆器文化生产提供聚合区间；在制度上，宋代海洋市舶司的设

---

① （清）毕沅：《续资治通鉴》（1），岳麓书社 2008 年版，第 541 页。

② 梁太济、包伟民：《宋史食货志补正》，杭州大学出版社 1994 年版，第 814 页。

③ 张杰峰主编：《二十五史》（卷 10 宋史下），中国文史出版社 2002 年版，第 2513 页。

④ （宋）王存：《元丰九域志》（上），中华书局 1984 年版，第 216 页。

⑤ （宋）王存：《元丰九域志》（上），中华书局 1984 年版，第 211 页。

置及管理为漆器文化生产提供聚合参数；在形式上，宋代漆器海洋
贸易为漆器文化生产提供耦合过程。

在耦合空间层面，宋代海上丝路贸易介入文化生产是在特定区
间中完成的。这个特定区间，即"海上丝路航线"，它的开通是海
洋贸易介入文化生产的重要契机。中国自汉唐以来，经过许多世纪
的海上航行探索及频繁的丝路贸易，宋代国家已经开始由农业大国
走向海洋大国的重大转向。就远洋航线而言，大致有"阿拉伯与印
度航线""广州至阇婆、菲律宾等航线"与"日本高丽航线""东非
航线"等。

第一，与阿拉伯与印度海上贸易航线。宋代通往大食（阿拉
伯）、蓝里、三佛齐等国的海上起点有广州港、泉州港等。《诸蕃
志·大食国》载："大食在泉之西北，去泉州最远。蕃舶艰于直达。
自泉发船，四十余日至蓝里博易住冬，次年再发，顺风六十余日方
至其国。"[1] 这是泉州港通往大食的贸易航线的直接描述。《岭外代
答·故临国》载："泉舶四十余日到蓝里（今苏门答腊西北角的亚
齐），在三佛齐西北部驻冬，至次年再发，一月始达。"[2] 这是泉州
港至印度西南故临国的航线。

第二，广州至阇婆、菲律宾等海上贸易航线。这条贸易航线大
致有"阇婆国航线""菲律宾航线"等。阇婆国丝路贸易航线见
《诸蕃志》，该文献载曰："阇婆国，又名莆家龙，于泉州为丙巳方，
率以冬月发……西北泛海十五日至渤泥国。又十日至三佛查国，又
七日至古逻国，又七日至柴历亭，抵交趾，达广州。"[3] 这条贸易路
线大致是阇婆国—大食国—渤泥国—三佛查国—交趾—广州。南朝
元嘉七年，治阇婆洲的呵罗单国遣使献方物。《宋书·夷蛮传》载：

---

① （宋）赵汝适：《诸蕃志》（上），中华书局1985年版，第15页。

② （宋）周去非著，屠友祥校注：《岭外代答》，上海远东出版社1996年版，第45页。

③ （宋）赵汝适：《诸蕃志校释》，中华书局1996年版，第54页。

"呵罗单国，治阇婆洲。元嘉七年，遣使献金刚指钚、赤鹦鹉鸟、天竺国白㲲古贝、叶波国古贝等物。"① 同书又曰："阇婆婆达国（阇婆达），元嘉十二年，国王师黎婆达陁阿罗跋摩遣使奉表其后。"可见，宋代与阇婆国的丝路贸易途径以贡物为主。菲律宾海上丝路航线见《诸蕃志》，史载："蛮贾乃以其货转入他岛屿贸易，率至八、九月始归……商人用瓷器、货金、铁鼎、乌铅、五色琉璃珠、铁针等博易。"② 这里的"三屿"指菲律宾群岛中的卡拉棉、巴拉望和布桑加诸岛。

第三，与日本、高丽的海上贸易航线。宋代往来于日华间商船基本上是从沿海两浙地方出发，横渡东中国海，到达肥前的值嘉岛，然后再转航到筑前的博多。但到宋末有不少船只从博多深入日本海，驶进越前的敦贺。③ 北宋蔡襄《荔枝谱》载："水浮陆转以入京师，外至北戎、西夏，其东南舟行新罗、日本、流求（琉球）、大食之属。"④ 这也是反映宋代与新罗及日本海上贸易情况。

第四，与东非海上贸易航线。宋代与非洲贸易往来密切，考古学家在东非发掘出土的大量宋元时期的中国古代外销瓷见证当年的海上丝路贸易盛况。据《宋史》记载："层檀国在南海傍，城距海二十里……元丰六年，使保顺郎将层伽尼再至，神宗念其绝远，诏颁赉如故事，仍加赐白金二千两。"⑤ 这里的大食口音的层檀国"应是公元11世纪初至12世纪末在中亚地区建立的塞尔柱帝国。层檀

① 张杰峰主编：《二十五史》，中国文史出版社2003年版，第398页。

② （宋）赵汝适：《诸蕃志校释》（中外交通史籍丛刊），中华书局1996年版，第141页。

③ ［日］木宫泰彦：《日中文化交流史》，胡锡年译，商务印书馆1980年版，第245页。

④ （宋）蔡襄：《蔡襄全集》，陈庆元等校注，福建人民出版社1999年版，第698页。

⑤ 张杰峰主编：《二十五史》，中国文史出版社2003年版，第2620页。

乃其君主称为苏丹的别译，以之指代国名，在名义上仍附属于阿拉伯帝国，故谓之为大食层檀。"① 但是，宋时阿拉伯语称东非沿岸和桑给巴尔岛一带为"僧祇拔儿"。层拔是其转音的略称。《宋史·外国传》里又转译为"层檀国"。这些史书中都记载了古代坦桑尼亚同宋朝的友好往来和通商贸易情况。

简言之，宋代海上丝路贸易较唐以前无论在远洋能力、贸易吞吐量以及航海范围上均有所扩大，同时，宋代海上丝路航线的开通为海洋贸易介入文化生产提供绝好的机会。

在耦合制度层面，宋代海上丝路贸易介入文化生产是在特定参数中完成的，这个参数即宋代市舶司的设置与管理。在宋代，国家先后在广州港、临安府、庆元府、泉州港、密州板桥镇（胶州）、嘉兴府（秀州）华亭县、镇江府、平江府、温州、江阴、澉浦镇、上海镇等地设立船运"市舶司"用以专门管理丝路海外贸易。

宋政府于公元971年设立广州市舶司，后又设立杭州市舶司与明州市舶司。《宋史·食货志·互市舶法》曰："开宝三年，徙建安榷署于扬州。江南平，榷署虽存，止掌茶货。四年，置市舶司于广州，后又于杭、明州置司……太宗时，置榷署于京师，诏诸蕃香药宝货至广州、交阯、两浙、泉州，非出官库者，无得私相贸易。"② 该互市舶法之记载得知开宝三年，即公元970年在扬州设置"榷署"，以管理海运过境贸易。在开宝四年，即公元971年置市舶司于广州，后又于杭、明州置市舶司。宋太宗时赵光义（939—997）时期，在京师汴梁设置"榷署"，诸蕃交易地点定在广州、交阯、两浙、泉州等，由官库管理贸易。

北宋政府于公元978年设立两浙路市舶司以管理杭州、明州等市舶事务，并于999年于明州独立设置市舶司。但在宋熙宁1076年

① 孙文范编撰：《世界历史地名辞典》，吉林文史出版社1990年版，第244页。

② （元）脱脱等：《宋史》卷170—卷208，吉林人民出版社1995年版，第2847页。

罢杭、明州市舶，诸舶皆隶属于广州市舶司。1087年泉州港重新被开放，专设市舶司对外贸易，管理过境海运事宜。熙宁五年，即1072年，宋神宗对发运使薛向所说"东南之利，舶商居其一"。可见，宋朝廷对海上丝路贸易的重视程度。随后置司泉州，后因为广州市舶亏岁课二十万缗一事，罢停杭州、明州市舶，诸市舶皆隶属于广州一司管理。北宋政府于元丰二年，即1079年，朝廷正式修订广州市舶条约，命转运使孙迥管理通商。宋廷修订广州市舶条约目的在于防止盗贩与私贩，以提高国家对港口贸易的控制与管理。

北宋政府于崇宁元年，即1102年，又复置杭州与明洲市舶司。根据《宋史·食货志·互市舶法》记载："崇宁元年，复置杭、明市舶司，官吏如旧额。"又曰："三年，令蕃商欲往他郡者，从舶司给券，毋杂禁物、奸人……政和三年，诏如至道之法，凡知州、通判、官吏并舶司、使臣等，毋得市蕃商香药、禁物。"① 这里记载了从崇宁三年（1104）到政和三年（1113）间的互市舶之相关法规。北宋宣和元年，即1119年，宋政府开放青龙江浦，在（上海）华亭县设市舶务，制定"广州市舶条法"，史称"元丰法"。宋代海运"元丰法"实施之时，国家对外贸易达到全盛。这部法律是史上首部专门管理港口通商之法，具有划时代意义。

市舶贸易是宋代海上丝路贸易的主要形式，也是海洋贸易与资本介入文化生产的重要契机。宋代"市舶司"，也称"提举市舶司"，其制度基本沿袭唐代"市舶司"制度。提举负责征收关税，对海舶的监管和查私。宋代国家实行"禁榷官卖制度"，规定利润高的商品由国家专门买卖。北宋初期朝廷十分重视来华商人，鼓励外商在东南沿海经商，曾遣使赴沿海诸国"勾招进奉"。另外，宋代市舶贸易有一整套完整的管理体系，对东南沿海港口的地位与职

---

① （元）脱脱等：《宋史》卷170—卷208，吉林人民出版社1995年版，第2849页。

责、航海路线以及诸蕃通商等均有详细之法则。特别是"元丰法"的实施，宋代市舶司改为"提举市舶司"之后，它成为一个由中央掌控的独立运营"海关"机构，其经济与行政权力大大提升。

在耦合过程层面，宋代海洋丝路贸易与文化生产的耦合是通过港口通商来实现的。泉州港、广州港和明州港是宋代设置的三大对外贸易港口，它是海洋贸易介入文化生产的重要保障与契机。相对于瓷器等大宗货物，漆器是宋代港口贸易中较少的一部分，在数量上并不具显赫地位，但明显具有海上丝路贸易的独特意义与内涵。

唐以来的广州"通海夷道"是通往海外国家的最重要通道之一，成为西方贸易的终端。阿拉伯人爱德利奚（Edrisi）在《地理书》（1153）中指出："（中国）最大之港曰广府（Khanfu），西国商业，以此为终点。"[①] 特别是与大食诸国的海上贸易最为频繁，每年冬天从广州港出发，经苏门答腊岛往印度，到蓝里、麻离拔国，最后到达大食国。宋代海上丝路贸易除了常规丝绸、瓷器等优势货物之外，漆与漆器也是重要的出口商品之一。《宋史》曰："（睦州青溪）有漆楮、杉材之饶，富商巨贾多往来。"[②] 另外，越南北部之"交趾国"也盛产大漆，这为地方漆器制作提供物质生产资料。《诸蕃志》载："交趾，古交州……土产沉香、蓬莱香、生金银、铁、朱砂、珠贝、犀象、翠羽、车渠、盐、漆、木棉、吉贝之属。"[③]

另外，马来半岛地处马六甲海峡东北岸，乃是东西方海上交通的咽喉。宋代马来半岛与中国经常有商业贸易的国家有佛罗安、凌牙斯加、朋丰等国。佛罗安故地在今马来西亚的巴生港一带。凌牙斯加中心在今吉打地区，范围横跨半岛东西。朋丰在今彭亨一带，

---

①　参见韩振华《航海交通贸易研究》，香港大学亚洲研究中心，2002年，第142页。

②　张杰峰主编：《二十五史》，中国文史出版社2003年版，第2513页。

③　（宋）赵汝适：《诸蕃志校释》（中外交通史籍丛刊），中华书局1996年版，第1页。

不时有商舶来广州、泉州诸港，向宋输出的货物主要有木香、生香、笺香、降真香等。宋商舶常载金银、瓷器、铁器、漆器等货物到该地区贸易，或还参加本地佛事活动。从泉州到三佛齐（今印尼苏门答腊）贸易的中国商船，必先至凌牙门，经销 1/3 的货物，再入三佛齐。此"凌牙门"，亦称"龙牙门"，乃今新加坡的外港，宋时是东南亚一繁荣商港，与宋商舶的贸易也相当可观。①

在耦合方法层面，宋代海上丝路贸易介入文化生产是在特定途径中实现的。就漆器而言，这种途径包括商贸、侨民或海外移民等形式，进而发挥海洋贸易与文化生产的耦合效用。

第一，贸易：商业的途径。海洋贸易及其资本介入文化生产的核心途径主要是通过商业贸易来完成的，或者说，商业贸易是海洋资本嵌入文化生产与输出的主要耦合途径。就漆器贸易而言，宋与真腊漆器贸易及其文化交流密切。元丰元年（1078），宋廷曾派使出访真腊。在政和、宣和年间，真腊国也曾两次遣使来宋朝入贡。宋廷赐以朝服及名贵器物，并加封以官爵，宋占两国建立了友好政治与经济关系。南宋庆元六年（1200），真腊又来贡各种方物和驯象，宋廷照例优予回赐包括漆器在内的珍贵物品。真腊是当时最著名的香料出产国，向宋输出货物以各种优质香料为主，如沉水香、速暂香、黄熟香、金颜香、笃耨香、生香、麝香等。这些香料主要在泉州、温州诸港进行贸易。宋商则贩金银、瓷器、漆器、纺织品及凉伞、皮鼓、酒、糖等生活日用品至异地贸易，对于异域来的漆器等华货，真腊人民特别喜欢。

宋代与文莱之"渤泥国"的漆器贸易也占有一定比重。《诸蕃志》载："渤泥国，在泉之东南……番商兴贩，用货金、货银、假锦、建阳锦、五色绢、五色茸、琉璃珠、琉璃瓶子、白锡、乌铅、

网坠牙、臂环、胭脂、漆碗楪、青瓷器等博易。番舶抵岸三日，其王与眷属率大人（王之左右号曰大人）到船问劳，船人用锦藉跳扳迎肃，款以酒醴，用金银器皿、褥席、凉伞等分献有差……价定，然后鸣鼓以召远近之人听其贸易。"① 可见，番商兴贩漆器等华货前往渤泥国，受到渤泥国王"问劳"与"跳扳迎肃"，并款待番舶商贩；另外泊舟登岸后，"商贾日以中国饮食献其王"，并"鸣鼓以召远近之人听其贸易"；待交易完成后举办佛节然后出港。华货在渤泥国的销售与际遇之各种"仪式"，反映宋代中国商品在海外的热销与受欢迎。

另外，宋代与越中南部的"占城国"有漆器贸易往来。《诸蕃志》载："占城，东海路通广州……番商兴贩，用脑麝、檀香、草席、凉伞、绢扇、漆器、瓷器、铅、锡、酒、糖等博易。"② 可推断，漆器是海上贸易最为珍贵之货物。宋代海上丝路漆器贸易除了与交趾国、占城国有一定往来之外，还与马来半岛中西部之"佛啰安国"和爪哇岛之"阇婆国"等国有漆器贸易往来。《诸蕃志》载："佛啰安国……番以金、银、瓷、铁、漆器、酒、米、糖、麦博易。岁贡三佛齐。"《诸蕃志》又载："阇婆国，又名莆家龙……番商兴贩，用夹杂金银及金银器皿、五色缬绢、皂绫、川芎、白芷、朱砂、绿矾、白矾、硼砂、砒霜、漆器、铁鼎、青白瓷器交易。"③ 可见，此时的漆器文化交流的途径或"岁贡"，或"商贩"。

第二，宋代"蕃坊"及蕃商。宋代"蕃坊"及蕃商为海洋贸易

① （宋）赵汝适：《诸蕃志校释》（中外交通史籍丛刊），中华书局1996年版，第135—136页。

② （宋）赵汝适：《诸蕃志校释》（中外交通史籍丛刊），中华书局1996年版，第9页。

③ （宋）赵汝适：《诸蕃志校释》（中外交通史籍丛刊），中华书局1996年版，第54—55页。

介入文化生产提供主体途径。海外人"侨居"在广州的聚居区，被称为"蕃坊"，或"蕃巷"。蕃坊是宋代管理海外商人的一个政治建制的行政单位，它集行政（"蕃坊公事"）、招商"招邀蕃商"以及司法（"蕃人有罪，送蕃坊行遣"）之职责。根据《天下郡国利病书》（卷1）记载："天圣后，留寓益夥。伙首住广州者，谓之蕃长。因立蕃长司。"① 可见，原来的"蕃长"，后发展至"蕃长司"管理招引蕃商、入贡和侨务。

宋代番禺地阿拉伯穆斯林人居多，穆斯林人也是蕃商中最为富裕的群体。《程史》（卷11）之"番禺海僚条"记载："番禺海僚杂居。共最豪者蒲姓，号白番人，本占城之贵人也……故共宏丽奇伟，益张而大，富盛甲一时。"② 这里的"海僚"系聚居在广州的穆斯林，宋代穆斯林借助海上贸易之机，来华经商者甚多。《岭外代答·航海外夷》曰："诸蕃国之富盛多宝货者，莫如大食国，其次阇婆国，其次三佛齐国，其次乃诸国耳。"③ 可见，食国、阇婆国、三佛齐国、诸国耳等地地处海道之要冲，在海洋季风以及航海技术支撑下，这些国家与宋港口贸易十分频繁，因此是蕃国中的最富者。

在宋代，与海外诸蕃往来贸易可详见《岭外代答》记载："诸蕃国大抵海为界限，各为方隅而立国。国有物宜，各从都会以阜通。正南诸国，三佛齐其都会也……渡之而西，则木兰皮诸国，凡

---

① （北宋）朱彧：《萍洲可谈》，中华书局1985年版，第19页。

② 转引自张星烺编注《中西交通史料汇编》（第2册），朱杰勤校订，中华书局2003年版，第857页。

③ 参见周去非《岭外代答·航海外夷》（卷2），转引自冯承钧《中国南洋交通史》，商务印书馆2011年版，第51—52页。

千余。更西则日之所入，不得而闻也。"① 这段史料所涉贸易国家有三佛齐、阇婆、占城、真腊、麻离拔国、木兰皮国、女人国、高丽、百济耳、佛罗安、大理、黑水、吐蕃、细兰（即锡兰）、古临国、大秦国、王舍城、天竺国、大食错国、木兰皮诸国等。

第三，海外移民。海外移民或"侨居"也是海洋贸易介入文化生产的一种主体途径。中国唐代时期，就有唐人移民海外生活的先例。在 2001 年，韩国林氏到泉州惠安彭城寻根谒祖。据史载，唐林氏始祖渡海移民韩国繁衍生活至今有 120 万人，这些移居海外的"侨民"很有可能将中国的漆艺文化及其技术带入他国。

根据"赖麦锡记波斯商人哈智摩哈美德之谈话"记载："（甘州城）漆工甚众。甘州城内某街，悉为漆工之居也。"② 甘州城内的"漆工"或有内地移民而至。日本木宫泰彦在《日中文化交流史》中记载了明清时期侨居日本长崎的中国人有 43 人之多，其中就有擅长雕刻漆器的欧阳云台（又名六宫），他的雕漆世称"云台雕"。在当时，侨居于长崎并入日本国籍的中国人，被称为"住宅唐人"。他们精通日文与中文，在日本幕府担任"唐事通"，并参与日中贸易。③ 说明中国欧阳云台等"侨民"为中日文化交流以及贸易往来做出很大贡献。

在宋代，宋商贩卖金银、瓷器、漆器等生活日用品到真腊国，当地人民特别喜欢来自中国的各种生活用品。与此同时，宋时已有

---

① 参见周去非《岭外代答·航海外夷》（卷2），转引自冯承钧《中国南洋交通史》，商务印书馆 2011 年版，第 51 页。

② 张星烺编注：《中西交通史料汇编》（第 1 册），朱杰勤校订，中华书局 1977 年版，第 363 页。

③ ［日］木宫泰彦：《日中文化交流史》，胡锡年译，商务印书馆 1980 年版，第 699 页。

华人移居真腊经商。① 这里的"真腊",即柬埔寨和越南最南部的"占腊",这些侨居占腊的华侨在中国文化的外传中扮演着重要的角色。

在耦合功能层面,宋代海上丝路贸易介入文化生产的价值是多层面的。在对外层面,宋代漆器文化对海外人的艺术批评及其审美意趣产生深远影响,特别是宋代"东亚文化圈"已初步形成。在对内层面,海洋贸易促进了商品经济的发展,进而动摇了"重本抑末"的经济思想,并深刻影响中国漆器文化生产的宫廷美学偏向。

第一,宋代漆文化与诸蕃社会文化耦合效应。法国汉学家谢和耐(G. Jacques)在《南宋社会生活史》这样坦言:"中国社会上一小撮人漫无止境的奢侈浮华,乃是财政上收支不平衡的主因之一。而杭州一地对于奢侈逸乐的狂热更是强烈……举凡苏州的丝绸,温州的漆器,从福建和广东经海路运来的茉莉花盆景,南昌的折扇,以及今浙江和江苏省著名的米酒,皆琳琅满目,应有尽有。"② 谢和耐的评价不无道理,正是南宋宫廷皇室的奢侈糜烂的生活,是造成政府财政上收支不平衡的原因之一。其中,漆器成为宋代皇室最为奢华的工艺品,成为宋朝宫廷糜烂生活的帮凶。这样的漆器美学是要被我们救赎的,尽管它在装饰以及髹漆技法上获得了某些进步,但却无端地阻碍了中国美学的正常发展,也破坏了中国艺术的生活化与日常化的正常发展轨迹。

宋代文化对世界的影响与辐射是史无前例的。英国人汤因比指出:"中国人曾经认为,他们的文明是世界上唯一的文明。到1126年,中国已成了半个世界的'中央王国',为一些文化上的卫星国所拱卫。这些卫星国都在一定程度上采纳了中国文明,但又将其转

---

① 参见虞云国主编《宋代文化史大辞典》(上册),汉语大词典出版社2006年版。

② [法]谢和耐:《南宋社会生活史》,马德程译,中国文化大学出版社1982年版,第61页。

化为与众不同的东亚型汉文化。"① 汤因比对中国以及宋代的中国
在世界上的地位的描述，特别是在东亚的地位的评价，显示出宋
代"东亚文化圈"已初步形成。实际上，历经汉唐以来的中华文
化对周边的辐射与沾溉已不仅仅是东亚，还深刻影响南亚、西亚
及欧洲等地区。美国人 L. S. 斯塔夫里阿诺斯似乎看出了这一点，
他认为："宋朝值得注意的是，发生了一场名副其实的商业革命，
对整个欧亚大陆有重大意义。其根源在于中国经济的生产率明显
提高，技术的稳步发展提高了传统工业的产量。"② 换言之，宋代
的商业发展已经给欧亚大陆带来了包括经济文化在内的许多领域的
革命性变化。

　　实际上，海外贸易介入文化生产的耦合绝不是单向的，它以矩
阵式动态轨道上发展与跟进。南宋方勺在《泊宅编》中记载："螺
钿器本出倭国，物象百态、颇极工巧，非若今市人所售者。"③ 说明
中国宋代螺钿髹漆技术很有可能来自日本。实际上，宋代瓷器在某
种程度上也吸纳了漆器的一些文化元素，漆器与瓷器在技术上尽管
有很多差异，但瓷器在用色、图案以及造型上均能借鉴漆器。日本
学者木宫泰彦在《日中文化交流史》中这样描述："有一个名叫加
藤四郎左卫门景正的，曾从道元入宋，研究了宋朝制造陶瓷技术后
回国，在尾张的濑户开窑，创制所谓'濑户烧'，为日本制陶技术
开辟了新纪元；还有一个名叫弥三的，曾随辨圆入宋，学习了纺织

　　① ［英］汤因比：《人类与大地母亲：一部叙事体世界历史》（下卷），徐波等译，马
小军校，上海人民出版社 2012 年版，第 453 页。

　　② ［美］L. S. 斯塔夫里阿诺斯：《全球通史——1500 年以前的世界》，吴象婴、梁赤
民译，上海社会科学院出版社 1988 年版，第 438 页。

　　③ （宋）方勺：《泊宅编》，许沛藻、杨立扬点校，中华书局 1983 年版，第 81 页。

广东绸和缎子的技术后回国,在博多创制了'博多织'。"① 从宋代瓷器艺术以及绸缎技术对日本的影响看,想必宋代漆器对日本漆器的影响也是深远的。同样,日本的莳绘、螺钿与描金对中国宋代漆器也产生潜移默化的影响。木宫泰彦在《日中文化交流史》又载:"数量可能无多,和前代一样,还输出了莳绘、螺钿、水晶细工、刀剑、扇子等日本美术工艺品。后白河法皇于承安三年(1173)赠给宋朝明州刺史答礼物品中,有描金橱一架(内装彩革三十枚)和描金提箱一只(内装黄金一百两),平清盛的答礼物品中有剑一把,提箱一只(内装武具)。"② 被日本输出的莳绘、螺钿、描金等精美漆器,向我们昭示一个这样的事实:商品本身的文化绝非静止的,文明是流动的。

宋代的漆器文化不仅沾溉日本,还哺育了东亚、西亚、东南亚、南亚以及西域诸蕃社会。宋代丝路海洋贸易的扩张,加之商品经济的发展,使得宋代较汉唐时期的海外贸易更直接、更深入与繁荣。因此,宋代的海洋贸易与漆器文化生产的耦合效用也十分明显。

第二,宋代漆器海洋贸易与中国社会文化耦合效应。随着宋代海外贸易以及商品经济的繁荣,宋代宫廷贵族对漆器以及海外进口奢侈品消费与日俱增,宋朝功利主义与享乐主义盛行。此时,东亚日本漆器开始被输入宋朝中国。其中,"描金漆器,从平安朝(781—1185)中叶以来就进献宋朝,是一种足以向中国夸耀的日本美术工艺品。所以明朝为了学习此项技术,曾在宣德年间特地派人到日本,有个名叫杨埙的学习此技,据说还有独到之处。贡献方物中的大刀鞘和砚箱,都以梨木为地,上以描金研出徽章,扇箱上也

---

① 〔日〕木宫泰彦:《日中文化交流史》,胡锡年译,商务印书馆1980年版,第387页。

② 〔日〕木宫泰彦:《日中文化交流史》,胡锡年译,商务印书馆1980年版,第303页。

施以描金。在国王附搭品中，第三次勘合船时有描金品大小六百三十四色。屏风宋朝以来就为中国所珍视，贡献方物中的屏风是在贴金上描绘花鸟等物，颇为优美"①。描金是一种金彩髹漆方法，我国在战国与汉代已开始使用这种方法髹饰漆器，宋代出现一种金花纹漆器，但宋代的日本与高丽描金漆器均得到迅速发展，并以进贡的方式传入中国宋代宫廷，受到宋宫廷与贵族的珍视。另外，日本的髹漆屏风仅次于描金广受宋代中国人的青睐。

宋代漆器海洋贸易的扩张，与之相应的是刺激了中国对海外商品的需求，特别是奢侈品的需求。因此，进口行业的加工行业也随之产生，并且分工精细。譬如宋代京城的文思院，即"监官分两界，曰上界，造金银珠玉，曰下界，造铜铁竹木杂料。然两界监官廨舍，毋得近本院邻墙并壁居，所以防弊欺也。但金银犀玉工巧之制，彩绘装钿之饰，若舆辇法物器具皆隶焉"②。《长编》还载："文思院上下界金银、珠玉、象牙、玳瑁、铜铁、丹漆、皮麻等诸作工料，最为浩瀚。"③宋徽宗时，在杭州设置"造作局"，负责加工某些进口品。"造作器用，曲尽其巧；牙角、犀角、金银、竹藤、装画、糊抹、雕刻、织绣。"而造作局的工匠则从民间差役："诸色匠人，日役数千，而财物所须，悉干于民。"④尽管有南方"漆作"或"造作局"的生产，也无法满足宋宫廷帝王的挥霍无度的奢靡生活需求，还大量输入日本的漆器等货物。日本学者木宫泰彦在《日中文化交流史》中这样描述："当时宋商运来的贸易品是些什么虽

①　[日]木宫泰彦：《日中文化交流史》，胡锡年译，商务印书馆1980年版，第579页。

②　（宋）吴自牧：《梦粱录》，浙江人民出版社1980年版，第77页。

③　（宋）李焘：《续资治通鉴长编》（第33册第489卷至503卷），中华书局1993年版，第11748页。

④　参见《浙江方志》1990年第4期。

不甚详，但主要可能是锦、绫、香药、茶碗、文具等物……但不容忽视的是，随着藤原时代日本文化的发展，日本输出特有的美术工艺品，很受宋朝欢迎。入宋僧奝然回国以后，曾在永延二年（988）二月派遣他的弟子嘉因和宋僧祈乾等赴宋，向宋太宗进献物品有螺钿花形平函、螺杯、法螺、金银莳绘筥、金银莳绘砚筥、金银莳绘扇筥、螺钿梳函、螺钿书案、螺钿书几、金银莳绘手筥、螺钿鞍辔、倭画屏风、螺钿莳绘厨、海图莳绘衣箱、屏风形软障等"①，几乎涵盖日常生活及其审美消费各个方面，以螺钿、莳绘为最。可见，宋代的日本漆文化对中国文化的影响是深入的。

与此同时，宋代漆器海洋贸易对中国社会文化的影响是多方面的。一方面，漆器海洋贸易促使漆器市场成熟，扩大对外贸易，提高漆器生产量及其技术水平，从而深刻影响与改变了宋代国家经济结构，尤其是"重本抑末"思想开始动摇；另一方面，随着宋代漆器海外贸易的扩张以及进口商品的增多，也无形中助长了贵族官僚的漆器等高档生活器皿的消费之风。

其一，宋代漆器海洋贸易促进漆器市场的成熟，漆器贸易迫使漆器生产走向商品化市场。《梦粱录·团行》这样描述："市肆谓之'团行'者，盖因官府回买而立此名，不以物之大小，皆置为团行，虽医卜工役，亦有差使，则与当行同也……其他工役之人，或名为'作分'者，如碾……漆作、钉铰作、箍桶作、裁缝作、修香浇烛作、打纸作、冥器等作分。"② 这段史料说明，随着海上贸易的深入，南方港口城市的"团""行""市""作"等具有市场性的活动场所兴起，并有工役、差使、官司等相应负责人管理这些"市场"。其中，"漆作"的诞生是海上丝路贸易及其市场经济的产物。

① ［日］木宫泰彦：《日中文化交流史》，胡锡年译，商务印书馆1980年版，第247—249页。

② （宋）吴自牧：《梦粱录》（卷13），浙江人民出版社1980年版，第115页。

其二，宋代漆器海洋贸易提高漆器生产量以及技术水平。宋代漆器海洋贸易促使东南沿海城市的兴起与繁荣。宋代改变唐以来的"坊"与"市"的严格区分制度，城市中"行""铺"林立，如南宋杭州多有"温州漆铺""游家漆铺"等。《东京梦华录·宣德楼前省府宫宇》载："（省府）南门大街以东，南则唐家金银铺、温州漆器什物、大相国寺，直至十三间楼、旧宋门。"① 这里的"温州漆器什物"最负盛名。另外，《梦粱录·铺席》也记载："杭州大街，自和宁门杈子外……太平坊大街东南角虾蟆眼酒店，漆器墙下李官人双行解毒丸……清湖河下戚家犀皮铺，里仁坊口游家漆铺，李博士桥邓家金银铺、汪家金纸铺，炭桥河下青篦扇子铺，水巷桥河下针铺、彭家温州漆器铺，沿桥下生帛铺、郭医产药铺，住大树下橘园亭文籍书房，平津桥沿河布铺，黄草铺温州漆器、青白磁器，铁线巷笼子铺、生绢一红铺。"② 可见，宋代杭州大街上的"漆器墙""漆器铺"甚多，生意兴隆。

其三，在海上丝路的刺激下，漆器、瓷器等手工业产品出口占据国家经济收入的重要部分，迫使东南沿海地区的农业商品化逐渐扩大。特别是出口规模较大的漆器，是宋政府规定用来博买香药宝货的商品之一。③ 因此，宋代漆器商业发展很快，相应税收稽征数额也较增。宋初国家有减税之诏，还有"恤商"之政。但到北宋末商税日趋苛繁，山区人民"所赖以为市，漆、楮、竹、木耳，又悉科取，无锱铢遗"（方腊起义时语）。到了南宋，国家的苛捐杂税已严重阻碍社会生产力和商品经济的发展。

其四，宋代漆器的商品化以及漆器消费的奢靡化，促使漆器文化生产发展走向了一个极端——腐朽与奢华。随着宋代漆器海洋贸

---

① （宋）孟元老：《东京梦华录》，中州古籍出版社2010年版，第38页。

② （宋）吴自牧：《梦粱录》（卷13），浙江人民出版社1980年版，第117页。

③ 参见黄纯艳《宋代海外贸易》，社会科学文献出版社2003年版，第265页。

易的扩张，加之南宋政府的奢靡腐朽的生活，无形中助长了漆器生产扩大与奢华漆器消费之风，特别是一些贵族官僚的漆器生活极其腐朽与颓败。《宋史·地理志》曰："政和元年十一月，重修（注：京城）大内，至六年九月毕工……合屋数千间，尽以真漆为饰，工役甚大，为费不赀。而漆饰之法，须骨灰为地，科买督迫，灰价日增，一斤至数千。于是四郊冢墓，悉被发掘，取人骨为灰矣。'"① 这些"真漆为饰"与"取人骨为灰"的历史写照反映出宋代漆艺消费的极度奢靡。

概言之，宋代海上丝路贸易介入宋代的漆器文化生产的耦合效应是明显的，不仅对中国漆器文化生产起到了一个极大推动作用，还直接影响宋代宫廷美学的发展偏向；同时，中外漆艺文化的互动、交流与耦合，无疑给世界文化的繁荣与发展带来先机。

在阐释中发现，宋代海洋贸易嵌入宋代文化生产并裹挟着海外文化，宋代社会文化生产同海外贸易之间找到了交集，并至少能体现以下几点文化要义：第一，宋代海洋贸易介入文化生产的耦合如同一个矩阵，它是一个动态的能量循环体，即海洋贸易为文化生产提供契机与途径，文化生产又为海洋贸易提供能量与资源。海洋贸易在文化生产的嵌入式发展中实现世界文化能量的动态流动与传输。第二，宋代海洋贸易介入文化生产的价值是多向量与多层面的。对外，宋代海洋贸易下的文化逻辑嵌入式的发展不仅为海外社会提供"中国文化"，还提供"中国情调"与"中国风格"；对内，宋代海洋贸易嵌入文化生产的耦合效应提升了宋代国家的经济水平与文化高度。第三，宋代海洋贸易嵌入文化生产的社会风险也是存在的，特别是随着海洋贸易及其商品经济的发展，宋代"重本抑末"的思想开始动摇，士大夫的功利主义、

---

① 陈振：《宋史》（卷85），上海人民出版社2003年版，第23页。

享乐主义等风气盛行。抑或说，海洋资本文化对宋代宫廷美学思想产生深远的文化偏向。

三　元代之展开

摒弃"部族"范畴的某些学术争议，族体谱系下的"部族"分支显然有异于"民族"范畴。"部族"是基于地域为空间纽带的共同体，而"民族"则指向以文化区分的共同体。1271 年以前的封建主义部族的蒙古部族实则就是一个多族群的共同体。蒙古部族内的多样文化结构、意识形态及其宗教信仰在没有形成国家之前显然是较为松散的，并没有明显促成民族文化多样性的态势。同时，不过百年的元朝历史昭示，将共同体的蒙古部族文化结构与运行模式带入蒙古国家是渐次失效的。

当忽必烈部族走向"大元"国家后，他所面临新的国家"政治体"，显然不同于以地域为区分的部族共同体。换言之，忽必烈从"部族"走向"国家"之后所遭遇的统治议程亦将发生新的变革——从地域"共同体"到政治"组织体"，它至少意味着以下三个重要转向或议程：一是在部族范围内，原蒙古内各部族开始解体而日渐形成文化多样性的统一民族；二是在全国范围内，多民族的大力度的民族国家化建构将成为蒙古部族的首要政治议程；三是在世界范围内，蒙古王朝在国家体系中提升或重塑国家形象将成为重大政治议题。

在本章的分析中，拟将以元代海上丝绸之路漆器文化为研究对象，通过对元代社会肌体身上的漆器"细胞"作较为详细的剖析，试图从元代海洋丝路漆器文化的历史发展中，探寻蒙古王朝从"部族"走向"国家"后的诸多实践议程。对元代海上丝绸之路漆器文化研究或许是在元代肌体上轻轻划开的一道手术式"裂口"，但足以能透过裂口窥探其血型、肌肉、心率以及肌体显现的各种社会发展规律性的生命迹象。换言之，元代海上丝绸之路漆器文化背后隐喻着一部蒙古王朝社会文化发展的历史与逻辑。

在部族共同体下，元人勇悍好杀，好武轻文。他们摒弃传统士大夫价值体系，志向于声色犬马，沉湎于奢靡物欲。奢华的漆器抑或成为元代社会的追捧对象，特别是贵族皇家对奢侈的漆器消费更是视为时尚。在蒙古贵族奢靡生活态度与耶律楚材"制器必用良工"的思想支配下，元政府实施"抽户为工"之策，在全国大规模招募巧匠，大肆掳掠、拘役各地工匠以供给官府或贵族作坊，并垄断和控制了国家漆器重要生产部门。

从部族走向国家的蒙古王朝，漆器制作的国家行为极易走向中央集权之路，严格的"工奴制"推动元代漆器发展走向部族集权的顶峰。在元代，大都留守司下的司局种类繁多，分工极细，这种集权化管理对于漆器的发展具有重大作用。元代"大都留守司"下设"油漆局"，"将作院"下设"漆纱冠冕局"，这足见元代髹漆制作是官方经营的工奴制度。漆器制造作为国家行为，主要为皇家贵族服务。于是，元代国家专设"油漆局"掌管两都宫殿髹漆之工，以利于统一管理与监督漆器制造。据《元史》载："诸色人匠总管府，隶属工部，下置出蜡局、镔铁局、油漆局等。"① 《元史》又载："油漆局，提领五员，同提领、副提领各一员，掌两都宫殿髹漆之工。"② 说明油漆局隶属工部管理，并设提领 5 人，同提领 1 人，副提领 1 人，以管理宫殿髹漆之事。另外，这些掌两都宫殿漆工均为专业髹漆之工，他们从全国各地被掳掠或集中而迁至大都。据《元史·张惠传》载，在公元 1236 年就掳中原民匠 72 万户，1275 年掠江南民为工匠凡 30 万户之多。在国家行为与制度下，元代髹漆获得

---

① （明）宋濂等：《元史》（简体本），中华书局 2000 年版，第 1593 页。

② （明）宋濂等：《元史》（简体本），中华书局 2000 年版，第 1593 页。

空前集权化发展与繁荣。《新增格古要论》载："元朝初嘉兴府西塘有彭君宝者，甚得名，戗山水人物、亭观花木鸟兽种种臻妙。"[1] 该书还载："元朝嘉兴府西塘杨汇人张成、杨茂剔红最得名。"[2] 张成、杨茂两人均擅长雕漆，尤见剔红、剔犀等髹漆技术。今天北京故宫博物院收藏的剔红赏花图圆盒，盖里针划"张敏德造"款铭文，张敏德为张成之后代。彭君宝、张成、杨茂、张敏德等均是元代髹漆名匠，尤以雕漆成就最高，享誉当朝。

元政府在国家层面上"抽户为工"与"招巧匠"在一定程度上集中发展了皇家部族手工业，为古代中国漆器发展及其文化承续起到重大推动作用。但也不可否认，元政府大肆掳掠、拘役全国工匠，高度垄断与控制国家手工业生产部门，致使民间手工业发展受到很大影响。

元代社会是由多部族衍生出的多民族国家，这些部族主要由蒙古人、色目人、南人、汉人等构成。就漆器消费而言，漆器使用主要集中在贵族与蒙古部族首领生活中，而这些族群主要是由"大根脚"的蒙古贵族和色目勋贵及汉官员组成。对于这些以"弓矢得天下"的"大根脚"蒙古族而言，奢华的漆器正好满足与迎合了他们的物欲需求。

"大根脚"的蒙古贵族有重技轻文的倾向，于是，元代髹漆很明显呈现出一股"重技潮流"。忽必烈之后，随着汉人在国家统治集团中所占比重减少，元代士大夫地位明显较之前也有所下降，以至于出现"十儒九丐"之颓废局面。在一定程度上，元代社会的精神生活普遍被奢侈的物质生活所冲淡。关汉卿《不伏老》中坦言："我是个普天下郎君领袖。愿朱颜不改常依旧，花中消遣，酒内忘

---

① （明）曹昭：《新增格古要论》，中国书店1987年版，第130页。

② （明）曹昭：《新增格古要论》，中国书店1987年版，第128页。

忧；……甚闲愁到我心头。"① 这也许是元代士人的心声或生活立场。精神生活的失落恰好被宋以来技术生活所填补。因此，元代社会重技术、重物质的社会风气十分明显。就漆器而言，元代雕漆技术可谓登峰造极，手工精细、磨工圆润、剔犀娴熟。另外，元代镶嵌螺钿、素髹及戗金技术也艺臻绝诣。总之，元代传统儒家思想没落，重物质重技术生活欲望抬头，漆器的技术美学恰好适应元代社会奢靡物质欲望。

"大脚跟"一统天下后，元代知识分子备受压制。于是，"摇船去，浊醪换取，一串柳穿鱼"的江湖隐居风尚自然开始流行。在唐宋以来的隐逸文化基础上，元代漆器装饰出现象征君子的梅兰竹菊等植物花卉，特别是秋葵、梅花、菊花、牡丹、山茶、栀子花等是元代雕漆工匠最为青睐的题材。元代雕漆花卉题材的异常兴盛是在以前髹漆题材中所没有的，究其原因，元代是一个北方部族统治时代，这些象征高洁的花卉抑或是元代文人的一种心态，或是一种隐逸社会符号；另外，雕漆所呈现出来的"枝繁叶茂"或"含苞欲放"之美，与元代草原部族的美学情怀十分贴切。从出土的元代漆器看，我们很少能看到唐宋漆器娇花或折枝之美，更多的是满铺图案。这是元代部族社会在漆器图案上的一种艺术表现，也是元代部族社会深刻转型的艺术体现。

当部族走向国家之时，海上丝路为蒙古民族国家的建构议程敞开了空间。因此，元代海上丝路贸易发展受到国家的高度重视。为稳固沿海，至元十四年，即公元 1277 年，元世祖下诏："行中书省承制，以闽浙温、处、台、福、泉、汀、漳、剑、建宁、邵武、兴化等郡降官，各治其郡。"② 同时，在泉州重置市舶司，任命地方闽

---

① 参见王起主编《元明清散曲选》，洪柏昭、谢伯阳选注，人民文学出版社 1988 年版，第 17 页。

② （明）宋濂等：《元史》（简体本），中华书局 2000 年版，第 129 页。

广大都督蒲寿庚担任提举，也使得泉州和平渡过朝代更迭，这为海上贸易发展提供稳定的社会环境与政治力量。《元史》载："（至元十五年，即 1278）诏行中书省唆都、蒲寿庚等曰：'诸蕃国列居东南岛寨者，皆有慕义之心，可因蕃舶诸人宣布朕意，诚能来朝，朕将宠礼之。其往来互市，各从所欲。'诏谕军前及行省以下官吏，抚治百姓，务农乐业，军民官毋得占据民产，抑良为奴。以中书左丞董文炳签书枢密院事，参知政事唆都、蒲寿庚并为中书左丞。"① 元世祖任命唆都、蒲寿庚为"中书左丞"，并实施"宠礼"和"抚治百姓，务农乐业"等措施确实起到安抚诸夷的目的，尤其是"往来互市，各从所欲"为海上丝路贸易提供了国家层面上的政策依据与制度保障。

元代丝路贸易除了亚欧陆路之外，还有重要的"海上丝路"通道。布尔努瓦《丝绸之路》中描述得很清楚："一般来说，当时中国北部出售茶叶而购入马匹，中国南方出口瓷器、漆器和丝绸，特别是向东南亚国家出口……在元帝国统治时代，从黑海到太平洋的这条通道又先后变成了香料之路、茶叶之路和瓷器之路，而且也是外交使节们来往的必经之路，并不完全是丝绸之路了。只有从中国经西伯利亚到中亚蒙古人地区的一段路程例外，那段交通路线上仍从事珍稀织物的少量交易。这类珍稀织物也沿着十三和十四世纪的两条路少量地流入欧洲。这两条道路之一是塔里木—小亚细亚的传统道路，另一条则位于靠北很远的地方，从亚美尼亚、克里米亚和高加索的海港出发，沿着黠戛斯草原和西伯利亚南部一直到达北京或喀喇和林。"② 根据布尔努瓦的描述，元代海上贸易路线至少有三条：一是传统的古代中国与东南亚国家贸易的南洋丝路；二是从太平洋到黑海的西洋丝路；三是从亚美尼亚、克里米亚和高加索的海

---

① （民国）许慕羲：《元朝宫廷秘史》，内蒙古人民出版社 2008 年版，第 409 页。

② ［法］布尔努瓦：《丝绸之路》，耿昇译，新疆人民出版社 1982 年版，第 240 页。

港出发，沿着黠戛斯草原和西伯利亚南部一直到达北京或喀喇和林的北方丝路。

第一，与东南亚的南洋航线。元代中国南海丝路贸易的路线见元初周达观《真腊风土记》，该著系作者访问真腊（今柬埔寨）国后写下的，特别能反映从温州港出发到东南亚国家的航海路线途经的国家，及其港口城市贸易的具体盛况。《真腊风土记》载："真腊国或称占腊，其国自称曰甘孛智。今圣朝按西番经，名其国曰澉浦只，盖亦甘孛智之近音也。自温州开洋，行丁未针，历闽、广海外诸州港口，过七洲洋，经交趾洋，到占城；又自占城顺风可半月到真蒲，乃其境也。又自真蒲行坤申针，过昆仑洋，入港；港凡数十，惟第四港可入，其余悉以沙浅，故不通巨舟，然而弥望皆修藤古木，黄沙白苇……至大德丁酉六月回舟，八月十二日抵四明泊岸，其风土国事之详虽不能尽知，然其大略亦可见矣。"[1] 根据周达观遣使招谕访问真腊的记载，元代"通商来往之国"的路线图或国家是：从温州港出发，历经闽、广诸港，后过七洲洋（今海南岛以东七洲列岛）、交趾洋（今海南岛之占城洋面）到占城国（今越南中部）。又自占城到真蒲（真腊国以东边界地），历过昆仑洋（马来西亚以北洋面）入第四港（美荻港）。自港口北行后抵达查南，换乘小舟经过半路村、佛村（菩提萨州），再横渡淡洋（今洞里萨湖）抵至干傍（柬埔寨地）。从《真腊风土记》描述中，说明元代海上丝路贸易有温州港，泉州港、广州港等市舶司，以通东南亚占城国、真蒲、马来西亚、查南、淡洋、干傍等诸蕃贸易。

第二，与欧洲的西洋航线。所谓"西洋航线"，即郑和时代的"西洋航线"。汪大渊于元顺帝时期，曾两次乘船于东西洋而游，后著《岛夷志略》。该著多有描述元代中国与欧洲的海上贸易，全书

---

① （元）周达观原著：《真腊风土记校注》，夏鼐校注，中华书局1981年版，第15—16页。

共 18 处提及"西洋"。元代泉州港直接与西洋贸易，可以从史载的龙牙门、古里地闷等海上贸易可以推断当时中国与西洋的通商货易情况。《岛夷志略》之"龙牙门"条载："贸易之货，用赤金、青缎、花布、处瓷器、铁鼎之类。盖以山无美林，贡无异货。以通泉州之贸易，皆剽窃之物也。舶往西洋，本番置之不问。"① 这段文字描述了泉州商人在今新加坡海峡附近与西洋的通商货易。《岛夷志略》之"古里地闷"条载："居加罗之东北，山无异木，唯檀树为最盛。以银、铁、碗、西洋丝布、色绢之属为之贸货也……昔泉之吴宅，发舶梢众百有余人，到彼贸易。"② 这段文字描述泉州商人吴宅到今马来群岛南段之东帝汶国贸易，并有西洋丝布货易。不过，元代中国与欧洲的贸易除了直接贸易之外，还有多条间接贸易路线。譬如甘埋里与北溜作为元代在中东的贸易中转站，它与西洋贸易极其频繁。《岛夷志略》之"甘埋里"条载："所有木香、琥珀之类，均产自佛郎国，来商贩于西洋互易。"③ 这段文字记载了印度洋西海岸的甘埋里国（今伊朗哲朗岛）与欧洲的贸易情况。《岛夷志略》之"北溜"条载："地势居下……海商每将一舶氿子下乌爹、朋加剌，必互易米一船有余。"④ 这段文字描述了今马尔代夫的马累与西洋的通商货易。再者，元代东南亚诸蕃作为中转站与西洋的贸易，从苏禄、旧港等国的通商货易中可以寻见。《岛夷志略》之"苏禄"条载："地产中等降真条、黄蜡、玳瑁、珍珠，较之沙里八

① （元）汪大渊原著：《岛夷志略校释》，苏继顾校释，中华书局 1981 年版，第 213—214 页。
② （元）汪大渊原著：《岛夷志略校释》，苏继顾校释，中华书局 1981 年版，第 209 页。
③ （元）汪大渊原著：《岛夷志略校释》，苏继顾校释，中华书局 1981 年版，第 364 页。
④ （元）汪大渊原著：《岛夷志略校释》，苏继顾校释，中华书局 1981 年版，第 264 页。

丹、第三港等处所产……贸易之货，用赤金、花银、八都剌布、青珠、处器、铁条之属。"① 这段文字描述了今菲律宾之苏禄酋长国与西洋的通商货易。《岛夷志略》之"旧港"条载："贸易之货，用门邦丸珠、四色烧珠、麒麟粒、处瓷、铜鼎、五色布、大小水埋、瓮之属。"② 这段文字描述西洋人来到今苏门答腊岛南部港口之巴邻旁（《诸蕃志》作巴林冯）"取田内之土骨以归"之情况，并与欧洲通商货易。另外，作为元代中国对外贸易的中转站，从无枝拔、东淡邈、古里地闷等国货易"西洋布"可见证这些地方与欧洲的贸易情况。《岛夷志略》之"无枝拔"条载："产花斗锡、铅、绿毛狗。贸易之货，用西洋布、青白处州瓷器、瓦坛、铁鼎之属。"③ 可见今马来半岛中南部之马六甲与西洋的通商货易。《岛夷志略》之"淡邈"条载："地产胡椒，亚于八都马。货用黄硝珠、麒麟粒、西洋丝布、粗碗、青器、铜鼎之属。"④ 说明今印度尼西亚中部之爪哇岛与西洋的通商货易之兴盛。《岛夷志略》之"须文答剌"条载："贸易之货，用西洋丝布、樟脑、蔷薇水、黄油伞、青布、五色鞋之属。"⑤ 这段文字也能见证今苏门答腊与西洋的通商货易。

第三，"北方丝路"并非严格意义上的海上贸易路线，从亚美尼亚、克里米亚和高加索的海港出发，沿着黠戛斯草原和西伯利亚南部一直到达大都的这条贸易路线，也具有港口贸易的性质与内涵。

① （元）汪大渊原著：《岛夷志略校释》，苏继庼校释，中华书局1981年版，第178页。
② （元）汪大渊原著：《岛夷志略校释》，苏继庼校释，中华书局1981年版，第187页。
③ （元）汪大渊原著：《岛夷志略校释》，苏继庼校释，中华书局1981年版，第38页。
④ （元）汪大渊原著：《岛夷志略校释》，苏继庼校释，中华书局1981年版，第133页。
⑤ （元）汪大渊原著：《岛夷志略校释》，苏继庼校释，中华书局1981年版，第240页。

亚美尼亚亲王海敦入朝蒙古后著《东方诸国风土记》（*History and Geography of the Eastern Kingdoms*）一书，书中有"契丹国记"之描述："契丹国者，地面最大国也。幅员之广，莫与伦比。人口众多，财富无穷。国滨大洋海……然其国亦实多奇异物品，贩运四方，制工优雅，精美过人。诸国之人，亦诚不能及之也。"① 契丹国，即中国。亚美尼亚亲王海敦所述元代中国"国滨大洋海"，特别是国内"奇异物品"而"贩运四方"的港口贸易之繁荣景象。

元代部族共同体向国家政治统治体的过渡，必然要求元朝在开拓疆土的同时，注重商业贸易，尤其是以海上贸易提升民族化国家建构的财力与形象。于是，元代在浙江庆元（今宁波）、澉浦（今海盐）、杭州、温州、上海等处置市舶司，以通诸蕃货易。各市舶司管理海外贸易，并制定相关"互市之法"及征税方法。

市舶司是古代中国对外贸易的"海关"或官府，元代市舶司直接由行省管理或直隶于中书省。从《元史·食货志·市舶》记载看，从1277—1322年，元代市舶司的设置经历多次革新或复立。市舶司或归入盐运司，或并入税务，或置制用院。大致从市舶司到市舶都转运司或都转运司，再到市舶提举司。1277年立泉州市舶司，后立庆元、上海、澉浦等三市舶司，并任命福建安抚使杨发管理。1284年设市舶都转运司于杭州与泉州。1285年并福建市舶司入盐运司，改为都转运司，负责福建漳、泉盐货市舶事务。此时，元代已经有泉州、上海、澉浦、温州、广东、杭州、庆元等市舶司七所，后温州市舶司并入庆元，杭州市舶司并入税务。1297年罢行泉府司。1298年并澉浦、上海入庆元市舶提举司，直隶中书省。同年又置制用院，1303年以禁商下海罢之。1308年复立泉府院，整治市舶司事。1309年罢行泉府院以市舶提举司隶行省，1311年又

---

① 转引自张星烺编注《中国交通史料汇编》（第2册），朱杰勤校订，中华书局2003年版，第982页。

罢之。1314 年复立市舶提举司。1322 年复置泉州、庆元、广东三处提举司。① 可见，元代市舶司或市舶提举司制度历经多次革新与发展。

元初基本沿用南宋市舶司互市制度，即"凡邻海诸郡与蕃国往还，互易舶货者，其货以十分取一，粗者十五分取一，以市舶官主之"②。后日久弊生，勾当横行。元政府为了打击贵族官僚海商舞弊，加强市舶司海外贸易管理，进而增加国家税收，先后制定了相关市舶法，主要有"抽分之法"（保护性关税法）、"选人入蕃"制（控制官僚贸易法）、"漏税之法"以及"市舶抽分杂禁二十二条"等。

第一，保护性关税法——从"双抽、单抽之制"到"抽分之法"。该关税体系由上海市舶司提控王楠提出，后确定为"双抽、单抽之制"，即规定对洋货双抽，对本地土货单抽也。该制度后经耿左丞完善，以钞易铜钱，令市舶司以钱易海外金珠货物，仍听舶户通贩抽分，最后定位为"抽分之法"。它有效保护了元代地方货物贸易的优先权，并确定了市舶司改"纸币"以"铜钱"为交易货币的体系，这为明代以"白银"为交易货币提供交易范例。

第二，"选人入蕃"制。元代部族国家奢靡之风日盛，商业功利主义盛行。特别是一些贵族官僚志在声色犬马，并把持对外贸易权，控制国家经济财政。为打击贵族官僚对海商贸易的控制，元政府规定"官自具船给本，选人入蕃，贸易诸货，其所获之息，以十分为率，官取其七，所易人得其三。凡权势之家，皆不得用己钱入蕃为贾。犯者罪之，仍籍其家产之半。其诸蕃客旅就官船卖买者，依例抽之"，③ 这样对官民之贸易作分类管理，并通过政府调控税

---

① （明）宋濂：《元史》（简体本），中华书局 2000 年版，第 1592 页。
② （明）宋濂：《元史》（简体本），中华书局 2000 年版，第 1592—1593 页。
③ （明）宋濂：《元史》（简体本），中华书局 2000 年版，第 1372 页。

率，严格控制官府权势者经商，以保护贸易人合法贸易，确保国家对外贸易的调控权。

第三，"验货抽分"与"漏税之法"。元代国家的部族官僚把持商业贸易，偷税漏税现象时有发生。为打击偷税漏税，元政府命市舶验货抽分，并由中书省规定抽分之数及漏税之法。对凡是商贩在泉州、福州等地已经抽税者，则在本省市舶司地卖者，规定细色二十五分取一，粗色三十分取一，并免除输入税。对于市舶司买者，则停于卖处收税，而不再抽税；对于偷税漏税之物货，则依例没收。"验货抽分"与"漏税之法"很好地保护了海洋贸易的正常运营与发展，特别是打击了不法官僚权势对贸易的控制权。

第四，"市舶抽分杂禁二十二条"。为整顿市舶勾当，元政府制定市舶抽分杂禁二十二条。抽分杂禁规定不许私贩入蕃，除泉州于抽分之外，三十分取一为税。行省行泉府司、市舶司官每年回帆的时候，以次抽分，违期及作弊者罪之。

元代市舶司法较宋代更加趋于完善与严格，首次出现历史上具有保护性的关税法，即"双抽、单抽之制"。同时，对外海上贸易法更加制度化与规范化，特别是"选人入蕃"制、"验货抽分"、"漏税之法"等市舶司法，对于官商舞弊、重复税收及偷税漏税等市舶勾当均有明确规制。另外，"市舶抽分杂禁二十二条"对市舶司的职责、权限等有"法律化"规定。制度化与法律化的市舶法对于元代海上漆器、瓷器等大宗货物的合法交易具有重大意义。

与唐宋相比，元代国家疆域更为宽广，国家对外开放程度更大。但是由于连年对外征战，加之元代官僚部族对海商的控制，越来越让元代政府感觉到开放港口所带来的不稳定性元素与日俱增。于是，元世祖忽必烈先后进行四次"海禁"。汉以来的港口开放已出现"禁商下海"的局面，因此，元代停罢市舶与整治海防成为政府之要务。究其原因，元代政府的"海禁"政策是迫于战争的需要，特别是对日本以及东南亚一些国家的征战屡次失败，为了防止与海外这些国家联系，特别是物资、军备及信息的外流，"禁海"成为政府的必然选择。同时，元代实施"官自具船给本，选人入蕃，贸易诸货"①的对外贸易政策，即由官府出船，并选人的对外海洋贸易，以维护国家对海洋贸易的绝对控制权。因此，在此情况下，私人出海经商自然被规为禁止之列。即便元政府多次海禁，但也没能抵挡海外人对中国漆器、瓷器等精美工艺品的需求；也无法抵制海洋贸易所带来的经济财政收入及丰富的奢侈品的诱惑。因此，元代"禁海"政策不是一个长效政策。

元朝是一个横跨亚欧大陆的世界性庞大帝国，对外经济贸易网络系统发达。除了沿袭传统西北古道丝路之外，还在宋代海上丝路的基础上开辟了通往世界的新的海上贸易通道。泉州、上海、澂浦、温州、广东、杭州、庆元等港口贸易发达，其中，泉州港、庆元港与温州港的对外贸易中，元代的外销漆器占有一定份额。从进口看，元代港口外来舶货种类繁多，诸如宝物、布匹、香货、药物、诸木、杂物等应有尽有。在所有进口货物清单中，也见进口新罗漆以及用于瓷器的青料等。因为当时"高丽生产的新罗漆，质地极佳，适用于饰蜡器。元代青花瓷生产中釉料有来自海外的青料（氧化钴）又称苏泥勃青"②。新罗漆是一种天然树脂，是制漆的重要材料。宋人王云在《鸡林志》曾记载："高丽黄漆生岛上，六月刺取，沈色若金，日曝则干，本出百济，今浙人号新罗漆。"③百济地处朝鲜半岛东南段，气候温和，盛产黄漆。由于元代"重末抑本"之风盛行，自然会影响中国大漆的生产，因此，进口高丽漆也

---

①　（明）宋濂：《元史》（简体本），中华书局 2000 年版，第 1372 页。

②　孙玉琴、赵崔莉：《中国对外开放史》（第 1 卷），对外经济贸易大学出版社 2012 年版，第 172 页。

③　（宋）王云：《鸡林志》（《说郛》本卷七十七），商务印书馆 1927 年版，第 114 页。

属正常。从出口看，元代出口商品主要有瓷器、丝绸、漆器、绢帛、铜、铁、金、银、铅、锡、茶叶、酒、糖等。较外销瓷器与丝绸之比较，元代对外漆器贸易也不可小觑。特别值得注意的是随宋室南迁以及大批北宋漆工移居江南，沿海一带的漆业因此走向繁荣。元末明初陶宗仪所著《南村辍耕录》多有漆器知识叙事，并在一定程度上反映了东南沿海漆器生产情况。《南村辍耕录·鎗（戗）金银法》曰："嘉兴斜塘杨汇髹工鎗。鎗金银法，凡器用什物，先用黑漆为地，以针刻画，或山水树石，或花竹翎毛，或亭台屋宇，或人物故事，一一完整，然后用新罗漆。"① 嘉兴斜塘杨汇，即今浙江嘉善县。在元代，浙江嘉兴的张成、杨茂之髹器最负盛名。《辍耕录》漆器知识叙事反映元代南方江浙一带漆器生产繁荣，它为漆器外销奠定了资源性保障。

就漆器输出而言，泉州港、庆元港、温州港等均是主要的漆器外销港口。泉州港，即刺桐港，它是当时海上丝路贸易的世界性大港口。《梦粱录》曰："若欲船泛外国买卖，则自泉州便可出洋。"② 可见，泉州是元代海洋贸易之大港口。1976 年，南朝鲜新安郡海底沉船被发现，"沉船里所装载的货物中除陶瓷器、金属制品、木制品、石制品外，甚至还包括黑胡椒、桂皮和苏木、紫檀那样的香料和名贵香木，货物中还有日本的产品，如镰仓时代的古濑户瓶、彩绘漆器、铸咖社等图案的和式镜，直至大刀的刀鞘到穿的木屐"③。这里的"彩绘漆器"，即可见证元代外销漆器的历史事实。对于这艘沉船的目的地，日本三上次男的观点是："只是在日

---

① （元）陶宗仪：《南村辍耕录》，武克忠、尹贵友校点，齐鲁书社 2007 年版，第402 页。

② （宋）孟元老：《梦粱录》，中国商业出版社 1982 年版，第 102 页。

③ ［日］三上次男：《新安海底的元代宝船及其沉没年代》，王晴堂译，《东南文化》1986 年第 2 期。

本没有发现过，而主要在东南亚，特别是在菲律宾发现的青瓷和白瓷该船却装载了很多。我认为这艘船是打算在日本和高丽结束交易后取道冲绳，再前往菲律宾，最后返航庆元府（宁波）的周游船。"① 在元代，漆器作为"华货"是被鼓励外销的，因为它的价值或税收远高于瓷器、丝绸等。《真腊风土记》之"欲得唐货"条有记载："其地向不出金银，以唐人金银为第一。五色轻缣帛次之，其次如真州之锡镴，温州之漆盘……其粗重则如明州之席。"② 说明元代温州漆器远销真腊等东南亚国家，成为当地的时尚品。

元代国家贸易远通欧洲两河流域，与白达国或报达国有贸易往来。刘郁《西使记》载："七年丁巳岁（元宪宗七年，公元一二五七年），取报达国……合里法以舸走，获焉。其国俗富庶，为西域冠。宫殿皆以沉檀乌木降真为之，壁皆黑白玉为之。金珠珍贝不可胜计。共后妃皆汉人。"③ 这里的"报达国"，或作"白达国"（见《诸蕃志》），相当于今天两河流域境内的伊拉克。其王"合里法"，即"哈里法"，而其妃皆汉人，可知元代欧洲两河流域与中国的贸易及其文化往来。1346 年，摩洛哥商人和旅行家伊本·巴图塔（Muhammad ibn Abdullah ibn Battutah，1304—1377）抵达中国的刺桐港，随后游历杭州、广州以及大都等城市。1355 年他用阿拉伯文写成《异域奇游胜览》如是描述："翌日早上从第五城城门进城，这是最大的城市，由普通百姓居住，市街美丽，城内多能工巧匠，这里织造的绸缎以汗沙绸缎著称。当地的特产之一是用竹子制作的

---

① ［日］三上次男：《新安海底的元代宝船及其沉没年代》，王晴堂译，《东南文化》1986 年第 2 期。

② （元）周达观等：《真腊风土记校注 西游录 异域志》，夏鼐等校注，中华书局 2000 年版，第 148 页。

③ 转引自张星烺编注《中西交通史料汇编》（第 2 册），朱杰勤校订，中华书局 1977 年版，第 304—305 页。

盘子，那是由碎块拼凑而成的，极为轻巧。上面涂以红漆，这类盘
子一套十个……此种盘子运销印度、霍腊散（注：Hurasan，即波
斯）等地。"① 巴图塔的描述充满对中国工艺文化的神奇与赞美，特
别是对中国漆器及其贸易的描述见证了元代杭州的竹胎漆器远销印
度与波斯的历史。

　　14 世纪阿拉伯人对"漆树科"已有初步科学认知，从元代延祐
到天历年间（1314—1330），担任饮膳太医忽思慧在其《饮膳正
要》曾记载阿拉伯的药物马思答吉（漆树科乳香）等被宫廷饮膳采
用②。元代初年，阿拉伯人蒲寿庚来仕中国，并将中国漆文化带回
阿拉伯。蒲寿庚是阿拉伯商人后裔，系蒲开宗之子。他在泉州市舶
司在位三十余载，是宋元回回蕃客之代表。据《宋史》载："景
（南宋景炎帝）欲入泉州，招抚蒲寿庚，有异志。初，寿庚提举泉
州舶司，擅蕃舶利者三十年。是舟至泉，寿庚来谒，请驻跸。"③ 可
见，元初泉州港与阿拉伯人的丝路贸易有密切往来，并设驻华泉州
舶司蒲寿庚，管理与阿拉伯海上贸易。

　　简言之，蒙古部族在走向国家化建构过程中，海上丝绸之路的
漆器文化输出与传播释放出巨大的溢出效应，为世界文化的繁荣做
出巨大贡献。

　　根据 13 世纪意大利商人与旅行家马可·波罗（Marco Polo）的
游记描述，马可·波罗来到中国东部或沿海城市有济南、淮安府、

---

　　① ［摩洛哥］伊本·白图泰：《伊本·白图泰游记》，马会鹏译，宁夏人民出版社 2000
年版，第 554 页。另参见 Gibb, H. A. R., The travels of Ibn Battita, 1325—1354, 3 Vols,
Cambridge University Press, For The Hakluyt Society, 1958—1971; C. Defr6mery et
B. R. Sanguinetti (tr.), Voyages d'Ibn Battuta, 5Vols. Paris: Soei6t6 Asia tique, 1853—1859。

　　② 宋岘：《中国阿拉伯文化交流史话》，中国大百科全书出版社 2000 年版，第 129 页。

　　③ 转引自张星烺编注《中西交通史料汇编》（第 2 册），朱杰勤校订，中华书局 1977
年版，第 308 页。

海州城、宝应州、高邮、通州、扬州市、南京省、镇江府、常州市、苏州市、吴州市、京师（杭州）等。马可·波罗的描述再现了元代中国东南沿海城市手工业的繁荣，也见证了元代港口城市的商业繁荣状况。在中外漆文化交流中，马可·波罗所见中国漆器艺术除了生活实用漆器之外，论述或赞美最多的是中国建筑漆艺、游艇和画舫漆艺等。

马可·波罗在他的游记中曾描述蒙古大汗奢华的镏金漆柱御苑。漆是天然优良涂料，素有"涂料之王"之称号。可见，马可·波罗已认识到漆器的防腐作用。《马可·波罗游记》在"大汗在上都所建的豪华宫殿和皇殿上的礼仪"章节中这样描述："我们一行告别了张家诺，朝东北方骑行三天，抵达上都（Shandu，Shangtu）。这是当今皇帝忽必烈大汗建立的都城……御花园中，有一片葱绿的小树林，他在林中修建了一间御亭，亭内有许多华美的龙柱，裱上金箔。每根木柱上盘着一条龙，龙头向上承接着飞檐，龙爪向左右伸张，龙尾向下垂着，龙身上也裱上金箔。屋顶和其他部分是用竹制成，油漆得很好，可以防潮。"①这里所见的"镏金"与"裱金箔"均是建筑漆绘的重要工艺技法。马可·波罗所提及的"油漆"也是中国古代建筑中最为常见的工艺。《马可·波罗游记》之"雄伟壮丽的京师市"章节这样描述："这个地方经营的手工业，有十二种高于其他行业，因为它们的用途比较广泛和普遍……杭州人民的住宅，建筑华丽，雕梁画栋。他们对于这种装饰、画图以及富有想象力的建筑物，表现了极大的爱好。"②马可·波罗眼中的"雕梁画栋"是中国古典建筑装饰之法则。元代王子一在《误入桃源》第二折曰："光闪闪贝阙

---

① ［意］马可·波罗：《马可·波罗游记》，陈开俊等译，福建科学技术出版社1981年版，第174—175页。

② ［意］马可·波罗：《马可·波罗游记》，陈开俊等译，福建科学技术出版社1981年版，第179—179页。

珠宫，齐臻臻碧瓦朱甍，宽绰绰罗帏绣成棋，郁巍巍画梁雕栋。"① 足见古代建筑彩绘装饰十分华丽，重视油漆彩绘。另外，大漆不仅有防腐作用，还有耐碱防海水之功用。因此，它被广泛应用于古代船只。《马可·波罗游记》之"雄伟壮丽的京师市"章节这样描述："除此之外，在湖上还有许多游艇和画舫……画舫上桌椅板凳，宴客的设备，无不布置得整齐清洁。舒适雅观……整只画舫，油彩斑斓，五光十色。还绘上无数的图形，越加美丽。"② 这些油彩的游艇和画舫想必给马可·波罗留下深刻的印象。我国早在秦汉时期造船均采用油漆工艺，并雕镂彩画，漆彩斑斓。

马可·波罗对中国建筑以及游艇和画舫等漆艺的溢美之词，不仅看出他对中国漆器艺术的迷恋与神往，也能反映出中国元代漆器文化在海外人心中所激起的美学旨趣；更深刻反映了中国古代漆器艺术所传达出来的审美体验是独一无二的。换言之，漆器艺术作为古代中国文化的瑰宝，它能见证中华文化的深邃及其思想的丰富。

元代漆器艺术在日本备受人们青睐，特别是元朝嘉兴府张成、杨茂两位雕漆大师的"剔红"艺术品。根据《新增格古要论》记载："元朝嘉兴府西塘杨汇人张成、杨茂剔红最得名，但朱薄而不坚者多。日本国琉球国独爱此物。"③ 在日本人眼里，"堆朱杨（杨茂）成（张成）"成为雕漆的经典名号。1977 年东京国立博物馆"东洋の漆工艺"展出的元代戗金漆器便有 10 件之多，其中有 4 件为"延祐年"款，有的并写明制者和产地。④ "剔红"对日本漆器

<hr/>

① （元）臧晋叔编：《元曲选》（第 2 版），中华书局 1989 年版，第 1358 页。

② ［意］马可·波罗：《马可·波罗游记》，陈开俊等译，福建科学技术出版社 1981 年版，第 180 页。

③ （明）曹昭：《新增格古要论》，中国书店 1987 年版，第 129 页。

④ 何堂坤：《中国古代手工业工程技术史》（下），山西教育出版社 2012 年版，第 806 页。

艺术的发展有着深远影响，"堆朱杨成"之誉也见证元代雕漆在日本的地位与身份。

元代唐人在真腊颇受欢迎与敬畏。据史载："往年土人最朴，兄唐人颇加敬畏，呼之为佛，见状伏地顶礼。近亦有脱骗欺负唐人者矣，去人之多故也。"①《真腊风土记》是使臣周达观前往柬埔寨后写成，全书"对真腊境内的城郭、宫室、服饰、文字、山川、出产、贸易、器用，属郡等都分别一一详述。据书中所载，当时中国物品在真腊国家极受欢迎……甚而中国的雨伞、铁锅，乃至箕和木梳等都为真腊人民所喜爱。同时大量中国人侨居于真腊，这些被当地称为唐人的华侨，受到了真腊人民的敬爱和欢迎"②。《真腊风土记》之"欲得唐货"条曰："其地向不出金银，以唐人金银为第一。五色轻缣帛次之，其次如真州之锡镴，温州之漆盘"③，这无疑说明温州漆器在真腊等南洋国家极其受到青睐。

根据《岛夷志略》记载，有丝路漆器贸易的有民多朗、彭坑、戎等地。《岛夷志略》之"民多朗"条载："货用漆器、铜鼎、阇婆布、红绢、青布、斗锡、酒之属。"④苏藤田认为是今越南之潘郎，但他认为"民多朗"（柬埔寨语）大概为湄公河三角洲一带。《岛夷志略》之"彭坑"条载："贸易之货，用诸色绢、阇婆布、铜铁器、漆、瓷器、鼓板之属。"⑤苏继廎认为"彭坑"（PAhang）大概为马来半岛南部东岸一带。《岛夷志略》之"戎"

---

① （元）周达观等：《真腊风土记校注　西游录　异域志》，夏鼐等校注，中华书局2000年版，第147页。

② 杨建新、卢苇：《丝绸之路》，甘肃人民出版社1988年版，第353页。

③ （元）周达观等：《真腊风土记校注　西游录　异域志》，夏鼐等校注，中华书局2000年版，第148页。

④ （元）汪大渊原著：《岛夷志略校释》，苏继廎校释，中华书局1981年版，第60页。

⑤ （元）汪大渊原著：《岛夷志略校释》，苏继廎校释，中华书局1981年版，第96页。

条载:"贸易之货,用铜、漆器、青白花碗、瓷壶、瓶、花银、紫硝珠、巫仑布之属。"① 苏藤田认为"戎"大概为马来半岛克拉地峡春蓬附近。元代中国的扩张,加速了世界文化的融合。《岛夷志略》所载漆器等均为元代中国与马来半岛等地的贸易之货,马来半岛也成为中国漆器远销海外的一个桥梁。中国漆器文化在这里与世界文化互相交融。

在元代,中国与非洲交往也甚密切。汪大渊在《岛夷志略》中记载了非洲东海岸的情况,包括"贸易之货,用牙箱、花银、五色缎之属"。摩洛哥旅行家受苏丹王之托,前往中国。"拔都他游历中国记"曾记载:"余辈游运河时,见有无数舫船,皆满载游客。船有甚华美之帆,光彩夺目。又有丝蓬盖,以蔽日光。船中悬挂无数美画(玉尔本作客皆持丝伞,船漆甚华丽)。"② 这段文字说明拔都他对中国漆船及其装饰艺术非常羡慕与神往,对中国人的聪明才智和手工艺的技术表示惊叹。他曾对摩洛哥苏丹王说"中国人技艺上特别之天才。中国人较他种人,技艺天才特高,艺术精美异常,世人皆承认之,甚多书中,已言之矣。"③ 在杭州,他曾看到过市场上出卖的漆制品。漆盒"其制造物如大小平盘,系藤丝编成者,尤为精美。盘上涂红漆,灿耀闪光,细审之乃为十小盘所叠成。初视之,犹如一盘也,人工之妙,夺天巧矣"④。可见,中国人之"特别之天才",特别是漆器制作"人工之妙"以及"夺天巧"给他留下

① (元)汪大渊原著:《岛夷志略校释》,苏继顾校释,中华书局1981年版,第106页。

② 转引自张星烺编注《中西交通史料汇编》(第2册),中华书局1977年版,第93页。

③ 转引自张星烺编注《中国交通史料汇编》(第2册),中华书局2003年版,第631页。

④ 转引自张星烺编注《中国交通史料汇编》(第2册),中华书局2003年版,第652—653页。

深刻的中国印象。换言之，拔都他游历中国所记以及回国后向摩洛哥苏丹王所言说的中国工艺文化必将在非洲留下无限的想象，也间接地表明中非文化在漆器互动上显示了一般文化交流的意义与内涵。

元代漆器文化在日本、南洋与非洲等国家与地区的广泛传播，是中国文化对世界文化发展的一个独特贡献，也是中国文化深刻影响海外文化的一个重要载体。漆器所传达的中华美学思想及其深邃的文化情感是独一无二的，也是其他艺术无法比拟的。

在阐释中发现，元代海上丝绸之路漆器文化的发展具有元代国家发展的一般意义与内涵，并至少能显示以下几点文化发展要义：第一，从蒙古部族到元代国家，古代中国漆器艺术的发展经历了从"共同体"转型为"政治体"的文化阵痛。抑或说，元代漆器文化深深烙上蒙古部族的文化结构与美学思想之印记；第二，尽管蒙古部族体系在走向政治国家途中，漆器艺术经历了"工奴制""技术思潮""植物图案"等许多部族化偏向的实践议题，但民族文化多样性以及海上丝绸之路遂为这个部族国家的漆器文化敞开了对话与发展的空间，并在对外传播中释放出巨大的文化溢出效应；第三，元代漆器文化外溢效应不仅促进了漆器自身走向至美，更重塑了元代国家文化的世界地位。尽管元代漆器美学的发展走向部族化与贵族化的奢华装饰与奢侈消费之路，但在技术上使古代漆器发展实现了一次大飞跃。抑或说，元代部族文化嵌入漆器文化的耦合发展中，使得元代漆器文化走向被人救赎的美学偏向。

四　明代之展开

作为地理学的区域边界与文化边界之间本没有必然的连带关系，但作为工匠精神的明代海上丝路漆器文化历史具体而微地呈现出边界的系列知识逻辑。在边界视域下，古代海上丝路应当是国家边界的拓展行为，丝路贸易也是边界拓展的一种契机与途径，其中丝路上的漆器贸易及其文化交流就是边界拓展行为的载体。在明代，海上丝路漆器文化的历史就能具体而微地呈现出主体边界、国家边界与艺术边界等知识逻辑。

在明代，南方城市及其商品经济渐趋发达，市民阶层、宫廷显贵与官绅阶层逐渐扩大，他们的艺术消费观念与审美观念亦随之发生变化，特别是对奢华漆艺品的需求激增。漆器消费的激增必然刺激明代漆器的规模化生产，使得古代中国漆器发展步入极盛之境。

与此同时，尽管明代国家实施禁海政策，但国家间的海外贸易仍在曲折中发展。15 世纪末，葡萄牙人绕过好望角，横渡印度洋，来到中国广州，并要求与中国通商。16 世纪西班牙人占领菲律宾后，并以此为基地开展与明朝政府通商。17 世纪荷兰人崛起于海上，并控制丝路贸易。就海上丝路贸易路线而言，明代港口贸易路线主要有三条：第一条航线是自澳门到马尼拉海上贸易路线。万历十二年（1583），西班牙允准葡萄牙商人和中国商人自澳门到马尼拉贸易合法化，此时世界上最长的大三角海上丝绸之路贸易航线得以形成。① 第二条航线是 1571 年，西班牙非法侵占菲律宾之后，于万历三年（1575）开辟了自广州起航经澳门出海，到马尼拉中转直至拉丁美洲的墨西哥的阿卡普尔科和秘鲁的利马航线。《三洲日记》记载："查墨（西哥）记载，明万历三年，即西历一千五百七十五年，（墨）曾通中国。岁有飘船数艘，贩运中国丝绸、瓷、漆等物，至太平洋之亚冀巴路商埠（即阿卡普尔科港），分运西班牙各岛（指西属拉丁美洲各殖民地，特别是指加勒比海诸岛）。其时墨隶西班牙，中国概名之为大西洋。"② 第三条航线是在 16—17 世纪，从

---

① 参见黄启臣《广东海上丝绸之路史》，广东经济出版社 2003 年版，第 376 页。

② （清）张荫桓：《三洲日记》（5 卷），北京刊印本，1896 年版，第 12 页。

广州港起航的海上贸易经澳门出海至印度果阿，再到里斯本航线的海上贸易航道。① 这条航道运往欧洲的瓷器、漆器等货物被欧洲民众奉为"异域之花"，使用漆器与瓷器成为欧洲上层社会生活的一种时尚风潮。特别是澳门以及马尼拉成为明代往海外销售漆器、瓷器的核心中转基地，大量转口到西班牙及南美殖民地的漆器与瓷器成为欧美人的一种奢华消费符号。

明代漆器的消费主体边界较前代有很明显的分化与扩张，即形成了新的漆器消费主体——市民阶层。因为宋以来的"城市革命"为明代城市手工者以及市民文化兴盛奠定基础。当城市格局被商业化新经济形式打破之后，在现实性上，都市市民阶层审美化思想日益膨胀。无论是新的市民阶层，还是统治阶级与贵族，他们都希望得到艺术品的消费。

奢华的漆艺不但满足了新兴的城市市民阶层的审美消费，也满足了城市官绅阶层艺术消费的需求。在明代，皇帝对漆器十分喜好，国家为此设立油漆作与漆园，内府供用库有专人管理生漆，这为明代漆器的继续发展提供制度保障。《明史》载："（熹宗）帝性机巧，好亲斧锯髹漆之事，积岁不倦。"② 可见天启皇帝好髹漆之事。同时，明代南方商品经济十分活跃，新兴地主阶层或贵族阶层的扩大，使他们的文化消费观念与审美观念亦随之发生变化，对奢华的漆器需求激增。为了满足朝廷贵族漆器消费，明代专设御用官办漆器生产机构，由宫廷内官监下设"油漆作"，另由内府供用库专设储存生漆的丁字库。永乐十九年（1421），朱棣迁都北京后设"果园厂"为御用漆作，效力果园厂的漆工多为名匠。元代髹漆大师张成之子张德刚效力官办果园厂。两淮盐政亦设漆作，承制宫廷各种器皿、家具和建筑装饰等。民间漆工坊也异军突起，北京名匠

---

① 参见黄启臣《广东海上丝绸之路史》，广东经济出版社 2003 年版，第 478 页。

② （清）张廷玉等撰：《明史》（简体本），中华书局 2000 年版，第 5237 页。

杨埙"师夷长技"，研习日本漆器，时称"杨倭漆"。明代官僚严嵩家就蓄养了当时漆艺名匠周翥专制漆器，以供家用。帝王及其官绅的奢侈漆器美学思想作为国家意识形态，亦能促进南方商品经济的发展，特别是能促进满足朝廷消费的漆器艺术的发展。

　　宋人所说的"士农工商皆本业"（南宋陈耆卿）的观点在明代开始真正出现。抑或说，明代士农工商的主体边界已然消失，传统士商之间的鸿沟也不复存在。因此，漆器手工业在地方得到快速发展，尤其是扬州漆器作坊林立，品种繁多，规模庞大，成为当时全国漆器制作中心。明人谢肇淛《五杂俎》云："富室之称雄者，江南推新安，江北则推山右。"① 可见明代徽州发达的商品经济与物质消费为漆器消费的诞生提供了有力保障，在地方商品经济与朝廷奢侈美学消费共同作用下，漆器消费知识走向公众。晚明漆艺著作《髹饰录》作为一部奢华的髹饰学知识文本的横空问世，深刻反映了晚明城市新经济的兴起与繁荣，特别是市民阶层的漆器文化消费呼唤《髹饰录》出场。换言之，《髹饰录》就是用文本的形式呈现出这种新知识的呼唤，或者说市民阶层对新知识的需求被《髹饰录》率先证实。《髹饰录》是明代宫廷美学思想以及南方商品经济发展的产物。

　　由于传统的生产方式及旧海洋经济思想的影响太深，明代国家继元代后仍实施禁海通商政策。洪武十四年（1381），明政府以"倭寇仍不稍敛足迹"为由，禁濒海民私通诸国。至洪武二十三年（1390），国家再次发布"禁外藩交通令"。洪武二十七年（1394）又下令一律禁止民间买卖及使用舶来的蕃香、蕃货等。洪武三十年（1397）再次发布命令禁止下海通蕃，并规定了严酷的违反禁海令处罚办法。明代禁海的大体原因与元代基本相似，主要是

---

① 参见安徽省地方志编纂委员会《皖志述略》（下），安徽省地方志编纂委员会，1983年，第598页。

基于"海贼"（倭寇骚扰）、"禁货物"（国家所禁商品）、"禁军器"（担心战争）、"泄军情"（担心战败）等方面的考虑。对于外国商船及其蕃货，《大明律》还规定："凡外国贡船到岸，未曾报官盘验，先行接买蕃货，并外国人入贡经过地方，街市铺行人等，私与外国人交通买卖，如所买卖货物不系违禁者，均照违制律，杖一百，枷号一个月，货物入官。"① 被政府完全控制与垄断的海上贸易被搁置，但在"禁海通蕃令"下的走私贸易开始活跃，而原来帝王贵族消费的奢侈品以及依赖海商贸易税务收入变成采用"贡赐"体系继续维系。

实际上，明代前期，由于国家厉行海禁政策，沿海漆器贸易主要依赖朝贡贸易的方式。尽管明初在太仓设置市舶司以管理海上丝路贸易，各国往来朝贡贸易活跃，但这也是一种"假象繁荣"。因为朝贡贸易完全是不等价的商品交易。恩赐物价值远大于上贡的方物价值，"贸易赤字"是明显的。明代地理学家王士性在《广志绎》这样描述："杭州省会，百货所聚，其余各郡邑所出，则湖之丝，嘉之绢，绍之茶之酒，宁之海错，处之瓷，严之漆，衢之橘，温之漆器，金之酒，皆以地得名。"② 这里的"严之漆"指严州府地生产的大漆。明代浙江境内产漆的府县有严州府所属的淳安、遂安、寿昌三县，杭州府的昌化县，衢州府的开化县，处州府的遂昌县等。其中尤以严州府山区生产的大漆质优量大。③ 这为温州一带漆器生产提供优质大漆，更为江浙一带海上漆器贸易提供货源。但面临海盗猖獗，倭寇袭扰，奸商作祟，明政府又不得不罢市舶、关海门。直到明代后期，隆庆元年（1567），明政府才开放漳州海澄月港，

---

① 张荣铮等点校：《大清律例》，天津古籍出版社1993年版，第337页。

② （明）王士性：《广志绎》卷4，参见《中华野史》编委会编《中华野史》（卷8明朝卷中），三秦出版社2000年版，第7259页。

③ 陈剩勇：《浙江通史》（第7卷），浙江人民出版社2005年版，第217页。

从而结束了近 200 多年的朝贡贸易，才使得沿海漆器生产及其贸易走向繁荣。

在"万国来朝"的朝贡下，明代漆器海洋贸易主要以"朝贡"与"走私"为主要手段。《明史》所载海上贸易国家有大秦国、波斯、阿素富城、葡萄牙、西班牙、土耳其帝国、荷兰等。大秦国来京如《明史》载："万历时，大西洋人至京师，言天主耶稣生于如德亚，即古大秦国也。"① 这里的"大秦"是古代中国对罗马帝国及近东地区的称呼。黑海沿岸国家土贡方物如《明史》载："永乐十七年，（阿速）其酋牙忽沙遣使贡马及方物，宴赉如制。以地远不能常贡……沙哈鲁在阿速西海岛中。永乐中，遣七十七人来贡，日给酒馔果饵，异于他国。"② 阿速，即俄国南部黑海岸沿之地阿素富城，③ 葡萄牙人请求贡方物如《明史·鲁迷佛郎机》载："佛郎机近满剌加，正德中，据满剌加地，逐其王。十三年，遣使臣加必丹末等贡方物，请封，始知其名。"与土耳其帝国的朝贡关系如《明史·鲁迷传》载："鲁迷，去中国绝远。嘉靖三年，遣使贡狮子、西牛……二十七年、三十三年并入贡。其贡物有珊瑚、琥珀、金钢钻、花瓷器、锁服、撒哈剌帐、羚羊角、西狗皮、舍列狲皮、铁角皮之属。"④ 与荷兰人的贸易，如《明史》载："和兰，又名红毛番，地近佛郎机。永乐、宣德时，郑和七下西洋，历诸番数十国，无所谓和兰者……万历中，福建商人岁给引，往贩大泥、吕宋及咬嚼吧者，和兰人就诸国转贩，未敢窥中国也。自佛郎机市香山，据

---

① （清）张廷玉：《明史》（第 6 册），岳麓书社 1996 年版，第 4847 页。

② （清）张廷玉：《明史》（第 6 册），岳麓书社 1996 年版，第 4950 页。

③ 张星烺编注：《中国交通史料汇编》（第 1 册），朱杰勤校订，中华书局 2003 年版，第 437 页。

④ （清）张廷玉：《明史》（第 6 册），岳麓书社 1996 年版，第 4954 页。

吕宋，和兰闻而慕之。"① 可见，朝贡成为明代漆器文化海外输出的
主要途径。

在海外贸易中，直接提及漆器贸易或朝贡的国家主要是西域诸
国以及东亚日本等国。第一，与西域的朝贡。《明史》载："永乐十
一年，遣使偕哈烈、俺的干、哈实哈儿等八国，随白阿儿忻台入贡
方物，命李达、陈诚等赍敕偕其使往劳……嘉靖三年，与旁近三十
二部并遣使贡马及方物。其使者各乞蟒衣、漆、瓷器、布帛。天子
不能却，量予之，自是贡使亦不至。"② 《明史》又载："敏真城，
永乐中来贡。其国地广，多高山。日中为市，诸货骈集，贵中国
瓷、漆器。产异香、驼、马。"③ 第二，与日本的朝贡。《明史》记
载："景泰四年入贡，至临清，掠居民货……宣德间所贡硫黄、苏
木、刀扇、漆器之属，估时直给钱钞，或折支布帛，为数无多，然
已大获利。"④ 明代中日漆器文化交流极其频繁，尤其是杨氏及其子
杨埙对中日漆器文化交流做出很大贡献。另外，新安人黄大成所著
《髹饰录》开始传至日本，被日本视为"漆经"典籍。在中国朝贡
及其贸易下，日本之"倭漆"开始走向繁盛。

15—16 世纪的中国港口"白银交易"体系，为中国带来大量的
外汇收入。明政府在私人贸易禁海出航的同时，在国家行为上又不
得不"被迫积极"拓展海上丝路贸易。郑和七次下西洋不仅彰显了
明朝大国的身份与形象，还维护了对诸蕃的朝贡贸易制度，还极大
地刺激了中国海外贸易的热情。

漆器、瓷器等商品是郑和下西洋必携带的大宗奢侈品，这些货

① 张星烺编注：《中西交通史料汇编》（第 1 册），朱杰勤校订，中华书局 1977 年版，第 396—397 页。

② （清）张廷玉：《明史》（第 6 册），岳麓书社 1996 年版，第 4947 页。

③ （清）张廷玉：《明史》（第 6 册），岳麓书社 1996 年版，第 4949 页。

④ （清）张廷玉：《明史》（第 6 册），岳麓书社 1996 年版，第 4778 页。

物也是受西方青睐的日用品。漆器是海外最为珍稀的日用品之一，明代罗日褧在《咸宾录》中曰："（天竺）其产：细布……剪、漆器、瓷器为奇。"① 可见，天竺视漆器为珍奇之品。明代海外民众对漆器等中国风情货物的追慕近乎狂热，因此，在郑和下西洋时，宝船上满载精美的漆器、丝绸、瓷器、铁器等礼物，沿途受到各诸蕃热情迎接。一股中国风情在海外不胫而走，一些漆器、瓷器等成为西方贵族相互夸耀的异域奢侈品。

从某种程度上说，郑和下西洋以及明后期开放禁海是一种被动的海外扩张，具有国家边界开放的想象性。即便是郑和下西洋，也无法改变国家海洋贸易的真实本质。抑或说，保守与封闭的国家对外贸易已然是明代中国由盛及衰的明显脉象，也标志不等价朝贡贸易必将破产。

永乐二年（1404），永乐帝下令禁民间海船，原有海船者悉改为平头船。从明太祖洪武元年（1368）发布第一个禁海令，到明穆宗隆庆元年（1567）废止海禁时止，这期间接近两百年之久，而这段时间正值葡萄牙、西班牙开始大航海的时候。欧洲国家正值资本积累与扩张时期，对中国的漆器、瓷器等货物的需求与追慕越发狂热。因此，即便明政府厉行禁海，推行海上勘合制度，拒绝海外商船来华贸易，也无法抵挡葡萄牙与西班牙的东方探险队。1557 年葡萄牙人已经来到大明国门口，建立了澳门殖民地，并与明政府进行走私贸易。为漆器与瓷器疯狂的西方人，在海上丝路贸易巨大的利润诱惑下，葡萄牙、西班牙、荷兰等欧洲国家不惜欺骗、诱惑，甚至战争威胁，千方百计地要求与中国通商。在"中间商"或"海盗"的帮助下，明代欧洲国家与中国海上贸易除了国家行为的郑和下西洋之外，以澳门、马尼拉为基地的海上丝路贸易抑或走私贸易

---

① （明）罗日褧：《咸宾录》，中华书局 1983 年版，第 78 页。

也极其兴盛。

第一，以澳门为中心的漆器贸易中转站被开辟。16世纪欧洲部分国家进入资本主义原始积累时期，首先来到东方的是葡萄牙人。葡萄牙人在武宗正德六年（1511）攻占满剌加（今马来西亚马六甲州），开始海上贸易。正德十二年（1517），葡萄牙国王曼努埃尔一世派遣使臣托梅·皮雷斯（Tome Pires）抵达广州，中外海上贸易市场迅速扩张。后因担心葡萄牙人胡作非为，明政府于世宗嘉靖二年（1523）击退了大量来到中国广州口岸的葡萄牙商船，随即严禁与葡进行海上贸易。但是，1553年葡萄牙人以贿赂手段强占香山澳（澳门），澳门从此成为葡萄牙开展对华贸易的基地。不过，漆器、瓷器等奢侈品主要由葡萄牙从澳门再转口到日本等东亚国家。C. J. A. 约尔格在《荷兰东印度公司对华贸易》一文中这样描述："早在十六世纪对常被冠以'印度货'这一总名称的中国货和其他亚洲产品，就怀有极大兴趣，特别在逐步扩大的富裕的自治市民和艺术品收藏家阶层中更是如此，他们能够并愿意出高价购买这些身价日增的奢侈品和舶来品，诸如中国丝绸、瓷器和漆器，而在前几个世纪这些东西还属王室和高级僧侣所专有。然而这些东西进口量很小，葡萄牙人几乎毫不理会这类需求，因为中国商品更适合于亚洲内部贸易，特别适合于中国和日本之间的转口贸易。就连葡萄牙这个唯一于此营生的欧洲国家，当它于1557年在中国大陆澳门获得立脚点后，同中国商人之间的不稳定并十分困难的交往，代之以更有规律的贸易关系之后，中国产品进入欧洲的数量仍旧十分有限，在当地售价甚高。"[1] 说明漆器等名贵奢侈品在欧洲市场普通人还是无法享有，不过这种局面到了18世纪就有所改观。由于法国宫廷刮起的"中国风"近乎席卷了整个欧洲，在"上行下效"的作用

---

[1] ［荷］C. J. A. 约尔格：《荷兰东印度公司对华贸易》，参见中外关系史学会编《中外关系史译丛》（第三辑），上海译文出版社1986年版，第304—305页。

下，中国漆器、瓷器在欧洲普通人家庭也开始使用。

第二，与葡萄牙的漆器贸易。早在16世纪初，葡萄牙人就发现了中国，更发现了中国的漆器与陶瓷。法国人布罗斯在《发现中国》之"从瓷器到神学"一章里这样中肯地描述："当葡萄牙人到达中国时，他们便在那里出售香料以换取瓷器和漆器。"① 漆器作为中国人的优雅与风情，成为葡萄牙等西方国家民众的一种"神学"。于是，中国漆器由葡萄牙人向欧洲大量出口，进而在法国、英国等欧洲国家形成一股"中国热"。由于明政府只允许用"白银"作为交易货币，恰好此时的"葡萄牙由于在非洲开发的金矿和在欧洲兑换的白银而致富，于是便在亚洲积极从事会使他们获得巨额利润的香料交易。但到了16世纪中叶，香料贸易倍增，它就不会长时期地受葡萄牙人的控制，而是先转移到荷兰人手中，后又落到英国人手中。葡萄牙除了从中国向欧洲出口香料之外，而且还有越来越多的制造成品、丝匹、漆器和瓷器"②。因为葡萄牙人与中国的海上丝路贸易不是单向的，只要有利润空间的或销售地点，他们均将以此为贸易对象。特别是18世纪的海上丝路贸易中的漆器与瓷器，近与黄金等值，有200%之多的利润空间。因此，漆器等贵重奢侈品必然成为葡萄牙人的贸易对象。

第三，与日本的漆器贸易。16世纪中外海上丝路贸易主要由葡萄牙垄断与控制，葡萄牙人以澳门等为贸易中转站，将大量中国漆器、瓷器运往日本，东南亚以及欧洲国家。由于自嘉靖年间，"倭寇"不断袭扰中国东南沿海城市，于是明政府采取禁海政策，拒绝与日本进行官方海上贸易。"由于明政府和朝鲜政府断绝或限制对日贸易，对日本商业资本的发展是一大打击，特别是日本生产的硫

---

① ［法］布罗斯：《发现中国》，耿昇译，山东画报出版社2002年版，第38页。

② ［法］布罗斯：《发现中国》，耿昇译，山东画报出版社2002年版，第43页。

磺、铜、刀剑、漆器、海产品等失去了中国这个大市场。"① 因此，在明代，葡萄牙人把澳门变为国际通商口岸，转手倒卖日本漆器。"由于日本市场缺生丝，葡商人又将中国生产的大批生丝运到日本市场出售，换回金银及日本所产的漆器、刀剑再转手倒卖，从中大获其利。"② 与日本的直接贸易主要是朝贡方式，根据《明史》记载："永乐初，诏日本十年一贡，人止二百，船止二艘，不得携军器，违者以寇论。乃赐以二舟，为入贡用，后悉不如制。宣德初，申定要约，人毋过三百，舟毋过三艘。而倭人贪利，贡物外所携私物增十倍，例当给直。礼官言：'宣德间所贡硫黄、苏木、刀扇、漆器之属，估时直给钱钞，或折支布帛，为数无多，然已大获利。'"③ 说明漆器乃是日本朝贡中国明朝的一种货物。日本学者木宫泰彦在《日中文化交流史》中这样描述："对明贸易是完全用进贡的名义来进行的，因而勘合贸易船对明朝称为进贡船，应仁二年（1468）的第四次勘合贸易船，竟在船上树立一面长一丈三写着'日本国进贡船'字样的大旗。"④ 在这些进贡船中，漆器最为常见。譬如日本足利将军第二次献给明朝的贡品中就有漆器、有黑漆鞘柄大刀一百把（第三次同）。对于足利将军的贡献方物，明朝也回敬皇帝颁赐物，而且种类繁多，特别在第一次回敬赐物中还有朱红漆戗金交椅一对、朱红漆戗金交床二把、朱红漆褙金宝相花折叠面盆架二座、朱红漆戗金碗二十个、橐全黑漆戗金碗二十个等漆

---

① 朱亚非：《明代中外关系史研究》，济南出版社 1993 年版，第 249 页。

② 朱亚非：《明代中外关系史研究》，济南出版社 1993 年版，第 289 页。

③ （清）张廷玉：《明史》（第 6 册），岳麓书社 1996 年版，第 4778 页。

④ ［日］木宫泰彦：《日中文化交流史》，胡锡年译，商务印书馆 1980 年版，第 566 页。

器。① 另外，"足利将军所以这样进献明帝方物，总之不外是想获得明朝赠给的颁赐物。这也就是利用外交上的礼节来进行的一种官营贸易。因此，日本幕府并不满足于获得照例的颁赐物，还希望得到特赐物。"② 日本漆器被明朝人称为"倭漆"，对于日本国输入中国的漆器，在技术上中日漆器文化得到很好的互补与交流。

第四，与西班牙殖民者的漆器贸易。在《明史》中，西班牙被称为"大吕宋"。1567 年西班牙远征军非法占领菲律宾（宿务），四年后占领吕宋岛，随即西班牙人积极寻求与大明朝开展海上丝路贸易。由于在 1574 年，西班牙人助明讨伐广东海盗林凤集团有功，因此，西班牙人来华贸易受到明政府特别礼遇。菲律宾学者欧·马·阿利普在《华人在马尼拉》一文中这样描述："西班牙殖民者立即发现与华人友好是很有益处的。他们需要华人的精美货物，出口到西班牙和拉丁美洲。华人能够向他们提供丝绸、瓷器、漆器和其他重要的东方产品。在菲律宾的西班牙居民，特别是那些住在马尼拉的居民，需要菲律宾土著尚未生产的某些奢侈品。"③ 于是，16世纪中后期，西班牙商船频繁往返于马尼拉与墨西哥阿卡普尔科港，大量贩运中国的漆器、瓷器、丝绸、香料等大宗货物。明代隆庆五年（1571），吕宋（今菲律宾吕宋岛）国的马尼拉港开放，成为西班牙进行远东贸易的基地。很多西班牙船队将美洲的鼻烟、鼻烟盒等运到吕宋。当时在吕宋居住 18 年的神甫这样描述："海上的交通，重要的仍是在华人之手……普通瓷器也有运售，但非常精美

---

① ［日］木宫泰彦：《日中文化交流史》，胡锡年译，商务印书馆 1980 年版，第 666—669 页。

② ［日］木宫泰彦：《日中文化交流史》，胡锡年译，商务印书馆 1980 年版，第 570 页。

③ ［菲］欧·马·阿利普：《华人在马尼拉》，参见中外关系史学会编《中外关系史译丛》（第一辑），上海译文出版社 1984 年版，第 98 页。

的，则因被禁止而不能出口，他们也运来珠、金、铁、麝香、雨伞、假宝石（极其精美，不易辨别真伪）、硝石、面粉、各色纸张以及其他雕刻油漆极为精美的木器。"① 可见，尽管雕漆是被明政府列为禁止通商货物，当时来自漳州与厦门的中国商船在吕宋的漆器贸易就有明代具有代表性的木雕漆。

第五，与荷兰的漆器贸易。15 世纪末荷兰人绕过好望角取南道航行，与中国开展漆器等贸易。在《明史》中，荷兰被称为"红毛番"。17 世纪的荷兰有"海上马车夫"之称，掌握了海上贸易量的八成以上，远超过西班牙与葡萄牙的对外航海能力。明万历三十二年（1604）荷兰首次派军舰抵达广东沿海开展海上丝路贸易，1641年西班牙人被荷兰人赶出台湾北部，台湾成为他们对华丝路贸易的基地。C. J. A. 约尔格在《荷兰东印度公司对华贸易》中指出："商人们所知中国可提供的产品，部分根据口传信息或者已经刊布的游记，部分根据他们同里斯本之间的定期贸易，正是在那儿他们熟悉了中国的丝绸、漆器、瓷器、药材和其他昂贵的物品。荷兰人想避免同葡萄牙人进行一场直接对抗，这不仅因为战局缘故，而且也因为他们不敢冒犯葡萄牙人绕过好望角航路的垄断权。"② 约尔格还在描述："1604 年被俘获的'卡塔林纳'号和另一条葡萄牙商船上的货物在阿姆斯特丹进行拍卖成交，其情景更是令人叹为观止。这些船只当时正行驶在从澳门往马六甲的途中，满载着瓷器、生丝、丝织品、黄金、漆器、家具、糖、药材以及其他中国商品。买主们

---

① 转引自林仁川《明末清初私人海上贸易》，华东师范大学出版社 1987 年版，第 208 页。

② ［荷］C. J. A. 约尔格：《荷兰东印度公司对华贸易》，参见中外关系史学会编《中外关系史译丛》（第三辑），上海译文出版社 1986 年版，第 305 页。

四方云集，结果获利几达六百万盾。"① 可见，漆器成为荷兰人输入
欧洲的重要商品。

　　第六，与拉丁美洲的漆器贸易。早在元代中国东南沿海就开始
出现与拉美进行漆器贸易。至明代，拉丁美洲的查墨国成为中国漆
器贸易的重要市场之一。清代张荫桓在《三洲日记》中这样描述：
"查墨国记载，明历三年，即西历一千五百七十五年，曾通中国，
岁有飘船数艘，贩运中国丝绸，瓷漆等物，至太平洋之亚冀巴路商
埠（即阿卡普尔科港）分运西班牙各岛（指加勒比海西属殖民地各
岛），其时墨隶西班牙，中国概名之为大西洋。"查墨国，即今墨西
哥，1685 年查墨国的阿卡普尔科港已建立唐人街，1575 年中国商
船抵达查墨国，并大量销售中国的漆器、瓷器以及丝绸等贵重货
物，阿卡普尔科港也成为中国漆器转运加勒比海西属殖民地各岛的
中转站。

　　利玛窦（1552—1610）是意大利著名天主教耶稣会传教士。据
《利玛窦传》载："万历庚辰有泰西儒士利玛窦，号西泰，友辈数
人，航海九万里，观光中国。"② 利玛窦是中国天主教会的最早开拓
者之一，他通过西方僧侣之身份与汉语著述之方式传播天主教教
义，他的传教活动以及著述对中西文化交流做出巨大贡献。1580 年
4 月 26 日，利玛窦从果阿出发，并沿着锡兰海岸一路前行，是年 6
月 14 日抵达马六甲，7 月 3 日利玛窦从这前往澳门，于 1582 年 8
月 7 日抵达澳门港。第二年 9 月 10 日利玛窦与罗明坚进入中国，在
肇庆建立首个传教驻地。为了传教，他们从西方带来了许多用品，
比如圣母像、地图、星盘和三棱镜等，吸引众多国人，也令国人眼
界大开。1589 年夏天，广东新任总督驱逐传教士于肇庆。经多方努

---

　　① ［荷］C. J. A. 约尔格：《荷兰东印度公司对华贸易》，参见中外关系史学会编《中
外关系史译丛》（第三辑），上海译文出版社 1986 年版，第 307 页。

　　② 罗光：《利玛窦传》，台湾学生书局 1979 年版，第 232 页。

力，利玛窦得以被派往韶州，在此建立第二个传教驻地。1595 年利玛窦借口为一北上任职官员之子治病，获得去南京的机会。1600 年利玛窦开始策划北京之行。1600 年 5 月 18 日，利玛窦由南京启程赴北京，并被获准在城内进行传教活动。

实际上，在 14 世纪以前，西方人还无法理解"漆杯"或"瓷碗"的生活方式，对欧洲人来说，使用精美的漆器近乎是一种奢侈。一直到 16—17 世纪，西方人才开始慢慢懂得漆器、瓷器在生活中的价值与美。殊不知，此时的中国工艺文化已经十分发达，中国人的优雅已经不在使用漆器或瓷器本身之上，更多的是关注这些器物背后的"伦理情调"与"生活哲学"。利玛窦来到中国之后，他被中国工艺风情及其背后的文化哲学所折服，特别是他所能体验到的漆器文化及其美学或许是西方人无法企及的。它在《西国记法·设位篇第三》这样描述："凡处所相同，则易混，必虚加藻绘，分采异饰，或定置器物以别之。其器物，大则龛榻仓柜，中则瓮灶，小则鼎盂。若堂轩斋室之中，布置器物，先定行次，其一金，其一银，其一玉，又如水晶、玻璃、文石、采木，以至铜、铁、磁、瓦等质，种种各别，毋得相同。"① 可见，中国工艺品不但种类繁多，而且还在使用设位上大有文章，各有区别。同时，定置器物必加藻绘分异饰，布置器物当有行次，绝不雷同。这是古代中国器物的伦理哲学的最为集中的体现，也是古代中国器物消费美学思想的精彩描述。《西国记法》又曰："假如一区之中，定置诸器，首龛，次瓮，又次鼎。其龛，一金饰，二银饰，三文石，四斑竹，五紫檀，六乌木，七朱漆，八金漆，九黑漆，十粉油。其瓮及鼎，一金，二银，三玉，四水晶，五玻璃，六文石，七铜，八铁，九花磁，十白

---

① ［意］利玛窦著，朱维铮主编：《利玛窦中文著译集》，复旦大学出版社 2001 年版，第 150 页。

磁器。余皆类此。"① 这种定置一区诸器之讲究是欧洲人望尘莫及的，这也许是欧洲人对中国器物狂热追求的一大原因。

"宜贵美"等美学思想是利玛窦对中国器物之美的又一判断。《西国记法》曰："凡人珍重宝异者，心目恒自注存。故处所若华屋，若精舍，器物若金，若玉，若玻璃，若水晶，若文石、采木、斑竹、佳磁，若锦缩、段帛、西绒、火布，颜色鲜奇，金采灿灼者，用之焉妙。"② 另外，利玛窦还认为器之"设位"要做到"宜舒广""宜闲静""宜整饬""宜光明""宜洁垲""宜覆盖""宜平坦""宜定夺""宜均适""宜镇定""宜平稳"等要求，这些异域器物之情调受到西方人的迷恋与青睐。

利玛窦论及中国漆艺文化的文字很多，他首先对中国神秘的大漆做了直观的认知，他在《中华帝国的富饶及物产》中指出："另一种值得详细记述的东西是一种特殊的树脂，是从某种树干里挤出来的；它的外观和奶一样，但黏度和胶差不多。中国人用这种东西制成一种山达脂（Sandarac）或颜料，他们称之为漆（Cie），葡萄牙人则叫做 ciaco。它通常用于建造房屋和船只以及制作家具时涂染木头。涂上这种涂料的木头可以有深浅不同的颜色，光泽如镜，华彩悦目，并且摸上去非常光滑。这种涂料还能耐久，长时间不磨损。应用这种涂料很容易仿造任何木器，颜色或纹理都很像，正是这种涂料，使得中国和日本的房屋和外观富丽动人。"③ 可见，利玛窦认识到了一种叫山达脂的树脂之用途，并认识到漆艺之富丽动

---

① ［意］利玛窦著，朱维铮主编：《利玛窦中文著译集》，复旦大学出版社2001年版，第150页。

② ［意］利玛窦著，朱维铮主编：《利玛窦中文著译集》，复旦大学出版社2001年版，第149页。

③ ［意］利玛窦、［比］金尼阁：《利玛窦中国札记》，何高济、王遵仲、李申译，广西师范大学出版社2001年版，第14页。

人。利玛窦又曰："中国人的习惯是进餐时进餐桌上不铺台布，这种习惯有甚于使用这种涂料的别国人民，如果桌子失去光泽或被残羹剩饭弄脏，只要用水洗过用布擦干，马上就可以恢复光泽，因为这层薄薄但坚硬的涂料足以防止污渍久留。出口这种特殊树脂产品很可能成为一种有利可图的事业，但迄今好像还没有人想到这种可能性。"① 很显然，利玛窦敏锐地看到了大漆之用以及大漆贸易的有利可图。

有关大漆之用途，利玛窦的描述是详细的。第一，漆板书写之用。利玛窦在《西国记法·设位法第三》曰："夫安象于处所，尤书字于漆板，其字有时洗去，而漆板用之无穷。故处所非象可比，最宜坚固稳妥，然后利终身之用。"② 可见，利玛窦看到了"漆板"书写之终身之用。第二，漆之胶合之棺用。利玛窦在《关于中国的某些习俗》中指出："关于丧礼……，他们用一种亮漆封涂棺木隙缝，可以把棺木完全密封起来，我们知道有时候中国人把父母的遗体放在家中三四年之久。"③ 很明显，利玛窦注意到漆的黏性，就有粘合之用。第三，漆之防水与防碱之用。利玛窦在《关于服装与其他习惯以及奇风异俗》中这样描述："在中国，可以看到有些城市是建筑在河流湖泊之中的，就像威尼斯建在海上那样，有宫殿般的船舶在其间往返……船上有厨房、卧室和起坐间，装饰得看来更像是阔人的住宅而不像是游艇，有时候他们在船上豪宴并在湖上或沿河泛舟取乐。这类游艇内部通常涂各种非常光洁的沥青颜料，即葡

---

① ［意］利玛窦、［比］金尼阁：《利玛窦中国札记》，何高济、王遵仲、李申译，广西师范大学出版社 2001 年版，第 14—15 页。

② ［意］利玛窦著，朱维铮主编：《利玛窦中文著译集》，复旦大学出版社 2001 年版，第 148—149 页。

③ ［意］利玛窦、［比］金尼阁：《利玛窦中国札记》，何高济、王遵仲、李申译，广西师范大学出版社 2001 年版，第 54—55 页。

萄牙人称之为漆的东西，全部装饰非常悦目，正如其中的各种香料也非常好闻。"① 利玛窦将"漆香"味唤作"香料"之文，抑或说，他已然在游船漆艺中享受中国大漆文化之美。利玛窦《在天津入狱》篇中描述："收税官马堂除了建筑各式各样的官邸和庙宇之外，还造了一只很讲究的大船，甚至于适合皇帝乘坐，船上的大厅、房间以及众多的舱室都极为精致而宽敞，走廊和窗框是用不腐的木材制造的，雕刻着各式各样的图案，镶着金并用中国漆涂得光亮。他常常沿河巡游，他就是乘这只船来拜访神父们的，利玛窦神父谦恭有礼地迎接他。"② 这些镶着金并用中国漆涂得光亮的舱室，很明显是利玛窦审美体验的绝佳场所，给他的印象是深刻的。

利玛窦所论中国漆器之美是独到的，他不但有触摸觉（"漆涂得光亮"）的直接感知，还有视觉（"亮漆"）与嗅觉（"漆香"）的审美体验。中国明代奢华的漆艺文化不仅向利玛窦传达出中国风情，更向利玛窦以及欧洲社会传递去中华文化的情感及其美学思想。为漆疯狂的欧洲人不仅迷恋上中国漆器，更神往中华古代文化的博大精深。

晚明漆艺的装饰性转向所表现出来的"中国风格"对西方"洛可可风格"产生深远影响。据《大不列颠百科全书》之"Chinoiserie"词条，所谓"中国风格"，即"指17—18世纪流行于室内、家具、陶瓷、纺织品、园林设计领域的一种西方风格，是欧洲对中国风格的想象性诠释……中国风格大多与巴洛克风格或洛可可风格融合在一起，其特征是

---

① ［意］利玛窦、［比］金尼阁：《利玛窦中国札记》，何高济、王遵仲、李申译，广西师范大学出版社2001年版，第60页。

② ［意］利玛窦、［比］金尼阁：《利玛窦中国札记》，何高济、王遵仲、李申译，广西师范大学出版社2001年版，第274页。

大面积的贴金与髹漆"①。"洛可可"（Rococo）原意就是"贝壳装饰"，它与中国的螺钿漆器装饰的意思相当。明代漆器文化对欧洲的影响是广泛而深入的，主要体现在对欧洲家具、宫廷建筑陈设以及生活方式等领域。

在17—18世纪间，通过海上贸易或传教士等途径，中国的漆器与瓷器同时涌入了欧洲。"在18世纪，当欧洲国家的宫廷中流行中国艺术品时，瑞典国王弗雷德里克（Frederick）为王后修建了一座法国'洛可可'艺术风格的宫殿……宫殿内的装饰是采用中国瓷器、刺绣、漆器的图案，同时陈列着王后购买的中国德化白瓷、粉彩瓷器花瓶以及大量的漆器家具、国画、糊墙纸等。"②从繁缛、奢华与精巧的洛可可艺术中，也窥见中国17世纪明代的漆器装饰风格。这正如托马斯·芒罗所说，"洛可可艺术"乃是"中国风格的法国艺术品"③。路易十五的情人蓬巴杜夫人（Madame de Pompadour）对中国漆器家具与日用品情有独钟，当时罗伯特·马丁（Robert. Martin）为她设计的家具多援引中国漆艺装饰风格。由于法国宫廷对漆艺美学的追求使得17世纪法国漆业一直处于欧洲首位，中国漆艺文化很快在欧洲传播，德国、英国、美国等欧美国家的"中国风"亦狂飙突进。

中国漆器在法国宫廷最受欢迎，特别是在路易十四时代，中国漆器被视为一种特殊而罕有的珍贵物品，它的过度装饰"曾引起了老弥拉波侯爵（Marquis, de Mirabeau）从经济方面出发的愤怒指责。当时商业或财产目录上，有关于东亚许多入口货品的记载，其中有中国漆器，甚而更早已有法国仿造而带有中国商标的漆器，亦

---

① 转引自袁宣萍《十七至十八世纪欧洲的中国风格设计》，文物出版社2006年版，第4页。

② 彭修银：《东方美学》，人民出版社2008年版，第42页。

③ ［美］托马斯·芒罗：《东方美学》，欧建平译，中国人民大学出版社1990年版，第6页。

随处可见。又商人杜伟斯（Lanzare Duveaux）出日记簿，是这类研究的一项最宝贵的资料，其中几乎每页都有'古董的漆器'（Curiosités vernies）的名目"①。老弥拉波侯爵的愤怒指责行为背后至少寓意着的两个问题："中国漆器"作为一个品牌在欧洲已然被视为矜贵之物或价值连城的古董，它是需要法国白银来交换的，这必然使得法国白银外流，于是引起了老弥拉波侯爵的担心。另外，老弥拉波侯爵的担心也能看出明代漆器文化对法国文化的嵌入及其影响。

　　明代漆器海外贸易开辟自广州起航经澳门出海，到马尼拉中转直至拉丁美洲的墨西哥航线。根据《三洲日记》记载："明万历三年，即西历 1575 年，（墨）曾通中国。岁有飘船数艘，贩运中国丝绸、瓷、漆等物，至太平洋之亚冀巴路商埠（即阿卡普尔科港），分运西班牙各岛（指西属拉丁美洲各殖民地，特别是指加勒比海诸岛）。"在明清时期，中国漆器等艺术格调对拉美民众消费与审美产生了不小的影响。"中国传统的清新高雅的东方格调，也强烈地影响着当地上层社会对家具陈设和室内装饰的爱好与追求。如墨西哥的塞万提斯家族和科尔蒂纳公爵等，为了夸耀其门第的显赫和高贵，都曾派专人赴华订制成套的'纹章'瓷。他们在居室厅堂精心布置摆设中国屏风、精雕漆柜、镂花硬木家具以及丝绸绣花台布和窗帘，墙上贴着中国的壁纸并悬挂着中国的山水字画，造型优雅，高达一米多的大号中国瓷瓶，则摆在富丽堂皇的大客厅里，并备有各式中国瓷制餐具，非常引人注目地显示他们的财富和地位。"② 换言之，中国明代的漆器成为拉美人

---

　　① ［德］利奇温：《十八世纪中国与欧洲文化的接触》，朱杰勤译，商务印书馆 1962 年版，第 28 页。

　　② 沙丁、杨典求等：《中国和拉丁美洲关系简史》，河南人民出版社 1986 年版，第 111 页。

炫耀财富与地位的对象。因为它有"清新高雅的东方格调"，它是"门第的显赫和高贵"的象征，它是"富丽堂皇"与"引人注目"的审美艺术。

明代中国髹漆技术吸纳并采用"倭漆"之法。据《帝京景物略·城隍庙市》载："倭漆，国初至者，工与宋倭器等。胎轻漆滑，铅钤口，金银片，漆中金屑……中国尽其技者，称蒋制倭漆与潘铸倭铜，然倭用碎金入漆，磨漆金现，其颗屑圜棱，故分明也。"① 这段史料非常清楚地记载了中国明代剔红技术中的日本元素。

在伊斯兰文化中，他们反对人物崇拜，而十分迷恋植物图案装饰，因此，他们的工艺普遍采用植物花卉为装饰题材，特别是用繁缛的缠枝图案，来展开植物的生命力和自然之美。伊斯兰文化的这种艺术特征和审美取向在明代的漆器上均有所呈现。明早期的以花卉为题材的雕漆明显不同于元宋时期的表现特点，花卉满布于漆器空间，花朵枝繁叶茂，繁缛缠枝酷似伊斯兰装饰图案，特别是明永乐年间的雕漆画面图案繁缛富丽，精密有致。不过到了明代中期以后，折枝花卉与花鸟题材明显增多。到了明晚期，雕漆图案更是繁复精细，图案也多接近伊斯兰花卉风格。

在阐释中，我们至少发现以下几点明代丝路漆器文化发展的边界逻辑：第一，漆器文化的兴盛与发展离不开主体边界的扩张，特别是"士农工商"主体消费边界的消失是明代漆器走向繁荣的一个重要因素；第二，明代国家层面上的"禁海"、"朝贡"或"郑和下西洋"和"走私"体现出了一种国家边界的封锁、想象与逾越的历史逻辑；第三，利玛窦的中国想象、蓬巴杜夫人的中国风格、老弥拉波侯爵的愤责、塞万提斯家族的东方格调、杨氏的"倭漆"以

---

① （明）刘侗、于奕正：《帝京景物略》（卷3），参见陈从周《梓室余墨　陈从周随笔》，生活·读书·新知三联书店1999年版，第145页。

及伊斯兰图案不仅冲破了漆器艺术文化的边界，还实现了中外文化的耦合效应。

五　清代之展开

清代工艺较以前任何时期均显示出一种系统、体系与成熟的艺术水准与美学风格。就文化语境而言，作为工匠精神的清代工艺文化的发生与发展离不开当时的社会制度、经济发展及文化消费等关键性背景要素。

在制度层面，清代匠人户籍制度被废除，极大地解放了工匠的国家控制权，也解放了工艺生产力与创造力。清顺治帝时期国家开始废除世袭匠籍制度，并实施"按工给值"的雇工制度。据史载："凡工匠物料，动支正项，销算公帑，俱按工给值。"① 这样不但减轻工匠的负担，还解放了户籍对手工业者的长期束缚，从而激发手工业者的创造激情。因此，清代工匠的创新与创造能力得到充分发挥，各门类工艺的发展均走向真正的自主与创造阶段。譬如清代的雕漆磨工就被漆工忽略，而肆意发挥刀工技术。同时，清代工艺极具中国画的风格发展特征，工匠们尽情地用装饰图画描摹心中的情趣与理想，就连难以表现的瓷胎也有人尝试大漆与瓷器的融合，这些都是清代漆器艺术的创新发展的典型偏向。

在经济层面，清初国家十分重视民生，发展经济，在全国推行养民之善政。康熙、雍正与乾隆年间，漆器、瓷器、景泰蓝等手工业进入黄金发展时期。江南苏州与扬州及宫廷漆器等生产得到迅猛发展。特别是清代中期南方一批中小型城镇在明代商品经济萌芽发

---

① （清）蓝浦等：《景德镇陶录校注》，江西人民出版社1996年版，第27页。

展下也真正走向手工业城镇的发展道路。明代刘基《刘基集》卷3中记载了"虞孚卖漆"①的故事，这段文献反映吴越之间的生漆贸易以及"吴人尚漆"的"时尚"，同时"漆膏数百瓮"与"金币取漆"也反映吴越生漆之产量之大，而且大漆十分贵重。在当时徽州流传"吴茶周漆潘酱园"的俗语中也可以看出安徽周氏漆业在清代首屈一指，清代"周漆"是徽商的一个响亮的大漆品牌。另外，广东阳江、贵州大方、福建福州、山西平遥等地漆器艺术更是呈现多样化的发展态势，民间漆器作坊规模空前。

在消费层面，清代皇宫中的帝王以及士大夫对漆器、瓷器等格外地推崇与喜好，极大地刺激了工艺的飞速发展。张荫桓在日记中描述："（光绪二十年）前日慈宁宫筵宴蒙太后恩赏福字、白玉如意、铜手炉、磁花瓶、江绸袍褂、帽纬、荷包、漆盘共八色，向系宴毕分给桌上，所谓'盘子赏'也。"②可见，清慈宁宫筵宴太后将漆器作为给予臣子的"盘子赏"反映皇帝对漆器的看重以及漆器在当时的社会地位。特别是乾隆皇帝对雕漆十分痴迷，还亲拟许多设计方案，帝王的审美情趣对漆器的发展起到极大的推动作用。另外，18世纪法国宫廷的"中国风"席卷欧洲世界，西方国家对中国漆器、瓷器的消费需求大大促进了中国地方包括漆器在内的手工艺发展。

清代漆器、瓷器等手工业的飞速发展归功于当时经济社会的强盛，也得益于清廷对工艺的极度推崇与狂热喜好，更与欧洲人对中国工艺风情的迷恋以及海上漆器贸易密不可分。

清代港口工艺贸易除了传统的东亚海上航线、南洋航线以及中亚、西亚、南亚等海上航线之外，还开通了欧洲海上航线与美洲海

① 戴山青选译：《刘伯温寓言选》，江西人民出版社1986年版，第181页。
② （清）张荫桓：《张荫桓日记》，任青、马忠文整理，上海书店出版社2004年版，第457页。

上航线。东南沿海各大港口均有瓷器、漆器、漆家具及漆装饰物的对外销售与出口，江苏、福建、浙江等沿海地区海上工艺贸易极其频繁。

在传统海上贸易航线中，特别开通了福建—台湾—吕宋的海上贸易航线，广州—万山群岛—吕宋的海上贸易航线，广州—万山群岛—雅加达的海上贸易航线等。[①] 另外，还有广州至曼谷、广州至真腊的海上贸易航线。据档案记载："1813 年，去中国贸易的暹罗船只共 26 只：7 只到广州；4 只到上海；7 只到宁波；5 只到潮州；3 只到天津。"[②] 清徐继畬《瀛寰志略》（卷二）中谈及清廷与真腊的海上贸易："船商入境，稽防甚严，唯对中国商船特别优待，故'闽广商船，每岁往来贸易'。这些商船运去金、银、丝绸、锡、漆器、瓷器、水银、纸，硫黄、雨伞、铁锅等物，几乎大部分都是日常生活用品。"[③] 清廷商船在真腊的优待与这些闽广商船运去的珍宝有关，其中不乏漆器。

欧美航线主要以清代的南京、厦门、广州、泉州等港口为依托，与海外进行漆器出口贸易，特别是广州港是当时最为繁忙的国家性港口。美国人赖德烈在《早期中美关系史（1784—1844）》一书中如是描述："1784 年 2 月 22 日'中国皇后号'带着国会颁发的一张船证作保护而出发了。该船在威德角群岛停下来，储备了淡水和作了修缮，绕过好望角，然后直向巽他海峡驶去。在巽他海峡，

① 冯元：《〈海录〉的刊本及史料价值初探》，参见中山大学东南亚历史研究所编《东南亚历史学刊》（3），中山大学东南亚历史研究所，1986 年。

② 转引自中共广州市委宣传部、广州市文化局《海上丝绸之路　广州文化遗产　文献辑要卷》，文物出版社 2008 年版，第 178 页。

③ （清）徐继畬著：《瀛寰志略校注》，宋大川校注，文物出版社 2007 年版，第 17 页。另参见曲金良主编《中国海洋文化史长编》（宋元卷），中国海洋大学出版社 2013 年版，第 176 页。

它碰到一只法国船并和这只船一同去中国，于8月28日碇泊于广州的港口黄埔。"① 可见，早期第一次来华美国商船"中国皇后"号的航海路线是：纽约—威德角群岛—好望角—广州黄埔。明代以来的海禁政策使得东南沿海的对外贸易受到一定限制与影响，但一直以来，广州港是欧美人与中国海上贸易的重要贸易中心。有关广州的贸易中心地位，瑞典人龙思泰（Anders Liungstedt）在《中国的货栈》中也有所提及："中华帝国与西方列强的全部贸易都聚会于广州。中国各地物产都运来此地，各省的商货栈在此经营着很赚钱的买卖。东京、交趾支那、柬埔寨、缅甸、马六甲或马来西亚、东印度群岛、印度各口岸、欧洲各国、南北美各国和太平洋诸岛的商货，也都荟集到此城。"② 可见，广州港是通往欧美的主要贸易基地，中国清代的漆器、瓷器等货物就是从这里源源不断地输出。

18世纪中后期，东南沿海抗清势力蠢蠢欲动，顺治十八年（1661）清廷颁布"迁海令"，强令广东、福建、浙江等沿海居民内迁30—50华里，以绝海上贸易，瓦解抗清势力，尤其是断绝他们的财源。"迁海令"对于沿海商业、手工业的打击是沉重的，特别是对海上丝路贸易体系的摧毁引起了国内外商民的反对与斗争。

法国人布罗斯在《发现中国》中坦述："当时正处于在世界范围的经济扩张之高潮中的英国人，试图打破这一枷锁。他们与中国的贸易逐渐变得对他们成为一种生死攸关之必要了。他们不再仅仅是为了寻求丝绸、瓷器和漆器了，尽管随着18世纪之豪华风气的发展，使这些商品的需求也大幅度地增加了……在同一阶段，于广州靠岸的欧洲船舶总数，每年从10多艘增长到40多艘，其中有2/3

---

① ［美］赖德烈：《早期中美关系史（1784—1844）》，陈郁译，商务印书馆1963年版，第10页。

② 《中国的货栈》[Chinese Repository, Vol. Ⅱ, (1833). p.294]，1833年11月号，转引自龙思泰《早期澳门史》，吴义雄等译，上海东方出版社1998年版。

是英国船。被由中国对其交易制造的障碍激怒的商客们，把经商变成了一种国家事务。英国政府于是便向中国皇帝派出了第一个使节。"① 布罗斯的描述隐含了 18—19 世纪英国及英国人对中国海上贸易的立场：首先，18 世纪在法国宫廷刮起的"中国风"使得欧洲宫廷的奢华风气迅速蔓延，因此，中国的漆器、瓷器等奢华商品需求量激增。18 世纪广州的"十三行"所经营的广州彩瓷、温州漆器之所以成为欧洲人的消费对象，不仅是瓷器、漆器能显示英法贵族的身份与财富，更多的是这些器物的奢华美学迎合了他们的审美趣味。其次，18 世纪英国东印度公司独家经营海上贸易权利是巨大的，"2/3 是英国船"暗示英国人对与黄金等值的瓷器、漆器之贸易权绝对处于垄断地位，当时的江南漆器以及景德镇的瓷器几乎成为欧洲人的精神符号。再次，对于英法国来说，"迁海令"已然上升到国家事务，因为他们不仅迫切需要中国提供漆器、瓷器等这些为之迷恋的商品，更迫切需要进入中国内地"盗窃"制瓷与制漆的秘方。当时的英国、法国、荷兰、意大利等欧洲国家均派遣秘密传教士或商人潜入中国腹地，收集中国瓷器、漆器的生产秘方与技术。譬如 1712 年法国传教士殷弘绪以传教为名秘密进入景德镇，以"盗取"制器秘方。最后，随着 18—19 世纪的英国产业革命的成功，"迁海令"对于正处在世界范围的经济扩张高潮中的英国人来说，显然是一种障碍。于是，"他们不再仅仅是为了寻求丝绸、瓷器和漆器了"，暗示 18 世纪后期中国的瓷器与漆器不再是英国人主要贸易对象了，因为这个时期英国人已经开始仿制中国漆器与瓷器了。1791 年英国人对进口中国的瓷器、漆器施行严格的高额关税，很明显就是遏制中国商品对英国本土企业的冲击。在此情况下，"英国政府于是便向中国皇帝派出了第一个使节"，说明此时清廷的

① ［法］布罗斯：《发现中国》，耿昇译，山东画报出版社 2002 年版，第 92—93 页。

"迁海令"已然不仅是海上商业贸易层面的事了，它开始上升到国家政治层面。

据统计，自 1655 年起，清廷前后 5 次颁布海禁政策，3 次下诏"迁海令"，严重影响商民海上贸易。但实际上，在清廷"迁海令"下，国家并没有取得"坚壁清野"的预期效果，反而使得海外势力更加嚣张，国内社会经济也遭遇极大的破坏。在国内外反对"迁海令"的斗争下，1685 年清廷开放广州港等地作为中外通商之口岸，允许商民出海进行贸易。一直到 1727 年清廷撤销南洋贸易禁令后，中国海上贸易才得以恢复正常。

处于扩张与资本积累时期的英国为了在东印度地区掠取大量资源与原料，在 1600 年成立东印度公司，并于 1613 年在印度苏特拉设立贸易站。1602 年，荷兰人征服印度尼西亚，驱逐当地的葡萄牙人，也成立东印度公司。英国、荷兰等多通过东印度公司从事贸易活动，进而渗透到对当地的殖民统治，并将触角延伸到清廷的经济、军事、政治等诸多领域。

17 世纪东印度公司组建与发展暗示荷兰、英国等国航海资本主义大国的崛起。17 世纪荷兰东印度公司几乎垄断与控制海上贸易，但到了 1780 年英荷战争之后，英国又继而成为海上霸权国家。法国人贡斯当在《中国 18 世纪广州对外贸易回忆录》中写道："法国驻穗的官方代表必须与东印度备部分的公司保持通讯联系……广州的买家必须了解整个中国：中国的国内贸易、奢侈消费品、生活必需品、丰年与歉年、出口商品与食品、发生了饥荒的省份、灾荒具有普遍性还是仅袭击了该帝国的部分地区。"[①] 贡斯当的回忆录不仅再现英国人在广州对外贸易中的地位，还反映当时法国人投资东印

---

① [法] 贡斯当：《中国 18 世纪广州对外贸易回忆录》，转引自耿昇《贡斯当与〈中国 18 世纪广州对外贸易回忆录〉》，纪宗安、汤开建主编《暨南史学》（第 2 辑），暨南大学出版社 2003 年版，第 372 页。

度的一些细节，特别是广州买家必须了解清朝国内贸易以及漆器等
奢侈消费品。

　　与荷兰、英国相比，法国在华贸易相对滞后。1664 年，法国为
了监管非洲、印度以及印度洋其他岛国的贸易，设立法属东印度公
司。1685 年，路易十四开始与清廷交往，1698 年，法国东印度公
司商船"昂菲德里特"（Amphrityite）号在拉罗舍尔港起碇驶向中
国，进行海上漆器、瓷器等贸易活动，1701 年"昂菲德里特"号
再次来华贸易，1703 年（康熙四十二年）该船满载中国漆器、瓷
器等大宗货物返航法国，以至于后来法语把精美的中国漆器直接称
为"安菲特里式"。乾隆八年至二十一年间，法国商船来华贸易极
其自由与频繁，中国大量的奢华漆器、瓷器被运往法国宫廷以及普
通人的生活空间。

　　精美的漆器、瓷器等引起了西方人的"仿制"的想象，法国奥
古斯都曾让炼金家约翰·弗里德里希·伯特格尔（1682—1719）和
学者瓦尔特·冯·奇思豪思（1651—1708）仿制中国瓷器。但西方
人在仿制的道路上并非一帆风顺，前后共摸索了 300 多年，到了 18
世纪才学会烧造陶瓷。西方人不仅想仿制中国漆器、瓷器，还对中
国漆树的移植感兴趣。在 18 世纪之前，英国人曾想象在殖民地孟加
拉种植漆树。I. 普理查德在《英东印度公司与来华大使马卡特尼通
讯录》中记载："吾所获数种在发育中之植物，倘能小心培养，将
必大茂，吾拭目以观，不禁大乐，故吾既得此数种植物之后，立交
使团中一科学家丁维提博士（Df. hroes Dinwiddie）看管，此人余特
为此项目的而选其随使者也，同时使即送至孟加拉总督索尔爵士
（Sir John Shore）处。吾又趁此机会将脂树及漆树等数种植物，方在
发育状态者，一并送往，每种种植在孟加拉必有利焉。"[①] 可见，东

---

　　① ［美］I. 普理查德：《英东印度公司与来华大使马卡特尼通讯录》，参见朱杰勤《中
外关系史译丛》，海洋出版社 1984 年版，第 217 页。

南亚国家的大漆资源丰富或许与英属东印度公司相关。

除了东印度公司的漆器、瓷器海上贸易之外，清廷还通过"赏赍"或"恩赐"的方式将工艺品赠予海外使臣。《清朝柔远记》记载："（清雍正五年夏四月，葡）遣使臣麦德乐表贡方物抵粤。巡抚杨文乾遣员伴送至京，召见赐宴。于赏赍外，特赐人参、缎匹、瓷漆器、纸墨、字画、绢、灯、扇、香囊诸珍，加赏使臣，旋命御史常保柱伴送至澳，遣归国。"① 另外根据张荫桓在日记中写道："（光绪二十四年）十七日己卯（7月15日）晴。晨起，为日本使矢野送行，承以紫漆砚、银为别，意良殷也。"② 张荫桓在日记中还写道："（光绪十五年）十一日丁亥（3月12日）晴……承赠漆盒、棉纱袜，皆其土产，又映相一帧，纳交之诚甚切。"③ 说明欧洲、东亚以及中东人对这些"异域之花"的瓷器、漆器迷恋之极，并把得到清廷赏赐的漆器视为珍宝。

路易十四以来，中国的漆器、瓷器被源源不断地输入法国宫廷。中国工艺之美成为法国宫廷、富人以及官僚们各自炫耀的对象，弥漫法国宫廷的中国情调很快被他们接受与迷恋，中国式的高贵与典雅也很快影响了法国贵族们的生活理想与审美情趣。

随着18世纪法国启蒙主义时代的到来以及工业革命的兴起，法国社会城市与农村发展进入快车道，资本主义工商业势力迅速抬头，终于在17世纪殖民扩张的基础上迎来了路易十五时代——法国经济社会的发展高潮。经济的繁荣与财富的积累，为法国贵族消费奢华的漆器提供财力支撑。"随着殖民者在东方的活动，中国的各

① （清）王之春：《清朝柔远记》，赵春晨点校，中华书局1989年版，第64页。
② （清）张荫桓：《张荫桓日记》，任青、马忠文整理，上海书店出版社2004年版，第544页。
③ （清）张荫桓：《张荫桓日记》，任青、马忠文整理，上海书店出版社2004年版，第370页。

种工艺品也传到欧洲。1698 年第一艘法国船'昂菲德里特'号来华，1701 年它第二次东行。两次远航从中国运去大量包括漆器在内的工艺品，中国精美的漆器受到欧洲人的普遍喜爱，法语因之把漆器称为'安菲特里忒'（Amphrityite）。一时间穿丝绸衣服、摆设中国瓷器和漆器成为法国流行的风尚。不久欧洲人便开始仿制漆器。"① 18 世纪 30 年代，罗伯特·马尔丹曾受路易十五的情妇蓬巴杜夫人的邀请，专门为她的城堡制作漆器，漆器也成为蓬巴杜夫人显示财富与地位的物品。

令法国宫廷神魂颠倒的中国漆器、瓷器等物品，使得中法海上贸易异常活跃。法国在 1660 年成立中法贸易的"中国公司"，到 1700 年又组建第二个"中国公司"，后改组为"皇家中国贸易公司"。1712 年又新成立"皇家中国贸易公司"，该公司先后派出 3 艘商船来华进行海上贸易。② 大量的中国漆器、瓷器运往法国，在法国家庭设立装饰有中国异域情调的"中国室"成为当时的一种生活时尚与追求。为了满足法国宫廷贵族的消费，法国也开始规模化仿制漆器。"法国的漆业，居于欧洲的首位，马丁（Martin）一家不久就成为漆业的中心。马丁一家共有兄弟四人，其中最重要的为罗拔·马丁（Robert Martin），他在制漆技艺方面有卓越的成功，得到滂巴沱夫人（La Pompadour）的青眼。"③ 法国对中国漆器从迷恋与仿制已然昭示中国漆器艺术对法国人的影响是深刻的。

大约在 17 世纪初，中国工艺文化被英国人带到美洲，美国工艺家在继承英国工艺文化的基础上开始本土工艺制造。1784 年，美国

---

① 参见刘迎胜《丝路文化》（海上卷），浙江人民出版社 1995 年版，第 298—299 页。

② 姚贤镐编：《中国近代对外贸易史资料》（第 1 册），中华书局 1962 年版，第 1266 页。

③ 徐肖南等编译：《东方的发现：外国学者谈海上丝路与中国》，广东旅游出版社 2001 年版，第 171 页。

第一任总统乔治·华盛顿派出"中国皇后"号商船首航中国，开启中美最早的海上商业贸易。从此，中国漆器及其文化被大量输入美国。

1784 年底返回美国的"中国皇后"号带回的布匹、丝绸、茶叶、漆器、瓷器等物品令美国人争相购买。美国卡尔·L. 克罗斯曼（Carl L. Crossman）在《中国贸易：出口绘画、家具、银器及其他产品》（*the China Trade—Eeport*, *Paintings*, *Furniture*, *Silver & Other Objects*）一书中写道："虽然 Jr. 杜德利·皮克曼（Dudley Pickman, Jr.）极大部分投资于丝绸，但是他似乎更关心他的小订单，在他信里，首先最重要的是两套漆器托盘或碟子，这些漆碟尺寸固定，每套六个。一套给他自己，另一套给他朋友。"[①] 可见，美国人对中国漆器的爱好与需求。"中国皇后"号商船不仅为美国民众带去了中国艺术品，更带去了中国式的生活方式与审美情趣。他们对中国漆艺的需求从一开始的漆器，到后来的漆家具、漆扇子、漆橱柜、漆桌椅等各种中国漆艺产品。譬如 1800 年，在 Minerva 商船上运有 5 箱漆器；1815 年来广州的"新冒险"号，漆器商提供了两对果篮，与之相匹配的 6 打果盘，5 个茶盘；1816 年"波斯顿鞑鞑号"发货清单上有 51 美元的 60 个茶盒、25 美元的十个茶盒、每套 10 美元的 decanter stands 35 套、1 个女士高级梳妆镜等。[②] 这些中国漆器无疑给美国的消费及其生活方式带来多方面的影响，因为它已然不是一个漆器，它的身上烙有中国文化与中国美学思想。

清代工艺艺术被广泛输入欧美，并在各国发生阅读、欣赏与审美，来自异国的"他者想象"就是一种吻合东方中国的想象。欧美人的"中国想象"在工艺领域中呈现出来的古典中国以及异国情调

---

① 参见陈伟《中国漆器艺术对西方的影响》，人民出版社 2012 年版，第 185 页。

② Car L. Crossman, *the China Trade—Eeport Paintings Furniture*, *Silver & Other Objects*, p. 185. 参见陈伟《中国漆器艺术对西方的影响》，人民出版社 2012 年版，第 195—196 页。

具体而微地再现了中国工艺之美。

17世纪末至18世纪初，英法等国的商舶由印度孟加拉湾的科罗曼德海岸将中国漆器运至欧洲各国，因而，在欧洲，中国漆器又被称为"科罗曼德漆器"。中国漆器文化嵌入欧洲社会的发展，不仅起到了传播与弘扬中国优良文化之目的，还为世界漆器发展提供契机与范例。18世纪的英国漆艺产业进入发展的鼎盛时期，英国人托马斯·阿尔古德和其子爱德华，伯明翰人约翰·泰勒和约翰·巴斯泰克维勒、丹尼尔·米尔斯等均是英国著名的制漆高手。1680年，英国的家具商开始仿照中国的漆艺，大量生产漆艺家具。

1700年，诗人普赖尔（Proor）对中国漆橱柜之美十分神往，他写了如下诗句："英国只有一些少量的艺术品，上面画着鸟禽和走兽。而现在，从东方来了珍宝：一个漆器的橱柜，一些中国的瓷器。假如您拥有这些中国的手工艺品，您就仿佛花了极少的价钱，去北京参观展览会，作了一次廉价旅行。"①诗人普赖尔对中国"漆器的橱柜"之赞美道出了一个事实：第一，18世纪英国人仿制中国漆艺家具之前，"英国只有一些少量的艺术品，上面画着鸟禽和走兽"，但1680年之后的英国家具商开始仿造中国的漆艺家具，采用中国生漆涂髹家具，并精于雕刻各种图案，包括中国式的龙凤、宝塔、花卉等。中国风情在英国人的生活中成为时尚，反映了中国审美情趣在英国生根发芽。第二，18世纪的中国漆艺精于装饰，并具有绘画性，特别具有"故事性"情节。以至于你欣赏"一个漆器的橱柜，一些中国的瓷器"之后，"您就仿佛花了极少的价钱，去北京参观展览会，作了一次廉价旅行"，这充分说明这个时期的漆器图案能反映中国社会风情及其社会状况。换言之，18世纪的中国漆艺具有绘画叙事之功能。第三，"东方来了珍宝"与"您拥有这些中国

---

　　①　参见陈伟、周文姬《西方人眼中的东方陶瓷艺术》，上海教育出版社2004年版，第40页。

的手工艺品"等描述另见诗人普赖尔对中国漆器艺术的惊叹与欣赏,特别能感受到普赖尔对中国漆艺的钦佩与陶醉。实际上,通过文学诗歌的方式描述对中国漆艺的感受,已然表明西方人不自觉地接受并认同了中国艺术及其美学思想,更反映出中国艺术在世界上的地位与身份。

诗人普赖尔对中国漆器艺术的审美体验不是孤立的,中国漆器与瓷器一样,具有中华民族特有的文化品性与艺术风范。英国人米歇尔·康佩·奥利雷(Michael Kampen O'Riley)在《非西方艺术》中这样评价中国的工艺品:"与书画艺术一样,中国瓷器的美与中国人高雅的品位有关,并且他们还经常在瓷器上创作精美的绘画,这无疑又提升了瓷器的价值。"① 这就是中国工艺文化的魅力,也是欧洲人为之迷恋的关键。

伏尔泰(François-Marie Arouet,1694—1778)是18世纪法国资产阶级启蒙运动的旗手,被誉为"法兰西思想之王""法兰西最优秀的诗人"。伏尔泰对中国漆器艺术十分神往,对包括中国漆器在内的工艺品给予很高的评价。

一向赞扬东方文化和文明的伏尔泰,在他的《尔汝集奢》中,对法国工业的新成就表示他的喜悦:"马丁的漆橱,胜于中华器。"② 同样,"18世纪中叶以后,爱好漆器的风尚也传入德国。德国艺术家施托帕瓦塞尔(Jahann Heirich Stobwasser)开始出售漆器,上面绘制中国的人物和风景。他在不伦瑞克成立了一家漆器厂,生产上漆的鼻烟壶"③。18世纪后期到19世纪前叶,中德文化交流处

---

① [英]米歇尔·康佩·奥利雷:《非西方艺术》,彭海姣、宋婷婷译,广西师范大学出版社2004年版,第111页。

② [德]利奇温:《十八世纪中国与欧洲文化的接触》,朱杰勤译,商务印书馆1962年版,第28页。

③ 参见刘迎胜《丝路文化》(海上卷),浙江人民出版社1995年版,第298—299页。

于高峰期。"他（歌德）生活的时代，欧洲仍然处于中国强大的文化影响之下。在法兰克福的诗人故居二楼被命名为'北京厅'的主厅里。至今仍能看见古色古香的中国式描金红漆家具和瓷器，墙上挂的是印有中国图案的蜡染壁画。"① 可见，歌德对中国漆器艺术的欣赏与爱好。

1791 年，歌德撰写了《Gross-Kophta》一剧，因欲收光怪陆离之效，布景时用中国物品。约 1790 年前后，歌德有一首威尼斯短诗，诗中把浪漫情味和中国人扯在一起："纵使中国人，以其工致笔，绘维特及绿蒂于玻璃镜上，于我何益？"数年后（1796），又作短诗《罗马城的中国人》曰："我昔在罗马，见一中国人。一切建筑物，无论古与今，在彼心目中，粗俗且沉沉。喟然长叹息，'汝等可怜人，奈何不三思。文木可作柱，屋顶赖支持。纸皮兼木板；亦可漆银朱。触发文明威，令人喜可知。'惟我觉其人，审美徒支离，遐想入非非，谓可侔造化。"② 从这里也可见出歌德对中国漆艺的印象，也能见出他对东方人的浪漫与优雅持有一种肯定态度。

1681 年 11 月 25 日，雨果曾在致巴特勒上尉的信中这样评价："圆明园属于幻想艺术，一个近乎超人的民族所能幻想的一切都荟集于圆明园……艺术大师、诗人、哲学家，他们都知道圆明园。伏尔泰也曾谈到它。人们一向把希腊的巴特农神庙、埃及的金字塔、罗马的竞技场、巴黎的圣母院和东方的圆明园相提并论。如果不能亲眼目睹圆明园，人们就在梦中看到它。"③ 圆明园是融中国建筑、园林、漆艺、绘画等于一体的皇家园林，雨果以及伏尔泰对圆明园

---

① 马祖毅、任荣珍：《汉籍外译史》，湖北教育出版社 1997 年版，第 288 页。

② [德] 利奇温：《十八世纪中国与欧洲文化的接触》，朱杰勤译，商务印书馆 1962 年版，第 119 页。

③ [德] 黑格尔、康德等：《中国印象——世界名人论中国文化》（上），何兆武等主编，广西师范大学出版社 2001 年版，第 76—77 页。

的想象或许能反映他对中国艺术的美学想象与赞美。

　　漆艺最能表达中华民族的艺术创造魅力与文化想象力，它引起西方的哲学家与美学家的赞誉与欣赏体现了中华艺术的世界性传播力及文化力，西方人接受中国漆器艺术的"洗礼"意义是深远的，他们对中国漆器艺术的审美体验也是独特的。

　　18世纪30年代，神甫杜赫德（Jean-Baptiste Du Halde，1674—1743）对中国漆艺之美多有溢美之词。杜赫德在编撰的《中华帝国通史》中有漆艺叙事："从这个国家进口的漆器、漂亮的瓷器以及各种工艺优良的丝织品足以证明中国手工艺人的聪明才智……如果我们相信了自己亲眼看到的漆器和瓷器上的画，就会对中国人的容貌和气度作出错误的判断……不过有一点倒没错，美在于情趣，更多在于想象而非现实。"①杜赫德道出了中国漆艺之美的艺术特征："美在于情趣"。

　　杜赫德的审美体验与美学判断至少体现以下几点中国漆艺之美的要义：第一，"美在于情趣"——生活的情趣。中国漆艺是生活的漆艺，与生活息息相关。漆器上的绘画通过中国画的方式展现人们的现实生活及其社会场景，它所追求的是一种艺术的"神似"，这与西方绘画的"现实之情趣"是有很大区别的。中国漆器图案取材于自然、山水以及动植物，旨在提升生活的审美情趣，漆器也因此成为中国人优雅与气质的投射，并浓缩于生活之中。第二，"美在于情趣"——工艺的情趣。中国漆艺之精雕细刻，足以"证明中国手工艺人的聪明才智"，漆器将工艺与绘画、雕刻、镶嵌、书法、诗歌等诸多艺术融于一体，在不同背景中，漆器图案有人物活动、神话故事、亭台楼阁、山水流云等，其层次分明、结构完美、凹凸有意，无不体现工艺人的审美情趣与高超水平。第三，"美在于情趣"——手与心的情趣。对于漆艺而言，手是不可或缺的，没有手

────────────

①　参见周宁《世纪中国潮》，学苑出版社2004年版，第302—313页。

就没有漆艺。漆艺的情趣就在手与心的情趣。中国漆艺人通过他的双手与朴素的中国思想建立起来，漆艺之手开采着中华思想的矿石，并赋予这矿石以形式或风格。第四，"美在于情趣"——想象的情趣。神甫杜赫德所言"美在于情趣，更多在于想象而非现实"，指出了中国漆艺想象创作的基本规则。艺术想象对于漆艺意象表现具有决定作用，如何将山水、楼阁、故事等表现于一个很小的空间，很明显，联想、形象以及情感是艺术想象所必需的，它能将叙事性画面藏于漆器画面之中。第五，"美在于情趣"——休闲的情趣。"美在于情趣"不仅指向内在的审美体验，还更多地指向漆艺手工创作的特有情趣——"休闲"。神甫杜赫德指出："一件上好的漆器应该在悠闲中完成，整个夏天都不足以使它尽善尽美。"中国漆器多为贵族漆器，皇家是不计成本的，更不计时间的。漆器在漆工"休闲"中实现它的尽善尽美。

　　从神甫杜赫德"美在于情趣"的审美判断，可以窥见他对中国艺术的理解与钦佩，并被中国漆器艺术所陶醉与迷恋，更反映中国漆器艺术的美学特征。

　　中国"丝船"，拉丁美洲称"中国之船"，经菲律宾马尼拉至墨西哥，将中国漆器等工艺品行销至拉丁美洲各地，并深刻影响拉美人的工艺发展及其家庭生活。

　　沙丁等在《中国和拉丁美洲关系简史》中援引清代张荫桓在《三洲日记》（卷5）中的一段描述："查墨国记载，明万历三年，即西历一千五百七十五年，（墨）曾通中国。岁有飘船数艘。贩运中国丝绸、瓷漆等物，至太平洋之亚冀巴路商埠（即阿卡普尔科港），分运西班牙各岛（指西属拉丁美洲各殖民地，特别是加勒比海诸岛）。其时墨隶西班牙，中国概名之为大西洋。"[1] 在19世纪初，中国漆器文化沾

_____

　　[1] 沙丁、杨典求等：《中国和拉丁美洲关系简史》，河南人民出版社1986年版，第56—57页。

溯由美国远及墨西哥，特别是墨西哥虽然受当时"表现理想社会艺术"的影响，但"民众仍然非常喜欢组画、漆器、宗教仪式用的面具和龙舌兰酒店的壁画等这些乡土作品"①。墨西哥著名画家西凯罗斯（Siqueiros, David Altaro, 1896—1974）颇受中国漆画艺术影响，"在运用源于哥伦布到达以前时期雕刻的人体形态方面，西凯罗斯显示出娴熟的技巧。他喜欢使用新型材料作画，如加漆的颜料。洛杉矶艺术中心广场的几幅优秀壁画就出自西凯罗斯之手"②。19世纪受西班牙殖民统治的北安第斯国家厄瓜多尔的基多人特别喜欢仿制中国漆艺雕像，"中国在雕刻方面的影响，不仅表现在宗教雕像使用玫瑰红的颜色上，而且也表现在使用描金技术上，这种方法就是先将雕像涂上金色的底色，然后涂上一层其他颜色的颜料，最后用刻刀在上面进行刻画。基多人特别想模仿东方的上漆方法并按照中国风格的配色使用红色、蓝色和绿色"③。厄瓜多尔的基多人的工艺在刻刀、用色及其鬃法上明显受到中国漆器技法的影响。

清代工艺以特有的"中国风格"在欧美引起了前所未有的追慕与迷恋，被传播到欧美的工艺符号所体现出来的"他者想象"也是前所未有的。同时，海外工艺文化也在清代流向中国，特别是以"倭漆"与《髹饰致美》为代表的海外漆文化被输入中国，一股无倦的漆器文化的环流现象产生了。

为了得到异域的漆器与瓷器，英国的商船远涉重洋来到中国，专门贩卖"异国趣味"。佩雷菲特（Alain Peyrefitte）在《停滞的帝

① ［秘］陈-罗德里格斯：《拉丁美洲的文明与文化》，白凤森等译，商务印书馆1990年版，第296页。

② ［秘］陈-罗德里格斯：《拉丁美洲的文明与文化》，白凤森等译，商务印书馆1990年版，第299页。

③ ［秘］陈-罗德里格斯：《拉丁美洲的文明与文化》，白凤森等译，商务印书馆1990年版，第293页。

国——两个世界的撞击》中"结束语"之"异国趣味的贩卖者"条这样描述："马戛尔尼的行为就像是一个专贩异国趣味的商人，他除了供给英国人茶叶、丝绸、漆器、瓷器外，还满足他们到远处冒险的梦想，从中得到某种乐趣。"① 除此以外，17—18 世纪的海上丝路漆器贸易作为中外文化的碰撞、交流与对话，它对英国宫廷装饰及其文化产生很大影响，中国漆艺及其中国风情成为他们模仿的对象，特别是在家具陈设、建筑等层面的影响十分明显。L. W. 哈克尼在《西洋美术所受中国之影响》中指出："英国威廉（William）及马利（Mary）朝家具，已早受其影响，甚至今日吾人所用家具，犹未能脱尽华风，契彭得尔（Chippendale）及虾披威（Heppelwh-ite）家具之直接受中国之影响，又何待言。"② 可见英国皇家对中国漆饰家具的推崇，并显示华风家具在异域受到的礼遇与珍视。另外，在英国，奇彭代尔（Chippendale）根据中国的样品制作家具，也极大地推动一种中国式家具在英国流行。18 世纪的英国建筑风格受清代建筑风格的影响是多方面的，在屋宇、宫殿、亭台、花园等设计领域均能见出中国建筑的影子。

在法国，17—18 世纪中国漆器、瓷器被大量输入欧洲及法国，当时漆器仅次于瓷器被法国宫廷所喜用，特别是被宫廷贵族所迷恋，漆器成为他们炫耀财富的象征。为了大规模地使用中国式的漆器，仿制漆器的工业很快在法国社会兴起。"到 1730 年，漆柜、漆盒和其他油漆家具先后问世，甚至可与中国生产的漆器相媲美。如同欧洲的瓷器一样，这种漆器几乎也是模仿中国的图案。"③ 为装饰

---

① ［法］佩雷菲特：《停滞的帝国——两个世界的撞击》，王国卿等译，生活·读书·新知三联书店 1993 年版，第 623 页。

② 参见朱杰勤《中外关系史译丛》，海洋出版社 1984 年版，136 页。

③ ［美］德克·卜德：《中国物品传入西方考证》，参见中外关系史学会编《中外关系史译丛》（第 1 辑），上海译文出版社 1984 年版，第 229—230 页。

有人物与花卉图案着迷的法国贵族视中国漆器为"特殊而罕有的物品"。18世纪流行于法国宫廷的"洛可可艺术"近乎与中国的漆器风格类似：中国漆器重视自然景物的图案装饰，也特别以螺钿、山石、金银作为装饰题材，特别是明清时代的漆器图案重视卷草舒花的装饰偏向，以至于西方人认为："提起罗柯柯，在我们心目中，构成为一个幽美动人的可爱的世界；恍如听见诗歌剧中的旋律……华贵客厅中的壁镜及漆橱，互相辉映，令人目眩。"① 可见，令法国宫廷贵族神往的漆器艺术风格与他们的"洛可可风格"近乎一致，或"洛可可风格"是一种中国式的漆器风格。应该说，明清时期漆器的纤巧与奢华在一定程度上契合了法国路易十四以来的法国趣味，当法国人厌倦了严肃、古板的巴洛克艺术的时刻，中国艺术那种亲近自然而又奢华的美学趣味走进了法国宫廷。

与欧洲相比，美国与中国的海上丝路贸易要迟得多。自从18世纪以后，美国与中国建立正常的海上丝路贸易，并大规模从中国的广州港以及南京等地区进口中国漆器。美国人的普通家庭也因此拥有了来自中国的漆屏风、漆家具、漆器皿以及瓷器和丝绸等，一些中美贸易商的家庭更是大量藏有中国漆器等。在中美漆器贸易下，"中国皇后"号伴随"西渐东风"正猛烈朝向美国及其家庭刮去。美国人乔纳森·戈尔茨坦指出："假如说旁观者已被早年美国家庭里中国海景的现实所迷惑，那么，拉蒂默书房里展示的东西更会使他大吃一惊，中国的瓷茶杯、茶杯碟、奶壶、茶壶、糖盘、茶几，以及茶叶罐，每件东西都绘有彩色的'广州'或'南京'边纹……在灯光昏暗的走廊尽头，可以看到，洗脸架上还放着一些耀眼的紫色和金黄色的中国漆制盥洗用具。可见，沃尔纳特大街与其说是富

---

① ［德］利奇温：《十八世纪中国与欧洲文化的接触》，朱杰勤译，商务印书馆1962年版，第66页。

裕，毋宁说是自豪，而且是东方格调的自豪。"① 美国人所拥有的漆器意味一种财富，更意味一种自豪。与其说，他们在消费中国漆器，不如说他们在体验中国美学。在美国的许多博物馆、收藏家那里，至今还能看到各式各样的漆器家具，有竹家具，也木家具，包括清式坐椅、橱柜、梳妆台、屏风等。在 18—19 世纪，拥有"中国式房间"成为美国人的一种情趣与时尚。根据《中国贸易》记载："威廉莫斯堡的那些沙发明显就是中国的木材和中国的制作工艺。它的设计优美……另外还有两个类似的沙发，一个在温特苏尔，另一个在新英格兰古迹保护协会总部，它们在结构和设计上纯然一致，但它们分别用黑漆，应用像漆器家具的金色葡萄叶装饰。"② 即便是 19 世纪后期，居住在中国的西方人的房间也充塞中国风格的家具③，并以此为财富与荣耀的象征。明清时期，中国皇帝对屏风的酷爱以及大量生产的屏风，引起了美国人的关注与喜爱，尤其是中国绘画叙事特征的漆屏风激发了美国人的想象与美学情趣。

在德国，柏林的蒙彼朱（Monbijou）宫街存有一本旧指南书，记载当时所藏关于中国文物饰物珍品，目录中提到下面的藏品："……六、悬有中国字画的音乐室；十、……四壁皆嵌木为饰，各室挂有中国风味的图画。十二、一陈列室，中国趣味的黄色雕花木框的悬挂物（一般指内藏字画——译者注）……四、一房有玫瑰色

① ［美］乔纳森·戈尔茨坦：《费城与中国贸易（1682—1846 年）——商业、文化及态度的作用》，中外关系史学会、复旦大学历史系编：《中外关系史译丛》（第四辑），上海译文出版社 1988 年版，第 185 页。

② Car L. Crossman, the China Trade—Eeport Paintings Furniture, Silver & Other Objects, p. 185. 参见陈伟《中国漆器艺术对西方的影响》，人民出版社 2012 年版，第 188—189 页。

③ Car L. Crossman, the China Trade—Eeport Paintings Furniture, Silver & Other Objects, p. 185. 参见陈伟《中国漆器艺术对西方的影响》，人民出版社 2012 年版，第 188 页。

的悬挂物，上有中国山水画，分为各组……九、悬挂中国画的房子一间。十一、中国式黑漆的房子一间……二十三、悬挂中国字画刺绣的房子一间。二十四，瓷器陈列室，有精雕的紫漆木器……有多少中国物品室曾经遭受蒙彼朱宫同样的命运，和因后来时代风尚的变易而改变了面貌？在布置这些私家收藏室时，罗柯柯的风尚是以瓷器占首位的。"① 说明中国风味的漆器艺术占据德国人的建筑空间。G. F. 赫得森在《罗柯柯作风——西洋美术华化考》中指出："漆器初亦受华漆之影响，其家具多用漆器，亦采中国之作风及模仿。十八世纪欧人之漆器，实难办何者为袭自中国者也。罗拔马丁（Robert Martin）为绷巴都夫人（Madame de Pompadour）制漆家具，仿照中日二国之款式，颇见匠心，福耳特耳（Voltaire）曾誉其青出于蓝。"② 德国人对中国漆器艺术欣赏有加，在一定程度上，中国风情改变了他们的生活习惯、审美趣味以及美学理想。

在罗马尼亚，人们对中国髹漆游船与建筑的赞赏。大约在1677年前后，罗马尼亚学者尼古拉-斯帕塔鲁·米列斯库（Nicolae Spataru Milescu）来到中国，他在《中国漫记》中这样描述："由国库开支建造了许多海船、内河航船和官吏乘坐的楼船，其精巧与豪华，若非亲眼见到……门窗精雕细刻，漆得金碧辉煌。窗上不是用玻璃，而是薄贝壳，或打蜡的薄绸子，上面绘以花鸟。船的四周有红漆栏杆，船工和脚夫都沿着栏杆行走。船只外面涂上油漆……船上的生活舒服而充满了文雅的情趣。"③ 米列斯库对中国漆船的审美体验是独特的，特别是对"漆得金碧辉煌"的描述反映出中国漆器

① ［德］利奇温：《十八世纪中国与欧洲文化的接触》，朱杰勤译，商务印书馆1962年版，第26页。

② 参见朱杰勤《中外关系史译丛》，海洋出版社1984年版，第154页。

③ ［罗］尼古拉·斯帕塔鲁·米列斯库：《中国漫记》，蒋本良、柳凤运译，中国工人出版社2000年版，第63页。

艺术的装饰性、情趣性与绘画性的美学特征。米列斯库来到中国的"红城"（紫禁城），他这样描述道："宫中所有的建筑均用黄色——皇帝的标志——琉璃瓦盖成。木制品都是镏金的，或糅以别的色彩，表面再涂一层中国漆……总之，中华帝国一切稀世珍宝，皇城里无不应有尽有。"[①] 中国"红城"对于罗马利亚人来说，近乎是一座漆彩的宫殿。

　　一直以来，中国漆器的输出是一种常态，但 17—19 世纪"洋漆"开始输入我国，并被中国皇帝所喜爱。从漆器文化的输出国向输入国的转变，反映中国漆器文化被海外国家的接受，更反映海外漆器技术已然超越中国的漆器技术。张岱在《陶庵梦忆》记载："朱氏家藏，如'龙尾觥''合卺杯'，雕镂锼刻，真属鬼工，世不再见。余如秦铜汉玉、周鼎商彝、哥窑倭漆、厂盒宣炉、法书名画、晋帖唐琴，所畜之多，与分宜埒富，时人讥之。"[②] 可见，一开始，对于拥有"倭漆"时人讥之，但是随着日本漆器的大量输入，中国对倭漆的态度又发生新的变化。清代皇家御用品均由宫廷造办处督造，雍正初期，雍正皇帝主要是委托怡亲王负责办理漆器制作的有关事项，如给造办处一件洋漆双梅花香几，怡亲王又交给造办处一件洋漆小圆盘，造办处于四月二十九日做得洋漆小圆盘八件等。[③] 实际上，在这之前东洋漆及其技术已被环流至中国。譬如《红楼梦》第 40 回记"右边洋漆架上悬着一个白玉比目磬"，第 53 回记"榻之上一头又设一个极轻巧洋漆描金小几"，第 62 回记"手内捧着一个小连环洋漆茶盘"，第 3 回记"两边设一对梅花式洋漆小几。"这里的"洋漆架""洋漆描金小几""洋漆茶盘""梅花式

　　① ［罗］尼古拉·斯帕塔鲁·米列斯库：《中国漫记》，蒋本良、柳凤运译，中国工人出版社 2000 年版，第 88 页。

　　② （明）张岱：《陶庵梦忆　西湖梦寻》，中州古籍出版社 2012 年版，第 151 页。

　　③ 张荣：《漆器型制与装饰鉴赏》，中国致公出版社 1994 年版，第 204—205 页。

洋漆小几"等均是洋漆器。明代时由东洋日本传入，即用金粉和大漆调和后涂绘于漆器上的一种装饰技艺，故得名"洋漆"。清雍正、乾隆年间是洋漆生产的鼎盛期，清宫廷内"造办处"就设有"洋漆作"专门生产洋漆器。从人们对"哥窑倭漆"的讥讽，到清廷造办处的"洋漆作"，可以看出，中外漆器文化的交流是互动的。

在国家层面上，晚清社会引进美国髹漆文本《垸髹致美》，它的背后隐喻一部全域式的知识社会学。它既是晚清洋务思潮、发展工商业与奢华消费的征候，又是社会发展实业、学习新知识与注重科学的产物。换言之，被引进的《垸髹致美》引领我们朝向中美跨文化解读迈进，它被发现的或未被阐释的知识已然率先证实中美漆文化的互译与再生态势，也昭示中国漆文化的世界地位及其在全球化中的标志性意义。

那么，中国已拥有《髹饰录》，晚清政府为何还要引进《垸髹致美》？从社会背景上看，中日甲午战争之后，清廷讲求时务、提倡西学蔚成风气。在洋务大臣的眼里，"美以富为强"。富有省思的张之洞、李鸿章等洋务派均认为："（美国技术）最新，距华最远，尚无利我土地之心。"[①] 清光绪二十五年（1899）小仓山房石印本《富强斋丛书正全集》汇辑有关西学之译著八十种成此编，以备求强救国者采撷。该丛书涉及漆学的有1884年刊行的美国髹漆文本《垸髹致美》[②]（一卷），它是《西艺知新》续集之一，由美国 Leroy J. Blinn 所著（傅兰雅口译，徐寿笔述，徐华封校）的一本西学"髹饰录"，内容涵盖东洋漆的种类、配方及上漆工艺。可见，《垸髹致美》是西"漆"东进的时代产物，其知识语境与中国"洋务"思潮有密切关系。从技术语境上分析，引进《垸髹致美》实则反映晚清社会对西方新技术知识的需求。在晚清，"江南制造局翻译馆选

---

① 参见夏东元《晚清洋务运动研究》，四川人民出版社1985年版，第225页。

② 王扬宗：《江南制造局翻译书目新考》，《中国科技史料》1995年第2期，第11页。

译书的原则有三条，它们是：第一，选最近出版的新书和名著，即'更大更新者始可翻译'。第二，西人与华人合选当前急用之书，没有按大英百科全书分门别类进行译书，故所译之书不配套。第三，主要选择科技方面的书籍，但由于清政府军事上的需要，选择了许多'水陆兵勇武备'之书。根据以上原则，徐建寅他们选择的大多是英美最新出版的书，有些是著名科学家的名著"①。据此，《垸髹致美》应当符合当时"更大更新者""当前急用之书"与"科技方面的书籍"的三条选译标准。《垸髹致美》中"所述各种工艺，有的在西方尚属先进，有的虽已过时，但在当时中国，仍不失为有用的技艺"。可见，晚清引进技术文本《垸髹致美》是当时社会之需。从晚清发展实业看，学习西方技术与技术引进成为当务之急，引进《垸髹致美》反映晚清社会注重科学与发展实业"自强救国"的立场。洋务重臣盛宣怀、张之洞等人无不强调"制器"之重要性，并主张"工商立国"论。在"洋务运动"期间，在轮船、铁路、造炮、开矿、冶炼等部门都要大量使用油漆及其技法，而中国的《髹饰录》侧重髹漆技法，其技术"配方"只在家族内传承，很难适应晚清实业的发展需要。于是侧重髹漆技术"配方"的《垸髹致美》无疑有补于《髹饰录》之广漆配方的缺陷。

《垸髹致美》既表征晚清社会洋务思潮、发展工商业的状况，也见证家族传承式的《髹饰录》知识在遭遇晚清实业时的尴尬与不足，更昭示晚清社会发展实业、学习新知识与注重科学的社会征候。

在阐释中发现，清代海上丝绸之路漆器文化的输出与传播具有中外文化交流意义与内涵，还至少能显示以下几点文化发展要义：第一，借助海上丝路及其贸易，清代漆器文化被广泛地介入欧美世

---

① 凌瑞良：《物理学史话与知识专题选讲》，南京师范大学出版社2010年版，第22页。

界，并在各国发生阅读、体验与审美想象，具体而微地呈现出欧美人眼中的他者想象；第二，被传播到欧美世界的清代漆器所体现出来的他者想象吻合了东方中国文化之美，尤其以审美体验的方式再现或体认了中国漆器特有的美学形象；第三，伴随18世纪后期"倭漆"与美国《埏埴致美》文本被中国的引入，中外漆艺文化已然出现一种不倦的环流现象。在此消彼长的中外漆文化的体认、溢出与耦合中，清代海上丝路漆器显示出全球视野下的他者地位与身份。

第六章

工匠精神的传承及社会化

在当下，由于国家议程的积极推动以及民众的持续关注，"工匠精神"作为一个相对沉寂的文化范畴俨然呈现活跃之势，并日趋成为学界较为活跃的研究对象。尽管人们试图从文化、艺术、制度、历史、时空等多个维度描述、阐释与反思工匠精神的诸多问题向度，显示出人们对工匠精神传承与需要的呼声日渐高涨。但目前学界对此研究较少涉猎文化心理学视角下的工匠精神传承，而问题的复杂性在于工匠精神的传承既是一种工匠文化的传承，又是一种持续社会化心理活动行为。因此，在本质上，工匠精神的传承问题即工匠文化的社会化问题，它又指向工匠精神的"外化"与"内化"这两个较为复杂的心理结构的文化塑造过程；在此过程中，又关联到工匠精神所包含的心理机能与意识形态在内的心理学内容向度。由此观之，工匠精神的传承问题有较宽的文化学研究视域及其心理学阐释空间。抑或说，作为心理特质的工匠精神传承问题，文化学者有责任阐明它在心理学维度上的运行逻辑及其发生机理，以期工匠精神社会化传承的解读朝向文化心理学迈进。

一　分析的概念

在马克思主义人学视野下，自然人向社会人的过渡是人类社会发展的重要途径，而"社会化"（Socialization）就是通过各种文化建构出来的一种终生持续性行为。因此，在本质上，工匠精神的社会化行为就是自然人通过社会文化构造，以期望获取工匠精神价值行为与思想规范，其目的主要来自于的社会存在、社会需要以及发展等方面的客观需求。换言之，工匠精神的社会化是人与社会相互作用的产物。在这个过程中，个体通过体验、学习与传承工匠精神，从而获取工匠的行为价值观、思想道德操守、职业行业规范、理想人格魅力等特质文化，并积极反作用于社会。

就广义文化概念而言，工匠文化包括工匠创物（物质表层）、工匠手作（行为浅层）、工匠制度（制度中层）和工匠精神（精神深层）等内容指向。其中，工匠精神是工匠文化理论的核心层，它包括工匠心理与工匠意识形态两部分内容。在心理层面，工匠借助"专注""持久""严谨""细腻""精益求精""坚守""不急不躁""精致""敬业"等心理品质完成创物行为，这些工匠心理品质的聚集便构成了工匠精神文化。可见，工匠的心理活动直接产生与构造了工匠文化。在此，工匠特有的心理品质不仅能稳定自我的心理状态及其行为规范，还能提升工匠自我的价值取向与理想人格，进而进一步完善工匠自我以及他人的审美情趣和精神结构。在意识形态层面，工匠的价值观、思想、观点、观念、准则、规范、理想等聚合成工匠的意识形态聚合体，而诸多工匠的意识形态的聚合就形成一种具有现实性与独立性的工匠精神文化。简言之，精神文化是工匠行为的心理特质经验化表述；同时又是作为一种文化形态呈现，并通过社会化过程塑造出新的心理文化。工匠精神所蕴含的工匠行为、工匠心理和工匠文化三者之间的逻辑关系直接昭示出一种可能的被称之为"文化心理学"的研究方法出场。

文化心理学（Cultural Psychology）是兴起于20世纪90年代以来的一种较为新兴与活跃的心理学分支学科，它"旨在寻求永在的

镶嵌在意义和背景里的心理"①，抑或说从文化视角理解行为的心理
学意义取向，并将行为与心理在不同文化背景下的普遍性与特异性
作为研究己任，尤其是关注文化对心理活动、行为表现的塑造与干
预。作为研究对象的工匠精神被纳入文化心理学研究视野的合法性
理由大致有三点：一是"心理学是文化的一部分"②，工匠精神是工
匠的价值文化与心理特质的聚合体，它所呈现的心理与文化、主体
与客体、对象与背景等均是文化心理学所关注的核心命题；二是
"在社会心理理论中融入文化症候群"③ 有助于阐释社会心理与文化
之间的某些关联性特征，工匠的心理活动与行为表现是通过特定文
化建构起来的，进而形成一种工匠精神的价值观，工匠精神的社会
化行为路径也就是通过工匠文化塑造与干预心理的选择与定位；三
是"文化心理学是人类学与认知科学的一座桥梁"④。同时，文化心
理学本身突破了传统科学心理学的文化盲区，尤其是超越传统实证
研究方法日趋机械化的发展困境，并能在跨文化比较的视野下阐释
心理与行为的各自异同性。据此，在本章接下来的讨论中，拟将采
用文化心理学的研究方法透视工匠精神的社会化传承问题，力图阐
明工匠精神的社会化传承路径及其核心指向，兼及工匠精神社会化
传承的文化意义，从而在文化与心理的整合视角探赜工匠精神社会
化传承的心理学向度及其文化逻辑。

①　R. A. Shweder, *Cultural Psychology*：*What is it*? New York, Cambridge University Press, 1990. 13.

②　Ratner C. , Cultural Psychology (General), Springer US, 2012.

③　Harry C. Cross—cultural Psychology, Asian Journal of Social Psychology, 2013, 2 (1)：127.

④　Fryberg S. A. , Cultural Psychology as a Bridge between Anthropology and Cognitive Science, Topics in Cognitive Science, 2012, 4 (3)：437.

二 传承路径：外化与内化

工匠精神是工匠文化系统中最为核心的内容。就文化传承而言，工匠精神的社会化过程就是面向人与社会的文化"控制"与心理"约束"的过程，从而寻求工匠精神的文化信仰与价值观，并进一步模塑与整合个体的价值观、行为操守、道德规范等行为方式和人格特质，以适应社会并积极作用于社会而创生新文化。简言之，工匠精神的社会化过程就是个体的心理及其行为的模塑过程。在此模塑过程中，既要借助外在文化的社会教化，又要注重内在心理的内化与体验，即工匠精神社会化传承包含"外化"与"内化"两种路径的选择与定位。

在外化（Externalization）路径层面，工匠精神社会化过程就是工匠文化的社会传播、传递与体现过程。在此过程中，工匠精神的社会化主要以家庭、社会、高校以及媒介等宏观文化环境为载体，并借助心理学展开工匠精神文化的持续传承与培育。因为在宏观层面，"心理学是激发和引导社会行为的主观过程，是文化的主观方面。所以，心理学与宏观文化因素必然是具有一致性的"[1]。这也是选择宏观的外在文化传承工匠精神的合法基础与理论支撑。

在工匠精神传承的外化路径选择上，营造工匠精神传承的社会文化环境极其重要，特别是家庭文化环境、学校文化环境以及社会文化环境的整合建构与积极培育。家庭是心理模塑的基础因素之一，是社会化互动的纽带与关节点，并具有很强的限制性与

---

① ［美］卡尔·拉特纳：《基于宏观文化心理学视角的心理能力研究》，王波、丁紫瑄译，《学术月刊》2014年第12期。

实时性。① 一般心理学研究表明，在学前期是心理发展的"非常期"，它处于社会化过程中的基础层；另外，儿童期也是早期文化心理形成以及社会化的"强化期"，它处于社会化过程中的加强期。由于个体的学前期与儿童期主要是以家庭为主轴施行的实时性文化教育，它对于个体的社会化进程具有前期限制性作用，特别是在建构人的思想、价值以及调节个体的心理机能增长等层面具有显著的基础性作用。因此，寓工匠精神于家庭文化教育以及营造具有工匠精神的家庭文化环境是工匠精神传承最为有力的基础路径。譬如培养儿童的手作行为欲望及其手作行为的步骤性、严谨性与秩序性就显得特别重要，并着力培养儿童的感知、信念、情感等心理机能，进而有效地调节儿童心理机能的成长与发展。这些心理机能的培养对于儿童进入"预期社会化"的青春期发展提供极其重要的前提条件与决定因素，因为儿童在家庭中有了一定的精神文化体验与学习的基础，在他们步入学校环境之后，便拥有了模塑自我心理的原初动机与欲望，也期望通过个人行为感受到文化自我的存在价值。这就是说，家庭文化因素是建构个体心理的原发动力。另外，优化校园外在文化环境对于传承工匠精神也显得尤为重要，抑或说校园文化环境是着力培养"匠二代"工匠精神的有效空间场，也是协调文化与心理之间合理化发展的有效途径。当成群的接受工匠精神的"匠二代"走向社会，他们用自己的文化信仰、工匠性的价值观以及人格魅力又影响了周围人，从而在文化心理上发挥改造旧文化与创造新文化的榜样与示范作用。可见，"家庭—学校—社会"的工匠精神传承是一个复杂的有机整体，不可隔离与断然决裂传承工匠精神，系统性与整体性地营造家庭、学校与社会的文化环境对于工匠精神的外化传承作用至关重要。只有通过在这个宏观场域内的社会

---

① Lee G. R. Family, Socialization and Interaction Process, *Journal of Marriage & Family*, 2000, 62 (1).

化行为塑造以及心理机能的积极培育，并使得这些心理机能积极介入社会，进而实现工匠精神的有效社会化。

　　在文化心理学视野下，工匠精神的社会化传承更为具体和富有启发性的路径当数"文化产品"的开发与设计。西方学者 P. L. Hammack 认为："文化心理学的框架重点是大叙述（master narratives）与身份的个人叙事之间的关系。"[①] 可见，文化心理学与工匠手作的文化产品在叙事结构框架上极其相似。在工匠创造层面，工匠手作产品就是工匠精神及其思想的外化的叙事产物。因为"心理能引导着文化行为。"[②] 同时，手作产品也是工匠个人价值观与外在社会文化语境之间契合的叙事产物。抑或说，工匠的文化产品不仅是个人叙事产品，还是借助社会大语境而创造出来的文化产品。那么，工匠精神可视为社会文化的直接反映、体现与传达。作为工匠的文化产品既可呈现社会文化因素对工匠精神传承的激发、支持和规定，又能揭示出社会文化因素建构工匠精神的动力原理。为此，文化产品在工匠精神社会化过程中起到最为直接的模塑人的心理及其思想的作用，这给"文化产品"的生产提出了非常严格的社会行为规范与道德伦理要求。在这一点上，明代黄大成所著的《髹饰录》[③] 有过精准的描述，他认为髹漆的行为规范与道德伦理在于"三法""二戒""四失""三病"等维度，这些"规约"或"伦理"要求是对工匠精神的最好表述与传达。具体地说，在文化产品设计层面，工匠行为要遵循"巧法造化""质则人身""文象阴阳"之法规；在文化产品形式装饰上，工匠得戒除"淫巧荡心""行滥

---

　　① Hammack, P. L., Narrative and the cultural psychology of identity, *Personality & Social Psychology Review*, 2008, 12（3）: 222.

　　② Ratner C., Cultural psychology, cross - cultural psychology, indigenous psychology, 2008: 1.

　　③ 王世襄：《髹饰录解说》，生活·读书·新知三联书店 2013 年版，第 28—29 页。

夺目"之滥饰；在行为观念上，工匠不可有"制度不中（不鬻市）""工过不改（是为过）""器成不省（不忠乎?）""倦怠不力（不可雕）"之失范；在心理以及行为技巧上，工匠谨防"独巧不传""巧趣不贯""文采不适"之病理。黄氏对髹漆工匠行为与伦理规范的约定不仅显示"文化产品"是由工匠精神文化构造而成，还显示出文化产品符号所彰显的心理文化特质对于工匠精神的社会化传承具有潜在的推进作用。

　　从文化类型上看，文化包括有形的文化与无形的文化，产品是工匠文化传播的有形载体，也是工匠精神传达与增长的有效途径。作为文化产品是工匠文化与工匠心理相结合的特殊产物，既能反映工匠及其社会文化特征，也可反映工匠行为及其心理的偏向。因此，作为心理文化元素的工匠精神可以通过文化产品来集中体现、表达与传递。在理论上，工匠的文化产品既可以昭示文化间性（Between-culture）或文化内（Within-culture）的差异性，又可以反映出跨文化（Cross-culture）的差异性或用来显示文化本身的特征以及反映人们的心理特点。[①] 因此，文化产品不仅是工匠文化自身的行为结果的符号化产物，还是不同文化交叉相互作用而生成的结果。或者说，文化产品的设计与制造过程也是一种较为复杂的社会化行为。可见，作为使用和消费的文化产品在传递与增长工匠精神的同时，也不断地通过心理内化或社会化途径稳定成特定的文化价值观。由此观之，文化产品在工匠精神的社会化中肩负重要的使命。为此，文化产品的设计与制造在"劳动之美""心灵之美""艺术之美""叙事之美"等文化心理的塑造上十分关键。抑或说，工匠创造的产品要体现自身是美的创造者、心灵的富足者、艺术的传承者和时代的叙事者。唯有如此，文化产品创造者才能为工匠精

---

　　① 丰怡等：《文化产品研究——文化心理学的独特视角》，《心理科学进展》2013年第2期。

神的社会化提供文化基础与心理力量。

还有值得讨论的是，工匠精神植入媒体传播，在文化媒体的教化下体验工匠精神的价值、信念与理想，也是工匠精神社会化路径的有效选择。因为媒介的文化传播具有超强的文化构型与知识重组的能力。譬如"工匠""传统文化""工匠精神"等这些即将失落的社会文化词语，一旦社会媒体介入其中以"新闻化"或"叙述化"等集中出现在公众面前时，这些词语或现象立刻构形成公共话题，并唤醒公众的普遍化知识认同以及赋予人们学习的权利，迫使该问题朝向有利于解决的方向迈进。近年来，"工匠精神"话语被国家政治议程提及后，社会媒体便急速传播相关文化，特别是新闻、报纸、客户端以及微信等媒体的广泛传播，这俨然唤醒了沉睡已久的"工匠精神"文化，并引起普通公众的高度关注以及学界的介入讨论。可以认为，传媒在知识唤醒与范式构型的能力是巨大的，并影响历史事件及其现象的发展进程。当然，这个进程也取决于社会对传播立场及其叙事策略的认同，还取决于传媒社会化路径的选择与定位。

在内化（Internalization）路径层面，工匠精神的社会化过程是工匠文化的自我内化过程，"同化""顺应""整合"等是工匠精神内化过程完成的基本心理机制。抑或说，个体认知结构在接纳、过滤与整合外部工匠文化刺激而形成新的认知结构的同化过程，认知结构自身也在顺应中发生结构性变化。尽管大部分人的个性及其认知结构由基因进化决定了一部分，但社会化过程可以塑造它的特定的个性方向，通过行为或鼓励特定的文化信念和信仰态度，以及有选择性地提供社会化经验，对于个体的个性与认知结构的后天教化是必要的。因此，在个性与人格形成过程中，内化式的社会化途径极为重要。

工匠精神社会化传承的"内化"路径首先莫过于个体的持续性终生学习，进而达到"自我同一性"之目的。在心理学层面看，"自我同一性"水平取决于自我态度体系的完美程度。因此，工匠精神的社会化过程要依赖个体持续化的学习过程，在学习工匠知识及其精神文化的过程中，不断地积累工匠知识与手作能力，并在心理上以价值观念的形式建构出相对稳定的认知结构及价值态度。对此，个体树立终生持续性的学习态度极为重要。因为个体的认知结构是一个不断发展的、变化的能力系统，只有处在不断地学习中才能适应、支持与顺应社会的发展，从而解决新问题与创造新知识。只要个体在持续的工匠文化的学习过程中，就能不断地激化与发现个体的认知结构与外在工匠精神的矛盾性或差异性，从而在优势文化配置中不断优化主体的认知结构，进而形成工匠精神支配下的行为规范与道德准则。

同时，个体积极投身社会实践，在"文化适应"（Acculturation）中实现内化或同化，这也是行之有效的工匠精神社会化的传承路径。工匠精神的社会化具有很强的实践性与实时性，并具有丰富的社会延展性偏向。就工匠精神的社会化内容而言，它包括行为社会化、角色社会化、态度社会化、道德社会化、观念社会化以及与之相适应的制度的社会化。因此，对于如此内容广泛的工匠精神社会化路径的选择与定位，必然要建基于广阔的社会实践领域，积极投身社会实践必然是工匠精神社会化路径的科学选择。在本质上，社会实践是社会化的终极途径，并在文化适应中实现人的社会化存在以及发展的客观需要。所谓"文化适应"，就是指"由个体组成的具有不同文化的两群体间，发生持续直接的文化接触，从而导致一方或双方原有文化模式发生变化的现象"。① 工匠精神文化被社会实践的人们通过职业化行为活动，进而获得工匠精神的价值观、操守、规范等行为方式与人格特征后，个体就在这样的社会化过程中适应社会并积

---

① Salant T., Lauderdale D. S., "Measuring culture: a critical review of acculturation and health in Asian immigrant populations", *Social Science & Medicine*, 2003, 57（1）: 71-90.

极作用于社会。根据 S. K. Lee 和 J. Sobal 等在韩裔美国人的比较研究中提出的文化适应的整合（Integration）与同化理论[①]，社会文化就是一个职业化分工很细的实践活动现象，个体通过社会实践整合或同化适应文化发展的先进部分；相反则分离或边缘化一些不适应文化发展的糟粕部分。进一步地说，在整合层面，社会实践个体既注重自我文化品格的"保护"与"矜持"，也试图冲破自我文化"接纳"与"认同"那些与自我文化相适用的新文化。在同化层面，当社会实践个体不愿意保持或意欲改变已有旧文化的时候，传统文化在新文化的改造与演进中就实现了一次进步与发展。因此，就工匠精神的社会化而言，它就是一次文化的整合或同化过程。或者说，它就是依赖职业实践介入工匠精神的文化适应，在内化自我人格思想以及价值观中实现工匠精神的社会化，尤其是在社会实践与行为规范中潜移默化地实现心理以及人格迈进理想化的文化适应区。

学会手作体验，以期富足心灵与"人格涵化"，也是必要的工匠精神社会化路径的内化选择。在本质上，工匠精神是一种手作精神，也是一种人文情怀。因此，工匠精神的内化过程必然建立于个体的手作基础之上，以期在亲在的行为活动中持有精神文化体验，并在渐进的行为模塑过程中寻求生活的意义，在"物我两忘"中达到身心合一，在一丝不苟的行为中追求产品的完美，进而富足与涵化自我人格。从文化视角看，手作文化在富足心灵上具有很强的优势特征：（1）手是心的最听话的"仆人"，心也是手最公正的"裁判"。手艺人的手与心是合一的，并在一丝不苟、不怕寂寞中实现人手的对话。（2）工匠的手作心理是在手作过程中建构的"严谨""细心""严格""持久""慢作""重复""精致"等特质文化，工

---

① Lee, S. K., Sobal J., Frongillo E. A., "Comparison of Models of Acculturation the Case of Korean Americans", *Journal of Cross-Cultural Psychology*, 2005, 7 (34): 282-296.

匠精神的内化只有依赖手作才能完美地进行。(3) 工匠借助手的感知、动作、角色等指向调节心理功能以及心理表达，从而实现工匠的行为价值与理想目标。上述种种手作文化的心理优势特征为工匠精神的内化提供理论依据。

总而言之，工匠精神传承主要依赖"外化"与"内化"两种路径，实施工匠文化的社会化发展与演进，"外化"路径赋予了工匠精神社会化传承的文化外力，"内化"路径给予了工匠精神社会化传承的心理内力。

三　传承的心理机能与意识形态

从心理学层面看，工匠精神是存在于内心的一种不可见的暗能量。但由于工匠精神社会化最终是指向个体的行为规范的模塑，因此，"行为规范"是工匠精神社会化的核心指向，而行为规范又来自个体的心理机能与意识形态的暗能量。因此，工匠精神社会化路径必然依赖心理机能与意识形态的核心内容建设。

在心理机能层面，工匠精神的社会化就是通过认知优化、情感培育、角色获得、信念养成、价值认同等实现高级心理品格的整体完形。在文化心理学层面，"心理发展是一个开放的，文化介导的过程"（culturally mediated process）[1]。因此，工匠精神文化的社会化传承对个体的心理发展起到"介导性"作用。

第一，认知优化。文化对认知以及思维方式的影响是心理学界的普遍共识，而作为文化形态的工匠精神对认知方式的干预、配置与优化同样存在。因此，从认知层面看，工匠精神的社会化构成是

---

① Miller J. G., "Cultural Psychology: Implications for Basic Psychological Theory", *Psychological Science*, 1999, 10 (2): 85.

以认知优化为起点的。无论是社会环境文化营造对工匠精神社会化植入，还是通过产品美学传达工匠精神。认知优化是工匠精神获取的基础手段，也是工匠精神社会化的首要目的。

第二，情感培育。认知是产生情感的前提条件和决定因素，但仅有认知还无法持续地培育特定的情感。因此，情感培育也是工匠精神社会化的必要途径。在此，文化是建构与培育工匠精神及其行为的有效方法。工匠精神文化只有通过个体的行为方能体现自身存在的意义，进而在此基础上塑造特定的工匠文化心理与情感。

第三，角色获得。个体对工匠行为及其精神有了初步的认知与情感之后，便能站在工匠或他人的立场上考虑、体验与反思别人在社会化过程中的期望与态度，进而在心理上获得自身的社会角色。于是，在接受与内化工匠精神的过程中，形成一种影响他人的信仰、价值以及精神，并进一步地通过工匠精神的社会化进行角色调整或再社会化，从而产生较稳定的价值信念。

第四，信念养成。心理学研究认为，接受性信念是可以依赖控制性为训练获得的。事实上，社会化就是一个控制与约束的行为过程。这就是说，工匠精神的信念养成是可以依赖社会化路径来实现的。根据工匠精神的文化特质分析，对其信念的养成主要在于工匠精神的生产性、公共性和社会性等三个基本维度。生产性信念指向工匠生产中所生成的"细致""严谨""乐观""一丝不苟""精益求精"等文化信念；公共性信念指向工匠产品的"大众性""集体性""公有性"等文化信念；社会性信念指向工匠文化是工匠与社会互相作用的结果，体现出工匠文化是社会文化的一部分。这些工匠文化信念的养成不仅能提升个体的社会化价值信念，还能反哺社会并积极作用于社会文化创造。

第五，价值认同。个体通过认知优化、情感培育、角色获得、信念养成等环节的社会化过程之后，在心理观念上最终模塑成一种与他人共享与相互认可的价值，即价值认同。作为工匠精神的价值认同，主要是指向本体价值的认同。因为工匠精神在本质上是一种本体的人文价值。工匠精神社会化的核心就是对工匠精神的传递与内化，进而获得一种价值认同。因此，工匠精神的价值认同是考察工匠精神社会化路径的有效性因素。

在意识形态层面，工匠精神的社会化主要依赖意识形态的理论建构、社会传播、文化接受及批评等途径实现意识形态的完整建设。

第一，意识形态的理论建构。工匠精神所蕴含的"价值观""信仰""理念""思想"等意识形态是工匠精神社会化的重要内容，对其采取科学的理论化的总结与归纳是十分必要的。因为工匠精神社会化的有效性关键在于这些意识形态的科学化与理论化。抑或说，这些工匠精神的意识形态是否适应社会实践，是不是与时俱进的意识形态，是否科学地反映现实及其需要，是否具有普适性或符合时代的精神期待，这些都是工匠精神意识形态理论建构的内容，也是工匠精神社会化所要关注的理论形态要素。

第二，意识形态的社会传播。工匠精神的意识形态文化传播是工匠精神社会化的一种有效终端，即借助新闻、报纸、网络、客户端等媒介广泛传播工匠文化，宣扬工匠精神。因为媒介传播具有文化构型与文化教育的实际功能，尤其是在可视化的新媒体传播中，工匠的意识形态传播更具有"植入"与"灌注"的效果。

第三，意识形态文化的接受与批评。任何文化的传播并非完全的正向接受与采纳，工匠精神文化的社会化同样遭遇接受与批判的问题向度。公众对文化的接受是有选择性的，也存在批判与自己价值观不一致的价值文化。因此，工匠精神的意识形态的理论建构与文化传播要注意与时俱进，特别是要贴近生活现实，更要注意理论的可视化以及适当的文本视觉化转换，以求达到在可接受性中传播工匠精神。

四 传承的文化意义

通过上述的分析发现，工匠精神的社会化传承是一种复杂的文化心理学现象，它关涉外在社会文化的"外化"建设与"内化"营构，并在同化与整合中实现工匠精神的社会化传承；同时，也关涉内在心理机能与意识形态的积极培育与建构，以期在内化与顺应中实现工匠精神的社会化传承。但就终极意义而言，工匠精神社会化传承的最终目标乃是培育、获得与创生新文化，这些新文化大致包括工匠精神的社会化文化与反向社会化文化。

在社会化层面，工匠精神的社会化传承不仅使得工匠文化得以延续与传播，还使得公众在学习与传承工匠文化的过程中体验到了工匠精神，并在外化与内化的社会化传承路径中模塑自己的心理机能与意识形态，尤其是角色获得、态度形成、道德规范、人格发展等方面，从而使个体获得丰富的工匠文化及其创造的动力，进而为创生新文化提供优秀的价值观、行为规范以及人格修养。

在反向社会化层面，工匠精神文化的获得又能借助同化与隔离等路径实现文化反哺，即公众在工匠精神社会化过程中汲取到工匠精神文化营养之后，通过同化、顺化与整合等心理优化程序养成了优势工匠文化精神，再适应社会文化发展，并积极反哺社会文化创造。特别是在新媒体时代，伴随社会文化技术日新月异的发展，反向社会化是文化传承模式"倒置"的一种特有现象，它也是缓解社会文化的代际危机的有效手段与策略。

简言之，成功的工匠精神社会化传承不仅创生了有益于社会发展的社会化文化，也产生了有补于社会发展的反向社会化文化，它们在顺化与倒置中共同增益于社会朝向可持续化的健康发展之路迈进。

第七章

工匠精神的疏离与重建

近年来，中华工艺及其手作匠人的文化研究似乎成为显学，并迅速占领公共话语领域，甚至被纳入国家政治议程。尽管韦伯（Max Weber）、阿伦特（Hannah Arendt）、哈贝马斯（Jurgen Habermas）、罗尔斯（John Rawls）等学者曾从多层面对此做过探究，这些研究不约而同地将工匠精神介入社会政治文化救赎场域的阐释，其研究成果极大地丰富与拓展了工匠文化的边界与社会学理论宽度。但就人文社科学界而言，人们在公共场域中对工匠精神所做的理论研究及其从中获取合理的理解是极其有限的。那么，如何在历史视界里辨明"工匠精神"？在当代语境中，工匠精神仍然是学界较为活跃的研究领域与具有潜力的研究空间。

在本章的讨论中，拟将借用法国布迪厄的"场域"概念为切入口，并以哈贝马斯"公共场域"（Public sphere）为视镜，初步分析作为公共场域中工匠精神的根本特质，以期阐明工匠精神被疏离和重构的历史逻辑。

一 场域与公共场域

在理论上，"场域"被认为是布迪厄社会学研究的核心工具与分析单元。在布迪厄那里，"场域"是一个开放性与收敛性并举的概念，它研究的内容指向内外部空间及其要素的结构体及其关系性。因此，布迪厄认为，"依据场域进行思考即是关系性地进行思考"。戴维·斯沃茨则进一步强调："各种各样的场域通过鼓励研究者探究塑造行为的潜在的、不可见的关系，而不是常识性范畴所赋予的所谓'特征'。"① 在此，斯沃茨明确阐明了布迪厄"场域"所偏向的内在关系性逻辑要义，即"场域"并非单指可见的物理空间，还指向一个不可见的"非常识性"的空间区域，它有其特定的潜在结构（元素）及其关系网络。就工匠而言，作为社会实践的手作叙述不过是"在特定场的特别逻辑之中实现的东西"，工匠精神被手作叙述所发生的公共场域所影响，并反哺公共社会经济、政治及其文化。换言之，工匠精神在理论上可以纳入"公共场域"之研究范围。

"公共场域"是德国社会哲学家哈贝马斯的一个社会学分析工具，它关乎的是一个公共社会学的问题。在当代社会学研究领域，"社会学马克思主义"的领袖人物麦克·布洛维（Michael Burawoy）提倡"公共社会学"，并强调社会学的公共场域的关怀及其道德伦理担当。② 因此，所谓"公共场域"是指社会公共空间的结构及其关系，这种结构与关系的构型力在公共性空间内得以呈现与传达。哈贝马斯认为，"公共性"就是"让公开事实接受具有批判意识的公众监督"。③ 在他看来，独立的公共空间、公共批判以及公共意识是"公共性"范畴的单元性类别特征，这些单元类别是构成

---

① ［美］戴维·斯沃茨：《文化与权力：布迪厄的社会学》，陶东风译，上海译文出版社 2006 年版，第 138 页。

② 参见 ［美］麦克·布洛维《公共社会学》，沈原等译，社会科学文献出版社 2007 年版。

③ ［德］尤根·哈贝马斯：《公共领域的结构转型》，曹卫东等译，学林出版社 1999 年版，第 121 页。

规范性公共空间辨明基础的核心要素。

在社会现实层面，工匠精神的规范性辨明基础品格是属于公共场域的，并非属于工匠私人领域。因为工匠手作叙述产品最终是要被纳入公共消费的，并在开放中接受公众集体批判，还要将其批判思想反哺工匠手作叙述之中。由此观之，公共场域可被视为一种工匠精神批判的公共平台。它不仅具有开放性特质，还具有公共性品格，即在对外开放的展示中实现人们对工匠手作产品的公共批判，从而使得人们逐渐形成一种特有的工匠意识或工匠精神。譬如1851年的英国博览会旨在向世界展示其工业革命的成果，这次在英国海德公园举行的世界上第一次博览会就是一个具有公共性的"公共场域"，它所带来的"公共批判"指向了工业革命所暴露的技术与艺术之分离问题，直接导致英国"工艺美术运动"的产生，从而引发人们对工业革命中工匠精神衰落的公共思考。

根据布迪厄、戴维·斯沃茨和哈贝马斯的思想立场，结合工匠精神的公共性实践特征，"公共场域"可以被视为分析工匠精神的一种新型工具，这种方法论视野下的分析工具或能对工匠精神的存在、疏离与重构建立特定分析单元，从而为工匠精神在当代语境中的展开提供科学指导理论半径及其价值板块。

二　作为公共场域中的工匠精神

从词源学看，古希腊语"匠人"一词"demioergos"是由demios（公共的）和 ergon（生产性的）复合而成。① 这个复合名词显示出古希腊匠人的两个原始性文化特质——"公共性"与"生产性"。

---

① ［美］理查德·桑内特：《匠人》，李继宏译，上海译文出版社 2015 年版，第 6 页。

这两个基本工匠精神特质直接来源于工匠在社会场域中的时空地位，并制约着早期工匠身份场域的本质规定性。

在前现代社会，匠人属于劳动的支配对象，其手作叙事仅属于工艺消费者的私人场域。在早期罗马文明中，"匠人"被歧视性地视为"劳动之兽"。显然，匠人生产及其身份被划入不受重视的公共场域。工匠的身份存在仅是为了自我手作产品，并在严格的工匠制度以及分工中制作产品；同时，手作产品是为了贵族或统治者的消费，工匠本身没有消费手作产品的权利。因此，工匠的手作行为是非集体的、利他的，进而丧失了手作产品在生产性层面的创新以及使用价值。换言之，古罗马匠人所具有的"公共性"与"生产性"是有其特定的社会性内涵。在公共性层面，工匠精神的公共性场域是有边界的，工匠仅仅作为公共场域或作坊里的一个分工专业的"劳动之兽"；在生产性层面，工匠手作叙述是有严格限制的，工匠行为被封闭在特定场域内活动，其技术也只能依赖家族传递或口传心授。换言之，"生产过程之中的因果性不在于工匠，而在于外在于他的产品中"①。这就是说，古罗马工匠的手作与产品被公共场域的社会及其文化制度严格疏离，这样的手作劳动是不自由的，也无法实现工匠劳动的生产价值，更奢谈劳动创新。因此，此时的工匠精神表现为绝对的服从与服务，并不作为自我暗能量的存在。

在工业社会，伴随蒸汽机与技术的介入，匠人的活动空间及其身份发生场域的嬗变，由原来的作坊走进工厂，匠人的身份也由原来的"工奴"向服务于机械的"机械奴"转型。从此，匠人被冰冷的机械悬置在特定的公共场域，工匠的手与产品之间的距离被拉大，工匠的产品不再有匠人手作的温度。换言之，在工业社会里，工匠的手作叙述依然被机械化的工厂替代，工匠精神被设定在对机

---

① ［法］维尔南：《希腊人的神话和思想：历史心理分析研究》，黄艳红译，中国人民大学出版社 2007 年版，第 309 页。

械"手控"的专注与专一上。在公共性层面，工匠及其精神的公共性获得较高的地位，因为在生产性层面，技术工、工程师等主要生产工在整个劳动过程中控制一定话语权。尽管工业时代的工匠获得了现代社会场域中手的解放感，但工匠精神依然被机械及其流程俘获，进而迫使工匠身份从原先"劳动之兽"被强行带入"机械之人"的技术陷阱。

在后现代社会，第三次技术革命席卷全球，以计算机以及信息流通为典型特征的知识社会取代了现代工业社会。集成化、网络化以及信息化给工匠之手带来新的革命，其根本性变化就是手不再是机械化的奴隶，手感成为操控对象的新理想。手的美学意味在计算机的带动下变得特别浓厚。问题的复杂性在于，工匠之手不再是人们必需的，智能之手在其优越性上发挥了无以伦比的智性价值。此时的工匠作为"非物质文化遗产"传承人的身份出现在博物馆、新闻客户端以及学术期刊上。工匠的手作场域非常有限，除了官办大学哲匠工作室、民间工艺爱好者以及社会文化创意产业以外，工匠的身影及其活动场域被挤压至社会的边缘。但随着后现代社会财富的积累以及世界级的消费品工业核心竞争力和创新能力的竞争态势，特别是发展中国家消费工业品有效供给能力和水平难以适应后现代民众消费升级的需求。此时，工匠文化的呼唤以及工匠精神的复苏成为民众乃至国家的重要议程。因此，当在国家层面上认识到工匠精神的社会政治、经济与文化的救赎功能之后，工匠精神在公共性行业的普适性价值以及生产性特质才被公共社会及其行业一致性地认可与接受。

简言之，"工匠精神"是有时间性的公共价值观，它是历史社会场域所赋予的暗能量。另外，工匠精神是在工匠之手的场域中发生变迁。或者说，现代性中的"手的解放"是工匠精神史展开的一个潜在动能。

从空间构型视角看，工匠精神的表现场域可分为物理场域、思想场域与制度场域。在物理场域层面，集市（市场）、皇室（宫廷）、作坊（工厂）、展览馆（博览会）等空间是匠人手作叙述的公共场域，它们在空间上实施对工匠精神的公共性构型活动。在思想场域层面，（公共的）批判、（生产的）意识、（社会的）观念等场域也是匠人手作叙述的公共场域，并铸造工匠精神的公共性，即公共场域内的公共批判与公共意识。在制度场域层面，工匠的手作生产及其相关活动的制度文化对工匠精神的形成也产生不可忽视的引领与催化作用。其中物理场域又可称为事实场域，即实际空间场域。譬如集市、宫廷、博览会等具有形构力量的空间对于工匠精神的形成发挥着纽带作用，这些空间将工匠与消费者及其社会联结起来，并在思想场域与制度场域协同铸造工匠精神。

集市或市场是按照资本逻辑要求建构起来的空间场域，也即工匠及其产品参与社会公共场域活动的集散地。在文化场域视界，集市或市场就是"集中的符号竞争和个人策略的场所"。对于工匠而言，它的策略就是生产更多有价值的投放集市的手作产品，它的价值体现于消费者社会对它的普遍接受与归类。而工匠精神就在这种普遍接受与归类中逐渐形成，并被判定为比其他价值观更独特的价值能力，譬如专注与一丝不苟成为工匠精神的典型符号。在集市公共空间内，工匠的手作产品被消费者社会的接受与归类，其本身行为就是一种公共批判，手作产品的顺利流通与销售是公共批判的产物，也是作为公共意识的工匠精神的优胜产物。这其间，资本或竞争占据了集市场域话语的全部。或是说，公共批判与公共意识是在资本的逻辑或对抗竞争中实现的。

宫廷或皇室是依照权力逻辑要求建构起来的公共场域，是工匠手作产品消费的主要输入地。作为国家机构的宫廷而言，它不过是一个充满潜力的权力场域。在此，宫廷内权力的大小直接支配手作产品的数量及其奢华程度，统治者与被统治者在分配手作产品上显而易见的不均等。这与集市场域一样，宫廷场域同样存有不同力量关系的对抗。在宫廷场域内，帝王或贵族的集体批评立场很大程度上决定了工匠精神的偏向，也集中反映了工匠美学的场域特征。可见，国家性权力机构及其统治者介入工匠场域之后，工匠精神的场域结构也发生了根本转型。抑或说，对于宫廷工匠而言，他们的生产逻辑实际上是一种权力再生产。因此，作为公共批判与公共意识的工匠精神是在宫廷权力逻辑运作中逐渐形成的。

博览会是依照公众批判逻辑要求建构起来的，它是工匠手作产品的集中展览与批判空间。相对于集市和宫廷而言，博览会是最具公共批判与公共意识的特殊场所。英国的"水晶宫"国际博览会就是一个充满力量的公共批判场域。获取有关对工业革命以来的机械产品的意见或批评成为这次博览会的最大收获；另外，通过博览会的公共审查批评过程，也带来了公共行业竞争以及订货量的提升。对于工匠手作产品而言，通过博览会这个公共场域有效促进了工匠行业发展以及各国消费品工业的竞争。同时，公共批评逻辑介入工匠场域之后，也能促进工匠精神的定型化。

由此观之，工匠精神在不同空间场域中所生成的基本特质是有明显差异的。在市场场域，工匠精神被竞争与对抗意识所环绕；在宫廷场域，工匠精神被束缚在权力与奢华美学层面展开；在博览会场域，工匠精神在集团批评中得到有效延展。简言之，基于公共场域视点，工匠精神可以被理解为工匠身份嵌入公共场域的生成性价值观。

三　当代中国语境及其展开

自工业革命以来，"匠人的衰落"已然是一个问题场域，并成为全球性文化现象，它抑或是现代性的产物。譬如"从1980年代早期到1990年代早期，费城仅仅在10年内就在制造业领域失去了远远超过 1/3 的工作岗位。另一个主要手工艺中心芝加哥遭受了相似的大幅下跌，在 1970—1996 年间其工业领域失去了 60% 的工作岗位"①。全球性的工匠行业及其工业制造产业早在 20 世纪末在现代性社会面前显得力不从心，工匠手艺及其精神也因此一蹶不振。于是，美国版的莫里斯—古斯塔沃·斯蒂克利（Stickley，1857—1942）和埃尔伯特·哈本德（Elbert Hubbard，1856—1915）俨然成为工艺美术运动的美国先驱。② 1898 年，古斯塔沃·斯蒂克利继承莫里斯的主要观点，在美国纽约开办古斯塔沃·斯蒂克利公司以及手工艺工作室。1901 年创办《手工艺人》杂志，这一年也因此被称为"工匠年"，"手工艺人"也成为美国工艺美术运动的同义词。埃尔伯特·哈本德从 1893 年开始，创办罗伊克洛夫特工厂以及自己的皮革铺子，崇尚手工艺，并使用自己制造的灯具。③ 可见，美国人对工匠精神的复兴持有积极的实践立场。

在中国当代，随着人们对现代性文化的觉醒，复兴工匠精神已然成为普通民众乃至国家机构的普遍共识。实际上，当代中国语境下的工匠精神展开有其深刻的社会背景，具体表现如下。

第一，20 世纪 80 年代以来，中国手工业产品在国民消费品工业中所占的比例在下降，普通人对工业消费品的认识逐渐从传统的手工品向塑料品以及其他工业品场域迈进。特别是中国近三十年的产业革命取得了令世界瞩目的成就，各种现代化工业消费已大大满足民众的日常生活需求。但与日韩以及其他发达国家相比，在高速

---

① ［美］乔尔·科特金：《新地理：数字经济如何重塑美国地貌》，王玉平、王洋译，社会科学文献出版社 2010 年版，第 133 页。

② ［美］皮娜：《家具史：公元前 3000—2000 年》，吕九芳、吴智慧等译，中国林业出版社 2014 年版，第 188 页。

③ ［美］皮娜：《家具史：公元前 3000—2000 年》，吕九芳、吴智慧等译，中国林业出版社 2014 年版，第 189—193 页。

发展的工业消费品生产与使用层面，中国的民族手工业明显衰落，市场上的手工艺品份额以及民众家庭的享有份额近乎接近难以想象的稀少数量。

第二，在历史上，中国是一个传统手工业大国，并一直秉承手工业产品及其文化输出的文化主义。抑或说，传统手工业及其工匠精神是中国传统文化中的优势资源。在当代，尽管中国传统手作文化资源雄厚，但手作产品以及国民消费品工业在世界的核心竞争力和创新能力仍然较弱，与国际先进国家消费品水平相比差距较大，特别是国产消费品在有效供给能力和水平上难以适应民众消费升级的需要。

第三，在当代中国，文化创业产业发展迅猛，但民生产业消费品质量以及行业职业素质还有待提高，作为暗能量的工匠精神对全民精神文明建设有着重要的美育价值，并能渗透文化创意产业及其他行业文明的发展。

第四，文化强国与伟大复兴中国梦的实现，加快建设社会主义文化强国、提高国家文化软实力，这些是党的十八大以来党中央的战略部署。工匠精神作为一种职业价值观与暗能量对中国梦的实现有重大引导与渗透价值。

在场域理论看来，"每个行动者都通过其在场域中的特定位置得到界定，它的位置性特征（positional properties）就是从这个场域中获得的"①。在当代中国，工匠及其精神的展开必须通过社会公共"场域中的特定位置得到界定"，并在这个公共场域中获得工匠精神的"位置性特征"。其中，匠人的行为习惯及他背后的社会制度是工匠精神展开的重要依赖。"19世纪初，技术工匠的工资不是取决于劳动力市场上的'供给与需求'，而是取决于声誉或'习惯'。习

---

① ［美］斯沃茨：《文化与权力：布迪厄的社会学》，陶东风译，上海译文出版社2006年版，第143页。

惯的工资规定可以包含许多东西，从传统形式的农村手工业者的社会地位到城市中心的复杂的制度规定。"① 在中国社会场域里，当前缺少的不是工匠文化及其传统，而是一种在国家层面的工匠社会制度及国民从业的工匠行为习惯的养成，而不是急于干预工匠生产或指导性地进入工匠场域的国家行为。

工匠精神作为一种职业素质及其养成，仅靠国家性行为的一次干预或政策性展开是无效的，甚或引起相反的消极作用。譬如在中国场域背景下，"设计下乡"行为本质上是匠人衰落的政策性干预，尽管对濒临死亡的中国农村手工业发展是一种拯救，但同时也是一场不折不扣的国家性政策破坏。因为手作匠人思维是经验的、完整的与感性的，而设计艺术思维是专业的、理性的思维。"设计下乡"实际上是对手作"野性思维"的干预与破坏，特别是传统民间艺术的整体思维被设计艺术思维建构后，也就失去了原有的生态性手工思维。另外，对于这些"具身知识"的匠人而言，一旦他们的野性思维被理性侵蚀和改造，抑或匠人一旦对专业设计产生景仰，以至于对"具身经验"知识及其传统技艺产生怀疑，进而产生抛弃"具身知识"的想法，这是很危险的。日本榊原英资在《日本的反省：走向没落的经济大国》中指出："中国企业的特色是产官学紧密结合。"② 显然，这种模式对工匠手作及其精神的展开是不利的。

在当代中国语境中，虽然恢复技术工匠在社会话语中的显赫地位是很难的，但工匠精神的重建是当代社会政治文化发展的一种必然。因此，工匠精神力图嵌入公共场域内的政治经济建设与文化发展，以期规约其作为公共场域的公民价值观、国家资源与文化身

---

① ［英］E. P. 汤普森：《英国工人阶级的形成》（上），钱乘旦等译，译林出版社2013年版，第261页。

② ［日］榊原英资：《日本的反省：走向没落的经济大国》，周维宏、管秀兰译，东方出版社2013年版，第23页。

份。在素养层面，工匠精神作为公民价值观，对提升国民精神素质与职业修养有重大作用，尤其对精神文明建设有着反哺价值；在资源层面，工匠精神作为一种国家文化资源，能增益于国家政治、经济与文化建设；在身份层面，工匠精神作为一种文化身份，有补于国家在国际上的国别性身份识别。可见，当代中国社会语境下的工匠精神重构具有重大的价值。

在阐释中发现，工匠精神是工匠身份潜入社会场域中的生成性价值观。在特定时空背景下，它作为"手的解放"及其现代性产物，特别昭示出工匠精神在生产性、公共性和社会性三个层面发生的现代性疏离，这给工匠精神的重建也带来严峻的挑战。不过，在中国当前语境下，工匠精神的复兴及其展开是可能的。因为工匠精神在提升公民价值观、增益国家资源以及身份认同上，它的重构所展现的公共社会场域意义正在凸显，并担当起社会发展的道德关怀与伦理关照。

但在现代社会，工匠精神重建的困境主要来自时间的压力。时间性危机是现代性危机的核心指向，工匠精神重建的困境乃是现代性危机的侧影。在现代性进程中，时间的工具化致使工匠手作日益迈进线性空间，迫使工匠精神远离社会时间；时间的空间化倒逼工匠手作行为步入虚拟空间，进而使工匠精神失去了手作时间的亲在性；时间的碎片化破坏了工匠手作的时间结构，促使工匠精神的价值秩序发生偏向。为此，去时间的空间化、工具化与碎片化已然成为复兴工匠精神的可能回答。抑或说，工匠精神的重建必须围绕社会时间或虚拟时间的意义展开讨论，而非聚焦在时间性之外的形式批评。

四　重建困境与可能回答

党的十八大以来，传统文化与工匠精神逐渐被纳入国家政治议程，继国家主席习近平对传统文化的推崇和李克强总理对工匠精神的提倡之后，2016 年 6 月 13 日，中共中央政治局委员刘奇葆在出席中国民间文艺家协会第九次全国代表大会上再次强调："传承民间文艺是延续我们的血脉，坚守民间文艺就是守护我们的精神家园。"由此可反窥，中华文化或已开始步入全面复兴时代。近年来，在传统工艺文化复兴思潮中的"工匠精神"成为一个显学名词，俨然活跃在中国学术研究领域，并在国家层面迅速占领思想领地及学术空间。

但就目前研究现状而言，人们对"工匠精神"的阐释与理解多集中在工艺遗产、工匠生存、工匠制度、工匠文化、工匠思想等微观层面，这些研究在一定程度上较好地回答了工匠的生存困境、制度缺失、文化失传、精神指向的历史动向及其原因。但恐有不足的是，人们忽视了从微观分析向宏观分析的耦合机制中对"工匠精神"作整体的时间性考察。这会导致两种不利情况出现：一是不利于揭示工匠精神蕴含的思想理念与道德规范；二是很难在时间层面展示民族传统文化的历史记忆和审美风范。殊不知，时间性是工匠精神的核心构件。抑或说，时间性是工匠精神的价值之塔与根本特质。但问题的复杂性在于，一般语言学的普遍规约告诉我们，名词的空间性与动词的时间性是显而易见的，这正如时间名词的时间性一样明显。但也有少数名词是具有时间性特质的，并且这种时间性获得人们的关注也是罕见的。譬如时间性向度的名词性词组"工匠精神"就很少能被纳入研究视野。然而，作为名词的"工匠精神"的时间性特质却又是明显的，它主要体现在以下两个方面：一是随着时间展开后的工匠行为内部意识——主体的时间性感受——就是时间性的建构过程；二是工匠在外部时间流逝中的时间表现——工匠的社会化时间体验——也是时间性建构过程。简言之，工匠精神的时间性向度及其实质内涵指涉特定空间内工匠主体存在的生活感受与生命体验，这种感受与体验进而促成了工匠的思想理念与道德规范，并在时间的积累过程中逐渐形成民族文化记忆与美学传统。

在西方，时间性作为生产与生活哲学的基本问题常被哲学家所关注。亚里斯多德、康德、黑格尔、胡塞尔、海德格尔、列维纳斯、帕格森、庞加莱、萨特等哲学家不一而同地将目光聚焦于时间性，并对此进行深入主体及其存在意义上的哲学透视，也取得了有关时间性分析的生存论理论。对于主体而论，时间与时间性就是主体或与他者关系存在的核心呈现方式。海德格尔用"时间性"回答了人存在的主体境遇，列维纳斯借"关系"范式巧妙阐释了时间性的呈现特质，柏格森在"绵延"之思中认为时间之流及其要素具有穿插交互性，萨特用"将在"规定了时间性存在的本质核心。由此观之，"时间性"可以作为一种方法论范式纳入主体性研究之中。在本节以下的讨论中，拟将借助"时间性"范式，结合工匠及其精神的时间性意义而展开讨论，以期阐明工匠精神重构的现代性困境及其在新时期的可能回答。

在时间性向度上，工匠精神是人们对工匠手作行为逻辑及其文化逻辑的一种主观价值设定。这种设定的哲学基础来自工匠及其手作同时间永远亲在，对时间性的拥有及其汲取构成工匠精神的根本成分。在行为感受层面，工匠精神通过钟表时间的手作叙述而感受对时间的专注，并体验到生活的时间价值；在生命体验层面，工匠精神就是通过手作叙述而体验到思想时间或社会时间的生命价值。可见，工匠精神在时间性向度所呈现的主观价值设定得益于工匠对时间的感受与体验。由此出发，借助时间在类型学上的分布，工匠精神所呈现的时间性向度及其特质更具理论上的明晰化和区分度。

第一类，认识论时间与生存论时间。从亚里士多德开始，时间哲学就不断被人们所关注。奥古斯丁、康德、柏格森等人均认为时间是可以被认识的、觉察的，并作为一种"无差别化"状态存在。对于工匠而言，工匠精神就是认识论时间与生存论时间的价值结晶。在认识论层面，时间环和工匠处于时间序列或时间节律之中，并感知所获取的价值认同与文化传承；在生存论层面，时间贯穿于工匠对时间长短或时间节度的生命体验与审美推动。简言之，时间依然嵌入工匠行为及其文化逻辑之中，时间性构成工匠精神的特质性向度。

在工匠作坊里，工匠在这里度过的时间比任何角落所用时间都要充分得多。尽管工匠的材料是物质的，但其材料遭遇工匠之手以后，工艺品已经不是生产材料的简单组合，而是由时间性结构生成的新的时间物。在文化传承层面，工匠用图文叙事在器物上表达对时间历史的世界观，并将时间性文化与历史定格在器物空间里。也就是说，工匠将流动的时间固定在器物上，也为器物享有者及后世社会提供历史的时间符号。换言之，被固定的时间又成为可传承的流动时间，这就是工匠精神的时间性向度所体现出来的文化价值。在生产与活动层面，工匠的手作就是对自我的思考，也是对时间的批评。工匠手作就是运用时间消除一切瑕疵，继而完美地呈现器物之用与美。同时，工匠手作行为在原料来源、加工生产以及器物庆典等方面都具有一套时间节律。譬如月令就是中国先民农作或手作的一项伟大创举。《吕氏春秋·季春纪》曰："是月也，命工师，令百工，审五库之量，金铁、皮革筋、角齿、羽箭干、脂胶丹漆，无或不良。百工咸理，监工日号，无悖于时；无或作为淫巧，以荡上心。"[1] 这段经典语句指出天子"命工师，令百工，审五库之量"在时间上的把握与规定，旨在说明金铁、皮革筋、角齿、羽箭干、脂胶丹漆等手作工艺要"无悖于时"。《礼记》开创了"月令"式的生产与手作工艺的时间认识论，也创成古人手作叙述的"百工咸理""无悖于时""无作淫巧"的工匠精神。

在时间性节点上，古代有关祭器、守器、礼器等重大时间节庆

---

① （秦）吕不韦等编撰，张双棣等注译：《吕氏春秋译注》，吉林文史出版社1993年版，第60页。

及其活动均呈现出工匠的时间性特质，并集中凝聚工匠精神的生存论时间价值，即人们从手作器物的生命体验中获取工匠的生存论时间意义。在古代，生"器"品类繁多，"犬所以守之"。这表明人们对器用什物之爱，也暗示器在生活中的独特地位，因器重而礼遇之作为物质范畴之器已超越于一般认识论，而被纳入文化或国家层面。譬如"问鼎中原"之"鼎"乃国之象征，为得天下者所持有。换言之，器之为器，它已超越凡器的物质与生活层面，更指向它的社会文化的生存论深处。

第二类，静态时间与动态时间。就时间状态而言，作为一种价值观，工匠精神具有两种可能的时间性特质。一种是工匠精神在静态上的"内在时间意识"；另一种是工匠精神在动态上的"价值推动"。工匠精神的这两种时间性特质均指向工匠主体对时间的建构功能与价值，其本身尽管是非时间的，但均具有时间性。

时间是一个富有母性特质的流液体，它养育了人类生存及其思想空间。从广义上看，人类更像一群工匠，执着于公共性与生产性的时间创造与生活，并试图冲破时间的空间樊篱，又使用各种工匠手作行为留住时间，这集中体现在人们内在时间意识及其价值推动上的理想追求。在胡塞尔看来，所谓"内在时间意识"，即主体性工匠本身所建构的时间意识性。因为"在现象学里，内在时间意识是绝对意识（absolute consciousness），是具有建构功能的意识（constituting consciousness）。它建构时间，但它本身并不在主观或客观时间中，也就是说，它是非时间的"[1]。譬如工匠对其手作叙述的时间专注与凝神上所呈现的精神特质，即工匠对时间建构的内在时间意识。实际上，工匠精神的内在时间特质与钟表时间特质是有明显差异的。因为工匠的内在时间性追求的是手作行为的动态价值，即时

---

[1]　周启超主编：《跨文化的文学理论研究》（第 6 辑），知识产权出版社 2014 年版，第 63 页。

间的有效性；而钟表时间存在的特质在于它存在的真实，即表现为时间的科学性。另外，工匠精神的内在时间意识也不同于主观时间，主观时间主要是对客观时间的生命体验，而内在时间意识是指向意识对象在时间中的被体验与被建构的偏向。

在列维纳斯看来，所谓工匠精神的"价值推动"，即时间在于他者的关系中呈现所昭示的时间性。工匠精神的价值推动，即是"关于他者的构成性角色的现象学"①。毋庸置疑，工匠精神对他者社会文化的构成角色是显而易见的。譬如工匠文化在政治、经济、道德等层面的救赎功能所呈现的救赎价值偏向，即昭示出工匠精神的价值推动以及它的文化内聚功效。工匠精神的价值推动更多倾向于工匠的社会时间性，突出表明工匠手作叙述及其文化的客观性与合理性。

第三类，钟表时间、社会时间与思想时间。工匠精神在时间的类型及表现空间上，集中体现在钟表时间（或物理时间）、社会时间与思想时间三个向度上所呈现的文化特质，三个向度对应事实、规律与意义三个层面，构成时间性的三大空间表现指向。

在事实层面，钟表时间是客观时间在物理结构上能观察到的时间，它的时间性是建基于事实维度的科学结构，工匠精神因此倾向于工匠行为及其思想的真实性；在规律层面，社会时间是客观时间在社会结构场域展开后的社会化的时间，它的时间性是建基于规律维度的合理结构，工匠精神内倾于工匠行为及其理论的客观性；在意义层面，思想时间是主体在内在意识结构上所展示的功能时间，它的时间性是建基于意义维度的有效结构，工匠精神致力于追求工匠行为及其文化的价值性。

对于思想家而言，"我休息去了"并非意味事实时间也休息去

---

① ［英］彼得·奥斯本：《时间的政治：现代性与先锋》，王志宏译，商务印书馆 2014 年版，第 166 页。

了。或者说，思想家的闲暇时间里仍然活跃着思想的——对社会或
文化思辨的——意义时间。对美学家而言，"我散步去了"更是意味
深长，时间不仅能给予美学家散步时的风景，还给予了散步后的回
念时间。对工匠而言，"我手作去了"意味着工匠即将对时间的自我
思考与批判，匠人用敬业与尽心完成谦逊而有用的作品，"匠心"也
就在此逐渐诞生。"工艺大师"不是他们的最终目标，这四个字不
过是用金子般的时间铸造的，并在有规律的反复琢磨与重复手作中
把时间留住，并让被留住的社会时间与思想时间传世百代。可见，
在事实、规律与意义层面上的工匠精神所呈现的时间性是有空间性
的，并在各自的空间向量区间表现出特有的时间性倾向。

　　就时间的不可逆而言，时间性危机是现代性危机的核心指向。
在现代社会，工匠手作叙述时间在现代性进程中逐渐弱化，并走向
严重缺失的境遇；工匠的时间内聚力也在现代性进程中逐渐分散，
并步入遗忘与失传的危机；同时，工匠制度及其思想也在现代性进
程中逐渐迷失时间方向，并发展至"非物质文化遗产"的窘境。可
见，在现代社会，工匠精神重建的困境主要来自时间的压力。

　　首先，工匠手作叙述缺失。在工业时代，工匠的时间被强行绑
架在机器生产线上。尽管工匠的手作行为是时间的能动产物，但工
匠精神内在的工具主义时间性已然割裂了手与手作物之间的亲在关
系。或者说，工匠手作叙述被机械时间的介入而形成"时间的泰勒
主义"，流水线上的产品因此缺少了手的温度与手作的印记。工业
革命在一定程度上迫使工匠之手在自然时间场域中得到解放，但工
匠精神的内在时间性也从自然时间步入器物时间场域。这正如马克
思的解放理论框架所展示的社会转型图——从人的依赖性社会到物
的依赖性社会——呈现出来的时间性变革进程。在物的依赖性社会，
工匠手作叙述的时间性呈现直线型或流水型，但到了后现代社会，
工匠手作叙述的时间性很明显跨入面向时间理论的虚拟空间，进而
迫使工匠的手作叙述时间依存于对时间的模拟，或进入数据化的超

时间交际与联通。工匠手作叙述的历史进化可用以下简化的进程图式 1 表述：

　　图式 1：前现代：时间依存自然→现代：时间依存物→后现代：时间依存虚无

　　从图式 1 可以看出，工匠精神的时间性附着点——自然—物—虚无——的现代性进程及其危机是明显的，特别是面向理论的后现代虚拟时间正在挤压现代机械物时间以及钟表时间。抑或说，后现代的超时间或超空间正在挤压工匠精神的手作叙述时间，工匠精神的公共性与生产性也自然被剥离至纯粹私人时空。因此，此时复兴工匠精神的困境在于工匠手作时间性的迷失，进而很难将分散性的工匠动态手作时间凝聚于狭小的私人空间。在当代中国，工匠手作空间除了一些高校实验性的课堂教学之外，大部分工匠手作时间均在个人的狭小空间中实施，而且这些工匠的时间是没有承续与发展保障的，"人亡艺绝"是他们的最终宿命。因此，扩大工匠手作公共空间，进而延展工匠的亲在手作时间，这是补益工匠手作时间性及其工匠精神复兴的可能路径。

　　其次，工匠文化内聚力弱化。静态时间性具有文化的内聚力倾向，并在整体性的文化结构层面展现其独有的功能价值。在文化逻辑层面，工匠手作文化内含静态时间性。因此，工匠文化自身具有内聚力特质，并发挥其整体性的价值救赎功能。工匠文化的内聚力直接影响工匠精神的展开与辐射圈，在不同时期的工匠文化所呈现的静态时间性就证明这一点。在前现代，工匠的时间性依存于自然，并分离于物理空间，其文化的整体性分布以自然点状分布展开，工匠精神的时间性是基于续点文化之上；在现代社会，工匠的时间性依存于物本身，并依附于物理空间，其文化的整体性呈线性状态，因此工匠精神的时间性是基于有向度的线性文化之上；在后现代，工匠的时间逃逸于空间场域，并被分解成虚拟的若干单元，工匠精神的时间性是基于超时间的虚无文化之上的。工匠文化的内聚力的现代性弱化进程可以用图式2简化表述：

图式2：前现代：续点文化的时间认知→现代：线性文化的时间向度→后现代：虚无文化的时间消解

在图式2中，"续点文化的时间认知"指的是早期工匠对时间的知觉性特质的朴素理解，即在分隔的"点"状态下作连续的手作行为，并形成对时间的朴素认知。这种对时间的理解符合"时间"构词法原理，因为"时间"是有"时"与"间"两个维度的基本规定。"时"是"间"的单元，"间"是为了更好地阐明"时"。《管子·三权数》认为："时者，所以记岁也。"这里所谓"岁"，即事物连续性运动与发展的一种历时表现形式，"间"是划分这种物质运动连续性过程的一种分割方法。古代人依据太阳与地球的运转人为地划分四方为一时，天有四时，春、夏、秋、冬。如此看来，"时间"概念的功能指向是将连续性宇宙运行划分为周而复始的间性区段，并以此来指导与规约人们的思想及其行为。因此，在古代，工匠行为及其精神在内的时间性规约与古人朴素的时间观是相关联的。在现代社会，被固定在机械旁边的工匠时间是有向度的，并呈现知觉中的线型完整性。但到了后现代社会，面向理论的时间被空间化后，工匠的手作叙述的时间性日益逼近虚拟场域。因此，传统的工匠文化的时间性特质发生根本转型，抑或工匠精神的时间性被消解在感性的空间之中，从而造成工匠精神复兴的复杂性与困境。

最后，工匠制度迷失。在制度层面，工匠精神的时间性能体现工匠所处社会的制度及其思想的进化特质。早期人类对时间的认识是混沌化的感知，并被自然地界分成"间性"空间。工匠精神的时间性里内含着社会的工匠制度，并侧重于对自然世界的感知与理解；在现代社会，物逐渐成为社会人的主要依赖，工匠在线状整体时间维度上的行为及其思想成为物质社会制度的产物；在后现代社会，虚拟物将工匠精神挤压到时间的边缘，甚或时间空间化的审美场域肢解了时间的整体性。抑或说，工匠精神的时间性内涵零散化或碎片化的即时性美感因素，从而造成工匠精神出场的制度性困境。工匠制度的现代性进程所呈现的时间性发展轨迹可用图式3表述：

图式3：前现代：混沌时间与自然制度→现代：整体时间与物质制度→后现代：零散时间与审美制度

从图式3看出，社会制度迷失在时间危机之中。抑或说，时间性危机是社会化过程中的必然产物。显然，后现代社会里的工匠精神危机也是时间危机的反映。图式3中的时间展开的"混沌→整体→零散"化进程显示，后现代时间是无向度的。此时的工匠文化及其精神的复苏实际上是人们对时间的一种空间扩展或阻隔，抑或说，用对时间阻隔的办法减少工匠时间的零散化趋势。当然，这绝不是回归工业革命时期的静态整体时间，而是将工匠精神的时间性嵌入当代社会政治、经济与文化的发展时间中，进而在时间性向量上规约工匠精神的新偏向。

在时间性特质及其危机分析中发现，工匠精神的现代性发展进程迫使工匠在手作空间、机械控制以及制度缺失层面呈现出重重困境。因此，去时间的空间化、工具化与碎片化应当成为复兴工匠精神的可能回答。

第一，价值空间：去时间空间化。精神是一种价值向量的主观设定，它的呈现是按照行为者的叙述逻辑与文化逻辑决定的。就工匠而言，它的精神存在同样取决于工匠的叙述逻辑与文化逻辑的存在。抑或说，工匠精神的存在与复兴需要手作叙述的分散性与文化的内聚力支撑。分散性的手作叙述遵循工匠的动态时间运行规则，内聚力的文化依照工匠的静态时间执行。遗憾的是，这两种时间运行规则在现代时期均被破坏。

现代社会的时间较之前现代社会的时间更倾向于机械化的时钟时间，传统工匠的心体时间在空间中的运行有自己的一套运行规则，"晴耕雨织"是非机械化的钟表时间性的最有力的证据。在后现代社会，时间调配被面向理论的云空间支配，尽管它逃离了工业资本的钟表时间的控制。在某种程度上说，面向理论的云空间在时间的欺骗性上更具隐蔽性，因为它在不断地挤压钟表时间，进而扩大私人空间中的时间。如此，在现代或后现代社会里的工匠的劳动时间被大量缩短，甚至被挤压到濒临虚无的境地。无论在"时间的泰勒主义"现代时期，还是在"把时间空间化"的后现代时期，工匠主体均受到钟表时间或虚拟时间控制。或者说，"现代社会的各种过程使人构成时间性主体"。① 对此，"时间的泰勒主义"将工匠精神的时间性推向了功能或工具的深渊；"把时间空间化"将工匠精神的时间性引入了虚无的、带有欺骗性的美学空间。

在当前，工匠精神的展现通常被博物馆、大城市、展博会、个展等空间占据，工匠的时间性被"个人化""高端化""城市化"等不良空间挤压，它们离工匠精神的生活化、手作化、平民化等特质相去甚远。因此，工匠精神的"贵族化"倾向十分明显，这已经脱离了工匠精神的本质。为此，"去时间的空间化"必将成为复苏工匠精神的可能路径。因为钟表时间或虚拟时间均将工匠精神推出了社会时间的轨迹。对于工匠而言，工匠的时间本质展开是不能脱离社会时间的，即为社会生产手作产品及其文化。格林尼治式的钟表时间只能将工匠的社会时间得到同步的计算或全球趋同化，面向理

---

① ［英］斯科特·拉什、约翰·厄里：《符号经济与空间经济》，王之光、商正译，商务印书馆 2006 年版，第 306 页。

论的超空间也使得工匠手作叙述出现虚拟的私人时间普遍化。因此，这两种情形均引起工匠精神的不在场。工匠不仅迷失在非社会时间里，还被即时性的虚拟时间所操控，进而失去了工匠精神复苏的可能性。

第二，价值伦理：去时间工具化。时间伦理是当代社会哲学中的最为常见的范式。应该认为，工匠精神的重建必须对工匠价值伦理在时间工具化层面的批评。不可否认，"人类在根本上是时间性的，就在人类生存的时间性中找到意义"。① 工匠生存的本质意义同样也是时间性的，并在手作时间性中找到自己叙述意义及其文化意义。在现代性摧残的工匠及其精神场域，工匠的价值伦理充塞工具化的时间性特质，工匠不仅受现代社会时间的数学化计算伦理的控制，还饱受后现代社会时间的收敛或时空远离的约束。抑或说，当代工匠时间的结构化取决于虚拟时间里的信息控制的变量波动。

计算时间或信息时间尽管在一定程度上拉伸或缩短了工匠手作叙述及其文化传承时间段的过程，但工匠精神的价值伦理显然被时间的工具化控制，并规约工匠的生产及其文化伦理空间。在前现代社会，工匠的价值伦理在时间性上的表现并没有横跨社会里的各种量度，因为工匠的手作叙述没有远离器物的时空距离。随着现代性的来临，虚拟时间与社会是分离的，其价值伦理变成一种可消费的独立工具化资源以及利用时间的人们之间的虚拟化结构关系。

守住工匠精神，彰显传统文化之力。特别是民间工艺在"美教化、厚人伦"层面能发挥着重要的伦理道德作用。建构工匠的价值伦理是工匠精神复兴的关键，而"去时间工具化"又成为工匠的价值伦理建构的重要着眼点。工匠精神的实践性在于通过不可逆时间的手作叙述及其文化带入可逆时间段，因此，建构出具有时间逆转

---

① ［英］斯科特·拉什、约翰·厄里：《符号经济与空间经济》，王之光、商正译，商务印书馆 2006 年版，第 312 页。

的价值伦理是工匠精神复苏的最高追求。

第三，价值秩序：去时间碎片化。萨特的存在主义哲学揭示，时间性是一种有组织的不可分结构。抑或说，时间并非由过去、将来和未来的瞬间可分的集合。在后现代时期，社会最大的危机莫过于时间性危机。因为虚拟时间已经将钟表时间结构化为"碎片"，瞬间的即时性的云"时间"已经或必将在破坏生产或生活的时间结构。尽管虚拟的云时间有能力将不可逆的钟表时间转换为可逆时间，但这种趋势错误地将时间看成空间中的一个要素，也自信地误以为时间性被创新地结构化为一种场域。实际上，在这个点状的时间域中的各种要素之间的价值伦理被破坏了。譬如近年来，"设计下乡"俨然成为破坏原始手作叙述伦理的新力量。另外，作为"非物质文化遗产"的工匠及其文化出现了，明显的是虚拟空间破坏了工匠生产及其时间性要素后的一种政府性集体干预，但"非遗"本身又被我们误认为是新时期复兴传统文化的一种创新。

如果把工匠手作叙述及其文化创造看作社会结构的实践，那么它必然要符合社会价值秩序在时间性上的要求，即遵循钟表时间的客观性与社会时间的规律性。然而虚拟时间依然超越了人们的意识经验之外，并面向虚拟的理论时间迈进。因此，钟表时间所建构的社会时间与当代包括工匠在内的社会团体无关。

工匠精神的时间性必须是能经历的或观察的时间，其时间伦理必须充当手作叙述及其文化创造的近距离消费对象，以期促成工匠产品内含的人的时间温度，而不是由碎片化结构成虚拟的手作产品。因此，"去时间碎片化"是复兴工匠精神的价值秩序的重要策略性向度。

对工匠精神的时间性考察不仅增益于工匠精神的微观认知，还有利于弥补人们对工匠精神的宏观价值指向的全面理解。当前，人们对工匠精神的讨论集中在尽人皆知的"遗产继承"（乏力）、"匠人保护"（不力）、"工匠制度"（缺失）、"工匠文化"（忘却）等层面的微观批评，不仅无益于工匠精神的重建及深入讨论，还极其危险地将工匠精神的社会关注引入"怀旧"情绪之中。实际上，只有认识到工匠的历史性退出是时间性危机的后果，工匠的制度性缺失也是时间性危机的产物，我们才能明白工匠精神是时间性的逐年累积，暂时性的失忆是可能的；也只有这样，我们才能明白工匠精神的复兴不是回到过去（时间），而是要建构新时期的新精神。

抑或说，当我们过多地从微观层面批评工匠文化，势必导致普通民众对传统工匠文化及其精神的长时间的"怀旧"与"迷恋"，这明显无补于建立适合当代社会发展的工匠精神。英国当代学者斯科特·拉什和约翰·厄里一致认为："如今，怀旧又似乎无处不在，吞噬了过去的几乎每一个经历和工艺品……这种怀旧针对着理想化的过去，不是历史，而是遗产的干净版本。"① 洛温塔尔进一步认为"怀旧"是一种精神病痛，并指出："怀旧曾经是少数精英的威胁或安慰，现在则吸引或折磨着大多数社会阶层。"② 实际上，在当代，人们对传统工匠文化及其精神的怀旧也是时间性危机在后现代不可计数时间风险灾害层面的直接呈现，也就是对工业时代或更早以前的所谓理想的"黄金时代"的怀念。但现在的问题是，重建当代工匠精神的时间性才是我们的目的，即要建构适合新时期社会发展的工匠精神，而不是用"怀旧"去掩盖后现代时期的深层次社会时间突变的实质，这不利于工匠精神的重建及传统文化的复兴。

另外要指出的是，在当前研究中所阐释的或未被阐释的观点中，绝不能认为是文化、制度以及社会现实抹杀了工匠精神，工匠精神的真正危机是现代性进程中的时间性危机。因此，工匠精神的复兴

---

① ［英］斯科特·拉什、约翰·厄里：《符号经济与空间经济》，王之光、商正译，商务印书馆 2006 年版，第 334 页。

② ［英］斯科特·拉什、约翰·厄里：《符号经济与空间经济》，王之光、商正译，商务印书馆 2006 年版，第 334 页。

不是指向简单的回归到传统工匠及其时间节点上，抑或说工匠精神的复兴不是指在全国培育大批工匠或营造大量工匠时间，而是复兴工匠精神的关键在于复兴传统工匠精神的时间性资源。只有把工匠精神的时间性资源优势转变为文化发展优势，才能有利于培育时代新精神和时代新工匠（即新人）的鲜活文化。这里的新工匠就是社会各行各业的建设者，他们的新精神特质就是工匠精神的时间性特质，即具有手作专注与敬业精神、匠心文化内聚力以及现代性创新思想，这就是新时代需要的工匠精神。

在阐释中发现，时间性是工匠精神的核心指向，在当代重建工匠精神的困境主要来自现代性进程中的时间压力。在手作层面，时间的工具化控制致使工匠手作日益迈进线性空间，迫使工匠精神远离社会时间；在关系层面，时间的空间化偏向倒逼工匠手作行为步入虚拟空间，进而使工匠精神失去了手作时间的亲在性；在伦理层面，时间的碎片化方式破坏了工匠手作的时间结构，促使工匠精神的价值秩序发生偏向。为此，去时间的空间化、工具化与碎片化已然成为复兴工匠精神的可能回答。抑或说，工匠精神的重建必须围绕社会时间或虚拟时间的意义展开讨论，而非聚焦在时间性之外的简单化形式批评。只有在时间性向量认识工匠精神及其实质，我们才能更好地把握当代工匠精神的复苏与发展的需要；也只有这样让优秀的民族民间文化得以传、得以活、得以新地发展起来，并在新精神与新工匠的指引下，才能健康地可持续地发展当代文化。

中卷结语

　　《工匠精神分析》是我近年对中华工匠文化研究的成果之一，也自认为是最为重要的研究成果，这项研究成果一开始的写作动机或视角是"奇怪"的。为什么这么说呢？因为，工匠、哲学家和士人三个形象总在我的脑海里"聚会"，他们的"造访"也使得我加速了工匠精神的哲学研究。

　　实际上。一直以来，学界对于人文社会科学的研究多受内陆性王朝思维遮蔽，抑或受制于西方形而上学理论哲学的干预，迫使我们的学术研究比较容易地步入"中国化"或"西方化"的单一边界研究模式。纵然我们有思维与能力作横跨"中西"的跨界研究，但这种研究也很危险地将我们引入一个具有血统意义上的学术现象领地——学术边界的争论。当"我们"将自己的思维或思想置于"边界"范式的时刻，一种有关"边界哲学"的学术便诞生了。这种哲学毋庸置疑地包含"争论"的理论与立场。抑或说，学术争论以及对这种争论的再反思是一种新哲学形态诞生的有效催化剂，20世纪以来的中西方学科的跨界发展及其取得的学术成效已经在昭示：一种关于"边界哲学"的学科必将在今天或未来诞生。

　　毋庸置疑，多学科的交叉与跨界发展，必然促成一种边界哲学或边界行为的诞生。这种哲学或行为视世界是一个变化的不稳定的结构体，任何知识的纯粹性位置时刻会受到边界知识系统的侵袭与掘进，这包括学科知识的边界系统被不断地打开与扩展，于是知识或学科的边界关系就变得异常紧张，甚或争论起来。问题的复杂性在于，这种能"争论"的行为并非由双方辩论而构成的一种实体空间的思辨行为，自我思维中的"范式争论"也是常有的事，并经常发生在习惯于自行反思的思想者那里。这种现象如同能思考的不一定都是大脑，我们的那双会散步的双脚或眼眸也是会思考的。对于习惯了以反思为生活性的思想者而言，思维中的"范式争论"就是他（她）生活的一大部分，这也成就了思想者的边界哲学，更发展了社会学术或理论。换言之，作为思想者的思维一旦停止，他（她）也就失去思想者的身份或称谓，或贬低为"贫想者"。一切社会文化的发展与进步是不欢迎"贫想者"的，当我们或哲学停止了思想，文化也就止步了。

在边界哲学或边界行为的理念支持下，《工匠精神分析》基于对"工匠精神"中有关"分析范式"的思考或自我争论题域，精心选择了"周边—核心""存在—遮蔽""时间—空间""艺术—工匠""传播—互溢""传承—社会化""疏离—重建"等具有"边界行为特色"的工匠文化范式，旨在用历史与逻辑、知识社会学、文献学、心理学、文化学、艺术学等多种边界交叉的方法论指引下，并在前人研究理论基础上，吸收国内外优秀工艺文化研究成果，对工匠精神的核心问题展开较为深入的探讨与研究。因此，它的学术创新性体现以下几点。

第一，学术方法与技术路线的创新。《工匠精神分析》在一开始就提出工匠精神的有关"分析概念"或"分析范式"，并用"范式分析"的边界哲学思维为写作立场，提出了工匠精神的有关重要理论范式，进而比较全面地阐释了工匠精神的人文内涵、存在空间与传承体系。在写作技术路线层面，在提出分析范式之后，便针对其分析范式相关性引出相关的分析原点与分析半径，进而在若干分析半径中构成分析板块，最后整体性地呈现分析范式的知识社会学。

　　第二，内容选择与材料利用上的创新。在传统工艺学或文化学上，我们对"工匠精神"的研究没有现成的学术范例，也没有完整的文献材料。为此，对工匠精神的研究无疑要从边界哲学思维开进，作对学科跨越式的边界写作。或者说，内容的跨界与材料的多元必将成为本著研究之创新特色。譬如"周边—核心"问题汲取了文化分类学与工艺学的耦合思想，"存在—遮蔽"问题合成了社会学与艺术学的知识体系，"疏离—重建"问题是在公共社会学与工艺学的边界交叉中进行讨论的，"时间—空间"问题是基于哲学与工艺学的交叉视界展开阐释的，"艺术—工匠"是依据艺术史与工匠史的重合中选择论题与论点的，"传播—互溢"是基于静态的工艺学与动态的传播学之间寻找叙事的隙缝，"传承—社会化"问题是基于文化学与心理学的双维立场进行研究的，"教育—职业教育"是在教育学的视点展开议论的。可见，《工匠精神分析》在公共社会学、历史学、艺术学、传播学、教育学、哲学、文化学、心理学、考古学等多个学科领域交叉展开，并有效地利用这些学科内的文献材料展开对工匠精神的核心论题之研究。

　　第三，写作体例与结构安排上的创新。《工匠精神分析》未遵照艺术史写作习惯，以时间、空间或并列主题等为写作顺序，而是遵照工匠精神本身的知识体系的逻辑生成以及问题本身来安排写作体例与间架结构，即分别安排了工匠精神的"结构论"、"存在论"（包括"时空论""艺术论""传播论"）与"传承论"（包括"重建论"等）。这样的写作体例不仅抓住了写作对象的本质内容，也符合逻辑知识的一般生成规律，也清晰地表明《工匠精神分析》要解决的核心问题，即工匠精神的"结构"、"存在"与"传承"，这种安排在逻辑上的合理性还在于，书写"结构论"是为"存在论"提供合法性，"存在论"又为"传承论"提供合法依据。可见，工匠精神的"存在论"是本著写作明显的重点，而工匠精神的"传承论"则是《工匠精神分析》写作的难点。换言之，这样的写作安排也是基于对工匠精神研究的重难点问题之考虑。

在理论发展与学术进步的视野，《工匠精神分析》不仅在写作方法论以及体例结构上有所创新，还在知识生成或理论观念上取得了以下初步结论或学术观点。

第一，从文化空间分类视角分析，工匠文化是人类社会中最为重要的工艺区域的集丛性知识体系，此文化体系的周边聚集了工匠创物、工匠手作、工匠制度、工匠精神等四种数量的相互关联的具有各自特质的文化类型，从而建构出具有相对独立性的"四位一体"的工匠文化知识整体。很明显，在这个文化集丛中，"工匠精神"是工匠文化的最高形态，也是最为核心的内容，对它的社会职场、精神文明建设以及生命文化谱系的展开实质就是工匠文化的社会化路径的一种定位与选择。抑或说，工匠精神是一种精益求精的职业态度或严谨的社会价值观，它发挥着规约人伦、净化道德与陶冶情操等多种社会功能，并在生命情怀与手作理想的维度上成就了社会人特有的文化价值谱系。因此，一个国家工匠文化的先进与否，表征着这个国家社会文明、生命情怀以及意识形态尺度的高低，也反映出这个国家的生活理想、审美尺度与文化趣味。

第二，从宏观历史发展视野看，"工匠精神"是一种手作文化的定型形态，它是稳定存在的一种对职业以及社会的理想化价值观。但文化的发展与经济的发展并非同步，作为一种定型化文化的显现程度主要取决于这种文化与社会经济发展相适应、相协调与相期许的程度。在特定历史进程中，"工匠精神"之所以被社会或艺术家习惯性地遮蔽和忽视，是因为背后有其深刻的社会原因以及艺术家的主观愿望所致。就社会现代性而言，被遮蔽的工匠精神也必然需要现代性自身去解蔽，这是现代性自我发展的特征所决定的。工匠精神的历史发展规律显示，一个尊重工匠与敬畏工匠精神的民族，必定是一个拥有未来与生活幸福的民族。在当代中国，工匠精神的复兴对于当前的精神文明建设以及国民素质的提升具有重大现实意义。抑或说，复兴中的工匠精神必将成为实现伟大复兴的中国梦的重要精神力量。

第三，在时空维度上，工匠精神是时间精神与空间精神的统一体，这个统一体显示出对人类生活的尊重与生命的敬畏，这种尊重与敬畏是由工匠精神的理想性与诗性所决定的。在时空分析框架下，工匠精神是一种尊重人及其行为的价值观，工匠对身体、生命及其生存意义的努力观照，正好弥补了技术理性给人类带来的人性缺陷或美学缺陷。因此，作为价值理性的工匠精神在社会发展中的作用不是技术理性所能替代的。尤其作为价值理性的工匠精神在和谐社会发展、提升职业道德与实现人的全面发展等层面的人文关怀与社会关切是不可小觑的。为此，我们必须放弃忘却工匠精神的做法。

第四，在工匠与艺术的互动关系层面，工匠与艺术家具有一定的家族相似性。譬如古代书家与工匠之间整体互动是相得益彰的，抑或说，工匠书法（硬笔书法）与文人书法（软笔书法）是相辅相成的，具有彼此互生的内在场域力量。在形式上，工匠书法为文人书法的发展提供笔画、结体与章法上的优良范式；在内容上，文人为工匠书法提供文本标本，工匠精神也给文人书法注入文化活力。在工匠精神衰微的当下，书家也应提倡"工匠精神"，在安静、严谨、专注中书写笔墨，在继承优秀书法文化中复兴传统文化；同时，也应该发扬自由、自然以及致用的书法艺术，从而建构具有时代精神文化特质的书法生态。简言之，艺术家与工匠具有家族同源关系，任何摒弃工匠精神的艺术家或艺术行为都是错误的。

第五，在工匠与科技的耦合性上，工匠与科技之关系是非常密切的。抑或说，工匠为科技的行为及其技术含量提供基础性保障，早期的工匠为科技的诞生做出了卓越的贡献。譬如清代学者以"实学"为中枢的文化革新是传统工匠的经验知识向技术科学转向的关键，特别是从传统儒家学者"坐而论道"之经术向"起而行之"的治术的转向，为中国近代技术科学的发展做出重大贡献。尽管受制于文字狱以及其他社会政治影响，清代学者只能在朴学中考证技术科学或在译介中引进西方技术科学，或存在清代中国学者对西方科技的片面性理解，或存在文化保守主义倾向，但学者表现出一种科技救国、实业兴国的积极入世精神是前所未有的。清代学者对工匠知识及其文化的尊重，并致力于技术科学的研究，这显然是对传统学者治学的一种怀疑立场与批评思想，这对于清代社会向近代中国过渡的冲击与影响是巨大的，20世纪初的五四运动显然是清代知识分子文化思潮之延续。晚清学者大量的西方技术科学的引进，特别是一些数学、天文学以及工学知识的译介与传播，促使了中国近代哲学世界观发生重大变化。学者与工匠的互动昭示出基于工匠经验与观察为基础——天文学工具为手段——数学几何学描述世界的近代中国科技哲学观已然形成，这种学者、工艺与科技相结盟的科学哲学新思维为中国近代科技发展提供了强有力的理论基石。"洋务运动"的破产客观上暗示晚清学者与工匠互化存在制度性以及文化性的保守主义的问题向度，也反证唯技术科学在人文主义学科领域的局限性，晚清社会的"学衡派"对科学主义的批评就反映出当时部分学者开始理性地反思科技无法解决社会矛盾之问题，进而发出对科学主义的怀疑以及坚守传统文化的呼声。

第六，在传播学视野，工匠与工匠精神是流动的，并非故步自封的。譬如古代丝绸之路漆器艺术就能向世界赫然敞开它的艺术之美与工匠精神。在传播学视野下，丝绸之路漆艺传播是中国古代文化与工匠精神的一次跨国"远征"；它能确证中国向世界输出工匠精神的历史路径，见证了古代中国文化之美的国家身份与世界地位；它所传递的美学在一种被信赖的中国工匠精神与世界工匠精神交融中处于轴心角色，被输出的丝路漆艺之美与工匠精神有力呈现世界文化大融合的态势，并昭示出近代以前的中国文化所秉承的文化输出主义传播理念。

第七，在文化传承与发展视角，工匠精神的社会化传承是一种复杂的文化心理学现象，它关涉外在社会文化的"外化"建设与"内化"营构，并在同化与整合中实现工匠精神的社会化传承；同时，也关涉内在心理机能与意识形态的积极培育与建构，以期在内化与顺应中实现工匠精神的社会化传承。但就终极意义而言，工匠精神社会化传承的最终目标乃是培育、获得与创生新文化，这些新文化大致包括工匠精神的社会化文化与反向社会化文化。

第八，在重建或对策层面，工匠精神是以工匠身份潜入社会场域中的生成性价值观。在特定时空背景下，它作为"手的解放"及其现代性产物，特别昭示出工匠精神在生产性、公共性和社会性三个层面发生的现代性疏离，这给工匠精神的重建也带来严重的挑战。在当代，重建工匠精神的困境主要来自现代性之进程中的时间压力。在手作层面，时间的工具化控制致使工匠手作日益迈进线性空间，迫使工匠精神远离社会时间；在关系层面，时间的空间化偏向倒逼工匠手作行为步入虚拟空间，进而使工匠精神失去了手作时间的亲在性；在伦理层面，时间的碎片化方式破坏了工匠手作的时间结构，促使工匠精神的价值秩序发生偏向。为此，去时间的空间化、工具化与碎片化已然成为复兴工匠精神的可能回答。

第九，在研究或书写历史层面，书写"工匠精神"应当置于作为精神史的"器物宇宙论"之内，"器物宇宙论"或为"工艺宇宙论"，也即"形式论"，它的文化批评核心指向是物质、时间与空间视野下的"身体论"。因此，对工艺文化的形式叙事，其本质就是对工艺文化的身体叙事，对它的描述应当站在物质、时间和空间的整体高度，并彻底开放工艺宇宙的边界，借助角色、互动、情境、界限等批评范式，才能走出传统工艺批评的樊篱，重构工艺文化的宇宙学本位，还原工艺文化的身体美学本真，从而有益于工艺文化的健康发展。

以上是为在有限的篇幅里得出的可能的初步结论，"工匠精神"

已经被或未被阐释的文化内涵、存在空间以及传承方式，直接昭示我们对"工匠精神"的文化研究已然迈开它应有的步伐。值得一提的是，作为一种尝试性研究，《工匠精神分析》或存在一些不足。或者说，《工匠精神分析》只是在"分析范式"上作概要式的阐释与分析，仅当抛砖引玉。有关"工匠精神"的论题还有很大的研究空间，期望能引发读者作深层次的思考，并为相关学者就此展开进一步的学术研究留下更大的空间。

附　　录

附录1　中国古代工匠文化文献整理

1　夏商周工匠文化文献

　1.1　重要文献篇目

　　1.1.1　《尚书》

　　1.1.2　《周易》

　　1.1.3　《考工记》

　　1.1.4　《墨子》

　　1.1.5　《周礼》

　　1.1.6　《竹书纪年》

　　1.1.7　《山海经》

　　1.1.8　《庄子》

　　1.1.9　《春秋左传》

　　1.1.10　《诗经》

　　1.1.11　《韩非子》

　1.2　重要工匠

　　1.2.1　黄帝

　1.4.1　"工商食官"

　1.4.2　"处工就官府"

　1.4.3　"官匠制度"

　1.4.4　"物勒工名"

　1.4.5　"世守家业"

　1.5　工匠习俗与传说

　1.5.1　"匠石相材"传说（见《庄子·人间世》）

　1.5.2　周代偃师为周穆王制作能歌善舞的"机器人"的传说（见《列子·汤问》）

　1.5.3　鲁班传说

　1.5.4　《干将莫邪铸剑》的传说（见汉代刘向《列士传》和《孝子传》）

　1.5.5　轩辕黄帝创甲胄舟车、冠冕衣裳

　1.5.6　有巢氏构木为巢始创宫室

　1.5.7　伏羲氏造网罟、琴瑟

　1.5.8　炎帝制耒耜

　1.5.9　周公做指南车

　1.5.10　墨子为木鸢

　1.5.11　公输班做飞鸢

　1.5.12　《庖丁解牛》

　1.5.13　"工匠以身投炉"作为牺牲的民俗。《吴越春秋》中的"莫邪投炉"，而这又是和春秋晚期吴越一带的铸剑生产联系在一起的。（黄胜平主编，程勉中副主编《中国吴越文化比较研究》，作家出版社2011年版，第208页。）

　1.5.14　据典籍记载，春秋时期盛行衅礼，凡新造建筑物和大小器物，必用人血或禽兽血涂在一定的部位。《孟子·梁惠王上》"将以衅钟"。赵岐注："新铸钟，杀牲以血涂其衅隙，因以祭之，曰衅。"孙奭《孟子疏》："古者器成而衅之以血，所以厌变

怪、御妖衅。衅钟谓之衅，亦治乱谓之乱之类也。"也就是说，衅的本意是事端、间隙、暇隙、破绽一类，用血来涂器物的缝隙处，以祛祟驱妖，对付这个"衅"，于是把这种行为方式也叫作"衅"。《史记·高祖本纪》："祭蚩尤于沛庭而衅鼓旗。"则说在祭蚩尤的仪式上，是要用血来涂抹鼓和旗的。《礼·乐记》："车甲衅而藏之府库，而弗复用。"疏："言车、甲不复更用，故以血衅而藏之。"这里说当战车、盔甲一类器物不再使用而放进府库时，也要用血涂抹，以示避邪御妖。除此之外，大凡卜器、祭器、礼器、乐器、军器、庙主社主、学教用器、宝物古物，以及厩、宗庙、祭坛、仓库，也一概要用血来涂抹。（黄胜平主编，程勉中副主编《中国吴越文化比较研究》，作家出版社 2011 年版，第 209 页。）

1.6 其他

1.6.1 睡虎地秦墓出土的秦律竹简《金布律》《工律》《工人程》《均工》《司空》《军爵律》《效律》《秦律杂抄》等。

2 秦代工匠文化文献

2.1 重要文献篇目

2.1.1 《吕氏春秋》

2.2 重要工匠

2.2.1 徐福

2.2.2 史禄

2.2.3 蒙恬

2.2.4 李斯

2.3 重要工程事件

2.3.1 秦长城

2.4 工匠组织制度

2.4.1 工匠制度隶属"三公九卿"官僚体制

2.4.2 "物勒工名"

2.5 工匠习俗与传说

北魏统治下的手工业者被称为杂户、伎作户等，他们的身份卑
微，并附着于所属的作场。……长官称为杂户或营户帅，可知工匠

是用军事编制的。（唐长孺著：《魏晋南北朝史论丛续编》，生活·读书·新知三联书店 1959 年版，第 43 页）

作监，秦置将作，掌营缮宫室，历代不改。隋为将作寺，龙朔改为缮工监，光宅改为营缮监，神龙复为将作监也。大匠一员，从三品。大匠之名，汉景帝置。梁置十二卿，将作为一卿。后周曰匠师中大夫。隋初为将作寺，置大匠一人，又改为监，以大匠为监。

炀帝改为令，武德改为大匠。（《旧唐书·良志王》）

隋与北齐同，至开皇二十年，改寺为监，大匠为大监，初加置副监。炀帝改大监、少监为大匠、少匠，五年又改为大监、少监，十三年又改大令、少令。（《文献通考·职官考》）

5.4.2　"行"（会）组织兴起

中国工商业的"行"在隋代城市出现，唐代大兴。（曹焕旭：《中国古代的工匠》，商务印书馆1996年版，第134页）

5.5　工匠习俗与传说

5.5.1 "行帮工匠食礼"见隋代的《谢讽食经》

5.5.2　"物勒工名"风俗流行

5.6　其他

5.6.1　土木建筑与木构建筑

隋唐土木建筑式微与木构建筑主流地位确立。

5.6.2　隋代工匠派绘画（见潘天寿《中国绘画史》）

6　唐代工匠文化文献

6.1　重要文献篇目

6.1.1　《梓人传》

6.1.2　《五木经》

6.1.3　《艺文类聚》

6.1.4　《营缮令》

6.1.5　《漆经》

6.1.6　《工艺六法》

6.1.7　《唐会要》

6.1.8　《法苑珠林》

6.1.9　《蛮书》

6.1.10　《岭表录异》

6.1.11　《广弘明集》

6.1.12　《唐六典》

6.2.70　赵忠义

6.2.71　王承福

韩愈著《圬者王承福传》，王承福，唐代泥水匠。（见高诗佳《我在台湾教语文：从故事开始学古文》，台海出版社2015年版，第159页）

6.2.72　祖敏

祖敏，本易定人，唐时之墨官也。今墨之上，必假其姓而号之。大约易水者为上，其妙者必以鹿角胶煎为膏而和之，故祖氏之名，闻于天下。晁氏云"古人用墨多自制造，故匠氏不显。唐之匠氏，惟闻祖敏。"黄秉云"祖氏易水人，故以济上为号。年载已远，罕有存者"。友按《唐书地理志》：易州土贡墨。意当时治墨者，不特祖氏。其后奚、李、张陈皆出，易水制作之盛，有由来矣。［（元）陆友《墨史》］

奚鼐、奚鼏。已上二人，唐末匠氏。鼐墨面曰"光庆"，又印曰"奚鼐墨"，又印曰"庚申"。而鼏墨大概与鼐同，惟"庚申"字异。见《墨经》及赵寅《墨谱》。［（元）陆友《墨史》］

6.3　重要工程事件

6.3.1　唐都长安城建设工程

6.3.2　奉先寺大卢舍那像龛工程

6.3.3　唐代陵墓建筑工程

6.3.4　唐代浙东运河工程

6.3.5　唐代修建它山堰工程

6.4　工匠组织制度

6.4.1　"部监署"分层管理

工部-［少府监-将作监-军器监］-（若干）署

6.4.2　工匠世袭制（继承传统制度）

唐代的工匠制度规定，工匠世袭，不能任意改业。工匠分为三类：一为长上工匠，即官奴婢，他们长期服役；二为轮番工匠，番户每年服役三月，杂户两个半月，一般工匠二十日；三为和雇工匠，由政府雇佣。（杨晓慧：《唐代俗文学探论》，人民出版社 2015年版，第 101 页）

6.4.3 "纳资代役"（新制度）

唐代实施"纳资代役"，工匠劳役负担有所减轻。（曹焕旭：《中国古代的工匠》，商务印书馆 1996 年版，第 72 页。）

6.4.4 "行"（会）与坊市制

唐代城市还继承前代实行坊市制，要求同行业集中营业，但总的来说，"行"的组织大概还比较松散。（曹焕旭：《中国古代的工匠》，商务印书馆 1996 年版，第 135 页）

6.4.5 "和买"制（新制度）

唐宋以后政府所用的手工业品，有时到民间采买，也叫作"和买"，实行起来以后弊病百出。有的官员不顾百姓有无，强行摊派……（曹焕旭：《中国古代的工匠》，商务印书馆 1996 年版，第131 页）

6.4.6 官府用工之"番匠制度"（继承传统制度）

唐代官府用工有无偿与有偿两种工匠。无偿工匠有番匠、短番匠、长上匠（"纳资代役"）等。唐初无偿工匠占主要地位。唐代还有"明资匠""巧儿将""和雇匠"等政府雇佣工匠。"贱民"、"官奴婢"与"刑徒"也是官府工匠之一。按照身份高低有"杂户"（"二年五番"）、"官户"（也称"番户"）〔"一年三番"）等。（白寿彝总主编、史念海主编：《中国通史》《第六卷中古时代 隋唐时期》（上册），上海人民出版社 2015 年版，第 47—478 页〕

6.4.7 "和雇制"（新制度）

6.4.8 "征发制"（继承传统制度）

唐代服役工匠应征按照府兵制度进行。《唐书·百官志》记载，工匠被征解送，按"以州县为团，五人为火，火置长一人"的编制

组织。〔朱新军、杜永明、孙小金主编：《新点评中国人》（第六卷），台海出版社200年版，第3871页〕

6.4.9　教育制度："艺徒制"

除正规的学校外，"艺徒制"也可被看成是官方科技教育的一个较低层次的特殊部分。唐代政治、经济的繁荣和商业的进步，使得社会对技术工人的培养和需求日益增大。为了提高工匠的技术水平，唐代规定了技工分类学习和考核的具体标准。如镂钿之工要学四年，车辂乐器之工要学三年，平漫刀稍之工要学两年，矢镞竹漆之工需学半年，冠冕弁帻之工需学 9 个月，其余杂作者则视其术难易情况学习 40 天至一年半不等。徒弟跟从师傅学其技艺，每年每季少府监和将作监之丞都要对其进行考试，年终由两监的主管再行考试，主要根据刻有学生姓名的产品质量进行评定。艺徒制是一种世袭以外的专业技能的传授或是培训。（肖东发主编，钟双德编：《教育之本：历代官学与民风教化》，现代出版社2015年版，第91页）

6.5　工匠习俗与传说

6.5.1　工匠葛由传说（《法苑珠林》）

〔祁连休：《中国民间故事史》（卷上），河北教育出版社2015年版，第280页〕

6.5.2　"刻木作僧"（《朝野金载》）

〔祁连休：《中国民间故事史》（卷上），河北教育出版社2015年版，第280页〕

6.5.3　工匠韩志和传说（《杜洋杂编》）

〔祁连休：《中国民间故事史》（卷上），河北教育出版社2015年版，第280页〕

6.5.4　染匠张韶故事

（吕志勇：《出轨的历史：小人物创造的世界》，华中科技大学出版社2014年版，第90页）

6.5.5　"端午节制镜"

唐代端午节制镜工匠习俗。是日午时，工匠铸铜镜于船，专贡皇上，称"天子镜"。唐白居易《百炼镜》诗："江心波上舟中铸，五月五日日午时。琼粉金膏磨莹已，化为一片秋潭水。镜成将献蓬莱宫，扬州长史手自封。人间臣妾不合照，背有九五飞天龙。"（鲁修贤：《语文教学案例分析》，国家行政学院出版社 2013 年版，第 190 页）

6.5.6　"行帮工匠食礼"

见唐代韦巨源的《烧尾食单》，另外《艺文类聚》也能见到"行帮工匠食礼"。

6.5.7　"上梁祭祀鲁班"

唐代，建筑工匠就有奉祀鲁班的习俗，唐代敦煌工匠们建房上梁要唱鲁班、祭祀鲁班，这开了后世工匠上梁时祭祀鲁班的先河。（见殷伟、程建强编《图说日常守护神》，清华大学出版社 2014 年版，第 112 页）

6.6　其他

6.6.1　李皋发明"车轮船"

6.6.2　雕版印刷《金刚经》

6.6.3　唐末的指南针与火药

6.6.4　唐代制瓷工艺

6.6.5　"唐三彩"

6.6.6　唐代"雕漆"与"金银平脱"

6.6.7　唐代曲辕犁

6.6.8　"唐货"

6.6.9　景德镇瓷业出现第二个高峰

6.6.10　斗拱与木构体系成熟

6.6.11　唐代（西安）古墓壁画

6.6.12　唐代和亲政策中的陪嫁工匠

6.6.13　唐代成都工匠被大量掠入南诏

7.5.1 《崇安县新志》卷六《礼俗》曰：宋时上梁多为文祝之，文用骈语，寓颂祷之意。附之以诗，分上下东西南北六章，每章完以"儿郎伟"三字。

7.5.2 "孝娥投炉"的传说。宋乐史《太平寰宇记》卷105，说贵池县有孝娥庙，"吴大帝时，孝娥父为铁官，冶遇秽，铁不流。女忧父刑，遂投炉中。铁乃涌溢，流注入江。娥所蹑履浮出于铁。时人号圣姑，遂立庙焉"。

10.2.38　吴学成

10.2.39　王明颁

10.2.40　张琏（张涟）

10.2.41　张然

10.2.42　张铖

10.2.43　武龙台

10.2.44　戈裕良

10.2.45　瑚灿庭

10.2.46　赵美玉、孙起福、李正、霍易升

10.2.47　李玉兰

10.2.48　秦长年、徐长年、徐名扬、张子元

10.2.49　戴汇昌

10.2.50　杜士元

10.2.51　朱维胜、杨万青

10.2.52　吴来清

10.2.53　黄至筠

10.2.54　唐英

10.2.55　章攀桂

10.2.56　沈复

10.2.57　胡绍箕

10.2.58　袁保龄

10.2.59　陈璧

10.2.60　杨斯盛

10.2.61　谢甘棠

10.2.62　熊罗宿

10.2.63　仇好石

10.2.64　董道士

10.2.65　大汕

附录2　《四库全书》相关器物、工艺等文献

01 农家-25 部

1-养羊法-汉-卜式

2-养鱼经-春秋-范蠡

3-农书-宋-陈敷

4-农政全书-明-徐光启

5-农桑衣食撮要-元-鲁明善

6-农歌集钞-宋-戴昺

7-农说-明-马一龙

8-四时纂要-唐-韩鄂

9-天工开物-明-宋应星

10-氾胜之书-汉-氾胜之

11-泰西水法-明-熊三拔

12-牛羊日历-唐-刘轲

13-田家五行-元-娄元礼

14-田家历-元-俞宗本

15-神农书-战国魏-李悝

16-种芋法-明-黄省曾

17-老圃良言-清-巢鸣盛

18-耒耜经-唐-陆龟蒙

19-蚕书-宋-秦观

20-蚕经-明-黄省曾

21-补农书-明-张履祥

22-补农书引-清-陈克鉴

23-野老书-汉-佚名

24-马首农言-清-祁隽藻

25-齐民要术-南北朝-贾思勰

02 兵家-52 部

1-三十六计-明-佚名

2-三略直解-明-刘寅

3-乾坤大略-明-王余佑

4-八阵合变图说-明-龙正

5-八阵总述-晋-马隆

6-六韬-周-姜尚

7-兵典-唐-杜祐

8-兵制-清-黄宗羲

9-兵垒-明-尹宾商

10-兵机-明-尹宾商

11-兵法心要-明-刘基

12-兵经百言-清-揭暄

13-兵要望江南-唐-易静

14-兵说-明-沈鍊

15-卫公兵法辑本-唐-李靖

16-吴子兵法-战国-吴起

17-太公兵法-周-太公望

18-太公金匮-周-吕尚

19-太公阴谋-周-吕尚

20-太白阴经-唐-李筌

21-孙子兵法-春秋-孙武

22-孙子注-唐-李筌

23-孙子略解-魏-曹操

24-孙子集注--

25-孙膑兵法-战国-孙膑

26-将苑-三国蜀-诸葛亮

27-尉缭子-战国-尉缭

28-战略-明-胡宗宪

29-战略辑佚-晋-司马彪

30-投笔肤谈-明-西湖逸士

31-握奇经-汉-公孙宏

32-曾胡治兵语录-清-蔡锷

33-李卫公问对-唐-李靖

34-武侯八阵兵法辑略-清-汪宗沂

35-武经总要-宋-曾公亮

36-水战兵法辑佚-春秋-伍子胥

37-百战奇略-明-刘基

38-盖庐-春秋楚-伍子胥

39-策林-唐-白居易

40-纪效新书-明-戚继光

41-练兵实纪-明-戚继光

42-草庐经略-明-佚名

43-蒋子万机论-三国魏-蒋济

44-虎钤经-宋-许洞

45-言兵事书-汉-晁错

46-诸葛亮集-三国蜀-诸葛亮

47-道德经论兵要义述-唐-王真

48-间书-清-朱逢甲

49-阵纪-明-何良臣

50-黄帝问玄女兵法-唐-佚名

51-黄石公三略 三略-秦-黄石公

52-黄石公素书注-宋-张商英

04 诸子-50 部

1-一贯问答-明-方以智

2-东西均-明-方以智

3-亢仓子-春秋-庚桑楚

4-仁学-清-谭嗣同

5-伸蒙子-唐-林慎思

6-傅子-晋-傅玄

7-公孙龙子-战国-公孙龙

8-公孙龙子注-清-陈澧

9-公是先生弟子记-宋-刘敞

10-刘子-南北朝-刘昼

11-司马法-战国-司马穰苴

12-周生烈子-三国魏-周生烈

13-器经-战国-孤子

14-墨子-战国-墨翟

15-墨子城守各篇简注-清-岑仲勉

16-墨子间诂-清-孙诒让

17-天方性理-清-刘智

18-子华子-周-程本

19-尸子-周-尸佼

20-慎子-周-慎到

21-文中子中说-隋-王通

22-无能子-唐-无能子

23-扬子折衷-明-湛若水

24-扬子法言-汉-扬雄

25-止学-隋-王通

26-浮邱子-清-汤鹏

27-淮南子-汉-刘安

28-渔樵问对-宋-邵雍

29-潜书-明-唐甄

30-物不迁论-晋-僧肇

31-物理小识-明-方以智

32-物理论-晋-杨泉

33-申子-战国-申不害

34-素履子-唐-张弧

35-胡子衡齐-明-胡直

36-范子计然-战国-范蠡

37-荀子-战国-荀况

38-论衡-汉-王充

39-论衡校释-清-吴承仕

40-诸子辩-明-宋濂

41-郁离子-明-刘伯温

42-郭子-晋-郭璞

43-长短经-唐-赵蕤

44-韩非子-战国韩-韩非

45-马王堆汉墓帛书战国纵横家书--

46-鬻子古文龙虎经-战国-鬻熊

47-鬼谷子-春秋卫-王诩

48-鬼谷子注-南朝梁-陶弘景

49-鹖冠子-宋-陆佃

50-鹿门子-唐-皮日休

05 算法-7 部

1-九章算术-汉-张苍

2-九章算经-汉-佚名

3-五经算术-南北朝-甄鸾

4-周髀算经-汉-佚名

5-孙子算经-南北朝-佚名

6-海岛算经-三国-刘徽

7-缉古算经-唐-王孝通

06 杂论-270 部

1-七修类稿-明-郎锳

2-七修续稿-明-郎瑛

3-七十二候考-清-曹仁虎

4-上清帝七书-清-康有为

5-丘隅意见-明-乔世宁

6-东园丛说-宋-李如箎

7-东谷赘言-明-敖英

8-两同书-唐-罗隐

9-严复集-清-严复

10-中兴论-宋-陈亮

11-中华古今注-五代-马缟

12-义和团揭帖-清-佚名

13-乐庵语录-宋-李衡

14-九流绪论-明-胡应麟

15-九畹史论-清-翟颢

16-书斋夜话-宋-俞琰

17-书生初见-清-翁传照

18-云溪友议-唐-范摅

19-五杂俎-明-谢肇淛

20-井观琐言-明-郑瑗

21-京东考古录-明-顾炎武

22-人物志-魏-刘邵

23-今古学考-清-廖平

24-仕学规范-宋-张镃

25-何博士备论-宋-何去非

26-佩韦斋辑闻-元-俞德邻

27-便宜十六策-三国-诸葛亮

28-俗说-南朝梁-沈约

29-俳谐文辑佚-南朝宋-袁淑

30-健余札记-清-尹会一

31-偶谭-明-李鼎

32-儒林公议-宋-田况

33-六字课斋卑议-清-宋恕

34-六艺纲目-元-舒天民

35-典论-三国-曹丕

36-兼明书-唐-丘光庭

37-几暇格物编-清-玄烨

38-几策-宋-苏洵

39-刊误-唐-李涪

40-刍言-宋-崔敦礼

41-劝学篇-清-张之洞

42-势胜学-宋-薛居正

43-千百年眼-明-张燧

44-华夷译语-明-火原洁

45-华阳博议-明-胡应麟

46-南园漫录-明-张志淳

47-却扫编-宋-徐度

48-历代贡举志-明-冯梦祯

49-发微论-宋-蔡元定

50-古今事通-明-佚名

51-古今伪书考-清-姚际恒

52-古今注-晋-崔豹

53-古今说海-明-陆楫

54-古学考-清-廖平

55-只麈谭-清-胡承谱

56-史讳举例-陈垣

57-后金檄明万历皇帝文-清-佚名

58-吹剑录外集-宋-俞文豹

59-唐摭言-五代-王定保

60-唐月令注续补遗-清-茆泮林

61-唐语林-宋-王谠

62-四友斋丛说-明-何良俊

63-四民月令-汉-崔寔

64-四部正讹-明-胡应麟

65-困学纪闻-宋-王应麟

66-困知记-明-罗钦顺

67-国雅品-明-顾起纶

68-坦斋通编-宋-邢凯

69-备论-宋-何去非

70-大同书-清-康有为

71-大唐御史台精舍题名考-清-赵钺

72-天史-清-丁耀亢

73-天演论-清-严复

74-奇女子传-明-吴震元

75-女红传征略-朱启钤

76-女范捷录-明-刘氏

77-女范编-明-黄尚文

78-女镜-明-夏树芳

79-孔子弟子考-清-朱彝尊

80-孔子改制考-清-康有为

81-守弱学-晋-杜预

82-安得长者言-明-陈继儒

83-宜斋野乘-宋-吴枋

84-客座偶谈-清-何刚德

85-寓简-宋-沈作喆

86-寱言-清-陈澹然

87-小豆棚-清-曾衍东

88-尧山堂外纪-明-蒋一葵

89-山公九原-清-冯景

90-岁序总考全集-明-陈三谟

91-岂有此理-清-空空主人

92-岩下放言-宋-叶梦得

93-已畦琐语-清-叶燮

94-厄林-明-周婴

95-巾箱说-清-金埴

96-席上腐谈-元-俞琰

97-常语笔存 松阳钞存-清-汤斌

98-平书-清-秦笃辉

99-平书订-清-李塨

100-幽梦影-清-张潮

101-广东新语-清-屈大均

102-庚巳编-明-陆粲

103-弢园文录外编-清-王韬

104-归有园麈谈-明-徐学谟

105-徐氏笔精-明-徐𤊹

106-德育古鉴-清-史洁珵

107-忍经-元-吴亮

108-忠经-汉-马融

109-悔过自新说-清-李颙

110-情史-明-詹詹外史

111-意林-唐-马总

112-意见-明-陈于陛

113-拟太平策序-清-李塨

114-敕议或问-明-朱厚熜

115-敬修堂钓业-明-查继佐

116-敬斋古今黈-元-李冶

117-新论-汉-桓谭

118-日损斋笔记-元-黄溍

119-日涉编-明-陈阶

120-昌言-汉-仲长统

121-明夷待访录-清-黄宗羲

122-明语林-明-吴肃公

123-星阁史论-清-赵青藜

124-昭德新编-宋-晁迥

125-晋五胡指掌-明-张大龄

126-曾国藩家书-清-曾国藩

127-月令七十二候集解-元-吴澄

128-木几冗谈-明-彭汝让

129-木笔杂抄-宋-佚名

130-本语-明-高拱

131-机警-明-王文禄

132-权书-宋-苏洵

133-权谋残卷-明-张居正

134-李文忠公事略-梁启超

135-杜阳杂编-唐-苏鹗

136-林泉随笔-明-张纶

137-枢言-清-王柏心

138-柳氏叙训-唐-柳玭

139-格致余论-元-朱丹溪

140-栾城遗言-宋-苏籀

141-桯史-宋-岳珂

142-梁启超文集-梁启超

143-梦溪笔谈-宋-沈括

144-樵谈-宋-许棐

145-樵香小记-清-何琇

146-水浒传注略-清-程穆衡

147-江防总论-清-姜宸英

148-泊宅编-宋-方勺

149-海运说-明-华乾龙

150-海道经-明-佚名

151-清代割地谈-程善之

152-清代学术概论-梁启超

153-温公琐语-宋-司马光

154-湛渊静语-元-白珽

155-满清兴亡史-汉史氏

156-濤南遗老集引-元-王鹗

157-澎湖考略-清-佚名

158-激书-明-贺贻孙

159-灌畦暇语-唐-佚名

160-燕子春秋-清-郝懿行

161-爱日斋丛钞-宋-叶鼇

162-物犹如此-清-徐谦

163-狂夫之言-明-陈继儒

164-独断-汉-蔡邕

165-玉堂漫笔-明-陆深

166-玉壶野史-宋-文莹

167-玉烛宝典-隋-杜台卿

168-玉玺本末-宋-曹彦约

169-王学质疑-清-张烈

170-王氏谈录-宋-王钦臣

171-王郭两先生崇论-明-王世贞

172-珩璜新论-宋-孔平仲

173-理惑论-汉-牟子

174-田赋考辨-清-李塨

175-男子双名记-明-陶涵中

176-留青日札-明-田艺蘅

177-瘳忘编-清-李塨

178-百家姓考略-明-王相

179-盛世危言-清-郑观应

180-瞿文懿公制科集-明-瞿景淳

181-石头记索隐-蔡元培

182-袪疑说-宋-储泳

183-科举论-明-黄淳耀

184-科试考-明-王世贞

185-秦鬟楼谈录-清-佚名

186-窥天外乘-明-王世懋

187-筹河篇-清-魏源

188-纳兰家族墓碑铭文-清-徐乾学

189-经史百家杂钞-清-曾国藩

190-经学历史-清-皮锡瑞

191-经籍会通-明-胡应麟

192-绛云楼题跋-清-钱谦益

193-绝命辞-陈天华

194-罗氏识遗-宋-罗璧

195-罗织经-唐-来俊臣

196-美芹十论-宋-辛弃疾

197-六韬-周-吕尚

198-考信录-清-崔述

199-考古质疑-宋-叶大庆

200-毫余杂识-明-陆树声

201-耕樵问答-明-颜钧

202-耶稣会思想文献汇编-清-郑安德

203-耻言-明-徐祯稷

204-胡文穆杂著-明-胡广

205-脚气集-宋-车若水

206-艳异编-明-王世贞

207-芙蓉镜寓言-明-江东伟

208-芥隐笔记-宋-龚颐正

209-花烛闲谈-清-于鬯

210-苌楚斋三笔-刘体信

211-苌楚斋五笔-刘体信

212-苌楚斋四笔-刘体信

213-苌楚斋续笔-刘体信

214-苌楚斋随笔-刘体信

215-苏谈-明-杨循吉

216-荆园小语-清-申涵光

217-草木子-明-叶子奇

218-荣进集制科文-明-吴伯宗

219-萤雪丛说-宋-俞成

220-藏书十约-清-叶德辉

221-蜩笑偶言-明-郑瑗

222-西溪丛语-宋-姚宽

223-言行龟鉴-元-张光祖

224-訄书-章太炎

225-警世钟-清-陈天华

226-订讹杂录-清-胡鸣玉

227-论气-明-宋应星

228-识小编-清-董丰垣

229-译语-明-岷峨山人

230-说郛-元-陶宗仪

231-读书止观录-明-吴应箕

232-读书说-清-胡承诺

233-读史剩言-清-秦笃辉

234-谈天-明-宋应星

235-谈薮-宋-庞元英

236-谈辂-明-张凤翼

17-沈氏宣炉小志--佚名

18-玉纪-清-陈性

19-玉纪补-清-刘心缶

20-瓶史-明-袁宏道

21-疢斋小品哥窑谱-清-冒广生

22-砚史-宋-米芾

23-砚谱-宋-佚名

24-窑器说-清-程哲

25-端溪砚史-清-吴兰修

26-端溪砚谱-宋-佚名

27-笺纸谱-元-费着

28-羽扇谱-清-张燕昌

29-蜀锦谱-元-费著

30-观石录-清-高兆

31-金石要例-明-黄宗羲

32-钱谱-明-董遹

33-陈氏香谱-宋-陈敬

34-陶记略-元-蒋祈

35-陶说说今篇-清-朱琰

36-饮流斋说瓷-之衡

37-香乘-明-周嘉胄

38-香谱-宋-洪刍

39-鼎录-梁-虞荔

05 综合-15 部

1-侯鲭录-宋-赵令畤

2-四巧工传--黄质

3-学古编-元-吾丘衍

4-寓意编-明-都穆

5-尧山堂偶隽-明-蒋一葵

6-山房随笔-元-蒋正子

7-格古要论-明-曹昭

8-洞天清录-宋-赵希鹄

9-浩然斋雅谈-宋-周密

10-清秘藏-明-张应文

11-砚山斋杂记-清-佚名

12-秋园杂佩-明-陈贞慧

13-负暄野录-宋-陈槱

14-长物志-明-文震亨

15-闲情偶寄-清-李渔

篆刻-14部

1-东里子论印-清-冯泌

2-印学管见-清-冯承辉

3-印指-清-秦爨公

4-印旨-明-程远

5-印法参同-明-徐上达

6-印章考-明-方以智

7-印章要论-明-朱简

8-印说-明-万寿祺

9-印说-清-陈炼

10-印辨-清-高积厚

11-古今印制-清-孙光祖

12-古印考略-清-夏一驹

13-篆刻十三略-清-袁三俊

14-说篆-清-许容

附录3 中华工匠经典文献梳理

　　《工匠精神分析》研究的文献资料梳理依循以"中华工匠经典文献"为主导,以"中华经典史学文献"为辅助,以其他涉及"中华工匠劳动观与价值观的重要文献"为补充的整理与分析研究思路。笔者已经在上述三个层面,做了一下突破性梳理。

　　第一,中华工匠经典文献梳理与诠释。在中华工匠经典文献中,《墨子》《考工记》《仪礼释宫》《梦溪笔谈》《营造法式》《梓人遗制》《天工开物》《长物志》《园冶》《髹饰录》《闲情偶寄》《大清工部工程做法》《景德镇陶录》《装潢志》《存素堂丝绣录》《蚕桑萃编》等一批经典的中华工匠文化批评理论文本均在不同程度上呈现出"中华工匠精神"文化的主线,对这些文献的梳理与诠释工作已经展开,并作了较大的研究推进。在中华工匠精神价值体系中,发掘了具有代表性的《考工记》《髹饰录》《鲁班经》等三大文献范式,撰写论文《〈考工记〉与中华工匠精神的核心基因》、《隐喻的〈髹饰录〉与中华工匠精神核心理论体系》和《〈鲁班经〉:作为宇宙信仰的匠俗文化体系》,在文献的源头与理论体系的结构上诠释中华工匠精神的价值体系内容。

　　《考工记》范式——中华工匠精神基因文本。《考工记》既是中华工匠文化的元典,又是中华工匠精神的首次出场。《考工记》潜藏的中华工匠精神核心基因组是由信仰、行为与价值三部分构成,并具有物质性与信息性的双重属性。在物质层面,中华工匠精神主要是通过工匠行为(法象、工巧、美饰、善合)而体现于物态化(行为基因)形式存在。在信息层面,中华工匠精神主要凭借工匠信仰(宇宙)与工匠价值(致用)而凸显出工匠的生活态度、生存方式与价值信仰。发掘中华工匠精神基因,能增益于中华工匠精神基因的社会化路径选择，并能复兴中华民族精神，从而为应对全球化而贡献中国方案、中国经验与中国精神。

《髹饰录》范式——中华工匠精神全息文本。《髹饰录》是中国明代漆工知识文本，其知识叙事与结构体例极其隐晦。中华工匠精神是传统工匠在长期手作实践中形成的共同理念、行为规范与价值标准之综合。在道家思想、心性论与身体美学等层面，《髹饰录》的隐喻叙事俨然折射出了中华工匠精神的核心理论体系。该体系是由"宇宙精神"主体（共同信仰）、"圣创精神、善合精神"两大层次（行为规范）、"求精—求美的精神、朴素—致用的精神、诚信—敬业的精神、传道—严谨的精神"的四大核心指向（价值标准）构成。抑或说，《髹饰录》的隐喻叙事内藏中华工匠精神的核心理论范式。澄鉴此论，能增益于辨明中华工匠精神的核心理论内涵及其社会化路径。

《鲁班经》范式——中华工匠精神伦理文本。《鲁班经》是中国古代民间匠俗信仰文本，集中体现出中国古代工匠在时间、空间与物质层面的宇宙性信仰立场。《鲁班经》的宇宙信仰是中国古代工匠的世界观、道德观与伦理观的结构性整体出场，也是中国古代民间匠俗文化体系的创构者与确证者。《鲁班经》的宇宙信仰不仅维系了民间工匠的组织系统、思想道德与行业操守，还实现了对中国古代民间匠俗文化体系的"以事为纲、以神为目"的叙事化表述与体系性创构。

第二，中华经典史学文献的梳理与诠释。作为"工匠精神"的中华工匠文化批评理论，它大量地存在于中华古典哲学及其经典文献中。如《易经》《论语》《庄子》《韩非子》《吕氏春秋》《淮南子》《春秋繁露》《史记》《汉书》《盐铁论》《九章算术》《说文》《抱朴子》《水经注》《古今刀剑录》《齐民要术》《艺文类聚》《唐会要》《都城纪胜》《容斋随笔》《桂海器志》《梦粱录》《桂海虞衡志》《武经总要》《南村辍耕录》《文献通考》《岛夷志略》《三十五举》《骨董琐记》《畴人传》《清史稿》《明季北略》等，对这些经典文献的梳理与诠释有助于发现和研究中华工匠精神价值，并形成了以下诠释性观点。

（一）"中华考工"核心概念。考工，即工。《考工记》曰："知者创物，巧者述之。守之世，谓之工。"《考工记》曰："国有六职，百工与居一焉。"这里的"百工"即"工"。《周礼注疏》（卷二）曰："工，作器物者。若《考工》所作器物也。"考，古代一种官职名。工，即官职。如"天工"，即可认为"天的官职"。古代建官的方法为法天而为，代天行职事。孙亚兵在《从甲骨文看商代的世官制度》一文中详解"工"的五种含义：第一，工，动词。工典，即贡献典册。卜辞之"工典"（《合集》22675、24387、35398、37840等），意为贡献典册；"工丁宗门"（《屯南》737、《辑佚》548），意禹贡献于丁宗门。清代《考工典》或为考之贡献典册。甲骨卜辞中有"父工"（《合集》5624）。"其祝，工父甲三牛"（《合集》27462）。"三牛""三伐"或为贡献之品。第二，工，名词。卜辞"共众宗工"（《合集》19、20），即征集供奉于众宗的供品。这里的"宗工"与《尚书》载管理宗族事务之官"宗工""百宗工"有所不同。第三，同"功"。卜辞"师亡其工"（《合集》4246、4247），"我史亡其工"（《合集》9472），"亡其工"（《合集》19439）。第四，族地名。"工来羌"（《合集》230）、"自工"（《合集》19432）。第五，泛指官吏。卜辞"帝工""帝小官""我工""父工""多工""百工""尹工""司工"或泛指官吏，并非特指手工业者或工奴。换言之，"考工"在中国古代文化中具有鲜明的特色语系与思想脉络，它与西方的"设计师"不能等同。"考工"是中华考工学理论系统的核心概念，它具有庞大的语系分支体系，如圣工、神工、工/史、工人、考工令、（乐）工、六工、工匠、工师、军匠、医工、星工、匠师、工官、官工、（百）宗工、客工、卜工、百工、工巧/巧工、吏工、大工、国工、女工/女红、水工、共工、工（攻）、工正、工人/匠工、图工、工（功）、良工、司空、将作、将作大匠等。这些考工概念语系具有深刻的历史语境与人文偏向，并由此衍伸出中华考工学的核心范畴与主要命题，它们的历史及其理论就是中华考工学的基本历史脉络与学术体系，也是中华考工学成立的核心基础。

中华考工是中国特色的具有生命力的工匠文化范式，它有独特的思想渊源、概念谱系及其话语体系。稳定的"中华考工"概念是"中华考工学"作为学科存在的重要依赖，也是学科大厦构建的理论基础。抑或说，"中华考工"既是一个历史性的逻辑概念，又是一个具有中国话语特色的理论范式。中华考工文化从未间断地延续着它的发展活力与生机，并在世界范围内被广泛传播与享用，显示出它独特的中华民族文化魅力。

（二）"知识考述"方法。从《考工记》肇始到《考工典》之章成，作为一个学科的"中华考工学"有自己的学科理论研究方法，这是一个学科之所以能成立的关键要素。诸如《仪礼释宫》《梦溪笔谈》《营造法式》《梓人遗制》《天工开物》《长物志》《园冶》《髹饰录》《闲情偶寄》《大清工部工程做法》《景德镇陶录》《装潢志》《存素堂丝绣录》《蚕桑萃编》……这些中华考工学的理论文献均指向一种类似"考工记"的方法论典范。因此，对《考工记》或《考工典》知识文本叙事方法性质的思考，是对整个中华考工学理论体系建构过程中的关键要素。"考工记"不仅开创了中华工匠文化知识话语的考述方法，还形成了中华考工学理论体系的边缘性描述、非连续性建构以及异质性转换的知识考古学范式，并以边缘、非连续与异质为知识叙事原则，确立了边缘性考工文化、非连续性考工文化与异质性考工文化的中华考工文化基本框架。具体地说，《考工记》所采用的"考工记"方法论理论范式是基于"考述"的立场，以"国有六职"之工匠行业独特性分工为切入口，以齐国为中心的"边缘性"诸侯（粤、燕、秦、胡等）空间造物为比较对象，较为详细地描述了东周时期工匠的造物"异质性"（包括材料、工具、地域、天时等），并就此展开对工匠所涉猎的技术规范、行业标准、职业制度、营建方法以及造物礼制等工匠"知识单元"的客观性描述，尤其是注重工匠知识话语的"非连续性"（包括"工论"知识的断裂、区隔等）描述与建构，它包括"工"与"士"、"工"与"官"、"工"与"农"等看似统一却已然出现疏离的社会局面。

简言之，"考工记"是中华考工文化理论体系建构的首要方法论，具有典型的工匠知识考古学方法论品格。它不但确立了中华考工文化叙事的知识边界，还区分了中华考工理论体系内在的知识范畴与历史逻辑。

（三）"工匠文化"体系。中华工匠文化是中华工匠在长期劳动中形成的工匠区域性集丛文化体系，它的周边聚集了工匠创物、工匠手作、工匠制度、工匠精神等四种相互关联的特质文化，从而建构出具有相对独立性的"四位一体"的中华工匠文化知识体系。这个集丛性文化体系里，"工匠"是工匠文化体系的主体，"工匠创物、工匠手作、工匠制度"是工匠文化的核心要素，"工匠精神"是工匠文化的核心内容。

在工匠创物文化层面，对于工匠而言，"创物"是其存在方式最好的描述。因此，"创物文化"也就铸就了工匠的自身，并创生工匠的成就文化，它以最显在的器物和工具的物质性实体存在，彰显工匠的社会化价值。因此，工匠的创物文化，即成就文化，或称为实体文化，它包括器物文化与工具文化两大类型。就工匠的创物而言，器与具是记录工匠文化的主要内容指向，它们所呈现的典型"器""具"文明是工匠文化最集中的文化活体。在时间的发展过程中，传统的"器""具"文明被世界人民不断地使用与创新，而丢掉或淘汰一些不够理想的"器""具"。因此，被传承与发展的"器""具"都是工匠文化中的优秀文化，并成为人类共同享有的物质财富，这些"器""具"的总和构成了世界的物质财富，并成为工匠文化中的显性活体。

在工匠手作文化层面，工匠的"手作"包含两个重要的符号意义指向：一是"手工"，即用手操作或劳作；二是"手艺"，即手的技艺或技巧。因此，工匠的手作文化包括工匠的手工文化与技艺文化两大类别，它们均离不开工匠之"手"或手的行为。那么，工匠的手作文化又可以称作"手的文化"或"行为文化"。在工匠手作行为体系里，大致包含工匠之手的"工"和"艺"的文化内涵，即工匠的手作文化包括"手工"与"手艺"两个层面，并为传统工匠文化的传承与发展提供可靠的理论方向与实践内容。当然，在现当代，工匠的"手工"层面的工匠文化已然被机械文化或智能文化所替代，但机械或智能不过是手的延伸或缩短。换言之，现代社会以来的机械化生产或智能生产仍然是人类手作行为。

在工匠制度文化层面，工匠的制度文化是工匠周边社会的各种关系的伦理聚集体，它既是工匠手作文化的伦理工具，也是工匠精神文化的社会产物。工匠制度文化与工匠创物文化的显著差别在于，前者属于隐性文化，后者属于显性文化。在古代，工匠制度大致包括匠户制度、生产制度、考核制度、奖励制度、学徒制度、教育制度、居肆制度、行会制度等诸多百工制度。这其中的匠户制度、学徒制度等是最为重要的工匠制度。

在工匠精神文化层面，工匠精神文化是工匠的一种价值文化，它包括工匠心理与工匠意识形态两部分构成，它们是工匠文化最为核心的文化。因为工匠心理或意识形态均可以通过工匠的创物、行为、制度等外化成一种精神文化或心态文化。工匠精神文化是工匠的本质文化聚合体，它集中反映了工匠的生活状态、心理特质、观念价值以及思想本质。在价值取向层面，作为个体的工匠精神明显具有职业价值、行业理念、行为指向以及群体思想的现实引领与指导功能，并具有稳定行为、凝聚力量、规范伦理与激发活力的社会化效能。因此，工匠精神文化是工匠文化中最为核心的力量聚合体。

工匠文化体系的完整性是建构中华考工学的历史基础，即不间断的中华工匠文化发展是中华考工学创构的文化依赖与史学基础。

（四）"工匠精神"信仰。中华工匠精神是工匠在长期的劳动实践中形成的共同信仰、行为规范与价值标准的综合。在信仰层面，中华工匠精神集中体现了"天人合一"的宇宙精神；在行为层面，中华工匠的人文内涵的意义偏向于专注精神、藏美精神、守信精神、法度精神等；在价值层面，中华工匠精神主要体现于工匠的制器之致用或民用精神。宇宙精神是工匠对物、自然以及世界的整体认知，专注精神体现了工匠生产手作物对民众消费的一种责任与尊重，藏美精神是工匠自我思想与价值的物化价值观，守信精神是工匠对人的生命尊严的维护及其伦理道德的敬畏，法度精神是工匠对手作物塑造以及对自然宇宙尺度的肯定，民用精神彰显工匠对民众的生活关切以及工匠之为工匠的价值理想。可见，工匠精神是工匠的灵魂与生命，它们的内涵指向均被嵌入工匠的自身、职业、产品及其使用等诸多层面，并被稳定成为一种职业素养、行为态度与价值思想。显然，工匠精神超越了一般工具理性立场，并不因重复的手作或被工具行为所制约，而在劳动过程中追求一种更高的人文价值理性。实际上，工匠精神是人类生存所必需的，也是人类臻于完善之追求的产物。抑或说，工匠精神是一种尊重人本身及其价值的精神，体现出工匠对人类生命及其意义的观照。由此观之，在本质层面，"工匠精神"是一种人文价值理性，而且这种价值理性是在时间与空间两个维度上共同铸就而成。

在分析中发现，中华考工学在核心概念、研究方法、文化体系、价值信仰等层面上均有一套自己的范畴概念与理论体系。这就是说，"中华考工学"在历史与逻辑上是存在的，而且有自己的历史渊源、发展脉络与基本走向。在历史渊源层面，《考工记》是中华考工学理论体系建构的首创范本。在发展脉络层面，从《考工记》到《考工典》的发展轨迹中，中华考工学理论发展大致经历先秦开创期、汉唐沉寂期、宋元成熟期、明代转型期、清代总结期。可见，在基本走向层面，"考工学"已经成为中华古代工匠文化理论的基本走向。

第三，中华考工学的理论体系形态及其传承创新。尽管中国古代考工学文本不如史学发达，但存有的考工学文本在理论形态上是各具特色的，尤其在理论体系层面，中华考工学的发展脉络或粗线条彰显出"四种模式"的理论体系形态（见表1）。

第一种模式：国家介导下的以《考工记》为典型的考工学理论形态（Ⅰ），它包括官方集体颁布形态（Ⅰ-1）与官员主持编著形态（Ⅰ-2），前者如《考工记》《营缮令》等，后者如《营造法式》等。"国家介导"意味中华考工学理论是国家意志或集体行为介入与指导下而形成的理论形态。

第二种模式：学者介导下的以《天工开物》为典型的考工学理论形态（Ⅱ），它包括理论学者形态（Ⅱ-1）、技术科学学者形态（Ⅱ-2）与官员学者形态（Ⅱ-3）。理论学者形态如《闲情偶记》等，技术科学学者形态如《墨子》等，官员学者形态如《五木经》等。"学者"在中国古代的表现形式是多样的，士大夫、官员、帝王、落魄文人、"科技者"（工巧者）等等均被纳入古代学者系列，这无形给中华考工学理论体系建设提供多元的贡献者与建设者。

第三种模式：工匠介导下的以《髹饰录》为典型的考工学理论形态（Ⅲ），它包括理论与实践兼具型的工匠形态（Ⅲ-1）与实践型工匠形态（Ⅲ-2），前者如《园冶》等，后者如《梓人遗制》等。中国古代工匠介导下的中华考工学理论形态是不多见的，因为考工的中国身份与地位决定了他们无法实现考工理论的创作，这种局面一直到"士""工"分野较模糊的明代才被打破。

第四种模式：知识系统介导下的以《农政全书》为典型的考工

学理论形态（Ⅳ），它包括三种形态：理论元形态（Ⅳ-1）、半独立形态（Ⅳ-2）与内隐形态（Ⅳ-3），理论元形态如《周易》等，半独立形态如《齐民要术》等，内隐形态如《淮南子》等。历史知识系统是中国特色考工学理论存在的最大空间，这主要是中国古代"抑商重农"以及士大夫"君子不器"的立场所致，以至于出现中国古代较少出现考工学文献理论，而大部分考工知识及其理论只能内隐于哲学、史学、文学等知识体系。

　　上述"四种理论形态"是中华考工学理论形态的呈现方式。显然，在建构中华考工理论的主体层面，中华考工学不同于西方设计学所涉猎的设计师、设计理论家以及设计艺术家等，而主要以官方、帝王、工匠、学者、官员、科学家以及科举落榜者等为主体，以至于出现不同形态的考工学理论形态。同时，上述"四大模式"理论形态各自有自己的思想体系、学术体系和话语体系，它们共同建构出中华考工学的特色理论体系。

表1　　　　　　　　　中华考工学理论模式类别

考工学理论	作者	作者身份	模式	备注
开创期：先秦时期				
《周易》	（西周）姬昌	周文王	Ⅳ-1	作者有争议
《墨子》	（东周）墨子	思想家、科学家	Ⅱ-2	
《考工记》	（东周）齐国	官方	Ⅰ-1	
发展期：汉魏时期				
《淮南子》	（汉）淮南子	淮南王等	Ⅳ-3	作者有争议
《古今刀剑录》	（南朝）陶弘景	医药家、文学家	Ⅱ-2	
《齐民要术》	（北朝）贾思勰	农学家	Ⅳ-2	
《五木经》	（唐）李翱	进士	Ⅱ-3	
《唐六典·营缮令》	（唐）唐玄宗	官方	Ⅰ-1	或张说等编

考工学理论	作者	作者身份	模式	备注
成熟期：宋元时期				
《仪礼释宫》	（宋）李如圭	进士	Ⅱ-3	
《梦溪笔谈》	（宋）沈　括	政治家、科学家	Ⅱ-2	
《营造法式》	（宋）李　诫	官方	Ⅰ-2	
《考古图》	（宋）吕大临	理学家、金石学家	Ⅱ-3	
《梓人遗制》	（元）薛景石	木工工匠	Ⅲ-2	
《陶记》	（元）蒋　祈	陶瓷理论家	Ⅱ-1	作者或宋人
转型期：明代时期				
《大明律·工律》	（明）朱元璋	皇帝	Ⅳ-2	
《鲁班经匠家镜》	（明）午　荣	工部御匠司司正	Ⅰ-2	
《髹饰录》	（明）黄大成	髹漆工匠	Ⅲ-1	
《园冶》	（明）计　成	造园家	Ⅲ-1	
《装潢志》	（明）周嘉胄	装裱工	Ⅲ-1	
《农政全书》	（明）徐光启	政治家、科学家	Ⅳ-2	
《天工开物》	（明）宋应星	推官、科学家	Ⅱ-2	
《神器谱》	（明）赵士桢	右丞寺副、发明家	Ⅱ-2	
《清秘藏》	（明）张应文	监生、鉴赏家	Ⅲ-1	
总结期：清代时期				
《清工部工程做法》	清工部	官方	Ⅰ-1	
《闲情偶寄》	（清）李　渔	戏曲理论家	Ⅱ-1	
《景德镇陶录》	（清）兰　浦	瓷器理论家	Ⅱ-1	
《雪宦绣谱》	（清）沈寿、张謇	刺绣家	Ⅲ-2	
《考工典》	清廷	官方	Ⅰ-1	

在传承创新层面，从《考工记》到《考工典》，中华考工学理

论体系是一脉相承的，从未间断，在历史的传承与发展中谱写着中华考工学理论体系。另外，对中华考工学理论体系的阐发、建构与再发现，就是对中华传统文化理论的传承与发展，就是中华民族文化自觉与自信的表现。

中华考工学理论中蕴含了中华民族传统工匠文化，积淀了中华民族精神中宝贵的工匠精神，也代表了中华民族最为深沉的精神追求与精神标志，对延续与发展中华文明起到极大的推动作用。

附录4　工匠精神论述

1. ［美］阿尔伯特·哈伯德

所谓"工匠精神"，就是跟自己较真，把事情从60%做到99%，再从99%做到99.99%。——［美］阿尔伯特·哈伯德（Elbert Hubbard）原著，路大虎著：《把信送给加西亚》，浙江人民出版社2015年版，第48页。

2. ［德］黑格尔

这个作为工匠的精神是从自在存在（这是工匠所加工的材料）与自为存在（这属于工匠的自我意识一方面）的分离出发，而这种分离在它的作品里得到客观化。——［德］黑格尔：《精神现象学》（下卷），贺麟、王玖兴译，商务印书馆1979年版，第192页。

3. ［美］克劳福德

社会学家理查德·桑内特（Richard sennett）在《新资本主义的文化》（*The Culture of New Capitalism*）中指出，工匠精神通常有客观的标准，与工匠本人及其愿望无关，这对消费主义的道德体系构成了挑战。工匠会以自己的作品为荣，珍惜自己的作品，而消费者会将还能用的物品抛弃，不断追求新的产品。于是工匠的占有欲变得更为强烈，更珍惜当前的东西，尽管那些东西没有生命，也仍然是他们过去劳动的化身；而消费者则更自由，想象力也更为丰富，在那些卖东西的人看来，他们更"英勇无畏"。——［美］克劳福德：《摩托车修理店未来工作哲学：让工匠精神回归》，粟之敦译，浙江人民出版社2014年版，第9页。

4. ［美］克劳福德

既然工匠的标准出自事物的逻辑而非说服的艺术，驯服地屈从这些标准或许会为工匠带来心灵上立足之地，并以此来对抗商业或政治煽动家所激起的荒唐希望。柏拉图把技术性的能力和修辞学区别开来的根据，是修辞学"没有解释事物的真实天性，因此完全无法辨识其原委"。工匠惯有的偏差不是偏向新事物，而是偏向他的客观工艺标准。尽管其应用范围非常狭窄，却是现代生活中很稀有的东西———一种对事物冷漠、吹毛求疵，而且可以被公开证明的概念。这种强烈的本体论（ontology），多少与新资本主义的前沿机构格格不入，也与以为这些机构培养合格工人（被一套技能解放的被驯服的通才）为目的的教育体系格格不入。——［美］克劳福德：《摩托车修理店未来工作哲学：让工匠精神回归》，粟之敦译，浙江人民出版社2014年版，第10页。

5. ［美］克劳福德

目前在我们的学校中，手工艺业并没有得到太多的尊重。出于公平性方面的考虑，我们总是为学生铺路，让他们去读大学预科和职业教育；现在，另一种担心显得更加突出：害怕一旦掌握某一特定的技能，就意味着生活已经定型。相反，在大学里面，大多数学生并不会学习任何特定的应用技巧，大学只是一张通往广阔未来的门票。——［美］克劳福德：《摩托车修理店未来工作哲学：让工匠精神回归》，粟之敦译，浙江人民出版社2014年版，第10页。

6. ［美］克劳福德

工匠精神意味着要学习把一件事情做到尽善尽美，而新经济的理想人才是能够学习新东西的有潜能的人。——［美］克劳福德：《摩托车修理店未来工作哲学：让工匠精神回归》，粟之敦译，浙江人民出版社 2014 年版，第 10 页。

7.［韩］金南局

在发现问题的过程中，需要有弹性的思维和组合不同性质要素的包容力；但是在解决问题的过程中，则需要有不肯妥协的态度和精益求精的工匠精神。——［韩］金南局：《创新从效仿开始》，王笑天、洪梅译，南海出版公司 2014 年版，第 202 页。

8.［韩］洪夏祥

即使对一个点心，日本的师傅们也倾尽毕生的心血，世世代代执着追求精益求精。正因为这种工匠精神在数百年来都能活生生地传承下来，所以日本才得以用尖端技术称霸世界。——［韩］洪夏祥：《百年银座名店的经营之道》，金时强译，中国铁道出版社 2013 年版，第 31 页。

9.［日］柄谷行人

在后发达资本主义国家，并没有采取通过工场手工业的发展而慢慢改变工匠精神气质的做法。——（日）柄谷行人：《世界史的构造》，赵京华译，中央编译出版社 2012 年版，第 174 页。

10.［日］光野·桃

中泽新一所著《精灵之王》（讲谈社出版）一书中，关于工匠精神如此写道："依照脑中所想，控制自然，使其产生变化并不是制作工艺的全部。顺应自然的变化，改变自己的行为，让人与自然的关系对等也是制作工艺之一。"——［日］光野·桃：《优雅一生的装扮课》，胡菡译，中信出版社 2009 年版，第 94—95 页。

11.［中］邓朴方

什么是"工匠精神"？它是这样一种精神，劳动者把自己的身心全部注入自己的劳动产品之中，使产品成为作品，成为艺术品，使自己的才能与智慧形象化、物质化。这是一种可贵的文化，对于一个国家、一个民族的振兴起着重要作用。——邓朴方:《人道主义的呼唤》,华夏出版社1999年版,第285页。

12. ［韩］金现泰

工匠精神法则:倾注了自己灵魂的作品才称得上是伟大的作品。——(韩)金现泰:《临近30岁:脱胎换骨》,唐建军译,万卷出版公司2009年版,第48页。

13. ［中］李砚祖

现在,各行各业面临的发展、转型升级,更需要一种精神加以保证,那就是得到国家重视和提倡的"工匠精神"!这是我国从制造大国走向制造强国的根本保证。——李砚祖:《工匠精神与创造精致》,《装饰》2016年第5期。

14. ［德］阿尔弗雷德·索恩-雷特尔

无论如何,佛罗伦萨的情况明显是这样的。在这些工匠的精神教育与艺术方面,数学得到了高度利用。——［德］阿尔弗雷德·索恩-雷特尔:《脑力劳动与体力劳动:西方历史的认识论》,谢永康、侯振武译,南京大学出版社2015年版,第90页。

15. ［美］珍妮弗·辛尼

马修·B.克劳福德在他2009年的畅销书《摩托车修理店的未来工作哲学:让工匠精神回归》中给出了简洁的论点。他指出,如今办公室职员经常感到,"尽管他们的工作必须满足的人为指标很多,但是却缺乏那种规定的客观标准,例如木工的标准。"信息产业把"知识型工作"塑造成令人尊敬的工作,以至于人们再也体验不到用双手所做的喜悦。——［美］珍妮弗·辛尼:《孩子的到来如何改变你的生活 所有的幸与不幸 现代亲子悖论》,赵诗海、高向文、迟逍译,中国青年出版社2015年版,第111页。

16. ［中］林东林

近百年来,中国手艺人、匠人大幅减少,"工匠精神"不复再有,享受这种工艺的雅致阶层也在消失。我们不再追求极致,不再追求品位，什么都以规模和利润论，终于造就一个对辨别和鉴赏粗枝大叶的社会，所以即使五千年的泱泱文明也难以诞生一个奢侈品牌。——林东林：《身体的乡愁》，译林出版社 2013 年版，第183 页。

17.（唐）白居易

匠人执斤墨，采度将有期。（白居易《广大教化主》）——［唐］张为《诗人主客图》

18.（唐）沈千运

持斧事远游，固非匠者心。——《箧中集》

19.（三国魏）曹植

大匠无弃材，船车用不均。——《当欲游南山行》

20.（战国）孟子

梓匠轮舆能与人规矩，不能使人巧。——《孟子·尽心》

21.（战国）孟子

大匠不为拙工改废绳墨，羿不为拙射变其彀率。——《孟子·尽心》

22.（唐）魏玄同

匠之不良，无以成其工。——《旧唐书·列传第三十七》

参考文献（中卷）

一 国内文献

（汉）班固：《汉书》，中华书局 1964 年版。

（清）毕沅：《续资治通鉴》，岳麓书社 2008 年版。

（宋）蔡襄：《蔡襄全集》，陈庆元等校注，福建人民出版社 1999 年版。

（明）曹昭著，王佐增：《新增格古要论》，中国书店 1987 年版。

曹焕旭：《中国古代的工匠》，商务印书馆国际有限公司 1996 年版。

（清）陈梦雷、蒋廷锡等编：《钦定古今图书集成·经济汇编·考工典（1—18）》，华中科技大学出版社 2008 年版。

陈剩勇：《浙江通史》，浙江人民出版社 2005 年版。

陈伟：《中国漆器艺术对西方的影响》，人民出版社 2012 年版。

陈伟、周文姬：《西方人眼中的东方陶瓷艺术》，上海教育出版社 2004 年版。

陈振：《宋史》，上海人民出版社 2003 年版。

戴山青选译：《刘伯温寓言选》，江西人民出版社 1986 年版。

戴吾三：《考工记图说》，山东画报出版社 2003 年版。

邓之诚：《中华二千年史》，东方出版社 2013 年版。

（清）董诰等编：《全唐文》，山西教育出版社 2002 年版。

（唐）杜佑：《通典》，岳麓书社 1995 年版。

（南朝宋）范晔：《后汉书》，中州古籍出版社 1996 年版。

冯承钧：《中国南洋交通史》，商务印书馆 2011 年版。

顾海编：《东南亚古代史中文文献提要》，厦门大学出版社 1990 年版。

（宋）灌圃耐得翁：《都城纪胜》，中国文史出版社 1999 年版。

韩振华：《航海交通贸易研究》，香港大学亚洲研究中心 2002 年版。

何庆先等整理、广陵书社编辑：《中国历代考工典》（共四册），江苏古籍出版社 2003 年版。

黄纯艳：《宋代海外贸易》，社会科学文献出版社 2003 年版。

黄启臣：《广东海上丝绸之路》，广东经济出版社 2003 年版。

纪宗安编：《中外关系史名著提要》，中国华侨出版社 2002 年版。

蒋径三：《文化教育学》，商务印书馆 1936 年版。

（清）蓝浦等：《景德镇陶录校注》，欧阳琛、周秋生校点，卢家明、左行培注释，江西人民出版社 1996 年版。

（宋）李焘：《续资治通鉴长编》，中华书局 1979 年版。

梁太济、包伟民：《宋史食货志补正》，杭州大学出版社 1994 年版。

林仁川：《明末清初私人海上贸易》，华东师范大学出版社 1987 年版。

凌瑞良：《物理学史话与知识专题选讲》，南京师范大学出版社 2010 年版。

（汉）刘安著，陈广忠译注：《淮南子》，中华书局 2012 年版。

（南朝宋）刘义庆：《世说新语》，沈海波译注，中华书局 2011

年版。

刘成纪：《自然美的哲学基础》，武汉大学出版社 2008 年版。

刘正成：《书法艺术概论》，商务印书馆 2014 年版。

龙思泰：《早期澳门史》，吴义雄等译，上海东方出版社 1998 年版。

路甬祥主编，何堂坤著：《中国古代手工业工程技术史》，山西教育出版社 2012 年版。

（秦）吕不韦等编撰，张双棣等注译：《吕氏春秋译注》，吉林文史出版社 1993 年版。

（明）罗日褧：《咸宾录》，中华书局 1983 年版。

罗光：《利玛窦传》，台湾学生书局 1979 年版。

（元）马端临：《文献通考》，山东画报出版社 2004 年版。

马祖毅、任荣珍：《汉籍外译史》，湖北教育出版社 1997 年版。

（战国）墨子：《墨子》，蒋重母、邓海霞译注，岳麓书社 2014 年版。

牟实库主编：《丝绸之路文献叙录》，兰州大学出版社 1989 年版。

（宋）欧阳修、宋祁：《新唐书》，中华书局 1975 年版。

潘天波：《符号与心体》，中国社会科学出版社 2015 年版。

彭修银：《东方美学》，人民出版社 2008 年版。

曲金良主编：《中国海洋文化史长编》，中国海洋大学出版社 2013 年版。

沙丁、杨典求等：《中国和拉丁美洲关系简史》，河南人民出版社 1986 年版。

沈雨梧：《清代科学家》，光明日报出版社 2010 年版。

（明）宋濂等：《元史》（简体本），中华书局 2000 年版。

宋岘：《中国阿拉伯文化交流史话》，中国大百科全书出版社 2000 年版。

（清）孙希旦：《礼记集解》，沈啸寰、王星贤点校，中华书局1989年版。

孙文范编撰：《世界历史地名辞典》，吉林文史出版社1990年版。

孙玉琴、赵崔莉：《中国对外开放史》，对外经济贸易大学出版社2012年版。

（元）陶宗仪：《南村辍耕录》，武克忠、尹贵友校点，齐鲁书社2007年版。

田自秉、华觉明：《历代工艺名家》，大象出版社2008年版。

（元）脱脱等：《宋史》，吉林人民出版社1995年版。

（元）汪大渊著，苏继颀校释：《岛夷志略校释》，中华书局1981年版。

（汉）王充：《论衡》，上海人民出版社1974年版。

（清）王之春：《清朝柔远记》，赵春晨点校，中华书局1989年版。

（宋）王存：《元丰九域志》，中华书局1984年版。

（宋）王云：《鸡林志》（《说郛》本卷七十七），商务印书馆1927年版。

王伯鲁：《技术究竟是什么：广义技术世界的理论阐释》，科学出版社2006年版。

王伯敏等编：《书学集成》（元明），河北美术出版社2002年版。

王琥：《漆艺概要》，江苏出版社1999年版。

王世襄：《清代匠作则例》，中国书店2008年版。

王世襄：《髹饰录解说：王世襄》，生活·读书·新知三联书店2013年版。

（宋）吴自牧：《梦粱录》，浙江人民出版社1980年版。

夏东元：《晚清洋务运动研究》，四川人民出版社1985年版。

忻平：《全息史观与近代城市社会生活》，复旦大学出版社 2009 年版。

徐继畬著，宋大川：《瀛寰志略校注》，文物出版社 2007 年版。

徐肖南等编译：《东方的发现：外国学者谈海上丝路与中国》，广东旅游出版社 2001 年版。

（清）严可均：《全宋文》，苑育新审订，商务印书馆 1999 年版。

杨海蛟：《书法文献检索举要》，中州古籍出版社 2012 年版。

杨永生：《哲匠录》，中国建筑工业出版社 2005 年版。

杨钟义编：《辽海丛书》，辽海书社 1985 年版。

（唐）义净，王邦维注：《大唐西域求法高僧传校注》，中华书局 1988 年版。

（清）永瑢等：《四库全书总目提要》，中华书局 1965 年版。

余同元：《传统文化的现代转型》，天津古籍出版社 2012 年版。

余振贵、杨怀中：《中国伊斯兰文献著译提要》，宁夏人民出版社 1993 年版。

袁宣萍：《十七至十八世纪欧洲的中国风格设计》，文物出版社 2006 年版。

（元）臧晋叔编：《元曲选》，中华书局 1989 年版。

（明）张岱：《陶庵梦忆　西湖梦寻》，中州古籍出版社 2012 年版。

（清）张荫桓：《三洲日记》，北京刊印本 1896 年版。

（清）张荫桓：《张荫桓日记》，任青、马忠文整理，上海书店出版社 2004 年版。

张夫也：《世界现代设计简史》，中国青年出版社 2013 年版。

张荣铮等点校：《大清律例》，天津古籍出版社 1993 年版。

张星烺编注，朱杰勤校订：《中西交通史料汇编》，中华书局 2003 年版。

（宋）赵汝适：《诸蕃志》，中华书局 1985 年版。

（宋）赵汝适原著，杨博文校释：《诸蕃志校释》，中华书局 1996 年版。

中国科学院中国自然科学史研究室编：《中国古代科学家》，科学出版社 1959 年版。

张杰峰主编：《二十五史》，中国文史出版社 2003 年版。

（明）周嘉胄：《装潢志》，中华书局 1985 年版。

（宋）周去非：《岭外代答》，屠友祥校注，上海远东出版社 1996 年版。

（宋）周去非：《岭外代答校注》，杨武泉校注，中华书局 1999 年版。

（元）周达观：《真腊风土记校注》，夏鼐校注，中华书局 1981 年版。

（元）周达观、耶律楚材、周致中：《真腊风土记校注 西游录 异域志》，夏鼐、向达、陆峻岭校注，中华书局 2000 年版。

周菁葆：《丝绸之路佛教文化研究》，新疆人民出版社 2009 年版。

周宁：《世纪中国潮》，学苑出版社 2004 年版。

周启超主编：《跨文化的文学理论研究》（第 6 辑），知识产权出版社 2014 年版。

周绍良主编：《全唐文新编》，吉林文史出版社 2000 年版。

周迅编：《论古代中国 1965—1980 年日文文献目录》，书目文献出版社 1984 年版。

（宋）朱彧：《萍洲可谈》，中华书局 1985 年版。

朱亚非：《明代中外关系史研究》，济南出版社 1993 年版。

朱中原、顾则徐：《书之殇：中国书法文化对话录》，东方出版社 2014 年版。

邹其昌：《宋元美学与设计思想》，人民出版社 2015 年版。

二　国外文献

［美］艾米·蔡：《大国兴亡录》，刘海青、杨礼武译，新世界出版社 2013 年版。

［美］保罗·哈丁：《修补匠》，刘士聪译，译林出版社 2012 年版。

［英］彼得·奥斯本：《时间的政治：现代性与先锋》，王志宏译，商务印书馆 2014 年版。

［日］柄谷行人：《世界史的构造》，赵京华译，中央编译出版社 2012 年版。

［法］布尔努瓦：《丝绸之路》，耿昇译，新疆人民出版社 1982 年版。

［法］布罗斯：《发现中国》，耿昇译，山东画报出版社 2002 年版。

［日］仓桥重史：《技术社会学》，王秋菊、陈凡译，辽宁人民出版社 2012 年版。

［加］查尔斯·琼斯：《全球正义：捍卫世界主义》，李丽丽译，重庆出版社 2014 年版。

［秘］陈-罗德里格斯：《拉丁美洲的文明与文化》，白凤森等译，商务印书馆 1990 年版。

［美］戴维·斯沃茨：《文化与权力：布迪厄的社会学》，陶东风译，上海译文出版社 2006 年版。

［美］丹尼尔·贝尔：《资本主义文化矛盾》，严蓓文译，江苏人民出版社 2012 年版。

［英］E. P. 汤普森：《英国工人阶级的形成》，钱乘旦等译，译林出版社 2013 年版。

［法］福西永：《形式的生命》，陈平译，北京大学出版社 2011 年版。

[美] 盖特雷恩：《认知艺术》，王滢译，世界图书出版公司北京公司 2014 年版。

[瑞] H. 沃尔夫林：《艺术风格学——美术史的基本概念》，潘耀昌译，辽宁人民出版社 1987 年版。

[德] 黑格尔：《精神现象学》，贺麟、王玖兴译，商务印书馆 1979 年版。

[法] 亨利·帕格森：《材料与记忆》，肖聿译，译林出版社 2011 年版。

[法] J. -P. 德勒热：《丝绸之路：东方和西方的交流传奇》，吴岳添译，上海书店出版社 1998 年版。

[法] 吉尔·德勒兹：《批评与临床》，刘云虹等译，南京大学出版社 2012 年版。

[美] 蒋彝：《中国书法》，上海书画出版社 1986 年版。

[法] 卡特琳娜·维托尔·德文登：《国家边界的开放》，罗定蓉译，社会科学文献出版社 2010 年版。

[荷] 科恩：《科学革命的编史学研究》，张卜天译，湖南科学技术出版社 2012 年版。

[美] 克劳福德：《摩托车修理店未来工作哲学：让工匠精神回归》，粟之敦译，浙江人民出版社 2014 年版。

[美] L. S. 斯塔夫里阿诺斯：《全球通史——1500 年以前的世界》，吴象婴、梁赤民译，上海社会科学院出版社 1988 年版。

[美] 赖德烈：《早期中美关系史（1784—1844）》，陈郁译，商务印书馆 1963 年版。

[美] 理查德·桑内特：《匠人》，李继宏译，上海译文出版社 2015 年版。

[美] 理查德·舒斯特曼：《身体意识和身体美学》，程相占译，商务印书馆 2011 年版。

[德] 利奇温：《十八世纪中国与欧洲文化的接触》，朱杰勤译，

商务印书馆 1962 年版。

［意］利玛窦、［比］金尼阁：《利玛窦中国札记》，何高济、王遵仲、李申译，广西师范大学出版社 2001 年版。

［意］利玛窦著，朱维铮主编：《利玛窦中文著译集》，复旦大学出版社 2001 年版。

［英］罗伯特·莱顿：《艺术人类学》，李东华、王红译，广西师范大学出版社 2009 年版。

［德］马丁·海德格尔：《海德格尔的存在哲学》，唐译编译，吉林出版集团有限责任公司 2013 年版。

［意］马可·波罗：《马可·波罗游记》，陈开俊等译，福建科学技术出版社 1981 年版。

［英］迈克尔·苏立文：《中国艺术史》，徐坚译，上海人民出版社 2014 年版。

［美］麦克·布洛维：《公共社会学》，沈原等译，社会科学文献出版社 2007 年版。

［英］米歇尔·康佩·奥利雷：《非西方艺术》，彭海姣、宋婷婷译，广西师范大学出版社 2004 年版。

［日］木宫泰彦：《日中文化交流史》，胡锡年译，商务印书馆 1980 年版。

［罗］尼古拉·斯帕塔鲁·米列斯库：《中国漫记》，蒋本良、柳凤运译，中国工人出版社 2000 年版。

［法］佩雷菲特：《停滞的帝国——两个世界的撞击》，王国卿等译，生活·读书·新知三联书店 1993 年版。

［美］皮娜：《家具史：公元前 3000—2000 年》，吕九芳、吴智慧等译，中国林业出版社 2014 年版。

［以］齐安·亚非塔：《艺术对非艺术》，王祖哲译，商务印书馆 2009 年版。

［美］乔尔·科特金：《新地理：数字经济如何重塑美国地貌》，

社会科学文献出版社 2010 年版。

　　［美］乔治·C. 瓦伦特：《阿兹特克文明》，朱伦、徐世澄译，译林出版社 2013 年版。

　　［日］清少纳言：《日本古代随笔选》，周作人、王以铸译，人民文学出版社 1988 年版。

　　［日］三上次男：《陶瓷之路》，李锡经、高喜美译，文物出版社 1984 年版。

　　［日］榊原英资：《日本的反省：走向没落的经济大国》，周维宏、管秀兰译，东方出版社 2013 年版。

　　［苏］斯坦尼斯拉夫斯基：《论匠艺》，张守慎译，中国戏剧出版社 1957 年版。

　　［英］斯科特·拉什、约翰·厄里：《符号经济与空间经济》，王之光、商正译，商务印书馆 2006 年版。

　　［英］斯坦因：《斯坦因西域考古记》，向达译，中华书局 1936 年版。

　　［英］汤因比：《人类与大地母亲：一部叙事体世界历史》，徐波等译，马小军校，上海人民出版社 2012 年版。

　　［美］特伦斯·M. 汉弗莱：《美洲史》，王笑东译，民主与建设出版社 2004 年版。

　　［美］托马斯·芒罗：《东方美学》，欧建平译，中国人民大学出版社 1990 年版。

　　［法］维尔南：《希腊人的神话和思想：历史心理分析研究》，黄艳红译，中国人民大学出版社 2007 年版。

　　［英］吴芳思：《丝绸之路 2000 年》，赵学工等译，山东画报出版社 2008 年版。

　　［美］西奥多·德莱塞：《嘉莉妹妹》，人民文学出版社 2012 年版。

　　［法］雅克·勒高夫：《谈谈另一个中世纪：西方的时间、劳动

和文化》，周莽译，商务印书馆 2014 年版。

[摩洛哥] 伊本·白图泰：《伊本·白图泰游记》，马会鹏译，宁夏人民出版社 2000 年版。

[德] 尤根·哈贝马斯：《公共领域的结构转型》，曹卫东等译，学林出版社 1990 年版。

김헌선.An Introduction on Craftsman's Culture of Korea. 한국학연구，1996，8.

이영희.古代三國統一新羅 의匠人 미술사학연구:구고고미술，2004.

Ambler, J.S., Neathery, J., Education Policy and Equality: some Evidence from Europe .Social Science Quarterly, 1999, 80 (3).

Appleton, William Worthen.*A Cycle of Cathay, the Chinese Vogue in England During the 17th and 18th Centuries, by William W.Appleton.*Columbia University Press, 1951.

Atchoarena, D., Delluc, A. M., Bird, A., et al., Revisiting Technical and Vocational Education in Sub-Saharan Africa: an Update on trends, Innovations and Challenges: Final Report .World Bank, 2001.

Ayers, John, Oliver, R., Impey, and John VG Mallet. *Porcelain for palaces: the fashion for Japan in Europe*, 1650—1750. Oriental Ceramic Society, 1990.

Beevers, David, ed. *Chinese Whispers: Chinoiserie in Britain*, 1650—1930.Royal Pavilion Libraries & Museums, 2008.

Benton, Charlotte, Tim Benton, and Ghislaine Wood. *Art Deco*: 1910—1939.Bulfinch, 2003.

Bettina Lange, Nafsika Alexiadou: Policy Learning and Governance of Education Policy in the EU .Journal of Education Policy, 2010, 25 (25).

Billett, Stephen.From Your Business to Our Business: Industry and

Vocational Education in Australia . Oxford Review of Education, 2004, 30 (1).

Bob Lingard, Shaun Rawolle. New Scalar Politics: Implications for Education Policy . Comparative Education, 2011, 47 (4).

Bowen, J. L., Educational Strategies to Promote Clinical Diagnostic Reasoning . New England Journal of Medicine, 2006, 355 (21).

Brockmann, M., Clarke, L., Méhaut, P., et al., Competence - Based Vocational Education and Training (VET): the Cases of England and France in a European Perspective. Vocations & Learning, 2008, 1 (3).

Brunello, G., Field, S., Hoffman, N., Learning for Jobs OECD Reviews of Vocational Education and Training Norway. Oecd, 2008, 2 (3).

Bruner, J., The Culture of Education . Australian Journal of Language & Literacy, 1996, 13 (3): 224.

Buck, Bernhard. Towards Entrepreneurship in Vocational Education and Training. Vocational Education Research & Reality, 2002 (5).

Car, L., Crossman, the China Trade—Eeport Paintings Furniture, Silver & Other Objects.

Center, V. T., Norman, OK. Total Quality Management in Vocational - Technical Education. Moore - Norman Vo - Tech Center. (ED, 1991.

Cescinsky, Herbert. *Chinese Furniture: A Series of Examples from Collections in France*. Benn, 1922.

Chinese Repository (《中国的货栈》), VOL.II, (1833).

Clunas, Craig. *Chinese Export Art and Design*. Victoria & Albert Museum, 1987.

Congress, O. S., Washington, Workforce. D H C O E. Carl D.

Perkins Vocational-Technical Education Act Amendments of 1997. Report Together with Additional and Minority Views [To Accompany H. R. 1853]. 1997.

Conner, Patrick. *Oriental Architecture in the West.* London: Thames and Hudson, 1979.

Cort, P., Vocational Education and Training in Denmark: Short Description. CEDEFOP Panorama Series, 2002.

Cremer, H., Pestieau, P., Intergenerational Transfer of Human Capital and Optimal Education Policy .Journal of Public Economic Theory, 2006, 8 (4).

Crossman, Carl, L., *The Decorative arts of the China trade: Paintings, Furnishings and Exotic Curiosities.* Antique Collectors Club Dist, 1991.

Dauterman, Carl Christian. " Dream – Pictures of Cathay: Chinoiserie on Restoration Silver." *Bulletin of the Metropolitan Museum of Art, New York* [*Summer* 1964] (1964).

Deissinger, T., The apprenticeship crisis in Germany: the National Debate and Implications for Full – time Vocational Education and Training, 2006.

Finlay, Ian. *Chinese Lacquer in the Royal Scottish Museum* , 1951.

Fry, Roger Eliot, et al. *Chinese art: An Introductory Handbook to Painting, Sculpture, Ceramics, Textiles, Bronzes & Minor arts.* Vol. 1. Batsford, 1935.

Fryberg, S.A., Cultural Psychology as a Bridge Between Anthropology and Cognitive Science .Topics in Cognitive Science, 2012, 4 (3).

Fuhrman, S. H. E., Designing Coherent Education Policy: Improving the System .Contemporary Sociology, 1994, 23 (4).

Garner, Harry, M., "The Export of Chinese Lacquer to Japan in the

Yuan and Early Ming Dynasties." *ARCH.ASIAN ART* 25 （1971）.

Gibb, H.A.R., the Travels of Ibn Battita, 1325—1354, 3 Vols. Cambridge University Press. for the Hakluyt Society 1958—1971. C. Defr6mery et B.R.Sanguinetti （tr.）. Voyages d'Ibn Battuta, 5vols. Paris: Soei6t6 Asia tique, 1853—1859.

Grubb, W.N., Ryan, P., The Roles of Evaluation for Vocational Education and Training. Plain Talk on the Field of Dreams. Economics of Education Review, 1999, 1 （5）.

Hammack, P.L., Narrative and the Cultural Psychology of Identity . Personality & Social Psychology Review, 2008, 12 （3）.

Hanushek, E. A., Woessmann, L., Zhang, L., General Education, Vocational Education, and Labor-Market Outcomes Over the Life-Cycle. Lei Zhang, 2011.

Harry, C., Cross—cultural Psychology .Asian Journal of Social Psychology, 2013, 2 （1）.

Hernandez-Gantes, V.M., Others, A., Fostering Entrepreneurship through Business Incubation: The Role and Prospects of Postsecondary Vocational - Technical Education. Report 1: Survey of Business Incubator Clients and Managers. Business Administration, 1996.

Hobson, Robert Lockhart. *Chinese Art: One Hundred Plates in Colour Reproducing Pottery & Porcelain of All Periods, Jades, Paintings, Lacquer, Bronzes and Furniture.* Macmillan, 1952.

Hubert Ertl. The Concept of Modularisation in Vocational Education and Training: The debate in Germany and its implications. Oxford Review of Education, 2010, 28 （100）.

Huth, Hans. "Art and Technique: European lacquer work and its influence on the decorative arts." *Plaisir de.*

Hyslop-Margison, E.J., An Assessment of the Historical Arguments in Vocational Education Reform .Journal of Career & Technical Education, 2000, 17.

Impey, Oliver, R., *Chinoiserie: The Impact of Oriental styles on Western art and decoration*.Oxford University Press, 1977.

Impey, Oliver, R., Christiaan JA Jörg, and Cynthia Vialle. *Japanese Export Lacquer*.Hotei, 2004.

Jackson, Anna MF, and Amin Jaffer. *Encounters: the Meeting of Asia and Europe*, 1500—1800.Victoria & Albert Museum, 2004.

Jarry, Madeleine.*Chinoiserie: Chinese Influence on European Decorative art 17th and 18th centuries*.Vendome Pr, 1981.

Jones, M.O., Craftsman of the Cumberlands: Tradition & Creativity [M]. University Press of Kentucky, 1989.

Jourdain, Margaret, and Soame Jenyns. *Chinese Export art in the Eighteenth Century*.Country Life, 1950.

Kuwayama, George. *Far Eastern Lacquer*. Los Angeles County Museum, 1982.37.Kung-shin C.French Jesuits and Chinese lacquer in the late 17th Century.Oriental art, 1999, 45 (4).

Laufer, Berthold. *Chinese Baskets*. Field Museum of Natural History, 1925.

Lee, G.R., Family, Socialization and Interaction Process .Journal of Marriage & Family, 2000, 62 (1).

Lee, S.K., Sobal, J., Frongillo, E.A., Comparison of Models of Acculturation the Case of Korean Americans .Journal of Cross – Cultural Psychology, 2005, 7 (34).

Lee, Sherman, E., and Wai – kam Ho. *Chinese art under the Mongols: the Yüan dynasty*, 1279—1368. Cleveland Museum of Art; [distributed by the Press of Case Western Reserve University, 1968.

Lehmann, W., University as Vocational Education: Working-class students' Expectations for University .British Journal of Sociology of Education, 2009, 30 (30).

Lesley Jr, Everett P. "Lacquer: Oriental and Western, Ancient and Modern." 1951.

Levesque, K., Others, A., Vocational Education in the United States: the Early 1990s, 1995, 2 (43).

Lion, Daisy Goldschmidt, Soame Jenyns, and William Watson. *Chinese Art: Gold, Silver, Later Bronzes, Cloisonné, Cantonese Enamel, Lacquer, Furniture, Wood.* Vol.2.Rizzoli, 1980.

Long, P. O., Artisan/Practitioners and the Rise of the New Sciences, 1400—1600. Sixteenth Century Journal, 2013, 65 (3): 202-203.Dear P.Pamela Long, Artisan/Practitioners and the Rise of the New Sciences, 1400—1600. (The Horning Visiting Scholars Series.) Corvallis: Oregon State University Press,.

Losh, C. L., Using Skill Standards for Vocational - Technical Education Curriculum Development.Information Series No.383, 2000.

Low-Beer, Fritz. *Chinese Lacquer of the Early 15th Century.* Museum of Far Eastern Antiquities, 1950.

Machin, S., Vignoles, A., Education Policy in the UK. CEE DP 57.Centre for the Economics of Education, 2006.

Manifold, M.C., Fanart as craft and the Creation of Culture .International Journal of Education Through Art, 2009, 5 (5).

Martini, M., The Merton-Shapin Relationship from the Historiographic Debate Internalism/externalism. Cinta De Moebio, 2011 (42): 288-301.

Matlay, H., Vocational Education and Training in Britain: a Small Business Perspective .Education+Training, 2013, 41 (1).

Matthew Clarke. Talking bout a Revolution: the Social, Political, and Fantasmatic Logics of Education Policy .Journal of Education Policy, 2012, 27 (2).

Matthew Clarke. The (absent) Politics of Neo – liberal Education Policy .Critical Studies in Education, 2012, 53 (3).

Mcquay, P. , A Discussion Paper on Vocational Technical Education in the United States of America.Adult Vocational Education, 2001.

Miller, J.G. , Cultural Psychology: Implications for Basic Psychological Theory .Psychological Science, 1999, 10 (2).

Morena, Francesco.*Chinoiserie*: *The Evolution of the Oriental Style in Italy from the* 14*th to the* 19*th Century.*Centro Di Edizioni, 2009.

Oketch, M.O. , To Vocationalise or not to Vocationalise? Perspectives on Current Trends and Issues in Technical and Vocational Education and Training (TVET) in Africa .International Journal of Educational Development, 2007, 27 (2).

Olssen, M. , Codd, J. , and O'Neill, A. M. , Education Policy: Globalization, Citizenship and Democracy.SAGE Publications, 2004.

Olteanu, L. , Romanian Education in the Eastern European Education. Studia Universitatis " Vasile Goldi?" Arad – Economic Sciences, 2009 (1).

Onstenk, J. , Entrepreneurship and Vocational Education. European Educational Research Journal, 2003, 2 (1).

Organization, A. C. , Paris (France). Revised Recommendation Concerning Technical and Vocational Education.Unesco, 1974.

Panofsky E. Renaissance and Renascences in Western Art. Art Bulletin, 1962, 44 (1).

Parkes, D. , Editorial: Parity of Esteem for Vocational Education?. European Journal of Education, 1993 (2).

Puiggrós, A. , World Bank Education Policy: Market Liberalism

Meets Ideological Conservatism . International Journal of Health Services, 1997, 27 (2).

R. A., Shweder. Cultural Psychology: What is it? New York, Cambridge University Press, 1990.13.

Ragué, Beatrix von. *A History of Japanese Lacquerwork.* University of Toronto Press, 1976.

Ratner, C., Cultural Psychology, Cross – cultural Psychology, Indigenous Psychology, 2008: 1.

Ratner. C., Cultural Psychology (General), Springer US, 2012.

Reichwein, Adolf. *China and Europe: Intellectural and Artistic contacts in the Eighteenth Century.* K. Paul, Trench, Trubner & Co., ltd., 1925.

Roger Slee, Amy Stambach. Globalizing Education Policy . British Journal of Sociology of Education, 2011, 31 (3).

Rothstein, J., Teacher Quality in Educational Prodution: Tracking, Dacay, and Student Achievement . Quarterly Journal of Economics, 2010, 125 (1).

Sackmann, R., Häussermann, H., Do Regions Matter? Regional Difference in Female Labour-Market Participation in Germany. Environment & Planning A, 1994, 26 (9).

Sakellariou, C., Benefits of General vs Vocational/technical Education in Singapore using Quantile Regressions. International Journal of Manpower, 2013, volume 27 (27).

Salant, T., Lauderdale, D. S., Measuring Culture: a Critical Review of Acculturation and Health in Asian Immigrant Populations .Social Science & Medicine, 2003, 57 (1).

Savage, R.L., Culture and Education Policy in the American States, by Catherine Marshall; Douglas Mitchell; Frederick Wirt [M] // Culture and Education Policy in the American States.The Falmer Press, 1988.

Schmidtke, C., Chen, P., Philosophy of Vocational Education in China: A Historical Overview.Journal of Philosophy of Education, 2012, 46 (3).

Silbergeld, Jerome. *Chinese Painting Style*. Seattle: University of Washington Press, 1982.

Silverberg, M., Warner, E., Fong, M., et al., National Assessment of Vocational Education Final: Report to Congress.Executive Summary.Us Department of Education, 2004.

Simon McGrath. Reviewing the Development of the South African further Education and Training College Sector Ten Years after the end of Apartheid .Journal of Vocational Education & Training, 2006, 56 (56).

Taipei (Taiwan). A Brief Introduction to the Technological and Vocational Education of the Republic of China, 2000.2000.

The Travels of Ibn Battuta AD 1325-1354.Publ.for the Hakluyt Society at the University Press, 1958.

Training, C. E. C. F. O. V., Vocational Education and Training in Denmark.Short Description .Cedefop-European Centre for the Development of Vocational Training, 2012 (5).

Training, E.C.F.O.V., Institute D T.Social Dialogue on VET (vocational Education and Training): Denmark: final draft.Cedefop, 1999.

Training, E. C. F. O. V., Modernising Vocational Education and Training: Fourth Report on Vocational Training Research in Europe: Synthesis Report. Office for Official Publications of the European Communities, 2009.

Tregear M.*Chinese art*.London: Thames and Hudson, 1980.

Union, A., Strategy to Revitalize Technical and Vocational Education and Training (TVET) in Africa [C] // 2007.

Uno, T., Adachi, S., Sawaya, K., 'Economics imperialism', Education Policy and Educational Theory . Journal of Education Policy, 2012, 27 (2).

Viveca Lindberg. Learning Practices in Vocational Education . Scandinavian Journal of Educational Research, 2003, 47 (2).

Wannan, J., Tessaring, M., Vocational Education and Training—key to the Future: Lisbon–Copenhagen–Maastricht Mobilising for 2010. Office for Official Publications of the European Communities, 2004.

Watson, K., Technical and Vocational Education in Developing Countries: Western Paradigms and Comparative Methodology. Comparative Education, 1994, 30 (2).

Whitehead, John, *The French Interior in the Eighteenth Century*, Singapore, Laurence King Publishing, 1992.

Winters, A., Meijers, F., What are Vocational Training Conversations about? Analysis of Vocational Training Conversations in Dutch Vocational Education from a Career Learning Perspective . Journal of Vocational Education & Training, 2009, 61 (61).

Wood, Nigel. *Chinese Glazes: Their Origins, Chemistry, and Recreation.* University of Pennsylvania Press, 1999.

Yang, J., General or Vocational? The Tough Choice in the Chinese education Policy . International Journal of Educational Development, 1998, 18 (4).

Zimmer-Gembeck, M.J., Mortimer, J.T., Adolescent Work, Vocational Development, and Education. Review of Educational Research, 2006, 76 (4).

索引（中卷）

本书受陕西师范大学优秀学术著作出版基金、
陕西师范大学人文社会科学高等研究院学术著作
出版基金资助

特此致谢。

文化三论（下卷）

工匠

描绘器度

《描绘器度》从物的视角研究工匠文化形状，
探讨工匠文化的构成、书写及批评方式。

潘天波 ◎ 著

中国社会科学出版社

目　　录

下卷　描绘器度

下卷
描绘器度

绪　　论

研究范围是对研究对象边界的框定，研究方法是完成对象研究的思维工具，基本立场关涉研究对象的结构性内容展开。简言之，研究对象、研究方法及其基本立场对于任何对象研究都具有重要的潜在性预设作用。因此，按照研究可行性的一般惯例，《描绘器度》拟将在"绪论"中简析本研究的范围、方法及基本立场。

一　器之为器

在词源上，"器"与"犬"相关。在古代，凡器众多，"犬所以守之"。这表明人们对器用什物之爱护；也暗示器物在生活中的独特地位，因器重而礼遇之。以至于器已不全是生活之器，还是文化之器，或是国之重器。很明显，器物的物质范畴属性已经超越一般常识，或渗入或提升至文化或国家层面。相传，夏禹铸九鼎寓九州。鼎乃是国家权力之象征，为得天下者所持有。"问鼎中原"[1]之"鼎"与"天下"不无两样，彼此可成为等同意义符。换言之，器之为器，它已然超越凡器被使用的物质与生活层面，亦指向它的社会文化之意义深处。因此，器物作为工艺文化研究的对象，必然要偏向于对器物存在的社会性及其相关文化性的批评。那么，如何切入器物文化的社会性叙事呢？

历史发展经验表明，一切文化都要反映它在时间与空间上的生命力。传世的工艺文化不仅在时间延续上显示它超越时代的优越性，还在空间延展上被特定区域内的人们所接受与传承。譬如中国大漆[2]工艺文化就是一个从未断续，并被广泛延展的工艺文化。在社会性上，作为知识形态的工艺文化总是具有自己特定的社会话语权与被支配权。因此，在时空范围内，工艺文化总具有与之关联的"知识存在论"与"社会性论"的知识叙事体征。换言之，"知识存在论"与"社会性论"可以成为我们研究器物文化的一个重要切入点。

在"知识存在论"视野里，工艺文化的话语权总是受制于它背后社会思想的支配，尽管它标榜"独立精神"而试图游离于社会之外。在古代中国，作为具有神权意义的青铜话语权很显然受制于商周社会，汉代漆器文化是贵族文化的代表，宋代瓷器文化成为文人社会的标签，明清家具的繁缛哲学思想也离不开当时社会理学。换言之，工艺文化知识是社会文化的一根重要血脉，它特别能昭示出特定社会里工艺消费群体的现实审美意识、生活话语、文化立场及民族心理。反之，特定社会历史动因与现实生活境遇又能培育出特定的工艺消费群体、工艺消费对象与工艺消费文化，或直接影响一种新工艺知识形态及其文本的产生和发展。

在社会性论视野下，工艺文化知识并非完全是线性的呈现，它总是受制于社会及其他知识形态，并与其文化发生一种生态性关联。抑或说，工艺文化知识的背后总会隐喻一部全域式的他者知识社会学，即与工艺相联系的政治、商业、农业、消费、审美以及意识形态等诸多方面的社会要素。譬如景泰蓝[3]就是中国明清宫廷及其社会经济繁荣下的消费工艺品，它反映出中国古代漆艺、玉雕、掐丝、版画、烧蓝、镀金等工艺技术达到极致，并能说明中国古代工匠的杰出智慧（见图1）。可以说，工艺文化不仅是自身的文化，

还是他者的文化。"他者之力"[4]是工艺文化发展中的一个不可小觑
的力量。没有它，工艺及其本身的知识生产也是不可能的。另外，
"他力之美"也是工艺文化之美的显著标志。

图 0-1　景泰蓝工匠

就时空性而言，一门新工艺文化知识的存在与它借用的"他者
之力"不仅是隐喻的、符号的，还是互动的、情境的，并具有一定
的角色性与界限性。譬如，1901 年马尔克·奥莱尔·斯坦因（Marc
Aurel Stein，1862—1943）在新疆和田东部塔克拉玛干沙漠的"丹
丹乌里克"考古发现了一块"漆绘牌匾"（见图 0-2），这块古寺庙
的牌匾所暗示的工艺文化信息是丰富的，它既有空间符号性的隐
喻，也有东西文化互动的时间情境，并暗示图像中的人物在时空交
流中的文化角色。因此，隐喻与符号建构了工艺文化的语图之美；
互动与情境实现了工艺文化的他力之美；角色与界限呈现出工艺文

化的个性之美。具体地说，所谓"语图之美"是指工艺及其知识形态的形式之美，它包括语言之美与图像之美；"他力之美"是指工艺及其知识形态与社会其他文化的关系之美，在文化互动中实现自身文化之美，它包括互动之美与情境之美；"个性之美"是指工艺及其知识形态的个体体征之美，它包括角色之美与界限之美。

图 0-2　漆绘牌匾

在语言层面，器物凭借"身体符号"的语言之美彰显它内在的工艺文化内涵。器物的身体符号是解读器物被隐喻的文化皮肤。或者说，语言是器物外显的可观察的视觉基体。在广义层面，器物的身体语言是指器物的形式语言，包括铭文、图像、造型、色彩、结构、材料等多种视觉要素；在狭义层面，器物的身体语言就是指器物身体上刻画的线条、文字以及标记等。器物的身体语言是我们解析器物文化内涵最为外显的要素。因为语言符号是显露器物文化真实性最为可靠的基体。不过需要指出的是，器物身体语言虽然具有解读文化的穿透性与真实性，但是语言符号极其容易产生文化解读的惰性——"皮相之见"。譬如器物铭文的真实性若在得不到保证的前提下，对其解说就是一种文化惰性的误解。为此，我们应该看到，器物身体语言与身体图像及其他要素的"叙事共享性"，即器物形式语言不是孤立的，而是以文化的"群居化"或"集群化"的方式存在的。

图0-3　中国篮篓

在图像层面，器物凭借"身体符号"的图像之美召唤起它的工艺文化力。抑或说，"图像"能把器物"在场"的文化结构唤醒。器物的图像一般指向生活的"在场"图示或图式化场景，它既有现实场景，又有虚拟场景。前者现实图像能召唤现实生活结构，后者虚拟图像能唤醒意识形态结构。德裔美国汉学家贝特霍尔德·劳费尔（Berthold Laufer, 1874—1934）在 *Chinese Baskets*（《中国篮篓》）[5]中所拍摄的"漆篮篓"（见图3），作为真实图像，它能从一个侧面透视晚清宫廷生活"在场"及其工匠的审美"图式"；作为生活"篮篓"的器物，它身体上的隐喻图像或图案则能唤醒我们对清代皇家意识形态结构的文化认知。可以说，器物的图像结构具有被唤起的生活或意识结构功能。正是在这一点上，可以说，器物的图像符号史实则是一部生活与意识的历史。就功能而言，器物的图像符号不仅具有结构性召唤作用，还具有某种期待系统功能。一个器物的图像文化系统，即是一个完整的或显或隐的文化期待系统。换言之，我们只有"身临其境"（图像之中），才能发现图像符号文化的"显性期待域"——人与物；还能发掘图像符号文化的"隐性期待域"——情与境。图像的显性期待域一般指向器物图像的物质构成要素及其外显的时空语境；图像的隐性期待域总是指向器物的非物质构成要素或潜在的时空语境。因此，在分析器物图像符号时，我们要做的不仅是解析器物图像的物质构成要素，还要分析器物图像的非物质构成要素。器物图像的物质构成要素如材料及其数量、品质等；器物图像的非物质构成要素如时间要素、空间要素等。图像是时间要素体现在图像的各类生活场景，图像的空间要素表现在图像的各类生活场所。总之，物质、时间与空间是构成图像符号分析的三个重要维度，这也是器物之为器物的三个必要条件。

在关系层面，"关系之美"[6]是器物被赋予意味深长的文化内涵的重要诉求。首先，"关系之美"是一种他力之美。所谓"他力之美"，即不是器物身体本身的美，它是要凭借自身与他者之间的组合、结构、排列、移置、重叠等关系彰显出来的美。譬如，墓葬中的器物排列是要精心设置与布局的，不同的结构关系所指向的文化场景及其背后的寓意是有差异的。其次，"关系之美"是一种张力之美。空间场景里的器物绝非孤立物，它必然与其他器物或场景里的事物具有某种联系，尤其是器物身上有"主人"的体温、心跳、手纹、情感等生活性的东西。器物身体与主人身体之间的"隔"或"界"通常表现为一种生活张力，因为享有器物的"主人"之体温、心跳、手纹、情感是器物在场性的生活表现，但人与器之间的隐性关系所外显的永远是"不在场"。最后，"关系之美"是一种互动之美。器物与他物或使用器物者之间的关系是互动的，绝不是保守的或单向的。文化的互动性是我们解析器物文化最为核心的要素之一，它不仅在互动中看出器物本身的文化，还能见出整个社会的文化。因为互动意味着器物在时空中指向整体、参与、情境、网状、非线性等具有联动性的要素，并被裹挟到文化批评之中。抑或说，互动是文化主体的行为方式及其社会关系的反映，它是我们分析器物文化符号的思想形式与主观反映的对象。

在情境层面，情境之美也是器物文化的"他力之美"。在隐喻层面，一个墓葬内所有的器物均是"情境"中的"演员"，它们各自有自己的情境身份或角色扮演。如此说来，我们可以说，情境中的器物都具有一种如同库利（Cooley，1902）所提及的"镜像自我"（Looking-glass Self)[7]之他力功能。尤其是器物的语图结构所外显出来的情境场景，其间作为角色的器物无不暗示现实生活的"角色冲突"或"角色扮演"。换言之，器物的情境之美不仅能通过他者获得"镜像自我"，还能借助他者拥有米德（Mead，1934）式的"角色获得"（Role-taking）思想。

在角色层面，角色之美是器物文化的"个性之美"。墓葬内的器物符号或成组符号是情境中的角色行为方式与社会关系的替代物，扮演角色（如墓葬中的明器）或角色扮演（如墓葬中的生器）是器物自身个性之美的展示。扮演角色是为了追求生活的延续而创造的；角色扮演也是为了追求生活的延续，但它是生活中的"原器"。无论是扮演角色还是角色扮演，它们均是一种生活情境的模拟活动，都是角色行为的主观思想的客观化或抽象化。在客观性上，墓葬内的生器、祭器、明器等均具有结构性还原生活角色的期待系统；在抽象性上，墓葬内的器物框定、排列、组合等也具有结构性仿真生活角色的模拟功能。

在界限层面，界限之美也是器物文化的"个性之美"，但它同时兼具器物文化与其他文化之美的因子。"界限"是器物文化之美自足的条件。"界限"保障了器物文化自身与他者的区别，因而获得自立或自足。这就是说，"界限"是分析空间中的器物文化有效性的尺度。与此同时，"界限之美"也是器物文化之美互动的结果形态。在墓葬中，作为"道具"的器物，在空间层面上，它有中央与地方的界限，或有海洋与陆地的界限，这些空间界限史实则是器物自足的区域文化史；作为"场景"的器物，在被使用层面，它有诸侯与外侯、诸侯与帝王的界限，这些使用者的界限史实则是器物自足的社会界限史；作为"仪式"的器物，在时间层面，它有宗教生活与日常生活、官家生活与本土生活、主流生活与地域生活的界限，这些时间界限史实则是器物自足的思想界限史。因此，在广义上，一部器物文化史就是一部器物界限史。

器之为器，它指向社会文化的器。概而言之，一部器物艺术文化就是器物的语图史、关系史、情境史与角色史。这里面既有器物文化的存在史，又有器物文化的他力史，更有器物文化存在与他力之间的界限史。特别是在界限上，器物文化是指向器物与他物之间的"间性区"。这样的间性区既有器物文化与他者文化的重叠、交叉，又有器物文化与他者文化的透叠、缺减，还有器物文化与他者文化的并列、相切，更有器物文化与他者文化的包含、遮挡。抑或说，解析器物文化的间性区成为器物文化最为核心的批评范围。

二　描述、诊断与开放

一直以来，艺术文化的进步是很缓慢的，根本原因在于我们的艺术思维被禁锢在"习惯"与"传统"之上。传统的艺术文化的思维方法具有很大的滞后性，如同"曲士之教"包裹我们稚嫩的心体，迫使我们因循守旧。譬如，在艺术史上，传统意义上的器物文化的形状描述通常有形式、风格、美学及其知识等叙事策略。它们已然成为我们一种顽固的批评传统，也是非常顽固的思维方法论。在此，我们要对此进行描述、诊断，并提出开放式的方法论予以修正。

第一，"形式"是艺术史上带有"根本性"与"体系性"的美学范式，因此，我们无法撼动它的权威性。然而，它的"根本性"与"体系性"也就成为艺术文化批评自我发展的致命障碍。因为当一个学科宣布自己体系的完备性之后，它便从"根本"上走向不可发展的"死亡之路"。实际上，任何知识体系均是不完备的，一旦建构无法超越的完备体系，即预示它年事已高行将寿终正寝。

在中西文化中，"形式"的语义指向是有差异的。在汉语词语中，"形式"尤指事物的表象（外形）及其组织结构或表现方式。在西方文化中，"形式"较早就被亚里士多德（Aristotle，前384—前322）作为一个哲学名词使用，它的含义指向事物的内容本质。培根（Francis Bacon，1909—1992）在《新工具论》中指出："（形式）不是别的，正是支配和构造简单性质的那些绝对现实的规律和规定性。"换言之，西方文化中的"形式论"指向形式决定论或本质论。

西方的形式论思想一直支配他们对艺术的看法。在古希腊、古罗马时期，毕达哥拉斯学派认为，和谐、对称与比例的形式才是美的。苏格拉底（Socrates，前469—前399）直言："美在形式"，但他同时强调，形式的美与善或效用是有区别的。德谟克利特（前460—前370或前356）的"原子论"指向形式就是原子或虚空，它是万物的本源。柏拉图认为："美在理式"。西塞罗（Cicero，前106—前43）指出，"内在形象"是最美的形式。贺拉斯（Quintus，前65—前8）指出，诗的形式美在于朴素、统一与整体。维特鲁威（Vitruvius，约前80或前70—约前25）认为建筑的形式要求在于法式、均衡、布置与比例。在中世纪，普洛丁认为，质料的美是感情的低级形式美，上帝的美是最高级的美。奥古斯丁（Aurelius Augustinus，354—430）指出美的形式在于平衡、和谐与对称，也在于类似、适应等。托马斯·阿奎拉（Thomas Aquinas，1226—1274）认为，整一、比例与明晰是形式美的基本规定。在文艺复兴时代，人们普遍从科学、理性以及心理学视角看待"形式"。譬如，阿尔伯蒂（Leon Battista Alberti，1404—1472）认为，形式上的装饰是一种附着的美。达·芬奇（Leonardo da Vinci，1452—1519）指出，形式的美是一种科学艺术，它总是在几何秩序中形成。布瓦罗（Nicolas Boileau Despreaux，1636—1711）直言，形式是理性化的。夏夫兹博里（Shaftesbury，1671—1713）认为，物体美是一种死的形式，真正的活的形式在于"内在感官"。19—20世纪以来，人们对"形式"的理解倾向于符号艺术的自觉把握，而放弃了先前的形式本质论与心理学探究进路。维特根斯坦认为，形式的美在于家族相似性，克莱夫·贝尔认为，美的形式是有意味的。在现象学那里，形式的美是一种现象的美或意向的美。

通过简要梳理西方对"形式论"的研究历程，我们可以看出，西方早期形式论是一种形式的哲学本质论，它关涉宇宙本体论、人本本质论与神学本质论；第二阶段的形式论是围绕形式的审美心理学根源来追问的；第三阶段的形式论是以艺术社会学或现象学来展开研究的。

在西方形式论的影响下，我们对器物文化批评也有三个偏向：器物形式本质、器物形式心理学与器物形式现象学。这三种器物文化批评的偏向指向器物形式之哲学、器物形式之美学与器物形式之艺术社会学。因此，在形式论的庇护下，哲学、美学与艺术社会学就成为我们研究器物文化的三种基本方法论。在器物等艺术文化解析层面，哲学分析偏向于对现象与本质的分析，美学是审美感性或意识的分析或关涉主客体的分析，艺术社会学分析趋向于对器物艺术分类的文化分析。在这三种分析模式中，哲学分析属于"共相分析"，美学分析属于"现象分析"，艺术社会学分析属于"符号分析"。作为器物文化分析的手法，它们均有一定的难度或"不合时宜性"。"共相分析"试图在"群相"的概括中找到艺术的统一本质定义，其本身是一种徒劳；"现象分析"，抑或意识分析，它的难度在于主客二分的分析模式很难从单个人的艺术分享中获得全体抽象；"符号分析"，抑或语言分析，它的难度在于语言文化的深度与广度不易被我们发现。

但我们认为，艺术形式的抽象不过是自然、人体、社会、物理、数学、理学等宇宙法则的抽象。换言之，"共相分析""现象分析""符号分析"等分析模式必须回归艺术宇宙学构成上来，即物质、时间与空间的三度分析模式。因为，"共相""现象""符号"等范式的演进与发展是无穷的，他们的工作方式及其结构的神秘性在于：永远没有结果。譬如，维特根斯坦就看到了美的本质——一种家族相似。实际上，这个论断暗示我们分析艺术美是没有结果的，因为它的外延是不固定的。另外，杜夫海纳的审美经验现象学认为，我们在分析美的本质时，首先应当搁置外显形象，而去关注"本质直观"的过程与关系。现象学分析艺术美的工作方式暗示个体决定艺术的一切，因为在他们看来，具有个体性的美感是分析艺术美的通途。

在马克思主义艺术观看来，没有无内容的形式。器物文化的形式既有外部形式，又有内部生命的形式。器物的外部形式是物质化的历史文化展开，器物的内部形式是时空的逻辑文化呈现。历史与逻辑是统一的，绝非是决裂的。但这样的艺术论思想是常有的。艺术的"共相分析""现象分析""符号分析""情感分析""象征分析""原型分析""存在分析"等均显示一种"搁置"或"偏向"于历史或逻辑。譬如苏珊·朗格（Susanne Langer，1895—1985）用"幻象"或"虚幻意象"给予艺术的情感分析，而放弃了艺术的外在形式。不过，朗格看到了空间艺术（绘画、雕刻与建筑）与时间艺术（音乐）。抑或说，朗格的艺术分析偏向于时空的逻辑文化艺术。总之，从现代艺术到后现代艺术，结构主义、符号学、后结构主义、后现代、解释与接受、后殖民主义等艺术形式论分析中，似乎从各自立场开创性地执着于一个好的"小点"：或艺术的历史性展开，或艺术的逻辑性呈现。流派纷呈的艺术形式分析是多元的，但是它们是无法通约的。很明显，原因在于它们是没有历史与逻辑相统一的多元，抑或说，它们是彼此相互更迭或攻击的范式性多元。齐安·亚非塔（Tsion Avital）一语中的："今天，艺术的中心问题，是艺术世界还没有意义去承认如下这个严峻的事实：几百年来，艺术在它的历史上第一次陷入了深重的范式危机。"①

简言之，器物的物质历史与时空逻辑是分析它自身文化最为核心的永恒视域，抑或宇宙学视域——物质、时间与空间。那么，艺术文化批评的"形式论"应该回归到形式的宇宙论视点，只有这样，我们的艺术文化批评才能达到统一逻辑的多元和通约历史的多元。

第二，"风格"是一个含义游移不定的艺术范式。"风格"总喜欢在相对稳定与游移中实现它的"形式梦想"。但对于一个希望不断创新的艺术家来说，守住"风格"，几乎等于蒙住自己的鼻子与嘴巴而不能呼吸。再比如对当代日益需求新产品的市场来说，守住"风格"就等于放弃"消费的上帝"。因此，当"风格"遭遇"创新"的时刻，它就变得没有什么意义了。

在词源学上，"风格"一词最早源于希腊文"στλο"，它的本义指一个长度大于宽度的固定直线体。在汉语中，"风格"一词较早出现于晋代哲学家葛洪（284—364）《抱朴子》中，"风格"指的是人的风度品格。后来，刘勰（约465—520）在《文心雕龙》中谈及

---

① ［以］齐安·亚非塔：《艺术对非艺术》，王祖哲译，商务印书馆 2009 年版，第30 页。

"风格"，它是指文章的风范格局。在唐代绘画史中，"风格"被广泛用作绘画艺术的品评用语，或指某一时期流行的固定的艺术形式。瑞士美学家沃尔夫林（H. Wölfflin，1864—1945）指出，风格演化研究是艺术史研究的首要任务。他认为，风格即形态。在法国博物学家布封（G. -L. L. de Buffon，1707—1788）那里，"风格即其人"。在美国建筑师威托德·黎辛斯基（Witold Rybczynski，1943—）的眼里，风格即表情。换言之，建筑风格，即建筑表情。实际上，"风格"的含义是十分模糊的，并具有固定与游移的矛盾性。

　　在艺术层面，"风格"向来被广泛应用到文本创作与批评之中。抑或说，艺术风格亦成为艺术及其艺术史的基本形状与写法。在艺术家层面，"风格"常常被滥用于描述艺术家的个性、作风与格调等特征视域；在艺术品层面，"风格"也时常被泛用于描述艺术品的语言、题材、手法、调性等特征方面。因此，在艺术层面，"风格"时常被我们特征化，抑或低俗化。乱涂鸦、怪癖化、私人化、游戏化、隐晦化的艺术表现及其作品通常能披上"风格"的外衣招摇过市，并被神圣化或妖魔化为具有艺术风格的艺术家或艺术品。另外，即便是有思想与形式高度统一的风格化的艺术家或艺术品，若被我们公式化地解析，也带有主观性描述的嫌疑。或者说，风格的形状是被主观化描述出来的，没有几分值得信赖的"固定形式"。因为描述人的差异，会使得同一艺术的风格存有不一样的艺术表情。

　　对器物文化分析而言，强行冠以"风格分析法"是不适宜的。因为我们一贯认为，对器物的元素或作品本身的分析是徒劳的，也是不合时宜的。罗伯特·莱顿认为："风格是指艺术品形式上的特征。一种风格的表现取决于所描绘的主题，还有从这些主题中抽象出的元素——规则的形状，以及组织构图的方式。严格地说，风格与作品的元素或者整个作品无关，而是关系到肖像画法或视觉法则的主题。"① 换句话说，所谓的"艺术风格分析法"只要没有触及"视觉法则的主题"，均是一种失败的艺术风格分析法。关于这一点，笔者想进一步引用沃尔夫林在分析"风格"时引用德国画家路德维格·利希特的一段材料："路德维格·利希特曾在其回忆录中提到，他年轻时在蒂沃利，有一次同三个朋友外出画风景，四个画家都决定要画得与自然不失毫厘，然而，虽说他们画的是同一画题，而且各人都成功地再现了自己眼前的风景，但是结果是四幅画却截然不同，就如四个画家有截然不同的个性那样。述者由此得出结论，根本不存在什么客观的视觉，人们对形和色的领悟总是因气质而异的。"② 可见，风格与作品的元素或者整个作品无关。

遗憾的是，在器物文化批评中，我们没有注意到罗伯特·莱顿或路德维格·利希特所注意到的——"风格与作品的元素或者整个作品无关，而是关系到肖像画法或视觉法则的主题"。在过去，我们时常犯错。如在分析汉代有云气纹图案的漆器时，总是津津乐道地分析云气纹元素，即便这些漆器是西域的，或西南夷的，或东夷的，或楚国的，或六安国的，或彭国的，或齐国的，或广汉郡的，或泰山郡的，或河内郡的，也被"统一"到"作品的元素或者整个作品"之中。殊不知，它们是不同空间所呈现出来的云气纹漆器，即它们的"视觉法则"是有很大差异的。

实际上，艺术风格分析法不是它本身的错，而是它总习惯偏向于机械论分析，或被遮蔽在形式风格的物质元素分析层面，而忽视了作为艺术的整体逻辑性，即时空性。机械论作为"半截子的唯物主义"分析法不仅破坏了艺术风格，还把我们引向了批评的可怕歧

---

① ［英］罗伯特·莱顿：《艺术人类学》，李东华、王红译，广西师范大学出版社 2009年版，第 161 页。

② ［瑞］H. 沃尔夫林：《艺术风格学——美术史的基本概念》，潘耀昌译，辽宁人民出版社 1987 年版，第 1 页。

途——形而上学。

第三，对于器物文化批评而言，"美学"是一个极其容易误入玄学论的概念。"对器物的美学分析"，这句话本身就预示着"主观介入"的预设可能。因为研究器物美的本质及其意义，在一定程度上，我们似乎不能逃避"形而上学"的跟随与盘问。

在 18 世纪，德国启蒙主义美学创立者鲍姆加通（Baumgarten，1714—1762）开创的"美学"，即"感性学"——感性的认识之学。西方 20 世纪以来，"感性之学"一直在艺术学领域映现与发展，即以"审美心理"为核心范式，共同致力于"美即美感"的艺术美本质探讨之中，试图重建失落的美的客观本质论。譬如胡塞尔试图将"意向性"植入艺术本质分析之中，弗洛伊德的艺术研究进路是主体心理的"精神分析"，桑塔耶纳在客观化的"快感"中寻觅艺术本质，克罗齐干脆用"纯粹直觉"去试图颠覆黑格尔的思想。与其说 20 世纪以来的艺术美学分析是一种审美分析或美感分析，还不如说它是一种倾向于个人的心理分析。

艺术的美学分析最大问题在于过分依赖个体的主动性。立普斯的"移情说"如果失去个体外射情感的动力则是不成立的，布洛的"距离说"是基于非实用态度的心理空间而实现的，谷鲁斯的"内模仿说"建构在个体身体与观察之间的运动上。或者说，立普斯、布洛和谷鲁斯均过分依赖个体的能动性去分析艺术，这很容易陷入个体决定论或玄学的泥沼。对器物文化分析而言，它们绝非是孤立的、片面的、静止的个体形态。在宇宙学视野下，艺术的美学分析极其容易步入"见人不见物"的批评危机。因此，从审美转向形式是现代形式主义艺术分析的重大趋势，因为在他们看来，形式即本质。譬如克莱夫·贝尔认为，艺术即是有意味的形式。杜威认为，艺术即经验。"有意味的形式"或"经验的艺术"均特别重视"象外之象"，即物质形式之外的时空经验。

时空经验主要是具体的生活经验，不全是理念的经验。一个器物文化的时空逻辑绝非是文学性的逻辑，而是一种生活逻辑。抑或说，器物是一种生活程序。生活程序是现实、理想与精神的整体复现。因此，从历史性看，器物的文化程序设置的不是美学逻辑，而是生活逻辑。美学逻辑只是器物遭遇到"我们"的时刻，它才出现的一个"意义"逻辑。器物文化的意义全在于器物本身的意义，而器物文化自身最信赖的是器物的时空形式，即一个具有视觉法则的符号形式。

第四，"知识"也是研究器物文化的一个进路。当器物文化遭遇到"我们"的时刻，器物文化作为一种"知识"存在，我们的批评或哲学思考便开始了。一种可暂且称之为"艺术知识社会学"的东西就是我们批评的结果，或作为新的知识形态出现了。换言之，漆器文化史就是一种器物文化批评史。

在宇宙学视野下，器物文化批评包含器物的物质文化批评、时间文化批评与空间文化批评三部分。器物的物质文化批评主要由材料、胎体、颜料、装饰物、技法、数量以及质料等要素构成，时间文化批评包括生活时间、宗教时间、战争时间、祭祀时间、个人时间、政治时间、商业时间、射猎时间、巡游时间、庆祝时间等多种状态的文化，空间文化批评是与时间相联系的住宅、寺庙、战场、祭场、娱乐、朝廷、商场、森林、郊邑、高台等场域的文化。

"视觉盲区"是我们分析器物文化最易犯错的障碍点。因为我们无法看到器物在物质、时间与空间上的所有视点。换句话说，我们的艺术文化批评只能是"盲人摸象"。在艺术文化知识丛林里，我们只能找到属于自己的路，不可能发现与走完丛林中所有的路。即便有时候，连找到一条属于自己的路也是困难的。譬如就特定时间下的空间性而言，我们对它的研究领域及深度是微不足道的。举个例子，从汉高帝六年到惠帝元年，我们对齐国的济北郡、临淄郡、博阳郡、郊西郡、城阳郡、琅琊郡、胶东郡等七郡的漆器文化分析只能是局部的、有限的甚或是微不足道的。但我们能从齐国漆艺知识存在论与漆艺知识社会性论两个视角大致透视齐国的物质文化史与时空文化史。

在诊断与阐释下，我们发现，传统意义上的器物文化的写法容易走向形式论、机械论、玄学论等学术死胡同。为此，我们必须要开放艺术批评的"边界"。

国有国界，艺有艺界。地理学上的区域边界逻辑与知识边界是一致的。譬如区域边界逻辑上的市场逻辑、国家逻辑与人权逻辑，它同知识边界逻辑上的文化逻辑、艺术逻辑与范式逻辑大致是对应的。实际上，国家边界逻辑与艺术边界逻辑在文化、制度、策略、关系上并无二致。各门艺术为了自己的自足性而忧心忡忡，进而非常谨慎或保守自己的边界。这如同国家边界因恐惧主权身份遭受的威胁而采取的"关闭国界"的举措是一致的；也如同"打开国门"，实行"改革开放"，搞活经济而造富人民的举措一样。那么，我们可以这样认为，敞开艺术边界是艺术文化的一种发展或批评策略。

国界开放的直接后果是大批"移民"的拥入，对于艺术边界开放而言，也同样有大量"移名"（"名"指的是学术名词）涌入。对于"移民问题"，西方很多国家采取"配额限制"，或有选择性地开启国界，但这样做似乎不是很明智的做法。因为限制移民行为导致地区发展差距拉大，偷渡者对国界线的侵扰也是不可忽视的消极力量。同样，关闭艺界线，而有选择地开放艺术边界区，十分谨慎地限制"移名"活动，也加剧了各艺术之间发展的差距，对"移名"入境者非法干预也是一种艺术消极行为。20世纪中后期以来，学术"移名"或范式漂移是西方学术发展中最为显著的文化行为。诸如美学向心理学漂移、哲学往语言学迁徙、考古学借用情境社会学、艺术学借助市场学、心理学挪用物理学或拓扑几何学、广告学汲取新媒体技术学、经济学吸纳美学……这一切表明大规模的学术"移名"潮正向我们袭来，任何关闭学科边界的消极性举措都是行不通的。

可见，学术研究之"移名行为"类似于国家之间的"移民活动"。后者旨在国家间"共同发展"，但是其活动的明显特征是"试图攻破其防线"——"体现市场逻辑、国家逻辑与人权概念的紧张关系"。因此，"有选择性地开启，且内部决定并不透明"——"加剧了地区发展差距及移民带来的关闭效应"。① 相比之下，"移名行为"也旨在促进诸学科"共同发展"，并参与各学科之间的建设。同样，那些在"移名行为"活动中，但凡概念的"入境"也可能被视为"非法者"，尤其是对学科自足性及身份产生某种威胁。

在边界开放思维下，器物文化的写法必须要开放器物作为文化的自我边界。一旦开放艺术文化的边界，在"诸多"文化交汇中，就必然形成了艺术文化的角色论及连带的情境论与互动论。换言之，我们只有在角色、情境、互动、界限中，才能"大写"出一部开放的器物文化或工匠文化。

在此，需要指出的是，艺术边界的开放绝非是"艺术主权"的丢弃。作为开放立场下的"学术移名"仅仅是一种资源共享策略，它的前提是在相互尊重艺术"主权"的基础上，实现艺术对话。否则，"学术移名"将成为艺术界的一种混乱，或成为一种奇谈怪论的噪声。

三　器物宇宙论

请阅读美国学者乔治·C.瓦伦特在《阿兹特克文明》中的描述：

---

① ［法］卡特琳娜·维托尔·德文登：《国家边界的开放》，罗定蓉译，社会科学文献出版社 2010 年版，第 3—7 页。

手工艺可以促发人们的创造冲动，使人们利用自己掌握的原材料来满足自己的需要。在我们现代的机械化时代里，大多数人都没有创造机会，因为我们所用的一切都是用机器制造出来的，再聪明的技工也无法感觉到仅靠自己的创造力和技术就可以生产出这种或那种用品和艺术品。现今的人们就像穆罕默德的棺材一样悬浮着，与他所生存的大地以及与自己是其中一分子的宇宙缺乏联系。相反，阿兹特克人大事小事都与自然界紧密相联。由于他们的思想是按照其所属的群体思想塑造的，他们很少有西方人常有的那种精神感觉，即被自己的理性推理之锯从自然存在之树上锯下来的感觉。①

瓦伦特所描述的阿兹特克文明是中美洲古老印第安文明的一部分，即14—16世纪的墨西哥古文明，它与印加文明、玛雅文明并称为中南美洲三大文明。很明显，作者所见所述的阿兹特克人是同大地以及与自己是其中一分子的宇宙紧密联系着的群体，因此他们有手工艺的创作冲动，他们"大事小事都与自然界紧密相联"，他们有创作的机会。换言之，自然或宇宙是手工艺创作的本源，也是手工艺创作的模型。因为自然宇宙与人的宇宙是同一的。

那么，何谓"宇宙"？一切物质及其存在形式的总体，即宇宙。《文子·自然》曰："往古来今谓之宙，四方上下谓之宇。"可见，宇宙的存在形式包括无限之宙（时间）与无限之宇（空间）。那么，宇宙之总体，即物质、时间与空间的总体。在中西文化谱系中，宇宙万物均同一于"逻各斯"或"道"。器物与人也是同一的，它的最高表达就是人与器的宇宙学同一。林恩·V.福斯特在《探寻玛雅文明》中描述："玛雅的家内炉膛是由3块摆成三角形的石块建

---

① ［美］乔治·C.瓦伦特：《阿兹特克文明》，朱伦、徐世澄译，译林出版社2013年版，第137页。

造而成的，这模仿了玛雅宇宙炉膛的结构。在玛雅人的观念中，宇宙炉膛就是夜空中的那个排列成三角形的星座。正如家内炉膛的 3 块石头包围着一团散发着热量的焰火一样，宇宙炉膛的 3 颗星星也包围着一团云状的星云。这种将宇宙炉膛同自己居住地的炉膛联系起来的做法在现代玛雅人中也依然盛行。"① 玛雅人宇宙炉膛结构的设计体现出人与自然宇宙的同构性，抑或说，器物宇宙与人的宇宙是同一的。

为阐释器物的宇宙性，在此不妨再次援用词源学，因为这种思维方式似乎能进入研究对象的本源。就"器"而言，在词源上，"器"是一个会意字，从犬，本义为狗的叫声。后来本义自然消失，假借为能盛物品的"器具"，也引申为"才华"，如"庙堂之器"。可见，"器"与"人"本具有内在的同一性。在汉语中，"器"与"人"的同一性词语可以枚举很多。譬如，器品与人品的同一：器识（由器度引申为人的见识）、器小（由器局引申为人的狭隘）、器宇（器的容积引申为人的胸襟）、器行（由器的度量引申为人的品行）……器分与人能的同一：器能（由器量引申为人的才能）、器志（由器识引申为人的志向）、器尚（由器的才具引申为人的节操）……器用与人才的同一：器任（因器能而重用）、器遇（因器重而厚待）、器爱（因器重而厚爱）；器待（因器重而礼遇）……器形与人体的同一：器官、重器（身体）、阴器、阳器、性器官；器宇不凡；器宇轩昂、消化器……在古代，器物与人德也具有同一性。如《礼记》记载："礼器，是故大备。大备，盛德也。"

在中国文化哲学中，"道"是最为核心的范畴，也是最高的范畴。《周易·系辞》曰："形而上者谓之道，形而下者谓之器。"这就是说，"道"与"器"是同一的。"道"为"器"之体，"器"为

---

① ［美］林恩·V. 福斯特：《探寻玛雅文明》，王春侠译，商务印书馆 2007 年版，第221 页。

"道"之用。"道器不二"与"道不远人"是中国造物艺术的基本文化范式与美学精神。道器并非抽象，器与人是分不开的，人的生活一刻也离不开器。器同人，如文同人。文为心声，器为心象。器象，即为心象。譬如汉语中常有"器怀""器量""器度""器宇""器范""器韵""器谋""器灵""器爱""器度不凡"等词语，它们实际上就是人的思想与精神的推演。佛教中也有用语"器世间"，亦省作"器界"或"器世"。佛家把世界一分为二：众生世间（有情根身）与器世间（无情器界），也见器与人的同一性。

在形式哲学视野下，器物的宇宙，即形式的宇宙。宇宙是人类探索的终极目标，形式宇宙不过是自然宇宙探索的一个侧面。"一个伟大文明的复杂等级制度的建立，往往就是为了去探索无穷无尽的宇宙空间，这个空间是常人的视野无法看到的，它存在于神智幻想的最高处。"① 因为这个"空间"是由复杂的不可见的"时间"及其他物质形式构成。在康德看来，"形式"的内涵指向空间或时间的直观形式。康德对宇宙形式的认识论意义在于，他用作为现象的"时间"与"空间"来清晰化描述物质实体的"直观形式"。将直观的物质实体渗入时间与空间的限定，使得物质形式更具抽象性与逻辑性。实际上，时间是一个非常抽象的"人为概念"，它被人们用以划分物质运动的过程，或指向事物的生死长短及其历史发展序列。依照爱因斯坦的"相对论"阐释，时间离开空间与物质是没有意义的。对于器物而言，它的时间、空间与物质也是不可分离的。抑或说，时间、空间与物质是构成器物宇宙的不可分割的三要素。与无尽永前的时间相比，空间也是一个非常抽象的无界永在的概念。对于器物而言，它总是特定时间与空间中的器物。因为作为物质的器物就是时间与空间的填充物。在哲学领域，物质是一个与

---

① ［美］乔治·C. 瓦伦特：《阿兹特克文明》，朱伦、徐世澄译，译林出版社2013年版，第165页。

"精神"相对的概念，其相对性指向"存在与思维"的不可分割的关系维度上。因此，在艺术哲学视野下，对作为存在的器物文化批评，我们始终不能离开器物背后的时空"思维"或"精神"。换句话说，没有"思维"或"精神"的器物是不存在的。简言之，器物的时空逻辑与它的物质历史是同一的。器物的物质历史，即人的文化史或精神史。或者说，器物与人在宇宙学上具有内在的同一性。

在审美层面，作为客体的器物宇宙由器的物质材料、空间骨架或结构、时间主题或意蕴构成，这与人的主体审美宇宙也是同一的。

其一，材料与感知觉的同一。审美主体能通过视听觉感知到的是器物的物质材料，即人的感知觉与器的物质材料是对应同一的。器物的物质材料一般由胎体质料与装饰材料构成，胎体质料作为人的知觉材料而潜在，装饰材料作为形象的艺术材料而呈现。换言之，器物的物质材料是由知觉材料与艺术材料两部分构成。知觉材料是为了使用与感知服务的，艺术材料是为了装饰与审美之用的。因此，器物的材料之用一方面是为了使用知觉之用；另一方面是为了艺术审美之用。

其二，器物的空间骨架与人的身体构造是同一的。器有器首（如仗首）、器耳（如耳杯）、器口（如花瓶口）、器脚（小脚橱），它与人的身体部位是对应同一的。器的物理结构与人身体的生理结构在称谓上取得一致性，只能说明身体之生理结构是器物制造的参照系。换句话说，人是器物设计的尺度。它不仅表现在作为精神的器物文化上，还表现在作为结构的器物文化上。在时空性层面分析，"精神"是时间要素，"结构"乃是空间要素。因此，器物的时间性与空间性就是人的宇宙性的直接表现，并且更重要的是，它们能取得某种一致性。

其三，器物的时间要素（如主题、意蕴）与人的情感要素（如思想、情趣）是同一的。除了器物的精神要素之外，器物的时间要素还有主题、意蕴等，它们与人的情感要素思想、情趣等也是一致对应的。譬如，器物的艺术表现性与主体的情感性在深度、广度与力度上是对应的，即主体的情感深度与器物的主题深度是同一的；主体的情感表现广度与器物的意蕴广度是匹配的，主体的表现力度与器物的艺术呈现力度也是对应的。因此，器物的风格深度与内涵广度是测量器物设计者或使用者思想或情感的一把尺子。

以上诸类同一性，用中国美学语言描述，即人的神、骨、肉与器物的形、构、质是同一的。在阐释中，我们发现，器物与人的宇宙学同一性为开启研究器物文化的形状及其批评提供哲学依据与理论支撑。

基于此，我们认为，器物文化的形状应当是由物质文化、时间文化与空间文化构成的；同时，器物的物质历史性与时空逻辑性在人的文化性上取得了"同一性"。因为器物文化，即人的文化史或人的精神史。器物与人正是在"文化性"上确证了宇宙的历史与逻辑的高度同一。那么，器物文化批评也要遵循"器物宇宙论"的立场与方法。

那么，如何批评"器物"之"宇宙"呢？实际上，"器物宇宙论"根本上就是"器物形式论"。在文化批评的视野下，"器物形式论"至少有器物的要素分析、结构分析、精神分析等几个互动的递升环节。

根据"器物与人的同一性"原理，所谓"要素分析"，即对器物的材料感知觉分析，它一般包括构成器物的"点""线""面""块"等感知觉要素；所谓"结构分析"，即是对器物的物理结构及其规律的分析，物理结构如并列、叠透、交叉等，结构规律如对称、比例、重复等；所谓"精神分析"，即属于思想层面的文化分析，包括使用材料、构成要素及其结构规律在主体性层面上表现的思想、情趣、主题、意蕴等内容。

"要素分析"属于器物的"基体分析"，也就是说，它是"结构分析"与"精神分析"的基础性体征分析;"结构分析"属于器物基体的内部"关系分析"或"功能分析"。在此,器物的功能是由要素的"关系"结构形成;"精神分析"属于器物文化分析的高级形态,它力求阐释器物的基体与结构之外的时空逻辑。可见,材料式样("基体分析")、物理结构("结构分析")与精神逻辑("精神分析")是"器物宇宙论"的三个基本测度。

器物的"材料式样"不仅关涉材料的基本形式,还关涉材料的来源、材料的发展、材料的加工等要素,譬如徐州汉墓出土大量的玉器。根据考古发现,汉代徐州本地并不产玉料,多来自汉代西域,但汉代徐州对来自西域的玉料加工技术又十分发达。另外,玉器作为装饰材料在徐州的发展又是一部厚重的文化史。

就器物的"物理结构"而言,一方面由材料本身的自然属性决定,如漆器、玉器、铁器等器物的材料属性决定了它们的物理结构的相应风格;另一方面更多的来自"功能""形态""关系"等的需要。比如汉代鸟兽型灯具的物理结构设计,它离不开汉代铁器材料的普及、仿生造型的形态理念与功能性灯具设计技术,更离不开人与灯具的关系性的生态思考。

在"精神逻辑"层面,器物的"材料式样"与"物理结构"能唤醒它背后的文化力量。因为在器物制造时刻,我们在确切的范围内"行动估量着时间,而知觉则估量着空间"①。同样,当器物遭遇到"我们"的时刻,我们的批评行动也在估量着时间,而知觉则在估量着空间。为此,可以说,时空逻辑能唤起器物背后的精神层面的文化逻辑。

在以上的分析中,可以得出的结论是,器物的宇宙论是由材料、结构与精神三个构件组成。如果把器物比作"身体",那么,器物

---

① ［法］亨利·帕格森:《材料与记忆》,肖聿译,译林出版社 2011 年版,第 16 页。

的材料指向"身体"的外在式样，器物的结构指向"身体"的物理逻辑，而器物的精神则指向"身体"的思想世界。依据器物身体与人的身体同一性原理，作为器物，"它们就像一面镜子一样，向我的身体反映着其最终的影响；它们依照与我身体力量增减的联系而排列起来。我们身体周围的物体反映了我身体可能对它们采取的行动"①。如此说来，"身体"是器物制造及其批评的中心。那么，一部器物美学就是一部身体美学，而器物文化批评实则就是一种身体叙事。

当器物文化批评被纳入"身体叙事"的视域，我们发现，"身体"成为我们的叙事中心，因此，器物文化的知识叙事就必然以"身体"的参与与否作为合法性的依据。那么，对于器物文化的知识叙事，"身体叙事"的力量又在哪里呢？

首先，身体叙事是以"感知觉"为入口的知识叙事，它有效规避了知识叙事的形而上学。对待器物的身体，"感知觉"是我们进入物本身的关隘，它在我们"心体"里所呈现的形象必然是客观存在的图像。也就是说，当器物遭遇到我们的时刻，被感知到我们意识里的"第一映像"是真实的，它保证了器物文化分析的有效性与新鲜性，不至于使我们的器物文化分析走向玄学论。

其次，身体叙事是以"人本身"为核心对象的知识叙事，它有效地规避了"见物不见人"的批评陋习。对待器物的身体，我们必须学会用"自己的身体"去理解它。因为器物的身体与"我们的身体"是同构的。即便器物的身体在模拟生物的式样上具有先天的偏向，但在身体逻辑上与"我们的身体"是近似的。原始彩陶有着"母亲般"的体貌，中国瓷器的玉体尊容，漆器的致美身段，……无不体现器物文化以"身体"为表现中心。

---

① ［法］亨利·帕格森：《材料与记忆》，肖聿译，译林出版社2011年版，第5页。

最后，身体叙事是以"精神"为纽带的知识叙事，它有效规避了"见人不见物"的主观性批评习惯。对待器物的文化精神，我们也要试图用"自己的精神"去理解它。因为器物的身体形象是我们精神形象的物质反映。也就是说，器物的物质形象是我们分析它的"精神形象"的外壳。这个外壳就像一面明亮的镜子，它所镜像出来的形象就是我们思想的影子。

但是，我们对器物文化"身体叙事"的偏向尚有另一个重要目的。身体叙事直接暗示我们对待器物的艺术态度——身体美学——的出场。"身体美学"的出场会连带出诸如"身体感""身体形相""身体理解""身体消费"等系列范畴的跟进。有"身体感"的出场，本身就意味着一个不简单的自我意识的出现；"身体形相"关涉"神""骨""肉"三相的互联结构体；"身体理解"是器物身体完美呈现的保障；"身体消费"就是对器物的消费。我们认为，"身体感""身体形相""身体理解""身体消费"等范畴，它们看上去似乎不互为关联，实质上，它们具有内在的身体美学的同一性。其中，"身体感"是"身体形相"出场的基础；"身体理解"是器物"身体形相"塑造的基础；"身体消费"是器物身体在文化上的功能延伸。

需要强调的是，"器物宇宙论"视野下的身体叙事，它关涉的是"身体感""身体形相""身体理解""身体消费"等具有潜在性的身体意识。正如舒斯特曼在《身体意识与身体美学》中坦言："身体美学尽管也关心形体的外在之美以及他外在的身体表现和标准，但是，它所探讨的主要是身体本身的内在感知意识能力。"① 对于器物文化批评而言，这里的"身体本身"不仅是器物的身体本身，还指向主体人的身体本身，更指向器物与人共同的身

---

① ［美］理查德·舒斯特曼：《身体意识与身体美学》，程相占译，商务印书馆 2011年版，第4页。

体本身。

　　综上所述,"器物宇宙论",或"艺术宇宙论",也即"器物形式论",它的文化批评核心指向是"器物身体论"。因此,对器物文化的形式叙事,其本质就是对器物文化的身体叙事。

第一章

形状的测度

请阅读德国 18 世纪著名诗人、哲学家席勒（Johann Christoph Friedrich von Schiller，1759—1805）[1]的《孔夫子的箴言》①：

（一）

> 时间的步伐有三种：
> 未来姗姗而来迟，
> 现在像箭一般飞逝，
> 过去永远静立不动。
>
> 当它缓行时，任怎样急躁，
> 也不能使它的步伐加速。
> 当它飞逝时，任怎样恐惧犹疑，
> 也不能使它的行程受阻。
> 任何后悔，任何魔术，
> 也不能使静止的移动一步。
>
> 你若要做一个聪明而幸福的人，

---

① 周红兴主编：《外国诗歌名篇选读》，俞长江等译，作家出版社 1986 年版，第 194—195 页。

走完你的生命的路程，
你要对未来深谋远虑，
不要做你的行动的工具！
不要把飞逝的现在当作友人，
不要把静止的过去当作仇人！

（二）

空间的测量有三种：
它的长度绵延无穷，
永无间断；它的宽度
辽阔万里，没有尽处；
它的深度深陷无底。

它们给你一种象征：
你要看到事业垂成，
必需势力向前，不可休息，
决不可因疲乏而静止；
你要认清全面的世界，
必需广开你的眼界；
你要认清事物的本质，
必需审问追究到底。
只有恒心可以使你达到目的，
只有博学可以使你明辨世事，
真理常常藏在事物的深底。
——选自席勒创办的《艺术年鉴》（1975）（钱春绮译）

　　席勒受孔子《论语》所载"逝者如斯夫，不舍昼夜"等时空观念的影响而有所感发，进而创作这首关于时空的哲理小诗。诗中将

"时间"描述为三种步伐：静止的过去、飞逝的现在与姗姗来迟的将来。显然，席勒对"时间"的描述是基于"运动"的视角，并认识到时间的"物质性"之"静止"特征。另外，诗中将"空间"描述为三种测量：无穷的长度、无尽的宽度和无底的深度。毋宁说，席勒看到了"空间"中的"时间"之永恒性，并对"无界永存"空间作了"可测量性"的哲学化诗意把握，进而引发出他对人生的空间性哲学认知。在此，我们的阐释当然不是迷恋于席勒对时空的人生感悟之剖析，而是通过《孔夫子的箴言》之分析，认识到时间、空间、物质构成了宇宙世界的本质必然性，并看到了时间的物质性（"过去永远静立不动"），空间的时间性（"绵延无穷""永无间断""没有尽处""深陷无底"）以及空间的可测性（"长度""宽度""深度"）等关于时空宇宙的多重性诗性哲理。

席勒对时空的感悟为我们对工匠文化的批评提升到哲学深度提供了宇宙学理论依据。就"器物宇宙论"而言，器物文化的形状既有"永远静立不动的过去"，又有"像箭一般飞逝的现在"与"姗姗来迟的明天"；器物文化的形状既有"绵延无穷，永无间断的长度"，又有"没有尽处的宽度"和"深陷无底的深度"。并且，器物文化的形状在显在的物质维度上，演绎着它们的时间意义与空间哲学。为此，我们可以这样认为，器物文化的形状包括物质、时间与空间三个基本测度。具体地说，器物的物质，即材料，它包括器物的知觉材料、艺术材料等；时间，即过去的、现在的和将来的历史之形，它包括器物表现的题材、主题、意蕴、思想、情味等；空间，即具有长度的、宽度的和深度的场域之态，它包括器物的结构、体骨、场景、地域、界限等。

作为器物文化形状的物质、时间与空间，它不仅是器物文化叙事的核心对象，还是器物文化批评的宇宙学策略。因此，依据器物的物质叙事、时间叙事与空间叙事，可以建构或批评出一部饱满的器物文化。

一　物质

物质是器物及其文化构成的基体。为此，我们首先要分析作为基体的器物材料构成，然后才能分析其文化谱系。在传统观点上，一般认为器物构成的基本元素有点、线、面；它的视觉元素有形、色、质。但这里有个问题，"质"，即"质料"或"材料"。作为视觉元素的"质料"，有时候是不可视的。譬如被装饰材料包裹的一件漆器，该漆器的胎体只能通过有经验的漆器鉴别者才能做出判断。如图1-1荷兰漆壶的胎体材料仅凭肉眼很难判断是铜质，还是铁质或铝质，一般人是"不可知"的。鉴别者或通过触摸，或通过敲打，或通过掂量，或推断，才能知晓这件漆壶的胎体质料。但是，这些鉴别行为均未借助视觉来解决问题，而主要是通过知觉来判断器物胎体之材料。

那么，我们可以下这样的结论，器物的物质材料主要由它的知觉材料与装饰材料构成。知觉材料，即通过"知觉反映"而被我们解释的潜在材料；装饰材料，即通过"感觉反映"而能被我们捕捉到起装饰作用的可视艺术材料。因此，器物的知觉材料偏向于它的潜在胎体物质，艺术材料主要指向它的外显装饰物质。

毋庸置疑，知觉材料与艺术材料均具有物质性。唯物主义者认为，"世界的真正的统一性在于它的物质性"。对于器物而言，器物在本质上应该是物质的器物，是一个统一的物质整体。抑或说，知觉材料与艺术材料是统一于它的物质性的。知觉材料是艺术材料的附着基础，艺术材料是知觉材料的装饰性呈现。

作为人工制品的器物文化是"唯物"的，它的文化性首先应当是指向它的物质性；然后才是与此相对应的精神性。那么，器物文化的物质性如何获得？这里至少涉及两个基本问题：第一，知觉材

图 1-1　荷兰漆壶 Jacobus Carminjac（c. 1785-1790），
Haarlem，Netherland

料的选择与加工；第二，艺术材料的制作素材及其缘由。这两个问
题牵涉器物的物质文化及其工艺本质。

　　没有知觉材料，就没有工艺。知觉材料的选择与加工关涉人类
制造器物的基体材料与工具。在历史性层面，人们常用石器、青铜
器、铁器、漆器、瓷器等器物划分时代发展与更迭，并作为历史性
的"界限点"，并呼之为石器时代、青铜器时代、铁器时代、漆器
时代、瓷器时代等。换言之，石器、青铜器、铁器、漆器、瓷器等

具有一个时代的文化历史性，这是因为石器、青铜器、铁器、漆器、瓷器等这些材料以及加工它们的工具具有划时代的标志性意义。在地理空间层面，器物的材料及其作为工具的材料是多样的，即具有地域性的差异。譬如汉代西域的玉器、西南夷的金银器、河内郡的铁器、东夷的珍珠玛瑙贝器等，这些材料及其被加工的器物在物质性上的差异是明显的。即便是同一区域的不同空间，人们在知觉材料上的选择与加工也是多样的。拿汉代景帝七年时期的北海、琅琊两郡来说，其管辖大致有济北国（平原郡）、齐国、临川国、东莱郡、胶东国、胶西国、琅琊郡、城阳国、济南国等，它们在制作漆器的材料选择上也有很大不同。实际上，在古代，器物的制作对地域性材料的依赖是很大的。《史记·货殖列传》载："巴蜀亦沃野，地饶卮、姜、丹沙、石、铜、铁、竹、木之器。"同书又曰："江南出楠、梓、姜、桂、金、锡、连、丹沙、犀、玳瑁、珠玑、齿革"，这些材料都是制作漆器的好材料。因此，汉代蜀郡与广汉郡被政府选定为官府漆器生产地。在某种程度上说，材料是有故乡的，并由此带有故乡的文化情怀与乡土寓意。

装饰是器物作为工艺制品的必然审美选择。因为艺术材料的制作素材及其缘由特别关涉器物制作的审美文化性。从人类制作器物的装饰材料历史看，基本遵循从单一材料向复合多样材料发展的审美规律。器物制品的装饰性转变反映人类对自然界材料的加工从一般性矿物质利用发展至多样的金银、宝石、玛瑙等材料的组合。《周礼·太宰》中曾记载古代"饬化"材料，即"珠、象、玉、石、木、金、革、羽也"。中国西周时期的装饰材料已显示出它的丰富性与多样性，并能显示人们对装饰之美的执着追求。《考工记》曰："天有时，地有气，材有美，工有巧，合此四者，然后可以为良。"可见，古代对器物的制作素材之美与其天时、地气、工巧等要素联系在一起考虑。装饰材料之美是工艺美的基础，同时，器物的装饰材料是器物文化美的皮肤，透视这层皮肤能够发现器物的审美文化性及其国别性美学趣味。

简言之,器物的知觉材料与装饰材料是器物文化的物质基础,也是器物之美的基础。没有材料,就没有工艺;没有材料之美,也就没有工艺之美。同时,材料是多样的,也是有故乡的。材料的多样性使得器物文化呈现出多样性,也因此获得器物之美的多样性。

值得注意的是,器物的物质性文化不仅表现在材料上,还表现在材料的质料、数量或尺寸、造型、结构、功能等"连带性"文化层面。譬如1955年广西贵县高中 M17 出土的西汉釜式鼎(见图 1-2),对它的物质性分析,如果仅仅在材料上分析它是早期广西贵县境内的陶瓷材料是不够的,还要从材料的质料、数量或尺寸、造型、结构、功能等"连带性"文化层面分析汉代南越国[2]的"鼎"文化。

图 1-2 西汉釜式鼎(广西贵县出土)

在质料层面,器物对质料的选择与加工是一种经验性的直观表达。这种与个体感觉相连带的质料包括用料及其质地，用料即材料本身，质地是材料的天然品质。材料及其品质是被我们感知的对象，并在生活经验或艺术经验中被不断筛选出来。换句话说，质料是被人们抽象出来的经验性产物。在西汉中后期，贵族漆器髹饰崇尚黄金等贵重金属物，如金银扣器[3]（见图1-3）。贵族对黄金美学的崇尚与黄金文化的经验性审美以及直观表达有关，因为在汉代厚人伦、美教化的儒学制约下，贵族对"错彩镂金"[4]之美的追求恰好填补了他们在精神上的需求域。所谓"大器藏礼"，即器物本身已然被人们抽象出很多与质料等相关的文化与礼制。不过，这种质料文化与礼制不是先天的，而是经验性的社会知识慢慢积累所致。实际上，质料制造器物的文化经验直接决定了器物的文化质量。然而，古代工匠掌握的理论知识普遍偏低，但"述之守之"[5]的经验知识十分丰富。关于这一点，我们可从古代流传下来的无数器物中窥见一斑，但很少能读到古代专业的器物学理论著作。譬如在漆学领域，除了明代《髹饰录》[6]，我们看不到再有这样经典的髹饰之学。当然，还有很多其他原因导致古代工艺的书面系统并不发达。

在数量或尺寸层面，器物的多少与大小也是决定器物文化性的因素。在墓葬内，器物的数量或尺寸与被埋葬者的身份、财富、宗教等信息元素直接相关。譬如汉代墓葬内的漆器数量多少标志着被埋葬者社会地位高低，诸如金银扣器漆器被认定为拥有财富的贵族或帝王所用，反之，一些只有少量陶器的墓葬被认定为一般平民之冢。另外，与生活漆器相比，作为明器的漆器呈现一种"微型化"的特点，其实用性明显下降，但它的宗教性或文本性修辞力量显然超越于一般生活漆器。就数量而言，器物数量的文化性也是一种抽象表达。在远古时代，狩猎成果或拥有财富的多少是一种权力的象征，祭祀牺牲的多少是由所崇拜对象地位决定的。《礼记·郊特牲》

图 1-3 银扣金银贴彩绘七子奁

曰:"鼎俎奇而笾豆偶,阴阳之义也。"[1] 也就是说豆常以偶数组合使用,"就目前楚系墓葬中考古发现所见漆木豆来看,所葬之数一般为偶数,如当阳赵巷 4 号墓漆豆为 6、湖北望山 1 号墓无盖豆 8、盖豆 2,湖北望山 2 号墓无盖豆 8"[2],说明漆豆作为礼器是符合礼制"阴阳之义"的,也说明漆豆的多少与权力的大小及其尊贵是有关联的。因此,《周礼·夏官》曰:"凡祭祀飨宾,制其从献脯燔之数量。"就尺寸而言,墓葬出土的器物一般多"缩小"为明器,微型化的明器基本遵循"大礼虽简,鸿仪则容"的设计信条,而且在数量上均有明确规定。比如《后汉书·礼仪志》载:"东园武士执事下明器。……钟十六,无虡。镈四,无虡。磬十六,无虡。埙一,篪四,笙一,簴一,柷一,敔一,瑟六,琴一,竽一,筑一,坎侯

---

① (清)孙希旦:《礼记集解》,沈啸寰、王星贤点校,中华书局 1989 年版,第 701 页。

② 楚文化研究会:《楚文化研究论集》(第 6 辑),湖北教育出版社 2005 年版,第 114 页。

一。"① 出土的明器是对生器的一种经验性模仿，或者说，被"微型化"的明器是被埋葬者生活的一种虚拟"写放"。

在造型层面，人们对此最一般性的理解是指被创造出来的形象。因此，"造型"与具有神秘意义的"创造"有关。"创造"的神秘性在于它自身行为的探索性、自主性与目的性。《全宋文》之《祭古冢文（并序）》载："东府掘城北堑，入丈余，得古冢，上无封域，不用砖甃，以木为椁。中有二棺，正方，两头无和，明器之属，材瓦铜漆，有数十种，多异形，不可尽识。刻木为人，长三尺许，可有二十余头。"② 这里的"明器之属"，或"材瓦铜漆多异形"，或"刻木为人"，它们均是一种创造，或是一种虚拟性造物。拿"刻木为人"为例，这种"象类生人"的"俑"造型设计背后暗藏很多文化性及其期望系统。"俑"被赋予了"活人"的角色。孔子认为"刍灵者善"，又曰："为俑者不仁，不殆于用人乎哉?"③ 因此，在孔子看来，"为俑者"是一种不俭的行为。孔子认为："为明器不成，示意有明，俑则偶人，象类生人。……绝用人之源，不防丧物之路，重人不爱用，痛人不忧国，传议之所失也。……危亡之道也。"④ 换言之，汉代墓葬里大量出土的"始作俑者"暗示人殉被"刻木为人"（俑）取代。被角色化的"墓俑"（图1-4）不能不说是一种殉葬的探索性创造，并散发人性的自主与进步之光。王充在《论衡》中指出："光武皇帝草车茅马，为明器者不妨。何世书俗言不载? 信死之语汶浊也。今著《论死》及《死伪》之篇，明死无

① （南朝宋）范晔：《后汉书》，中华书局2007年版，第935页。

② （清）严可均辑：《全宋文》，苑育新审订，商务印书馆1999年版，第335页。

③ （清）孙希旦：《礼记集解》，沈啸寰、王星贤点校，中华书局1989年版，第265页。

④ （汉）王充：《论衡》，上海人民出版社1974年版，第354页。

知，不能为鬼，冀观览者将一晓解约，葬更为节俭。"① 汉光武帝主张薄葬，称赞古人创造性地改用象征性"木车茅马"随葬。"木车茅马"的象征性昭示创造物之背后的社会语境及其文化功能。

在结构层面，墓葬内的器物的文化性不仅体现在数量、尺寸等抽象概念上，还体现在器物自身结构及其各部分的搭配、安排上。墓葬内被角色化的器物结构是思想形式的主观反映，成组的被排列、框定、移植的器物是主观思想抽象化的结构关系。换言之，墓葬内的结构物是一种图式化的结构物。这种图式化的结构物是对应思想的结构物，反映人的情趣，代表个体一套行为方式及期望系统。1973 年，在湖北光化五座坟西汉墓（M3）② 出土一戗金漆卮，在具有结构性的云气图画中，有仙人、龙、凤、虎、仙鹤、玉兔、飞鸟等物象，整个画面在戗金锥画中卓然显示人与天地同流。这幅被图式化的"天人合一"漆卮图是一个具体而微的"极乐世界"，也是被思想图式"激活"的和谐生活空间，更是一个"真实空间"被延续的逼真生活图式。简言之，这类"指天画地，神化潜通"的器物结构图式是人们思想图式的再现，即"现象图式"。

在功能层面，器物的文化性尤指器物及其结构方式所发挥的特定作用或意义指向。一般而言，器物功能是多样的，它既有生活的实用功能，又有文化的象征功能与审美功能。知觉材料一般为实用功能所用，而艺术材料一般为装饰功能所用。器物的装饰功能主要体现在象征、审美等维度上。在我国古代，器物的实用功能一般要早于它的象征功能。《礼记·礼运》记载："夫礼之初，始诸饮食……犹若可以致其敬于鬼神。"③ 可见，器物的实用功能要先于

---

① （汉）王充：《论衡》，上海人民出版社 1974 年版，第 444 页。

② 杨权喜：《光化五座坟西汉墓》，《考古学报》1976 年第 2 期。

③ （清）孙希旦：《礼记集解》，沈啸寰、王星贤点校，中华书局 1989 年版，第 586 页。

图1-4 西汉彩绘木俑

"礼"。另外，器物的结构方式也显示文化身份及其意义指向。《后汉书·礼仪志》记载："诸侯王、公主、贵人皆樟棺，洞朱，云气画。公、特进樟棺，黑漆。中二千石以下坎侯漆。"① 这里的"洞朱云气画""黑漆""坎侯漆"的文化性功能是明显的，它区分了三种不同阶层及其权力分配，特别是暗示西汉中后期帝王、立侯、贵族等棺材用漆等级分明，即用漆喻指身份。再者，器物的功能结构也是变化的。譬如，西汉中后期漆器装饰功能远远超过前期的实用功能，尤其是西汉后期金银铜扣器的大量涌现，"美祥"动植物装饰

----

① （南朝宋）范晔：《后汉书》，中华书局2007年版，第936页。

性图案剧增，装饰性漆艺开始流行。说明西汉后期"尚大美、好夸饰"的时代已然来临了，更能说明社会文化及其政治制度已发生重大变化。

概言之，器物的物质文化是丰富的，它包括知觉材料文化与艺术材料文化两大类，并在器物的数量、质量、结构、造型、功能等层面规约器物文化的诸多叙事向度，说明器物的物质文化批评是多维的，并表现为一种多态的叙事偏向。

二　时间

刘安[7]（前179—前122）等人在《淮南子·天文》中这样表述"时间"：

> 欲知天道，以日为主，六月当心，左周而行，分而为十二月，与日相当，天地重袭，后必无殃。星：正月建营室，二月建奎、娄，三月建胃，四月建毕，五月建东井，六月建张，七月建翼，八月建亢，九月建房，十月建尾，十一月建牵牛，十二月建虚。星分度：角十二，亢九，氐十五，房五，心五，尾十八，箕十一四分一，斗二十六，牵牛八，须女十二，虚十，危十七，营室十六，东壁九，奎十六，娄十二，胃十四，昴十一，毕十六，觜嶲二，参九，东井三十三，舆鬼四，柳十五，星七、张、翼各十八，轸十七，凡二十八宿也。①

这段文字意在阐释"天道""人道""日月星辰"三者之间的

---

① （汉）刘安等：《淮南子》（上），陈广忠译注，中华书局2012年版，第170—172页。

对应关系，并暗示宇宙天体时间是可以被测量的。剔除刘安等人的神仙黄白之思，我们发现，时间是理解"天道"之关键。实际上，作为天下之"物道"，同样离不开对它的"时间"分析。

任何物质总是在时空维度中操作与运行，因此器物作为物质性行为事件，必然具有强烈的时间性，尤其是"时间"对于物质具有潜在性规约。实际上，在感知觉视野下，我们并不能完全了解器物文化的全部。抑或说，仅仅分析器物的知觉材料与艺术材料是不够的，要深入探究器物的内在文化，还要进一步通过器物宇宙时间来理解与想象。

根据器物文化宇宙论，时间是分析器物文化的重要维度。毋庸置疑，时间是一个很抽象的概念，对它的知觉性不能通过器物材料本身的固定物刺激而产生。换言之，时间感或时间知觉是一种没有提供特定刺激线索的特殊知觉反映，它需要作潜在性的抽象分析。那么，在器物身上如何取得时间知觉的文化线索呢？

首先要对"时间"作简要的文化哲学分析，即反思"时间"作为存在及其在思维方法论上所具有的文化性。从构词法看，"时间"是有"时"与"间"两个维度的基本规定。《管子·三权数》[8]认为："时者，所以记岁也。"这里所谓"岁"，即事物连续性运动与发展的一种历时表现形式。"间"是划分这种物质运动连续性过程的一种分割方法。古人依据太阳与地球的运转人为地划分四方为一时，天有四时，春夏秋冬。如此看来，"时间"概念是属于"空间"概念之后的一种历时性知觉产物。它的功能指向是将连续性宇宙运行划分为周而复始的间性区段，并以此来指导与规约人们的思想及其行为。杜甫的诗句"好雨知时节，当春乃发生"不仅指向雨的"时性"与"间性"，还指向"知"与"发生"的内在思想及其行为规约。或者说，"时间"是人们思想与行为的介质。在农耕时期，古埃及人利用尼罗河河水的泛滥时间来确定耕作时间。中国先秦有诗曰："日出而作，日落而息。"可见，时间让人们的思想与行为变得很有秩序，并成为引领思想与行为的重要参数。人类对"时性"与"间性"的认知与发现，对物理学、天文学、地理学、历史学以及宗教学、哲学均有重大启发性意义与作用。爱因斯坦在时间的抽象中发现"相对论"，霍金在时间运行中发现宇宙黑洞的奥秘，格林尼治"标准时间"让天文学以及世界上人们的行为变得有序而简单，历史学家因有了时间观而能有条理地记载浩瀚的历史。简言之，时间清晰地划分了事物发展运动的历时曲线，并逐步形成了人们思想与行为的普遍间性公约。

对于具有物质性的器物文化而言，它必然由时间与空间构成。就时间而言，器物的文化时间包括历史时间、行为时间、情感时间、象征时间、仪式时间等，它们共同构成了器物文化的时间整体，并和与之相联系的空间共同发生相互作用，建构出特定时空范围内的器物文化。

第一，历史时间。历史是叙事的特定时间维度。器物总是处于特定历史时期的时间物，譬如汉代漆器就是中国古代漆器文化长河中的一个"时间节点物"。有些漆器身上刻有铭文时间，直接能为我们判断时间提供参数。实际上，任何器物均是时间的节点物，没有无时间节点的器物。所谓"历史性"，即指向时间节点上的重要文化性；"历时性"，即指向时间节点的文化间性。

第二，行为时间。行为是叙事的一个重要参数。器物的语图叙事必然是一种行为叙事，它的背后一定指向特定动作时间。比如器物语图叙事指向化妆、祭祀、战争、游历、射猎等行为，那么，该语图叙事时间必然指向化妆时间、祭祀时间、战争时间、游历时间、射猎时间等，它们共同建构语图的叙事文化。

第三，情感时间。情感是器物叙事的一个主观性的表现因素。器物的情感表现性一般指向它的内容深处：主题、意蕴、思想、情趣等。拿"主题"来说，器物的情感"主题性"时间通常有生活时间、宗教时间、政治时间、外交时间等去表达的习惯，这些时间的"主题性"是鲜明的，它们共同建构出有特别韵味的历史情感。

第四，象征时间。象征是器物语图叙事的一种艺术手法。作为器物身上的象征时间，一般指向语图叙事的潜在线索。譬如语言内容上的时间间接描述（如叙事程序），图像上的时间象征物（如太阳、月亮等），还有语图所指向的空间指向物（如庙宇、祭坛、高堂）等。

第五，仪式时间。在古代，仪式是一种具有宗教意义的活动。因此，仪式时间是一种集体性行为的宗教时间，它强调行为的互动性、参与性与神秘性。如祈雨时间、升仙时间、下葬时间、礼拜时间等，这些时间组建特定空间里的仪式文化，并导引出与之相关的社会文化等。

简言之，时间是一个既抽象又具体的概念。它为我们划分了具体生活的节奏，也区分了抽象文化的界限。那么，在批评器物文化的时候，如何把握时间的抽象化与具体化就成为衡量我们的工作能力的体现，也成为拷问我们研究工艺文化视野的重要参数。

三　空间

理解器物文化的时间性之后，还必须深入研究它的空间性。因为，器物文化的时间性是建立于空间性之上的。或者说，空间知觉与时间知觉是一对互动的抽象概念。那么，何谓"空间知觉"？答曰：对器物的大小、形状、远近、方位、高低等空间特性所获得的知觉，即空间知觉或空间感。空间感的获得不同于时间感，器物空间面本身就具有获得空间感的刺激特征及能引起文化知觉的深度。那么，如何获得器物文化的空间感呢？

在哲学层面，空间是物质运动的存在及其表现形式。对被设计的器物而言，它是物质运动的存在及表现形态。器物空间即是一个特定的场域，它主要包括器物的结构、场景、距离、界限、方向、深度等。这些器物空间是绝对空间、实体空间与抽象空间的合一。绝对空间是器物实体空间之外的永恒元空间，它一般不以任何事物的存在、运动与变化而存在；实体空间是一切事物本身的物质空间及其存在占有的具体空间；抽象空间是器物被理解或阐释出来的性能、深度与方向的思想空间。那么，器物的文化空间也就是由绝对文化空间、实体文化空间与抽象文化空间组成。

　　器物的绝对文化空间关涉场景、语境、史境等一般性文化变量。在墓葬空间内，器物是场景中的器物，场景叙事又是通过器物叙事来实现的。因此，一个墓葬就是一个具有场景性的社会。其中，器物是这个场景中的重要角色，它们的组合与互动建构出一个整体的场景系统。同时，身处场景中的器物是"现场性"或"在场性"的语境构成及其表达的基本实体；作为基体的器物又是社会化语境的"代言人"或"讲述者"。因此，器物的绝对文化空间是场景、语境与史境之间互动的空间，或者说，有了绝对空间里的器物之后，原本相对静止的空间被角色化的器物文化激活了。如此看来，批评器物绝对文化空间，即揭示这一空间的"期待系统"，从而从宏观上呈现器物背后的历史语境或史境。

　　器物的实体文化空间关涉器物的结构、骨体、造型、肌理、质地、距离、界限、方向等身体性文化变量。器物的结构是组成整体的各部分之间的搭配与建构，物质结构是人的思维结构的对应物，与器物的功能及其受力相关。因为器物的结构文化包括功能力及其思维力。器物功能力指向组成整体的单元构成承受体系，它与思维力相对应。器物结构的承受体系内在的支撑是器物的骨体，外在的存在形式为造型。器物的造型表面组织纹理结构，即肌理，决定器物形态表面内部的点、线、方向、界限、距离、密度等视觉效果变量。器物的视觉效果一方面来源于器物本身物质的质地；另一方面是由制作器物的表现方式决定。后者如镶嵌、叠透、拼贴、拓印、刮刻、针鬃、掐丝、彩刻、烧熏、熏染、喷洒、吹皱、绘画、雕刻等诸类表现手法。每一种表现手法都有自己的文化传统与传统文化，比如中国画的"晕染"，中国漆艺的"针鬃"，中国景泰蓝的"掐丝"，中国瓷器的"珐琅彩"等表现技法，它们均是一部厚重的工艺文化大书。

器物的抽象文化空间关涉器物的主题、思想、深度、力度、意蕴、情趣等表现性文化变量。器物的表现性与人的情感是同一的，器物的抽象文化，即器物的表现性文化。其中，器物的主题思想是抽象文化的核心部分，它决定器物文化的深度与力度，并表现为某种意蕴与情趣。中国传统艺术分析中的"神""骨""风"，即传达出器物作为抽象形态的主题与思想、深度与力度、意蕴与情趣。概而言之，器物的抽象文化包括器物内在的神思、骨力与风韵。神思则骨力，骨力则风韵。那么，这些相互关联的抽象文化如何呈现？对于器物而言，艺术材料或装饰材料是表现抽象文化的核心视觉元素。器物式样的制作素材及其装饰性事物的转变均是我们研究器物抽象文化的核心，特别是早期器物素材的物理形态，到后来的生物形态以及再后来的变体形态，这一自然事物的装饰性转变反映人类制造器物的文化偏向及其发展历程；另外人类制造器物的人工制品从一般的矿物质到后来多样的金银、玛瑙、宝石等材料的转变也体现人类制造器物的审美偏向及其发展过程。简言之，器物的神思、骨力与风韵均由装饰材料呈现，抑或说，装饰材料关涉器物抽象文化的隐喻、象征与风格。

空间是器物"安放"的场域，是器物时间"连续"的依托。没有空间的器物是不存在的，器物的时间总是在它的空间里运动与发展。

综上分析，我们认为，器物文化的形状由它的物质、时间与空间构成。抑或说，物质、时间与空间是构成器物文化的基本要素，它们是一组相互关联、彼此互动、不可分离的器物文化存在及发展形式。器是人的器，器物文化与人的文化是同一的。人的情感对应器物的表现性，人的身体对应器物的骨体，人的知觉对应器物的质料。器物的物质文化偏向它的质料与装饰，器物的时空文化偏向它的历史与逻辑。为此，器物文化批评应当在器物的物质、时间与空间三大维度上作偏向性整体描述。

第二章

对形状描述的滥用

在宇宙论视野下，器物文化的形状是物质、时间与空间的有机组合形式。在阐释中，我们发现它具有一定的必然性与合理性。那么，曾经的器物文化批评又是如何？在本章的讨论中，拟将以昔日人们对器物形状的描述范畴为分析对象，初步绘制它顽固的批评偏向，即在被滥用的风格、形式、美学、知识等层面上的器物文化分析，以期诊断先前的器物文化批评的褊狭及其过失。当然，我们不是否定前人的批评业绩，而恰恰是基于批评的立场创造性地发展和延伸他们的历史，这是文化及其批评进步的必然选择。

一 风格

请看波兰裔美国学者威托德·黎辛斯基（Witold Rybczynski）在《建筑的表情》中这样描述"风格"的来源：

> "风格"一词的拉丁字根是"stilus"。"stilus"是在蜡板上写字所使用的尖头工具，按照推论，也同样指把东西写下来的方法。这个技术上的意义沿用到英语当中，"风格"的原始意义是指文学创作的某些特征，这个特征隶属于所表达之事物的形式而非内容。17世纪的英国作曲家塞缪尔·韦斯利（Samuel

Wesley）说得漂亮：“风格是思想的外衣。”①

　　根据黎辛斯基溯源性的描述，“风格”本是一种批评的方法，后被沿用到文学中指向创作的某些特征，并隶属于“形式”，即“思想的外衣”。因此，对于艺术而言，“风格”是一个十足的外来“移名”。实际上，从本质上说，人们都有一种执着于对事物明确化分析并使之经典化的行为偏向——“风格化”。

　　罗马著名作家西塞罗（Marcus Tullius Cicero，前106—前43）就喜欢用“风格”来明确文体的特定式样，并使之成为经典的书体方式。南朝文学家刘勰也乐于使用“风格”来专指文章所体现出的整体性风范与格局。大约至唐代，“风格”一词开始活跃于绘画等艺术领域。这就是说，“风格”本源于文学，后才被“移名”至艺术界。直至后来，“风格”便开始被不假思索地广泛应用于美术、建筑、设计、工艺、美学、文艺评论等诸多领域，以至于“风格学”[1]成为一门重要的学科，这不得不引起我们的重视与反思。

　　在此，我们要关注的问题是，作为“移名”的“风格”是否适应于器物文化批评，或者说，“风格”被带入手工艺批评是否能习惯于这方水土？为此，我们首先不能绕开的问题是：作为纯艺术领域的“风格”与作为手工艺器物的“风格”是否具有一致性？这个问题关涉纯艺术与手工艺的本质区别。弄清这个根本性的问题后，我们或许就能发现，手工艺最好不要谈风格。抑或说，“风格”不是批评器物文化的最佳途径。换句话说，传统工艺文化批评在“风格”上犯了机械主义错误，它们是没脑子的“套用”或移民式的“入侵”行为。这么说，并不是危言耸听，也不是“学究式”地故意挑刺，更不是与“风格”有某种学理上的怨恨，恰恰相反，我们总喜

————————

① ［美］威托德·黎辛斯基：《建筑的表情》，杨惠君译，天津大学出版社2007年版，第77页。

欢与"风格"作友，并对"风格"作理性反思，并作以下初步判断。

第一，对于器物而言，"风格即其物"，它明显不同于法国作家布封[2]所言的"风格即其人"。因为纯艺术是人的心灵的药品，而手工艺是生活的物品。重要的是纯艺术是造"假"的艺术，即虚拟的情感艺术；而手工艺是造"物"的艺术，即真实的器物艺术。在纯艺术内，即便是用同样的题材与内容，不同艺术家的创作作品风格也是迥异的。但在手工艺内，用同样的物质材料与内容，不同艺术家创造的手工艺物品风格可能趋于相同。譬如漆艺在技术、材料、主题一样的情况下，被不同漆艺生产者生产出来的漆品可能具有同样的风格。再如，汉代楚国墓出土的大量漆器以及它与广汉郡出土的漆器风格一再证明了"风格即其物"的道理。换言之，对于器物而言，风格是物质的，它是材料的生命形式。漆器的风格与瓷器的风格之本质区别不在于创作者的个性特征及其他相关主体性因素，而全在于"大漆"与"瓷土"的区别（见图2-1）。这就是说，材料的固有属性决定了各类器物风格的差异。当然，材料也是纯艺术决定风格的要素，但似乎不是必要的。

第二，对于器物而言，它关乎"用途"。如果器物没有生活用途，那么它的风格是没有意义的，或顶多是高高在上的摆设品，也或顶多是挂在墙上的"被看的艺术"。纯艺术是非物质的，而手工艺是物质的，是被人使用的。前者不关乎实用的生活用途，只有精神或审美的偏向；而后者在乎的是生活用途，并且还有审美的诉求。譬如对于没有生活用途的漆器，或被使用化学漆的漆器，我们通常认为它们是假漆器，它的美也会大打折扣的，因而，它们的风格也是假的。可见，器物的真风格是有用的，材料是真实的。同时，艺术风格主要是为了表达身心最美好的东西给人看，而手工艺风格是为了设计最有用的东西，并被人们生活所使用。另外，对于纯艺术而言，它能接纳"坏题材"。譬如革命中的反革命，艺术中

图 2-1　瓷器捧盒（左）与漆器重箱（右）

的丑角、老妓女，这些对象在艺术中能起到善意的破坏作用，并体现出某种"丑得如此之精美"[3]的正向能量。但手工艺就不能接纳"坏材料"，譬如真正的漆工艺是不能接纳化学漆的。没有哪一件工艺物品中的材料想起到坏的作用，它们均希望是能被生活所用的生态材料，或环保材料。瓷器中的釉上彩即便有"醉人的美"，但因其彩绘颜料有毒，也常常不被人看好。因此，所有的手工艺器物应该都是不朽的，它关乎自己的用途及其材料的美。

　　第三，对于器物而言，工艺是有用的模仿，而纯艺术是逼真的模仿。从本质上说，艺术家就是模仿家或描摹家，他们试图通过典型化的方式模仿自然对象或社会人物，并达到充分的逼真或艺术抽象的效果。但手工艺家就大不一样了，他们试图通过对自然物象的模仿来达到工艺器物形态及其功能的"美"和"有用"，而且这里的"美"，还是指向"致用为美"。这就是说，手工艺的模仿不同于纯艺术的模仿，它更多的是偏向于"用"。实际上，在很多情况下，纯艺术为了艺术的模仿却牺牲了自己的生活；但手工艺却始终坚守为了艺术的模仿而服务于生活。纯艺术存在的目的是在模仿中克服物质，并试图超越物质本身；但手工艺存在的目的是在模仿中提供物质，并始终与生活同行、与器物同伴。另外，艺术家追求的风格总是在模仿中超越时代，偏向于未来的思考；而手工艺人追求的风格始终在模仿中试图定义生活，为当下的生活而创作（见图2-2）。

图2-2　日本漆饭器

第四，对于器物而言，工艺是天然的生活之物，而纯艺术却是独立的神秘之物。器物工艺风格是使用天然材料雕饰而成，而纯艺术风格内在的思想不仅是神秘的，还是形而上的独立，它建构的世界具有神秘心灵的偏向。器物的风格是创作者手的杰作，被天然雕饰的风格是被手抚摸出来的，并具有手艺人的体味、温度以及心电图。同时，手与心的关系如同"从善如流的长官"与"听话的奴仆"之间的关系，器物的风格就是在这样的心手合一中铸成，手从不违背心的意志，心也不会与手相抵触。器物天然风格的这个偏向与信念谴责着那些虚无的、形而上的以及没有手感的纯艺术风格。更值得一提的是，器物天然风格是不能遭遇"贵族""淫饰"等附属的奢华而烦琐思想的。"贵族风格"是要被救赎的，因为它不是大众提倡的普遍使用的工艺风格。虽然它拓展并推进了工艺技术的发展，但因其被赋予危险的装饰哲学常常遭到人们的鄙视。换言之，手工技术或技巧能改变风格，被称为新技巧的工艺风格较以前的风格是全新的。譬如西汉中后期的"错彩镂金"风格的漆器较西汉初期朴素实用的漆器风格则是全新的。但纯艺术的风格与表现技巧关系不是很大，它主要受文艺家的性格、禀赋、气质以及其他民族性的因素影响。另外，器物需要自明，在天然中实现生活性；而纯艺术是神秘的，在隐喻中呈现故事性。

总之，"书论宜理，铭诔尚实"[4]，纯艺术之"风格"与手工艺之"风格"存在很大本质性的差别。"风格"作为手工艺领域内的"偷渡者"或"非法移民"，对此持有的态度是将通过艺术界的关闭所带来的效率以及引渡后人们对它的反映作为衡量艺术分界线存在的唯一标准。在分析中，我们认为，手工艺的风格是自明的，工艺风格即其物，或风格即其用。它不仅是有用的模仿，还是日常生活的形式与需要。当它遭遇坏题材，它的风格则是假的，也是没有意义的，或需要被我们救赎的。这就是说，在器物文化批评中，"风格论"批评应当持有谨慎的态度。那么，当你在作工匠文化批评的时候，你还打算去仔细地模仿或严谨地套用吗？

二 形式

当我们研究"风格"之时，"形式"会不自觉地被不假思索地拖拽进来，因为"风格就是思想的形式"。

实际上，艺术的风格离不开它自身的形式，包括物质形式、时间形式和空间形式。但"形式"绝不是我们随手拿来研究"风格"的漂亮外衣，因为形式是区别于材料的事物表象及其构造。而对于器物来说，材料是区别"风格"的重要视觉元素。

对于器物而言，亚里士多德认为"形式"同具体事物一样均是"实体"（即"本质"），这不能说不是很精准的分析结论。纯艺术只有在获得形式感后，它的意味或意蕴才能显露。这时，形式可以变成线条或语图，并依据风格的原理凝固成某种规范性类型。譬如颜真卿[5]的书法，它首先是处于变化中的线条生命，并保持着和谐的、可识别的规范，它的线条美学或风格最后稳定下来，这样才能成为颜真卿的书法。但颜真卿的书法风格并非实体，而是一种非实体的书法意味。如果从实体视角看，颜真卿的书法与其他书法家的墨迹之比较，或许都是宣纸和墨汁的艺术，或许也是我们看不出不同书法家内在的书法力量。换言之，纯艺术的风格或物质内部有一种活生生的本质力量。

虽然器物的风格也关乎形式的意味，但更多的能从材料的表象形式中获得，不一定要进入实体内部。譬如一件同样图纹的脱胎漆器与陶胎漆器在风格上的区别就很难从胎体质料上辨别，但同样图纹的漆器与瓷器的风格却不辨自明。换言之，器物风格就是材料实体的组合，并使之成为相互适应的有用形式，并且具有某种内在的一致性。但我们不能将文学、建筑等视为不同的语言材料实体的组合。实际上，对于文学而言，词语材料本身是没有多大意义的。如果它们不具有隐喻性内涵，并不发挥思想的力量，那么，这样的文学风格是不可能形成的。同样，许多胡乱堆积的杂物构成所谓的象征主体或行为主义之建筑艺术，也是不能被称为建筑的，因为它顶多是供人观看的空间物，而不具有实体的使用价值，尽管这类建筑具有某种隐喻性或内在的比例。一般认为，哥特式建筑风格依赖的是它有比例的"肋架拱顶"形式和它内在的宗教意味。希腊人喜欢用数字或比例来界定风格，譬如他们用尺度区分爱奥尼亚柱式与多立克式建筑风格，而尺度的背后隐含诸多心理文化的指向及其偏好。但文学、建筑的风格及其风格分析适用于器物吗？受到材料和技术的限制，器物的风格主要依赖外在的物质表象，而不大依赖内部的"心理景观"。古代手艺人的知识水平普遍不高，并且不大可能参与艺术训练与学习，工匠们靠的只是师傅"守之述之"的工艺知识，被创造的器物所具有的"心理景观"绝没有文学艺术那样清晰、明亮而富有意味。器物形式就是它自身的图样，虽然不同的材料、工具和技术能改变器物的形式，但是"心理景观"永远不能自动地改变器物的形式。器物的胎体是不变的，但它的风格是可以不断"进化"的。因为胎体只是承载物，在它身体上涂颜料，或涂大漆，或书法，各自所见到的器物风格是多样的。

由于器物的形式往往"置内容于不顾"，对于器物文化批评的人来说，"我们"都是形式主义者，尤其是对于初学者或短视的批评者而言，对器物的分析就是对纯形式的分析。这样的人如同一个宗教徒，他们的工作方式只是通过仪式及其所有人都要遵循的规则来界定自己的行为，至于仪式及其行为背后的意义则被搁置在一旁，或者说仪式决定了他们形式的好坏。如此，任凭器物文化批评的森林是多么的枝繁叶茂，我们的"阐释之花"也无法起到点缀的美化效果。因为我们没有透视到"混迹"于器物之中的"文化生命"。实际上，形式主义的器物文化批评的习惯葬送了器物文化的多样性、复杂性与能动性。

对于器物的形式而言，俄国形式主义提出的"陌生化"[6]也许是最富有价值的，而且是迄今还在影响人们的宝贵思想。对造物者来说，所谓的"陌生化"就是通过材料感觉入手，借助创作与技术手段，不断扩大器物的美感与实用性，而且还不断扩大使用者对它的认知长度，从而获得一种前所未有的被拉长了的形式感。那么，对于器物文化批评就是揭示这种"被拉长的形式感"，否则我们的批评会被位移到纯粹形式主义的泥潭。

"形式"——批评器物文化不可不察的观念。它是否受雇于"风格"，还是内容的"傀儡"？我们对此必须要有一个清晰的态度，否则，为了形式而形式的批评传统便滋生了，并泛滥成灾。它不仅影响了我们对器物形状的判断，还直接干预了对器物文化批评，以至于我们的视野始终局限于对器物的外在形式的简单描述，而致使我们的文化批评步入"形式主义"的怪圈。这也将严重影响器物文化的发展，更破坏了形式美学本身的自足性与合法性，并影响其他诸如美学、艺术学、工艺学等相关学科的发展。

三　美学

对形式的批评，直接导致与形式相关的"结构""符号""接受"等器物可靠性分析对象的骚动。因为器物的形式直接关乎器物的结构、器物的语图符号以及我们对这样的结构和语图的接受分析。通常意义上的结构、符号以及接受，我们在"美学"的范围内较容易辨认它们内在的可靠性信息。

在结构层面，美学所关注的是器物的式样及其规则，如器物的对称、和谐、比例、重复、单一、透叠、交叉、融合、对立、并列等结构性式样及其规则。在语义学上，"结构"不仅是呈现关系的表意系统，还是传达深层思想的文化系统（见图2-3）。根据法国人类学家列维·斯特劳斯的观点，作为物质文化模式的器物，它应当是人类思想中整体的恒定结构之产物。那么，器物文化也就由许多恒定结构的关系状态组成，它们共同建构一个完整的相互锁链的文化圈层。路德维希·维特根斯坦曾把这种"完整的相互锁链的"东西称为"状态"，他认为，世界就是由这些"状态"构成的总体。对于器物而言，维特根斯坦的"状态"如同器物视觉设计的"形态"，状态的组合即"构成"。器物的"构成"就是我们研究的美学对象。

在符号层面，系列化的"构成"就是一组有语义的视觉符号。问题的复杂之处就在于这些构成符号的深层语义系统，即不可见的语义系统。在索绪尔看来，这些语义系统，即语义结构或语义状态，它是语言学研究的核心对象。因为索绪尔认为，产生语义的不

图 2-3　西周凤纹卣

是语言符号本身，而是它们的"构成"本身，即组合关系。器物作为社会发展中的一个"语言"或"语素"，它承载了大量"社会关系"结构，并具有物质、时间与空间等具体的整体逻辑，这些结构与逻辑构成了器物文化中心。

　　在接受层面，结构与符号的美学思想似乎排斥人作为主体显现在器物文化中的地位与身份，而将器物的"结构"置于文化的顶端。实际上，器物的整体性较局部确实具有逻辑上的优先权，器物的使用功能与审美价值是由器物的"细部"构成，并发挥着细部之间的"状态"作用。换言之，如果我们坚持结构主义分析方法，对于器物文化批评必然要放弃器物构成的诸要素。但对于器物而言，

"细部"是决定一切的。这不仅表现在器物设计之上，还表现在器物美学的接受维度。

从本质上看，美学的批评方法是一种十足的心理学分析方法，并带有先天的"主观性"胎里病。如何"搁置"先天"不足"，去创造一些对器物文化批评的后天"环境"？这将是考量器物文化批评者的一把"心尺"。

如此，我们要十分留意美学批评方法论的"心尺"。从思维逻辑维度看，它是由"思"与"证"两个基本测度构成。"思"与"证"既是起点，又是过程。如何"思"？从"上"往"下""思"，还是从"下"往"上""思"？如何求"证"？是实证，还是史证？谁在"思"？"思"的对象是什么？为谁"证"？"证"应该遵循何种法则？这一系列问题关涉美学批评的方法论问题，不解决这些问题，我们的研究就会犯错误，甚至步入形而上之途。实际上，由"理"而"思"是西方美学的最大的方法论进路。综观西方古典美学，一条"理"的"思""证"之路豁然呈现在我们的脚下：形而上学滥觞于柏拉图，理性主义涌现于文艺复兴，德国古典美学兴盛一时，黑格尔理性美学登峰造极。他们强调理性，偏重思辨精神。由"理"证"实"是西方古典美学的一条进路；由"理"责"实"是他们的一种求"证"之法。前者，唯"理"证"实"，使美学走向玄学；后者，重"理"轻"实"，使美学走向"专治"。于是一直以来，"玄学"和"专治"笼罩着西方美学的天空。但美学终究不能活在哲学思辨中，躺在"自上而下"的玄想里。19世纪中后期，德国费希纳"自上而下"之革命，开辟一条"自下而上"的"思""证"之路。因此，由"实"到"理"成为西方现代美学的一条新"思"路；由"理"求"实"成为他们的一种新"证"法。这种"思""证"之路给西方美学研究带来"新面貌"。一时间，西方近代心理学、美学舞台上异常活跃。但西方现代美学仍在"思""证"路上蹒跚而走不出"思""证"困境。科学主义遮蔽

"思"之主体，一味强调"科学"；人文主义却避开"自然"，一味强调"一切科学都是人本的展开"。科学主义和人文主义两股思潮一时争持不下，而且其自身也存在诸多矛盾与对立，实证主义试图反对神学与形而上学的思辨哲学，却用"三段论"（即孔德的"知识的理论阶段"：神学阶段→形而上学阶段→实证阶段）来"实证"，用"抽象"去反对"抽象"，用"思"去解构"思"，自己却成了另一个"思"；马赫主义的基本思想是"物是感觉的复合"，也即"世界都是我的感觉"。他们把世界的要素都归结为"感觉"，感觉是自我的感觉，要素也是自我的要素，这种"一元论宇宙结构"还是"形上之思"，……再看看尼采，强力意志和超越精神在人生的道路上却走向了绝境，最后连自己的生存都成了问题，孤独、抑郁而精神分裂，其理论之"思"与生存之"证"严重冲突。显然，西方现代美学似乎只能在科学与人本中徘徊，传统与现代中对抗，现实与人生中矛盾，灵与肉中挣扎，理性与非理性中纠缠，工具与超越中扯裂。徘徊、对抗、矛盾、挣扎、纠缠、扯裂构成近代西方美学之音符。因此，西方近现代美学在徘徊、对抗、矛盾、挣扎、纠缠、扯裂中困惑，但正是这样的困境使西方出现了形形色色的美学主义。人本、相对、多元、解释、无本成了他们寻"思"之路；遮蔽、悬置、还原、转向成为他们求"证"之法；无我、无中心、无结构、无本质是他们"思""证"之理想。方法论困境导致西方从古典到现代的美学产生混乱（即无法则），这种"无政府主义"美学遭遇从一开始就是注定的。

　　我们认为，人（主体）、科学的关系是"思""证"的对象与尺度要求；开放、整合和整体是"思""证"的结构与历史要求。美学方法必然是站在科学与主体高度上的历史思维，这也是最高的思维方法，尤其是科学整体方法具有历史的覆盖性，一切人文学科和自然学科不过是人类思维领域的向外延展。因此，美学的批评方法必然覆盖一切人文学科和自然学科。科学与主体相统一的方法尺度就是美学的尺度，美学的尺度是一切科学的最高尺度。"尺度"就是一种指标或高度，科学尺度与主体尺度的统一构成美学的尺度。由主体到科学，再由科学到主体，两者在互动中达到历史高度上的统一。美学高度永远没有终点，没有终极性，否则美学就将走向死亡。主体的高度是历史的高度，又是美学的高度。这样说来，马克思所讲的美学的高度与历史的高度是一回事，美学的高度就是历史的高度，否则美学就达不到历史的高度；历史的高度支持着美学的高度，美学的高度包容着历史的高度。科学发展具有广延性，离开科学的发展，主体的高度就会失去主体性的发展依赖。主体越提升，科学越推进，历史越发展，主体达到的高度就越高，说明美学的方法必然是科学与主体相统一的方法。

那么，美学批评方法到底是一种怎样的方法呢？简言之，它是一种感知的、整体的、科学的与哲学的批评方法。

首先，美学观察是一种感知批评方法。感知是审美的门户，它可以直观对象，借助情感，并作用于观察者的记忆知识，从而反复作想象性地思考对象，最后做到理解对象。这就是说，感知批评法具有直观性、情感性、想象性与理解性等多维特质。

其次，美学观察是一种整体批评方法。整体并非单一的总和，整体是立体的、多维的与变化的统一。整体研究方法是美学批评方法的有效种类，它采用历时的与共时的综合视角观察对象，既有历时时间的观察，又有共时空间的观察。它也采用静止的与动态的多维视角观察对象，既有线性的平面观察，也有多维的立体观察；它还采用历史的与逻辑的统一视角观察对象，既有历史的演进观察，也有逻辑的理论归纳。

再次，美学观察是一种科学批评方法。科学是相对于玄学而言的，科学观察法是系统的、经验的与技术的批评方法。所谓"系统"，即观察具有一定的顺序、结构与测度，并非凌乱的、随意的与主观的批评方法；所谓"经验"，是指研究者是根据一定的知识积累与历史经验，采取有方向的、有价值的批评方法；所谓"技术"，是采用符合对象特点的技术路线，而非主观臆想的、武断的批评方法。符号本身就是一种技术性创造，它需要技术论作为批评的指导方法。

最后，美学观察是一种哲学批评方法。美学观察的第一阶段是感知观察；第二阶段是整体观察；第三阶段是科学观察，最高阶段则是哲学观察。所谓"哲学观察"，它是在前三阶段的观察之后，用理性的思维与语言，阐释感知到的知识，并借助整体观察与科学观察，把最有效的理论组织起来，建构一个相对封闭的理论体系。如果说感知观察有一定的偏颇，那么整体观察则补充了这些偏颇，而科学观察则进一步为整体观察提供合法性，最后哲学观察完成所有观察交给它的任务。

美学观察不仅是一个序列的、逐渐上升的批评方法论，还是一种"科学整体观"[7]下的思维方法论。"感知观察"要建立在"现象"发生地之上，"整体观察"是建基于历史与逻辑的统一之上，"科学观察"是建基于批评对象的理性知识之上，"哲学观察"是美学观察的最高追求，具有统摄作用。相对于符号批评而言，这种"感知观察—整体观察—科学观察—哲学观察"的技术批评路线具有一定的合理性。

四　知识

德国哲学家马克斯·舍勒（Max Scheler，1874—1925）曾把"事实"框定为"自然事实"（日常的）、"科学事实"（科学的）、"现象学事实"（哲学的），并据此通过自然的、科学的和现象学的"还原"工作方式，于是推定我们对"事实"的三种态度——自然态度、科学态度和哲学态度，进而由此获得三种知识，即日常知识、科学知识和现象学知识。①

　　对于器物文化批评而言，舍勒对"事实"或"知识"的态度值得我们重视，他获得知识的途径是采用现象学"还原"的办法，即在器物与"经验"（与器物相遇）这些器物所具有的主观态度之间获得自然知识，在器物的科学分析中还原事实本身，在直接体验中直观地呈现器物内容及其本质性"洞见"。

　　器物的自然知识，即器物作为物质存在的物理知识。器之为器的物质知识，是我们了解器物物质文化的通道，也是判断器物科学知识与现象学知识的基础。作为物质知识的存在，器物的文化性质一般指向现实的文化社会学领域，包括宗教、艺术、经济、政治、科学等以及现实的制度、心理一类的因素。

　　器物的科学知识，即器之为器的实用技术性存在的知识，包括艺术科学等，如装饰技巧、材料加工技法等。器物知识的科学性存在是我们还原器物文化的第二种途径，并指向器物的物质加工及其技术性的科学社会学领域，它包括材料、装饰及加工等方面的因素。

　　器物的现象学知识是器物被我们体验到的知觉知识，它具有主观性，但在直观的还原中，我们还是能够获得纯粹的美学知识。这当然首先要搁置器物之外的功利知识，并在本质性上获得具有洞见性的客观知识。

　　在现象学视野，器物文化批评实际上就是通过自然的、科学的以及美学的"还原"方式获取知识知觉并具有洞见地呈现出来。这种批评工作方式有三点值得注意的有益启示：一是直觉体验；二是洞见本质；三是关系的重要性。它们均指向我们的"思维形式"将是一种"被证明"的技术，那么，器物文化及其批评的功能至少有

---

　　①　［德］马克斯·舍勒：《知识社会学问题》，艾彦译，译林出版社 2012 年版，第 11—12 页。

两点：一是传承；二是证明。它所涉及的是器物自身的已传承知识与即将被证明的知识，而并不一般性地指向这些知识之外的知识，如主观性判断所获得的"发现的知识"。经验告诉我们，"发现的知识"容易落入好争辩者的领地，成为他们饭后"玄谈"[8]的偷猎对象。因为这一知识的缺陷是明显的，它既是被"构想的知识"，也是被"还原的知识"。前者具有主观性、臆测性的嫌疑，后者不具有知识的原真性。在通常意义上，我们在阐释器物文化的时候，喜欢使用"通过分析，我们发现什么"的构想性叙事语句。显而易见，这些被"阐释的知识"，即"发现的知识"，已然一不小心地落入了危险境地——臆想家的魔窟。

那么，器物文化如何批评？毋庸置疑，我们需要的是"传承的知识"与"证明的知识"，而不是"发现的知识"或"构想的知识"。为此，我们要阐释器物身上所传承的知识，即"基因的文化"，还要分析"证明的知识"，即后天"习得的文化"。譬如我们分析汉代漆器文化，若看不到周秦时期的漆文化基因，那么我们得出所谓纯粹的被我们"证明的知识"，即便我们能通过调查法、实验法、比较法、情境法、角色法等多样的证明知识存在的途径，也不能还原汉代漆器知识的真理。因为我们忘却了它的基因——有历史性与家族性的因素。器物文化如其他文化一样，它总是被传承的、流动的、进化的、发展的文化，分析传世器物文化，需要的是"历史的知识"与"家族的知识"，这些知识就是"还原的知识"，具有元性或真理的特性。如此，当我们遭遇传世器物的时候，实则是遭遇我们的历史和我们的家族及其生活场景里的道具。忘记历史的批评是不诚实的，也是对被证明的知识不负责任；舍弃家族的批评也是不道德的，也是无法被人信赖与敬畏的行为。拿东周时期的青铜器为例，此时的青铜器必然是东周之前的历史的后续，也必然与其他器物具有"家族相似性"，或者各种类的青铜器更具有家族共相。这就是说，器物文化不仅要揭示它的"历史的个性知识"，还要阐明"历史的共性知识"。对于器物而言，这些知识都是可以被证明的，抑或可以被证实的。器物的历史个性知识是这一知识存在的独特性，历史的共性知识是器物在社会环境中关系性的呈现。

实际上，器物的基因知识就是民族的精神知识，它被传承与被接受的知识是一个民族的文化基因，它往往超越于时代与个人，在器物的宇宙里生生息息地潜在性地流淌（见图2-4）。对于我们来说，揭示这些潜在的知识是文化史工作者的天职。对于器物文化而言，批评它困难重重，并不是一件轻松的历史回忆与证明行为。因为古代器物文化知识不是以线性串联而存在的，也没有像诗学、史学那样具有很多的文献资料可查可阅。于是乎，"知识的证明"是器物文化最有效的工作方式，或者说，器物文化的最终状态是"证明的知识"，不过，我们还是不能过于充满信心，因为迄今为止，就知识的传承与生产而言，很多器物文化知识是无法还原的。只能说，我们对器物文化的研究还处于"盲人摸象"的阶段，但最可贵的是，在思考器物文化时，我们心知肚明：器物的文化宇宙是浩瀚的，能看见的点点繁星是有限的。为此，我们需要发明观察文化宇宙的"望远镜"。就目前而言，这样的技术设备并不多，最多在风格、形式、美学、艺术、宗教、图像等"技术性分析手段"上聚集。

在众多的器物知识阐释或生产中，有一种认知不应被我们搁置，那就是"知识的宇宙本质，即是人的本质"，因为人与宇宙在本质上是同构的。器物是人的意义的连续，宇宙是人的思想直观的对象，思想直观就是人的意义之连续。比如器物艺术思想的表现性与人的思想性是同构的。所谓对器物的审美，即思想直观，器物的审美形式同思想形式在结构、色彩、体量上一定有某种契合点，只有这样才能产生审美的知识共相。然而，问题的复杂性还在于——如同黑格尔所言——"观念的狡诈"迫使我们分析器物文化必须持有冷静、客观、证实、动态的立场，否则我们很容易被狡诈的思辨能

图 2-4 玛雅古典期彩陶盘

力把分析的触角带入"单一意义"的知识领地，从而给"批评家"留有自耕地。不过，要想饿死所有的批评家是不可能的，因为我们的本性乐于狡诈的思辨与推理。

毋宁说，我们获得器物文化知识的途径非常有限，而且在走向这片知识森林的路上荆棘随处可见，试图扼杀我们思想的猛兽随时随地出没。对此，我们必须持有三种相对理想的态度：一是放弃"纨绔子弟的作风"，不要我行我素，器物知识的丛林的规则是"弱肉强食"，它不需要知识的纨绔子弟，或者说，为了知识而知识的器物文化叙事是徒劳的；二是不需要"慢条斯理的私塾先生"，教条只能使器物文化的获得走向"慢条斯理"的单一向度，孤立与片面是教条的后代，也就是私塾先生的子女；三是"闯进陶器工厂的驴"[9]，抑或是批评家，对于器物文化这样的一个陶器厂而言，莽撞地私自闯进来的野驴还能做什么，破坏是它的天性。因此，在我们看来，纨绔子弟、私塾先生和莽撞野驴是器物文化分析的三大死敌，"纨绔子弟式批评"是个人主义的，或是为知识而知识的批评；

"私塾先生式的批评"是教条主义的，或是本本主义的知识批评；"莽撞野驴式的批评"是狭隘主义者的批评行为。

在文化批评上，纨绔子弟、私塾先生和莽撞野驴是如何诞生的？这是一个必须直面的问题。除了这些人拥有"狡诈思维"或"执着偏好"之外，分析文化史之"传统的力量"也是形成这些怪胎的致命因素。在过去的器物文化分析传统上，尤其是风格分析法、形式分析法等具有不可一世的权力，它们在控制我们的思维与方法上所坚持的教条不是一般人能轻易推翻的。因为在原始族长统治的知识社会里，老的知识森林的国王在没有死去之前，新的知识森林的国王要想篡权是不大可能的。除非他处心积虑地储蓄革命的本钱，以及储存推翻老国王的武器，然后在老国王自然衰老时，留给他的机会才能够降临。我们都要有这样"野心"，笔者一直试图，也只能试图接近这样的新国王。

简言之，"知识"确实是我们分析器物文化的一个有效工具，尤其是它能同"社会"协同建构"知识社会学"，进而能从更广泛意义立场去分析器物文化。但是，我们对知识的"狡诈思维"或"执着偏好"，也是破坏文化批评的绊脚石。你说呢？难道不是吗？至少笔者是这样认为的。

第三章

写法的诊断

被滥用的器物文化批评测度在风格、形式、美学以及知识等层面上具有某种程度的"危害性",并具有一定的"隐含性"与"欺骗性",成为我们对学术文化批评的几只拦路虎。如此,被描述的器物风格文化已然成为高悬在器物身上的幌子。然而,我们认为,器物的风格是活的,而且永远是活着的。"风格"不应该成为被高悬的幌子,它是有角色的,并且永远活在社会的时间与空间里。就器物而言,形式也是有生命的,而且是运动着的,形式绝不是内容的简单外衣。对这样有生命的形式给予文化的透视,采用美学想象的批评方法,这近乎是一种主观性臆测。即便做了较丰富的知识社会学的解析,若只在线性思维中活跃器物文化批评,我们的工作方式是值得商榷的并应该得到诊断与救赎的。

一 风格外衣

"风格"是一种自相矛盾的品质。它是静止的,也是运动的。它对时间超越的野心是固有的,但它又喜欢停留在一个时间风景区内休憩;它对空间的地域特色是迷恋的,但它又试图超越地域的特殊性限制而毁灭自我。比如明清时期的"中国风"[1]器物美学对欧洲的"洛可可风格"[2]的影响启示我们:风格,不可能是地域空间中的静止的东西，它能以最宽广的视野和位移的能力超越历史的空间，去关注时间文化大海的潮起潮落。"中国风"是中国艺术风格的一种界定，在世界传播的过程中，它又被"洛可可"所继承与创新。"风格"的这种跨界与进化能力也直接教导我们：每种历史的艺术风格能在空间移动的庇护下得以发展而改变，并在异国他乡生根发芽。譬如 18 世纪中国漆器对欧洲的影响（见图 3-1）[3]，在当时，仿制中国漆器成为一种文化时尚。

图 3-1　18 世纪英国漆钟（左）与比利时漆梳妆盒（右）

忠实于变化的"风格老臣"与它内在的相对稳定性的"形式君王"形成了一种鲜明的对立立场：它是绝对不变的，又是能改变的。这种风格的偏向性解释完全适用于器物及器物文化批评。这里我们首先要区分风格与风格批评是两回事，风格是器物文化的秩序、风范、品质等具有生命意义的特质；风格批评是对器物文化的风范与规格的一种批判性叙事行为，以期揭示风格的内在内容及思想。根据"风格"的"对立性偏好原理"，当器物遭遇到"我们"的时候，尤其是遇到"我们思想"之时，器物风格批评的"对立性偏好"容易被我们静止化或片面化。因为我们的"心理景观"视线总是不那么深邃而具有直观判断的能力。器物的每一种风格绝不是一件漂亮的外衣,它身上的图案也不是赤裸裸的审美再现。此时,我们需要"理性透视"与"感性透视"的结合,否则我们被蒙蔽的眼睛容易误入风格外衣的华丽或隐晦的色彩上。对此,风格批评的"诊断性思维"是有用的,初步分析如下。

首先,"风格是技术的"。每种器物都具有技术性,技术能以压倒性能力改变器物的风格,并使得风格带上时代的、地域的文化调性。风格的"技术第一原理"能适应各种器物风格的变迁叙事。譬如在汉代,桐油技术的采集与加工,大漆的炼制技术以及铁器加工技术,改变了汉代以前漆器的简朴风格,尤其是西汉中后期,人们对波斯引进来的植物色彩加工技术以及本土的装饰技术的改进[4],漆器的"错彩镂金"风格在技术的庇护下显得格外耀眼。技术的能动性在风格的不同呈现中显得富有能力,它试图超越时间与空间,乐于寻求某一阶段或某一地点的精神文化,并用自己的富有特色的语言呈现给观众。

其次,"风格是有故乡的"。就风格的地域性而言,每一种器物的风格是有故乡的(见图3-2)。在形式、秉性、情感等维度上,风格的故乡性是明显的。"楚风""秦风""蜀风""滇风"……它们在家族性上的地缘意义及其地域品质方面具有很大差别;"中国风""美式""欧式"……它们在国别性上的地缘意义及其"空间视象"上也是不拘一格的。风格的故乡性或故乡感是器物文化与批评主体之间的一个重要间性维度。实际上,我们越能区分器物的风格领域,我们就越能更好地理解这个区域的文化张力和艺术个性。器物风格的故乡景致是特定空间中的文化美景,它或埋藏于细微的材料之中,或因禁于形式的结构与组合里,或隐藏在用色铺彩之中。作为阐释的文化,我们的心灵则完全被这些充满故乡"独一无二"的"回忆"所充斥,否则,我们的心灵家园也许在富有诗意的分析王国中迷失。

图 3-2　玛雅古典时期彩绘抄写员彩碗

　　再次，"风格是局部的，也是结构的"。风格的秉性很容易表现在很局部的差别性上，即便是细微的，也是区分风格的重要差别点。因为就是这些文化的细小差别点构成了器物的整体，尤其是这些文化差别点积极参与了器物的结构活动。这个细小的差别点是一个亮点，一种活力，或是一种"诱惑点"——迫使我们的心理视觉开始行动，以至于"三月不知肉味"[5]，忘情于这片诱人的文化三角区。然而，当我们的思想"嗡嗡飞翔"的时刻，我们或许只能看到器物的整体风格，而很难搜索到那些表象深处的细微的局部。

　　最后，"风格不是精神隐喻"。在器物文化的分析上，我们的心灵容易骚动——咨商[6]风格的编织者思想深处的精神隐喻。器物的形式是五花八门的，我们必须从各种隐喻性词语森林中撤出来，回到心灵自然风光的原野，即"第一故乡"。从本质上看，器物宇宙与人的宇宙均指向某种一致性，尤其是心灵的形式与物的形式原则上是同一的，它们之间的对话是直接的、直观的，不需要更多的隐喻词语表达的，也是无法表达的。器物的风格本质是自然的，工匠们的心灵活动也是自然的，而且是长年累月的自然形成。换言之，风格不是刻意的塑造，也不是瞬间的火花，更不是刻意的精神隐喻。风格就是自然的复制，抑或心灵的图像，也是直观的形式。当然，心灵的风格不是对图像的简单复制，也不是自然风景的随意摄像。风格总是要走向现实的、社会的。器物文化的风格也一定是具体的，并且永远是活的，与一般性隐喻修辞是格格不入的。

简言之，风格的外衣口袋里有技术、故乡、局部以及非隐喻这四件东西，我们至少不能对此视而不见，因为它们对于器物文化批评具有重要的临床"诊断性"作用。

二　形式的废弃

器物形式是有生命的，它不是静止的，更不是死的。因此，常规意义上已然被废弃的"形式论"批评需要被我们救赎。抑或说，传统器物文化的形式批评需要被我们诊视、号脉与医治。

器物的生命是很特殊的，它并不完全是工匠赋予的，而是由器物的材料及其技术本身创作的。譬如在漆艺行业，人们都一直不约而同地认为，漆画并非完全产生于艺术家的构思，还有一半是"天"赋予的，即所谓"人画一半，天画一半"[7]。这是因为漆画的材料是独特的，尤其是大漆的黏性，不好控制，一旦下笔，往往只能是"随性"的，不大容易改动。因此，古代漆器的纹饰图案或漆画是"随缘"的，并不与艺术家的构想准确对应（见图 3-3）。那么，器物文化批评语言就不能简单地等同于器物本身的词语，即便是汗牛充栋的文化批评，也无法与一件哪怕是最朴素的粗糙器物相比。但事实上，我们在批评器物形式的生命之时，我们的忘情是可以理解的，但器物符号的生命形式不是我们能用华丽的词语可以简单包装的。

图3-3　汉代神兽龟甲形漆盾纹饰

　　对器物而言，形式的生命是流动的。在设计及其技术性层面，器物的形式生命是变化着的。拿瓷器制作来说，从揉坯、拉坯到立坯、利坯，从荡浆、摧浆到施绘、上浆，再到进窑烧制，在这系列过程中，瓷器的形式生命是流动的，甚或是多变的。其中"窑变"就是反映瓷器生命流动性的重要标志。另外，在时空性上，器物的形式生命也是流动的。譬如在中国古代丝绸之路上，各种器物的流通直接启示我们，器物的生命是流动的，至少在时间的延续性上与空间的延展性上。中国古代器物的文化魅力是巨大的，被输出的中国古代器物，实则是一种艺术品的输出，也是一种生命的文化之美的输出。器物文化在流动中彰显出它的世界性叙事特质，更显示出文化的无国界性。在异国他乡，器物文化坚守着国别性的理想，并被赋予"他域风格"，从而不但延续了器物的原来生命，更衍生许多新的生命。17—18 世纪法国宫廷器物就保留着中国器物的生命，在英国、比利时、俄国等西方国家，这个时期的"中国风"器物被创造出一种奇异的风格："洛可可风格"。实际上，器物形式的生命一旦被图像、材料、色彩等激活后，在流动中一旦耗尽它固有的生命能量，则走向衰老或死亡，被另一种风格国王所取代。这不是别的，这是风格生命进化的重要原则。

形式生命是一种文化生命。在这一点上，我们似乎不能持有怀疑的态度。但重要的是，我们无法轻而易举地获得形式的文化生命感，尤其是器物的图像被抽象化的线条简化的有些贫瘠与荒凉，那些丰富的具有生命感的复杂图案更让我们一筹莫展。当我们第一次面对伊斯兰图案或纹样的时候，我们一定惊讶它的内心深处是多么的神秘、复杂，但这些富有"超生命力"的图案又是那么的有数学逻辑推理式的整齐、规范，最让我们惊讶的是伊斯兰纹样中从来见不到"偶像式的人物"，哪怕是他们的真主安拉。对器物图案形式文化的陌生，是可怕的。它会阻碍我们对形式生命的解析，更影响形式生命的复活。

要解析器物形式的生命，除了材料观念之外，我们必然要求助另外两个概念：连续和延展。因为器物形式的生命不是"瞬间的"，也不是"隅隙的"，而是在长效的时间与广域的空间中慢慢形成的。

"连续"是一种时间观念，也是一种历史态度。因为对历史学家来说，时间的连续观念是至关重要的，被划分的时间段是他们分析历史性的核心技术。因此，"连续"是分析器物文化必须首先要建构的关键观念。在分析器物文化的时候，我们绝不会放弃用时间之间隔来解读器物文化的时间"间性"，否则我们很可能迷茫于器物的空间分析之中。为此，器物的"绵延"文化在时间分析的监理下，必然凸显历史的魅力以及流动的生命。

　　"延展"是一个空间概念。与之相关的文化批评观念有"场"
"语境""史境""情境"等。器物文化批评往往像一位历史学家一
样，将共时性的历史语境放在首先的分析之中。这样的批评癖好本
身没有错，问题在于历史不是一个"隙隙的"空间，更不是一个线
性的空间，它通常表现为一个复杂的多网络的空间。因此，这给我
们的器物文化批评带来了诸多不便。

　　对待器物的形式生命，文化批评长处实际上不全在于时间与空
间本身。即便我们是很高明的"时间装潢师"或"空间的建筑师"，
也无法在"连续"或"延展"的王国里找到"形式的光辉"。因为
这样的所谓高明的时间装潢师与空间建筑师从内心就在藐视时间与
空间的本质力量，即人的力量。所有一切的形式，实则就是人的形
式，只是通过时间、空间和物质的媒介建构思想的王国而已。

　　在时间里，器物文化不是孤立的"事件"[8]，它无法逃逸于时
间王国之外。我们对器物文化批评，好像在履行一位历史"公证
人"的责任。于是，对器物的信任与公正的心态至关重要，如何做
到这样的心态呢？回到时间王国里，还原到空间原点上，去自由地
做好一位历史文化的公证人吧！

三　美学想象，抑或臆测

　　文化不可能是抽象的，它必然存在于具体的事物之中。器物文
化是具体的文化，它通常存在于器物的形式、色彩、质料等具体的
视觉元素里。这些元素呈现出来的文化与美是造物者"心理景观"
的外显与传达。那么，当我们遭遇这些"心理景观"的时刻，我们
便进入了"美学想象"的心理活动之中。

　　对器物"美学想象"的目的在于获取器物的文化与美，或者
说，器物美的文化模式在一定程度上与我们的"美学想象"是关联

的。就文化模式的地域性而言，不同国家或不同地区对器物的"美学想象"模式是有差异的。譬如欧洲美学想象模式、印度美学想象模式、伊斯兰美学想象模式、中国美学想象模式等国别性美学想象差异是十分明显的。

欧洲文化决定欧洲人对器物的美学想象是基于人为核心、比例为测度的焦点化和谐审美。希腊人的陶器造型及其图案在神与人之间获得灵感，来展示自己身体的美与文化（见图3-4）。古希腊智者普罗泰戈尔就认为，"人是万物的尺度"。可见，人是他们造物的参照系或美的比例，并遵从人眼视域的张开之焦点为构图法则，从而形成几何式的科学化和谐形式。罗马人制造的玻璃器皿上绘制的图案最能说明他们的美学想象，比如收藏于大不列颠博物馆的"波特兰花瓶"，它采用严谨的古典"美学想象"风格展示人的身体之美。

图3-4 希腊双耳细颈瓶（左上）与黑绘式陶器（右下）

印度文化决定印度人对器物的美学想象是基于宗教为核心、以"化身"特性为空间视觉关系的宇宙化审美。印度人的造物文化关涉他们的诸神谱系及其宗教情怀，用"空""化身"等体悟性审美词素来建构对器物的美学想象。相对于欧洲人，印度人对在器物造型与图案的装饰上更注重宗教性元素的使用，即便是用玉石制作花瓶，也会多用"莲花"状的金丝镶嵌，以体现他们对梵天主神的敬畏。

伊斯兰文化的宇宙中心是真主安拉，宇宙、人以及万物均是真主安拉的创造物。伊斯兰人心中永远有个"应该面对的方向"——麦加城的"禁寺"。清真寺以及伊斯兰人的造物终极美学想象均是呈现他们的唯一真主——安拉。由于伊斯兰人对偶像崇拜的谨慎，他们在器物以及其他艺术中一般放弃了生物形态的表现，多半采用非写实的植物图案。尽管17世纪波斯出产装饰有人物图案的天鹅绒，但其表现形态也是十分拘谨的。

中国文化的宇宙中心是天地，并不是以人或宗教为中心。因此，中国器物的造型与图案的美学想象是"天地之心"与"自然之和"（见图3-5），并在太极、阴阳、五行的宇宙观中演绎对器物图像的哲学把握，在有与无、虚与实、少与满中实现对宇宙天地的美学想象。因此，中国古代器物的美学想象具有哲学化系统。

尽管文化的美学想象模式有明显的差异，但是中西方在美学想象的"心理活动"过程是一致的。即人们的审美心理发生大致要经历感知、意象、想象与理解四大程序，当然，它们之间不是绝对分割的，而是彼此互通互进的。

基于审美活动过程，谈器物的美学想象，要涉及三个基本问题：一是器物的美学想象是否成立？二是器物的美学想象与器物文化批评是否具有一致性？三是器物的美学想象能否超越器物宇宙？这三个问题是器物文化批评的关键性制约与合法性拷问。或者说，如果这些问题没有进入批评的合法程序，那么，我们的所有写作行为则

图 3-5 半坡人面鱼纹彩陶盆

是"违法的",它必然遭遇读者的审判或扬弃,甚或被时间或公众把我们的写作成果打入永不复生的地狱。

那么,器物的美学想象是否真的成立呢?当然,任何人没有理由限制你对任何器物的美学想象,然而当我们一旦"遭遇写作"的时候,我们的美学想象将被"文化模式"严格控制与制约。因为不同文化模式下的器物文化与美是独特的,地域性的或国别性的文化特色是明显的。任何偏离国别性的艺术文化批评都将是一种主观化美学臆测行为。如此,对器物文化批评将进入不可想象的自由主义思想集中营,这不仅是批评的悲剧,更是践踏"他者文化"的悲剧。因此,我们说,器物的美学想象是基于文化模式下才能够成立的一种工作方式。换言之,对器物文化的分析,首先要做到的是对该器物进行国别、地区、环境、民族等能区分文化模式的外在因素的甄别,然后才能进入文化模式内在的宗教、信仰、意识形态、哲学等深层领域,并在内外结合的分析中获得对器物的美学想象权。我们既不主张丹纳(Hippolyte Adolphe Taine,1828—1893)式的"种族、时代、环境"的外在分析,也反对苏珊·朗格放弃"外在的形式",而奔向"内在的生命"。很明显,对器物文化批评必然借助"外在的形式"与"内在的生命"的完美整合或和谐契合，才能获得对器物美学想象的"入场券"。换句话说，对器物的美学想象的成立标志是主客体的同一。若只是偏向于器物本身客体的美学想象，那么我们说，这只是"见物不见人"的机械论；若单是倾向于器物使用者的主体的美学想象，这又成了"见人不见物"的主观唯心论。

实际上，即便获得批评器物文化的"入场券"，还是不能真正地具有针对性的分析资格。这是为什么呢？因为器物的美学想象与器物文化批评是否具有一致性，这是一个关键问题。即我们的美学想象能否驾驭文化批评，或者说，文化批评能否完全表达我们的美学想象。在实际批评工作中，我们经常会遇到"词不达意"的尴尬。这明显说明，对器物的美学想象与文化批评之间还存在一种表达上的鸿沟。因为语言从来就是笨拙的，"言不尽意"是常有的事情。前文中说过，即便是汗牛充栋的文化批评，也抵不上一件看上去还很拙劣的器物本身。在器物面前，我们的美学想象是有限的，甚或是苍白的，而器物形式的生命内涵是无穷的，它们的思想也是丰富的。用有限的美学想象去描述无穷的器物形式生命，这本就是一件出力不讨好的活儿。因此，古代文人一般不喜欢批评器物文化，历史上所能见到的经典器物文化文献更是不多的。知识分子心知肚明，器物文化批评如同鉴赏家面对一幅画一样，保持缄默也许是"美的"，如同希腊男人一样的成熟，但在古代文学、诗歌、历史等文献中有大量器物叙事。譬如《红楼梦》就是一部器物的叙事史。从某种程度上说，一个器物或物件就是一片心灵的世界，它是小说环境叙事策略中不可缺失的空间对象。《红楼梦》中的"器物"如同凡高笔下的"农鞋"，它所敞开的物理时空已经超越"物本身"，俨然构成作品不可缺少的物件。《红楼梦》中的各种物质世界：玉石、漆器、瓷器、家具等物件，其总和虽构成不了《红楼梦》，但《红楼梦》的世界就是由这些"器"度不凡的物件向人们赫然敞开了它的精神时空，或者说它们构建了小说本身的精神外壳与思想表情。换言之，《红楼梦》的器物批评与器物文化是一致的，甚至前者已然超越了器物文化本身。

在文学批评中，器物的美学想象能超越器物本身，那么在器物文化中，器物的美学想象能否超越器物宇宙？这是一个不容回避的问题。器物的文学批评是基于小说立意与思想传达之上，但器物的文化批评是基于历史真实与文化真理的立场，因此，器物的美学想象能超越器物本身就是一个"问题题域"。这个问题大致有三类：第一类，当"美学想象器物本身"时，器物文化批评很有可能步入"想象过度"的危险区域。如此一来，器物的"美学想象"与"主观臆测"就画上了等号；第二类，当"美学想象<器物本身"时，器物本身固有的文化被精神的美学想象所禁锢，必然不能充分地批评。这样一来，器物文化批评即将形同"怀才不遇"的士人；第三类，当"美学想象＝器物本身"时，器物文化批评似乎与我们的"美学想象"取得一致，但也会有"本本主义"的嫌疑，即就器物形式而批评形式。

以上这三类批评器物文化的"问题题域"，迫使我们陷入深刻的批评矛盾之中。那么，我们又能如何操作器物文化批评呢？《描绘器度》的"第五章"将为我们揭开这三类问题。

四 线性思维的危害

通常情况下，知识并非以绝对的线性区间排列呈现出来，而是以复杂的零散状态散布在相互关联的知识空间里。实际上，每个研究者在遭遇这些知识的时候，都有一种试图用归纳、演绎、统计、抽象、假设、推理、判断等方法去获取知识的冲动。但无论如何，个人获取知识的途径是有限的，而且是非常线性的。

　　线性思维对于器物文化批评有致命的危害。因为器物知识常以一种立体的球体状存在，任何知识探索者的足迹不过是在这知识球体上踩了一条如同彩虹一样的弧形脚印。即便我们作了较丰富的知识社会学分析，若只在线性思维中活跃器物文化批评，我们的工作方式也应该需要实质性的诊断。

　　那么，线性思维有什么"危害性"特征，它需要被何种思维诊断？

　　其一，线性思维是单调的、缺乏变化的。器物文化绝非是单调的，它的知识是丰富多彩的，也是富有变化的。即便是相对稳定的艺术风格，在材料与技术的庇护下，它也是会发生改变的。很明显，线性思维是不适合器物文化批评的。

　　其二，线性思维是单一的，非立体的。器物知识是立体的，并非单一的。单一思维遇到球状的器物知识是会感到蹩脚的，甚或有一种寒碜感。因为，单一的线性思维无法进入立体的器物文化批评之中。

　　其三，线性思维是单向的，缺乏互动的。文化是互动的，绝不是单向的。器物文化就是文化的互动史，它包括政治、经济、宗教、文化等多种要素的互动，也包括器物艺术与其他艺术的互动。因此，器物文化批评是拒绝线性思维的单向性的。

　　以上三种被诊断的线性思维，也是统统需要被我们救赎的批评思维。在具体器物文化批评中，我们提倡"非线性思维"。因为非线性思维是一种网状思维、整体思维、系统思维。网状思维能将器物的文化"互联"到一起，构成立体状形态，从而建构相对完善的器物文化；整体思维能使我们的思维不至于陷入片面之中，尤其是被"盲人摸象"式的工作方式取代；系统思维是一种科学思维方式，它能建构器物文化的时间历史与空间形态的序列知识，并在时空系统中实现器物文化的整体呈现。总之，线性思维属于静态思维，而非线性思维能突破时间与空间的限制，在思维运动或跳跃中完成器物文化批评。

笔者曾在《变化的传播偏向》[9]一书中这样论述："哲学思考文化通常有两种径向，一种是思考正在发生的实然文化；另一种是思考过去的已然文化，即所谓用'历史意识'去思考传统文化。历史意识是历史学家或能够为文化服务的人之责任，他们用客观的批判态度保持与历史文化或正在发生的文化之间的有效距离，否则，历史或历史教科书也就成了十足的谎言。……历史，赋予了我们的'历史意识'，它又给予了我们'从历史看'的洞见。"① 但是，这里还有一个问题，那就是我们的"历史意识"如何呈现？很明显，我们喜欢按照"历史分期"的时间顺序来观照历史。然而，无论是"实然文化"还是"已然文化"，他们在"时间线条"上的发展被"历史分期"的划分总是人为的。器物文化的线性历史分期不仅是相对的，还是以多态的网状结构呈现。更糟糕的是，线性时间思维还不同程度地影响或干预我们对器物文化分析的其他变量。可以说，"历史意识"的洞见里也隐含着"线性时间意识"的危机。换言之，"线性时间"的历史意识已然弱化我们对器物文化分析的非线性思维。

在具体器物文化分析中，我们既要看到线性思维在分析器物本质上"直线深入"的优势，也要懂得非线性思维在分析器物"普遍联系"上的作用与价值。在技术层面，非线性思维批评重视器物的普遍联系，以至于能够更深入地剖析器物多维文化的潜在本质；同时，它的批评特点是"散点透视"，更接近于器物文化的自然"真实"。从知识结构分布看，器物文化知识绝非是线性单向分布的，它如同"非线性方程"一样呈现，因此，器物文化批评也必然借助互联的网状结构形态的非线性思维去实现知识的合法化书写。

① 潘天波：《变化的传播偏向》，中国社会科学出版社2014年版，第3页。

第四章

边界的开放

各艺术种类之间有明显的本质界限，或壁垒森严，或沟壑纵横，或地界明晰。在过去，但凡对"艺术入侵""居留政策""学术移民"等事件，以及在艺术界限与分类的难解问题上，我们均有不同程度的学术"血统"争论。一派学者站在艺术自足的立场上，他们谨慎表示"关闭艺术界线"；另一派学者坚持认为，"艺术零移民"等于自戕艺术的生命。

笔者想，问题的关键或立场应该从关闭艺术界限与开放艺术边界之间的利弊考量。关闭艺术边界难道不会比开放艺术边界损失更大吗？或者说，我们究竟将艺术边界开放或控制到何种程度？这里拟将提出一个艺术批评的本质问题，即在一个交叉、跨界、互动、对话的艺术发展时代，为什么各艺术之间不能自由流通呢？如果开放艺术边界，艺术及其批评将面临怎样的境况？反之，如果关闭艺术边界，未来的艺术界又会发生什么？在此，本章的讨论拟将以工艺文化及其批评为例展开实验性的中观协同研究，具体以墓葬内的器物为研究标本。

一 角色

当我们开放艺术边界的时刻，我们会发现，戏剧舞台"角色理论"与墓葬器物"角色分析"之间具有某种同构性。因此，我们这样认为，一个墓葬就是一个被缩小的舞台，一个墓葬的文化史则是一部被放大的社会史。就在这"缩小"与"放大"之间，一个最为核心的要件是墓葬内的"器物"。它近乎是舞台上的演员，或是社会里的角色。被设计的墓葬内的器物与其说是一个被角色化了的"文化角色"，还不如说是一个"文化符号"。墓葬内的器物作为被角色化的符号是我们理解墓葬及其文化史的关键因素。

作为角色化的器物及其文化批评，它有多种艺术表现通道。譬如角色模拟、角色镜像、角色创造（或角色冲突）、角色扮演（或扮演角色）、角色仪式（或角色行为）等多种形式。反之，这些艺术表现的通道形式则是我们解读器物文化被"缩小"与"放大"的线索（见图4-1）。

图4-1 汉代生活漆器场景模拟

在角色模拟层面，中国古代墓葬内常有舞乐俑、仪仗俑、人（奴仆）俑、士兵俑等墓葬人偶及陪葬车马、庖厨、家畜等模型，还有各种镇墓兽之神物等。这些角色或成组的俑是象征殉葬奴隶的模拟品。从角色认知角度看，被赋予角色化的墓俑至少有模拟性、隐喻性、家庭化以及社会化的功能作用。就角色模拟而言，它首先遭到孔子的批判。《孟子·梁惠王》记载："仲尼曰：'始作俑者，其无后乎'，为其像人而用之也。"郑玄注释"始作俑"，即"与生人相对偶，有似于人。"俑是奴隶社会活人殉葬习俗的一种替代品，这是封建社会人性发展的一个文化标志。孔子之所以反对，以为它"殆于用人乎哉"[1]，是因为当时俑的制作酷似人形，这是不"仁"的表现。换句话说，孔子所反对的"始作俑者"是抨击这种墓葬制度仍有活人殉葬的不良遗风。在隐喻方面，墓俑不仅能反映中国古代雕塑艺术水平，还能隐喻封建社会的各种文化，包括民族宗教、生活习俗、政治外交、民族性格等。譬如秦始皇陵出土的兵马俑场景，地下静止的墓葬被它们激活，并被"告知"秦兵仪仗、军事制度、士兵风貌以及当时的军事外交等一系列军事化角色认知。另外，南方楚风之汉俑彩绘着衣而飘逸浪漫，唐三彩[2]俑隐喻与见证了盛唐气象及其豪迈的民族性格。在家庭化及社会化方面，墓葬内多有家庭奴仆、侍卫、歌女、厨具、家畜、厨灶等具有家庭化角色替代物，这种墓俑的生活时间被移置在这样的空间里，明显是家居化角色模拟它们具有的生活感、现场感；这些墓俑也明显有"时间意义""行动意义""位置意义""生命延续意义""史境意义"等期待系统。因为这些墓俑是社会生活空间的一个缩影，它们不仅是家居生活的一个个"碎片"或私人生活的符号，还是墓主人的"感觉复活物""情绪反映物""思想替代物"等语境叙事物。

　　在角色镜像层面，墓葬器物的角色就是一种自我镜像的行为人或思想物。法国心理学家雅克·拉康（Lacan Jacaueo，1901—1981）从儿童照镜子出发，阐释了"镜像体验"视野下的无意识图像语言的生成机制，并提出"语言镜像理论"的三个阶段：现实界、想象界和象征界。我们认为，被角色化的墓葬俑也近似拉康的镜像三个阶段或领域。因为俑或群俑的文化象征界应当是现实界与"始作俑"艺术家之想象界的共同产物。譬如墓葬内的"明器",即是"生器"的镜像。可见,艺术家的角色采集、角色想象与角色创造之对应艺术生产的阶段必然是现实界、想象界和象征界。值得注意的是,社会心理学家查尔斯·霍顿·库利(Cooley)进一步发挥与继承了拉康的"镜像体验理论",并在1902年根据"自我"与"他我"的互动事实提出了"镜像自我"(Looking-glass self)或"镜中自我理论",核心意思是"自我"是与别人面对面互动的产物。在库利看来,人的行为与思想很大程度上取决于对"自我"的认识,而这种自我认识是通过与他人社会互动形成的。换言之,他人或互动下的社会就是"自我"的镜子。根据库利的"镜像自我"理论,墓葬内的器物应该处在"群物"之中的一个"镜中物"或"社会反射的器物",作为"镜中物"的器物,它是反射社会物的产物。譬如神器或祭器就是社会宗教这面镜子的反射物,它通过各种"宗教仪式"又抽象出"镜中物"的"群体论"或"社会关系论"。为此,我们认为,在批评墓葬内的器物文化的时候,器物本身既是器物自我的镜子,又是社会文化及社会关系的镜子。传统意义上的器物风格、形式及其美学的分析方法,往往只看到器物自我镜子,而看不到社会文化镜子与社会关系镜子,从而造成"见物不见人"的批评方法论之偏颇。或者说,器物的形式论只能看到器物的视觉呈现内容,而看不到器物的社会文化及其社会关系的再现。

在角色创造层面,"角色冲突"是我们首先要引入的一个概念。在某种程度上说,角色创造是以角色冲突为条件的。1978年湖北随县曾侯乙墓曾出土过木胎漆绘引魂升天的羽人,南朝壁画羽人画像在江苏、河南、湖北、四川等多地出现。在《山海经》中,汉族神话中的不死飞仙被称为"羽民"。道教将道士称作羽化升天的"羽士"。羽人、羽民和羽士的共同特征是"身生羽翼,变化飞行",与不死同义。墓葬内羽人角色的创造与出现是古人对界限性角色冲突做出的反映，它表现为以下几个方面：一是生与死的角色冲突；二是天与人的角色冲突；三是有限之身与无限之能的角色冲突。古人对死亡的恐惧，对长生不老的追求，羽人是他们模糊生死的最有效途径；同时，对天的敬畏，对人生命的敬仰，羽人成为他们"天人合一"的最佳载体；另外，古人对自我身体的有限认识以及梦想升天的"技术无力"，进而用"体生毛，臂变为翼，行于云"的角色创造，解决了有限之身与无限之能的角色冲突。换言之，羽人是角色冲突后的主观思想的产物。在一定意义上，因为有生与死、天与人、有与无的界限冲突，因此，古人采取语图叙事或器物创造进行"突围"，从而消解了以上三种因界限而导致的角色冲突。

在角色扮演层面，墓葬内的器物有角色扮演和扮演角色之分。角色扮演指生活中的实际角色，如祭器或生器；扮演角色指向暂时性的替代角色，如明器或羽人。角色扮演（Role-playing）是一种仪式行为，墓葬内的角色仪式是表明接纳与排斥的行为方式。譬如生器角色扮演是对生命或生活延续的接纳，从人到羽人是对天人分离的排斥；俑是角色营构或扮演角色的产物，也是对生的接纳与对死的排斥。因此，扮演是一种自我思想与创造的仪式行为，具有心理引导和思想意向的功能，并能获得或分享感知经验的效果。同时，扮演涉及"化妆"和"服饰"及其道具的问题，即角色装扮。因此，墓葬里各类的语图叙事艺术诞生了。语图是构成角色仪式与情境的基本构件，也是复活与再现角色思想与情感的基本载体，被抽象化的语图为角色装扮提供思想形式与主观反映。为此，批评角色扮演，即要阐释语图的期望系统及其相应的扮演行为，将语图的抽象化复归或转化为思想的客观化，这种思维或批评方法称为"角色转换"。

在角色仪式层面，在社会学领域，"仪式"不失为一个颇具学术潜力的题域。涂尔干（Emile Durkheim，1858—1917）、戈夫曼（Erving Goffman，1922—1982）逐渐将"潜在"情感仪式分析延伸到"功能"仪式领域。这一研究成果为我们解读墓葬内各种角色仪式提供一种新思维：潜在的角色仪式均引向角色功能仪式，即角色仪式是一种功能性系统。它至少为我们编织了角色所指向宗教、政治、经济、外交、习俗、审美等多向度反映文化的互动性功能。换言之，角色仪式是一个互动的仪式，这样为我们研究角色及其背后的文化"互动"找到切入口。当代美国社会学家兰德尔·柯林斯（Randall Collins）提出一种"激进的微观社会学"理论，即"互动仪式链"（Interaction Ritual Chains）。该理论（以下简称"IRs"）核心机制是：在互为主体性的仪式关注中，个体与群体之间产生情感连带，参与者体验到群体团结的一种成员身份感，使个体在代表群体的符号中产生情感能量，并伴随维护群体的正义感而尊重群体，防止受到违背者的侵害。在现实可能性上，IRs 理论被引入器物文化批评至少存在以下三种可能性，这主要导源于 IRs 理论与艺术史之间具有共享地带：一是互动仪式非以个体为出发点，而墓葬内的器物就是一个整体系统，角色仪式的整体性决定各器物之间是互动的；二是角色仪式可被视为一种微观的身体互动仪式，因为所有器物均为身体之用，器物是生活之器，离不开身体的参与；三是 IRs 理论与"角色场景"区域存在"对话"的共享空间。在本质上，仪式是一种角色体验的过程，当角色聚集到一个地点就开始了"相互关注/情感连带"的场景行为。

　　将戏剧艺术的角色理论引入器物文化批评，能将我们的批评从一般性的宏观反思引向更为具体的微观艺术问题，尤其是将我们的注意力从器物的形式或风格的机械分析中转移到更加广阔的艺术生产及其社会文化上来，它包括与器物相关的哲学、宗教、政治、经济、外交等诸多领域的物质文化及其意识形态。

　　那么，这里还有个重要的不得不提出的问题，就是被我们"放大"的器物文化是否与先前被"缩小"的器物文化相匹配了？若不匹配，又是哪些因素诱惑我们过分阐释而导致主观化的"放大"？

或又有什么阻力或障碍影响我们过于谨慎解析而禁锢在"缩小"的文化史之内呢？实际上，要回答这三个问题让人着实觉得困难重重，欲想充分地研究这些问题是不可能的，这里笔者拟将重点考察几种批评方法，即"二重论证法"[3]"物本身法""静态法"等几种或"放大"或"缩小"的器物文化批评方法。

图4-2　秦东陵1号墓出土漆豆

第一，文献法与考古法相结合的漏洞。文献法与考古法是传统研究器物文化的基本方法，或称"二重论证法"。这种方法的有效性是能够论证器物在文献与考古双重视角下的"互证"，从而能阐释器物文化的真实性与有效性。但问题是，只要"文献"或"考古"任何一个小点出问题，这个所谓的"真实性"则成为"诚实的谎言"。譬如文献记载有无，或考古器物为"赝品"，或文献与考古不能"互证"，即文献对于器物的"牵强附会"之证。这些问题都会导致文献法与考古法相结合的误区。譬如，查获追回在秦东陵墓被盗文物中,"八年造"漆木高足豆最为引人瞩目（见图4-2）。漆豆精美别致,高大粗壮。诚如《吕氏春秋·孟夏纪》所曰:"其器高以牺。"该漆豆系王室用品,相当于今天的高足圆盘,膳食时把干果等食物盛在其间,即为漆食器。漆豆底盘刻有铭文"大官",漆豆顶盘底部右面刻有"八年相邦薛君造,雍工师效,工大人申"铭文,左面刻有"八年丞相受造,雍工师效,工大人申"铭文。从漆木高足豆铭文"八年相邦薛君造"来看,初步断定它为战国秦昭王时期的漆器。至少到目前为止,在战国出土漆器中,与秦东陵"八年造"漆豆一样,属于秦昭王时期的漆器,且铭款类似的漆器并不多见。"八年"为年号,即秦昭襄王八年,即公元前299年。秦昭襄王（前325—前251）是战国时秦国国君,又称秦昭王。秦昭王是秦惠文王之子,秦武王之异母弟,公元前306年—前251年在位,时间长达55年之久,为中国历史上在位时间最长的国君之一。昭襄王在位时,秦国继续扩张疆域,大力发展经济,为秦国奠定了一统天下的坚实基础,其中漆器等手工业生产与管理自不例外。"八年相邦薛君造"之"相邦薛君"为昭襄王在位时的相邦孟尝君薛文,史实可以佐证。《史记·孟尝君列传》曰:"秦昭王闻其贤,乃先使泾阳君为质于齐,以求见孟尝君。孟尝君将入秦。"《史记·田敬仲完世家》又曰:"（齐湣王）二十五年,归泾阳君于秦。孟尝君薛文入秦,即相秦。"《史记·魏世家》还曰:"昭王元年,……八年,秦昭王为西帝,齐湣王为东帝。"齐湣王二十五年即秦昭襄王八年,说明孟尝君薛文入秦为相的时间当是"八年"。但《史记·秦本纪》载:"九年,孟尝君薛文来相秦。"这应为文献史误。但从"相邦薛君"铭文来看,这件器物是秦昭襄王时代生产,八年薛文为秦相是事实。可见,"二重论证法"在此显然是不灵验的。

第二,器物风格、形式等"物本身"批评的偏颇。侧重器物"物本身"的考古整理、文献考证、铭文考释、文化艺术等"物态"

知识，在批评方法论上略显不足，就是未注意"人本身"的器物主体技艺传承的"活态"研究，把器物研究放到静态平面加以讨论，无疑会造成两点缺陷：其一，我们所能接触或研究的器物并非历史本身，只是历史载体，当这些载体本身不完善、不真实，或对其研究不充分，因而导致结论与事实相违；其二，未注意器物技艺的活态性，较少关注器物主体研究，极易造成器物"人亡艺绝"的局面。为此，我们对器物的研究应当从"物本身"的视角转移到"人本身"上来。譬如，我们研究中国传统漆器，就要多研究漆艺的"主体"。因为漆艺国家级"非遗"项目在中国呈东部、中部与西部依次减少的"梯形分布"[4]，漆艺传承人主体表现形式多样，漆艺形态呈现地域性的多样化。漆艺"非遗"的保护制度、体系与对策是一个系统工程，在传承谱系、传承内容与传承方式上有自己的特殊规定与具体内容。为此，在学术基础上，漆艺"非遗"研究必须要做到可行、客观与真实，当深入国家漆艺"非遗"地考察，初步掌握漆艺"非遗"的分布、特征、形态、传承人等基本情况。在研究视角上，要依据漆艺"非遗"项目地实际情况，兼采前人研究之长，侧重分析漆艺"非遗"主体，即"以人为本"的研究。它与传统漆艺研究互相补充，既避免了重复，又能提供更多中国古代与现当代漆工技艺传承信息，提升研究的学术价值与现实意义。在研究内容上，从漆艺"静态"研究转向漆艺"活态"研究，侧重考查以"人为核心"的漆艺传承人的文化、经验、技艺与思想等活态流变，在此基础上，提出漆艺的保护、传承与发展的策略。这种"活态化"研究技术路线与风格分析法相比，具有显而易见的优势。

　　第三，器物"静态"批评的缺憾。器物是流动的，它的文化也是流动的。传统器物批评方法多侧重"静态"，很少注意到它的"动态"。这种批评缺陷在于忽视了器物文化的多领域意义，包括器物文化的世界性地位及身份。譬如海上丝路是中国向世界输出漆艺文化的重要契机与桥梁。海上丝路漆艺文化输出不同于现代西方艺术对亚洲文本式的传播，近代以前中国漆艺文化被西方引进与接受是通过漆器等物体系，这是中国文化对世界的贡献。同时，海上丝路漆艺是中国文化传播的重要载体，漆艺输出史实是中国文化传播史，它见证了古代中国文化的国家身份与世界地位，被发现的或未被阐释的中国漆艺文化已成为中国文化的历史"转述者"。另外，海上丝路漆艺成为中国美学思想向世界传播的重要物质载体，它特有的艺术秉性散发出中国古典美学中的奢华思想，它所传递的美学思想表现出一种被信赖的中国美学思想与世界美学思想交融的历史与态势。那么，我们对中国古代漆器的研究，不能停留在对它的"静态"风格、形式、式样等方面的阐释，应该把漆器文化的研究放到整个世界的视点上。因此，我们认为，海上丝路漆艺文化研究需深入相关地考察。为此，我们首先要沿"海上丝路"启运港口以及东南亚等地做试考察，初步掌握漆器出土、中外漆艺文化交流等基本情况。其次，在研究视角上，依据考察，兼采前人研究之长，侧重分析漆艺对外传播。它与传统漆艺研究互相补充，既避免了重复，又能提供更多的中外漆艺文化交流与影响信息，提升了研究的学术价值与现实意义。最后，在研究内容上，要在考查中国漆艺文化对外传播缘由、契机与途径的基础上，侧重考察中外漆艺文化的交融、发展与互补的态势，见证中国漆艺文化对西方及亚洲周边国家的影响。显然，"动态分析法"的批评优势远远超越于"静态分析法"。

另外，还有一种批评方法的缺憾，即器物的"微/宏观"批评的缺憾。在研究中，微观与宏观一直是一个难以整合的理论问题。乔治·齐美尔认为，宏观是由微观互动构成的。就器物文化批评而言，在微观研究层面，对器物的数量、胎体、质料、肌理、纹样、装饰以及设计等多个视角展开批评，容易落入就物质而物质的阐释之中；在宏观研究层面，对器物的相关宗教、政治、经济、外交、神话等诸多史境或语境的解析，极其容易陷入主观推测或臆想的泥潭；同时，也有学者将微观分析与宏观分析的"协调"性分析作为器物文化批评策略，但微观与宏观的协同性不足，也容易犯机械化的黏合性分析弊病，并陷入宏观分析是"套话"，而微观分析是"假话"的圈套。譬如，一份宏观分析语料既可以写宋代瓷器的历史语境，也可认为是写宋代漆器的历史语料，这样的宏观分析"放之四海而皆准"的语料是没有针对性的。或一份写漆器的微观分析语料，能将漆器换作瓷器也能说得通，那么，这样的分析语料也是无效的。因为瓷器与漆器是有很大区别的，它们不完全具有同约性。为此，我们提出一种"中观协同论"[5]的工艺文化批评方法，即在微观与宏观的协同中找到符合器物文化的真谛。抑或说，"中观协同论"是器物角色批评的一条有效进路。

上述"二重论证法""物本身法""静态法"等批评方法，实际上均涉及一个"角色论"的问题。"二重论证法"涉及角色质量问题，"物本身法"关乎角色本体的问题，"静态法"涉及角色互动问题。角色质量关乎器物文化批评内容的历史真实性，角色本体关乎器物文化批评的社会价值性，角色互动关乎器物文化批评的策略与技巧。在此，我们特别强调的是，"中观协同论"是进行角色批评的较为有效的工作方法。

二　互动

在社会学理论视野下，墓葬内器物系统可被视为一个缩小的社会空间及其各成员互动关系的模式整体。行为主义心理学认为，个人的行为是一种被他者符号受刺激后的反应性活动，并能在互动反应中认识自我或了解他我。用威廉·詹姆斯与查尔斯·霍顿·库利的话说，个体具有"自我"或"镜像自我"的心理互动能力，即通过自我或他者的互动体验认知自我的"心智"能力。

图4-3　广西贵县出土的东汉玻璃杯

　　器物是个体创造的"心智"产物，抑或说，墓葬内的器物就是
"自我"或"镜像自我"的直接或间接反应物。譬如墓葬内的生器
是"自我"生活的对应物；神器是"镜像自我"的宗教文化物；明
器是模糊生与死的"镜中我"之物。如此，我们可以按照墓葬内器
物将"自我"进行分类，大致有生器自我、神器自我（祭器自
我）和明器自我三种互动的关联主体。生器自我是自我日常生活的
镜像，神器自我是自我宗教生活的镜像，明器自我是自我未来生活
的镜像。生器是直接用原来日常生活器物作"功能性延续"。明器
是用符号方式标识墓葬空间中的其他日常器物，这是一种替代性的
与"想象性预演"性质的行为方式，这也是明器自我与神器自我的
典型区别。神器既是自身"形象典型化"的产物，又是自身宗教文
化典型化的产物。它既是生器生活功能的延续，又是通向宗教功能
的发展。基于"功能性延续""想象性预演""形象典型化"之后，
器物文化的生活性及其社会性特质便能跃然纸上。拿广西贵县出土
的东汉玻璃杯（见图4-3）为例，它是一件生活用器。在"功能性
延续"层面研究，我们发现，公元前15世纪前后，两河流域境内
开始出现玻璃器皿的制造，随后埃及、希腊也有类似的玻璃器皿的
制作发明。但随着汉代南方丝绸之路的开通，罗马帝国时期的玻璃

制造技术也被引入南越国。很明显，这件模压成型的有罗马技术成分的玻璃器皿在"功能性延续"上具有它特定的社会性功能，至少我们从它的生活实用功能视角上能延伸到它的文化流通、技术流通等社会性功能层面。

在现象学那里，器物文化的生活性与社会性就是内在心理"意向"的产物。换言之，墓葬内的器物是个体心理意识活动的指向物。譬如生器指向"生"，明器指向"死"，祭器指向"神"。如此，生与神的互动、生与死的互换，死与神的互通就构成了一个微观互动的墓葬系统。作为功能性延续的生器，它的心理指向——生是可以延续到死的；作为想象性预演的明器，它的心理指向——死是生的另一种延续；作为形象典型化的祭器，它的心理指向——神是可以操持生死的。可见，器物的形象学文化偏向为解读创造器物的个体的内心世界提供了线索。

在符号学视野，墓葬如同社会一样，它是一个相对稳定的"互动模式"。那么，墓葬内的器物作为符号的存在，它必然指向一个相对稳定的"符号互动模式"。1937年，美国心理学家布鲁默在他的老师米德"互动论"思想基础上，提出著名的"符号互动论"，又称为"象征互动论"。在布鲁默看来，"符号"总是有指向象征事物的文化偏向。他的"符号互动论"认为，事物对社会行为的影响不在于事物本身，而在于事物与他者的互动中形成的相对于个体自我的一种象征意义。那么，对于墓葬而言，它内部的漆器、陶器、青铜器以及其他器具在微观互动中必然形成各自身份象征，或者在舞乐俑、兵马俑、乐器、兵器、漆奁、漆盒、漆冠等互动中，它们被赋予了某种文化的、社会的及宗教的客观意义。因此，在符号互动论看来，器物本身是不存在客观意义的，它们只有在互动中才被赋予特定的意义。

在文化哲学视角下，墓葬内的器物是特定社会文化的"功能性延续""想象性预演""形象典型化"等的衍生物。因为器物不仅是生活的伴侣，还是社会生产力及其审美符号的标志。石器、青铜器与铁器不仅是整个一代社会文明程度的标志物，还是一代人的文化信仰的集体性符号。这些符号被阐释以及未被阐释的文化哲学指向了我们对这"一代人"或"整个时代"的认知与理解。抑或说，石器、青铜器与铁器等符号能言说其内在的、深层次的文化，它们也是一代人的集体记忆。

以上三种器物解读的视野，可以称之为"互动现象学"（意向的）、"互动符号学"（象征的）与"互动哲学"（语言的）。它们共同的立场是器物文化是"互动"的，器物自身的客观意义是在互动中被赋予的。它们的差异在于，"互动现象学"是基于心理指向的互动；"互动符号学"是基于个体象征指向的互动；"互动哲学"是基于文化符号指向的互动。因此，器物文化的互动理论是以"关系"为核心逻辑运转的。具体而言，"互动现象学"的关系核心组合是现象与本质，"互动符号学"的关系核心组合是主体与客体，"互动哲学"的关系核心组合是符号与语言。

"器物互动论"是十分鄙视"形式论"或"风格论"的，因为后者所关注的文化是相对孤立的，只专注于器物本身的纹样、肌理、造型、胎质及其材料等视觉元素。器物互动论的核心问题是提倡一种哲学分析式的"家族相似"，即互动中的器物具有某种文化性的家族相似性。换言之，墓葬内的器物既没有固定的文化本质，也没有固定的文化外延，有的只是家族性的遗传基因及其成员间的关系。如果把"一个器物"视为"一个词语"，那么，我们就能更容易理解器物互动论。譬如解构主义者德里达就有这样精辟的言说，一个词的意义并不在于该词的本身，而是在于与其他词的区别中。如此说来，器物文化批评有一种方法是可行的，那就是"微观比较法"。根据分析美学的图像论与语境论等工作方式看，器物文化的微观比较法可以分为图像比较法与语境比较法两种。正是在这种理论与思维下，我们认为"语图叙事"是器物文化论的重要批评方法，而反对机械的器物形式论与风格论之批评习惯。

在阐释中，我们发现，器物互动论并非以器物个体为出发点，而是以器物与器物之间的关系为研究中心，在关系互动中寻找器物文化的家族共性，并在器物的"功能性延续""想象性预演""形象典型化"等维度里探寻器物的图像与语境，从而实现器物文化的整体批评。这个"整体"关涉"现象与本质""主体与客体""符号与语言"等三大互动性关系。那么，"现象与本质""主体与客体""符号与语言"作为三组六要素的关联性互动整体，它们各自要素间的互动关系又是如何呢？

首先，器物作为现象与本质之互动关系，它的运作逻辑是基于器物的现象寻找器物的文化本质，即找到器物的一般性"共相"。因为器物的现象背后能抽象出一般本质，器物的多元内容必然有能够通约的一般性理念。

其次，器物作为主体与客体之互动关系，它的运作逻辑是基于器物的客体之上探求主体的心理模式，即分析器物所呈现的主体"心象"。因为器物的形式表象是依赖于主体的思想与情趣。

最后，器物作为符号与语言之互动关系，它的运作逻辑是基于器物的符号系统，确定器物的语言世界，即分析器物的一般人类学"文化"。因为语言是认识世界包括器物的一种可靠途径，而语言是通过符号才能确定的。换言之，器物只有表现为符号，才能被我们充分认知与理解。

简言之，器物的"互动"即器物的"相遇"——它是一种具体的文化现象。而各种相遇的器物之类型，也即是审美现象的类型学展开。在各种器物审美现象中，器物作为对象结构与主体的意象性结构是同构的、互动的和同一的。因为作为符号的器物所呈现出来的语言是我们认识器物的知识形态；作为主观思想抽象化的器物总是有客观形式与反映现象的期待系统。

三　情境

　　在理论层面，"情感"有过漫长的辩论和成长的学术历史。《荀子·乐论》曰："夫乐者，乐也，人情之所必不免也，故人不能无乐。"《礼记·乐记》曰："乐者，通伦理者也。"① 说明人情之乐是合于伦理的情感愉悦。魏晋时期，"情"却是自然审美的重要维度，"物以情观"成为那个时代的一种新的审美时尚。换句话说，器物的情境批评正是基于"物以情观"的审美理论。明清之际，"情感"被启蒙主义者赋予了人生与宇宙本体的最高地位。在西方早期，"情感"未曾被柏拉图或康德等人看好，他们用理性或概念压制"情感"在文艺中的地位。直至 20 世纪，"情感"才成为主情主义美学的核心范式而被重新提出，或主张艺术是抒情的表现（克罗齐与科林伍德），或认为"使情成体"是物体与情感的融合（鲍姆桑葵），或认为"生命冲动"是情绪性的心理体验（帕格森），或主张心物是同构对应（阿恩海姆与考夫卡），或认为情感是美学应当注意的"边缘地区"（弗洛伊德与荣格），或主张艺术是情感的形象符号（卡西尔与苏珊·朗格）。中西方 20 世纪中期以前"情感"研究进路史暗示：它仅作为文学艺术领域内的审美范式被提起考察，还未涉及器物的"情感"应用或技术层面。

　　在 20 世纪 70 年代，一些欧洲考古学者对当时流行的"新考古学"[6]研究方法表现出一种积极批判态度，尤其是一批剑桥学者与伊恩·霍德（Ian Hodder）及学生试图采用列维-斯特劳斯的结构主义方法论阐释社会制度及思想。他们的思想主要受惠于马克思、福斯太

---

　　① （清）孙希旦：《礼记集解》，沈啸寰、王星贤点校，中华书局 1989 年版，第982 页。

耳·库朗热、涂尔干和 J. D. 克拉克的社会学整体分析理论，还来自功能主义的"情境功能"分析理论，如埃文斯–普理查德和迈耶·福斯特等马林洛夫斯基的追随者基于部分非洲部落社群的有机整体情境系统分析。霍德认为，我们"必须注意相关性（Context）或整体背景的研究，相关性是考古学科的中心特征，一件处于不同背景中的器物可能代表着不同的意义"。在此，霍德首次提出"背景考古学"（Con-textual Archaeology），或译为"情境考古学"，它被后来的以福伦儒（Conlin Renfrew）、皮波尔（C. Peeble）为代表的"认知考古学"所继承与发展。霍德、福伦儒等学者试图从物质遗存来研究它背后的文化情境社会，并一致认为"情境"是弥合考古学与器物之间的关键性纽带。

　　器物的相关性或整体背景是情境论的核心批评指向，它与器物的基体、时间和空间相关。器物的基体是器物构成物质的基本相关性材料、装饰以及数量等可视性元素；时间是器物情境的历史性维度；空间是器物情境的特定位置及其环境。普希金曾经说，"在假定情境中热情的真实和情感的逼真"是戏剧作家创作的基本要求。墓葬内的器物情境首先是被假定的或设定的，即所谓的"规定情境"，它是由个体身份与等级及其情趣决定的；墓葬内的器物情境也是"热情的真实"，即表现在对原生活的"模拟情境"，它受墓主事实社会的时空性差异影响而定；墓葬内器物更是情感的逼真呈现，即所谓的"意向情境"，它已然是一种社会知识状态——与情感相关的社会文化、政治、经济等逼真意向性知识。

　　墓葬内器物的"规定情境"是制度文化的直接呈现；"模拟情境"是生活文化的替代性复原；"意向情境"是一种朝向器物意向性的社会知识形态。因此，制度、生活和社会构成了器物的完整世界情境。当我们进入这样的"情境"，设身处地体验或批评，这样的批评史就能比较客观地复原器物的本来情境。换言之，"情境"是墓葬器物艺术的本真所在，抑或说，墓葬器物文化批评的逻辑起点应当是"情境"。

　　一般而言，墓葬器物的"情境"包括时间（墓葬时间）、空间（棺椁内及其器物存储位置）、场景（布景以及环境）、演员（各种器物或俑）、音响（具有音响性的器物，如乐器）、动作（具有动作意向的器物，如马车或舞俑）、剧本（图像和铭文以及部分墓葬内的地下古籍文献）等内容。这些情境都是"虚幻意象"，它不仅有虚幻的过去（在世生活时间），还有虚幻的未来（升仙之后的情境）。或者说，墓葬内的器物情境基本意象有生活原型意象和天堂虚拟意象，这是墓葬器物永恒不变的意象世界。这个世界的文本模式是丰富多彩的，既有墓主人在世生活的"传奇"，又有人们对死后未来生活场景描述的"神话"，还有墓葬空间内各种艺术"诗学"，包括建筑、绘画、音乐、舞蹈、雕塑等。

　　从哲学层面看，被我们虚构的地下情境是墓主人对生的"焦虑"与对死的"畏惧"的主观反映。对生而言，"规定情境"也无法保障其生命的延续，那么，"模拟情境"也就因此诞生了；而对死而言，对神的敬畏与对永恒的追求是无尽的，不是语言符号能表达的，因此，各种语图的"意向情境"出场，从而建构一套古代墓葬文化象征系统。抑或说，墓葬器物是墓主虚幻意象的改装，以器物艺术及其情境的形式展现。器物的情境象征与情境隐喻等表现形式也因此出现，至少情境象征能满足墓主虚幻意识的呈现，情境隐喻能确立墓葬意向性内容。为此，批评墓葬器物文化的偏向必然走向情境象征与情境隐喻的批评。

　　另外，"情境"之"境"也是我们要关注的对象。对于器物而言，此"境"不仅是一种"场"，还是一种具有张力的"边界"。因为器物之文化"场"具有一种扩张性。一种语境的器物文化很容易关涉该器物的其他语境。譬如，墓葬内的漆器文化不仅是这一墓葬内的"情境"，还被扩张到同时代的其他艺术，如建筑、绘画、音乐等。可见，器物文化的"情境"是一种具有张力的文化语境或

文化场。这种"情境"的张力所涉及的领域及其思想，即所谓的
"界限论"。它既有"界"的划分描述，也有"限"的张力及其规
定。"界限"意味边界轮廓清晰，即艺术主权独立，也意味边界的
扩张与划分。它关涉艺术边界的开放或关闭，即"艺术移民"的
政策。

四　界限

请阅读法国学者卡特琳娜·维托尔·德文登（Catherine Wihtol
de Wenden）在《国家边界的开放》中有关"移民活动"的描述：

移民活动长期以来在国际上被看做特例现象。然而今天，
它参与着国际关系的社会结构建构，它在内部与外部、网络
和领土之间引发了对国境线的干扰，并向国家主权发起了
挑战。

除了移民活动引起的经济、社会政治和文化的全球化之外，
国际移民活动还带进了一些新因素，如人权、环境、健康——
在国家层面上，居然有这么多的流通因素。移民活动在国际体
制和重建中也扮演着重要的角色，以至于近一个世纪以来围绕
着国家展开的国际体制建构——威斯特伐利亚体系日渐模糊，
而其他决策中心日趋重要。如今，国家行为体的概念需要重新
界定。以移民活动为中心的一个全新的国际公共空间正在形成。
移民活动也在国际秩序内重新引入了"漂流生活"的尺度，过
去国际秩序是定居生活型，而如今的特征是"迁徙式流通"
（Emmanuel Ma Mung），同时它还在国家与市场之间，在"国家
理由"和人权之间，在"国民和世界公民"之间，播下了若干

矛盾的种子（Stephen Castle）。[①]

德文登对"移民活动"的建设性思考启发我们：艺术边界开放的关键词"移名"（名：术语或名词）与国家边界开放的关键词"移民"，在很多"问题的向度"上具有相似性。或者说，国家移民活动与艺术边界"移名活动"在"特征"上存在以下相互借鉴的共享区。

其一，国家边界移民活动"参与着国际关系的社会结构建构"，同样，艺术边界的"移名活动"也参与了门类艺术结构关系的建构，因为被引入的"艺术移名"大大拓展了门类艺术的"行为空间"与"话语空间"。

其二，国家边界移民活动"引发了对国境线的干扰，并向国家主权发起了挑战"，与此相比，艺术边界的"移名活动"同样引发了对门类艺术边界线的侵扰，并向门类艺术的自足性主权发起了新的挑战，使"何谓艺术？"变得更加模糊。

其三，"在国际体制和重建中也扮演着重要的角色"。这个维度上的国家边界移民特征与艺术边界"移名"特征具有一致性，因为"艺术移名"在门类艺术体制和重建中同样扮演不可小觑的角色。

其四，国家边界移民活动迫使"国家行为体的概念需要重新界定"，另外，"以移民活动为中心的一个全新的国际公共空间正在形成"。相比之下，20 世纪以来，"艺术移名"活动也迫使门类艺术中的许多概念被重新界定，并正在形成一个全新的艺术公共空间。

其五，国家边界移民活动"在国际秩序内重新引入了'漂流生活'的尺度"，"迁徙式流通"这种移民活动所带来的新尺度与流通方式在"艺术移名"中同样存在，"概念漂移"或"名词迁徙"是

---

① ［法］卡特琳娜·维托尔·德文登：《国家边界的开放》，罗定蓉译，社会科学文献出版社 2010 年版，第 83 页。

艺术界常有的事，我们无法阻止。

其六，国家边界移民活动"播下了若干矛盾的种子"，我们也不能否定，"艺术移名"同样也播散了诸多与门类艺术互为矛盾的种子，这些"矛盾"暂时还得不到缓解，它们正在朝向"庸俗"或"非常态"的方向发展。

以上诸现象与问题，均关系一个"边界线"的"界限"与"开放"的问题。特别是如何定义"界限"，将引发很多诸如体制再建构以及主权、角色、公共空间、生活尺度等"移民问题"。为此，我们要重点讨论艺术与国家在"界限"上的问题域。

那么，何谓"界限"？答曰："界限"即事物终止的地方。无论在国家层面，还是在艺术层面，"界限"所涉及的语义学内涵应该有"边界""分隔""限度"等概念。实际上，器物文化的呈现及其批评均与这三个概念有关。

"边界"不仅是空间及其内容有效性的标尺，也是任何文化自足的基本条件。论诗与画的边界是莱辛的重要工作，论仪式与非仪式的边界是柯林斯"互动仪式链"理论研究的核心。漆艺人、陶瓷人、竹艺人、铁艺人等群体的边界首先是清晰的，否则他们难以自成体系；画家、工艺家、设计家、文化史家等群体的边界必定是清晰的，否则他们也难以自成一家。

"分隔"是划分空间的有效行为，也是厘清边界的必要尺度。在空间上，器物语图叙事的基本方式有在场叙事与不在场叙事。所谓的"在场"叙事，即语图所呈现的内容是"不隔"开的；反之，"不在场"叙事所呈现的内容是被"隔"开的。在场的语图只是"皮相之见"，而不在场的语图则是"思想内核"。或者说，被"不隔"的皮相是唤起"隔"的重要介质。不过，"不隔"与"隔"均是显露器物文化真理的可靠性标尺。

"限度"是空间场域的范围规定量度，也是被"跨越"的对象。我们有对空间作限定性范围的控制欲，但同时也有试图突破空间限制的冲动。譬如建筑艺术，它是我们划分自然空间场域为我们所用的行为艺术，但"天窗"或"门窗"又是我们试图突破已有建筑空间而占有远方空间的企图。有了"门"，我们才能"深陷其中"；有了"窗"，我们才能"逃离"自我。实际上，墓葬即建筑，它的内部必然有可见的限度范围以及语图之"门"或思想之"窗"。

对于器物文化及其研究而言，"划界"与"跨界"是常有的事。"划界"是为了清晰器物文化的个性特征；"跨界"是为了拓展器物文化的研究空间。前者是为了器物文化存在的自足性得以保障；后者是为了器物文化存在与他者的社会性得以彰显。就知识社会学而言，器物文化存在的自足性是知识独立的体现，器物文化存在的社会性是知识关联的反映，也是知识"跨界"的特征。因此，对于研究者而言，"跨界思维"是必需的，也是常有的，否则我们不能阐释器物文化知识的社会关联性。就器物文化的表现形态而言，器物关涉材料、色彩、装饰等多种知识领域。在材料层面，器物文化必然关涉材料物理学、材料化学等；在色彩层面，器物文化要关涉色彩心理学、色彩美学、色彩设计学等；在装饰层面，器物文化要涉及设计学、工程学、宗教学等。因此，当我们遭遇器物文化的时候，我们必然"相遇"到各种知识"界"。这样，"跨界思维"或"跨界批评"就一定会成为我们必备的批评工具了。

那么，我们对跨界的"移名"（即被借用的他者知识名词）的态度又是怎样的呢？对此，我们常有"闭关""开放""例外论"等学术立场。闭关派坚持认为，艺术的自足性是不允许开放边界的，因为"开放"意味着"入侵"。开放派认为，艺术的发展必然要引来其他知识的发展。因此，艺术知识边界的开放是必然的，当然要反对"非法移名"。"例外论"即半开放政策，这一派认为，凡是涉及艺术主体性的东西就采用"例外"政策，其他则可以有限度地开放边界，以减少"移名压力"。[7]

但我们认为，艺术边界的开放会带来更好的发展机会与融合机遇。因为"开放"的艺术边界必然能"引进"新鲜的思想空气与学术资源。只要我们静静地想想：当我们关闭艺术边界时，在器物文化的分析上是不是比开放失去的更多呢？于是，我们就能找到答案。或者说，当我们控制"移名潮"时，我们的艺术文化批评还能有像泉水一般不断涌来的思想资源吗？显然，我们的行为已蹒跚，我们的语言很干瘪，我们的思想将枯寂。如此，你还会做出所谓"例外论"[8]或"关闭艺术边界"的批评姿态吗？显然是不能的。

第五章

分析的个案

为了减少研究的风险性，还是按照习惯的做法——"理论联系实践"。在此，基于《描绘器度》的基本立场、研究观念与实际需要，拟就作为漆器等文化史的研究，试举部分具有代表性的"分析个案"，以期为读者提供一种可行性批评策略与写作方法。

一　漆释《诗经》语图叙事

《诗经》中有大量漆器叙事，这些物质实体既是思想的载体，又附着很多礼仪制度文化。因此，作为一个西周社会的"物体系"，漆器涵盖了诸多文化思想。这些思想是流动的、互动的，也是具有情境的，更能反映出一种知识社会学的特征。

首先，《诗经》漆器叙事空间与西周漆器地理分布有同构迹象，漆器成为《诗经》文学叙事的一个物质向度。如《风》多采于周地，叙事空间大约是周初至春秋中期各诸侯国的民间歌谣，包括《周南》（今洛阳向南抵鄂北江汉一带）、《召南》（今陕南到鄂西北）、《魏》（晋南）、《唐》（晋中）、《秦》（今陕中）、《曹》（鲁西）、《齐》（鲁东北）、《豳》（今陕西北以及今豫大部分地区）《邶》《鄘》《卫》《王》《郑》《桧》《陈》等十五国风，共 160 篇。它们的叙事空间可推测为今陕西、河南、山西、山东、湖北北部等地，但多集中在中原河南一带。那么，这些空间地带的漆器生产如何呢？从不断出土的漆器可以看出《诗经》漆器叙事空间与西周漆器地理分布有同构迹象。在河南偃师二里头遗址（1980）[①] 发掘出漆盒、漆豆、筒形器以及似兽面雕花纹漆器（残）等，二里头遗址（1981）[②] V区发掘有漆钵、漆觚、漆鼓等，二里头遗址（1984）[③] Ⅵ区发掘有漆觚、漆盒等。在河南固始侯古堆一号墓（1978）[④] 发掘出春秋战国彩绘漆木器有三乘肩舆、雕木瑟、木镇墓兽、盘龙及彩绘木俎、豆等。在山西长治分水岭（1972）春秋中期墓（M269）[⑤] 发现腐朽漆灰中保留了图案精美的漆皮。山西翼城县大河口（2007）西周墓（M1）[⑥] 发掘漆木桶、漆木盾牌等，该墓（2011）还出土木俑、俎、罍、豆、壶、牺尊、坐屏、杯、案、盾牌、方彝等漆器。在湖北随州叶家山（2011）西墓[⑦]（M2和M27）发掘有盘、豆、案、俎等漆木器83件。《诗经》之《召南》《魏》《唐》的叙事空间有大量漆器，说明当时今陕南到鄂西北以及晋南、晋中等地贵族大量使用漆器。《雅》

① 中国社会科学院考古研究所二里头工作队：《1980年秋河南偃师二里头遗址发掘简报》，《考古》1983年第3期。

② 中国社会科学院考古研究所二里头工作队：《1981年河南偃师二里头墓葬发掘简报》，《考古》1984年第3期。

③ 中国社会科学院考古研究所二里头工作队：《1984年秋河南偃师二里头遗址发现的几座墓葬》，《考古》1986年第4期。

④ 固始侯古堆一号墓发掘组：《河南固始侯古堆一号墓发掘简报》，《文物》1981年第1期。

⑤ 北京大学历史系考古教研室商周组编：《商周考古》，文物出版社1979年版，第265页。

⑥ 谢尧亭：《山西翼城县大河口西周墓地获重要发现》，《中国文物报》2008年7月4日，第005版。

⑦ 湖北文物考古研究所等：《湖北随州叶家山西墓地发掘简报》，《文物》2011年第11期。

多为贵族宴飨乐歌，多产生于都城镐京（陕西西安）与洛邑（河南洛阳）之京都，这里近乎是漆的世界。在陕西沣西（1967）115号墓①发掘有俎、杯、豆等镶嵌蚌饰朽漆器。在陕西岐山县（1973）贺家村西壕发掘清理周墓②5号墓出土漆盾残片。在云塘等地（1976）发掘部分西周墓葬③（M7、M13、M20）中有彩色的饕餮纹漆器出土。在张家坡（1983—86）西周墓④发掘铜漆木器附件有达盨（疑似簋）器、铜漆木案、铜漆木盒、铜漆木壶、铜漆木罍、叔作宝彝尊等，这些铜漆木器具构件反映出西周漆木器镶嵌工艺精良，制作精美。在长安沣西客省庄和张家坡墓⑤（1976—1978）中发掘镶有蚌泡的漆器残片。在长安县沣西公社张家坡村（1983）发掘了四座周墓（编号为83SCKM1)⑥中发现彩绘漆棺。在扶风县黄堆乡强家村（1981）发掘一座西周墓（编号为81扶强M1)⑦中有大量的漆皮断面，其中强家1号墓内成组摆放漆器，有一个镶嵌有六块菱形蚌饰的长方形漆器，四个圆形漆器，并列的两个陶豆，长方形漆器等。在宝鸡竹园沟（1976）发掘的西周墓葬发

---

① 中国社会科学院考古研究所沣西发掘队：《1967年长安张家坡西周墓葬的发掘》，《考古学报》1980年第4期。

② 陕西省博物馆、陕西省文物管理委员会：《陕西岐山贺家村西周墓葬》，《考古》1976年第1期。

③ 陕西周原考古队：《扶风云塘西周墓》，《文物》1980年第4期。

④ 张长寿等：《西周时期的铜漆木器具——1983—86年沣西发掘资料之六》，《考古》1992年第6期。

⑤ 中国社会科学院考古研究所沣西发掘队：《1976—1978年长安沣西发掘简报》，《考古》1981年第1期。

⑥ 中国社会科学院考古研究所丰镐发掘队：《长安沣西早周墓葬发掘记略》，《考古》1984年第9期。

⑦ 周原扶风文管所：《陕西扶风强家一号西周墓》，《文博》1987年第4期。

掘漆豆、方形漆盘等①。以上都城镐京（陕西西安）的大量漆器遗存显示这里是漆器的皇城。《雅》的空间叙事多为贵族宴飨乐歌，而贵族宴飨是离不开漆器的，特别是具有等级制度象征的食器与酒器。镐京及其附近出土的漆器数量庞大、组合有规制以及镶嵌繁缛，这些与《诗经》之《雅》的叙事物理空间是对称的。《颂》为朝廷与贵族宗庙祭祀的乐歌，其中《周颂》产地在镐京，《商颂》产地在商丘，《鲁颂》产地为曲阜，这些空间里的宗庙祭祀是离不开漆器的。山东博物馆对郎家庄（1971）一号东周殉人墓②发掘出雕花彩绘条形器、朱地黑彩的羊形漆器、黑地红彩的漆豆、以骨饰为装饰的漆器、彩绘漆器等。镐京、商丘与曲阜附近的周代漆器遗存显示有鼍鼓、特磬之类的乐器。这些漆器明显与《诗经》中描写的贵族宗庙祭祀的乐歌直接关联，有雕花彩绘、施红黄绿三彩、镶嵌蚌饰等奢华漆器，说明《诗经》奢侈叙事与贵族的生活是一致的。从漆器的镶嵌蚌饰看，西周社会贵族有"蚌饰"漆器的审美风尚，大量木胎漆器的出现显示笨重的青铜器已经开始不适应贵族生活的需要。

其次，《诗经》"器盖天下"之名物叙事复写出它的诗学知识社会学的生活场景与制度文化。陈温菊在《诗经器物考释》③中曾详细考释礼器、服饰器、车马器与生活杂器等 200 余件器物，其中不乏漆。依据"陈本"，《诗经》中有礼乐器（玉礼器、青铜礼器、乐器）、服饰器（佩饰器等）、车马器、兵器、日用杂器（生活用具、罗网器具、农具与工具等）。所涉礼乐漆器主要包括琴、瑟、笙，兵器有彤弓，日用杂具有豆、罍、几、车马器等，这与贵族宗庙祭祀的乐歌以及出行生活有密切关系。在《诗经》的时代，中国

---

① 宝鸡市博物馆：《宝鸡竹园沟西周墓地发掘简报》，《文物》1983 年第 2 期。

② 山东省博物馆：《临淄郎家庄一号东周殉人墓》，《考古学报》1977 年第 1 期。

③ 陈温菊：《诗经器物考释》，文津出版社 2001 年版。

琴瑟乐器十分流行。譬如信阳长台关（1957）出土彩绘狩猎场景的漆瑟，长沙马王堆（1972）1号墓出土十分精美的漆瑟，湖北随县（1978）战国初期曾侯乙墓出土的10弦漆琴。《诗经》中有很多篇幅描述"琴瑟"艺术，如《国风·鄘风》之《定之方中》曰："树之榛栗，椅桐梓漆，爰伐琴瑟。"《大雅·文王之什》之《旱麓》曰："瑟彼玉瓒，黄流在中。……瑟彼柞棫，民所燎矣。"除了琴瑟之外，还有漆"笙"，曾侯乙墓出土彩绘漆笙。另外，还有漆鼓，如《彤弓》曰："钟鼓既设，一朝飨之。"髹漆是我国古代制作琴瑟等乐器不可或缺的重要环节。《诗经》中大量出现的漆乐器不仅反映出贵族宗庙祭祀乐歌的需要，也昭示大漆乐器背后的制度性文化内涵。《诗经》中不仅有琴瑟之美，还有"彤弓受言"（见南朝宋人颜延之《三月三日诏宴西池诗》）之礼。《诗经》"小雅"篇《彤弓》曰："彤弓弨兮，受言藏之。"题解《毛序》曰："《彤弓》，天子锡有功诸侯也。"锡，赏赐也①。彤弓，即用大漆髹成的弓。《诗经》之"彤弓受言"折射出西周社会战争与礼仪等社会语境：一是"彤弓"是战争与兵役的再现。如《诗经》之《东山》《击鼓》《君子于役》《伯兮》等篇均反映当时的战争与兵役历史事实；二是"彤弓受言"折射出西周社会贵族王室要员获得漆器的方式是受赏赐。"受器"之礼在《周礼·大宗伯》中有记载："一命受职，再命受服，三命受位，四命受器，五命赐则，六命赐官，七命赐国，八命作牧，九命作伯。"②这里的"受器"方式显示大漆在社会中的地位高，且价值不菲。此外，朝廷与贵族宗庙祭祀是离不开漆豆的。先秦之"豆"是一种盛食物的高脚盘。《诗经》中记载"豆"的文字有多处，如《小雅·鹿鸣之什》之《伐木》曰："笾

---

① 《白话诗经》，程俊英、蒋见元译，岳麓书社1997年版，第25页。
② （汉）郑玄注，（唐）贾公彦疏，黄侃经文句读：《周礼注疏》，上海古籍出版社1990年版，第277—279页。

豆有践，兄弟无远。"譬如，北京琉璃河（1981—1983）西周墓出土彩绘木胎漆豆，镶嵌蚌片与蚌泡①。在陕西，长安县张家坡（1991）西周早期墓②出土漆豆1件，秦东陵（2011）发现漆木高足豆1件，高足豆底座3件，漆木简7件，其中"八年造"漆木高足豆精美而别致，高大而粗壮。正如《吕氏春秋·孟夏纪》所曰："其器高以觕。"③ 除了"漆豆"之外，还有"漆罍"，也是商周晚期与春秋中叶朝廷与贵族宗庙的礼器或酒器。另外，北京琉璃河西周墓④出土过西周时期的彩绘木胎漆罍（见图5-1）。《诗经》多处描写漆罍。《大雅·生民之什》之《泂酌》曰："泂酌彼行潦，挹彼注兹，可以濯罍。"《小雅·谷风之什》之《国风·周南》的《卷耳》篇曰："我姑酌彼金罍，维以不永怀。"金罍，青铜铸的酒器⑤。此处"金罍"并非一定是青铜罍，或为金饰之罍，如北京琉璃河西周墓出土的罍就是彩绘木胎漆罍。西周帝王赏赐"金车"最为常见，所谓"金车"，概为部分构件为铜质或铜饰，遂命名为"金车"。《周礼·巾车》曰："金路，钩樊缨九就，建大旂，以宾，同姓以封。"郑玄注曰："金路，以金饰诸末。"⑥ 可见，"金罍"亦可为金饰木胎漆罍。以上《诗经》的诸种漆器叙事共同反映它具有一种知识语用学的功能。

---

① 中国社会科学院考古研究所等：《1981—1983 琉璃河西周燕国墓地发掘简报》，《考古》1985 年 5 期。

② 中国社会科学院考古研究所沣西队：《1987、1991 年陕西长安张家坡的发掘》，《考古》1994 年第 10 期。

③ 张双棣等译注：《吕氏春秋译注》，北京大学出版社 2000 年版，第 88 页。

④ 中国社会科学院考古研究所等：《1981—1983 琉璃河西周燕国墓地发掘简报》，《考古》1985 年 05 期。

⑤ 《诗经》，王秀梅译注，中华书局 2006 年版，第 31 页。

⑥ （汉）郑玄注，（唐）贾公彦疏，黄侃经文句读：《周礼注疏》，上海古籍出版社 1990 年版，第 412 页。

图 5-1　西周漆罍 (复原)

　　复次,《诗经》漆器叙事能昭示一种知识社会学的造物与用器的历史图像,尤其是"纳礼于器"的知识社会学命题在《诗经》中表现明显。西周丰镐可谓"器盖天下",《诗经》之器蕴藏历史的温度、文化的高度与审美的风度。"诗三百"多以感物造端,名物研究多集中在草木鸟兽虫鱼,这只是《诗经》名物之一端,而宫室、乐器、器皿等漆器也应列入名物研究之列。诗是文学的,亦是历史的,更是知识的。在见物"证"诗中可以发现,"器以藏礼"与"尊礼用器"是中国古代造物与用器的特征。陈澔《礼记集说》曰:"器有二义:一是学礼者成德器之美,一是行礼者明用器之制。"① 可见,"纳礼于器"是中国古代礼器文化承载道的方式。在《诗经》叙事地理空间中发掘的墓葬木胎漆礼器与青铜礼器的组合,漆礼器与青铜礼器的师承关系,北方黄河流域在西周时期出现漆器

─────────────

　　① （元）陈澔:《礼记集说》,凤凰出版社 2010 年版,第 185 页。

工艺的兴盛,螺钿镶嵌技艺在春秋战国时期走向式微,这些都反映出诗学中的知识社会学叙事的历史遗存图像。

亚里士多德认为,任何话语都有某种意义。同样,诗歌中的漆器语图话语必然具有某种意义指向,其漆器知识也是它自身文化的指示。在知识社会学视野下,《诗经》漆器语图话语是西周文化现实、历史现实与审美现实的一次情境回响,它能确证西周的农业、战争、祭祀以及人们的生活原貌,更能昭示西周人的文化观与审美观及其宗教意识形态。

二 汉广陵漆器角色论

汉广陵文化虽远离长安中央文化,但广陵国近乎是大汉王朝文化的"晴雨表",被埋葬于地下的汉广陵漆物能揭示出其"同制京师"[1]的文化性。广陵诸侯王不仅能自觉弘扬西汉中央主流文化,还能保持与发扬传统地域性东夷文化,并较为谨慎地接纳与吸收西亚及东南亚外域文化,同时向海外输出广陵文化。换言之,在广陵国内部主体文化中,西汉主流文化的轴心东移现象十分明显,并在此时或已开通"海上丝绸之路"航道。广陵漆物文化风格分析指引我们的研究从微观社会学向宏观社会学协同迈进。

如何研究广陵国漆物文化及其所呈现出来的艺术风格?这关涉器物文化批评的方法论问题。传统考古学研究通常指向器物的微观层面,但从 20 世纪 70 年代以来,欧洲部分考古学者对当时盛行的"新考古学"宏观研究方法论表现出积极兴趣,一批剑桥学者与伊恩·霍德及其学生的研究最为活跃。从思想渊源看,他们的思想方法主要受惠于马克思、涂尔干和 J. D. 克拉克等人开创的社会学"整体分析"理论及功能主义"情境功能分析"理论。譬如霍德指出,我们"必须注意相关性(Context)或整体背景的研究,相关性是考古学科的中心特征，一件处于不同背景中的器物可能代表着不同的意义"。在此，霍德首次提出"情境考古学"理论，它为后人研究从微观层面向宏观层面协同迈进提供方法论。譬如当代艺术文化研究试图以"场景设置"与"语境还原"等中观视角研究墓葬结构及其器物，显然这是微观"情境考古学"研究的补充与发展。但在中观社会学层面，这种理论还未能深入墓葬微观角色研究向宏观社会研究协同过渡。值得我们援用的是美国芝加哥学派米德（G. H. Mead）的"角色获得"（Role-taking）理论。所谓"角色"本是戏剧与电影文学之概念，1934 年以后，被米德引入社会学研究之中。随后在 20 世纪 60 年代被布鲁默继承发展为"符号相互作用论"，在戈夫曼（Goffman）、柯林斯等人改造下又形成"互动仪式链"① 理论。这些研究理论实际上为"情境考古学"理论具体应用提供研究方向及方法论案例——"互动文化角色"——的中观视角分析。将中观社会学概念纳入艺术文化研究视野，旨在使艺术文化研究从"一般性的反思引向更具体的问题"，即将"艺术史家的注意力从艺术作品本身转移到它在具体历史环境中的生产、感知以及消费上来"②，从而迫使我们的研究从微观情境研究向宏观场景研究协同过渡。换言之，微观研究、中观研究与宏观研究的协同迈进将是我们对待艺术文化风格史研究的一种新趋势，也是我们对待器物文化批评的必由之路。

　　在本节的讨论中，拟在统摄性继承前人已有研究方法论基础上，以米德的"角色理论"（Role theory）为主要研究方法论，并兼援用布鲁默的"符号相互作用论"、库利的"镜像自我理论"与柯林斯

---

① ［美］兰德尔·柯林斯：《互动仪式链》，林聚任、王鹏等译，商务印书馆 2009 年版。

② ［美］巫鸿：《黄泉下的美术：宏观古代中国墓葬》，施杰译，生活·读书·新知三联书店 2010 年版，第 9 页。

的"互动仪式链"等理论，尽可能搜集与分析相关考古出土漆物资料、文献资料及其他相关文献对扬州汉墓出土漆物进行系统的整理与研究，努力以广陵漆物微观"道具"为探寻起点，系统分析作为人物"角色"风格与作为类型化"道具"的文化图谱，并试图从整体上通过图像叙事、语言叙事及比较叙事等视角阐释广陵漆物文化角色所在的中观"场景"风格，最后以"观众"的向度对广陵漆物文化角色分析做出宏观性理解与描述。

在角色理论视野下，墓葬域是一个地下"微型舞台"，所有器物都是死者的一个"道具"，他们各自拥有一种角色文化情境，并互动为一个场景性联动整体。作为墓葬场景中的"道具"，漆物是为辅助完成墓葬中被赋予角色任务而布置的。道具的种类与数量、器型与媒材、胎质与纹样、髹漆技法、装饰与色彩设计等"相关性"对象关涉场景中角色的地位与身份。换言之，道具的物质形式不仅是场景中角色思想形式的视觉呈现，还是角色空间中的象征符号，即角色行为主观思想的物质载体。

道具的空间移置与分异均是为角色扮演而需要的。墓葬中漆物的分组与位置不仅是墓葬中角色人物礼仪制度的行为产物，还是社会文化系统的期望形式。因此，广陵汉墓之漆物道具就是为角色人物及其社会文化而布置的。从扬州汉墓出土情况看，汉广陵漆物主要有生器与明器。生器，即为被殉葬的生活器皿，如漆奁、漆盒、漆碗、漆勺、漆合、漆笥、漆案、漆壶、漆几、漆虎子、漆匜、漆卮、漆杖、漆罐、漆奁、漆箭、漆樽、漆量；明器，即"冥器"，为冥界生活而设计的象征性器具，如漆面罩、漆枕、漆俑等。从漆器群分异看，这些漆物主要分布在扬州西郊，典型墓葬群有七里甸东汉墓、西汉刘毋智墓、邗江西湖镇郭庄汉墓、邗江胡场汉墓、平山养殖场汉墓、新莽时期汉墓、西汉"妾莫书"木椁墓、邗江甘泉乡姚庄 101 号西汉墓等。另外扬州东郊与北郊也有零星墓葬，如凤凰河木椁汉墓、东风砖瓦厂八、九号汉墓等。在角色理论下，漆物作为墓葬空间里的"道具",它们扮演着墓葬角色人物的现实奢华消费身份符号,并由此连带产生地位群体的社会界限表征;同时,作为被角色化的漆明器已然成为墓葬角色人物情感补充的匹配物与关联物。

图 5-2 扬州蚕桑汉墓 M3 出土的舆轿

道具的种类与数量是角色分析的基本参数。道具的种类与数量不仅指向墓葬角色人物财产、地位与身份,还指向角色行为的社会关系、思想形式及主观期望系统。对出土报告整理分析可知,广陵国漆器种类主要有丧葬、寝食、梳妆、娱乐、兵器、交通工具以及其他杂用器具。丧葬具有漆棺具、漆俑、漆面罩等,寝食具有漆研、漆枕、漆案、漆盒、漆笥、漆卮等,梳妆具有漆奁、漆黛板盒等,娱乐具有漆六博局等,兵器具有漆盾、漆弩、漆弓等,交通工具如舆轿(扬州西湖镇蚕桑汉墓 M3 出土,见图 5-2)。其他杂用具有漆仗、漆罐及各种漆器饰件等。在数量上,根据 1955—2005 年间扬州汉墓出土情况,比较典型的汉墓漆器群出土数量如下:七里甸东汉墓出土漆棺 2 具、漆耳杯 11 件、漆勺 2 件、漆合 6 件、圆形漆奁盖 1 件、漆面罩 1 件、漆盘 1 件等。[①] 刘毋智墓出土漆耳杯 58 件、漆盘 10 件、漆卮 3 件、漆奁 4 件等[②]。东风砖瓦厂八、九号汉墓出土漆案 2 件、漆奁 1 件、漆耳杯 20 件、漆面罩 1 件、彩绘漆枕 1 件、漆匜 1 件、漆盘 1 件、漆笥 1 件、漆盒 1、漆卮 1、漆杖 3 根、漆鞘铁剑 1 件等。[③] 东风砖瓦厂木椁墓群出土漆木梳篦 2 件、漆盒 20 余件、漆耳杯 5 件、漆案 1 件、漆奁 1 件、漆壶 1 件、漆盘 4 件、漆面罩 4 件、漆枕 5 件、漆几 3 件、漆虎子 2 件。[④] 凤凰河七座木椁汉墓出土漆奁 1 件，长方形大小漆盒 5 件、圆形小漆盒 2 件、椭圆形小漆盒 1 件、马蹄形小漆盒 1 件、正方形小漆盒 1 件、漆耳杯 3 件、漆盘 1 件、铜把漆碗 1 件、漆鞘铁剑与铁刀各 1 件。[⑤] 邗江西湖镇郭庄汉墓发掘出土漆鞘剑 1 件、(残) 漆枕 1 件、漆奁 1 件、小漆盒 3 件、漆案 1 件。[⑥] 邗江胡场汉墓（M1-4）发掘 M1 墓出土漆碗 2 件、漆奁 3 件、漆案 4 件、漆几 2 件、漆耳杯 40 件、漆盘 4 件、漆魁 1 件、漆笥 14 件、漆盒 1 件、漆勺 1 件，还有漆乐器 3 件。M2 墓有漆箱一件，内装木胎长方形漆笥 6 件，夹纻胎漆耳杯 5 件与漆盘 5 件，马头漆勺 1 件。M3 墓有夹纻胎漆子奁 1 件。[⑦] 平山养殖场汉墓出土漆面罩 2 件、漆枕 1 件、漆案 2 件、漆耳杯 18 件、漆盘 6 件、漆黛板盒 1 件、漆奁 4 件、漆握 2 件、漆陶壶 1 件，另

① 尤振尧、黎忠义：《江苏扬州七里甸汉代木椁墓》，《考古》1962 年第 8 期。

② 扬州市文物考古研究所：《江苏扬州西汉刘毋智墓发掘简报》，《文物》2010 年第 3 期。

③ 扬州博物馆：《扬州东风砖瓦厂八、九号汉墓清理报告》，《考古》1982 年第 5 期。

④ 扬州博物馆：《扬州东风砖瓦厂汉代木椁墓群》，《考古》1980 年第 5 期。

⑤ 苏北治淮文物工作组：《扬州凤凰河汉代木椁墓出土的漆器》，《文物参考资料》1957 年第 7 期。

⑥ 印志华：《扬州邗江县郭庄汉墓》，《文物》1980 年第 3 期。

⑦ 扬州博物馆等：《扬州邗江县西郊胡场汉墓》，《文物》1980 年第 3 期。

外还出土漆头彩绘俑 23 件、漆鞘铁剑 4 件、漆鞘铁削 2 件。① 市郊新莽时期汉墓 M5 发现漆案足 1 件，漆鞘铁削 1 件，漆鞘铁刀 1 件。M6 有漆枕 2 件、漆面罩 1 件、漆案 1 件、漆箱 1 件、漆耳杯 6 件、漆碗 2 件、漆壶 1 件、漆匜 1 件。② 西汉"妾莫书"木椁墓出土漆耳杯 60 余件、彩绘漆箱 4 件、彩绘漆笥 9 件、彩绘漆案 3 件、彩绘漆罐 3 件、漆圆盒 2 件、桃形漆小盒 1 件等。③ 邗江姚庄 101 号西汉墓棺椁头箱出土漆盒 1 件、漆案 2 件、漆几 1 件、漆盘 9 件、漆碗 1 件、素面无纹漆耳杯 28 件、铜扣漆耳杯 1 件、漆勺 1 件、漆樽 1 件、漆研 1 件、漆黛板 1 件、漆六博局 1 件、方形漆板 1 件、漆盾 1 件、漆弩 2 件、漆弓 2 件、漆箭缴轴 3 件、漆箭杆 1 束等，棺椁侧箱出土漆器有漆笥 11 件、漆盘 1 件，棺椁足箱出土漆器有针刻漆盘 6 件、铜扣漆盘 1 件、漆碗 2 件、漆耳杯 36 件、漆樽 1 件、漆量 1 件、漆凭几 1 件。男棺出土漆面罩 1 件、漆枕 1 件、漆盒 2 件、银扣镶玛瑙七子漆奁 1 件、漆鞘木剑 2 件、漆鞘铁削 4 件。女棺出土漆壶 1 件、漆盒 2 件、漆奁 2 件、粉彩面罩 1 件、粉彩枕 1 件、漆鞘木剑 1 件。④ 广陵汉墓均见随葬漆物，它的种类与数量已暗示广陵诸侯王频繁使用昂贵漆器，也间接反映墓葬角色人物的奢靡物质生活。作为道具的漆物共现广陵王逼真的物质生活"细部"以及与其"关联"的真实社会生活图景。

媒材与胎质是角色分析的细部，也是漆器风格的细部。媒材是道具的物理构件，胎质是道具的材料质地，它们反映出墓葬场景中角色人物所推崇的物质艺术形式风格与材料美学理念。在媒材层面，广陵漆物主要以木材为原料，棺椁多有珍贵楠木"题凑"，另

---

① 扬州博物馆：《扬州平山养殖场汉墓清理简报》，《文物》1987 年第 1 期。

② 扬州博物馆：《扬州市郊发现新莽时期墓》，《考古》1986 年第 11 期。

③ 扬州博物馆：《扬州市西汉"妾莫书"木椁墓》，《文物》1980 年第 12 期。

④ 扬州博物馆：《江苏邗江姚庄 101 号西汉墓》，《文物》1988 年第 2 期。

外还有麻布、丝绢、竹片、铜片、银片及铁金属物。譬如七里甸东汉墓出土漆器制作材料有（楠）木、麻布、丝绢等，刘毋智墓出土漆器媒材主要以木为主，还有少量竹片、铁金属等，东风砖瓦厂八、九号汉墓漆器媒材以木为主，并有少量铜灯辅件等。珍贵楠木被广陵国制造漆物棺具所频繁利用，它能反映西汉诸侯王大肆砍伐木材的历史事实，但这一现象到东汉明显下降。在胎质层面，广陵漆物主要以木胎与夹纻胎为主，如七里甸东汉墓出土漆耳杯为楠木胎，漆勺、漆盒、圆形漆奁盖、漆面罩、漆盘均为木胎。刘毋智墓出土漆器大部分为木胎，少数为夹纻胎。东风砖瓦厂汉代木椁墓群漆器有纯木胎、薄木胎、夹纻胎三种。平山养殖场汉墓漆器有夹纻胎，木胎、薄木胎、厚木胎、陶胎等。邗江姚庄 101 号西汉墓漆器有夹纻胎、薄木胎与厚木胎。广陵漆物的胎质反映当时漆器制作方法及其使用的材料特点，尤其是纯木胎与薄木胎的使用足见广陵国髹漆技法的高超与娴熟。

髹饰与装饰色彩是角色分析的"心电图"，更是漆艺风格形成的关键视觉元素。在髹饰层面，广陵漆物主要以金银扣、贴金银箔、彩绘、金银平脱、针刻、镶嵌、雕刻等手法髹饰。譬如邗江姚庄 101 号西汉墓漆器装饰工艺有针刻、铜扣、银扣、彩绘、贴箔、宝石镶嵌等多种髹饰技艺。[①] "妾莫书"木椁墓部分漆耳杯镶鎏金银扣、铜扣，杯身贴金箔。邗江姚庄 101 汉墓银扣镶嵌玛瑙彩绘七子漆奁的金银贴箔有山水、人物、禽兽、羽人等内容。邗江郭庄汉墓出土漆奁里的小漆盒均采用金银平脱髹饰方法，即漆盒顶部采用银柿蒂平脱，周饰银白虎平脱。[②] 邗江胡场汉墓群 M1 墓漆器采用（单或多）彩绘、针刻、镶嵌、雕刻等髹漆手法，填红漆漆勺内针刻孔雀，七子奁器身底部点划几何纹中镶贴银箔白虎，三足漆奁顶部镶

①　扬州博物馆：《江苏邗江姚庄 101 号西汉墓》，《文物》1988 年第 2 期。

②　印志华：《扬州邗江县郭庄汉墓》，《文物》1980 年第 3 期。

嵌柿蒂形铜饰。M2 墓出土的漆耳杯纹饰采用针刻。① 东风砖瓦厂汉代木椁墓群漆器饰有彩绘、素面两种。② 在装饰色系层面，广陵漆物表面髹饰有单色单彩，还有单色多色彩绘。广陵漆物色调丰富，有褐色、黑色、朱红、褚红、蓝紫、粉绿、茶色、乳白、金银色等。譬如凤凰河七座木椁汉墓漆器黑漆髹身，多有花图案。③ 七里甸东汉墓出土漆勺柄部雕刻有龙头状纹饰，该墓其他漆器装饰色彩普遍采用外髹焦茶色或黑色，里髹朱红。东风砖瓦厂八、九号汉墓普遍采用内朱外褐或黑色漆，素面，彩绘漆枕装饰有羽人升天图景。刘毋智墓漆器耳杯普遍采用外髹黑漆，内髹朱漆。④ 邗江胡场汉墓（M1）漆器色系十分丰富，有黑色、墨黑、褐色、赭红、酱红、紫红色、暗紫、暗绿、土黄、灰绿等，该墓漆物几采用通体髹黑漆纹饰。以上娴熟的髹漆技艺与丰富的装饰色彩显示汉广陵漆物在制造上的高超技术及丰富的色彩美学思想。

在米德看来，"角色采择"是"角色获得"的一种能力。从漆器的使用与设计看，汉广陵漆物的物质细部既有汉代艺术的整体浪漫特征，也具有自己的地域性写实艺术风格。作为生器，它能"关联"着广陵地域性角色文化风格；作为明器，广陵漆物能"回响"起被分封的诸侯王家族昔日的生活经验场景。

一般而言，在墓葬中，被角色化的对象不仅是指类型化的"漆物"，还特别能指向场景中的"人物"。按照 W. 库图角色化理论分析，角色可分为"角色扮演"与"扮演角色"两类。所谓"角色

---

① 扬州博物馆等：《扬州邗江县西郊胡场汉墓》，《文物》1980 年第 3 期。

② 扬州博物馆：《扬州东风砖瓦厂汉代木椁墓群》，《考古》1980 年第 5 期。

③ 苏北治淮文物工作组：《扬州凤凰河汉代木槨墓出土的漆器》，《文物参考资料》1957 年第 7 期。

④ 扬州市文物考古研究所：《江苏扬州西汉刘毋智墓发掘简报》，《文物》2010 年第 3 期。

扮演"是指日常生活中的实际角色，如广陵王以及陪葬的生活器物（即"生物"或"生器"）；而"扮演角色"是指为适合场景需要暂时扮演的虚拟角色，如为陪葬而设计的俑及冥界生活器物（即"冥器"或"明器"）。只不过被角色化的"生器"伴随使用空间的转移，又具有角色扮演与扮演角色的双重身份。

　　墓葬中的生器漆物如同舞台上的"脚本"，它规定着"演员"的角色行为。譬如广陵国"漆笥"的角色扮演，便能指向诸侯贵族文化角色行为。作为角色情境中的"漆笥"，具有空间、时间与物质三个属性的"喻物"，即漆笥在被使用的空间与时间及其物质构成上具有象征喻义。依据柯林斯的"互动仪式链"理论，墓葬中的"漆笥"象征喻义具有"唤起功能"或"情感连带性"，即能唤起或连带使用者的身份、情感及其生活空间场景，从而从作为漆物本身"际遇"到它的生活时间及社会场景。从邗江县胡场汉墓（M1）出土文物看，墓内漆笥书有"肉一笥""脯一笥""鲍（原偏旁为'角'）一笥""梅一笥"等，这些漆笥藏物能链接到广陵国诸侯物质生活及饮食文化。另外，胡场汉墓 M1 墓出土有大量生活类漆器、漆乐器以及其他说唱俑、乐俑、舞俑等，这些随葬品的"际遇"也足见广陵王生活"奢靡"与"腐朽"，该墓出土木板彩画及人物壁画就是佐证。在互动仪式链视野下，木板彩画内容乃是墓主人生活时间的一个复活场景，它生动写照出一幅广陵国封建贵族家庭奢靡宴乐图景："上部由左至右绘四人，其左一人，坐于榻座之上，体态高大，衣施金粉，头部漫漶不清，其右三人亦模糊，但可见其大概，二人佩剑，一人踞坐，均面向着左边第一人。下部为宴乐场面，朱幕高悬，墓主人端坐床榻之上，前置几、案，案上有杯盘，几下放香熏。身后，侍女跪从；身前，伶者表演，一人作倒立，一人作反弓，旁有观众。再前为宾客，双人对坐，中设杯盏，穿红着白，衣着华美。右部为乐队，漫漶不清，仅辨其有弹瑟者，吹笙者等。"① 这些墓葬空间中的漆器与图像不仅构成了汉广陵国的"生活生机"，还反衬出墓葬者对死者"生活不朽"的愿景。在一定程度上，墓葬中的作为物质符号的漆物是图像符号的情感补充物或匹配物，抑或说，墓葬仪式中的时空性的"图像符号"思想是通过物质性的漆物达到"不朽"或转换为"生机"的。

灵魂不死与长生不老是汉代普遍的宗教思想，墓葬中的"扮演角色"使得该思想得以实现。作为"扮演角色"的明器漆物，如广陵国出土"彩绘漆俑"就是被赋予的冥界角色。在形式与内容上，"扮演角色"均是死者的一个具有延展性的期望系统。漆俑作为"扮演角色"是对现实生活中的"乐舞人"的移置与模拟。作为移置，它是墓葬空间角色获得的需要；作为模仿，它具有激活墓葬空间的镜像作用。从广陵汉墓出土情况看，平山养殖场汉墓发掘出土彩绘漆俑 23 件，该组彩绘俑均用楠木和杉木雕刻而成，分坐乐俑、舞俑、侍俑和仪仗俑四大类。邗江县胡场汉墓（M1）出土大量漆乐器以及侍卫俑、说唱俑、乐俑、舞俑等随葬品组合 30 余件，其中一件乐俑"表情忧虑"，两件"面带笑容"，而舞俑"髻高耸，面丰腴，腰甚细，臂微张，衣长裙"②，他们的艺术形象栩栩而逼真。另外，仪征胥浦 M101 墓出土叉腿男俑、男俑（吏俑和侍俑）、携童女侍俑、坐乐俑等四类。③ 邗江姚庄 M101 墓也出土过木俑 20件，④ 仪征烟袋山汉墓共出土 126 件木俑，有人俑、马俑、狗俑等。⑤ 高邮天居山二号汉墓出土乐舞俑、侍俑、虎俑、马俑、猫俑、长臂猿、枭俑等。从这些出土墓俑看，汉广陵墓俑系统明显呈现

① 扬州博物馆等：《扬州邗江县西郊胡场汉墓》，《文物》1980 年第 3 期。

② 扬州博物馆等：《扬州邗江县西郊胡场汉墓》，《文物》1980 年第 3 期。

③ 扬州博物馆：《江苏仪征胥浦 101 号西汉墓》，《文物》1987 年第 1 期。

④ 扬州博物馆：《江苏邗江县姚庄 101 号汉墓》，《文物》1988 年第 2 期。

⑤ 南京博物院：《江苏仪征烟袋山汉墓》，《考古学报》1987 年第 4 期。

"组合化""场景化""角色化"等特征。就组合化而言，扬州汉墓出土墓俑大致可以分为礼仪系列组俑与居家系列组俑。礼仪系列组俑如乐俑、仪仗俑、乐舞俑等；居家系列组俑如侍俑、家畜俑等。扬州汉墓系列组俑的出现，明显营造出一个真实的家居与礼仪活动场景。因为组俑是由个性化特征明显的"个俑"按照礼仪活动的需要而配置，它们能够营构出汉广陵国一个能被激活的和谐空间。换言之，广陵国礼仪空间设计具有程式化、制度化的特征。就场景化与角色化而言，扬州汉墓出土墓俑以人俑居多，家畜俑相对较少，被角色化的人俑是礼仪活动中的主体，如侍卫俑、乐俑、舞俑、说唱俑等，它们构成了一个具体而微的礼仪性角色场景，其中舞俑、说唱俑等具有激活空间场景的象征意义，微型而逼真的礼仪性场景无疑反映出墓葬者对真实人间的虚拟以及对死者生命延续的渴求。

　　角色扮演的漆物（器）与扮演角色的人物（俑）构成墓葬里最为重要的角色文化符号元素。每一个要素之间形成一个文化角色结构，而该结构本身又具有特定的角色功能与角色期待。换言之，广陵墓葬之类型化的漆物与角色化的墓俑共同还原或期待一个具体而微的和谐空间——被延续的在世或被激活的冥界，这应当是墓葬的宗教意义与功能。

　　一个完整墓葬角色理论系统，主要包括角色期待、角色冲突与角色创作等要素。角色期待是墓葬角色人物的意愿行为，但这种角色期望与现实生活必然存在一定冲突，进而产生或创造了新的角色。譬如汉代人都有长生不老的宗教意愿，但生命是短暂的，因而产生了"升天羽人"的新角色，随之产生许多与"升天"相关的角色形象，如仙人、飞廉、云气、龙凤等。譬如东风砖瓦厂八、九号汉墓出土彩绘漆枕朱绘云气纹，夹有彩绘羽人及各种动物等。[①] 这

---

① 扬州博物馆：《扬州东风砖瓦厂八、九号汉墓清理报告》，《考古》1982年第5期。

具彩绘漆枕彩绘羽人图式期待意义十分明显，它描绘出一幅汉代羽人升天的宗教"仪式"，抑或说云气、羽人、小鹿、狐狸、鹤和长尾鸟构成一幅生动的宗教文化角色期待愿景。

在角色期待层面，它既有客体角色期待，又有主体角色期待。作为角色客体的广陵彩绘漆枕，其彩绘面上的云气、羽人、小鹿、狐狸、鹤和长尾鸟等角色是互动的，具有结构性关联的象征意义；同时，作为角色主体与彩绘漆枕之间也是互动的，即漆物是角色主体的情绪反映物。因为在角色客体层面，彩绘漆枕的羽人角色是引魂升仙的神，云气就是升仙空间的象征角色，小鹿、狐狸、鹤和长尾鸟也是升仙的媒介道具；就角色主体而言，彩绘漆枕的升仙场景表达汉代帝王及显宦阶层的超越死亡而祈求长生的思想，漆物纹饰不过是汉代宗教信仰思想的角色期待。

在角色创造层面，广陵漆器"羽人升仙"图景不仅表现在漆枕上，还表现在漆梳篦、漆面罩、漆箱之上。譬如东风砖瓦厂汉代木椁墓群出土彩绘漆木梳篦有花纹、云气纹，云气间有羽人多组，或操琴，或骑鹤，或逐鹿，另外漆面罩以朱、绿、黄之色绘有云气纹、鸟兽纹、羽人等。① "姜莫书"木椁墓出土的漆箱箱壁上装饰有三铺首衔环，箱盖朱绘云气纹，并补饰鸟兽与羽人，另外该墓出土的漆笥、漆案等也绘有龙、云纹与羽人。② 七里甸东汉墓出土男性漆面罩在同期汉墓中较为罕见。[3] 漆面罩的用途或是掩盖面部，或是丧葬礼仪性"面具"，即覆盖死者面部的殓具。根据身份或地位不同，汉代入殓面罩有玉面罩、纱布面罩、大漆面罩等。譬如徐州子房山和后楼山汉墓中所出的"缀玉面罩"、扬州胥浦101号汉墓中出土纱面罩、连云港尹湾M6汉墓出土漆面罩。漆面罩为"东园秘器"之一，又称"温明"，汉代属少府下东园署所制作。据《汉

---

① 扬州博物馆：《扬州东风砖瓦厂汉代木椁墓群》，《考古》1980年第5期。

② 扬州博物馆：《扬州市西汉"姜莫书"木椁墓》，《文物》1980年第12期。

书·霍光传》曰:"东园温明,皆如乘舆制度。"① 颜师古注引东汉人服虔曰:"东园处此器,形如方漆桶,开一面,漆画之,以镜置其中,以悬尸上,大敛并盖之。"② 史书所载与出土漆器文物基本一致,譬如平山养殖场汉墓出土漆面内蓋顶顶部中心有铜镜一面,铜镜背面纹饰全为四乳蟠螭纹。③ 可见,服虔所记东园"方漆桶",即东园温明之器,或漆面罩。这种葬具特点是"开一面,漆画之,以镜置其中",也能激起对佩戴者特殊"宗教时间"的幻象——死者在世的宗教时间的再现。其中"开一面"以见"宇宙","漆画之"以示"时空","以镜置其中"以候"日月"(东风砖瓦厂八号汉墓曾出土"日月光明镜"一面)。换言之,"温明"之漆面罩不仅能"重温"死者在世的"宗教时间",还能留住死者在世日月("经验时间")之光明。在象征层面,漆面罩或象征为朝服"漆冠"。这件类似漆冠的漆面罩长 62.4 厘米、宽 35.5 厘米、高 28.3 厘米。④ 据《三礼图》载:"冕以三十升布漆而为之,广八寸,长尺六寸,前圜后方,前下后高,有俯伏之形,故谓之冕。"⑤ 在徐州北洞山西汉墓曾出土过类似"漆冠"(男侍卫俑)。⑥ 作为殓具的漆面罩能激起对佩戴者"经验时间"幻象——死者在世生活时间的再现。另外,在礼仪层面,漆面罩是汉代丧葬仪式符号的"关系物"。在汉以前,以布或玉掩面是最为常见的丧葬方式。实际上,作为明器的面罩之"图示结构"与"形体结构"乃是佩戴者的身份结构。总

---

① (汉)班固,(唐)颜师古注:《汉书》,中华书局 1999 年版,第 2220 页。

② (汉)班固,(唐)颜师古注:《汉书》,中华书局 1999 年版,第 2221 页。

③ 扬州博物馆:《扬州平山养殖场汉墓清理简报》,《文物》1987 年第 1 期。

④ 尤振尧、黎忠义:《江苏扬州七里甸汉代木椁墓》,《考古》1962 年第 8 期。

⑤ (宋)聂崇义 集注:《新定三礼图》,清华大学出版社 2006 年版。

⑥ 徐州博物馆、南京大学历史系考古专业:《徐州北洞山西汉墓发掘简报》,《文物》1988 年第 3 期。

之，汉广陵国漆面罩角色创造不仅是东夷地区独特的丧葬习俗，还是广陵诸侯王宗教文化展现的"舞台"配置。

场景是指角色中的环境，是风格形成的特定空间。一个拥有"道具"与"角色"的场景便形成一个"活"场境，并具有语图情境叙事功能。因为"道具"中的"图像""语言""角色"都是息息相关的，它不仅具有场景叙事的期待视野，还具有还原"逼真"场景的"扮演"作用。抑或说，"道具"或"角色"扮演是一种场景模拟行为，它能编织出一个现实生活经验空间。反之，我们亦能从这一模拟行为中再现或获得一个具体而微的客观社会场景及其特定艺术文化风格。

图像不仅是墓葬角色文化中的常见叙事手段，还是墓葬场景叙事的重要载体。汉广陵漆物中最为经典的图像叙事是金银贴箔画像叙事和纹饰图案叙事。前者包括羽人情境、娱乐情境、活动情境、自然情境等图像叙事，后者主要包括自然动植物、宗教神仙、宇宙天空等图案叙事。

第一种为金银贴箔图像叙事。在同期汉代漆物中，广陵国"玛瑙漆奁"金银贴箔画像最具代表性。邗江姚庄 101 汉墓男棺材出土银扣镶嵌玛瑙彩绘七子漆奁（M101：190）① 近乎一幅幅立体的金银贴箔式广陵国人物山水画。按照内容大致可有以下几类：第一类，金银贴箔羽人活动画——羽人情境。该类组画可分为羽人操琴、羽人骑狼、羽人祝祷、羽人牧马等四组。譬如奁盖金银贴箔饰带间饰有羽人踞坐操琴、羽人骑狼等，奁盖外壁饰金银贴箔山水云气纹间饰有羽人祝祷，奁内圆形漆子盒、长方形漆子盒等盏顶饰有羽人图，马蹄形漆盒内用金银箔剪贴羽人牧马图。第二类，金银贴箔礼仪音乐画——娱乐情境。奁盖外壁饰以金银贴箔山水云气纹，在山

---

① 扬州博物馆：《江苏邗江姚庄 101 号西汉墓》，《文物》1988 年第 2 期。

水间饰六博、听琴等，马蹄形漆盒内用金银箔剪贴有弹瑟场面。第三类，金银贴箔人物出巡画——活动情境。该类组画可分为郊游、斗兽、狩猎、出巡等场面组图。譬如奁盖外壁饰以金银贴箔山水云气纹，在山水间饰有车马出巡、狩猎等。马蹄形漆盒内用金银箔剪贴人物骑射，椭圆形漆子盒有人物骑射。第四类，金银贴箔山水动物画——自然情境。奁身外底饰四个相交的同心圆，内绘飞燕、夔龙，外绘云气纹，菱形几何纹作边。奁内子盒器表嵌玛瑙，镶银。如长方形漆子盒盝顶内以金、银箔剪贴有锦鸡、孔雀、羚羊、熊、马、虎等内容。圆形漆子盒在银扣纹饰带线内以金银箔剪贴有大雁、锦鸡、羚羊等。方形漆子盒在银扣间纹饰带内用金银箔剪贴有羚羊、雁、锦鸡、狼、虎、孔雀等。马蹄形漆盒在银扣纹饰带上内用金银箔剪贴有鹿、雁、羚羊等内容。椭圆形漆子盒在银扣间纹饰带线内用金银箔剪贴有孔雀、锦鸡等内容。可见，玛瑙漆奁金银贴箔画像再现了汉广陵王的羽人想象情境、音乐娱乐活动情境、人物巡游活动情境以及山水自然情境。

第二种为装饰纹样图案叙事。狭义上的图案是指器物身上装饰纹样，广陵装饰纹样图案叙事大致包括植物图案、几何图案、自然（云气）图案、动物（四神）图案以及综合图案等。第一类，植物图案。这类图案如刘毋智墓漆器耳杯"部分彩绘花纹，部分杯底烙印铭文，或者刻划数字符号"[①]。第二类，几何图案。这类图案如刘毋智墓出土漆器耳杯，根据纹饰纹样有4种样式，即素面铭文耳杯；S形纹耳杯有朱绘宽S形纹、三角纹和圆点纹；卷云纹耳杯有朱绘卷云纹、几何线条、梅点纹、合B形符号纹；回纹耳杯有云气纹、

---

① 扬州市文物考古研究所：《江苏扬州西汉刘毋智墓发掘简报》，《文物》2010年第3期。

抽象的鸟纹与几何纹、×纹、回纹等。① 邗江胡场汉墓（M1）出土的三足漆奁顶部镶嵌柿蒂形铜饰件，奁盖面饰（由外至内的第一圈和第三圈）以朱绘菱形为主几何图案，第二圈和第四圈内彩绘流云纹和鸟兽。奁身口及底沿部亦饰朱绘菱形为主几何图案，腹部彩绘流云纹和鸟兽。② 第三类，云气图案。这类图案如刘毋智墓出土漆奁针刻云气纹，壁刻弦纹。母奁与子奁的外表均针刻云气纹。母奁盖内刻云气纹，中圈刻划梳齿纹与云气纹，盖顶中央刻划云气纹。盖壁刻饰弦纹与云气纹。③ 第四类，动物（四神）图案。这类图案如扬州市郊新莽汉墓 M6 出土漆枕"两端侧面为马蹄形，髹朱红漆。两侧面绘青龙、朱雀各一，衬以云气纹，外用四道褐漆线作装饰带"④。四神图案在汉代漆器装饰中较为普遍，如邗江胡场汉墓（M1）出土漆碗底部亦绘三朱雀。⑤ 邗江姚庄 101 号西汉墓漆碗、漆案等均采用黑色漆地上用褐漆绘云气纹，并在云气内有神兽、羽人、飞鸟等纹饰，漆六博局通体髹褐色漆，大部分朱绘火焰状云气纹间饰羽人、麒麟、青龙、白虎、朱雀等神兽。⑥ 邗江西郊胡场汉墓（M1）出土漆耳杯腹部绘朱雀四对⑦。第五类，综合图案。这类图案如东风砖瓦厂八、九号汉墓出土彩绘漆枕之"断面马蹄形，两端朱地黑绘云气纹和鸟兽纹，边沿绘几何纹。枕表面髹黑漆，两侧

① 扬州市文物考古研究所：《江苏扬州西汉刘毋智墓发掘简报》，《文物》2010 年第 3 期。

② 扬州博物馆等：《扬州邗江县西郊胡场汉墓》，《文物》1980 年第 3 期。

③ 扬州市文物考古研究所：《江苏扬州西汉刘毋智墓发掘简报》，《文物》2010 年第 3 期。

④ 扬州博物馆：《扬州市郊发现新莽时期墓》，《考古》1986 年第 11 期。

⑤ 扬州博物馆等：《扬州邗江县西郊胡场汉墓》，《文物》1980 年第 3 期。

⑥ 扬州博物馆等：《江苏邗江姚庄 101 号西汉墓》，《文物》1988 年第 2 期。

⑦ 扬州博物馆等：《扬州邗江县西郊胡场汉墓》，《文物》1980 年第 3 期。

朱绘云气纹，夹有彩绘羽人、小鹿、狐狸、鹤和长尾鸟等"①。东风砖瓦厂汉代木椁墓群出土漆枕纹饰有云气纹、羽人、鸟兽纹等。彩绘漆木梳篦有花纹、云气纹，云气间有羽人多组，或操琴，或骑鹤，或逐鹿。漆奁朱漆绘云气纹、鸟兽纹等。彩绘漆耳杯纹饰为如意纹、朱雀。漆面罩以朱、绿、黄之色绘有云气纹、鸟兽纹、羽人等。②邗江郭庄汉墓出土漆奁顶为银柿蒂平脱，周围饰银白虎（作行走喷焰状）平脱，间饰云气纹、几何纹，奁身饰云气纹和鸟兽纹，奁内顶与底均饰云气纹。奁中彩绘小漆盒三件，其中马蹄形小漆盒外髹棕色底漆，上绘朱色云气纹与几何纹，下绘奔鹿，顶与底部均饰云气纹。圆形小漆盒外棕色底漆，上绘朱漆云气、几何纹，四周绘朱雀。长方形小漆盒外棕色底漆，上绘朱漆云气、几何纹。③这批出土漆器"在棕色底漆上绘朱漆云气纹饰。边缘转角处，绘延续几何纹，在云纹气中间点饰龙、虎、鹿、羊、松鼠、麻雀、锦鸡和兽面、人身纹样"④。西汉"姜莫书"木椁墓"出土的漆器计百余件，……纹饰以云气纹和云龙纹为主，以动物与植物纹饰为辅。动物的种类较多，如鹦鹉、孔雀、大雁、鸳鸯、天鹅、鹿、虎、豹、猪、猴、狐狸等。有些取材于神话故事，如天马、云龙、怪兽和羽人等"⑤。以上五类汉广陵装饰纹样图案各自从不同层面叙述了角色化中的生活经验与文化思想，除了汉官方的普遍使用的云气纹、四神兽图案、羽人像等以外，广陵漆器图案叙事还运用了松鼠、麻雀、锦鸡、鹦鹉、孔雀、大雁、鸳鸯、天鹅等角色，这在同期漆物上很少出现，它们能反映广陵国官方文化与本土文化共享共

---

① 扬州博物馆：《扬州东风砖瓦厂八、九号汉墓清理报告》，《考古》1982年第5期。

② 扬州博物馆：《扬州东风砖瓦厂汉代木椁墓群》，《考古》1980年第5期。

③ 印志华：《扬州邗江县郭庄汉墓》，《文物》1980年第3期。

④ 印志华：《扬州邗江县郭庄汉墓》，《文物》1980年第3期。

⑤ 扬州博物馆：《扬州市西汉"姜莫书"木椁墓》，《文物》1980年第12期。

荣的文化生态，或能透视海洋文化与内陆文化共生共存的多元文化特征。

图像或图案是角色化中的视觉呈现，它们共同具有场景性"舞台布景"之功能，也即图像或图案均有其特定的场景中的特定符号期待系统与思想指向。广陵国漆物丰富的图像艺术是场景叙事的一种文化呈现，被嵌入的"故事"与"人物"不过是广陵文化中的一个"角色"。

语言叙事是角色文化分析的另一视点。扬州汉墓出土不少带有铭文的漆器，这些文字信息表明广陵国漆器仍沿用传统"物勒工名"监制生产体系，还能说明广陵国的漆器生产体系，即诸侯"官方"漆器生产与民间漆器作坊生产两种。同时，这些铭文语言也在叙述着广陵及西汉国家文化。

第一，广陵国吴家"千二"漆物的语言叙事。刘毋智墓出土漆器耳杯杯底刻划"吴家"和"千二"字样，其中"千二"当为计量容积单位，即"一千二百"。在漆器容量层面，广陵国"吴家"之"千二"漆器是取"黄钟之龠"。据《汉书·律历志》曰："量者，龠、合、升、斗、斛也，所以量多少也。本起于黄钟之龠，用度数审其容，以子谷秬黍中者千有二百实其龠，以井水准其概。"① 可见在汉代一龠大概盛一千二百粒黑黍。据《汉书》载："一龠容千二百黍，重十二铢，两之为两，二十四铢为两，十六两为斤。"② 那么，广陵国"吴家"之漆器耳杯容量重为半两。在器物之喻层面，广陵国"吴家"重十二铢漆器取"黄钟之应"。《汉书·律历志》孟康注曰："律，黄钟一龠容千二百黍，为十二铢，故曰复于子，黄钟之象也。"③ 漆器耳杯取黄钟律数"十二律（代表

---

① （汉）班固，（唐）颜师古注：《汉书》，中华书局 1999 年版，第 839 页。

② （汉）班固，（唐）颜师古注：《汉书》，中华书局 1999 年版，第 840—841 页。

③ （汉）班固，（唐）颜师古注：《汉书》，中华书局 1999 年版，第 841 页。

一年中的十二个月）"，以拟象天地（12 方位）与日（12 时）月
（12 盈亏）星辰（12 宫）"十二"之数。另外，黄钟为宫是五音之
首，象征阳气初生，即通过"黄钟"，即可候知天地之元气。《淮南
子·天文训》指出："凡十二律，黄钟为宫。……宫者，音之君
也。……古之为度量轻重，生乎天道。"① 可见，广陵国"吴家"漆
器十二铢之重"生乎天道"。在生产体系层面，刘毋智墓出土漆器
耳杯"杯底刻划'吴家'和'千二'、'丨'、'∠'、'一'等计数
编号，或者烙印'郤阳侯家'方形戳记"。② 其铭文不仅暗示吴王
（刘濞）、郤阳侯（刘仲）以及刘毋智之间的互为关联性，还显示
"吴家"或"郤阳侯家"的漆器生产规模（有数量与编号）及其体
系（各家有不同戳记）。首先广陵国官方漆器生产，即诸侯"官方"
漆器工厂是存在的。刘毋智墓"吴家"与"郤阳侯家"漆器生产具
有地域特色，但这类地方诸侯"官方"漆器名款与西汉政府官方漆
器生产名款是有区别的，后者要严格得多，制作年号、工序及尺寸
等都有明确的规定。西汉早期的江都国（江都王刘非）漆器生产规
模已现，如盱眙大云山汉墓出土明器漆耳杯（100 余件）刻"廿七
年二月南工官延年大奴固造"铭款，另外还有"廿七年二月南工
官"耳杯、"廿一年南工官造容三升"漆卮、"廿二年南工官"漆
盘等。③ 说明江都国"南工官"制造体系非民间的性质，抑或说
"南工官""蜀工官""广汉工官"等同样属于官府工官，不过后者
属于中央工官体系，而"南工官"属于江都诸侯国工官体系。"南
工官"之"南"或取"汝南王（刘非）"之"南"。汝南王所设工

---

①　（汉）刘安等：《淮南子》，陈广忠译注，中华书局 2012 年版，第 155 页。

②　扬州市文物考古研究所：《江苏扬州西汉刘毋智墓发掘简报》，《文物》2010 年第
3 期。

③　南京博物院、盱眙县文化广新局：《江苏盱眙县大云山汉墓》，《考古》2012 年第
7 期。

官制度是"汉承秦制"[2]的产物，同时也是西汉诸侯国"宫室百官同制京师"的体现，抑或说是西汉中央集权思想在诸侯国的模仿与再现。从某种程度上说，西汉东南诸侯国文化与中原内陆及中央主体文化具有某种一致性。另外，广陵国民间漆器小作坊也很多。如七里甸东汉墓出土部分耳杯背面绘长方形之印章，内书篆体黑地红字"朱"，里写黑地红字汉隶"委"，① 东风砖瓦厂八、九号汉墓出土耳杯、漆盘之外底部朱漆篆书"陈"，② 凤凰河七座木椁汉墓出土漆盘底部刻"备"字。③ 当然，部分漆器还来自朝廷馈赠，譬如东风砖瓦厂汉代木椁墓群出土漆耳杯内朱地黑漆隶书"大皇"字样。④ "大皇"，即"太皇"。总之，广陵国吴家"千二"漆物的语言叙事功能是多元的，它不仅指向汉广陵漆器生产体系，还"阐释"出漆器生产背后的社会文化。

第二，广陵国漆物名款语言叙事。漆物名款是典型的漆物语言叙事载体。广陵国漆物名款大致有木楬名款、吉祥语名款、定制（户）或墓主名款和工匠或墓主名款等。第一类是木（竹）楬名款。这类名款如邗江胡场汉墓（M1）出土漆笥盖壁一端书有"肉一笥""脯一笥""鲍一笥""梅一笥""飤（饧）一笥""鮨一笥""钱金一笥""居女一笥""诸遮（蔗）一笥"等名款物 13 种。马王堆一号汉墓中出土竹笥顶部系有竹楬，书有"鹿脯一笥""鹿炙一笥""熬兔一笥""豕载一笥""昔兔一笥""羊昔一笥""居女一笥"等字样。沅陵虎溪山一号汉墓发掘遗册也记录有"牛炙一笥""豕

————————

①　尤振尧、黎忠义：《江苏扬州七里甸汉代木椁墓》，《考古》1962 年第 8 期。

②　扬州博物馆：《扬州东风砖瓦厂八、九号汉墓清理报告》，《考古》1982 年第 5 期。

③　苏北治淮文物工作组：《扬州凤凰河汉代木椁墓出土的漆器》，《文物参考资料》1957 年第 7 期。

④　扬州博物馆：《扬州东风砖瓦厂汉代木椁墓群》，《考古》1980 年第 5 期。

炙一笥""鹿炙一笥"等。① 以上木（竹）楬名款暗示汉代诸侯饮食文化。第二类是吉祥语名款。这类名款如邗江胡场汉墓（M1）（大）漆案底中部（后刻）朱漆隶书"千秋"二字，"妾莫书"木椁墓出土漆耳杯杯中印"仙"字。第三类是定制（户）或墓主名款。这类名款如扬州市郊新莽时期汉墓 M6 出一耳土漆杯内底用黑漆批评"邓"字，另一漆耳杯内底正中批评"高"字。② 第四类是工匠或墓主名款。这类名款如邗江胡场汉墓（M2）出土漆耳杯有两件耳翼下方针刻"工冬""工克"款，一件底部用红漆批评隶书风格"大张"款。③ 扬州"妾莫书"木椁墓出土漆碗碗底针刻"工定"款，④ 邗江姚庄 101 汉墓椁内头箱出土漆碗外底针刻"工完"款。⑤ 以上广陵国漆物名款语言叙事同样能昭示其生产体系及其文化。

　　第三，广陵国"侯外家"漆物名款语言叙事。扬州及附近汉墓出土漆器铭文中出现"程长卿""田长君""陈君孺""巨田侯"名款等。其一，"程长卿"或为临淮游侠"长卿"。凤凰河七座木椁汉墓出土长方形漆盒内盖及底均用西汉隶书朱笔"程长卿"三字。⑥ 该漆器之铭"程长卿"或为西汉扬州漆工名款，但未见同类漆器出土，因此，漆器之名"程长卿"或为墓主之名，概为"临淮儿长卿"。《史记·游侠列传》载："自是之后，为侠者极众，敖而无足数者。然关中长安樊仲子，……临淮儿长卿，东阳田君孺，虽

① 沅陵县博物馆：《沅陵虎溪山一号汉墓发掘简报》，《文物》2003 年第 1 期。
② 扬州博物馆：《扬州市郊发现新莽时期墓》，《考古》1986 年第 11 期。
③ 扬州博物馆等：《扬州邗江县西郊胡场汉墓》，《文物》1980 年第 3 期。
④ 扬州博物馆：《扬州市西汉"妾莫书"木椁墓》，《文物》1980 年第 12 期。
⑤ 扬州博物馆：《江苏邗江姚庄 101 号西汉墓》，《文物》1988 年第 2 期。
⑥ 苏北治淮文物工作组：《扬州凤凰河汉代木椁墓出土的漆器》，《文物参考资料》1957 年第 7 期。

为侠而逡逡有退让君子之风。"① 清人焦循等于《邗记、广陵事略》曰："汉广陵国包于临淮郡之中，后汉并为广陵郡，则自安平、江都、堂邑以东，直至于海，皆为广陵郡地。"② 可见，"临淮儿长卿"当为"广陵郡"之"长卿"，因为后汉"临淮郡"所属县均"隶于广陵郡"。由此观之，凤凰河漆器名款之"程长卿"，或为广陵（临淮）之"长卿"。从漆器制作以及隶书书体看，凤凰河名款"程长卿"漆器当属西汉早期墓葬之漆器，与《史记》所载史实基本相符。其二，"田长君"或为东阳令史"陈婴"。邗江西郊胡场汉墓（M1）漆案底中部后刻朱漆隶书"田长君"。根据语言音韵学，上古"程""田"与"陈"有同音混读现象，譬如齐大夫"田完"又为"陈完"。这里的"田长君"即为"程长君"或"陈长君"。但是该墓出土宣帝时期的五铢，可判断为西汉中晚期墓葬，③ 又"田长君"三字经考古专家推断由后人所刻，说明"田长君"与西汉早期凤凰河汉墓之"程长卿"有所不同。据史载"田长君"或为《汉书》所载之"陈婴"。清人焦循等《邗记、广陵事略》曰："陈婴为东阳令史，东阳有陈姓旧矣。"④ 令史，为汉时县令属吏之总称，即陈婴系"东阳县令"。其三，"陈君孺"或为东阳游侠"田君孺"。1990 年盱眙小云山西汉一号汉墓出土Ⅰ式漆盘（M1：65）外底朱书"寿万岁、宛乐未央、人符（富）贵"之铭文，Ⅱ式漆盘（M1：78-87）外底朱书"东阳庐里巨田侯外家"或"东阳庐巨田侯外家"等铭文，Ⅲ式漆盘（M1：66-75）、漆碗（M1：155—156）和漆匜（M1：92—93）外底均朱书"巨田万岁"之铭文。又

---

① （汉）司马迁：《史记》，中华书局 2010 年版，第 3188—3189 页。

② （清）焦循、姚文田：《邗记、广陵事略》，广陵书社 2003 年版，第 10 页。

③ 扬州博物馆等：《扬州邗江县西郊胡场汉墓》，《文物》1980 年第 3 期。

④ （清）焦循、姚文田：《邗记、广陵事略》，广陵书社 2003 年版，第 60 页。

出土扁方铜印，双面印文：正面为"陈何贾"，背面为"陈君孺"。[1] 这种"两面印"即一面刻名字，一面刻字号，属于汉代私印常法。"何贾"即为"陈君孺"的字号。根据《史记·游侠列传》载："临淮儿长卿，东阳田君孺，虽为侠而逡逡有退让君子之风。"这里东阳之"田君孺"或为"陈君孺"。《邗记、广陵事略》载："两汉广陵人，传者最少。召平见《项羽本纪》，东阳宁君见《高帝纪》，前汉惟此二人而已。《游侠传》有东阳田君孺，……《汉书》作陈君孺。"可见《汉书》作"陈君孺"实为《史记》之"田君孺"。那么，盱眙东阳城铜印文"陈君孺"，即为汉东阳游侠"田君孺"。

比较是角色文化分析的独特视角。在比较中，角色文化的地域性方能凸显，跨视野的文化及其动态交流特征也能在比较中见出个性或风格。

首先，漆物器型比较。与全国其他汉墓出土漆器比较，平山养殖场（M1、M4 与 M6）汉墓，邗江姚庄 M101 汉墓，东风砖瓦厂（M 3、M5、M6、M9）汉墓等均出土"漆面罩"，这属于全国汉墓发掘中出土的罕见漆器器形，说明扬州地区汉代存有漆器生产作坊，并显示其独特的墓葬宗教文化。另外，与徐州汉墓相比，扬州汉墓出土兵器很少，目前仅有邗江姚庄 101 号西汉墓等出土部分如弩、弓箭、铁剑、铅弹、箭杆、木剑等兵器，这些少量兵器可能是作为中级武将之"象征物件"。[2] 这种"迹象"显示汉广陵国诸侯国离西域匈奴较远，很少受战争袭扰。

其次，漆物纹饰比较。扬州汉代漆器纹饰图案与同时期楚国及中原漆器相比，无论在图案髹饰方法，还是在内容选择、图案构成上，它们都极其相似。这些"迹象"在一定程度上说明汉广陵国在

---

① 盱眙县博物馆：《江苏东阳小云山一号汉墓》，《文物》2004 年第 5 期。

② 扬州博物馆：《江苏邗江姚庄 101 号西汉墓》，《文物》1988 年第 2 期。

对待外来文化的立场是谦逊的、兼容的。但是，扬州汉墓出土墓俑少见中原及西域地区汉墓出土的骑马俑、镇墓俑（如镇墓兽、武士等），而多见侍卫俑、乐舞俑、家畜俑等。可见，广陵国内部文化系统相对完整，并未明显受南方楚国及中原"镇墓"宗教思想浸透。

再次，漆物种类比较。与全国以及江苏其他地区出土汉代漆器比较，广陵国应该有自己的漆器生产体系。如平山养殖场汉墓漆器有薄木胎漆黛板盒、厚木胎圆形漆耳杯、陶胎漆壶、薄木胎三蹄足漆奁、木胎漆握，这些在同期出土的全国其他墓葬中是很少见的。特别是邗江姚庄101汉墓男棺银扣镶嵌玛瑙贴箔彩绘七子漆奁，堪称广陵国漆物中的奇葩。这些均说明汉广陵国漆器生产具有自己独立的诸侯国体系，"南工官"铭文是明显的地下材料佐证。

最后，从外域器物看，盱眙县大云山汉墓出土类似于古代西亚艺术风格的银盒、银盆，此外还出土类似于东南亚风格的鎏金铜象、铜犀牛以及驯象奴与驯犀奴等，特别是鎏金铜虡兽、鎏金铜虡业（钟架）、五格濡鼎等。[①] 说明广陵国"海上丝绸之路"通达东南亚之苏门答腊岛（犀的种地），陆上丝绸之路通达伊朗高原（银盒与银盆属于伊朗风格）等地区。大云山汉墓域外遗物说明"'海上丝绸之路'早在西汉前期已经发展到长江三角洲一带，……如果那样的话，说明长江三角洲一带与'西方''南亚'的文化交流时间还要更早一些，活动还要更多一些"。[②] 显然，西汉东南诸侯国文化方略与中央主体对外文化政策是协同的。

"道具""角色""场景"构成汉广陵漆物文化"舞台"上的基

---

① 南京博物院、盱眙县文化广新局：《江苏盱眙县大云山汉墓》，《考古》2012年第7期。

② 刘庆柱：《关于江苏盱眙大云山汉墓考古研究的几个问题》，《东南文化》2013年第1期。

本风格要素，作为考察这出戏的"观众"，汉广陵漆器文化角色研究显示：广陵国文化（连同苏北的"楚国"文化）虽然远离长安中央文化，但是由于汉代江苏的特殊地位，它们近乎是大汉王朝文化的一种"晴雨表"。在阐释中发现，对汉广陵漆物文化角色风格分析至少可得出以下几点宏观性理解与描述。

第一，西汉广陵文化风格体系与中央主体文化能保持一致性。在漆物纹饰上，广陵漆物装饰风格及题材与中央生产的漆器保持一致，基本以云气、云龙纹等为主，间饰羽人等宗教升天文化色彩；在器型、媒材上也与西汉中央漆器基本一致，以木胎、夹纻胎之耳杯、几、案等生活器具为主；在髹饰技法上，广陵漆物也具有中央漆器"错彩镂金"之美，特别是"金银贴箔"技法更为娴熟，为唐代"金银平脱"技法奠定基础。

第二，西汉广陵文化内部体系相对完整，受外域文化影响有限。从广陵漆物种类看，虽然部分漆物纹饰等有楚式风格，但罕见楚国文化中的镇墓兽等漆器，说明广陵国对楚国文化只是部分接受；广陵国与西亚、东南亚等国的交往也十分有限，仅能见到盱眙汉墓中出土的伊朗与苏门答腊之器具，广陵国或已开通有限的"海上丝绸之路"航道，但汉广陵文化内部对内陆中原文化与外域海洋文化的接纳是谨慎的。

第三，广陵国文化发展基本"同制京师"，但不失地域宗教、礼仪、宴乐等文化风格。作为明器的漆面罩文化"图示结构"与"形体结构"乃是佩戴者地位、身份等文化结构的独特"再现"；被"角色化"的广陵汉墓之"俑"，如侍卫俑、乐俑、舞俑、说唱俑等营构一个具体而微的"礼仪场景"或"逼真宴乐"。彩绘漆枕上的羽人是引魂升天的宗教象征与思想依托，表达诸侯王超越死亡而祈求生命"永恒"的思想。

第四，西汉广陵漆器工官与"蜀郡工官"等相媲美。汉代以广陵为中心的东南沿海有自己的漆器等工官生产体系，扬州以及盱眙等地"南工官"生产作坊是诸侯国工官生产体系，它与"河内工官""广汉工官"等具有中央工官特征，但从铭款看，在"物勒工名"制度上与中央工官制度存在明显差距。

第五，广陵国漆器名款具有语图叙事功能，能突出反映西汉广陵诸侯王祈求"千秋"与"万岁"之思想。广陵国"吴家"重十二铢漆器取"黄钟之应"，胡场汉墓（M1）（大）漆案朱漆隶书"千秋"，"姜莫书"木椁墓漆耳杯杯中印有"仙"字。小云山西汉一号墓出土漆盘外底朱书"寿万岁、宛乐未央、人符（富）贵"，漆碗和漆匜外底均朱书"巨田万岁"，这些铭文是汉广陵诸侯王祈求长生、富贵的直接重现。

通过对广陵漆物角色维度上的文化风格分析可发现，西汉主流文化的轴心东移是当时政府的一项基本立场，这主要是鉴于包括汉代扬州刺史部在内的江苏在全国的独特地理位置与文化身份，以广陵为中心的文化几乎成为西汉政府的核心区之一，而以广陵为中心的器物文化也自然成为西汉主流文化的角色载体。被分封广陵的刘氏家族在汉代东南一隅不仅能弘扬汉代主流文化，还能保持与发扬本土文化，也较谨慎地接纳与吸收西亚以及东南亚外域文化。

三　徐汉漆器情境论

古籍文献对徐淮文化记载零散且甚少，相关漆文化记载更少。春秋时期，吴国开凿邗沟，促进长江楚地与淮河的文化交流。公元前360年，魏惠王又开凿大沟运河，引黄河之水南流，接通了徐淮与中原文化之脉。这些为徐州周边地区的大漆资源及其文化流通提供客观条件。汉代徐州东有兖水（山东西南），西与陈（河南睢阳)、夏(河南颍川与南阳)相邻。"陈夏千亩漆"[1] "兖豫之漆丝绨纻"[2] 等史料说明汉代徐州附近的漆树资源丰富,由此推断汉代徐州漆器生产物质条件是具备的,以徐州市为中心的楚王汉墓出土具有地域特色的漆器也证明徐汉[3]漆器生产是可能的。

徐州是汉文化形成的根基。一直以来,学者对徐汉文化研究多集中在汉墓、汉画、兵马俑等领域,而对"徐器"研究略显不足,如青铜器、陶器、玉器、瓷器等,更鲜见学者对徐州漆器及其文化研究。徐州汉墓漆器出土数量虽不多,但它具有汉文化的社会性、典型性与艺术性,以至于我们可称之为"徐汉漆器"。"两汉文化看徐州",缺少以徐州为中心的苏北漆器文化研究,恐不能批评江苏乃至中国汉代漆艺文化。

在本节的讨论中,我们拟将在"情境考古学"分析方法的基础上借助"互动仪式链"社会情境理论,以考古资料为基础,并结合文献资料及其他相关文献对徐州汉墓出土漆器进行系统的整理与研究,从微观上阐释"徐汉漆器"的物质、空间与时间之文化情境,透视其中的文化"物体系"及其使用仪式中的社会"物喻",拟揭示徐汉漆器在制造、使用与审美过程中从微观艺术学向宏观社会学发展的进程及特质。

"物质情境"是微观考古学的一个基本概念与考察参照,它能再现物体系中的文化与社会关联性特征,其中"基体"是福伦儒的物质情境研究指标之一。漆器作为物质遗存,它是研究物质空间情境的基体或母体。徐汉漆器不过是诸侯王的一个文化、制度以及思想的关联"实践物",抑或是徐汉诸侯物质空间的一个能再现历史空间情境的"基体"。它的微观情境分析旨在通过物质情境层的分

---

① (汉)司马迁:《史记》,中华书局2006年版,第755页。

② (汉)桑弘羊,王利器校注:《盐铁论校注定本》(上),中华书局1992年版,第3页。

析方法，对收集到的基本材料进行物质系统内的一般性"相关性"变量的微观阐释，它包括漆器的种类与数量、器型与媒材、胎质与纹样、髹漆技法、装饰与设计等物质性对象及其所体现的宏观社会现实的准确图景。

"相关性"是物质情境分析的基体参数。就漆器而言，它的种类与数量是器物与情境中基体"相关性"的重要变量。徐汉漆器的种类是徐州诸侯王物质生活空间及其文化情境的再现，它的数量直指诸侯王的身份、地位与财产的等级。从出土报告整理分析，徐汉漆器种类主要有丧葬用具、寝食器具、梳妆用具、娱乐用具、兵器用具以及其他杂用器具。丧葬用具有棺具、椁室、侍卫俑、明器等，寝食器具有漆木玉枕、漆案、漆尊、漆盒、漆盘、漆筒、漆卮、漆耳杯等，梳妆用具有漆奁、漆眉笔等，娱乐用具有漆六博棋、漆骨算筹等，兵器用具有漆木鞘、漆鞘刀具等，其他杂用器具有漆仗首、漆绘陶器以及各种漆器饰件等。在数量上，根据1970—2010年间徐州汉墓出土报告，杨庄乡石桥村西汉墓（编号为2号）发掘出土漆仗首1件、漆案饰件若干、尊或奁足18件，耳杯扣饰件若干、漆卮饰件若干。① 东郊狮子山楚王汉墓漆器多朽，根据遗存推测有长方形漆盒1、漆盘1、漆盆1、漆筒1、漆鞘4、漆木玉枕1以及漆耳杯与漆奁若干。② 后楼山西汉墓出土漆器铜环饰1件。③ 奎山乡韩山村西汉墓出土漆器铜饰1件、蹄形漆足2件、漆木箍3件、漆木鞘2件等。④ 北洞山西汉墓出土男侍卫俑漆冠222

① 徐州博物馆：《徐州石桥汉墓清理报告》，《文物》1984年第11期。

② 狮子山楚王陵考古发掘队：《徐州狮子山西汉楚王陵发掘简报》，《文物》1998年第8期。

③ 徐州博物馆：《徐州后楼山西汉墓发掘报告》，《文物》1993年第4期。

④ 徐州博物馆：《徐州韩山西汉墓》，《文物》1997年第2期。

件，及大量漆器残件。① 徐州南郊奎山四座西汉墓出土漆奁 3 件、
漆木车 1 件。② 徐州九里山二号汉墓出土漆卮箍件 1 组、漆鞘刀具 1
件。③ 顾山西汉墓出土漆眉笔 1 件。凤凰山西汉墓墓室出土漆木封
门 1 件，漆器饰件铜环 1 件。大孤山二号汉墓出土漆耳杯 4 件、圆
奁 2 件、长方形漆盒 1 件。④ 翠屏山西汉刘治墓出土漆器 8 件，均
朽。⑤ 黑山头西汉刘慎墓出土漆木棺（朽）2 具、漆衣彩陶部分、
漆衣陶盘 2 件、陶瓶 1 件、漆奁盒 1 件、漆六博棋 2 套、漆骨算筹 2
组。⑥ 铜山县荆山汉墓漆袋 1 件、漆棺柿蒂花饰 150 余枚、漆木剑
鞘 2 柄。北郊簸箕山五号汉墓出土漆绘陶鼎 1 件。北郊簸箕山三号
墓陶器 51 余件（组），除瓮、熏炉、磬等外，大部分器表髹黑漆，
漆器耳饰 1 件，漆器铜扣饰 4 件。⑦ 东甸子西汉墓出土漆眉笔 3 件、
漆木漆扣边 1 件。⑧ 拖龙山五座西汉墓出土漆卮 1 组 4 枚、漆奁扣饰
2 件。⑨ 碧螺山五号西汉墓出土漆木棺柿蒂纹样鎏金装饰件 60 余枚、
髹漆木剑鞘 2 件。⑩ 铜山小龟山西汉崖洞墓出土漆奁 1 件（套）
（朽），内装多个小漆盒。⑪ 徐州楚王陵墓均见有随葬漆器，数量不
多，说明当时楚王使用的漆器弥足珍贵，有限的种类也能反映使用

---

① 徐州博物馆、南京大学历史系考古专业：《徐州北洞山西汉墓发掘简报》，《文物》
1988 年第 3 期。

② 徐州博物馆：《江苏徐州奎山四座西汉墓葬》，《考古》2012 年第 2 期。

③ 徐州博物馆：《江苏徐州市九里山二号汉墓》，《考古》2004 年第 9 期。

④ 徐州博物馆：《江苏徐州市大孤山二号汉墓》，《考古》2009 年第 4 期。

⑤ 徐州博物馆：《江苏徐州市翠屏山西汉刘治墓发掘简报》，《考古》2008 年第 9 期。

⑥ 徐州博物馆：《江苏徐州黑山头刘慎墓发掘简报》，《文物》2010 年第 11 期。

⑦ 徐州博物馆：《徐州西汉宛朐侯刘埶墓》，《文物》1997 年第 2 期。

⑧ 徐州博物馆：《徐州东甸子西汉墓》，《文物》1999 年第 12 期。

⑨ 刘尊志等：《徐州拖龙山五座西汉墓的发掘》，《考古学报》2010 年第 1 期。

⑩ 徐州博物馆：《徐州碧螺山五号西汉墓》，《文物》2005 年第 2 期。

⑪ 南京博物院：《铜山小龟山西汉崖洞墓》，《考古》1973 年第 5 期。

漆器群体的身份与地位。它们共同再现徐州诸侯王物质生活"细部"及"关联"的社会图景。

器型与材质也是物质情境考古学研究的基体细部。器型是器物制造时所遵循的形式模范,材质是器物制造时根据需要而采用的质地材料,它们共同反映器物制造者及其使用者所推崇的物质形式思想与理念。在器型上,徐州汉墓漆器造型主要有仿动物形象、仿铜陶器以及适应生活器皿等。仿动物形象如石桥村出土的漆尊或奁足有蹄形与熊形两种,仿铜陶器如北郊簸箕山五号汉墓出土漆绘陶鼎器型模仿青铜器,黑山头西汉刘慎墓出土遗物陶土质漆盘。适应性生活使用漆器如顾山西汉墓出土圆柱形漆眉笔等。在材料上,徐州汉墓漆器制作材料除大漆之外主要有木、骨、玉、铜、金、银、玛瑙、绿松石以及纤维等。从出土漆器看,徐汉漆器多以木质与其他金属物以及石料混合使用为多,如东甸子西汉墓出土的漆眉笔硬木质,内有铁芯,外刷漆;石桥村出土的漆仗首为木制,镶嵌材料有金银、玛瑙、绿松石等;石桥村出土的漆案足及案栏为木质,装饰材料为铜质;东郊狮子山楚王汉墓的漆器为木质,多镶嵌玉片、银扣;奎山乡韩山村西汉墓的漆器材料为铜、木等质,还有丝织物等;北洞山西汉墓的男侍卫俑漆冠均为木质,漆器有夹纻胎与木胎;南郊奎山四座西汉墓出土漆奁与漆车均为木质;石桥村出土漆耳杯残存有铜质鎏金、银质耳扣与夹纻胎底残片;顾山西汉墓出土圆柱形漆眉笔为木质。徐汉漆器骨质料见黑山头西汉刘慎墓出土遗物六博棋边饰与中央方框及骨质棋子。纤维质料如大孤山二号汉墓出土漆器均为纻胎,翠屏山西汉刘治墓出土漆器均为纻胎,铜山县荆山汉墓漆袋为布质。徐汉漆器的器型与材质共同反映楚王的形式美学理念,尤其能体现出楚王崇尚的金银、玉石美学思想,并反映出他们的生活理念以及对新材料(如绿松石、骨质、漆布等)的设计美学思想。

漆器的物质胎质能还原古代工人的设计思想和材料技术,并能揭示胎质制作的科学原理和物质属性，并能从它的制作纹样中透视宗教、情感、艺术等社会文化"细部"。在制作层面，徐州出土的汉代漆器胎质有夹纻胎、木胎，也有少量的陶胎、骨胎、布胎等。比如石桥村出土的漆耳杯为纻胎、北洞山西汉墓漆器有纻胎、大孤山二号汉墓出土漆器均为纻胎、翠屏山西汉刘治墓出土漆器均为纻胎等；铜山县荆山汉墓漆剑鞘为木胎、石桥村出土的漆仗首为木胎、石桥村出土的漆案足及案栏为木胎、北洞山西汉墓出土男侍卫俑漆冠均为木胎、南郊奎山四座西汉墓出土漆奁与漆车均为木胎；北郊簸箕山五号汉墓出土漆绘陶鼎为陶胎、黑山头西汉刘慎墓出土漆盘为陶胎；黑山头西汉刘慎墓出土六博棋棋子为骨胎、铜山县荆山汉墓的漆袋为布胎。在纹样层面，徐汉漆器纹样主要有以下五种：第一种，植物花纹纹样。一类是镶嵌错银阴刻花纹纹样，如石桥村出土的漆仗首的金银错件上皆阴刻花纹图案；[①] 另一类是雕刻独立花纹纹样，如东郊狮子山楚王汉墓的漆木玉枕上布满长方形雕花玉片，[②] 大孤山二号汉墓出土漆圆奁为银扣饰柿蒂纹，铜山县荆山汉墓漆棺范围内有大量柿蒂花饰。[③] 第二种，动物适合纹样。一类是动物素面纹样，如石桥村出土的漆案；另一类是动物适合纹样，如石桥村出土的漆案等。第三种，几何适应纹样。一类是几何格状纹样，如奎山乡韩山村西汉墓的漆木鞘为栗色与黑色相间的几何格状等；[④] 另一类是几何适应纹样，如顾山西汉墓出土圆柱形漆眉笔外髹红漆，东甸子西汉墓也出土适应纹样的漆眉笔。第四种，自然纹样。一类是自然纹样，如北郊簸箕山五号汉墓出土漆绘陶鼎

①　徐州博物馆：《徐州石桥汉墓清理报告》，《文物》1984 年第 11 期。

②　狮子山楚王陵考古发掘队：《徐州狮子山西汉楚王陵发掘简报》，《文物》1998 年第 8 期。

③　徐州博物馆：《江苏铜山县荆山汉墓发掘简报》，《考古》1992 年第 12 期。

④　徐州博物馆：《徐州韩山西汉墓》，《文物》1997 年第 2 期。

上饰红色云气纹；另一类是自然与几何相间纹样，如北洞山西汉墓出土的漆案图案多以变形云纹、箧纹及三角几何纹组成。① 第五种，综合纹样。它主要表现为植物纹样、动物纹样以及自然纹样的交叉使用。第一类是自然纹与植物纹，如黑山头西汉刘慎墓出土遗物陶土质漆奁饰有银质柿蒂纹，呈四叶花瓣状，六博棋残片有卷云纹；第二类是自然云纹与动物纹，如翠屏山西汉刘治墓出土漆盘纹饰有变体卷云纹（M1∶22）、波浪纹（M1∶24）、鸟纹（M1∶39）；第三类是植物纹样、动物纹样以及自然纹样综合纹样，如南郊奎山四座西汉墓出土漆奁。简言之，徐汉漆器的胎质与纹样既有汉代艺术的整体浪漫特征，也具有自己的地域文化风格。作为生器，它能"关联"徐汉楚王的文化艺术情境；作为明器，它能"回响"徐汉楚王昔日的经验世界。

　　髹漆技艺是反映漆器制作的技术水平、生产工序以及艺术思想的重要物质参数。徐州漆器的髹漆技法除了汉代比较流行的夹纻、彩绘、金银扣、镶嵌等工艺以外，还有"以丹淹泥"与"麦漆"等具有地域独特性的髹漆技法。首先，徐汉漆器多夹纻工艺、彩绘工艺、金银扣工艺、镶嵌工艺等。夹纻工艺如石桥村出土的漆耳杯、北洞山西汉墓漆器、大孤山二号汉墓出土漆器、翠屏山西汉刘治墓出土漆器等均采用夹纻工艺手法；彩绘工艺如南郊奎山四座西汉墓出土漆奁外髹红漆，并以白、绿、蓝、青等色彩绘云纹等。② 金银扣工艺如石桥村出土的漆尊或奁皆鎏金、银扣；镶嵌工艺如东郊狮子山楚王汉墓镶嵌玉石工艺。其次，徐汉彤楼之"以丹淹泥"法在全国同类墓葬中很少见到。北洞山西汉墓建筑群用漆品种主要是丹漆，并注重"彤楼为美"。另外，"徐汉麦漆"髹饰技法也极为罕见。所谓"麦漆"，它是指为了加速油漆固化，将大漆掺入 1—2 倍

---

① 徐州博物馆等：《徐州北洞山西汉墓发掘简报》，《文物》1988 年第 3 期。
② 徐州博物馆：《江苏徐州奎山四座西汉墓葬》，《考古》2012 年第 2 期。

量的小麦淀粉制成的漆。研究人员采用 KBr 压片、裂解制样方法和光谱差减技术对徐州漆陶进行了红外光谱分析认为："漆膜中的糖类吸收是小麦淀粉光谱的贡献。小麦淀粉作为麦漆中的催干剂使用，故认为漆衣陶的漆膜是由大漆和小麦淀粉制成的麦漆漆制而成的。"[①] 说明汉代徐州漆工已经懂得采用麦粉吸收大漆中不恒定水分，从而加强生漆的固化作用，增强黏合力。日本的变涂髹漆技法就是采用麦漆，日本漆艺家田权（1896—1986）先生曾在昭和十三年（1938）申请过"麦漆"药物专利。"麦漆"[②] 药丸就是他发明的生漆液掺小麦粉揉在一起治愈皲裂红肿的药物。徐汉漆器的髹漆技艺与汉代常规漆器制作技艺相比，特别是"徐汉麦漆"可谓一种髹漆新材料及其技术的重大突破。

设计是消费的产物，艺术装饰是生活的美学。徐汉漆器设计体现诸侯王消费文化的特征，装饰指向诸侯王的生活美学"时尚"。在设计层面，徐汉漆器采用了"系统设计""仿生设计""包装设计""自然设计"等设计方法。在设计表现技法上，徐汉漆器采用了阴刻、镶嵌、铸造、金银错、榫卯等制作手法。如石桥村出土的漆仗首采用镶嵌、金银错、（铜）铸造等工艺；石桥村出土的马腿形漆案足是一种仿生设计，这种设计思维与方法在汉代极为普遍。南郊奎山四座西汉墓出土漆奁系统设计特点是：内外双层、榫卯结构、银箍铜钮、镶嵌、左右对称。铜山县荆山汉墓出土的包装铜镜的漆布袋含有现代包装设计理念。在装饰上，如石桥村出土的漆仗首装饰有阴刻花纹图案。南郊奎山四座西汉墓出土漆奁装饰有柿蒂纹、乳丁纹、卷云纹、彩绘云纹、鎏金铜质熊形（足）、铺首衔环、

---

① 胡克良等：《徐州西汉陶漆的红外光谱分析》，《光谱学与光谱分析》1994 年第 10 期。

② ［日］盐野米松：《留住手艺：对传统手工艺人的访谈》，英珂译，山东画报出版社 2000 年版。

鎏金铜凤鸟（钮）。总之，徐汉漆器的装饰之美主要体现在自然之美（如采用柿蒂纹、云纹等纹样）、金银富贵之美（如采用鎏金、玛瑙、绿松石等镶嵌）、宗教之美（如多有熊、凤等宗教符号）等。

在"互动仪式链"视野里，徐汉漆器如同柯林斯所提出的"作为社会界限史"的"实体对象"——被拥有特权诸侯享用的漆器，因此社会及其中的个体明显被分化成两（有权/无权）部分。易言之，徐汉漆器的物质性使用"创造新的社会界限、社会身份和群体"①，在使用漆器的物质情境中，将漆器发展为共同关注的"情感连带"的文化符号，并具有隐喻的社会性。

空间是一个具有社会性的整体向量，它由很多细部构成。在田野人类学家视野里，社会（空间）整体论思想是他们的学术成就的重要标志。②"认知考古学"福伦儒认为，空间情境研究是微观社会学研究的主要偏向；另外，马克思以及涂尔干理论模式告诉我们，社会是一个由细部构成的整体系统。徐汉社会空间属于汉朝封国领地之一，它是西汉社会的一个重要"细部"，在长达 400 多年的汉王朝中的 18 位刘氏诸侯均葬于此，这些诸侯陵墓空间实际上是西汉社会空间的一个细部或缩影。

从徐州汉墓出土的漆器空间分异分析，徐州汉墓漆器群分布明显呈现以徐州市为中心的四周环状地域分异态势，大致可分为徐州南漆器群、徐州北漆器群、徐州东漆器群、徐州西漆器群四大不同的分布区，其中以徐州东漆器群为最，这与地带丘陵地为该及其方位相关。徐州南漆器群所涉主要墓葬有南郊奎山四座西汉墓（M9—12）、南郊凤凰山西汉墓（M1—5）、南郊泉山北金山村汉墓

---

① ［美］兰德尔·柯林斯：《互动仪式链》，林聚任、王鹏等译，商务印书馆 2009 年版，第 297 页。

② ［美］兰德尔·柯林斯：《互动仪式链》，林聚任、王鹏等译，商务印书馆 2009 年版，第 41 页。

（M1—2）等。徐州北漆器群所涉主要墓葬有市北 10 公里京杭大运河北岸后楼山汉墓、市北 10 公里铜山县茅村乡洞山西汉墓、市区西北约 7 公里大孤山二号汉墓、簸箕山五号汉墓、簸箕山三号墓、碧螺山五号西汉墓等。徐州东漆器群所涉主要墓葬有东郊狮子山汉墓、东北杨庄乡石桥村汉墓、市东郊顾山西汉墓、市东郊乔家湖翠屏山西汉刘治墓、东郊上店子村北侧黑山头西汉刘慎墓、铜山县大黄山乡桥北头村荆山汉墓、东郊狮子山乡东甸子西汉墓、市东南拖龙山五座西汉墓等。徐州西漆器群所涉主要墓葬有市西郊奎山乡韩山村西汉墓、西部小长山汉墓（M4）、西北郊九里山西侧苏山头汉墓、九里山二号汉墓、市西北铜山小龟山西汉崖洞墓等。徐汉漆器群的空间分异模式，一方面体现空间中的漆器分异地理特征；另一方面反映墓葬空间行为文化模式与制度选择。因此，漆器群的空间分异是徐汉楚王行为背后的制度、文化与思想的高度集中化体现。

从漆器使用空间看，被学者关注的漆器通常有三类形态的分殊：仪式漆器、生活漆器与冥界漆器。从情境仪式的视野分析，这三类漆器的空间情境模式可称为祭器情境、生器情境与明器情境。被使用的漆器之"三重情境"在微观领域具有明显的"仪式性"——作为祭器，被仪式化的漆器能创生宗教符号，并由此遵从为楚王集体团结的情感能量；作为生器，被使用的漆器成为楚王奢华消费的社会表现，并由此连带产生地位群体的界限及美学批判；作为明器，被符号化的漆器在墓葬情境空间中已然成为楚王情感补充的匹配物而存在。

"徐汉漆玉棺"（见图 5-3）是徐汉漆艺中最为典型的空间情境。漆棺是缩小的建筑，它反映黄泉下的冥界空间，也能照进死者现世的宇宙世界及生活经验。徐州汉墓大多数为漆棺，狮子山楚王汉墓出土的漆玉棺十分罕见，木质漆棺难以保存，不过发掘时能看到明显漆痕。根据《后汉书·礼仪》载："诸侯王、公主、贵人皆樟棺，洞朱，云气画。公、特进樟棺黑漆。中二千石以下坎侯漆。"①《通典》也载："后汉制，诸侯王、列侯，樟棺黑漆。中二千石以下坎侯漆。"② 根据考证，"汉代的棺，根据地位、等级的尊卑，财产的贫富，分为梓宫黄肠题凑、樟棺朱漆、樟棺黑漆、樟棺坎侯漆、梓棺、木棺、桐棺、小棺、丝布袋等，棺之外又有椁，即大棺材，一般的贫者是有棺无椁的"③。狮子山楚王汉墓出土的漆玉棺不仅暗示用漆等级性的现象；还能说明汉代朝廷对豪华富丽之漆器的大量需求。同时，徐汉漆玉棺华丽的内部结构实际上是生者对死者的情感补充，让现世的荣华富贵及其玉片所体现的宗教思想永远不灭地藏于黄泉之下得以延续。

图 5-3　漆玉棺（复原）（徐州狮子山楚王汉墓出土）

---

① （宋）范晔：《后汉书》，中华书局 2007 年版，第 936 页。

② （唐）杜佑，王文锦等点校：《通典》，中华书局 1988 年点校本，第 2325 页。

③ 刘厚琴：《儒学与汉代社会》，齐鲁书社 2002 年版，第 201 页。

　　"徐汉彤楼"是全国其他汉墓很少见的独特漆艺空间。冥界彤楼是缩小的"红房子"，它是反映现世建筑制度的冥界建筑，暗示黄泉世界与生人宇宙是不完全隔绝的。从考古出土情况看，徐州墓室"彤楼"分为"混凝土"结构、木质结构两种。徐州北洞山西汉墓"主体建筑的甬道和各室的室顶及墙面均以石粉、黄泥等拌成粘合剂，并涂抹平整、外髹漆涂朱砂，连厕间也不例外。在东西侧室的地面上也有髹漆涂朱的痕迹。可见，当年整个墓室一片朱红，十分壮观"①。另外，碧螺山五号西汉墓出土木架髹漆房屋，"在洞室内发现木结构房屋，虽然坍塌，但建筑结构清晰。房屋长2.44米、宽1.8米，由木构架及覆瓦组成，四角置立柱，四面有木板墙，厚0.05米。墙内髹红漆，外表髹黑漆"②。徐州北洞山西汉墓建筑群、碧螺山五号西汉墓等"塞以文石，致以丹漆"（《汉旧遗》），它属于古代地宫之葬制。《国语·楚语》载："土木之崇高、彤楼为美。"③这里"彤楼"，即大夫伍举批评楚国灵王修建章华台建筑采用丹漆髹绘和雕刻花纹。秦代秦始皇也采用"致以丹漆"之葬制，而汉承秦制，"彤楼为美"从武帝时期开始兴盛，至成帝时期达到极盛。如《后汉书·应劭》记载："尚书郎奏事明光殿，省中皆胡粉涂壁，其边以丹漆地，故曰丹墀。"④可见汉代帝王贵族宫室建筑髹漆艺术之概貌。从徐州地下"彤楼"可以推断徐州汉代诸王侯的宫殿形制与结构等情况，也见出汉代宫殿的髹漆制度。另外，徐州市翠屏山西汉刘治墓墓洞室髹漆装饰明显，"从洞室内地面及墙上残留的朽木痕迹和细泥痕迹看，洞室内经过装饰，大致步骤为：先在墙

---

① 徐州博物馆、南京大学历史系考古专业：《徐州北洞山西汉墓发掘简报》，《文物》1988年第3期。

② 徐州博物馆：《徐州碧螺山五号西汉墓》，《文物》2005年第2期。

③ （春秋）左丘明，尚学锋、夏德靠译注：《国语》，中华书局2007年版，第295页。

④ （清）孙星衍等辑，周天游点校：《汉官六种》，中华书局1990年版，第143页。

壁和洞室顶部石壁缺失处施以细腻的红土，然后在墙上贴上木板，木板外敷一层麻布，然后在麻布上髹红漆；地面则没有施红土的步骤，直接铺髹漆的木板"①。徐州北洞山西汉墓髹漆建筑群显示，楚王"宫室百官，同制京师"，还表明楚国建筑形制"僭类宫省"。如《后汉书·侯览列传》载："（建宁二年）起立第宅十有六区，皆有高楼池苑，堂阁相望，饰以绮画丹漆之属，制度重深，僭类宫省。"② 这里"僭类宫省"，即僭用宫室的建筑形制而"饰以绮画丹漆之属"。实际上，西汉建筑"僭类宫省"现象十分普遍，如《汉书·元后传》曰："曲阳根侯骄奢僭上，赤墀青琐。"③

在"互动仪式链"视野下，"徐汉彤楼"获得了多样的实体空间对象所展现出来的文化用途：表现社会地位及其空间仪式权力，包括荣誉标志、群体身份、社会界限、生活方式以及物理世界等。

"仪式"是柯林斯"互动仪式链"理论中的核心范畴，对该理论而言，"仪式"，即是一种意义性的社会时间行为活动，以此形成相互情感关注，并形成特定的社会结构关系。徐汉漆器能回响起徐汉社会领域中的特定仪式中的时间情境，包括宗教礼仪时间、政治公共时间、日常经验时间、娱乐凡俗时间、饮酒生活时间、化妆及审美时间、战争历史时间以及对外交流时间等。

宗教礼仪时间。"徐汉漆陶"是徐汉漆艺时间叙事的一个实体对象。徐州北郊簸箕山五号汉墓出土漆绘陶鼎装饰手法模仿漆木器，它是陶器与漆器工艺的结合。鼎是等级制度与权力的象征，先秦青铜鼎制兴盛，但到了西汉时期，"器以藏礼"的青铜鼎文化逐渐衰退。"漆陶"是陶器向漆器过渡的一种工艺，一方面反映徐汉漆器的昂贵；另一方面说明陶器在器用中的继承与发展。徐汉漆绘陶

① 徐州博物馆：《江苏徐州市翠屏山西汉刘治墓发掘简报》，《考古》2008年第9期。

② （南朝宋）范晔：《后汉书》，中华书局2007年版，第740页。

③ （汉）班固：《汉书》，中华书局2009年版，第959页。

鼎暗示"明尊卑"的仪式礼俗或已然存在，它关联着徐汉楚王的社会关系、礼乐制度及宗教信仰。

政治公共时间。"徐汉漆冠"是徐汉漆艺中能体现政治时间的物质实体。漆冠是一种漆纤维艺术，它是汉代朝冠的一种。徐汉漆冠再现了楚王宫室内部的官服制度及其觐见仪式的时间情境。徐州北洞山西汉墓男侍卫俑之"漆冠"，大概为长冠。根据《三礼图》记载："冕以三十升布漆而为之"①。《日本国志》也载："天武又改冠号，以漆冠为朝服。"② 可见，"徐汉漆冠"是楚王宫廷中政治仪式中的体现物——给诸侯王提供觐见环境、行使权力以及表现地位的"道具"。

日常经验时间。生器或明器是徐汉楚王日常生活或冥界居所及器具的象征符号。徐州石桥村出土的铜质鎏金漆耳杯，即"黄耳"。该耳杯底部朱书隶字"灵平、灵平□、灵平宫、中宫□、□府"，另外 2 号墓也出土了铭刻"明光宫"字样的铜器。2 号墓有出土铭刻"王后家盘"的鎏金铜盘，显示当时楚王宫室及其王后的生活场景。徐汉墓葬生器是协助构建楚王黄泉生活空间中的一个象征符号，它具有某种叙事功能，即传达出生者对死者在黄泉的生活继续或以生器暗示"唤醒记忆和激起情绪反应"③ 的功能与意义。

娱乐凡俗时间。对于死者而言，"私人物品的意义只能基于它们和自己的亲密关系。……一般来说，生器作为遗迹的意义是因为它

---

① （南朝宋）范晔：《后汉书》（上），中华书局 2005 年版，第 69 页。

② （清）黄遵宪：《日本国志》（下），天津人民出版社 2005 年版，第 844 页。

③ ［美］巫鸿：《黄泉下的美术：宏观古代中国墓葬》，施杰译，生活·读书·新知三联书店 2010 年版，第 172 页。

们保存了消失的过去，通过自身的残存以使往昔不被抹去"①。徐汉墓葬出土的漆六博棋是楚王生前所用最为亲密之物，是他们已逝的日常娱乐生活的一种物质载体，足以能再现诸侯王的娱乐情境。另外，徐州黑山头西汉刘慎墓出土漆六博棋2套，其中6枚棋子（汉代六博棋一般单方为6枚，双方共12枚）上阴刻文字"青龙、白虎、司陈、小岁、德、皇德"，这些棋子文字不仅承载逝者的娱乐经验生活，还说明棋子方位以及行棋规则及死后汉人的宗教文化思想。

饮酒生活时间。徐州汉墓出土数量不是很多的酒具耳杯，不但能再现徐汉楚王过去饮酒文化及其场景，还象征他们"一个永恒的现在"。狮子山楚王陵汉墓、石桥汉墓等出土的漆耳杯十分珍贵，部分墓葬发掘有滑石耳杯（出土于石桥汉墓）、铜耳杯（出土于苏山头汉墓）、陶耳杯（十里铺汉墓）②，其中铜山县班井四号汉墓出土4件内壁涂朱陶耳杯③，韩山东汉墓出土17件陶耳杯④，这些非漆器耳杯均系"仿制"艺术，这种设计意识在徐州其他艺术形态中也有表现，如汉乐舞、汉画像等。徐汉滑石耳杯、铜耳杯、陶耳杯等仿漆耳杯暗示漆耳杯的稀少与尊贵，还体现"明器貌而不用"⑤的功能意义。

化妆及审美时间。铜镜漆布袋、漆奁、漆眉笔反映楚王宫室女性日常审美生活。徐州铜山县荆山汉墓铜镜漆布袋显示汉代人对生

---

① ［美］巫鸿：《黄泉下的美术：宏观古代中国墓葬》，施杰译，生活·读书·新知三联书店 2010 年版，第 172—173 页。

② 江苏省文物管理委员会、南京博物院：《江苏徐州十里铺汉画像石墓》，《考古》1966 年第 2 期。

③ 刘尊志：《江苏铜山县班井四号汉墓发掘简报》，《中原文物》2009 年第 3 期。

④ 徐州博物馆：《徐州市韩山东汉墓发掘简报》，《文物》1990 年第 9 期。

⑤ （清）王先谦：《荀子集解》，中华书局 1978 年版，第 245 页。

活美的追求，该墓铜镜铭文"见日之光，长不相忘"说明铜镜在汉人生活中的"寄情"之用。化妆漆奁器具确乎是徐汉楚王宫室女性的美学"道具"，它足以能显示汉代女性对美的追求。漆眉笔是典型的女子妆具之一，它能再现楚王王后的审美生活场景。顾山西汉墓出土圆柱形漆眉笔，在全国其他地方墓葬还未被发现，极为罕见。另外，东甸子西汉墓出土的漆眉笔是与铜镜共出的，显示该笔应该为化妆用。这些出土材料印证：漆器在高贵的宫廷中扮演审美装饰情境的仪式物。另外，徐州汉墓出土的"漆布袋"反映徐汉文化中的漆纤维艺术相当成熟，也暗示徐汉楚王奢华的物质消费及其生活仪式。东郊狮子山楚王汉墓漆鞘配有玉珌和玉璏的装饰显示对玉器美学的崇尚，徐汉黄耳漆器及其出土的装饰件如金银、玛瑙、绿松石、玉器，也说明楚王生活富庶，崇尚黄金美学思想。

战争历史时间。徐州东郊狮子山楚王汉墓漆鞘以及徐州汉墓出土的漆案设计是当时战争及崇尚马文化的缩影。徐州石桥村汉墓出土的马腿形漆案，通体鎏金，正面上部铸凸出的流云纹，案栏表面鎏金，饰阴线流云纹。马是汉代最为宝贵的交通工具，马腿形漆案足显示汉代人对马文化的崇尚，同时徐汉漆案说明西汉战争对徐汉物质文化的影响直接表现于器具设计之中。

对外交流时间。汉代徐州对外交流主要体现在与楚国、长安、蜀郡、西域的文化交流场景中。从制造风格看，徐汉漆器风格深受楚文化影响。嵌玉髹饰、凤鸟花纹、熊纹、云纹等是楚国工艺中的重要艺术特色与元素。从漆器铭文看，徐州石桥村汉墓出土的铜质鎏金漆耳杯，即"黄耳"。该耳杯底部朱书隶字"灵平、灵平□、灵平宫、中宫□、□府"，再根据2号墓出土铭刻"明光宫"字样的铜器，可推测该墓部分漆器来源于长安造，因"中宫""灵平宫""明光宫"在长安城。从徐州石桥村汉墓出土的马腿形漆案足也暗示该批漆器大致为西汉中后期或之后运往徐州地区的。因为汉武帝时期养马备战是当时最为普遍的观点，人们对马的崇拜也达到鼎盛。1978 年，铜山县骆龙山汉墓发掘出土一枚炼钢剑，剑鞘为夹纻髤漆，剑面刻有隶书错金铭文："建初二年，蜀郡工官王愔造，五十湅□□□孙剑。" 剑镡内侧阴刻隶书"直千五千"[1]。如此贵重的"蜀物"反映汉代蜀郡与徐州有文化交流。在比较视野下，从出土的徐州汉代画像石中的"胡人"图像，如胡骆驼（10 号石）、胡床（11 号石）、胡乐（6 号石、7 号石）、胡戏（8 号石、9 号石）、胡猎（5 号石）以及胡汉战争（1 号石、2 号石、3 号石、4 号石）等[2]反映出汉代徐州与西域往来频繁，胡人文化及习俗对徐州地区文化有所影响。东郊狮子山楚王汉墓中"楚王用玉和属下用玉是两个不同的级别，楚王用玉绝大多数为玉质上乘的新疆和田所产的白玉和新疆玛纳斯河所产的青（碧）玉。和田玉半透明，温润光洁，多用来制造璧、璜及一些精巧高档的器物；而玛纳斯河所产之玉，多用于制璧和漆棺上的饰件，这种玉色彩泛绿，间有黑色，光华莹润，浑厚大气；楚王属下即食官监及两位女性陪葬墓所出玉器，玉质较差，造型普通，制作工艺也较简约。小件中也有玉质好的，但数量极少"[3]。徐州是目前全国汉墓出土殓葬玉器最集中的地区之一，从徐州狮子山汉墓出土玉器半成品（奎山四座西汉墓玉面罩玉片不甚规整）以及后楼山汉墓（M1）、小长山汉墓、米山汉墓、奎山汉墓、子房山汉墓（M3）出土的独特玉面罩设计来看，汉代徐州应当是玉器制造中心，当然部分玉器来自长安也有可能。但徐汉漆器也有自己的地域性特征，如徐州石桥村汉墓出土的漆案足作马腿形，徐州髤漆梓宫，徐州铜山县荆山汉墓铜镜漆布袋、徐州市顾

---

① 李国华：《徐州出土四川铸造汉代钢剑》，《四川文物》1998 年第 4 期。

② 杨孝军、郝利荣：《试析徐州汉画像石中的"胡人"及其文化影响》，中国汉画学会第十一届年会论文集，2008 年。

③ 狮子山楚王陵考古发掘队：《徐州狮子山西汉楚王陵发掘简报》，《文物》1998 年第8 期。

山西汉墓出土的漆眉笔、徐汉"麦漆"等，显然能说明徐汉地区有自己的漆器作坊。

漆器是生活的伴侣，漆器在使用过程中，逐渐从物质性中分离出社会性的思想与艺术。一般而言，墓中生器的意义既存在于"过去性"，又存在于它的"现在性"之中，"它们的源头在过去，但是墓葬里它们也象征着一个永恒的现在"①。徐州出土的漆器能构建一个徐汉楚国的生活时间情境。

在阐释中发现，徐汉漆器是徐汉文化的物质载体与情境"道具"之一，它具有"社会界限史"的"社会用途与主观解释"：徐汉漆器文化情境的社会性"同制京师"，它的微观艺术性呈现楚系文化风格，并兼收他域文化思想，它被发现的或未被发现的文化情境与风格指向徐汉文化系统内部帝王化、地域化与多元化并存的倾向与特征，它特有的艺术风格秉性散发出徐汉古典美学思想。

从物质性看，徐汉漆器具有独特的地域风格，并兼具"同制京师"的社会化历史倾向，它的装饰、思想与制度文化已成为徐汉文化的"转述者"。作为徐州文化遗产，它是徐汉文化的物质载体与情境道具，作为物体系协助建构出徐州汉代帝王的生活理念、审美观念与文化制度体系。

从时间性上看，徐汉漆器能回响起徐汉社会宗教、政治、日常、娱乐、饮酒、化妆、战争及对外交流等诸多时间性场景，诸侯王使用的徐汉漆器不仅具有"社会界限史"的象征功能，还包含历史的"社会用途与主观解释"的叙事意义。

从空间性上看，徐汉陵墓中的漆艺空间是西汉社会空间的一个缩影，徐汉漆器的社会性得益于楚系艺术思想以及它内部空间系统的文化多元性。另外，徐汉漆器文化也是徐汉美学思想向中原传播

① ［美］巫鸿：《黄泉下的美术：宏观古代中国墓葬》，施杰译，生活·读书·新知三联书店2010年版，第179页。

的重要物质载体，它特有的艺术文化风格秉性散发出徐汉古典美学思想，它所传递的美学思想展现了一种被信赖的徐汉美学思想与他域美学思想交融的文化态势。

四　漆解唐诗的文化形状

"知识社会学"（sociology of knowledge）是一门晚近的学科，"就理论而言，它研究知识与存在的关系；就史学社会学而言，它要研究人类理智发展过程中追踪那种关系所取的各种方式"①。简言之，前者研究知识存在论，后者研究知识社会性论。所谓知识存在论，就是研究知识与存在之间的哲学问题，或知识存在是什么或知识如何存在；所谓社会性论，是指研究知识在社会中的基本特性，或知识作为一个独立个体在整个社会中所表现出有利于集体和社会发展的特性。

对于中国古代漆艺知识而言，除 1625 年面世的《髹饰录》之外，漆艺文化一般潜伏于中国叙事知识系统里，它本身不作为独立文本知识形态而存在[4]。所谓"叙事知识"，是指区别于"科学知识"的一种知识形态，它的特点在于凭借诗歌、散文、小说、历史，甚至神话、传说与记叙等手段对知识的陈述、描写与记录。

中国古代文化长于知识叙事，而西方则长于科学叙事，这是两种文化及其思维方式所决定的。在传统文化知识叙事中，叙事占主导地位的中国叙事多有类型化与集体性的表现特征，如《吕氏春秋》《淮南子》等就是集体性叙事知识，《史记》《汉书》等乃是类

① ［美］孟汉：《知识社会学》，李安宅译，中华书局 1932 年版，第 1 页。另参见 ［德］K. 曼海姆《意识形态与乌托邦：知识社会学引论》（*Ideology and Utopia: An introduction to the sociology of knowledge*）（第 5 编），华夏出版社 2000 年版。

型化叙事知识。所以，中国知识叙事体制呈现一种类型化的整合模式，其知识叙事者根据所处社会的标准或用这些标准来判断所处时代的知识功能与价值。这就为后人研究叙事知识提供一个"返回情境"的研究方法论，从而能为再现所处时代的其他知识谱系提供一种知识阐释的依据。譬如研究《全唐诗》中的漆艺知识，可以凭借"返回情境"的方法再现唐代的大漆时代，从而在此知识谱系中发现整个时代的艺术谱系及其文化存在论。问题的难度在于中国知识叙事形式中接纳了许多其他宗教、神话、传说等虚拟性知识叙事，而这些特征的知识叙事多为"转述"或"假定"的。在此，叙事者成为转述者或被假定为叙事者。因此，从中国叙事知识出发，对漆艺的知识社会学研究必然会带来一定的"风险"，这也正是对漆艺在叙事知识领域游走而很难被发现与研究的原因，从而最大限度地减少叙事知识中的"虚拟"知识，为寻找中国漆艺知识叙事的合法性提供写作的依据。中国古代漆艺知识，在浩瀚的中国叙事知识中沉睡着，它没有死亡，它在悄无声息地运动与前行。一切"转述"或"假定"的中国叙事知识形式似乎无法抵御中国漆艺文化的魅力。因为文学通常是凭借叙事的途径达到知识合法化，诗歌就是这样的并且有节奏的分行叙事文学，它的知识合法化途径是文学叙事之路。诗歌知识的这种存在论与社会性论为我们阐释与接受它的神话、传说以及寓言式的思想叙事知识增设前提。

在我国工艺史上，唐代是一个极其光辉灿烂的时期，各种工艺美术都很发达，并且有很高的艺术水平。譬如在漆器髹饰技术上，唐代漆器艺术盛极一时，其中"螺钿""平脱""剔红"等漆器艺术成绩斐然。漆器一度被列为国家税收什物，其或成为唐政府"漆器外交"的重要凭物。1906年马尔克·奥莱尔·斯坦因在米兰堡发现的8世纪唐代的皮质漆甲片（见图5-4），见证了中国唐代漆器输出及其外交的历史。抑或说，漆器不仅是唐帝国的物质文化精品，还是丝绸之路上的"文化使者"。在漆器纹饰上，唐代漆器装饰图案脱离汉魏以来的古拙与神秘，开始走向现实主义的写实风格，大量出现以花鸟为主题图案的装饰风格，漆器艺术如同诗歌一样成为大唐开放文化意识自由发挥的载体。特别是在唐诗叙事中，漆艺的知识话语场域呈现出唐代文化的历史现实、宇宙哲学与审美模式等诸多反映大唐帝国的社会标本。

图 5-4　唐代漆皮甲（骆驼皮胎）

　　从语用视角分析，漆器作为什物，抑或商品符号，它的身上浸润着诸多实用哲学与生活美学的价值内涵。唐代漆器的这些价值内涵常常被唐代知识叙事所刊论，尤其是被唐代文学叙事所援引。譬如《四时纂要》《唐六典》《新唐书》《元和郡县图志》《太平寰宇记》等文献多有唐代漆事知识叙事。清初年编修的《全唐诗》中有大量漆艺知识叙事，这些叙事知识从一个侧面再现了唐帝国的社会气象与文化风貌。出土的漆器亦可为证，现藏故宫博物院的唐代漆琴"大圣遗音"（见图5-5）和"九霄环佩"（见图5-6）堪称漆器中的典范，1951年在河南郑州市郊一座唐墓①中出土一件金银平脱羽人飞凤花鸟镜，1955年在洛阳西郊涧河西16工区76号唐墓②发掘出土一件人物花鸟纹嵌螺钿漆背镜（现藏于中国国家博物馆），1957年在河南陕县后川唐墓出土了一件云龙纹嵌螺钿漆背铜镜③，1962年在河南蔡县贾庄④出土一批唐代漆器，1967年新疆吐鲁番阿斯塔那墓群⑤发掘了唐代嵌螺钿木漆奁，1975年在黑龙江宁安渤海上京龙泉村遗址⑥出土了一件唐代嵌银丝平脱漆盒，1978年在扬州市迎宾路西工段⑦施工过程中发现十件唐代漆器，同年在湖北监利县福田公社唐代砖墓室⑧出土有漆碗、漆盂、漆盘、漆勺、漆盒等漆器，在河南偃师杏园村的六座纪年唐墓⑨发掘出土方漆盒1件，盒内遗物分两层存放，上层为一木屉，屉内装木梳及金钗饰件，下层装圆漆盒3件，鎏金银盒2件，抛光银盒2件，鎏金菱花镜1枚，小银碗1件。该漆盒外表用银箔平脱工艺，錾刻缠枝花卉

---

① 沈令昕：《上海市文物保管委员会所藏的几面古镜介绍》，《文物参考资料》1957年第8期。

② 河南文物工作队：《唐墓清理简报》，《文物参考资料》1956年第5期。

③ 黄河水库考古工作队：《1957年河南陕县发掘简报》，《考古通讯》1958年第11期。

④ 李京华：《河南上蔡县贾庄唐墓清理简报》，《文物》1964年第2期。

⑤ 《无产阶级文化大革命期间出土文物展览简介》，《文物》1972年第1期。

⑥ 宁安县文管所等：《黑龙江省宁安县出土的舍利函》，《文物资料丛刊》（第2期），文物出版社1978年版。

⑦ 徐良玉：《扬州唐代木桥遗址清理简报》，《文物》1980年第3期。

⑧ 荆州地区博物馆：《湖北监利出土一批唐代漆器》，《文物》1982年第2期。

⑨ 中国社会科学院考古研究所、河南第二工作队：《河南偃师杏园村的六座纪年唐墓》，《考古》1986年第5期。

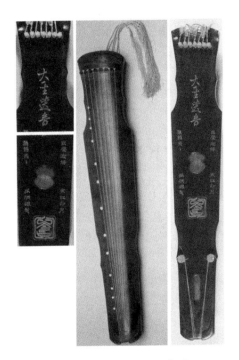

图 5-5　唐大圣遗音漆琴

图案。1983 年陕县唐代姚懿墓①出土一组残漆器，器形有圈足器（似碗）和平底器（似盘）两种，20 世纪 80 年代末在陕西扶风法门寺出土许多唐代漆器，其代表性的器物有描金加彩黑漆宝函。大量出土的唐代漆器印证了唐代漆器文化的璀璨与辉煌，难怪乎《全唐诗》（按：后文所引唐诗均出自中华书局编辑部点校《全唐诗》1999 年版）中有 30 余篇直接涉"髹"诗歌，200 多首涉"漆"诗歌，这是唐代漆器文化在文学叙事中的直接援引，不断出土的唐代

---

① 河南省文物研究所：《陕县唐代姚懿墓发掘报告》，《华夏考古》1987 年第 1 期。

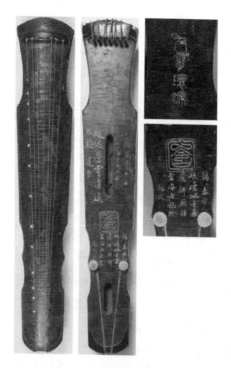

图5-6 唐九霄环佩漆琴

漆器文物与历史文献中的漆艺知识叙事共同印证了中国盛唐时期繁荣的大漆艺术景象。

诗歌的语言形式虽然是沉默的，但其叙事空间中的物象总是能够说话的。诗歌知识的有效性与合法性就是通过诗歌中的物象呈现与历史知识达成合约。因此，诗歌的意象空间是诗歌叙事学研究的重要对象之一。漆器是文化的载体，它身上特有的美学品位与诗歌的文化叙事常常是同构的。亚里士多德认为，任何话语都有某种意义，让-弗朗索瓦·利奥塔（JeanFrancoisLyotard，1924—1998）也认为："认识是全部的指示。"① 诗歌中的漆艺话语必然具有某种意义指向，其漆艺叙事知识也是它自身文化的指示。唐诗中的漆艺知识叙事至少指示出三大知识社会学现实：文化现实、历史现实与审美现实，这三种"现实"实则是唐诗漆艺知识叙事的语用学功能体现。

其一，唐诗中的漆艺知识是唐代文化现实的直接援引。唐诗漆艺知识话语场域是唐代整体文化现实的一个侧影，如唐诗中的建筑漆艺文化叙事，它就直接投射出唐代文化的宇宙哲学与审美模式。诗人李治曰："雕轩回翠陌，宝驾归丹殿。"（《太子纳妃太平公主出降》）韦应物诗曰："丹殿据龙首，崔嵬对南山。"（《观早朝》）白居易诗曰："渭川烟景晚，骊山宫殿高。丹殿子司谏，赤县我徒劳。"（《权摄昭应早秋书事寄元拾遗兼呈李司录》）用大漆髹成的"丹殿"文化在唐代十分流行，丹漆高贵的美学属性是唐代辉煌建筑艺术的追求，盛大威美的"彤楼之美"是唐人"超以象外"的空间意象在诗歌中的一次精彩立体回放。唐代诗人王勃《滕王阁序》曰："层峦耸翠，上出重霄，飞阁流丹，下临无地。"诗中"飞阁"就是架空建造的漆彩阁道，"流丹"乃是彩饰的朱漆，鲜艳欲流。"飞阁流丹"就是说凌空建造的阁道涂有鲜艳欲流的丹漆。从"飞阁流丹"的"象外之象"看，大漆髹饰建筑的美学意境正好迎合了诗歌要表现的"超以象外"的盛唐气象。实际上，从声响科学分析，古建筑的漆料墙壁，漆膜坚实细密，对声波的传射效果有极大辅助之用。譬如佛堂之乐清远、洪亮与厚重同建筑平面用漆不无关系。唐代诗人杜牧《阿房宫赋》曰："五步一楼，十步一阁。廊腰缦回，檐牙高啄。……歌台暖响，春光融融。"丹漆楼阁与歌台暖响有一定声学关系，因此，唐代丹殿阁道的髹饰技术也是唐人

---

① ［法］让-弗朗索瓦·利奥塔：《后现代状态：关于知识的报告》，牛犇山译，南京大学出版社2011年版，第74—84页。

对漆膜传音科学的一种理解与认知。

其二，唐诗中的漆艺知识叙事是大唐历史现实的一次艺术回响，它能确证唐代商品贸易、农业生产以及人们的生活风貌。如："椒香近满郭，漆货远通京。"（许棠《送防州邬员外》）"漆匣镜明头尽白，铜瓶水冷齿先知。"（白居易《新秋早起，有怀元少尹》）"篮舆为卧舍，漆盏是行厨。"（白居易《宿杜曲花下》）这些诗句所表现的漆货的频繁交易、漆匣镜明的诗意场景与漆盏生活场景，是唐代社会的一个缩影。唐代漆艺盛极一时，漆树种植普遍，王维《辋川集》序中曰："余别业在辋川山谷，其游止有孟城坳……漆园、椒园等。"说明长安附近蓝田辋川（在今陕西蓝田终南山中，是王维隐居之地）盛产大漆。唐代诗人杜甫为避"安史之乱"，客居秦州（甘肃天水一带），留有诗作"近闻西枝西，有谷杉漆稠"之句，可见天水大漆之盛和漆艺发达。

其三，唐诗中的漆艺知识昭示唐人的文化观与审美观。商品贸易的交流是文化交流的有效方式，而交流的物品又打上交流双方各自的文化价值观与美学观的烙印。实际上，工艺与文学是现实生活忠实的盟友。一般而言，哲学远离生活，文学却能间接客观地反映现实生活，而工艺是对社会生活的最为直接的表征符号，它既不像哲学那样超越生活，也不如文学一样处于生活之上，因为工艺品一直是生活的伴侣与思想的化身。从20世纪50年代出土的漆器图案视角分析，唐代漆器出现大量的花鸟题材，譬如河南郑州唐墓中出土的唐金银平脱羽人飞凤花鸟镜，洛阳西郊涧河西唐墓出土的人物花鸟纹嵌螺钿漆背镜，河南偃师杏园村唐墓出土的方漆盒漆盒外錾刻缠枝花卉图案。这些清新的花鸟图案一改汉代以来的动物神兽装饰纹样，显示出唐代全新的人性自由精神气息，更透视一种全域的开放舒达的审美气象。这种自由的人性光辉也体现在唐代大漆乐器的普遍使用上，如唐代箜篌乐器十分盛行，唐诗中有大量箜篌文化叙事，它体现出箜篌乐器是唐人的生活伴侣。李贺有诗曰："江娥啼竹素女愁，李凭中国弹箜篌。"（《李凭箜篌引》）李商隐诗曰：
"真防舞如意，佯盖卧箜篌。"（《拟意》）卢仝诗曰："林花撩乱心
之愁，卷却罗袖弹箜篌。箜篌历乱五六弦，罗袖掩面啼向天。"
（《有所思》）王昌龄诗曰："为君啸一曲，且莫弹箜篌。"（《留别
岑参兄弟》）崔涯诗曰："布袍披袄火烧毡，纸补箜篌麻接弦。"
（《嘲妓》）日本正仓院保存的我国唐箜篌的残件，疑为螺钿髹饰。
唐代箜篌一般以黑色为底漆，完成后用金漆随手勾勒数笔作图案。
唐代诗人韩翃《汉宫曲二首》曰："深情不肯道，娇倚钿箜篌。"此
处"钿箜篌"，可以见出日本正仓院保存的我国唐箜篌，可能就是
螺钿髹饰。再如李商隐诗曰："虽同锦步障，独映钿箜篌。"（李商
隐《代赠》）元稹诗曰："今日闲窗拂尘土，残弦犹进钿箜篌。"
（元稹《六年春遣怀八首》）到宋代，箜篌髹饰更是讲究，如陆游
诗曰："金尊翠杓溢芳醇，琵琶箜篌饰怪珍。"（陆游《神君
歌》）后世坎侯乐器的髹饰及其文化日趋完美，与汉代箜篌髹饰文
化不无关系。唐代诗人李商隐著名诗篇《锦瑟》给我们描绘出唐瑟
面貌："锦瑟无端五十弦，一弦一柱思华年。庄生晓梦迷蝴蝶，望
帝春心托杜鹃。"此诗标题就是以乐器"瑟"来命名，还加一个
"锦"字加以修饰。可见，即使在李商隐所处的唐代，瑟同样不是
素面素色，而是被精心地加以髹饰。

　　可见，唐诗中的漆艺叙事知识必然打下时代的文化观、历史观
与审美观的价值烙印。这如同莫里斯·梅洛-庞蒂（Maurice
Merleau-Ponty，1908—1961）指出的那样："语言具有它的意义，
正如一个脚印表示一个身体的运动和力量。"[1] 权威知识与语言观表
明这样的事实：诗歌如同绘画一样，在绘画前，艺术家心理空间里
的具有指示性的结构图式对于创造至关重要，而心理空间图式又离

---

① ［法］莫里斯·梅洛-庞蒂：《符号》，姜志辉译，商务印书馆 2005 年版，第 52 页。

不开现实空间图式。换言之，心体空间里的诗歌知识图式来源于现实空间图式。心体空间是作家的灵魂之所，现实生活中的物象必须被纳入其中，才会有完整的意义和意向。也正如莫里斯·梅洛-庞蒂所说："如果我们把一个原文——我们的语言也许是它的译本或编码本——的概念逐出我们的灵魂，那么我们将看到，完整的表达是无意义的。"①

从心体空间维度分析，诗歌叙事离不开对物象的"感知"，物象成为诗歌空间叙事的最为直观的心体向度。如唐代诗人张祜在《笙》中曰："董双成一妙，历历韵风篁。清露鹤声远，碧云仙吹长。气侵银项湿，膏胤漆瓢香。曲罢不知处，巫山空夕阳。"梅洛-庞蒂在《符号》中坦言："我们是在被感知的空间里写字。"② 唐代诗歌中以李白、杜甫与王维为代表的三大美学思潮，构成了独特的大唐三类审美气象或审美场域。对于大漆而言，这三大美学气象建构出三种漆艺叙事空间或风格，即自由"漆"象、沉郁"漆"象与禅道"漆"象。李诗彰显出盛唐自由之"漆"象，如诗人的《赠从弟冽》曰："自居漆园北，久别咸阳西。"在《早过漆林渡寄万巨》中曰："西经大蓝山，南来漆林渡。水色倒空青，林烟横积素。"杜诗呈现出一派沉郁之"漆"象，如诗人的《醉歌行》曰："汝身已见唾成珠，汝伯何由发如漆。"在《北征》中曰："山果多琐细，罗生杂橡栗。或红如丹砂，或黑如点漆。"王诗则透露出一丝禅道之"漆"象，如诗人的《燕子龛禅师》曰："种田烧白云，斫漆响丹壑。"那么，漆艺叙事何以能体现诗人心体空间中的艺术意象呢？这与大漆自身的美学品格与文化内涵是关联的，就唐诗而言，大体有以下几种"漆"象。

"漆"象之一：漆黑。大漆的物理色相呈现棕黑色，诗人往往借助漆黑之意象传达心体意象，如诗人贯休曰："不觉朱蔫脸红，霜劫鬓漆。世途多事，泣向秋日。"（《杂曲歌辞·轻薄篇二首》）骆宾王诗曰："不应白发顿成丝，直为黄沙暗如漆。"（《畴昔篇》）实际上，成语"漆黑一团"就道出了大漆的物理色相。

"漆"象之二：胶漆。大漆是天然的涂料，具有很强的黏稠性。词语"胶漆之约"就是依据漆的黏稠性而形成的词语，诗人往往借此话语的指示性证据叙述对胶漆文化的理解，如诗人王绩《古意》曰："漆抱蛟龙唇，丝缠凤凰足。"张九龄《酬王履震游园林见贻》曰："幽意加投漆，新诗重赠轩。"骆宾王《冬日过故人任处士书斋》曰："神交尚投漆，虚室罢游兰。"韦应物《拟古诗十二首》曰："弦以明直道，漆以固交深。"李商隐《赠庾十二朱版》曰："固漆投胶不可开，赠君珍重抵琼瑰。"沈佺期《被弹》曰："一旦法相持，荒忙意如漆。"诸如此类的诗句中无不凭借大漆黏稠性而批评情感的和合。

"漆"象之三：漆园。漆园是傲吏庄子监管漆树的园子，因此漆园庄子形象是诗歌中常有的意象传达对象，如裴迪有诗曰："今日漆园游，还同庄叟乐。"（《辋川集二十首·漆园》）孟浩然有诗曰："漆园有傲吏，惠好在招呼。"（《与王昌龄宴王道士房》）李中有诗曰："漆园化蝶名空在，柱史犹龙去不归。"（《经古观有感》）齐己有诗曰："逍遥向谁说，时注漆园经。"（《新秋雨后》）这些诗句中援引漆园庄子，来抒发诗人的"逍遥"情感与"傲吏"情怀。

"漆"象之四：漆琴。漆与琴是天生的伴侣，古代乐器是离不了大漆的，出土的唐代"大圣遗音"与"九霄环佩"是最为著名的漆琴。唐代诗人王绩在《古意六首》中曰："幽人在何所，紫岩有仙躅。月下横宝琴，此外将安欲。材抽峄山干，徽点昆丘玉。漆抱蛟龙唇，丝缠凤凰足。"其"宝琴"与"漆抱蛟龙唇"构成一幅月下漆乐之幽思的图画。漆之宝琴，寄托了作者对生命个体的无限忧思。可见，诗中大漆的内涵远远超越了它的本身。

　　莫里斯·梅洛-庞蒂说，"任何思想都是'人类学的样本'"①。唐代漆艺思想自不例外。实际上，漆器作为思想的"样本"是考察诗歌叙事所指向的隐喻材料之一。唐诗漆艺知识叙事至少能彰显出唐代的文化隐喻、历史隐喻与审美隐喻等社会标本。譬如《全唐诗》中有描写"朱门"者多达155余处，朱门是古代王侯贵族的髹红漆色的住宅大门，是地位尊崇的象征隐喻。李绅《过吴门二十四韵》曰："朱户千家室，丹楹百处楼。"还如孟郊《横吹曲辞·长安道》曰："胡风激秦树，贱子风中泣。家家朱门开，得见不可入。长安十二衢，投树鸟亦急。高阁何人家，笙簧正喧吸。"崔颢《相和歌辞·相逢行》曰："玉户临驰道，朱门近御沟。"刘禹锡《相和歌辞·三阁词四首》曰："朱门漫临水，不可见鲈鱼。"温庭筠《杂曲歌辞·杨柳枝》曰："黄莺不语东风起，深闭朱门伴细腰。"王维《酌酒与裴迪》曰："白首相知犹按剑，朱门先达笑弹冠。"杜甫《自京赴奉先县咏怀五百字》曰："朱门酒肉臭，路有冻死骨。"杜甫《奉送魏六丈佑少府之交广》曰："出入朱门家，华屋刻蛟螭。"刘禹锡《伤循州浑尚书》曰："遥想长安此时节，朱门深巷百花开。"白居易《题王侍御池亭》曰："朱门深锁春池满，岸落蔷薇水浸莎。"这些朱门隐喻直接利用漆艺知识"标本"，暗示唐代特有的社会风貌。可以说，诗歌中的漆艺思想具有时空的穿透力，它的语言总是在运动着的，并且具有很强的意向性，如莫里斯·梅洛-庞蒂指出的那样："当语言完全占据我们的灵魂，不为处在运动中的一种思想留出一点位置时，随着我们投入到语言中，语言超越'符号'走向意义。"②再如《全唐诗》中有212余篇与大"漆"直接相关的作品，如诗曰："漆有用而割，膏以明自煎。"（杜甫《遣兴

---

　　①　［法］莫里斯·梅洛-庞蒂：《符号》，姜志辉译，商务印书馆2005年版，第971页。
　　②　［法］莫里斯·梅洛-庞蒂：《符号》，姜志辉译，商务印书馆2005年版，第971页。

五首》）"莫愁埏道暗，烧漆得千年。"（于鹄《古挽歌》）"书秘漆文字，匣藏金蛟龙。"（孟郊《题韦少保静恭宅藏书洞》）"法子出西秦，名齐漆道人。"（皎然《听素法师讲〈法华经〉》）"形影更谁亲，应怀漆道人。"（齐己《寄岘山愿公三首》）"漆身恩未报，貂裘弊岂嫌。"（雍裕《四色》）"削圆方竹杖，漆却断纹琴。"（李德裕《赠甘露寺僧道行》）《新唐书》这些漆艺叙事在其他文献中也可得到印证，如新罗末期韩国学者崔致远《进漆器状》曰："当道造成乾符六年供进漆器一万五千九百三十五事，其进漆器状曰：右件漆器，作非淫巧，用得质良，冀资尚俭之规，早就惟新之制，虽有惭于琼玉，或可代于琉瓶。伏缘道路我虞，星霜屡换，器贡难通于万里，纲行前滞于三年，既失及时，唯忧虚月。臣今差押衙银青光禄大夫检校太子宾客兼御史中丞上柱国辛从实押领，随状奉进。谨进。"① 这些漆艺知识叙事，作为语言文本的存在，它的意义已超越了它本身，走向亟待形成的符号意义。

　　从时间维度剖析，时间是诗歌叙事的一个重要历史向度，离开时间的叙事是不存在的，因为时间始终是描述事件发生与发展的一个参数。如果说诗歌的空间叙事是为了划分空间中的有用叙事单元，那么，诗歌的时间叙事则是为了分割时间线条上的有益特征。相对而言，空间是静止的，而时间是运动的。诗歌的时间叙事，就是心体对物象运动过程的人为分割，分割的作用就是要阐明时间线条上的文化、历史与审美等有用特征。其中文化性是时间线条上的基础表征，历史性是时间线条上的中级表征，而审美是时间线条上的高级表征。时间向度的文化性是知识叙事的基本维度。时间向度的历史性也是知识叙事的重要维度。对于唐诗漆艺叙事而言，它的知识叙事指向一种漆艺知识社会学之中，它不仅指示漆艺知识与存

---

① ［新罗］崔致远：《桂苑笔耕集校注》，党银平校注，中华书局 2007 年版，第129 页。

在的关系，还道出漆艺知识社会的指示性向度，具体表现如下。

其一，唐诗漆艺知识叙事揭示出唐帝国与边疆的关系。皮日休有诗曰："襄阳作髹器，中有库露真。持以遗北虏，纷云生有神。每岁走其使，所费如云屯。吾闻古圣王，修德来远人。未闻作巧诈，用欺禽兽君。吾道尚如此，戎心安足云。如何汉宣帝，却得呼韩臣。"这里的"库露真"漆器何以"持以遗北虏，纷云生有神"？它的知识叙事空间走向了另外一个空间，即南方漆艺流传到北方。在今天，吐尔基山辽墓①出土有金银器，它的造型、纹饰、工艺等方面包含诸多外来因素，其直接影响应该来自唐王朝金银器。1984年在内蒙古和林县发现一座金墓②出土木梳一面涂有红色漆，另一面涂有豆绿色漆，与同时代的南方漆器相仿。因此，可以说，皮日休的漆器"库露真"叙事直接暗示出唐中央与边疆的政治与文化关系。

其二，唐诗中的漆艺知识叙事揭示出唐帝国与外国文化的交流史实。唐代漆器作为美学的化身与文化的使者，用器物交流的方式开始向国外输出中国美学思想。日本与韩国在唐代曾派大量的"遣唐使"来中国学习，他们也把中国的漆文化带回自己的国家，李白与王维也写了不少诗歌反映与日韩遣唐使关系的诗歌，这些诗歌虽然没有直接涉及髹漆，但是从日韩唐代时期的漆艺文化可以窥见一斑。日本漆器的飞速发展是在奈良时代（即我国的唐代，公元8世纪前后）。从日本漆艺专业术语中可窥见漆艺技术来源于中国，如中土"平脱"技术自盛唐时代传入奈良时代（美术史的说法是"飞鸟时代"）的日本社会后，便一直完好保存延传下来，日本漆工称之为"平文"。"根来涂"是被日本漆艺界视为比较有日本民族特色

---

① 内蒙古文物考古研究所：《内蒙古通辽市吐尔基山辽代墓葬》，《考古》2004年第7期。

② 崔利明：《内蒙古和林县发现一座金墓》，《考古》1993年第12期。

的漆器纹饰技术。据传，"根来涂"是由唐代的中国和尚带到日本的。日本莳绘技术在江户时代达到辉煌的鼎盛时期以后，日本从而被公认为是漆工艺达到"世界第一"的国家，以至于西方国家称日本（Japan）为"漆国"。在这个意义上，莳绘不但是日本传统漆工艺最经典的技术，而且是日本漆艺术全面超过中国的标记性技术。另外，日本漆艺家所说的沉金，出自中国的戗金①，譬如收藏于日本京都正仓院的唐代金银平脱背八瓣花式镜。同样，韩国漆艺大约在中国的唐宋时期达到辉煌，现藏韩国湖岩博物馆的"螺钿团花禽兽文镜"为统一新罗时期（668—935）代表漆器，它是典型的唐代螺钿镶嵌漆器风格在朝鲜半岛的"翻译"版。中国大唐时期的金银平脱与螺钿镶嵌技术对朝鲜半岛的工艺影响深远，一直到朝鲜半岛的高丽王朝（918—1392）时期。据《东国文献备考》载，文宗（1046—1083）元年尝使辽赠者以白铜、螺钿、绘画、屏扇、奇玩等，可见宋元时期，朝鲜半岛受中国漆艺影响深远。1956年，在洛阳古墓中发掘的漆器上饰以螺钿镶嵌的人物图案②（二人对饮，另有一乐师弹琵琶，一只鹤舞于阶下），在日本奈良博物馆里也藏有类似文物。

其三，唐诗中的漆艺知识叙事揭示出唐代的国家农业、经济、政治以及人民生活风貌。王维有诗曰："种田烧白云，斫漆响丹壑。"（《燕子龛禅师》）这里的"斫漆"，即"割漆"。从诗中"蜀物多淹泊"句，大概推测"燕子龛"在蜀地，也说明蜀地乃是生产大漆之地。"斫漆响丹壑"，说明蜀地辛苦的割漆人之多，也说明蜀中漆树是重要的经济作物。另外，唐诗中的漆器知识叙事也是唐代社会走向没落的信号。《资治通鉴·唐纪》曰："银平脱屏风，

① 王琥：《漆艺术的传延：中外漆艺术交流史实研究》，南京艺术学院，博士学位论文，2003年。

② 张静河：《瑞典汉学史》，安徽文艺出版社1995版，第197页。

帐一方一丈八尺。"① 平脱漆器是唐代漆器中的精品，在唐天宝年间，一件平脱背镜的售价要达到三千至五千钱②，说明唐代平脱漆器十分贵重，以至于唐肃宗几次下诏，杜奢侈而禁造平脱漆器，但在中国陕西、河南等地仍然出土有这种奢侈漆器，也从一个侧面暗示大唐王朝走向没落。

其四，唐诗中的漆器知识叙事昭示出唐代宗教意识形态及其社会发展进路。东汉后期，夹纻漆像在佛教文化中诞生，以至后来建筑庙祠飞金上漆、佛像镏金烫漆、法器彩绘釉漆等佛艺在唐代大兴，就连喇嘛用印也离不开漆，《达赖喇嘛坐床大典出差日记》载："本日预备藏银二十四万两，点交曲大秘书……密封后加盖火漆印，备明日启用散放。"③ 夹纻行像在唐代开始流行而至鼎盛，如据《邵氏见闻后录》中有苏世长在武功唐高主宅曾遇见"唐二帝伫漆像"之记载，张鹭在《朝野金载》也记载过周证圣元年（武则天年号）夹纻造像，"……其中大佛像高九百尺，鼻如千斛船，中容十人并坐，夹纻以漆之"④。唐代天宝二年间，唐代夹纻造像技术由东渡传法的鉴真法师带去日本，对日本工艺文化产生重要影响，如日本奈良唐招提寺保存的三座大佛，均为夹纻漆佛像，其中鉴真干漆像被视为日本"国宝"，他们称夹纻造像工艺为干漆。唐中后期夹纻佛像的兴盛是唐代社会走向颓废后的一次宗教选择，用昂贵的大漆材料髹饰佛像，反映晚唐皇室对佛教的敬畏与虔诚。

在知识社会学上，唐诗漆艺知识叙事服务于诗歌意向的合法性，

---

① （宋）司马光：《资治通鉴》（5），中央民族大学出版社 2002 年版，第 197 页。

② 参见黄永年主编《古代文献研究集林》（第 2 集），陕西师范大学出版社 1992 年版，第 132 页。

③ 中国第二历史档案馆等：《奉使办理藏事报告书》，中国藏学出版社 1993 年版，第 330 页。

④ 岑仲勉：《隋唐史》，河北教育出版社 2000 年版，第 632 页。

同时，诗歌中的漆器知识叙事也指示性地投向唐代社会的文化、历史与审美风向。我们通过对唐诗漆艺叙事知识的分析可发现，漆艺知识是唐诗意象叙事策略中不可缺失的参照对象之一，唐诗正是通过这些"器"度不凡的漆器物象向人们赫然敞开它的艺术意象，建构成诗歌时间向度上的历史文化指向、哲学宇宙模式与审美立场意义。可见，诗歌中的漆艺叙事知识的语用学功能至少有以下几点：一是诗歌中的漆艺叙事建构出并能成为知识社会学意义上的知识存在论；二是诗歌中的漆艺知识具备指示文化、历史与审美等知识社会性的语用学与指示性功能；三是诗歌中的漆艺知识亦是评价社会现实或可能的社会现实的重要参数。

五　《髹饰录》的知识社会学

明代隆庆年间，安徽新安平沙人黄大成精通髹漆，著有我国古代唯一一部奢华的髹饰知识文本——《髹饰录》。全书分乾、坤两集，共 18 章，凡正文 220 条①。它的问世打破我国古代漆艺知识潜藏于叙事知识的历史，开启了我国古代漆艺知识独立叙事的新纪元。

当知识遭遇"我们"的时刻，抑或说，当我们对知识本性反思的时刻，就会引起一系列耐人寻味的知识社会学问题。所谓"知识社会学"是一门晚近的知识认识论学科，"就理论而言，它研究知识与存在的关系；就史学社会学而言，它要研究人类理智发展过程中追踪那种关系所取的各种方式。"②晚明漆艺著作《髹饰录》作为一

---

① （明）黄大成，（明）杨明注，王世襄编：《髹饰录》，中国人民大学出版社 2004 年版。

② ［德］孟汉：《知识社会学》，李安宅译，中华书局 1932 年版，第 1 页。

部奢华髹饰学知识文本的横空问世，它的背后隐喻着一部全域式的经济与制度、技术与文化、消费与审美以及意识形态与工艺哲学方面的知识社会学。

《髹饰录》的知识社会学研究或许只是在明代肌体上轻轻划开的"一道裂口"，但足以能透过裂口窥探其血型、肌肉、心率以及肌体的各种知识生命迹象。

首先，《髹饰录》是明代复古思想与装饰主义风格兴起的产物。《明史·儒林传》载，"明初诸儒，皆朱子门人之支流余裔，师承有自，矩蠖秩然。"①以朱学复旧制、正纲纪的明初，程朱理学的国家统治地位逐渐形成，但随着明太祖"诏复唐制"思想的逐渐深入以及国力强盛，明代文人的宗汉崇唐、复古臻雅之思想开始活跃。在器物制造上，汉唐"错彩镂金"的繁缛奢侈装饰之风在社会上风行。2011年位于陕西高陵县泾河工业园附近发现一座明代万历年间秦藩王府知印张栋家族墓，其中张麟趾（张栋的长子）墓棺盖髹绘有荷花、莲蓬、荷叶、水草之"荷塘图"，棺一侧还彩髹牡丹花。这件描金彩绘漆棺（图5-7）足见明代朝廷崇奢靡、尚装饰的审美风尚。《遵生八笺》之"怡养动用事具"条解"二宜床"曰："以布漆画梅，或葱粉洒金亦可。"②在明代，有很多文献记载或援引明代精于装饰的漆器制造，它们记录了朝廷"靡然向奢"的消费风尚及繁缛的工艺装饰盛况。

其次，晚明城市新经济的兴起与繁荣，市民阶层的知识消费呼唤《髹饰录》出场。进入宋代以后，唐以来"百千家似围棋局，十二街如种菜畦"的城市格局不复存在，城市中可以开店设铺，商人与手工业者成为城市中最活跃"分子"。明代城市格局被商业化新经济形式打破之后，市民阶层的审美思想日益膨胀，无论是新的市

---

①　（清）张廷玉等：《明史》（卷282），中华书局1974年版，第7222页。

②　（明）高濂：《遵生八笺》，巴蜀书社1988年版，第286页。

图 5-7 明代张麟趾墓出土彩棺

民阶层，还是统治阶级与贵族，他们都希望得到致美髹漆的知识消费。奢华的漆器不仅能满足新兴的城市市民阶层的审美消费，也能满足统治阶层奢靡的物质消费与文化消费的需求。《髹饰录》用文本的形式呈现出这种新知识的呼唤，或者说市民阶层对新知识的需求被《髹饰录》率先证实。

再次，《髹饰录》是明代宫廷美学思想以及南方商品经济发展的产物。明代南方商品经济十分活跃，新兴地主阶层或贵族阶层扩大，他们的文化消费观念与审美观念亦随之发生变化，对奢华的漆器需求激增。为了满足朝廷贵族漆器消费，明代专设御用官办漆器生产机构，由宫廷内官监下设"油漆作"，另由内府供用库专设储存生漆的丁字库。永乐十九年，朱棣迁都北京后设"果园厂"为御用漆作，效力果园厂的漆工多为名匠，如当时髹漆大师张成之子张德刚就效力官办果园厂。两淮盐政亦设漆作，承制宫廷各种器皿、家具等。民间漆工坊也异军突起，北京名匠杨埙"师夷（日本）之长技"，时称"杨倭漆"。《智囊》载："时有艺人杨埙亦作埙者，善倭漆画器。"① 官僚严嵩家蓄养漆艺名匠周翥专制漆器，以供家用。《广陵区志》载，扬州用漆器命名的街巷有"漆货巷""罗甸（螺钿）巷""大描金巷"等②。扬州漆匠周翥以制"百宝嵌"成名，清人谢坤《春唐草集》曰："（扬州）又有周翥，以漆制屏柜、几案、纯用八（百）宝镶嵌、人物、花鸟颇有精致。"③ 《履园丛话》载："周制之法，惟扬州有之。"④ 周制漆器亦远超"倭漆"。明代江南物质文化高度发达，为髹漆生产与消费奠定基础。《五杂俎》云："富室之称雄者，江南推新安，江北则推山右。"⑤ 在地方商品经济与朝廷奢侈美学消费共同作用下，《髹饰学》奢华知识因此走向公众。

最后，《髹饰录》鲜活的工艺知识谱系也是新市民阶层反抗理学、重实证的产物。《髹饰录》知识叙事模式采用自然宇宙的运行模式批评，凭借日月星辰、春夏秋冬、山河湖海等自然伦序比附漆艺知识。譬如以"日辉"比附"金"，以"月照"比拟"银"，以"电掣"比拟"锉刀"，以"露清"比附"桐油"等。《髹饰录》知识叙事暗示：漆艺之美是宇宙之美的化身。《髹饰录》既继承了程朱理学"格物"而后"致知"的宇宙理论，也超越程朱理学"存天理灭人欲"的思想滞瘤。在明代以来的大兴"文字狱"社会里，《髹饰录》知识叙事的"天理"性与身体漆器的"人欲"性之间的"矛盾"是明显的，然《髹饰录》并非因此而讳言，却直指

① （明）冯梦龙：《冯梦龙全集·智囊》，缪咏禾、胡慧斌校点，江苏古籍出版社1993年版，第379页。

② 扬州市广陵区地方志编纂委员会编：《广陵区志》，中华书局1993年版，第749页。

③ 《清代诗文集汇编》编纂委员会编：《清代诗文集汇编·春草堂集》，上海古籍出版社2010年版。

④ （清）钱泳：《履园丛话》，中华书局1979年版，第322页。

⑤ 安徽省地方志编纂委员会：《皖志述略》（下），合肥安徽省地方志编纂委员会，1983年，第598页。

"淫巧荡心""文采不适"等漆器髹饰之诟病。

从知识传播视角分析,《髹饰录》中的"戒""适""巧""病"等诸多审美范式成为明代及后世文学艺术中最为频繁的援引。《髹饰录》"楷法第二"部分提出了"二戒""三法""三病""四失"等漆工技术规范与操守,其核心范式有法、中、巧、传、贯、适等。这些范式既是中国古代艺术中的经典话语,也是明代及其后世的艺术话语。拿"三病"之"巧"来说,它是中国古代手工艺中重要的审美范式。《考工记》曰:"天有时,地有气,材有美,工有巧,合此四者,方可为良。"①《三病》中用"独巧不传"与"巧趣不惯"对古代工匠的观念与创造提出批评。"巧"在明代及后世文艺中常常被援引,《园冶》之《兴造论》曰:"园林巧于因借,精在体宜,……斯所谓'巧而得体'者也。"②这里"巧于因借""巧而得体"之"巧",旨在强调造园设计要尊重天地,做到"天人合一",实现空间结构与人生境界的"合宜"。除了以上"天巧"之外,"二戒"还重视"人巧",反对"行滥夺目"之"淫巧"。《天工开物》之《结花木》篇对此援引曰:"凡工匠结花本者,心计最精巧。……天孙机杼,人巧备矣。"③《髹饰录》知识叙事"范式"成为明代及后世消费文学援引的对象。同时,黄大成的唯物主义"道器观"并非孤立,他的髹漆思想在思想家王夫之那里也能得到呼应,王夫之在《周易外传》中认为:"治器者则谓之道,道得则谓之德,器成则谓之行,器用之广则谓之变通,器效之著则谓之事业。"④可以看出,王夫之的"治器""治道"与"人德"是一体

① (清)戴震:《考工记图》,商务印书馆1955年版,第10页。

② (明)计成,陈植注释:《园冶注释》,中国建筑工业出版社1988年版,第41页。

③ (明)宋应星,潘吉星译注:《天工开物译注》,上海古籍出版社2008年版,第103页。

④ (清)王夫之:《周易外传》,中华书局1977年版,第203页。

的，并肯定"器用"与"器效"。如果说王夫之的"道寓于器以起用"的道器观是理论上的阐释，那么黄成《髹饰录》等道器观则是行动上的践行。

从跨文化视角看，《髹饰录》繁缛的漆艺装饰所表现出来的"中国风"对"洛可可风格"产生重大影响。据《大不列颠百科全书》之"Chinoiserie"词条，所谓"中国风格"，即"指17—18世纪流行于室内、家具、陶瓷、纺织品、园林设计领域的一种西方风格，是欧洲对中国风格的想象性诠释。……中国风格大多与巴洛克风格或洛可可风格融合在一起，其特征是大面积的贴金与髹漆"①。在17—18世纪，通过海上贸易或传教士等途径，"中国的漆器也与瓷器同时涌入了欧洲，在路易十四时代，漆器仍被视作一种奢侈品"②。英国人赫德逊十分形象地指出："中国艺术在欧洲的影响成为一股潮流，骤然涌来，又骤然退去，洪流所至足以使洛可可风格这艘狂幻的巨船直入欧洲情趣内港。"③从繁缛、奢华、精巧的洛可可艺术中，看出中国17世纪明代的漆器装饰风格，正如美国托马斯·芒罗所说，"洛可可艺术"乃是"中国风格的法国艺术品"④。路易十五的情人蓬巴杜夫人对中国的漆器家具与日用品情有独钟，当时罗伯特·马丁为她设计的家具多援引中国漆艺装饰的风格。德国人利奇温说，"开始由于中国的陶瓷、丝织品、漆器及其他许多贵

---

① 袁宣萍：《十七至十八世纪欧洲的中国风格设计》，文物出版社2006年版，第4页。

② ［法］安田朴：《中国文化西传欧洲史》，耿昇译，商务印书馆2000年版，第524页。

③ ［英］赫德逊：《欧洲与中国》，李申、王遵仲等译，中华书局2004年版，第229页。

④ ［美］托马斯·芒罗：《东方美学》，欧建平译，中国人民大学出版社1990年版，第6页。

重物的输入，引起了欧洲广大群众的注意、好奇心与赞赏"①。16世纪以来的欧洲装饰史暗示：中国美学思想的输出凭借的并非《髹饰录》这样的知识文本，而是依赖被中国输出的漆器，深刻影响西方的审美思想与艺术风格。

《髹饰录》知识社会学思想的阐释性价值不仅在于它的本身，还在于它的跨文化的知识语用学功能。《髹饰录》引领我们向知识的社会学迈进，它作为晚明一部漆工艺知识文本，它被发现的或未被阐释的奢华知识已然成为明代社会的"转述者"，它所传递的知识语用学无须更多的合法证据，亦能表现出一种被信任和被理解的世界性知识存在与价值隐喻。

六　漆文化的互动与跨界

美国学者保罗·肯尼迪（Paul Kennedy，1945—）在《大国的兴衰》中坦言："在中古时期的所有文明中，没有一个国家的文明比中国的更先进和更优越。"② 近代以前的"中国化"是世界文化词典里的核心词语，处于东方中心主义视野下的中国文化所秉承的理念则是文化"输出主义"。

但到了19世纪末期，中国一贯向世界输出文化的局面被打破。1884年，被中国引进的美国髹漆文本《垸髹致美》[5]刊行面世，它率先在世界范围内证实美国漆艺文化开始输入中国。

有史料显示，目前世界上最早的漆树化石是发现于美国犹他州

① ［德］利奇温：《十八世纪中国与欧洲文化的接触》，朱杰勤译，商务印书馆1962年版，第13页。

② ［美］保罗·肯尼迪：《大国的兴衰》，蒋葆英等译，中国经济出版社1989版，第4—7页。

尤因塔郡的绿河地层的漆叶化石，距今大约 5400 万—3700 万年。中国最早的漆叶化石发现于山东省临朐县山旺村（山东博物馆藏），距今大约 1800 万年。但毋庸置疑，浙江河姆渡（漆碗）、跨湖桥（漆弓）等出土的距今 7000—8000 年的漆器显示，中国是目前世界上最早享有漆文化的国度。

从汉唐起，经"丝绸之路"或传教士等途径，中国漆器源源不断地涌入欧洲。"在路易十四时代，漆器仍被视作一种奢侈品。"① 中国漆器装饰风格对法国宫廷洛可可风格曾产生过重大影响。英国作家赫德逊（G. F. Hudson）在《欧洲与中国》中写道："中国艺术在欧洲的影响成为一股潮流，骤然涌来，又骤然退去，洪流所至足以使洛可可风格这艘狂幻的巨船直入欧洲情趣内港。"② 美国托马斯·芒罗（Thomas Munro）指出，"洛可可艺术"乃是"中国风格的法国艺术品"③。1700 年，诗人普赖尔（Proor）对中国漆橱柜之美十分神往，他写了如下诗句："英国只有一些少量的艺术品，上面画着鸟禽和走兽。而现在，从东方来了珍宝：一个漆器的橱柜，一些中国的瓷器。假如您拥有这些中国的手工艺品，您就仿佛花了极少的价钱，去北京参观展览会，作了一次廉价旅行。"④ 大约在 17 世纪初，中国漆文化被英国人带到美洲，美国工艺家在继承英国漆艺文化的基础上开始本土制造漆艺。美国"最好的一些漆器是由波士顿的托马斯·约翰逊制作，……在漆器商店

---

① ［法］安田朴：《中国文化西传欧洲史》，耿昇译，商务印书馆 2000 年版，第 524 页。

② ［英］赫德逊：《欧洲与中国》，李申、王遵仲等译，中华书局 2004 年版，第 229 页。

③ ［美］托马斯·芒罗：《东方美学》，欧建平译，中国人民大学出版社 1990 年版，第 6 页。

④ 转引自陈伟、周文姬《西方人眼中的东方陶瓷艺术》，上海教育出版社 2004 年版，第 40 页。

里，也许是约翰逊漆的一个背面被乱涂的'皮姆高脚柜'或许还能辨别。……在罗德岛与纽约，漆艺的中心是哈特福特（Hartford）、康涅狄格（Connecticut）、纽波特（Newport）等地"①。1784 年，美国第一任总统乔治·华盛顿派出"中国皇后号"商船首航中国，开启中美最早的海上商业贸易。从此，中国漆器及其文化被大量输入美国。1784 年底返回美国的"中国皇后号"带回的布匹、丝绸、茶叶、漆器、瓷器、牙雕等物品令美国人争相购买。美国卡尔·L. 克罗斯曼（Carl L. Crossman）在《中国贸易：出口绘画、家具、银器及其他产品》（*the China Trade—Eeport*, *Paintings*, *Furniture*, *Silver & Other Objects*）一书中写道："虽然 Jr. 杜德利·皮克曼（Dudley Pickman, Jr.）极大部分投资于丝绸，但是他似乎更关心他的小订单，在他信里，首先最重要的是两套漆器托盘或碟子，这些漆碟尺寸固定，每套六个。一套给他自己，另一套给他朋友。"② 可见，美国人对中国漆器的爱好与需求。然而，时至 19 世纪末期，美国的"髹饰录"——《垸髹致美》（*Manufacture of Varnishes and Paint*）却被引进中国，它不仅标志中国漆艺在世界范围内开始呈现文化的"贸易逆差"，也引领我们朝向中美漆文化背后的社会学迈进。

中国漆艺是一个民族性很强的消费艺术。美国人斯蒂文·郝瑞（Stevan Harrell）撰文指出："漆器是诺苏（凉山彝族的自称）传统文化的一个部分，正好成为这项民族复兴运动的一项内容。……民族性能够成为消费的对象明显地是很重要的。"③ 在近代以前，中国

---

① Oliver Impey, Chinoiserie, *The Impact of Oriental Styles on Western Art Decoration*, London: George Railbird Ltd, Mar 1997, pp. 117–118.

② 转引自陈伟《中国漆器艺术对西方的影响》，人民出版社 2012 版，第 185 页。

③ ［美］斯蒂文·郝瑞：《一个美国人类学家眼中的彝族漆器》，马莫阿依、曲木铁西译，中国民族出版社 2001 年版。

漆文化对于欧美来说，俨然成为中华民族文化的一个标志。《垸髹致美》的引进显示：文化的互通没有国别性界限，民族性的文化也是世界性的文化。那么，中国已拥有《髹饰录》，晚清政府为何还要引进《垸髹致美》？

从社会背景上看，中日甲午战争之后，清廷讲求时务、提倡西学蔚成风气。诸种西学由当时江南制造局翻译馆负责，在工艺方面，该局先后出版《开煤要法》《器象显真》《艺器记珠》《西艺知新》《电气镀金略法》《造铁全法》等。晚清时期的美国正值第二次工业革命。在洋务大臣的眼里，"美以富为强"。富有省思的张之洞、李鸿章等洋务派均认为："（美国技术）最新，距华最远，尚无利我土地之心。"① 清光绪二十五年（1899）小仓山房石印本《富强斋丛书正全集》(64 册，又名《西学富强丛书》，清袁俊德辑）汇辑有关西学之译著八十种成此编，以备求强救国者采撷。该丛书涉及漆学的有 1884 年刊行的美国髹漆文本《垸髹致美》②（一卷），它是《西艺知新》续集之一，由美国 Leroy J. Blinn 所著（傅兰雅口译，徐寿笔述，徐华封校）的一本西学"髹饰录"，内容涵盖东洋漆的种类、配方及上漆工艺。可见，《垸髹致美》是西"漆"东进的时代产物，其知识语境与中国"洋务"思潮有密切关系。

从技术语境上分析，引进《垸髹致美》实则反映晚清社会对西方新技术知识的需求。在晚清，"江南制造局翻译馆选译书的原则有三条：第一，选最近出版的新书和名著，即'更大更新者始可翻译'。第二，西人与华人合选当前急用之书，没有按大英百科全书分门别类进行译书，故所译之书不配套。第三，主要选择科技方面的书籍，但由于清政府军事上的需要，选择了许多'水陆兵勇武备'之书。根据以上原则，徐建寅他们选择的大多是英美最新出版

---

① 参见夏东元《晚清洋务运动研究》，四川人民出版社 1985 版，第 225 页。

② 王扬宗：《江南制造局翻译书目新考》，《中国科技史料》1995 年第 2 期。

的书，有些是著名科学家的名著"①。据此，《垸髹致美》应当符合当时"更大更新者"、"当前急用之书"与"科技方面的书籍"的三条选译标准。《垸髹致美》中"所述各种工艺，有的在西方尚属先进，有的虽已过时，但在当时中国，仍不失为有用的技艺。"熊月之在《西学东渐与晚清社会》引梁启超《读西学书法》之时人评论："《西艺知新》(*Modern Arts and Manufactures of the West*) 此为工艺丛书，……皆言手制各物小工程，其法虽颇旧，然中国工人苟覃心研究，能通其法则，亦可以获利，因中国物料与工价，而向用之法旧于此等十倍也。他人历万里购我物料归国而制造之，复运来以取售于我，而其利之溥犹如此，货弃于地，惜哉！"② 可见，晚清引进技术文本《垸髹致美》是当时社会之需。

　　从物质消费上看，引进《垸髹致美》是清代社会奢华消费美学思想的产物。在清代，作为经济实业的漆业发达，漆艺的消费奢靡之风盛行。据考古发现，光绪二十二年（1896）陕西省平利县牛王乡牛王庙有《禁碑》载："一禁漆籽、漆根不得强打私挖，故违者一经查获，轻则听罚，重则送官。一禁所栽所下漆秧，倘有盗窃，一经拿获，即以盗贼论，送官重惩。"③ 说明国家对漆树种植非常重视。另外，在贵阳城东阳明祠门外建筑工地上，也曾发现乾隆以后的《黑漆行规碑》[16]，该石碑足以反映贵州大方、贵阳、安顺等地的漆业发达。清代皇家御用品均由宫廷造办处督造，据《大清会典事例》（卷1173）载："原定造办处预备工作，以成造内廷交造什

---

① 凌瑞良：《物理学史话与知识专题选讲》，南京师范大学出版社2010年版，第22页。

② 熊月之：《西学东渐与晚清社会》（修订版），中国人民大学出版社2011年版，第406页。

③ 倪腊松：《研究清代贵州经济史的宝贵资料——黑漆行规碑》，《贵州文史丛刊》1996年第4期。

件。其各'作'有……油木作所属之雕作、漆作、刻字作、旋作。"
这里的"漆作"是清代造办处下设一作，承做宫廷漆器。雍正初
期，雍正皇帝主要是委托怡亲王负责办理漆器制作的有关事项，
如：给造办处一件洋漆双梅花香几，……怡亲王又交给造办处一件
洋漆小圆盘，……造办处于四月二十九日做得洋漆小圆盘八件①。
实际上，在这之前东洋漆及其技术已被引进中国。譬如《红楼梦》
第40回记"右边洋漆架上悬着一个白玉比目罄"，第53回记"榻
之上一头又设一个极轻巧洋漆描金小几"，第62回记"只见袭人走
来，手内捧着一个小连环洋漆茶盘"，第3回记"于是老嬷嬷引黛
玉进东房门来。……两边设一对梅花式洋漆小几"。这里的"洋漆
架""洋漆描金小几""洋漆茶盘""梅花式洋漆小几"等都是精美
的洋漆器。"洋漆"，又称"泥金"。明代时由东洋日本传入，即用
金粉和大漆调和后涂绘于漆器上的一种装饰技艺，故得名"洋漆"。
清雍正、乾隆年间是洋漆生产的鼎盛期，清宫廷内"造办处"就设
有"洋漆作"，专门生产洋漆器。光绪二十九年十一月清廷批准张
之洞等《奏定学堂章程》，规定"工业教员讲习所，置完全科及简
易科。……简易科分金工、木工、染色、机织、陶器、漆工六科。"
从国家制定漆"禁碑"，到宫廷消费洋漆器与亲王督促造办处添置
洋漆器以及开设漆工科来看，引进《髹饰致美》是清代宫廷消费美
学思潮的产物。

从晚清发展实业看，学习并引进西方技术成为当务之急，引进
《髹饰致美》反映晚清社会注重科学与发展实业"自强救国"的立
场。洋务重臣盛宣怀、张之洞等人无不强调"制器"之重要性，并
主张"工商立国"论。在"洋务运动"期间，轮船、铁路、造炮、
开矿、冶炼等部门都要大量使用油漆及其技法，而中国的《髹饰

① 张荣：《漆器型制与装饰鉴赏》，中国致公出版社1994年版，第204—205页。

录》侧重髹漆技法，其技术"配方"只在家族内传承，很难适应晚清实业的发展需要。于是侧重髹漆技术"配方"的《梡髹致美》无疑有补于《髹饰录》之广漆配方的缺陷。从文本知识看，《梡髹致美》的内容主要有油漆总说、油漆五色十九法、合漆所用各种松香类、拉克漆类、各种胶类、杂方、各种白铜类等七种。譬如《梡髹致美》之第二部分"油漆五色十九法"就是油漆配方之法。相比较而言，中国髹漆重漆工技术规范与操守，批评体例与叙事模式属于知识叙事，至于技术配方只是"家族"内继承，它不同于《梡髹致美》的科学叙事。因此，《梡髹致美》与《髹饰录》具有技术上的互补性。《梡髹致美》不仅提供各种西洋漆科学配方，还有"东洋漆之髹法"的记录："东洋漆之髹外层与磨光之工最为细致。凡拭有色之底子，其工俱用此法。如欲明净，必用白色之漆。因舍来克子之漆虽最硬而牢，尚带黄色。此漆最好者惟将舍来克漆与舍来克子之漆并用之，则得其二益。其方将舍来克子三两拣出各种泥土与木条，……漆内所用数种材料最要配合之法。"另外，《髹饰录》非一般漆工所能认识，这也阻碍其在清代的发展与利用。而《梡髹致美》能提供各种"油漆"常识以及合漆所用各种松香类材料知识。《梡髹致美》之"补木器裂缝胶"配方曰："石炭一分荞麦面二分，胡麻油足成浆。又法：用胶一分，水十六分，将冷之时，添入木屑与白石粉。又法：将油漆合于铅养炭养一分，铅养一分，密陀僧一分，白粉一分，匀和成浆。"可见，技术文本《梡髹致美》是晚清发展实业的需要，也是对《髹饰录》在技术配方上的一种弥补。

简言之，《梡髹致美》是西"漆"东进的文本产物，它的背后隐喻了一部全域式的经济与制度、技术与文化、政治与意识形态诸方面的知识社会学。《梡髹致美》既表征晚清社会洋务思潮、工商业发展的状况，也见证家族传承式的《髹饰录》知识在遭遇晚清实业时的尴尬与不足，更昭示晚清社会发展实业、学习新知识与注重科学的社会症候。

对于漆文化而言，引进《垸髤致美》不仅是为了中国文化，也是为了世界文化。当一种文化自身存在某种缺陷的时候，另一种文化必将成为它的再生力量。《垸髤致美》与《髤饰录》之间就是一对互为再生的文化力量。美国时代生活图书公司编著的《龙的故乡：中华帝国》记叙了中国漆竹藤及其漆画对英国诗人塞缪尔·泰勒·柯勒律治产生的影响，书中有这样一段文字："在上都忽必烈那宽阔的狩猎禁苑的中央矗立着一所巨大的宫殿，上面的房顶是用镀金的和上过漆的竹藤精心建造的并且还画满了鸟兽。它在几百年之后给了英国的大诗人塞缪尔·泰勒·柯勒律治以灵感，根据马可波罗对于他自己称之为'仙都'（Ciandu）的记述，把这所'堂皇的安乐殿堂'称为'赞拿都'（Xanadu），写出了《忽必烈汗》那首脍炙人口的名诗。"① 说明柯勒律治的审美思想极大地受到中国漆文化的影响。同样，中国漆文化对美国的影响也是深远的。1930年，美国家具设计家阿巴尼的埃利萨·安舍理仿制具有漆饰的中国八仙桌。20世纪初，中国漆艺在美国风行，特别是福建的脱胎漆器在美国广受欢迎，在美国的博览会上多次获得殊荣。如1910年，福建"沈家店铺"（沈正恂，1872—1913）脱胎漆器"古铜色荷叶瓶（一对）"获美国圣路易斯博览会"头等金奖（两个）"。1926年，"沈家店铺"（沈幼兰）的漆器"套桌、茶具"获美国费拉德菲亚博览会"头等金奖（两个）"。1933年，"沈家店铺"（沈幼兰）的漆器作品"博古挂联"获美国巴拿马纪念博览会"特等金奖"。在美国，旧金山亚洲艺术馆（藏有战国的银错彩绘云纹卮、汉代的三熊纹金银扣圆盘）、克利夫兰艺术馆（藏有唐代的夹纻舞俑）、纳尔逊艺术陈列馆（藏有战国的夔云纹金铜扣果盘、汉代的云纹耳杯、唐代的金银平托花鸟圆盘）、西雅图艺术馆（藏有战国

---

① 美国时代生活图书公司编：《龙的故乡：中华帝国》，老安译，山东画报出版社2003年版，第117页。

的龙凤圆盘）、底特律艺术中心（藏有南宋的红漆葵瓣口盘）、洛杉矶郡艺术馆（藏有南宋的黑漆银扣盏托）等都藏有中国古代漆器①。美国人对中国古代漆器的珍藏事实显示，中国漆文化具有世界性共享特质。中国漆艺是文化的使者，里根总统夫妇曾接收中国国礼——题名为"玉堂春秋"的雕漆嵌玉云扇屏风 2 幅。21 世纪以来，中美漆艺交流频繁。2005 年 9 月至 2006 年 4 月先后在美国华美协进社、檀香山艺术学院和圣巴巴拉美术馆举办"Mike Healy 藏中国漆器精品"巡展。2010 年，美国国会图书馆收藏中国（唐明修）的漆艺作品。2010 年 12 月美国纽约大都会艺术博物馆举行"奢华展示：十八世纪和十九世纪中国艺术"展，其中不乏清代漆器。2011 年 9 月 7 日至 2012 年 6 月 10 日，美国纽约大都会博物馆展出中国 13—16 世纪中国漆器，有明代龙纹盘、龙纹经盒、婴戏漆盘，宋元时期的云龙雕漆盒，元代浴婴漆雕盒等。中美两国漆艺文化的互通与再生显示出中国漆艺在世界上的地位以及在全球文化贸易中的标志性意义。

另外，重拾被引进的《垸髤致美》及其中美漆文化的交流史，对于研究与发现中国漆文化以及现代漆涂料的开发与创新有重大启示：第一，从技术文本《垸髤致美》看，它让我们看到中国作坊式的《髤饰录》知识无法满足大规模的实业发展需求；第二，中美两国漆文化的交流、互生与再生揭示：漆文化是世界的，它是没有国界的；第三，在当代，《垸髤致美》的价值与作用需要我们重新评估。因为认识髤漆技术文本《垸髤致美》，有利于认识东洋漆与掌握西洋漆的垸髤配方与髤漆技法，有补于中国广漆垸髤配方与髤漆技法；了解各类油漆的化学结构、功能特性及工作环境，能发现与获得漆艺垸髤新配方与新髤法，特别是有利于涂料配方试验的设计

---

① 台北"故宫博物院"编委会：《海外遗珍·漆器》，台北"故宫博物院"，1998 年版。

科学化；理解各种髹漆介质及其杂方，掌握涂料成膜动力学过程、流变行为模式及结构固化机理，有补于生漆改性研究，克服生漆缺陷，开发节能、低耗与环保的生漆涂料新产品，尤其对于高性能、无污染、功能性涂料及无机颜料的开发与研究具有重大现实价值；研究与"复审"传统西洋漆配方的"老标准"有利于理解国外油漆涂料的基础性能与科学原理，也有利于促进中国漆涂料行业国际化，增强涂料行业水准，提升民族涂料企业和涂料品牌的竞争力。

由此观之，我们对《髹饰致美》的研究不仅是为了见证晚清社会的征候以及中美漆文化的交流史，还有抛砖引玉的学术期待，以期引起我们对《髹饰致美》技术文本的关注与再研究，并能进一步对中国漆涂料行业革新有所省思。

《髹饰致美》不过是西"漆"东渐的一个文本载体，但在传播学视角，丝绸之路（以下简称"丝路"）是通达中国与世界漆文化交流的契约之路。它已然开启中国文化输出的契机、路径与方式。丝路进程既是批评中国文化的发展、进步与增益的国道史，也是批评中外文化的交流、互译与交融的传播史。丝路文化传播以器物为形象载体向世界赫然敞开它的文化之美。"一个民族的审美意识的历史，表现为两个系列：一是形象的系列，如陶器、青铜器等；一个是范畴的系列，如'道'、'气'、'象'等。"① 在形象系列中，诸如玉器（图5-8）、陶器、青铜器、漆器等器物是生活的最亲密伴侣，它们是文化与美学思想的载体。漆器作为审美意识的物质形象，它最能呈现中国文化之美。

中国是世界上最早发现与使用大漆（自然漆）的国度，漆艺文化历史悠久，堪称东方之神秘。河姆渡朱漆大碗的出土至少把中国以漆髹物的历史推至7000—9000年前，从尧舜时期的"觞酌有

① 叶朗：《中国美学史大纲》，上海人民出版社1985年版，第5页。

图5-8 清玉镶宝石嵌金八方盒

彩"，到汉代的"错彩镂金"、经六朝的"静穆玄淡"、宋元的"炫
技逞巧"至明清的"满眼雕刻"，漆彩流光、千姿百态，它们共同
构筑了中国漆文化的独特形态，并沾溉音乐、书画、建筑、宗教等
诸多文化领域。在音乐方面，髹漆是制作琴瑟时不可或缺的重要环
节。漆面坚硬，可以保护乐器外体免受侵蚀；漆膜有弹性，对于传
音、共鸣皆有改善，更可衬出乐器音韵悠长绵远。大漆不仅有防
蚀、耐酸碱、防潮、耐高温等功能，大漆的黏性还能为乐器制作提
供天然"乳胶"。漆色的黑含蓄、蕴藉，给人以深沉内敛的美感，
更烘托出乐器典雅深邃的传统东方文化意蕴。排箫、琴、瑟等常髹
以黑漆，如湖北随县战国初期曾侯乙墓出土的十弦琴，通体涂布厚
厚的黑漆。南北朝时期的古琴"万壑松风—仲尼式"，中层为坚硬
的黑漆，表层为薄栗色漆。隋琴"万壑松—霹雳式"，面为黑栗壳
色，间朱漆，底栗壳色漆。唐琴漆色也主要以黑色、栗壳色为主。
大漆使乐器具有沉静大气的视觉美、温润而光滑的触觉美、静穆而
不闹的听觉美，大漆给人们带来的质感也是古乐器的审美诉求。大
漆之道与乐器文化交相辉映，使古代乐器浸透着东方音乐文化的神

韵与独特的文化内涵。在建筑领域，大漆是天然的优良涂料。中国古代土木建筑具有极好的稳定性，是世界建筑史上的伟大发明，但木质结构的防潮、防虫、防腐蚀性较弱，而大漆的特性恰好弥补了木材的缺陷。《国语·楚语》记载"土木之崇高、彤镂为美"①，虽为大夫伍举批评楚灵王修建章华台的奢侈行为，但这里的"彤镂"反映了我国古代在建筑上采用丹漆髹绘的悠久历史，也反映了当时人们将建筑彩绘作为奢华生活的标志和追求。古代建筑讲究装饰美，大漆的光泽使古代中国建筑文化独具魅力。"雕梁画栋"既是中国古典建筑装饰的法则，也是文化等级礼制的体现。《左传》曰："秋，丹桓公之楹。"② 此处"丹楹"，即用红漆髹门前的柱子。又曰："春，刻其桷，皆非礼也。"③ 这里"刻桷"，即在椽子上刻画。据古礼，天子、诸侯之楹规制用黑漆，但鲁庄公刻桷乃为"丹楹"与"刻桷"，故被认为是"非礼"奢靡之举。"丹楹刻桷"说明春秋时期建筑彩绘刻画的装饰形式已经开始。在书画艺术中，史籍中多见"漆文字""漆书""漆书多汗竹"等叙事，相传战国时期魏国史官所作的《竹书纪年》为漆书而成。战国时期，楚国曾用漆装饰毛笔，1954年，湖南长沙左家公山墓就曾出土过一支髹漆的毛笔。扬州博物馆藏西汉晚期彩绘嵌银箔漆砚，背以朱漆为地，身髹黑漆；1965年，安徽寿县东汉墓出土的长方形漆砚，上髹黑漆，外加朱漆。从出土的漆器书法看，汉代漆器上的大漆书法艺术成就最高。1987年荆门包山2号墓出土"彩绘车马出行图圆奁"，绘有众多的人、物，堪称楚漆画中的奇葩。漆画的美不仅在于材质，也在于工艺，这是其他画种无法替代的。在佛教文化中，魏晋时期佛教徒为宣传佛法，车载"行像"进行巡游的习俗开始兴起，东晋雕塑

---

① （春秋）左丘明：《国语》，尚学锋、夏德靠译注，中华书局2007年版，第295页。

② （春秋）左丘明：《左传》，李维琦等注，岳麓书社2001年版，第90页。

③ （春秋）左丘明：《左传》，李维琦等注，岳麓书社2001年版，第91页。

家戴逵汲取传统漆器夹纻工艺技法始创夹纻漆像。这种干漆像比铜铸、泥质、木雕之行像要牢固而质轻，更容易彰显佛之"高大"以及"道俗瞻仰"。唐代天宝二载间，唐代夹纻造像技术由东渡传法的鉴真法师带去日本，对日本漆器工艺也产生了重要影响，如日本奈良唐招提寺保存的三座大佛，均为夹纻佛像，其中鉴真干漆像被视为日本的国宝。"夹纻行像"是漆器工艺与佛教艺术的一次完美结合。大漆作为佛像装饰材质的美学潜质与佛家追求的涅槃清寂、空灵生命等宗教精神是同构的。

漆艺不仅融入古人的生活之中，还促成中国的音乐、建筑、绘画、佛教等精美的文化形态。漆艺空灵而生动的空间造型、飘逸而神奇的图案叙事、丰富而鲜明的色彩构成、实用而唯美的价值皆是中国美学思想先天的特质，加之西方一直没有种植生漆，因而，中国漆艺能成为丝路文化输出的对象。

在中西贸易史上，丝路漆器确乎是泽被东西的中国美学思想之见证，它也是近代以前中国文化"输出主义"之符号。那么，中国漆艺美学思想输出的缘由、契机与途径又是什么？西方审美文化又是如何通过中国漆艺美学思想的传播而产生深远影响？

汉唐时期，是丝绸之路文化输出的首座高峰，也是中国向海外输出漆艺美学思想与文化的高峰。中国漆艺经过海上和陆上丝路传入东北亚、东南亚以及西亚和阿拉伯，再经过波斯传入欧洲。在空间上，汉代陆上丝路漆器流通主要通过丝绸古道，将内地的漆器以及漆器技术传入西域。海上丝路漆器流通经过云南、广西等百越经陆路及"海上丝绸之路"，通达印度、越南、柬埔寨、印度尼西亚等地区，其中滇国是通往缅、印的南"丝绸之路"之要冲。《汉书·地理志》记载："自日南障塞、徐闻、合浦船行可五月，有都元国；又船行可四月，有邑卢没国。……所至国皆禀食为耦，蛮夷贾船，转送致之。……黄支之南，有已程不国，汉之译使自此还矣。"① 这段文字记载了汉代与南海诸国的海上贸易路线图。广东广州②、广西合浦③、江苏大云山④等汉墓出土的海外遗物，可以推断东南沿海一带与海外有漆器等"商品贸易"。到了唐代，漆器一度被列入国家税收什物，甚或成为唐政府"漆器外交"的重要凭物。漆器艺术盛极一时，其中"螺钿"、"平脱"与"剔红"等漆器艺术成绩斐然。漆器不仅是唐帝国的物质文化精品，还是丝绸之路上的"文化使者"。唐代贞元（785—805）年间宰相贾耽（730—805）受皇命绘制《海内华夷图》（801）并撰写《古今郡国四夷述》，他归纳出隋唐以来有七条通四夷与边戍之路。《新唐书·地理志》曰："集最要者七：一曰营州入安东道，二曰登州海行入高丽渤海道，三曰夏州塞外通大同云中道，四曰中受降城入回鹘道，五曰安西入西域道，六曰安南通天竺道，七曰广州通海夷道。"⑤ 这七条道路中，有五条为"陆路"，即"营州入安东道""夏州塞外通大同云中道""中受降城入回鹘道""安西入西域道"与"安南通天竺道"，另两条为"海路"，即"登州海行入高丽渤海道"和"广州通海夷道"。在陆路通道方面，裴矩（547—627）《西域图记》曰："发自敦煌，至于西海，凡为三道，各有襟带。北道从伊吾（今哈密），经蒲类海（今巴里坤）、铁勒部、突厥可汗庭（今巴勒喀什湖之南），度北流河水（今锡尔湖），至拂菻国，达于西海（地中海）。其中道从高昌、焉耆、龟兹（今库车）、疏勒、度葱岭，又经钹汗、苏对沙那国，康国，曹国，何国，大、小安国、穆国，至波斯（今伊朗），达于西海（波斯湾）。其南道从

---

① （汉）班固：《汉书》，中华书局1964年版，第1671页。

② 广州市文物管理委员会等：《广州汉墓》（上），文物出版社1981年版，第239页。

③ 广西壮族自治区文物管理委员会等：《广西文物珍品》，广西美术出版社2002年版。

④ 南京博物院等：《江苏盱眙大云山汉墓》，《考古》2012年第7期。

⑤ （宋）欧阳修、宋祁：《新唐书》，中华书局1975年版，第1146页。

鄯善，于阗（今和阗），朱俱波（帕米尔境内）、喝槃陀（帕米尔境内），度葱岭，又经护密，吐火罗，挹怛，帆延，漕国，至北婆罗门（今北印度），达于西海。……故知伊吾、高昌、鄯善，并西域之门户也。总凑敦煌，是其咽喉之地。"① 可见唐代丝路主要走向为长安至凉州道。1981 年，固原城郊雷祖庙北魏墓出土了描金彩绘漆棺，棺画的波斯画风表现出中亚、草原与中原审美文化的融合。在海路通道方面，第一条道，即"广州通海夷道"。根据《新唐书·地理志》曰："广州东南海行，二百里至屯门山（在香港北），乃帆风西行，二日至九州石。又南二日行至象石（海南岛东北角）。……又一日行，至门毒国（越南中部归仁与芽庄之间）。又一日行，至古笪国（越南东南）。……南岸则佛逝国（今印度尼西亚苏门答腊）。……又北四日行，至师子国（今斯里兰卡），……其国有弥兰太河，一日新头河（即印度河），……至乌剌国（今伊拉克幼发拉底河口巴士拉），……至茂门王所都缚达城（今伊拉克巴格达城）。……又一日行，至乌剌国，与东岸路合。"② 这条"广州通海夷道"，即"广州—香港北—海南岛东北角—越南中部—斯里兰卡—印度河—伊拉克—波斯湾"的海上丝绸之路。第二条是登州海行入高丽渤海道。《新唐书·地理志》曰："登州（山东蓬莱）东北海行，过大谢岛、龟歆岛、末岛、乌湖岛（诸岛即今庙岛列岛）三百里。……乃南傍海壖，过乌牧岛（身尾岛）、贝江口（今朝鲜大同江口）、椒岛（今朝鲜长渊县西南之岛），得新罗西北之长口镇（今朝鲜长渊县长命镇）。……七百里至新罗王城（今韩国庆州）。"③ 这段文字清晰记载登州海行入高丽渤海道的海上贸易路线，漆器是海上贸易的必备商品，如《全唐文》（第 2 册卷 118）之

---

① （唐）魏征等：《隋书》（第 6 册），中华书局 1973 年版，第 1579—1580 页。

② （宋）欧阳修、宋祁：《新唐书》，中华书局 1975 年版，第 1153 页。

③ （宋）欧阳修、宋祁：《新唐书》，中华书局 1975 年版，第 1147 页。

《赐高丽王王武诏》记载："敕赐高丽国王竹册法物等，竹册一副，八十简紫丝条联红锦装背册匣一具，黑漆银含陵金铜锁钥二副。"[①]唐代政府非常重视向朝鲜输入汉文化，韩国漆艺大约在中国的唐宋时期达到辉煌。现藏韩国湖岩博物馆的"螺钿团花禽兽文镜"就是统一新罗时期（668—935）的代表漆器，也是典型的唐代螺钿镶嵌漆器风格在朝鲜半岛的"翻译"。到朝鲜半岛的高丽王朝（918—1392）时期，佛教成为国教，为满足贵族阶层的漆艺需要，高丽王朝1310年设立官营供造署大量生产螺钿漆器等佛教以及生活漆艺品，如现藏韩国中央博物馆的佛家漆艺品"螺钿玳瑁菊唐草文拂子"等。日本首先从朝鲜学习汉文化，后派"遣唐使"来中国学习漆器及汉文化。日本漆器的飞速发展是在奈良时代（公元8世纪，即我国的唐代）。从日本漆艺专业术语中可窥见漆艺技术来源于中国，如中国的"金银平脱"漆艺技术，自盛唐时期（日本奈良时期）传入日本社会后，便一直完好保存延传下来，（日本）把花纹高出平面的"金银平脱"称为"平文"[②]。另外，日本漆艺家所说的"沉金"出自中国的"戗金"。夹纻行像在唐代开始盛行，如据《邵氏见闻后录》中有苏世长在武功唐高主宅曾遇见"唐二帝伫漆像"之记载，张鷟在《朝野佥载》也记载过周证圣元年（武则天年号）夹纻造像，"……其中大佛像高九百尺，鼻如千斛船，中容十人并坐，夹纻以漆之[③]。唐代天宝二载间，唐代夹纻造像技术由东渡传法的鉴真法师带去日本，如日本奈良唐招提寺保存的三座大佛，均为夹纻漆佛像，其中鉴真干漆像被视为日本"国宝"，他们称夹纻造像工艺为干漆。日本与韩国在唐代曾派大量的"遣唐使"来中国学习，他们也把中国的漆文化带回自己的国家，李白与王维

---

① （清）董诰等编：《全唐文》（2），中华书局1983年版，第1198页。

② 田自秉：《中国工艺美术史》，东方出版中心1985年版，第216页。

③ （唐）张鷟：《朝野佥载》，中华书局1979年版，第115页。

也写了不少反映日韩遣唐使的诗歌，这些诗歌虽然没有直接涉及髹漆，但是从中国唐代时期日韩的漆艺文化可以窥见一斑。"根来涂"是被日本漆艺界视为比较有日本民族特色的漆器纹饰技术。中国大唐时期的金银平脱与螺钿镶嵌技术对朝鲜半岛的工艺影响深远，一直到朝鲜半岛的高丽王朝时期。据《东国文献备考》载，文宗元年尝使辽赠者以白铜、螺钿、绘画、屏扇、奇玩等，可见宋元时期，朝鲜半岛受中国漆艺影响深远。1956 年，在洛阳古墓中发掘漆器上饰以螺钿镶嵌的人物图案①（二人对饮，另有一乐师弹琵琶，一只鹤舞于阶下），在日本奈良博物馆里也藏有类似文物。

宋元时期，中国漆艺文化进入新的辉煌时期，与边疆、海外贸易活跃。宋代改变唐以来的"坊"与"市"的严格区分制度，城市中"行""铺"林立，如南宋杭州多有"温州漆铺""游家漆铺"等，因此，宋代商品经济得到长足发展与繁荣。在边境贸易中，"榷场"是宋官方对外贸易的据点。据史载："西夏自景德四年，于保安军置榷场，……以香药、瓷、漆器、姜桂等物易蜜蜡、麝脐、毛褐、羱羚角、硇砂、柴胡、苁蓉、红花、翎毛，非官市者听与民交易。入贡至京者纵其为市。"②宋代"互市"贸易为漆器的输出提供契机与平台。在东亚，今南朝鲜木浦海底打捞出宋代瓷器遗物六千多件，还有漆器、金属器皿等③，说明当时中国瓷器、漆器等器物出口东亚的比重很大。到了元代，国家专设"油漆局"掌管两都宫殿髹漆之工。在中外漆文化交流中，13 世纪马可·波罗在他的游记

---

① 张静河：《瑞典汉学史》，安徽文艺出版社 1995 年版，第 197 页。

② 梁太济、包伟民：《宋史食货志补正》，杭州大学出版社 1994 年版，第 814 页。

③ 李德金、蒋忠义等：《朝鲜新安海底沉船中的中国瓷器》，《考古学报》1979 年第 2 期。

中曾描述蒙古大汗奢华的鎏金漆柱御苑①。14世纪阿拉伯人对"漆树科"已有初步科学认知，从元代延祐到天历年间（1314—1330），担任饮膳太医忽思慧在其《饮膳正要》曾记载阿拉伯的药物马思答吉（漆树科乳香）等被宫廷饮膳采用②。

　　明清时期，中国漆艺美学思想对欧洲的输出与影响达到极盛。晚明繁缛雅丽的漆艺装饰所表现出来的"中国风格"对"洛可可风格"产生重大影响。根据《大不列颠百科全书》之"Chinoiserie"词条，所谓"中国风格"，即"指17—18世纪流行于室内、家具、陶瓷、纺织品、园林设计领域的一种西方风格，是欧洲对中国风格的想象性诠释。……中国风格大多与巴洛克风格或洛可可风格融合在一起，其特征是大面积的贴金与髹漆"③，"洛可可"（Rococo）原意就是"贝壳装饰"，与中国的螺钿漆器装饰的意思相当。在17—18世纪间，通过海上贸易或传教士等途径，"中国的漆器也与瓷器同时涌入了欧洲，在路易十四时代，漆器仍被视作一种奢侈品"④。中国的漆器装饰图案对西方的建筑、家具、绘画，甚至消费模式与审美标准都产生过重大影响。"在18世纪，当欧洲国家的宫廷中流行中国艺术品时，瑞典国王弗雷德里克为王后修建了一座法国'洛可可'艺术风格的宫殿。……宫殿内的装饰是采用中国瓷器、刺绣、漆器的图案，同时陈列着王后购买的中国德化白瓷、粉彩瓷器花瓶以及大量的漆器家具、国画、糊墙纸等。当欣赏者在那里看到这些独特的中国艺术风格的手工艺品时，好像在瑞典王国中又找到了中

---

①　[意] 马可·波罗:《马可·波罗游记》（上），余前帆译注，中国书籍出版社2009年版，第142页。

②　宋岘:《中国阿拉伯文化交流史话》，中国大百科全书出版社2000年版，第129页。

③　袁宣萍:《十七至十八世纪欧洲的中国风格设计》，文物出版社2006年版，第4页。

④　[法] 安田朴:《中国文化西传欧洲史》，耿昇译，商务印书馆2000年版，第524页。

国的天地。"① 从繁缛、奢华、精巧的洛可可艺术中，也见出中国17世纪明代的漆器装饰风格，正如美国托马斯·芒罗所说，"洛可可艺术"乃是"中国风格的法国艺术品"②。路易十五的情人蓬巴杜夫人对中国的漆器家具与日用品情有独钟，当时罗伯特·马丁（Robert. Martin）为她设计的家具多援引中国漆艺装饰的风格。中国漆器在法国宫廷最受欢迎，特别是在路易十四时代，中国漆器被视为一种特殊而罕有的珍贵物品，它的过度装饰"曾引起了老弥拉波侯爵（Marquis, de Mirabeau）从经济方面出发的愤怒指责。当时商业或财产目录上，有关于东亚许多入口货品的记载，其中有中国漆器，甚而更早已有法国仿造而带有中国商标的漆器，亦随处可见。商人杜伟斯（Lanzare Duveaux）的日记簿，是这类研究的一项宝贵的资料，其中几乎每页都有'古董的漆器'（Curiosités vernies）的名目"③。由于法国宫廷对漆艺美学的追求，17世纪法国漆业一直处于欧洲首位，中国漆艺文化很快在欧洲传播，德国、英国、美国等欧美国家的"中国风"亦狂飙突进。

丝路漆器所承载的中国美学思想成功地跨出国门，成为世界文化传播的典范。丝路漆器作为美学的化身与文化的使者，用器物交流的方式向世界输出中国美学思想及其中国文化。

丝路是中国漆艺对海外产生影响的重要契机与通道，漆艺作为"丝路"上中西文化交流的"大使"，它不仅输出了中国美学思想，还沾溉西方文化。

在英国，著名作家威廉·萨默塞特·毛姆（W. S. Maugham）颇受

① 彭修银：《东方美学》，人民出版社2008年版，第42页。
② ［美］托马斯·芒罗：《东方美学》，欧建平译，中国人民大学出版社1990年版，第6页。
③ ［德］利奇温：《十八世纪中国与欧洲文化的接触》，朱杰勤译，商务印书馆1962年版，第28页。

中国漆艺美学思想的影响，在《在中国屏风上》中多有溢美与惊诧之语，如《陋室铭》篇描写道："庙里褪了色的朱红油漆上描绘的褪了色的金龙的藻井依旧漂亮。……房子后壁是一座神龛，那里放着一张大漆香案，香案后面是一尊入定的古佛。"[①] 在《残片》篇曰："你可能设想中国的手艺人不刻线施色把一个物件表面的简单打破不认为他的工作是完全的。在一张用作包装的纸上，也要印上阿拉伯式的图案。但是当你看见一个铺店木制门面上的精美装饰，杰出的雕花，贴金或浮雕漆金的漆作，精致的柜台，精雕细镂的招牌，更是出乎意料。"[②] 家具设计师汤姆·齐平特（Tom Chippendale）采用中国福建漆仿髹漆家具，开创了具有中国美学特色的"齐平特时代"。英国人赫德逊十分形象地写道："中国艺术在欧洲的影响成为一股潮流，骤然涌来，又骤然退去，洪流所至足以使洛可可风格这艘狂幻的巨船直入欧洲情趣内港。"[③] 1700 年，诗人普赖尔（Proor）对中国漆橱柜之美十分神往，他写了如下诗句："英国只有一些少量的艺术品，上面画着鸟禽和走兽。而现在，从东方来了珍宝：一个漆器的橱柜，一些中国的瓷器。假如您拥有这些中国的手工艺品，您就仿佛花了极少的价钱，去北京参观展览会，作了一次廉价旅行。"[④] 可见"一个漆器的橱柜"是中国文化与美学思想的载体。詹姆斯·希尔顿（James Hilton）在《消失的地平线》中说："精致的宋代珍珠蓝陶器、上千年前的水墨古画，绘制着幽怨仙境的精巧漆器，笔调细腻，巧夺天工，以及那些几近完美的瓷器和釉彩的光泽，均映现

---

① ［英］毛姆：《在中国屏风上》，陈寿庚译，湖南人民出版社 1987 年版，第 4—5 页。

② ［英］毛姆：《在中国屏风上》，陈寿庚译，湖南人民出版社 1987 年版，第 204 页。

③ ［英］赫德逊：《欧洲与中国》，李申、王遵仲等译，中华书局 2004 年版，第 229 页。

④ 转引自陈伟、周文姬《西方人眼中的东方陶瓷艺术》，上海教育出版社 2004 年版，第 40 页。

出一个无法雕琢的、飘荡的仙境。"①

在法国，浪漫主义作家维克多·雨果称赞中国集漆艺、建筑与绘画于一体的圆明园为"规模巨大的幻想的原型"②。17世纪末到18世纪，法国开始仿制中国漆艺（图5-9）。法国启蒙思想家伏尔泰对罗伯特·马丁及中国漆器非常欣赏，"他在《尔汝汇》中，对于法国漆业的最新成就表示了他的喜悦，他说：'马丁的漆橱，胜于中华器。'又于《论条件之参差》中，说'马丁的漆壁板为美中之美'。"③18世纪30年代，神甫杜赫德（Jean-Baptiste Du Halde，1674—1743）对中国漆艺之美多有溢美之词，他编撰的《中华帝国通史》（第二卷）中有漆艺叙事："从这个国家进口的漆器、漂亮的瓷器以及各种工艺优良的丝织品足以证明中国手工艺人的聪明才智。……如果我们相信了自己亲眼看到的漆器和瓷器上的画，就会对中国人的容貌和气度做出错误的判断。……不过有一点倒没错，美在于情趣，更多在于想象而非现实。"④杜赫德道出了中国漆艺之美的艺术特征："美在情趣"。一直到20世纪20—30年代欧美"装饰艺术运动"兴起之时，中国漆艺的装饰美学思想仍在沾溉西方。譬如艺术家让·杜南（Jean.Dunand，1877—1942）酷爱采用中国漆艺装饰邮轮"诺曼底号"，并大量使用漆绘屏风，让·杜南热爱中国漆艺之美，为普及中国文化发挥了很大作用。

在德国，德国人利奇温（Adolf Reichwein）说："开始由于中国

---

① ［英］詹姆斯·希尔顿：《消失的地平线》，大陆桥翻译社译，上海社会科学院出版社2003年版，第92页。

② 何兆武、柳御林编：《中国印象——世界名人论中国文化》（上），广西师范大学出版社2001年版，第77页。

③ ［德］利奇温：《十八世纪中国与欧洲文化的接触》，朱杰勤译，商务印书馆1962年版，第135页。

④ 周宁：《世纪中国潮》，学苑出版社2004年版，第302—313页。

图 5-9　法国漆饰办公桌（1759）

的陶瓷、丝织品、漆器及其他许多贵重物的输入，引起了欧洲广大群众的注意、好奇心与赞赏，又经文字的鼓吹，进一步刺激了这种感情、商业和文学就这样的结合起来，（不管它们的结合看起来多么离奇，）终于造成一种心理状态，到18世纪前半叶中，使中国在欧洲风向中占有极其显著的地位，实由于二者合作之力。"① 歌德（Johann Wolfgang von Goethe，1749—1832）在斯特拉斯堡求学时曾读过中国儒家经典的拉丁文译本与杜赫德的《中华帝国全志》等有

---

① ［德］利奇温：《十八世纪中国与欧洲文化的接触》，朱杰勤译，商务印书馆1962年版，第13页。

关中国著作①，在莱茵河畔法兰克福诗人故居里设有中国描金红漆家具装饰的"北京厅"，厅内陈设有中国式红漆家具等物品。

《龙的故乡：中华帝国》记叙了中国漆竹藤及其漆画对英国诗人塞缪尔·泰勒·柯勒律治产生的影响，书中有这样一段文字："在上都忽必烈那宽阔的狩猎禁苑的中央矗立着一所巨大的宫殿，上面的房顶是用镀金的和上过漆的竹藤精心建造的并且还画满了鸟兽。它在几百年之后给了英国的大诗人塞缪尔·泰勒·柯勒律治以灵感，根据马可·波罗对于他自己称之为'仙都'（Ciandu）的记述，把这所'堂皇的安乐殿堂'称为'赞拿都'（Xanadu），写出了《忽必烈汗》那首脍炙人口的名诗。"② 说明柯勒律治的审美思想极大地受中国漆艺美学思想的影响。

在传播学视野下，古代丝绸之路上"器"度不凡的漆器向世界赫然敞开它的艺术之美。丝绸之路漆艺传播是中国古代文化与美学的一次"远征"，它能确证中国向世界输出美学思想与文化的历史路径，见证了古代中国文化之美的国家身份与世界地位；它所传递的美学在一种被信赖的中国美学与世界美学交融中处于轴心角色，被输出的丝路漆艺之美与文化有力呈现世界美学思想与文化大融合的态势，并昭示出近代以前的中国文化所秉承的文化输出主义传播理念。

七 烟具全息论

宇宙是全息的，"全息论"作为批评方法是宇宙论思维及其应用

---

① 李云泉：《中西文化关系史》，泰山出版社1997年版，第241页。

② 美国时代生活图书公司编：《龙的故乡：中华帝国》，老安译，山东画报出版社2003年版，第117页。

的扩展。工艺宇宙同样是全息的，艺术全息论也应当成为我们考察工艺文化的一种思维与方法。在此，不妨以"烟具"为批评案例，并运用"全息论"思维方法考察世界烟具文化，以期为读者展示全息论作为批评方法的力量。

在全息论视野下，烟具所承载的文化是全息社会的一个特例细胞。它不仅蕴含宗教仪式的表意体系，还表现为社会观念的物态形式。于是，作为物体系的烟具已然转进为观念意义上的社会映像。从早期的烟管或烟斗到鼻烟壶，从雪茄烟到香烟的烟具，它被发现或未被阐释的中外烟具文化俨然成为世界性的社会表现及其风尚的全息元。抑或说，烟具批评或能引领我们朝向艺术全息学迈进。

吸烟起源于宗教活动，烟具设计取决于发生在其间的仪式需要。烟草的使用——吸烟、鼻烟或嚼烟、雪茄或香烟——已经构成了全息社会意义上的文化仪式，透视这些仪式有助于解读具有表意物体系的烟具——烟管、烟斗、鼻烟壶、雪茄或香烟工具——作为人类吸食史的全息文化映像。当烟具遭遇文化关切或试图获取其全部表意信息时，就会引起一个耐人寻味的关涉烟具设计的全息史观问题。所谓"全息史观"① 是借鉴全息理论于史学研究的一种新近方法论，在 20 世纪中后期才被引进史学研究领域。作为"移名"范畴，"全息"原本属于生物学领地，指的是生物体各组成部分（全息胚）均能反映其整体（生物体）信息。该生物全息理论后来被广泛应用于农学、医学、计算机及其他社会科学领域。就器具设计而言，人们更应以全息论视角，从器物及生活仪式这些最基本的物体系入手，进而去解构与还原其背后的社会文化。譬如被设计的烟具就是整个社会的"全息胚"或"全息元"，具备诸多社会化观念意义与隐喻体系。抑或说，作为物体系的烟具背后隐喻一部全息式社

---

① 忻平：《全息史观与近代城市社会生活》，复旦大学出版社 2009 年版，第 7 页。

会表现及其风尚文化。

烟具是烟民吸食工具之一，与生活人伦及其趣味密切相关。全息论认为，任何事物均是社会的一个全息元，均能反映其社会生活文化信息。抑或说，全息元是全息体的一种映像式反映。譬如中国烟具的变革抑或称为国家映像的全息元，它已然成为中国社会的一个文化缩影。

在早期，中国最早的烟斗是一种打通关节的竹管，即烟管，它主要是用于宗教仪式中插于瓦盆中吸食烟雾的工具。因此，这种燃吸烟管仪式被归结于一种集体的、精神的宗教活动。烟管作为原始宗教全息体的一个缩影，从一定程度上反映出原始社会的生活仪式或整体现实。在此，烟具"还存在着被归于吸烟的其他特性：精神的和宗教的意义。在宗教主要认同于群体的政治和亲属结构，通过大众参与而组织起来的社会中，吸烟仪式在很大程度上具有涂尔干式的意义，即最大化地象征了集体力量"[1]。神圣的吸烟仪式或被视为祈祷、或求雨、或舞蹈……这种集体性吸烟仪式或暗示着中国礼制文化的萌芽，并夹杂着中国文化的因子。后来，汉族人见面"敬烟"或"无烟不礼"等习俗显示出吸烟仪式具有礼制文化的表意系统。苗族流行的水袋烟婚俗仪式，更显示出"以烟为媒"的人性和谐美好力量，烟具及其仪式的文化表意功能已然超于物本身。

吸烟仪式被中国先民所敬畏与重视，因此后世的烟具设计也就倍加精致，近乎奢华。譬如清代顺治二年（1645）程荣章刻的龙纹铜鼻烟壶，[2] 这是目前所见最早的鼻烟壶。鼻烟壶是根据外来的鼻烟盒改装设计而成，在清代康、雍、乾三朝极其流行。鼻烟壶设计精美，用料讲究，它集玛瑙、翡翠、玉石、琥珀、金银、珊瑚、玳

<hr>

① [美]兰德尔·柯林斯：《互动仪式链》，林聚任、王鹏等译，商务印书馆2009年版，第407页。

② 刘杰：《烟草史话》，社会科学文献出版社2014年版，第122页。

珺等名贵材料于一身，采用镶嵌、镂金、錾刻、螺钿、髹漆、绘画、书法等多种手工技艺。17—18世纪的中国烟具等工艺设计走向历史的辉煌顶峰，烟具作为清代社会全息元在时间、空间、物质生活等视点还原了清代社会的全息体。在时空层面，17—18世纪的中国设计是世界设计的中心，在法国等欧洲宫廷狂飙突进的"中国风"就是中国清代设计在欧洲社会流行的一个缩影。奢华的鼻烟壶是帝王生活的一个全息元，即能共振或体现出清王朝帝国奢华的生活美学趣味。

不过，烟草文化一直处于中国亚文化的分野之中，因为它毕竟具有对身体有害的尼古丁，或被视为致癌吸食物质。19世纪中国出现了吸食鸦片的烟枪，与烟枪相配套的还有烟灯、烟碗、烟盘、烟镊、切刀等烟具。从一定程度上说，烟枪是近代积贫积弱的中国备受外国欺辱的表意物象特例。在全息论视野下，用于吸食鸦片的烟枪是19世纪中后期中国社会的一个全息胚，也是中国社会在世界上的弱国形象全息元。烟枪作为已经坏死的社会细胞，它集中反映了英法等帝国主义对中国倾销鸦片的真实历史，也凝聚19世纪中后期中国社会的精神意识与行为指向，并暗示此时的社会已然走向腐朽堕落。可见，从被捕捉到的烟枪历史尘埃及其隐蔽的社会全息元得知，烟枪的设计是时代的温度计、社会的风向标。

在近代，纸烟由美国传入中国上海等地。20世纪初的英美烟草公司在中国生产单刀牌、三炮台牌、红锡包牌、哈德门牌等纸烟。中国商人在汉口创立南洋烟草公司，生产大爱国牌、飞马牌、大长城牌、三喜牌等纸烟，[①] 其中飞马牌纸烟盒印有"振兴国货"字样。此时烟民吸食国产大爱国牌、飞马牌纸烟以抵制外烟，也是爱国的一种表现。20世纪初的中国市场被"洋货"充斥，消费或拥有国产

---

① 孟庆国、康平：《中国烟具》，陕西旅游出版社2005年版，第13页。

纸烟与爱国画上等号，很明显被消费的纸烟及其烟具已被纳入中国社会全息体的国民性文化范畴。

烟具作为社会生活细胞之一，是社会里全息胚的一种特例。因此，烟具与整体社会有对应关系，也即烟具作为社会细胞具有社会体的文化结构与功能。在印第安人那里，烟管成为宗教的一种幻象。在欧美，烟斗乃是社会身份及财富的全息图，鼻烟壶或烟枪已然划分出了社会群体的界限，雪茄或香烟也被赋予社会进化及其设计物革新的表意系统。抑或说，烟具作为世界性社会细胞具有全息整个社会的全能性。

在宗教层面，烟管成为宗教仪式与集体力量的一种表意幻象。在美洲土著印第安人那里，烟斗乃是一种具有表意功能的宗教仪式对象。烟斗不仅担负休战旗帜的符号性作用，被装饰的烟斗还意味拥护联盟具有强大的集体力量。① 换言之，燃吸烟管的设计起源于宗教，烟具为宗教仪式服务。可见，烟管明显带有宗教的表意符号性，它具有仪式的集体性与实用性，并成为这种意义的幻象物。

在身份层面，烟斗是社会身份及其财富的全息图。由于燃吸烟管吸食烟汁大，且多有灼烧感，于是出现中空陶制的或木制的烟斗。后来发明烟嘴与烟斗的结合，即出现旱烟杆。为了吸食的清凉感，水烟袋与水烟筒也随之诞生。不过，在 18 世纪以前的烟民吸食烟草主要工具是烟斗。在德国与荷兰，装饰华丽的烟斗是上层社会炫耀身份的象征物，特别是在集体活动空间，烟斗吸烟是最为时尚的一种显示地位的仪式。在英国，烟斗吸烟与喝茶是中产阶级的两个重要标志。源于中国的鼻烟壶或鼻烟盒成为个人珠宝的替代品，特别是流行的玛瑙制的、金制的、髹漆的、玉制的以及瓷制的鼻烟工具成为西方上流贵族常见的便携器具，它们作为雅致的公共空间

---

① ［美］兰德尔·柯林斯：《互动仪式链》，林聚任、王鹏等译，商务印书馆 2009 年版，第 407 页。

中的道具明显擢升为一种社会文化身份的饰品。

在界限层面，鼻烟壶或烟枪已然划分出了社会群体的界限。由于举火之不便，加之反吸烟运动，以及基督教牧师把吸烟等同于不道德的恶习行为，18世纪开始流行烟斗的替代工具——鼻烟，这暗示吸烟仪式已经被纳入社会公共范畴，代表生活方式的吸食工具已经跨越到社会界限问题层面。"十七世纪末，德国科隆成为欧洲鼻烟贸易中心，十八世纪，国王佛雷德里克一世在宫廷中召集大臣、将军开会，商讨国事时，规定每人必须抽烟或吸鼻烟，因而被称为'烟草社交会'。"① 很明显，因鼻烟仪式而被划分出了合法性与违规者的社会界限。因此，"鼻烟能够作为一种更为高贵的用法获得了声望"②。尽管产品设计的理想是为了大众的普遍性消费与生活行为，但被设计的鼻烟壶已然划分出了社会群体的界限。

在进化层面，雪茄或香烟被赋予了社会进化意义上的物体系象征。随着烟草的普及，鼻烟仪式被认为是一种不优雅的活动。到19世纪初期，鼻烟开始渐渐淡出西方上流社会，并缩小为下层阶级的小习惯。直至20世纪，香烟在全世界开始流行，而此时的烟斗吸烟又逐渐复苏，并被视为资产阶级的、保守的、绅士的一种私人仪式；与之相反的是雪茄烟（卷烟）也替代了鼻烟，并被视为现代主义或自由主义的形象。毫无疑问，烟斗或雪茄被赋予社会进化意义上的象征。伴随19世纪初法国大革命的胜利，雪茄进入了大多数工人阶层，不再是贵族独享的奢侈品。到了19世纪30年代，嚼烟仪式已然代表了一种民族主义，即被农村土地所有者阶级的成员视为身份的表示。此时的雪茄也开始走向了美国女性生活，带有上流社会女性的行为方式。20世纪早期，吸食雪茄打破了性别界限，同时

① 王金海：《鼻烟壶鉴赏与收藏》，上海书店出版社1996年版，第2页。

② ［美］兰德尔·柯林斯：《互动仪式链》，林聚任、王鹏等译，商务印书馆2009年版，第411页。

又成为男性的专有特权象征。在美国，吸食雪茄与"花花公子"是同等含义。不过，在设计维度上，尽管吸食雪茄的道具要比烟斗在装饰上少得多，但后来雪茄时代也是男性拥有吸烟特权的时期。

在工艺层面，西方烟具及其吸烟仪式也带来了其他艺术设计的发展。"一般而言，是一件吸烟夹克，有时候还会有一顶吸烟帽，它们用诸如天鹅绒那样的稀罕的奢侈布料做成，带有锦缎的衣领或镶边，可能还有流苏。"① 这就是说，吸食雪茄也相应地影响了服装设计。后来，由于火柴与打火机的出现，香烟或纸烟使吸烟在最大程度上开始普及。香烟提供了一种仪式的优雅以及对社会不平等的抵抗道具。不过，上层社会已然改变了香烟包装设计形式，金制或银制的香烟盒成为吸食仪式活动矫饰的对象。20 世纪 40 年代，反精英主义的活动使香烟复归平民化，纸质香烟盒的设计成为主流，并影响包装设计的发展。

烟草是由首批西班牙和葡萄牙航海家从南美输入中国的。后来，在法国人眼中，中国发展成为一个烟草国家。② 抑或说，烟草文化在世界各地传播与互溢，并成为世界文化交流与对话的意义体，它所寄寓的"礼尚往来"的表意功能，发挥着国家间文化沟通作用。清代张荫桓在日记中写道："去冬粤中寄靴帽一箱，至今未到，幸提单犹存，尚可寻究。墨使赠烟卷四匣，即令子刚为日文谢之。"③ 还记到："（光绪十五年）十一日丁亥（3 月 12 日）晴。……波使出观该国刺绣桌幔诸物，不甚精致，又出观烟管，以

---

① ［美］兰德尔·柯林斯：《互动仪式链》，林聚任、王鹏等译，商务印书馆 2009 年版，第 424 页。

② ［法］佩雷菲特：《停滞的帝国——两个世界的撞击》，王国卿等译，生活·读书·新知三联书店 1993 年版，第 214 页。

③ （清）张荫桓：《张荫桓日记》，任青、马忠文整理，上海书店出版社 2004 年版，第 271 页。

椰壳镌镂，六角镶银，如圆碗而底特锐，中储水，上接银管二，以火引之，旁一管就以呼吸，此波斯吸鸦片之器，拙笨可嗤，且必以手按之，否则倾矣。"① 显然，烟卷及烟具成为中外文化交流的使者，成为各国外交使节互赠的仪式物。

　　器物文化是互动的，中国设计的精美烟具也被输入西方，并成为西方人的崇拜对象。1567 年西班牙远征军非法占领菲律宾（宿务首府），四年后占领吕宋岛，随即西班牙人积极寻求与大明朝开展海上丝路贸易。由于在 1574 年，西班牙人助明讨伐广东海盗林凤集团有功，因此西班牙人来华贸易受到明政府特别礼遇。菲律宾学者欧·马·阿利普在《华人在马尼拉》一文中如是描述："西班牙殖民者立即发现与华人友好是很有益处的。他们需要华人的精美货物，出口到西班牙和拉丁美洲。华人能够向他们提供丝绸、瓷器、漆器和其他重要的东方产品。在菲律宾的西班牙居民，特别是那些住在马尼拉的居民，需要菲律宾土著尚未生产的某些奢侈品。"② 于是，16 世纪中后期，西班牙商船频繁往返于马尼拉与墨西哥阿卡普尔科港，大量贩运中国的漆器、瓷器、丝绸、香料等大宗货物，其中就有烟具鼻烟壶。鼻烟壶是欧洲上层社会的心仪之物，备受宠爱。中国丝绸、瓷器、漆器、茶叶等在广州被装船运至欧美，西洋商船把烟草、鼻烟、鼻烟壶、玻璃器皿等商品运往广州，广州逐渐成为鼻烟壶交易重镇。

　　特别是在 17—18 世纪，通过丝路、海上贸易或传教士等途径，中国漆制或瓷制的烟具被输入欧洲。"18 世纪中叶以后，爱好漆器的风尚也传入德国。德国艺术家施托帕瓦塞尔（Jahann Heirich Stob-

---

　　① （清）张荫桓：《张荫桓日记》，任青、马忠文整理，上海书店出版社 2004 年版，第 370 页。

　　② 参见中外关系史学会编《中外关系史译丛》（第一辑），上海译文出版社 1984 年版，第 98 页。

wasser）开始出售漆器，上面绘制中国的人物和风景。他在不伦瑞克成立了一家漆器厂，生产上漆的鼻烟壶。"① 1664 年，法国为了监管非洲、印度以及印度洋其他岛国的贸易，设立法属东印度公司。1685 年路易十四与清廷开始交往，1698 年法国东印度公司商船"昂菲德里特号"（Amphrityite）在拉罗舍尔港起碇驶向中国，进行海上漆器、瓷器等贸易活动。1703 年（康熙四十二年）该船再次满载中国漆器、瓷器等大宗货物返航法国，中国大量的奢华烟具、漆器、瓷器等货物被运往法国宫廷，并刮起"中国风"。

利奇温在《十八世纪中国与欧洲文化的接触》中描述："洛可可艺术风格和古代中国文化的契合，其秘密在于这种纤细入微的情调。洛可可时代对于中国的概念，主要不是通过文字而来的。以淡色的瓷器，色彩飘逸的闪光丝绸的美化的表现形式，在温文尔雅的十八世纪欧洲社会之前，揭露了一个他们乐观地早已在梦寐以求的幸福生活的前景。"② 精美的瓷器引起了西方人对"仿制"的想象，法国奥古斯都曾让炼金家约翰·弗里德里希·伯特格尔（1682—1719）和学者瓦尔特·冯·奇思豪思（1651—1708）仿制中国瓷器。但西方人在仿制的道路上并非一帆风顺，前后共摸索 300 多年，直到 18 世纪才学会烧造陶瓷。"虽然如此，在当时由中国传入的各种工艺中，制瓷法还是最容易为人所掌握。在萨克森（Saxong），这种新工业在短期内就成为最丰富的收入来源之一。腓特烈大王（Frederick the Great）在七年战争（Seven years'War）中占领萨克森以后，便利用迈仙的瓷器，清偿他的债务。当时他赠送一个瓷鼻烟壶给卡谟氏女伯爵（Countess Von Camas）作为礼物，在随附的便笺当中说：'亲爱的小母亲，我给你一件小小的礼物，使你

---

①　刘迎胜：《丝路文化》（海上卷），浙江人民出版社 1995 年版，第 299 页。

②　［德］利奇温：《十八世纪中国与欧洲文化的接触》，朱杰勤译，商务印书馆 1962 年版，第 20—21 页。

将常常记起我——我在这里为世界各处订造瓷器——真的，这种脆薄易破的物质是我现在仅有的财富了。我们现在穷得像乞丐一样，我希望凡接受我这些礼物的人，都当这些礼物作硬币一样；我们现在，只有光荣、宝剑和瓷器。'"① 可见瓷制鼻烟壶在欧洲人眼中的地位与身份。

除了海上贸易之外，清廷还通过"赏赉"或"恩赐"的方式赠予鼻烟壶给海外使臣。欧洲人对这些号称"异域之花"的瓷器、漆器迷恋之极，并把得到清廷赏赐或购买的鼻烟壶、漆烟盒视为珍宝。

对烟具的全息性考察价值不仅在于它能还原与建构全息化社会，还在于它将引领我们朝向艺术全息学迈进。烟具作为人类吸食史的社会进化物体系，它被发现的或未被阐释的全息知识已然成为社会的全息元，它所传递的全息知识呈现出一种被信任与理解的世界性文化存在。更进一步说，烟具作为物体系转进为观念化的社会特例细胞元，它能替代文字系统直接讲述社会文化历史，这种器物的全息化社会意义与功能明显要超越于文字书面系统。由此，至少可以得到以下几点深远启示：第一，物体系是世界文化体系的重要组成部分，尤其能利用它的表意系统全息社会文化整体风貌；反之，失去对物体系的全息阐释，世界文化是不完整的。第二，对物态形式的文化全息，并与传世文献相互印证，或能将世界文化史推至久远的没有文字的年代，进而大大丰富人类文明，以有限之物实现对无限世界的文化全息。第三，全息器物及其隐喻物体系能打通各种艺术文化的界限，并成为一种值得信赖的艺术批评方法，具有强大的世界性艺术文化叙事功能。因此，艺术全息论或能为解读中外艺术文化提供别样的途径。

---

① ［德］利奇温：《十八世纪中国与欧洲文化的接触》，朱杰勤译，商务印书馆1962年版，第25页。

简言之，艺术全息论是艺术宇宙学思维的一种演绎，它在阐释艺术文化上具有整体性、结构性与系统性的优势，并能解构与还原艺术社会的本来风貌及其特征。在工艺层面，工艺全息学同样能为解读工艺文化而提供别样的批评途径与进路，也必将成为工艺宇宙论视野下的重要批评方法论。

第六章

在结论之外

人类理解力的最大障碍在于我们的"眼睛"是会言说的骗子，这个"骗子"的工作方法通常是通过感觉、知觉、想象、情感、理解等，在此基础上也能想到一些诸如比较、归纳、演绎、统计、逻辑等其他相对高级思维与写作工具。为此，我们必须要放弃主观论、单一论、机械论、玄学论等有关"骗子行为"的工作方式，必须要回到具有协同的、共性的、统一的"间性批评"之中。"间性批评"是一种"被敞开的"开放式批评策略。因为只有各自间的自由敞开或开放，才能保障批评进程的敞开与创新。

在此，笔者想借用法国哲学家亨利·帕格森（Henri Bergson，1859—1941）的话说，《描绘器度》的分析结果之一是在艺术文化批评领域内明确区分封闭与开放的不同。帕格森[1]在《道德与宗教的两个来源》一书"结语"中这样论述：

> 我们的分析的结果之一便是在社会领域内明确区分封闭与开放的不同，在封闭的社会中，成员凝聚一起，对其余的人类社会毫不关心，总是警惕着忙于自卫，随时进行战斗。……开放的社会会被认为在本质上是向所有的人敞开。它是那些杰出的精英们不时表达过的梦想，总是在各种创造中体现出自身。每次创造活动都多少对人类发生着深远的影响和改变，克服着

以往不能克服的困难。①

　　帕格森对"封闭社会"与"开放社会"的分析是透彻的，它对我们的研究具有豁然开朗的另路启示：艺术文化批评实际上就是在"艺术封闭"与"艺术开放"之间作"跷跷板"式的平衡。要么浪费时间"警惕着忙于自卫"，要么"在各种创造中体现自身"，并且"克服着以往不能克服的困难"，从而"对人类发生着深远的影响和改变"。我们的批评何去何从？这是不言自明的。

一　写作间性

　　在过去的封闭批评景观里，"风格论""形式论""美学论"等是我们过于自信的批评行为，它表现在对我们的感知判断、情感想象以及审美理解的过分信赖，还表现在对我们的抽象思维与逻辑推理能力的过分信任。同时，这些被认为"相对成熟"的艺术批评方法论被部分"无聊老人"奉为"最高律条"，它已严重延缓和阻碍了艺术批评的创新与进步。

　　由此可见，《描绘器度》引入"间性"议论题域是十分必要的。在汉语层面，所谓"间"的释义是明确的，即两段时间或空间相接的地方，或介于两种事物当中及其相互关系。那么，作为符合这些"间性"的内容范围当能推至"时间间性"、"空间间性"与"物质或关系间性"等三个层面来讨论。在时间层面，它的"间性"特征暗示时间的发展性及其前后的继承性；在空间层面，它的"间性"特征指向空间的广延性及其开放性；在关系层面，它的"间性"特

————————————

① ［法］亨利帕格森：《道德与宗教的两个来源》，王作虹等译，译林出版社2011年版，第199—200页。

征将事物推至个性与共性的统一之中。简言之,"间性",即宇宙性,它在时间、空间与关系上显示宇宙内涵的全部意义指向。

在器物文化层面,一部器物文化史就是一部间性史。器物文化是具体的,并非抽象的。器物文化是人的文化——时间文化与空间文化,也是与他者共存的关系文化。那么,器物文化批评也应该是证实的、开放的,它必然摒弃抽象,并要着力揭示人的文化以及"他力之美"。因为器物文化不仅与他人或他者之间存有同一的开放间性区,还与"一般知识"的批评者之间存在一个协同开放的间性区。所以说,器物文化是介于器物史与文化史之间的筋骨相连的开放间性史。

器物文化的"间性"[2]特征必然要求器物文化批评处于微观器物与宏观文化的协同区,并试图形成它们之间的文化间性史。对于器物而言,它的"间性"主要指向"主体间性",即主体的时间间性、空间间性及其关系间性;对于批评而言,器物文化的"间性"核心指向是"文本间性";"主体间性"与"文本间性"共同建构器物的"文化间性"。就"主体间性"来说,器与人是不能分离的,"你中有我,我中有你",器物文化在器与人的同一性与对话性中慢慢生成;就"文本间性"来说,作为文本的器物与审美主体之间的"视界交融"至关重要,并在相互合约或"物我两忘"的语境中形成对器物的审美体验;就"文化间性"而言,器物文化是一种"他力之美",它与其他文化之间是互动的,在情境中铸就属于自己的文化个性以及意义生成。可见,器物文化不仅是器物与人之间的间性史,还是器物史与审美史之间的间性史。

器物文化间性史是一部记忆史。在语言与图像的帮助下,器物文化是材料与精神的有机浓缩,被设计的精神在渗透到材料的瞬间,它借助了技术以及表现手法等行动得以表现自己,进而被铭刻在器物身体之上。因此,精神文化在材料行为中已然呈现为一种文化的记忆,并将自身表现为过去文化在当前的绵延或进化。在这个进程中，技术与材料起到关键作用。在技术与材料的庇护下，器物传承了人类的文化进步史。技术与材料不仅能着力改进器物的功能，还迫使器物文化"风格"发生改变，以至于器物美学朝向奢华或奢侈奔去。这样说来，器物文化间性史还是一部技术史或材料史。

那么，作为间性史的器物文化，这其间有哪些基本注脚呢？

首先，器物是手的子女，也是思想的产儿。手是心的奴仆，心是手的长官。器物文化就是手和心联姻的杰作，手是文化的教练，心是文化的灵魂。我们应该向制造器物的手致敬，向给予器物文化的灵魂致敬。同时，器物一旦被创造成功，每一件器物都是一件不朽的艺术品，它的文化又会滋养与反哺器物自身以及他者文化，被世代传承与延续，被世界各地人们享用与欣赏。因此，器物文化在"延续"与"延展"维度上的生命力极强。一切文化的生命力都要反映这种时间上的连续与空间的扩展，器物文化更具这种超越时间与空间的生命力。

其次，器物是被人享用的，也是被生活驯养的。器物文化是被享用的文化，也是被人们在生活中不断驯养的。因为器物与人是互动的，器物被我们享用，在享用中与人发生的关系可以描述为：亲密、友善与爱。特别是被使用的器物，它身体上有享用者的体温、性情、气息，甚或有享用者的心电图。换言之，器物文化是一部器与人的互动史。在互动中，我们发现了"彼此"。因此，器与人不再是批评的中心，器与人的关系就成为我们的批评对象。为此，"关系"是器物文化的内容，关系之美成为器物审美文化批评的核心。

再次，器物是生活中的一个物件，也是生活场里的一个角色。生活如同一个舞台，这个偌大的舞台上，"器物"就是这个舞台上的一个"道具"，还是一个"角色"。作为道具，器物为演绎这台戏提供物质依据与背景还原；作为角色，器物在与人物互动，以及与其他物件互动中找到了"身份感"与"社会感"——"我"的"身份"是社会群体中的一员，并在群体中发挥着个体的价值与作用。

最后，器物是有界的，也是有故乡的。器物界是生活界中不可缺少的一环，器物之"界"既保证了器物文化独立自足性，也隐藏着器物文化"跨界"的冲动。自足与跨界形成了器物文化的自我个性的同时，也形成了器物文化的共性。同时，器物是有思乡情结的。因为它有自己的故乡。故乡的"味"与"土"是它的根本性特征，这些故乡文化的地域性构成了器物文化的多元性，也形成了器物文化的世界性。谁不会思念自己的故乡？因为那里有自己的家、自己的情、自己的记忆。器物就是在故乡情结中实现了民族根文化的多样性。

基于器物文化的"间性"本质属性，我们认为，在传统器物文化批评上，"风格论""形式论""美学论""知识论"等都在不同程度上取得了重要成果。但在"器物宇宙论"的视野下，器物不仅关乎器物本身，更关乎享用器物的人；器物不仅是物质的，也是时间的与空间的；器物不是孤立静止的，而是流动的；器物不仅是微观的，还是宏观的。为此，我们在作器物文化批评时必然要放弃传统器物文化批评的"不利面"，至少要实施三个重要转向：一是从"物本身"向"人本身"转向；二是从"静态物"向"动态物"转向；三是从"微/宏观"向"中观"转向。这三个器物文化批评的"转向"均指向"间性批评"。

器物文化的"间性批评"是由器物文化本质决定的。器物文化的本质不仅是宇宙的本质，还是人的本质。人的情感、思想与情趣在器物的语图表现性方面是高度契合的；器物的物理结构在某种程度上与人的躯体结构是同构的；人的知觉与材料在知觉性上的统一是任何造物的必备要素。另外，器物之用是生活之需；器物之美是人的审美之外在显现；器物之形是人对自然物象观察体验的知识表达。可见，人和器在历史性与逻辑性上是同一的。作为器物文化批评，它不仅要揭示作为物质的历史，还要揭示在时间与空间维度上的逻辑，以期在历史逻辑上达到客体深度与主体深度的高度统一。

这是器物文化叙事的任务，也是器物文化批评的目标。

在有限的篇幅里，我们考察了器物之为器物的"宇宙形状"，即物质形状、时间形状和空间形状，以此推断我们的器物文化批评目标方向：在物质形状阐释中，发现时间形状与空间形状；在时间形状的批评中发现空间形状；在空间形状中又反证时间形状。但在历史的检讨中，我们并没有发现器物文化的"宇宙学景观"，只发现了诸如"风格论""形式论""美学论""知识论"等有限的过于宏观的器物文化批评方法。传统的未能深入器物的具体论证方法已然阻碍了文化批评，过于自信或盲目的文化批评反映我们的思维以及研究观念的严重滞后，尤其是没有"跨界思维"的我们，只能在狭小的各自器物物质文化圈内"打转"。"风格分析"成为一种"外衣制作"；"形式分析"变成一种"批评的教条"；"美学分析"近乎"主观直觉"；"知识分析"或成为一种"挖掘行为"。诸如此类的分析方法要么"见物不见人"，要么"见人不见物"，或偏向于"静态分析"，或执着于"杂糅分析"，这些批评方法很明显无法满足丰富的器物文化。

据此认为，器物文化是要在"角色论"中寻求器物的文化语境，在角色中发现与之关联的"关系"；在"情境论"中，复原器物文化的原来场景，在"搁置"主观臆想的前提下，"写放"器物生活的真实；在"互动论"中，寻觅器物文化与他者文化的互动仪式，在静态分析中，复苏器物的动态语境；在"界限论"中，从更宽广的视野，开放我们的知识领域，任何实施"限额移名"的批评政策都是不明智的。

二　间性写作

在思维方法上，当我们拥有"间性思维"的时候，在本质上，即拥有"宇宙思维"。这种思维的根本优势在于我们能够生成统筹时间间性、空间间性与关系间性的全息理论，不至于走向孤立论或玄学论。在时间层面，时间本是即时性的点，但它无时无刻不在编织这些点而构成文化的线条，并发展成前后具有继承性的历史；在空间层面，空间本应是与距离无关的面或体，但它无处不在地被我们围构，并试图在围构中走向开放，也试图想延展无限的空间；在关系层面，关系本是看似孤立的，但它是一个不可分割的整体，可谓"一沙一世界"。或者说，任何物质或事物都是世界的一部分，任何"一部分"也包含宇宙整体的信息。

"间性思维"是指导写作的根本动力，当工艺文化批评走向"间性偏向"的时刻，它便孕育了一种"间性写作"范式的降生。在时空上，间性写作已然超越时空，并在时间与空间交流中实现写作任务；在镜像上，间性写作是一种自我镜像的互文性写作，并体现着一种"他力之美"；在边界上，间性写作是一种开放性写作，在"移名潮"的建构与解体中书写文化史；在知识生产上，间性写作是一种知识创造，在知识边界的开放下创造性地开展工作，进而为人类知识的进步与发展做出贡献。

首先，间性写作是一种时空性写作。"时间"与"空间"在词源上就显示出它们参与"间性写作"的偏向与倚重，因为这两个器物的构成要素均含有"间"字；另外，时间与空间也不是孤立的，而是互动的一对孪生兄妹。就器物文化而言，间性写作是在物质的时间与空间之间寻求交流，并形成稳定的"间性区域"的一种写作方法。因此，工艺文化史就是一部间性区域史。

其次，间性写作是一种互文性写作。文化是网状的，并非线性的。作为文本的器物文化必然是其他文化的一面镜子。因为器物文本文化与其他文本文化之间具有"互文性"。也就是说，器物文化与其他文化是在互相接纳与吸收中形成各自的文化史。透过器物文化的这面镜子，可以反射或映照出社会其他文化景观，这也是间性文本的互文性在叙事功能上的体现。

再次，间性写作是一种开放性写作。间性写作是一种发展性的写作，文化发展是造成"学术移名"的根本原因。反之，"学术移名"又能推动文化发展。因此，间性写作必然要有边界开放的艺术政策，并以开放的心胸面对各类"学术移名"。尽管存在各种"移名问题"的争议与焦虑，但艺术边界的开放或"移名"的"自由流通"已表现出在"间性区"合作带来的丰硕利益。

最后，间性写作是一种创造性写作。在"间性区"写作，那是一块"试验田"，被生产的知识已然是全新的。因为它表现为对"自我"与"他者"之间的彼此尊重与吸纳，"自我"与"他者"均消失在"间性区"，即"物我两忘"的境地。所生产的知识是被创造的新知。因此，间性写作是一种创造性写作。

"间性写作"将艺术文化批评带进"知识合法性"的轨迹，因为间性写作尊重时间与空间的对话，倚重他者文化，并以开放的立场，实现知识的创新。或者说，"间性写作"摒弃自我或他者的"宏大叙事"，在自我与他者之间的"间性区域"实现批评的任务。自我主观性叙事或孤立的他者叙事均是令人失望的。

主观性宏大叙事是一厢情愿的，它所生产的知识被表现为一种所谓的"美学知识"。严格意义上说，美学知识不是一种新知识，它也会使得人类知识的创造陷入深度的痛苦或审美惆怅之中。因为主观叙事知识已经把人类知识降低到纯粹的感性知识。一切审美惆怅在科学叙事面前都是寒碜的，并不具合法性。

孤立的他者叙事是一种粗俗的叙事行为，它往往不顾"我"的经验知识，而偏向于对"他者"存在的知识叙事。他们担心学科领域边界的消失，反对"自我叙事"，并认为叙事必须做到"唯物主义"。没有什么能够证明描述事物现实的陈述才是真实的，相反，在单一的他者叙事中必然招致"机械唯物主义"的侵扰。

对于知识而言，城市知识的郊区不是绝对的，它或许是农村郊区的城市。对器物文化的叙事，新的他者知识是补给自我知识的郊区，自我知识也是供应他者知识的城市。但过去的工艺知识叙事总是给我们带来许多"悲观景象"：风格叙事人为地区分形式与内容的边界，形式叙事在机械唯物主义中控制对象的内容展开，美学叙事在"心理景观"中忘却物体系的真实存在。

间性写作是非宏观叙事的一种复归。一个明显的"发现"是：微观叙事容易"玩物丧志"，宏观叙事极其容易堕入"自我陶醉"。无论间性写作采取何种方式，我们都不应该认为它是不合法的。因为它将宏观叙事与微观叙事协调性地纳入中观叙事区之中，即"间性写作区"。当然，间性写作区也只能是作为知识叙事合法性的实验区，它也存在某些内在的"实验风险"，这需要我们"接着说"。

三　接着讲

《描绘器度》的研究是不是到此结束了呢？回答当然是否定的。"接着说"[3]是研究者的永恒立场，也是文化发展的必须。器物文化作为工艺文化，在批评方法或路径上，它有很宽广的研究视野及路径。"间性写作"只是我们在批评中发现的一种而已，它也不能说是一种绝对完善的批评系统。因此，"接着说"对于推进与发展器物文化是必要的。

那么，如何"接着说"？笔者想重申一种方法，即"艺术边界的开放"。在"开放"的视野中，接纳各种文化艺术的营养，在未来的有可能的艺术边界里开掘"金矿"。比如"生态学""进化论""生命史""民族史""口述史"等既可能成为艺术学研究的对象，又可以成为艺术文化接纳的批评方法。当这些学科与"工艺"联姻的时候，就能产生诸如"工艺生态学""工艺进化论""工艺生命史""工艺民族史"等新的研究领域或方向。另外，从微观文化层面看，工艺领域所涉及的材料、色彩和工匠及其技法等，可以就此开辟新的研究领域，比如"材料与记忆""色彩批评与临床""工匠史"等；从宏观文化层面分析，工艺学还涉及贵族文化、海洋文化、平民文化、帝王文化等多领域，就此则可以开掘"贵族文化的病理学分析""环中国海工艺文化研究""平民工艺文化的身份问题""帝王工艺的文化性及其发展研究"等。简言之，开放艺术边界，拓展批评空间，必将打开艺术文化的暗箱，为发展与繁荣艺术文化提供新视野与新方法。

　　艺术边界的开放意味知识视野的延展，但由于我们的研究时间与精力的有限，无法使得我们的研究触角伸向知识方法论的每一个角落。因此，在工艺文化具体的研究过程中，我们要十分留意或优先留意那些濒临消失的和正在发生病变的文化。一直以来，我们以为有两种文化必须要留意，也必须要摆在我们的研究议程之上。一种是正在消失的文化，却又散落在我们的历史知识图谱之中，而它本身又没有完备的知识系统；另一种是正在病变的文化，这种成为社会经济与精神发生障碍的文化，在社会中持续地发酵与不良传播，而它自身又没有文化免疫能力。这两种文化应当引起文化研究者的特别关注，它们的再生之路应当成为有良知的文化学者之社会重任。但遗憾的是，笔者以为亟待研究的第一种文化已然出现在我们的社会之中，譬如传统漆艺文化就正在远离我们，脱离社会，而它又没有系统地散落于中国传统原典知识叙事之中。文化衰落的表征不仅是我们渐渐地离弃它，也包括我们对它停止反思。困难的是原典历史文化是一种知识叙事，那么，分离叙事文化中的科学文化显得特别困难。为此，还原与剥离叙事知识中的有利于科学知识发展的文化，就成为知识社会学的要务。为此，将历史知识与工艺文化联姻，将会显示出一种广阔的知识社会学视野。

　　如果我们尊重或懂得"艺术边界的开放"，那将会看到，在我们的工艺文化研究群体中，或以工艺文化为中心的批评人群里，甚至在那些自认为与疯子唯一区别是自己没疯的，或那些大脑还比较清晰的疯子中，也很少有人能昧着良心自称工艺史家或工艺家。因为当站在艺术宇宙之下，我们的视野是那么的短视与无奈，所有人的艺术研究顶多是我们用举起的手指——似乎还要眯着眼睛——遥指那宇宙远方一个星辰的动作罢了，也仅此而已。换句话说，我们的研究及方法是十分有限的，也是相对正确的。艺术宇宙知识的浩瀚与我们"指点"的行径形成鲜明的对比，显示出知识界或学术界的研究思维及方法论的有限性与短视性。因此，"接着说"是学术界不断发展的动态思维立场。

"接着说"还涉及知识叙事主体的合法化批评问题。从本质上说，工艺文化的知识叙事合法化关键性的两个知识主体是"我"与"物"。作为"我"的知识主体，它的经验知识并非一定是科学知识，或者说，经验知识并非科学；对于"知识物"而言，知识并非只是科学，也可能指向认知性知识或感性知识。那么，问题的复杂性就产生了。当"物"遭遇"我们"的时候，被描述的器物知识是不是经验知识，还是科学知识，或者是感性知识？回答这些问题似乎异常困难，因为"我们"的感性认知参与了对"物"知识的经验判断，"物"知识也被我们证实出是一种科学知识。一旦"感性"参与科学知识之中，知识的纯粹性变得不那么让人信赖；而"物"本身在历史层面上具有缺陷，因此"我们"所证实的知识必将是有缺陷的科学知识。因此，由于"我们"的粗暴思维违背了"物"的自在性，物的知识叙事在科学性上不得不退让至主观主义阵地。总之，"我"与"物"是关涉知识主体叙事的合法化核心要素。

那么，如何做到工艺叙事的主体合法化？我们在研究中发现如下值得注意的叙事立场：首先，合法化工艺叙事要求"我"与"物"的联姻，反对各自为阵。因为"我"的知识叙事有主观性倾向，"物"单一描述所生产的知识被带入物的形式主义知识圈套。因此，合法化工艺知识是"我"与"物"共同建构出来的知识。其次，合法化工艺叙事是在"我"与"物"的间性区批评。任何分离"我"与"物"的做法都是愚蠢的，它们的"间性区域"是被我们批评的合作实验区，这个实验区是一种"互文性"地带，能做到"物"中有"我"，"我"中有"物"。不仅如此，"我"与"他者"，"物"与"他物"之间的"间性区"也是我们要关注的。也只有这样，工艺文化叙事的合法性才能得到保障。最后，合法化的工艺叙事意味着历时性与开放性。工艺知识叙事是对"记忆"的复苏，具有历时性，被"重提"的历史知识如何在今天或未来发挥作用，我们说，"历史是一部教科书"。然而，这部"教科书"乃是一部对历史的综合记忆的批评，它必然要求"我"对"物"的批评是开放的，否则我们必将落入线性知识叙事之中。

鉴于目前工艺文化研究之现状，也是笔者非常担心的现状，"接着说"是非常重要的。为读者提供更为广阔的工艺文化史的批评视野，除了本书的研究方法之外，笔者在此还要提供几种基本思路框架，以期为未来工艺文化研究提供新视界。

思路框架之一：工艺海洋论。不迷恋大陆性静态历史思维，亟待走向动态的海洋性工艺文化书写。一直以来，笔者以为研究中国工艺文化，恐不能只用内陆性视野去考察工艺对象，而应将研究视域拓展至更为广阔的海洋或域外。因为海洋文化是构成中国文化的一部分，域外文化也内含中国文化。在传统文化史学观下，中国涉海工艺文化研究没有得到应有重视，域外工艺文化研究也似相对薄弱。譬如漆器工艺文化研究，至少到目前为止，我们认为，浙江河姆渡出土的漆碗与跨湖桥出土的漆弓被认为是世界上最早的新石器时代漆物。这似乎昭示漆器与海洋文化有关，抑或说，世界漆器文化或源于海洋文明。当然，这是一种学术猜想。然而，在时间维度上，中国古代漆器从汉代起一直到清代，它的输出与文化溢出总离不开海洋，而且从未间断。毋庸置疑，漆器是文化的载体，漆器在古代海洋文化发展中占有一定份额，并由此将中国文化及其美学思想输出海外，域外异质文化也不断地环流至中国。但长期以来，学界对"丝绸之路""香料之路""茶叶之路""瓷器之路"等均有涉猎，而对"丝绸之路"上的漆器研究却略显不足。显然，我们不能忘记，"丝绸之路"也是一条"漆器之路"，而且中国古代漆器的海外传播具有中西文化交流、对话与耦合的特别意义和丰富内涵。尤其是古代"海上丝路"不仅是漆器贸易之路，还是一条漆器文化交流之路。"海上丝路"漆器是中华文化海外传播的"大使"，它用自己奢华而珍贵的文化及其美学思想沾溉了西方文明，并深刻影响西方人的生活方式及其思想文化的发展。试问，漆器工艺难道不属于海洋吗？漆器工艺的静态历史思维研究还有出路吗？丢弃漆器工艺的海洋性动态历史思维方法及其写作立场，优秀的中国漆器工艺文化还完整吗？这些答案显然是否定的。另外，也不利于世界工艺文化的发展与研究。因为工艺文化同其他文化一样，是没有国界的。如果我们长时间的只能在"界限内"研究，那么它的文化研究必将有一天会走向枯萎，甚至死亡。我们不需要枯萎的工艺文化，更不能接受死亡的工艺文化。

思路框架之二：工艺心体论。不迷恋外在的文化符号学研究，深入走向内在的心体符号[4]研究。心体是一切工艺符号设计的内在肌体与心理本源。一直以来，笔者以为，传统的工艺文化研究在揭示器物符号层面的心体发生机制与原理是薄弱的，原因在于我们缺乏心理学、符号学、美学等系统研究基础；同时，我们的研究常常被"老先生"的所谓"稳妥思维"禁锢，不能迈向超常的心理思维。因此，传统的工艺文化研究只能是故步自封的，它的发展也极其缓慢。显然，这样具有严重滞后性的研究方法很难适应工艺文化的发展及其研究。在美学层面，器物的构成至少包括"物本身"与"物感"两个层面。"物本身"是器物作为工具的载体，"物感"是器物的心体或审美属性范畴。在人类早期，制造工具活动中的"物感"是先于"物本身"的，也就是说，诸如宗教感、神秘感、仪式感等心体活动是先于"物本身"的。因为早期人类对自然的改造力量及其技术是有限的,"物本身"的概念思维并没有"物感"想象思维发达。这样一来,我们对古代工艺文化研究一直偏向于"物本身"的外在文化符号研究显然是有失偏颇的。即便是采用本书所研究的外在性的"间性思维"或"间性批评"也是不够的。与古代相比,对现当代工艺文化之研究的工作方式更要侧重"物感"层面。笔者在《符号与心体》中如是阐释:"现代性作为现代人的心体结构及其意义呈现,在工具、文化与精神维度上,它们不约而同地被设定在时间的感性变量上作跨越式发展。在工具层面,现代性工具从'物本身'的自恋跨越发展至'物感'之设计;在文化层面,现代性文化从'工具性'的诉求中跨越至'审美性'之偏向;在精神层面,现代性精神从'科学性'的批判转向'人本性'之追求。可见,现代性这个概念自始至终关涉'物感''审美性'与'人本性'等心体结构层面上最为普遍的文化范畴。尽管这一范畴在更广泛意义上被应用于现代社会以来的诸多领域,但作为艺术或审美意义上的心体结构及其感性符号呈现是一以贯之的。因为'物感''审美性'与'人本性',这些感性范畴总是关涉'心性'或'心体'的内在性语境。换句话说,'心体'应当也必然成为考察现代性的一个重要切入点。"① 这对于当代工艺文化研究也是实用的,抑或说,心体符号学研究方法必将成为未来工艺文化研究的趋势。如此说来,工艺文化研究方法一定是"与时俱进"的,否则,工艺文化研究是很难进步的。

思路框架之三:工艺互链论。不迷恋单线的或孤立的多线描述,走向多维发展的互动仪式链[5]深度描述。工艺不仅是工艺家的(自我)真实,更是自然与社会的(他我)真实,因此,工艺文化是自

---

① 潘天波:《符号与心体》,中国社会科学出版社2015年版,第206页。

我与他我的统一。被设计的器物是工艺家的作品，也是模仿自然的杰作，更是社会仪式的产物。那么，研究工艺文化的视角必然是很丰富的，即要关注器物作为人、自然、社会之间的各种仪式链行为。在"互动仪式链"视野下，在美洲东北部土著印第安人那里，作为烟斗是一种巨大的宗教仪式对象，烟斗担负休战旗帜的符号性作用，被装饰的烟斗意味拥护联盟具有强大的集体力量。① 在早期中国，最早的烟斗是一种打通关节的竹管，即烟管，它主要是用于宗教仪式中插于瓦盆中吸食烟雾的工具。因此，中国早期的燃吸烟管的仪式同样被归结于一种集体的、精神的宗教意义。换言之，燃吸烟管的设计起源于宗教，烟具为宗教仪式服务，这明显带有宗教符号性，即具有仪式的集体性与实用性。由于燃吸烟管吸食烟汁大，并且多有灼烧感，于是出现中空的陶制的或木制的烟斗。后来发明烟嘴与烟斗的结合，即出现旱烟杆。为了吸食的清凉感，水烟袋与水烟筒随之出现。不过，在 18 世纪以前人类吸食烟草的主要工具是烟斗。在德国与荷兰，装饰华丽的烟斗是上层社会炫耀的工具，特别是在一些集体空间，用烟斗吸烟是最为时尚的一种显示身份的方式。在英国，用烟斗吸烟是中产阶级的一个重要标志。19 世纪中国出现烟枪，主要是吸食鸦片。与烟枪相配套的有烟灯、烟碗、烟盘、烟镊、切刀等，烟枪是近代积贫积弱的中国备受外国欺辱的象征。由于举火之不变，加之反吸烟运动，特别是基督教牧师把吸烟等同于不道德的恶习行为，18 世纪开始流行作为烟斗的替代工具——鼻烟，这暗示烟具的设计已经被纳入社会公共范畴，生活方式的吸食工具已经跨越到社会界限问题层面。因为这很明显因鼻烟仪式而被划分出合法性与违规者的界限。抑或说，鼻烟壶的设计已然划分出了社会群体界限。到了 17 世纪晚期，"烟斗吸烟已经在

① ［美］兰德尔·柯林斯：《互动仪式链》，林聚任、王鹏等译，商务印书馆 2009 年版，第 407 页。

所有阶级的男性中变得如此普遍，而鼻烟能够作为一种更为高贵的用法获得了声望"①。鼻烟壶或鼻烟盒成为个人珠宝的替代品，特别是流行玛瑙制的、金制的、髹漆的、玉制的以及瓷制的鼻烟工具是上流贵族的便携器具，它们作为雅致的公共空间中的道具明显是一种社会身份的展品。清代顺治二年（1645）程荣章刻的龙纹铜鼻烟壶，是目前所见最早的鼻烟壶。② 鼻烟壶是根据外来的鼻烟盒改装而成，清代康、雍、乾三代极其流行的烟具，而且鼻烟壶设计极其精美，集玛瑙、翡翠、玉石、琥珀、金银、珊瑚、玳瑁等名贵材料于一身，其工艺采镶嵌、镂金、錾刻、螺钿、髹漆、绘画、书法等多种技艺。随着烟草的普及，鼻烟仪式被认为是一种不优雅的活动。19世纪初期，鼻烟开始渐渐淡出社会上流，并缩小为下层阶级的小习惯。直至20世纪，香烟在全世界开始流行，而此时的烟斗吸烟又逐渐复苏，并被视为资产阶级的、保守的、绅士的一种私人仪式，与之相反的是雪茄烟（卷烟）也替代了鼻烟，并被视为现代主义或自由主义的形象。毫无疑问，此时的烟斗或雪茄被赋予社会进化意义上的象征。19世纪初随着法国大革命的胜利，雪茄进入了大多数工人阶层，不再是贵族独享的奢侈品。到了19世纪30年代，嚼烟仪式代表了一种民族主义，即被农村土地所有者阶级的成员作为身份表示，而雪茄也走向了美国女性阶层生活，带有上流社会女性的行为方式。20世纪早期，吸食雪茄打破了性别界限，它又成为男性的专有特权象征。在美国，吸食雪茄与"花花公子"是同等含义。由于火柴与打火机的出现，香烟或纸烟使吸烟在最大程度上开始普及。香烟提供了一种仪式的优雅以及对社会不平等的抵抗道具。不过，上层社会已然改变了香烟包装形式，金制或银制的香烟

---

① ［美］兰德尔·柯林斯：《互动仪式链》，林聚任、王鹏等译，商务印书馆2009年版，第411页。

② 刘杰：《烟草史话》，社会科学文献出版社2014年版，第122页。

盒成为吸食仪式活动矫饰的对象。但20世纪40年代，反精英主义的活动使得香烟复归平民化，纸质香烟盒的设计成为主流。在中国，纸烟也是舶来品，1888年由美国传入中国上海等地。20世纪初，英美烟草公司在中国生产单刀牌、三炮台牌、红锡包牌、哈德门牌等纸烟，中国商人在汉口创立南洋烟草公司，生产大爱国牌、飞马牌、大长城牌、三喜牌等纸烟。① 飞马牌纸烟盒印有"振兴国货"字样，此时，吸食国产大爱国牌、飞马牌纸烟以抵制外烟，也是一种爱国的表现。通过对烟具的互动仪式链的分析，可以发现，我们对烟具工艺文化史的书写必然走向"物本身"以外的更为广阔的进化论意义维度的互动社会学领域。如此，我们才能揭示烟具设计的文化内涵，否则，我们只能看到烟具文化链条上的若干环，无法窥视其整体文化风貌。

思路框架之四：工艺全息论。不迷恋局部的或局域的个体叙事，应当走向艺术宇宙的全息图像描述。从本质上说，工艺文化是一种全息式的语图叙事形式。所谓"全息"，即工艺物的全部信息乃是一个艺术宇宙体。或是说，工艺物的图文元素或基体元素均是它系统中的不可分离的个体元素。用"全息论"[6]原理说，器物基体的每一个局部都是它整体的一个缩影，器物各元素以及器物之间的关系是联动的、协同的与共生的。譬如在全息论视野下，古代墓葬就是一种宇宙幻象，该实体空间就是对死者的一种虚拟性宇宙化的模构幻象。每一例被埋葬的器物均有时间性、空间性及其物质性的隐喻指向，并能唤醒人们对死者的在世记忆。在潜态信息层面，器物的数量、质量、结构、模型、色彩、图像等基体元素均包含着死者的全部宇宙信息内容；在显态信息层面，墓葬里的人物俑、器皿、建筑、场景等实体可见元素就是死者宇宙人生的场景幻象，即整体

---

① 孟庆国、康平：《中国烟具》，陕西旅游出版社2005年版，第13页。

的死者宇宙信息体。抑或说，坟墓是一个微型的缩小了的生活宇宙。同时，每一墓葬里的实体物质均具有很强的代表性的记忆体，墓葬就是根据对死者在世生活及其社会的记忆而建构出来的一个冥界空间。因此，在时间层面，墓葬就是"客观现实停止存在"的虚拟延续。总之，墓葬就是一张全息图。就方法论来说，这种"全息式模型理论"对于分析古代工艺文化，尤其是墓葬工艺文化是十分有效的。很明显，器物文化的全息论批评思维不仅能唤醒器物本身的显性文化，还能唤醒器物内含的隐性文化，即器物的超文化。实际上，在墓葬内，器物的全息性"超文化"已然成为文化的记忆。

以上是为读者提供"接着说"的四种方法范本，即在海洋、心体、仪式、全息等视角研究工艺文化史，进而得出"工艺海洋论"（由静到动）、"工艺心体论"（由外入内）、"工艺互链论"（由艺术向社会）、"工艺全息论"（由个别至整体）的四种工艺文化批评观。"工艺海洋论"解决了大陆工艺史向海洋工艺史迈进问题；"工艺心体论"试图从显态工艺史向隐态工艺史开掘；"工艺互链论"旨在从工艺文化史向艺术社会史拓展；"工艺全息论"能编织工艺文化的整个宇宙，把研究的视角从单一向多维，从个体向整体，从子系到系统迈进。这些工艺文化批评观是目前我们最缺乏的，也是最为重要的研究方法论。

总之，工艺是发展的，工艺文化也是发展的，工艺文化研究也是发展的；同时，工艺是有边界的，拓展工艺文化边界是"接着说"的核心方法论。对此，"接着说"的边界空间也是非常大的。在此，需要强调的是，工艺边界的开放绝不是工艺学科之间的相互侵犯或殖民，而是一种观念性的"学术移名"，即工艺边界学科的观念性或思辨性的合作、发展与共赢。因此，"集思广益""合作共赢""共同发展"等是工艺边界开放的主要意图，也是工艺文化批评的基本立场与策略。这是笔者在本著中努力证明的核心问题之一。当然，笔者还没有雄心去解答工艺文化批评的全部历史与问题，但至少饱含着有助于工艺文化批评以及"接着说"的良好学术愿望。

四 艺术的现象力及批评

最后,笔者要强调的一点是,在艺术学话语体系中,一些基本概念的初始定名具有潜在的想象性特质,尤其表现于人类学、民俗学和社会学等领域的关联性想象力。艺术概念定名的初始想象已然显示了艺术的时空想象力及其延展力,它或是通向艺术批评的有效路径,并展现出艺术批评的话语体系逻辑及其生命力。撇开与阻断艺术批评非理性想象的缺陷,想象的艺术批评既可拓展传统艺术批评的理论体系,又能为艺术史和艺术实践提供新的知识生产方式。

一直以来,以文本(形式、原型等)、作者(心理、道德等)和社会(制度、文化等)为核心的艺术批评体系是规约艺术学发展的重要推力,诸如形式批评、风格批评、意象批评、审美批评等已然成为经典的传统艺术批评路径,但传统艺术批评理论范式或已限制了艺术学的学科体系和话语体系的发展,这对于艺术实践和艺术史的书写产生了约束性牵制。于是,艺术批评者在不断地需求新的批评理论,这显然是无可厚非的创新想法。

然而,传统艺术批评理论是否过时,或是否需要建立崭新的批评体系?这是一个值得深思的学科理论问题。按照常理,任何理论或范式都不是平白无故地生存下来,也不会没有理由地被人们习惯性使用。存在的就是有道理的。因此,有的经典理论范式还是不能急于丢掉,去迎合时代或他人,进而大张旗鼓地创造新概念和新理论。20世纪以来的艺术批评理论是"常新的",不断出场的艺术批评理论有些让人眼花缭乱,甚至让人感觉到无所适从。批评范式不断翻新者声称:艺术学是一个开放的、与时俱进的知识体系,尤其是新型艺术学的不断出现和更新,自然要求艺术批评理论也要在传统的基础上做出适应性更新与发展。但问题是，任何批评理论总是滞后的，无法紧跟不断变换的新兴艺术学发展。因此，任何急于翻新的艺术批评者都是危险的，或如同一位没有驾龄的初学者急于在高速公路上行驶一样危险。

艺术批评必须要找到一种适合历史本身、作品本身和社会本身的批评基点，以此出发在批评中形成较为客观的批评理论。那么，如何探寻到较为客观的批评基点？答案应该在艺术实践、艺术批评和艺术社会之中找到一个至关重要的、彼此能通约关联的"原点"或"范式"。

从艺术发展进程看，人类的想象是一切艺术创作与批评的原点，世界上的任何艺术无不是通过想象力来操作实现的。同时，想象和想象力也是随着社会环境在与时俱进地变换，它或在提升，或在退化。因此，"艺术的想象力"或能成为艺术批评的基本路径。把"想象"确立为艺术批评理论范式，至少有三端理由：一端是"想象"是连接作品与批评的桥梁，是实现艺术批评的可靠路径。没有想象的作品与没有想象的批评，同样是不可能的；二端是"想象"与作品的话语"定名"是一对孪生兄弟。所谓"定名"是指作品话语体系中的概念和范式的确立及其命名。在中国传统艺术话语体系中，各种艺术的"定名"是极富人类学、民俗学和社会学的想象力；三端是"想象的逻辑"和"想象的推理"具有艺术批评的科学性。批评者利用"定名"本身去复原其想象的原型，其本身是要依赖想象力及其推理力来操作的。那么，合乎艺术逻辑的想象和推理应该是值得尊敬的，也应该成为艺术批评的策略。

在本节接下来的讨论中，拟将以传统手工艺话语体系中的"定名"及其"想象"为研究案例，结合传统工匠文化在人类学、民俗学和社会学领域的意义扩张和边界想象，探寻基于想象的艺术批评的可能策略，以期为艺术批评提供一种可靠的具有艺术学想象力的批评模式，进而丰富艺术史的书写策略和艺术实践理论，扩大艺术批评话语体系及其延展能力。

在所有艺术理论中，人类学、民俗学和社会学应该是最为接近艺术想象力的学科。或者说，人类学、民俗学和社会学也是最具艺术想象力批评的理论。因为任何艺术批评对艺术"人"的历史和"类"的文化之批评应该是首位的；再者，作为人的艺术现象，它必然要把"民"的想象和"俗"的意义确立为艺术批评的核心对象之一；同时，艺术绝非是高高在上的艺术，它的批评必然要在社会体系中完成自己的使命。

作为一种批评视界和批评理论，艺术人类学的本质是通过人本身去还原艺术的原始发展机制及其逻辑形态的科学。毋庸置疑，人是艺术人类学研究的主题①，而人本身又是艺术批评的基点，因为，任何艺术都是人的艺术，人是批评的起点，又是批评的终点。一切离开人的艺术批评理论都是对"人"的忽视和"类"的遮蔽。因此，艺术人类学应该是艺术批评的首要理论路径。譬如就手工艺话语体系而言，工匠之"工"是最为重要的概念，也是手工艺理论批评首先要遭遇的一个范式。那么，什么叫"工"呢？它有哪些人类学意义上的基本规定呢？它为什么和"匠（木匠）"字组合成一个词而成为"工匠"呢？

从"工"的定名中至少能引申出三个人类学意义上的"想象"：技术想象、工具想象和身份想象。这三个想象涉及"工"何以为"工"的三个核心问题：技术、工具和身份。在此，我们不妨来看看《说文解字》②对"工"的解释。《说文解字》曰："工，巧饰

---

① ［美］罗伯特·莱顿：《艺术人类学》，靳大成等译，文化艺术出版社1992年版，第1页。

② 本节所引《说文解字》之内容均出自（汉）许慎《说文解字》（天津古籍出版社1991版）；（汉）许慎撰，（清）段玉裁注《说文解字注》（上海书店出版社1992版）；（清）王筠撰《说文解字句读》（中华书局1988版），后不再一一标注。

也。象人有规矩也。与巫同意。"这段话里有三个关键词：巧饰、规矩和巫。这三个关键词关联"工"的人类学意义上的基本内涵。

第一，技术想象："巧饰"。"巧饰"这个词的字面意思，即巧妙的装饰。《说文解字》曰："工，巧饰也。"那么，什么样的巧饰方为"工"呢？清代段玉裁《说文解字注》曰："巧饰者，谓如巕人施广领大袖以仰涂而领袖不污是也。惟执于规矩，乃能如是。引伸之凡善其事曰工。"这里的"巕（nié）人"，类似于"郢人"，他的技术十分高超，善能其事，懂其规矩。可见，"巧饰"者乃为"善工"。换言之，即技术层面，"工"必须满足"巧饰"的技术规定，即具有一技之长者。

第二，工具想象："规矩"。何为"规矩"？规矩，原来指木匠用的"曲尺"，它包括"规"和"矩"，它们都是木工使用的基本工具，用来校正圆形（画圆）、方形（画直角或方形）之用。规和矩是木工善其事的保障性工具，没有了这些基本工具是难以做工的。孔子曰："工欲善其事，必先利其器。"规矩是工匠的善其事的重要工具。规矩是木工做工绘制方圆的工具，也就是说，规矩给木匠做活带来了一定的尺寸、大小、长短、圆方等法度。因此，规矩也引申比喻一定的标准法度。先秦时期法家思想多得益于工匠手工理论法度，并将工匠理论法度上升到治国之法度。宋代徐铉、徐锴注释曰："为巧必遵规矩、法度，然后为工。"可见，"工"之法度或规矩，是"工"之为"工"的基本规定。

第三，身份想象："巫"。巫是什么人呢？古代神职人员。《说明解字》曰："巫，祝也。女能事无形，以舞降神者也。""祝"是何许人也呢？在甲骨文中，"祝"像一个人跪着祈祷的样子，即祭祀女巫或其他神职人员。根据规模大小，有大祝和小祝之分。那么，"巫"何以为"祝"呢？甲骨文"巫"字是一个象形字，像女巫所用之道具，像两块横竖交叉的"玉"（"王"）之形。可能是因为古人以玉为灵性之物，认为它能测祸福凶吉之兆，所以甲骨文

"巫"字是由两块玉构成。女巫，即巫山上的神女，专职"以舞降神"。这种职业后来被称为"巫师"或"巫史"，也或被称为"巫祝"。巫者所善其事，也必然有"工"之规矩。因此，徐锴注释曰："巫事无形，失在于诡，亦当遵规矩。故曰与巫同意。"可见，"巫"之"诡"或"神"是"工"之为"工"在行为、身份或职业上的基本规定。

从"工"的技术想象、工具想象和身份想象，或者从人类学意义上来看，"工"是非常神圣的，具有一定的神性或宗教性。在想象层面，"工"之定名至少表现在三个方面的想象性内涵：技术神圣、工具神圣和身份神圣。首先，在技术层面，工之技术能巧夺天工。"工"，乃天、地也。上面"一"横是天，下面"一"横是地，中间的一竖表示能上通天意，下达地旨。天地一体，天地共通。我们经常会看到画像石上西王母的"座几"，就像个"工"字形。因此，"工"具有很神奇的技术，既能"开自然之物"，又能"巧夺天工"。其次，在工具层面，"规"和"矩"构成了天地之法度和自然之方圆，具有神圣的万有之寓意。它或是人道经纬之万端；它或是天地宇宙之规律。另外，工之道具玉乃为神器也，并含有水金火木土之五德。从"伏羲女娲"图像中可以看出，他们手里各持有一个是"规"，另一个是"矩"，或许这象征天地一切都在"规矩"之中。可见，"规矩"象征天地、阴阳和乾坤。最后，在身份层面，"工"所从事的职业也是神圣的。因此，《考工记》曰："百工之事，皆圣人之作也。"[1] 什么是"圣人"？《说文》曰："圣，通也。"说明工匠均为智者、巧者，是能够通晓很多造物事理的圣人、神人。譬如，人们把张衡、马均说成"木圣"；因鲁班发明了锯子、墨斗、矩尺、刨子等，人们敬奉他为"鲁班神"。那么，由这些神

---

[1] 戴吾三：《考工记图说》，山东画报出版社2003年版，第17页。

人所造的器具，也就被赋予了神话色彩。譬如在远古社会，传说中的神器很多，譬如盘古斧、女娲石、伏羲琴、昆仑镜、神农鼎、轩辕剑、昊天塔、崆峒印、炼妖壶、东皇钟等。

简言之，从"工"的定名之"想象"中可以看出，"工"在技术、工具和身份上具有明显的艺术人类学意义上的基本内涵与外延，并具有与"巫"或"祝"一样的规矩和神性。通过"工"的定名或能想象"工匠"的人类学意义上的本质内涵。或者说，这种想象的艺术人类学批评路径是可行的。

作为一种批评视界和批评理论，艺术和民俗有深度的关联①，艺术民俗学是艺术批评的理论之一。因为一切艺术是人的活动，是变换着的生活艺术，也是社会整体的一部分。那么，艺术批评也就应该坚持以人的活动为主体、以人的生活艺术为关键和以社会整体为依赖的批评。从这个意义上看，艺术民俗学批评理论是符合活动、生活和社会的批评维度需要。譬如就手工艺话语体系而言，器物之"器"是工匠理论中最为核心的概念之一。在传统工艺美术中，人们对"器"的研究构成了整个美术史。或者说，传统的工艺美术史，就是一部器物史。那么，何谓"器"呢？"器"和"哭"有民俗学意义上的关联吗？"器"之中为何有"犬"守之？"器"为何与"皿"同义？工匠造器一定是为了饮食之用吗？对这些问题的回答能够想象出史前社会工匠文化的生成及其发展逻辑，或关系到两个核心问题：一是器之始；二是器之用。

那么，"器"是如何定名的呢？许慎《说文解字》云："器，皿也。象器之口，犬所以守之。"在这段话中，许慎对"器"的解释至少道出以下几对关联性语义：首先，器与哭的关联。"器"之构成为哭（上）和口（下）。抑或说，器，本源于"哭丧"之俗。据

① 张士闪：《艺术民俗学》，泰山出版社2000年版，第1—2页。

《汉字源流字典》解释，器，本为甲骨文"丧（喪）"的简化。在古代，丧事通常用桑（音谐"丧"）枝为标志，即众口喧哭于桑枝树下，它表示极度悲痛。说明器本来是借"丧"之义，并逐渐简化定名为哭（两口为哭）和器（四口为器）。其次，器与皿的关联。"器"由哭丧逐渐转换为器皿。所谓"皿"，饮食器也，与豆同义。器，从犬从口，是一个会意字，周边四口象犬四周狂吠，犬之口乃象器之口。于是，器与皿产生关联，均表示有所盛用。清代段玉裁《说文解字注》曰："有所盛曰器，无所盛曰械。"说明器之用为盛。最后，器与犬的关联。狗是人类早期驯化的家畜之一。古代狗有细分，大者为犬，小者为狗。用犬守器皿，意为重视。说明古人对饮食之器的重视。

那么，"犬"为何四周乱叫？之所以四处乱窜或乱吠，可能是犬失去了主人，没有了依靠。这不免让我们想起"丧家之犬"的成语来。司马迁在《史记·孔子世家》中曾有这样一段记载：孔子适郑，与弟子相失，孔子独立郭东门。郑人或谓子贡曰："东门有人，其颡似尧，其项类皋陶，其肩类子产，然自要以下不及三寸，累累若丧家之狗。"子贡以实告孔子。孔子欣然笑曰："形状，末也。而谓似丧家之狗，然哉！然哉！"① 这段记载中，郑人将孔子比作"丧家之犬"。显然，孔子之学与当时社会之需是不大符合的。因此，孔子被取笑为落寞、孤寂之士，累累若丧家之犬。当然，"器"之定名与丧俗有关，并非一定是丧家之犬。或因丧事祭祀用器十分珍贵，故用犬守之。

从"器"的定名分析，可以得出这样的一个民俗性的"想象"："器"之用，或诞生于祭祀或丧俗活动，并非起源于饮食之需。由此推测性想象是：史前工匠所造之"器"的出发点或许不是首先为

① （汉）司汉迁：《史记》，线装书局 2006 年版，第 233 页。

了饮食之用，很有可能是源于祭祀或丧俗之用。譬如河姆渡文化遗址出土的玉器、漆器、陶器等或许均为丧用之器，而这些器皿用于生活可能是在用于丧用之后的事情了。

简言之，史前工匠造物或启蒙于祭祀意识，形成于丧俗活动，之后才出现制作祭器和生活用器。如此，还可以想象出两个连带问题：一是对死亡的敬畏或埋葬风俗是人类最为了不起的一件大事，它使得人类的造物和精神产生了统一，至少在哭丧中逐渐意识到器之用；二是"工"作为古代神职人员肩负造器之责任，并具有"巫"一般的"想象"。换言之，"工"与"器"均在本源上内含"巫"或"祝"的想象。实际上，这两个连带问题又能滋生出很多想象。譬如我们对明器的看法或许要改变，如果一定认为明器是模仿生活日常之器而陪葬给死者的看法，或许是不对的。因为从"器"之定名源头看，恰恰是日用之器是模仿丧用之器的。再譬如，造器之工师是神圣的，并非所有人都能造器，能造器者与"巫"者是相通的。可见，通过"器"的定名或能想象"工匠"的民俗学意义上的本质与内涵。或者说，这种想象的艺术民俗学批评路径是可行的。

作为一种批评视界和批评理论，艺术社会学批评理论常常被认为是一种可靠的批评方式。因为艺术是"整体性"或"转换性"[1] 反映社会生活，社会现象、社会理想和社会问题的有效方式之一，艺术家不可能脱离社会而创作，即便是超现实或超社会的艺术作品也是潜在社会的一部分。譬如就手工艺话语体系而言，工匠之"匠"是工艺美术理论批评的主体对象，也是与社会关联程度最大的群体，因此，"匠"的艺术社会学追问或批评是最为关键的。那么，何为"匠"呢？在艺术社会学意义上，"工匠"具有哪些社会学

---

① （匈）阿诺德·豪泽尔：《艺术社会学》，居延安译编，学林出版社 1987 年版，第 1、158 页。

意义的内涵呢？在今天，百工皆称工称匠，那么，在较早时期，凡"匠"是所属工匠之"匠"吗？显然，这个答案是否定的。

许慎在《说文解字》中曰："匠，木工也。"可见，匠人本意为木匠。从构字法看，"匠"是一个会意字，从"匚"，受物之器，即盛放工具的筐子；从"斤"，斧也，所作器也。背筐里放着斧头等工具，表示从事木工之事，即木匠也。《周礼·考工记》曰攻木之工有七，即轮、舆、弓、庐、匠、车、梓。那么，这七大木工工种都是干什么的呢？根据《考工记》记载，轮，轮人为轮；舆，舆人为车（厢）；车，车人为车、车人为耒；弓，弓人为弓；庐，庐人为庐器（戈属兵器之长柄）；匠，匠人建国、营国、为沟洫；梓，梓人为笋虡（笋虡：古代悬挂钟磬的架子，横架为笋，直架为虡）、为饮器、为侯（箭靶）。从这段文字及其意思中，我们可以据此想象出以下几个方面的社会学图景：第一，周代工匠行业分工很细。拿木工而言，主要有轮、舆、弓、庐、匠、车、梓。他们为当时社会制造生活之器皿、祭祀之乐器、战争之武器、出行之车辆、耕田之农器等。第二，"匠"是周朝"木工"系列之一。"匠"是一个很重要的工匠行业工种，因为"木工"是非常活跃的。木工所从事的职业涉及当时的生产、生活、祭祀、战争、建筑、出行等众多行业。第三，"匠"，主营建筑宫室之事。"匠"的职业是建国、营国和沟洫之事。周代之"匠"，相当于今天的土木工程师。

简言之，"匠"原来就是指木匠，后来泛指所有的"匠人"，与"工"放在一起，构成了"工匠"，即指从事手工业劳动的拥有一技之长的人。这类群体构成了社会里重要的成员，他们在士、农、工、商的"四民"分类中，成为处于农和商之间的一个职业群体。通过"匠"的定名或能想象"工匠"的社会学意义上的本质与内涵。或者说，这种想象的艺术社会学批评路径也是可行的。

艺术是艺术家的宇宙，也是社会的宇宙，更是文化的宇宙。因此，它的构成要素必然是物质的、时间的和空间的。因此，艺术批评逻辑也应当围绕物质、时间和空间展开。如果说艺术人类学、艺术民俗学和艺术社会学是最接近"艺术想象力"的批评理论路径，那么，在这些批评理论路径的背后均包含一种具有共性的批评策略，即基于物质的、时间的和空间的"单一批评"及其深度的"复合批评"。于是，就产生了物质逻辑、时间逻辑和空间逻辑三大基本批评策略和复合逻辑批评策略。

（一）物质逻辑：以"瓷"之定名为例

物质是宇宙构成的基本要素，也是任何艺术的构成要素。无论是艺术创作的材料本身，还是创作对象所可视化的对象，都是离不开物质及其表达的物质。因此，物质可以成为艺术的人类学、民俗学和社会学意义上的批评文本。譬如，文明可以通过"瓷"的物质性材料的"想象"来复原它的文化史。

那么，何谓"瓷"呢？在物质性层面，它又有哪些历史的发展史呢？许慎《说文解字》云："瓷，瓦器也。"瓷，从瓦，次声。从构字法看，"瓷"，即"瓦"之"次"也。也就是说，瓷器是瓦器之后的器皿。所谓"瓦器"，即古人用泥土烧制的器皿，类似于比较粗拙的陶器。瓦器较之于石器，应该是人类文明的一种巨大进步。就工匠文化而言，瓦器时代的来临已然显示工匠创意（瓦器之形）、复合加工（摞泥、做坯、烧器等）和再利用火（不局限于烧食物）的技术已经出现。瓦器是瓷器发展史（瓦器—陶器—瓷器）的一个初始阶段。在汉代，随着佛教的传入，人们对死亡或来世的思考开始走向生命哲学领域。于是，瓦器殉葬成为一种常见的风俗。因此，汉代的瓦器生产规模较之于汉以前时期有所扩大，生产水平也自然有所提高。汉代的瓦器种类很多，被用于日常生活的诸多领域。在更广泛领域，作为建筑瓦器的出现应该在生活瓦器出现之后。在人类早期，火的发现和使用不仅改变了人类的膳食结构，还在经常使用火中发现被火燃烧的"土器"，进而创造性地发现经火烧制的瓦器，并学会烧制用于生活膳食的器皿，最后才创造性地用"瓦片"为建筑服务。从这个视角看，"瓷"或许还有另外一层含义，即"瓷","次"（次，舍也）之"瓦"也，即被用于房屋之上的片瓦。显然，"瓷"的定名中包含了物质想象的逻辑，尤其是存在着瓷的物质性发展过程及其相关的人类学意义的艺术批评的想象力。

（二）时间逻辑：以"纸"之定名为例

时间是宇宙本质性的存在，是构成一切的内容及其记忆。艺术不过是时间的可视化"图书"。另外，艺术又是形象思维的产物，但艺术的"定名"也要依赖逻辑。据此，时间性的逻辑批评思维应该成为一种想象的艺术批评模式。

实际上，时间的逻辑批评是一种艺术理论的推理，在时间逻辑推理中还原艺术史本身，还原艺术的发生或生成的可能性和必然性。譬如纸，是用什么材料制成的？它是用什么工具制成的？又是怎样造出来的？笔者想，这三个问题是可以作想象性推测的，即认为这三个问题是造纸的核心技术。它涉及材料问题、工具问题和技术问题。由于正史中很少记载这样的问题，我们很难得知其中的究竟。但我们从"纸"的"定名"中，也可"想象"出造纸过程中的三个核心技术。我们不妨来看看《说文解字》对"纸"的解释。《说文解字》曰："纸，絮也，一曰苫也。"这句话如同密码数字，或能解开汉代造纸的核心技术。许慎对"纸"的解释至少能给以下几点想象性启示：第一，材料：用"絮"造纸。"絮"是什么呢？这里的"絮"，古代指粗的丝绵、丝絮，开始用为敝布鱼网为之。如何"为之"？在水中，击絮成之。那么，"击絮"就成为造纸的一个重要步骤，即纤维纸浆的形成过程。第二，工具：用"苫"抄纸。"苫"是什么？苫（音山），即箈（音钱），簧（音责）也。箈、漂絮，簧也。漂与潎同义。古代的"潎絮簧"，即今天的抄纸竹帘，相当于宣城古法造纸的"多孔面筛"，捞纸的工具。第三，技术：抄"一"苫絮。絮一苫，一苫絮。絮一苫，成一纸，即一次性完成抄纸动作。如何"絮一苫"？这显然是技术活，也只有熟练的抄纸工才能完美地"一次"性完成的。蔡伦发明的细竹网能将纸浆停滞在筛面，过滤掉水分，脱水后的纤维在"多孔面筛"上形成有一定结构强度的"纸"，这个技术非常关键，它保证纸的结合力。从时间逻辑看，许慎《说文解字》最后定稿时间为121年，也就是在这一年，将《说文解字》献给朝廷汉安帝。121年这个时间，要比蔡伦将他造出来的纸献给朝廷汉和帝的时间105年，要迟足足16年之久。这位"字圣"许慎，是"纸圣"蔡伦同时代的人，他在解释"纸"的时候，肯定知道蔡伦造纸之法。由此可以看出，蔡伦造纸或东汉改进和发明造纸的历史是肯定的，尤其是纤维制浆技术、面筛抄纸技术在汉代肯定出现了，是毋庸怀疑的。简言之，许慎之"说文"（图像为文）——"絮也，一曰苫也"，来释"解字"（标音为字）——纸，这一"定名"道出了我们对汉代造纸核心技术的"想象"。由此，也能看出时间逻辑批评在艺术批评的想象中拥有一席之地。

（三）空间逻辑：以"墨"之定名为例

任何艺术都是在空间中的艺术，或表现在一定的空间中，或表达一定的空间，哪怕是虚拟空间。空间是逻辑存的，并非杂乱无章的。如果艺术的空间及其空间中的表达离开了秩序、逻辑和位次，也就失去了艺术本身的魅力，或不能称为艺术了。因此，艺术批评可以从空间逻辑入手展开对艺术本身的空间及其在空间中的变化的批评，进而阐释其艺术流变的历史。譬如，何谓"墨"？它到底又在哪些空间作合乎逻辑的发展呢？

墨，从土，从黑。墨，即黑也。许慎《说文解字》曰："墨，书墨也。"说明墨是用来书写用的。从墨的书写空间看，从人类早期纹身看，墨应该最早用于纹身之用，即被使用在身体空间。《后汉书·东夷传·倭》云："男子皆黥面文身。"①但黥面纹身是很痛苦的，毕竟要忍受皮肉之苦。书墨本为一种黥面之"墨刑"。古代常以墨涂犯人脸面，以惩其罪，或为防止逃逸之法。《说文解字》云："黥，墨刑在面。"黥面，即墨刑也，系古代肉刑之一。墨刑至少在周代已经开始流行，譬如《周礼·秋官·司刑》云："墨罪五百。"②不过，墨还是主要用于缣帛之书写。清代段玉裁《说文解字注》云："竹木以桼，帛必以墨。"又云："周人用玺书印章必施于帛，而不可施于竹木。"当然，汉代纸张的出现，墨主要用于书写文字。墨者施于空间从身体到缣帛或纸张是一次重大的空间转移。那么，作为黑土之墨到底是从何处而来？或者说，作为矿物颜料的黑土是如何被发现，又是从何时发现？这涉及墨的三个"想象"：发现时间、发现地点与发现过程。从夏后氏尚黑之风俗看，夏朝已经有"黑"的概念。不过，从以黑陶为主要特征的龙山文化遗址看，人类在新石器晚期前后应该就有对"黑土"的认识。《尚书·禹贡》中就有"黑土"的记载，说明至少在战国之前，人类就已经有能分辨矿石颜料的能力。但这种"黑土"可能还有其他来源，并非矿石颜料，也许是木炭黑、淤泥黑等。譬如孔子就有"涅而不缁"的说法，所谓"涅"，即水中黑土也，可以染皂成缁（黑色）。但从"墨"字从土从黑之源看，早期的墨是木炭黑可能性不大，主要还是黑土、黑土石等。人类对这种黑土的发现，最大的可能就是与新石器时代黑陶烧制有关；还有一种可能，烧黑土或黑土石为灰作墨。黑土之墨非同后来的墨锭、墨条和墨汁。黑土墨的发现，或是从工匠劳动中获得的。另外，在哲学空间，黑是很神秘的色彩。在老子看来，是"玄之又玄"的，是众妙之门。人类对"黑"的神

---

① （南朝宋）范晔：《后汉书》（下），岳麓书社2008年版，第1034页。

② 陈戍国点校：《周礼·仪礼·礼记》，岳麓书社2006年版，第85页。

秘或崇拜观念或早于对黑土材料的发现，进而将黑色颜料用于纹身，或发展为一种墨刑，再后来才用于文字书写。黑墨用于白纸上的书写材料，可谓"知其白，守其黑"，具有深奥的黑白哲学意味。由此推之，空间逻辑同样是艺术批评想象的工具之一。

（四）复合逻辑：以"玉"之定名为例

所谓"复合逻辑批评"，即将物质逻辑批评、时间逻辑批评和空间逻辑批评的集合，在多维视角上对艺术展开深度批评。复合逻辑批评是一种宇宙性或体系性批评，因为它在物质、时间和空间的展开已将批评对象纳入宇宙大思维体系中。譬如，作为批评对象"玉"，它在物质层面、时间层面和空间层面所展现的文化内涵和外延是十分清晰的。

从物性到人性的视角分析，在所有的器物中，或许只有"玉"与人之间的关系最为密切。君子比德如玉，有五德之方也。到底有哪五种德性呢？许慎在《说文解字》中具体解释为仁德（玉泽之温润）、义德（玉纹表里如一）、智德（玉声清扬）、勇德（玉质坚硬）和洁德（玉棱正直）。这五种德行均根据玉石之物理属性而推演，并据此冠以君子品行如玉。君子不但比德如玉，君子还配（饰）玉以节制行为。张衡在《东京赋》中曰："佩以制容，銮以节涂。行不变玉，驾不乱步。"① 于是，玉已然成为人的身体的一部分，如"玉体""玉骨""玉颜""玉女"等称谓。正是因为玉石之性或自然之德，以至于人们都喜欢配玉，以此喻示自己的品德或节制自己的行为。

从"君子比玉"和"君子饰玉"的文化现象看，早期人类对"玉"的发现和理解必然有人类学发生意义上的"想象"。这里我们

---

① （清）曾国藩编；熊宪光、蓝锡麟注：《经史百家杂钞今注》（上），上海书店出版社2015年版，第246页。

要从"玉"的定名开始理解。许慎在《说文解字》中曰："玉，美石也。"这个解释的里面内含两个关键词：串和美。或者说，许慎的解释可能推断出以下两个想象性连带时空问题。

第一，在空间层面，古人何为"串美石"，是结绳记事吗？或者说，串玉是结绳记事的产物吗？在甲骨文中，"玉"像串有玉璧、绳上有结之形。与十分尖利的硬石器相比，玉石或许没有硬石在生活中有用，譬如在砍、砸、锤、剖、划等方面的作用大。根据考古分析，史前良渚文化和红山文化遗址中均发现古人饰玉之好。应该说，将玉全面地生命化、身份化、道德化的文化转向可能要归功于儒家。但史前人是如此看待玉的生命、身份和道德吗？或许未必。从串玉成串的甲骨文"玉"之形象看，很有可能是为了结绳记事。对此大胆的想象有四个方面的推测：一是软玉便于碾制，能加工成很多形状，如圆形的璧、八方的琮、四方的圭等。因此，加工的便利或许是用这种材料做结绳记事材料的原因；二是玉石，石之美者。之所以是美者，是因为它透明、有光泽，也有多重纹理；也是因为它颜色很丰富，红玉、墨玉、青玉、紫玉、黄玉、白玉等多种多样。颜色符号为结绳记事提供了多种信息量分类的可能，更为表达多种思想提供没有文字的文字信息，以至于后来很多思想、情感和德行固化在玉石之身；三是玉石作为结绳记事之事，也许不是所有人都能完成的，也只能集中在少数酋长或族长之手。在良渚文化遗址中，就在氏族首领的墓葬中发现精美的玉器，在二里头文化遗址的大型墓葬中见有柄形玉器，等等。氏族首领对玉的占有、控制和佩戴权也证明其占有结绳记事的权力，即掌握"没有文字的文字权"。以至于"六瑞之象""九鼎之权""玉玺之制"等祥瑞文化和玉权文化随之诞生。玉石也因此成为吉祥美好的化身、身份地位的化身与权力等级的化身，也就是说，玉成了君子之器和天子之器；四是玉石本身富含微量的对身体有益的元素，在《黄帝内经》中已经发现玉的药用价值。尽管古人一开始或许没有发现玉的医用之方，但在族长结绳记事而"佩戴"之后不知不觉地觉察到玉对身体有益，可以延年益寿，也是可能的。因为古人或许发现，"佩玉"氏族首领的寿命要比一般人长些。通过以上四点的想象，或能推测玉和结绳记事有一定的关联。

第二，在时间层面，"美石"之"美"是何意，"玉"的定名中内含人类早期审美意识水平如何？一般理解，这里的"美"自然是质地上等的石头，即美好的石头。能从很多石头中分辨出美石，应该说是古代审美意识的启蒙。于是，我们可以作这样的想象：古人对美石之"美"的判断依据可能是：有结绳记事之便利，即在碾制、色彩等方面便利，即具有结绳记事的实用价值；玉对身体有用，能保护自己的身体，有延年益寿的医用价值；玉能表达思想、观念和身份，有重要的符号性价值。如果以上三点想象性推测成立的话，那么由此我们又能关联性想象：史前人类对"美"的意识或感知是从结绳记事开始的，即从语言和思想表达欲望开始的，并在碾玉劳动和佩玉装饰中逐渐发现的。换言之，人类审美意识的萌芽来自劳动和装饰。这样可以看出，是因为劳动才发现了美，因装饰才发现了美。无论是劳动，还是装饰，史前审美意识的萌芽都跟身体有关的，又具有明显的功利性和目的性。许慎释："美，甘也。甘，从口含一"？段玉裁注："食物不一，而道则一。"段氏又注曰："羊大则肥美"。从许氏和段氏的解释中，我们发现"美"与膳食有关。但这个解释也存疑，史前考古中较少出现有关古代膳食主羊的可能，较早驯养的家畜"猪"可能是主膳食之用。从结绳记事看，对"美"的定名应该是主要考虑对氏族酋长有用的才是美的。譬如玉对结绳记事就是十分有用，对身体也十分有用。这就是说，"美"从一开始就是一个十分具有"权力性""统治性""身体性"的意识。这种对美的观念意识对史官仓颉是有影响的，或许从氏族集团或统治阶级立场出发，仓颉对"美"的创意造字考虑了两个因素：羊和大。羊是温顺的，听话的，这是统治阶层愿意看到的；大是什么意思？许慎解释为"天大地大人也大焉，像人形"，《说文解字》又释："皇，大也"。无论是天大地大，还是皇，"大"在统治阶层的立场上是代表着天地、九州，而生活在天地九州上的人民一定要像羊一样的温顺，这样作为牧羊人的统治阶级是愿意看到的。不过，这种现象性解释也存在知识阐释风险。因为不是所有的字均是按照统治阶级的意愿来产生的，毕竟大部分汉字是根据形象、会意来制造的。根据甲骨文"美"的写法，"美"字似头有羽翎形装饰的舞蹈之人。这很能使人想象是一位用树叶或羽毛一类的装饰物，以炫耀形貌或夸饰自我的鸟羽巫师（鸟羽也许喻飞天通神），也或是一位头插树叶装束的史前勇敢武士（树叶或不怕战死，树叶被砍头的，来年再生）。不过，"美"字与"羊"发生关系是篆书之变讹而来，篆书将上部"羽翎形"而来变成"羊形"。这样看来，"美"最初的定名跟"羊"没有关系。那么，原始人对"美"的发现也跟"羊"没有关系，也跟"膳食"或"味觉"没有关系。不过，"美"和"玉"的定名倒有几分相似性，即在"权力性""身体性"的意义层面上是汇通的。

通过上述案例分析可知，复合型艺术批评将物质批评、时间批评和空间批评同时纳入批评的话语体系之中，具有超强的言说能力与阐释力。

很明显，想象的艺术批评路径和策略具有重要的理论价值和现实意义，至少在人类学、民俗学和社会学层面，具有天然的理论发端和原型批评特征，对于艺术史的书写和艺术实践具有毋庸置疑的哲学指导意义。但想象的艺术批评也存在主观臆测、知识源错误以及机械主义之风险。

在主观性层面，艺术（如绘画）存有丰富的想象[1]，艺术批评

---

① Land, N. E., "Ekphrasis and Imagination: Some Observations on Pietro Aretino's Art Criticism", *Art Bulletin*, 1986, 68 (2): 207–217.

同样存在想象，但想象的艺术批评稍不注意就会滑入主观主义批评泥沼，进而产生以"我"为中心的理论批评。抑或说，将"大我"压缩为"小我"的批评窘境，或者将"民俗"挤进"我俗"的死胡同，或把"小我"当"社会"来批评。于是，就会出现个人主义的主观批评理论。在当前世界流行的量化艺术学研究及其批评理论体系中，这种主观主义倾向是明显的。研究者用很少的、很小的变量去阐释全部的、人类性的问题，甚至有的数量变量本身就有问题，那么，这类艺术理论批评显然是有误的。同时，所谓量化研究、质化研究、混合研究等标榜科学的研究方法实际上是不适应艺术批评的，因为艺术从来就不是依赖量化能生成的，更不是局部的数字现象能代替的。想象永远是艺术创作及其批评的最有效路径，它绝不是主观主义的想象，而是具有逻辑性的艺术想象。

在知识源层面，想象的艺术批评需要渊博的知识源，在各类知识的纵横交叉中找到想象的逻辑及其力量，否则容易产生知识源性质的错误批评理论。作为艺术批评者，至少在人类学、民俗学和社会学等知识领域具有一般的知识体系和深度的知识点，否则容易出现狭隘的批评视角、方法和路径。譬如人类学意义上的"田野调查"之"田野"绝非"乡村"，而是整个"社会"；民俗学意义上的"图像"绝非一张简单的相片，而是人类习俗图谱上的"节点"；社会学意义上的"描述"绝非是仅仅描述一般物理对象，而是要"深描"这一物理对象中的人和事及其相互关系。对于艺术批评而言，知识源错误或狭隘是致命的。

在机械主义层面，想象的艺术批评一旦形成可重复性理论，也即产生了艺术批评理论的程式化。此时，艺术批评极其容易步入机械化的步骤、程式和原理之中。久而久之，这样的艺术批评理论或范式也会遭到人们的厌倦，甚至有抛弃的风险。显然，这有点类似原始社会的老族长因身体的退化而无能力掌管他的族群的时候，族人会把他杀死或文明地罢免，重新选择和推举新族长一样。因此，想象的艺术批评若想要有持久的生命力，它必须要有自我的更新或生长能力。

那么，如何规避上述想象的艺术批评风险呢？在此，根据想象的艺术批评理论本身，提出以下三种规避的方法。

第一，想象与历史事实推理。想象是艺术建构自我信仰和动态社会图景的核心材料。因为"艺术描述了形式与内容，庆典与信仰，信仰、经验与超越之间的动态关系。这些动力是通过想象和创造性的希望建立起来的"①。想象的历史和历史的想象是不一样的。想象的历史必须依赖事实想象，历史的想象不能无边无际。批评的理论或知识的"边界"是要有的，没有了边界批评思维，就无法保证知识的秩序和批评的安全。这如同国家与国家之间的边界一样，一旦两国为了边界出现混淆或辨认不清，就会发生摩擦事件，甚至会发生因领土而战争。在批评的边界意识前提下，以历史事实为依据，这样的艺术批评才能规避主观主义倾向。

第二，想象与史料文献推理。想象的逻辑推理是建立在范式或概念之上的，也是建立在史料文献之上的。第一手材料文献的质量和品格决定想象推理的质量和品格；另外，第一手材料文献的数量也是决定批评质量的基础。因此，获取文献材料以及加工材料的能力显得尤为重要。因为批评的认知及其获得的知识源全部由这些基础材料决定，一旦知识源发生问题，后面的高谈阔论只能成为笑柄。这就如同海市蜃楼一样的盛景，也如同空中楼阁一样的美丽。

第三，想象与科学实验推理。想象的逻辑推理以是科学为依据的，而科学的获得可以借助艺术实验获得。在艺术实验中，检验或证明原有的艺术批评过程和逻辑。艺术实验成为规避机械主义的一把利剑，它能有效而针对性地得出科学结论，从而将想象的艺术批

---

① Daniël J. Louw, "Creative Hope and Imagination in a Practical Theology of Aesthetic（Artistic）Reason", *Religion & Theology*, 2001, 8（3）: 327-344.

评建立在可信赖的实验过程及其结果数据上。通过艺术实验检验他人的推理过程或推理结果，进而避免机械地套用别人的批评理论，这是规避想象艺术批评最为有效的方法之一。

　　另外，需要强调的一点是，想象的艺术批评同样是属于哲学评判的。尽管（想象的）艺术不一定能评判（理性的）哲学，而哲学是能批评艺术的。同时，艺术也是需要用哲学来评判的[①]。作为想象的艺术批评，实际上，它是一种哲学评判，即理性评判。

　　在阐释中发现，想象的艺术批评或艺术批评的想象是一种可能的批评路径。作为艺术的想象力在艺术批评中发挥了批评的逻辑及其知识生产的作用，一方面能有效地还原艺术的人类学发生及其流变的过程，也真实地浮现艺术的民俗学和社会学图景及其图景中要素的复杂关系；另一方面，艺术的想象力能够在物质、时间和空间的深度上再现艺术文化的宇宙知识景观。简言之，想象的艺术批评将批评本身置于宇宙系统中阐释艺术的位置、结构和角色，明显具有其他艺术批评所不具有的开放性和灵活性。当然，想象的艺术批评并非十全十美的批评方法，但只要规避想象的主观臆测、知识源错误和机械主义的弱点，它不失为一种有效的、科学的艺术批评理论。

---

　　① Sansom, Dennis, "Learning from Art: Cormac McCarthy's Blood Meridian as a Critique of Divine Determinism", *The Journal of Aesthetic Education*, 2007, 41 (1): 1-19.

下卷结语

在攻读博士学位前后，笔者总苦于写作方法的匮乏，彷徨了一段时间，但自己并不以为遗憾。因为正是这段特别的"写作彷徨"，迫使笔者必须自觉地寻觅写作方法。时而惊喜于上帝恩赐的灵感，时而欢欣于阅读而受到启迪的方法。多年间，笔者曾经常常——近乎每一次的阅读体验——习惯性地首先审视作者的思维方法及其批评策略，很多自以为优秀的写作方法论，被笔者采纳并"移名"到笔者的研究世界。不过，时间久了，大部分的阅读记忆也淡忘了，而笔者不能忘却的一些阅读记忆及思考，如今便成了《描绘器度》。

工艺文化的形状到底是什么？在过去，有很多关于书写工艺文化的批评方法，但笔者又觉得不甚满意。笔者虽有无端的反思与揣想，却并不懈怠。不过，思考多了，行为少了，有时也不免会产生一些思想的倦怠。于是，笔者决定动笔，将经验记忆整理成有序的文字，以期缓解长时间的思想倦怠症——一次精神欲的释放及快乐。

为使读者快速而整体地进入阅读状态，从而获得阅读的"清晰地图"，在此有必要交代《描绘器度》写作的基本立场与工作方式，并描述所讨论的议题及边界。

《描绘器度》肯定了工艺文化的形状乃是艺术宇宙的形状，因此对它的描述应当站在物质、时间和空间的全息高度，彻底开放艺术的边界，并试图通过角色、互动、情境、界限等多种批评方法论的释读，还原工艺文化的本真，即主张用间性写作思维去完成工艺文化的书写。所以，坦率地说，本书所讨论的仅仅是对工艺文化批评的一种理论策略，以期补益于被遮蔽或忘却了的工艺文化批评理论。

笔者所使用的工作方式是先对工艺文化的形状作一番全息描述，然后对在传统工艺文化形式批评中被滥用的若干理论进行有限的诊断性分析，特别是阐释"风格论""形式论""美学论""知识论"等一向困扰着我们工艺文化批评的定向理论，着力描述并消除这些"风格外衣""被废弃的形式""美学臆测""线性思维"等声誉不佳的批评形象。在阐释分析中，也试图通过一个明确并可操作的实例——漆艺文化批评研究（第五章），来确证工艺文化批评就是对艺术宇宙形状的真实描述。著名艺术史家与艺术批评家李砚祖先生在审读本书稿时如是评价："第五章"既是本书的优点之处，又是它的缺憾之处。因为这样的实证研究是好的，但它又是"小的"。但我想，尽管在例证中有所偏向或存在证据性褊狭瑕疵，但也尽可能地减少了研究风险，并消除那些禁锢了我们对工艺文化批评的一般性思维定式。

"风格""形式""美学""知识"等批评工具论之所以声誉不佳，是因为它们在描述工艺文化的道路上长期以来固守一成不变的批评理念，或把器物文化宇宙降格为仅仅是有长、宽、高的孤立对象。这样的致命错误是我们的思维定式或封闭的逻辑视野所造成的，它们如同坚硬的茧壳包裹试图重生的思想之蚕。说明传统艺术批评方法思维具有很强的滞后性，并束缚研究思维及其学科的发展。

对于器物而言，"风格即是物"，这个"物本身"乃是一个艺术宇宙。在此所说的"风格"应指向一个宇宙存在。它不是一般形状描述（如形、色、质等）所能完成的，而必然是一种整体的物质性、时间性与空间性的宇宙学批评。换言之，真正的工艺文化批评必然超越器物本身，如此才能照亮器物文化中肉眼看不到的黑暗区域或暗箱。同时，我们一旦进入这个艺术暗箱，必将遭遇一个棘手的问题：工艺之"艺"是何种艺术？它与纯艺术有何界限？实际上，任何人只要不怀成见或持有特别偏向，而是立足于问题事实与形象本身，就能明白工艺与纯艺术是有很多差异的。譬如在模仿性上，工艺是有用的模仿，它追求在有用中定义生活；而纯艺术则不然，它是在逼真中模仿，追求在模仿中偏向未来的思考，即便是在当前的生活图景中实现艺术的表达，艺术也大大超越了"当下"。而且笔者认为，工艺是天然的生活的致用之物，而纯艺术是独立的神秘的思想之体。这就要求我们对工艺文化的描述侧重生活的表现，具体偏向于物质生活、时间生活和空间生活的描写。为此，读者必定能了解到我们解决问题的大致工作方式。

现在，我们先要面对昔日艺术批评的"盟友"——"风格"，了解它的所作所为，尤其是它的历史贡献及所偏与所向。实际上，风格是思想的形式，但形式绝不是我们随手拈来研究风格的一件外套。因为形式总是区别于材料的事物表象。对于器物而言，材料只是区别于风格的重要视觉元素。器物的风格虽然也关乎形式的意味，但更多的是从材料中获取风格的思想，并非一定要进入材料实体内部。或者说，器物的形式风格只依赖于器物外在的知觉表象，不大会更多地去参与器物内部胎体的"心理景观"建设。只有"美学想象"才能进入形式的内部式样及其心体规则的描述。比如器物的结构论、符号论以及接受论等美学知识体系，仅仅依靠知觉表象的风格分析是不够的，它所关涉的批评器物文化在知识论上至少要拥有三种知识态度，即自然知识态度、科学知识态度和哲学知识态度。无论如何，谁也不会否定这三种态度。对此，我们的批评必须要放弃"纨绔子弟的作风"（盲目自信的）、"私塾先生的作风"（固执教条的）以及"莽撞野驴的作风"（无知野蛮的），要从更广泛的视野去分析器物文化的形状。但我们的批评却是困难重重的，因为那些被滥用的器物文化批评测度在风格、形式、美学以及知识等层面上具有某种程度的顽固性，它们已然成为艺术文化批评的一只令人生畏的拦路虎。

　　这个问题困扰我们的全部难点——它来自这样一个不争的事实——那些忠实于变化的"风格老臣"与它内在的相对稳定性的"形式君王"形成了鲜明的僵持很久的立场：它是绝对不变的，又是能改变的。为此，对于器物分析而言，我们需要坚持"理性透视"与"感性透视"相结合，否则被蒙蔽眼睛的我们容易误入风格外衣的华丽或隐晦的色彩区域。对此，风格分析的"诊断性思维"是十分有用的。对此笔者的主张大致如下：首先，"风格是技术的"。每种器物都会有自己独特的技术性，技术能以压倒性能力与气势改变一个器物的外在的或内在的风格，并使得风格穿上时代的、地域的以及国别性的文化外衣。对此，难道不明显吗？技术改变了风格，那么，风格的"技术第一原理"就能适应于各种器物风格的整体变迁及其文化叙事。其次，"风格是有故乡的"。根据迈克尔·拉法第（Michael Faraday，1791—1867）的说法，力量线能从某一个中心向四面放射，并受到整个物质世界的影响。再援引莱布尼兹（Gottfried Wilhelm Leibniz，1646—1716）的名言，即每个单子都是宇宙的镜子。那么，"故乡"就是"风格"的中心，或是"风格宇宙的镜子"。每一种器物风格都有自己的故乡。在形式、秉性、情感等"射线"维度上，风格的故乡性是明显的"力量线"。再次，"风格是局部的，也是结构的"。风格秉性很容易表现在很局部的差别性上，即便是细微的，或"不确定区域"也是区分风格的重要差别点。实际上，我们在着手研究"风格"之时，艺术批评家必须要假定一个可能存在的局部风格世界，然后分离出"我本身"的主观思想，最后在细微的"不确定区域"风格局部还原它的结构性东西——完整的形象。最后，"风格不是精神隐喻"。器物形式是多样的，表面情况好像都是我们知觉的产物，但是我们必须记住：从各种隐喻性词语森林中撤出来，回到心灵自然风光的原野——"第一故乡"——才是我们正确的工作方式。因为风格总是要走向现实的、社会的，没有现实的风格真是太荒谬了。风格也一定是具体的，并且永远是活着的，与一般性隐喻修辞是格格不入的。这种风格特性来自它本身故乡生命的原始性以及它存在的可靠性上，它的生命不是一般隐喻修辞所能遮蔽的。抑或说，依赖隐喻修辞缝制的风格外衣是不合时宜的，也是丑陋的，它难以存活，也很难被人们所欣赏与接受。因此，风格一定是社会文化及其思想的真实产物。

　　在阐释中，笔者将力图表明：器物形式是有生命的，也是无法遮蔽的。器物的生命是很特殊的，它并不完全是工匠赋予的，而是由器物本身创作而决定的。在批评器物形式的生命之时，我们主观性忘情解读也是可以理解的，但器物生命形式不是我们能用华丽词语包装的。对器物而言，形式的生命如同水一样地流动，极富运动性与活力感。器物文化在流动中彰显出它的跨界性叙事特质，更显示出文化本身的无界性。如果切断文化的跨界性或无界性之根，那么我们就无法理解文化的整体性，事实上也不是不可能的。只有在异国他乡，器物文化才能坚守国别性的理想，并赋予其世界性的特质——"他域风格"，从而延续了器物文化的原始生命。实际情况是：形式生命就是文化的生命。对此，我们似乎是不能持怀疑态度的。不过，对此普遍产生怀疑态度的原因在于我们忘却了这样两个核心概念：连续和延展。"连续"是文化的时间观念，也是一种历史高度上的审美态度。因为对历史学家来说，时间的连续观念是至关重要的，被划分的时间段是他们分析历史性的核心技术对象。"延展"是文化的空间概念，与之相关的文化分析观念有"场""语境""史境""情境"等。对器物文化的分析往往像一位历史学家那样，将共时性的历史语境放在首先的分析之中。这样的分析癖好本身没有错，问题在于历史不是一个"隙隙的"空间，更不是一个单线的空间。它通常表现为一个复杂的多网络的空间，更是一个复线的多序列的形式。因此，这给我们的器物文化分析带来了诸多不便。因此，对待器物的形式生命，文化批评的长处实际上不全在于时间与空间本身，即便我们是很高明的"时间装潢师"或"空间的建筑师"，也无法在"连续"或"延展"的王国里找到"形式的光辉"，因为这样的所谓高明的时间装潢师与空间建筑师从内心开始就在藐视时空的本质力量，即人的力量。所有艺术的形式，实则就是人的形式，它不过是通过时间、空间和物质的媒介建构思想的王国而已。

然而，"思想的王国"是神秘的，我们要借助另外一个常常招致诟病的思想工具——"美学"。在美学层面，工匠文化不可能是抽象的，它必然存在于具体事物建构的艺术形象之中，即"美学想象"。对器物的"美学想象"的目的在于创造或获取器物的文化与美。因此，从反面说，器物美的文化模式在一定程度上与我们的"美学想象"是关联的，它包括创造器物和欣赏器物，还有批评器物，概莫能外。但问题的复杂性在于，器物的"美学想象"往往能逃逸于器物本身的形式之外，因为被感觉到的形式往往将我们的美学想象卷入难以辨别的地域性混乱之中。就文化模式的地域性而言，不同国家或不同地区对器物的"美学想象"模式是有差异的。拉丁美洲、印度、阿拉伯、古希腊、中国等地出土的古陶器总会让人卷入"不纯粹性"之中。因为事实情况是这样的：美学想象不是制造器物文化的原初材料，文明对器物的美学想象是由"不纯粹性"融合而成的。尽管我们对文化的美学想象模式有差异，但让我们宽心的是：中外艺术家在美学想象的"心理活动"过程是一致的，即人们的审美心理发生大致要经历感知、意象、想象与理解四大彼此互通互进的心体程序。

那么，我们就能从根本上追问：器物的美学想象是否成立？如果你偏离国别性的文化模式分析轨道，那必将是主观化美学臆测行为，对器物文化批评也将进入不可想象的自由主义思想集中营。因此我们说，器物的美学想象必然是基于文化模式下才能够成立的一种工作方式，否则我们既不能"猜出"它们从何而来，也同样不能"猜出"它为何而在。换言之，对器物文化的"猜析"，首先要做到的是对该器物进行国别、地区、环境、民族等能区分文化模式的外在因素的甄别，然后才能进入文化模式内在的宗教、信仰、意识形态、哲学等深层领域，并在内外结合的分析中获得对器物的美学想象权。但在实际批评工作中，我们经常会遇到"词不逮意"的尴尬，这明显说明：对器物的美学想象与文化批评之间还存在一种表达上的鸿沟。这不是我们的错，问题在于语言从来就是笨拙的，"言不尽意"是常有的事情。当"美学想象＞器物本身"时，我们的批评很有可能步入"想象过度"的危险区域；当"美学想象＜器物本身"时，器物本身固有的文化被精神的美学想象所禁锢，我们的批评必然不能充分；当"美学想象＝器物本身"时，器物文化批评似乎与我们的"美学想象"取得一致，但也会有"本本主义"的嫌疑，即就器物形式而批评形式。这些"问题题域"迫使我们陷入深刻的批评矛盾之中，这让我们如何是好？

起初，我们认为，"美学想象"是美好的，对于解决我们的"艺术"创作或批评具有很大帮助。但是，我们遭遇"美学想象"与"器物本身"之间的比较，似乎不费吹灰之力就向我们表明：我们的美学知觉里充满了与器物本身不符合的力量。从美学想象到器物本身的首要舛误是：主观化的"美学想象"将"器物本身"关闭在客观的"知识叙事"之外。知识叙事相对于美学叙事而言，它强调客观、真实与科学，即知觉对象于被知觉中取得知识上的一致性。在知识层面，我们发现，这个首要舛误源于知识并非以绝对的线性区间排列呈现出来，而是以复杂的零散状态散布在相互关联的知识空间里。但无论如何，个人获取知识的途径是有限的，而且是非常线性的。线性思维对于器物文化批评有致命性危害，因为它是单调的、缺乏变化的；器物文化绝非是单调的，它的知识是丰富多彩的，也是富有变化的；线性思维是单一的、非立体的；器物知识是立体的，并非是单一的；线性思维是单项的，缺乏互动的；文化是互动的，绝不是单项的。器物文化就是文化的互动史，它包括政治、经济、宗教、文化等多种要素的互动，也包括器物艺术与其他艺术的互动。在具体器物文化分析中，我们既要看到线性思维在分析器物本质上"直线深入"的优势，也要懂得非线性思维在分析器物"普遍联系"上的作用与价值。在技术层面，非线性思维批评重视器物的普遍联系，以至于更深入地剖析器物多维文化的潜在本质；同时，它的批评特点是"散点透视"，更接近于器物文化的"自然真实"。从知识结构分布看，器物文化知识绝非是线性单向分布的，它如同"非线性方程"一样呈现，因此，器物文化叙事也必然要借助互联网状结构形态的非线性思维来实现知识的合法化批评。

至此，我们可以对风格、形式、美学、知识等艺术批评工具论做出这样的简单结论：在批评中，它们的叙事存在大于或小于器物本身的事实，这些叙事知识与器物本身之间存在一定的距离。毫无疑问，有时我们的风格分析或形式分析是不包括器物全部知识的，有时我们的美学叙事或知识叙事又超过了器物本身的知识范围。由此，我们可以进一步地说：除了器物本身以外，风格、形式、美学、知识等知识叙事有时得出的结论是有误的。为此，我们必须开放艺术边界，在开放中接纳器物本身更为广阔的知识视野，也在开放中消除那些大于或小于器物本身的事实。譬如在研究中发现，角色、互动、情境、界限等"他域"批评工具或能消除工艺文化批评的褊狭与舛误。

在角色层面，器物就是生活中的一个角色，因此，角色是重构器物文化宇宙的重要对象，它能定位器物文化活动的舞台以及这个空间的时间状态。我们说，一个墓葬就是一个被缩小的舞台，一个墓葬的文化史则是一部被放大的社会史。就在这"缩小"与"放大"之间，一个最为核心元素就是墓葬内的"器物"，它近乎舞台上的演员，或是空间社会里的角色。墓葬内的器物作为被角色化的符号是我们理解墓葬及其文化史的关键因素。作为角色化的器物及其文化批评，它有多种艺术表现通道，譬如角色模拟、角色镜像、角色创造、角色扮演、角色仪式等多种形式。反之，这些艺术表现的通道形式则是我们解读器物文化被"缩小"与"放大"的线索。这个事实来自一个证据：舞台上的角色是鲜活的。

　　的确，舞台上的角色鲜活性的证据是一个不可怀疑的事实，因为舞台上的角色总是互动的，墓葬内器物系统也可被视为一个缩小的社会空间及其各成员互动关系的模式。用威廉·詹姆斯（William James，1842—1910）与查尔斯·霍顿·库利（Charles Horton Cooley，1864—1929）的话说，个体具有"自我"或"镜像自我"的心理互动能力。角色在围绕自我的行为仪式中，观众是镜像舞台上的"他我"角色，还能镜像出"自我"来。因此，互动中的角色具有双重功能："自我镜像"或"镜像自我"。譬如墓葬内的生器是"自我"生活的对应物；神器是"镜像自我"的宗教文化物；明器是模糊生与死的"镜中他我"之物。如此，我们可以按照墓葬内器物将"自我"进行分类，大致有生器自我、神器自我和明器自我三种互动的关联主体。生器即是原来日常生活中使用的器物，它具有"功能性延续"之作用；明器是用符号方式标识墓葬空间中的替代性日常器物，具有"想象性预演"的行为目标及功能；神器是自身"形象典型化"的产物，尤其是自身宗教文化典型化的产物，它既是生活功能的延续，又是通向宗教功能的发展。器物互动论的核心问题是基于这样的一个理论证据：它提倡一种分析哲学式的"家族相似"，即互动中的器物具有某种文化性的家族相似性。换言之，墓葬内的器物既没有固定的文化本质，也没有固定的文化外延，有的只是家族性的遗传基因及其成员间的关系。如果把"一个器物"视为"一个词语"，那么，我们就能更容易理解器物互动论。这个"词语"是能动的，能关联起很多"语句"乃至"篇章"来，并在扩展性的家族相似中谱写艺术文化。

但是，作为器物的"语词"性扩张却并不是来自"文化外族"的随意迁移，而是通过"文化情境"的积极能动性完成的。墓葬内的器物情境首先是被假定的或设定的，即所谓的"规定情境"，它是由个体身份与等级及其情趣所决定的；然后墓葬内的器物情境是"热情的真实"，即表现在对原生活的"模拟情境"，它受墓主事实社会的时空性而定；最后，墓葬内器物就是情感的逼真呈现，即所谓的"意向情境"，它已然是一种社会知识状态——与情感相关的社会文化、政治、经济等逼真意向性知识。墓葬内的器物"规定情境"是制度文化的直接反映，"模拟情境"是生活文化的替代性复原，"意向情境"是一种朝向器物意向性的社会知识形态。因此，制度、生活和社会构成了器物的完整世界情境。当我们进入这样的"情境"，设身处境的体验或批评，这样的批评史就能比较客观地复原器物的本来情境。换言之，"情境"是墓葬器物艺术的本质所在，抑或说，墓葬器物文化批评的逻辑起点应该是"情境"。一般而言，墓葬器物的"情境"包括时间、空间、场景、演员、音响、动作、剧本等内容。这些情境都是"虚幻意象"，它不仅有虚幻的过去，还有虚幻的未来。或者说，墓葬内的器物情境基本意象有生活原型意象和天堂虚拟意象，这是墓葬器物永恒不变的世界。这个世界的文本模式是丰富多彩的，既有墓主人在世生活的"传奇"，又有人们对死后未来生活场景描述的"神话"，还有墓葬空间内各种艺术"诗学"，包括建筑、绘画、音乐、舞蹈、雕塑等。

不过，我们必须要更加仔细地考察与情境相关的另一个元素："界限"，以便明晰情境以及所在边界空间的有效性。一个边界不清晰的情境论，标志着这个角色所在舞台空间是不确定的，那么，这个舞台所承载的时间内容也是不确定的。边界不仅是舞台空间及其内容有效性的标尺，也是舞台文化自足的基本条件。"分隔"是划分舞台空间界限的有效行为，也是厘清舞台边界的必要尺度。在场的语图只是舞台上的"皮相之见"，而不在场的语图则是舞台背后的"思想内核"。或者说，被"不隔"的皮相是唤起"隔"的重要介质。不过，"不隔"与"隔"均是显露器物文化真理的可靠性"划界"标尺。对于器物文化及其批评而言，"划界"或"跨界"是常有的事。"划界"是为了清晰器物文化的个性特征，"跨界"是为了拓展器物文化批评空间。前者是为了器物文化存在的自足性得以保障，后者是为了器物文化存在与他者的社会性得以彰显。就知识社会学而言，器物文化存在的自足性是知识性独立的体现，器物文化存在的社会性是知识性关联的反映，也是知识"跨界"的特征。因此，对于批评者而言，"跨界思维"是必需的，也是常有的。否则，我们不能阐释器物文化知识的社会关联性。

通过以上角色论、互动论、情境论、界限论的迂回描述，我们研究工艺文化的必经之路随之赫然呈现：先要在角色中还原器物存在的时间与空间，然后在时空中证明器物与他物之间的互动行为，尽可能地贴近器物互动中的文化情境——器物生活于何时，又终于何处。在这个过程中，如果我们寻觅到器物文化的界限，那么，器物文化的自足性就变得清晰起来了。由此径去，距离仔细地、有效地完成工艺文化的间性批评目标也就更近一步了。正是这个"间性批评"或"批评间性"是我们全部研究都要集中于此的核心岛屿。根据我们当初的"艺术宇宙"的假定，间性写作来自一个可靠的事实，即器物是物质、时间与空间构成的类似于宇宙的结构体。在物质间性、时间间性与空间间性维度上，艺术的边界被我们的"艺术宇宙"批评开放了。在延展与延续中，这样批评偏向能展现为一种文化史进程中的真实与纯粹。

在此，笔者想要申明的是，即这部《描绘器度》或心得，也是笔者每每提笔批评工艺文化时始终绕不开的心印。说它是"心得"，便有评价的主观性之嫌；言它是"心印"，则有方法的刻板性之疑。因此，它算不得什么"著作"，权当供读者参阅的一本小册子。不过，它能试图为有志于研究工艺文化的学人，提供一种思考路径与批评方法，也仅此是试图而已。读者朋友们，我们不能忘却的是，只言片语乃漫漫长夜之思，字里行间皆倾心沥血而著。"精神子女"和"肉体子女"同样要被我们呵护，谁解小文之妙用，便不枉它的问世。

《描绘器度》的写作与出版得到清华大学李砚祖先生与褚迟先生、陕西师范大学胡玉康先生、云南师范大学李健夫先生、陕西师范大学李继敚先生的指导和关心。另外，在生活与工作上，还得到江苏师范大学徐放鸣书记以及传媒学院刘永宁院长与樊传果副院长等领导的帮助和支持，借此机会，笔者向他们表示衷心感谢！

参考文献（下卷）

一 国内文献

范景中：《美术史的形状》，中国美术学院出版社 2003 年版。

杭间：《中国工艺美学史》，人民美术出版社 2007 年版。

何兆武：《历史理论与史学理论》，商务印书馆 1999 年版。

胡玉康、潘天波：《设计的立场》，中国社会科学出版社 2012 年版。

李健夫：《现代美学原理》，中国社会科学出版社 2002 年版。

李立新：《设计艺术学研究方法》，江苏美术出版社 2010 年版。

李砚祖：《工艺美术概论》，中国轻工业出版社 1999 年版。

凌继尧：《中国艺术批评史》，上海人民出版社 2011 年版。

潘天波：《变化的传播偏向》，中国社会科学出版社 2014 年版。

潘天波：《符号与心体》，中国社会科学出版社 2015 年版。

潘天波：《科研训练理论与实践导论》（文科），凤凰美术出版社 2018 年版。

潘天波：《现代漆艺美学》，广西师范大学出版社 2011 年版。

徐放鸣：《审美文化新视野》，中国社会科学出版社 2008 年版。

张夫也：《外国工艺美术史》，中央编译出版社 2004 年版。

朱存明：《美的根源》，中国社会科学出版社 2006 年版。

二　国外文献

[法] 阿尔贝特·施韦泽:《文化哲学》,陈环泽译,上海人民出版社 2008 年版。

[英] 奥斯汀·哈灵顿:《艺术与社会理论》,周计武等译,南京大学出版社 2010 年版。

[美] 大卫·卡里尔:《艺术史写作原理》,吴啸雷等译,中国人民大学出版社 2004 年版。

[英] 大卫·布鲁尔:《知识和社会意象》,艾彦译,东方出版社 2001 年版。

[法] 丹纳:《艺术哲学》,傅雷译,安徽文艺出版社 1991 年版。

[法] 福西永:《形式的生命》,陈平译,北京大学出版社 2011 年版。

[英] 荷加斯:《美的分析》,杨成寅译,广西师范大学出版社 2005 年版。

[法] 吉尔·德勒兹:《批评与临床》,刘云红、曹丹红译,南京大学出版社 2012 年版。

[英] 杰弗里·巴勒克拉夫:《当代史学主要趋势》,杨豫译,上海译文出版社 1987 年版。

[法] 卡特琳娜·维托尔·德文登:《国家边界的开放》,罗定蓉译,社会科学文献出版社 2010 年版。

[英] 柯林武德:《历史的观念》,何兆武、张文杰译,中国社会科学出版社 1986 年版。

[意] 克罗齐:《美学的历史》,王天清译,中国社会科学出版社 1984 年版。

[美] 兰德尔·柯林斯:《互动仪式链》,林聚任、王鹏等译,商务印书馆 2009 年版。

［日］柳宗悦：《工艺之道》，徐艺乙译，广西师范大学出版社2011年版。

［美］孟汉：《知识社会学》，李安宅译，中华书局1932年版。

［英］培根：《新工具》，许宝骙译，商务印书馆2012年版。

［美］齐硕姆：《知识论》，邹惟远、邹晓蕾译，生活·读书·新知三联书店1988年版。

［以］齐安·亚非塔：《艺术对非艺术》，王祖哲译，商务印书馆2009年版。

［法］让-弗朗索瓦·利奥塔：《后现代状态：关于知识的报告》，牛橉山译，南京大学出版社2011年版。

［美］苏珊娜·赫德森等：《如何撰写艺术类文章》，潘耀昌等译，上海人民美术出版社2004年版。

［美］温尼·海德·米奈：《艺术史的历史》，李建群等译，江苏人民出版社2007年版。

［意］文杜里：《西方艺术批评史》，迟轲译，海南人民出版社1987年版。

［美］沃尔夫、吉伊亘：《艺术批评与艺术教育》，滑明达译，四川人民出版社1998年版。

三　作者论文

李砚祖、潘天波：《工匠精神的社会化传承：一种文化心理学分析》，《南京艺术学院学报》（美术与设计）2017年第6期。

潘天波：《18世纪海上丝路漆器的展开：以溢入法国为视点》，《民族艺术》2016年第3期。

潘天波：《"技术—人文问题"在先秦：控制与偏向》，《宁夏社会科学》2019年第3期。

潘天波：《〈声无哀乐论〉：一个音乐哲学咨询文本》，《人民音乐》2015年第6期。

潘天波：《〈闲情偶寄〉：一个剧论的知识社会学文本》，《戏剧艺术》2015 年第 1 期。

潘天波：《〈垸髹致美〉：一个西"漆"东进的文本》，《装饰》2015 年第 1 期。

潘天波：《〈考工记〉与中华工匠精神的核心基因》，《民族艺术》2018 年第 4 期。

潘天波：《边界视域：明朝海上丝路漆器文化的生产、贸易与溢出》，《历史教学问题》2016 年第 3 期。

潘天波：《长沙望城庙坡山汉墓"七年造"漆器铭文考释》，《中国书法》2016 年第 22 期。

潘天波：《从部族到国家：元代海上丝路漆器文化的历史与逻辑》，《深圳大学学报》（人文社会科学版）2016 年第 1 期。

潘天波：《工匠范式与唐代诗学批评》，《南京师范大学文学院学报》2019 年第 2 期。

潘天波：《工匠精神的社会学批判：存在与遮蔽》，《民族艺术》2016 年第 5 期。

潘天波：《工匠精神与优才制度的悖论——兼及经济转型中现代职业教育的技术适应》，《西南民族大学学报》（人文社科版）2019 年第 4 期。

潘天波：《工匠文化的周边及其核心展开：一种分析框架》，《民族艺术》2017 年第 1 期。

潘天波：《工艺文化批评：解读与再构》，《山东工艺美术学院学报》2018 年第 3 期。

潘天波：《汉广陵漆物与地方社会——一项漆物的区域社会史研究》，《民族艺术》2019 年第 2 期。

潘天波：《合"礼"性技术：〈考工记〉与齐尔塞尔论题》，《艺术设计研究》2017 年第 2 期。

潘天波：《描绘器物：物质、时间与空间》，《设计艺术》（山东工艺美术学院学报）2017 年第 2 期。

潘天波：《齐尔塞尔论题在清代：学者对工匠的介导》，《科学与社会》2018 年第 3 期。

潘天波：《齐尔塞尔论题在晚明：学者与工匠的互动》，《民族艺术》2017 年第 6 期。

潘天波：《时间性向度的工匠精神：重建困境与可能回答》，《西北师大学报》（社会科学版）2017 年第 1 期。

潘天波：《微媒介与新消费主义：一种身体的想象》，《现代传播》（中国传媒大学学报）2019 年第 7 期。

潘天波：《微叙事的时间本质与意义建构》，《现代传播》（中国传媒大学学报）2017 年第 12 期。

潘天波：《徐汉漆器的文化情境分析》，《民族艺术》2014 年第 6 期。

潘天波：《艺术批评的范式重构：以器物为视点》，《社会科学论坛》2016 年第 11 期。

潘天波：《艺术批评范式及其误用：以器物文化为中心》，《齐鲁艺苑》2018 年第 2 期。

潘天波：《艺术批评与边界逻辑：以器物文化为例》，《中国文学研究》2015 年第 4 期。

潘天波、胡玉康：《"百工咸理"探微——兼论〈吕览〉之设计学贡献与当代转译》，《文艺争鸣》2011 年第 12 期。

潘天波、胡玉康：《论漆艺与中国古代乐器》，《人民音乐》2012 年第 8 期。

潘天波、胡玉康：《漆艺：当代生态立场下的社会担当》，《文艺研究》2011 年第 10 期。

插图清单（下卷）

插图来源及说明（下卷）

图 0-1　景泰蓝工匠。英国画家荷加斯绘制。图片源自［英］荷加斯《在新中国的素描》，人民美术出版社 1955 年版，第 11 页。《在新中国的素描》是 1954 年 9 月间荷加斯以英中友好工会代表团团员的身份访问中国后参加中国各地所写生的作品集。

图 0-2　漆绘牌匾（painted tablet）。D. vll（3/5），from ruined temlple，dandan-uiliq. 图片源自匈裔英国考古学家马尔克·奥莱尔·斯坦因（Marc Aurel Stein，1862—1943）《中国新疆地区考古和地形探测之旅初步报告》，Archaeological and topographical exploration in Chinese Turkestan. By M. Aurel Stein. 1901。"dandan-uil-iq"即位于和田东部塔克拉玛干沙漠的"丹丹乌里克"。该牌匾漆绘之"漆"，可能是油漆，或彩绘颜料，待考证。

图 0-3　中国篮篓（travelling basket）。图片源自德裔美国汉学家贝特霍尔德·劳费尔（Berthold Laufer，1874—1934）著 *Chinese baskets*（《中国篮篓》），菲尔德自然史博物馆 1925 年版。《中国篮篓》是劳费尔对中国传统竹编工艺的研究编著，全书共使用 38 幅图文介绍了中国竹编篮篓工艺，多为漆艺篮篓。

图 1-1　荷兰漆壶。图片源自中国国家图书馆网（http：//www.nlc.gov.cn/）之"中国记忆项目——大漆髹饰专题"（大漆的海外影响）。荷兰漆壶，By Jacobus Carminjac（c.1785—90），Haar-lem，Netherland。

图 1-2　西汉釜式鼎。1955 年广西贵县高中汉墓（M17）出土，盘口，口内为平板式宽内沿，中留小圆孔。束颈，扁圆腹，平底，下附三蹄足。腹部饰一道凹玄纹，通体施黄褐色釉。图片源自《瓷美如画：馆藏瓷器精品图集》，广西教育出版社 2011 年版，第 17 页。

图 1-3　银扣金银贴彩绘七子奁。该漆奁高 14.5 厘米、直径 22.5 厘米。"外壁以三道银扣形成两道纹饰带，以金银箔刻成山水云气纹，间饰朱墨漆画羽人祝寿、车马出游、狩猎等画面。"图片源自扬州博物馆《汉广陵漆国器》，文物出版社 2004 年版。

图 1-4　西汉彩绘木俑。该俑高 42—51 厘米，1972 年湖南长沙马王堆 1 号汉墓出土。图片源自陈根远主编《中国古俑》，湖北美术出版社 2001 年版。

图 2-1　瓷器捧盒（左）与漆器重箱（右）。清光绪粉彩花鸟纹捧盒，图片源自常州博物馆编《瓷器》文物出版社 2008 年版，第 90 页。日本轮岛现代漆器三段扇面源氏香莳绘重箱（右），图片源自轮岛漆器大雅堂：http://www.taigadou.com/tableware/200398/。

图 2-2　日本漆饭器。日本现代漆器以"致用为美"，简洁而富有艺术感。该漆器图片源自日本（会津）白木屋漆器店，http://www.shirokiyashikkiten.com/。

图 2-3　西周凤纹卣。西周早期凤纹卣（卣，即古代盛酒器，一般口小腹大，有盖和提梁），高 27.6 厘米、腹横 17.9 厘米。图片源自李朝远、周亚、马今洪撰稿，盛黎明摄影，上海博物馆编《中国青铜器展览图录》，五洲传播出版社 2004 年版，第 57 页。

图 2-4　玛雅古典期彩陶盘。玛雅古典时期晚期陶盘，直径 31 厘米，黏土，烧制，彩绘。图像内容有玛雅妇女碾玉米生活场景，对面正吸烟的男人可能是她的丈夫。图片源自赵建东主编《玛雅艺术：消逝的古美洲文明（陶器 1）图集》重庆出版社 2004 年版，第 38 页。

图 3-1　18 世纪英国漆钟（左）与比利时漆梳妆盒（右）。参

见图 1-1。

图 3-2　玛雅古典时期彩绘抄写员陶碗。约公元 600—900 年，玛雅古典时期晚期彩碗，黏土，烧制，彩绘。图像为宫廷工作的抄写员，应当为贵族阶层。参见图 2-4 图书，第 40 页。

图 3-3　汉代神兽龟甲形漆盾纹饰（复原绘制）。神兽龟甲，高 32 厘米，湖北江陵凤凰 8 号汉墓出土。图片源自李正光编绘《汉代漆器图案集》，文物出版社 2002 年版，第 48 页。

图 3-4　希腊双耳细颈瓶（左上）与黑绘式陶器（右下）。希腊双耳细颈瓶，公元前 690 年制，赤土陶器，高 80 厘米，丧葬仪式中使用的盛水陶器；黑绘式陶器，公元前 540 年制，绘有埃阿斯与阿喀琉斯下棋的图案。图片源自韩久海主编《艺术鉴赏》，北京师范大学出版社 2012 年版，第 37—38 页。

图 3-5　半坡人面鱼纹彩陶盆。葬具，高 16.5 厘米、口径 39.8 厘米，出土于 1955 年陕西西安半坡遗址。图片源自中国国家博物馆，http：//www.chnmuseum.cn/tabid/40/Default.aspx。

图 4-1　汉代生活漆器场景模拟。2012 年 10 月作者拍摄于湖北博物馆。

图 4-2　秦东陵 1 号墓出土漆豆。图片源自《中国社会科学报》。秦东陵一号墓出土 "八年造" 漆木高足豆精美别致，高大粗壮。漆豆色彩鲜明，以黑色为主，间有少量红色髹绘流云状花纹，分别见于漆豆底座四周、圆径下方与上方；豆盘呈圆形，底盘刻有铭文 "大官"，豆顶盘底部右面刻有 "八年相邦薛君造，雍工师效，工大人申" 铭文，左面刻有 "八年丞相受造，雍工师效，工大人申" 铭文。这是目前在北方发现的战国时期首次有如此多铭文的精美木胎漆器。

图 4-3　广西贵县出土的东汉玻璃杯。1955 年广西贵县出土，高 3.4 厘米，口径 5.9 厘米。此杯模压成型，淡绿色，钠钙玻璃，与罗马玻璃成分相似。参见图 3-5。

图 5-1　西周漆罍（复原）。北京琉璃河西周墓出土，彩绘木胎。图片来源于北京市文物局网，http：//www.bjww.gov.cn/index.html。另参见中国社会科学院考古研究所等《1981—1983 琉璃河西周燕国墓地发掘简报》，《考古》1985 年第 5 期。

图 5-2　扬州蚕桑汉墓 M3 出土的舆轿。扬州西湖镇蚕桑汉墓（M3）出土。图片源自扬州双博馆，http：//www.yzmuseum.com/。

图 5-3　漆玉棺。复原镶玉漆棺。1994—1995 年狮子山楚王墓出土。2014 年 11 月作者拍摄于徐州博物馆。另参见狮子山楚王陵考古发掘队《徐州狮子山西汉楚王陵发掘简报》，《文物》1998 年第 8 期。

图 5-4　唐代漆皮甲（骆驼皮胎）。1906 年马尔克·奥莱尔·斯坦因在米兰堡发现的 8 世纪唐代皮质漆甲片。图片源自王世襄《中国古代漆工艺杂述》，《文物》1979 年第 3 期。

图 5-5　唐大圣遗音漆琴。琴通长 122 厘米、肩宽 20.1 厘米、尾宽 13.4 厘米、最厚 5 厘米、底厚 1 厘米。图片源自故宫博物院网，http：//www.dpm.org.cn/。2011.8.2。

图 5-6　唐九霄环佩漆琴。漆琴通长 124 厘米、额宽 21.8 厘米、尾宽 15.4 厘米。参见图 5-5。

图 5-7　明代张麟趾墓出土彩棺。2011 年陕西高陵县泾河工业园附近发现明代家族墓，墓主是明朝万历年间秦藩王府知印（处理王府日常事务的负责人）张栋。张麟趾（张栋的长子）墓漆黑棺盖上面绘有荷花、莲蓬、荷叶、水草等图案，漆棺另一侧还发现有彩绘牡丹花。该图片由陕西省考古研究所人员提供。

图 5-8　清玉镶宝石嵌金八方盒。高 5.7 厘米、口径 13.9 厘米、宽 3.9 厘米。痕都斯坦（"痕都斯坦"是清代对印度北部的称谓，但清代痕都斯坦玉器泛指中亚等地区之玉器）玉器，清宫旧藏。参见图 3-5。

图 5-9　法国漆饰办公桌（1759）。Paris, Gilles Joubert, 1759, New York, Metropolitan Museum of Art。参见图 1-1。

注　释

绪论

[1]"问鼎中原",语出自《左传》。

[2]大漆,即自然漆。漆树流溢出来的天然树汁,人们习惯称之为大漆、自然漆、生漆与国漆等。从词源学分析,大漆之"大"乃是指"万物宽假之时"。《尔雅·释训》曰:"奕奕(盛大),夏也。"或"夏,大也。"清人朱骏声(1788—1858)在《说文通训定声》指出:"(夏)此字本谊当训大也,万物宽假之时。"因此,"大"是宇宙万物的资始。从这个视角看,我们发现:"大漆"之"大"称谓抑或与夏天割漆有关,即"万物宽假之时"是割漆之好时机。可见,"大漆"或曰"夏漆"也。

[3]景泰蓝。景泰蓝即"铜胎掐丝珐琅",俗名为"珐蓝",又称"嵌珐琅",它是中国特种工艺品之一。由于是明代景泰年间盛行,又使用的珐琅釉以蓝色为主,故而得名"景泰蓝"。从制作工艺流程看,景泰蓝是一种在铜质胎体上使用柔软的扁铜丝,并掐成各种各样的花纹焊接上,然后把珐琅质色釉填充在花纹内烧制而成的器物 。

[4]"他者之力",是指工艺文化生成中除自身之外的一切力量。参见柳宗悦《工艺之道》,徐艺乙译,广西师范大学出版社

2011 年版。该书作者多处提及"他（它）力之美"。

[5]《中国篮篓》（*Chinese Baskets*）。该著是德裔美国汉学家贝特霍尔德·劳费尔对中国传统竹编工艺的研究编撰，1925 年菲尔德自然史博物馆出版。全书使用 38 幅图文介绍中国传统竹编篮篓工艺，值得一提的是，不少篮篓为髹漆之艺。它为我们研究中国传统漆艺文化提供新材料。

[6]"关系之美"。法国唯物主义哲学家狄德罗提出的美学观点。他认为，"美总是由关系构成的"。"美"作为一个存在物的名词总是指向存在物共有的性质，这个"共性"即"关系"。"美在关系"就意味着美在事物的客观性质，事物的性质是美的根源。他把关系分为三种：真实的关系、见到的关系和虚构的关系。（参见李醒尘《西方美学史教程》，北京大学出版社 1994 年版，第 225—226 页）

[7]"镜像自我"。该理论是查尔斯·霍顿·库利（Charles Horton Cooley，1864—1929）提出的，库利是美国社会学家、社会心理学家，也是美国传播学研究先驱。所谓"镜像自我"就是指个体把别人当作镜子来进行自我感知。

第一章　形状的测度

[1] 席勒。德国 18 世纪著名诗人、作家、哲学家和剧作家，全名为约翰·克里斯托弗·弗里德里希·冯·席勒，有时简称为弗里德里希·席勒或席勒。他是德国启蒙文学的代表人物之一，德国文学史上著名的"狂飙突进运动"的代表人物，也被公认为德国文学史上地位仅次于歌德的伟大作家。从 1782 年至 1787 年，席勒相继完成悲剧《阴谋与爱情》（1784）、《欢乐颂》（1785）以及诗剧《唐·卡洛斯》（1787）等，被誉为"德国的莎士比亚"。《孔夫子的箴言》这首诗歌是席勒受孔子《论语》所载"逝者如斯夫，不舍昼夜"等时空观念的影响而有所感发而创作。

[2] 南越国。约公元前 203 年至公元前 111 年存于我国秦汉时期岭南地区的一个古国。南越国又被称"南越"或"南粤"，它是在秦代南海郡、桂林郡、象郡基础上建立起来的侯国，在越南又称为赵朝，都城位于番禺（今广东省广州市），领土大致包括今天中国广东、广西大部分以及福建小部分地区，全盛时期还包括海南、香港、澳门以及越南北部与中部的大部分地区。

[3] 扣器。它也始于战国，盛于西汉。由于夹纻薄板胎、夹纻胎等漆器胎骨较薄，工匠为加强牢度，所以造工在漆器口沿处用金、铜、银等材料作箍。根据扣的材料不同，分别为金扣、铜扣与银扣。扣器主要是供宫廷使用的一种名贵漆器。扬雄《蜀都赋》："雕镂扣器，百位千品"。说明"蜀汉扣器"在汉代十分流行。

[4] "错彩镂金"。"错彩镂金"语出南朝梁钟嵘《诗品》："谢诗如芙蓉出水，颜诗如错采镂金。"错，即涂饰；镂，即雕刻。涂绘五彩，雕镂金银，形容装饰十分工丽。

[5] "述之守之"。《考工记》曰："智者创物，巧者述之，守之世，谓之工。"

[6] 刘安，生年不可确考，卒于汉武帝元狩元年，即公元前 122 年。西汉皇族高祖刘邦之孙，淮南厉王刘长之子。刘长以"谋逆罪"被贬死雍道，刘安因此背上谋逆之子的恶名，所以文帝封淮南厉王四子为列侯。贾谊上疏谏曰："淮南王之悖逆亡道，天下孰不知其罪？陛下幸而赦迁之，自疾而死，天下孰以王死之不当？今奉尊罪人之子，适足以负谤于天下耳。此人少壮，岂能忘其父哉？"（参见《汉书·贾谊传》）

[7]《管子》。《管子》是先秦各学派的言论之汇编，约成书于春秋战国（前 475—前 221）至秦汉时期。汉初存本 86 篇，今本实存 76 篇，其余 10 篇仅存目录。内容精深，涉及儒家、法家、阴阳家、名家、兵家和农家的学术观点。其中以黄老道家思想及著作最多，其次法家著作 18 篇，其余各家杂之。《汉书·艺文志》将其列

入子部道家类，清代史学家章学诚说："《管子》，道家之言也。"

第二章　对形状描述的滥用

[1] 风格学。"风格学"原指研究语言的风格的学科。在内涵上，它不仅有广狭之分，还有古今之别。狭义"风格学"古已有之，即修辞学。广义"风格学"，即文体学。在狭义层面，在中国早期，风格，即说话的本领与技巧。孔子曰："辞达而已矣"。在理论层面，5 世纪刘勰（约 465—约 532）在《文心雕龙·体性》中把文章按风格分为"八体"，即"一曰典雅，二曰远奥，三曰精约，四曰显附，五曰繁缛，六曰壮丽，七曰新奇，八曰轻靡。"并指出："雅与奇反，奥与显殊，繁与约舛，壮与轻乖"，即将风格分成两种对立类型。在西欧，亚里士多德（前 384—前 322）在《修辞学》中详细探讨运用语言的艺术。后来，西塞罗（公元前 106—前 43）、昆提利安（约公元 35—约 95）等人进一步研究修辞艺术，从此"修辞学"成为西欧各国学校中的必修课之一，它与文法、逻辑并列。在广义层面，"风格学"是以索绪尔以来的现代语言学为基础，着重当代语言实例的收集、纪录与审辨，以别于传统修辞学。

[2] 布封（1707—1788）。18 世纪法国博物学家、作家。布封生于法国孟巴尔城的一个律师家庭，原名乔治·路易·勒克来克。

[3] "丑得如此之精美"。葛赛尔在看到罗丹雕塑《老妓女》时，惊叹道："丑的如此精美！"奥古斯特·罗丹（Auguste Rodin，1840—1917）是法国著名的雕塑艺术家，被誉为 19 世纪和 20 世纪初世界最伟大的现实主义雕塑艺术家。代表作品有《思想者》《加莱义民》《青铜时代》《手》《吻》等。

[4] "书论宜理，铭诔尚实"。该语出自曹丕《典论·论文》，曰："夫文本同而末异，盖奏议宜雅，书论宜理，铭诔尚实，诗赋欲丽。"

[5] 颜真卿（709—784）。唐代著名书法家，字清臣，小名羡

门子，别号应方，京兆万年（今陕西西安）人，祖籍琅邪临沂（今山东临沂）。颜真卿擅长行、楷，创"颜体"楷书，与赵孟頫、柳公权、欧阳询并称为"楷书四大家"。又与柳公权并称"颜柳"，被称为"颜筋柳骨"。

　　[6]"陌生化"。"陌生化"由俄国形式主义评论家什克洛夫斯基提出。该理论强调：在内容与形式上违反人们习见的常情、常理、常事，同时在艺术上超越常境。"陌生化"的基本构成原则是表面互不相关而内里存在联系的诸种因素的对立和冲突，正是这种对立和冲突造成了"陌生化"的表象，从而给人以感官刺激或情感震撼。

　　[7] 有关"科学整体观"的美学阐释详见美学家李健夫代表作《现代美学原理》。李先生指出：马克思主义的整体观，即辩证唯物论和历史唯物论统一的观点和方法。整体，是对事物辩证统一、发展变化的总体认识。马克思在《〈政治经济学批判〉导言》中指出："具体总体被作为思维总体、作为思维具体，事实上是思维的、理解的产物；……整体，当它在头脑中作为被思维整体而出现时，是思维着的头脑的产物。"用思想掌握具体总体，就是用"从抽象上升到具体的方法"使精神上的具体总体"再现出来"［《马克思恩格斯选集》（第2卷），人民出版社1975年版，第103—104页］整体的观点和方法，就是用辩证唯物论和历史唯物论相统一的观点和方法去掌握对象，从抽象分析上升到具体综合，力求形成"思维的、理解的产物"——"具体总体"或"思想总体"。其程序为："分析—抽象—综合—具体整体"。辩证唯物论与历史唯物论相统一的整体观，包容着科学方法中的系统论。马克思主义的整体观是为了辩证地、全面地、发展地掌握世界，系统论也是要整体地或系统地掌握对象。因此，系统论是对马克思主义的整体观的具体补充，前者充实后者，后者包容前者，而并非对立排斥或并立的关系。整体观是一种大世界观，它要求对世界作整体的把握，要研究对象整

体的组织机理，研究组织结构的存在模式、运动变化与更新的过程形态，研究对象自身的组织力和运动变化的动力。总之，它要从多方面、多维度来分析、研究对象，最后又上升为总体，在最大程度上切近对象本体实际，从而比较正确地反映对象全貌。概要地说就是：实事求是，辩证分析，静动统一，掌握整体。（参见李健夫《现代美学原理：科学主体论美学体系》，中国社会科学出版社2002年版，第1—2页）

　　[8]"玄谈"，即"清谈"。它兴起于魏晋时期。当时士人为了自身的地位与理想，他们选择了一种适合政治高压时代的文艺活动，这种文化选择的根源大致有三：一是随着大汉文明理想的破产，无情的战争对人性的泯灭，人们对汉代人崇尚生命的"大有"情怀开始怀疑。于是，此时的"三玄"成为填补他们生命空间的替代物，"玄"或"虚无"成为名士生命中最为宝贵的"清言"美学，用"玄"取代"有"，反映出魏晋名士试图用内在空间解决不能实现的外在空间问题。倚重玄学问题表明名士对空间的忽视，抑或说忽视社会制度及其政治体系对自己的约束；二是汉代"大一统"的国家政权轰然倒塌，士人的集体空间意识也因此转向，集中体现为以个性为诉求的审美需求。譬如《世说新语》之《伤逝》记载："王戎丧儿万子，山简往省之，王悲不自胜，简曰：'孩抱中物，何至于此？'王曰：'圣人忘情，最下不及情，情之所钟，正在我辈。'简服其言，更为之恸。"王戎之"情之所钟，正在我辈"就是魏晋士人个性自觉的写照，反映士人对偏重时间的玄学十分青睐。因此，士人的个性情感偏向自己的生命空间；三是"清谈"之玄学并非对社会政治的拒绝，而是随着权力争斗以及政治气氛的严酷，士人必须以忠于个体的一种哲学谈话形式标榜自己的社会理想与身份，否则连自己的生命可能也因此受到威胁。抑或说，"清谈"表明士人既不甘堕落与统治集团同流合污，又以"自清"的方式参与形而上的"政论"（或后人称之的"空论"）社交活动。

[9]"闯进陶器工厂的驴"。意大利著名文艺批评家、历史学家、哲学家克罗齐（Benedetto Croce，1866—1952）认为，批评家就是"一头闯进陶器工厂的驴"，又曰："陶匠摆在太阳光下晒干的精美艺术品，随着一阵急促的驴蹄声被踩得粉碎。"（参见克罗齐《美学原理 美学纲要》朱光潜等译，人民文学出版社2008年版，第221页）

第三章 写法的诊断

[1]"中国风"。所谓"中国风"，即中国风格，它是基于中国传统文化或元素，被适应并流行于欧洲的艺术形式或生活方式。在清朝康乾年间（17世纪末—18世纪末），"中国热"在欧洲盛行。对"中国风"（Chinoiserie）的狂热追逐曾是当时欧洲社会的普遍时尚，并渗透至欧洲人生活的各个层面，比如园林建筑、家居装饰、日用漆器等。

[2]"洛可可风格"。洛可可风格原指18世纪20年代产生于法国的一种建筑风格，由巴洛克建筑的基础上发展起来，主要表现在室内装饰上，室内应用色彩明快，装饰纤巧而细腻柔媚，家具精致而偏于烦琐，不像巴洛克风格那样色彩强烈、装饰浓艳。装饰风格拒绝对称，采用弧线或S形线，尤其喜欢用贝壳、旋涡、山石作为装饰题材。后来"洛可可风格"被应用到各个领域，譬如产品、服装以及其他设计领域。

[3]在17—18世纪，通过海上贸易或传教士等途径，"中国的漆器也与瓷器同时涌入了欧洲，在路易十四时代，漆器仍被视作一种奢侈品"。（[法]安田朴：《中国文化西传欧洲史》，耿昇译，商务印书馆2000年版，第524页）中国的漆器装饰图案对西方的建筑、家具、绘画，甚至消费模式与审美标准都产生过重大影响。"在18世纪，当欧洲国家的宫廷中流行中国艺术品时，瑞典国王弗雷德里克（Frederick）为王后修建了一座法国'洛可可'艺术风格

的宫殿。……宫殿内的装饰是采用中国瓷器、刺绣、漆器的图案，同时陈列着王后购买的中国德化白瓷、粉彩瓷器花瓶以及大量的漆器家具、国画、糊墙纸等。当欣赏者在那里看到这些独特的中国艺术风格的手工艺品时，好像在瑞典王国中又找到了中国的天地。"（彭修银：《东方美学》，人民出版社2008年版，第42页）从繁缛、奢华、精巧的洛可可艺术中，也见出中国17世纪明代的漆器装饰风格，正如美国托马斯·芒罗所说，"洛可可艺术"乃是"中国风格的法国艺术品"（〔美〕托马斯·芒罗：《东方美学》，欧建平译，中国人民大学出版社1990年版，第6页）。路易十五的情人蓬巴杜夫人（Madame de Pompadour）对中国的漆器家具与日用品情有独钟，当时罗伯特·马丁（Robert. Martin）为她设计的家具多援引中国漆艺装饰的风格。中国漆器在法国宫廷最受欢迎，特别是在路易十四时代，中国漆器被视为一种特殊而罕有的珍贵物品，它的过度装饰"曾引起了老弥拉波侯爵（Marquis, de Mirabeau）从经济方面出发的愤怒指责。当时商业或财产目录上，有关东亚许多入口货品的记载，其中有中国漆器，甚而更早已有法国仿造而带有中国商标的漆器，亦随处可见。商人杜伟斯（Lanzare Duveaux）出日记簿，是这类研究的一项最宝贵的资料，其中几乎每页都有'古董的漆器'（Curiosités vernies）的名目"（〔德〕利奇温：《十八世纪中国与欧洲文化的接触》，朱杰勤译，商务印书馆1962年版，第28页）。由于法国宫廷对漆艺美学的追求，17世纪法国漆业一直处于欧洲首位，中国漆艺文化很快在欧洲传播，德国、英国、美国等欧美国家的"中国风"亦狂飙突进。

〔4〕大约在西汉时期，西域波斯"密陀僧"油绘技术传入中国。密陀僧（Lithargyrum）为一种呈红色的铅的氧化物矿物，属四方晶体，有油脂光泽。它是一种含氧化铅固体催干剂，入油后有干燥作用。

〔5〕"三月不知肉味"。语出自《论语·述而》，其文曰："子

在齐闻《韶》，三月不知肉味。"朱熹集注："盖心一于是，而不及乎他也。"

[6]"咨商"。《尔雅》曰："咨，谋也。"《左传》曰："访问于善为咨，咨亲为询。"《说文》曰："商，从外知内也。"古代咨商活动是人们寻求"从外知内"的口头咨询传统。《晋书·孝友》载西晋名士刘殷告诫子孙曰："宜上思召公咨商之义，下念鲍勋触鳞之诛也。"说明"咨商"主要是指服事君主的谋略性与服务性活动，并注重"对话"的技巧与方法，后逐渐成为一种国家事务顾问（参谋）的幕僚"言官"活动，并延伸至社会诸领域的对话活动。在西方，咨商活动最早诞生于古希腊。大约在公元前5—前4世纪也活跃着一批职业"辩士"（或哲学家）。他们的出现是由于"伯罗奔尼撒战争"（前431—前404）之后，雅典公民大会的功能丧失，执政者迫于对战争以及公民"民主"的恐慌，于是就聘请善辩者（如普罗泰戈拉、希庇亚斯、高尔吉亚等）参与国家政治事务，用"咨商"的形式以期谋求控制国家机器。在学术研究领域，诸如决策咨商、心理咨商、哲学咨商等已被纳入研究视野，尤其是"哲学咨商"（Philosophical Counseling）或"哲学咨询"，它是20世纪80年代以来德国、法国、美国等欧美发达国家兴起的一种实践哲学研究范式。在国内，研究国家咨商学的论著还没有出现，潘天波的《变化的传播偏向》（中国社会科学出版社2015年版）一书中有部分涉及"国家咨商"的研究。

[7]"人画一半，天画一半"。漆画即使有"设计的图案底稿"，但在绘画过程中，"底稿"是要随着漆性而改变。尽管漆画有"人画一半，天画一半"的说法，但"它既是人工的，又是天工的；既是预先设计的，又是在过程中偶发而成的；是人工和天工的巧妙结合，是人驾驭了大漆性能的结果。"（参见乔十光《漆趣与画味——中国漆画创作现状的思考》，《美术》1993年第2期）所以说，这种"天画一半"的偶发性也是"人驾驭了大漆性能的结果"。

　　[8]"事件"。能够使得"事件"成为合法化知识，它必有以下构成要件：时间、地点、起因、发展与影响。我们写任何文章或主题，它都有一个"事件"性限定。譬如，我们要写"东周青铜文化传播研究"一文，它的事件时间被设定在"东周"，那么你得深入了解东周时期的时代背景；同时，我们也要了解东周青铜文化活动范围（地点），或者说，它们的传播文化是针对何种空间而传播的；随后，我们深入研究东周青铜文化提出的历史动因是什么，又是如何发展的；最后，我们要进一步追问：他们的传播思想给东周以及后世产生怎样的影响？这些都是我们要关注的"事件"构成要素。实际上，当我们要设定新颖的"事件"，那么，你从事的研究实质就是一种知识的创新。因为这个"事件"中的要件已然被设定在你的新颖的叙事之中。

　　[9]《变化的传播偏向》基于文化自觉的态度，主要以古代先哲以及典籍为分析个案，粗略检阅偏向于口头传统与国家咨商的中国儒释道思想，试图侧重阐明当代微传播折射出来的中国文化智慧。换言之，中国思想能赋予当代"微传播"的智慧，它是值得信赖和敬畏的思想。"微"不过是传统儒释道思想在当代自我完善的转型范式，它的理想和生命必然托付并依存于中国思想。在阐释中，该著提出并论证了"九种三组"（"时间—空间—物质"传播偏向论、"调和—构型—殖民"传播偏向论与"咨商—情感—美学"传播偏向论）的讨论视界，它们或为该著的新观点与新论断，即"中国传播偏向论"。（参见潘天波《变化的传播偏向》，中国社会科学出版社 2014 年版）

第四章　边界的开放

　　[1]"殆于用人乎哉"。《孟子·梁惠王》："仲尼曰：'始作俑者，其无后乎'，为其像人而用之也"。赵岐注："俑，偶人也，用之送死"。郑玄释为"与生人相对偶，有似于人"。《礼记·檀弓》

曰:"孔子谓为刍灵者善,谓为俑者不仁,殆于用人乎哉。"

[2]唐三彩,它属于一种盛行于唐代的低温铅釉的彩釉陶器,它以黄、白、绿为基本釉色,因此得名"唐三彩"。

[3]"二重论证法",即王国维提出的"二重证据法"。1925年王国维指出:"吾辈生于今日,幸于纸上之材料外,更得地下之新材料。由此种材料,我辈固得据以补正纸上之材料,亦得证明古书之某部分全为实录,即百家不雅训之言亦不无表示一面之事实。此二重证据法惟在今日始得为之。"意思是运用"地下之新材料"与"地上之材料"(古文献记载)相互印证,以考古代历史文化,这种方法后来成为一种公认学术方法正流。陈寅恪概括了"二重证据法"在20世纪初的发展:"一曰取地下之实物与纸上之遗文互相释证";"二曰取异族之故书与吾国之旧籍互相补正";"三曰取外来之观念,以固有之材料互相参证"。"二重证据法"被认为是20世纪中国考古学和考据学的重大革新。后来黄现璠、饶宗颐、叶舒宪等人在"二重证据法"基础上又发展出各自的"三重证据法"。

[4]为加强我国文化遗产保护,继承和弘扬中华民族优秀传统文化,推动我国先进文化建设,2005年12月22日,国务院颁布《关于加强文化遗产保护的通知》,并决定从2006年起,每年六月的第二个星期六为我国的"文化遗产日"。2006年、2008年、2010年陆续颁布中国非物质文化遗产名录。2011年6月1日,《中华人民共和国非物质文化遗产法》正式实施,标志我国"非遗"进入新阶段。中国是拥有世界"非遗"数量最多的国家,从国内看,我们已经认识到漆艺在"非遗"中的重要性。2006年5月20日,《国务院关于公布第一批国家级非物质文化遗产名录的通知》批准文化部确定的第一批国家级非物质文化遗产名录518项,其中传统手工技艺有89项,涉及七个市县漆艺的有8项,它们是浙江省宁波市(编号Ⅶ—41)的"宁波朱金漆木雕",北京市崇文区(编号Ⅷ—50)的"雕漆技艺",山西省平遥县(编号Ⅷ—51)的"平遥推光

漆器髹饰技艺"，江苏省扬州市（编号Ⅷ—52）"扬州漆器髹饰技艺"，浙江省天台县（编号Ⅷ—53）的"天台山干漆夹纻技艺"，福建省福州市（编号Ⅷ—54）的"福州脱胎漆器髹饰技艺"、福建省福州市（编号Ⅷ—55）的"厦门漆线雕技艺"，四川省成都市（编号Ⅷ—56）的"成都漆艺"。2008 年 6 月 7 日，《国务院关于公布第二批国家级非物质文化遗产名录和第一批国家级非物质文化遗产扩展项目名录的通知》批准确定第二批国家级非物质文化遗产名录 510 项和第一批国家级非物质文化遗产扩展项目名录 147 项，其中传统手工技艺有 97 项，涉及六个市县漆艺的有 4 项，它们是甘肃省天水市秦州区的（编号Ⅷ—50）"雕漆技艺"，北京市（编号Ⅷ—126）的"金漆镶嵌髹饰技艺"，安徽省黄山市屯溪区和重庆市（Ⅷ—127）的"漆器髹饰技艺"（徽州漆器髹饰技艺、重庆漆器髹饰技艺），四川省喜德县与贵州省大方县（编号Ⅷ—128）的"彝族漆器髹饰技艺"。2010 年 5 月 16 日，《文化部办公厅关于公示第三批国家级非物质文化遗产名录推荐项目名单的公告》批准确定传统美术项目为浙江省宁海县的"宁波泥金彩漆"，扩展手工技艺项目为山西省新绛县、江西省鄱阳县、湖北省荆州市、山东省潍坊市、广东省阳江市等（编号Ⅷ—127）的"漆器髹饰技艺"（绛州剔犀技艺、鄱阳脱胎漆器髹饰技艺、楚式漆器髹饰技艺、潍坊嵌银髹漆技艺、阳江漆器髹饰技艺）。

　　［5］"中观协同论"。在社会科学中，我们通常把从大的方面、整体方面去研究把握的科学称为"宏观科学"，这种研究方法即为"宏观方法"；通常把从小的方面、局部方面去研究把握的科学称为"微观科学"，这种研究方法即为"微观方法"；而介于两者之间的即是"中观科学"或"中观方法"。

　　［6］"新考古学"。"新考古学"是 20 世纪 60 年代北美流行的考古学派之一。由芝加哥大学考古学家路易斯·宾佛（Lewis Binford）和他的学生们提出。宾佛特别注重研究人类活动行为及其

过程，认为我们"要对考古遗物的解释进行严格的经验检验"，并提出"用经过严格检验的考古证据重建史前人类生活"。该学派思想在20世纪80年代被考古学者译介至中国。

[7]"移名压力"。该词是"移民压力"的替换。法国学者卡特琳娜·维托尔·德文登在《国家边界的开放》中指出："移民压力一直存在，它仍将持续但不会成为一种侵略行为；对移民潮的绝对控制是不可能的，也不可能在不侵犯人权的情况下以满意的方式运行；这种控制妨碍了交流的畅通，滋生出非法移民（目前，这部分人还没有威胁已定居移民的融入）；共同发展不是移民运动的替代物：两种共同发展，并在中短期内互相滋生促进。"（参见［法］卡特琳娜·维托尔·德文登《国家边界的开放》，罗定蓉译，社会科学文献出版社2010年版，第85页）

[8]"例外论"。面对日新月异的传媒叙事与策略，世界各国开始行动起来应付传媒殖民化，比较典型的案例是法国面对美国传媒殖民而提出了反殖民化的"文化例外论"对策。1986年，在乌拉圭回合谈判中，法国针对美国影视作品大举殖民法欧的背景，提出"文化例外论"的反传媒殖民范式，旨在控制美国在欧洲的节目播出，从而保护本国影视文化和发扬本国民族传统文化，譬如在节目内容上法国对播出指标与制作层面都有严格限制，地面无线频道至少有40%的国产法语作品，至少播出60%的欧洲影视作品，并接受视听委员会鉴定其是否有意义，全国性的无线电视频道每年至少拿出3%用以投资萧条的电影生产，以防国产电影滑坡。（张咏华、何勇等：《西欧主要国家的传媒及转型》，上海人民出版社2010年版，第257页）另外，根据贝尔纳·古奈（Bernard Gournary）在《反思文化例外论》中描述：在欧洲之外，加拿大和瑞典每年由艺术委员会对本国的音乐制作者发放补贴，补贴涉及加拿大作曲家所做的各类音乐作品，包括当代古典音乐，爵士乐和族群音乐等。（参见［法］贝尔纳·古奈《反思文化例外论》，李颖译，社会科学文献出

版社 2010 年版，第 69 页）可以看出，欧洲国家在传媒领域实行保护主义政策，或"国家配额"政策已经成为共识，无论它的反对声音有多大。"文化例外论"的批评者即便在传媒文化民族主义或地方主义外衣的庇护下，他们自己也无法无视自己的民族文化与本土文化的存在，因为"文化多样性"已经成为全球的共同计划与行动。

第五章　分析的个案

［1］"同制京师"。《汉书·诸侯王表序》曰："汉兴之初，海内新定，同姓寡少，惩戒亡秦孤立之败，于是剖裂疆土，立二等之爵。功臣侯者百有余邑，尊王弟子大启九国。……藩国大者夸（同跨）州连郡，连城数十，宫室百官，同制京师，可谓矫枉过其正矣。"这里的"同制京师"暗示地方与中央在制度、宫室以及其他设置上的高度"一致性"。

［2］"汉承秦制"。秦统一以后，建立了一套以丞相为核心的中央官僚体制。汉初各项制度基本承袭秦制，故有"汉承秦制"之说。

［3］"徐汉"。徐州是汉文化形成的根基。一直以来，我们认为，"两汉文化看徐州"。由于徐州汉代文化富有特色，并在两汉文化中占有独特位置，故有"徐汉文化"之说。

［4］譬如《诗经》《史记》《全唐诗》《长物志》《天工开物》《金瓶梅》《红楼梦》等经典中国知识系统里有大量漆艺叙事知识，这些漆艺叙事是中国历史时期漆文化的点点繁星。

［5］《垸髹致美》这是一本难得的美国版《髹饰录》，对于研究髹漆意义很大。它虽远不及中国之《髹饰录》，但在研究髹漆配方上具有科学参考价值。但是遗憾的是，《垸髹致美》一直以来没有得到我们的重视，加之原文无标点，阅读非常困难。一般读者也很难见到，为读者及相关学者研究之方便，作者详细校对原稿，并将其标点版本作为附录。

第六章　在结论之外

［1］亨利·柏格森（Henri Bergson，1859—1941），法国哲学家，曾获诺贝尔文学奖。他反对科学之机械论，心理学之决定论与理想主义。对道德与宗教的主张：超越僵化的形式与教条，走向主体生命活力与普遍之爱。代表作有《道德与宗教的两个来源》《直觉意识的研究》《物质与记忆》等。

［2］"间性"（Inter‑Sexuality）这一术语来自生物学，或指"雌雄同体性"。"间性"理论有"主体间性""文本间性""文化间性""媒体间性"等，其主要哲学理论基础在于"主体间性"（力图克服主客二分的思维模式，强调主客体的共在和主体间沟通、融合及生成的动态链过程）。自 20 世纪以来，间性理论已触及哲学、美学、文学、社会学等诸多学科。

［3］"接着说"。这里的"接着说"，不是"照着说"，但是"照着说"是"接着说"的基础。夏中义等在《朱光潜美学的"照着说"与"接着说"——以〈悲剧心理学〉和〈文艺心理学〉为例》（《学术月刊》2006 年第 10 期。）一文中指出，"照着说"力求吃透原理，近乎"代言"，排除创造；"接着说"则攀上先哲肩头，看得更远、更深、更细，近乎"立言"，颇具创造性与创化性。美学家叶朗曾提出"从朱光潜'接着说'"的学术观念（参见叶朗主编《美学的双峰：朱光潜、宗白华与中国现代美学》，安徽教育出版社 1999 年版），这一学术主张实际上关涉中国美学建构及研究走向的重大哲学问题。那么，工艺文化如何"接着说"？这同样也是工艺文化发展的重要学术命题，它至少涉及三个分命题：一是"照着说"（原理性命题）；二是"照哪说"（根源性命题）；三是"如何说"（方法论命题）。换言之，"接着说"是一个重要的原理性、根源性与方法论的学术命题。

［4］心体符号。从广泛意义上说，"心体符号"是一种"心理语

言"。无论是自然符号，还是约定俗成符号。无论是个人符号，还是书面符号，有一种符号被威廉·奥克哈姆称为"心理符号"或"心体符号"的东西是永恒的与潜在的。心体符号是艺术创作的原动力，对于符号学研究具有根本性。（参见潘天波《心体与符号》，中国社会科学出版社 2015 年版，第 27—28 页）

　　[5]"互动仪式链"。当代美国著名社会学家兰德尔·柯林斯（Randall Collins）提出并阐释出一种"激进的微观社会学"理论，即"互动仪式链"（Interaction Ritual Chains）。该理论（以下简称"IRs"）的核心机制是：在互为主体性的关注中，个体与群体之间产生情感连带，参与者体验到群体团结的一种成员身份感，使个体在代表群体的符号中产生情感能量，并伴随维护群体的正义感而尊重群体，防止受到违背者的侵害。（参见 [美] 兰德尔·柯林斯《互动仪式链》，林聚任、王鹏等译，商务印书馆 2009 年版，第 87 页）对此，柯林斯（2009：13）指出："互动仪式给出了一个如何分析社会实践活动的模型，无论我们在哪里看到的这些实践活动，无论是新的或是旧的。它对具体观察这些过程是必要的。"柯林斯在《互动仪式链》（2009：33）中强调："个体是以往互动情境的积淀，又是每一新情境的组成成分，是一种成分，而不是决定要素，因为情境是一种自然形成非产物。情境不仅仅是个体加入进来的结果，亦不仅仅是个体的组合。"另外，柯林斯（2009：86）指出互动仪式（IR）有四种主要的组成或起始条件：（1）两个或两个以上的人聚集在同一场所，因此不管他们是否会特别有意识地关注对方，都能通过其身体在场而相互影响。（2）对局外人设定了界限，因此参与者知道谁在参加，而谁被排除在外。（3）人们将其注意力在共同的对象或活动上，并通过相互传达该关注焦点，而彼此知道了关注的焦点。（4）人们分享共同的情绪或情感体验。

　　[6]"全息论"。所谓"全息论"，即研究事物间所具有的全息

关系的特性和规律的一门学说。"全息"原本是生物学的一个概念，指的是生物体的各个组成部分（全息胚）均能反映其整体（生物体）信息。20世纪以来，研究生物全息的理论被广泛应用于农学、医学、计算机以及其他社会科学领域。